Stadtkreis und Landkreise des Regierungsbezirks Tübingen

Tübingen
TÜ

Alb-Donau-Kreis
UL

Reutlingen
RT

Ulm
UL

Zollernalbkreis
BL

Biberach
BC

Sigmaringen
SIG

Ravensburg
RV

Bodenseekreis
FN

Die Naturschutzgebiete im Regierungsbezirk Tübingen

Die Naturschutzgebiete im Regierungsbezirk Tübingen

Zweite, überarbeitete und erweiterte Ausgabe

Herausgegeben vom Regierungspräsidium Tübingen

JAN THORBECKE VERLAG

Herausgegeben vom Regierungspräsidium Tübingen
Bearbeitet im Referat Naturschutz und Landschaftspflege
Schriftleitung: Volker Kracht

Gefördert durch die Stiftung Naturschutzfonds

Bibliografische Information der Deutschen Bibliothek
Die Deutsche Bibliothek verzeichnet diese Publikation in der Deutschen Nationalbibliografie;
detaillierte bibliografische Daten sind im Internet über http://dnb.ddb.de abrufbar.

© 2006 by Jan Thorbecke Verlag der Schwabenverlag AG, Ostfildern
www.thorbecke.de · info@thorbecke.de

Grundlage aller Topografischen Karten und Orthofotos
© Landesvermessungsamt Baden-Württemberg. Az. 2851.9-1/3

Dieses Buch ist aus alterungsbeständigem Papier nach DIN-ISO 9706 hergestellt.
Coverabbildung: NSG »Beurener Heide«
Typografie: Wolfgang Sailer, Thorbecke Verlag
Gesamtherstellung: Jan Thorbecke Verlag, Ostfildern
Printed in Germany
ISBN-10: 3-7995-5175-1
ISBN-13: 978-3-7995-5175-5

Inhalt

Geleitwort

Der Regierungsbezirk Tübingen mit seiner vielfältigen reizvollen Kulturlandschaft, die Lebensraum für zahlreiche Tier- und Pflanzenarten ist,
weist nahezu 300 Naturschutzgebiete auf. Zusätzlich soll aktuell auf der Schwäbischen Alb das erste Biosphärengebiet Baden-Württembergs ausgewiesen werden. Grund genug, die zweite,
überarbeitete und erweiterte Auflage des fach-
kundig geschriebenen und illustrierten Bandes
über die Naturschutzgebiete im Regierungsbezirk
Tübingen vorzulegen. Die seit der Erstauflage
1995 neu ausgewiesenen Naturschutzgebiete werden ergänzend präsentiert, gleichzeitig aufgenommen wurden aktuelle Beiträge zur Landeskunde, zur Pflanzen- und Tierwelt und zum
Naturschutz.

Landschaftliche Schönheit und Naturreichtum
zu bewahren sind wichtige Anliegen des Landes
Baden-Württemberg. Unsere Naturschutzgebiete,
die die schönsten und wertvollsten Flächen des
Landes schützen, sind neben den Natura-2000-
Gebieten der EU, den Naturdenkmalen, geschützten Biotopen und Landschaftsschutzgebieten der
Kernbestand derjenigen Flächen, in denen wir
dem Erhalt der Natur Vorrang einräumen.

In den Naturschutzgebieten wird der Natur
ein eindeutiger Vorrang vor anderen Nutzungsansprüchen eingeräumt, um Rückzugsräume für
gefährdete Arten schaffen zu können. Auf der
Grundlage der fachlichen Vorschläge der Natur-
schutzreferate im Regierungspräsidium wird in
teilweise schwierigen Verhandlungen versucht,
die Betroffenen zu überzeugen. Nur was die
Bürger kennen und richtig einschätzen können,
sind sie auch bereit zu schützen.

Mit dem Buch
»Naturschutzgebiete
im Regierungsbezirk
Tübingen« legt das
Regierungspräsidium
nicht nur einen Natur-
schutzgebietsatlas
vor, sondern es zieht
auch eine Bilanz des
bisher Erreichten und
bietet allen Lesern die
Möglichkeit, sich über den Naturreichtum des
Regierungsbezirks zu informieren und sich daran
zu erfreuen.

Ich danke den Autoren und Helfern, die dieses
Buch – häufig in ihrer Freizeit – mit großem
Engagement zustande gebracht haben, allen
voran den Mitarbeiterinnen und Mitarbeitern des
Regierungspräsidiums Tübingen. Ich freue mich,
dass das Buch beim Thorbecke-Verlag mit finanzieller Unterstützung der »Stiftung Naturschutzfonds« realisiert werden konnte. Dem Buch wünsche ich eine weite Verbreitung und allen Lesern,
dass ihr Verständnis für die Schönheit und
Schutzbedürftigkeit unserer Natur mit diesem
Werk gesteigert werde.

Peter Hauk, MdL
Minister für Ernährung und Ländlichen Raum
Vorsitzender der Stiftung Naturschutzfonds

Vorwort des Herausgebers

Fast 50 neue Naturschutzgebiete sind hinzugekommen, seit wir 1995, mit dem Buch über unsere damals 250 Naturschutzgebiete den Reichtum an Natur- und Kulturlandschaften unseres Regierungsbezirkes erstmals zusammenhängend vorstellten. Mit der derzeit laufenden Vorbereitung für die Ausweisung eines Biosphärengebiets mit UNESCO-Anerkennung auf der Schwäbischen Alb sind wir dabei, rund um den ehemaligen Truppenübungsplatz Münsingen ein Schutzgebiet hochstehender Kategorie zu entwickeln. Die Einbeziehung der einmaligen Hang- und Schluchtwälder des Albtraufs in ein großflächiges Schutzgebiet ist die Konsequenz und der Höhepunkt der Ausweisung von jetzt nahezu 300 Naturschutzgebieten im Regierungsbezirk Tübingen. Dies ist Grund genug, mit einer zweiten erweiterten Auflage unsere Schutzgebiete gebündelt zu präsentieren.

Zukunftsweisend für den Erhalt unseres nationalen Naturerbes präsentierten sich in der Vergangenheit bereits das mit dem Euro-Diplom ausgezeichnete Naturschutzgroßprojekt »Wurzacher Ried«, das Naturschutzgroßprojekt »Pfrunger-Burgweiler Ried« oder das LIFE-Projekt »Federsee«. Mit dem Biosphärengebiet gehen wir den Weg, den die Europäische Union mit den Natura 2000-Flächen vorgezeichnet hat, konsequent weiter. Eine maßgebliche Fläche des Regierungsbezirks von über 15 % ist damit unter Schutz gestellt. Insellösungen, als die sich kleinräumige Naturschutzgebiete bisher häufig dargestellt haben, werden in großflächige Landschaften einbezogen und untereinander vernetzt.

Das Biosphärengebiet entsteht, mehr noch als dies bei Naturschutzgebieten in der Vergangenheit häufig der Fall war, auf einem Weg, den Be-

hörden, ehrenamtliche Naturschützer, Landwirte und Gewerbetreibende bewusst gemeinsam gehen. Dies zeigt, dass die Chancen, die der Naturschutz für die Entwicklung des Regierungsbezirks Tübingen darstellt, von allen gesehen werden, und dass die einzigartige Landschaft des Regierungsbezirks dem Tourismus und der Vermarktung einheimischer landschaftlicher Produkte eine hervorragende Plattform bietet, an der alle im naturverträglichen Rahmen nachhaltig mitarbeiten.

Mit dem jetzt vorgelegten Buch wird für Fachleute und naturinteressierte Laien die Arbeit der Naturschutzverwaltung im Regierungspräsidium dokumentiert. Neben der Vorstellung aller – inzwischen 296 – Naturschutzgebiete in anschaulichen Beiträgen und einmaligen Fotos und Luftbildern präsentiert das Buch eine komprimierte Darstellung der geologischen, natur- und kulturgeschichtlichen Grundlagen des Regierungsbezirks. Durch zahlreich eingearbeitete Hinweise auf touristische Sehenswürdigkeiten wird deutlich, dass Naturschutzgebiete einen wichtigen Beitrag zur Attraktivität des ländlichen Raums darstellen und ein wichtiger Standortfaktor des Regierungsbezirks sind.

Ich danke der Stiftung Naturschutzfonds Baden-Württemberg für die großzügige finanzielle Unterstützung des Buches, das pünktlich zum 100. Geburtstag des staatlichen Naturschutzes in Deutschland erscheint. Eine Veröffentlichung dieses Umfangs zu erstellen, kostet immer

Kraft und Zeit. Ein herzliches Dankeschön deshalb an alle Autoren und den Helfern, die an der Entstehung des Buches mitgearbeitet haben. Meine Anerkennung gebührt aber vor allem dem beruflichen und ehrenamtlichen Naturschutz im Regierungsbezirk und nicht zuletzt unseren Partnern im Naturschutz, den Landwirten und Schäfern, welche die sensiblen Flächen für uns traditionell bewirtschaften. Denn nur durch diese tatkräftigen Pflegeeinsätze, durch umfassendes Wissen und ein beständiges Engagement können letztendlich der Reichtum und die Schönheit unserer Heimat auch für unsere Kinder und Kindeskinder gesichert werden.

Hubert Wicker
Regierungspräsident

Vom Sinn und Zweck der Naturschutzgebiete – eine Einführung

von Volker Kracht

296 Naturschutzgebiete mit einer Fläche von etwa 20000 Hektar und einem Flächenanteil von 2,28 Prozent am Regierungsbezirk Tübingen, so liest sich die Statistik im Frühjahr 2006. Schon die reinen Zahlen lassen deutlich werden, dass sich einiges getan hat, seitdem 1995 die erste Auflage des vorliegenden Buches erschienen ist. Die Anzahl der Gebiete, die dem strengsten Schutz unterliegen, den unser Naturschutzrecht in Paragraf 26 des baden-württembergischen Naturschutzgesetzes bietet, ist deutlich gewachsen und bleibt auch weiterhin die höchste unter den vier Regierungsbezirken. Gleichzeitig liegt der Anteil der Naturschutzgebiete an der Fläche des Regierungsbezirkes im landesweiten Durchschnitt von 2,3 %.

Aber die bloßen Zahlen verraten natürlich noch nichts von der Vielgestaltigkeit unterschiedlicher Kultur- und Naturlandschaften, von den Kostbarkeiten aus der Tier- und Pflanzenwelt oder von den Besonderheiten ganzer Lebensgemeinschaften, die der Grund dafür waren, diese Gebiete als Naturschutzgebiete auszuzeichnen. Heute spiegeln unsere Naturschutzgebiete die ganze Vielfalt des Naturerbes wieder und sind ein Schatz, den zu hüten und von Generation zu Generation weiterzugeben zu den Aufgaben nicht nur der Naturschutzverwaltung, sondern unserer ganzen Gesellschaft gehört. Dabei gab und gibt es im Verlauf der Generationen durchaus einen Wandel in der Beurteilung dessen, was zum Naturerbe gehört und was zu erhalten wirklich wichtig ist.

Zur Ausweisungsgeschichte im Regierungsbezirk Tübingen

Weitgehend unberührte Natur war es, die im Süden Württembergs zuallererst als Naturschutzgebiet unter gesetzlichen Schutz gestellt wurde – in den Landschaften, die zum heutigen Regierungsbezirk Tübingen gehören. Ursprüngliche Hochmoore und Moorwälder im oberschwäbischen Alpenvorland, wilde Waldtobel nördlich des Bodensees und steile Felslandschaften mit urwald-

Weitgehend unberührte Naturlandschaften wie die Felsschutthalden des NSG »Untereck« am Balinger Albtrauf gehörten zu den bevorzugten Objekten der ersten Unterschutzstellungen W. Fritz

artigen Hangwäldern am Nordtrauf der Schwäbischen Alb waren solche Landschaftsausschnitte, für deren Schutz die Verordnungsentwürfe schon lange in der Schublade gelegen hatten. Auf das Reichsnaturschutzgesetz, mit dem der Reichstag dies 1935 möglich machte, hatten alle lange gewartet, die in und außerhalb der Verwaltung für Landschaft und Natur verantwortlich waren. Nach jahrelanger Vorbereitung, in denen das Gesetzgebungsverfahren immer wieder geruht hatte und der Gesetzentwurf wieder und wieder umgeschrieben worden war, wurde die in der Weimarer Verfassung verankerte staatliche Verantwortung für die natürlichen Lebensgrundlagen nun endlich in einem Gesetz konkret. Zum Staatsziel war der Schutz der Natur in Deutschland bereits 1919 erhoben worden, wirklich umgesetzt werden konnte dieses Ziel aber erst mit den Regelungen des Reichsnaturschutzgesetzes.

Sicherlich hatte es auch schon vorher »Naturschutz« sowie Gebiete zum Schutz der Natur gegeben. Eine hoheitliche, staatliche Verantwortung dafür aber hatte gefehlt. So gilt der Drachenfels

bei Bonn als erstes »Naturschutzgebiet« in Deutschland. Ihn hatte der preußische Kronprinz 1836 zum Schutz vor weiterem Gesteinsabbau für 10000 Taler gekauft und samt der ihn krönenden Burgruine privatrechtlich als kulturelles Erbe gesichert. Auch in Württemberg hatte es vor dem Reichsnaturschutzgesetz schon Unterschutzstellungen gegeben. Sie wurden mangels eines eigenständigen Naturschutzrechtes hilfsweise mit Polizei- und Ordnungsrecht begründet oder waren selbstbindende Erklärungen der Eigentümer gewesen. Mit dem neuen Naturschutzrecht nun wurde die Schutzwürdigkeit von Natur und Landschaft ein öffentlicher Belang, der sich gegen andere Ansprüche durchsetzen konnte.

Warum aber waren es dann ganz überwiegend staatseigene Naturflächen, die zuallererst unter eine hoheitliche Schutzverordnung gestellt und deren »Zerstörung« – so lautete es in den Verordnungstexten – durch Eingriffe untersagt wurde?

Zwei Beweggründe standen wohl dahinter, das neue Instrument staatlichen Schutzes gerade auf solche Flächen anzuwenden. Zum Einen hatte sich in den vergangenen Jahrzehnten schmerzlich gezeigt, wie sehr gerade ursprüngliche Natur oder das, was ihr noch am nächsten war, Stück

Die Ausweisung von Naturschutzgebieten im Regierungsbezirk zwischen 1937 und 2005

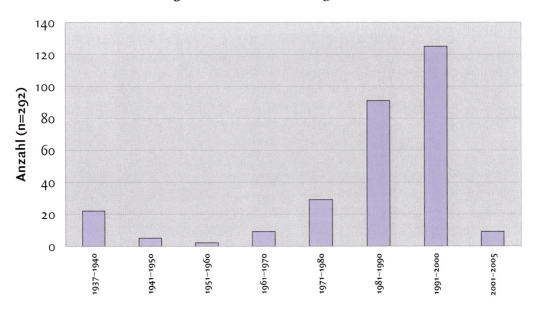

Anzahl ausgewiesener Naturschutzgebiete/Dekade

für Stück vom sogenannten Fortschritt aufgefressen wurde: wie Hochmoore im südlichen Oberschwaben entwässert worden und dem Torfabbau zum Opfer gefallen waren, wie die ausgedehnten Flachmoorlandschaften und Feuchtgebiete entlang von Donau und Riß drainiert und unter den Pflug genommen wurden und wie Ackerbau, moderne Forstwirtschaft, Verkehrswegebau und Industrie mit immer intensiveren Bewirtschaftungsmethoden in immer entlegenere Bereiche vordrangen, ohne dass dieser Entwicklung von Seiten der im Naturschutz Engagierten etwas entgegengesetzt werden konnte. Herrmann Löns hatte es bereits 1911 mit seiner berühmten Kritik »Die Naturverhunzung arbeitet ›en gros‹, der Naturschutz ›en detail‹« in griffige Worte gefasst.

Zum Anderen war es wohl die bittere Erfahrung, dass gerade Staat und Gemeinden in den 1930er-Jahren verstärkt und im großen Stil versuchten, ihre in öffentlichem Eigentum stehenden, wirtschaftlich unergiebigen Flächen intensiver zu nutzen, Moore zu meliorieren und unwirtschaftliche Wälder für den waldbaulichen »Fortschritt« zu öffnen. Die damit verbundene Zerstörung tradierter Landschaftsbilder, der von immer mehr Menschen empfundene Verlust an naturschützerischen Werten war nicht zuletzt wegen dieser Erfahrungen zu einer der Triebfedern für das neue Gesetz geworden. Und so kam es noch 1937 – so schnell die von Beginn an eher unzureichend besetzte und stark auf Ehrenamtlichkeit beschränkte Naturschutzverwaltung arbeiten konnte – zu den ersten Unterschutzstellungen. Bis 1939 waren bereits für annähernd 20 Gebiete im Bereich des heutigen Regierungsbezirks die fachlichen Unterlagen erstellt, war das rechtliche Verfahren durchlaufen und die Ausweisung als Naturschutzgebiet erfolgt.

Mit seinem Instrument Naturschutzgebiet entwickelte sich der Flächenschutz zur wichtigsten Strategie für die Umsetzung von Naturschutzzielen. In den als Naturschutzgebiet gesicherten Flächen haben die Schutzziele Vorrang vor allen anderen Ansprüchen, lassen sich Eingriffe oder Nutzungsansprüche untersagen und können Schutz- und Erhaltungsmaßnahmen angeordnet und durchgeführt werden. In welchem Umfang dieses Instrument allerdings eingesetzt wird, wie viele Naturschutzgebiete tatsächlich ausgewiesen

Die Fläche der NSG im Regierungsbezirk im zeitlichen Verlauf seit 1937

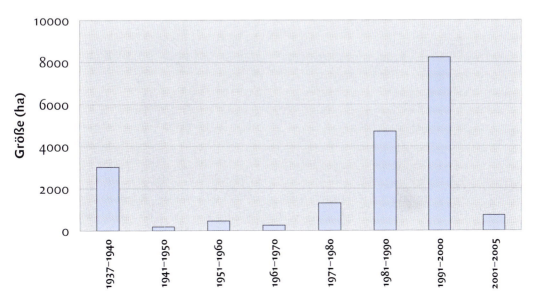

Ausgewiesene NSG-Fläche/Dekade

werden, hängt nicht zuletzt von den politischen Prioritäten in der jeweiligen Zeit ab. Und darum ist die Statistik zur Ausweisung von Naturschutzgebieten zu allen Zeiten auch ein Spiegel des gesellschaftlichen Wertewandels und der politischen Entwicklung.

So ist verständlich, dass Naturschutz als staatliches Thema während des Weltkrieges, aber auch in den Nachkriegsjahren in den Hintergrund trat. Wurden zu Beginn der 1940er-Jahre noch einige kleine Gebiete ausgewiesen, deren Unterschutzstellungsverfahren 1939 bereits weit fortgeschritten waren, ruhte spätestens nach der Ausrufung des »totalen Krieges« durch Goebbels die Arbeit der Naturschutzverwaltung vollständig. Sie wurde aber auch in den Notjahren nach Ende des Krieges nicht gleich wieder aufgenommen. In den 1950er-Jahren stand der wirtschaftliche Wiederaufbau im Vordergrund. Die Ausweisung von Naturschutzgebieten war kein Thema, das die Öffentlichkeit interessierte und beschränkte sich in diesen Jahren auf wenige Einzelfälle. Allerdings entwickelte sich die Wirtschaft rasant. Eine Mechanisierungswelle rollte über die Landwirtschaft, die infolge der vielen Kriegstoten auf eine Generation Männer als Arbeitskräfte verzichten musste. Die massive Bauentwicklung drängte mit Neubaugebieten über die seitherigen Siedlungsgrenzen hinaus, auch in bis dahin intakte Natur. Solche Entwicklungen waren Ursache und Ansporn für die rasche Zunahme der Unterschutzstellungen in den darauf folgenden Jahrzehnten.

Im Zuge eines entstehenden und rasch wachsenden Umweltbewusstseins wurden Naturschutzgebiete als geeignetes Instrument anerkannt, um etwa Feuchtgebiete vor Trockenlegung oder Aufforstung, Magerrasen und Wacholderheiden vor der Umwidmung in Bauland und historische Fisch- und Mühlweiher vor einer Umwandlung in Angelteiche zu sichern. Neben dem Schutz von Biotopen aber ging es vor allem anderen immer wieder darum, Tier- und Pflanzenarten an den Standorten ihrer letzten Vorkommen vor dem Aussterben zu bewahren.

Gleichzeitig standen dank der wirtschaftlichen Aufwärtsentwicklung und des neuen Umweltbewusstseins in der Gesellschaft ausreichende Finanzmittel zur Verfügung, um Naturschutz und Landschaftspflege im baden-württembergischen Staatshaushalt besser als seither auszustatten. Damit konnten bei der Höheren Naturschutzbehörde wie auch der fachlich zuständigen Bezirksstelle für Naturschutz und Landschaftspflege ausreichend Personal für diese Aufgabe bereitgestellt werden. Dank der rasch und jährlich wachsenden finanziellen Ausstattung des Naturschutzhaushaltes verbesserte sich aber auch die Akzeptanz für geplante Naturschutzgebiete. Denn nun musste die Naturschutzverwaltung nicht mehr nur Verbote aussprechen, sondern konnte auch Angebote machen: zum Ankauf strittiger Flächen, zur freiwilligen Nutzungsextensivierung im Rahmen des Vertragsnaturschutzes oder für die Übernahme von Landschaftspflegearbeiten durch Landwirte. Sich in der Pflege von Naturschutzgebieten zu engagieren, wurde zu einer wirtschaftlichen Perspektive für zahlreiche landwirtschaftliche Betriebe im ländlichen Raum Südwürttembergs.

Vom Einzelverfahren zum konzeptionellen Naturschutz

Die verbesserte personelle Ausstattung im Laufe der 1980er-Jahre machte es möglich, mit der Schutzgebietsausweisung nicht so sehr auf aktuelle Gefährdungen zu reagieren, sondern stärker konzeptionell zu agieren. Nun konnten bei der Bezirksstelle für Naturschutz und Landschaftspflege regionale Schutzkonzeptionen erarbeitet werden. Grundlagen dafür lieferten die Landesbiotopkartierung, spezifische Kartierungen etwa von Feuchtgebieten, Mooren oder Dolinen, wissenschaftliche Graduierungsarbeiten, im Werkvertrag erstellte Gebietskartierungen und die Ergebnisse des Landesartenschutzprogramms. Solche naturraum- oder landkreisbezogenen Konzeptionen sind seither Grundlage des langfristigen Schutzgebietsprogramms und der daraus abgeleiteten Arbeitsprogramme für den Regierungsbezirk. Dass nicht zu kalkulierende Verzögerungen im Verfahren oder akut drohende Eingriffe in ein geplantes Schutzgebiet immer wieder zu Überarbeitungen des Programms führen, ist unvermeidlich.

Beispielhaft für das Zusammenwirken der genannten Faktoren soll die Entwicklung im Landkreis Ravensburg skizziert werden. Mit seiner von den Kaltzeiten geprägten Vergangenheit und seinem hohen durchschnittlichen Niederschlag verfügt der Landkreis im Süden des Regierungsbezirks über einen großen Reichtum an Feuchtgebieten, Mooren, Seen und Weihern, in denen sich eine Pflanzen- und Tierwelt von enormer Bedeutung für den Naturschutz findet. Entsprechend stark waren und sind die Gefahren für den Bestand dieses Naturerbes im Zuge sich wandelnder und intensiver werdender Landbewirtschaftung. Nutzungsaufgabe oder Aufforstung unrentabler Streuwiesenflächen und gezielte Düngung und Intensivierung von Feuchtwiesen waren die drängendsten Probleme, als das neue Landesnaturschutzgesetz (NatSchG) von 1975 mit seinem Paragrafen 16 Eingriffe in Feuchtgebiete untersagte. Das war zwar eine für den Naturschutz überaus wichtige Neuregelung, doch stellte sich schnell das Problem einer fehlenden Definition des Begriffes »Feuchtgebiet« – insbesondere bei landwirtschaftlich genutzten Feucht- und Nasswiesen. Was sind Feuchtgebiete? Welche Feuchtgebietswiesen sind naturschutzgebietswürdig? Welche Art der Nutzung ist für sie noch nachhaltig, stellt also keinen Eingriff dar? Um diese Fragen besser beantworten zu können, wurde im Landkreis Ravensburg gegen Ende der 1970er-Jahre eine landesweit modellhafte Feuchtgebietskartierung durchgeführt. Wichtiger Bestandteil war die Arbeit der so genannten Feuchtgebietskommission, in der Vertreter von Naturschutzverwaltung, Landwirtschaftsverwaltung, Bauernverband, Forstverwaltung, Naturschutzverbänden und der jeweils berührten Gemeinden eine gemeinsame Bewertung der Kartierung vornahmen. Als Ergebnis dieser Bewertung lag dann eine Liste aller Feuchtgebiete mit einer zwischen den Kommissionsmitgliedern abgestimmten Zuordnung zu Schutzgebietskategorien vor. Diese einvernehmliche Naturschutzgebietskonzeption und die gezielte Einstellung

von zwei Juristen für die Durchführung von Unterschutzstellungsverfahren beim Regierungspräsidium erleichterte von Mitte der 1980er-Jahre an die Ausweisungsverfahren für die einzelnen Gebiete. Nicht zuletzt aus diesem Grund war es dem Regierungspräsidium Tübingen als einzigem im Land Baden-Württemberg über mehrere Jahre möglich, die damalige Vorgabe der Landesregierung zu erfüllen, 20 Naturschutzgebiete pro Jahr und Regierungsbezirk auszuweisen. Gleichzeitig setzte das Landratsamt Ravensburg die in der Kommission abgestimmte Ausweisung kleinflächiger Feuchtgebiete als flächenhafte Naturdenkmale nach Paragraf 24 des damals neuen Naturschutzgesetzes um.

Akzeptanz als Ziel

Parallel zur Schutzgebietsausweisung bestand das Angebot an interessierte Landwirte, gegen Bezahlung Landschaftspflegearbeiten in den Schutzgebieten zu übernehmen. 1987 kamen als weiteres Instrument die »Extensivierungsverträge« hinzu, mit denen der freiwillige Verzicht auf eine zulässige Intensivnutzung finanziell honoriert werden kann. Mit solchen Verträgen lässt sich beispielsweise vereinbaren, dass Bauern – obwohl rechtlich zulässig – darauf verzichten, auf hängigen Wiesen Gülle auszubringen, wenn sich so vermeiden lässt, dass unerwünschte Nährstoffe in angrenzende, tiefer liegende Moorflächen eingetragen werden.

Die intensive Zusammenarbeit von Naturschutz und Land- bzw. Forstwirten in dieser Zeit hat die Grundlage für ein verändertes Miteinander gelegt. Standen sich zu Beginn der 1970er-Jahre Naturschützer und Naturnutzer oft verständnislos oder ablehnend gegenüber, können sich diese Verhandlungspartner im Regierungsbezirk Tübingen heute in aller Regel in die Interessenlage des jeweils Anderen hineindenken, wenn es etwa darum geht, Verbote und Ausnahmen in Schutzgebietsverordnungen zu formulieren. Kompromisslösungen aber, die im Interesse beider Partner liegen, steigern die Akzeptanz der Verordnung vor Ort. Die Wurzeln des im Regierungsbezirk Tübingen meist kooperativen Umgangs von Bauernverband, Forstverwaltung und Naturschutzverwaltung miteinander liegen in dieser Zeit.

Wenn die Zahl neuer Naturschutzgebiete seit Ende der 1990er-Jahre wieder stark rückläufig ist, hat das seine Gründe darum nicht so sehr in der Ablehnung durch die Landnutzer. Ursächlich dafür sind vielmehr ganz unterschiedliche Entwicklungen. Eine ist der sicherlich notwendige Personalabbau in der Verwaltung bei – mit der Umsetzung von NATURA 2000 – sich ändernden Aufgabenschwerpunkten für diejenigen, die mit Schutzgebietsverfahren befasst sind. Gleichzeitig spiegelt die rückläufige Zahl neuer Naturschutzgebiete aber auch die übergeordnete – inzwischen negative - wirtschaftliche Situation wieder. Für Grunderwerb zu Naturschutzzwecken stehen seit Jahren kaum noch Mittel zur Verfügung, die Haushaltsansätze für den Vertragsnaturschutz sind festgeschrieben – „gedeckelt", wie das im Verwaltungsjargon heißt. Insofern sind die probaten Instrumente zur Lösung von Problemen in Ausweisungsverfahren nur noch in wenigen Fällen anwendbar. Und schließlich sind es inzwischen vermehrt Städte und Gemeinden, die sich in wirtschaftlich schwierigen Zeiten dagegen wehren, Teile ihrer Gemarkung als Naturschutzgebiete aus der kommunalen Planungshoheit zu entlassen. Unabhängig davon, dass das Naturschutzgesetz gerade auch den Kommunen eine besondere Verantwortung für den Naturschutz auferlegt, war – von den Ausnahmen, die bekanntermaßen die Regel bestätigen, abgesehen – der Widerstand von Gemeinden gegen neue Naturschutzgebiete in der vergangenen Dekade oft entscheidend für den langsamen Verlauf von Ausweisungsverfahren.

Schutzobjekt Kulturlandschaft

Mit der Wiederaufnahme von Schutzgebietsausweisungen nach dem Zweiten Weltkrieg hatte sich der Schwerpunkt bei den Schutzobjekten deutlich verschoben. War es am Anfang eher vom Menschen wenig berührte, aber von »Kultivierung« bedrohte Natur gewesen, die unter Schutz gestellt wurde, so ging es nun eher um Aus-

schnitte der Kulturlandschaft, die besonders schutzwürdig bzw. gefährdet erschienen. Die sich rasant ändernde Landbewirtschaftung ließ den überlieferten Strukturreichtum der Landschaft schwinden. Möglichst große, maschinell nutzbare Wirtschaftseinheiten zu schaffen, war das Ziel. Auch der Fortschritt in Tierhaltung und Agrochemie führte zu Haltungs- und Bewirtschaftungsmethoden, die nahezu überall gleich waren. Die tradierte Vielfalt der Landnutzungsformen stellte sich als unwirtschaftlich heraus. Als Folge davon wurden die Bewirtschaftung nicht intensivierbarer Standorte aufgegeben, andere Flächen mit modernen Methoden umgewandelt. Beides aber, Nutzungsaufgabe und Intensivierung, führt dazu, dass mit der herkömmlichen Bewirtschaftung auch das daran angepasste Arteninventar seinen Lebensraum verliert und verschwindet. Biotoptypen, Arten und Lebensgemeinschaften von naturschutzfachlich höchster Bedeutung wurden so auf immer kleinere Restflächen zurückgedrängt oder verschwanden ganz aus der Landschaft.

Im Regierungsbezirk war diese Entwicklung bei zwei Gruppen von Biotoptypen besonders ausgeprägt zu beobachten. Zum Einen waren es die seither einmähdig bewirtschafteten Trockenrasen, Halbtrockenrasen, Holzwiesen sowie die von der Wanderschäferei geprägten Wacholderheiden der Schwäbischen Alb. Die Fläche der für das überkommene Bild der Alb so typischen Heiden hat sich innerhalb des vergangenen Jahrhunderts um etwa die Hälfte vermindert. Viele Tagfalter-, Heuschrecken- oder Vogelarten sind so aus Teilen ihres einstigen Verbreitungsgebietes ganz verschwunden. Etwa 70 Prozent der verlorengegangenen Heiden sind nach Aufgabe der Beweidung zu Wald geworden, 25 bis 30 Prozent wurden dagegen intensiviert oder überbaut (BEINLICH & KLEIN 1995).

Zum Anderen erwiesen sich die Streuwiesen, die einst Einstreu für den Viehstall geliefert hatten, mit dem Siegeszug von Spaltenboden und Güllewirtschaft in der Tierhaltung als überflüssig. Diese Nasswiesen und Kleinseggenrieder der voralpinen Moore wurden in den Nachkriegsjahren sukzessive in ertragreiche feuchte Futterwiesen umgewandelt, soweit dies nur möglich war. Andere verbuschten, sich selbst überlassen oder wurden mit Fichten aufgeforstet. Auf diese Weise ging innerhalb eines Jahrhunderts ebenfalls etwa die Hälfte der Streuwiesenfläche verloren (LAND-RATSAMT RAVENSBURG 1985). Mit dem Kulturlandschaftselement Streuwiese aber verschwindet eine kaum übersehbare Vielfalt von Arten, die auf diese Bewirtschaftung angewiesen sind, darunter kaltzeitliche Reliktarten als Zeugen der Landschaftsgeschichte, Insekten fangende Pflanzenarten, Enziane, Orchideen sowie Landschaftsbilder von unbeschreiblicher Eigenart und Schönheit.

Vor diesem Hintergrund wird erklärlich, warum sich die Schwerpunkte der Unterschutzstellungen im Regierungsbezirk in den 1950er-Jahren rasch von Naturlandschaft hin zu den von menschlicher Nutzung geprägten Kulturlandschaftsausschnitten verlagerten. Zwar sind die beiden Landschaftstypen in unserer dichtbesiedelten Landschaft in der Regel eng verzahnt, aber Abbildung 4 verdeutlicht zumindest die Domi-

nanz kulturlandschaftlicher Schutzobjekte. Für diese Berechnung wurden Moore, Felsbiotope, Bannwälder und überwiegend naturnahe Seen, deren reale Vegetation noch (weitgehend) der potenziell natürlichen Vegetation entspricht, unter Naturlandschaft subsummiert, die übrigen NSG-Flächen als Kulturlandschaft gewertet. Doch sollte man sich von der Darstellung nicht täuschen lassen: Der Anteil nicht nutzungsgeprägter, (fast) natürlicher Biotopflächen ist in der Gesamtlandschaft tatsächlich viel kleiner als in den Naturschutzgebieten. Solche Naturobjekte sind wegen ihrer Seltenheit und Bedeutung gezielt in die Naturschutzgebiete einbezogen worden. Tatsächlich ist der Anteil natürlicher Wildnis bis auf wenige Hochmoor-, Wasser- und Felsbiotope verschwindend gering.

Zu den in der Rückschau erstaunlichen Beobachtungen muss sicher auch zählen, wie spät dies und die sich daraus ergebende Landschaftspflegeproblematik im Naturschutz erkannt wurde.

Bewirtschaftung, Pflege und Entwicklung von Naturschutzgebieten

Bei der Unterschutzstellung von Elementen der Naturlandschaft ist der Schutz vor negativen

In den Naturschutzgebieten ist weitgehend unberührte Natur mit einem deutlich höheren Anteil repräsentiert als in der Gesamtlandschaft

Natur- und Kulturlandschaft in den Naturschutzgebieten

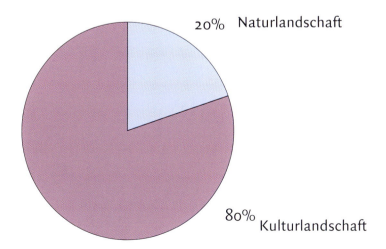

20% Naturlandschaft

80% Kulturlandschaft

menschlichen Eingriffen das wichtigste Ziel. Dies kann mit einer Naturschutzgebietsverordnung auch gut erreicht werden. Sieht man einmal davon ab, dass natürlich nicht an jedem Schutzgebiet ein »Ranger« oder gar ein Polizist stehen kann, der die Einhaltung der Verordnung überwacht, kann eine Schutzgebietsverordnung in ihren Regelungen, ihren Verboten und den genau beschriebenen Ausnahmen sehr gut die Rahmenbedingungen für eine dauerhafte Sicherung eines Gebietes bieten.

Das ist bei einem unter Naturschutz gestellten Ausschnitt der Kulturlandschaft ganz anders. Kennzeichen der Kulturlandschaft ist es ja gerade, dass sie und ihre naturschutzfachliche Wertigkeit durch (zumeist bäuerliche) Nutzung des Menschen geprägt wurde oder gar entstanden ist. Ohne diese Nutzung oder einen die Nutzung nachahmenden Eingriff geht die seither kultivierte Landschaft in Brache über und wird in der Regel zu Wald – zu Natur. Darum kann die Ausweisung als Naturschutzgebiet für Objekte der Kulturlandschaft zwar ein wichtiges Prädikat sein, das die besondere Bedeutung des Gebietes unterstreicht und die rechtlichen Rahmenbedingungen setzt für eine Entwicklung ohne äußere Störung. Eine Garantie für die Erhaltung und Verbesserung der ökologischen Verhältnisse und der naturschutzfachlichen Werte ist die Ausweisung als NSG für sich allein jedoch nicht.

Soll das Biotoptypen- und Arteninventar in Kulturlandschaftsbiotopen erhalten oder gesteuert werden, muss die seitherige Nutzung weitergeführt werden. Fällt die Nutzung weg, weil etwa der Schäfer aufgibt oder weil eine bestimmte Nutzung für einen modernen landwirtschaftlichen Betrieb unwirtschaftlich wird, ist Ersatz in Form von Landschaftspflege nötig, mit der die Wirkungen der früheren Bewirtschaftung simuliert werden. Bei der Landschaftspflege aber steht nicht mehr die ökonomisch motivierte Nutzung, sondern die Sicherung der ökologischen »Nebeneffekte«, der Naturschutzbedeutung also im Vordergrund. Es geht darum, die Ausprägung des jeweiligen Biotoptyps zu verbessern und meist auch darum, die Lebensbedingungen für ganz bestimmte, wertgebende Arten zu optimieren. In diesem Zusammenhang müssen zahlreiche Fragen beantwortet und Entscheidungen getroffen werden. Wie ist etwa eine negative Bestandsentwicklung bedeutsamer Arten zu beurteilen und wie ist ihr zu begegnen? Worin ist beispielsweise die zunehmende Verschilfung einer Kleinseggen-Streuwiese begründet und welche Maßnahmen können dem entgegenwirken? Muss ein neuer Schäfer her, wenn der bisherige Wanderschäfer eines Kalkmagerrasengebiets aufgibt? Ist auch

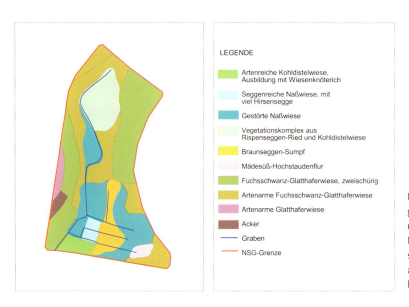

LEGENDE

Artenreiche Kohldistelwiese, Ausbildung mit Wiesenknöterich

Seggenreiche Naßwiese, mit viel Hirsensegge

Gestörte Naßwiese

Vegetationskomplex aus Rispenseggen-Ried und Kohldistelwiese

Braunseggen-Sumpf

Mädesüß-Hochstaudenflur

Fuchsschwanz-Glatthaferwiese, zweischürig

Artenarme Fuchsschwanz-Glatthaferwiese

Artenarme Glatthaferwiese

Acker

Graben

NSG-Grenze

Pflegekonzeption »Upfinger Ried«: Die Maßnahmenkonzepte der Landschaftspflegepläne stützen sich auf genaue Bestandskartierungen

eine Koppelbeweidung fachlich vertretbar? Wären Ziegen eine mögliche Alternative oder reicht vielleicht auch eine mechanische Pflege in mehrjährigem Turnus aus?

Aber es entstehen natürlich auch Fragen nach den Methoden. Sind Maschinen – und wenn ja, welche – einsetzbar oder ist nur Handarbeit möglich? Von zentraler Bedeutung ist immer die Frage nach den zur Verfügung stehenden Pflegekapazitäten: Landwirt, Landschaftspflegefirma, Forstverwaltung oder Pflegetrupp? Und schließlich sind die Kosten und deren Verhältnismäßigkeit abzuwägen, wenn es darum geht, die Pflege eines Naturschutzgebietes zu planen.

Landschaftspflege verlangt kompetentes Gebietsmanagement. Aus diesem Grund werden vom Naturschutzfachreferat des Regierungspräsidiums für diejenigen Naturschutzgebiete im Regierungsbezirk, die Landschaftspflege brauchen, Pflege- und Entwicklungspläne aufgestellt. Derzeit gibt es für etwa zwei Drittel der Naturschutzgebiete Pflege- und Entwicklungspläne. Sie bestehen jeweils aus einem Bestandsplan, einem Ziel- und einem Maßnahmenplan. Ist der Plan fertig und mit allen Beteiligten abgestimmt, planen, koordinieren und kontrollieren die für Landschaftspflege Zuständigen des Regierungspräsidiums die jährlichen Pflegemaßnahmen, die in ihrem Auftrag von Landwirten, ehrenamtlichen Helfern, beauftragten Firmen oder dem eigenen Pflegetrupp vorgenommen werden. Routinemaßnahmen werden zur Durchführung den Landratsämtern übergeben.

Für die langfristige Wirkungskontrolle dieser Landschaftspflegemaßnahmen besteht ein Netz von Dauerbeobachtungsflächen in den Naturschutzgebieten des Regierungsbezirks.

Erfüllen Naturschutzgebiete die Erwartungen, die wir an sie stellen?

Fast 300 Naturschutzgebiete im Regierungsbezirk, ein effizientes Gebietsmanagement – das sind Ergebnisse, die sich präsentieren lassen. Und in diesen Gebieten konzentrieren sich die bedeutendsten Vorkommen der besonders gefährdeten Arten und Lebensgemeinschaften.

Für Gehölzarbeiten in schwierigem Gelände sind die Mitarbeiter des Landschaftspflegetrupps gut ausgerüstet. S. JESSBERGER

Hat der Naturschutz damit die Ziele erreicht, die er erreichen möchte? Ist der gesetzliche Auftrag erfüllt, der in Paragraf 1 des baden-württembergischen Naturschutzgesetzes formuliert ist: »... der wildlebenden heimischen Tier- und Pflanzenwelt sind angemessene Lebensräume zu erhalten. Dem Aussterben einzelner Tier- und Pflanzenarten ist wirksam zu begegnen«? Tatsächlich sind die Roten Listen der gefährdeten Arten trotz aller Anstrengungen zur Ausweisung von Naturschutzgebieten nicht kürzer geworden. Das globale Artensterben geht weiter und auch in Baden-Württemberg nehmen nach Feststellungen des Max-Planck-Instituts für Vogelkunde wie auch der Landesanstalt für Umwelt, Messung und Naturschutz Baden-Württemberg die Bestände der freilebenden Tier- und Pflanzenarten weiter ab – auch in Naturschutzgebieten! Spektakulären Einzelerfolgen bei der Rettung oder Wiedereinwanderung von Arten steht der eher stille Bestandesrückgang bei vielen Allerweltsarten, aber auch von bedrohten Biotoptypen und Spezies gegenüber. Die Naturschutzverwaltung muss sich immer wieder die Frage stellen, ob Reservate die richtige Antwort sind, ob sich die Erwartungen, die wir an sie stellen, erfüllen lassen.

Tatsächlich gibt es eine Reihe von Thesen und Argumentationen, die sich durchaus kritisch mit dem Konzept des Flächenschutzes und seinen Ergebnissen auseinander setzen:

— Flächenschutz sei eine Strategie, die sich segregativ nur einem kleinen Teil unserer Landschaft widmet, nur die »Filetstücke« herausparzelliert und quasi ausgrenzt, den Rest der Landschaft aber – immerhin um etwa 90 Prozent – einer nicht naturschutzkonformen, in großen Teilen eher naturschutzfeindlichen Entwicklung überlässt, ohne weitergehende Naturschutzansprüche geltend zu machen. Besser geeignet seien »integrative« Strategien. Sie versuchen die Landbewirtschaftung und möglichst viele wirtschaftliche Aktivitäten durch ein geeignetes Anreizsystem so zu gestalten, dass entsprechend dem Schlagwort: »Schützen durch Nützen« Naturschutzziele – freiwillig – integriert und mitverwirklicht werden: Tatsächlich sind integrative Strategien, wie sie beispielsweise mit PLENUM oder in einzelnen Naturparken im Land verwirklicht werden und wie sie derzeit im Zusammenhang mit dem vor der Verwirklichung stehenden Biosphärengebiet auf der Schwäbischen Alb diskutiert werden, eine hervorragend geeignete und notwendige Ergänzung, um die Kernflächen unseres Naturerbes, die Naturschutzgebiete, in großräumige Kulturlandschaften mit Pufferwirkung einzubetten. Ersetzen können sie Naturschutzgebiete allerdings nicht!

— Das Instrument Vertragsnaturschutz sei flexibel und beruht auf freiwilligen Vereinbarungen. Es sei insofern viel besser geeignet als starre, hoheitliche Verordnungen, womöglich gegen den Willen des Eigentümers der betroffenen Fläche.

Tatsächlich sind freiwillige, kündbare und befristete vertragliche Bindungen sehr gut geeignet, ein Schutzgebietsmanagement umzusetzen. Für den eigentlichen Grundschutz aber, den gesetzlichen Auftrag des Paragrafen 1 zur wirksamen und dauerhaften Sicherung der Lebensräume zu verwirklichen, sind sie nicht das geeignete Instrument.

Naturschutzgebiete sind in der Regel zu klein, um einen wirksamen Biotop- und Artenschutz gewährleisten zu können. Stoffliche, akustische oder optische Randeffekte aus einer intensiv genutzten Umgebungslandschaft beeinträchtigen die inselartig darin liegenden Schutzgebiete bis in den Kern hinein. Die geschützten Tier- und Pflanzenarten brauchen ein bestimmtes, nicht gestörtes Minimalareal, um als Population überlebensfähig zu sein: Tatsächlich waren und sind Naturschutzgebiete in aller Regel eng, häufig zu eng abgegrenzt, wichtige Pufferflächen sind nicht einbezogen. Dies liegt nicht an mangelnder fachlicher Kompetenz der Naturschutzverwaltung. Vielmehr spiegelt die unzulängliche Größe eher das im Widerstreit mit anderen Nutzungsinteressen gerade noch Durchsetzbare, nicht immer jedoch die ökologisch sinnvolle Abgrenzung wider. Auch eine sehr stringente Rechtsprechung der Verwaltungsgerichtsbarkeit zur Einbeziehung von Pufferflächen, die außer ihrer wichtigen Pufferwirkung kein bedeutsames eigenes Naturinventar besitzen, setzt hier enge Grenzen. Schließlich sehen sich häufig gerade ältere Naturschutzgebiete, die über Jahrzehnte in einer intakten und verträglichen Kulturlandschaft eingebettet waren, aufgrund des Struktur- und Methodenwandels in der Landwirtschaft, sowie in der Verkehrs- und Siedlungsentwicklung inzwischen in einer problematischen Umgebung. Dies spricht nicht gegen das Instrument Naturschutzgebiet, sondern stellt Anforderungen an die Praxis der Abgrenzung und an ergänzende integrative Landnutzungsstrategien im Umfeld. Andererseits sind etliche der in Naturschutzgebieten geschützten Objekte von diesem Problem nicht oder nicht stark betroffen. Wuchsorte vieler Pflanzenvorkommen etwa können durchaus eng abgegrenzt sein, ohne Schaden zu nehmen. Auch etliche Biotoptypen wie Trockenrasen, Hochmoore, Quellsümpfe oder eutrophe Stillgewässer sind von Natur aus kleinflächig oder können in einer intensiv genutzten Umgebung existieren, ohne in ihrer Eigenart berührt zu sein. Dennoch hat die Erkenntnis, dass Naturschutzgebiete vor allem in den 1950er- und 1960er-Jahren zu eng abgegrenzt wurden, dazu beigetragen, dass die durchschnittliche Gebietsgröße seither stetig gewachsen ist. Zwei Zeiträume allerdings fallen aus dieser Entwicklung heraus. Zum Einen sind das die Jahre von 1937 bis 1940. Die damals ausgewiesenen ersten Naturschutzgebiete waren ausgedehnte Naturlandschaftsausschnitte. Die Dekade von 1951 bis 1960 ist dominiert von der ersten Ausweisung des Naturschutzgebietes Wurzacher Ried, das mit einer Fläche von damals 426 Hektar die beiden anderen ausgewiesenen Gebiete von nur vier und 22 Hektar überlagert und den Mittelwert prägt.

Gleichzeitig wandelte sich im Zuge konzeptioneller Überlegungen die Zielsetzung bei der Ausweisung. Der Schutz einzelner Besonderheiten und Seltenheiten trat zurück gegenüber dem präventiven Schutz ganzer Biotopkomplexe wie Moorlandschaften oder beispielsweise noch intakte Flußtäler mit Fließgewässer, Aue und angrenzenden Hängen. Auch die seit den 1980er-Jahren verstärkt verfolgte Zielsetzung, natürliche Dynamik in Schutzgebieten zuzulassen, erfordert die Einbeziehung größerer Flächen in die Naturschutzgebiete.

– Nur 30 bis 50 Prozent unserer heimischen Arten sind in den Naturschutzgebieten vertreten.

Die Entwicklung der durchschnittlichen Flächengröße der neu ausgewiesenen Naturschutzgebiete

Wie soll damit dem Auftrag des Paragrafen 1 des Naturschutzgesetzes zur Sicherung der freilebenden Tier- und Pflanzenwelt Rechnung getragen werden? Tatsächlich wäre das Instrument Naturschutzgebiet wohl missverstanden und überfordert, wenn davon die Sicherung des Naturhaushaltes im Land erwartet würde. Das kann es nicht leisten. Die Ausweisung von Naturschutzgebieten ist auch nur ein – allerdings zentrales – Instrument der Naturschutzverwaltung. Ergänzende Instrumente wie die integrativen Landnutzungsstrategien und der Vertragsnaturschutz auch außerhalb der Schutzgebiete sind erforderlich.

Zu dem in Paragraf 1 ebenfalls enthaltenen Auftrag, »dem Aussterben einzelner Tier- und Pflanzenarten wirksam zu begegnen«, leisten Naturschutzgebiete allerdings einen sehr beachtlichen Beitrag. Gerade die besonders gefährdeten Arten sind mit ihren Habitaten in den Naturschutzgebieten weit überproportional zu finden und erfahren hier eine auf sie abgestimmte Beachtung und Pflege.

So beherbergen nach Untersuchungen im Regierungsbezirk Stuttgart (WAGNER 1994) die dor-

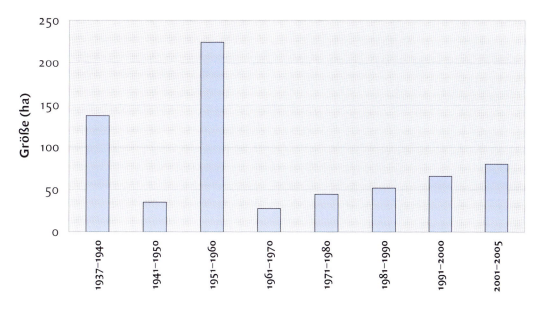

Durchschnittliche Flächengröße der ausgewiesenen NSG

tigen Naturschutzgebiete rund 70 Prozent aller gefährdeten Pflanzenarten, die in den berührten Naturräumen zu erwarten sind

– Obwohl Naturschutzgebiete in Baden-Württemberg weniger als drei Prozent der Landesfläche umfassen, finden sich darin nach Auswertungen der Landesanstalt für Umweltschutz (MEINEKE & SEITZ. 2004)

  – 34 Prozent aller bekannten Populationen besonders gefährdeter Blüten- und Farnpflanzenarten,
  – 36 Prozent der Vorkommen gefährdeter Vögel,
  – 58 Prozent aller bekannten Vorkommen besonders gefährdeter Wildbienen-Arten,
  – 37 Prozent aller Populationen besonders gefährdeter Schmetterlingsarten.

Der Schutzzweck der Naturschutzgebiete hebt in der Regel ausdrücklich auf die besonderen Arten ab. Die Verordnung enthält individuelle Regelungen dazu, welche Nutzungen im Blick auf die individuellen Schutzbedürfnisse zulässig und welche verboten sind. Dies und ein konkretes Pflegemanagement aufgrund qualifizierter Pflege- und Entwicklungspläne ist Grundlage

dafür, dass Naturschutzgebiete ihre Funktion als Lebensstätten gerade der gefährdeten Arten erfüllen. Jede dieser Arten ist ein Beleg für die Vielfalt des Lebens, für das Wirken der Evolution. Diese Vielfalt und die ihr zugrundeliegenden Mechanismen zu bewahren, ist nicht nur eine Vorgabe des Gesetzgebers, sondern darüber hinaus eine ethische und moralische Pflicht für uns Alle. Naturschutzgebiete leisten dazu einen wichtigen Beitrag.

LITERATUR

BEINLICH, B. & KLEIN, W. (1995): Kalkmagerrasen und mageres Grünland. Bedrohte Biotoptypen der Schwäbischen Alb.- Beih.Veröff.Naturschutz Landschaftspflege Bad.-Württ., 83: 109–128. Karlsruhe.

LANDRATSAMT RAVENSBURG (1985): Feuchtgebiete – Arbeit der Feuchtgebietskommission 1979–1984. Vervielfält. Manuskript.

MEINEKE, J. & SEITZ, B.-J. (2004): Naturschutzgebiete – ein zeitgemäßes Naturschutzinstrument? In: Naturschutzgebiete im Regierungsbezirk Freiburg. S. 137–154. Thorbecke Stuttgart.

WAGNER, H. (1994): Die Bedeutung von Schutzgebieten für den Artenschutz bei Farnen und Blütenpflanzen im Regierungsbezirk Stuttgart. – Veröff. Naturschutz Landschaftspflege Bad.-Württ., 70: 45–71. Karlsruhe.

DER REGIERUNGSBEZIRK TÜBINGEN

Ein Überblick aus der Sicht der Raumordnung und der Landesentwicklung

von Hans-Jürgen Stiller

Der Regierungsbezirk Tübingen ist einer von vier in Baden-Württemberg. Seine räumliche Abgrenzung ist aus der Verwaltungsreform 1973 hervorgegangen.

Das Gebiet des Regierungsbezirks Tübingen zwischen Neckar und Bodensee umfasst neben dem Stadtkreis Ulm die Landkreise Alb-Donau-Kreis, Biberach, Bodenseekreis, Ravensburg, Reutlingen, Sigmaringen, Tübingen und den Zollernalbkreis. Zu ihm gehören einschließlich des gemeindefreien Gutsbezirks Münsingen insgesamt 255 Gemeinden, darunter die 14 Großen Kreisstädte Albstadt, Balingen, Biberach, Ehingen (Donau), Friedrichshafen, Leutkirch, Metzingen, Ravensburg, Reutlingen, Rottenburg, Tübingen, Überlingen, Wangen und Weingarten. Ferner gibt es die drei Regionalverbände Neckar-Alb, Donau-Iller und Bodensee-Oberschwaben.

Der Name des Regierungsbezirks richtet sich in Baden-Württemberg nach dem Sitz des Regierungspräsidiums. Wenn aber weniger die administrativen Aspekte im Vordergrund stehen, sondern mehr die räumlichen Zusammenhänge und die Gesichtspunkte der Landesentwicklung, bietet sich für den Landesteil mit dem Oberen Neckarland, dem Albvorland und der Schwäbischen Alb, Oberschwaben, dem Allgäu und dem Bodensee der Name Südwürttemberg an.

Die Raumstruktur

Der Regierungsbezirk Tübingen ist 8918 Quadratkilometer groß, das ist ziemlich genau ein Viertel der Landesfläche. In ihm leben aber nur 1,8 Millionen Menschen – gerade einmal ein Sechstel der Bevölkerung Baden-Württembergs. Damit ist Südwürttemberg nach Einwohnern der kleinste Regierungsbezirk. Die Bevölkerungsdichte liegt mit 202 Einwohnern pro Quadratkilometer deutlich unter dem Landesdurchschnitt von 300.

Dennoch ist der Regierungsbezirk Tübingen mit seinen 1,8 Millionen Einwohnern etwas größer als das Bundesland Mecklenburg-Vorpommern (1,752 Millionen) und damit groß genug, um als Südwürttemberg im nationalen, aber auch im internationalen Maßstab als Region wahrgenommen zu werden. In seiner Wirtschaftsleistung, gemessen am Bruttoinlandsprodukt der Jahre 2003/2004, lag der Regierungsbezirk mit 48 Milliarden Euro noch vor den Bundesländern Brandenburg, Sachsen-Anhalt, Thüringen und Mecklenburg-Vorpommern.

Der größte Landkreis im Regierungsbezirk ist Ravensburg mit 1632 Quadratkilometern, der kleinste ist Tübingen mit 519. Tübingen ist jedoch, abgesehen vom Stadtkreis Ulm, mit 416 Einwohnern pro Quadratkilometer mit Abstand am dichtesten besiedelt, der Kreis Sigmaringen mit 111 am dünnsten. Eine Übersicht über die Landkreise:

Stadt/ Landkreis	Einwohner	Fläche	Bevölkerungs- dichte
Ulm	120 574	119 qkm	1012 E/qkm
Alb-Donau	190 189	1357	140
Biberach	188 589	1410	133
Bodenseekreis	206 672	665	307
Ravensburg	275 943	1632	169
Reutlingen	282 044	1094	258
Sigmaringen	133 552	1204	111
Tübingen	215 787	519	416
Zollernalb	192 858	918	210
gesamt	1,8 Mio.	8918	202

Knapp die Hälfte der gut 1,8 Millionen Einwohner lebt nach dem Landesentwicklungsplan von 2002 in den beiden Gebietskategorien Verdichtungsraum und Randzone.

Dem Verdichtungsbereich im ländlichen Raum mit Albstadt, Balingen und Hechingen ordnet der Landesentwicklungsplan acht Gemeinden mit insgesamt 127 000 Einwohnern zu. Zum ländlichen Raum im engeren Sinn zählen 201 Gemeinden mit 850 000 Einwohnern.

Die demografischen Veränderungen

Die deutsche Bevölkerung schrumpft? Nicht überall. Südwürttemberg jedenfalls kann mit einem weiteren Anstieg seiner Bevölkerung rechnen. Das Statistische Landesamt hat vorausberechnet, dass im Regierungsbezirk Tübingen im Jahr 2010 rund 1,840 Millionen und im Jahr 2020 rund 1,869 Millionen Einwohner zu erwarten sind. Eine demografische Erosion, wie sie sich durch zurückgehende Einwohnerzahlen in Mittel- und Ostdeutschland abzeichnet, ist in Südwürttemberg demnach nicht zu befürchten.

Gleichwohl wird es auch hier zu beträchtlichen Veränderungen in der Altersstruktur der Bevölkerung kommen. Zur Zeit leben im Regierungsbezirk Tübingen rund 305 000 Menschen, die älter sind als 65 Jahre. Seit 1994 ist diese Altersgruppe innerhalb von zehn Jahren um 65 000 Menschen gewachsen. Dieser Trend wird sich verstärkt fortsetzen. Nach Vorausberechnungen der Statistiker wird der Regierungsbezirk im Jahr 2010 voraussichtlich 335 000 und im Jahr 2020 rund 383 000 über 65-Jährige zählen.

Dem so genannten »Altern von oben« steht am Fuß der Pyramide das »Altern von unten« gegenüber, also die Zunahme des Altersdurchschnitts durch einen sinkenden Anteil von Jugendlichen und Kindern. Es leben in Südwürttemberg mit 300 000 Kindern und Jugendlichen mehr jüngere als ältere Menschen. Das Statistische Landesamt erwartet, dass die Zahl der unter 15-Jährigen bis zum Jahr 2010 auf ca. 274 000 und bis 2020 auf 255 000 sinkt.

Die Eckpfeiler der Entwicklung

Der Landesentwicklungsplan Baden-Württemberg definiert Räume mit besonderen Entwicklungsaufgaben. Dies sind in Südwürttemberg
– die Europäische Metropolregion Stuttgart
– der Bodenseeraum
– der Raum Ulm

Diese drei Räume sind mit den Anteilen, die Südwürttemberg daran hat, die Eckpfeiler der Entwicklung im Regierungsbezirk. Sie sind von großer Wirtschaftskraft und Wachstumsdynamik. Ihre Impulse strahlen weit in den ländlichen Raum Südwürttembergs hinein.

Die elf Europäischen Metropolregionen Deutschlands haben herausgehobene Funktionen im kontinentalen und nationalen Maßstab und damit besondere Bedeutung für die Zukunftsfähigkeit des Standorts Deutschland im internationalen Wettbewerb. Stuttgart ist eine von ihnen. Aus dem Regierungsbezirk Tübingen zählen dazu große Teile der Landkreise Reutlingen und Tübingen mit dem Oberzentrum Reutlingen/Tübingen sowie die beiden Mittelzentren Metzingen und Rottenburg. Mit ihnen gehören rund 430 000 Einwohner – das ist nahezu ein Viertel der Einwohner des Regierungsbezirks – zu dieser Europäischen Metropolregion. Im großräumigen Verbund kommt dem südwürttembergischen Teil damit eine eigenständige Bedeutung zu.

Das Oberzentrum Reutlingen/Tübingen ist der südliche Pol dieser Metropolregion. Seine Funktionen sind laut Landesentwicklungsplan durch den Ausbau in den Bereichen Wissenschaft und Forschung, Technologie und Dienstleistung sowie Kultur zu stärken. Ein Ziel ist, den Verdichtungsbereich Albstadt/Balingen/Hechingen an die Metropolregion Stuttgart heranzuführen.

Der Bodenseeraum mit seinen rund 220 000 Einwohnern im südwürttembergischen Teil zeichnet sich durch seine im Land einzigartige Vielfalt als Siedlungs-, Wirtschafts-, Kultur-, Freizeit-, Erholungs- und Tourismusraum aus. Hinzu kommen die Bedeutung des Bodensees als großräumiges Ökosystem und seine herausgehobene Funktion für die Wasserwirtschaft. Dieser Raum ist Standort vielfältiger und zukunftssicherer Gewerbe- und Industriebetriebe mit positiven Wachstumsprognosen. Seine Qualität insbesondere für innovative, zukunftssichere und umweltverträgliche Forschungs- und Dienstleistungsbetriebe sowie forschungsintensive Industrie ist unter Einbindung der Hochschul- und Forschungseinrichtungen weiterzuentwickeln.

Rückgrat dieses Raums ist die Achse im Schussental mit dem gemeinsamen Oberzentrum Friedrichshafen/Ravensburg/Weingarten. Um dem starken Siedlungsdruck im Uferbereich zu begegnen, ist die Siedlungsentwicklung vorrangig in das Hinterland des Bodensees umzulenken.

Dritter Eckpfeiler der räumlichen Entwicklung Südwürttembergs ist der Stadtkreis Ulm mit seinem württembergischen und bayerischen Umland. Ulm hat zusammen mit der bayerischen Nachbarstadt Neu-Ulm den zentralörtlichen Status eines Oberzentrums. Mit rund 120 000 Einwohnern ist Ulm die größte Stadt des Regierungsbezirks. Sie ist als Wissenschaftsstadt mit überregionaler Ausstrahlung zu stärken und weiter auszubauen. Damit soll erreicht werden, dass von diesem Standort Impulse für Dienstleistungen, Forschung und Technologie ausgehen. Diese sind nicht nur für das Oberzentrum Ulm/Neu-Ulm selbst, sondern darüber hinaus auch für weite Teile Oberschwabens, Ostwürttembergs und der angrenzenden bayerischen Regionen von Bedeutung.

Der ländliche Raum

Die zwischen diesen drei Eckpfeilern liegenden Räume sind ländlich und weniger dicht besiedelt. Dennoch dürfen sie nicht als Rest, als Ergänzungs- oder Ausgleichsräume, gewertet werden.

Dem ländlichen Südwürttemberg kommt eine eigenständige Bedeutung zu, es hat einen Eigenwert. Seine Lebensqualität hängt wesentlich davon ab, dass es nicht nur als Wohnstandort betrachtet wird, sondern zugleich Arbeitsplatz- und Bildungsstandort ist.

Ohne Angebot an attraktiven Arbeitsplätzen werden junge und gut ausgebildete Menschen dem ländliche Raum den Rücken kehren. Dies kann letztlich dazu führen, dass im produzierenden Gewerbe wie auch im Dienstleistungssektor dringend benötigte Fachkräfte fehlen werden. Die Folge wären weitere Nachteile als Wirtschaftsstandort, was die Chance, einen Arbeitsplatz zu finden, weiter verschlechtern und die Gefahr der Abwanderung von Arbeitskräften verschärfen würde.

Im ländlichen Raum Südwürttembergs gibt es nicht das eine dominierende Zentrum. Vielmehr zeichnet er sich durch eine Vielzahl von kleineren Städten (polyzentrische Raumstruktur) in der Funktion von Mittelzentren aus: Albstadt, Balingen, Hechingen, Münsingen, Biberach, Blaubeuren/Laichingen, Ehingen (Donau), Laupheim, Riedlingen, Bad Saulgau, Bad Waldsee, Leutkirch, Pfullendorf, Sigmaringen, Überlingen und Wangen. Diese Mittelzentren sind durch ein Netz von Entwicklungsachsen sowohl mit den drei Eckpfeilern der räumlichen Entwicklung Südwürttembergs als auch untereinander verknüpft. Dieses Netz ist die Grundlage für die weitere Entwicklung des Regierungsbezirks Tübingen.

Die Sicherung von Freiräumen

Um den Regierungsbezirk im nationalen und europäischen Standortwettbewerb attraktiv zu halten, ist der Ausbau der Infrastruktur unabdingbar. Zudem werden Flächen für neue Gewerbebetriebe, wissenschaftliche Einrichtungen und Wohngebiete benötigt. Daraus resultieren Ansprüche an den Freiraum mit entsprechenden Nutzungskonflikten.

Derzeit liegt die Siedlungs- und Verkehrsfläche mit 11,7 Prozent in Südwürttemberg unter dem Landesdurchschnitt von 13,6 Prozent. In den Landkreisen des Regierungsbezirks weist der Anteil der Siedlungs- und Verkehrsfläche deutliche Unterschiede auf.

Stadt/Landkreis	Siedlungs- und Verkehrsfläche
Ulm	30,3 Prozent
Alb-Donau-Kreis	10,7
Biberach	10,8
Bodenseekreis	13,9
Ravensburg	9,9
Reutlingen	12,3
Sigmaringen	9,4
Tübingen	17,3
Zollernalbkreis	13,0

Auffallend ist der für Südwürttemberg hohe Anteil bebauter Fläche im Kreis Tübingen und im Bodenseekreis. Als Stadtkreis fällt Ulm aus dem Rahmen und ist mit den Landkreisen nicht zu vergleichen. Insgesamt zeigt sich jedoch, dass es im Regierungsbezirk keinen Ballungsraum mit überdurchschnittlich dichter Bebauung gibt. Das Verhältnis von Siedlungs- und Freiräumen ist noch recht ausgewogen. Dies soll auch in Zukunft so bleiben. Auch diesem Ziel dient die Ausweisung von Naturschutz-, und Landschaftsschutzgebieten. Im Regierungsbezirk Tübingen stehen derzeit (Stand 2004) 2150 Quadratkilometer unter Natur- und Landschaftsschutz. Mit 24,1 Prozent entspricht der Flächenanteil exakt dem Landesdurchschnitt. Dem Wasserschutz sind 32,2 Prozent der Fläche des Regierungsbezirkes mit einer Ausdehnung von 2869 Quadratkilometern gewidmet.

Mit 54,0 Prozent ist der Anteil landwirtschaftlich genutzter Fläche im Regierungsbezirk höher als im Landesdurchschnitt (46,3 Prozent) der forstwirtschaftlich genutzte Anteil mit 32,4 Prozent dagegen geringer als im Landesdurchschnitt mit 38,1 Prozent.

Um auch für die Zukunft das hohe Niveau der Raum- und Lebensqualität im Regierungsbezirk Tübingen zu sichern, muss unter Reduzierung des Flächenanspruchs das ausgewogene Verhältnis zwischen Siedlungs- und Verkehrsflächen und dem Freiraum erhalten werden. Diesem Ziel dient auch die Ausweisung weiterer Naturschutz-, Landschaftsschutz- und NATURA 2000-Gebiete.

Von besonderer Bedeutung für die Freiraumpolitik wird in diesem Zusammenhang die Schaffung des ersten baden-württembergischen Biosphärengebietes mit einer Fläche von ca. 500 Quadratkilometern sein, das derzeit auf der Mittleren Schwäbischen Alb entsteht.

Das strategische Ziel

In der Mitte zwischen den extremen Strukturraumtypen lebt es sich ganz gut. Weder gibt es in Südwürttemberg den Ballungs- oder Agglomerationsraum wie die angrenzende Region Stuttgart mit 729 Einwohnern pro Quadratkilometer noch gibt es den ländlich-strukturschwachen Raum wie Mecklenburg-Vorpommern mit 74 Einwohnern. Mit seiner Bevölkerungsdichte von 202 Einwohnern je Quadratkilometer sowie seiner Siedlungs- und Wirtschaftsstruktur ist Südwürttemberg aus planerischer Sicht ein intakter Raum.

Gerade intakte Strukturräume geraten aber leicht aus dem Blickfeld von Politik und Wissenschaft. Damit sie in Zukunft intakt bleiben, bedürfen sie ebenso wie problembelastete Regionen raumordnungspolitischer Aufmerksamkeit. Bei ihnen liegt die Hauptaufgabe der Landesentwicklung auf der Pflege bestehender Strukturen und auf der Prävention. Vier Ziele lassen sich daraus entwickeln. Es gilt

– Südwürttemberg als intakten Strukturraum zu definieren und die diesem Raumtyp entsprechenden Entwicklungsaufgaben zu formulieren
– die räumliche Struktur Südwürttembergs so weiter zu entwickeln, dass sie den Anforderungen, die sich aus seiner Lage in der Kernzone Europas ergeben, entspricht. Dabei sind im Sinne des Auftrags der Agenda 21 sowohl die ökonomischen als auch die ökologischen und sozialen Belange sowie der Grundsatz der Nachhaltigkeit zu beachten.
– intakte Strukturräume – wie Südwürttemberg – in das politische und wissenschaftliche Blickfeld zu rücken, Räume dieser Art zusammenzubringen, ein gemeinsames Auftreten und Handeln zu organisieren und die gemeinsamen Interessen zu vertreten
– Südwürttemberg zum Impulsgeber für intakte Strukturräume zu entwickeln

Der Regierungsbezirk Tübingen – ein erdgeschichtlicher Überblick

von DIETMAR SCHILLIG

Zur Landschaftsgestaltung des Regierungsbezirks – von Norden nach Süden und von Alt nach Jung

Wer den Regierungsbezirk Tübingen von Norden nach Süden durchquert, unternimmt nicht nur eine reale Reise durch den Raum, sondern auch eine virtuelle durch die Endzeitalter. Er durchquert nämlich die drei Südwürttemberg prägenden Großlandschaften: das Schichtstufenland mit Neckar- und Albvorland, die Mittlere Schwäbische Alb und das Alpenvorland mit Oberschwaben und Bodenseebecken. Gleichzeitig begibt er sich von der ältesten zur jüngsten geologischen Formation. Dieser Gliederung folgt das einführende Kapitel in die Erdgeschichte mit dem Ziel, den geologisch-morphologischen Aufbau des Regierungsbezirks Tübingen im Überblick zu vermitteln. Geologischer Aufbau und Relief sind das Ergebnis der über Millionen von Jahren erfolgten Gesteinsablagerungen, Krustenbewegungen sowie des variantenreichen Zusammenspiels der Zerstörungs- und Abtragungskräfte.

Der Längsschnitt durch den Regierungsbezirk zeigt ein einzigartiges Phänomen, wie es kein anderer Regierungsbezirk aufweist, nämlich die mehrmalige Umorientierung der Entwässerungssysteme.

Nach Verlassen von Neckartal und Albvorland und damit auch des rheinischen Flusssystems übernimmt mit der Albhochfläche das zur Donau hin orientierte (danubische) Gewässersystem die Herrschaft. Es erfasst auch noch die Nordhälfte Oberschwabens bis etwa zum markanten äußeren Endmoränenbogen der letzten Kaltzeit in der Gegend von Aulendorf und Schussenried. Von hier, der europäischen Wasserscheide aus, schweift der Blick über das südliche Oberschwa-

ben bis zu den fernen Alpengipfeln, dem alleinigen Herrschaftsraum des Rheins.

Er und sein wichtigster »Vorarbeiter«, der Neckar, beanspruchen aufgrund des Oberrheingraben-Einbruchs im Tertiär die zutiefst gelegene und daher auch aktivste Erosionsbasis im südwestdeutschen Raum. Denn mit 290 m NN bildet das Neckartal bei Mittelstadt den tiefsten Punkt des Regierungsbezirks. Dagegen verläuft die Donau bei Riedlingen auf 530 m NN, in Ehingen auf 490 m NN und in Ulm auf 450 m NN. Dieser Höhenunterschied räumt dem Neckar gegenüber der Donau unschätzbare Abtragungs- und Transportvorteile ein, was sich in der Reliefgestaltung des Neckarlands widerspiegelt.

Eine siedlungsgeografische Betrachtung des Regierungsbezirks zeigt, dass seine wichtigsten Siedlungs- und Wirtschaftszentren sich auf tiefer gelegene Räume konzentrieren. So zeigen Neckartal sowie Albvorland mit ihren bekannten Talpfortenstädten wie Metzingen, Pfullingen, Balingen die höchste Siedlungsdichte mit dem größten Industriebesatz aller Landschaftsräume des Regierungsbezirks, gefolgt vom Städteband an der Donau und den Uferstädten des nördlichen Bodensees samt Schussenbecken.

Das Baumaterial

In der Werkstatt des Erdaltertums wird das Fundament gelegt

Wie ein gut gegründetes Haus mit der Bodenplatte fest verankert ist, so ruht unser Bundesland auf einem stabilen Sockel, dem Grundgebirge. Es wurde in mehreren Gebirgsbildungsphasen »ausgehärtet«, wobei sich die letzte und entscheidende im Erdaltertum vor 320 bis 280 Millionen Jahren abspielte. An der Kollisionsfront der mobilen

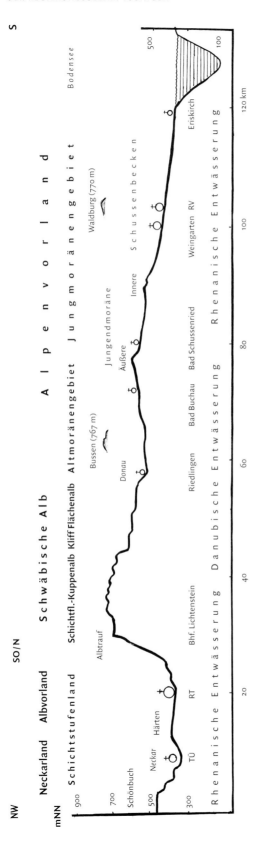

Landschaftsquerschnitt von Norden nach Süden durch den Regierungsbezirk. D. SCHILLIG

Kontinentalplatten Eurasia und Gondwana (Nord- und Süderde) wurden infolge der dabei auftretenden hohen Drücke alte Gesteins- und jüngere Sedimentserien zu Schiefern und kristallinen Gesteinen (Gneise) umgewandelt. Nachträglich drangen glutflüssige Gesteinsschmelzen ein, die zu Granitstöcken auskristallierten. Damit trifft die landläufige Vorstellung, dass das Grundgebirge aus Granit und Gneis besteht, hier durchgehend zu.

Mit der Heraushebung dieses Gebirgsblocks wurden sogleich deren Gegenspieler aktiv – die Verwitterungs- und Abtragungskräfte. Bereits nach etwa 50 Millionen Jahren waren die Alpen der Steinkohlezeit abgetragen und zu einer Rumpffläche eingeebnet worden, die sich als reliefarme Gesteinsplatte nur wenig über den Meeresspiegel erhob.

Erst sehr viel später, im Tertiär vor 70 bis 80 Millionen Jahren, ist dieser Sockel Mitteleuropas durch den Alpenschub aus Süden in zahlreiche Horste, Blöcke und Pultschollen zerbrochen, teils gehoben und teils zu Becken abgesenkt worden. Ausgelöst wurde diese Krustenmobilität durch tief im Oberen Erdmantel agierende Wärmeströme, die die Erdplatten stetig bewegen und dadurch Lage und Gestaltung der Alpen sowie Südwestdeutschlands entscheidend beeinflusst haben.

Das Erdmittelalter – eine Periode ständiger Ablagerungen

Mit dem Zerbrechen der Allerde (Pangäa) in mehrere Platten im ausgehenden Erdaltertum entstanden neue Küstensäume, die infolge Abkühlung einsanken und von den Randmeeren überflutet wurden. Diese Krustensenkungen in Verbindung mit der Entstehung großflächiger Schelfmeere erklären die über 100 Millionen Jahre andauernden Ablagerungen im Erdmittelalter. Dabei wurden enorme Sedimentmassen aus den Hochländern in Küstenregionen und Flachmeere gespült, um Schicht für Schicht auf dem Grundgebirgssockel

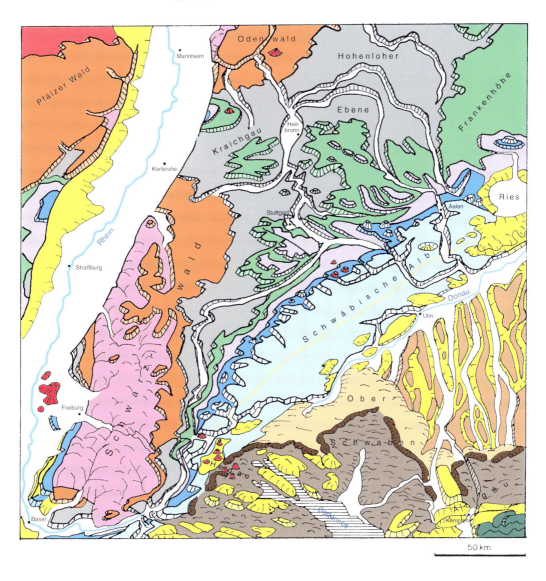

Junge Flussablagerungen

Endmoränen der letzten Eiszeit (Würm-Eiszeit)

Grundmoränen der letzten Eiszeit

Moränen der vorhergehenden Eiszeiten
(Riß- und Mindel-Eiszeit)

Eiszeitalterliche Schotterflächen im Alpenvorland
außerhalb der Moränengebiete

Tertiär

Vulkanschlote der Tertiär-Zeit

Klifflinie des miozänen Meers (Obere Meeresmolasse)
auf der Schwäbischen Alb

Alpine Gesteine, überwiegend der Kreide-Zeit

Weißer Jura (Oberjura, Malm)

Brauner Jura (Mitteljura, Dogger)

Schwarzer Jura (Unterjura, Lias), Schichtstufe gebildet
zusammen mit höherem Keuper

Mittlerer Keuper

Muschelkalk, zum Teil überlagert von tieferem Keuper

Buntsandstein

tieferes Perm (Rotliegendes),
nur in der Nordpfalz ausgeschieden

Gesteine des Variskischen Gebirges,
überwiegend Granit und Gneis.

Geologische Übersichtskarte von Südwestdeutschland in stark vereinfachter und schematisierter Reliefdarstellung. Aus: »Vom Schwarzwald zum Ries.« Hrsg.: Heizmann, E. et al. Mit freundlicher Genehmigung des Verlages Dr. Friedrich Pfeil, München. PFEIL-VERLAG

abgelagert zu werden. Im deutschen Südwesten unterteilt man das gesamt Schichtpaket in zwei geologische Hauptstockwerke, in eine Dreiheit (Trias) aus Buntsandstein, Muschelkalk und Keuper mit jeweils 1000 und 1200 Meter und in die Jura-Formation mit 750 bis 900 Meter Mächtigkeit.

In der Ära des Buntsandsteins (vor 250 bis 237 Millionen Jahren) kam es unter einem heiß-trockenen Klimaregime zur Sedimentation der durch Eisenoxid rot eingefärbten Tone, Sande, Kiese und Quarzgerölle in Beckenräumen.

Eine fortschreitende Krustensenkung begünstigte auch den Meeresvorstoß von Norden her, sodass der Buntsandstein von weißlich-grauen Flachmeersedimenten, dem Muschelkalk (vor 237 bis 225 Mio. Jahren, 200–250 Meter mächtig) überdeckt wurde. Da damals die flachen Meeresbecken noch vom offenen Meer, der Tethys, abgeschirmt waren, kam es unter heißem Wüstenklima bei hoher Verdunstungsrate zur Ausfällung von Gips, Anhydrit und Steinsalz sowie Dolomit und Kalkgestein. Weil diese chemischen Sedimente wieder leicht zersetzt werden können, sind Lösungs- und Quellungserscheinungen der Salzgesteine häufig im Unteren und Mittleren Muschelkalk (Wellen- und Salzgebirge) zu beobachten. Den Abschluss bildet mit grauen Kalkbänken und Dolomitgesteinen die landschaftlich markante Stufe des Oberen Muschelkalks. Gerade sie ist intensiv verkarstet, wie es die Gäulandschaft westlich und nördlich von Rottenburg eindrucksvoll erkennen lässt.

Eine mäßige Landhebung bereitete die Bühne für die dritte und letzte Triasformation vor, den Keuper (vor 225 bis 205 Millionen Jahren). Auch hier wurden Sulfatgesteine (Anhydrit, Gips im Gipskeuper), hauptsächlich jedoch lebhaft rot, grün und grau gefärbte Ton- und Mergelgesteine (Bunte Mergel) im Wechsel mit Sandsteinen in Küstenräumen abgesetzt. So spülten Ströme aus dem Osten (Böhmisches Massiv) und dem Süden (Vindelizische Schwelle) grobkörnige Sande wie Kiesel-, Schilf- und Stubensandstein ein. Darüber folgt der Knollenmergel, der von den Bauherren wegen seiner Rutschanfälligkeit gefürchtet ist (Österberg in Tübingen). Mit dem Oberen Keuper

(Rätsandstein im Kirnberg und Bromberg/Schönbuch nur noch 10 Meter mächtig) dankt die Trias nach 43 Millionen Jahren endgültig ab.

Mit Beginn der letzten und zugleich raumprägendsten Formation des Erdmittelalters, dem Jura, hieß es für etwa 60 Millionen Jahre (vor 205 bis 144 Millionen Jahren) »Land unter«, d. h. der größte Teil Süddeutschlands lag unter dem Meer. Die vom Tübinger Geologen Leopold von Buch stammende Dreigliederung in Unteren, Mittleren und Oberen Jura (1837) erweiterte Friedrich August Quenstedt aufgrund ihrer schichtspezifischen Farbtönungen in Schwarzen, Braunen und Weißen Jura (1843). Außerdem gliederte er jede der drei Abteilungen in sechs Stufen, wofür er die ersten sechs Buchstaben α bis ξ des griechischen Alphabets wählte. Synonym dazu werden die aus England stammenden Bezeichnungen Lias, Dogger und Malm verwandt. Im Bereich der Mittleren Alb umfasst das Jurapaket zwischen 750 und 900 Meter.

Der Name Schwarzer Jura (Lias, vor 205 bis 180 Millionen Jahren, zwischen 50 und 120 Meter mächtig) geht auf die eisensulfid- und bitumenangereicherten Schiefertonschichten zurück, die einst im sauerstoffarmen Binnenmeer als Faulschlamm sedimentiert wurden.

Der **Posidonienschiefer** (Lias ε, Ölschiefer) mit einem Kohlenstoffgehalt von 7 bis 10 % gilt als bedeutendstes, jedoch gegenwärtig (noch) nicht abbauwürdiges Erdölmuttergestein Mitteleuropas. Im Zweiten Weltkrieg versuchte man im Raum Balingen den Ölschiefer zu verschwelen, um Treibstoffe zu gewinnen. Im Zementwerk Dotternhausen findet er heute als Zementrohstoff Verwendung.

Insgesamt dominieren hier dunkelgraue bis schwarze, tonig-mergelige Ablagerungen mit zwischengeschalteten Kalkbänken. Bemerkenswert ist der ungewöhnliche Fossilienreichtum an Ammoniten, Belemniten, Seelilien und Ichthyosauriern, die in den Museen von Dotternhausen und Holzmaden präsentiert werden.

Mit Einsetzen des Braunen Juras (Dogger, vor 180 bis 159 Millionen Jahren, 200–280 Meter mächtig) veränderte sich das Land-Meer-Verhältnis für den süddeutschen Raum grundlegend. Denn nun wurden enorme Mengen eisenhaltiger Verwitterungsprodukte vom Festland in das von Süden vordringende Meer, die Tethys, eingespült, die die Ton-, Mergel- und Sandsteine rostbraun einfärbten und lokal sogar abbauwürdige Eisenerzlager hinterließen.

Der Weiße Jura (Malm, vor 159 bis 144 Millionen Jahren, 400–500 Meter mächtig) ist zwischen Randen und Ries in doppeltem Sinn von herausragender Bedeutung: Morphologisch bildet er ein Mittelgebirge, geologisch baut er Steilanstieg, Trauf und Hochfläche der Schwäbischen Alb auf. Gesteinsmäßig handelt es sich hierbei um eine Wechselfolge aus hellem gebanktem Kalkgestein und dünnen Mergelfugen (Mergel: Gemenge aus Ton und Kalkstein). Als im Oberjura die Festlandschwelle »Vindelizisches Land« im Süden endgültig überflutet wurde, konnten aus den kalkübersättigten Tiefenwässern der Tethys dem kaum mehr als 100 Meter tiefen Jura-Schelfmeer reichlich Karbonatverbindungen zugeführt werden. Außerdem rieselte ein ständiger Regen von Kalkschälchen abgestorbener Einzeller auf den Meeresboden. Die zwischen die Kalkbänke eingelagerten Tone entstammten den Trübeströmen der Festlandflüsse. Kalk- und Tonschlämme verfestigten sich allmählich zu Kalk- und Mergelgesteinen, wie sie z. B. in den Wohlgeschichteten Kalksteinbänken des Weißen Juras β anstehen.

Noch viel eindrucksvoller als die Schichtkalke präsentieren sich im Gelände die kuppigen Aufbauten der Algen-Schwammriffe. Am Boden tropisch-warmer Flachmeere errichteten Kieselschwämme in Symbiose mit Kalkalgen gewaltige Riffbauten. Später verwuchsen die Kalk-Kieselskelette der Algen und Schwämme zu ungeschichteten und daher relativ verwitterungsresistenten Massenkalken. Da diese gegenüber den sonstigen Flachmeersedimenten rascher emporwuchsen, entstand am Meeresboden das bucklige Relief, das später der Kuppenalb ihr unruhiges Aussehen verleihen sollte. In der Mittleren Alb bauen diese so genannten Schwammstotzen vor allem den oberen Weißjura auf. Allerdings hat man inzwischen herausgefunden, dass es sich bei den Massen-

Geologischer Lehrpfad am Kirnberg bei Tübingen
Zugang: Goldersbachtal zwischen Lustnau und Bebenhausen (Sonntagsstelle)
Information: Broschüre von K. Brenner und K.-D. Balke, Tübinger Chronik
Das sehen Sie hier: Schönbuchentstehungsgeschichte an mehreren Aufschlüssen

Kontaktaufschluss Rätsandstein (Keuper)-Schwarzer Jura
Lage: Steinbruch der Firma Nagel in Pfrondorf
Information: Broschüre der Firma Nagel
Das sehen Sie hier: Markanter Übergang vom Oberen Keuper (Rät) zum Unterlias

Fossilienmuseum Zementwerk Dotternhausen bei Balingen
Information: Broschüre im Museum zu erwerben.
Das sehen Sie hier: Wissenschaftlich und didaktisch hervorragende Präsentation von Jurafossilien

Aufschluss der Firma Nagel, Pfrondorf – Markanter Übergang vom Oberen Keuper (Rät) zum Unteren Lias. Mit freundlicher Genehmigung der Firma Nagel, Natursteinwerk, Tübingen.

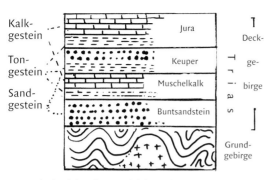

Im Erdmittelalter baute sich im Zeitraum von 100 Mio. Jahren das Deckgebirge über dem Grundgebirge auf.

Mit der Aufwölbung des Schwarzwald-Vogesen-Massivs wurde das Deckgebirge leicht nach Südosten verkippt.

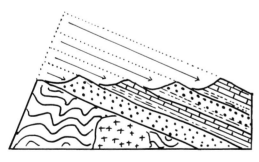

Die Abtragungskräfte schufen in der Erdneuzeit das Schichtstufenrelief, wobei die obersten Schichteinheiten am weitesten nach SO verlagert wurden.

Entstehung der südwestdeutschen Schichtstufenlandschaft. D. SCHILLIG

kalken eher um zementierte Karbonatsande und weniger um Biokonstruktionen handeln dürfte.

Der oberste Jura (ζ, zeta) klang mit tonig-mergeligen Sedimenten (Zementmergel) aus, die später zwischen den massigen Kalkklötzen rasch ausgeräumt wurden. Daher bezeichnet man diese Erosionsmulden auch als »Zeta-Schüsseln«, wie sie in Münsingen oder Schwenningen/Großer Heuberg vorliegen.

Damit waren die erdmittelalterlichen Ablagerungen im deutschen Südwesten endgültig abgeschlossen, zumal das Kreidemeer nicht mehr in unseren Raum vorgedrungen war. Insgesamt hinterließen 100 Millionen Jahre Abtragung und Ablagerung einen gewaltigen terrestrisch-marinen Sedimentstapel von 2000 Meter Gesamtmächtigkeit im südwestdeutschen Raum, der im Unterschied zum Grundgebirge mit dem Sammelbegriff Deckgebirge bezeichnet wird.

Zur Architektur des Schichtstufenlands – das Neckar- und Albvorland

Die Norddrift der afrikanischen Platte hatte seit der Zeit vor etwa 100 Millionen Jahre nicht nur zu Zusammenschub und Deckenbildung der Alpen geführt, sondern außerdem einen gewaltigen Druck auf Mitteleuropa ausgeübt. Dem Aufgleiten der afrikanischen auf die europäische Platte stemmten sich Böhmisches und Schwarzwald-Vogesen-Massiv mit dem Resultat entgegen, dass sie dabei selbst kräftig angehoben wurden. Bei letzterem führte die Krustenüberdehnung im Hebungsscheitel zum Einbruch des Oberrheingrabens um nahezu 5000 Meter. In Verbindung mit der asymmetrischen Anhebung des Schwarzwaldmassivs wurde das auflagernde Deckgebirge nach Südosten verkippt. Diese Schrägstellung des Deckgebirges bewirkte das generelle Schichteinfallen von Nordwesten nach Südosten mit durchschnittlich einem Prozent.

Wie eine Schichtstufe entsteht

Landhebungen aktivieren sogleich die Abtragungskräfte, die um so wirksamer arbeiten, je höher die Oberfläche über dem Meeresspiegel liegt.

Sie haben den weit über das Oberrheinische Tief-
land angehobenen Schwarzwald nahezu vom
Deckgebirge befreit und damit den Grundgebirgssockel weithin wieder freigelegt.

Gesteine reagieren je nach Härte und Löslich-
keit recht unterschiedlich auf die Zersetzungs-
kräfte. Relativ harte Sedimentgesteine wie Kalk-,
Dolomit- und Sandstein widersetzen sich diesen
entschiedener als Ton-, Mergel- und Salzgesteine.
Bei einer Wechsellagerung von harten und wei-
chen Gesteinskomponenten bilden die härteren
Schichten einen Schutzdeckel über den weicheren
Sedimenten, die auf diese Weise vor allzu rascher
Abtragung bewahrt bleiben.

Voraussetzung für die Bildung einer Schichtstufe ist also eine Wechselfolge von harten und
weichen Gesteinen, d. h. von verwitterungsresistenten und leicht abtragbaren Gesteinen. Denn
Hangquellen und Rutschungen der weichen
Unterlage können einer Stufe so lange zusetzen,
bis der untergrabene harte Gesteinsdeckel
schließlich nachbricht. Oftmals kündigt sich dieser Zerstörungsprozess bereits dadurch an, dass
sich an der Stufenkante Spalten öffnen, die den
Abbruch einleiten. Im Extremfall kann sogar ein
dramatischer Bergrutsch ausgelöst werden, wie er
vom Hirschkopf aus südlich Mössingen im Jahr
1983 niederging. Eine solche stufenzerstörende
Spaltenbildung und Stufenrückverlegung im Ent-
stehungsprozess lässt sich eindrucksvoll am Hangenden Stein/Raichberg, unweit von Bisingen am
Albtrauf gelegen, studieren.

Da der »Zahn der Zeit« auch vor der härtesten
Stufe nicht kapituliert, wird letztlich jede abgetragen und dabei zurückgeschnitten. Insbesondere
der Weißjura als oberste (»hangende«) Einheit
war den Abtragungskräften am frühesten und intensivsten ausgesetzt, so dass der Albtrauf als
oberste Stufe gegenüber den (»liegenden«) Trias-
Stufen am weitesten nach Südosten zurückgeschnitten wurde. Je tiefer also eine geologische
Schichteinheit im Deckenstapel eingebettet ist,
umso später wird sie durch die Erosion freigelegt
und umso später können sich Stufen entwickeln.
Deshalb verharrt z. B. der gegenwärtige Stufenrand der ältesten erdmittelalterlichen Epoche, des

Bergrutsch am Hirschkopf bei Mössingen. H.-P. DÖLER

Buntsandsteins, heute noch mit steil aufragender
Hornisgrinde (1164 m NN) auf dem nordöstlichen Schwarzwald.

Tektonische Hebung, wechselnde Gesteinshärte,
selektive Ausräumung und unterschiedlich rasche
Verlagerung der einzelnen Stufenränder haben
also im Laufe der jüngeren Erdgeschichte aus
dem einst kompakten erdmittelalterlichen Sedimentpaket eine abwechslungsreiche Reliktland-
schaft, das südwestdeutsche Schichtstufenland,
geschaffen.

**Naturschutzgebiet Bergrutsch am Hirschkopf:
Mössinger Bergrutsch von 1983**
Zugang: Von Mössingen oder Talheim bzw. Wande-
rung vom Dreifürstenstein zum Hirschkopf (Malm β)
mit Blick auf das Rutschgebiet
Das sehen Sie hier: Traufabbruch, großflächige Rut-
schung, gebankte Kalksteine
Hangender Stein am Raichberg
Zufahrt: von Bisingen bzw. Onstmettingen zum Park-
platz unterhalb des Nägelehauses
Wanderung über Backofenfelsen zum Hangenden
Stein
Das sehen Sie hier: Spaltenbildung, Gleitschollen,
Steilabbruch; Blick übers Heufeld

Der Neckar – ein unermüdlicher Ab- und Ausräumer

Überwiegenden Anteil an der Formgebung der
neckarschwäbischen Schichtstufenlandschaft
haben der Neckar und seine zahlreichen Nebenflüsse. Dass er so ungestüm seinen Herrschafts-
bereich zwischen Schwarzwald und Alb ausdeh-
nen konnte, lag entscheidend am Einbruch des

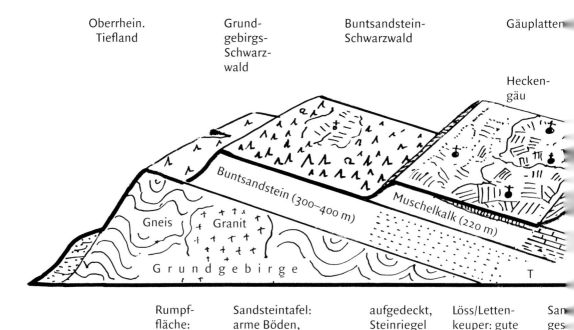

Schnitt durch das südwestdeutsche Schichtstufenland
und die Mittlere Schwäbische Alb. D. SCHILLIG

Oberrheingrabens im frühen Tertiär. Dieser vom
»Vater Rhein« ererbte Vorzug einer tief liegenden
Erosionsbasis hat den Neckar von Geburt an mit
einer außergewöhnlichen Gestaltungs- und
Transportdynamik ausgestattet, insbesondere
gegenüber der »uralten Donau« und ihren nördlichen Zuflüssen. Diese haben ursprünglich das
gesamte Deckgebirge vom Schwarzwaldrand bis
zum Alpenvorland entwässert.

Würde man sich der Mühe unterziehen, den
Rauminhalt des allein vom Neckar abgetragenen
Gesteinsmaterials zu berechnen, wäre man über
die exorbitante Transportleistung dieses erdgeschichtlich gesehen doch recht jungen Flusses
erstaunt. In Gegenden, wo Neckar und seine
Nebenflüsse dem Albtrauf besonders nahe
kommen wie etwa zwischen Reutlingen und
Plochingen, steigert sich die Jura-Stufe mit fast
400 Höhenmetern zur markantesten Landstufe
Südwestdeutschlands, zum Albtrauf.

Zum morphologischen Bauplan des Neckarlands

Das Neckarland innerhalb des Regierungsbezirks
setzt im Neckartal westlich Rottenburg mit dem
Mittleren Muschelkalk ein. Er baut die welligen
und lössbedeckten Flächen der Oberen Gäue um
Haigerloch auf, die über die mäandrierenden
Neckar-Seitentäler hinweggreifen, wobei letztere
oft steilwandig als Kastentäler in den Haupt-
muschelkalk eingeschnitten sind. Die wenigen
Fließgewässer, begleitet von zahlreichen Trockentälern, weisen auf Kalksteinuntergrund mit
intensiver Verkarstung hin. Im Tübinger Raum
geht die Muschelkalkformation in die trichter-
artig zulaufende Stufenrandbucht von Neckar
und Ammer über, die von den Keuperstufen
flankiert wird.

Mit Rammert, Spitzberg und Schönbuch tritt
ab hier der Keuper als eigenständige naturräumliche Einheit in Erscheinung. Zur offenen Gäulandschaft im Westen steht die Keuperlandschaft
mit ihren kargen Sandsteinböden und geschlos-

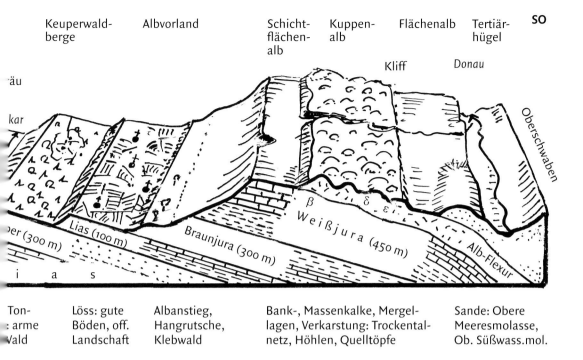

Keuperwald-berge   Albvorland   Schicht-flächen-alb   Kuppen-alb   Flächenalb   Tertiär-hügel   SO

Kliff   Donau

Oberschwaben

β   ε   ε

Weißjura (450 m)   Alb-Flexur

Lias (100 m)   Braunjura (300 m)

er (300 m)

i   a   s

| Ton- arme Wald | Löss: gute Böden, off. Landschaft | Albanstieg, Hangrutsche, Klebwald | Bank-, Massenkalke, Mergel-lagen, Verkarstung: Trockental-netz, Höhlen, Quelltöpfe | Sande: Obere Meeresmolasse, Ob. Süßwass.mol. |

senen Waldflächen, die gelegentlich durch hoch-mittelalterliche Rodungsinseln (z. B. Einsiedel östlich Pfrondorf) aufgelockert sind, in krassem landschaftlichem Gegensatz. Hier treten als Stu-fenbildner die verschiedenen Sandsteinschichten des Mittleren Keupers wie Kiesel-, Schilf- und Stubensandstein am Schönbuchrand zwischen Herrenberg und Tübingen besonders markant hervor.

Begibt man sich aus dem Neckartal nach Sü-den in Richtung Alb, so überrascht ein unerwarte-tes Landschaftspanorama: Aus dem tief in den Keuper eingesenkten Kastental des Neckars steigt man zu den weiten, waldlosen und fruchtbaren Ackerplatten von Steinlach und Härten empor. Dieser landschaftliche Szenenwechsel ist vor al-lem dem sich verändernden Gesteinsaufbau vom Keuper zum Schwarzen Jura zu verdanken. Die relativ ausladende, äußerst verkehrs- und siedlungsverdichtete Fußzone der Alb, das nie-dere Albvorland, gründet ausschließlich auf Schwarzem Jura. Zwischen Kleinem Heuberg westlich Balingen, der Plattach-Platte in der Reut-linger Stufenrandbucht und Metzingen ist es recht breit entwickelt.

Über diesen offenen und fruchtbaren, teil-weise lössbedeckten und altbesiedelten Lias-platten erhebt sich das höhere Albvorland. Dieses leitet in Form eines schmalen Gesimses bewaldeter Albvorberge und Streuobstwiesen zum eigentlichen Albanstieg und damit den unteren Weißjuraschichten α und β über. Von den Geomorphologen wird diese β-Stufe der Wohlgeschichteten Kalke als Oberkante und da-mit Schlussglied des Schichtstufenlands angese-hen.

Damit liegt diesem ein ausgesprochen über-sichtlicher morphologischer Bauplan mit relativ unkomplizierter Tektonik zugrunde, in dem Re-liefgestaltung, Siedlungsgang und Agrarnutzung in enger kausaler Wechselwirkung mit dem Ge-steinsuntergrund stehen.

Naturschutzgebiet Schönbuch-Westhang:
Schönbuchrand entlang des Ammertals
Wanderung zwischen Unterjesingen und Hohen-entringen
Das sehen Sie hier: Keuperschichten mit Bunten Mergeln und markanter Stubensandstein-Stufe; Blick über das Ammertal auf den Spitzberg mit Wurmlinger Kapelle

Der Albtrauf – »König« der Landstufen

Aus der Ferne, etwa vom Nordrand der Härten aus, wirkt die imposante Landstufe der Alb wie eine geschlossene, ja geradezu uneinnehmbare »Naturfestung«. Bei Annäherung jedoch löst sich die »Blaue Mauer«, wie sie Eduard Mörike einst im »Stuttgarter Hutzelmännlein« (1853) treffend genannt hat, in einen in sich tief gestaffelten Gebirgsrand von mehreren Kilometern, zahlreichen Bergvorsprüngen und isolierten Berggestalten auf, zerschnitten durch tiefe und trichterförmig in den Albkörper eingreifende Täler und Traufbuchten. Diese in einem Höhensprung von 300 bis 400 m mit elegant konkaver Profillinie aufsteigende Bergfront lockt Naturfreunde und Wanderer in großen Scharen an.

Aufgrund des beachtlichen Höhenunterschieds zwischen Albvorland und Albhochfläche spielen sich die Prozesse der Stufen- und Schichtflächenbildung hier ausdrucksstärker und beschleunigter ab als z. B. an den Triasstufen. Wie

vielerorts zu beobachten ist, leisten die Neckarzuflüsse wie Erms, Echaz, Wiesaz, Starzel, Eyach und Bära sehr erfolgreiche Skulpturarbeit, wobei das starke Gefälle dieser Wasserläufe sowohl die Hang- als auch die Tiefenerosion begünstigt. Diese neckarwärtigen Stirnflüsse mit ihren tief in den Gebirgskörper einschneidenden Tälern sind unbestritten die hauptverantwortlichen Skulpteure des Traufs. Dass sich die Täler albwärts verengen, liegt daran, dass die Flüsse im Albvorland weichere Gesteinspartien auszuräumen hatten als unmittelbar vor dem Trauf, wo sie auf harte Malmkalke stießen.

Von der äußerst intensiven Hangabtragung in den Kaltzeiten zeugen die meterdicken Hangschuttdecken und die beachtlichen Bergsturzmassen im Hangfußbereich. Dass auch heute noch der Verwitterungsmantel Kriechprozessen unterliegt, wird an der Stammkrümmung zahlreicher Bäume sichtbar.

Die oberen Hangpartien der Mittleren Schwäbischen Alb dagegen werden vielfach durch ungeschichtete und daher schwer zerstörbare Massenkalke aufgebaut, die als Einzelfelsen (Schwammstotzen) oder als landschaftlich über-

Albtrauf mit Blick nach Westen zum Schwarzwaldrand, Zeugenberge (Farrenberg im Mittelgrund, dahinter Zollern). M. GROHE

aus reizvolle Felsenkränze aus den Buchenwäldern herausragen. So markieren z. B. schroffe Felszinnen die oberen Talränder der Uracher Traufbucht, des Echaztals bei Honau (Traifelberg), des Eyachtals westlich Balingen (Lochen und Lochenstein) und vor allem des Donaudurchbruchs zwischen Fridingen und Inzigkofen. Kühn, aber immer standfest, thronen auf steil aufragenden Massenkalken zahlreiche Burgen bzw. Burgruinen wie Burg Wildenstein im Donautal, Hohenurach über dem Erms- und Burg Lichtenstein über dem Echaztal.

So »felsenfest« der Albtrauf vor Ort aufgemauert zu sein scheint, so unterliegt auch er der Wühlarbeit von Hangquellen und Bächen, vor allem seiner Fußzone. Wo die Stirntäler in enger Nachbarschaft verlaufen, haben ihre Bäche nicht selten längere Bergvorsprünge aus dem Albkörper herausgefräst. Vor allem im Traufbereich der Mittleren Alb wechseln sich solche Auslieger-berge wie Dreifürstenstein, Rossfeld, Pfullinger Berg und Urselberg mit den tiefen Traufbuchten von Talheim, Pfullingen und Metzingen ab.

Ist ein Traufabschnitt vom geschlossenen Alb-körper vollkommen getrennt worden, handelt es sich um einen so genannten Zeugenberg. Denn durch seine isolierte Lage vor der geschlossenen Albfront legt er Zeugnis davon ab, dass die Alb einst weiter nach Norden reichte. Solche »zeugenden« Relikte der ehemaligen Albtafel sind der vorgelagerte Kegelstumpf der Achalm (707 m NN) bei Reutlingen, der Farrenberg (820 m NN) bei Mössingen mit seiner sargdeckel-artigen Silhouette und der Weißjura-β-Kegel des Zollern (855 m NN) unweit Hechingen. Letzterer verdankt seine landschaftsbeherrschende Attrak-tivität einer um etwa 100 m abgesenkten Scholle im Hohenzollerngraben. In dieser Schutzlage wurde der Zollern als herausragender »Graben-berg« im Sinne der Reliefumkehr zu einer Voll-form modelliert. Im Mittelalter waren diese all-seits von steilen Hängen gesäumten baumfreien Berggestalten von strategischer Bedeutung, wes-halb sie oftmals als Burgstall dienten.

Auf die Frage, um wieviel der Albtrauf jährlich zurückweicht, gibt der Scharnhäuser Vulkan-

Zoller mit der Burg Hohenzollern. W. Fᴙɪᴛᴢ

schlot am Nordrand der Fildern (im Körschtal, neun Kilometer südöstlich von Stuttgart) schlüs-sige Antwort. Nach einem Vulkanausbruch vor 16 Millionen Jahren, bei dem das gesamte Weiß-jurapaket durchschlagen wurde, fielen Kalkbro-cken in den Schlot zurück, die eine damals hier überdeckende Albtafel bezeugen. Inzwischen ist diese um etwa 23 Kilometer weiter nach Südosten gewandert, woraus sich der jährliche Rückverle-gungsbetrag des Albtraufs mit ein bis zwei Milli-meter bestimmen lässt. In den Kaltzeiten mit intensiver Frostverwitterung und fehlender Vegetationsdecke dürfte die Rückwanderung des Traufs jährlich sogar bis sieben Millimeter d. h. etwa sieben Meter pro Jahrtausend betragen ha-ben. Dass in den Kaltzeiten die Frostverwitterung ganze Arbeit geleistet hatte, ist sowohl aus der mächtigen Hangüberdeckung mit scharfkanti-gem Frostschutt (Grus) zu schließen als auch aus den zahlreichen Bergsturzmassen am Trauffuß. Zwei bereits erwähnte aktuelle Beispiele verdeut-lichen den unaufhaltsamen Rückschneidungsprozess der Traufkante. Am Hangenden Stein (Raichberg) wird die Spaltenbildung mit talwärtigem Versatz der Gleitschollen überaus eindrucksvoll vorgeführt. Als noch spektakulärer gilt der Bergrutsch von 1983 südlich Mössingen, der die Traufkante schlagartig um viele Meter zurückversetzt hat.

Unmittelbar am Trauf spielte sich schon immer der Kampf um die Wasserscheide ab. Bereits im Jungtertiär haben sich die dynamischeren Neckarzuflüsse an die betulich dahinplätschernden ehemaligen Donau-Zuflüsse mittels rückschreitender Erosion »herangekämpft«. Nun gruben die Neckarzubringer den Donauzuflüssen das Wasser ab und lenkten deren Oberläufe zum rheinischen Flusssystem nach Norden um.

Seit altersher werden diese so bezeichneten »geköpften Täler« mit ihren Talpässen als bequeme Albübergänge genutzt, wobei die steilen, teils schluchtartig eingetieften Neckartäler nach kurzem Anstieg in die breiten Talböden der einstigen Donauzuflüsse überleiten. Deutliche »Talköpfungen« begegnen uns hier, wo etwa das Eyachtal östlich Lautlingen in das Tal der Ur-Schmiecha westlich Ebingen oder das Starzel- in das Fehlatal bei Burladingen übergeht. Noch markanter erfolgt der Übergang aus dem engen Kastental der Echaz bei Honau in das weite Ur-Lautertal am Bahnhof Lichtenstein. Von Unterhausen aus erkennt man im Talquerschnitt heute noch den ehemaligen muldenförmigen und frei in der Luft ausstreichenden Talboden.

Traifelberg – Felsenkranz der Schwammstotzen
Zugang: Von Honau, Holzelfingen oder Bahnhof Lichtenstein aus zum Rundwanderweg an der Traufkante des Traifelbergs
Das sehen Sie hier: Schwammstotzen, Einblicke in die Hang- und Talgestaltung, geköpftes Tal bei Bahnhof Lichtenstein

---

Die Schwäbische Alb – eine gekippte Kalksteintafel

Ein Sonderfall unter den deutschen Mittelgebirgen

Die Schwäbische Alb, nach Ernst W. Bauer (1988) eine »Art nationales Rückgrat der Schwaben« verläuft mit der Fränkischen Alb von Südwesten nach Nordosten wie ein Riegel durch Süddeutschland und trennt das Schichtstufenland im Norden vom Alpenvorland im Süden. Mit einer Fläche von etwa 6600 Quadratkilometern ist die Alb einer der geschlossensten Landschaftsräume Baden-Württembergs und flächenmäßig mit dem Schwarzwald vergleichbar.

Ihre Nordwestgrenze ist vom Albtrauf festgelegt, der sich mit gut 300 Höhenmetern über das Vorland erhebt. Die eher unauffällige Südgrenze bildet im Wesentlichen der Donaulauf. Nur von Munderkingen an donauabwärts markiert ein deutlicher Geländeabfall die Naht zum Alpenvorland. Von Munderkingen donauaufwärts hingegen ist bis Scheer der Landschaftsübergang morphologisch eher fließend, zumal das Jurapaket hier an einer Flexur (Abbiegung) sanft unter das Alpenvorland abtaucht. Die Landschaftsbezeichnung »Alb« im Sinn von Bergweidegebiet ist sprachlich wohl alteuropäischer Herkunft. Sie setzte sich aber erst seit dem 16./17. Jahrhundert durch.

Die Schwäbische Alb fällt geologisch deutlich aus dem Rahmen der anderen deutschen Mittelgebirge. Denn fast alle gehören dem Grundgebirge an, die im Tertiär als Horste, Blöcke und Pultschollen aus dem zerborstenen Grundgebirgsblock emporgepresst wurden. Die Alb hingegen als erdmittelalterliches Deckgebirge wurde tektonisch kaum beansprucht, sondern als Folge des Alpenschubs nur angehoben und leicht verkippt. Relativ schwache Krustenbewegungen genügten jedoch, um die ehemals kompakte, aber starre Kalktafel in unterschiedlich große Schollen zu zerlegen. Auch in gesteinsmäßiger Hinsicht lässt die Alb einen sehr eigenständigen Charakter erkennen, denn sie ist ausschließlich aus mesozoischem Kalk- und Mergelgestein aufgebaut. Sie

zählt damit zur Garnitur der wenigen erdmittelalterlichen Mittelgebirge wie die Fränkische Alb –
oder das Elbsandstein- und Lausitzer Gebirge –
letztere aus Kreide-Sandstein.

Ihr Erscheinungsbild erhielt sie durch die Ero-
sionsarbeit der Fließgewässer, die aus einem ursprünglich kompakten Sedimentpaket allmählich
ein Mittelgebirgsrelief modelliert haben. Auch
wenn die Alb gelegentlich als das Dach des südwestdeutschen Schichtstufenlands bezeichnet
wird, so endet dieses streng genommen am unteren Trauf der Schichtflächenalb bzw. der Wohlge-
schichten Kalke. Darüber sind die Massenkalke
landschaftsbestimmend, die zudem nicht mehr
den Abtragungsgesetzen des Schichtstufenlands
unterliegen.

Die Schwäbische Alb erstreckt sich vom
Hochrhein bis zum Ries über 220 Kilometer.
Geografisch wird sie in drei Hauptabschnitte
unterteilt:
– die Südwestalb von der Küssaburg/Hochrhein
  bis zum Killertal mit Starzel, dem Fehla- und
  Laucherttal,
– die Mittlere Alb vom Killertal bis zum Fils-
  und Lonetal sowie
– die Ostalb vom Fils-/Lonetal bis zum Ries.
Dabei fällt sie in der Längsachse von etwa
1000 m NN im Südwesten über 900 bis 800 m NN
in der Mittleren Alb bis auf 700 bis 600 m NN in
der Ostalb ab. Aber auch im Querprofil ist zwischen Trauf und Donau eine merkliche Abdachung

Kornbühl mit Salmendinger Kapelle im Jahr 2001.
W. HERTER

von Nordwesten nach Südosten festzustellen, der
naturgemäß auch die Donauzuflüsse folgen.

Der größte Teil der Mittleren Alb gehört zum
Regierungsbezirk Tübingen, außerdem noch je
ein angrenzender Streifen der Ost- sowie der Südwestalb. In ihrer Oberflächengestaltung zeigt die
Mittlere Alb zwischen Trauf und Donau eine klare
morphologische Dreigliederung in Schicht-
flächen-, Kuppen- und Flächenalb.

Landschaftsformung der Mittleren Schwäbischen Alb

Zwischen Balingen und Reutlingen erkennt man
in unmittelbarer Nachbarschaft zum Trauf eine
gesimsartige Verflachung wechselnder Breite, die

Schichtflächenalb
Auch wenn sie als kleinste Teillandschaft der
Albhochfläche gilt, ist sie im Südwesten mit Plettenberg, Burgfeldener Platte und insbesondere -
Heufeld recht eindrucksvoll entwickelt. Nach
Nordosten verengt sich diese Landterrasse zu
einem schmalen Gesims und klingt am Guten-
berg über Eningen als Hangleiste aus. Von hier
nach Osten hat sich die untere Weißjura-β-Stufe
der Schichtflächenalb mit der oberen δ-Stufe der
Kuppenalb zu einer Großstufe vereinigt, die sich
in imposantem Schwung um 300 bis 600 m NN
über das Mittlere Albvorland zwischen Rossberg
und Teck erhebt.

Geradezu beispielhaft breitet sich die Schichtflächenalb im Heufeld unter dem Aussichtsberg
Kornbühl (Salmendinger Kapelle, 886 m NN) aus.
Er verkörpert ein Relikt der Malm-δ-Stufe, die sich
wenige Kilometer südlich bei Ringingen erhebt. Sie
bezeugt, wie der Gönninger Rossberg (889 m NN)
und der Pfullinger Schönberg (793 m NN), dass die
gegenwärtige Schichtflächenalb einst vollständig
von Malm γ und δ überdeckt war.

Mit dem Aufstieg zum Malm-δ-Stufenrand
ändert sich der Landschaftscharakter außerdem
grundlegend. Die Verebnungen der Schichtflächenalb werden nun vom bewegten Relief der
etwa 20 Kilometer breiten

Kuppenalb

abgelöst. Mit Höhenunterschieden von 50 bis
80 Metern, dem Geflecht von Trockentälern, den
zahlreichen Dolinen und Höhlen, lichten Buchenwäldern sowie Wacholderheiden verkörpert sie
gleichsam den »Archetypus« der Alblandschaft.

Wie aber entwickelte sich dieses landschaft-
sästhetisch so ansprechende Kuppenrelief? In der
Nachjura-Ära haben die Abtragungskräfte die
obersten und weichen Gesteinsserien (Zementmergel des Malm ζ) abgeräumt und dabei die
unterlagernden harten Massenkalke freigelegt.
Dabei entstanden so genannte Zementmergel-
Schüsseln, die aufgrund ihrer Bodenqualität und
geschützten Lage bereits in der Landnahmezeit
um 500 n. Chr. von den Alamannen besiedelt
worden sind wie z. B. Münsingen oder Schwen-
ningen (Großer Heuberg).

Dieser besonders eigenständige Kernraum der
Alb bricht an seinem Südrand über eine 50 bis
70 Meter hohe Geländestufe ab und geht in eine
weit-wellige Landschaft über, die

Flächenalb

In der Längserstreckung der Alb zwischen Tuttlingen und Ries lässt sich dieser Geländesprung
fast durchgehend verfolgen und stellt dadurch
eine besondere morphologische Landmarke der
Albhochfläche dar. Hierbei handelt es sich nicht
etwa um eine herkömmliche Schichtstufe, sondern um ein Brandungskliff. Dieses markiert die
ehemalige Strandlinie des Obermiozänmeeres,
des letzten jungtertiären Meeresvorstoßes in den
süddeutschen Raum. So hatte vor 20 bis 17 Millionen Jahren das Meer bei seinem Vorstoß nach
Norden das ursprüngliche Kuppenrelief nicht nur
zu einer breitflächigen Strandplattform abgeho-
belt und erniedrigt, sondern gleichzeitig eine
Steilküste aus der Landoberfläche gefräst. Diese
Brandungsaktivität wird durch das Kliff von
Heldenfingen/Ostalb mit seinen unzähligen
Bohrmuschel- und Bohrwurmlöchern im Massenkalk bezeugt.

Die erstaunliche Beobachtung, dass das Kliff –
identisch mit der damaligen Küstenlinie – heute
auf der Alb in unterschiedlicher Höhe liegt (in der

Südwestalb auf 850 m NN, in der Mittleren Alb auf
750 m NN und in der Ostalb zwischen 500 und
600 m NN), beweist, dass die Alb erst nach der
Meerestransgression (Überflutung) kräftig angehoben wurde. Besonders eindrucksvoll präsentiert
sich die Flächenalb beidseitig der Autobahn zwischen Dornstadt und Merklingen. Nördlich davon
geht die Verebnungslandschaft um Tomerdingen
unvermittelt in den Kliffanstieg bei Merklingen
über.

Der Südrand der Flächenalb zwischen Riedlingen und Blaubeuren wird durch eine Anzahl isolierter, zumeist bewaldeter Tertiär-Hügelländer
wie Teutschbuch, Emerberg, Landgericht, Luthe-
rische Berge und Hochsträß nochmals deutlich
akzentuiert. Diese Hügellandschaften aus tertiä-
rem Molassegestein im Übergangsbereich zum
Donautal überdecken den oberen Weißjura und
sind aufgrund der härteren Kalksteineinlagen von
der Abtragung bisher weitgehend verschont geblieben.

**Naturschutzgebiet Kornbühl mit Salmendinger
Kapelle/Heufeld**
Zugang: Von Salmendingen (Zollernalbkreis) aus
Wanderung auf den Kornbühl (886 m NN, etwa
80 Meter Aufstieg mit Fortsetzung zum Dreifürsten-
stein und Hirschkopf Mössinger Bergrutsch
Das sehen Sie hier: Schichtflächenalb (Heufeld),
Massenkalkstufe bei Ringingen, Kornbühl als Zeu-
genberg der Kuppenalb; Wacholderheide
Kliff bei Suppingen
Zugang: Von Blaubeuren oder Suppingen (B 28) aus
Das sehen Sie hier: Das Kliff südlich Suppingen mit
deutlichem Geländeabfall zur Flächenalb

Die Karstlandschaft Alb – Werk des Wassers

Ein besonderes Charakteristikum der Alb ist –
trotz beachtlicher Niederschläge – ihre Ober-
flächentrockenheit. So führen viele gut erhaltene
Täler der einstigen Donau-Zuflüsse heute kein
Wasser mehr, abgesehen von wenigen Ausnahmen wie Schmiecha, Lauchert, Große Lauter und
Lone. Bereits jede Kalksteinbruch-Wand wie z. B.
bei Zainingen oder auf dem Plettenberg bei Balingen erklärt dieses Phänomen: unzählige Klüfte

und tiefreichende Spalten im Gestein lassen das Regenwasser rasch versickern.

Dieses Kluftnetz verdankt seine Ausweitung zu senkrechten Abflussröhren der korrodierenden Wirkung des mit Kohlensäure, Humus- und Wurzelsäuren angereicherten Regenwassers. Dadurch wird der physikalisch harte, chemisch jedoch relativ leicht lösliche Kalkstein zersetzt, wobei sich die Klüfte zu Röhrensystemen und Karstschloten, im Endstadium gar zu Höhlen erweitern. Liegen letztere dicht unter der Erdoberfläche, brechen die Höhlendächer gelegentlich ein und bilden die für die Alblandschaft so typischen Erdfälle oder Dolinen.

Diese »Pockennarben« im Antlitz der Alb sind häufig an Trockentalzüge gebunden, wie z. B. das Dolinenfeld im Salzwinkel (östlich Zainingen) oder das Degerfeld (Kältepol des Landes!) zwischen Bitz und Ebingen. Versickerung und Bodentrockenheit, Höhlen und Dolinen sind letztlich auf die spezifische Kalksteinverwitterung zurückzuführen, auf die

Verkarstung

Der von Natur aus undurchlässige Kalkstein (Calciumcarbonat) wird durch die säurehaltigen Sickerwässer in seine lösliche Form, das Calcium-hydrogencarbonat, überführt. Bei Änderung der physikalischen Parameter wie Druck und Temperatur fällt dieses in Form von Tropfsteinen in Höhlen und als Kalktuff bzw. Kalksinter an Quellaustritten aus. Dieser porenreiche Sekundärkalk, von den Albbewohnern treffend als Wasserstein bezeichnet, war ehemals aufgrund seiner leichten Bearbeitbarkeit im bergfeuchten Zustand ein sehr begehrter Bau- und Werkstein. Vielerorts wurde er in den Talböden der Neckarzuflüsse gebrochen bzw. herausgesägt und als hervorragendes Baumaterial verwendet. Besonders großflächig waren die Kalktufflager im Echaztal bei Honau (mit der im Kalktuff angelegten Olgahöhle), im Bodenlosen See/Seeburger Tal südlich Urach und im Wiesaztal bei Gönningen, wo seit neuestem ein Lehrpfad über Bildung und Abbau des Kalktuffs informiert.

Die Alb – ins Meer gespült
Seit der Landwerdung der Alb in der Kreidezeit arbeitet das Wasser unaufhörlich an ihrer Zerstörung. Überschlägig gerechnet büßt die Alb bei etwa 250 Milligramm gelöstem Kalkanteil pro Liter Quellwasser jährlich rund 100 000 Kubikmeter Kalkstein ein. In Millionen von Jahren könnte sich das dereinst aus dem Meer geborene Kalkgebirge wieder »verflüssigt« haben. Sein Gestein wäre dann wieder ins Endlager aller Abbauprozesse auf der Erde, ins Meer zurückgekehrt.

Formenschatz der Verkarstung auf und in der Alb, stark schematisiert. D. SCHILLIG

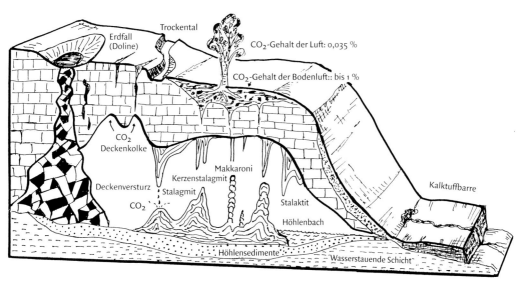

Höhlenausgang mit Eisbildung im Winter. H.-P. DÖLER

Die eindrucksvollsten Zeugnisse einer gebirgsinneren Perforierung belegen die heute etwa 2000 im Höhlenkataster erfassten Höhlen. Die meisten Schauhöhlen befinden sich im oberen Stockwerk der Kuppenalb. Berühmte Beispiele sind die Bärenhöhle bei Erpfingen und die Nebelhöhle bei Genkingen. Letztere, erstmals 1486 erwähnt, wurde durch den historischen Roman »Lichtenstein« von Wilhelm Hauff bekannt. Die fortschreitende Verkarstung lässt den Karstwasserspiegel absinken, so dass die meisten Albhöhlen inzwischen trocken gefallen sind.

Steigt der Karstwasserspiegel in längeren Regenperioden aber gar bis zur Höhlensohle, wie gelegentlich in der Falkensteiner Höhle, kann es für die Höhlenbesucher dramatisch werden. Durchweg im Karstwasserspiegel liegt die Wimsener Höhle bei Zwiefalten, eine mit Booten befahrbare Wasserhöhle. Völlig unter Wasser liegt das vom Höhlentaucher Jochen Hasenmayer erforschte Höhlensystem des Blautopfs.

Die Frage, welche Wege die einsickernden Wässer im Gebirgsinnern nehmen, dürfte heute im Prinzip beantwortet sein. Demnach stauen wasserundurchlässige Mergelschichten des unteren Weißjuras das Karstwasser und lassen es dort als Schichtquellen austreten, wo Albtrauf oder Talhänge eine wasserführende Schicht anschneiden. Treten die Quellen über dem Vorfluter aus, was häufig im Albtraufbereich der Fall ist, spricht man von Seichtem Karst. Beispiele hierfür sind die Echazquelle oder die Wasserfälle von Güterstein und Urach.

Das zweite, bedeutendere Karstwasserstockwerk, der Tiefe Karst, bestimmt den Südteil der Mittleren Alb. Hier bewegt sich das Karstwasser mit unterschiedlicher Geschwindigkeit durch ein verzweigtes Röhrensystem im Niveau der Felsen- und Bankkalke (oberer Weißjura) in Richtung Donau, um dann am Albfuß in stark schüttenden Quelltöpfen auszutreten. Im Blautopf z. B. wird aufgrund der mächtigen Verschotterung des Urdonautals eine Wassersäule von 23 m Höhe bei 3000 Liter durchschnittlicher Förderung in der Sekunde nach dem Prinzip der kommunizierenden Röhren nach oben gedrückt.

Die Verkarstung hat den Albkörper innerhalb von Jahrmillionen nicht nur wie einen Schweizer Käse durchlöchert, sondern auch ihren Stempel der Oberfläche aufgedrückt. Als Pendant zum gebirgsinneren Höhlenlabyrinth ist das Trockentalsystem auf der Alboberfläche zu betrachten. Hierbei handelt es sich um Erosionstäler aus dem Jungtertiär, die durch das Absinken des Karstwasserspiegels ihre ursprüngliche Funktion weitgehend verloren haben. In den Kaltzeiten allerdings wurden sie für den sommerlichen Abfluss des Schmelzwassers nochmals reaktiviert, zumal der Abfluss durch das Gebirgsinnere aufgrund des Dauerfrostes unterbunden war. Auch heute noch können bei Schneeschmelze oder Starkregen manche Trockentäler vorübergehend Wasser führen oder so genannte Hungerbrunnen sprudeln. Letztere galten früher als Vorzeichen für Missernten. Leicht erreichbare und gut zu durchwandernde Trockentäler sind Glas-, Baum-, Tiefen- oder Wolfstal.

Die gegenwärtige Alblandoberfläche mit ihren vielen Talzügen, aber raren Fließgewässern, hat sich seit Urzeiten weitgehend erhalten und ist gleichsam konserviert geblieben, weil Fließgewässer als Abtragungsmedien an der Oberfläche ausfallen. Obgleich die Verkarstung eine faszinierende Landschaft geschaffen hat, empfanden die Albbewohner den permanenten Wassermangel als ständige Bedrohung. Wie aber konnten sie ihren täglichen Wasserbedarf vor Einrichtung einer flächendeckenden Albwasserversorgung sicherstellen? Behalfen sich die Älbler im Sommer mit dem Sammeln von Regenwasser in Dachbrunnen (Zisternen), so waren sie im Winter von den Ross-bauern abhängig, die das Wasser aus den reich-lich schüttenden Talquellen heraufkarren muss-ten. Erst mit der von König Karl initiierten und von Carl von Ehmann ab 1870 eingeleiteten Alb-wasserversorgung konnte die Alb mit Wasser zu erschwinglichem Preis beliefert werden. Beson-deres Glück mit der Wasserversorgung hatten die Dörfer auf der Mittleren Alb wie Zainingen, Hül-ben, Kleinengstingen oder Bernloch, die auf ei-nem ehemaligen Vulkantuffschlot liegen. Das Tuffmaterial ist nämlich von Natur aus wasserun-durchlässig, so dass dauerhafte Wasserstellen, so genannte Hülen, Hülben oder Wetten angelegt werden konnten.

Kalktufflehrpfad im Wiesaztal
Zugang: Gönningen bei Reutlingen
Das sehen Sie hier: Kalktuffbildung, Kalktuff-
terrassen, Spuren des ehemaligen Abbaus
Information: Broschüre der Reutlinger Geschichts-
blätter 2003
Degerfeld – eine Ansammlung von Dolinen
Zugang: Von Albstadt– Truchtelfingen, Albstadt-
Ebingen oder Bitz
Das sehen Sie hier: Dolinenfeld, Wacholderheide,
»Kältepol« der Alb
Bärenhöhle (816 m NN)
Zugang: Von Großengstingen oder Sonnenbühl
Das sehen Sie hier: Eine großartige Schauhöhle;
Trockenhöhle, Tropfsteinbildung
Information: Broschüre an der Kasse
Wanderung durch das Glastal
Zugang: Von Hayingen oder Zwiefalten
Wanderung: Hayingen-Digelfeld (Wacholderheide)-
Glastal-Friedrichshöhle Wimsen-Zwiefalten
Das sehen Sie hier: Wacholderheide Digelfeld,
Trockental, Quellaustritte im Glastal, Wasserhöhle,
Massenkalke und Kalktuffbarren

Der Schwäbische Vulkan

Die vor 140 Millionen Jahren dem Meer entstie-gene und inzwischen altersgereifte Alblandschaft wurde vor 17 bis 11 Millionen Jahren einer hefti-gen »Feuerprobe« unterzogen. Als damals aus der Tiefe aufsteigendes heißes Magma mit Grund-wasser in Kontakt kam, entwickelte sich eine be-achtliche Sprengkraft. So wurde an etwa 350 bis-her bekannten Durchschussröhren basaltartiges Trümmergestein, vermengt mit reichlich Neben-gesteinen, herausgeschleudert. Dieser so ge-nannte Vulkantuff macht 93 % der Fördermasse aus, und nur in 7 % der Schlote findet man er-starrtes Magma, also Basaltgestein (Melilith).

Trotz großer Streubreite der Schlote innerhalb des Städtedreiecks Kirchheim-Reutlingen-Mün-singen mit einem Durchmesser von etwa 40 Kilo-metern konzentrieren sich die meisten Aktivitä-ten auf das Urach-Kirchheimer Vulkangebiet. Als tiefere Ursache wird nur ein einziger Vulkanherd vermutet, was auch die Bezeichnung »Schwäbi-scher Vulkan« im Singular rechtfertigt. Aber auch auf der Mittleren Alb hat er zahlreiche Sprengkes-sel hinterlassen, mit Ausnahme des Sternbergs bei Offenhausen, der aus Melilith-Basalt besteht. Seine weitesten Spuren reichen im Süden bis Lai-chingen, im Norden bis zum Scharnhäuser Vul-kan im Körschtal.

Recht auffällig sind die Tuffschlote im Albvor-land. Weil die Schlotfüllungen sich gegenüber der Abtragung widerstandsfähiger als die umgeben-den Ton- und Mergellagen des Braunjura erwie-sen haben, ragen etliche markanteVulkankegel als Härtlinge über das höhere Albvorland auf: Georgenberg bei Pfullingen (602 m NN), Ran-genbergle bei Eningen (589 m NN), Weinberg (488 m NN), Hofbühl (510 m NN) und Florians-berg (522 m NN) bei Metzingen.

Letzte Spuren der jungtertiären Vulkantätig-keit äußern sich heute noch in den kohlensäure-haltigen Mineral- und Thermalquellen wie in Bad Urach und Beuren. So weist hier die geothermi-sche Tiefenstufe infolge des nur langsam abklin-genden nachvulkanischen Wärmestroms eine deutliche Anomalität auf. Nimmt die Temperatur im mitteleuropäischen Durchschnitt mit der Tiefe um etwa 3 °C pro hundert Meter zu, so sind es im Raum Kirchheim/Bad Urach 5 bis 11 °C – ein spätes Geschenk des Schwäbischen Vulkans, ebenso der Kohlensäuerling im Eyachtal (Bad Im-nau) und der von Bad Niedernau im Neckartal.

Aus einer 30 °C warmen Thermalquelle bei Böttingen/Münsingen wurde der durch Hämatit (Eisenoxid) tiefrot gebänderte Böttinger Marmor ausgeschieden, der als Dekorationsstein im Neuen Schloss in Stuttgart Verwendung fand.

Die Alb – ein tektonischer Unruheherd?

Die Alb ist nicht nur von Vulkanerscheinungen, sondern gelegentlich auch von tektonischen Störungen heimgesucht worden. Es sei hier nur an das Erdbeben vom 3. 9. 1978 im Raum Albstadt erinnert, das sich in der Hauptbruchzone des Hohenzollerngrabens abspielte. Ab Veringenstadt setzt er den Lauchertgraben in nordwestliche Richtung als 30 Kilometer lange und 1500 Meter breite Störungszone bis südwestlich Hechingen fort. In dem 100 Meter abgesenkten tektonischen Graben wurde der Zollern als Weißjura-Zeugenberg nach dem Prinzip der Reliefumkehr herauspräpariert. Tektonische Schollenbewegungen im süddeutschen Raum gehen ursächlich meist auf plattentektonische Vorgänge zurück.

Georgenberg bei Pfullingen
Zugang: Von Pfullingen oder Reutlingen
Das sehen Sie hier: Tuffkegel mit Massenkalktrümmern

Sternberg bei Offenhausen
Zugang: Kleinengstingen oder Münsingen, von Offenhausen aus Wanderung zum Sternberg und zur Wacholderheide Hart
Das sehen Sie hier: Quelltopf der Großen Lauter; Sternberg, ein Basaltkegel, Wacholderheide; Lehrpfad

Zaininger Vulkanmaar – Dolinen im Salzwinkel
Zugang: Östlich von Bad Urach über die B 28
Das sehen Sie hier: Sprengtrichter mit Maar (Informationstafeln an der Hüle) 2 km östlich Zaininger an der Abzweigung nach Donnstetten breitet sich ein größeres Dolinenfeld aus

---

Oberschwaben – das Land vor den Alpen

»Oberschwaben ist eigentlich das ganze schwäbische Stammesgebiet südlich der Donau. Die Einengung des Namens auf den Raum westlich der Iller wurde erst durch die napoleonische Flurbereinigung ausgelöst. Dadurch mußte Bayrisch-Schwaben vom württembergischen, hohenzollerischen und badischen Oberschwaben unterschieden werden. Für den württembergischen Anteil wurde die Landschaftsbezeichnung Oberschwaben schon früh eingeführt, so 1832 von E. Schwarz und später auch in die amtliche Landesbeschreibung von Gradmann übernommen« (F. Huttenlocher 1954).

Oberschwaben ist – aus der Vogelperspektive betrachtet – eine abwechslungsreiche Landschaft mit weiten Ackerflächen im Westen, hügeligem Grünland im Osten, größeren Wäldern, markanten Moränenzügen, unzähligen Stillgewässern und weitgespannten Beckenräumen. Das Landschaftsdreieck zwischen Donau, Iller und Bodensee mit einer Fläche von über 7000 Quadratkilometern wird vorwiegend von natürlichen Grenzen wie Wasserläufen und Höhenzügen eingerahmt. Im Nordwesten ist es die Donau am Übergang von der Alb zum Alpenvorland, im Osten die Landesgrenze an der unteren Iller mit Fortsetzung im Höhenrücken der Adelegg. Allerdings überlappen sich hier in der Südostecke die Landschaftsbezeichnungen Oberschwaben und Allgäu, die heute nicht (mehr) eindeutig gegeneinander abzugrenzen sind. Den landschaftlich überaus reizvollen Abschluss Oberschwabens bildet das Nordufer des Bodensees.

Der Grundstein wird gelegt – Oberschwaben im Tertiär

Oberschwaben ist in seinem Bauplan mit einem dreistöckigen Gebäude zu vergleichen: Das Fundament wird von der südwärts abtauchenden Juraplatte gebildet, das Erdgeschoss von mächtigen Meeres-, Seen- und Flussablagerungen der tertiären Molasse und das Obergeschoss von vielfältigen Sedimenten der quartären Vergletscherung.

Im Gegensatz zu den nördlichen Nachbarlandschaften gilt Oberschwaben in geologischer Hinsicht als ausgesprochen jugendlich. Dies hängt in erster Linie damit zusammen, dass es den Vorhof der jungen Alpen bildet, was auch im Landschaftsbegriff Alpenvorland zum Ausdruck kommt. Als eigenständiger Landschaftsraum erstreckt sich dieser zwischen Genf und Wien über

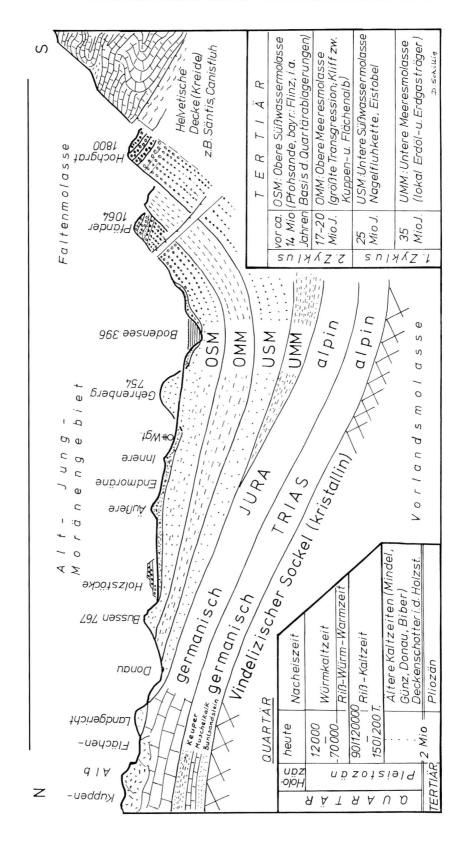

Geologischer Nord-Süd-Schnitt durch das oberschwäbische Alpenvorland. D. SCHILLIG (schematisiert, nicht maßstabsgetreu)

1200 Kilometer und wurde seit dem Tertiär von den Alpen »ferngesteuert«.

Dem Auftauchen der Uralpen aus dem Tethysmeer vor etwa 40 Millionen Jahren folgten sogleich die Abtragungsprozesse. Als Auffangbecken für den Schutt bot sich das nahe Gebirgsvorland an, in das die Flüsse riesige Schwemmfächer vorbauten. Infolge der zunehmenden Sedimentlast sank das Vorland trogförmig ein, im Lindauer Raum bis zu 5000 Meter.

Aus dem Zusammenspiel von Sedimenttransport, Trogsenkung und Meeresspiegelschwankungen resultierten zwei große Sedimentationszyklen, in welchen Meer- und Festlandverhältnisse einander ablösten. Dem ersten Meer-Festlandzyklus mit Unterer Meeres- und Unterer Süßwassermolasse folgte ein zweiter mit Oberer Meeresmolasse (vor 20 bis 17 Millionen Jahren) und Oberer Süßwassermolasse (vor 17 bis 11 Millionen Jahren).

Aufschlussreiche Einblicke in den Molasseuntergrund erlauben die zahlreichen tief eingekerbten Tobel an den Tal- und Beckenflanken. Zumeist handelt es sich dabei um eine recht monotone Abfolge grauer bis gelblich-grüner Sandsteine mit gelegentlichen Ton- und Mergeleinschlüssen, die der Erosion nur wenig Widerstand leisten. Dies dürfte auch der Grund für die Namenfindung gewesen sein, denn in der Westschweiz bezeichnet Molasse soviel wie weiches Gestein.

Am Alpenrand dagegen stehen verbackene und harte Grobgeröllschichten mit dem Sammelbegriff Nagelfluh an. Diese äußerst verwitterungsresistenten Konglomeratbänke aus dem Tertiär sind nachträglich nochmals in den alpinen Deckenbau einbezogen worden, weshalb die Nagelfluhketten bei Oberstaufen auch als Faltenmolasse bezeichnet werden. Die Vorlandmolasse wie z. B. die Adelegg mit Schwarzem Grat (1119 m NN) wurde lediglich aufgerichtet. Tektonisch unbeeinflusst blieben dagegen die »Bergpfeiler« Oberschwabens wie der Gehrenberg (750 m NN, bei Markdorf), der Höchsten (833 m NN, oberhalb Illmensee) und der »Heilige Berg« Oberschwabens, der Bussen (767 m NN bei Riedlingen), die sämtlich aus Oberer Süßwassermolasse aufgebaut sind.

Naturschutzgebiet Schmalegger Tobel
Zugang: Schmalegg-Jägerhaus, westlich Ravensburg, verschiedene Wandermöglichkeiten
Das sehen Sie hier: Tobelbildung, Wasserfall, Aufschlüsse der Oberen Süßwassermolasse, Hangrutschungen, Wälle der Rinkenburg, Bannwald, zahlreiche Informationstafeln

---

Das Alpenvorland – von den Kaltzeiten geformt

Auf der festen Bühne des Tertiäruntergrunds wechselten sich im Pleistozän (vor 2,6 Millionen bis 11600 Jahren) mindestens sieben Mal Kalt-

Schmalegger Tobel. Der Buttenmühle-Wasserfall (6 m) über verbackener Oberer Süßwassermolasse. H. TEUFEL

und Warmzeiten ab. Eckhard Villinger (2003) fasst sie in vier Komplexen zusammen:

Biber-Donau-Komplex (vor 2,6 bis 1,77 Millionen Jahren), Günz-Haslach-Mindel-Komplex (vor 1,77 bis 0,9 Millionen Jahren), Riß-Komplex (vor 400 000 bis 130 000 Jahren) und Würmkaltzeit (vor 115 000 bis 11 600 Jahren).

In den Kaltzeiten drängten die im Hochgebirge genährten Gletscher vehement in die Gebirgsvorländer. Hier, im glazialen Akkumulationsraum, wirkten sie weiterhin als Skulpteure und Schutttransporteure, die nicht nur die Landoberfläche abhobelten und Becken ausschürften, sondern den reichlich mitgeführten Glazialschutt abluden und zu einem variantenreichen Formenensemble gestalteten.

Als einer der Ersten hat schon um 1840 der Hofapotheker Anton Ducke aus Wolfegg auf die Zusammenhänge von Gletschererosion, -transport und -sedimentation hingewiesen. Er zweifelte nämlich die damals gängige Vorstellung an, nach der die in der Landschaft verstreuten »Irrblöcke« (Erratika, Findlinge) Überbleibsel der biblischen Sintflut seien. Als kritischer Naturbeobachter begab er sich mit Gesteinsproben zu Fuß in die Nordalpen und konnte tatsächlich vor Ort viele Mutterfelsen seiner »Findelkinder« ausfindig machen. Damit hatte er den Beweis erbracht, dass es nur die ›ausgreifenden Gletscherarme‹ gewesen sein konnten, die die Findlinge ins Alpenvorland verschleppt hatten. Friedrich August Quenstedt führte bereits 1858 hierzu aus: »… daß der Gletscher und keine Sündfluth die Blöcke hingeschoben haben, darüber sind die Schweizer Geologen einverstanden.« Zehn Jahre später bestätigte ihn Ph. H. Bach: »Die glücklichen Erfunde bei Schussenried … (Geweihe und Knochen nordischer Thiergeschlechter) … haben mit Sicherheit constatirt, dass die Eiszeit auch über Württemberg sich verbreitet habe.« Damit verschwand endgültig die Sintflut-Hypothese in der Rumpelkammer der Geognosie.

Zu Beginn des 20. Jahrhunderts schließlich hatten Albrecht Penck und Eduard Brückner die im Kern bis heute gültigen Vorstellungen über die Eiszeitgeschichte des Alpenvorlands entwickelt und in dem epochalen Werk »Die Alpen im Eiszeitalter« formuliert.

Zur Reliefgestaltung Oberschwabens in der Nacheiszeit

Erst nach dem endgültigen Abschmelzen der Alpen-Gletscher im Spätglazial (vor etwa 13500 bis 10500 Jahren) wurden deren zahlreiche Werkspuren und Hinterlassenschaften sichtbar wie Wall- und Grundmoränen, Findlinge, Schmelzwassertore, Sander, Deltaschichten, Drumlinfelder, Toteisseen, mit Glazialschutt verfüllte Becken und auch kuppige Schmelzwasserlandschaften.

Rüdiger German, Quartärgeologe und langjähriger Leiter der Tübinger Bezirksstelle für Naturschutz und Landschaftspflege, konnte nachweisen (German 1970), dass die aus Gletschergeschiebe bestehenden Grundmoränen in den sommerlichen Auftauperioden des Spätglazials von den Schmelzwässern so kräftig durchspült wurden, dass nur die gröberen Geschiebekomponenten zurückblieben. Daher spricht er auch nicht mehr von einer Grundmoränen-, sondern vielmehr von einer kuppigen Eisrand- und Schmelzwasserlandschaft, die vor allem das Westallgäuer Hügelland östlich des Schussenbeckens überprägt hatte.

Gletschertore, Sander, Niederterrassenfelder und Deltas

Das nahezu stereotype Ordnungsmuster glazialer Aktivitäten, die so genannte glaziale Serie, ist auch im südlichen Oberschwaben beispielhaft entwickelt. Danach setzten die aus zahlreichen Gletschertoren austretenden Schmelzwässer ihre Geschiebefracht in großflächigen, nach außen geneigten Sandern (Geröll- und Sandflächen) ab, die nahtlos in die Niederterrassenfelder des Ostrach-, Ablach-, Riß- und Riedtals übergehen. Außerdem verschotterten sie tiefe Geländedepressionen wie das Wurzacher- und Leutkircher Becken, deren wasserdurchlässige Kiese und Sande ausgesprochene Trockenstandorte bilden, wie z. B. die Haidgauer und Leutkircher Heide.

Abbauwand im Kieswerk Hämmerle in Baindt. Die Schrägschichtung ergab sich durch Fluss-sedimentation in den Ravensburger Eisstausee (Deltaschüttung). D. SCHILLIG

Während des Eisrückzugs hatten die Schmelz-wässer die vegetationslosen Gletschervorfelder gesäubert und Geröll, Kies, Sand und Schluff – gut sortiert – in Eisstauseen wieder abgesetzt. Charak-teristisch für diese Deltaschüttungen ist ihre Schrägschichtung mit 10 bis 12 Grad Neigung, die in den Kiesgruben am Schussenbeckenrand gele-gentlich noch aufgeschlossen sind.

> **Schussenquelle – Äußere Jungendmoräne**
> Zugang: Buchau oder Steinhausen oder Schussen-ried
> Das sehen Sie hier: Endmoräne, Quelltrichter, Riesen-Findling unter Straßenbrücke
> Information: Museum in Schussenried

Die Drumlins – geformte Gletscherrhythmik

Niemand vermutet hinter den Drumlins Schöp-fungen grober Gletschertätigkeiten. Recht häufig treten sie in Schwarmform an den Öffnungs-gabeln auseinander strebender Gletscherzungen auf, so z. B. im Bodenseehinterland in den Drum-linfeldern nördlich Lindau, zwischen Raderach und Markdorf, im Frickinger-Salemer Becken und auf dem Bodanrück. Stets sind sie in Richtung der Gletscherbewegung eingeregelt und zeigen eine steile Luv- und eine gletscherabgewandte flache

Leeseite. Ihre Abmessungen differieren zwischen 200 bis 1200 Meter in der Länge, 100 bis 400 Meter in der Breite und 10 bis 50 Meter in der Höhe.

Die Entstehung dieser »Schwarmgeister« des Gletscherniedergangs gab schon immer Rätsel auf. Am plausibelsten dürfte die Hypothese sein, dass der Gletscher beim erneuten Vorrücken die früher bereits ausgeschmolzenen Schuttmassen nur dadurch zu überwinden vermochte, dass er sie im Sinn des Helmholtzschen Prinzips beim Über-fahren zu stromlinienförmigen Hügeln umgestal-tete. Dieses fordert nämlich, dass das Aneinander-Vorbeigleiten unterschiedlich dichter Massen

Drumlin bei Esseratsweiler. Er besteht aus Moränen-material, das durch den Gletscher stromlinienförmig eingeregelt wurde. Hier bewegte er sich von links nach rechts. C. SCHMID

Drumlinfeld um Achberg

Zugang: Von Neuravensburg oder Tettang, Wanderung zum Flunauer Sack, Rundwanderung am rechten Ufer über Blumegg bis zum Zusammenfluss von Oberer und Unterer Argen, Rückwanderung über Regnitz nach Achberg

Das sehen Sie hier: Mäandrierende Argen, Molasseaufschluss, Flunauer Sack

Information: Schloß Achberg, Broschüre des Landkreises Ravensburg, 1999

stets in Wellenform erfolgt. Das vorherrschende Auftreten der Drumlinschwärme südlich der Inneren Jungendmoräne dürfte nach K. A. Habbe (1994) vor allem damit zusammenhängen, dass nach erneutem Kälterückfall vor etwa 15 000 Jahren der vorstoßende Gletscher den älteren Glazialschutt nurmehr überfahren konnte. Infolge der ungewöhnlich raschen Klimaerwärmung im Spätglazial wurde die Oberflächenformung, bisher Vorrecht der Gletscher, von den Fließ-, teilweise auch Stillgewässern übernommen.

Oberschwaben setzt unüber»see«bare Akzente

Seen und Weiher sind, so meint nicht nur der Romantiker, die »glänzenden Augen« des südlichen Oberschwabens. Während die Natursseen gleichsam als letzte Fußspuren des sterbenden Gletschers vor rund 18 000 bis 15 000 Jahren zu betrachten sind, wurden die Weiher durch Abdämmung von Wald- und Wiesenmulden erst im Hoch- und Spätmittelalter künstlich angelegt. Sie dienten auf vielfältige Weise als Fisch-, Mahl-, Burg-, Lösch-, Eis-, Bleich-, Floß- und Schwellweiher sowie als Flachsröste, zum Frosch-, Vogel- und Egelfang, zur Wiesenbewässerung sowie als Hochwasserrückhaltebecken. Deshalb spricht Werner Konold (1987) für die Zeit ab 1400 zu Recht von einem »Weiherboom« in Oberschwaben, der hauptsächlich von den Klöstern getragen wurde.

Die Natursseen verdanken ihre Existenz den vom Gletscher beim Eiszerfall hinterlassenen »toten« Eisresten, die unter einer Isolationsschicht von Schmelzwassersedimenten zeitlich verzögert ausgeschmolzen sind. Durch Füllung eines solchen abflusslosen Toteiskessels mit Grundwasser

entstand ein Toteissee. Zu dessen bekanntesten Vertretern zählen Schrecken-, Buch- und Bibersee auf der Blitzenreuter Seenplatte, der Lengenweilersee bei Wilhelmsdorf, der Rohrsee im Wurzacher Becken, außerdem die Seen im Dreieck Leutkirch – Kisslegg – Isny mit Ober-, Zeller-, Argen-, Bad-, Großem und Kleinem Ursee.

Wie die geologische Übersichtskarte (1 : 200 000) zeigt, konzentrieren sich die natürlichen Stillgewässer und Feuchtgebiete auf einen etwa zehn Kilometer breiten Gürtel zwischen Äußerem und Innerem Moränenwall. Hier hat die Gletscheraktivität nicht nur ein unruhiges Relief mit zahlreichen abflusslosen Senken hinterlassen, sondern sie hat den Fließgewässern die Suche zu den Vorflutern Ostrach und Riß in Richtung Donau bzw. über Schussen und Wolfegger Ach in Richtung Bodensee durch die Moränenhügel sehr erschwert.

Die unzähligen, durch Dämme künstlich rückgestauten Weiher (abgeleitet von lat. Vivarium, Behältnis für lebende Tiere) sind inzwischen so harmonisch mit der Landschaft verwachsen, dass sie sich von den natürlichen Seen nur noch durch Damm und Ablass (Mönch) unterscheiden lassen. Allerdings hat die im 14. Jahrhundert von Klöstern und Städten ausgehende Weiherkultur im südlichen Oberschwaben mit einer gezielten Weihertrockenlegung ab dem 19. Jahrhundert ihr abruptes Ende gefunden. Die Umstellung auf die Milchviehwirtschaft und der zunehmende Bedarf an Streu- und Brennmaterial (Torfgewinnung, Moorkultivierung) beschleunigten das Weihersterben zusätzlich. Der natürliche Verlandungsprozess der Stillgewässer hat sich im 20. Jahrhundert durch die Intensivlandwirtschaft nochmals beschleunigt. Inzwischen sind zur Erhaltung der Gewässer kostenaufwändige Gegenmaßnahmen wie Extensivierung der Uferzonen, Rückstau mit Vernässung, Sömmerung bzw. Winterung der Weiher eingeleitet oder schon durchgeführt worden.

Feuchtgebiete – die geoökologischen Schatztruhen Oberschwabens

Von den drei flächengrößten Feuchtgebieten Oberschwabens liegen Federsee- und Wurzacher

Ried außerhalb, das Pfrunger Ried innerhalb des Äußeren Moränenkranzes. Die beiden erstgenannten verdanken ihre Existenz den letzten Vorstößen des Rißgletschers, wobei ihre Becken später noch durch würmkaltzeitliche Endmoränen abgeriegelt und zu Seen aufgestaut wurden. Während der ehemalige Wurzacher See inzwischen völlig verlandet ist und heute als einzigartiger Hochmoorkomplex in Mitteleuropa (Europa-Diplom!) gilt, hat sich der Federsee trotz mehrerer Fällungen im 19. Jahrhundert und fortschreitender Verlandung als bescheidene Restwasserfläche von 136 Hektar – nicht zuletzt dank einer gezielten Wiedervernässung – erhalten können.

Auch südlich des Äußeren Moränenkranzes trifft man neben den Stillgewässern noch zahlreiche Moorflächen an wie das Pfrunger Ried, den Bereich des Aulendorfer Eisstausees, die Seen und Moore um Kisslegg und Isny. »Deutschland ist schön durch seine Wälder, hässlich durch seine Sümpfe« hatte der römische Geschichtsschreiber Tacitus vor rund 2000 Jahren geschrieben. Heute im Zeitalter rasch schwindender Naturreservate sind wir uns der zunehmenden Bedeutung der »hässlichen Sümpfe« für unseren Öko-, Klima- und Wasserhaushalt mehr denn je bewusst.

Auch wenn Trockenlegungen und Torfabbau in den letzten 200 Jahren viele der landschaftsprägenden Moor- und Feuchtgebiete zerstört haben, so weist der Kreis Ravensburg erstaunlicherweise immer noch über 2000 Stillgewässer auf.

Wenn Stillgewässer und Feuchtgebiete gegenwärtig eine erhöhte öffentliche Aufmerksamkeit erfahren, so liegt dies vor allem an ihrer Bedeutung als Habitate für Flora und Fauna (FFH). Weiterhin leisten sie als natürliche Rückhalteflächen von Wasser und Feststoffen einen unverzichtbaren Beitrag zu Ausgleich und Stabilisierung des Wasser- und damit Landschaftshaushalts im voralpinen Hügelland.

Fließgewässer schaffen klare Strukturlinien

Wie die Speichen eines Rades zur Nabe zeigen, so sind die glazial ausgeschürften Becken im südlichen Oberschwaben radialstrahlig zum Bodensee hin ausgerichtet. Ihre entwässernden Flüsse wie Linzgauer Ach, Rotach, Schussen, Argen und Leiblach waren in der Nacheiszeit für die endgültige Geländegestaltung Oberschwabens von »tiefschürfender« Bedeutung. Allerdings unterscheiden sich die Flusssysteme von Rhein und Donau in ihrer Wirksamkeit doch ganz erheblich voneinander. Wegen der höher gelegenen Erosionsbasis der Donau (Ulm: 450 m NN) gegenüber der des Rheins (Bodensee: 395 m NN) und den geringeren Niederschlägen im Regenschatten der Alb hat das nördliche Oberschwaben kein so markantes Talrelief entwickelt wie das südliche. Hier schnitten sich die aus den Hochlagen zufließenden Wasserläufe infolge ihrer erheblichen Relief- und Fließenergie tief in die Hänge ein, häufig bis ins Molassegestein. Auf diese Weise sind z. B. auch die Hangpartien des Schussenbeckens durch zahlreiche Schluchttäler gekerbt worden wie z. B. durch den wildromantischen Schmaleggger Tobel oder das Wolfegger Achtal, das Laura- und Flattbachtal. Ähnliches gilt für das Argengebiet, die Adelegg und auch die Bergflanken von Gehrenberg und Höchsten.

Die Landschaftsräume Oberschwabens innerhalb des Regierungsbezirks Tübingen

Für den Regierungsbezirk lassen sich folgende Landschaftsräume ausgliedern, die durch Lage, Entstehung und Aussehen jeweils ein eigenes Profil erkennen lassen:

– Donautal,
– Terrassen- und Tertiärhügellandschaft,
– Altmoränenlandschaft der Mindel- und Rißkaltzeiten sowie
– Jungmoränenlandschaft der Würmkaltzeit im südlichen Oberschwaben einschließlich dem Bodensee-Becken.

Die Donau – Mittlerin zwischen Alb und Alpenvorland

Die Donau durchfließt in Baden-Württemberg zwischen Donaueschingen und Ulm eine Strecke von rund 200 Kilometern und entwässert mit einem Einzugsgebiet von 7600 Quadratkilometern ein Fünftel des Landes. Sie bildet, zumindest unterhalb Scheer, die Tiefenachse zwischen der Alb im Norden und dem Tertiärhügel- und Altmoränenland im Süden. Geologisch ist dieser Übergang durch die Donauflexur, das Abbiegen der Juratafel unter das Alpenvorland, vorgezeichnet.

Als älteste und damit ausgereifteste Entwässerungsader Süddeutschlands hat die Donau eine lange und sehr bewegte Flussgeschichte hinter sich. Ganz entscheidend für den Betrachtungsraum ist jedoch, dass sie sich bei der Aufwölbung von Schwarzwald und Deckgebirge kräftig in die Albtafel eingeschnitten und dabei die Südwestalb zwischen Immendingen und Scheer durchbrochen hat. Daher gilt als eindruckvollster Flussabschnitt der von Steilhängen und Felsenkränzen gesäumte Canyon zwischen Beuron und Inzigkofen.

Gletschervorstöße und Flüsse haben zwischen Moränenbogen und Bodensee einen radialförmigen Taltrichter geschaffen. Die Fließgewässer des südlichen Oberschwabens münden auf einer Uferstrecke von nur 9 Kilometern in den Bodensee. D. SCHILLIG

Aufgrund von Anhebung und Kippung der Albtafel war die Donau gezwungen, nach Süden abzugleiten, bis sie in der Nachkaltzeit ihr gegenwärtiges Bett fand. Zu Bettverlegungen wurde die Donau auch durch kräftige Talverschotterungen während des rißkaltzeitlichen Maximums veranlasst, so zwischen Vilsingen und Laiz (oberhalb Sigmaringen), Untermarchtal und Ehingen (Kirchener Tal) und zwischen Ehingen und Blaubeuren (Schmiech-, Ach- und Blautal).

Hatte sich die Donau als bedeutendste Sammelader für die Schmelzwässer der Nord-Alpen- und Feldbergvergletscherung ein breites Urstromtal zugelegt, so verschotterte sie in der Nacheiszeit dieses wieder mit mächtigen Kiesfüllungen. Darauf bildeten sich größere Riedflächen wie bei Riedlingen, Rottenacker, Ersingen und Langenau. Die Tatsache, dass von den Talrändern und der Alb ständig Grund- und Karstwasser in die Kieskörper einströmt, weiß die Landeswasserversorgung zu nutzen, die seit fast

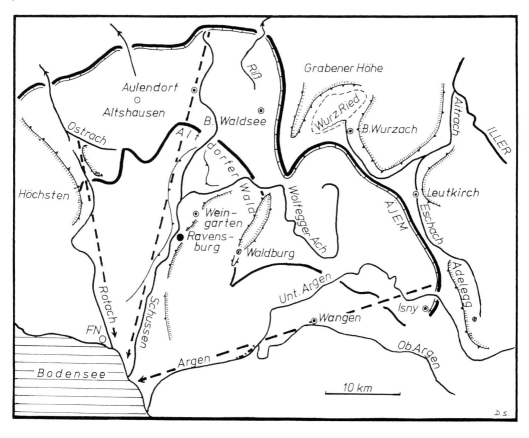

einem Jahrhundert große Trinkwassermengen aus dem Donaumoos bei Langenau fördert.

Bis Ulm ist die Donau bei einem mittlerer Abflusswert von 114 Kubikmetern pro Sekunde ein typischer Mittelgebirgsfluss mit Hochwasserspitzen im zeitigen Frühjahr. Von Neu-Ulm an jedoch überwiegt dank der Iller das alpine Abflussregime mit Hochwässern zwischen Mai und Juli, wobei die Iller durchschnittlich 60 % zum Donauabfluss beisteuert.

Inzigkofen – die Donau durchbricht die oberste Juraformation
Zugang: Wanderung vom Kloster Inzigkofen aus (Volkshochschulheim) zum Känzele, den Grotten über die Degernau zum Amalienfelsen.
Das sehen Sie hier: Durchbruchstal der Donau, Steilufer im Massenkalk, Umlaufberg, Talmäander, Grottenbildung, Malm zeta-Formation
Donaudurchbruchstal zwischen Beuron und Thiergarten
Zugang: Von Beuron oder Sigmaringen; Wanderung vom Naturfreundehaus Steighöfe (Zufahrt über Stetten a. k. M.): Schaufelsen, Ruine Falkenstein nach Thiergarten
Das sehen Sie hier: Donaudurchbruch, Steilhänge im Massenkalk, alter Donautalboden, Thiergarten (ehemalige Eisenschmelzhütte für Bohnerze)

Die Terrassen- und Tertiärhügellandschaft im Nordosten

Im Landschaftsdreieck zwischen Donau, Riß und Bussen treten – von kaltzeitlichen Flussschottern nicht mehr überdeckt – Untere Süßwasser- und Obere Meeresmolasseschichten zu Tage. Charakteristisch für diesen relativ kleinen Landstrich Oberschwabens, das Tertiärhügelland, ist seine weiche Formengebung mit ausgeglichenem Relief.

Im Nordostzwickel zwischen Donau und Iller haben die Schmelzwasserströme breite Schotterfluren angelegt, wobei die älteren Kaltzeiten die höheren, die jüngeren die tieferen Schotterterrassen hinterlassen haben. So entstanden langgestreckte Schotterrücken, wie sie in den Holzstöcken (östlich Laupheim) oder im Hochgeländ (südlich Biberach) breit entwickelt sind. Unterhalb dieser günz- und mindelkaltzeitlichen Deckenschotter hatte sich im Raum Laupheim ein breiter

und lössbeckter Schotterstrang herausgebildet, die rißkaltzeitliche Hochterrasse. Die im Niveau der heutigen Fließgewässer gelegenen Schotterfelder sind würmkaltzeitlichen Ursprungs und bilden die Niederterrasse, deren Wurzelzonen in den Sanderfeldern der Äußeren Endmoränenbögen 30 km weiter südlich zu suchen sind.

So befindet sich zwischen den Holzstöcken östlich Laupheim und der Riß ein großartiges Beispiel einer so genannten Terrassenschachtel. Im Sinne der Reliefumkehr sind hier die ältesten Schotterdecken oben, die jüngsten im Talbereich platziert.

Altmoränen überprägen das nördliche Oberschwaben

In der Rißkaltzeit, der bedeutendsten Rheinvorland-Vergletscherung vor etwa 150 000 Jahren, hatte das Eis den größten Teil Oberschwabens unter sich begraben. Bei Sigmaringen und Riedlingen stießen die Eismassen sogar über die Donau bis zum Albrand vor. Außerdem nahmen sie den nördlichen tertiären Eckpfeiler Bussen gerade noch in ihre »kalten Arme«, ohne ihn jedoch gänzlich zu überfahren.

Das den Norden Oberschwabens beherrschende Altmoränengebiet wird im Westen durch die Donau-Ablach-Platten und im Osten durch den ansteigenden Flügel der Riß-Aitrach-Platten aufgebaut. Breite danubische Sohlentäler wie die von Ablach, Kanzach, Riß, Rottum, Rot und Weihung gliedern das weithin sanfte Altmoränenrelief in süd-nord-ausgerichtete Landschaftsstreifen, wobei die Formenwelt der mindel- und rißkaltzeitlichen Vergletscherungen noch am deutlichsten östlich und nördlich von Biberach entwickelt ist. Da deren Hinterlassenschaften sehr viel länger den nivellierenden Kräften wie Bodenfließen und Abspülung ausgesetzt waren als diejenigen der Würmkaltzeit, zeigen sie heute ein eher verwaschenes Landschaftsbild mit weiten Mulden, welligen Platten und sanften Geländerücken. Trotzdem erlauben die morphologisch unscharfen Endmoränenwälle die Identifikation einiger rißkaltzeitlicher Zungenbecken wie das Wurzacher-, Biberacher-, Riedlinger-, Donau-

und Federsee-Becken. Letzteres ist das Ergebnis eines Jungriß-Vorstoßes, so dass der Federsee das älteste natürliche Stillgewässer Oberschwabens sein dürfte.

In der Gegend von Biberach ist das breite kastenförmige Tal der Riß eingeschnitten, deren steile Talflanken sich nicht in das Gesamtbild der schwach reliefierten Altmoränenlandschaft einfügen lassen. Dieser schroffe Reliefgegensatz findet seine Erklärung in der Verfestigung der Hangpartien durch kalkhaltiges Bindemittel. Die ehemals lockeren Sand-Kieslagen sind im Laufe der Zeit zu felsenartigen Konglomeratbänken verbacken worden. Verständlicherweise ist dieser Naturbeton, auch als glaziale Nagelfluh bezeichnet, jedem Kiesgrubenbesitzer mehr als ein »Stein des Anstoßes«.

Nagelfluh, Kieswerk Hämmerle, Baindt. D. SCHILLIG

Leutkirch-Isny markiert wird. Hier wurde der ausgeschmolzene und angehäufte Schutt vom Gletscher zu breiten Endmoränenwällen zusammengeschoben, die 10 bis 25 Meter, gelegentlich aber auch 50 bis 100 Meter über das übrige Geländeniveau aufragen.

Diese Äußere Jungendmoräne setzt nicht nur den deutlichsten Reliefakzent innerhalb Oberschwabens, sondern scheidet es außerdem in eine nördliche, zur Donau hin entwässernde und in eine südliche, zum Bodensee hin geneigte Region. Diese im gesamten Alpenvorland einmalige Teilung in zwei völlig gegenläufige Entwässerungssysteme ist das Spezifikum Oberschwabens. Es ist insbesondere dem kräftigeren Gletscherschurf im Süden und dem nachkaltzeitlich stärker erodierenden rheinischen gegenüber dem danubischen Gewässersystem zu verdanken.

Das vielgestaltige Erbe des zwischen Schaffhausen und Leutkirch immerhin 100 Kilometer breiten Rheinvorlandgletschers enthüllt eine recht komplexe Rückzugsgeschichte. Im ersten Akt vor etwa 18 000 Jahren lockerte sich der eisige Griff des arktischen Klimas so spürbar, dass die Eismassen vom Äußeren Moränenwall bei Bad Waldsee bis auf Höhe von Ravensburg zurückschmolzen. Ein nochmaliger Kälterückfall führte vor 15 000 Jahren zum erneuten Gletschervorstoß, d. h. bis zur Inneren Jungendmoräne. Diese verläuft etwa zehn Kilometer südlich zur Äußeren Jungendmoräne und ist durch die Verbindungslinie der Orte Wilhelmsdorf-Blitzenreute-Altdorfer Wald-Waldburg-Leupolz-Siggener Höhe-Eisenharz festgelegt. Auf diesem Wall stockt gleichsam

> **Bussen – der »Heilige Berg« Oberschwabens**
> Zugang: Anstieg zum Gipfel (767 m NN), Wanderung um den Gipfel
> Das sehen Sie hier: Obere Meeresmolasse, Silvanakalke, Blick auf Federseebecken und Äußeren Moränenkranz (Würmkaltzeit), Alpenblick

Das südliche Oberschwaben – durch die Würmkaltzeit geformt

Das Jungmoränengebiet mit markanten Wallmoränen geht, abgesehen von örtlich begrenzten Vorarbeiten der Rißvergletscherung, ausschließlich auf die letzte Kalt- und Nachkaltzeit zurück. Gute Über- und Einblicke in die Werkstatt der landschaftsprägenden Kräfte wie Eis und Wasser gewähren die Aussichten von exponierten Erhebungen wie Höchsten (833 m NN), Waldburg (772 m NN) oder Süh (725 m NN) bei Wolfegg.

Der Rheinvorlandgletscher mit Ursprung in den 230 Kilometer entfernten Graubündner Tälern hatte während seiner größten Ausdehnung vor 20 000 Jahren das südliche Alpenvorland vollständig unter seine Herrschaft gebracht. Als seine herausragendste Hinterlassenschaft gilt die Girlande bewaldeter Höhenzüge und Kuppen inmitten Oberschwabens, die etwa durch die Verbindungslinie der Orte Pfullendorf-Ostrach-Aulendorf-Bad Schussenried-Winterstettenstadt-Bad Waldsee-Altann/Wolfegg-Bad Wurzach-

Blick über das südliche Oberschwaben mit Altdorfer
Wald, Bodensee (im Dunst) und nördlichen Kalkalpen.
BNL-Archiv

als grüner Kragen um das Schussenbecken der
größte zusammenhängende Forst Oberschwabens, der Altdorfer, Wald mit einer Fläche von
über 7000 Hektar.

Der Schlussakt des Gletscherauftritts im Alpenvorland, das allerletzte Aufbäumen gegen den
endgültigen Eiszerfall, spielte sich im Spätglazial
ab. Ein erneuter Kälteeinbruch vor 14600 bis
13500 Jahren ließ den Rheingletscher bis zur Linie Konstanz-Markdorf-Liebenau-Neukirch- Pfle-
gelberg-Wangen und Lindenberg vorrücken. Obwohl dieses so genannte Konstanzer Stadium
landschaftlich kaum mehr in Erscheinung tritt,
gilt es dennoch als nördliche Begrenzung des
Bodensee-Stammbeckens.

Süh (725 m NN) oberhalb Berg/Wolfegg
Zugang: Vom Weiler Berg kurzer Anstieg, Rundwan-
derung
Das sehen Sie hier: Überblick über Oberschwaben
bis zu den Alpen und der Alb, Augengneis-Findling,
Durchbruchstal der WolfeggerAch (Naturschutzge-
biet), Umlaufberg von Giras (Naturschutzgebiet)
Information: Festschrift des Schwäbischen Albvereins
Wolfegg von 2003
Kiesgrube Badstuben bei Waldburg
Zugang: Weingarten oder Waldburg
Das sehen Sie hier: Vorstoßschotter, Moränenband
des Singener Stadiums, Eisrandschwemmkegel;
alpine Sedimente, Findlinge, Burg Waldburg mit
großartiger Fernsicht zu den Alpen

Der Bodensee – Bindeglied zwischen Alpenvorland und Hochgebirge

Dass der Bodensee heute das bedeutendste
Binnengewässer Mitteleuropas darstellt, verdankt
er nicht nur dem Gletscherschurf der verschiedenen Kaltzeiten, sondern auch einer gewissen
tektonischen Vorarbeit. So erstreckt sich die Störungszone des Bonndorfer Grabens, der am Kai-
serstuhl ansetzt, bis zum Bruchfeld des Überlinger Sees. Aufgrund der Tatsache, dass der
Gletscherstrom diese Rinne infolge der tektonischen Zerrüttung des Molassegesteins besonders
leicht aufschürfen konnte, entstand der tief ein-
gesenkte Überlinger »Fjordsee«.

In der Würm-Kaltzeit war die Großwanne
Bodensee wichtigste Sammel- und auch Verteiler-
station der aus dem Alpenrheintor bei Bregenz
vordringenden Eismassen. Von hier erfolgte die
Auffächerung des Alpenrheingletschers in die
Untersee-, Hegau-, Salemer-, Schussen- und
Argenzunge. Aufgrund des spätglazialen
Schmelzwasserrückstaus, insbesondere in den
Teilbecken von Schussen und Argen, wurden an
deren Rändern breite Kiesterrassen und Deltas
sedimentiert, die zum Teil heute noch abgebaut
werden.

Das Gletscherresultat Bodensee mit Ober-,
Unter- und Überlinger See (Gesamtfläche:
540 Quadratkilometer; Wasserinhalt: 50 Kubik-
kilometer, maximale Tiefe: 252 Meter) gilt als
Deutschlands größtes klimatisches Ausgleichs-
und Trinkwasserbecken. Die enormen Anstrengungen sämtlicher Anrainerstaaten auf dem

Gebiet der Abwasserklärung in den letzten Jahrzehnten haben ihn wieder zu einem relativ unbelasteten Gewässer mit außergewöhnlicher touristischer Anziehungskraft werden lassen.

Abschließend ist der Hommage des Biberacher Eiszeitgeologen Franz Wenk (1966) an sein Oberschwaben nur beizupflichten: »So ist das scheinbar einförmige Land zwischen Donau und Bodensee (…) voller Abwechslung und landschaftlicher Schönheit, wenn man sie zu schauen vermag. Seine Entstehung ist so mannigfaltig und oft so verwickelt, dass es mehr als ein Jahrhundert geologischer Forschung bedurfte, die komplizierte Vergangenheit aus der Mannigfaltigkeit der Landschaftsformen abzulesen.«

In der Tat, alles was uns an »unbelebter« Natur wie Berge, Täler, Gesteine und Gewässer umgibt, wurzelt in irgendeiner Weise tief in der geologischen Vergangenheit. Alles ist dem Spiel innerer und äußerer Gestaltungskräfte unterworfen, die dafür sorgen, dass nie Erstarrung eintritt und das dynamische Gestaltungsprinzip stets die Oberhand behält. Dass wir Menschen die Veränderungen der Erdoberfläche nur selten bemerken, liegt wohl daran, dass deren Zeittakt um ein Vielfaches langsamer abläuft als unser eigener. Tröstlich bleibt indes, dass die Natur nichts vergisst und uns mit Hilfe eigener Ausdruckformen zahllose Erinnerungsstützen geschaffen hat, die wir mit geduldiger Annäherung enträtseln sollten, ohne sie jedoch dabei zu zerstören.

Jedes der hier aufgenommenen Naturschutzgebiete des Regierungsbezirks Tübingen ist eine solche Gedächtnisspur aus längst vergangener Zeit, der wir sowohl aus Traditionsbewusstsein als auch aus Eigennutz unsere Aufmerksamkeit schenken sollten.

LITERATUR

BAUER, E.-W. & SCHÖNAMSGRUBER, H. [Hrsg.] (1988): Das große Buch der Schwäbischen Alb. Stuttgart; Konrad Theiss Verlag.

BORCHERDT, C. [Hrsg.] (1983): Geographische Landeskunde von Baden-Württemberg, Stuttgart.

DONGUS, H. (1977): Die Oberflächenformen der Schwäbischen Alb und ihres Vorlands. Selbstverlag Geogr. Inst. der Univ. Marburg, Marburg.

DONGUS, H. (1998): Endmoränenkomplexe u. Schmelzwasserrinnen des eiszeitlichen Rheingletschers im Südwestdeutschen Alpenvorland. Jb. 1997 der Marburger Geogr. Ges., 1998, S. 146–168.

GEOBAVARIA (2004): 600 Millionen Jahre Bayern. – Bayer. Geol. Landesamt.

GERMAN, R. (1970): Die Unterscheidung von Grundmoräne und Schmelzwassersedimenten am Beispiel des württ. Allgäus. – N. Jb. Geol. Paläont. Mh., S. 69–76. Stuttgart.

GEYER, O. F. & GWINNER, M. P. (1986): Geologie von Baden-Württemberg, Stuttgart, Schweizerbart'sche Verlagsbuchh.

GRADMANN, R. (1931): Süddeutschland, 2 Bände, Stuttgart, Engelhorn.

HEIZMANN, E. P. J. [Hrsg.] (1998): Vom Schwarzwald zum Ries. – München, Pfeilverlag.

HABBE, K. A. (1994): Das deutsche Alpenvorland. – In: Liedtke, H. & Marcinek, J. (Hrsg.): Phys. Geographie Deutschlands, S. 440–475.

HUTTENLOCHER, F. (1960): Kleine geographische Landeskunde. – Karlsruhe, Braun.

HUTTENLOCHER, F. (1954): Vom Werdegang der oberschwäbischen Kulturlandschaft. – In: Alemann. Jahrbuch 1954.

KOMMISSION KULTUR DER INTERN. BODENSEEKONFERENZ [Hrsg.] (2001): Feuer, Eis und Wasser. – Konstanz.

KONOLD, W. (1987): Oberschwäbische Weiher und Seen. – 2 Bde. Beih. Veröff. Naturschutz Landschaftspflege Bad.-Württ., Karlsruhe.

NATIONALATLAS BUNDESREPUBLIK DEUTSCHLAND (2003): Relief, Boden und Wasser. – Institut für Landeskunde, Leipzig (Hrsg.). Heidelberg, Berlin, Spektrum.

OBERSCHULAMT TÜBINGEN [Hrsg.]: Durchs Oberland – ein geographisch-landeskundlicher Exkursionsführer, Leutkirch.

ROTHE, P. (2005): Die Geologie Deutschlands. – Darmstadt, Wissenschaftliche Buchgesellschaft.

SCHILLIG, D. (1989): Im Vogelflug über den Kreis Ravensburg. – Hrsg.: Landkreis Ravensburg.

SCHILLIG, D. (1999): Achberg – ein Ort mit wechselvoller Erdgeschichte. – In: I. Pill-Rademacher (Hrsg.): Schloß Achberg, S. 49–70, Ravensburg.

STIER, C. et al. (1989).: Wüsten, Meere und Vulkane. Baden-Württemberg in Bildern aus der Erdgeschichte. Stuttgart, P. Grohmann-Verlag.

VILLINGER, E. (2003): Zur Paläogeographie von Alpenrhein und oberer Donau. Z. dt. geol. Ges. 154/2-3: 193 –253.

WAGNER, G. (1960): Einführung in die Erd- und Landschaftsgeschichte. Öhringen, Hohenlohesche Buchh. F. Rau.

WAGNER, G. & KOCH, A. (1961): Raumbilder zur Erd- und Landschaftsgeschichte Südwestdeutschlands. Schmiden, Verlag-Repro-Druck.

WEINHOLD, H. (1973): Beiträge z. Kenntnis des Quartärs im württ. Allgäu zwischen östl. Bodensee u. Altdorfer Wald. Diss. im Fachbereich Erdwissenschaften d. Univ. Tübingen.

WENK, F. (1966): Geologischer Aufbau von Oberschwaben. Regional-Planungsverband Oberschwaben.

Die Naturräume – Landschaftsformen und Klima

von Renate Riedinger

Eintönig ist er gewiss nicht. Im Gegenteil: Die Natur hat den Regierungsbezirk Tübingen großzügig ausgestattet mit vielfältigen Naturräumen – einer Vielfalt, die zunächst dem geologischen Fundament zu verdanken ist. Die Geologie gibt den Formenreichtum einer Landschaft vor und entscheidet in Verbindung mit dem Klima über die Bodenbildung. Die Böden wiederum beeinflussen sowohl die natürliche Vegetation als auch die Nutzung und Bewirtschaftung des Landes. Durch diese eng miteinander verzahnten Faktoren erhält jeder Landschaftsausschnitt eine eigene charakteristische Erscheinung, die das Bild eines Naturraums prägt. Der Regierungsbezirk Tübingen hat Anteil an insgesamt 22 Naturräumen, die zu fünf Haupteinheiten zusammengefasst sind.

Von den fünf Haupteinheiten gehören drei (Neckar-Tauber-Gäuplatten, Schwäbisches Keuper-Lias-Land, Schwäbische Alb) dem Südwestdeutschen Schichtstufenland an. Dieser Großraum entstand durch die Heraushebung der Alpen im Zusammenhang mit dem Einbruch des Rheingrabens. Diese Bewegung brachte das zwischen Rhein und Alpen liegende Gesteinspaket in eine nach Südosten geneigte Schräglage (vgl. Kapitel Geologie). Durch den Wechsel von weichen und harten Gesteinsschichten entstanden in der Folge bei verschiedenen Abtragungsvorgängen unterschiedlich markante Stufen. Die Stufen sowie die zugehörigen Schichtflächen prägen einen Großteil des Erscheinungsbildes Baden-Württembergs. An ihnen orientiert sich die naturräumliche Gliederung.

Die beiden verbleibenden naturräumlichen Haupteinheiten (Donau-Iller-Lech-Platten, Voralpines Hügel- und Moorland) gehören zum Alpenvorland – eigentlich ein gewaltiger Trog, entstanden als Folge der erdgeschichtlichen Hebungen und Senkungen von Alpen und Oberrheingraben. In diesen Trog reichte zuweilen ein Arm des Ur-

Mittelmeeres, der Tethys, hinein. War die Verbindung zur Tethys unterbrochen, bildeten sich ausgedehnte flache Süßwasserseen. In diese schwemmten die aus den Alpen und dem Südwesten der Alb entwässernden Flüsse sehr viel Schutt. Über einen langen Zeitraum wurden so im Wechsel Meeres- und Süßwassersedimente in mehreren tausend Metern Mächtigkeit abgelagert. Diese Sedimente werden als Molasse bezeichnet (vgl. Kapitel Geologie). Das geomorphologische Bild des Alpenvorlandes entstand jedoch erst während der Kaltzeiten. Mächtige Eismassen, die von den Alpen ausgehend in nördlicher Richtung vorgedrungen sind, führten große Mengen von so genanntem Geschiebe mit sich, einem Gemisch aus Sand, Mergel und Steinen, das sich während des Transports unter, vor und am seitlichen Rand der Eismassen abgelagert hat. Diese Gletscherablagerungen werden Moränen genannt und entsprechend ihrer Lage als Grund-, End- oder Seitenmoränen bezeichnet. Durch die unterschiedlich starke Ausdehnung der verschiedenen Kaltzeit-Gletscher lässt sich im Alpenvorland ein Jungmoränengebiet (Würmkaltzeit, letzte Kaltzeit) von einem Altmoränengebiet (Rißkaltzeit, vorletzte Kaltzeit) unterscheiden.

Sowohl die südwestdeutsche Schichtstufenlandschaft als auch das Alpenvorland charakterisieren den Regierungsbezirk Tübingen in besonderer Weise, liegt doch etwa jeweils die Hälfte der Bezirksfläche in den beiden Landschaftsteilen.

Voralpines Hügel- und Moorland

Die naturräumliche Haupteinheit Voralpines Hügel- und Moorland ist aus geologischer Sicht der jüngste Naturraum im Regierungsbezirk Tübingen. Im Norden verläuft die Grenze etwa entlang der Linie Pfullendorf, Bad Saulgau, Bad Schus-

Gletschertor bei Oberessendorf. D. SCHILLIG

senried, Bad Waldsee und Leutkirch. Eine mehr oder weniger deutliche Linie von Endmoränen bildet die Grenze zum nördlich liegenden Gebiet der Donau-Iller-Lech-Platten.

Das Voralpine Hügel- und Moorland erscheint als typische Jungmoränenlandschaft. Nach dem Abschmelzen der Gletscher wurde der gesamte kaltzeitliche Formenschatz freigelegt. Bei diesem Formenschatz wird zwischen Vollformen und Hohlformen unterschieden. Zu den Vollformen gehören die Grund-, End- und Seitenmoränen sowie Drumlins. Zu den Hohlformen gehören Senken, Becken, Rinnen und Toteislöcher. Hinzu kommen Schwemmfächer und Terrassen, die nach der letzten Kaltzeit entstanden sind.

Landschaftsprägend sind vor allem die Endmoränen. Sie entstehen durch den Gesteinsschutt, den ein Gletscher vor sich herschiebt und bei seinem Rückzug in Form eines mehrere Meter hohen Walls zurück lässt. Der Rückzug eines Gletschers, also das Abschmelzen der Eismassen, ist kein kontinuierlicher Vorgang. Vielmehr wird er von Phasen begleitet, in denen Gletscherzungen nochmals vorstoßen und wieder zum Stillstand kommen. So entstehen weitere Endmoränen. Drei Phasen lassen sich unterscheiden. Die äußeren Endmoränen eines Gletschers werden als Einheit betrachtet und äußerer Jungendmoränenkranz genannt. Sie liegen hier im Westen und Norden etwa 700 m NN, im Osten um 800 m NN. Die jüngsten Endmoränen bilden die Gruppe der Stammbeckenendmoränen. Dazwischen liegen die Endmoränen der verschiedenen Rückzugsphasen, die als innere Jungendmoränen bezeichnet werden (Dongus 1991).

Eng mit den Endmoränen in Verbindung steht die bedeutendste Hohlform eines Gletschers, das so genannte Zungenbecken. Es entsteht, wenn die Mächtigkeit des Gletschereises abnimmt und deshalb die Ausschürfung des Gletschers deutlich nachlässt. Im Gletscherbett entsteht dadurch ein rückläufiges Gefälle, das nach Abschmelzen der gesamten Eismasse als Becken zurück bleibt. Zungenbecken gehören zu jeder Endmoräne. Diese Becken liegen im Alpenvorland bei Höhen um 600 m NN.

Ebenfalls mit den Endmoränen in Verbindung stehen die so genannten Umfließungsrinnen.

Diese mehr oder weniger parallel zur Endmoräne verlaufenden Rinnen führten ehemals Schmelzwässer ab. Heute sind sie vielfach verlandet, teils bildeten sich Moore, teils liegen sie so trocken, dass Ackerbau betrieben werden kann. Sie liegen bei Höhen zwischen 400 und 450 m NN.

Beim Rückzug der Eismassen blieben mancherorts mächtige Eisblöcke zurück. Diese isolierten Resteismassen lagerten zuweilen noch lange Zeit innerhalb der Grundmoräne. Nach deren Abschmelzen entstanden Hohlformen, die als Toteislöcher bezeichnet werden. Sie sind zum Teil auch heute noch als Seen oder Moore in der Landschaft erkennbar.

Zwischen den Endmoränen und den zugehörigen Becken finden sich im Grundmoränenabschnitt häufig außergewöhnliche Vollformen des Gletschers: walfischförmige Hügel, die in Richtung der Eisbewegung orientiert sind. Sie werden als Drumlins bezeichnet. Häufig kommen sie in Gruppen vor, so genannten Drumlinfeldern. Besonders gut ausgebildet sind diese Vollformen zwischen den Stammbeckenendmoränen und dem Bodensee zwischen Überlingen und Friedrichshafen. Die Drumlins können Höhen von zehn bis maximal 50 Meter erreichen. Sie sind zwischen 200 und 1200 Meter lang sowie zwischen 100 und 400 Meter breit.

Beim Abtauen der Gletscher entstanden gewaltige Abflüsse, die neben den Wassermassen auch große Mengen an Geröll mit sich führten. Diese Abflüsse bahnten sich ihre Wege durch die junge Kaltzeitlandschaft und zerschnitten vielerorts die Endmoränen. Ein beeindruckender Durchbruch an einem Moränenwall ist bei Winterstettenstadt (Kreis Biberach) zu sehen. Hier fließt die heutige Riß als kleiner Fluss durch das selbst geschaffene Tor und besitzt nichts mehr von der Gewalt, die vor Jahrtausenden hier gewirkt hat. Der Durchbruch dient heute als natürliches Tor für die Eisenbahnlinie Ulm – Friedrichshafen. Vor den Endmoränen wurden die mitgeführten Gerölle dort abgelagert, wo die Fließgeschwindigkeit der Flüsse abnahm. So entstanden Schwemmfächer, die nach der Größe des Ablagerungsmaterials in Schotter- und Sanderebenen unterschieden werden.

Das Voralpine Hügel- und Moorland wird untergliedert in mehrere Naturräume. Das Bodenseebecken, das Oberschwäbische Hügelland und das Westallgäuer Hügelland liegen vollständig im Regierungsbezirk Tübingen. In Teilen gehören die Naturräume Hegau im Westen und Adelegg im Osten dazu.

Bodenseebecken

Das Bodenseebecken stößt nach drei Seiten hin an verwaltungstechnische Grenzlinien. Der Naturraum trifft im Westen auf die Regierungsbezirksgrenze zu Freiburg, im Osten auf die Landesgrenze zu Bayern. Im Süden grenzt er an Österreich, die Landesgrenze zur Schweiz liegt im Bodensee. Lediglich in nördlicher Richtung besteht eine echte Naturraumgrenze, die als Stufe erkennbar ist.

Der Bodensee prägt den Naturraum landschaftlich und klimatisch in besonderer Hinsicht. Dieser große Alpenrandsee entstand hauptsächlich durch die Tätigkeit des Rheingletschers. Ein durch Bruchtektonik vorgeformtes Becken wurde in den aufeinanderfolgenden Kaltzeiten mehrfach von Gletschern überfahren und ausgeräumt. Dadurch entstand das tief ausgeschürfte Becken des Obersees, des Hauptteils des heutigen Bodensees. Dieses Becken wird als Stammbecken des Rheingletschers bezeichnet. Es ist in seiner Tiefe sehr gut erhalten, weil es nicht wieder – wie andere Stammbecken im Alpenvorland – in der Nachkaltzeit vom Geschiebe der Alpenflüsse zugeschüttet wurde. Einzelne Zungen des Rheinhauptgletschers hinterließen in nordwestlicher und in nördlicher Richtung weitere Becken, die in diesem Zusammenhang als Zweigbecken benannt werden. Zwei dieser Zweigbecken bilden zum Bodensee gehörende Seen: der Überlinger See und der Untersee. Der Überlinger See bildet hinsichtlich der tektonischen Bruchstufe die Fortsetzung zum Obersee. Der Untersee dagegen wurde allein durch die Arbeit des Gletschers geformt. Überlinger See und Untersee werden durch einen Molasserücken voneinander getrennt, dem so genannten Bodanrück (Regierungsbezirk Freiburg).

Ein drittes Zweigbecken des Rheingletschers im Regierungsbezirk Tübingen ist das weit nach Norden reichende Schussenbecken, das entlang der Linie Wolpertswende – Baindt (beide Kreis Ravensburg) zum Altdorfer Wald hin begrenzt wird. Dieses Becken wurde nach der letzten Kaltzeit in verschiedenen Phasen mit Sedimenten gefüllt und verlandete. Vermoorungen und kleine Wasserflächen weisen jedoch auch heute noch auf die ursprünglichen Verhältnisse im Gebiet hin. Heute entwässert die Schussen in dieser Senke zum Bodensee. Im Mündungsbereich hat sich ein einzigartiges Feuchtgebiet entwickelt, dessen ökologische Bedeutung durch die Ausweisung als Naturschutzgebiet »Eriskircher Ried« zum Ausdruck kommt.

Das Stammbecken sowie die Zweigbecken liegen bei Höhen zwischen 400 und 450 m NN. Der Wasserspiegel des Bodensees liegt im Mittel bei 395 m NN. Seine größte Tiefe erreicht er im Obersee mit 252 Meter (Dongus 1991). Der heute

bei Rheinspitz (Schweiz) einmündende Rhein durchfließt den See und tritt bei Stein am Rhein (Schweiz) aus dem Untersee wieder aus. Der Überlinger See wird damit nicht direkt vom Rhein durchflossen. Die Wassermenge, die im Laufe eines Jahres durch den See fließt, ist weitgehend konstant. Dagegen ist der Rheinzufluss jahreszeitlich sehr unterschiedlich. Schwankungen des Wasserstands von bis zu drei Metern sind möglich. Höchststände werden im Sommer durch die Schneeschmelze in den Alpen erreicht. Zum Herbst hin fällt der Pegel wieder ab. Im Februar erreicht er seinen tiefsten Stand.

Zwischen Überlingen und Friedrichshafen gibt es mehrere Drumlinfelder. Besonders schön ausgebildet sind sie nördlich von Überlingen und Meersburg sowie bei Oberteuringen und Tettnang. Diese Felder sind auf einer topografischen Karte sehr gut als charakteristische Kleinformen zu erkennen. Nicht selten richten sich Wegenetze an ihnen aus.

Die nördliche Grenze des Bodenseebeckens ist durch eine Stufe gekennzeichnet. Sie entstand mit der tektonischen Absenkung des Bodensee-

Drumlinfeld im Tüfinger Wald (Bodenseekreis). GRUND-LAGE: LANDESVERM. AMT BADEN-WÜRTTEMBERG

beckens als Bruchkante und verläuft in etwa entlang der Linie Frickingen, Neufrach, Bermatingen
und Markdorf. Vom Bodensee aus betrachtet erscheint der angrenzende Naturraum, das Oberschwäbische Hügelland, als Höhenzug, der sich
zwischen 100 und 200 Meter über das Bodenseebecken erhebt. Hier steht Molasse an.

Das Bodenseebecken gehört zu den klimatisch
begünstigten Gebieten im Regierungsbezirk
Tübingen. Zum einen bietet der erwähnte Höhenzug nördlich des Sees einen gewissen Schutz vor
Kälte, zum anderen sorgt die regulierende Wirkung des großen Wasserkörpers für ein ausgeglichenes Klima. Sowohl am See (Messstation
Überlingen) als auch im Schussenbecken (Messstation Weingarten) werden mit 8,7 °C mittlerer
Jahrestemperatur günstige Werte erreicht. Das
Klima kann als warm und wintermild bezeichnet
werden: Im Juli liegt die mittlere monatliche Temperatur bei 18 °C, lediglich im Januar herrschen
mit Durchschnittswerten von -0,4 °C (Überlingen) bis -0,7 °C (Weingarten) Minusgrade
(www.klimadiagramme.de). Bei Meersburg und
Hagnau sowie Markdorf und Kressbronn lässt
diese Gunst des Klimas an besonders exponierten

Stellen den Anbau von Wein zu. Insgesamt eignet
sich die Region aufgrund der fehlenden Spätfrostgefahr zum Anbau von Obst, vor allem Apfelkulturen werden intensiv betrieben. Der früher
weiter verbreitete Hopfenanbau ist heute nur
noch im Raum Tettnang von einiger Bedeutung.
Aufgrund der zugleich günstigen Niederschlagsmengen im Jahresdurchschnitt, die bei 850 bis
950 Millimeter liegen, ist Ackerbau häufig. Die
Nutzung als Grünland ist auf die feuchten Standorte beschränkt.

Hegau

Der vor allem durch vulkanische Tätigkeit geprägte Naturraum gehört nur mit seinem nord-
östlichsten, eher untypischen Teil zum Regierungsbezirk Tübingen. Geologisch ist dieser Teil
sowohl durch Molasse als auch durch Geschie-
bemergel der kaltzeitlichen Moränen geprägt.
Letzterer steht in den Urstromtälern von Ricken-
bach und Nellenbach sowie von Mahlspürer
Aach und Riedbach an. Heute verlaufen in diesen
Tälern die Bundesstraße 31 zwischen Stockach
und Überlingen und die Landesstraße 195 zwischen Seelfingen und Owingen.

Mit dem benachbarten Naturraum Bodenseebecken steht der zum Regierungsbezirk Tübingen
gehörende Teil des Hegaus durch die Nähe zum

Streuobstwiesen bei Sipplingen (im Hintergrund der
Überlinger See). J. KÜBLER

Deggenhauser Tal mit Blick zum Gehrenberg Richtung Schussenbecken. Im Bildhintergrund rechts gut zu erkennen das deutlich tiefer liegende Bodenseebecken. W. LÖDERBUSCH

See in engem Kontakt. Beide Naturräume grenzen an das Nordufer des Überlinger Sees. Hier hat der Rheingletscher – durch eine tektonische Bruchlinie vorgegeben – einen engen Trog in das Molassegestein eingeschürft und dabei auf großer Fläche zwischen Überlingen und Sipplingen ein beeindruckendes Steilufer geschaffen. Bevor sich der Pegel des Sees auf sein heutiges Niveau eingestellt hat, ragten die Molassefelsen als Steilküste aus dem Wasser heraus. Einzelne Steiluferabschnitte lagen lange noch direkt am See, beispielsweise die Katharinen- und Goldbachfelsen bei Hödingen. Erst um 1850 wurde das Ufer durch Straßenbau, den Bau der Eisenbahnlinie sowie aus Sicherheitsgründen von den Felsen weg verlegt. Sehr schön sind die Steilufer im Naturschutzgebiet »Sipplinger Dreieck« zu sehen. Beeindruckend sind außerdem die nach der Kaltzeit durch natürliche Erosion entstandenen Tobel, vor allem in den Naturschutzgebieten

»Hödinger Tobel« und »Spetzgarter Tobel«. Hier haben sich die zum Bodensee entwässernden Bäche aufgrund des Höhenunterschieds an der Molassekante tief in das weiche Gestein eingeschnitten.

Klimatisch sowie hinsichtlich der landwirtschaftlichen Nutzung gleicht der zum Regierungsbezirk Tübingen gehörende Anteil des Naturraums Hegau den Verhältnissen im Bodenseebecken. Aufgrund der Seenähe ist er klimatisch begünstigt.

Oberschwäbisches Hügelland

Nördlich an Hegau und Bodenseebecken grenzt der Naturraum Oberschwäbisches Hügelland an. Durch die Molassebruchkante erhebt sich hier der Naturraum über das Bodenseebecken. An dieser Kante bilden der Heiligenberg mit 786 m NN im Westen sowie der Gehrenberg mit 754 m NN nördlich Markdorf im Osten zwei beeindruckende Erhebungen mit sehr guter Aussicht über die kaltzeitlich geprägte Landschaft. Die nördliche Grenze zum Naturraum Donau-Ablach-Platten bilden die äußeren Jungendmoränen.

Das Zentrum des Gebiets bildet ein durch Rotach und Deggenhauser Aach stark zerschnittenes Bergland mit bis zu 300 Metern Höhenunterschied. Zu diesem gehört neben Heiligen- und Gehrenberg vor allem der namengebende und höchste Berg des Gebietes – der Höchsten (833 m NN). Die Hochflächen sind, ebenso wie das Umland links und rechts des Höchsten, von Moränen bedeckt. Die Täler, teils als Tobel ausgebildet, schneiden dagegen Molasse an. Das Illmenseebecken zeugt als kaltzeitliches Zungenbecken von den ehemaligen Gletschern. Das Becken ist heute weitgehend verlandet. Offene Wasserflächen bilden der Illmensee, der Volzer See und der Ruschweiler See.

Westlich und östlich des Höchsten schoben sich ebenfalls Gletscherzungen des Rheingletschers nach Norden vor und hinterließen ihren begleitenden Formenschatz. Neben den zahlreichen Endmoränen prägen vor allem Seen und Moore das heutige Erscheinungsbild des Oberschwäbischen Hügellands. Besonders beeindruckend ist das Naturschutzgebiet »Pfrunger-Burgweiler-Ried« südöstlich von Pfullendorf (Kreis Sigmaringen). In einem Becken hat sich hier über der Grundmoräne und stauenden Tonen das zweitgrößte geschlossene Moorgebiet in Südwestdeutschland gebildet. Kleiner, aber aus ökologischer und landschaftsgenetischer Sicht ebenfalls wertvoll, sind viele der Moore und Seen der Blitzenreuter Seenplatte, zu denen die Naturschutzgebiete »Schreckensee«, »Vorsee – Wegenried«, »Dornacher Ried mit Häcklerweiher, Häckler Ried und Buchsee« sowie der »Bibersee« gehören. Von Bedeutung sind auch die Naturschutzgebiete »Altshauser Weiher« und »Schwaigfurter Weiher« bei Bad Schussenried.

Das Oberschwäbische Hügelland besitzt um etwa 1 °C geringere Jahresdurchschnittstemperaturen als das Bodenseebecken und der Hegau. Die Wintermonate sind deutlich kühler, die Temperaturen in den Monaten Dezember bis Februar liegen unter 0 °C, mit einem Minimum im Januar (Messstation Aulendorf: -1,8 °C). Das Klima kann als mäßig kühl bezeichnet werden (Weller 1990). Spätfrostgefahr besteht jedoch nur in Senken und Tälern. Die Böden des Gebiets sind für Ackerbau und Wiesennutzung überwiegend gut geeignet, weshalb große Flächen landwirtschaftlich genutzt werden. Eine Besonderheit des Naturraums ist das größte zusammenhängende Waldgebiet Oberschwabens, der Altdorfer Wald. Neben dem Alter der Landschaft sind vor allem auch die Niederschlagsmengen (951 Millimeter, Messstation Wilhelmsdorf bis 1067 Millimeter durchschnittlicher Jahresniederschlag, Messstation Heiligenberg) ein Grund dafür, dass es sich bei den zahlreichen Mooren im Gebiet vor allem um Niedermoore und Übergangsmoore handelt. Hochmoorbereiche sind selten.

Westallgäuer Hügelland

Hinsichtlich Entstehungsgeschichte und landschaftsprägender Ausstattung ist der Naturraum Westallgäuer Hügelland eng mit dem Oberschwäbischen Hügelland verwandt. Auch hier finden sich zahlreiche Stillgewässer und Moore verschiedener Größe und Ausbildung.

Im Gebiet des Westallgäuer Hügellands schoben sich während der Kaltzeiten zwei Zungen des Rheingletschers ostwärts des Schussenbeckens Richtung Nordosten und hinterließen hier einen ebenso reichen Formenschatz wie im Oberschwäbischen Hügelland. Das Landschaftsbild wird hier ebenfalls durch zahlreiche Seen und Moore bestimmt. Hervorzuheben sind das zweigeteilte Zungenbecken um Kißlegg mit den Naturschutzgebieten »Gründlenried – Rötseemoos«, »Moore und Weiher um Brunnen«, »Zeller See« und »Arrisrieder Moos«. Das Zungenbecken von Beuren besitzt mit den Naturschutzgebieten »Badsee« und »Taufach-Fetzach-Moos« mit den beiden Urseen weitere besondere Kleinode. Das Zungenbecken von Isny ist durch eine Vielzahl an Feucht- und Nassgebieten charakterisiert, die in ihrer Komplexität im 611 Hektar großen Naturschutzgebiet »Bodenmöser« unter Schutz gestellt sind. Das Naturschutzgebiet »Vogelfreistätte Rohrsee« ist ein schönes Beispiel für einen Toteissee.

Das Westallgäuer Hügelland zeichnet sich im Vergleich zum Oberschwäbischen Hügelland durch deutlich höhere Jahresniederschläge aus.

Von Westen nach Osten nehmen die Niederschläge von etwa 1100 auf 1600 Millimeter zu. Dies hängt mit dem Regenrückstau der östlich angrenzenden Adelegg zusammen. So liegen beispielsweise die durchschnittlichen Jahresniederschläge in Leutkirch bei 1272 Millimeter, in Wangen bei 1444 und in Isny bei 1602 Millimeter (www.klimadiagramme.de). Auch die Temperaturen zeigen ein West-Ost-Gefälle. Ist das Klima im Westen noch als mäßig kühl einzustufen, was Jahresdurchschnittstemperaturen von etwa 7 bis 7,5 °C entspricht, so ist das Klima im Osten als kühl zu bezeichnen. In Isny werden lediglich noch Jahresdurchschnittswerte von 6,8 °C erreicht. Die Monate Dezember bis Februar liegen deutlich unter 0 °C. Isny gehört bei einem Monatsmittelwert von -2,5 °C im Januar mit zu den kältesten Gebieten in Baden-Württemberg. Klimatisch günstiger liegt der südwestliche Teil des Naturraums. Hier liegen die Jahresdurchschnittstemperaturen bei 7,5 bis 8 °C (Weller 1990). Auf-

grund der klimatischen Situation nimmt die Wiesen- und Weidewirtschaft eine herausragende Stellung in der landwirtschaftlichen Nutzung des Naturraums ein. Ackerbau tritt deutlich zurück, lediglich im etwas wärmeren südwestlichen Bereich tritt der Anbau von Feldfrüchten in den Vordergrund. Hier spielen Obstanbau und Hopfenanbau ein wichtige Rolle in der Landwirtschaft. Die höheren Niederschläge drücken sich nicht nur in der Nutzung aus, sondern spiegeln sich auch in natürlichen Ökosystemen wider. So gibt es im Naturraum Westallgäuer Hügelland deutlich mehr Übergangs- und vor allem Hochmoore als im angrenzenden Oberschwäbischen Hügelland. Größere zusammenhängende Waldbereiche fehlen heute im Naturraum.

Adelegg

Im Osten des Regierungsbezirks bildet der westliche Teil der Adelegg eine beeindruckende Erhebung aus Molassegesteinen. Der höchste Punkt der Adelegg, der Eschachberg mit 1126 m NN, gehört bereits zu Bayern. Dagegen ist der nicht weniger imposante benachbarte Schwarze Grat mit 1119 m NN die höchste Erhebung im Regierungs-

Adelegg mit Schleifertobel – am rechten Bildrand ist der Aussichtsturm des Schwarzen Grats zu erkennen. R. Banzhaf

bezirk. Durch die im Süden der Adelegg zu Tage tretenden Nagelfluhschichten (vgl. Kapitel Geologie) besteht eine enge Beziehung zur Entstehungsgeschichte der nahen Alpen.

Während der Kaltzeiten waren die über 850 Meter hohen Bereiche der Adelegg eisfrei. Im Westen floss der Rheingletscher, im Osten der Illergletscher Richtung Norden. Derartige aus dem Inlandeis herausragende Berge werden mit einem Wort der Inuit-Sprache als Nunatakr bezeichnet. Sie bilden während einer Vergletscherung Rückzugsräume für alpine Tier- und Pflanzenarten, was für die Adelegg ebenfalls belegt ist.

Die Adelegg ist in ihren höheren Lagen durch ein kaltes Klima geprägt, das sich in Jahresdurchschnittswerten von 5,5 bis 6 °C ausdrückt. Die Temperaturen in den Lagen geringerer Höhen sind um etwa 0,5 bis 1 °C höher (Weller 1990). Die Niederschläge betragen im Jahresdurchschnitt zwischen 1600 und 1800 Millimeter. Dieses Klima bietet für die landwirtschaftliche Nutzung nur sehr bedingt geeignete Standorte. In den niederen Lagen wird Grünlandwirtschaft betrieben. Die höheren Bereiche sind weitgehend bewaldet. Die für die Hochlagen der Adelegg charakteristischen Bergweiden früherer Jahrzehnte wurden in den vergangenen Jahren zunehmend aufgegeben und mit Fichten aufgeforstet. Es ist deshalb von besonderer landschaftlicher als auch kulturhistorischer und naturschutzfachlicher Bedeutung, die noch bestehenden einzigen Bergweiden im Regierungsbezirk Tübingen zu schützen.

Donau-Iller-Lech-Platten

Die naturräumliche Haupteinheit Donau-Iller-Lech-Platten schließt sich entlang der Linie Pfullendorf, Bad Saulgau, Bad Schussenried, Bad Waldsee und Leutkirch an das Voralpine Hügel- und Moorland an. Hier bilden mehr oder weniger deutlich ausgebildete Jungendmoränenwälle die Grenze zwischen den Naturräumen. Im Norden verläuft die Grenze zur Schwäbischen Alb dort, wo deren Jura-Gesteinstafel unter die jüngeren Ablagerungen des Alpenvorlandes abtaucht. Auf

weiter Strecke entspricht diese Grenze weitgehend dem Tal der Donau. Bei Sigmaringen weicht die Naturraumgrenze vom Lauf der Donau ab und zieht nach Südwesten zur Regierungsbezirksgrenze. Auch zwischen Scheer und Zwiefaltendorf entspricht die Naturraumgrenze nicht dem Lauf der Donau. Hier liegt die Grenze nördlich der Donau. Die größte Ausdehnung des rißkaltzeitlichen Gletschers liegt nordöstlich von Langenenslingen. Die mittleren Höhenlagen betragen 500 bis 650 m NN, der höchste Punkt liegt mit knapp 750 m NN im Naturraum Riß-Aitrach-Platten.

Das Gebiet wurde während der jüngsten Kaltzeit, der Würm-Kaltzeit, nicht von den Gletschermassen überfahren. Altersuntersuchungen ergaben, dass die Landoberfläche im Regierungsbezirk Tübingen überwiegend aus der vorletzten Kaltzeit, der Riß-Kaltzeit stammt, teils auch aus der noch älteren Mindel-Kaltzeit. Die naturräumliche Haupteinheit erscheint als typische Altmoränenlandschaft. Die von den Gletschern hinterlassenen Formen sind aufgrund des höheren Alters und der damit länger wirkenden Abtragungs- und Verwitterungsprozesse ausgeglichener als in der südlich gelegenen Jungmoränenlandschaft. So sind hier beispielsweise die Endmoränen flacher ausgebildet. Auch die Anzahl der Stillgewässer ist ein Hinweis auf das Alter einer Landschaft. Den Donau-Iller-Lech-Platten fehlen die zahlreichen Seen der Jungmoränenlandschaft. Die ehemaligen wassergefüllten Becken, Senken und Rinnen sind inzwischen überwiegend verlandet. Lediglich das Zungenbecken des Federsees besitzt noch den Restsee eines ehemals sehr viel größeren und tieferen Stillgewässers.

Obwohl die Gletscher in der jüngsten Kaltzeit, der Würm-Kaltzeit, die Donau-Iller-Lech-Platten nicht bedeckten, hinterließen sie dennoch im Altmoränengebiet ihre Spuren, denn die meisten vom abtauenden Eis gespeisten Flüsse führten ihre Wassermassen zur Donau und ließen auf dem Weg dorthin das mitgeführte Geröll in Form von Schotterflächen zurück (vgl. Kapitel Geologie). Die jüngste Schotterfläche, in die sich die

Blick vom Federseeried zur Alpenkette – im rechten
Bildmittelgrund die bewaldete Jungendmoräne.
J. EINSTEIN

Fließgewässer nach der letzten Kaltzeit eingeschnitten haben, wird als Niederterrasse bezeichnet. Sie bietet einen guten Ansatz für die Alters-
datierung von Landschaftsausschnitten.

Die Donau-Iller-Lech-Platten werden insge-
samt in sechs Naturräume untergliedert. Davon
entfallen große Flächenanteile auf die Donau-
Ablach-Platten, die Riß-Aitrach-Platten, das
Hügelland der unteren Riß und den Naturraum
Holzstöcke. Die beiden anderen Naturräume,
Unteres Illertal und Donaumoos, gehören größ-
tenteils zu Bayern.

Donau-Ablach-Platten

Der Naturraum wird durch zwei Zungenbecken
des rißkaltzeitlichen Rheingletschers geprägt. Im
Westen ist dies das Riedlinger Zungenbecken,
auch Donaubecken genannt, im Osten das Federseebecken. Der nördlich des Riedlinger Beckens
über die Donau hinweg reichende Teil des Naturraums ist ebenfalls Altmoränengebiet.

Das Riedlinger Becken wurde mit den Schottern der Würm-Kaltzeit verfüllt. Heute fließt die

Donau in dieser Senke. Von ihren zum Teil mächtigen Auenlehm-Ablagerungen sind die Würm-
Schotter weitgehend überdeckt. Von der zu erwar-
tenden Niederterrasse ist lediglich im Süden,
östlich von Mengen, ein kleiner Rest erhalten geblieben. Sie liegt etwa vier Meter über dem eigentlichen Talboden. Teils steht das Grundwasser im
Talboden der Donau hoch an. Dies ist beispielsweise im Naturschutzgebiet »Flusslandschaft
Donauwiesen« zwischen Zwiefaltendorf und
Riedlingen (beide Kreis Biberach) der Fall. In die
Donau münden die Flüsse Ablach, Ostrach,
Schwarzach und Kanzach. Sie gliedern den Naturraum in weitere Untereinheiten. Das Schwarzachtal ist eine ehemalige Abflussrinne der würmkaltzeitlichen Gletscher. Im Vergleich zu den
anderen Flusstälern ist dieses Tal breiter und
stellt aufgrund der Entstehung eine eigene Untereinheit dar.

Das Becken des Federsees ist ein kaltzeitliches
Stauseebecken. Ausgeschürft wurde es in der
Riß-Kaltzeit. Bis zur folgenden Würm-Kaltzeit
war es aber bereits wieder weitgehend mit Tonen,
Sanden und Kiesen der Gletscherabflüsse verfüllt.
Die Gletscherzunge der Würm-Kaltzeit riegelte
mit ihrer äußeren Jungendmoräne zwischen

Aulendorf und Bad Schussenried das Becken Richtung Süden ab. Dieser natürliche Staudamm führte dazu, dass sich ein neuer See bilden konnte. Wegen der Verfüllung des alten Beckens war er jedoch nicht tief. Deshalb setzte bald die Verlandung ein. Es bildeten sich zunächst Flachmoore, im Süden wuchs ein Hochmoorschild auf. Durch menschliche Eingriffe, die so genannten Seefällungen am Ende des 18. und zu Beginn des 19. Jahrhunderts, wurde der Wasserstand zusätzlich künstlich herabgesetzt. Dadurch wurde der um 1786/1787 noch 10,8 Quadratkilometer große See auf eine Wasserfläche von 1,4 Quadratkilometer verkleinert (Grüttner & Warnke-Grüttner 1996).

Das bereits seit 1939 bestehende Naturschutzgebiet »Federsee« bildet zusammen mit den umliegenden, ebenfalls als Naturschutzgebiete ausgewiesenen Moorflächen das größte zusammenhängende Moorgebiet Südwestdeutschlands. Mit dem Naturschutzgebiet »Blinder See« bei Kanzach (Kreis Biberach) besitzt der Naturraum Donau-Ablach-Platten eine weitere Besonderheit: das nördlichste Hochmoor Südwürttembergs.

Die Donau-Ablach-Platten liegen im Windschatten der Schwäbischen Alb. Im westlichen Teil ist das Klima mit Jahresdurchschnittstemperaturen von 7 bis 7,5 °C mäßig kühl. Im östlichen Teil liegen die Durchschnittstemperaturen mit 6,5 bis 7 °C bereits im Bereich eines kühleren Klimas (Weller 1990). Der jährliche Durchschnittswert der Niederschläge liegt zwischen 800 und 900 Millimeter. Damit bestehen günstige Bedingungen für Ackerbau und Wiesenbewirtschaftung. Der Anteil der Wälder ist insgesamt gering, im Osten jedoch höher als im Westen.

Riß-Aitrach-Platten

Die Grenze zwischen dem Naturraum Donau-Ablach-Platten und den südöstlich angrenzenden Riß-Aitrach-Platten verläuft entlang der Wasserscheide zwischen Federseebecken und Rißtal. Der Naturraum reicht weit nach Südosten und grenzt hier mit den Jungendmoränen an das Oberschwäbische sowie an das Westallgäuer Hü-

gelland. Über den südlichsten Ausläufer besteht Kontakt zum Naturraum Adelegg. Hier werden Höhen von knapp 780 m NN erreicht. Im westlichen Bereich liegen die Höhen um 600 m NN.

Auch bei diesem Naturraum handelt es sich um ein typisches Altmoränengebiet. Die teils mächtigen kaltzeitlichen Ablagerungen liegen über Molasse oder über Schottern aus älteren Kaltzeiten. Im nördlichen Teil des Naturraums hat sich die Riß ein breites Tal geschaffen. Hier liegen die Naturschutzgebiete »Ummendorfer Ried« sowie »Vogelfreistätte Lindenweiher« zwischen Ingoldingen und Unteressendorf (beide Kreis Biberach).

Im Süden ist der Naturraum durch das Wurzacher Ried und sein begleitendes Altmoränengebiet geprägt. Das Wurzacher Ried wurde bereits in der Mindel-Kaltzeit angelegt. In der Würm-Kaltzeit wurde es – ähnlich wie das Federseebecken – durch zwei im Süden liegende Endmoränenwälle abgeriegelt. Heute zählt es zu den größten intakten Mooren Mitteleuropas und besitzt deshalb eine besondere Bedeutung für Baden-Württemberg.

Das Klima ist entsprechend der Höhenstufen im Nordwesten mit Jahresdurchschnittswerten von 7 bis 7,5 °C mäßig kühl. Im mittleren sowie im südlichen Bereich des Naturraums liegen die Werte bereits um durchschnittlich 0,5 bis 1 °C niedriger, das Klima ist hier bereits als kühl einzustufen (Weller 1990). Auch die Verteilung der Niederschläge verändert sich mit der Höhenlage. Im Westen liegen die Jahresdurchschnittswerte bei 850 Millimeter, Richtung Südosten nehmen sie kontinuierlich zu (Messstation Bad Wurzach: 1022 Millimeter), bis sie nahe der Adelegg etwa 1100 Millimeter erreichen. Wiesennutzung ist weit verbreitet. Im westlichen Bereich sind die Bedingungen teils auch für den Ackerbau günstig.

Hügelland der unteren Riß

Nordöstlich des Naturraums Donau-Ablach-Platten grenzt der Naturraum »Hügelland der unteren Riß« an. Er liegt eingebettet zwischen der naturräumlichen Haupteinheit der Schwäbischen Alb im Norden sowie den Naturräumen Riß-Aitrach-

Platten und Holzstöcke im Süden sowie Unteres Illertal im Osten.

Im Südwesten des Naturraums liegt östlich von Unlingen (Kreis Biberach) eine besonders markante Erhebung: der Bussen, der Hausberg oder »Heilige Berg« Oberschwabens. Dieser Berg überragt mit 767 m NN das Umland um gut 100 Meter. Von ihm aus hat man eine schöne Aussicht auf das nördliche, von den Rheingletschern überprägte Alpenvorland. Der Bussen selbst war nie vollständig von den Eismassen der Rheingletscher bedeckt. Seine obere Kuppe ragte stets aus dem Eis heraus, weshalb er zurecht als Nunatak gelten darf. Er setzt sich von dem Moränengebiet im Westen, Süden und Osten nicht nur durch seine Höhe, sondern auch hinsichtlich seiner geologischen Zugehörigkeit ab: Er besteht aus Molassegestein. Nördlich des Bussen steht ebenfalls Molasse an, denn dort blieb die durch den Bussen geteilte Gletscherzunge zur Schwäbischen Alb hin offen.

Nach Osten hin bis zum Rißtal bilden Schotterebenen sowie Molassehügel ein flachwelliges Relief. Östlich des Rißtals prägen Schotterterrassen das Landschaftsbild. Diese ursprünglich eher durch harte Geländekanten gekennzeichneten Landschaftselemente sind zum Teil von mächtigen Lößschichten bedeckt, wodurch vielerorts ein ausgeglichenes Relief entstand. Löß ist ein im Zusammenhang mit den Kaltzeiten entstandenes und durch den Wind transportiertes Gestein.

Mit dem Verlassen des Altmoränengebiets weitet sich das Tal der Riß bis zu ihrer Mündung in die Donau erheblich auf. Dieses Tal prägt die Landschaft und hebt sich vom westlich und östlich liegenden sanften Hügelland deutlich ab. Das Tal dient nicht nur dem Lauf der Riß. Diese fließt heute am Ostrand Richtung Donau und lässt weiteren Zuflüssen genügend Raum. Bei Baltringen (Kreis Biberach) tritt die Dürnach in das Rißtal ein, nordöstlich von Laupheim (Kreis Biberach) die Rottum. Beide Flüsse vereinigen sich und münden als Westernach nordöstlich von Delmensingen (Alb-Donau-Kreis) in die Donau. Die zahlreichen Gewässer weisen bereits darauf hin, dass der Talboden der ehemaligen Riß durch

feuchte bis nasse Standorte gekennzeichnet ist. Ein gutes Beispiel hierfür ist das am Beginn der Aufweitung liegende Naturschutzgebiet »Osterried« mit einem schönen Niedermoor.

Am Nordrand des Hügellands fließt die Donau in einem überwiegend breiten Talboden. Dabei handelt es sich um eine kaltzeitliche Schmelzwasserrinne. Diese wurde während und nach der letzten Kaltzeit auf der gesamten Breite ausgeräumt und eingetieft, weshalb es keine Reste ehemaliger Niederterrassen gibt. Das Donautal war ursprünglich geprägt von feuchten bis nassen Standorten, vor allem von Niedermooren und alten Donauschlingen, so genannten Altarmen oder Altwassern. Einer dieser Altarme ist südlich von Dettingen (Alb-Donau-Kreis) als Naturschutzgebiet »Pfaffenwert« ausgewiesen. Dort, wo Kies an der Oberfläche liegt, bildeten sich auch trockene Standorte aus, die als Brennen bezeichnet werden. Durch den menschlichen Eingriff wurden die Standortverhältnisse im Tal jedoch weitgehend nivelliert, sodass die einstige Vielfalt dieser Landschaft nur noch erahnt werden kann.

Auch das Hügelland der Unteren Riß liegt im Windschatten der Schwäbischen Alb. Die Jahresdurchschnittstemperaturen von 7 bis 7,5 °C rechtfertigen eine Einstufung des Gebiets in ein mäßig kühles Klima. Die Niederschläge liegen durchschnittlich zwischen 750 und 850 Millimeter pro Jahr. Das Hügelland der unteren Riß ist im Vergleich zu den anderen Naturräumen der Donau-Iller-Lech-Platten durch einen sehr hohen Anteil an Ackerbau gekennzeichnet. An zweiter Stelle der Landbewirtschaftung folgen Wiesen. Auffallend ist der heute geringe Anteil an Wäldern.

Holzstöcke

Im Südwesten schließt an das Hügelland der unteren Riß der Naturraum Holzstöcke an. Hier lagern die höchstliegenden Schotterplatten der vergangenen Kaltzeiten über dem Molassesockel. Diese Schotterflächen werden von Osten nach Westen durch die Flüsse Dürnach, Rottum, Laubach, Rot und Weihung sowie deren Zuflüsse zerschnitten. Dabei wird der Molassesockel häufig tief angeschnitten. Die Täler werden wegen ihrer

Form als Muldentäler bezeichnet. Zwischen ihnen liegen mehr oder weniger deutlich ausgebildete Schotterebenen. An wenigen Stellen finden sich außerdem aufgelagerte Lößschichten. Im Süden des Naturraums stehen Altmoränen an.

Auch der Naturraum Holzstöcke besitzt ein mäßig kühles Klima. Die Niederschläge nehmen von Norden nach Süden deutlich zu. Die Messstation Schwendi-Schöneberg gibt von 1961 bis 1990 einen durchschnittlichen Jahresniederschlagswert von 856 Millimeter an, in Rot an der Rot wurden für den gleichen Zeitraum 1015 Millimeter ermittelt. Im Naturraum wird sowohl Ackerbau als auch Grünlandwirtschaft betrieben. Auffallend ist im Vergleich zu den anderen Naturräumen der Donau-Iller-Lech-Platten der hohe Anteil an Wirtschaftswäldern.

Unteres Illertal

Der Naturraum Unteres Illertal liegt östlich vom Naturraum Holzstöcke. Nur ein schmaler Streifen gehört zum Regierungsbezirk Tübingen. Es handelt sich dabei um die Niederterrassenfelder und die Stromaue auf der linken Seite der Iller sowie um einen kleinen Teil des Illerschwemmkegels bei Ulm.

Donauried

Das Donauried gehört ebenfalls nur zu einem kleinen Teil dem Regierungsbezirk Tübingen an. Es grenzt südlich an den Naturraum Lonetal-Flächenalb (naturräumliche Haupteinheit Schwäbische Alb). Hierher gehören Teile des Langenauer Rieds und der vier bis sechs Meter höher liegenden Langenauer Hochterrasse. Das Donauried bei Langenau bildet zusammen mit den bayerischen Teilen des Naturraums ein sehr interessantes, durch menschliche Eingriffe jedoch teils stark zerstörtes Flussniederungsmoor.

Schwäbische Alb

Die naturräumliche Haupteinheit Schwäbische Alb grenzt im Südosten an die Donau-Iller-Lech-Platten. Der Wechsel verläuft entlang der Linie, an der die Jura-Gesteinstafel unter den jüngeren Ablagerungen des Alpenvorlands auftaucht. Die Grenze zum nordwestlich gelegenen Albvorland verläuft streng genommen an der Traufkante der Schwäbischen Alb. Hochfläche und Albtrauf sind so verschieden, dass sie sich sowohl in ihrem Aussehen als auch in ihrer Ökologie deutlich voneinander abheben. Aufgrund der Gesteinszugehörigkeit ist der Albtrauf jedoch auch nicht zum Albvorland zu stellen. Die Grenze zwischen den Haupteinheiten Schwäbische Alb und Keuper-Lias-Land verläuft deshalb weitgehend oberhalb des Braunen Jura. Sie liegt dort, wo der Sockel der Schwäbischen Alb in die Vorbergzone übergeht. Insgesamt ist die Schwäbische Alb rund 45 Kilometer breit und etwa 220 Kilometer lang. Sie reicht im Südwesten vom Randen bei Schaffhausen (Regierungsbezirk Freiburg) bis zum Nördlinger Ries (Regierungsbezirk Stuttgart) im Nordosten. Ein beachtlicher Anteil dieses Naturraums gehört zum Regierungsbezirk Tübingen.

Beim Blick auf eine topografische Übersichtskarte fällt auf, dass sich die Schwäbische Alb in der Anzahl ihrer Gewässer deutlich vom Alpenvorland unterscheidet. Seen gibt es kaum, auch Flüsse und Bäche sind selten. Im Regierungsbezirk Tübingen sind hier vor allem Schmeie, Lauchert, Fehla, Große Lauter, Schmiech und Blau zu nennen, die alle zur Donau fließen. Auf der nordwestlichen Seite entspringen die Flüsse Schlichem, Eyach, Starzel, Steinlach, Wiesaz, Echaz und Erms, die nach Norden Richtung Neckar entwässern.

Dass es auf der Alb wenig Flüsse und kaum Seen gibt, hängt mit ihrem geologischen Aufbau zusammen – mit dem Kalk, der vom Wasser gelöst wird sowie mit den Hebungs- und Senkungsvorgängen im Gebiet. Die heutige Hochfläche war ursprünglich durchzogen von einem weit verzweigten System von Flüssen und Bächen. Dieses hatte sich trotz des durchlässigen Untergrunds ausbilden können, weil das Massiv der Alb sehr viel tiefer und damit näher am Wasserspiegel lag, als dies heute der Fall ist. Bei der Hebung des Gebiets wurde die Juratafel über die Wasserstandslinie herausgehoben. Dadurch floss das Wasser im

Gestein nach unten ab. Dies kann man sich mit dem Bild eines im Wasser schwimmenden Schwamms gut vorstellen. Die Poren des Schwamms sind mit Wasser gefüllt, soweit dieser im Wasser liegt. Wird jedoch ein Teil des Schwamms herausgehoben, verlieren die oberhalb der Wasserlinie befindlichen Poren ihr Wasser, weil es, der Schwerkraft folgend, nach unten abfließt.

Überträgt man dieses Bild auf die Schwäbische Alb, kann man nachvollziehen, was mit vielen der Flüsse und Bäche nach der Hebung des Gebiets geschah. Das Wasser der Flüsse versickerte, wenn sich die Flüsse nicht ebenso schnell wie die Heraushebung voranschritt in den Alb-Körper einschneiden und damit der sinkenden Wasserstandslinie folgen konnten. Zurück blieben die heutigen Trockentäler. Dieser Zusammenhang wurde schon früh erkannt. Zahlreiche Gewann-Namen lehnen sich an die Talform an. Hier sind beispielsweise die Naturschutzgebiete »Schandental« und »Böttental« bei Mehrstetten (Kreis Reutlingen) zu nennen. Nur die besonders starken Flüsse konnten mit der Hebung der Alb Schritt halten. Sie folgten dem sinkenden Wasserspiegel, bis sie mit diesem wieder auf dem selben Niveau lagen. Es entstanden so die tief und schmal eingeschnittenen, teils durch imposante Felsmassive gekennzeichneten Täler der Schwäbischen Alb, die zur Donau hin entwässern.

Neben den Trockentälern gehören Dolinen zum typischen Kleinrelief der Schwäbischen Alb. Sie entstehen, wenn das Kalkgestein vom Wasser dicht unter der Erdoberfläche gelöst wird oder wenn unterirdische Höhlensysteme einbrechen (vgl. Kapitel Geologie). Dolinen besitzen die Form von Wannen, Trichtern oder Schächten. Meist besitzen sie nur eine geringe Ausdehnung in der Fläche. Sie können aber auch beachtliche Größen von bis zu mehreren Hundert Metern Durchmesser erreichen. In manchen Gebieten der Alb liegen regelrechte Dolinenfelder vor, in anderen Gebieten sind Dolinen eher selten.

Weil das Wasser der Bäche und Flüsse gut mit Kalk gesättigt ist, bilden sich in den Talauen teils

Trockental mit morgendlichem Nebel auf der Münsinger Alb. KÜNERT

mächtige, teils terrassierte Kalksinter-Ablagerungen. Gut abzubauen, da es dicht unter der Oberfläche lag, und einfach zu bearbeiten, war dieses Gestein früher ein beliebter Baustoff für Häuser. Einen Eindruck von der Mächtigkeit der Ablagerungen erhält man im Wiesaztal, nördlich von Genkingen (Kreis Reutlingen). Wo früher das Baumaterial abgebaut wurde, ist heute ein Lehrpfad eingerichtet, der über die Bildung und Verwendung dieses Gesteins informiert.

Die hohe Kalksättigung des Wassers führt auch zur Bildung von Kalktuff an zahlreichen Quellaustritten. Besondere Beispiele sind hierfür die bekannten Uracher und Gütersteiner Wasserfälle (Kreis Reutlingen), die für die gesamte Schwäbische Alb einzigartig sind.

Die Schwäbische Alb wird häufig als das Dach der Schichtstufenlandschaft bezeichnet. Streng genommen ist jedoch der größte Teil der Hochfläche überhaupt keine Schichtstufe. Diese entstehen durch die Abtragung und Herauspräparierung überlagernder weicherer Gesteinsschichten. Die Hochfläche der Schwäbischen Alb wurde – mit Ausnahme des südwestlichen Randbereichs – jedoch nicht freigelegt. Vielmehr bildet sie im Südosten von Baden-Württemberg von jeher den Abschluss des Deckgebirges (vgl. Kapitel Geologie).

In Südost-Nordwest-Richtung wird die Schwäbische Alb in eine Flächenalb und eine Kuppenalb unterschieden. Außerdem gibt es die Schichtflächenalb, die jedoch nur zwischen der Baaralb und der Reutlinger Alb ausgebildet ist und der Kuppenalb zugeordnet wird. Die Kup-

Dolinenschwarm bei Au/Zainingen. KÜNERT

penalb und die Flächenalb bilden die eigentliche Alb-Hochfläche. Erstere wird als solche bezeichnet, weil auf der Fläche zahlreiche Kuppen wie kleine Bergrücken aufsitzen. Bei diesen Kuppen handelt es sich um herauspräparierte Massenkalke (vgl. Kapitel Geologie), die im Vergleich zum umliegenden Gestein deutlich härter ausgebildet sind. Dadurch konnten sie der Abtragung einen größeren Widerstand entgegensetzen. Die Kuppen sind etwa 50 bis 70 Meter hoch. Im Gegensatz zur Kuppenalb fehlen der Flächenalb diese aufsitzenden Schwammstotzen weitgehend. Es gilt als gesichert, dass die Tethys, das Ur-Mittelmeer, vor etwa 20 Millionen Jahren ein letztes Mal in das Gebiet des heutigen Alpenvorlands eindrang. Dabei wurde der südliche Teil der Schwäbischen Alb überflutet. In der Brandungszone wurde der Meeresgrund eingeebnet – die heutige Flächenalb entstand. Die Ausbreitung des Meeres ist durch eine Klifflinie, das so genannte Brandungskliff des Ur-Mittelmeeres, belegt. Es erstreckte sich vom Nördlinger Ries bis nach Tuttlingen. Das Kliff ist mehr oder weniger gut als deutlicher Geländeknick wahrzunehmen, der bis zu 50 Meter Höhe erreichen kann. Besonders schön ist dieser Höhenunterschied beispielsweise bei Altheim (Alb-Donau-Kreis) zu erkennen. Das Brandungskliff selbst ist ebenfalls an einigen Stellen eindrucksvoll ausgebildet, etwa südlich von Suppingen (Alb-Donau-Kreis) oder am Ortsrand von Heldenfingen (Kreis Heidenheim, Regierungsbezirk Stuttgart).

Die durchschnittlich etwa 800 m NN liegende hohe Schichtflächenalb zwischen Baaralb und

Reutlinger Alb ist durch den Abtrag überlagernder Gesteinsschichten entstanden und trägt deshalb zurecht die Bezeichnung Schichtflächenalb. Zum Teil zeigen aufsitzende Restkuppen, dass ursprünglich auf der gesamten Fläche des Weißen Jura beta andere Gesteinsschichten (Weißer Jura gamma und delta) lagerten. Restberge aus Weißem Jura delta sind etwa der Roßberg (889 m NN, Kreis Reutlingen), der Salmendinger Rücken mit dem Köbele (901 m NN) oder der durch seine Wallfahrtskirche bekannte Kornbühl mit der Salmendinger Kapelle (887 m NN, beide Zollernalbkreis). Die Schichtflächenalb liegt im Bereich der Stufenrandhöhen und verbreitert sich teils in östliche Richtung. Zu dieser Einheit gehören auch die Hochflächen des Farrenbergs und des Filsenbergs (beide Kreis Tübingen).

In Südwest-Nordost-Richtung wird die Alb in verschiedene Abschnitte unterteilt. Der Bereich zwischen dem Randen und den Tälern von Starzel, Fehla und unterer Lauchert wird als Südwestalb bezeichnet. Ihr schließt sich die Mittlere Alb an, welche in etwa mit der gedachten Linie Filstal-Lonetal abschließt. Nordöstlich angrenzend folgt die Ostalb. Jeder dieser Abschnitte umfasst mehrere Naturräume. Zur Südwestalb gehören die drei Naturräume Hegaualb, Baaralb mit Oberem Donautal sowie die Hohe Schwabenalb. Die Mittlere Alb bilden die beiden Naturräume Mittlere Flächenalb und Mittlere Kuppenalb. Zur Ostalb zählen Lonetal-Flächenalb sowie Albuch und Härtsfeld.

Hegaualb

Die Hegaualb ist Teil der Flächenalb. Zum Regierungsbezirk Tübingen gehört nur ein kleiner Bereich dieses Naturraums, der weitaus größere gehört zum Regierungsbezirk Freiburg. Im Norden ist der Naturraum vom tief in die Juraschichten eingeschnittenen Oberen Donautal begrenzt. Im Süden markiert eine flache Stufe von etwa 60 Meter Höhe den Übergang zur Altmoränenlandschaft.

Die Hegaualb bildet im Regierungsbezirk Tübingen eine typische Weißjura-Hochfläche mit einer sanft welligen Oberfläche, die durch Trockentäler gegliedert ist. Diese sind als Talwannen ausgebildet und verleihen dem Naturraum ein charakteristisches Aussehen.

Baaralb und Oberes Donautal

Hegaualb sowie Baaralb mit Oberem Donautal bilden zusammen den südwestlichen Teil der Flächenalb. Wie die Hegaualb gehört auch der Naturraum Baaralb und Oberes Donautal nur zu einem geringen Teil zum Regierungsbezirk Tübingen. Hierzu zählen das Obere Donautal zwischen Inzigkofen (Kreis Sigmaringen) im Osten und der Regierungsbezirksgrenze zu Freiburg im Westen sowie das Tal der Schmeie von Strassberg (Zollernalbkreis) aus bis zur Donaumündung.

Die Donau ist in diesem Abschnitt schmal und bis zu 200 Meter tief in die Jurakalkgesteine eingeschnitten. Sie schuf ein imposantes Tal, das von großen Flussschlingen und außergewöhnlichen Felsmassiven charakterisiert wird. Die Felsen sind teils als Nadeln und Türme, teils als zusammenhängende Wände ausgebildet. Sie ragen aus den bewaldeten Steilhängen heraus und gehören zu den größten außeralpinen Felsformationen Europas. Die höchste freie Felswand ist mit 140 Meter der so genannte Schaufelsen, von dem aus sich ein wunderschöner Blick ins Do-

nautal bietet. Dieser spürbaren Macht des Gesteins gegenüber steht der heutige Fluss. Die Donau fließt friedlich und ohne große Kraft in der Talsohle – ein bescheidener Restfluss einer ehemals gewaltigen Vorgängerin. Das Schmeietal kann als kleiner Bruder des Donautals angesehen werden. Die Talsohle ist bis 150 Meter tief eingeschnitten, und auch hier säumen Felsen die steilen Hänge.

Die Felsen des Donautals sind aufgrund ihrer Exposition sowohl im Sommer als auch im Winter extremen Temperaturschwankungen ausgesetzt: Es können maximale Unterschiede bis zu 40 °C erreicht werden. Die Talböden von Donau und Schmeie sind dagegen klimatisch ausgeglichen. Ingesamt herrscht ein eher kühles Klima.

Mittlere Flächenalb

Der Naturraum Mittlere Flächenalb erstreckt sich in Südwest-Nordost-Richtung vom tief eingeschnittenen Schmeietal bis zum Blautal zwischen Ulm und Blaubeuren. Im Süden grenzt die Mittlere Flächenalb an die Altmoränenlandschaft, auf weiter Strecke nördlich der Donau. Lediglich bei Obermarchtal (Alb-Donau-Kreis) sowie zwischen Inzigkofen und Scheer (Kreis Sigmaringen) fließt die Donau durch den Naturraum. Im Norden ist

Durchbruchtal der Donau – Blick von Eichfels Richtung Osten. U. RADDATZ

die Mittlere Flächenalb durch die Geländestufe der Klifflinie von der Kuppenalb abgesetzt. Der Naturraum ist in mehrere Untereinheiten gegliedert, die grob zwei verschiedenen Landschaftsausschnitten zuzuordnen sind: den Hochflächen sowie den von den Hochflächen deutlich abgesetzten Tälern.

Die durchschnittlich zwischen 600 und 800 m NN liegende Fläche wird von vier großen Tälern zerschnitten: dem unteren Laucherttal, dem großen Lautertal, dem Schmiech- und dem Blautal. Das erste von Westen her ist das untere Laucherttal. Die Lauchert folgt einer tektonische Bruchstufe, die Höhen bis zu 100 Meter erreicht. Sie selbst hat sich dagegen nur gering in die Umgebung eingeschnitten. Der Fluss sowie das Tal besitzen einen hohen landschaftlichen Reiz. Die Lauchert fließt in großen Schlingen, zuweilen hat sie auch Umlaufberge ausgebildet. Bei Jungnau (Kreis Sigmaringen) sind diese Formen besonders schön zu sehen. Imposant und romantisch ist das untere Große Lautertal. Der Fluss hat sich bis zu 130 Meter tief in die Umgebung eingeschnitten. An den steilen Talhängen ragen zahlreiche Felsen heraus, von denen einige Burgruinen tragen, etwa die Ruine Niedergundelfingen (Gundelfingen), die Ruine Schülzburg (Anhausen, beide Kreis Reutlingen) sowie die Ruinen Wartstein und St. Ruprecht (beide Alb-Donau-Kreis). Die Burgen prägen das gesamte Tal und belegen dessen ehemalige Bedeutung. Sowohl die Lauchert- als auch die Lauterquelle liegen außerhalb des Naturraums in der angrenzenden Mittleren Kuppenalb. Dagegen entspringt die Schmiech im Naturraum. Ihre Quelle liegt bei Springen, nördlich von Gundershofen (Gemeinde Schelklingen, Alb-Donau-Kreis). Sie fließt von ihrer Quelle bis zur Ortschaft Schmiechen (Alb-Donau-Kreis) zunächst in einem von ihr selbst eingeschnittenen Tal. Bei Schmiechen macht der Fluss einen Knick nach Süden. Das Tal ist von hier an wesentlich breiter, ohne dass sich dies durch den Flusslauf erklären lässt. Die Ursache liegt darin, dass die Schmiech nun im Tal der Ur-Donau fließt, die vor etwa 200 000 Jahren über Schmiechen, Schelklingen und Blaubeuren

nach Ulm geflossen ist. Dieses Ur-Donautal ist bis zu 170 Meter tief und zwischen 250 und 600 Meter breit. Die Blau sowie die ihr zufließende Ach fließen ebenfalls im Tal der Ur-Donau. Weit über den Regierungsbezirk hinaus bekannt ist die Quelle der Blau am östlichen Rand des Naturraums: der Blautopf bei Blaubeuren (Alb-Donau-Kreis). Mit durchschnittlich 2230 Litern Wasser pro Sekunde hat er nach dem Stockacher Achtopf (Regierungsbezirk Freiburg) die zweitstärkste Quellschüttung in Deutschland. Vom Blautopf aus wurden bereits zahlreiche Tauchgänge in die anschließenden Höhlensysteme unternommen, woraus interessante Ergebnisse über deren Größe und Vernetzung belegt und abgeleitet werden konnten.

Das Klima der Mittleren Flächenalb zeigt eine deutliche räumliche Gliederung. Von Südwesten nach Nordosten steigen die Temperaturen durchschnittlich um ein Grad an, von Süden nach Norden fallen sie um etwa ein Grad ab. Entlang der Donau herrscht im Westen mit 6,5 bis 7 °C kühles Klima, nach Osten mit durchschnittlich 0,5 bis 1 °C höheren Werten dagegen bereits mäßig kühles Klima. Ulm hat im langjährigen Mittel von 1961 bis 1990 einen Jahrestemperaturwert von 7,9 °C. Je weiter man sich von der Donau entfernt und der Kuppenalb näher kommt, desto deutlicher nehmen die Temperaturen ab. Im Westen herrscht dann bei 6 bis 6,5 °C mäßig kaltes Klima, im Osten liegen die Werte durchschnittlich wiederum um 0,5 bis 1 °C höher. Kleinräumig kommt es jedoch häufig zu starken Abweichungen von diesen Durchschnittswerten. Insbesondere Dolinen bilden echte Kältefallen. Ein bekanntes Beispiel ist das so genannte Kälteloch bei Winterlingen (Zollernalbkreis). Die Niederschlagsmengen fallen entsprechend dem Einfallen der Gesteinstafel von Nordosten nach Südwesten ab und zwar von durchschnittlich 900 auf 750 Millimeter im Jahresdurchschnitt. Böden und Klima sind für Ackerbau und Wiesenbewirtschaftung geeignet. Die Hochflächen werden deshalb auch überwiegend landwirtschaftlich genutzt. Dazwischen gibt es immer wieder mehr oder wenige ausgedehnte Waldinseln.

Lonetal-Flächenalb

Die Lonetal-Flächenalb grenzt östlich des Blautals an die Mittlere Flächenalb. Im Süden endet der Naturraum an der Donau und am Naturraum Donauries, im Norden stößt er an der Klifflinie an den Naturraum Albuch und Härtsfeld. Die Lonetal-Flächenalb reicht über den Regierungsbezirk Tübingen hinaus in den Regierungsbezirk Stuttgart. Die Grenze verläuft auf weiter Strecke im so genannten Hungerbrunnental. In ihm fließt nur bei hohem Karstwasser-Niveau ein kleiner Bach, der von einem Hungerbrunnen gespeist wird.

Der im Regierungsbezirk Tübingen liegende Teil des Naturraums wird als Ulmer Alb bezeichnet. Sie ist ein besonders anschauliches Teilgebiet der Flächenalb. Hier liegt von der Klifflinie beginnend bis zum Abbruch ins Donautal eine nahezu ebene, nach Südosten geneigte Fläche vor, die vom Blautal und vom Donautal her durch Kerbtäler zerschnitten ist. Auf der Ebene gehen diese Täler in weite Muldentäler über.

Das einzige bedeutende Fließgewässer im Naturraum ist die Lone. Ihr Tal besitzt lediglich 30 bis 50 Meter hohe Wände, dagegen jedoch eine 300 bis 600 Meter breite Sohle. Im Regierungsbezirk Tübingen führt die Lone nur zwischen Urspring und Breitingen (beide Alb-Donau-Kreis) ständig Wasser, im Regierungsbezirk Stuttgart im Abschnitt von Hürben (Kreis Heidenheim) bis zur Mündung in die Brenz. Die anderen Flussabschnitte fallen zeitweise völlig trocken.

Klimatisch ist die Lonetal-Flächenalb gegenüber der Mittleren Kuppenalb begünstigt. Weite Teile des Naturraums besitzen ein mäßig kühles Klima, zum Südrand des Naturraums hin herrscht sogar mäßig warmes Klima. Die Niederschläge verteilen sich ähnlich wie in der Mittleren Flächenalb. Der gesamte Naturraum ist daher als Ackerbaugebiet gut geeignet. Im Vergleich zur übrigen Flächenalb hat er den geringsten Anteil an Wald.

Albuch und Härtsfeld

Nördlich des Naturraums Lontal-Flächenalb grenzt der Naturraum Albuch und Härtsfeld an.

Er ist das östlichste Glied der Naturräume, die zur Kuppenalb gehören. Der Naturraum liegt zum größten Teil im Regierungsbezirk Stuttgart. Nur der südöstlichste Teil, die Untereinheit Lonetal-Kuppenalb, liegt im Regierungsbezirk Tübingen. Diese Untereinheit grenzt im Westen an die Mittlere Kuppenalb.

Die Lonetal-Kuppenalb gehört zu den weniger herausgehobenen Bereichen der Schwäbischen Alb. Im Osten erreicht sie knapp unter 600 m NN. Die Hochfläche besitzt ein ausgeprägtes Trockentalnetz, wodurch die Oberfläche in flache Kuppen und Rücken aufgelöst wird. Bedeutende Fließgewässer gibt es nicht.

Mittlere Kuppenalb

Der Naturraum Mittlere Kuppenalb liegt zu großen Teilen im Regierungsbezirk Tübingen. Er grenzt im Nordosten an den Naturraum Albuch und Härtsfeld, westlich des Fehlatals an die Hohe Schwabenalb. Im Südosten scheidet die Klifflinie die Mittlere Kuppenalb von der Mittleren Flächenalb. Die Grenze zum nordwestlich liegenden Albvorland verläuft weitgehend oberhalb des Braunen Juras. Sie liegt dort, wo der Sockel der Schwäbischen Alb in die Vorbergzone übergeht. Von der Neckarseite aus erscheint der Albtrauf in Form einer bis zu 400 Meter hohen Stufe – von Eduard Mörike einst als »Blaue Mauer« umschrieben. Diese »Mauer« bildet jedoch nur aus der Ferne betrachtet eine scheinbar geschlossene Einheit.

Der besondere landschaftliche Reiz der Mittleren Kuppenalb ist aus der Vogelperspektive oder doch wenigstens von einem Aussichtsturm aus am besten zu erfassen. Auf einer sanft welligen Hochfläche sitzen zahlreiche kleinere und größere Kuppen aus Massenkalken. Diese sind zum Teil bewaldet und bilden einen Kontrast zu den dazwischen liegenden landwirtschaftlich genutzten Flächen. Teils werden selbst die Kuppen bewirtschaftet. Dann schmiegen sich die Flurstücke dem Profil dieser Rücken an, wodurch deren Form besonders hervorgehoben wird. Einige der Kuppen tragen Kapellen, Burgruinen oder Türme, was den landschaftlichen Reiz zusätzlich erhöht.

Die Kuppen sind mit Höhen zwischen 60 und 80 Meter nicht alle gleich groß. In der Regel sind sie rund. Es gibt spitz zulaufende Kuppen sowie Kuppen mit flachem Haupt.

Am südöstlichen Rand der Mittleren Kuppenalb bilden die Flüsse Fehla, Lauchert und Große Lauter landschaftlich schöne und ökologisch interessante Täler. Im Gegensatz zur südöstlich angrenzenden Mittleren Flächenalb sind die Flüsse hier jedoch weniger tief in den Gesteinskörper eingeschnitten und besitzen teilweise schöne Flussschlingen.

Der Nordwestrand der Mittleren Kuppenalb wird durch die gesteinsabtragende Tätigkeit der zum Neckar hin entwässernden Bäche und Flüsse zerschnitten und gegliedert. An der Stufe zur Schwäbischen Alb entstanden so teils große, in das Innere des Gesteinskörpers ziehende Talungen, die als Stufenrandbuchten bezeichnet wer-

Kuppenalb bei Hohenstein. Die meisten der Massenkalkkuppen sind bewaldet und heben sich dadurch deutlich von der überwiegend landwirtschaftlich genutzten Umgebung ab. GRUNDLAGE: LANDESVERM. AMT BADEN-WÜRTTEMBERG

den. Zu diesen Fließgewässern zählen Erms, Echaz, Wiesaz, Öschenbach und Steinlach sowie die ihnen zufließenden Seitenbäche. Jedes dieser Täler besitzt eine unverwechselbare Schönheit und Eigenart. Das Ermstal beispielsweise ist tief in den Albkörper eingeschnitten und erschließt dabei den gesamten Weißen Jura auf kurzer Strecke. Die bewaldeten Talflanken sind steil und bis zu 280 Meter hoch. Teils krönen Felsen die oberen Hangbereiche. Steinlach, Wiesaz und Echaz schufen weniger mächtige, aber naturkundlich ebenfalls interessante Einschnitte. Diese Täler sind siedlungsgeschichtlich von Bedeutung. Seit jeher bilden sie von der Neckarseite aus den Zugang zur Hochfläche der Schwäbischen Alb. Hier liegen die bedeutenden Verkehrswege.

Im Naturraum ist mit der Reutlinger Alb beginnend die Schichtflächenalb ausgebildet. Sie zieht bis zur Baaralb. Teils nimmt sie ausgedehnte Flächen ein, wie im Bereich des so genannten Heufelds, das sich vom Stufenrand bis nach Melchingen und Ringingen (beide Zollernalbkreis) erstreckt. Teils ist die Schichtflächenalb auf ein schmales traufnahes Band beschränkt.

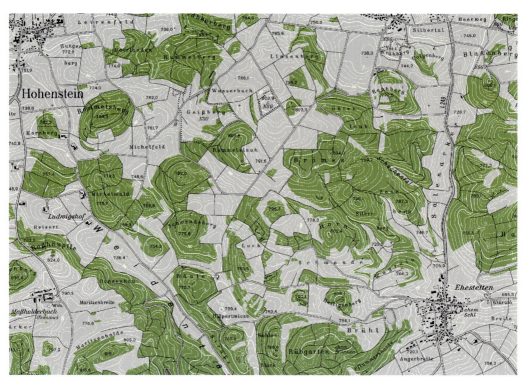

Blick Richtung Runder Berg / NSG Rutschen bei Bad Urach. Deutlich zu sehen ist die auf die Tiefenerosion der Fließgewässer zurückzuführende Zerschneidung des Albtraufs. K. REIDL

Hierher gehören Pfullinger Berg, Urselberg, Stoffelberg, Rossfeld, Farrenberg, Filsenberg und Schömberg. Aus naturschutzfachlicher Sicht ist insbesondere der Filsenberg (Kreis Tübingen) mit seiner bezüglich Größe und Artenausstattung einzigartigen Magerrasen herauszustellen.

Die Kuppenalb ist insgesamt rauer als die Flächenalb. Sie liegt mit durchschnittlich knapp über 5,5 bis 6,5 °C im mäßig kalten bis kalten Klimabereich, nur wenige Gebiete liegen klimatisch günstiger. Damit kommt man insbesondere im Südwesten in den höchsten Lagen an die Wärmegrenze für den Ackerbau (Weller 1990). Dies macht sich in der Verteilung der Nutzungen deutlich. Von Südwest nach Nordost nimmt der Ackerbau zu. Dagegen nimmt der Anteil der Waldflächen in gleicher Richtung deutlich ab. Grundsätzlich bewaldet sind die Hänge des Albtraufs sowie die Talhänge der Fließgewässer. Die Niederschlagsmengen fallen entsprechend der Neigung der Gesteinstafel von Nordosten nach Südwesten ab und zwar von durchschnittlich 1000 auf 850 Millimeter im Jahresdurchschnitt.

Hohe Schwabenalb

Den südwestlichsten Teil der Kuppenalb bildet der Naturraum Hohe Schwabenalb. Er grenzt im Nordosten an das Fehlatal und damit an die Mittlere Kuppenalb. Im Südosten ist die hohe Schwabenalb vom Naturraum Baaralb und Oberes Donautal durch die Klifflinie des Ur-Mittelmeers begrenzt, im Nordwesten liegt die Grenze zum Albvorland im Sockelbereich des Albtraufs.

Die Hohe Schwabenalb ist mit Höhen von über 1000 Metern der am stärksten herausgehobene Teil der Alb. Deren höchste Erhebung, der Lehmberg, liegt mit 1015 Metern bereits im Regierungsbezirk Freiburg. Es finden sich entlang des Albtraufs jedoch auch innerhalb des Regierungsbezirks Tübingen imposante Berge, die an Höhe nicht weit zurückstehen: Plettenberg (1002 Meter), Schafberg (1000 Meter) und Lochenstein (963 Meter). Höhen um tausend Meter erreicht die Alb auch bei Albstadt-Ebingen (Zollernalbkreis).

Ebenso wie der südwestliche Bereich der Mittleren Kuppenalb ist die Hohe Schwabenalb in eine Schichtflächenalb und eine Kuppenalb untergliedert. Die Schichtflächenalb ist auf die traufnahen Randhöhen beschränkt, zu denen einige der oben aufgeführten Höhenzüge gehören. Die Kuppenalb kann in zwei große Untereinheiten gegliedert werden: den Großen Heuberg im Südwesten und die Raichberg-Kuppenalb im Osten.

Die Grenzlinie zwischen beiden Einheiten verläuft von Lautlingen über Albstadt-Ebingen hin zum Schmiechatal. Interessanterweise wechselt mit der Naturraumgrenze der Name des im Naturraum Baaralb und Oberes Donautal noch als Schmeie bezeichneten Flusses.

Der Große Heuberg ist in seinem westlichen Bereich durch die Bära und ihre Seitenbäche in mehrere voneinander isolierte Hochflächen zerschnitten. Der östliche Teil dagegen ist durch ein ausgeprägtes Trockentalsystem in sich gegliedert. Auffallend ist bei der zwischen Schmiechatal und Fehlatal liegenden Raichberg-Kuppenalb, dass die Kuppenalb hier zwischen Raichberg und Himberg bis zum Albtrauf vorstößt. Auf der Hochfläche wechseln sich mehr oder weniger tief eingeschnittene Trockentäler mit Kuppen ab.

Wegen der starken Verkarstung der Alb gibt es auch auf der Hohen Schwabenalb nur wenige Flüsse. Dies sind im Regierungsbezirk Tübingen die zur Donau entwässernden Flüsse Obere Bära und Schmiecha mit ihren seitlichen Zuflüssen sowie die Eyach, die östlich von Balingen zum Neckar fließt.

Klimatisch sowie in der Nutzung der Landschaft ist die Hohe Schwabenalb der Mittleren Kuppenalb sehr ähnlich.

Schwäbisches Keuper-Lias-Land

Die naturräumliche Haupteinheit Schwäbisches Keuper-Lias-Land grenzt im Südwesten an die Haupteinheit Schwäbische Alb. Die Grenze verläuft weitgehend oberhalb des Braunen Jura, wo der Sockel der Schwäbischen Alb in die Vorbergzone übergeht. Durch die bis zu 400 Meter hohe Stufe des Albtraufs werden Albvorland und Schwäbische Alb deutlich voneinander getrennt. Im Nordwesten schließt sich – bezogen auf den Regierungsbezirk Tübingen – der Naturraum Obere Gäue an.

Das Schwäbische Keuper-Lias-Land gliedert sich im Regierungsbezirk Tübingen in drei Naturräume: das Südwestliche Albvorland, das Mittlere Albvorland und der Naturraum Schönbuch mit Glemswald. Die zum Albvorland gehörenden Naturräume sind geologisch gesehen dreigliedrig. Sie bauen sich unmittelbar unterhalb des Albtraufs aus Braunem Jura auf und bilden die an Tä-

lern und Bächen reiche Vorbergzone der Schwäbischen Alb. Der Schwarze Jura bildet, nordwestlich an die Vorbergzone angrenzend, zwei weiträumige Schichtflächen. Mit dem Einsetzen des Keupers in Form einer Stufenrandbucht im Südwesten und Keuperhöhen im Nordosten schließt die Haupteinheit ab.

Südwestliches Albvorland

Das südwestliche Albvorland erstreckt sich von der Regierungsbezirksgrenze zu Freiburg bis zum Starzeltal bei Hechingen (Zollernalbkreis). Auf kurzer Strecke werden hier bis zu 300 Meter Höhenunterschied überwunden mit steilen, von Rutschmassen geprägten Hangbereichen. Die Vorbergzone ist insgesamt – bedingt durch mächtige Ton- und Mergelschichten im Braunen Jura – reich an Quellen, Rutschungen, kleinen Tälern und lokalen Verebnungen, wodurch ein unruhiges Relief entsteht. Beherrscht wird die Vorbergzone vom Zollerberg bei Hechingen mit der Burg Hohenzollern (855 m NN, Zollernalbkreis), einem charakteristischen Zeugenberg. Die in Richtung Neckar entwässernden Bäche und Flüsse Schlichem, Eyach, Klingenbach, Reichenbach und Starzel gliedern das Südwestliche Albvorland in zahlreiche Haupttäler. Diese sind mit ihren hohen Talflanken zunächst meist tief in das Gestein des Albtraufs eingeschnitten. Mit dem Eintritt in den Braunen Jura werden die Einschnitte sanfter. Im weiteren Verlauf bilden die Bäche und Flüsse im Braunen und Schwarzen Jura teils weite Täler, teils enge Kerb- oder Kastentäler. Durch den Gesteinswechsel strömen die Flüsse über Gefällstufen. Schöne Wasserfälle gibt es etwa im Tal der Eyach bei Laufen und Zillhausen sowie im Tal der Schlichem oberhalb Ratshausen.

An die Vorbergzone grenzt die aus Ölschieferplatten aufgebaute Schichtfläche des Oberen Schwarzen Jura. Diese Platten bilden durch viele weite, teils bis 50 Meter tief eingeschnittene asymmetrisch ausgebildete Täler ein unruhiges Hügelland. Der Ölschiefer wird im Zementwerk bei Dotternhausen (Zollernalbkreis) seit 1939 abgebaut und weiterverarbeitet. Auch aus wissenschaftlicher Sicht hat der Ölschiefer eine gewisse

Mittleres Albvorland mit Blick vom Farrenberg Richtung Norden auf Öschingen. R. Riedinger

Bedeutung: Er ist besonders reich an Fossilien. In einem eigenen Museum stellt das Zementwerk interessante Funde aus.

Nach Nordwesten führt ein etwa 50 Meter hoher, teils in einzelne Rücken aufgelöster Stufenabfall zur unteren Lias-Schicht. Diese ist nur von flachen Dellen durchzogen und erscheint in der Landschaft als mehr oder weniger ebene Schichtfläche.

Die Keuperrandhügel und -buchten bilden den Abschluss des Südwestlichen Albvorlands und den Übergang zu den angrenzenden Gäuplatten. Schilfsandstein und Stubensandstein bilden hier die Schichtflächen.

Vorbergzone und Lias-Platten heben sich auch hinsichtlich der Nutzung deutlich voneinander ab. Die Vorbergzone ist durch das Vorhandensein ausgedehnter Wälder sowie durch eher extensive Wiesennutzung, insbesondere mit einem hohen Anteil an Streuobstwiesen gekennzeichnet, während auf den Lias-Platten intensive Landwirtschaft betrieben wird. Auf Löß oder Lößlehm

dominiert Ackerbau, daneben ist intensive Wiesennutzung verbreitet.

Hinsichtlich der Temperaturverteilung liegt die Vorbergzone von Süden her bis etwa auf Höhe von Weilstetten (Zollernalbkreis) im eher kühlen Klimabereich mit Jahresdurchschnittstemperaturen von 6,5 bis 7 °C. Nach Norden steigen die Temperaturen an, für die Klimastation Hechingen (Zollernalbkreis) wird für den Zeitraum von 1961 bis 1990 eine durchschnittliche Jahrestemperatur von 8,3 °C angegeben. Nach Nordwesten nehmen die Temperaturen durchschnittlich um 0,5 bis 1 °C zu. Die Niederschläge sind entsprechend dem Steigungsregen in Traufnähe mit etwa 850 Millimeter im Jahresmittel höher als in weiterer Entfernung, wo Werte um 750 Millimeter erreicht werden.

Mittleres Albvorland

Der Braune Jura bildet auch im Mittleren Albvorland eine Vorbergzone, die morphologisch ähnlich ausgebildet ist wie im Südwestlichen Albvorland. Die zum Neckar hin entwässernden Flüsse zerschneiden die Vorbergzone und gliedern sie in

Blick vom Schönbuch-Westhang Richtung Süden. Im
Bildmittelgrund rechts der Spitzberg, in der Bildmitte
die Wurmlinger Kapelle, links der Pfaffenberg. Dahinter
der Rammert. Im Bildhintergrund die Schwäbische Alb.
R. RIEDINGER

Randbuchten. Nach Nordosten wurde die Rand-
bucht durch die Erosionskraft der Echaz und ihrer Zuflüsse nahezu ausgeräumt. Hier zeugt die
Achalm bei Reutlingen (705 m NN) von den einstigen Vorbergen.

Die angrenzende Schichtfläche der Ölschiefer
ist als schmale, wellige Hochfläche entwickelt.
Sie wird bei Mössingen und Gomaringen (beide
Kreis Tübingen) durch breite Talbildungen durchbrochen. Eine Besonderheit dieser geologischen
Schicht wird bei Bad Sebastiansweiler (Mössingen, Kreis Tübingen) genutzt: Hier gibt es eines
der stärksten Schwefelbäder in Europa.

Der Abfall zum unteren Schwarzen Jura ist als
geschlossener Stufenrand ausgebildet. Die untere
Liasplatte bildet eine breite, in sich geschlossene
Schichtfläche. Diese ist bei Ofterdingen (Kreis
Tübingen) im Fließgewässerbett der Steinlach auf
etwa 500 Meter Länge in einer fossilienreichen
Ausbildung angeschnitten. Diese als Ammoniten-
oder Schneckenpflaster bekannte Lage wurde bereits von Goethe auf seiner Reise in die Schweiz

1797 besichtigt (Geographisch-Kartographisches
Institut Meyer 1980). 1937 wurde diese freige-
spülte Platte als Naturdenkmal ausgewiesen.

Die bereits bei Hechingen erreichten Jahresdurchschnittstemperaturen im mäßig warmen
Klimabereich werden nordöstlich von Gönningen
(Kreis Reutlingen) von einem warmen bis sehr
warmen Klima abgelöst. Hier werden Jahresdurchschnittstemperaturen von 8,5 bis 9,5 °C erreicht. Diese Klimagunst wird bei Reutlingen und
Metzingen für den Anbau von Wein genutzt.

Schönbuch und Glemswald

Die Keuperstufe ist im Bereich des Mittleren Albvorlands als weiträumige und deshalb eigenständige naturräumliche Haupteinheit ausgebildet.
Durch Bewegungen und Brüche der Erdkruste im
Tertiär bilden die Keuperhöhen jedoch keine
geschlossene Einheit, sondern sind in Teil-
schollen gegliedert. Im Regierungsbezirk Tübingen gehören dazu der Rammert, die südliche
Stufenrandbucht sowie der südliche Teil des
Schönbuchs.

Der Rammert-Höhenzug schließt nordwestlich an den Naturraum Mittleres Albvorland an
und setzt sich etwa entlang der Linie Hirrlingen –
Hemmendorf – Dettingen – Weiler von den Obe-

ren Gäuen durch eine etwa 100 Meter hohe Stufe ab. An seiner Nordseite erhebt sich der Rammert mit einem über 100 Meter hohen Stufenrand über das Neckartal. Hauptstufenbildner ist der Stubensandstein. Durch tief eingeschnittene, enge Täler ist der Rammert von innen heraus stark zergliedert. Er ist vollständig bewaldet. Lediglich der Katzenbach besitzt eine breitere Talsohle, die Wiesennutzung zulässt.

Nördlich des Rammerts schließt die Tübinger Stufenrandbucht an. Sie wird im Süden vom Neckartal und im Norden vom Ammertal begrenzt. Durch den Zusammenfluss beider Gewässer bei Tübingen-Lustnau entsteht ein nach Westen offener Trichter, der in seiner Mitte einen Höhenrücken einschließt. Dieser Höhenrücken beginnt im Westen mit dem Pfaffenberg und setzt sich über den Spitzberg bis nach Osten zum Österberg fort. Der Spitzberg ist mit 476 Meter Höhe der höchste Punkt.

Den Abschluss im Regierungsbezirk Tübingen bildet nördlich der Tübinger Stufenrandbucht der südliche Schönbuch. Seine 80 bis 100 Meter hohe Stufe fällt steil ab, führt jedoch nicht überall bis zum Hauptstufenbildner, dem Stubensandstein. An einigen Stellen ist die Stufe durch eine zusätzliche Einebnung im Schilfsandstein in zwei Anstiege gegliedert. Der gesamte Schönbuch bildet ein großes zusammenhängendes Waldgebiet, das mit Beginn der Schichtstufe einsetzt. Lediglich die unteren Hangbereiche werden landwirtschaftlich in Form von Wiesen und Streuobstwiesen genutzt.

Die Landschaft zwischen Schönbuch und Rammert ist durch mäßig warmes bis warmes Klima geprägt. Es herrschen Jahresdurchschnittstemperaturen von 8 bis 9 °C, die Niederschläge erreichen im langjährigen Mittel etwa 700 Millimeter. Diese Klimagunst wurde früher in großem Umfang an allen südexponierten Hanglagen zum Anbau von Wein genutzt. Vor wenigen Jahren befanden sich nur noch wenige Wengerte in Betrieb. Die meisten Flächen wurden aufgegeben, in Streuobstwiesen überführt oder der Verwahrlosung überlassen. Diese offen gelassenen Flächen sind heute häufig von besonderem Interesse für

Typischer Landschaftsausschnitt des Strohgäus – seit einigen Jahren wird neben Getreide auch viel Raps angebaut. R. RIEDINGER

den Naturschutz. Aber neuerdings scheint sich der Trend auch wieder zu drehen und das Interesse am Weinanbau wieder zu wachsen. In den Talniederungen wird sowohl Ackerbau als auch Grünlandwirtschaft betrieben. Waldflächen sind fast ausschließlich auf die Keuperhöhen beschränkt.

Gäuplatten, Neckar- und Tauberland

Die Haupteinheit Gäuplatten, Neckar- und Tauberland umfasst die Muschelkalkplatten des oberen Neckars sowie die Muschelkalkplatten zwischen Schwarzwald im Westen und Schönbuch im Osten. Die Grobgliederung der Einheit folgt dem geologischen Untergrund. Wo die Muschelkalkplatten an der Erdoberfläche anstehen und die Böden weniger Nährstoffe besitzen, erstreckt sich das Heckengäu. Dort, wo über den Muschelkalkplatten Lettenkeuper lagert oder Lößlehm aufliegt, sind die Böden fruchtbarer. Dieser Landstrich wird als Strohgäu oder Korngäu bezeichnet.

Obere Gäue

Der Anteil des Regierungsbezirks Tübingen am Naturraum Obere Gäue beschränkt sich auf einen kleinen Ausschnitt. Trotzdem ist er bedeutend, ist er doch aus geologischer Sicht der älteste Naturraum im Regierungsbezirk. Er umfasst den östlichen Teil der Eyach-Gäuplatten südlich und nördlich des Neckars. Die östliche und südliche Grenze zum Keuper-Lias-Land ist durch die Keuperstufe vorgegeben.

Die Muschelkalkplatten treten wegen der Überlagerung mit Lettenkeuper und Löß oder Lößlehm nur an tiefer eingeschnittenen Talhängen zu Tage. Das Relief ist ausgeglichen, die Landschaft erscheint als eine durch Mulden und Dellen sanft strukturierte Einheit.

Die landwirtschaftliche Nutzung hebt dies besonders schön hervor. Soweit das Auge reicht sind rund um die Ortschaften Äcker angelegt. Temperaturen und Niederschlagsmengen sind ebenfalls günstig. Zu Recht wird diese Gegend als Korngäu bezeichnet, der Getreideanbau steht im Vordergrund. Wiesen gibt es nur vereinzelt, der Waldanteil ist sehr gering.

LITERATUR

BAUER, E. & SCHÖNAMSGRUBER, H. [Hrsg.] (1988): Das Große Buch der Schwäbischen Alb. 2. Auflage. – 214 S.; Stuttgart; Konrad Theiss Verlag.

BENZING, A. (1964): Die naturräumlichen Einheiten auf Blatt 186 Konstanz. – Naturräumliche Gliederung Deutschlands Geographische Landesaufnahme 1 : 200 000. 44 S.; Bad Godesberg; Selbstverlag der Bundesanstalt für Landeskunde und Raumforschung.

BORCHERDT, C. [Hrsg.] (1983): Geographische Landeskunde von Baden-Württemberg. – Schriften zur politischen Landeskunde Baden-Württembergs, Band 8. 380 S.; Stuttgart, Berlin, Köln, Mainz; Verlag W. Kohlhammer.

BORCHERDT, Christoph [Hrsg.] (1993): Geographische Landeskunde von Baden-Württemberg. 3. überarbeitete und erweiterete Auflage – Schriften zur politischen Landeskunde Baden-Württembergs, Band 8. 408 S.; Stuttgart, Berlin, Köln; Verlag W. Kohlhammer.

DEUTSCHER WETTERDIENST (1953): Klimaatlas von Baden-Württemberg. – 37 S., 75 Karten, 9 Diagramme; Bad Kissingen.

DONGUS, H. (1961): Die naturräumlichen Einheiten auf Blatt 171 Göppingen. – Naturräumliche Gliederung Deutschlands. Geographische Landesaufnahme 1 : 200 000. 54 S.; Bad Godesberg; Selbstverlag der Bundesanstalt für Landeskunde und Raumforschung.

DONGUS, H. (1991): Die naturräumlichen Einheiten auf Blatt 187/193 Lindau-Oberstdorf. – Naturräumliche Gliederung Deutschlands. Geographische Landesaufnahme 1 : 200 000. 94 S.; Bonn-Bad Godesberg; Selbstverlag der Bundesforschungsanstalt für Landeskunde und Raumforschung.

GEOGRAPHISCH-KARTOGRAPHISCHES INSTITUT [Hrsg.] (1988): Blickpunkte Baden-württemberg. – Meyers Geographische Führer zu Naturschönheiten. 432 S.; Mannheim, Wien, Zürich; Meyers Lexikonverlag.

GRAUL, H. (1952): Die naturräumlichen Einheiten auf Blatt 179 Ulm. – Naturräumliche Gliederung Deutschlands. Geographische Landesaufnahme 1 : 200 000. 39 S.; Stuttgart; Reise- und Verkehrsverlag.

GRÜTTNER, A. & WARNKE-GRÜTTNER, R. (1996): Flora und Vegetation des Naturschutzgebietes Federsee (Oberschwaben). – Beih. Veröff. Naturschutz und Landschaftspflege in Bad.-Württ., 86: 314 S.; Karlsruhe; Ungeheuer + Ulmer KG GmbH & Co.

HUTTENLOCHER, F. & DONGUS, H. (1967): Die naturräumlichen Einheiten auf Blatt 170 Stuttgart. – Naturräumliche Gliederung Deutschlands. Geographische Landesaufnahme 1 : 200 000. 76 S.; Bad Godesberg; Selbstverlag der Bundesanstalt für Landeskunde und Raumforschung.

HUTTENLOCHER, F. (1959): Die naturräumlichen Einheiten auf Blatt 178 Sigmaringen. – Naturräumliche Gliederung Deutschlands. Geographische Landesaufnahme 1 : 200 000. 61 S.; Remagen; Selbstverlag der Bundesanstalt für Landeskunde.

WELLER, F. (1990): Erläuterungen zur Ökologischen Standorteignungskarte für den Landbau in Baden-Württemberg 1 : 250 000. – 32 S.; Stuttgart.

www.klimadiagramme.de: Die Temperaturen in Baden-Württemberg, Zeitraum 1961–1990.

www.klimadiagramme.de: Niederschlagsverteilung in Südwestdeutschland, Zeitraum 1961–1990.

Die Pflanzenwelt

von Konrad Reidl und Hans-Peter Döler

Bei einer Reise von Tübingen zum Bodensee bekommt der Besucher einen guten Eindruck von den unterschiedlichen Naturräumen und ihrer spezifischen Vegetation im Regierungsbezirk Tübingen. Startpunkt ist der Spitzberg bei Tübingen mit seinen mediterran anmutenden Terrassen, auf denen schon seit dem 11. Jahrhundert Wein angebaut wird. Nach dem Rückgang des Weinbaus zur Zeit des 30-jährigen Krieges fielen große Flächen brach und die südexponierten, wärmebegünstigten Hänge wurden von verschiedenen Pflanzengesellschaften erobert, die gut an Trockenheit und Wärme angepasst sind. Sie zeichnen sich durch zahlreiche, zum Teil stark gefährdete Arten aus, die vorwiegend im Mittelmeerraum oder in Südosteuropa beheimatet sind.

Anschließend geht es nach Süden vorbei an den Streuobstwiesen des Albvorlands und über die kühnen Weißjura-Felsen des Albtraufs auf die Hochfläche der Schwäbischen Alb. Hier empfängt den Reisenden ein buntes Mosaik aus Wäldern, Wacholderheiden, Trockentälern, Wiesen und Ackerflächen. Diese landschaftliche Vielfalt ist nicht zuletzt ein Ergebnis der jahrhundertelangen kleinbäuerlichen Bewirtschaftung. Großflächige Waldrodungen schufen die Voraussetzung für die vielfältigen Grünlandgesellschaften (Magerrasen, Wiesen, Weiden), für Hecken mit angrenzenden Saumgesellschaften, Äcker und Gärten. Aus der Natur- wurde so eine Kulturlandschaft mit vielfältigen Nutzungsformen.

Nächstes Ziel ist die einzigartige Felslandschaft des oberen Donautals zwischen Sigmaringen und Fridingen mit den naturnahen Wäldern und der berühmten Steppenheide. Diese auch in anderen Bereichen am Trauf der Schwäbischen Alb vorkommende Pflanzenformation stellt ein Mosaik verschiedener, artenreicher Pflanzengesellschaften auf Weißjura-Felsen dar. Hierbei handelt es sich um Urlandschaften und um einen der wenigen von Natur aus waldfreien Lebensräume. Im Bereich der teilweise schon alpin anmutenden großen Felsmassive liegt der Verbreitungsschwerpunkt der so genannten Reliktarten, Zeugen aus vergangenen warmen und kalten Klimaepochen. Es sind Arten, deren Hauptverbreitungsgebiet in anderen Regionen wie etwa in den Alpen liegt, die aber im Donautal vereinzelt und isoliert vorkommen. Andere Pflanzen wiederum entstammen wärmeren Klimaregionen wie dem Mittelmeerraum.

Weiter südlich erwartet den Besucher das von den Gletschern der Kaltzeiten geprägte Oberschwaben mit den bekannten Moorgebieten Wurzacher Ried und Federseeried. In Form von so genannten Toteislöchern, Moränenhügeln und vermoorten Senken begegnet man auch heute noch dem Kaltzeitalter, das vor etwa 10 000 Jahren zu Ende ging. Für Oberschwaben charakteristisch ist die Vielfalt an Feuchtgebieten. Grund dafür ist zum einen die kaltzeitliche Prägung der Landschaft, aber auch der Mensch trug durch die Anlage von Weihern dazu bei. Die Moore Oberschwabens beherbergen einige botanische Kostbarkeiten, die hier seit der letzten Kaltzeit überdauert haben und eine Bereicherung unserer Flora darstellen.

Schließlich endet die Reise am klimatisch begünstigten Bodenseeufer. Bei Eriskirch bestimmen artenreiche Streuwiesen das Landschaftsbild. Sie sind das Ergebnis einer alten bäuerlichen Nutzungsform, der herbstlichen Streumahd, die zur Gewinnung von Streumaterial für die Ställe diente. Zu den wenigen natürlichen, also nicht durch den Menschen geschaffenen Pflanzengesellschaften unseres Landes gehören die einzigartigen Strandrasen des Bodenseeufers. Die meist sehr seltenen Strandrasenpflanzen sind bestens an die Schwankungen des Wasserstands angepasst.

Nachfolgend soll die Pflanzenwelt des Regierungsbezirks in ihren Grundzügen beschrieben werden. Als Flora werden dabei die Farn- und Samenpflanzen, als Vegetation die Pflanzengesellschaften bezeichnet. Dabei kann es nicht darum gehen, die gesamte Vielfalt mit ihren zahlreichen Arten und Gesellschaften zu beschreiben. Nachgezeichnet werden sollen lediglich die Grundzüge sowie die Unterschiede der einzelnen Naturräume.

Neckar- und Tauber-Gäuplatten

Hauptnutzungsformen Landwirtschaftlich geprägte, meist ackerbaulich genutzte Gäuplatten, wenig Grünland; geringer Waldanteil (vorwiegend in Hanglage).
Landschaftsprägende sowie naturschutz-relevante Vegetationseinheiten
Wälder (20–30 % des Naturraums Obere Gäue) Waldmeister- und Hainsimsen-Buchenwälder, Eichen-Hainbuchen-Wälder
Offenland (60–70 % des Naturraums Obere Gäue) Äcker (z. T. mit Ackerwildkrautfluren), Glatthaferwiesen, Magerrasen (nur kleinflächig)

Die naturräumliche Haupteinheit Neckar- und Tauber-Gäuplatten ragt nur kleinflächig mit ihrem südlichen Teil, dem Naturraum Obere Gäue, in den Regierungsbezirk Tübingen hinein. Die floristisch-vegetationskundlichen Aspekte werden daher nur knapp behandelt.

Im Naturraum Obere Gäue finden sich auf den Hochflächen meist lössbedeckte, zum Teil auch kalkhaltige Böden, die sehr nährstoffreich sind. Zusätzlich begünstigt durch die klimatische Tieflage ergaben sich sehr gute Bedingungen für die Landwirtschaft. Auf diesen Standorten wurde daher der Wald zugunsten des Ackerbaus gerodet. Damit lässt sich erklären, warum die Gäuplatten heute größtenteils waldfrei sind.

In die Gäuplatten haben sich die Flüsse Neckar, Eyach und Starzel zum Teil stark eingeschnitten. Im Gegensatz zur Hochfläche sind die stellenweise steilen Hänge meist bewaldet. Auf

den südexponierten Hängen finden sich kleinflächig aber auch Magerrasen, die teilweise aus aufgelassenen Weinbergen hervorgegangen sind. Ohne Nutzung oder Pflege verbuschen sie und würden schließlich ebenfalls in Wald übergehen.

Gemeinsam ist fast allen Gäulandschaften die Vorherrschaft der Buchenwälder mit der dominierenden Rotbuche. Auf für die Rotbuche ungünstigen Standorten können auch andere Baumarten, etwa die Stiel-Eiche, beigemengt sein. Pflanzensoziologisch lassen sich die Wälder den Waldmeister-Buchenwäldern (Galio odorati-Fagetum) zuordnen, die hier im Übergang oder im Wechsel mit Hainsimsen-Buchenwäldern (Luzulo-Fagetum) vorkommen. Die Hainsimsen-Buchenwälder stocken dabei auf den etwas ärmeren Standorten, meist entkalkten Lösslehmen. Wo kalkreiche Böden vorliegen, weisen die Waldmeister-Buchenwälder örtlich auch Übergänge zum Waldgersten-Buchenwald (Hordelymo-Fagetum) auf oder stehen in kleinräumigem Wechsel mit ihm. In den Hanglagen der Flusstäler sind ebenfalls Waldgersten-Buchenwälder im Übergang oder Wechsel mit Waldmeister-Buchenwäldern ausgebildet. An trockeneren, südexponierten Stellen sind Übergänge zu Seggen-Buchenwäldern (Carici-Fagetum) vorhanden, mit denen sie teilweise auch in Kontakt stehen. In den steileren Hanglagen können kleinflächig auch Linden-Ahorn-Wälder (Tilio-Acerion) auftreten.

Unter natürlichen Bedingungen tritt die Rotbuche in Flusstälern in den Hintergrund und es kommt zur Ausbildung von Sternmieren-Eichen-Hainbuchenwäldern (Stellario holosteae-Carpinetum betuli). Im Überflutungsbereich der Bäche und Flüsse bilden sich zumeist schmale Bänder bach- und flussbegleitender Schwarzerlen-Eschen-Wälder. Zu nennen ist hier vor allem der Hainmieren-Schwarzerlenwald (Stellario nemorum-Alnetum glutinosae).

Die genannten Wälder sind allerdings nur noch kleinflächig vorhanden. Sehr viel stärker prägt der Ackerbau das Landschaftsbild, vor allem auf den mit Löss bedeckten Gäuhochflächen. Gut ausgebildete Ackerwildkraut-Fluren, die sowohl die kennzeichnenden als auch seltene und

gefährdete Arten aufweisen, sind heute nur sehr
selten zu finden. Die verstärkte Anwendung von
Herbiziden, starke Düngung, dichte Ansaat von
Getreide mit dem damit verbundenen »Ausdun-
keln« der Wildkräuter, ein rascher Fruchtwechsel,
eine effektive Saatgutreinigung und das Fehlen
eines Brache-Jahrs, wie es in der früher betriebenen Dreifelderwirtschaft üblich war, haben zu einer erheblichen Verarmung der Gesellschaften
und zum Verlust vieler Arten geführt. Zumeist
bleiben nur noch einige weit verbreitete Arten wie
Acker-Fuchsschwanz, Gewöhnliche Vogelmiere,
Weißer Gänsefuß, Gewöhnliches Hirtentäschel,
Ampfer- und Floh-Knöterich sowie Gewöhnliche
Gänsedistel übrig.

Grünland spielt im Naturraum Obere Gäue
eine nachgeordnete Rolle. Bei den Grünlandgesellschaften sind in erster Linie die Glatthaferwiesen zu nennen, die sich in verschiedene Ausprägungen unterteilen lassen. Am häufigsten ist die
Tiefland-Glatthaferwiese (Arrhenatheretum elatioris) zu finden, die an trockeneren Stellen in der
Ausbildung mit Wiesen-Salbei (Arrhenatheretum
salvietosum) vorkommt. Neben dem Wiesen-Sal-

Ackerwildkrautflur mit Acker-Rittersporn, Knollen-Platt-
erbse und Klatschmohn. C. Koss

bei finden sich hier weitere Trockenzeiger, etwa
Aufrechte Trespe, Skabiosen-Flockenblume und
Tauben-Skabiose. Bei der so genannten Salbei-
Glatthaferwiese handelt es sich um eine unserer
blütenbuntesten Wiesen.

Auf feuchten Standorten kommt die Kohldistel-Glatthaferwiese (Arrhenatheretum cirsietosum oleracei) vor, die mit einer Reihe von Feucht-
wiesenarten zu den Feuchtwiesen überleitet.

**Beispiele aus der Tierwelt des Naturraums
Neckar- und Taubergäuplatten: Das Rebhuhn**
(Perdix perdix)
Noch vor wenigen Jahrzehnten war das Rebhuhn ein
häufig vorkommendes Feldhuhn, dem Landwirte und
Spaziergänger oft begegnen konnten. Ursprünglich
ein Steppentier, wanderte es schon bald nach der letzten Kaltzeit vor gut 10 000 Jahren in die entstehende
offene Kulturlandschaft ein. In der vielgestaltigen
Ackerlandschaft der Oberen Gäue wurde es zum Charaktervogel. Es ist mit seinem rundlichen Körper, dem
kurzen Schwanz und seiner auch im schnellen Lauf
aufrechten Haltung leicht zu erkennen. Der Hahn ist
etwas kräftiger gefärbt als die Henne, sonst unterscheiden sich die Geschlechter äußerlich kaum. Das
Rebhuhn bewohnt ganz Europa sowie das westliche
Asien bis zum Altai und bis Nordiran.

In Baden-Württemberg ist Perdix perdix ein weit ver-
breiteter, jedoch in seinem Bestand gefährdeter Brutvogel. Die kleinbäuerliche Agrarlandschaft vergangener Zeiten war als Rebhuhnhabitat optimal, die
Populationsdichte dementsprechend hoch. Jedoch
macht die enge Bindung an offene, strukturreiche

Feld- und Wiesenlandschaften mit Hecken, Feldrainen, blumenreichen Böschungen, Brachen und extensiv genutzten Äckern dem Rebhuhn ein Leben in den
heutigen ausgeräumten Feldfluren nahezu unmöglich.
Hier findet es weder ausreichende Nahrung noch
Deckung. Mit der rasanten Entwicklung der Landwirtschaft durch Flurbereinigung, Technisierung, chemi-
schem Pflanzenschutz sowie der zunehmenden
Bebauung auch im Außenbereich zwischen den Ortschaften hat der Bestand an Rebhühnern dramatisch
abgenommen. In manchen Gegenden sind sie ganz
verschwunden.

Rebhühner sind Bodenbrüter, die in Wiesen, Brachflächen oder Ackerrandstreifen einfache Nester anlegen. Die Paare verteidigen ihre Reviere vor allem bei
Sichtkontakt zu anderen Paaren energisch. Dabei ist
die Reviergröße von der Qualität des Biotops abhängig. In flurbereinigten, intensiv bewirtschafteten
Gebieten mit wenig Sichtschutz benötigt jedes Paar
weite Flächen als Revier, die Besiedlungsdichte ist
deshalb überaus gering. Intakte Rebhuhnbiotope
dagegen ermöglichen kleinere Reviere meist unter
100 Hektar und damit eine größere Dichte der Popula-

Das Rebhuhn.
D. NILL/LINNEA
IMAGES

tion. Die Henne legt 10 bis 20 braungraue Eier. Sie brütet, der Hahn bewacht das Nest. Nach etwa 25 Tagen schlüpfen die Küken innerhalb von ein bis zwei Tagen fast gleichzeitig. Der Hahn ist – im Gegensatz zu vielen anderen Hühnervögeln – ein guter Vater und kümmert sich gemeinsam mit der Henne um den Nachwuchs. Da die Küken im ersten Lebensmonat ihren Wärmehaushalt nicht selbstständig regulieren können, werden sie immer wieder unter den Elterntieren gehudert und brauchen sehr energiereiche, eiweißhaltige Nahrung. Sie fressen in dieser Zeit ausschließlich Insekten. Rebhuhnküken finden Insekten, die sich bewegen, schnell und sicher. Bei tagelangem nasskaltem Wetter aber, wenn Insekten inaktiv sind, hungern und frieren die Küken. So haben längere sommerliche Schlechtwetterperioden in manchen Jahren den Verlust ganzer Rebhuhngenerationen zur Folge. Erst wenn das Jugendgefieder vollständig entwickelt ist, fressen die Jungtiere vermehrt Blätter, Halme und Samen. Dann ist ihre Entwicklung nicht mehr so stark wetterabhängig. Erwachsene Rebhühner sind fast reine Vegetarier. Die Familie bleibt den ganzen Sommer zusammen. Erst mit Beginn des Herbstes klingt das Territorialverhalten ab, die Familien lösen sich auf und die Tiere schließen sich in Verbänden, den so genannten Ketten zusammen.

Rebhühner waren seit jeher eine beliebte Jagdbeute. Bis ins Mittelalter gab es das »Recht des freien Tierfangs« für jedermann und mit ein wenig Glück gab es Rebhuhn auf jedermanns Sonntagstafel. Danach beanspruchte der Adel die Jagd für sich und auch heute ist das Jagdrecht an das Grundeigentum gebunden. Während die Abschusszahlen bei Wildschwein und Rehwild hoch sind, haben sie beim Rebhuhn so stark abgenommen, dass die Jäger in den Oberen Gäuen schon seit vielen Jahren auf die Rebhuhnjagd verzichten. Die bei unseren Vorfahren beliebten gebratenen Rebhühnchen sind schon lange durch Grillhähnchen aus der Geflügelzucht ersetzt worden.

Was aber sind die Gründe für den dramatischen Bestandsrückgang? Infolge der genannten Veränderungen des Lebensraums liegen für Rebhühner Nahrung und Deckung in der Feldflur so weit auseinander, dass Raubfeinde wie Habicht und Fuchs erfolgreicher jagen können als früher. Von einer intakten Rebhuhnpopulation in geeignetem Lebensraum sind Verluste durch Witterung oder jagenden Mensch und Habicht gut zu verkraften, doch in den strukturlosen offenen Agrarlandschaften funktioniert dies nicht mehr. Sollen die noch verbliebenen Rebhuhnbestände überleben und vielleicht gar wieder anwachsen, sind Landwirte und Jäger gleichermaßen gefordert, bei Biotopverbesserungsmaßnahmen eng zusammenzuarbeiten: beispielsweise mit der Einrichtung von Winterdeckung auf Wildäckern, der Erhaltung oder auch Neuanlage von Ackerrainen und Hecken. Wie und wann Grasstreifen gemäht werden, entscheidet darüber, ob brütende Hennen vom Mähwerk erfasst werden, wenn sie sich, ihrem natürlichen Verhalten folgend, zum Schutz auf den Boden drücken. Dies schützt vor Mähmaschinen nur, wenn der Mähbalken höher als 30 Zentimeter eingestellt ist. Als Spaziergänger, ob mit oder ohne Hund, sollte man vermeiden, die Tiere aufzustöbern und zu beunruhigen. Noch hat das Rebhuhn eine Chance – es liegt an uns allen, ob es sie nutzen darf!

S. KRACHT

Schwäbisches Keuper-Lias-Land

Hauptnutzungsformen Keuperbergland: relativ waldreiche, vielgliedrige Landschaft, in den Tälern und in Hanglage auch Wiesennutzung; Albvorland: vermehrt landwirtschaftlich genutzt (Äcker, Grünland, Streuobstwiesen).

Landschaftsprägende sowie naturschutzrelevante Vegetationseinheiten

Wälder Waldmeister- und Hainsimsen-Buchenwälder, z. T. auch Tannen-Buchenwälder, Eichen-Hainbuchen-Wälder

Offenland Im Keuperbergland: Trockenrasen, Halbtrockenrasen, Saumgesellschaften trockenwarmer Standorte; im Keuperbergland und Albvorland: Streuobstwiesen, Salbei-Glatthaferwiesen

Keuperbergland

Über den Gäuplatten erhebt sich als dritte Stufe der Südwestdeutschen Schichtstufenlandschaft das Keuperbergland. Im Gegensatz zum Naturraum Obere Gäue handelt es sich um eine relativ waldreiche Landschaft. Waldarm bis waldfrei sind nur die Talauen von Neckar und Ammer, die Südhänge des Schönbuchs und die südexponierten Hänge des Spitzbergs. An den wärmebegünstigten Hängen des Schönbuchrands und des Spitzbergs wurde Jahrhunderte lang Wein, zeitweise auch Hopfen angebaut. Heute zeichnen sich diese Gebiete durch ihren hohen Reichtum an Pflanzenarten und Pflanzengesellschaften aus.

Im Bereich von Schönbuch und Rammert finden sich noch große Waldgebiete, die vielfach von Tälern durchzogen sind. Ebenso sind die Muschelkalkhänge des Neckars und die seiner Seitentäler oberhalb von Rottenburg bewaldet.

Die Sandsteinflächen werden weitgehend vom Hainsimsen-Buchenwald (Luzulo-Fagetum) eingenommen. Typisch für den auf bodensauren Standorten stockenden Hainsimsen-Buchenwald sind Säurezeiger wie Heidelbeere, Heidekraut und Draht-Schmiele. Charakteristisch für die Landschaft ist, dass sich die Standortbedingungen, insbesondere bezüglich des Basen- und Nährstoffgehalts sowie des Wasserhaushalts,

recht vielgestaltig darstellen. Daher treten auf etwas basen- und nährstoffreicheren Standorten auch Ausbildungen des Hainsimsen-Buchenwaldes mit Flattergras (Luzulo-Fagetum milietosum) bis hin zum Waldmeister-Buchenwald (Galio odorati-Fagetum) auf. Auf wärmebegünstigten Mergelhängen stockt – abhängig vom Tongehalt der Böden – entweder ein Waldlabkraut-Eichen-Hainbuchenwald (Galio sylvatici-Carpinetum betuli) oder ein Seggen-Buchenwald (Carici-Fagetum). Diese treten allerdings nur örtlich und kleinflächig auf.

Von Natur aus herrscht in den Talsohlen der Sternmieren-Eichen-Hainbuchenwald (Stellario holosteae-Carpinetum betuli) vor, entlang der Flüsse und Bäche begleitet von einem zumeist relativ schmalen Band von Schwarzerlen- und Weiden-Auenwäldern. Insbesondere im Neckartal sind die genannten Feuchtwälder allerdings aufgrund landwirtschaftlicher Nutzung weitgehend verschwunden. Von der ehemaligen Weichholz-Aue und ihrer Gesellschaft des

Hainsimsen-Buchenwald mit Wald-Hainsimse.
Th. Wolf

Spitzberg-Südhang bei Tübingen (im Hintergrund die Wurmlinger Kapelle). H.-P. DÖLER

Silberweiden-Auenwaldes (Salicetum albae) entlang des Neckartals, an Ammer und Steinlach sind lediglich noch kleine Restbestände am Neckar sowie im Bereich älterer Baggerseen vorhanden.

Die meist südwestexponierten Hänge des Schönbuchrands zwischen Breitenholz und Unterjesingen stellen alte Kulturlandschaften dar. Die oberen, heute bewaldeten Hangbereiche waren früher weitgehend offen und wurden beweidet. An den unteren Hängen wurde lange Zeit Wein angebaut, stellenweise auch Hopfen. Jetzt nehmen Trockengebüsche, Saumgesellschaften trockenwarmer Standorte und Salbei-Glatthaferwiesen diese Standorte ein. An vielen Stellen bestimmt auch heute noch der Streuobstbau das Landschaftsbild, der sich Mitte des 19. Jahrhunderts in höchster Blüte befand. Das Naturschutzgebiet »Schönbuch-Westhang« umfasst einen großen Teil des Schönbuchrands. Von den zahlreichen, teils gefährdeten Pflanzenarten sollen hier nur einige wenige hervorgehoben werden, etwa Bocks-Riemenzunge, Bienen-Ragwurz, Kalk-Aster, Ästige und Traubige Graslilie sowie Blauer Lattich.

Von herausragender Bedeutung ist der Spitzberg bei Tübingen. Die Pflanzengesellschaften des Spitzbergs wurden in einer 1966 erschienenen Monographie von Müller und Görs ausführlich dargestellt. Besonders hinzuweisen ist in diesem Zusammenhang auf die westlich von Tübingen gelegenen Naturschutzgebiete »Hirschauer Berg« und »Spitzberg-Ödenburg«. Auch der Spitzberg stellt eine alte Kulturlandschaft dar. An seinen Südhängen wurde schon im Mittelalter Weinbau betrieben. Durch die steile Südhanglage mit mageren Böden, durch Zurückdrängen der Gehölze und Terrassierung der Rebhangflächen hat sich hier ein sehr vielfältiges Mosaik eingestellt, das sich unter anderem aus Trockenrasen, Halbtrockenrasen, Saumgesellschaften trockener Standorte, verschiedenen Verbuschungsstadien sowie einer Vielzahl von ruderalen Pflanzengesellschaften zusammensetzt. Von den vielen, den Wert des Gebiets ausmachenden seltenen Pflanzenarten sollen lediglich Goldaster, Gewöhnliche Osterluzei und Ungarische Platterbse hervorgehoben werden. Letztere ist eine botanische Kostbarkeit ersten Ranges und kommt in Baden-Württemberg nur am Spitzberg und am Südrand des Schönbuchs vor.

Albvorland

Vom Keuperbergland zu unterscheiden ist das Albvorland. Es besteht aus Unter- und Mitteljuraschichten (Lias, Dogger). Die Unterjuraschichten sind teilweise lössbedeckt und werden zumindest auf diesen Standorten weitgehend ackerbaulich genutzt. Auf den weniger günstigen Standorten sind jedoch auch noch ausgedehnte Wälder vorhanden. Weit verbreitet im mittleren und südwestlichen Albvorland sind Komplexe mit vorherrschendem Waldmeister-Buchenwald (Galio odorati-Fagetum) im Wechsel mit Hainsimsen-Buchenwald (Luzulo-Fagetum). Kleinflächig vorkommende Waldgesellschaften sind der Sternmieren- und der Waldlabkraut-Eichen-Hainbuchenwald, stellenweise auch der Seggen-Buchenwald.

Häufig findet man auf Standorten des Waldlabkraut-Eichen-Hainbuchenwaldes Salbei-Glatthaferwiesen als Ersatzgesellschaft, zum Teil mit Streuobstbau. An Stelle des Sternmieren-Eichen-Hainbuchenwaldes haben sich oftmals – abhängig vom Wasserhaushalt der Standorte – Fuchsschwanz- oder Kohldistel-Glatthaferwiesen (Arrhenatheretum alopecuretosum oder A. cirsietosum) ausgebildet.

Das Klima wird in Richtung Schwäbische Alb niederschlagsreicher und kühler. Deshalb findet man hier auch einige montane Pflanzenarten, im Buchenwald beispielsweise Hasenlattich und Zwiebel-Zahnwurz, in den Wiesen Wald-Storchschnabel, Wald-Schwingel, Bergwiesen-Frauenmantel und Wiesen-Kümmel. Trotz der Höhenlage sind die Hänge am Fuß der Alb aber kaum durch Früh- oder Spätfrost gefährdet, da die bei Strahlungswetter nachts gebildete Kaltluft an den Hängen in die Täler und das tiefer gelegene Albvorland abfließen kann. Vor allem im Frühjahr ist dies von großer Bedeutung, da diese Lagen meist frostfrei bleiben. Hiermit erklären sich die in diesen Gebieten gehäuft auftretenden landschaftsprägenden Streuobstwiesen, in denen unter anderem die spätfrostgefährdete Kirsche angebaut wird. Vereinzelt wird sogar bis in Höhen um 500 m NN Weinbau betrieben, etwa am Floriansberg und an den Hängen bei Metzingen.

Auch im Bereich der Albvorberge dominiert die Rotbuche die Wälder. Sie ist hier selbst auf tonigen Standorten die herrschende Baumart. Allein auf für sie sehr ungünstigen Standorten, wo der Boden nass oder austrocknend ist sowie zu Rutschungen neigt, tritt sie zurück und es kommen Eichen-Hainbuchenwälder oder Schwarzerlen-Eschenwälder auf. Wo Sandsteine als Ausgangsgestein den Standort prägen, ist der Hainsimsen-Buchenwald ausgeprägt, auch hier vielfach im Übergang und im Wechsel mit dem Waldmeister-Buchenwald. Auf etwas nährstoffreicheren Standorten sind Übergänge zum Waldgersten-Buchenwald (Hordelymo-Fagetum) vorhanden.

Im Braunen Jura sind die Täler meist tief eingeschnitten und weisen steile Hänge auf, breite Talsohlen sind selten. Die Hänge sind durch austretendes Quellwasser oftmals instabil und sehr feucht, es bilden sich teilweise Quellfluren und Quellsümpfe. Auf ebenen Flächen oder in Senken können je nach Vernässung und Kalkgehalt des Wassers der Winkelseggen-Erlen-Eschenwald (Carici remotae-Fraxinetum) oder der Riesenschachtelhalm-Eschenwald (Equiseto telmatejae-Fraxinetum) auftreten. Auf den grundwasser-

feuchten Böden der Bachtäler findet sich daneben der Schwarzerlen-Eschen-Auenwald (Pruno-Fraxinetum), der zumeist als schmales Band entlang der Bachläufe ausgeprägt ist.

Interessant ist das Auftreten der Weiß-Tanne in verschiedenen Waldgesellschaften. Der westliche Teil des Albvorlands und der Albvorberge reicht in das geschlossene Areal der Weiß-Tanne. Innerhalb des geschlossenen Tannenareals ist die Weiß-Tanne an verschiedenen Buchenwaldgesellschaften beteiligt, die so zu Tannen-Buchenwäldern werden. Teilweise kommen kleinflächig auf Spezialstandorten bestimmte Tannenwaldgesellschaften vor. Vorherrschend ist in diesem Bereich ein Komplex aus Hainsimsen-Tannen-Buchenwald, der in Übergängen und im Wechsel mit Waldmeister-Tannen-Buchenwald steht. Daneben tritt auch der Labkraut-Tannenwald (Galio rotundifolii-Abietetum) auf, der hier bis in die submontane Stufe hinabsteigt. In den tieferen Lagen können Übergänge zu den Eichen-Hainbuchen-

Schwarzerlen-Eschen-Auenwald. K. REIDL

Wäldern entstehen. Im Gebiet ist diesen Tannenwäldern häufig die Eiche (Stiel- und Trauben-Eiche) beigemischt.

Im Albvorland werden Grünlandgesellschaften hauptsächlich im Braunen Jura angetroffen. Zu den wichtigsten gemähten Fettwiesen im Gebiet gehören die Glatthaferwiesen. Teilweise können sie den Tiefland-Glatthaferwiesen (Arrhenatheretum elatioris), teilweise aber auch den Berg-Glatthaferwiesen (Alchemillo-Arrhenatheretum) zugeordnet werden, denn es handelt sich um Wiesen, in denen teilweise bereits montane Arten wie Wald-Storchschnabel, Bergwiesen-Frauenmantel und Wiesen-Kümmel auftreten. Besonders blütenreich sind die Salbei-Glatthaferwiesen mäßig trockener Standorte, in denen eine Reihe von Zeigern für solche Standorte wie Wiesen-Salbei, Aufrechte Trespe, Skabiosen-Flockenblume und Tauben-Skabiose auftreten. Die Wiesen auf mäßig trockenen bis frischen Standorten sind häufig mit Obstbäumen bepflanzt und bilden die charakteristischen Streuobstwiesen des Albvorlands. Feuchtere Ausbildungen der Wiesen (Kohldistel-Glatthaferwiese, Wiesenfuchsschwanz-Glatthaferwiese) nehmen vor allem in den Talauen größere Flächen ein. Die Gesellschaften der Feucht- und Nasswiesen finden sich im Talgrund oder auch kleinflächig in nassen Mulden. Häufigste auftretende Gesellschaft ist die Kohldistel-Wiese (Angelico-Cirsietum) mit der namengebenden Kohl-Distel, dem Wiesen-Knöterich und dem Wiesen-Fuchsschwanz als wichtigstem Gras der Oberschicht.

Die Ackerwildkraut-Fluren des Naturraums sind denen der Oberen Gäue ähnlich. Allerdings sind auch hier aufgrund der intensiven Nutzung gut ausgebildete Ackerwildkraut-Gesellschaften selten geworden.

Beispiele aus der Tierwelt des Naturraums Schwäbisches Keuper-Lias-Land:

Der Wendehals (Jynx torquilla)

Der Wendehals ist ein kleiner schlanker Vogel, der zur Familie der Spechte gehört, aber eher wie ein Singvogel aussieht. Männchen und Weibchen unterscheiden sich nicht. Sie sind etwa 15 Zentimeter groß und mit ihrem graubraunen gestreiften und getupften Gefieder ziemlich unscheinbar. Dadurch sind sie hervorragend getarnt und in ihrem Revier schwer zu sehen, jedoch nicht zu überhören. Wer die langen Rufreihen (wied-wied -wied-...) einmal gehört hat, wird immer erkennen, ob ein Wendehals in der Nähe ist. Der Vogel kann seinen Hals um 180 Grad drehen. Bei Gefahr streckt er ihn aus und dreht den Kopf zur Abwehr schlangenartig hin und her.

Jynx torquilla ist in Europa und Asien bis Japan, Nordchina und Kaschmir verbreitet. Er lebt in nördlichen, gemäßigten, mediterranen und sogar Steppenzonen. In Baden-Württemberg brütet er unterhalb 800 m NN in allen Landesteilen, hauptsächlich in Gebieten mit Streuobstanbau. Der Brutbestand des Wendehalses nimmt seit den 1930er-Jahren stetig ab. Als einziger Specht ist er ein ausgeprägter Zugvogel. Er fliegt im Herbst nach Afrika in die Winterquartiere südlich der Sahara und kommt Ende April zurück. In Deutschland und Baden-Württemberg ist der Wendehals als gefährdete Art streng geschützt.

Wendehalsbrutpaare bauen selbst keine Nisthöhlen, sondern nutzen Astlöcher, Spechthöhlen oder Nistkästen und legen die Eier ohne Nistmaterial auf den nackten Höhlenboden. Befindet sich schon ein Nest in der Baumhöhle, wird es herausgeworfen. Das kann für Meisen oder andere Höhlenbewohner zum Problem werden, wenn die Wendehälse, die ja erst Ende April bei uns eintreffen, nur Nisthöhlen vorfinden, die schon bewohnt sind. Beide Geschlechter brüten und füttern die Jungen. Der Wendehals ist ein ausgesprochener Nahrungsspezialist: Seine Nahrung besteht ausschließlich aus Insekten, hauptsächlich Ameisen. Er erbeutet sie durch »Züngeln«, sowohl aus Erdbauten als auch von Blättern und unter Baumrinde. Der Bruterfolg des Wendehalses ist wegen dieser extremen Nahrungsspezialisierung stark wetterabhängig und die Klimatoleranz der Vögel gegenüber niedrigen Temperaturen und hoher Feuchtigkeit relativ gering.

Dass die Zahl dieser bemerkenswerten Vögel so sehr abgenommen hat, hängt wohl in erster Linie mit dem Verlust der Nahrungsgrundlage zusammen. Durch die veränderten Bewirtschaftungsformen in der Landwirtschaft wird den Ameisen – der Hauptnahrung des Wendehalses – die Lebensgrundlage genommen. Auf den ertragreichen Futterwiesen können sie nicht leben. Und wird Grünland in Acker umgebrochen, ist für viele Insekten, auch Ameisen, kein Platz mehr. Außerdem sind Ameisen gegen den Einsatz von Umweltchemikalien besonders empfindlich.

Der Wendehals lebt heute in Baden-Württemberg vorrangig im Streuobstwiesengürtel, der die Ortschaf-

Der Wendehals.
D. NILL/LINNEA
IMAGES

ten umgibt. Von besonderer Bedeutung für die darin lebenden Brutvögel ist, dass die auf Wiesen oder Weiden verstreut stehenden Hochstamm-Obstbäume verschiedener Sorten im Gegensatz zu Obstplantagen ohne Pestizid- und Mineraldüngereinsatz bewirtschaftet werden. Wegen der engen Bindung des Wendehalses an diesen Lebensraum mit geeigneten Nisthöhlen in alten Bäumen und ausreichend Nahrung ist das Schicksal dieser Vogelart abhängig von der Entwicklung des Streuobstanbaus der ländlichen Gemeinden. Täglich werden Streuobstwiesen neuen Baugebieten geopfert, die ebenso wie Umgehungsstraßen immer noch in diese ökologisch wertvollen Bereiche gelegt werden. Gleichzeitig nimmt die Intensität der Bewirtschaftung zu, ebenso wie die Störung durch Freizeitaktivitäten der Menschen.

Etwas für die Streuobstwiesen zu tun, bedeutet etwas für den Wendehals zu tun. Erfreulicherweise ist in den vergangenen Jahren das öffentliche Interesse am Streuobstanbau gewachsen. Land, Kreise und Gemeinden haben zahlreiche Förderprogramme aufgelegt. Auch bieten sich Möglichkeiten für gemeinsame Aktivitäten von Naturschutz, Landwirtschaft und Obstverwertungsbetrieben auf lokaler Ebene an.

Ein ausgezeichnetes Beispiel ist am Westhang des Schönbuchs zwischen Herrenberg und Tübingen zu finden. Hier wurde die ortsnahe uralte Kulturlandschaft als Naturschutzgebiet ausgewiesen. Das sichert und unterstützt die herkömmlichen Bewirtschaftungsformen, die es möglich machen, dass neben dem Wendehals weitere 50 Vogelarten in dem Streuobstwiesengürtel geeignete Habitate finden. Aber auch nicht unter Schutz stehende Streuobstwiesen müssen erhalten werden. Wir

alle können dazu beitragen, indem wir den Saft trinken, der aus den dort wachsenden Äpfeln und Birnen gepresst wird – nach dem Motto »Mosttrinker sind Naturschützer.« Dann werden wir uns auch in Zukunft im Sommer am Ruf des Wendehalses freuen können.

Die Blutrote Singzikade (*Tibicina haematodes*)
Eine Kostbarkeit des Naturraums »Schwäbisches Keuper-Lias-Land« ist die blutrote Singzikade *Tibicina haematodes*, die auch als Rebmann, Lauer und Weinzwirner bekannt ist. Der überwiegend schwarze Körper dieser Insektenart ist mit einem feinen Silberglanz versehen, die Adern der Flügel sind rötlich gefärbt. Das Männchen wird etwa drei Zentimeter groß und ist damit kleiner als das Weibchen, das fast vier Zentimeter misst. Die Männchen »singen« weithin hörbar bei Sonnenschein vom Morgen bis zum Abend mit Hilfe von zwei raffinierten, rechts und links an den Seiten des Hinterleibs angelegten Schallapparaten. Diese Organe sind wirklich etwas Besonderes. Während Grillen und Heuschrecken ihre Geräusche durch »Streichinstrumente« erzeugen, spricht man bei Zikaden eher von »Trommeln«.

Die Blutrote Singzikade hat ihr Hauptverbreitungsgebiet in trockenen warmen Zonen Südwest- und Südeuropas und ist bei uns eine ausgesprochene Besonderheit. In Deutschland findet man sie ausschließlich in den Weinbaugebieten Süddeutschlands und im Regierungsbezirk Tübingen nur am Hirschauer Berg (Spitzberg). Dank der Nähe der Universität Tübingen ist der Spitzberg für Generationen von Wissenschaftlern und Studenten der Geologie, Zoologie und Botanik ein beliebtes Studienobjekt. Das dortige Vorkommen von

Die Blutrote Singzikade. HERRMANN LWG

Tibicina haematodes – ein Relikt aus postglazialer Warmzeit – ist den Wissenschaftlern seit 1869 bekannt. Die Hirschauer haben sie aber sicher immer schon gekannt. 1966 lebte eine Population von etwa 80 Tieren am Spitzberg oberhalb des Tübinger Ortsteils. In Deutschland ist das Vorkommen der Singzikade überall stark zurückgegangen, sie ist vom Aussterben bedroht.

Die Männchen der Singzikade sitzen auf einzeln stehenden Bäumen – bevorzugt Kiefern – und singen an heißen, windstillen Tagen, solange die Sonne scheint. Sobald ein Schatten auf sie fällt, verstummen sie. Bei bedecktem Himmel oder kühler Witterung singen sie nicht. Die Weibchen sind stumm. Zikaden sind gesellig. Beide Geschlechter saugen Pflanzensäfte mit Hilfe eines kräftigen Saugapparates, der es ihnen ermöglicht, Äste und Stämme anzuzapfen. Nahrungsaufnahme und Singen finden gleichzeitig statt, wobei die Tiere, stets der Sonne folgend, im Lauf des Tages von einer Seite des Baums auf die andere wandern. Die Weibchen versenken ihre Eier mit einem Legebohrer in Zweige von Gehölzen, meist Schlehen (Prunus spinosa), aber auch Rebtrieben. Die mehrjährige Metamorphose der Zikaden ist relativ einfach. Die Jungen schlüpfen, lassen sich zu Boden fallen, graben sich ein und beginnen an den Schlehen- oder Rebwurzeln zu saugen. Bis zur erwachsenen Zikade, der Imago, folgen sechs Häutungen, bei denen Flügelanlagen und Sprungbeine jedes Mal länger werden. Zwischen Mai und Juli kommt die Singzikade in ihrem letzten Larvenstadium wieder an die Oberfläche und klettert etwa 30 Zentimeter an Kräutern

hoch. Vom Schlüpfzeitpunkt bis zur Härtung des Chitins sind die jetzt erwachsenen Tiere – wie alle Insekten – wehrlos und leichte Beute für ihre Feinde. Zikaden haben in allen Entwicklungsstadien viele natürliche Feinde, in erster Linie Vögel, aber auch kleine Säugetiere, Reptilien, Spinnen und räuberische Insekten. Die mehrjährige Entwicklungszeit vom Ei zur Imago bringt es mit sich, dass die Population nicht jedes Jahr gleich groß ist. In manchen Jahren schlüpfen nur wenige Singzikaden. Verlässliche Aussagen über den tatsächlichen Bestand lassen sich daher nur durch regelmäßige Besuche der Habitate machen, bei denen man aufgrund der singenden Männchen auf den Gesamtbestand schließen kann.

Es ist aber klar, dass der Bestand am Tübinger Spitzberg während der vergangenen Jahrzehnte insgesamt kleiner geworden ist. Der Rückgang der für Baden-Württemberg einzigartigen Singzikaden-Population ist durch die Veränderung des Lebensraums verursacht. Ein Teil des Spitzbergs wurde 1980 wegen seiner mediterranen Flora und Fauna als Naturschutzgebiet »Hirschauer Berg« ausgewiesen. Die früher weinbaulich genutzten Flächen waren zwischenzeitlich versteppt und kein geeignetes Singzikadenhabitat. Zur Erhaltung des Lebensraums dieses deutschlandweit bedeutenden Vorkommens werden bei Pflegemaßnahmen Schlehenhecken für die Larvenentwicklung gesichert und einzelne Kiefern als »Singbäume« erhalten. Die Population erstreckt sich wohl über das Naturschutzgebiet am Spitzberg hinaus bis nach Wurmlingen. Dort wird heute noch Wein angebaut. Diese steilen, in bester Südhanglage liegenden Flächen, sind von größeren Rebflurbereinigungen verschont geblieben. Darum sind nicht alle Parzellen mit Wein bestockt und die Rebflächen mosaikartig von Schlehenhecken durchzogen. Bei Verzicht auf Umweltchemikalien könnte sich die Population dort wieder stabilisieren und vergrößern. Die Wanderungen der Tübinger und Rottenburger am Spitzberg wären an heißen Sommertagen wieder regelmäßig begleitet vom Gesang der Singzikadenmännchen, der an Ferien in Südeuropa erinnert.
www.istrianet.org/istria/fauna/insects/cicada.htm
                                                    S. KRACHT

Schwäbische Alb

Hauptnutzungsformen Albhochfläche vorwiegend landwirtschaftlich geprägt (Äcker, Wiesen, Schafweiden), geringer Waldanteil. An den Hängen des Albtraufes und in Tälern höherer Waldanteil: z. T. naturnahe Wälder, aber auch stand-

ortsfremde Nadelwälder, meist forstwirtschaftlich genutzt.

Landschaftsprägende sowie naturschutzrelevante Vegetationseinheiten

Wälder (40–50%) Vorwiegend Waldgersten-, z. T. Waldmeister-Buchenwälder; kleinflächig: Seggen- und Blaugras-Buchenwälder, Eichen-

und kiefernreiche Trockenwälder, Edellaubbaumwälder
Offenland (50–60%) Vegetation der Felsen
und Steinschutthalden (»Steppenheide«), Magerweiden (Wacholderheiden), Kalkmagerwiesen
(Mähder), Glatt- und Goldhaferwiesen, z. T. auch
Quellsümpfe und Flachmoorbildungen, Äcker
(z. T. mit Ackerwildkrautgesellschaften)

Auf der Schwäbischen Alb unterscheidet sich die
Vegetation der Hochfläche z. T. erheblich von der
Vegetation der Steilhänge des Albtraufs, der Täler
und Schluchten. Während die Hochflächen stark
durch landwirtschaftliche Nutzung geprägt sind,
werden die Hanglagen vorwiegend von Wald eingenommen. Vielfach handelt es sich um naturnahe, von Laubholz dominierte Wälder. An weniger steilen Hängen sind aber auch Fichtenforste
vorhanden. Die Hochflächen wurden schon früh
besiedelt und besitzen heute noch teilweise den
Charakter der alten bäuerlichen Kulturlandschaft:
ein Mosaik aus Äckern, Wiesen und Weiden,
durchsetzt mit Feldgehölzen, Hecken, Steinriegeln und anderen charakteristischen Landschaftselementen. Dazwischen liegen mehr oder
weniger große Waldflächen, die teilweise noch
naturnahen Charakter haben. Vielfach sind aber
auch standortfremde Nadelholzbestände vorhanden.

Die Wälder der Schwäbischen Alb (Übersicht)
Den größten Anteil am Waldbestand auf der
Schwäbischen Alb haben die Buchen-Wälder des
Verbands Fagion sylvaticae. Sie werden von ihrer
Hauptbaumart, der Rotbuche, geprägt. Robert
Gradmann nannte sie »die wahre Fürstin der Alb-
wälder«. Weitere Arten der Baumschicht sind unter anderem Berg-Ahorn, Esche, Stiel- und Trauben-Eiche sowie Hainbuche, die jedoch eher
vereinzelt auftreten. Weiß-Tannen und gelegentlich auch Fichten sind im Gebiet der Südwestalb
den Buchenwäldern beigemischt. Die Verbreitung
der Weiß-Tanne resultiert aus ihrer Fähigkeit,
sich auf vernässten Böden und in kälteren Lagen
durchsetzen zu können.

Da die Rotbuche auf Normalstandorten allen
anderen Baumarten überlegen ist, sind die
Buchenwälder weit verbreitet. Lediglich auf
Extremstandorten mit staunassen und überfluteten sowie auf sehr trockenen Böden fällt die
Rotbuche aus. Nach Müller & Oberdorfer (1974)
wäre, mit Ausnahme der bereits genannten Extremstandorte, die gesamte Schwäbische Alb von
Natur aus mit Buchenwäldern, im nordwestlichen
Randbereich auch Buchen-Tannen-Wäldern
bedeckt.

Dies entspricht jedoch nicht der aktuell vorhandenen Situation, da der Wald durch Landwirtschaft und Siedlungsbau stark zurückgedrängt
wurde. Die Artenzusammensetzung der Buchenwälder variiert nach Lage und Standort. Aufgrund
dieser Ausprägungen können verschiedene Buchenwaldgesellschaften gegeneinander abgegrenzt werden, die im Folgenden näher vorge-
stellt werden.

Buchenwälder mittlerer Standorte
Die prägende Buchenwald-Gesellschaft der
Schwäbischen-Alb ist der Waldgersten-Buchenwald (Hordelymo-Fagetum). Er ist auf der Alb
und an ihrem Trauf überall dort zu finden, wo die
Böden nährstoff- und basen- bis kalkreich sind.
Bezüglich des Wasserhaushalts sind die Standorte zumeist als frisch einzustufen. Von Natur aus
wären diese Wälder aufgrund der guten Wüchsigkeit der Rotbuche zumeist hallenartig ausgebildet. In der Baumschicht finden sich neben der
Rotbuche weitere Arten wie Berg-Ahorn, Gewöhnliche Esche und vereinzelt auch Berg-Ulme,
Sommer-Linde sowie Spitz-Ahorn. Innerhalb ihres natürlichen Verbreitungsgebiets kommt die
Weiß-Tanne hinzu. Eine Strauchschicht ist zumeist nicht ausgebildet. Da die Standortverhältnisse entsprechend gut sind, ist die Krautschicht
arten- und individuenreich. Dabei handelt es sich
meist um Frühjahrsblüher. Die Kennart der Gesellschaft, die Waldgerste, ist nur auf der Albhochfläche zahlreich zu finden. An den Hängen
hingegen tritt sie zurück und kommt allenfalls
vereinzelt vor. Umgekehrt verhält sich das Chris-
tophskraut. Es ist häufiger an den Hängen und

nur selten auf der Hochfläche zu finden. Auf den kalkreichen Standorten des Weißen Jura findet man typische Kalkzeiger wie Frühlings-Platterbse, Mandelblättrige Wolfsmilch, Stinkende Nieswurz und Haselwurz. Weitere typische Arten des Waldgersten-Buchenwalds sind Wald-Bingelkraut, Rote Heckenkirsche, Gewöhnlicher Seidelbast, Nesselblättrige Glockenblume, Dunkles Lungenkraut, Türkenbund-Lilie, Breitblättrige Stendelwurz, Nestwurz, Benekens Waldtrespe, Finger-Segge und Gelbes Windröschen. In den Hanglagen ist der Waldgersten-Buchenwald teilweise in Fichten-Forste umgewandelt worden, auf der Albhochfläche hingegen musste er meist dem Ackerbau und der Grünlandwirtschaft weichen.

Der Waldmeister-Buchenwald (Galio odorati-Fagetum) stellt die bestwüchsigste Buchenwaldgesellschaft Mitteleuropas dar. Weil er auf tiefgründigen Böden mit guter Wasser- und Nährstoffversorgung und mittlerem Basengehalt stockt, die auch für die Landwirtschaft interessant sind, wurde er zurückgedrängt. Auf der Albhochfläche spielt das Galio odorati-Fagetum daher nur eine untergeordnete Rolle. In der Baumschicht

Waldgersten-Buchenwald. C. Koss

dominiert wiederum die Rotbuche. Neben ihr können sich noch Arten wie Trauben-Eiche, Berg-Ahorn, Gewöhnliche Esche und Berg-Ulme behaupten. Im Schatten der Buchen ist eine Strauchschicht, wenn überhaupt, nur spärlich ausgebildet. In der nur mäßig artenreichen Krautschicht findet man die Kennarten Waldmeister und Ährige Teufelskralle. Weitere bezeichnende Arten sind Wald-Segge, Wurmfarn, Einblütiges Perlgras, Wald-Flattergras, Hain-Rispengras, Vielblütige Weißwurz und Hasenlattich.

Auf der Albhochfläche gibt es – meist kleinflächig – immer wieder entkalkte und basenarme Böden. Hier geht der Waldmeister-Buchenwald in den Hainsimsen-Buchenwald (Luzulo-Fagetum) über. Wuchsorte dieser Gesellschaft sind relativ nährstoff- und basenarme, mehr oder weniger saure sowie mittel- bis tiefgründige Böden. In der Baumschicht gesellen sich zu der dominanten Rotbuche Trauben-Eiche, Hänge-Birke, Eberesche und Espe. Wie schon bei den beiden vorherigen Gesellschaften ist die Strauchschicht schwach und artenarm ausgebildet. Dies gilt ebenso für die Krautschicht. Sie ist aufgrund der ungünstigen Bodenverhältnisse und der hohen Schattwirkung der Rotbuche extrem artenarm. Charakterart des Hainsimsen-Buchenwaldes ist die namengebende Weiße Hainsimse. Vorherrschend sind auf frischen Standorten Arten wie Drahtschmiele, Heidelbeere und Weiches Honiggras. Auf etwas feuchteren Standorten tritt der Gewöhnliche Dornfarn auf. In der trockenen Ausprägung finden sich Arten wie Gemeines Habichtskraut, Dolden-Habichtskraut und Preiselbeere. Diese Arten können alle als Säurezeiger bezeichnet werden.

Die Verbreitung des Hainsimsen-Buchenwaldes beschränkt sich weitgehend auf die Lonetal-Flächenalb, das östliche Albuch und Härtsfeld mit seinen Feuersteinlehmen sowie den südöstlichen Teil der Mittleren Flächenalb.

Buchenwälder trockener Standorte

Zu den Buchenwäldern trockener Standorte gehört der relativ weit verbreitete, allerdings meist kleinflächig ausgebildete Seggen-Buchenwald

(Carici-Fagetum). Die Standorte dieser Gesellschaft sind durch ihre günstigen Wärmeverhältnisse und lockere, kalk- und basenreiche, aber auch trockene Böden gekennzeichnet. Man findet sie zumeist an südexponierten und somit sonnigen und warmen Hängen. Zwar ist die Rotbuche noch vorherrschend in der Baumschicht, sie büßt aber wegen der für sie ungünstigeren Bedingungen schon einiges ihrer Wuchsleistung ein und ist meist auch etwas krummwüchsig, grobästig und zwieselig. Hier können sich auch Eichen, Feld-Ahorn und andere Nebenbaumarten behaupten – oft als Zeugen ehemaliger bäuerlicher Niederwaldnutzung. In der Strauchschicht, die beachtliche Deckungsgrade von bis zu 20 Prozent erreicht, haben die bereits genannten Arten einen hohen Anteil. Hinzu kommen Rote Heckenkirsche und Seidelbast. Die Krautschicht erhält aufgrund der mäßigeren Wuchsleistung der Bäume verhältnismäßig viel Licht.

Charakteristisch ist eine reiche Flora von Arten, die Trockenheit und Wärme gut ertragen. Neben Grauer Arznei-Schlüsselblume, Ebensträußiger Wucherblume, Nickendem Perlgras und Maiglöckchen sind es vor allem die vielen verschiedenen und namengebenden Seggen- und Orchideenarten. Zu nennen sind bei den Seggen vor allem Weiße und Blaugrüne Segge, Finger-, Berg- und Vogelfuß-Segge. Auch zahlreiche Orchideen haben hier ihr natürliches Vorkommen – daher auch der ebenfalls gebräuchliche Name Orchideen-Buchenwald. Charakteristisch sind Rotbraune Stendelwurz, Weißes, Rotes und Schwertblättriges Waldvögelein, Weiße Waldhyazinthe, Stattliches und Blasses Knabenkraut, Kleinblättrige Stendelwurz, Nestwurz und Frauenschuh. Letztere ist eine streng zu schützende Art von europäischer Bedeutung, für deren Erhaltung nach der FFH-Richtlinie besondere Schutzgebiete ausgewiesen werden müssen. Einige dieser Orchideenarten finden wir auch in den Gesellschaften der Kalkmagerrasen, auf die im weiteren Verlauf noch eingegangen wird. Dies begründet sich dadurch, dass Magerrasen in der Regel auf den Standorten von Seggen-Buchenwäldern vorkommen und deren Ersatzgesellschaften darstellen.

Seggen-Buchenwald. C. Koss

An die Grenze ihrer Wuchskraft gelangt die Rotbuche im Blaugras-Buchenwald (Seslerio-Fagetum). Er stockt auf besonders steilen und somit trockenen Hängen mit flachgründigen Böden. Hier kommt die Rotbuche meist nur noch krüppelwüchsig vor und erreicht selten mehr als zehn Meter Höhe, was zur Ausbildung eines mittel- oder sogar niederwaldartigen Erscheinungsbildes führt. Eine Baumart, die hier gut mit der Rotbuche konkurrieren kann, ist die Mehlbeere. Die Strauchschicht ist wegen der Trockenheit kaum ausgebildet, es kommen jedoch recht häufig Mehlbeeren-Jungwuchs, Rote Heckenkirsche, Seidelbast und Wolliger Schneeball vor. Es gibt auch Bestände mit lückiger Baumschicht, die entsprechend strauchreich sind (Übergang zur Steppenheide). Da aufgrund der schlechten Wüchsigkeit der Bäume viel Licht auf den Boden gelangt, ist die Krautschicht meist gut ausgebildet. Typisch sind Rasenflächen von Kalk-Blaugras und/oder Berg-Reitgras. Des Weiteren treten einige Arten des bereits erwähnten Seggen-Buchenwaldes auf. Von besonderem floristischem Interesse sind einige aus dem Alpenraum »einstrahlende«, so genannte dealpine Arten, etwa Alpenmaßliebchen, Alpen-Distel und Berg-Margerite.

Eichen- und kiefernreiche Trockenwälder

Wird der Standort noch extremer, also felsiger und trockener, kann die Rotbuche nicht mehr konkurrieren und muss anderen Baumarten, vor allem Eiche und Kiefer Platz machen. Die eichen-

und kiefernreichen Trockenwälder sind zwar nur kleinflächig ausgebildet, gehören aber neben den Seggen- und Blaugras-Buchenwäldern zu den artenreichsten und aus naturschutzfachlicher Sicht wertvollsten Waldgesellschaften.

Zu den wichtigsten Trockenwäldern der Schwäbischen Alb im Bereich des Regierungsbezirkes Tübingen gehören:
– der Mitteleuropäische Flaumeichen-Mischwald (Quercetum pubescenti-petraeae),
– der Geißklee-Stieleichen-Wald (Cytiso nigricantis-Quercetum roboris),
– der Buntreitgras-Föhrenwald (Calamagrostio-Pinetum),
– und der Scheidenkronwicken-Föhrenwald (Coronillo-Pinetum).

Der Mitteleuropäische Flaumeichen-Mischwald ist auf der Schwäbischen Alb, wie die anderen Trockenwaldgesellschaften auch, nur sehr kleinflächig verbreitet. Er gehört bereits zu den submediterranen Waldgesellschaften und stockt auf steilen, südexponierten Hängen und Felsnasen am Nordrand der Mittleren Alb wie in den Naturschutzgebieten »Nägelesfelsen« bei Bad Urach und »Ursulahochberg« bei Pfullingen. Die Böden dieser Standorte sind meist auf Kalkgestein zu finden, sie sind entsprechend flachgründig und nur schwach entwickelt. Es wurde festgestellt, dass nördlich der Alpen morphologische Hybriden zwischen Trauben- und Flaumeiche den größten Anteil der Flaumeichen-Population bilden.

Diese Hybriden sind auch auf weniger trockenen Standorten konkurrenzfähig und bilden dort den Übergang zum Seggen-Buchenwald. Bestandsbildende Baumarten sind Trauben- und Flaumeiche oder deren morphologische Hybriden. Hinzu kommen vielfach Mehlbeere, Feld-Ahorn, Gewöhnliche Esche, Hainbuche, teilweise auch Elsbeere. Alle Bäume wachsen aufgrund der ungünstigen Standortverhältnisse schlecht, werden krummschäftig und bleiben niedrig. Gut entwickelt und sehr artenreich ist die Strauch- und Krautschicht. Stellvertretend für die vielen lichtbedürftigen, Trockenheit und Wärme ertragenden Arten seien hier Arznei-Schlüsselblume, Blauroter Steinsame und Berg-Kronwicke genannt.

Der Geißklee-Stieleichen-Wald kommt auf südexponierten, lichten und trockenen Standorten vor, meist auf Oberhängen und auf Hangrippen. Dieser Wald ist eine Besonderheit des oberen Donautals. Der aufmerksame Naturbeobachter kann feststellen, dass in diesen sonnigen, steilen Waldbeständen fast keine Rotbuchen mehr zu finden sind. Die wenigen Exemplare zeichnen sich durch Krüppelwuchs aus und führen ein karges Dasein am Rande ihrer Existenz. Die Flaumeiche, eine Charakterart des Geißklee-Stieleichen-Waldes, kommt nach Herter (1996) im oberen Donautal nicht in reiner Form vor, an einigen Stellen treten lediglich Bastard- oder Zwischenformen auf. Die Kennarten Blauroter Steinsame und Elsbeere sind insgesamt nur selten anzutreffen.

Eine weitere Ausbildung von Wäldern auf trockenen bis wechseltrockenen Standorten stellen die Kiefern-Trockenwälder (Föhren-Trockenwälder) dar. Im Gegensatz zu den Eichen-Trockenwäldern findet man ihre Standorte in höheren Lagen und dort an steilen, sonnigen Hängen, auf denen sehr flachgründige und meist tonig-mergelige und somit rutschende Böden vorhanden sind.

Gemeinsames Merkmal der beiden Kiefern-Trockenwaldgesellschaften ist die Dominanz der Wald-Kiefer bei gleichzeitiger Kleinflächigkeit ihrer Vorkommen auf meist steilen Hangbereichen. Während der Buntreitgras-Föhrenwald hauptsächlich im Gebiet des Albtraufs der Hohen Schwabenalb stockt, sind die Vorkommen des Scheidenkronwicken-Föhrenwaldes auf das Gebiet der Hohen Schwabenalb und des Donautales beschränkt.

Die Kiefern-Trockenwaldgesellschaften sind reich an seltenen, zum Teil dealpinen oder submediterranen Pflanzenarten und daher naturschutzfachlich und floristisch gesehen sehr wertvoll und schützenswert.

Im Buntreitgras-Föhrenwald beteiligen sich neben Wald-Kiefer auch Mehlbeere sowie Eiche und Rotbuche an der lückigen Baumschicht. Die Krautschicht bildet eine geschlossene Decke, die hauptsächlich von Berg-Reitgras und Rohr-

Pfeifengras aufgebaut wird. Weitere häufige Arten sind Berg-Kronwicke, Breitblättriges Laserkraut und Gelber Enzian.

Im Scheidenkronwicken-Föhrenwald bildet die Krautschicht, die reich an wärme- und lichtbedürftigen Arten ist, meist eine lückige Decke. Zu den bedeutendsten Pflanzen zählen Erd-Segge, Kalk-Blaugras und die namengebende Scheidige Kronwicke.

Schlucht- und Blockwälder

Typisch für die Schwäbische Alb sind an steileren Hängen, die reich an Schutt sind, so genannte Edellaubbaumwälder. Da die Rotbuche aus verschiedenen Gründen nicht ihre gewohnte Konkurrenzkraft entwickeln kann, herrschen hier Edellaubbäume wie Berg- und Spitz-Ahorn, Sommer-Linde, Berg-Ulme und Gewöhnliche Esche vor. Auch bei diesen Wäldern gibt es Ausprägungen der eher trockenen Standorte, welche auf warm-trockenen Block- und Hangschutthalden zu finden sind, sowie die der kühlen und feuchten Schluchten mit ihren Schluchtwäldern.

Die Standorte des Spitzahorn-Sommerlinden-Waldes (Aceri platanoidis-Tilietum platyphyllis) liegen an bewegten, steilen Hängen mit Steinschuttböden oder auch mit rutschenden, lehmigen bis tonigen Böden, die stark basen- bis kalkreich sind. In ihrer Baumschicht überwiegen Sommer-Linde und Spitz-Ahorn, denen zumeist Gewöhnliche Esche, Berg- und Feld-Ahorn, Mehlbeere, gelegentlich auch Stiel-Eiche, Winter-Linde und Hainbuche beigemischt sind. Auf den oftmals zwischen den Waldbeständen liegenden Steinschutthalden trifft man die Schildampfer-Flur und die Gesellschaft des Ruprechtsfarns.

Werden die Standorte luftfeuchter und kühler, kommt es zur Ausbildung von Sommerlinden-Bergulmen-Bergahorn-Wäldern (Eschen-Ahorn-Schluchtwald, Fraxino-Aceretum pseudoplatani). Diese Wälder stocken ebenfalls auf steilen Hängen, jedoch sind sie meist nach Norden exponiert oder liegen in Schluchten. Hierbei kann der Boden mit unterschiedlichen Anteilen von Steinschutt und Feinerde ruhig oder auch bewegt sein.

Hirschzungenfarn – eine typische Art feuchter Hang-Schluchtwälder. C. Koss

Die charakteristische Baumartenkombination setzt sich zusammen aus Berg-Ulme, Berg-Ahorn, Gewöhnliche Esche, Sommer-Linde und Spitz-Ahorn. In der Krautschicht finden sich besondere Arten wie Wildes Silberblatt, Hohler Lerchensporn, Märzenbecher, Zweiblättriger Blaustern, Waldschwingel, Bärlauch, Wald-Geißbart und Hirschzunge. Schöne Beispiele derartiger edellaubholzreicher Wälder kann man im Naturschutzgebiet »Rutschen« im Umfeld des Uracher Wasserfalls sowie der Gütersteiner Wasserfälle sehen.

Eine zwar nur kleinflächig vorkommende, aber höchst bemerkenswerte natürliche Nadelwaldgesellschaft der Schwäbischen Alb ist der Block-Fichtenwald (Asplenio-Piceetum). Dessen Vorkommen liegen in schattigen Blockschutthalden am Fuß der Steilhänge im Bereich der höchsten Teile der Südwestalb, etwa in den Naturschutzgebieten »Plettenberg« und »Schafberg-Lochenstein«. Im Block-Fichtenwald ist in der Baumschicht neben der vorherrschenden Gewöhnlichen Fichte die Eberesche beigemischt, zum Teil auch die Weiß-Tanne. In der Bodenvegetation finden sich Grüner und Schwarzstieliger Strichfarn, Ruprechtsfarn, Nickendes und Einblütiges Wintergrün, Sprossender Bärlapp, Heidelbeere und Korallenwurz. Der Block-Fichtenwald zeichnet sich durch ein Standortmosaik aus: Über Kalkschutt und groben Steinblöcken breiten sich üppig wachsende Moospolster aus.

Deren abgestorbene Teile bilden bei dem feucht-kühlen Klima eine mächtige saure Rohhumus-decke, die für die Fichte ein günstiges Keimbett bildet. In den Ritzen und Spalten der Blöcke finden sich dagegen Kalkzeiger.

Gesellschaften der Felsen und Steinschutthalden

Pflanzensoziologisch gesehen werden in diesem Abschnitt teilweise sehr unterschiedliche Gesellschaften zusammengefasst, deren Standorte auf oder an Kalkfelsen oder auf offenen Steinschutthalden liegen. Eines haben sie gemeinsam: Es handelt sich zwar nicht um gehölzfreie, aber um waldfreie Standorte. Die Gesellschaften der Felsen und Gesteinsfluren gehören zu den artenreichsten und wertvollsten Pflanzenstandorten des Regierungsbezirkes.

Die wichtigsten Pflanzengemeinschaften der Felsen sind die Felsgrus- und Felsbandgesellschaften, die Kalkfugen- oder Felsspaltengesellschaften, die Trespen-Trockenrasen, die wärme- und lichtbedürftigen Saumgesellschaften und die Trockengebüsche. Offene Geröllhalden und Steinschutthalden werden meist von speziellen Pioniergesellschaften besiedelt.

Zu den Felsgrus- und Felsbandgesellschaften gehören die Mauerpfeffer-Flur (Alysso alyssoidis-Sedetum albi) und die Pfingstnelken-Flur (Diantho gratianopolitani-Festucetum).

Auf dem bloßen Fels treten als Erstbesiedler Blaualgen und Flechten auf, vereinzelt auch Moose. Wo sich aus diesen Polstern, aus abgestorbenen Trieben, Staub und Rückständen und aus der Gesteinsverwitterung eine dünne Bodenschicht entwickelt hat, können sich Mauerpfeffer-Arten, insbesondere der Weiße Mauerpfeffer, ansiedeln. Es entwickelt sich die Mauerpfeffer-Flur mit Weißem und Scharfem Mauerpfeffer und einer Reihe kleinwüchsiger, kurzlebiger Arten. Die Mauerpfeffer-Arten gehen mit dem in ihren dicklichen Blättern gespeicherten Wasser sehr sparsam um und können so längere Trockenzeiten überstehen. Hinzu kommen einjährige Arten, die schon im Vorfrühling keimen und bereits im Mai/Juni aussamen. Solch eine Strategie zur Be-

wältigung dieser Extremstandorte besitzt etwa das Kelch-Steinkraut.

Auf Felsbändern, die meist an etwas geschützteren Stellen liegen und an denen sich schon ein wenig Boden bilden konnte, siedelt die Gesellschaft der Pfingstnelken-Flur. In ihr kommen Arten wie die namengebende Pfingstnelke (Felsen-Nägele), Felsen-Steinkraut, Borsten-Miere, Bleicher Schafschwingel, Wimper-Perlgras, Weißer Mauerpfeffer, Berg-Lauch, Berg-Steinkraut, Bleicher Schöterich, Hufeisenklee und Natternkopf vor. Eine botanische Kostbarkeit ersten Ranges ist das Rauhgras, ein Relikt der Kaltzeiten, das nur im Bereich des Oberen Donautals vorkommt.

Eine ganz andere Überlebensstrategie verfolgen die Arten der Kalkfugen-Gesellschaften, zu denen die Habichtskraut-Felsspaltenflur (Drabo-Hieracietum humilis) und die Blasenfarn-Felsspalten-Gesellschaft (Asplenio-Cystopteridetum fragilis) gehören. In den Felsspalten kann sich trotz der kargen Lebensbedingungen eine relativ artenreiche Vegetation ansiedeln. Dies liegt unter anderem daran, dass die Felsspalten stets durchfeuchtet sind. In den Felsspalten tritt als Dauergesellschaft die Habichtskraut-Felsspaltenflur auf. Charakteristische Arten dieser Gesellschaft sind Immergrünes Felsenblümchen, Niedriges Habichtskraut und der in Polstern wachsende Trauben-Steinbrech. Ziemlich häufig treten zwei Farne auf: Mauerraute sowie Schwarzstieliger Strichfarn.

Felsspalten stellen ein Rückzugsgebiet für in der Kaltzeit eingewanderte alpine Pflanzen dar, zu denen neben dem Niedrigen Habichtskraut weitere, zum Teil sehr seltene und geschützte Arten wie Immergrünes Felsenblümchen, Trauben-Steinbrech, Glattes Brillenschötchen und Kugelschötchen zählen. Da diese Arten sehr lichtbedürftig sind, konnten sie sich reliktisch nur an hohen, sonnenbeschienenen Felsen halten.

In frischen bis feuchten Fugen im Bereich schattiger Felsen entwickelt sich die Blasenfarn-Felsspalten-Gesellschaft. Neben Mauerraute und Schwarzstieligem Strichfarn sind für diese Ge-

sellschaft Zerbrechlicher Blasenfarn, Hirschzunge und Grüner Strichfarn charakteristisch.

Auf Felsplateaus oder an Felshängen, auf denen sich etwas Feinerde angesammelt hat, wachsen Trespen-Trockenrasen. Dazu gehören der
Blaugras-Trockenrasen (Bromo-Seslerietum albi-
cantis) und der Grau-Löwenzahn-Erdseggen-Tro-
ckenrasen (Pulsatillo-Caricetum humilis).

Beim Blaugras-Trockenrasen handelt sich um
meist kleinflächig entwickelte Pflanzengemeinschaften, die manchmal nur schmale Streifen
zwischen Felsbandgesellschaften, Trocken-
gebüschen und -wald bilden. Hier wachsen
Trockenheit ertragende und lichtbedürftige Arten
wie Kalk-Blaugras, Gewöhnliche Kugelblume,
Berg- und Edelgamander, Gewöhnliches Sonnenröschen, Frühlings-Fingerkraut, Hufeisenklee,
Berg-Distel und Berg-Wucherblume. Das oft bestandsbildende Kalk-Blaugras ist auf der Alb ein
kaltzeitliches Relikt, das in den Alpen seinen primären Lebensraum hat und dort auf Kalkstand-
orten in Blaugrashalden weit verbreitet ist.

Der Erdseggen-Trockenrasen stellt im oberen
Donautal die wichtigste trockene und warme Ra-
sengesellschaft dar. Charakteristische Arten sind

Steppenheide am Nägelesfels bei Bad Urach. K. REIDL

Weder Wald noch Wiese: Die Steppenheide

»Auf dem Scheitel und an den Flanken der alters-
grauen Felsen, in ihren Ritzen und Spalten, auf ihren
Bändern und Vorsprüngen, wohnt eine Pflanzengesellschaft, die durch ihre edle Eigenart, durch die sinnrei-
che Ausrüstung, mit der sie der schwierigen Lebens-
lage sich anzupassen versteht, und nicht zuletzt durch
Schönheit und den Reichtum ihrer Formen und Farben
unsere Liebe und Bewunderung verdient.«

Der Vegetationstyp, den der berühmte Botaniker
Robert Gradmann 1898 in seinem Buch »Das Pflanzenleben der Schwäbischen Alb« beschrieben hat (5. Auflage als Nachdruck 1992) und für den er den Begriff
»Steppenheide« prägte, ist ein buntes Gemisch von
Hochstauden, niederen Kräutern und Gräsern, Moosen
und Flechten, mit spärlich eingestreuten Sträuchern.
Ihre Standorte liegen vor allem im Bereich von südlich
exponierten Felsen. Vereinzelte krüppelwüchsige
Bäume, wie etwa Eichen, Kiefern oder auch Buchen
runden das Bild einer urwüchsigen Felslandschaft ab.

Charakteristisch für die Gradmannsche Steppenheide ist die kleinräumige Verzahnung verschieden

strukturierter Gesellschaften: Felsfluren, Trockenrasen,
Saumgesellschaften, bis hin zu Busch- und Waldgesellschaften. Wichtig ist: Es handelt sich nicht um ein
durch Sukzessionsschritte verbundenes Gefüge,
sondern um ein – oft sehr kleinräumiges – Mosaik von
Pflanzengesellschaften, das in überschaubarer Zeit
gleich bleibt. Die Ursache für die Ausbildung dieses
Vegetationsmosaiks ist die abgestufte Gründigkeit des
Bodens, differenzierender Faktor ist der Wasserhaushalt.

Geschlossener Wald konnte hier nie Fuß fassen,
dafür sind die Lebensbedingungen für Bäume zu ungeeignet. Und das ist auch gut so, denn die Pflanzen der
Steppenheide lieben es sonnig, trocken und heiß. Viel
Platz lassen ihnen ihre Mitkonkurrenten der Umgebung nicht. Oft sind es nur quadratmetergroße Rückzugsgebiete, auf denen Steppenheidepflanzen gedeihen können. Auf diese natürlich waldfreien Standorte
hat der Mensch bis heute nur sehr wenig Einfluss genommen. Im Gegensatz zur jahrtausendlang genutzten Kulturlandschaft haben wir es hier mit einem Stück
nahezu jungfräulicher Natur zu tun.

Gewöhnliche Kuhschelle (Küchenschelle), Echte Kugelblume, Grauer Löwenzahn und Erd-Segge. Die Gesellschaft ist insbesondere im südlichen Franken-Jura verbreitet und floristisch reichhaltig. Die Vorkommen im oberen Donautal der Schwäbischen Alb gelten als ein weit nach Westen vorgeschobener »Auslieger« der Assoziation (Oberdorfer 1993).

In engem räumlichem Kontakt mit diesen niedrigwüchsigen, oftmals lückigen Rasen kann man auf Standorten, an denen etwas mehr Bodenmaterial angereichert ist, licht- und wärmebedürftige Saumgesellschaften des angrenzenden Gebüsches oder Waldes finden. Zu nennen ist insbesondere der Hirschhaarstrang-Saum (Geranio-Peucedanetum cervariae), der den Kern der von Robert Gradmann im Jahr 1898 beschriebenen Steppenheide darstellt. Besonders auffällig sind diese Säume dadurch, dass sie vom späten Frühjahr bis in den Herbst hinein blühende Pflanzen aufweisen, was für viele Insekten eine wichtige Nahrungsquelle darstellt. Der namengebende Hirsch-Haarstrang, eine durch ihre Gestalt und die weißen Dolden imposante Pflanze, wird oftmals begleitet von buntblühenden Pflanzen wie Blut-Storchschnabel und Purpur-Klee. Charakteristisch sind darüber hinaus Ästige Graslilie, Kalk-Aster, Berg-Kronwicke, Sichelblättriges Hasenohr, Dürrwurz, Schwalbenwurz, Großer Ehrenpreis, Salomonsiegel, Weidenblättriges Ochsenauge, Gewöhnlicher Dost, Wirbeldost, Mehlige Königskerze und andere Arten, die hier saumbildend den Sommeraspekt prägen.

Dort, wo etwas größere, tiefer gehende Spalten die Ansiedlung von Holzgewächsen ermöglichen, können sich Trockengebüsche bilden. Als ein charakteristisches Element der Steppenheide kann das Felsenbirnen-Gebüsch (Cotoneastro-Amelanchieretum) gelten, das sich in Felsspalten der exponierten, nicht von Wald überschirmten Felsen ansiedelt. Kennzeichnende und mit unterschiedlicher Dominanz auftretende Arten sind die Felsenbirne sowie die Gewöhnliche Zwergmispel, begleitet unter anderem von diversen Rosen, Büschen der Mehlbeere und Gewöhnlichem Wacholder. Letzterer hat hier seine ursprüngli-

chen Wuchsorte auf der Alb. Mit Hilfe von Vögeln konnte er sich von solchen Urstandorten auf die mageren Schafweiden, die typischen Wacholderheiden, ausbreiten.

Die wärmebedürftigen Saumgesellschaften grenzen häufig an trockene Ausbildungen des Schlehen-Liguster-Gebüschs (Pruno-Ligustretum), eine Gesellschaft, die jedoch keineswegs auf die trockenen Standorte im Bereich der Steppenheide beschränkt ist. Man findet sie auch am Rand anspruchsvoller Kalk-Buchenwälder, vielfach auch in Wacholderheiden. Des weiteren gibt es Vorkommen auf Feldrainen, Kalksteinriegeln und vergleichbaren Standorten. Die kennzeichnenden Arten dieser Gebüschgesellschaft sind Liguster sowie Wein-Rose. Hinzu kommen weitere Rosen wie Hunds-Rose und Busch-Rose, gelegentlich auch seltenere Rosen wie Kleinblütige und Stumpfblättrige Rose.

Zum Schluss dieses Abschnittes soll noch kurz auf die Pioniergesellschaften der Stein-

Pyramiden-Hundswurz – eine typische Art der Kalk-Magerrasen. K. REIDL

Wacholderheide. H.-P. DÖLER

schuttfluren und Geröllhalden eingegangen werden. Es handelt sich vor allem um die Schildampferflur (Rumicetum scutati) und um die montane Ruprechtsfarnflur (Gymnocarpietum robertiani). Meist stehen diese zwar artenarmen, aber ökologisch interessanten Gesellschaften in engem Kontakt zu Spitzahorn-Sommerlinden- oder zu Seggen-Buchenwäldern. Manchmal sind sie darin auch inselartig eingebettet. Steinschutt- oder Geröllhalden sind extreme Standorte für Pflanzen und machen eine Besiedlung sehr schwer. Die Wuchsorte werden auf den steilen Kalkschutthalden immer wieder zerstört, etwa durch Steinschlag, Zusammensinken des Schutts oder Rutschungen, weil der Untergrund durchnässt ist. Die Wurzeln der Pflanzen sind starken Zug- und Scherkräften ausgesetzt. Daher können nur Arten mit hoher Regenerationsfähigkeit und mit besonders zähen und biegsamen Stängeln Kalkschutthalden auf Dauer besiedeln.

Magerrasen
Magerrasen gehören zu den wichtigsten Ersatzgesellschaften der Buchenwälder.

Unter den Kalkmagerweiden ist in erster Linie der Enzian-Schillergrasrasen (Gentiano-Koelerietum) zu nennen, besser bekannt als Wacholderheide. Wacholderheiden verdanken ihre Entstehung einer oft Jahrhunderte währenden Beweidung, hauptsächlich mit Schafen. Die Selektion durch den Schafverbiss hat zur Entstehung einer besonderen Artenkombination geführt, denn Schafe fressen die ihnen schmeckenden Pflanzen bis zur Bodenoberfläche und lassen andere, etwa stachlige Arten und bitter schmeckende Enzian-Arten, unberührt stehen. Das führt zwangsläufig zu einem verstärkten Auftreten dieser Pflanzen. Kennarten der Gesellschaft sind Gefranster und Deutscher Enzian, Pyramiden-Schillergras, Stengellose Kratzdistel, Dorniger Hauhechel und Fliegen-Ragwurz. Weitere wichtige Arten dieser Gesellschaft, die häufig die standörtlichen Ausprägungen charakterisieren, sind Silberdistel, Berg-Gamander, Aufrechtes Fingerkraut, Blaugrüne Segge, Schaf-Schwingel, Fieder-Zwenke, Zypressen-Wolfsmilch, Feld-Thymian, Große Brunelle, Gewöhnliches Zittergras und natürlich Gewöhnlicher Wacholder.

> **Karg und trotzdem reich: Magerrasen**
>
> Mühelos sind sie schon aus der Ferne zu erkennen, die Magerrasen: Nicht saftig grün wie die meisten Wiesen und Weiden sehen sie aus, sondern bräunlich und verkümmert. Sie sind kurzhalmig, lockerwüchsig und bringen wenig Ertrag. Meist handelt es sich um Grenzstandorte auf steinigen, kargen Böden, auf denen der Mensch mit Verbesserungen und Düngung nicht nachhelfen will oder kann.
>
> Grundsätzlich lassen sich zwei verschiedene Typen unterscheiden: Magerwiesen und Magerweiden. Magerwiesen, auch Mähder genannt, werden nur einmal im Jahr um Johanni (25. Juni) gemäht. Bei den Magerweiden handelt es sich um mehr oder weniger karge Schaf-, Ziegen- oder Rinderweiden. Meist bestimmt der säulenförmige Wacholder das Landschaftsbild, daher der Name Wacholderheide. Gemeinsam ist den Magerrasen die Nährstoffarmut wegen ständigen Nährstoffentzugs und der fehlenden Düngung.
>
> Grundsätzlich lassen sich die Magerrasen, je nach geologischem Untergrund, in Kalkmagerrasen (meist auf Kalk) und in Borstgrastriften (meist auf Silikatgestein oder entkalkten Böden) unterteilen. Im Regierungsbezirk Tübingen treffen wir fast nur Kalkmagerrasen an.
>
> Reichtum trotz Kargheit: Im Gegensatz zu dem heute so intensiv genutzten Wirtschaftsgrünland beherbergen die Mähder und Wacholderheiden eine mannigfaltige Flora, sind reich an Blüten der verschiedensten Farben und beherbergen eine ungemein vielfältige Insektenwelt. Schutz und Erhaltung, also Pflege der Magerrasen gehören daher zu den wichtigsten Aufgaben des Naturschutzes. Auch für Erholung suchende Menschen sind diese Lebensräume von Bedeutung. Das parkartige Landschaftsbild und der Duft von Thymian und Origanum erinnern an die Toskana. Hier fühlt man sich wohl, findet Ruhe und Entspannung.

Da Kalk-Magerweiden, also Wacholderheiden, ein sehr charakteristisches Landschaftselement der Schwäbischen Alb darstellen, finden sie sich in zahlreichen der im Naturraum gelegenen Naturschutzgebiete. Ein Teil dieser Gebiete weist mehr oder weniger starke Verbuschungstendenzen durch Schlehe, Wacholder und andere Gehölze auf und bedarf insofern der Pflege. Aber in seiner ursprünglichen Form kann der Enzian-Schillergrasrasen nur durch Schafbeweidung erhalten werden.

Den beweideten Kalk-Magerrasen stehen die so genannten Mähder gegenüber. Sie sind besonders bunt blühend und orchideenreich und gehören neben den Glatthaferwiesen zu den blumen- und artenreichsten Wiesen der Schwäbischen Alb. Kennarten sind auffällige und attraktive Pflanzen wie Futter-Esparsette, Hundswurz und Gewöhnlicher Wundklee. Das vorherrschende Gras ist die Aufrechte Trespe. Zu den häufig vorkommenden und durch ihre Blütenpracht hervortretenden Arten zählen Berg-Klee, Knäuel-Glockenblume, Grannen-Klappertopf, Kugelige Teufelskralle, Echte Arznei-Schlüsselblume, Berg-Esparsette, Hügelmeister, Karthäusernelke, Echtes Labkraut, Wiesen-Salbei, Skabiosen-Flockenblume und Tauben-Skabiose. Ebenso finden sich zahlreiche Orchideenarten wie Helm-Knabenkraut, Brand-Knabenkraut, Stattliches Knabenkraut, Bleiches Knabenkraut, Fliegen-, Hummel- und Bienen-Ragwurz. Wird die Nutzung der Wiese aufgegeben, entwickeln sich die Mähder über ein Schlehen-Liguster-Gebüsch, in dessen Schutz dann auch die ersten Waldbäume aufkommen können, zum Buchenwald, der Ausgangsgesellschaft, zurück. Die Vorkommen der Mähder sind auf der Alb, im Vergleich zu ihrer Verbreitung im 19. und 20. Jahrhundert, drastisch geschrumpft. Sie passen nicht mehr in das Schema der modernen Landwirtschaft, sie sind unrentabel. Deshalb wurden zahlreiche Flächen aufgegeben oder dort, wo es möglich war, in Intensiv-Grünland umgewandelt oder aufgeforstet.

Die wenigen verbliebenen Restflächen befinden sich meist in Naturschutzgebieten und werden durch Landschaftspflege erhalten. Besonders schöne Beispiele für gemähte Halbtrockenrasen kann man in den Naturschutzgebieten »Filsenberg« (Kreis Tübingen) und »Hochwiesen-Pfullinger Berg« (Kreis Reutlingen) finden.

Wirtschaftswiesen, Feuchtwiesen und nasse Staudenfluren

Neben den Magerrasen haben auch die extensiv bewirtschafteten Glatthaferwiesen und die Goldhaferwiesen eine hohe Bedeutung für den Natur-

Salbei-Glatthaferwiese mit Wiesen-Salbei, Wiesen-Bocksbart, Margerite, Knolligem Hahnenfuß und Kleinem Klappertopf. H.-P. DÖLER

schutz. Früher weit verbreitet, finden wir heute allerdings nur noch wenige Restbestände.

Nicht weniger blütenreich als die Mähder sind oftmals die Berg-Glatthaferwiesen (Alchemillo-Arrhenatheretum), in denen sich zu den kennzeichnenden Arten der Glatthaferwiesen der Gelbgrüne Frauenmantel und der Bergwiesen-Frauenmantel, daneben Wald-Storchschnabel, Tag-Lichtnelke, Wiesen-Kümmel und Wald-Vergißmeinnicht als Montanzeiger gesellen. Bei den Gräsern tritt der Glatthafer zugunsten von Gewöhnlichem Goldhafer und Echtem Rot-Schwingel zurück. Auf der Schwäbischen Alb lassen sich verschiedene Ausbildungen dieses Wiesentyps unterscheiden. Die früher in den Berg-Glatthaferwiesen häufiger anzutreffende Kleine Traubenhyazinthe, im Schwäbischen auch »Baurabüble« genannt, geht aufgrund intensiver Bewirtschaftung der Wiesen mehr und mehr zurück.

Tiefland-Glatthaferwiesen (Arrhenatheretum elatioris), in denen die Montanzeiger fehlen, finden sich in den tieferen Höhenlagen, im Bereich der so genannten planaren bis kollinen Stufe. Sie wachsen auf frischen, mittel- bis tiefgründigen Böden. Solche Standorte finden sich auf der Schwäbischen Alb lediglich in den warmen Tieflagen wie etwa im Ermstal. Sie sind meist zwei- bis dreischürig bewirtschaftet. Ihre Kennarten sind Glatthafer, Wiesen-Pippau, Wiesen-Labkraut und Wiesen-Storchschnabel. In Abhängigkeit vom Wasser- und Temperaturhaushalt bilden sie mehrere standörtliche Ausprägungen. Die Salbei- und die Trespen-Glatthaferwiesen gehören zu den blütenreichsten und buntesten Wiesengesellschaften. Leider werden diese artenreichen, bunten Wiesen immer seltener, da sie vielfach aufgedüngt und in der Folge früh und häufig geschnitten werden. Das hat zur Folge, dass die meisten der buntblühenden Arten verschwinden und wenige ertragreiche Gräser dominieren. Dies wirkt sich nicht allein auf die Pflanzenwelt, sondern vor allem auch auf die Insektenwelt, speziell auf Schmetterlinge, sehr nachteilig aus.

Goldhaferwiesen (Geranio-Trisetetum) sind auf der Alb noch viel weniger verbreitet als Glatthaferwiesen. Sie sind auf die Hochlagen, etwa die Hohe Schwabenalb oder besonders kalte Lagen beschränkt. Der Gewöhnliche Goldhafer ist hier das bestandsbildende Gras. Als besondere Arten finden sich etwa Berg-Flockenblume und Trollblume. Auch sie werden heute, vor allem auf der Hohen Schwabenalb, vielfach intensiv mit Gülle und Schwemmmist gedüngt, was ebenfalls zu einer Verarmung an Arten führt.

Neben artenarmen Fettwiesen sind auf der Alb häufig Fettweiden zu finden, die als Koppelweiden mit Großvieh, vielfach auch Pferden und Schafen, beweidet werden. Es handelt sich um ursprüngliche Glatthaferwiesen, aus denen aufgrund von ständigem Verbiss und Tritt der Tiere die hochwüchsigen Wiesen-Arten weitgehend verschwunden sind.

Eine weitere Form des Grünlands sind Nasswiesen, auch Sumpfdotterblumenwiesen genannt. Die Sumpfdotterblume tritt mit hoher Stetigkeit in diesen Wiesen auf, vielfach ihren Aspekt bestimmend. Diese Wiesen treten vor allem in den zur Donau führenden Tälern der Schwäbischen Alb auf, in denen nährstoffreiches Grundwasser hoch ansteht. Sie stellen Ersatzgesellschaften der Bruch- und Auenwälder dar.

Die Kohldistel-Nasswiese (Angelico-Cirsietum oleracei) stellt die häufigste Wiese aus dieser Gruppe dar. Sie besiedelt nährstoff- und basenreiche, meist kalkhaltige Grund- und Niedermoorböden. Ihre Kennart ist die Kohldistel, hinzu treten Arten wie die anmutige und zierliche Bach-Nelkenwurz mit ihren hängenden Blüten, Sumpf-Vergißmeinnicht und Kuckucks-Lichtnelke. Wird das Grundwasser durch Drainage, Bach- oder Flussbegradigung abgesenkt, entsteht die Kohldistel-Ausbildung der Glatthaferwiese. Leider werden viele Nasswiesen heute nicht mehr bewirtschaftet, fallen brach und entwickeln sich zu dichten Mädesüß- oder anderen Hochstaudenfluren.

In den montanen und mehr kontinental getönten Lagen ersetzen Bachkratzdistelwiesen mit der Bach-Kratzdistel und der Trollblume die Kohldistelwiesen. Mit einem erhöhten Anteil an hochwüchsigen Stauden vermitteln sie zu den Hochstaudenbeständen der Mädesüßfluren, die hauptsächlich aus derben Hochstauden wie Mädesüß, Zottigem Weidenröschen, Kohldistel,

Blut-Weiderich, Gewöhnlichem Gilbweiderich, Sumpf-Storchschnabel und Kriechendem Arznei-Baldrian bestehen. Schon allein angesichts ihres stattlichen Wuchses sind diese Hochstauden-Bestände eindrucksvoll. Hinzu kommt vielfach ein bunter Blütenflor. In kalten Tälern der Schwäbischen Alb tritt stellenweise in den Mädesüß-Fluren die nordisch verbreitete, besonders geschützte Blaue Himmelsleiter auf. Diese Himmelsleiter-Flur (Valeriano-Polemonietum caerulei) kann sich sekundär auch in brachgefallenen Feuchtwiesen ausbreiten und zieht dann zur Blütezeit die Aufmerksamkeit auf sich. Derartige Bestände finden sich beispielsweise im Naturschutzgebiet »Galgenwiesen« südlich von Nusplingen (Zollernalbkreis). Weniger häufig kann man die Blaue Himmelsleiter auch im Tal der Großen Lauter finden, beispielsweise in Feuchtwiesenbrachen unterhalb des Naturschutzgebiets »Buttenhausener Eichhalde«.

Ackerwildkrautfluren

Auch bezüglich der Ackerwildkrautfluren hat die Schwäbische Alb vieles zu bieten und verdient besondere Aufmerksamkeit. Einerseits bietet die Alb mit ihren spezifischen Standortbedingungen in den Äckern einer speziellen Gruppe von Arten Lebensraum; andererseits wurde die über Jahrhunderte vorhandene Vielfalt dieser Arten in den vergangenen Jahrzehnten stark dezimiert. Zu den wichtigsten Arten dieser Ackerwildkrautfluren gehören: Sommer- und Flammen-Adonisröschen, Ackerkohl, Acker-Lichtnelke, Venuskamm, Finkensame, Kleinfrüchtiger Leindotter und Kleiner Frauenspiegel. Eine streng zu schützende FFH-Art von europäischer Bedeutung, für die Baden-Württemberg eine besondere Verantwortung trägt, ist die Spelz-Trespe. Sie kommt insbesondere in aktuellen oder ehemaligen Dinkel-Anbaugebieten vor.

Die wichtigsten Ackerwildkrautfluren der Schwäbischen Alb sind:
– Adonisröschen-Gesellschaft (Caucalido-Adonidetum flammeae)
– Acker-Lichtnelken-Gesellschaft (Papaveri-Melandrietum noctiflori)

- Finkensamen-Gesellschaft (Sedo-Neslietum paniculatae)
- Hellerkraut-Glanzehrenpreis-Gesellschaft (Thlaspio-Veronicetum politae)
- Hellerkraut-Erdrauch-Gesellschaft (Thlaspio-Fumarietum officinalis)

Eine ausführliche Darstellung der Ackerwildkrautfluren würde den Rahmen dieser Darstellung sprengen. Näheres hierzu ist in der Fachliteratur nachlesen.

Vegetation der Gewässer und Moore

Abschließend soll noch ein Blick auf die Pflanzenwelt an und in Gewässern der Alb geworfen werden. Da es sich bei der Alb in erster Linie um eine Karstlandschaft handelt, zählen diese Vegetationseinheiten nicht zu den besonders typischen Pflanzengemeinschaften. Andererseits gehören sie gerade deswegen zu den besonders behüteten Kostbarkeiten.

Eine Vegetation nasser Standorte bildet sich auf der Alb in den Bächen und Flüssen sowie an deren Ufern. Daneben gibt es Quelltöpfe, in denen das Wasser aus einem verzweigten Höhlensystem herausdringt. Bedeutsam sind darüber hinaus Quellsümpfe. Sie bilden sich dadurch, dass das Wasser im klüftigen Boden versickert und an Hängen oder am Fuß der Alb über wasserundurchlässigen Schichten wieder austritt. Bis zur Einführung der Trinkwasserversorgung herrschte auf der Schwäbischen Alb Wassermangel. Daher wurden vielfach Hülen, auch Hülben genannt, als Reservoire angelegt, in denen sich Pflanzen ansiedelten. Verlandete Hülben können heute Torfbildung und Moore aufweisen.

Bezeichnend für lichtdurchflutete Stellen an größeren Bächen und an Flüssen mit kalkhaltigem Wasser ist die Gesellschaft des Untergetauchten Merks (Ranunculo-Sietum erecto-submersi) mit untergetauchten Formen des Aufrechten Merks, Stumpfkantigem Wasserstern, Brunnenkresse, Bachbunge, Gauchheil-Ehrenpreis, Einfachem Igelkolben, Dichtem Laichkraut, Kamm-Laichkraut sowie Flutendem und Haarblättrigem Hahnenfuß. Besonders eindrucksvoll stellen sie sich dar, wenn sich im Frühsommer die Blüten der Wasserhahnenfuß-Arten über den Wasserspiegel erheben und einen weißen Blütenteppich bilden. Vor allem im Albtrauf tritt auf Mergelschichten des Weißen Jura oder über Braunjuratonen kalkhaltiges Quellwasser aus und bildet Kalkquellsümpfe. Oftmals sind diese Quellsümpfe nur wenige Quadratmeter groß. Trotzdem weisen sie in erstaunlicher Weise einige charakteristische Arten (wechsel)feuchter, kalkhaltiger Standorte auf wie Davalls Segge und die besonders geschützte Sumpf-Stendelwurz. Ein sehr schönes Beispiel hierfür gibt das Naturschutzgebiet »Beurener Heide« (Zollernalbkreis).

Dort, wo das kalkhaltige Wasser aus einer Quelle austritt, kann Kohlendioxid entweichen und es kommt durch Kalkausfällung zu Kalksinterbildungen (Kalktuff). Meist wird die Tuffbildung durch bestimmte Moosarten, insbesondere durch das Starknervenmoos gefördert. Kalktuffbildungen kommen an vielen Stellen des Albtraufes vor. Sehr schön zu sehen sind sie an den Uracher Wasserfällen.

Selbst ausgedehnte Flachmoore gibt es auf der Schwäbischen Alb. Voraussetzung ist eine starke Vernässung der Standorte, sodass abgestorbene Pflanzenteile wegen Sauerstoffmangel nicht vollständig zersetzt werden. Entsprechend finden sich dann auch die für Flachmoore chrarakteristischen Pflanzen und Pflanzengemeinschaften, beispielsweise Braunmoos-Seggenriede, Großseggenriede und Röhrichte. Wo der Torf bis zum Wasserspiegel oder darüber hinaus angewachsen ist, können sich auch Bäume ansiedeln und ein Moor- oder Bruchwald entsteht. Ein Beispiel hierfür ist das Naturschutzgebiet »Arnegger Ried« (Alb-Donau-Kreis), in dem die genannten Pflanzengesellschaften auftreten und sich viele seltene Arten wie Draht-Segge, Faden-Segge, Wunder-Segge und Fieberklee finden. Ein weiteres Beispiel für die Bildung von Flachmooren auf der Alb bietet das Naturschutzgebiet »Schmiechener See« (Alb-Donau-Kreis), entstanden durch eine Ansammlung von zufließendem Oberflächen- und Regenwasser über wasserstauenden Seemergeln. Auffallend sind hier vor allem die Verlandungsgesellschaften, in denen die Steife Segge mit großen Bulten dominiert.

Beispiele aus der Tierwelt des Naturraums Schwäbische Alb

Der Alpenbock (*Rosalia alpina*)

Er ist mit seiner hellblauen Färbung und einer Größe bis zu 4 Zentimetern wohl der schönste heimische Bockkäfer. Auf den Flügeldecken befinden sich je drei hellumrandete schwarze Flecken. Die langen Antennen sind schwarz-blau geringelt. Beim Männchen sind sie fast doppelt so lang wie der Körper, beim Weibchen nur wenig länger als der Körper. Die Alpenbock-Käfer leben auf Buchen und sind auf der Rinde gut getarnt. Sie finden sich in montanen bis subalpinen Buchenwäldern der Kalkgebirge zwischen 500 und 1500 m NN von Süd- und Mitteleuropa bis nach Südskandinavien.

In Deutschland sind nur wenige Vorkommen in Bayern und auf der Schwäbischen Alb bekannt. So findet man ihn auf der Reutlinger Alb rund um Bad Urach sowie an sonnenexponierten Steilhängen im Durchbruchtal der Oberen Donau durch die Schwäbische Alb bei Beuron. Dem Alpenbock mangelt es zwar nicht an Buchenwäldern in Mitteleuropa, aber deren intensive Nutzung macht ihm zu schaffen. In Deutschland ist er geschützt und als stark gefährdete Art eingestuft.

Rosalia alpina bevorzugt als Lebensraum lichte, schwachwüchsige Hang-Buchenwälder. Die Käfer fliegen von Juli bis September während der Paarungszeit an warmen bis heißen Tagen an der Sonne zugewandten offenen Hängen. Die Weibchen legen ihre Eier mit einer kurzen Legeröhre in Holzritzen und Rinde von abgestorbenen oder geschlagenen, meist trocken-morschen Stämmen ab. Die Larven fressen im Holz. Die Entwicklung zum Käfer dauert drei bis vier Jahre. Im letzten Larvenstadium werden nahe der Holzoberfläche so genannte Puppenwiegen angelegt. Deren

Schlupfgang ist mit Holzspänen verschlossen und endet unter der Stammoberfläche. Aus der Zahl der beim Schlüpfen der Käfer entstehenden Schlupflöcher kann man schließen, wie viele Tiere sich in einem Brutbaum entwickeln konnten. Die Käfer selbst leben nur wenige Wochen und halten sich in dieser Zeit an Baumstämmen oder Holzstapeln auf.

In Baden-Württemberg ist der Alpenbock sehr selten und stark bedroht. Er kommt nur noch punktuell in wenigen Buchenbeständen mit hohen Alt- und Totholzanteilen vor. Insofern besitzen seine Vorkommen europaweite Bedeutung, und Baden-Württemberg trägt eine besondere Verantwortung für den Schutz und die Erhaltung der Art. Nach der FFH-Richtlinie der EU ist *Rosalia alpina* eine prioritäre Art, deren Lebensräume zu schützen sind. Eine »saubere« Waldwirtschaft ohne Totholz in Zeiten von Holzknappheit führte zum Verschwinden vieler Alpenbock-Populationen. Daneben gibt es ein anderes Problem: Die Bewirtschaftungszeiten im Forst sind vielfach so, dass die potenziellen Wirtsbäume gefällt werden, bevor sie ein für den Alpenbock geeignetes Alter erreicht haben. Ein alter Stamm kann aber jahrelang als Brutbaum genutzt werden und es entwickeln sich zahlreiche Käfergenerationen, bis der Baum verwittert ist.

In enger Zusammenarbeit der Verantwortlichen von Naturschutz und Forst wurden im Rahmen des Artenschutzprogramms Baden-Württemberg besondere Schutz- und Entwicklungsmaßnahmen für den Alpenbock ergriffen: Lichte Hangbuchenwälder wurden erhalten und gepflegt, spezielle Brutbäume stehen oder in sonnenexponierte Freiflächen hineingefällt und liegen gelassen. An einem solchen 1993 gezielt gefällten Baum konnten auf diese Weise innerhalb von zehn Jah-

Der Alpenbock.
H.-P. DÖLER

ren rund 50 Schlupflöcher gezählt werden. Es ist wichtig, Absprachen zu treffen mit den Waldbesitzern und -nutzern, wenn Flächenlose verkauft werden. So sollte die Holzabfuhr dort, wo der Alpenbock vorkommt, auf jeden Fall bis Mai/Juni abgeschlossen sein, damit die Tiere ihre Eier nicht in Stämme legen, die später noch verarbeitet werden. Man kann aber auch Reisiglose unverkauft im Wald lassen oder durch spezielle Fällungen gezielt »Alpenbock-Stuben« einrichten, um die Überlebensmöglichkeiten für diese eindrucksvolle Käferart bei uns zu verbessern.

Der Apollo-Falter (Parnassius apollo)

Mit seiner Schönheit und seiner Größe hat der Apollo-Falter seit Jahrhunderten die Menschen und besonders die Schmetterlingssammler fasziniert. Er gehört mit einer Flügelspannweite von etwa sieben Zentimetern zu den größten heimischen Tagfaltern. Sein weites Verbreitungsgebiet reicht von Spanien über alle europäischen und asiatischen Gebirge bis zum Baikalsee im Osten, im Süden bis Sizilien und in die Türkei und im Norden bis nach Skandinavien. In Baden-Württemberg kam er noch im 19. Jahrhundert vor in einem Band vom Hochschwarzwald über das Alb-Wutachgebiet und das Obere Donautal bis zur Lonetal-Flächenalb im Osten. Aber schon zu Beginn des 20. Jahrhunderts sind zahlreiche Vorkommen erloschen. Fünfzig Jahre später war dann der größte Teil des baden-württembergischen Bestands ausgestorben oder verschollen, vor allem weil der Lebensraum verloren gegangen war. 1983 war nur noch ein einziges Vorkommen bekannt.

Der Apollo-Falter ist in Deutschland vom Aussterben bedroht, obwohl er schon seit 1936 unter Naturschutz steht und als einziger nichttropischer Schmetterling weltweit durch das Washingtoner Artenschutzübereinkommen mit einem Handelsverbot belegt ist.

Sein ursprünglicher, natürlicher Lebensraum bei uns waren sonnenexponierte, trockene Flächen mit mageren Wiesen, steinigen Geröllhalden und felsigen Hängen. Seit den 1970er Jahren findet man ihn in Baden-Württemberg aber nur noch in von Menschen geschaffenen Sekundärbiotopen wie Kalkstein-Schutthaufen und Bahnböschungen. Der Apollo ist ein Nahrungsspezialist. Die Raupen können nur überleben, wenn sie genügend Weiße Fetthenne (Sedum album) als Futterpflanze und zur Verpuppung ein geeignetes Versteck im Boden finden. Nach wenigen Wochen schlüpfen die Falter. Für ihr kurzes Leben von nur zwei bis drei Wochen benötigen sie nektarreiche Blüten, bevorzugt von Disteln, Flockenblumen, Majoran oder der Raupennahrungspflanze Fetthenne. Von Juni bis August ist die Hauptflugzeit und Paarungszeit der standorttreuen

Der Apollo-Falter. J.-U. MEINEKE

Apollo-Falter. Die Weibchen legen ihre Eier an Stängel und Blütenstände der Weißen Fetthenne. Dort überwintern die Eier. Im Frühjahr schlüpfen die Raupen direkt auf ihren Nahrungspflanzen, der Kreislauf beginnt von Neuem. Es gibt jedes Jahr nur eine Falter-Generation.

Wenn der Lebensraum des Apollo zerstört wird, weil die Nahrungspflanzen verschwinden, die bisher offene Fläche verbuscht oder von anderen Kräutern, Flechten oder Moosen überwachsen wird, hat dieser schöne große Schmetterling keine Überlebenschance. Die vorletzte Apollo-Population Baden-Württembergs im Höllental bei Freiburg ging 1983 verloren, nachdem Moose die Schutthänge erobert hatten.

Seit Ende der 1980er Jahre wird im Rahmen des Artenschutzprogramms Baden-Württemberg versucht, mit konsequentem Lebensraumschutz und Biotoppflegemaßnahmen die letzte noch verbliebene Population des Falters auf der Schwäbischen Alb zu fördern. Ihr Habitat wurde großräumig als Naturschutzgebiet ausgewiesen und so ein konsequenter Schutz gegen Störungen ermöglicht. Wo Wald in ehemals offene Flächen hineingewachsen war, wurde er gerodet, Felsbereiche wurden freigestellt und dadurch die Bestände der Weißen Fetthenne erfolgreich vergrößert. Dank der engen Zusammenarbeit von Naturschutzverwaltung, Forstverwaltung und der Überwachung der Habitate durch ehrenamtliche Betreuer konnte sich die Apollo-Population erholen und wieder wachsen. Wurden Mitte der achtziger Jahre an einem Tag höchstens etwa 20 Falter gezählt, fliegen heute an guten Tagen mehr als 200 Falter.

Durch regelmäßige Pflegemaßnahmen an angrenzenden Hängen konnte die Lebensraumfläche vergrößert werden. Darüber hinaus wird auch versucht, durch Anlegen so genannter Trittstein-Biotope Apollo-Weibchen zur Eiablage in andere Gebiete zu locken und so eine Ausbreitung der Population zu erreichen.

Im Rahmen des Artenschutzprogramms werden zusätzlich ehemalige Fluggebiete des Apollo-Falters in Zusammenarbeit mit Gemeinden und Forstverwaltung zur Wiederbesiedlung aufgelichtet. Die Aufgabe, die trockenen, felsigen und teilweise sehr steilen Flächen offen zu halten, übernehmen zunehmend und erfolgreich Ziegen. Wenn sich dort auf den freigestellten Felsbereichen die Fetthennen-Bestände wieder vergrößert haben und in der Umgebung auch wieder geeignete Nahrungsbiotope entstanden sind, kann sich vielleicht auch wieder der Apollo dafür interessieren.

Eine Sensation für die Freunde des Apollo wurde vor einigen Jahren entdeckt. In einem Gebiet mit Felsen, Halbtrockenrasen und Wiesen – nicht weit entfernt – konnte sich tatsächlich eine kleinere Apollo-Falter-Population etablieren. Auch deren Biotop wird seit seiner Entdeckung regelmäßig gepflegt. Neben dem Apollo profitieren auch zahlreiche andere Wärme liebende Bewohner trockener und offener Flächen wie etwa Reptilien und Insekten von den Bemühungen der Naturschützer zur Optimierung dieses speziellen Lebensraums.   S. KRACHT

Donau-Iller-Lech-Platten

Hauptnutzungsformen Vorwiegend landwirtschaftlich genutzt, überwiegend Vieh- bzw. Grünlandwirtschaft (Fettweiden, Mähwiesen, Rotationsweiden), geringer Waldanteil (meist Fichtenforste)

Landschaftsprägende sowie naturschutzrelevante Vegetationseinheiten
Wälder Reste von Hainsimsen-, Waldmeister-Buchenwälder, örtlich Tannenwälder, Auen- und Bruchwälder
Offenland Verlandungsgesellschaften, Quellsümpfe und -moore (Groß- und Kleinseggenriede), z. T. Hochmoore, Glatthaferwiesen, Streuwiesen, Feuchtwiesen

Von Natur aus wäre der Naturraum Donau-Iller-Lech-Platten mit Ausnahme der Felsen, Steinschutt- und Mergelrutschhänge, Gewässer und Riede bewaldet. Die Wälder wurden jedoch vorwiegend durch landwirtschaftliche Nutzung auf Hanglagen und Bereiche mit schlechten Bodenverhältnissen zurückgedrängt. Südlich der Donau tritt die Vorherrschaft der Buchenwälder im Vergleich zur Schwäbischen Alb etwas zurück. In den südlichen Teilen der naturräumlichen Haupteinheit dringt bereits die Weiß-Tanne in die natürlichen Waldbestände vor, und in den Flusstälern von Donau und Iller finden sich Auenwälder. Das Vorherrschen der Fichte, die bis auf Vorkommen in Mooren standortfremd ist, ist augenfällig: Die Wälder des Naturraums sind weitgehend in Fichtenforste umgewandelt worden.

Wälder mittlerer bis trockener Standorte, Auenwälder und Gebüsche

Der Hainsimsen-Buchenwald (Luzulo-Fagetum) nimmt als natürliche Waldgesellschaft die größte Fläche ein. Die Gesellschaft tritt vielfach mit feuchten Ausbildungen und im Übergang und Wechsel mit Hainbuchen-Feuchtwäldern auf. Auf den mehr basenreichen Schottern im Gebiet zwischen Iller und Riß sowie im Verbreitungsgebiet der unteren Süßwassermolasse im Norden des baden-württembergischen Alpenvorlandes sind auch Waldmeister-Buchenwälder (Galio odorati-Fagetum) vorhanden.

Gegenüber dem westlichen Teil der naturräumlichen Haupteinheit ist das Gebiet der Umrandung des Schussenbeckens und das Gebiet Altshausen-Waldsee niederschlagsreicher und liegt etwas höher, sodass hier die Weiß-Tanne zum natürlichen Aufbau der Wälder beiträgt. Es sind in erster Linie Hainsimsen-Tannen-Buchenwälder im Übergang und Wechsel zu Waldmeister-Tannen-Buchenwäldern als natürliche Waldgesellschaften ausgebildet. Örtlich treten der Labkraut-Tannenwald oder der Beerstrauch-Tannenwald hinzu.

In den meisten Bereichen sind die genannten Laubwälder jedoch, wie bereits erwähnt, in ertragreichere Fichtenforste umgewandelt worden oder mussten der Grünlandwirtschaft weichen.

Auenwälder bilden sich in periodisch überschwemmten Flussauen aus, die einer ständigen Dynamik unterliegen. Man unterscheidet eine Hart- und eine Weichholzaue. Während die Hartholzaue auf höherem Niveau liegt und nur sporadisch überschwemmt wird, wird die auf niedrigerem Niveau liegende Weichholzaue regelmäßig überflutet.

Zur Hartholzaue gehört der Eichen-Ulmen-Auenwald (Querco-Ulmetum minoris). Die gelegentlichen Überschwemmungen sind wichtig für seinen Wasser- und Nährstoffhaushalt. Die Gesellschaft hat ihre natürlichen Vorkommen in den größeren Flusstälern der planaren bis kollinen Stufe, etwa an Donau und Iller. An der Iller ist der Eichen-Ulmen-Auenwald noch vereinzelt anzutreffen, während er im Donautal größtenteils verschwunden und nur noch an den Mündungsbereichen alpinogener Nebenflüsse zu finden ist. Eichen-Ulmen-Auenwälder sind vielfältig strukturiert. Auf kleiner Fläche wechseln unterschiedliche Ausbildungen mit hohen Artenzahlen. Als Hauptbaumarten in der obersten Baumschicht sind Stiel-Eiche, Feld-Ulme und Gewöhnliche Esche zu nennen, in den unteren Schichten treten noch zahlreiche andere Arten hinzu. Die Strauchschicht ist ebenfalls mehrschichtig und artenreich ausgebildet. Verschiedene Ausprägungen hängen vom Nährstoff- und Wasserangebot ab. So treten Aronstab, Bär-Lauch und das Gelbe Windröschen auf feuchten, die Weiße Segge auf trockeneren Standorten auf.

Der Silberweiden-Auenwald (Salicetum albae) kennzeichnet die Weichholzaue und tritt in Bereichen auf, die nur knapp über dem Mittelwasserstand liegen und bei jedem Hochwasser überflutet werden. Die sandigen bis lehmigen Böden haben einen hohen Kalkgehalt und sind nährstoffreich. Entlang der Donau ist wegen der Flussbegradigungen und anderer Eingriffe nur noch ein schmales Band erhalten. An der Iller hingegen sind diese Auenwälder im so genannten Illergries noch auf größeren Flächen anzutreffen. Kennarten der Gesellschaft sind die bezeichnende Silber-Weide und die seltener vorkommende Hohe Weide. Auf höheren Standorten gibt es Ausprägungen, die zum Eichen-Ulmen-Auenwald (Hartholzaue) überleiten. Hier kommen Grau-Erle, Gewöhnliche Esche und Trauben-Kirsche hinzu. Eine Strauchschicht ist wenig ausge-

prägt. In der Krautschicht treten Stickstoffzeiger wie Große Brennessel, Gewöhnliches Klebkraut und Gewöhnliche Zaunwinde auf, außerdem Rohrglanzgras, Gewöhnlicher Beinwell und Wald-Engelwurz.

Eine Besonderheit des Iller-Tals ist der Grauerlen-Auenwald (Alnetum incanae). Eigentlich eine typische Waldgesellschaft der Alpentäler, kann er entlang der Alpenflüsse (Iller) weit ins Alpenvorland vordringen. In der Baumschicht herrscht die Grau-Erle vor, ihr beigemischt sind zum Teil Trauben-Kirsche, Eberesche sowie Berg-Ulme und Stiel-Eiche in den tieferen Lagen. In der Krautschicht finden sich häufig Stickstoff- und Feuchtezeiger wie Große Brennessel, Wald-Ziest, Rührmichnichtan, Geißfuß, Mädesüß, Rasen-Schmiele und Bär-Lauch.

Vorwiegend in Bachtälern und nassen Senken stockt der Schwarzerlen-Eschen-Auenwald (Pruno-Fraxinetum). Seine Standorte sind durch hoch anstehendes Grundwasser gekennzeichnet. Überflutungen sind selten, kommen aber vor. Als Hauptbaumarten sind Schwarz-Erle und Gewöhnliche Esche zu nennen. Die Gewöhnliche Traubenkirsche tritt eher in der unteren Baum- oder der Strauchschicht auf.

Den Weichholz-Auenwäldern der größeren Flüsse vorgelagert oder auch im Wechsel mit diesen findet man verschiedene Gebüschgesellschaften, beispielsweise das Korbweiden-Mandelweiden-Gebüsch (Salicetum triandro-viminalis). Bei dieser Gesellschaft, die im Naturraum allerdings nur auf kleinen Flächen vorkommt, handelt es sich um ein überflutungsresistentes und flussnahes Ufergebüsch mit den Kennarten Mandel-Weide und Korb-Weide, das meist als Mantelgesellschaft der Silberweiden-Auenwälder ausgebildet ist.

Im Illertal findet sich darüber hinaus das Lavendelweiden-Gebüsch (Salicetum elaeagni). Dieses Gebüsch hat seine Hauptverbreitung in der montanen Stufe. Entlang der Iller zieht es sich jedoch bis in Höhen von 400 m NN zur Donau hin. Hier gedeiht es allerdings nur noch auf entsprechend trockenen Auenrohböden. Seine Kennarten sind die Lavendel- und die Reif-Weide.

Gelegentlich findet sich im Illertal auch ein Sanddorn-Trockengebüsch (Salici-Hippophaetum rhamnoidis) mit dem Fluß-Sanddorn als kennzeichnende Art. Es gedeiht auf nicht mehr überschwemmten, oberflächlich austrocknenden Schotter- und Kiesflächen der Alpenflüsse.

Auf sehr trockenen Stellen an der Iller, die auch als Brennen oder Heißländ bezeichnet werden, gibt es kleine Vorkommen des Pfeifengras-Kiefernwaldes (Molinio-Pinetum). Die Böden sind sandig mit Kies im Untergrund oder mit Feinmaterial durchsetzt. Diese Wälder sind nur locker von der Wald-Kiefer überstanden, der Boden ist dicht mit Rohr-Pfeifengras, Fieder-Zwenke und Berg-Reitgras bedeckt.

Röhrichte, Moore und Bruchwälder

Ein Charakteristikum der Landschaft zwischen Schwäbischer Alb und dem Bodensee ist sein Reichtum an Mooren und Röhrichten, dort auch Riede oder Rieder genannt. Ganz besonders trifft dies zu auf die würmkaltzeitlich geprägte naturräumliche Haupteinheit Voralpines Hügel- und Moorland, doch auch die Donau-Iller-Lech-Platten können hier einiges bieten, man denke nur an das Wurzacher Ried und an das Federsee-Gebiet.

Die nachfolgend beschriebenen Pflanzengesellschaften kommen in Mooren, überwiegend aber auch auf sumpfigen Standorten vor. Die Unterscheidung zwischen einem Moor und einem Sumpf wird bodenkundlich definiert. Von einem Moor spricht man, wenn eine Torfschicht vorhanden ist. In einem Sumpf bildet sich kein Torf. Zur Torfbildung kommt es, wenn Pflanzenreste bei hohem Wasserstand und unter Sauerstoffmangel nur noch unvollständig zersetzt werden.

Klassifikation der Moore und Bruchwälder

Niedermoore (und Anmoore)	Zwischen- und Übergangsmoore	Hochmoore
Durch mineralstoffreiches Grundwasser geprägte Moore (Wasser hat Kontakt zu Böden oder Gestein, bevor es den Torfkörper erreicht) +/- nährstoffreich, kalkreich bis kalkarm	Zwischen- und Übergangsmoore stehen zwischen Nieder- und Hochmooren (z. T. durch Grundwasser beeinflusst, z. T. hochmoorartig) meist nährstoffarm	Durch Regenwasser gespeiste Moore, die keinen Kontakt mehr zum Grundwasser haben, d. h. Wasserzufuhr nur über die Atmosphäre extrem nährstoffarm
Vegetation		
Röhrichte Großseggengesellschaften Kleinseggengesellschaften (Kalkflachmoore und Braunseggensümpfe) Sehr artenreich, insbesondere die Kleinseggengesellschaften	Schwingrasen- und Schlenkengesellschaften Mesotrophe Zwischenmoore Mit Arten der Hochmoore und Niedermoore	Bunte Torfmoosgesellschaft (Torfmoosbulte) Artenarm (Spezialisten), diverse Torfmoosarten
Entwicklung zu folgenden Waldgesellschaften möglich		
▼	▼	▼
Erlenbruchwälder und Erlen-Birkenbruchwälder	Birkenbruchwälder	Wald-Kiefermoorwälder und Spirken-Moorwälder (Hochmoorandgehänge)

Die Moor- und Sumpfgebiete zeigen vielfach eine Zonierung aus verschiedenen Pflanzengemeinschaften, die meist Sukzessionsstadien, d. h. zeitlich aufeinander folgende Stadien, darstellen. In einem verlandenden See oder Weiher bilden sich vielfach Röhrichte, dann Groß- und Kleinseggenriede und schließlich Bruchwälder. Im Folgenden sollen Flora und Vegetation der Moore und Sümpfe beispielhaft in dieser Abfolge aufgezeigt werden.

Gut ausgebildete Riede – hier verstanden als Komplexe aus Röhrichten, Großseggen-Beständen und Mooren – finden sich im Bereich der Donau-Iller-Lechplatten noch im Rißtal (Osterried, Oberes Ried, Ummendorfer Ried, Ried am Lindenweiher) sowie am Federsee. Entstanden sind sie meist als Verlandungs-Ried, wofür der Federsee das bekannteste Beispiel darstellt.

Groß-Röhrichte (Verband Phragmition) finden sich an nahezu allen Stillgewässern. Sie schließen sich vom Gewässer aus zum Ufer hin an Schwimmblatt-Gesellschaften an. Abhängig von den Standortfaktoren, insbesondere vom Wasserchemismus, haben sich verschiedene Gesellschaften ausgebildet, die durch unterschiedliche Arten charakterisiert sind. Am weitesten in die Gewässer hinein reicht das Röhricht der Seebinse (Scirpetum lacustris). Die Gesellschaft reagiert jedoch empfindlich auf Nährstoffanreicherungen im Gewässer. Nach außen hin schließt sich meist das Schilf-Röhricht (Phragmitetum australis) an, das am weitesten verbreitet ist, in einem sehr breiten Gürtel etwa im Naturschutzgebiet Federsee. Die Gesellschaft ist artenarm und bildet dicht wachsende Bestände. Rohrkolben-Röhrichte (Typhetum angustifoliae und Typhetum latifoliae) kommen auf nährstoffreichen Standorten vor, die auch gelegentlich trocken fallen können. Charakterarten sind Schmalblättriger und Breitblättriger Rohrkolben. Selten geworden ist das Schneidbinsen-Ried (Cladietum marisci), es findet sich noch gut ausgeprägt im Naturschutzgebiet Wurzacher Ried. Seine Standorte sind kalkreich und nährstoffarm.

An die Groß-Röhrichte schließen sich landeinwärts die Großseggen-Gesellschaften an. Ihre Standorte liegen bereits etwas höher über dem See- oder Grundwasserspiegel und werden daher seltener überflutet. Meist sind die Gesellschaften als Folge gelegentlicher Mahd entstanden. Zu den bultförmig wachsenden Großseggen-Gesellschaften gehören das Steifseggen-Ried (Caricetum elatae), das Wunderseggen-Ried (Caricetum appropinquatae) und das Rispenseggen-Ried (Caricetum paniculatae). Alle drei Gesellschaften kommen meist auf kalkhaltigen Böden vor. Eine zweite Gruppe der Großseggen-Gesellschaften bilden die rasenförmig wachsenden Rieder. Zu diesen gehören etwa das Schlankseggen-Ried (Caricetum gracilis), in dem zusätzlich die Sumpf-Segge auftritt, und das Schnabelseggen-Ried (Caricetum rostratae). Aufgrund der rasenartigen Wuchsform und der damit einhergehenden Möglichkeit, die Bestände zu mähen, besaßen diese Gesellschaften eine gewisse Rolle in der traditionellen Grünlandwirtschaft. Ohne regelmäßige Mahd beginnen sie zu verbuschen.

An die Großseggen-Gesellschaften landwärts angrenzend folgen die Kleinseggen-Gesellschaften, die aus niedrig wachsenden Seggen und verschiedenen Riedgräsern aufgebaut sind. Kleinseggen-Gesellschaften finden wir aber nicht nur im Verlandungsbereich von Stillgewässern, sondern sie kommen auch in Quellbereichen (Hangmoore) vor. Unterscheiden lassen sich hierbei von kalkfreiem Wasser durchsickerte Braunseggensümpfe von den so genannten Kalk-Flachmooren. Letztere sind besonders reich an seltenen und gefährdeten Pflanzenarten.

In den Braunseggensümpfen, die im Gebiet weniger verbreitet sind, finden sich Arten wie die namengebende Braune Segge, die Graue Segge, die Igel-Segge, das Schmalblättrige Wollgras und das Sumpf-Veilchen.

Kalk-Flachmoore treten häufiger auf, bevorzugt jedoch im Gebiet der Jungmoränen (Naturraum Voralpines Hügel- und Moorland). Im Bereich der Donau-Iller-Lechplatten kommen sie im östlichen Federsee-Ried, im Ried beim Lindenweiher und im Osterried vor. Zu den wichtigsten Gesellschaften gehören der Davallseggen-Sumpf (Caricetum davallianae) als Quellmoor-Gesellschaft und das Mehlprimel-Kopfbinsenmoor (Primulo-Schoenetum ferruginei) als montane Kalkflachmoor-Gesellschaft. Das Orchideen-Kopfbinsenmoor (Orchio-Schoenetum nigricantis) als Niedermoor-Gesellschaft der sommerwarmen Lagen ist in der naturräumlichen Haupteinheit nur fragmentarisch ausgebildet. An bestandsbildenden Gräsern treten Davall-Segge, Rostrotes Kopfriet, Schwarzes Kopfriet und Breitblättriges Wollgras auf. Dazwischen finden sich Arten mit auffälligen Blüten wie Alpen-Mehlprimel, Alpen-Fettkraut, Bittere Kreuzblume, Gewöhnliches Fettkraut, Gewöhnliche Simsenlilie und Herzblatt. Hinzu kommen Orchideen wie Sumpf-Stendelwurz, Fleischrotes Knabenkraut und Glanzstendel, letztgenannte eine streng zu schützende FFH-Art von europäischer Bedeutung. Für ihre Erhaltung sind besondere Schutzgebiete auszuweisen.

In der Abfolge der Verlandung von Stillgewässern stellen in den meisten Fällen Bruchwälder die Endgesellschaft, die so genannte Klimaxgesellschaft, dar. Sie stocken teilweise auf Anmoor-, teilweise auf Niedermoor-Standorten. In Abhängigkeit vom Basengehalt der Böden entwickeln sich verschiedene Bruchwald-Gesellschaften. Sind die Böden mäßig basenreich bis basenreich, entwickeln sich Erlen-Bruchwälder. Ist der Boden saurer und nährstoffärmer, setzen sich Moor-Birke und Wald-Kiefer durch und bilden Birken- bzw. Kiefern-Bruchwälder.

Im Walzenseggen-Roterlen-Bruchwald (Carici elongatae-Alnetum glutinosae) herrscht meist die bestandsbildende Schwarz-Erle (auch als Roterle bezeichnet) vor. Daneben kann auch Gewöhnliche Fichte, Gewöhnliche Esche und Hänge-Birke beigemischt sein. Charakteristische Arten der Krautschicht sind neben der namengebenden Walzen-Segge Sumpf-Lappenfarn und Echtes Sumpflabkraut. Der Birken-Bruchwald (Betuletum pubescentis) bildet lichte Wälder auf nährstoffarmen, nassen Torfböden. Häufig sind Übergänge zur baumfreien Vegetation der Hochmoore vorhanden. Herrschende Baum- und Kennart ist die Moor-Birke, hinzu treten Wald-Kiefer und Gewöhnliche Fichte. In der Strauch-

schicht finden sich Arten wie Rauschbeere, Heidelbeere und Preiselbeere. Der Waldkiefern-Moorwald (Vaccinio uliginosi-Pinetum sylvestris) ist in den Moorgebieten verbreitet. Hier tritt er an den so genannten Randgehängen intakter Hochmoore ebenso wie auf entwässerten Hoch- und Zwischenmooren auf. In der Baumschicht ist die Wald-Kiefer vorherrschend, Fichten sind regelmäßig beigemischt, ebenso Moor-Birken. In der Krautschicht treten neben Heidekraut und Pfeifengras vor allem Heidelbeergewächse auf. Des Weiteren kommen häufig Hochmoorarten wie Scheidiges Wollgras, Gewöhnliche Moosbeere, Rosmarinheide und verschiedene Torfmoosarten hinzu. Der Spirken-Moorwald (Vaccinio uliginosi-Pinetum rotundatae) kann von einzelbaumartig bestandenen Hochmoorflächen bis hin zu dichten Moorwäldern reichen. Die bestimmende Baumart ist die aufrechte Form der Berg-Kiefer (Moor-Kiefer). Weitere Baumarten sind Wald-Kiefer, Gewöhnliche Fichte und Moor-Birke. In der Bodenschicht finden sich vorwiegend Moose saurer und nasser Standorte.

Im Gegensatz zur naturräumlichen Haupteinheit Voralpines Hügel- und Moorland findet man in den Donau-Iller-Lech-Platten nur wenige Hochmoore. Sie wurden zudem meist entwässert und abgetorft. Im Naturschutzgebiet Wurzacher Ried sind noch intakte Hochmoorschilde vorhanden: das Alberser Hochmoor im Westen des Schutzgebietes mit einem Spirken-Moorwald sowie der Haidgauer Hochmoorschild mit seinem waldfreien, durch Bulten und Schlenken charakterisierten Hochmoorzentrum.

Wirtschaftswiesen, Feuchtwiesen und nasse Staudenfluren

Grünlandgesellschaften spielen im Naturraum Donau-Iller-Lechplatten eine große Rolle. Die naturschutzfachlich bedeutendsten Wiesen im Gebiet sind die Glatthafer-Wiesen (Arrhenatheretum elatioris), die aber heute nur noch kleinflächig vorhanden und fragmentarisch ausgebildet sind. Es lassen sich die Tiefland-Glatthaferwiese (Arrhenatheretum elatioris) und die Berg-Glatthaferwiese (Alchemillo-Arrhenatheretum) unterscheiden. Sie wurden bereits im Abschnitt über die Schwäbische Alb charakterisiert und beschrieben, sodass an dieser Stelle nicht mehr darauf eingegangen werden soll.

Für Oberschwaben kennzeichnend und für den Naturschutz von besonderer Bedeutung sind vor allem die Streuwiesen. Sie sind eine besondere Nutzungsform des Grünlands, denn im Gegensatz zu Futterwiesen werden Streuwiesen nicht für die Futtergewinnung, sondern für die Stalleinstreu gemäht. Die Mahd erfolgt spät im Jahr, wenn die oberirdischen Teile der Pflanzen schon abgestorben sind. In manchen Gegenden werden sie deshalb auch Herbstwiesen genannt.

Aufgrund der Standortbedingungen sowie der extensiven Nutzung hat sich auf den Streuwiesen ein hoher floristischer Artenreichtum eingestellt. Insbesondere auf nährstoffarmen, kalkreichen Standorten können Bestände mit annähernd 100 Pflanzenarten auf wenigen Quadratmetern auftreten, darunter eine Reihe seltener und gefährdeter Arten wie etwa Alpen-Mehlprimel, Gewöhnliches Fettkraut, Schwalbenwurz-Enzian sowie verschiedene Orchideenarten. Das Erscheinungsbild prägen meist nur wenige mittel- bis hochwüchsige Gräser, insbesondere das Blaue Pfeifengras, daneben diverse Seggen und Binsen.

Die Streuwiesen lassen sich standörtlich und floristisch stark differenzieren (siehe hierzu Müller 2003). Genannt werden soll allein die Pfeifengras-Wiese (Molinietum caeruleae), die sich bevorzugt auf humosen, basenreichen Niedermoorböden der submontanen bis montanen Lagen findet. Die Grundwasserstände sind wechselnd hoch, der Oberboden aber immer gut durchlüftet. Ihre prägendste Art ist das bezeichnende Blaue Pfeifengras. Die Gesellschaft kann in Höhenformen unterschieden werden: eine reine Form der Gesellschaft in submontaner Lage, eine montane Form mit der Trollblume und eine präalpine Form mit dem Schwalbenwurz-Enzian.

Das in früheren Jahrzehnten sehr begehrte Streugut findet heute oftmals keine Verwendung mehr, da die Ställe schon lange auf Spaltenböden mit Güllebewirtschaftung umgestellt wurden. Die Streuwiesen werden dann meist intensiviert oder

Schwalbenwurz-Enzian – eine typische Art der Streuwiesen in Oberschwaben. K. REIDL

fallen brach. Für den Naturschutz und die Landschaftspflege sind sie damit »Pflegefälle« ersten Ranges. Eine noch intakte Pfeifengraswiese kann durch einmalige späte Mahd (Ende September bis Ende Oktober) und Abfuhr des Mähgutes erhalten werden. Allerdings ist dies kostenintensiv und die Verwendung des abgefahrenen Mähgutes ist schwierig.

Auf nährstoffreicheren Standorten oder bei zusätzlicher Düngung finden sich Sumpfdotterblumen-Wiesen. Die Kohldistel-Wiese (Angelico-Cirsietum oleracei) ist in mittleren Höhenlagen verbreitet und kann bei angemessener Düngung bei zwei Schnitten im Jahr 40 bis 80 Doppelzentner Trockenmasse pro Hektar erbringen. Neben der namengebenden Kohldistel gehören Sumpfdotterblume, Wiesen-Schaumkraut, Scharfer Hahnenfuß und Wiesen-Knöterich zu den charakteristischen Arten. Die Kohldistel-Wiese wird in den höheren Lagen von der Bachkratzdistel-Wiese (Cirsietum rivularis) ersetzt.

Beispiele aus der Tierwelt des Naturraums Donau-Iller-Lechplatten

Der Biber (Castor fiber)

Der Biber ist den meisten Menschen bekannt, auch wenn sie das nachtaktive und sehr scheue Tier noch nie gesehen haben. Er kann bis zu 1,25 Meter groß und 30 Kilogramm schwer werden. Typisch sind die kräftigen Nagezähne und der abgeplattete, schuppige Schwanz. Der Biber ist das größte europäische Nagetier und nach dem südamerikanischen Wasserschwein das zweitgrößte Nagetier der Erde. Er kam früher in ganz Europa und Nordasien vor. Er gilt als intelligent, gesellig, langlebig und fleißig bei seiner schöpferischen Bautätigkeit. Heutzutage ist er beliebt bei Jung und Alt und Sympathieträger in Filmen, Büchern, Baumärkten und Versandhäusern. Früher aber wurde er geschätzt und deshalb stark bejagt wegen seines dichten, warmen Fells, seines Fleisches und seines fetthaltigen Bibergeils, das Biber zur Fellpflege und Reviermarkierung nutzen und Menschen als »Allheilmittel« einsetzten. Der Erfolg war, dass der Biber fast überall in Europa ausgerottet wurde. Mitte des 19. Jahrhunderts war er auch in Baden-Württemberg ausgestorben.

Biber zählen zu den international bedrohten Tierarten und sind europaweit streng geschützt. Zu den Erfolgsgeschichten im landesweiten Naturschutz zählt die natürliche Wiedereinwanderung der Biber seit 1975 aus den Nachbarländern nach Baden-Württemberg. So haben sich inzwischen an Donau und Hochrhein und deren Seitenflüssen wieder Biberfamilien angesiedelt. Zu Beginn des Jahres 2006 schätzt man in Baden-Württemberg den Bestand auf über 800 Tiere. Diese Vorkommen sind von europaweiter Bedeutung. Baden-Württemberg trägt demnach eine besondere Verantwortung für die Erhaltung der Art; denn nach der FFH-Richtlinie der EU ist der Biber eine prioritäre Art, deren Lebensraum zu schützen ist.

Biber sind stark an ein Leben in und am Wasser angepasst. Das Fell ist dicht und wird regelmäßig gefettet, damit die Haut beim Schwimmen trocken bleibt. Die Hinterfüße besitzen Schwimmhäute, Nase und Ohren sind beim Tauchen verschließbar. Biber leben an bewaldeten Ufern von Flüssen, Bächen und Seen. Dort legen sie unterirdische Bauten mit trockenen Wohnkammern an, deren Eingang immer unter Wasser liegt. Darum ist er für Menschen meist nicht zu entdecken. Im Lauf der Jahre, nachdem sich die Partner gefunden haben, werden diese Bauten mit Ästen und Stämmen zu großen Burgen ausgebaut. Darin lebt das Biberpaar in lebenslanger Partnerschaft im Familienverband mit den Jungen der beiden letzten Jahre. Zwischen April und Juli werden meist zwei bis drei Junge geboren, von denen oft nur eines erwachsen wird und mit zwei Jahren das Revier der Eltern verläßt, um sich ein eigenes zu suchen. Biber sind reine Vegetarier. Sie fressen, was sie an Ufer- und Wasserpflanzen finden, im Winter auch Knollen und Wurzeln. Die Hauptnahrung aber bildet gerade im Winter Baumrinde. Um an Rinde zu kommen, müssen sie die Bäume allerdings erst fällen. Biber bevorzugen Weichholz, vor allem Weiden und Pappeln. Im Allgemeinen bleiben die Biber in der Nähe des Wassers und fällen Bäume, die meist nur bis zu fünf, höchstens aber zwanzig Meter vom Ufer entfernt sind. An diesen angenagten und gefällten Pappeln und Weiden im Winter erkennt man deutlich, dass Biber in der Nähe leben, genauso wie an den Knüppelburgen oder Dämmen. Um diese zu bauen oder zu vergrößern, verwenden die Tiere auch Holz anderer Bäume und Sträucher.

Der Biber.
R. GROSS, LfU

Biber gestalten sich die Landschaft ihres Lebensraums nach ihren Bedürfnissen. Da der Eingang zur Biberburg unter Wasser liegen muss, ist es manchmal nötig, den Wasserstand mit Hilfe von Dämmen zu regulieren, falls dieser abzusinken droht. Auf dem aufgestauten Wasser lassen sich auch die Ast- und Stammteile der Nahrung leichter zur Burg flößen. Diese aktive Landschaftsgestaltung schafft neue dynamische Strukturen in den ufernahen Auen. Aus den Biberteichen können im Lauf der Jahre durch Verlandung oder spontan nach einem Dammbruch schlammige Biberwiesen werden. Die Tier- und Pflanzenwelt dieser Schlammfluren gehören zu den seltensten Lebensgemeinschaften. 60 Prozent ihrer Arten gelten als verschollen oder gefährdet. So haben Biber eine große Bedeutung für den Arten- und Biotopschutz. Es ist beispielsweise auch bekannt, dass Biber im Baltikum die Schwarzstorchhabitate so vergrößert haben, dass der Populationsanstieg der Störche dort die natürliche Wiederbesiedlung bayerischer Gebiete auslöste.

Leider treffen die Landschaftsveränderungen von Bibern nicht immer auf Zustimmung der menschlichen Nachbarn. Deshalb wurde in Baden-Württemberg das Biber-Management eingeführt und ehrenamtliche Biber-Beauftragte ausgebildet, die vor Ort Lösungsansätze entwickeln für ein möglichst konfliktfreies Mit- oder Nebeneinander von Biber und Mensch. Die Naturschutzverwaltung des Landes setzt bei der Planung aber auch auf Schaffung ungenutzter Uferflächen entlang der Gewässer, die dem Biber wie auch vielen anderen Tier- und Pflanzenarten als konfliktfreier Lebensraum zur Verfügung stehen. In den großen Naturschutzgebieten des Donau-Iller-Gebietes finden Biber diese Bedingungen vor. Dort dürfen sie sich als Landschaftsgestalter betätigen und neuen Lebensraum in den Auen entlang der Bäche und Flüsse schaffen. Vielleicht kann die gerade beginnende Wiederansiedlung des Schwarzstorchs auch von dieser Habitatverbesserung profitieren.

Der Weißstorch *(Ciconia ciconia)*
Der Weißstorch erfreut sich bei den Menschen einer besonderen Beliebtheit: kein anderer Großvogel ist in unserer Kulturlandschaft so eng mit den Menschen verbunden. Die imposanten Vögel mit ihrem weißschwarzen Gefieder und den langen roten Beinen sind unverwechselbar. Sie werden bis zu einem Meter groß bei einer Flügelspannweite von bis zu zwei Metern. Weißstörche brüten in Nordafrika, der iberischen Halbinsel sowie im mittleren und südöstlichen Europa und in Westasien.

Der Weißstorch. H.-P. DÖLER

Störche haben immer schon die Phantasie der Menschen beflügelt und zu mancherlei Märchen und Geschichten angeregt. Die Idee unserer Vorfahren, dass die Störche die Kinder bringen, ist fast nachvollziehbar, denn dem Biorhythmus der Menschen entsprechend werden im Frühjahr und Herbst mehr Kinder geboren als zu den anderen Jahreszeiten, und genau zu der Zeit sieht man vielerorts bei uns Störche auf ihrem Zug zwischen Sommer- und Winterquartier. Dabei rasten sie gerne auf Hausdächern, in denen dann – wer weiß – gerade ein Kind zur Welt kommt.

In Baden-Württemberg brütete der Weißstorch früher im ganzen Land außerhalb geschlossener Waldgebiete. Die von den Menschen bewirkte Veränderung der Landschaft macht den Störchen aber das Leben schwer. Von rund 500 Brutpaaren im 19. Jahrhundert verringerte sich der Bestand stetig und von 1960 an drastisch. 1975 lebten im Land nur noch wenige Paare. Der Weißstorch steht als streng geschützte Art unter Naturschutz und ist in Deutschland und Baden-Württemberg vom Aussterben bedroht.

Weißstörche bauen ihre Nester hierzulande überwiegend auf Gebäudedächern innerhalb von Ortschaften. Als Nahrungsraum benötigen sie Wiesenlandschaften mit Feucht- oder Überschwemmungsgebieten im Umkreis von maximal drei Kilometern. Dort finden sie ihre tierische Nahrung. Der Speisezettel variiert in Abhängigkeit von Wetter und Alter der Brut und besteht aus Regenwürmern und Insekten, besonders Heuschrecken und Käfern sowie kleinen Wirbeltieren wie Mäusen, Fröschen, Eidechsen, Schlangen oder Maulwürfen. Im Allgemeinen beginnt die Brutzeit Anfang April. Die Störchin legt drei bis fünf Eier, aus denen nach 32 bis 33 Tagen die Jungen schlüpfen. Vom Nahrungsangebot, aber auch vom

Wetter ist es abhängig, wie viele Jungstörche schließlich zwei Monate später ausfliegen.

Der Weißstorch ist ein bemerkenswerter Zugvogel. Er fliegt tagsüber in großen Gruppen. Es gibt zwei Hauptreiserouten nach Afrika, eine westliche über Spanien und eine östliche über die Türkei und Israel. Die Zugscheide verläuft mitten durch Baden-Württemberg.

Der Weißstorch-Bestand ist gefährdet durch Zerstörung seines Lebensraums sowohl im Brutgebiet als auch in den Durchzugs- und Wintergebieten. Früher extensiv bewirtschaftete Wiesen wurden inzwischen entwässert, in Äcker umgewandelt, aufgeforstet oder bebaut. Zusätzlich verunglücken immer noch viele Störche tödlich an Freileitungen. Ihre Nahrung ist häufig vergiftet mit Insektiziden und anderen Chemikalien. Im Winterquartier und auf dem Weg dorthin werden die Tiere auch noch gejagt.

Früher war Oberschwaben nur dünn mit Weißstörchen besiedelt, was auf den ersten Blick überrascht, da die Landschaft als Lebens- und Nahrungsraum geeignet erscheint. Aber die für die Gegend charakteristische Sommerregenzeit (Schafskälte) und die damit verbundenen Nahrungsengpässe machen die Aufzucht der kälteempfindlichen Jungen schwierig. Erst nachdem die Weißstörche aus den klassischen Gebieten an Rhein und Neckar in den 1960er Jahren nahezu verschwunden waren, kam der Population in Oberschwaben immer größere Bedeutung zu.

Von 1979 bis 1998 gab es in Baden-Württemberg das Artenschutzprogramm Weißstorch zur Bestandsstützung und Wiederansiedlung mit dem Ziel, das Vorkommen dieser großen Vögel bei uns zu stärken und Lebensraum wiederherzustellen. Voraussetzungen für einen geeigneten Lebensraum – er sollte traditionelles Weißstorchgebiet sein – sind ein großer Anteil Grünland mit nassen Wiesen und Gräben, der auch in Zukunft noch erhalten und weder mit Häusern noch mit Straßen bebaut wird, sowie der Verzicht auf zusätzliche Hochspannungsfreileitungen. Zudem sollten die vorhandenen Leitungen mit entsprechenden Schutzeinrichtungen gesichert sein.

Das Regierungspräsidium Tübingen legte in der Vergangenheit bereits Wert darauf, ausgedehnte Feuchtwiesenlandschaften unter Schutz zu stellen, wie etwa die Flusslandschaft Donauwiesen und das Pfrunger-Ried. Sie erfüllen die ökologischen Grundforderungen an ein geeignetes Ansiedlungsgebiet für Weißstörche und werden »storchenfreundlich« bewirtschaftet.

Die oberschwäbische Weißstorchpopulation hat sich in den vergangenen Jahren deutlich vergrößert. Viele Gemeinde sind inzwischen stolz und glücklich, wenn sich ein Storchenpaar zum Nestbau einfindet. Besucher der Internetseite www.stoerche-oberschwaben.de erfahren genau, wie das aktuelle Storchenjahr verläuft und vieles mehr.

S. Kracht

Voralpines Hügel- und Moorland

Hauptnutzungsformen Vorwiegend landwirtschaftlich genutzt, meist Vieh- bzw. Grünlandwirtschaft (Fettweiden, Mähwiesen, Rotationsweiden), am Bodensee auch Wein- und Ackerbau. Nur stellenweise zusammenhängende Waldflächen.

Landschaftsprägende sowie naturschutzrelevante Vegetationseinheiten

Wälder Waldmeister-Buchenwälder, Tannen-Buchenwälder (Adelegg), Stieleichen-Hainbuchenwälder, Bruchwälder; kleinflächig Auenwälder (Bodenseeufer) und Kiefernwälder (Hegau)

Offenland Verlandungsgesellschaften von Stillgewässern (Niedermoore und Sümpfe mit Groß- und Kleinseggenrieden), Quellsümpfe und -moore, Hochmoore (vor allem im südlichen Oberschwaben und im Allgäu); Feuchtwiesen und Streuwiesen, z. T. Glatthaferwiesen; am Bodenseeufer Reste von Strandrasen und Streuwiesen

Das Voralpine Hügel- und Moorland stellt den Bereich der würmkaltzeitlichen Jungmoränenlandschaft dar und umfasst den südlichen Teil des baden-württembergischen Alpenvorlands. Innerhalb der naturräumlichen Haupteinheit finden sich sowohl die warme und klimatisch begünstigte Bodenseeregion wie auch das niederschlagsreiche und kühlere Allgäu. Die natürlichen Gegebenheiten sind also sehr unterschiedlich und vielfältig.

Im Allgäu fehlen gegenüber dem Bodensee-gebiet Pflanzen aus wärmeren und trockeneren Gebieten. Dafür finden sich in dessen höheren Lagen bereits einige hochmontane und subalpine Arten sowie eine Vielzahl von Gewässern und Mooren mit ihrer jeweiligen speziellen Vegetation.

Während im Schussenbecken, im Oberschwäbischen Hügelland sowie im Westallgäuer Hügelland der relative Reichtum an Mooren und Röhrichten charakteristisch ist, konnten sich vergleichbare Feucht- und Nasslebensräume im zwar ziemlich niederschlagsreichen, aber doch warmen Bodenseegebiet sehr viel seltener bilden. Vor allem kommen hier keine Hochmoore vor, die definitionsgemäß nur von Niederschlagswasser durchtränkt und ernährt werden. Aufgrund des geringeren Niederschlages und der höheren Verdunstung kommen Moore hier vorher zum Wachstumsstillstand.

Wälder mittlerer bis trockener Standorte und Auenwälder

Im Zuge der kulturlandschaftlichen Entwicklung entstand das für das Allgäuer Hügelland charakteristische Bild des mit Waldinseln durchsetzten Bauernlandes. Größere zusammenhängende Waldflächen kommen nur noch selten vor, beispielsweise im Altdorfer Wald, im Tettnanger Wald und östlich von Isny auf dem bewaldeten Höhenzug der Adelegg. Im Folgenden sollen die wichtigsten Waldgesellschaften – nach den naturräumlichen Untereinheiten gegliedert – kurz dargestellt werden.

Im Oberschwäbischen Hügelland hat der Waldmeister-Buchenwald (Galio odorati-Fagetum), örtlich im Übergang oder Wechsel mit Waldgersten- oder Hainsimsen-Buchenwäldern als natürliche Waldgesellschaft, den flächenmäßig bedeutendsten Anteil. In der realen Nutzung sind jedoch nur noch Reste dieser Waldgesellschaft vorhanden. Ihre Standorte sind entweder mit den Ersatzgesellschaften bestanden oder in Fichtenforste umgewandelt. Ist der Anteil der Weiß-Tanne entsprechend hoch, kann man von einem Waldmeister-Tannen-Buchenwald sprechen. Seine Vorkommen liegen hauptsächlich in den montanen Lagen des südlichen Oberschwabens.

Das Westallgäuer Hügelland zeichnet sich – auf stärker entbasten Böden – durch die Vorherrschaft des grundfrischen Hainsimsen-Tannen-Buchenwaldes aus, der sich vielfach im Übergang und Wechsel zum Waldmeister-Tannen-Buchenwald befindet. Häufig zeigen sich die Wälder in einer Ausbildung mit Seegras. Örtlich können der Labkraut-Tannenwald oder der Beerstrauch-Tannenwald hinzutreten, teilweise auch der Alpenheckenkirschen-Buchenwald (Lonicero alpigenae-Fagetum).

Im Bereich der Adelegg findet man in größerem Umfang Alpenheckenkirschen-Tannen-Buchenwälder.

Von Natur aus würde im Bodenseebecken der Waldmeister-Buchenwald (Galio odorati-Fagetum) vorherrschen, örtlich auch der Waldgersten-Buchenwald. Bei zeitweiliger Trockenheit tritt der Seggen-Buchenwald (Carici-Fagetum) hinzu. Im Bereich des Schussenbeckens und in anderen feuchten Tälern liegen die natürlichen Standorte des feuchten Sternmieren-Stieleichen-Hainbuchenwaldes (Stellario holosteae-Carpinetum stachyetosum) und des frischen Sternmieren-Stieleichenwaldes (Stellario holosteae-Carpinetum typicum). So beherbergt das Naturschutzgebiet »Oberer und Unterer Schenkenwald« gut ausgebildete, naturnahe Bestände eines Stieleichen-Hainbuchen-Mischwaldes.

Westlich des Schussenbeckens, am Überlinger See, schließt sich der Naturraum Hegau an das Bodenseebecken an. Er ist mit einem kleinen Flächenanteil noch im Regierungsbezirk vertreten. Vor allem einige Tobel sind hier zu nennen, beispielsweise der Hödinger und der Spetzgarter Tobel. Sie sind erst gegen Ende und nach den Kaltzeiten entstanden und noch nicht zur Ruhe gekommen, ihre Entwicklung ist keineswegs abgeschlossen. Ihre steilen, leicht rutschenden Hänge verhindern intensive menschliche Eingriffe, sodass sie noch heute naturnahe Laubwaldgesellschaften präsentieren: Sommerlinden-Bergahorn-Bergulmen-Schluchtwälder und so genannte Kleebwälder mit Frühlingsgeophyten, stellenweise an Riesen-Schachtelhalm reiche Bach-Eschenwälder.

Eine charakteristische Pflanzengesellschaft des Bodenseegebiets ist der Geißklee-Kiefernwald (Cytiso nigricantis-Pinetum). Im Naturschutzgebiet »Sipplinger Dreieck« stockt er auf süd- bis südwestexponierten, trockenen Molassehängen.

Die Gesellschaften der Auenwälder lassen sich nicht naturraumspezifisch zuordnen. In den Bach- und Flussauen ist der Schwarzerlen-Eschen-Auenwald (Pruno-Fraxinetum) vertreten. Im Bereich der Unteren und Oberen Argen gibt es auf basenreichen, oft kalkhaltigen jüngeren Tal-Ablagerungen zusätzlich noch Vorkommen des Grauerlen-Auenwaldes (Alnetum incanae). Am Bodenseeufer tritt in Restbeständen der Eichen-Ulmen-Auenwald (Querco-Ulmetum minoris) auf, der auf den höheren Bereichen zu finden ist. Näher am Wasserspiegel des Sees ist hingegen der Silberweiden-Auenwald (Salicetum albae) ausgebildet.

Röhrichte, Moore und Bruchwälder

Charakteristikum des Voralpinen Hügel- und Moorlands ist sein Reichtum an Mooren und Röhrichten. Allerdings handelt es sich nur noch um Reste der ursprünglichen Vielfalt, denn die meisten der einst lebenden Moore sind zerstört oder zumindest stark beeinträchtigt. Durch die Tätigkeit des würmkaltzeitlichen Rheingletschers entstand die Vielfalt an Hügeln, zwischen denen vernässte und vermoorte Senken liegen. Dies waren die geomorphologischen Voraussetzungen für die Entstehung zahlreicher Moore wie das Pfrunger Ried, die Bodenmöser, Gründlenried-Rötseemoos und das Taufach-Fetzach-Moos. Kleinere Hohlformen entstanden als Toteislöcher. Ein Beispiel hierfür ist der Felder See mit einem nährstoffarmen Stillgewässer und einer ausgeprägten Übergangsmoor-Verlandung.

Auch außerhalb der glazialen Hohlformen bildeten sich in Bachtälern und um Quellen Vermoorungen. Als Beispiele seien die Naturschutzgebiete »Hangquellmoor Bachholz« und »Hangquellmoor Epplings« genannt.

Das südliche Oberschwaben ist zwar niederschlagsreicher als das nördliche, jedoch nieder-

Füremoos – eines der wenigen unberührten Hochmoore in Oberschwaben. H.-P. DÖLER

Nur vom Himmel genährt: Hochmoore

»Besonders eindrucksvoll ist das Moor am Frühlings-
morgen oder im müden Schweigen des Herbsta-
bends, wenn weißer Nebel emporqualmt und jedes
Hälmlein mit tausend schimmernden Perlen
schmückt und eine Stimmung grenzenloser Verlas-
senheit über dem von Nässe triefenden Boden
schwebt. Ein Stück Urwelt, an die noch keines
Menschen Hand gerührt hat.«

So eindrucksvoll beschrieb der Botaniker und
Moorforscher Karl Bertsch vor rund 60 Jahren die
Stimmung in einem oberschwäbischen Hochmoor.
Heute sind nur noch wenige intakte Hochmoore vor-
handen, die meisten wurden abgetorft, entwässert
und zerstört.

Ein typisches Hochmoor besteht aus einem mächtigen, aufgewölbten Torfkissen, das keine Verbindung
mehr zum Mineralboden hat. Hochmoore haben ihren
eigenen Wasserhaushalt, der allein vom Regen (oder
Schnee) gespeist wird. In ihnen herrscht daher extreme Nährstoffarmut, mit der nur wenige Pflanzenarten – extreme Spezialisten – zurechtkommen.

Sümpfe oder verlandete Seen bilden den Ausgangspunkt für die Entstehung eines Hochmoors.
Zunächst entsteht ein so genanntes Nieder- oder
Flachmoor, das noch von mineralreichem Wasser
durchtränkt wird. Geht die Entwicklung weiter und
die ersten Torfmoose der Gattung Sphagnum sowie
vereinzelte Hochmoorgefäßpflanzen wachsen über
den mineralreichen Wasserspiegel hinaus, spricht
man von einem Übergangsmoor. Wachsen die Pflanzen weiter über den mineralischen Grundwasserspiegel hinaus und werden schließlich nur noch vom Regenwasser gespeist, kann ein Hochmoor entstehen.
Dabei bilden Torfmoose ein wassergesättigtes Pols-
ter, etwa vergleichbar mit einem Schwamm, der sein
Wasser nicht nach außen abgibt. Schließlich dehnt
sich das Moospolster nicht nur zu den Seiten hin aus,
sondern wächst im Laufe der Zeit in die Höhe (daher
der Name Hochmoor). Die unteren, älteren Teile der
Moospflänzchen sterben dabei ab, werden zusam-
mengepresst und vom Luftsauerstoff abgeschnitten.
Daher zersetzen sie sich nicht mehr, das typische
Hochmoorkissen bildet sich.

Die Oberfläche eines lebenden Hochmoores ist in
sich gegliedert. Die waldlose Hochfläche, die Moorweite, geht in einen bewaldeten Randbereich, das so
genannte Randgehänge über. Dieses wiederum fällt
in eine ringförmige, nasse Senke, das Randlagg, ab.
Die Hochfläche selbst ist oftmals gegliedert in Bulte
(buckelige Erhebungen) und Schlenken (unregelmäßig geformte Mulden). Auch größere Wasserflächen
können auftreten, so genannte Kolke oder Blänken.

Typische Artenkombination intakter Hochmoore: Rundblättriger Sonnentau eingebettet in Torfmoospolster.
H.-P. DÖLER

schlagsärmer als das Allgäu. Im nördlichen Teil
zwischen der äußeren und inneren Jungendmoräne der Würmkaltzeit finden sich eher großflächige Riedflächen wie beispielsweise das Naturschutzgebiet »Pfrunger-Burgweiler Ried«. Vor
allem in den so genannten Drumlin-Hügelland-
schaften haben sich inselartig kleine Moor- und
Riedflächen ausgebildet, meist Nieder- oder
Übergangsmoore. Hochmoore konnten sich hier
nur in wenigen Fällen bilden, da die Niederschlagsmengen häufig nicht ausreichend sind.
Auch im Bereich des großflächigen »Pfrunger-
Burgweiler Rieds« hat sich lediglich ein relativ
kleiner Hochmoorschild entwickelt. Daneben
sind noch die Naturschutzgebiete »Dornacher
Ried« und »Brunnenholzried« zu nennen. Im Gebiet des niederschlagsreichen Allgäus konnten
sich dagegen neben den zahlreichen Rieden auch
immer wieder Hochmoore entwickeln, etwa die
Naturschutzgebiete »Gründlenried-Rötseemoos«
und »Taufach-Fetzach-Moos«.

Entsprechend vielfältig ist im Voralpinen Hü-
gel- und Moorland die Pflanzenwelt der Nieder-,
Übergangs- und Hochmoore. Da die grundlegen-
den Aspekte dieser Lebensräume sowie die wesentlichen Arten und Pflanzengesellschaften bereits im Zusammenhang mit dem Naturraum
Donau-Iller-Lech-Platten dargestellt wurden,
wird an dieser Stelle nur noch ein knapper Überblick mit einigen Beispielen gegeben.

Stillgewässer und ihre Verlandungsbereiche
sowie Nieder-, Übergangs- und Hochmoorberei-

che zeichnen sich durch eine herausragende Vielfalt an kennzeichnenden Arten und Pflanzengemeinschaften aus.

Zu den wichtigsten Großröhrichten gehören auch hier das Sumpfbinsen-Röhricht (Scirpetum lacustris), das Schilf-Röhricht (Phragmitetum australis), Rohrkolben-Röhrichte (Typhetum angustifoliae und Typhetum latifoliae) und das Schneidbinsen-Röhricht (Cladietum marisci).

Landwärts schließen häufig Großseggen-Gesellschaften wie das Steifseggen-Ried (Caricetum elatae), das Wunderseggen-Ried (Caricetum appropinquatae) und das Rispenseggen-Ried (Caricetum paniculatae) an. Hinzu kommen die rasenförmig wachsenden Seggen-Bestände wie das Schlankseggen-Ried (Caricetum gracilis) und das Schnabelseggen-Ried (Caricetum rostratae). Dann können sich Kleinseggen-Gesellschaften anschließen, die allerdings nicht nur in Verlandungsbereichen, sondern auch in Quellmooren

Moorwald im Pfrunger-Burgweiler Ried. K. REIDL

vorkommen. Im Jungmoränen-Gebiet treten bevorzugt Kalkflachmoorgesellschaften auf. Zu diesen gehören der Davallseggen-Sumpf (Caricetum davallianae) als Quellmoor-Gesellschaft und das Mehlprimel-Kopfbinsenmoor (Primulo-Schoenetum ferruginei) als montane Kalkflachmoor-Gesellschaft.

Die wichtigsten Gesellschaften der Übergangs- und Hochmoore sind die Schwingrasen- und Schlenkengesellschaften, die mesotrophen Zwischenmoore und die Hochmoor-Torfgesellschaften. Zu nennen sind hier die Schlammseggen- und die Schnabelried-Schlenken (Caricetum limosae und Rhynchosporetum albae), das Fadenseggenmoor (Caricetum lasiocarpae) und die Bunte Torfmoosgesellschaft (Sphagnetum magellanici). Letztere bildet zusammen mit den Schlammseggen- und den Schnabelried-Schlenken die baumfreien Bult-Schlenken-Komplexe noch wachsender Hochmoore. In den verschiedenen Bult-Schlenken-Teillebensräumen hat sich jeweils eine spezifische Vegetation herausgebildet. Beispielsweise finden sich auf Bulten Zwergsträucher wie Heidekraut, Rauschbeere und Heidelbeere. Gut entwickelte Schlenken sind hingegen frei von Zwergsträuchern. Kennzeichnende Arten sind unter anderem Weißes Schnabelried, Schlamm-Segge und Blumenbinse, die alle in Baden-Württemberg auf der Roten Liste stehen.

Im Bereich der Niedermoore kommt es auch hier zur Ausbildung von Schwarzerlen- (Carici elongatae-Alnetum glutinosae) und Birken-Bruchwäldern (Betuletum pubescentis). Bei den Hochmooren finden sich Waldkiefern-Moorwald (Vaccinio uliginosi-Pinetum sylvestris) und Spirken-Moorwald (Vaccinio uliginosi-Pinetum rotundatae).

Wirtschaftswiesen, Feuchtwiesen und nasse Staudenfluren

In der naturräumlichen Haupteinheit überwiegt die Grünlandwirtschaft gegenüber ackerbaulicher Nutzung. Besonders bekannt für seine intensive Grünlandwirtschaft ist das Allgäu. Der größte Teil des Grünlands wird als Mähweide genutzt, was bedeutet, dass deren Artenzusammensetzung

Bergmähwiese auf der Adelegg. B. SCHALL

meist eine Mischung der beiden Nutzungstypen Wiese und Weide darstellt.

Das südliche Oberschwaben ist neben der Grünlandwirtschaft für seine verschiedenen Sonderkulturen wie Intensivobst- und Hopfenanbau bekannt.

Auch hier finden sich in den Tälern und unteren Hanglagen des Gebietes die Glatthafer-Wiesen in ihren beiden Höhenformen, allerdings sind nur noch wenige Flächen vorhanden. Die Tieflagenform (Arrhenatheretum elatioris) kann noch in den Tallandschaften des Bodensees auftreten, wobei aufgrund der Höhenlage des Naturraums die Frauenmantel-Glatthaferwiesen (Alchemillo-Arrhenatheretum) häufiger anzutreffen sind. Die trockenen Ausbildungen als Salbei-Glatthaferwiesen sind hier angesichts der höheren Niederschläge selten, ihre Vorkommen beschränken sich auf sonnige Hänge mit durchlässigen, kalkreichen Böden. Östlich der

Schussen fehlen sie schließlich ganz. Stattdessen sind dort vermehrt Vorkommen des Wiesen-Fuchsschwanzes zu beobachten.

Des Weiteren finden sich im Bereich der Adelegg – wie in den montanen Lagen der Schwäbischen Alb – Berg-Glatthaferwiesen, die Übergänge zu den Goldhafer-Wiesen darstellen. Die aus feucht-kühlen Lagen Oberschwabens beschriebene Wiesenrispen-Goldhafer-Gesellschaft (Poo-Trisetetum flavescentis) ist eine solche Übergangsgesellschaft. Sie leitet über zur Storchschnabel-Goldhaferwiese (Geranio-Trisetetum flavescentis), die den Schwerpunkt ihres Vorkommens allerdings in den montanen bis hochmontanen Frischwiesen der Mittelgebirge hat.

Durch die zusätzliche Weidewirtschaft kommt es häufig zu Übergängen oder zur Umwandlung der Wiesen in Fettweiden, insbesondere in die Lolch-Fettweide (Lolio-Cynosuretum).

Auch im südlichen Teil des Alpenvorlands finden sich die Gesellschaften der Feucht- und Nasswiesen. Handelt es sich um nur einmal jährlich gemähte, nicht gedüngte Streuwiesen, kommt es zur Ausbildung verschiedener Pfeifengras-Wiesen, beispielsweise der Schwalbenwurz-Enzian-Pfeifengraswiese (Gentiano asclepiadeae-Molinietum) mit Schwalbenwurz-Enzian, Alpen-Mehlprimel und Weißem Germer. Derartige Streuwiesen sind beispielsweise im Naturschutzgebiet »Bodenmöser« (Landkreis Ravensburg) besonders schön ausgeprägt.

Sind die Standorte nährstoffreicher oder werden sie zusätzlich gedüngt, treten in den tieferen Lagen die Silgen-Wiese (Sanguisorbo-Silaetum) und die Kohldistel-Wiese (Angelico-Cirsietum oleracei), in höheren Lagen die Bachkratzdistel-Wiese (Cirsietum rivularis) auf.

In linearer Form entlang von Gräben, Bächen und Flüssen sowie an Stillgewässern, daneben auch flächig als Brachestadien der Feucht- und Nasswiesen, kommen in ganz Oberschwaben Hochstaudenbestände vor, die sich den Mädesüßfluren zuordnen lassen. Sie setzen sich zu einem großen Teil aus kräftigen und hochwüchsigen Stauden wie Mädesüß, Zottigem Weidenröschen, Kohldistel, Blut-Weiderich, Gewöhnlichem Gilbweiderich und Arznei-Baldrian zusammen.

Vegetation des Bodenseeufers

Glanzlichter der mitteleuropäischen Pflanzen- und Tierwelt bietet stellenweise noch heute der Bodensee mit seinen Uferzonen. Im Gegensatz zu den meisten anderen Voralpenseen ist der Wasserstand des Bodensees nicht geregelt. Daher schwankt er stark und ist während des sommerlichen Hochwassers etwa zwei Meter höher als im Winter. An naturnahen Uferabschnitten wächst in den Überschwemmungsbereichen oft Schilfröhricht.

An Ufern mit offenem und kiesigem Strand kommen stellenweise rasig, oft aber nur sehr lückig ausgebildete Pflanzengemeinschaften vor: die Strandrasen. Sie stellen eine besondere Kostbarkeit des Bodensee-Ufers dar, die leider aufgrund verschiedener Einwirkungen des Menschen heute nur noch lückig und fragmentarisch

ausgebildet anzutreffen sind. Die Bodensee-Strandschmielen-Gesellschaft (Deschampsietum rhenanae) weist eine Reihe besonders seltener und gefährdeter Pflanzen auf: Strand-Schmiele, Bodensee-Vergißmeinnicht, Strandling und Ufer-Hahnenfuß. Beim Bodensee-Vergißmeinnicht handelt es sich um eine weitere streng zu schützende FFH-Art von europäischer Bedeutung, für deren Erhaltung besondere Schutzgebiete ausgewiesen werden müssen. Die Bodensee-Strandschmielen-Gesellschaft ist angepasst an eine sehr spezielle Standortökologie. Zwischen Mai und Oktober treten Hochwässer auf. Die Pflanzen müssen in der Lage sein, mehrere Monate unter Wasser zu verbringen. Die genannten Arten sind in allen drei Bodensee-Anliegerstaaten vom Aussterben bedroht oder stark gefährdet. Zwei Strandrasen-Arten sind am Bodensee wohl bereits ausgestorben: der Bodensee-Steinbrech und die Purpur-Grasnelke.

Ein bedeutsames Schutzgebiet zur Sicherung eines Ausschnitts der charakteristischen Ufervegetation des Bodensees stellt das Eriskircher Ried dar. Es handelt sich um ein von den Geschieben der Rotach und der Schussen gebildetes Flussdelta mit einer außerordentlichen Vielfalt unterschiedlicher Vegetationsbestände, beispielsweise Wasserpflanzengesellschaften, Strandlingsgesellschaften, Röhrichte, Großseggenrieder, Kleinseggenrieder und Pfeifengraswiesen bis hin zu Gebüsch- und Waldgesellschaften (eine ausführliche Darstellung der Pflanzenwelt gibt Winterhoff 1993).

Ackerwildkrautfluren und Vegetation der Weinberge

Abschließend einige kurze Anmerkungen zu einigen weiteren Pflanzengemeinschaften der Voralpen. In der Landwirtschaft überwiegt hier die Grünlandwirtschaft gegenüber dem Ackerbau. Flächenintensiv sind jedoch die Sonderkulturen im Bereich des Bodenseebeckens. Beim Intensivobst-Anbau handelt es sich großteils um Apfelkulturen, in der Umgebung von Tettnang liegen Hopfenanbau-Gebiete. Weinbau gibt es an den Sonnenhängen bei Meersburg, Hagnau, Markdorf und Kressbronn. Hier treten wärmebedürftige Arten wie Grüne Borstenhirse, Hühnerhirse, Rauhaariger Fuchsschwanz, Kleinblütiges und Behaartes Franzosenkraut, Aufrechter Sauerklee und Behaartes Schaumkraut auf.

Bei den Wildkrautfluren der Halmfrüchte handelt es sich um die bereits beschriebenen Gesellschaften der vorangegangenen Naturräume. Bei den Hackfrüchten findet sich unter anderem in den warmen und wintermilden Tieflagen wie der des Bodenseebeckens die Bingelkraut-Flur (Mercurialetum annuae). Ihre Standorte sind basen- und nährstoffreich, wobei der Kalkgehalt variieren kann. Kennart und meist bestandsbildend ist das Einjährige Bingelkraut. Des Weiteren können die Hellerkraut-Glanzehrenpreis-Gesellschaft (Thlaspio-Veronicetum politae) oder die Gänsefuß-Sauerklee-Gesellschaft (Chenopodio-Oxalidetum fontanae) auf den frischen bis feuchten Standorten auftreten.

Beispiele aus der Tierwelt des Naturraums Voralpines Hügel- und Moorland

Der Moorfrosch (*Rana arvalis*)

Die meiste Zeit des Jahres ist es nicht leicht, einen Moorfrosch (*Rana arvalis*) eindeutig von den anderen heimischen *Rana*-Arten zu unterscheiden. Während der Paarungszeit im März aber trägt das Männchen ein ungewöhnliches, leuchtend blaues Hochzeitskleid und ist gut zu erkennen. Der Moorfrosch gehört wie Gras- und Springfrosch, mit denen er auch vergesellschaftet sein kann, zu den braunhäutigen Fröschen, während Teich- und Seefrosch grünhäutig sind. Der Moorfrosch hat lange Hinterbeine. Bei ausgestreckten Beinen reicht die Ferse bis zur Schnauzenspitze. Damit sind sie länger als beim Grasfrosch, dessen Ferse nur bis zu den Augen reicht, aber kürzer als beim Springfrosch. Der macht als Sprungkünstler seinem Namen alle Ehre. Seine ausgestreckte Beine sind doppelt so lang, wie der Körper. Die Männchen und Weibchen des Moorfroschs werden vier bis sieben Zentimeter groß. Die Haut ist kontrastreich gefärbt mit dunkelbraunen bis schwarzen Flecken an der Oberseite, einem hellen Längsband in der Mitte und zwei weiß gesäumten Drüsenbändern. Die Bauchseite ist meist heller und ungefleckt. Der Moorfrosch kommt vom nordöstlichen Mitteleuropa über Nord- und Osteuropa bis Sibirien vor.

Das Märchen vom Froschkönig macht deutlich, dass Frösche im Allgemeinen bei den Menschen nicht sehr beliebt sind – außer vielleicht in den Küchen von Gourmetköchen oder Hexen. In Forschung und Lehre waren sie über Jahrhunderte leicht zu beschaffende »Objekte« der Naturwissenschaftler. Frösche kamen häufig vor. Heute hat sich das geändert. Insbesondere der Moorfrosch ist selten geworden, in Deutschland insgesamt stark gefährdet und in Baden-Württemberg vom Aussterben bedroht. Man findet nur einzelne Vorkommen in der nördlichen Oberrheinebene und in Oberschwaben.

Von März bis Oktober sind Moorfrösche vor allem nachts aktiv, während der Paarungszeit im März und April auch tagsüber. Die Männchen besitzen innere Schallblasen, die nicht hervorgestülpt werden können und nur schwache, blubbernde Laute hervorbringen. Sie klingen, als ob aus einer leeren Flasche unter Wasser Luft entweicht. Wenn sich ein Paar gefunden hat, laichen die Weibchen unter Wasser ein bis zwei Laichklumpen mit bis zu 3000 Eiern an Pflanzen ab. Moorfrösche sind Explosionslaicher, was bedeutet, dass innerhalb weniger Tage viele Frösche ablaichen. Nur für einige Tage oder wenige Wochen erscheinen sie dafür am Laichgewässer. Die Zeichnung der Larven variiert. An der Oberseite sind sie dunkler als an der Unterseite, meist aber auf Rücken und Bauch metallisch gesprenkelt. Sie werden höchstens 4,5 Zentimeter lang, wobei der Schwanz 1,5 mal so lang ist wie der Rumpf und spitz endet. Der Moorfrosch ist die am stärksten bedrohte Amphibienart in Baden-Württemberg, weil er große, das ganze Jahr über nasse Gebiete mit nicht zu dichtem Pflanzenbewuchs braucht. Seggenriede und Moorwiesen sind seine Lebensräume. Er überwintert an Land oder im Bodenschlamm der Gewässer. Die Frösche sind nach der zweiten oder dritten

Der Moorfrosch. R. NENTWICH

Überwinterung geschlechtsreif. Als Nahrung dienen dem Moorfrosch Insekten, Spinnen, Asseln und Landschnecken.

Wenn alle Eier der erstaunlich umfangreichen Laichklumpen zu erwachsenen Tieren würden, käme es zu einer gewaltigen Froschplage. Frösche sind aber auch Nahrungsgrundlage für viele Vogelarten: für Weiß- und Schwarzstorch, Greifvögel wie Mäusebussard und Turmfalke, Eulen (Schleiereule, Uhu, Waldkauz), Elstern und Krähen. Trotzdem spielen diese sicher keine nennenswerte Rolle beim erschreckenden Rückgang der meisten Amphibien- und Reptilienarten, zumal auch ihr eigener Bestand teilweise gefährdet ist. Die wichtigste Gefahr liegt in der Veränderung der Feuchtwiesenhabitate durch Entwässerung und Intensivierung der Nutzung. Aber auch der Tod auf der Straße und die Belastung der Umwelt mit Giften und Düngemitteln spielen eine Rolle.

Der Moorfrosch besiedelt hauptsächlich Niedermoore, Riedgebiete, Feuchtwiesen und Auenwälder mit ganzjährig hohem Grundwasserstand. Zur Laichzeit begibt er sich auf überschwemmte Flächen, in Torfstiche oder Teiche und Wassergräben mit gut strukturierten, besonnten Uferbereichen. Heute kommen Moorfrösche in Baden-Württemberg überwiegend in Naturschutzgebieten wie beispielsweise dem Dornacher oder dem Wurzacher Ried vor. Die Naturschutzverwaltung ist deshalb bestrebt, die Lebensraumqualität zu verbessern, indem beispielsweise alte Torfstiche wieder vernässt oder der Grundwasserstand insgesamt gehoben wird. Diese Maßnahmen helfen dem Moorfrosch und letztlich auch denen, die von ihm leben, wie der Schwarzstorch.

Der Schwarzstorch (Ciconia nigra)

Der Schwarzstorch ist wie der Weißstorch ein imposanter Großvogel unserer Heimat. Zwischen den beiden Arten gibt es aber deutliche Unterschiede. Einer ist sofort sichtbar. Im Gegensatz zum teilweise weißen Gefieder des Weißstorchs ist das Gefieder des Schwarzstorchs – wie der Name sagt – an der Oberseite schwarz. In der Sonne glänzt es kupfrig grün oder purpurn. Der entscheidende Unterschied aber betrifft die Lebensweise. Anders als der Weißstorch meiden Schwarzstörche die Menschen und sind scheue Waldbewohner. Sie brüten in dichten Wäldern, wo sie auf hohen Bäumen ihre Nester bauen. In der Nähe benötigen sie Lichtungen, vorzugsweise mit Tümpeln oder nassen Wiesen, in denen sie ihre Nahrung finden.

Der Schwarzstorch war als Kulturflüchter immer schon viel seltener als der Weißstorch. Sein teilweise recht lückenhaftes Brutgebiet reichte früher von der

Der Schwarzstorch. D. NILL/LINNEA IMAGES

iberischen Halbinsel über Deutschland ostwärts bis nach West-China. Die Wintergebiete dieses Zugvogels liegen in Ostafrika und dem tropischen Westafrika. Außerdem gibt es eine nicht ziehende Population in Südafrika. In Baden-Württemberg brüteten Schwarzstörche früher im Oberrheingebiet und im mittleren Neckarraum. Während schon Ende des 19. Jahrhunderts keine Population mehr in den badischen Gebieten lebte, brütete 1925 das letzte Paar am nördlichen Schönbuchrand. Danach war der Schwarzstorch in Baden-Württemberg ausgestorben. Er steht als streng geschützte Art unter Naturschutz und ist in Deutschland in der Roten Liste als vom Aussterben bedroht geführt. Zusätzlich ist er weltweit durch das Washingtoner Artenschutzübereinkommen mit einem Handelsverbot belegt.

Die Ursache für das Verschwinden der Schwarzstörche liegt vor allem im Verlust ihres Lebensraumes. Die Reviergröße eines Brutpaares kann 100 bis 150 Quadratkilometer betragen. Dort braucht das Paar ausgedehnte, sehr feuchte, alte und extensiv bewirtschaftete Laubwälder mit angrenzenden Feuchtbiotopen in offener Landschaft. Es ist klar, dass ein solcher Lebensraum in unserer heutigen dicht besiedelten Kulturlandschaft nur schwer zu finden ist. Die ehemaligen Brutgebiete sind für die Art überwiegend unbewohnbar geworden. Seit den 1940er Jahren lässt sich beobachten, dass der Schwarzstorch im nordöstlichen Mitteleuropa wieder zunimmt. Durch gezielte Artenschutzmaßnahmen konnte sich das Brutgebiet wieder langsam – aber stetig – Richtung Süddeutschland ausbreiten. Seit den achtziger Jahren brüten einige Paare in Bayern. Das gab zu der Hoffnung Anlass, dass sich auch in Baden-Württemberg wieder Schwarzstörche ansiedeln könnten. Voraussetzung dafür ist aber die Erhaltung von Restbiotopen und die großzügige Wiederherstellung geeigneter Habitate. Dies ist außerordentlich schwierig, da die Ansprüche der Vögel an weitgehend ungestörte Grünland- und Waldfeuchtgebiete für menschliche Vorstellungen hoch sind. Hier bietet sich nun der Naturraum »Voralpines Hügel- und Moorland« an.

Die jahrzehntelangen großen Bemühungen um Naturschutz und Landschaftspflege in dieser Region führten dazu, dass mit Beginn des 21. Jahrhunderts Ornithologen wieder Schwarzstörche beobachten konnten. 2003 ging in die Annalen der Geschichte des Schwarzstorchschutzes ein, weil am 4. Juli das erste neue Schwarzstorchnest in Baden-Württemberg entdeckt wurde. Die Internetseite www.stoerche-bw.de/news meldete: »Jungstörche üben Flügelschläge, aber sind noch nicht vom Nest geflogen.« Dies ist ein spektakulärer Erfolg des Naturschutzes. Seit dieser Zeit werden hier immer wieder einzelne Exemplare oder Paare dieser großen, schönen Vögel beobachtet.

Vielleicht ist es Ansporn für die auf Tourismus setzenden Kommunen, den Biotopschutz auch für Schwarzstörche voranzutreiben, denn Feriengäste sehen Schwarz- und Weißstörche als Anzeiger für intakte Erholungslandschaft an. Gleichzeitig muss es aber auch gelingen, die Interessen der erholungssuchenden Menschen und der empfindlichen Vögel auszutarieren. So ist etwa eine Wiederbesiedelung des letzten natürlichen Brutplatzes am Schönbuch kaum vorstellbar. Hier hat sich die umgebende Landschaftsstruktur durch Besiedlung, Bau von Straßen und Trockenlegungen in Landwirtschaft und Forst gravierend verändert. Trotzdem besteht die Hoffnung, dass der Naturpark Schönbuch selbst mit seinen alten Laubbaumbeständen und den feuchten Wiesen in den Bachtälern Schwarzstörche wieder zur Ansiedlung einlädt, falls es gelingt, die nötige Ruhe vor Störungen herzustellen. S. KRACHT

LITERATUR

DIERSCHKE, H. (1994): Pflanzensoziologie. Grundlagen und Methoden. Verlag Eugen Ulmer, Stuttgart.

ELLENBERG, H. (1996): Vegetation Mitteleuropas mit den Alpen in ökologischer, dynamischer und historischer Sicht. – 5. Auflage. Verlag Eugen Ulmer, Stuttgart.

GÖRS, S. (1966): Die Pflanzengesellschaften der Rebhänge am Spitzberg. In: Der Spitzberg, Natur- und Landschaftsschutzgebiete Bad.-Württ. 3, S. 476–534, Ludwigsburg.

GRADMANN, R. (1898/1992): Das Pflanzenleben der Schwäbischen Alb. 1./5. Auflage. 469 S. + Anhang. Schwäb. Albverein, Stuttgart.

HERTER, W. (1996): Die Xerothermvegetation des Oberen Donautals. Gefährdung der Vegetation durch Mensch und Wild sowie Schutz und Erhaltungsvorschläge. Landesanstalt für Umweltschutz Baden-Württemberg (Hrsg.), Projekt »Angewandte Ökologie« 10.

KAPFER, A. & KONOLD, W. (1996): Streuwiesen: Relikte vergangener Landbewirtschaftung mit hohem ökologischen Wert. – In KONOLD, W. (Hrsg.): Naturlandschaft – Kulturlandschaft: 185–200 (Landsberg).

KONOLD, W. (1987): Oberschwäbische Weiher und Seen: Geschichte – Kultur. Teil I. Karlsruhe, S. 1–200.

KONOLD, W. (1987): Oberschwäbische Weiher und Seen: Vegetation, Limnologie, Naturschutz. Teil II. Karlsruhe, S. 201–634.

MÜLLER, T. (1962): Die Saumgesellschaften der Klasse Trifolio-Geranietea sanguinei. – Mitt. Flor.-soziol. Arbeitsgemeinschaft. N.F. 9: 65–140.

MÜLLER, T. (1966): Die Wald-, Gebüsch-, Saum-, Trocken- und Halbtrockenrasengesellschaften des Spitzbergs. In: Der Spitzberg, Natur- und Land-

schaftsschutzgebiete Bad.-Württ. 3, S. 278–475, Ludwigsburg.

MÜLLER, T. (2002): Die Pflanzenwelt. In: Naturschutzgebiete im Regierungsbezirk Stuttgart. S. 61–96. Thorbecke.

MÜLLER, T. (2003): Blumenwiesen. Eine Handreichung für Naturfreunde und Wanderer. Herausgeben vom Schwäbischen Albverein e.V., Stuttgart.

MÜLLER, T. & OBERDORFER, E. [Hrsg.] (1974): Die potentielle natürliche Vegetation von Baden-Württemberg, Beihefte zu den Veröffentlichungen der Landesstelle für Naturschutz und Landschaftspflege Baden-Württemberg. Heft 6. Ludwigsburg, 46 S.

OBERDORFER, E. [Hrsg.] (1992): Süddeutsche Pflanzengesellschaften: Fels- und Mauergesellschaften, alpine Fluren, Wasser-, Verlandungs- und Moor-Gesellschaften. Band I. Jena, 314 S.

OBERDORFER, E. [Hrsg.] (1993): Süddeutsche Pflanzengesellschaften: Sand- und Trockenrasen, Heide- und Borstgras-Gesellschaften, alpine Magerrasen, Saum-Gesellschaften, Schlag- und Hochstauden-Fluren. Band II. Jena, 355 S.

OBERDORFER, E. [Hrsg.] (1993): Süddeutsche Pflanzengesellschaften: Wirtschaftswiesen und Unkrautgesellschaften. Band III. Jena, 455 S.

OBERDORFER, E. [Hrsg.] (1992): Süddeutsche Pflanzengesellschaften: Wälder und Gebüsche. Band IV. Jena, 282 S.

WILMANNS, O. (1998): Ökologische Pflanzensoziologie. Eine Einführung in die Vegetation Mitteleuropas. 6. Auflage. Quelle & Meyer, Wiesbaden.

WINTERHOFF, W. (1993): Die Pflanzenwelt des NSG Eriskircher Ried am Bodensee. – Beih. Veröff. Naturschutz und Landschaftspflege Bad.-Württ. 69: 1–280.

WITSCHEL, M. (1980): Xerothermvegetation und dealpine Vegetationskomplexe in Südbaden. – Beih.

Veröff. Naturschutz und Landschaftspflege Bad.-Württ. 17, 1–212.

ZIER, L. (1985): Das Pfrunger Ried. Entstehung und Ökologie eines Oberschwäbischen Feuchtgebiets. Führer Natur- und Landschaftsschutzgebiete Bad.-Württ. 10: 1–308. Karlsruhe.

LITERATUR ZUR FAUNA

BRAUN, M. & DIETERLEN, F. (Hrsg.) (2003–2005): Die Säugetiere Baden-Württembergs. Bd. 1. 2. Ulmer Verlag Stuttgart.

EBERT, G. [Hrsg.] (1991): Die Schmetterlinge Baden-Württembergs. Bd.1.UlmerVerlag Stuttgart.

GLÄNZER, U., HAVELKA, P. & THIEME, K. (1993): Rebhuhn – Forschung in Baden-Württemberg. – Beih. Veröff. Naturschutz Landschaftspflege Bad.-Württ., 70. Karlsruhe.

HÖLZINGER, J. (1981–1997): Die Vögel Baden-Württembergs. Bd. 1. 2. 5. UlmerVerlag Stuttgart.

LANDESSTELLE F. NATURSCHUTZ UND LANDSCHAFTSPFLEGE BADEN-WÜRTTEMBERG [Hrsg.] (1966): Der Spitzberg bei Tübingen. Die Natur- und Landschaftsschutzgebiete Baden-Württembergs Band 3. Ludwigsburg.

LANDESANSTALT FÜR UMWELTSCHUTZ [Hrsg.] (1987): Die Amphibien und Reptilien Baden-Württembergs. – Beih. Veröff. Naturschutz Landschaftspflege Bad.-Württ., 41. Karlsruhe.

LANDESANSTALT FÜR UMWELTSCHUTZ [Hrsg.] (1986): Artenschutzprogramm Weißstorch. – Beih. Veröff. Naturschutz Landschaftspflege Bad.-Württ., 43. Karlsruhe.

LANDESANSTALT FÜR UMWELTSCHUTZ [Hrsg.] (1992): Artenschutzsymposium Wendehals. – Beih. Veröff. Naturschutz Landschaftspflege Bad.-Württ., 66. Karlsruhe.

LANDESANSTALT FÜR UMWELTSCHUTZ [Hrsg.] (1995): Biotopkartierung Baden-Württemberg. – Beih. Veröff. Naturschutz Landschaftspflege Bad.-Württ., 81. Karlsruhe.

LANDESANSTALT FÜR UMWELTSCHUTZ [Hrsg.](2003): Naturschutz-Fachinformationen im World-Wide-Web, CD-ROM, Karlsruhe.

MINISTERIUM FÜR LÄNDLICHEN RAUM BADEN-WÜRTTEMBERG [Hrsg.] (2000): Naturraumsteckbriefe, CD-ROM, Stuttgart.

Geschichte der Kulturlandschaft

von CHRISTOPH MORRISSEY und KONRAD REIDL
unter Mitarbeit von DORIS LUNDGREEN

Einleitung

Die einen – Weiher, Streuobstwiesen, alte Weinberge, Steinbrüche, Kiesgruben – offenbaren sich auf den ersten Blick. Die anderen – Magerrasen, Wacholderheiden, Streu- und Wässerwiesen – sind etwas zugeknöpfter. Dabei haben sie eines gemeinsam: Sie sind nicht Natur-, sondern Kulturlandschaft im Sinne des lateinischen Worts cultivare, also bearbeiten oder verbessern. Beim aufmerksamen Durchblättern des Buches wird man – für manche vielleicht überraschend – feststellen können, dass die Mehrzahl der hier beschriebenen Naturschutzgebiete ganz oder teilweise erst durch menschliche Tätigkeit geschaffen oder zumindest überprägt worden ist. Sollten sie also nicht eher Kulturlandschaftsschutzgebiete heißen? Der verordnete Schutz gilt hier jedoch zuvorderst der Natur. Der Erhalt der Kulturlandschaft ist damit allerdings untrennbar verbunden. Dies birgt einerseits Konfliktpotenzial aufgrund unterschiedlicher Nutzungsinteressen, andererseits aber die Chance, vorwiegend historisch und heimatkundlich Interessierten auch naturschützerische Ziele vermitteln zu können.

Es ist nur scheinbar ein Widerspruch, dass gerade in traditionell bewirtschafteten Kulturlandschaften Flora und Fauna oft sehr vielfältig vertreten sind, dass hier verschiedenste Lebensräume vorhanden sind, die häufig für bedrohte Arten Rückzugsgebiete darstellen. Dies trifft ja bemerkenswerter Weise zum Teil auch für Innenstädte zu, in denen sich viele spezialisierte Tierarten niedergelassen haben. Gemeinsam ist beiden jedoch das Vorhandensein zahlreicher Nischen und vielfältiger Lebensräume, was dagegen etwa für ausgedehnte Fichtenforstungen, monotone Ackerflächen und ausgeräumte, bereinigte Weinberge nicht mehr gilt.

Naturschutz und Kulturlandschaft

Die Ausweisung von Naturschutzgebieten hat die Sicherung des vorhandenen Artenreichtums sowie

Vielfältige Kulturlandschaft an den Schönbuchhängen zwischen Tübingen und Herrenberg. Oben thront Schloß Roseck, darunter neue und alte Weinberge am Hang, Weiden und Streuobstwiesen wechseln im flacheren Gelände einander ab. C. MORRISSEY

die Erhaltung der vielfältigen, gewachsenen Land-schaft zum Ziel. Ursache und Wirkung sind klar zu benennen: Eine an künstlichen Geländeformen reiche und kleinräumig diversifizierte Kulturland-schaft zieht in der Regel auch Artenreichtum in Flora und Fauna nach sich. Ihre Reduzierung und Zerstörung betrifft somit zwangsläufig Tier- und Pflanzenwelt in gleichem Maße. Diese zu schüt-zen und zu bewahren heißt demnach zum guten Teil auch Kulturlandschaften sowie deren Lebens-räume und »Natur-Nischen« zu erhalten.

Tendenziell beschleunigt sich seit einigen Jahr-zehnten die Entwicklung der Landschaft weg von kleinräumig gegliederten, reich gestalteten Kul-turlandschaften hin zur Aufteilung in großzügig bemessene Siedlungs- und Gewerbegebiete, Stra-ßen und Wege, ausgeräumte und intensiv ge-nutzte Äcker und Wiesen sowie vorrangig der Holzproduktion dienende Waldflächen. Alle Landschaftsteile, die sich hier nicht nach wirt-schaftlichem Nutzen einordnen lassen, stehen unter großem Veränderungsdruck, seien es aufge-lassene Äcker und Wiesen, nicht mehr genutzte Weiher, Streuobstflächen, alte Weinberge, aufge-lassene Steinbrüche oder ähnliches.

Spannend ist es nun, in den für die Natur so wertvollen Kulturlandschaften – entstanden zu-meist durch traditionelle Bewirtschaftungswei-sen – das historische Potenzial zu erkennen, das heißt, die alte Weinbaulage schon von Weitem an ihren charakteristischen Trockenmauern wahrzu-nehmen, an Wacholderheiden traditionelle und kleinbäuerliche Bewirtschaftungsweisen abzule-sen, ein Stück Kulturgeschichte anhand eines al-ten Weidewaldes lebendig werden zu lassen und somit zugleich, historisch gesehen, aktuelle Standortbestimmung betreiben zu können. Hier gilt es, auch die identitätsstiftende, heimatge-schichtliche Bedeutung der Landschaft sowie de-ren Eigenart, Schönheit und Vielfalt zu erkennen und in die Pflege- und Entwicklungspläne ein-fließen zu lassen. Klassische und elementare Bestandteile der Kulturlandschaft wie etwa Hohl-wege, Materialgruben, Äcker, historische Wein-berge und Steinriegel, Bewässerungsgräben, Weideflächen und andere können zugleich hei-

matgeschichtliches Denkmal wie auch wesent-licher Bestandteil im Haushalt eines Naturschutz-gebiets sein. Die Landschaft wird somit – quasi als geronnene Geschichte – zum Lesebuch: Die früheren Zeiten haben sich eingeschrieben, Spu-ren hinterlassen, sind meist unmittelbar oder zumindest zwischen den Zeilen ablesbar und er-fahrbar. Dieses ganz besondere Lesebuch hat allerdings nur eine Seite, die nun stets aufs Neue überschrieben und bisweilen auch gänzlich um-geschrieben wird.

Kulturlandschaft und Besiedlung

Alt- und Mittelsteinzeit (bis 5500 v. Chr.): Jäger und Sammler

Vor etwa 2,5 Millionen Jahren beginnen unsere Urahnen in Ostafrika, Werkzeuge aus Stein herz-ustellen und sich sozial zu organisieren. Von hier aus erreichen offenbar um 800 000 v. Chr. auch erste Gruppen den europäischen Kontinent. Einer der ältesten Menschenfunde – ein Unterkiefer des »Homo heidelbergensis« – stammt aus einer Kiesgrube bei Mauer nahe Heidelberg. Um 200 000 bis etwa 40 000 v. Chr. treten die Nean-dertaler in Europa auf, die schließlich vom zuge-wanderten, biologisch modernen Menschen, dem heutigen Homo sapiens, abgelöst werden. Be-merkenswerterweise stammen die bislang welt-weit ältesten figürlichen Kunstwerke des Homo sapiens aus Höhlen des Lonetales (Ostalb) und aus dem Blaubeurener Tal nahe der Donau, so etwa die Figuren aus dem Geißenklösterle bei Blaubeuren und die erst unlängst gefundene Plas-tik aus dem Hohlen Fels bei Schelklingen. Zwei aus Schwanenknochen geschnitzte Flöten aus derselben Höhle gehören zu den ältesten bekann-ten Musikinstrumenten. Die Landschaft bot of-fenbar dem modernen Menschen vor mehr als 30 000 Jahren ein reizvolles Potential.

Die skizzierte Entwicklung – archäologisch als Altsteinzeit bezeichnet – umfasst einen Zeitraum häufigen Wechsels arktischer Kaltzeiten mit Perioden, in denen das Klima sogar noch wärmer als heute war. Oberschwaben und der Schwarz-

Zahlreiche Höhlen und Felsdächer – wie hier im Schmeietal – wurden in vorgeschichtlicher Zeit wiederholt aufgesucht, zum Teil im Mittelalter auch zu bewohnten Höhlenburgen umfunktioniert. C. MORRISSEY

wald sind zeitweise zu guten Teilen vergletschert, die Schwäbische Alb bleibt eisfrei. Nach dem Kältemaximum der letzten großen Eiszeit um 22 000 v. Chr. kehrt schrittweise wieder regeres Leben ein. Insbesondere in den zahlreichen Höhlen und Felsdächern der Schwäbischen Alb finden sich im Regierungsbezirk Tübingen die Spuren des Menschen aus der jüngeren Altsteinzeit, besonders zahlreich aus dem 13. und 12. Jahrtausend v. Chr. Bedeutende Fundstellen liegen etwa im Katzenbachtal bei Rottenburg, in Höhlen um Veringenstadt (Funde des Neandertalers), im Donautal oder an der Schussenquelle nahe dem Federsee.

Die Menschen leben als Jäger und Sammler und durchstreifen im Zyklus der Jahreszeiten die Region. Meist bleiben sie nur wenige Tage oder Wochen an einem Platz. Diese ökonomischen Abhängigkeiten ändern sich auch während der Mittelsteinzeit (etwa 9600–5500 v. Chr.) vorerst noch wenig. Die Umweltbedingungen verändern sich freilich. Das Klima erwärmt sich in der Nachkaltzeit kontinuierlich – im frühen 9. Jahrtausend v. Chr. besonders markant. In die offenen Steppenlandschaften Mitteleuropas wandern Strauchweiden, Birken und Wacholder sowie Haselsträucher von Süden wieder ein. Kaltzeitliche Herdentiere hingegen – etwa Mammut,

Wollnashorn oder besonders das Rentier – sterben aus oder ziehen in kältere Klimazonen nach Norden ab. Hirsch, Reh, Wildschwein, Auerochsen und andere nehmen ihren Platz ein. Vereinzelt haben sich Spuren kleiner Lagerplätze am Rand der Täler im Albvorland, auf Höhen am Schönbuch und der Mittelgebirge, in Höhlen der Schwäbischen Alb, in Tälern wie dem des Neckars bei Rottenburg und an zahlreichen Seen und Mooren in Oberschwaben erhalten. Kaum mehr als 2000 Menschen dürften seinerzeit im Raum Baden-Württemberg gleichzeitig gelebt haben, zumeist wohl in Gruppen von 25 bis etwa 50 Personen.

Ortsfeste Behausungen sind damals noch unbekannt, Zelte, Windschirme und andere Vorrichtungen dienen dem Schutz der Menschen vor der Witterung. Die Jagd und das Sammeln pflanzlicher Nahrung – etwa Beeren, Haselnüsse und anderes – bestimmen das Leben, auch Fische und Vögel stehen auf dem Speisezettel. Die Landschaft prägen kann und will der Mensch seinerzeit jedoch nur in geringem Maße. Insbesondere durch seinen Holzverbrauch und durch die Jagd, etwa auf große Pflanzenfresser (Megaherbivoren), übt er jedoch Einfluss auf die Vegetation und die Zusammensetzung der Tierwelt aus.

Jungsteinzeit (5500 bis 2300 v. Chr.):
Die ersten Bauern

Um die Mitte des 6. Jahrtausends v. Chr. – in der Forschung als Beginn der Jungsteinzeit bezeichnet – ist der einschneidenste Wechsel im Verhältnis von Mensch und Natur im Verlauf der gesamten Geschichte zu beobachten: der Übergang von der aneignenden, wildbeuterischen Lebensweise, also vom Jagen und Sammeln, zur produzierenden Wirtschaft mit Landwirtschaft und Viehzucht. Begleitet wird dieser Wandel vom Beginn der Herstellung von Keramik, vom Hausbau und zahlreichen anderen Neuerungen. Bis vor wenigen Jahren erklärte die Wissenschaft die schnelle Ausbreitung dieser Errungenschaften mit der Einwanderung größerer Menschengruppen aus dem Donauraum. In der Frage, ob die Ideen oder die Menschen wanderten, gibt es allerdings vermehrt Hinweise darauf, dass autochthone, das heißt lokale Bevölkerungsgruppen an der Aufnahme und Entwicklung dieser Neuerungen beteiligt gewesen sind.

Naturschutzgebiet mit Kulturgeschichte:
der Federsee

Das Federsee-Becken – im Kern ein über 3300 Hektar großes Naturschutzgebiet, das größte Moorgebiet Südwestdeutschlands – erweist sich schon seit 1875 als überraschend reichhaltige archäologische Fundlandschaft. Um den in seiner Mitte gelegenen See wurden, im feuchten Milieu gut konserviert, seither etwa 20 vorgeschichtliche Siedlungsplätze mit über 180 Häusern entdeckt, teils mit Hausfußböden, Wandteilen, Feuerstellen, Kuppelöfen und Hausvorplätzen. Mehr als 40 Einbäume, sechs Wagenräder und bis zu neun Meter breite Bohlenwege, hölzerne Befestigungen und Anlagen zum Fischfang erlauben neben vielen anderen Details und reichhaltigen, teils einmaligen Funden in europaweit einzigartiger Weise die Kultur und Wirtschaft vorgeschichtlicher Gemeinschaften vom 5. bis ins späte 1. Jahrtausend v. Chr. nachzuzeichnen. Nirgendwo anders wird so deutlich, wie und in welcher Weise die Menschen die natürlichen Ressourcen genutzt, zugleich die Umwelt aber auch verändert haben. Dies lässt sich bestens nachvollziehen im NABU-Naturschutzzentrum, dem Federsee-Museum sowie einem archäologischen Moor-Lehrpfad bei Bad Buchau. Von Entwässerungen, Torfstich und Austrocknung sind Natur und Archäologie gleichermaßen betroffen, weshalb Naturschützer und Archäologen auch gemeinsam versuchen, hier Verbesserungen zu erreichen.

Schon in der Altsteinzeit wurde der See immer wieder aufgesucht, sicher auch zum Fischfang. Erste feste, jungsteinzeitliche Siedlungen gibt es von der späten Rössener Kultur an aus der Mitte des 5. Jahrtausends v. Chr. beim Henauhof. Hervorzuheben sind aus dieser frühen Zeit weiterhin Fundstellen bei Aichbühl im südlichen Federseemoor sowie aus der Schussenrieder Kultur im Taubried und bei Riedschachen. Im nördlichen Federseemoor bei Ödenahlen wurde 1981 das Dorf einer bis dahin noch unbekannten Siedlungsphase um 3700 v. Chr. entdeckt, das von einer Palisade umgeben war und in dem es neben ebenerdigen Häusern auch Häuser auf Stelzen gab. Eine Siedlung der späten Jungsteinzeit wurde durch Ausgrabungen bei Dullenried im südlichen Federseebecken bekannt. In der zeitlich darauf folgenden Kulturgruppe Goldberg aus der Region Nördlinger Ries fand sich die erste Blockhaus-Bauweise in der Siedlung Täschenwiesen, nördlich des Federsee, die in die Zeit von etwa 2900 bis 2600 v. Chr. einzustufen ist. Die dort entdeckten Fragmente von hölzernen Scheibenrädern gehören zu den ältesten des schweizerisch-südwestdeutschen Alpenvorlandes. Die Bewohner eines ebenfalls umzäunten Dorfs in den Grundwiesen bei Alleshausen waren offenbar auf Anbau und Verarbeitung von Lein spezialisiert. Ackerbau auf den höher gelegenen Mineralböden ist für alle Epochen nachgewiesen.

In der frühen Bronzezeit wurde die so genannte Siedlung Forschner errichtet, umgeben von einem Ring aus mehrfachen Palisaden sowie einer zweischaligen Wehrmauer aus behauenen Eichenbalken (1767 bis 1730 v. Chr.). Eine ähnliche Bauweise findet sich später im benachbarten Buchau bei der so genannten Wasserburg, die während der Urnenfelderkultur um 1100 bis 850 v. Chr. besiedelt war. Zuletzt fand sich eine kleinere, wohl nur saisonal genutzte Ansiedlung der frühkeltischen Zeit nahe Oggelshausen, die zahlreiche ausgefeilte Einrichtungen zum Fischfang am Federbach aufwies. Zu allen Zeiten zeigen sich dem weichen Boden angepasste Rechteckhütten, kleinere Blockhäuser und Pfostenbauten, zum Teil, wie etwa in der Wasserburg, zu Gehöften gruppiert. Nur in der Siedlung Seekirch-Stockwiesen (um 3000 v. Chr.) lagen die größeren Häuser zu beiden Seiten streng angeordnet entlang eines Weges. Den Schlusspunkt setzen die um Christi Geburt wohl als Opfergabe im Moor bei Kappel versenkten wertvollen Gegenstände aus Bronze und Eisen. Insgesamt 127 wurden entdeckt, der bislang bedeutendste Fund dieser Zeit in Südwestdeutschland. Erst im hohen Mittelalter spielte Buchau dann wieder eine wichtige Rolle, als es um 770 als eine der frühesten Klostergründungen (Frauenstift) im Lande erscheint.

Die ersten Bauern haben in der zweiten Hälfte des 6. Jahrtausend v. Chr. wohl überwiegend Wälder vor sich, als sie anfangen, ortsfeste Siedlungen anzulegen und Landwirtschaft zu betreiben. Zur Rodung der Flächen legen sie Brände, ringeln die Stämme, hacken geeignete Bäume auch mit Steinbeilen ab. Die ersten Höfe und Dörfer liegen meist auf fruchtbarem Boden in Wassernähe, so etwa im Neckarraum, im Oberen Gäu und im Ulmer Raum. Auf den Gärten und Feldern um die Häuser betreiben sie düngerlosen Hackbau. Sträucher, Hecken und Baumgruppen durchziehen die Flur. Dieses auf Brandfeldwirtschaft bauende Wald-Feldbau-System – in Teilen der Tropen als »shifting cultivation« heute noch praktiziert – reduziert die Wälder in großem Umfang, sorgt für krautreiche Schlagfluren, Büsche und Niederwald, schafft aber auch genügend Weideflächen für das Vieh. Interessanterweise gibt es hierzu eine Bemerkung des Kosmographen Sebastian Münster, der in seiner 1544 erschienenen Weltbeschreibung anführt: »Da das Schwabenlandt an den Schwartzwald stost, ist das Ertrich bitter, und wann man es nit vorhin brennt, bringt es kein Frucht.« Neben der seit alters geübten Jagd dient der Wald jetzt auch als Lieferant von Bau-, Werk- und Brennholz. Waldweide, Eichel- und Buchenmast, Früchte, Pilze und Beeren nähren Mensch und Vieh.

Im Verlauf des 5. Jahrtausends weiten die Menschen ihre Siedlungsräume deutlich aus und bewohnen nun auch weite Teile Oberschwabens sowie Höhenlagen bis hinauf auf die Schwäbische Alb. Analysen der in Mooren im Alpenvorland konservierten Pollen dieser Zeit weisen auf eine weitergehende Öffnung der Landschaft hin. Begehrte Bauhölzer wie etwa die Eiche scheinen erstaunlicherweise seinerzeit schon knapp geworden zu sein. Erstmals werden auch Wege – vielleicht im Zusammenhang mit dem ersten Auftreten des Rades im späten 4. Jahrtausend v. Chr. – angelegt und befestigt. Für das Endneolithikum sind gewerbliche Spezialisierungen nachgewiesen, etwa in einer kleinen Ansiedlung bei Alleshausen am Federsee mit Leinanbau zur Textilfaserproduktion und Tierhaltung. Insbesondere die zahlreichen Siedlungen auf feuchten Böden rund um den Federersee (s. Exkurs Federsee), aber auch im Landkreis Ravensburg, haben bei archäologischen Ausgrabungen seit etwa hundert Jahren zahlreiche Beobachtungen zu benutzten Gerätschaften, zum Baubestand und zur Lebensweise erlaubt, weil hier etwa Hölzer oft über Jahrtausende hinweg gut erhalten blieben.

Die Metallzeiten (2300 v. Chr. bis 50 n. Chr.): Bronze und Eisen

Um die Wende zum zweiten Jahrtausend v. Chr. setzt sich eine Neuerung durch. Erstmals in der Geschichte fertigen Menschen aus zwei natürlichen Rohstoffen – Kupfer und Zinn – einen neuen, in der Natur nicht vorkommenden Werkstoff: Bronze. Die Folge sind eine Fülle von neuen Formen an Geräten, Waffen und Schmuck sowie wohl auch gesellschaftliche Veränderungen; die Metallzeit löst die Steinzeit ab. Bemerkenswert ist etwa die große Zahl und der Reichtum an Totenbeigaben bronzezeitlicher Grabhügel auf der Schwäbischen Alb, besonders auf der Zollernalb und um das Große Lautertal. Auf die ausschließliche Verwendung der Kupfer-Zinn-Legierung Bronze folgt mit dem Beginn der Hallstattzeit etwa um 800 v. Chr. die Kenntnis der Eisen-Herstellung. Zum Aussehen der Landschaft gibt es wenig Beobachtungen. Jedoch deuten die spärlichen Funde von Knochen waldgebundener Wildtiere in untersuchten Siedlungsplätzen auf eine flächige Kultivierung der Landschaft zumindest zur Hallstattzeit hin. Die häufigsten Haustiere sind wie schon zuvor Schwein, Schaf, Ziege und Rind, aber auch der Hund ist vertreten. Das Haushuhn lässt sich erstmals im 6 Jahrhundert v. Chr. in unsren Breiten belegen. Als Nutzpflanzen werden Spelzgerste, Dinkel und Rispenhirse bevorzugt angebaut. Emmer, Einkorn und Weizen treten eher zurück. Auch Hülsenfrüchte wie Bohnen, Linsen und Erbsen werden im Lauf der Jahrhunderte stärker geschätzt, Schlafmohn, Saatleindotter sowie Lein, Flachs und Hanf kommen hinzu. Mit der Heuneburg bei Hundersingen im Landkreis Sigmaringen besitzt der Regierungsbezirk Tübingen ein überregional bedeutendes Denkmal der so genannten Fürstensitze dieser Zeit. Weithin bekannt ist sie durch langjährige archäologische Forschungen und bemerkenswerte Befunde, etwa eine Mauer aus Lehmziegeln nach südländischen Vorbildern.

Schon in der Bronzezeit werden durch die nun vorherrschende Feld-Graswirtschaft mit ihrer Weidehaltung typische Kulturflächen geschaffen, wie sie vielerorts bis in die frühe Neuzeit hinein das mitteleuropäische Landschaftsbild prägen. Die Siedlungen entwickeln sich zu Hofgruppen und weisen nun erstmals anstatt der früheren großen Langhäuser (Einhaushöfe) kleinere, rechteckige Hütten und andere Wirtschaftsgebäude getrennt auf. Höhensiedlungen werden angelegt, auch erste Befestigungen, mit denen die Menschen besonders während der späten Urnenfelder- und frühkeltischen Zeit etliche Bergsporne der Schwäbischen Alb besetzen.

Hat insbesondere die »Germania« des römischen Geschichtsschreibers Tacitus aus dem ersten nachchristlichen Jahrhundert das Bild unermesslicher Urwälder in hiesigen Breiten suggeriert, widerspricht dem entschieden mancher Befund aus Feuchtboden- und Pfahlbausiedlungen des Alpenvorlandes. Diese lassen einen enormer Holzbedarf, ja teils sogar eine regelrecht geplante Holzwirtschaft erkennen. Pollenanalysen zeigen, dass damals mehr oder weniger intensiv genutzte Mischwälder aus Birke, Kiefer, Hasel, Buche und Eiche vorhanden waren. Viele Funde weisen auf große Leistungen bei der Beschaffung und beim Transport von Bauholz hin. Belege dafür liefern etwa die frühkeltische, befestigte Siedlung der Heuneburg an der Donau oder die aufwändigen Bohlen- und Prügelwege in Mooren und Feuchtgebieten, vor allem aber die urnenfelderzeitliche »Wasserburg Buchau« am Federsee (Landkreis Biberach). In ihrem äußeren Palisadenring sind immerhin etwa 15 000 Kiefernpfähle verbaut.

Zahlreiche Grabhügel im Regierungsbezirk Tübingen liegen zumeist in Wäldern auf landwirtschaftlich eher unergiebigen Böden. Sie haben sich hier, vor dem Ackerbau geschützt, erhalten und prägen lokal gut sichtbar immer noch die

Der »Bühl« bei Rottenburg Baisingen gehört zu den besterhaltenen Grabdenkmälern der frühkeltischen Zeit im Regierungsbezirk. Wohl nur aufgrund seiner Größe ist er vor der Abtragung im intensiv beackerten Oberen Gäu verschont geblieben. C. MORRISSEY

historische Kulturlandschaft. Wenn nicht alles täuscht, darf deshalb in siedlungsgünstigen und intensiv bewirtschafteten Landschaften, die heute vielfach nur noch spärliche oberirdische Denkmäler aufweisen, mit einer hohen Zahl abgetragener Grabhügel gerechnet werden. Wo immer systematische und andauernde Begehungen sowie archäologische Untersuchungen erfolgen, belegt eine bisweilen verblüffenden Vermehrung der Funde eindrucksvoll, wie sehr die Siedlungsdichte vorgeschichtlicher Zeit bisher unterschätzt worden ist. Besonders augenscheinlich wird dies etwa im Umfeld der Heuneburg: Dort haben jüngste Forschungen nachgewiesen, dass etwa am Formierungsprozess der frühkeltischen Burg, die Kontakte bis ans Mittelmeer besaß, zahlreiche Gehöfte beteiligt waren, die sich über eine große Fläche im Außenbereich verteilten. Zudem spielt die Gewinnung von Eisen nun eine größere Rolle. Auf der Schwäbischen Alb etwa entsteht beim Fohlenhof nahe Bad Urach ein regelrechtes Gewerbeareal, in dem Bohnerze verarbeitet werden.

In den Jahrzehnten nach 500 v. Chr. beginnt die nach einem Fundort am Neuenburger See (Schweiz) benannte Latène-Zeit. Charakteristische Entwicklungen dieser Epoche sind der Niedergang hallstattzeitlicher Siedlungszentren (»Fürstensitze«), der Übergang zur Flachgräbersitte und schließlich, vom 3. Jahrhundert v. Chr. an, die Brandbestattung. Formen und Ornamentik besonders bei Schmuck und Keramik verändern sich, Töpferscheibe und Münzgeld kommen auf. Nicht zuletzt als Folge zunehmender Handelskontakte mit mediterranen Kulturen entstehen stadtartige, ausgedehnte und befestigte Siedlungen (Oppida), so etwa der Heidengraben auf der Schwäbischen Alb. An den ländlichen Wirtschaftsformen dürfte sich dagegen nichts Wesentliches geändert haben.

Wahrscheinlich zeichnet sich der naturwissenschaftlich nachgewiesene Klimasturz, der um 400 v. Chr. eine längere Warmphase beendete, in einem deutlichen Siedlungsrückgang ab. Die historisch überlieferten Einfälle und Abwanderungen der Kelten in den Mittelmeerraum (Plünderung Roms 387 v. Chr.) könnten somit aus wirtschaftlicher Not erfolgt sein. Charakteristische Siedlungsform der späten Latène-Zeit ist die so genannte Viereckschanze. Annähernd hundert dieser Schanzen sind in Baden-Württemberg zwischenzeitlich nachgewiesen. Im Regierungsbezirk Tübingen liegen sie im Albvorland, eine auf der Alb selber bei Nusplingen (Zollernalbkreis), im weiteren Raum um Meßkirch (Kreis Sigmaringen), um Saulgau und östlich des Federsees, bei Altheim-Heiligkreuztal (Landkreis Biberach) sowie im Altdorfer Wald. Neuere Ausgrabungsergebnisse lassen vermuten, dass diese weder Verteidigungsanlagen noch Kultplätze waren, sondern umfriedete Höfe, die inmitten des ländlichen Siedlungsgefüges vermutlich wirtschaftliche und soziale Mittelpunkte darstellten.

Römerzeit (50 bis 250 n. Chr.)

Obgleich mit nur knapp 200 Jahren – zwischen etwa 50 bis 250 n. Chr. – ein vergleichsweise kurzer Zeitraum, gehört die Epoche der römischen Besiedlung zweifellos zu den im Regierungsbezirk Tübingen am besten erforschten Abschnitten. Neben den Spuren zahlreicher Steinbauten, Straßen, Kastelle und Gutshöfe vermitteln erstmals in der Geschichte nun auch schriftliche Quellen ein Bild des kulturellen, gesellschaftlichen, wirtschaftlichen und politischen Hintergrunds. Ein einheitliches staatliches Verwaltungs- und Rechtssystem, eine funktionierende Geldwirtschaft, Häuser aus Stein, ein Netz von befestigten Straßen, Gutshöfe, dorfähnliche Siedlungen und wenige stadtartige Zentralsiedlungen wie etwa Rottenburg am Neckar, beheizbare Bauten und große Bäder wie auch eine blühende Landwirtschaft mit zahlreichen Sonderkulturen stellen für Südwestdeutschland kulturelle und gesellschaftliche Errungenschaften dar, die nach dem Zusammenbruch im 3. Jahrhundert n. Chr. vielfach erst weit über tausend Jahre später schrittweise wieder erreicht werden.

Die wichtigste Siedlungsform im römischen Reich nördlich der Alpen ist der Gutshof, vielleicht am ehesten mit heutigen großen Aussiedlerhöfen vergleichbar. Wirtschaftliche Grundlage dieser Höfe mit recht großen und oft sehr repräsentativ ausgeführten Gebäuden, den Villae rusticae, sind Ackerbau und Viehzucht. Sie finden sich

Die Luftbildaufnahme von 1992 (O. Braasch) zeigt die im Boden erhaltene Substanz eines römischen Gutshofes bei Achstetten im Kreis Biberach. Zugleich zeigt sie aber auch die fortwährende Bedrohung archäologischer Denkmäler, des Archivs im Boden. LANDESAMT FÜR DENKMALPFLEGE D2171,7

im Albvorland, dem Oberen Gäu, entlang der Donau und den siedlungsgünstigen Landstrichen Oberschwabens, während etwa die Albhochfläche sowie das Allgäuer Hügelland weitgehend gemieden wurden. Die Landnutzung umfasst nun weite Ackerflächen, Wiesen und Weiden. Gewerbeansiedlungen wie Töpfereien und Ziegeleien nutzen Rohstoffe und den Wald. Eine modern anmutende Infrastruktur und Landnutzung versuchen planerischen Zielen gerecht zu werden und die regionale wie auch überregionale Versorgung sicher zu stellen. Teils kommen ganz neue Kulturpflanzen und Wirtschaftsformen ins Land. In ackerbaulich günstigen Gebieten dürfte der Wald aufgrund des hohen Holzbedarfs weitgehend zurück gedrängt gewesen sein.

Frühmittelalter (250 bis 750 n. Chr.)

Über einen Zeitraum von knapp 200 Jahren hinweg hat das römische Reich im Südwesten Deutschlands eine leistungsfähige Infrastruktur aus Siedlungen, Militäranlagen und Verkehrswegen aufgebaut und unterhalten. Interner Zwist und Bedrohungen im Osten des Reichs sowie der Druck der in mehreren Wellen nachrückenden germanischen Scharen aus dem Norden und Osten – im späten 3. Jahrhundert als Alamannen erwähnt – führen dazu, dass das römische Herrschaftsgebiet nach der Mitte des 3. Jahrhunderts n. Chr. zuerst bis an Donau, Iller (mit dem spätrömischen Kastell nahe Isny), Bodensee und Rhein zurück verlegt wird. Zum Schutz des von Westgoten bedrohten italienischen Mutterlands muss der römische Feldherr Stilicho im Jahre 401 aber die letzten verbliebenen Truppen noch abziehen. Ganz Süddeutschland steht den neuen Siedlern nun offen. Wir wissen aber noch wenig über die Wohnplätze der Alamannen bis zur Mitte des 5. Jahrhunderts, denn archäologische Funde aus dieser Zeit sind rar. Erst danach – und besonders im Verlauf des 6. Jahrhunderts – zeugen die nun vielerorts angelegten Gräbergruppen und Friedhöfe von einer regen Aufsiedlung landwirtschaftlich nutzbarer Landschaften.

Ende des 5. Jahrhunderts gerät der nördliche Teil Alamanniens unter die Herrschaft der Franken mit deren König Chlodwig. Der südliche Teil mit dem Albvorland, der Schwäbischen Alb und dem Alpenvorland kommt im Jahr 537 hinzu. Im so genannten Cannstatter Blutgericht bereiten die erstarkten fränkischen Hausmeier unter Karlmann den Autonomiebestrebungen des Herzogtums Alamannien 746 ein Ende. Mit der Absetzung des letzten merowingisch-fränkischen Königs Childerich III. beginnt 751 die Zeit der karolingischen Hausmeier und damit das hohe Mittelalter. Dass sich die ersten frühmittelalterlichen Siedler vielfach an erhaltenen Straßen und wohl auch den ehemals kultivierten Gebieten orientieren, ist zwischenzeitlich mehrfach belegt. Nachgewiesen ist jedoch ebenso die teilweise Wiederkehr des Waldes auf größeren Kulturbrachen, anfangs durch Birke und Hasel, später auch mit Buche. Eine großflächige Rodungsphase setzt offenbar um 650 n. Chr. ein. Es bleibt aber der Eindruck, dass es zwar Bereiche gibt, in denen die vorgeschichtliche und römische Besiedlung deutlich über die frühmittelalterliche Erschließung (bis ins frühe 8. Jahrhundert hinein) hinausgeht, umgekehrt aber offensichtlich kaum größere Bereiche frühmittelalterlicher Besiedlung, aus denen nicht auch Spuren vorhergehender Besiedlung bekannt sind.

Die frühmittelalterliche Siedlungsforschung hat in den vergangenen Jahren das bis dahin einseitig von Grabfunden bestimmte Bild erheblich erweitert und korrigiert. Eines der Ergebnisse ist, dass viele heutige Ortsgemarkungen im frühen Mittelalter sicherlich mehrere Hofstellen getragen haben und diese von Zeit zu Zeit auch den Standort wechseln konnten. Auch Friedhöfe finden sich meist mehrere. Landwirtschaft wird als Feld-Graswirtschaft betrieben, Brache und Ackerbau wechseln auf den Flächen ab. In vielen Teilen etwa der Schwäbischen Alb hält sich diese Wirtschaftsform auf entlegenen Wechselfeldern bis weit in das 19. Jahrhundert hinein. Unter dem breiten Spektrum angebauter Pflanzen, was für die Selbstversorgung einzelner Höfe spricht, werden Gerste und Linse offenbar besonders geschätzt. Vereinzelt lassen sich Kräuter und Gartenpflanzen sowie etliche Obstsorten nachweisen, die am ehesten in direkter Nachfolge aus der römischen Landwirtschaft übernommen und weiter kultiviert worden sein dürften. Zudem werden zumindest Rinder, Schweine und Schafe in größerem Umfang gehalten.

Der mittelalterliche Landesausbau

Aus den frühmittelalterlichen Hofstellen werden im Hochmittelalter Weiler und Dörfer – ein Prozess, der sich in der Folgezeit wiederholt, als früh- bis hochmittelalterliche Höfe und Weiler in den größeren Orten aufgehen, im späten Hochmittelalter – insbesondere im 13. Jahrhundert – dann Städte gegründet werden und die Menschen in deren Umfeld die Weiler und Dörfer verlassen. Diese fortwährende Dynamik und Siedlungskonzentration findet erst im 15. Jahrhundert ihren Abschluss. Bis auf wenige Neugründungen durch Glaubensflüchtlinge, spätere Gewerbesiedlungen (Glashütten, Erz- und Holzhauersiedlungen) oder etwa die Vereinödung im Allgäu im 18. Jahrhundert ist das moderne Siedlungsbild nun weitgehend erreicht. Die Landwirtschaft geht allmählich von der reinen Eigenversorgung im frühen Mittelalter zur Überschusswirtschaft über. Der Handel fördert diese Entwicklung. Neue Abnehmer treten auf, etwa die Städter oder Bevölkerungsschichten wie die Handwerker, die nicht mehr in der Landwirtschaft tätig sind.

Wichtig für das Landschaftsbild im Mittelalter werden die zahlreichen Klostergründungen sowie der Bau von Burgen. Die Mönche bringen die Kenntnis vom Weinbau und weiteren Sonderkulturen mit. Auch die Wasserwirtschaft spielt für die Klöster oft eine große Rolle. In Oberschwaben geht etwa die Anlage zahlreicher Weiher auf deren Initiative zurück. Die gewachsenen ländlichen Siedlungen in ihrem Besitz werden oft in ihrer weiteren Entwicklung zu Gunsten von klösterlichen Wirtschaftshöfen gehemmt. Die älteste Klostergründung im Regierungsbezirk Tübingen ist wohl das Stift in Buchau (770 n. Chr.), nur wenig später (vor 776) folgt das Benediktinerkloster in Obermarchtal, das aber bald wieder aufgegeben wird. Erst im späten 11. Jahrhundert werden die bedeutenden Klöster in Zwiefalten, Wald,

Aus großen Buckelquadern ist der Turm der Burg Hundersingen im Tal der Großen Lauter erbaut. Solche imposanten Bauwerke bestimmten das Landschaftsbild regional. C. MORRISSEY

Beuron, Weingarten, Isny, Blaubeuren und Ochsenhausen gegründet.

Der Bau von Burgen zieht bisweilen – so nicht schon vorhanden – kleine Ansiedlungen nach sich, die so genannten Burgweiler. Wege werden angelegt und die Burghügel wohl aus Gründen der Sicherheit weitgehend kahl geschlagen. Eine der ältesten Höhenburgen ist die Achalm bei Reutlingen. Sie steht am Anfang des um die Mitte des 11. Jahrhunderts einsetzenden Prozesses der Verlagerung befestigter Herrensitze aus den Dörfern auf exponierte Höhenlagen. Eine große Zahl von Burgen folgt im späteren 12. und 13. Jahrhundert, besonders dicht etwa in den Tälern der Donau und der Großen Lauter auf der Alb. Auch erste Mühlen gibt es offenbar bereits im 8. Jahrhundert, die später, oft in herrschaftlicher Hand, mit dem so genannten Mühlenbann zu einer wichtigen Einnahmequelle ihrer Besitzer werden. Im Ackerbau löst der Schollen wendende Beetpflug im 10./11. Jahrhundert allmählich den Hakenpflug ab und ermöglicht – bei nun schmaleren Flurformen und intensiverer Bewirtschaftung – auch die Nutzung schwerer Böden etwa im Alpenvorland. Als Sonderkultur verbreitet sich der Weinbau vom 13. Jahrhundert an allmählich sogar in weniger günstigen Lagen, im 17. Jahrhundert etwa sogar auf Teile der Schwäbischen Alb und tiefere Lagen des Schwarzwalds, bevor die Verwüstungen des Dreißigjährigen Kriegs, der Schädling Reblaus und das Aufkommen neuer Getränke wie Most zu starken Rückgängen führen.

Vom späten 10. bis ins frühe 14. Jahrhundert ist das Klima günstig und fördert die fortschreitende Kultivierung des Landes. Getreidesorten wie Roggen, Hafer und Gerste bleiben bis heute. Der früher insbesondere in höheren Lagen weit verbreitete Dinkelanbau geht seit dem 19. Jahrhundert stark zurück, erlebt momentan jedoch eine Renaissance. Auf Initiative der Grundherren erschließen und roden genossenschaftlich organisierte Bauern neues Siedlungsland. Ihre hierfür erlangten Sonderrechte – wie im Falle Eglofs im Allgäu (Kreis Ravensburg) – können sie über Jahrhunderte hinweg als so genannte Freie erhalten. Durch die zahlreichen Städtegründungen im 13. Jahrhundert – nur Tübingen, Ulm, Ravensburg und Meersburg sind älter – erhalten die bislang zumeist für den Eigenverbrauch und die Ableistung grundherrlicher Abgaben wirtschaftenden Bauern neue Märkte. In der im Gegensatz zu den Regionen am Rhein, um Augsburg oder an Nord- und Ostsee ausgesprochen kleinbäuerlich geprägten Landschaft entstehen nun zahlreiche nicht bäuerliche Siedlungen, von denen jedoch nur wenige in politischer und wirtschaftlicher Hinsicht, etwa als wichtige Markt- und Handelsstädte wie Ravensburg, überregionale Bedeutung erlangen.

Wetterkapriolen, Kriege und Seuchen sorgen immer wieder für Hungerjahre bei der Bevölkerung. An der Pest, dem »Schwarzen Tod«, stirbt zwischen 1348 und 1350 ein Viertel der europäischen Bevölkerung. Sie erreicht ihre vorherige Größe vermutlich erst wieder im frühen 16. Jahrhundert. Auch in Südwürttemberg werden als Folge davon viele bäuerliche Kleinsiedlungen auf-

Moderne Kulturlandschaft bei Hagnau am Bodensee. C. MORRISSEY

gegeben. Die Überlebenden ziehen in die größeren Dörfer oder die Städte. Erst nach und nach bewirtschaften sie von hier aus die verödeten Flächen wieder von Neuem.

Kulturlandschaft in der Neuzeit

Bis in das frühe 17. Jahrhundert hinein zwingt der Bevölkerungszuwachs zu einer stetigen Ausdehnung der landwirtschaftlich genutzten und besiedelten Flächen. Schriftquellen und alte Flurkarten lassen eine in vielfältiger Weise genutzte und kultivierte Landschaft erkennen. Einen drastischen Einbruch bringt aber der Dreißigjährige Krieg (1618–1648), der insbesondere in den Jahren zwischen 1634 und 1648 großen Teilen des heutigen Regierungsbezirks unendliche Verwüstungen beschert. Der drastische Bevölkerungsrückgang sowie eine Landflucht machen weite Teile der bis dahin bewirtschafteten Flächen zu Brachland, der Weinbau geht markant zurück. Weitere Kriege und wiederholte Einfälle französischer Truppen verzögern die wirtschaftliche Erholung. Die Bevölkerungszahl erreicht in einigen Gebieten erst im späten 18. Jahrhundert ihren früheren Stand. Steinriegel und Ackerböschungen im Wald zeugen etwa auf der Schwäbischen Alb davon, dass manche Ackerflur und Sonderkultur auf Dauer verlassen bleibt. Unübersehbar sind aber die Bemühungen seitens der Obrigkeit, spätestens von der Mitte des 18. Jahrhunderts an durch veränderte Anbaumethoden, durch neue Pflanzen wie etwa Kartoffeln und durch die Intensivierung des

Ackerbaues wirtschaftliche Nöte zu lindern. Einen regelrechten Boom erlebt der Hopfenanbau um die Mitte des 19. Jahrhunderts im Vorland der Schwäbischen Alb und andernorts, oft als Nachfolgekultur auf aufgegebenen Rebflächen. Noch um 1920 prägen am Schönbuchrand Hopfengerüste die Hanglagen, während nach dem Zweiten Weltkrieg lediglich das hügelige Jungmoränenland im Tettnanger Raum am östlichen Bodenseebecken Hopfenland bleibt.

Niederwald, Mittelwald und Waldweide

Seit Einführung des Ackerbaus und der Haltung von Rind, Schwein, Schaf und Ziege mit dem Beginn der Jungsteinzeit um 5500 v.Chr. stellten die Wälder stets eine Hauptnahrungsquelle für diese Haustiere dar. Dort ernährten sie sich von den jungen Trieben, Blättern und Samen. Gehütet wurden sie – so ist es zumindest für die frühe Neuzeit überliefert – von den so genannten Ross- oder Ochsenbuben, die von früh bis spät die Tiere begleiteten. Die Flächen um die Orte waren zumeist als Acker genutzt, reine Wiesen gab es kaum. Im Spätherbst rechten die Bauern altes Laub zusammen, um es als Einstreu und Winterfutter zu verwenden. In manchen Gegenden wurden junge Äste, so genannte Schneiteln, im Sommer geschnitten, um sie als Winterfutter zu trocknen. Bevorzugt wurden Esche, Ulme und Linde, wodurch sich die Artenzusammensetzung der Baumbestände veränderte.

Durch den regelmäßigen Verbiss der Tiere wuchsen die Gehölze eher knorrig. Jungpflanzen kamen kaum auf, der Wald lichtete sich zu parkartigem Bestand mit großen »Überhältern«. Arten wie Schlehe und Stechpalme, die sich gegen das Gefressenwerden zu wehren wussten, weisen heute noch auf eine ehemalige Waldweide hin. Erst im frühen 19. Jahrhundert begann sich die Stallhaltung allmählich durchzusetzen; 1873 wurde sie gesetzlich verankert. Weil damit auch das ganze Jahr über im Stall gefüttert wird, wurden die bäuerlichen Waldnutzungsrechte aufgelöst. Dies ermöglichte die Trennung und Entflechtung von Land- und Forstwirtschaft: die Wälder wurden zu Holzplantagen, wie wir sie heute kennen.

Nicht nur die Weidetiere setzten den Wäldern zu. So durften die Gerber Eichenrinde holen, die Köhler Holzkohle brennen, Fassbinder, Schreiner und Färber ihre speziell benötigten Holzsorten besorgen, Töpfer nach geeignetem Ton graben, die Bauern Bucheckern und Eicheln zur Saumast auflesen. Wo die Bäume innerhalb von 15 bis 30 Jahren regelmäßig gefällt wurden, bildeten sich Niederwälder, strauchartige Wälder mit schnittverträglichen Arten. Teilweise blieben in den als Niederwälder genutzten Beständen Eichen als »Überhälter« stehen für die Gewinnung von Bauholz sowie für die Eichelmast – es entstand ein Mittelwald. Heute lassen nur vereinzelte Wälder noch die traditionelle Nutzung als Weide- oder Hudewald erkennen, etwa auf dem Truppenübungsplatz in Münsingen, der jahrelang von der wirtschaftlichen Nutzung ausgeschlossen war. Dort weideten vor allem Schafe, wodurch lichte Wälder mit knorrigen Buchen entstanden.

Urtümliche Weidelandschaft mit einzelnen Hudebäumen bei Ebingen auf der Schwäbischen Alb.
C. MORRISSEY

Die größten Veränderungen bringt jedoch das frühe 19. Jahrhundert mit sich. Im Gefolge der politischen Neuordnung Südwestdeutschlands durch Napoleon bleiben von den zahlreichen kleinen Fürstentümern lediglich drei Staaten übrig: das Fürstentum Hohenzollern, das Großherzogtum Baden und das Königreich Württemberg. Letzterem wird Oberschwaben überwiegend zugeschlagen, zuvor in vorderösterreichische, reichsstädtische, klösterliche und landesherrschaftliche Gebiete aufgeteilt – ein wesentlicher Teil des heutigen Regierungsbezirks Tübingen. Den neuen, größeren Staaten fällt es nun leichter, Neuerungen in der Landwirtschaft durchzusetzen, insbesondere die Umstellung beim Großvieh von der Weidewirtschaft zur Stallhaltung, die Auflösung und geregelte Bewirtschaftung der bisherigen Allmenden sowie die endgültige Aufgabe der Dreifelderwirtschaft. Die Bauern erhalten nach und nach mehr Rechte und eigenen Besitz, die Leibeigenschaft wird endgültig abgeschafft. Stark intensiviert wird die Wiesennutzung, um genügend Grün- und Winterfutter zu erhalten. Die Trennung von Wald und Feld oder Wiese wird vollzogen. Eine geregelte Forstwirtschaft leitet den Aufbau geschlossener, von den zahlreichen bisherigen Nebennutzungen befreiter Wälder ein.

Die bisherigen Ausführungen verdeutlichen, dass durch die Entwicklung der Kulturlandschaft einerseits natürliche Lebensräume wie Wälder, Auen und Moore zurückgedrängt werden, andererseits jedoch neue Lebensräume und Lebensgemeinschaften entstehen: mageres Grünland, artenreiche Ackerwildkrautgesellschaften sowie vielfältige Lebensgemeinschaften, die sich in einem dichten Netz von Wäldern, Gebüschen, Hecken, Säumen, Steinriegeln und ähnlichen Lebensräumen entwickeln. Dies ist so lange der Fall, wie die technischen Möglichkeiten fehlen, um die vorgegebenen Bedingungen grundlegend und großflächig zu nivellieren. Der Einsatz einfacher Geräte oder gar das Bearbeiten von Hand ziehen selten irreversible Eingriffe in die Natur nach sich.

Wie wir heute wissen, war aber auch die traditionelle Kulturlandschaft nicht frei von Umweltproblemen. Schon um 1750 gibt es deutliche Hinweise auf Übernutzungen des Waldes und Schäden an Böden durch Erosion. Dennoch sind diese Schäden durch Übernutzung harmlos im Vergleich zu den Veränderungen der Kulturlandschaft in Folge der »industriellen Revolution« nach 1850. Die historisch gewachsene, traditionell bewirtschaftete Kulturlandschaft entspricht spätestens im 19. Jahrhundert nicht mehr den zeitgemäßen Ansprüchen, sodass eine zunächst relativ langsame, schließlich aber immer schnellere und tiefer greifende Veränderung einsetzt. Mit Hilfe der Flurbereinigung entstehen Monokulturen, die der landschaftlichen Vielfalt ein Ende bereiten. Maschinelle Bodenbearbeitung, Begradigung von Flüssen und Entwässerung von Feuchtgebieten ermöglichen den Aufschluss von Böden, die bis dahin nicht für die Landwirtschaft, zumindest nicht für den Ackerbau, geeignet waren. Die Mechanisierung sowie der Einsatz von Düngern und Bioziden rationalisieren den Anbau und steigern den Ertrag enorm. Die intensivsten und tiefgreifendsten Umgestaltungen der Landschaft beginnen schließlich in den fünfziger Jahren des 20. Jahrhunderts und dauern bis in die siebziger Jahre. Viele Landschaftselemente wie Hecken, Feldgehölze, Ackerraine, Steinriegel und Trockenmauern werden rigoros entfernt, um eine produktionstechnisch optimierte Landschaft zu entwickeln. Obgleich von 1980 an mehr und mehr auch die Nachteile dieser Entwicklung in ökologischer, ästhetischer wie auch in wirtschaftlicher Sicht erkannt werden, lässt sich das Rad der Zeit nicht mehr zurückdrehen. Dennoch hat sich seitdem eine wesentlich sensiblere, auch auf den Erhalt und die Wiederherstellung wichtiger Landschaftselemente ausgerichtete Vorgehensweise durchgesetzt.

Während gut bewirtschaftetes Land immer intensiver bewirtschaftet wird, fallen auf der anderen Seite so genannte »Grenzertragsstandorte« in vielen Fällen brach, werden aufgeforstet oder anders genutzt. Extensiv genutzte Flächen sind jedoch für viele gefährdete Pflanzen und Tiere und damit auch für den Naturschutz unverzichtbar. Unter den Stichworten »Prozessschutz« und

»neue Wildnis« wird in neuerer Zeit im Naturschutz auch diskutiert, ob nicht Flächen der »traditionellen Kulturlandschaft«, beispielsweise die Wacholderheiden der Schwäbischen Alb, zumindest teilweise der natürlichen Entwicklung überlassen bleiben sollen.

Die Entwicklung der Landwirtschaft

Aus der Feld-Graswirtschaft mit dem Wechsel von Getreideanbau und Brache entwickelt sich im hohen Mittelalter (800 bis 1100 n. Chr.) die Dreifelderwirtschaft, die bis ins 19. Jahrhundert vorherrschend bleibt. Dieses Landbausystem ist gekennzeichnet durch die Fruchtfolgen Wintergetreide, Sommergetreide und Brache. Dazu werden die Felder einer Gemarkung in Zelgen oder Ösche aufgeteilt, in denen jeder Bauer je einen Streifen Land erhält. In Zeiten, in denen es nur bescheidene Möglichkeiten zur Düngung des Ackers, beispielsweise mit Schafmist (»Pferchäcker«) gibt, hat das den entscheidenden Vorteil, dass der Boden alle drei Jahre seine Nährstoffe wieder aufbauen kann. Zur Verbesserung der Bodenfruchtbarkeit verwenden die Bauern neben dem Dünger aus der Viehhaltung häufig Humus und Streu, die sie aus den Wäldern herbeischaffen.

Das Wurzacher Ried – eine Naturlandschaft?

Das Wurzacher Ried ist mit dem Haidgauer Hochmoorschild die größte intakte Hochmoorfläche in Mitteleuropa, obgleich es mit seiner Gesamtgröße mit 17 Quadratkilometern nur das drittgrößte Moor in Südwestdeutschland ist und durch Torfabbau schon große Substanzverluste erlitten hat. Seine Torfmächtigkeit beträgt bis zu 9,5 Meter.

Die frühe Nutzung umfasste die Streunutzung und sporadische Beweidung vor allem der äußeren Niedermoorbereiche. Auf kleinparzellierten Ackerflächen am Moorrand wurde mit geringer Intensität vorwiegend Getreide angebaut. Alte Flurnamen wie »Felder« geben Auskunft darüber, dass es sich um Wechselfelder handelt, bei denen auf die ackerbauliche Nutzung eine mehrjährige Beweidung folgte. Weil die Viehhaltung zunahm, gewannen vom 19. Jahrhundert an die Streuwiesen zunehmend an Bedeutung. Als Folge der traditionellen einmähdigen Nutzung weiter Flächen entstanden artenreiche Feucht- und Nasswiesen. Zwar verhinderte dies an bestimmten Stellen die Entwicklung einer natürlichen Schlussgesellschaft, in erster Linie Bruchwälder, förderte insgesamt aber die Vielfalt der Pflanzengemeinschaften.

Mit zunehmender Holzknappheit und wachsendem Bedarf an landwirtschaftlichen Flächen begannen in der Mitte des 18. Jahrhunderts die ersten bekannten Torfstiche größeren Ausmaßes. Zur Forcierung der Urbarmachung des Moores wurde im nordwestlich gelegenen Oberen Ried eine Riedkolonie errichtet. Dazu wurde ein Kanal gegraben, der das Ried in die Ach oberhalb Wurzachs entwässern sollte. Nachdem dieser Versuch nicht die gewünschten Ergebnisse brachte, wurden gegen Ende des 18. Jahrhunderts größere Flächen der Riedkolonie entwässert und mit Lehm, Kies und Schutt in Wiesen umgewandelt. Dabei dauerte es zehn Jahre, um eine Fläche von etwa zwei Hektar Grünland zu gewinnen. Diese einmähdigen Wiesen lagen entlang der Ach und wurden – soweit möglich – als Futterwiesen oder zur Streugewinnung genutzt.

Mit dem Wegfall traditioneller Holzschlagrechte in den nun staatlicherseits gehegten Wäldern wurde Mitte des 19. Jahrhunderts Brennholz knapp und das Interesse für Torf als Ersatz wuchs. Der Bau der Eisenbahnlinie von Ulm nach Friedrichshafen von 1847 bot zusätzliche Möglichkeiten zu dessen Vermarktung. Industrieller Torfabbau größeren Maßstabs ersetzte bald den kleinbäuerlichen Torfstich. Dazu wurden wasserbauliche Maßnahmen notwendig, die sich zunächst auf eine neun Kilometer lange Fläche im oberen und unteren Ried erstreckten. 1880 wurde das Torfwerk Oberried-Wurzach eröffnet. Es vereinte drei Betriebszweige: den Torfstich von Hand zur Gewinnung von Streu- und Brenntorf, die Torfstreu- und Torfmullfabrikation sowie die Maschinentorfgewinnung. Des Weiteren entwickelte sich das städtische Torfwerk für Wurzach, dass bis 1895 zunächst den Eigenbedarf deckte, um dann ausgeweitet zu werden. Da der bestehende Kanal jedoch nicht ausreichte, die Flächen zu entwässern, musste die Entwässerung über die Aach verbessert werden. Dies führte zu einer Senkung des Wasserspiegels um 80 Zentimeter. Auf die 1919 staatlich verordnete Zwangswirtschaft für Brennstoff folgte die Gründung des Haidgauer Torfwerks, welches den bis dahin verschonten Hochmoorschild teilweise zerstörte. Erst 1971 kam die Brenntorf-Gewinnung zum Erliegen. Einige Jahre zuvor wurde bereits die Streuwiesen-Nutzung aufgegeben. Die verbliebenen Flächen sind nur durch gezielte Pflegemaßnahmen zu erhalten.

Im NSG Schönberg im Lautertal bei Gomadingen sind bei günstigem Lichteinfall noch deutlich die Spuren früherer landwirtschaftlicher Nutzung abzulesen. Die unteren Hangbereiche wurden nach Auflösung der Allmenden vom 19. bis in die Mitte des 20. Jhds. als »Hackländer« in kleineren Stücken mühsam beackert. C. MORRISSEY

Neben der Dreifelderwirtschaft gibt es gartenbauliche Bewirtschaftungsformen für Obst und Gemüse. Auch Kulturarten zur Gewinnung von Textil- und Farbstoffen sind verbreitet. Über Wald, Weide und Wasser verfügt die Dorfgemeinschaft gemeinsam. Jeder hat das Recht, dieses gemeinsame Eigentum, die so genannte »Allmende«, anteilmäßig zu nutzen. Diese Flächen liegen am Rand des gedüngten Landes, also in größerer Entfernung zum Dorf. Es handelt sich unter anderem um Weidewald und magere Weideflächen, denen durch die Nutzungen in starkem Maße Nährstoffe entzogen werden. Weil damit den nährstoffbedürftigen, aber raschwüchsigen und insofern konkurrenzstarken Pflanzen die Voraussetzungen fehlen, sind es oftmals gerade diese abgemagerten Flächen, auf denen sich konkurrenzschwache und daher gefährdete Pflanzenarten finden. Vielfach sind sie als Naturschutzgebiete ausgewiesen. Dies soll einerseits verhindern, dass infolge von Düngung die empfindlichen Pflanzengemeinschaften zerstört werden, andererseits aber ermöglichen, die alten Bewirtschaftungsformen weiterzuführen. Aber nicht nur die einstigen Allmendflächen sind oftmals reich an Arten. Das gilt auch für die Ackerflächen, auf denen sich einheimische wie ursprünglich nicht heimische Pflanzenarten – so genannte Alteinwanderer oder »Archäophyten« – als Begleitflora ausbreiten. Hierzu gehört beispielsweise die Korn-Rade, die heute in Baden-Württemberg schon wieder vom Aussterben bedroht ist.

Neben der Bewirtschaftung der Flächen spielt das unterschiedliche Erbrecht für die Entwicklung der Kulturlandschaft eine entscheidende Rolle. Wo das Anerbenrecht herrscht, bei dem sämtlicher Grundbesitz an den ältesten Sohn

Blühende Landschaften: Streuobstwiesen

Baden-Württemberg zeichnet sich durch eine große Vielfalt und Ausdehnung von Streuobstwiesen aus. Im Regierungsbezirk Tübingen stehen die – auch europaweit gesehen – bedeutendsten Bestände im Vorland der Schwäbischen Alb, wo sie oftmals noch heute einen »Grüngürtel« um die Ortschaften bilden sowie die schwerer nutzbaren Hanglagen belegen (siehe hierzu das Kapitel über Naturräume). Sie tragen zur landschaftlichen Vielfalt und Schönheit entscheidend bei und sind zugleich Relikte traditioneller Landwirtschaft.

Obstanbau ist in größerem Maßstab erst vom 16. Jahrhundert an in den klimatisch begünstigten Gebieten an Rhein, Neckar und Main nachzuweisen. Besonders wegen der Hungersnöte im frühen 19. Jahrhundert wurde er in Württemberg staatlich gefördert und gefordert, um eine ergänzende Nahrungsquelle zu etablieren. Gemeinden wurden teilweise sogar verpflichtet, an Straßen entlang Bäumen zu pflanzen. Es folgte ein rascher Aufstieg, oftmals als Folgeanbau auf aufgegebenen Weinbergen wie etwa am Schönbuchrand um Ammerbuch (NSG Schönbuch-Westhang, Kreis Tübingen). 1867 war dort Obstanbau, etwa in Breitenholz, schon eine Haupterwerbsquelle der Einwohner. Das in klimatisch geschützter Lage gut gedeihende Stein- und Kernobst war ein geschätzter Handelsartikel bis weit in den Schwarzwald hinein.

Zumeist handelte es sich zunächst um »Baumäcker« mit wechselnden Unterkulturen, sozusagen eine etagenweise, doppelte Bodennutzung. Später im 20. Jahrhundert wurde sie durch Wiesen ersetzt, weil sich der Ackerbau auf diesen kleinparzellierten Flächen nicht

Die Streuobstwiesen am Westhang des Schönbuchs gehören zu den bedeutendsten heute noch vorhandenen Beständen dieser Wirtschaftsform. W. VENTH

mehr lohnte. Mitte der fünfziger Jahre begannen umfangreiche Rodungen, vor allem dort, wo, wie etwa am Bodensee, Gelände-, Klima- und Bodenverhältnisse eine Umstellung auf wirtschaftlichere Niederstammkulturen oder andere Intensivkulturen zuließen. Es gibt jedoch gute Gründe, etwas für den Erhalt der Streuobstwiesen zu tun. Dank ihrer vielfältigen Strukturen und der extensiven Bewirtschaftung zählen sie zu den artenreichsten Biotopen Mitteleuropas und bieten Lebensraum für viele Pflanzen und Tiere. Mit ihrer Sortenvielfalt bilden sie außerdem ein reichhaltiges Gen-Reservoir, wie es der Intensivobstbau in keiner Weise bieten kann. Ihr Erhalt wird regional oft durch so genannte Aufpreis-Initiativen gefördert, die das Obst zu Apfelsaft verwerten, damit sich für die Besitzer die Arbeit im »Gütle« wieder lohnt.

weitervererbt wird, bleiben große Grundstücke und Wirtschaftseinheiten erhalten. Bei der Realteilung hingegen wird sämtlicher Grundbesitz gleichmäßig an die Erben verteilt, was zu einer starken Zersplitterung des Besitzes und zu einem Kleinstmosaik der Bewirtschaftung führt. In der Folge entwickelt sich in manchen Gegenden Großbauerntum, während sich in anderen Kleinbauerntum ausbildet. So werden aufgrund der Realteilung in den altwürttembergischen Teilen der Schwäbischen Alb – vor allem in der Hohen Schwabenalb, der Mittleren Kuppen- aber auch der Baar- und Hegaualb – die Äcker und Wiesen immer kleinteiliger.

Mit der Einführung neuer Arten und Sorten wie der Kartoffel sowie der Einführung von Tier-

futter-Anbau steigen von der Mitte des 18. Jahrhunderts an die landwirtschaftlichen Erträge. Die Dreifelderwirtschaft wird »verbessert« durch den

Getreideabfuhr auf der Rauen Alb bei Münsingen um 1930. MIT FREUNDLICHER GENEHMIGUNG DES STADTARCHIVS MÜNSINGEN

Anbau von Futter und Hackfrüchten an Stelle der Brachfläche. Diese Art der Bewirtschaftung hält sich bis ins 20. Jahrhundert hinein. Bis Mitte des 19. Jahrhunderts müssen sich die Menschen weitgehend selbst versorgen, was sie zu Ackerbau selbst auf schlechten Lagen zwingt. Erst durch die verbesserte Infrastruktur und die Einführung der Bahn können Massengüter über weite Entfernungen transportiert werden, sodass sich eine Spezialisierung in der landwirtschaftlichen Produktion herausbilden kann. Mit der industriellen Revolution kommen Mechanisierung und Mineraldüngung in der Landwirtschaft auf, was eine enorme Intensivierung ermöglicht. Auf kleinerer Anbaufläche kann nun mehr produziert werden.

Trotz verbesserter Technik und erhöhter landwirtschaftlicher Produktion kommt es im 18. und 19. Jahrhundert wiederholt zu schlimmen Hungersnöten und Rohstoffkrisen, die viele Menschen zur Auswanderung treiben. Gleichzeitig ermöglicht der Einsatz fossiler, nicht regenerierbarer Energien eine rasante Steigerung der Produktion in Gewerbe und Industrie.

Obgleich der Mensch von Beginn an die Landschaft beeinflusst, orientiert er sich bei der Landnutzung noch bis ins 20. Jahrhundert weitgehend an den natürlich vorgegebenen Landschaftsformen. So entstehen über die Jahrhunderte hinweg agrarmorphologische Kleinreliefs wie Lesesteinhaufen, Steinriegel, Mauern, Hecken, Weidegräben, Stufenraine und Terrassenäcker, die Lebensraum für unterschiedliche Tier- und Pflanzenarten bieten. Erst mit der durchgreifenden Maschinisierung in der zweiten Hälfte des

---

Streuwiesen – Relikte vergangener Landbewirtschaftung

Streuwiesen sind ein Beispiel dafür, wie wertvolle Lebensräume entstehen, wie sie aufgrund sich ändernder Produktionsbedingungen in der Landwirtschaft wieder zu verschwinden drohen und welche Aufgabe dem Naturschutz zukommt, um derartige Lebensräume zu erhalten. Im Gegensatz zu den Futterwiesen wurden sie nicht für die Futtergewinnung gemäht, sondern für die Erzeugung von Stallstreu. Die Mahd erfolgte erst spät im Jahr, im Spätsommer, Herbst oder erst im Winter, wenn die oberirdischen Teile der Pflanzen schon abgestorben sind. Deshalb werden sie in manchen Gegenden auch »Herbstwiesen« genannt. Streuwiesen finden sich an Hängen, an denen Sickerquellen auftreten, besonders aber in Senken, vermoorten Niederungen, Auen und an Rändern von Hochmooren, also auf Standorten, die (wechsel)feucht bis nass und für Ackerbau wenig geeignet sind. Aufgrund der ungünstigen Standortbedingungen und der späten Mahd dominieren auf Streuwiesen Pflanzen, die als Viehfutter ungeeignet sind.

Die meisten Streuwiesen entwickelten sich erst von der Mitte des 19. Jahrhunderts an im Alpenvorland. Der bis dahin vorherrschende Ackerbau wurde zugunsten des Wiesenbaus sukzessive aufgegeben, weil nun mit Milch- und Käsereiwirtschaft höhere Erträge zu erzielen waren. Die intensive Stallhaltung des Milchviehs führte zu einem Mangel an Einstreumaterial, der wegen scharfer Proteste der Forstleute nicht mehr ausschließlich im Wald gedeckt werden konnte. Die Streuwiesen wurden deshalb wichtige Bestandteile der landwirtschaftlichen Betriebe. In Oberschwaben und am Bodensee erbrachten sie zeitweise sogar höhere Erträge als die besten Futterwiesen.

Zum Höhepunkt der Streuwiesenkultur in den Zwanziger- und Dreißigerjahren des 20. Jahrhunderts waren im Allgäu etwa zehn Prozent der landwirtschaftlichen Flächen Streuwiesen, in Isny und Leupolz lag der Anteil sogar bei 17 Prozent. Um 1930 kam die Wende: Stroh und auch Sägemehl ersetzten die Streu nach und nach. Die Ställe erhielten Spaltenböden und Gülle war jetzt zur Düngung der Futterwiesen verfügbar. Viele Streuwiesen wurden von nun an entwässert, teils aufgeforstet, teils auch in Fettwiesen umgewandelt.

Die noch verbliebenen ungedüngten und extensiv bewirtschafteten Wiesen sind nicht nur Zeugen einer vergangenen Landbewirtschaftung. Sie sind zudem charakteristische Elemente der Voralpenlandschaft, bereichern das Landschaftsbild und sind Lebensraum für zahlreiche seltene und gefährdete Pflanzen- und Tiere (siehe hierzu das Kapitel »Flora und Vegetation«). Größere Flächen finden sich beispielsweise in den Naturschutzgebieten Federsee, Eriskircher Ried, Bodenmöser, Gründlenried-Rötseemoos sowie Taufach-Fetzach-Moos. Besonders bekannt sind die Streuwiesen im Randbereich des Federsee-Gebiets, weil der Federsee-Rundweg an einem Teil dieser Bestände vorbeiführt und hier durch Schilder Erläuterungen zur ökologischen Bedeutung der Streuwiesen gegeben werden.

20. Jahrhunderts und der Flurbereinigung werden vielfach alte Strukturen gänzlich aufgegeben und wirtschaftlicher zu nutzende, oft eintönige Agrarlandschaften geschaffen.

Die Wanderschäferei

Über Jahrhunderte spielt auf dem Land die Schafhaltung eine wichtige Rolle zur Selbstversorgung ländlicher Siedlungen mit Milch, Fleisch und Wolle. Bereits im 14. Jahrhundert beschert die immens gestiegenen Nachfrage nach heimischer Schafwolle durch das sich ausbreitende Tuchmachergewerbe der Schafhaltung einen Aufschwung. Der gleichzeitige Ausbau der Städte mit der Konsolidierung des Handwerks erhöht zudem die Nachfrage nach Fleisch.

Die Landesherrschaft sichert sich nun weitgehend das Privileg der Schafhaltung und setzt »Triftgerechtigkeiten« (Triebrechte) durch, die im Lauf des Mittelalters auf das ganze Land ausgedehnt werden. Im 15. Jahrhundert hält sie große Herden, die auf 16 Schafhöfe landesweit verteilt sind. Um die Mitte des 18. Jahrhunderts wird die herrschaftliche Schafhaltung weitgehend aufgegeben, die klassische, privatwirtschaftlich betriebene Wanderschäferei entsteht. Durch Einfuhr von Merino-Schafen und die Einkreuzung mit den lokalen Landschaf-Rassen entstehen wandertaugliche Tiere mit besserer Wollqualität. Als Sommerweiden dienen wie schon zuvor vor allem die Schwäbische und Fränkische Alb. Zum Winter hin ziehen die deutlich größeren Herden nun auf abgeerntete Äcker und Wiesen ins Donautal, insbesondere aber in mildere Regionen wie die tiefer gelegenen Gäuflächen, den Bodenseeraum oder ins Neckar- und Rheintal. Im System der Dreifelderwirtschaft dienen die Brachflächen als gute Nahrungsergänzung zu den Weiden. Im Gegenzug liefern die Schafe wertvollen Dünger für den Ackerboden.

Durch den über Jahrhunderte andauernden Nährstofftransfer von den Weiden zu den Äckern entstehen die typischen Magerrasen auf bodenarmen Standorten, die heute aus Sicht des Natur- und Landschaftsschutzes charakteristische, für Flora und Fauna wertvolle Standorte bilden und

Schafherde in Hütehaltung bei der Wacholderheidenpflege. R. RESSEL

zudem oft entscheidend zur Eigenart, Vielfalt und Schönheit der Landschaft beitragen.

Die Situation der Wanderschäferei verschlechtert sich allerdings schon im frühen 19. Jahrhundert durch zwei Gesetze, welche die Übertriebsrechte im südwestdeutschen Raum stark beeinträchtigen und sogar abschaffen. Waren Schafherden während der Zeit der Dreifelderwirtschaft nachgefragt, so gelten sie Ende des 19. Jahrhunderts eher als Plage. Besonders mit der allmählichen Auflösung der Allmenden – weite, zumeist ertragsarme Flächen im Allgemein- bzw. Gemeindebesitz – werden ungenutzte Brachflächen seltener, Schäfer müssen nun Pacht bezahlen. Zum anderen wird die Schafhaltung in Deutschland von der Mitte des 19. Jahrhunderts an durch billige Importwolle aus Australien und Neuseeland immer weniger attraktiv. Die Wollpreise sinken, die Zölle nach Frankreich für den Export von Fleisch steigen. Später wird sogar ein

Ausfuhrverbot verhängt. Dadurch verringert sich der Bestand an Schafen zum Beginn des 20. Jahrhunderts auf ein Viertel. Die alten, insbesondere auf der Schwäbischen Alb recht ausgedehnten Heiden und Weideflächen werden nun teils aufgeforstet, in Wiesen umgewandelt oder der natürlichen Verbuschung überlassen. Erst der Naturschutz des 20. Jahrhunderts nimmt sich – auch aus landschaftlichen und heimatschützerischen Gründen – allmählich der Pflege und Offenhaltung etwa klassischer Wacholderheiden an. Die inzwischen geförderte Wanderschäferei hat es freilich immer noch schwer. Die Wollpreise decken in manchen Jahren nicht einmal die Scherkosten, die rentable Vermarktung von Lammfleisch bedarf der gesellschaftlichen Unterstützung und zahlreiche Verkehrswege wie auch die Überbauung der Landschaft machen Wanderungen zum Hindernislauf.

Die Wacholderheiden

Die charakteristischen Wacholderheiden der Schwäbischen Alb wurden erst durch jahrhundertlange Nutzung geschaffen. Dabei handelt es sich um mehr oder weniger trockenes und vor allem nährstoffarmes, flachgründiges Grünland, oft in Hanglagen und auf Bergkuppen, zumeist in ortsfernen Lagen. Viele der Heiden sind durch Erstrodung und anschließende Beweidung entstanden. Vielfach finden sich hier Sand- und Steingruben, sporadisch sind kleine Äcker (Wechselfelder) angelegt. Bliebe die karge Vegetation dieser so genannten Halbtrockenrasen ohne Nutzung sich selbst überlassen, hätte sich in etwa 150 Jahren wieder Wald eingestellt.

Was dort wächst entscheiden Tiere, vor allem Schafe. Was sie fressen wird stark dezimiert, anderes hingegen gefördert. Zu den Nutznießern gehören verbissfeste oder bewehrte Sträucher wie Schlehe und Wacholder, stachelige Kräuter wie die Silberdistel sowie bitter schmeckende Arten wie verschiedene Enziane. Charakteristisches Element ist jedoch der Wacholder, der mit seinem schlanken, säulenartigen Wuchs an Zypressen erinnert. Der Wacholder – in der Volksmedizin seit langem hoch geschätzt – war einst ursprüng-

lich auf trockene, felsige Standorte beschränkt, gelegentlich allerdings auch in Bauerngärten anzutreffen. Auf den Schafweiden wurde er von den Schäfern ausgehauen, um die Weideflächen zu erhalten. Gleichzeitig diente das Reisig zum Räuchern von Fleisch. Zu einer raschen Vermehrung des Wacholders führte erst wieder die Extensivierung und schließlich die Aufgabe der Beweidung. Außerdem steht er seit 1936 unter Naturschutz.

Bei den Wacholderheiden handelt es sich um einen naturschutzbedeutsamen Lebensraumtyp. Er zeichnet sich vor allem aus durch seine Artenvielfalt, insbesondere an Trockenheit liebenden Pflanzen aus mediterranen Gebieten sowie aus den Steppenheidengebieten Südosteuropas. Die Heiden sind allerdings vielerorts schon stark dezimiert, entweder aufgeforstet, überwachsen oder landwirtschaftlich genutzt. Sie brauchen regelmäßig Pflege, am besten durch gezielte Beweidung, andernfalls müssen sie immer wieder freigeschnitten werden. Die bunte Vielfalt der Pflanzen bietet nicht nur Lebensraum für Tiere. Wacholderheiden üben einen ganz besonderen Reiz aus und sind als zugleich einzigartige Kulturlandschaft beliebte Erholungsgebiete.

Natur- und Landschaftsschutz im 21. Jahrhundert

Die vielfältige Kulturlandschaft, die sich von 1300 an bis in die Mitte des 19. Jahrhunderts herausbildet, ist keine geplante Landschaft. Sie ist vielmehr das Ergebnis der natürlichen Grundlagen, der gesellschaftlichen, insbesondere der ökonomischen Rahmenbedingungen und der technischen Möglichkeiten. Führen im Mittelalter wirtschaftliche Gründe zur artenreichen Kulturlandschaft, so sprechen heute wirtschaftliche Gründe für Rationalisierung und Intensivierung. Was aus der Sicht des Naturschutzes besonders wertvoll ist, ist in vielen Fällen unter ganz anderen wirtschaftlichen Bedingungen entstanden und kann vielfach nur mit großen Anstrengungen wenigstens rudimentär erhalten werden.

Voraussetzung für biologische Vielfalt sind differenzierte, vielfältige Lebensräume mit unterschiedlichen Ökosystemen, welche untereinander in Verbindung stehen und Lebensgemeinschaften bilden. Um langfristig die Existenz einer Art zu sichern, sind genetisch differenzierte Populationen notwendig, damit die vielfältigen Ausprägungen weiter bestehen können. Durch die Intensivierung der Landnutzung werden die natürlichen Lebensräume – wozu auch Kulturlandschaft zählt – vor allem von der zweiten Hälfte des letzten Jahrhunderts an in zunehmendem Maß voneinander isoliert. Neben dem Flächenverlust durch überbaute Gebiete steht die Wirkung von Barrieren: Straßen, Kanäle und Schienenwege stellen für kleinere Tierarten unüberwindbare Hindernisse dar, wodurch sich deren Lebensraum verkleinert. Wander- und Wechselwege von Tieren sind unterbrochen, was zu einer Isolation führt und so den zur Erhaltung gesunder Popula-

tionen notwendigen Genaustausch verhindert. »Abgeschiedene« Gebiete gibt es in Deutschland nicht mehr. Der Tourismus dringt oft noch – unter dem Stichwort Abenteuer und Wildnis – in die letzten naturnahen Lebensräume ein und verstärkt dadurch zugleich den Druck auf die Landschaft, in der er den Ausgleich zur Stadt sucht.

Das Aufkommen industrieller Produktionsweisen nach 1850 leitet auch den Trend des ländlichen Raums und seiner Bevölkerung zur Verstädterung ein. Mit dem allmählichen Niedergang der kleinbäuerlichen Landwirtschaft werden aus den Dörfern, in denen Wohnen und Arbeit eine Einheit bilden, zunehmend Wohndörfer. Das tägliche Pendeln zur Arbeit bringt ein höheres Verkehrsaufkommen und fordert steigenden Bedarf an Infrastruktur, was letztlich die Zersiedlung und Zerschneidung der Landschaft bewirkt. Der Flächenbedarf von Industrie, Gewerbe, Verkehr und Wohnungsbau wächst. Hatte jeder Einwohner in den fünfziger Jahren durchschnittlich 20 Quadratmeter Wohnraum, sind es heute etwa 40. All dies zerstört wichtige Lebensräume.

Eriskirch und das Eriskircher Ried 1934. Der begradigte Schussenlauf schneidet mehrere Mäander ab. Traditionell bewirtschaftete Futter- und Streuwiesen des nahezu baumfreien Riedes werden außerhalb von Obstwiesen und Äckern abgelöst. STRÄHLE LUFTBILD 20854 V. 4.9.34

Viele der geschilderten Veränderungen nehmen wir nicht bewusst war. Wie dramatisch sie sich jedoch auswirken, wird etwa im Bildband »Baden-Württemberg – Landschaft im Wandel« von Albrecht Brugger (1990) deutlich, in dem eine kritische Bilanz in Luftbildern aus 35 Jahren gezogen wird. Durch die Gegenüberstellung von Aufnahmen aus verschiedenen Jahrzehnten – sozusagen im Zeitraffer dargestellt – wird besonders deutlich, wie stark der Flächenverbrauch für Siedlung und Verkehr die Landschaft in vielen Regionen verändert hat – sehr zu Lasten der Natur.

Unverkennbar werden allerdings Anstrengungen unternommen, dem Einhalt zu gebieten. Nicht zuletzt das 1992 in Rio de Janeiro verabschiedete »Übereinkommen über die biologische Vielfalt« hat den Gedanken gestärkt, dass die Landschaft als Lebensraum für Pflanzen, Tiere und Mensch erhalten und weiterentwickelt werden muss. Auch die aktuellen Bestrebungen zum Ausbau des europäischen Schutzgebietsnetzes Natura 2000 sind ein wesentlicher Schritt in die richtige Richtung. Heute ist bei umweltrelevanten Planungen zumindest das Bemühen erkennbar, die Fehler der Vergangenheit zu vermeiden.

Die Flurbereinigung legt heute großen Wert darauf, Landschaften zu entwickeln, in denen auch wildlebende Pflanzen und Tiere genügend Lebensraum finden. Die Wasserwirtschaft ist bemüht, Gewässer naturnah auszubauen und verloren gegangene natürliche Rückhalteräume entlang von Flüssen und Bächen wieder zurückzugewinnen. Die Forstwirtschaft strebt neben der schon lange verfolgten Nachhaltigkeit der Waldbewirtschaftung auch an, die Zusammensetzung und Altersstruktur der Wälder zu verbessern. Gemeinden lassen Landschaftspläne oder Biotopverbundkonzepte für ihre Gemarkungen erstellen. Zudem muss nach dem Naturschutzgesetz jeder Eingriff in Natur und Landschaft ausgeglichen werden. Auch wenn dies im Detail oft mit vielen Problemen und offenen Fragen behaftet ist, ist doch das Bemühen erkennbar, einer weiteren Verarmung der Landschaft zumindest in dem Maße Einhalt zu gebieten, wie sich das mit den sonstigen gesellschaftlichen Ansprüchen in Einklang

bringen lässt. Welche Folgen das für die natürlichen Lebensgrundlagen, das Landschaftsbild und letztlich für unsere eigenen Lebensverhältnisse mittel- und langfristig haben wird, ist gegenwärtig jedoch noch nicht absehbar.

LITERATUR

ADAM, T. (2002): Das Entstehen der Streuobstwiesen in Südwestdeutschland. Zeitschrift für Agrargeschichte und Agrarsoziologie 50, 2002, S. 55–69.

BEINLICH, B. & PLACHTER, H. (1995): Ein Naturschutzkonzept für die Kalkmagerrasen der Mittleren Schwäbischen Alb (Baden-Württemberg): Schutz, Nutzung und Entwicklung. Beih. Veröff. Naturschutz Landschaftspflege in Baden-Württemberg Heft 83.

BREUER, T. (1997): Landschaft, Kulturlandschaft, Denkmallandschaft als Gegenstände der Denkmalkunde. Die Denkmalpflege 55, 1997, S. 5–23.

BRUGGER, A. (1990): Baden Württemberg – Landschaft im Wandel. Eine kritische Bilanz in Luftbildern aus 35 Jahren. – Stuttgart.

EIDLOTH, V. & GOER, M. (1996): Historische Kulturlandschaftselemente als Schutzgut. Denkmalpflege in Baden-Württemberg 1996/2, S. 148–156.

EWALD, K. C. (1996): Traditionelle Kulturlandschaften – Elemente und Bedeutung. In: KONOLD, W. (Hrsg.): Naturlandschaft – Kulturlandschaft S. 99–119. – Landsberg.

GRÜTTNER, A. & WARNKE-GRÜTTNER, R. (1996): Flora und Vegetation des Naturschutzgebietes Federsee (Oberschwaben) – Zustand und Wandel –. LfU (Hrsg.). – Karlsruhe.

HAHN, J. (1991): Urgeschichte in Oberschwaben und der mittleren Schwäbischen Alb: zum Stand neuerer Untersuchungen der Steinzeit-Archäologie. In: Archäologische Informationen aus Baden-Württemberg Heft 17.

HÖNES, E.-R. (2003): Rechtsfragen zur Kulturlandschaft. In: Siedlungsforschung. Archäologie – Geschichte – Geographie 21, 2003, S. 217–241.

JAEGER, J. (2002): Landschaftszerschneidung. Eine transdisziplinäre Studie gemäß dem Konzept der Umweltgefährdung. – Stuttgart.

KAPFER, A. & KONOLD, W. (1996): Streuwiesen: Relikte vergangener Landbewirtschaftung mit hohem ökologischen Wert. In: KONOLD, W. (Hrsg.): Naturlandschaft – Kulturlandschaft 185–200. – Landsberg.

KEEFER, E. (1996): Rentierjäger und Pfahlbauern: 14 000 Jahre Leben am Federsee. Führer und Bestandskataloge des Württ. Landesmuseums Stuttgart, Archäologische Sammlungen 5. – Stuttgart.

KONOLD, W. (1987): Oberschwäbische Weiher und Seen. Kultur, Geschichte, Vegetation, Limnologie, Naturschutz. In: Beihefte Veröffentlichungen für Naturschutz u. Landschaftspflege in Baden-Württemberg 52. – Karlsruhe.

KONOLD, W. (1996): Naturlandschaft Kulturlandschaft. Die Veränderung der Landschaften nach der Nutzbarmachung durch den Menschen. – Konold (Hrsg.). – Landsberg.

KRACHT, V./MORRISSEY, C./SCHENK, W. (2003): Naturschutz und historische Kulturlandschaft – zur Integration geschichtlicher Aspekte in Planung und Management von Naturschutzgebieten. In: Natur u. Landschaft. Zeitschr. f. Naturschutz u. Landschaftspfl (hrsg. v. Bundesamt f. Naturschutz) 12, 2003, S. 527–533.

KÜSTER, H. (1995): Geschichte der Landschaft in Mitteleuropa: Von der Eiszeit bis zur Gegenwart. – München.

LENZ, R./REIDL, K. & LANGER, E. (2003): Aufarbeitung und Bewertung naturschutzfachlicher Daten zum Truppenübungsplatz »Münsingen«. Herausgegeben von der Bezirksstelle für Naturschutz und Landschaftspflege Tübingen.

MORRISSEY, C. (2003): Sein oder Schein. Der Schönbuch und einige Aspekte der älteren Siedlungsgeschichte Baden-Württembergs. In: Zeitschr. f. Württembergische Landesgeschichte 62, 2003, S. 11–30.

MORRISSEY, C. & SAUR, R. (2004): »Warzen«, Grabhügel und Ameisenstädte: Zur Kulturlandschaft der Alb. Schwäbische Heimat 55/3, 2004, S. 323–328.

MORRISSEY, C. (2003): Zollernalbkreis. Führer zu archäologischen Denkmälern in Deutschland. Band 43. – Nordwestdeutschen, West- u. Süddeutschen, Mittel- u. Ostdeutschen Verband für Altertumsforschung e.V., in Verbindung mit dem Zollernalbkreis (Hrsg.). – Stuttgart.

MORRISSEY, C. (2006): Historische Kulturlandschaft in Baden-Württemberg. – Landschaften und Themen, Akteure und Probleme. In: Kulturlandschaft: Wahrnehmung – Inventarisation – regionale Beispiele. Fundberichte aus Hessen, Beiheft 4.

PLANCK, D. (Hrsg./1988): Archäologie in Württemberg. Ergebnisse und Perspektiven archäologischer Forschung von der Altsteinzeit bis zur Neuzeit. – Stuttgart.

SCHENK W./FEHN, K. & DENECKE, D. (Hrsg./1997), Kulturlandschaftspflege. Beiträge der Geographie zur räumlichen Planung. – Stuttgart.

SCHULZ, E. (1999): Zur Entstehung mitteleuropäischer Kulturlandschaft: Beobachtungen und Experimente in Hohenlohe. In: Geographische Exkursionen in Franken und benachbarten Regionen S. 275–296. – (Würzburg).

SCHWINEKÖPER, K. (1997): Historische Landschaftsanalyse in der Landschaftsökologie am Beispiel des Wurzacher Riedes, des Einzugsgebietes der Wolfegger Ach und des Heidenwuhres. Berichte des Institutes für Landschafts- und Pflanzenökologie der Universität Hohenheim Beiheft 2.

WELLER, F. (2004): Streuobstwiesen. In: KONOLD, W., BÖCKER, R. & U. HAMPICKE (Hrsg.): Handbuch für Naturschutz und Landschaftspflege. Kapitel XIII – 7.9. – Landsberg.

ZILLENBILLER, E. (1996): Kulturlandschaft – Erbe und Auftrag: Entwicklungsphasen von der Natur- zur Kulturlandschaft. – Ubstadt-Weiher.

ZIRNSTEIN, G. (1996): Ökologie und Umwelt in der Geschichte Band 14. – Marburg.

Die Ausweisung von Naturschutzgebieten

von Klaus Thilo und Helmuth Wälder

Die Rechtsgrundlagen im Wandel der Zeiten

Der Drachenfels wurde im Jahr 1836 als erstes Gebiet im Deutschen Reich unter Naturschutz gestellt, um die Schönheit einer Landschaft zu bewahren, die von Gesteinsabbau bedroht war. Die ästhetischen und kulturellen Motive, aber auch das Bestreben zur Eindämmung der Industrialisierung standen im 19. und zu Beginn des 20. Jahrhunderts bei der Ausweisung von Naturschutzgebieten im Vordergrund. Erst 1935 kam es zu einem einheitlichen Naturschutzrecht für das deutsche Staatsgebiet: Das Reichsnaturschutzgesetz wurde erlassen. Natursehnsucht und Heimatgefühl sollten gefördert, Erholung für jeden Bürger gesichert und dem Interesse von Wissenschaft und Volkskunde sollte Rechnung getragen werden. Schwerpunkt dieses Gesetzes war der Flächenschutz. Naturschutzgebiete wurden wegen ihrer landschaftlichen Schönheit oder Eigenart ausgewiesen. Aus dieser Zeit stammen etwa das erste Naturschutzgebiet (NSG) im Regierungsbezirk Tübingen nach dem neuen Recht, das »NSG Dornacher Ried«, aber auch die Naturschutzgebiete »Eriskircher Ried« und »Federsee«. Das Reichsnaturschutzgesetz galt auch nach 1949 zunächst als Landesrecht fort. In der Nachkriegs- und Aufbauzeit spielte der Naturschutz verständlicherweise eine sehr geringe Rolle. Erst in den siebziger Jahren gerieten die immer drängender werdenden Probleme des Umweltschutzes ins Blickfeld von Öffentlichkeit und Politik. Ende 1976 machte der Bund von seiner Rahmengesetzgebungskompetenz im Naturschutz mit dem Erlass des Bundesnaturschutzgesetzes – BNatSchG – Gebrauch. Aber nach dem Grundgesetz ist Naturschutz Sache der Bundesländer. Der Bund darf für den Bereich Naturschutz und Landschaftspflege nur einen bundeseinheitlichen Rahmen setzen, den die Länder eigenverantwortlich ausfüllen. Einige Länder hatten vor Inkrafttreten des Bundesnaturschutzgesetzes Naturschutzgesetze erlassen, darunter auch Baden-Württemberg. Hier trat das Naturschutzgesetz – NatSchG – zum 1. Januar 1976 in Kraft. In diesen Gesetzen war nunmehr der ganzheitliche Schutz des Naturhaushalts und der natürlichen Lebensgrundlagen verankert. Zur langfristigen Bewahrung von schutzwürdigen Flächen traten gleichzeitig Pflege und Entwicklung der Landschaft als dynamische Elemente hinzu. Auf der Grundlage dieser rechtlichen Regelungen wurde in den 1980er- und 1990er-Jahren dann die Mehrzahl der Naturschutzgebiete ausgewiesen, die im vorliegenden Buch beschrieben sind.

Das Europäische ökologische Netz »NATURA 2000«

Eine neue Sichtweise im Flächenschutz ist durch europäische Rechtsvorschriften eingeleitet worden. In – wenn auch verspäteter – Umsetzung der Flora-Fauna-Habitat-Richtlinie und der Vogelschutz-Richtlinie der Europäischen Union haben die Naturschutzgesetze (§§ 32 bis 38 BNatSchG, §§ 36 bis 40 NatSchG) den Aufbau eines Europäischen ökologischen Netzes mit der Bezeichnung »Natura 2000« vorgegeben, das durch die Ausweisung von Schutzgebieten (im wesentlichen Naturschutzgebiete), durch andere Rechts- oder Verwaltungsvorschriften, durch vertragliche Vereinbarungen oder durch die Verfügungsbefugnis eines öffentlichen oder gemeinnützigen Trägers geschaffen werden soll.

Im Durchschnitt jede dritte heimische Tier- und Pflanzenart ist in ihrem Bestand bedroht. Bei einzelnen Artengruppen liegt der Gefährdungsgrad jedoch noch wesentlich höher, bei Reptilien etwa 73 %, bei Fischen etwa 64 % (Umweltplan BW, 2000).

Durch die Herstellung eines europaweit vernetzten Schutzgebietssystems und das damit verbundene Verschlechterungsverbot wird den Naturschutzbehörden ein völlig neuartiges, stringentes Instrumentarium an die Hand gegeben, das dort ansetzt, wo die Ursachen für den Artenschwund liegen, nämlich in der Veränderung, Zerstörung oder Verinselung von Lebensräumen. Dem liegt die Erkenntnis zugrunde, dass die biologische Vielfalt nicht durch den Schutz einzelner isolierter und kleinräumiger Gebiete erhalten werden kann. Denn viele Arten – beispielsweise Zugvögel – sind abhängig vom intakten Zustand einer Vielzahl von Lebensräumen, die untereinander über Landschaftselemente wie z. B. Fließgewässer vernetzt sind.

Die Sicherung der für NATURA 2000 an die Europäische Kommission gemeldeten Flächen mit über 13% der Landesfläche, für die ein gesetzliches Verschlechterungsverbot gilt, bindet in hohem Maße die beschränkten Ressourcen der Naturschutzverwaltung. Gegenüber der förmlichen Schutzgebietsausweisung sollen vorrangig die Möglichkeiten des Vertragsnaturschutzes ausgeschöpft werden. Ob dieser Weg letztlich die Neuausweisung von Naturschutzgebieten in größerem Umfang entbehrlich machen wird, ist momentan noch nicht absehbar, aber eher unwahrscheinlich.

Der zentrale Arbeitsschwerpunkt für die Naturschutzfachreferate der Regierungspräsidien ist derzeit die Aufstellung und Abstimmung von Pflege- und Entwicklungsplänen für die im Regierungsbezirk Tübingen gemeldeten NATURA 2000-Gebiete. Diese Pläne werden die Grundlage für die erforderlichen Erhaltungs- und wünschenswerten Entwicklungsmaßnahmen sowie für die Beobachtung, Dokumentation und Berichterstattung gegenüber der Europäischen Kommission sein. Soweit die betroffenen Flächen als Naturschutzgebiete ausgewiesen werden, kann mit diesen Plänen zugleich ein Teil der notwendigen naturschutzfachlichen Unterlagen für das förmliche Ausweisungsverfahren bereit gestellt werden.

Schutzgebiete nach Naturschutzrecht

Naturschutzgebiete

sind die tragenden Säulen des Naturschutzes. In ihnen sollen sich andere Nutzungen den Naturschutzzielen unterordnen. Weil mit einer auf das jeweilige Gebiet angepassten Verbotsliste gefähr-

---

Das Ökomobil kommt

Das Ökomobil des Regierungspräsidiums Tübingen ist ein bunter Lastwagen, der als »rollendes Naturschutzlabor« ausgebaut wurde und seit 1987 erfolgreich im Regierungsbezirk unterwegs ist. Ausgestattet mit einer Mischung aus modernster Multimediatechnik, aber auch einfachen Geräten und dem breiten Fachwissen der betreuenden Fachkraft sind sie mit allem ausgerüstet, was notwendig ist, um Natur zu erleben, kennen zu lernen und zu schützen. Bei einem Einsatz mit dem Ökomobil steht das Naturerlebnis auf vielfältige Weise im Vordergrund. Wichtig dabei ist das freie Erleben und Begreifen der Natur und ihrer Zusammenhänge mit allen Sinnen, »ganzheitlich«, das heißt, nicht nur als reine Wissensvermittlung, sondern auch als Anregung zu verantwortlichem Handeln und Umgang mit der Natur. Alle Teilnehmer untersuchen und erarbeiten sich weitgehend eigenständig bzw. in Teamarbeit direkt »vor Ort« ihren Lebensraum wie etwa einen Bach, eine Wiese oder ein Waldstück, um selbst Verständnis und Verantwortung für die Natur zu entwickeln.

Zu einer etwa drei- bis vierstündigen, sehr praxisorientierten Lehreinheit sind Schulklassen, Jugend- und Familiengruppen, Lehrer und Erzieher und andere Naturinteressierte von März bis November herzlich willkommen. Das Ökomobil bietet Platz für 24 Personen und ist kostenfrei.

Übrigens: Auch bei den anderen drei Regierungspräsidien im Land wartet ein Ökomobil darauf, mit Ihnen einen Termin zu vereinbaren.

Weitere Informationen sind im Faltblatt Ökomobil bei den Regierungspräsidien oder im Internet unter www.rp-tuebingen.de erhältlich.

dende und unerwünschte Einflüsse ausgeschlossen werden, ermöglicht das Instrument Naturschutzgebiet einen weitgehenden Schutz vor schädlichen Einwirkungen und Bewirtschaftungsweisen. Im Regierungsbezirk Tübingen stehen etwa 2,3 Prozent der Gesamtfläche von gut 8 900 Quadratkilometern unter Naturschutz.

Naturschutzgebiete sind allerdings in vielen Fällen zu klein abgegrenzt worden, um den Schutzzweck zuverlässig erfüllen zu können. Deshalb werden zunehmend Pufferflächen und benachbarte Landschaftsteile in die Schutzgebiete einbezogen, etwa Hänge im Einzugsbereich von Gewässern oder Mooren. Eine Vernetzung der Lebensräume konnte mit der Ausweisung von Naturschutzgebieten allerdings nur selten erreicht werden.

Landschaftsschutzgebiete

dienen in erster Linie der Bewahrung eines Landschaftsbildes. Störungen einer auf diese Weise geschützten landschaftlichen Situation können mit diesem Instrument zuverlässig ausgeschlossen werden. Gemeinden, die sich gegen Landschaftsschutzgebiete sträuben, begeben sich der Möglichkeit, bei ungewollten oder problematischen Vorhaben Einfluss nehmen zu können.

Naturdenkmale

sind Einzelschöpfungen der Natur mit einer Fläche von weniger als 5 Hektar. Unter diese Schutzgebietskategorie lassen sich neben markanten Einzelbäumen vor allem kleinflächige Naturausschnitte wie beispielsweise Quellsümpfe, Feuchtwiesen oder Trockenhänge stellen.

Geschützte Grünbestände

sind Grünbereiche mit einer Funktion für die bebauten Gebiete und die Siedlungsentwicklung sowie Schutzpflanzungen. Das Instrument hat seit der Übertragung der Zuständigkeit auf die Gemeinden an Bedeutung verloren.

Naturparke

dienen vorrangig der verträglichen Entwicklung von Erholung und Tourismus auf der Grundlage einer reizvollen Landschaft und Natur. Der Beitrag zur Umsetzung von Naturschutzbelangen ist eher nebensächlich. Die Bedeutung als Label für Tourismus- und Erholungsbemühungen ist dagegen beträchtlich.

In Umsetzung des Bundesrahmenrechts enthält das neue Naturschutzgesetz die großräumigen Schutzgebietskategorien Nationalpark und Biosphärenreservat. Glücklicherweise gibt es in Baden-Württemberg noch (wenige) Flächen, auf denen großflächige Schutzkonzepte verwirklicht

Naturschutz braucht Verständnis und Akzeptanz, will er erfolgreich sein. Das rollende Naturschutzlabor Ökomobil vermag solches Verständnis zu wecken.
S. REUSSINK
ARCHIV BNL

werden könnten. Andere Bundesländer haben mit weniger umfangreichen und in einigen Fällen fachlich sicher problematischeren Flächen diesen Weg schon lange beschritten. Wie intensiv die Bemühungen und Vorbereitungen für ein erstes Biosphärengebiet – so lautet die Bezeichnung im Landesnaturschutzgesetz – ganz aktuell sind, wird an anderer Stelle in diesem Buch dargestellt.

Wie entsteht ein Naturschutzgebiet?

Rechtliche Voraussetzungen

In Naturschutzgebieten lässt das Gesetz Beschränkungen zu, die weitergehen als in anderen Schutzgebietskategorien. Hier soll die Natur Vorrang haben vor anderen Ansprüchen. Entsprechend hoch ist die Hürde für die Ausweisung eines Naturschutzgebiets in § 26 des Naturschutzgesetzes gelegt. Es muss sich um ein Gebiet handeln, in dem in besonderem Maße der Schutz von Natur und Landschaft erforderlich ist, beispielsweise aus wissenschaftlichen, naturgeschichtlichen oder kulturellen Gründen, zur Erhaltung von Lebensgemeinschaften oder Lebensstätten bestimmter Tier- oder Pflanzenarten oder wegen der Vielfalt, Eigenart oder Schönheit seiner naturhaften Ausstattung. Von der höheren Naturschutzbehörde muss sowohl fachlich wie auch juristisch geprüft werden, ob das Gebiet tatsächlich schutzwürdig und schutzbedürftig ist. Bei der gebotenen Abwägung der betroffenen Belange sind auch die Eigentumsgarantie und die Garantie der kommunalen Selbstverwaltung mit einzubeziehen.

Idee und fachliche Vorbereitung

Wer gibt den Anstoß für ein Verfahren zur Schutzgebietsausweisung? In den Fachreferaten der höheren Naturschutzbehörden – den früheren Bezirksstellen für Naturschutz und Landschaftspflege – gibt es dazu regionale Schutzgebietskonzeptionen, die sich auf die Auswertung von Kartierungen, wissenschaftlichen Untersuchungen und andere Fachdaten stützen. Darüber

hinaus kommen Anregungen immer wieder aus den Reihen der Naturschutzverbände oder von fachkundigen Bürgern. Nach einer naturschutzfachlichen Prioritätenliste, die sich infolge aktueller Entwicklungen aber immer wieder ändern kann, lassen die Fachleute des Regierungspräsidiums die ökologische Bedeutung und das biologische Inventar des betreffenden Areals von freiberuflichen Spezialisten und Fachwissenschaftlern begutachten. Bei der Entscheidung, ob das Gebiet Naturschutzgebiet werden soll, werden vor allem folgende Kriterien berücksichtigt:

– Naturnähe
– Seltenheit der Biotope und Arten
– Alter und Ersetzbarkeit von Biotopen
– Artenvielfalt und Arteninventar
– Repräsentanz für Biotoptyp und Naturraum
– Bedeutung als Lebensstätte für gefährdete Arten
– Vernetzbarkeit mit anderen Biotopen
– Grad der Gefährdung.

Mit diesen Grundlagen und mit weiteren Fachdaten, die aus den verschiedensten Bereichen herangezogen werden können, entsteht dann ein Gesamtgutachten. In dieser so genannten Würdigung, in der Landschaft, Geologie und Klima, vorkommende Pflanzen- und Tierarten sowie deren Lebensräume, Nutzungsgeschichte, Schutzwürdigkeit, Schutzzweck, Gefährdung und Pflegenotwendigkeiten dargestellt sind, werden aus dem jeweiligen Schutzzweck die erforderlichen Verbote hergeleitet. Dem Gutachten wird eine Karte mit einem Abgrenzungsvorschlag für das geplante Schutzgebiet beigefügt.

Zuständigkeit

Die Zuständigkeit für die Ausweisung von Naturschutzgebieten ist nach § 73 Naturschutzgesetz dem Regierungspräsidium zugewiesen. Mit der Gesamtbetrachtung des Regierungsbezirks ist die notwendige repräsentative und ausgewogene Auswahl und Sicherung der schützenswerten Lebensräume eher gewährleistet, als dies bei einer Betrachtung auf Kreisebene der Fall sein könnte.

Schutzzweck und Regelungen in der Schutzgebietsverordnung

Einschränkungen von Eigentümer- und Nutzerbefugnissen stoßen bei den Betroffenen häufig auf wenig Gegenliebe. Immer wieder beklagen auch Erholungssuchende eine zu starke Reglementierung.

Grundsätzlich steht jedem ein Recht auf Erholung in der freien Landschaft und damit auch in Naturschutzgebieten zu. Dieses Recht kann aber in der Naturschutzgebietsverordnung aus konkret zu benennenden Gründen eingeschränkt werden, um besonders schutzbedürftige Tiere und Pflanzen und deren Lebensräume nicht zu gefährden. Zulässig ist in der Regel die schon bisher rechtmäßig ausgeübte Nutzung der Grundstücke und der bestehenden Einrichtungen in der bisherigen Art und im bisherigen Umfang, wie es in der Juristensprache heißt. Dazu gehören auch die Instandhaltung und Instandsetzung solcher Einrichtungen. Dennoch entstehen bei der geplanten Ausweisung eines Naturschutzgebiets häufig Interessenkonflikte, weil etwa der Strukturwandel in der Landwirtschaft ökonomisch andere als die bisher üblichen Bewirtschaftungsformen nahe legt, die dann jedoch mit dem Schutzzweck und den daraus abgeleiteten Regelungen kollidieren. Häufig besteht auch einfach die abstrakte Befürchtung, dass durch Verbote in einer Naturschutzgebietsverordnung die Führung eines landwirtschaftlichen Betriebs künftig erschwert wird. In diesen Fällen muss viel Aufklärungs- und Überzeugungsarbeit geleistet werden. Die Naturschutzverwaltung verwendet dann viel Mühe darauf, Kompromisse und auf den jeweiligen Einzelfall zugeschnittene Lösungen zu finden.

Entschädigungsfragen

Grundsätzlich sind Einschränkungen der Nutzung aus Gründen des Naturschutzes nicht entschädigungspflichtig, weil kein Grundeigentum entzogen wird. Es wird durch die Regelung in der Schutzgebietsverordnung vielmehr der Inhalt des Grundeigentums näher bestimmt. Dies ist im Rahmen der Sozialbindung des Eigentums (Artikel 14 des Grundgesetzes) entschädigungslos zu dulden. Wenn ausnahmsweise eine Entschädigungspflicht in Betracht kommt, versucht die Naturschutzverwaltung in der Regel, das Problem dadurch zu lösen, dass sie die Flächen erwirbt. Einen finanziellen Ausgleich gibt es über den so genannten Vertragsnaturschutz. Dabei werden mit den Eigentümern oder Pächtern der Grundstücke Bewirtschaftungs- oder Pflegeverträge abgeschlossen. Für Nutzungsbeschränkungen aus Gründen des Naturschutzes oder für landschaftspflegerische Arbeiten erhält der Landwirt einen finanzielle Ausgleich.

Die Vorinformation

Bereits bei der Vorbereitung des Schutzgebietsverfahrens informiert das Regierungspräsidium die Gemeinden sowie die hauptsächlich berührten öffentlichen Stellen und Verbände über das geplante Naturschutzgebiet. Es nimmt dabei Anregungen entgegen, die in den Entwurf eines Verordnungstextes und die Abgrenzung des geplanten Naturschutzgebiets einfließen.

Es ist ein langes Verfahren unter Beteiligung aller, die davon berührt werden, bis ein Naturschutzgebiet ausgewiesen ist. ARCHIV BNL

Das gesetzliche Verfahren

Das förmliche Verfahren zur Ausweisung eines Naturschutzgebiets beginnt nach § 59 Naturschutzgesetz mit der Anhörung von Gemeinden, Behörden, öffentlichen Planungsträgern und betroffenen Verbänden. Danach oder auch gleichzeitig wird der Verordnungsentwurf mit Karten öffentlich ausgelegt. Die öffentliche Auslegung wird vorher amtlich bekannt gemacht mit dem Hinweis, dass Bedenken und Anregungen vorgebracht werden können.

Die Abwägung der unterschiedlichen Interessen

Vor dem Erlass der Verordnung prüft die Naturschutzbehörde die eingegangenen Anregungen und Bedenken. Die Interessen der Eigentümer und Nutzer und die Naturschutzziele werden gegeneinander abgewogen.

Das Bemühen um Akzeptanz bei Eigentümern, Nutzern und Gemeinden hat dazu geführt, dass die rechtlich äußerst starke Naturschutzposition kaum jemals voll ausgenutzt wird. In der Regel können die bestehenden Nutzungen auch in Naturschutzgebieten weitergeführt werden, auch wenn dies oft eine schwerwiegende Vorbelastung darstellt. Verbesserungen werden mit Flächenankäufen, Extensivierungsverträgen und Pflegevereinbarungen erreicht.

So wurden etwa beim Naturschutzgebiet Eriskircher Ried eingezäunte Intensivobstanlagen in das Schutzgebiet einbezogen und deren Weiterbetrieb garantiert. Ausschlaggebend dafür war die Überlegung, nur so am Seeufer für das Naturschutzinteresse »einen Fuß in die Tür« bekommen zu können, absehbaren negativen Entwicklungstendenzen zuvorzukommen und Verbesserungen im Laufe der Zeit anzustreben. Hierbei ist auch das in Naturschutzgebieten bestehende Vorkaufsrecht des Landes ein wichtiges Hilfsmittel.

Bei der Regelung von Jagd und Fischerei sind mitunter bedeutende finanzielle Interessen betroffen, oft verbunden mit großem emotionalem Engagement. Wenn es der Schutzzweck nicht ausdrücklich erfordert, wird die ordnungsgemäße Jagd und Fischerei mit bestimmten Maßgaben zugelassen. Dies entspricht dem Prinzip, in bestehende Rechte so gering als möglich einzugreifen.

Naturschutzgebiete haben eine große Bedeutung für das Erholungsinteresse der Allgemeinheit. Dies liegt an ihrer Eigenart und Schönheit, aber auch an der Entwertung anderer Landschaftsteile. Die Besucher von Naturschutzgebieten sind ein unentbehrlicher Aktivposten für den Naturschutzgedanken. Soweit das Betreten den Schutzzweck nicht konkret zu schädigen droht, ist es auf Wegen zulässig. Nur in wenigen Einzelfällen erfolgt aus absolut zwingenden Gründen ein Ausschluss. In diesen Fällen werden die Wege entfernt oder unzugänglich gemacht. Im Gegenzug werden Alternativen angeboten. Angesichts des Umstands, dass in Deutschland das Recht zum Betreten der freien Landschaft besteht – übrigens ein im Vergleich mit anderen Rechtsordnungen nicht hoch genug einzuschätzendes Gut – sind diese vergleichsweise geringfügigen Einschränkungen sicherlich hinnehmbar.

Ob ohne die Betonung des Konsensprinzips bei der Ausweisung von Naturschutzgebieten mehr für den Naturschutz hätte erreicht werden können, ist schwer zu beurteilen. Weniger, dafür größere, besser geschützte und optimal gepflegte Gebiete wären aus Naturschutzsicht sicherlich vorzuziehen gewesen. Unter den bestehenden verwaltungspolitischen Rahmenbedingungen war diese Option bisher aber nicht realistisch. Erst das ökologische Netz Natura 2000 der EU – als Institution weit entfernt und politisch nur über Umwege verantwortlich – hat einen solchen Ansatz ermöglicht und seine Umsetzung in greifbare Nähe gerückt.

Schutzgebietsverordnung und Rechtsschutz

Wie geht das Verfahren zur Unterschutzstellung weiter?

Das Regierungspräsidium prüft alle im Verfahren eingegangenen Stellungnahmen, vorgetragenen Bedenken und Anregungen und trägt ihnen in der beschriebenen Weise Rechnung. Am Ende des Verfahrens steht der Erlass einer vom

Regierungspräsidenten unterschriebenen Rechtsverordnung mit Schutzgebietskarte. Der Verordnungstext wird im Gesetzblatt für Baden-Württemberg verkündet. Auf die Möglichkeit, die Schutzgebietskarte einzusehen, wird durch öffentliche Bekanntmachung hingewiesen. Nach Abschluss des Rechtsverfahrens ist die Verordnung für jedermann verbindlich.

Die Naturschutzgebiete werden an den wichtigsten Zugängen mit einem amtlichen Kennzeichen beschildert. Teilweise wird mit Zusatztafeln auf besondere Vorschriften in diesem Gebiet hingewiesen.

Fühlt sich jemand durch diese Verordnung in seinen Rechten verletzt, hat er die Möglichkeit, sich gegen eine Schutzgebietsausweisung durch Normenkontrollklage beim Verwaltungsgerichtshof Baden-Württemberg zu wehren. Das Gericht prüft dann, ob die formellen und inhaltlichen Anforderungen, die für diese Rechtsvorschrift gelten, beachtet worden sind.

Befreiungen und Vollzugsprobleme im Naturschutzgebiet

In besonderen Fällen besteht die Möglichkeit einer Befreiung von den Vorschriften einer Naturschutzgebietsverordnung, etwa wenn für einen Radweg oder eine Abwasserleitung aufgrund der örtlichen Verhältnisse keine zumutbare Alternative besteht. Die rechtlichen Voraussetzungen dafür sind jedoch sehr eng gefasst. Nur überwiegend öffentliche Belange lassen diese Befreiung zu. Soweit es um private Belange geht, kommt eine Befreiung von den Vorschriften der Verordnung nur in atypischen Sonderfällen in Betracht, und dann auch nur, wenn der Schutzzweck nur unwesentlich berührt ist.

Der Trend, die Freizeit mit Naturerlebnis-Aktivitäten zu verbringen, macht auch vor Naturschutzgebieten nicht halt. Sport wie Mountainbiking, Klettern, Kanufahren, aber auch Modell- oder Drachenfliegen, Volkswandern, Grillfeste und Veranstaltungen mit Lichteffekten oder Beschallung – all diese Aktivitäten können für störungsempfindliche Tier- oder Pflanzenarten gravierende Belastungen mit sich bringen und manchmal sogar das »Aus« bedeuten. Sie sind deshalb in einem Naturschutzgebiet fehl am Platz und folglich untersagt. Wer sich nicht an die Regeln hält, muss damit rechnen, zur Verantwortung gezogen zu werden. Verstöße gegen die Schutzgebietsverordnung können durch die unteren Naturschutzbehörden in einem Ordnungswidrigkeiten-Verfahren mit empfindlichen Bußgeldern belegt werden. In Einzelfällen, wenn der Schutzzweck der Verordnung oder eine streng geschützte Tierart wie etwa der Biber erheblich beeinträchtigt werden, können Verstöße von den Gerichten auch als Straftat mit Freiheits- oder Geldstrafe geahndet werden. Aber natürlich ist ein lückenloser Schutz von Natur und Landschaft auch in Naturschutzgebieten nicht möglich. Je nach Situation kann aber jeder Einzelne dazu beitragen, durch sachliche Hinweise auf ein Verbot oder durch Meldung an eine Polizeidienststelle Schädigungen der Naturschutzgebiete einzudämmen.

EIN BIOSPHÄRENGEBIET AUF DER SCHWÄBISCHEN ALB – NEUE WEGE IM NATURSCHUTZ

von BURKHARD SCHALL

In Baden-Württemberg konnten in den letzen Jahrzehnten zum Schutz der Natur deutliche Erfolge verbucht werden. So hat die Fläche der Naturschutzgebiete seit Beginn der 80er Jahre des letzten Jahrhundert um mehr als das Vierfache zugenommen und liegt jetzt bei fast 2,3 Prozent der Landesfläche, und alle im Land vorkommenden für den Naturschutz bedeutsamen Lebensraumtypen sind in den Naturschutzgebieten repräsentiert. Allerdings sind die meisten Naturschutzgebiete unter 50 Hektar groß und nur wenige Naturschutzgebiete erreichen Flächen von über 1000 Hektar. Ein Großschutzgebiet – ein Nationalpark oder ein Biosphärenreservat – wurde bisher in Baden-Württemberg noch nicht realisiert. Der Grund dafür liegt zum einen darin,

dass in unserer kleinteiligen und vergleichsweise dicht besiedelten Landschaft geeignete Flächen für ein solches Großschutzgebiet schwer zu finden sind, zum anderen waren im Naturschutzgesetz des Landes die rechtlichen Voraussetzungen zur Ausweisung noch nicht gegeben.

Mit dem Abzug der Bundeswehr vom Truppenübungsplatz Münsingen bietet sich nun die einmalige Möglichkeit, auch in Baden-Württemberg ein Großschutzgebiet auszuweisen. Gleichzeitig liegen mit dem im Januar 2006 in Kraft getretenen neuen Naturschutzgesetz die rechtlichen Grundlagen für die Ausweisung eines Biosphärengebietes vor. Die Bezeichnung weicht bewusst vom international gebräuchlichen Begriff Biosphärenreservat ab, um die mit dem Begriff Reservat verbundenen negativen Assoziationen zu vermeiden und dem Ansatz des Schutzes durch Nutzung und Entwicklung in der Zielsetzung für Biosphärengebiete besser gerecht zu werden. Nach dem neuen Naturschutzgesetz können nun

Die Wacholderheide auf dem Eckenlauh ist ein wichtiges Vernetzungselement zwischen dem Großen Lautertal und dem ehemaligen Truppenübungsplatz im künftigen Biosphärengebiet. G. KÜNKELE

Landschaftsausschnitte durch Rechtsverordnung zu Biosphärengebieten erklärt werden, wenn sie

- großräumig und für bestimmte Kulturlandschaften mit reicher Naturausstattung charakteristisch sind,
- in wesentlichen Teilen die Voraussetzungen eines Naturschutzgebietes, im Übrigen überwiegend die eines Landschaftsschutzgebiets erfüllen,
- vornehmlich der Erhaltung, Entwicklung oder Wiederherstellung einer durch hergebrachte vielfältige Nutzung geprägten Landschaft und der darin historisch gewachsenen Arten- und Biotopvielfalt dienen, wobei auch Wildformen oder alte Kulturformen wirtschaftlich genutz-

ter oder nutzbarer Tier- und Pflanzenarten berücksichtigt werden sollen,

- beispielhaft der Entwicklung und Erprobung von Wirtschaftsweisen dienen, welche die Naturgüter besonders schonen und
- der Umweltbildung und -erziehung, der ökologischen Forschung und der langfristigen Umweltbeobachtung dienen.

Besondere Bedeutung für die Wertschöpfung in der Region erhält ein Biosphärengebiet, wenn es als Prädikat die internationale Anerkennung durch die UNESCO erhält. Für diese Auszeichnung müssen neben den im Naturschutzgesetz genannten Voraussetzungen weitere Kriterien erfüllt werden.

Die internationalen Leitlinien und MAB-Kriterien

Im Rahmen des UNESCO-Programmes »Der Mensch und die Biosphäre« (MAB) werden Biosphärenreservate eingerichtet mit dem Ziel, eine ausgewogene Beziehung zwischen Menschen und der Biosphäre – dem von Lebewesen besiedelten Teil der Erdoberfläche einschließlich Wasser, Luft und Boden – zu fördern. Die UNESCO hat dafür 1974 Kriterien zur Gebietsauswahl definiert, die im Rahmen des 1984 verabschiedeten »Aktionsplanes für Biosphärenreservate« erweitert und zuletzt durch die 1995 von der UNESCO-Generalkonferenz beschlossenen internationalen Leitlinien für das Weltnetz der Biosphärenreservate aktualisiert wurden. Die internationalen Leitlinien sollen zu einer breiten Anerkennung der Biosphärenreservate beitragen und die Effektivität der einzelnen Biosphärenreservate steigern sowie das gegenseitige Verständnis, die Kommunikation und die Zusammenarbeit auf internationaler Ebene stärken (UNESCO 1996).

Die Biosphärenreservate bilden in ihrer Gesamtheit ein Weltnetz zur Erhaltung der biologischen Vielfalt und der nachhaltigen Nutzung. Die folgenden wichtigen Funktionen sollen in den Gebieten erfüllt werden:

- Schutz: Beitrag zur Erhaltung von Landschaften, Ökosystemen, Arten und genetischer Vielfalt,
- Entwicklung: Förderung einer wirtschaftlichen und menschlichen Entwicklung, die soziokulturell und ökologisch nachhaltig ist,
- Logistische Unterstützung: Förderung von Demonstrationsprojekten, Umweltbildung und -ausbildung, Forschung und Umweltbeobachtung im Rahmen lokaler, regionaler, nationaler und welt-

weiter Themen des Schutzes und der nachhaltigen Entwicklung.

Die wichtigsten Kriterien für eine Anerkennung eines Gebietes als Biosphärengebiet sind nach den internationalen Leitlinien:

- Repräsentativität: Das Gebiet soll sich aus verschiedenen Ökosystemen zusammensetzen, die für bedeutende biogeographische Einheiten repräsentativ sind. Dabei sollen auch abgestufte Formen des menschlichen Eingriffs berücksichtigt werden.
- Biodiversität: Das Gebiet soll für die Erhaltung der biologischen Vielfalt bedeutsam sein.
- Nachhaltige Entwicklung: Das Gebiet soll geeignet sein, Ansätze zur nachhaltigen Entwicklung zu erforschen und beispielhaft zu demonstrieren.
- Flächengröße: Das Gebiet soll über eine ausreichende Fläche verfügen, um die Funktionen der Biosphärenreservate erfüllen zu können.
- Zonierung: Das Gebiet soll eine ausreichend große Kernzone aufweisen, in der langfristig ein strenger Schutz bei möglichst geringem menschlichen Einfluss gewährleistet ist. Eine Puffer- oder Pflegezone soll an die Kernzone anschließen oder diese umschließen. Dort sollen nur Aktivitäten stattfinden können, die mit den Schutzzielen vereinbar sind, insbesondere Maßnahmen zur Erhaltung einer extensiv genutzten Kulturlandschaft. In einer äußeren Übergangs- oder Entwicklungszone sollen Formen der nachhaltigen Nutzung von Ressourcen gefördert und entwickelt werden.
- Verwaltung: Um die Ziele und Funktionen des Gebiets zu erfüllen, müssen die organisatorischen Voraussetzungen geschaffen werden.

Weite Offenlandflächen
sind charakteristisch
für den ehemaligen
Truppenübungsplatz.
G. KÜNKELE

Über die Anerkennung von Biosphärenreservaten entscheidet der Internationale Koordinierungsrat des MAB-Programmes (ICC), nachdem die Anträge vom jeweiligen Nationalkomitee für das MAB-Programm (MAB-Nationalkomitee) geprüft und eingereicht worden sind. Alle zehn Jahre werden die anerkannten Biosphärenreservate daraufhin überprüft, ob die Kriterien noch erfüllt werden.

Für anerkannte Biosphärenreservate soll eine kontinuierliche Öffentlichkeitsarbeit betrieben werden. Außerdem soll ein ständiger Austausch auf regionaler und internationaler Ebene erfolgen.

Die in den internationalen Leitlinien genannten Kriterien sollen durch nationale Kriterien konkretisiert werden, welche die jeweiligen spezifischen nationalen Bedingungen berücksichtigen.

Das Deutsche MAB-Nationalkomitee hat deshalb einen detaillierten Kriterienkatalog für die Anerkennung und Überprüfung von Biosphärengebieten erstellt (Deutsches Nationalkomitee für das Programm »Der Mensch und die Biosphäre« (MAB) 1996). Die Kriterien bauen zum einen auf den internationalen Leitlinien auf, zum anderen auf den Erfahrungen, die in den Biosphärenreservaten in Deutschland bisher gesammelt wurden sowie den fachlichen Anforderungen, die sich daraus ergeben haben.

Bei den für die Anerkennung wichtigen strukturellen Kriterien wird unterschieden zwischen Ausschlusskriterien (A), die bei der Antragstellung zwingend erfüllt sein müssen und Bewertungskriterien (B), die kurz- bis mittelfristig erfüllt werden müssen. Die strukturellen Kriterien sind nach verschiedenen Themen gegliedert. Die Kriterien zu Repräsentativität, Flächengröße und Zonierung sind Ausschlusskriterien und müssen somit bereits bei Antragstellung erfüllt sein. Die Kriterien zur rechtlichen Sicherung sind nur in einem Punkt – Sicherung der Kernzone – als Ausschlusskriterien formuliert. Die Sicherung von Pflegezone und schutzwürdigen Bereichen der Entwicklungszone kann, sofern noch nicht erreicht, auch nach der Anerkennung erfolgen. Weitere wichtige strukturelle Kriterien sind zum Thema Verwaltung und Organisation eine leistungsfähige Gebietsverwaltung, die mit ausreichend Personal und mit Sachmitteln ausgestattet sein muss, sowie zum Thema Planung die Erstellung eines abgestimmten Rahmenkonzeptes innerhalb von drei Jahren nach der Anerkennung. Auf der Grundlage des Rahmenkonzeptes müssen Pflege- und Entwicklungspläne für die besonders schutzbedürftigen Bereiche erarbeitet werden. Zudem sollen die Ziele des Biosphärenreservates in die Landes- und Regionalplanung integriert und bei Fachplanungen berücksichtigt werden.

Die Aufgabenerfüllung eines Biosphärenreservates wird über funktionale Kriterien erfasst.

Die funktionalen Kriterien sind Bewertungskriterien zu den Funktionen, die das Weltnetz der Biosphärenreservate nach den internationalen Leitlinien erfüllen soll. Abgeprüft werden die folgenden Themen: Nachhaltige Nutzung und Entwicklung, Naturhaushalt und Landschaftspflege, Biodiversität, Forschung, Ökologische Umweltbeobachtung, Umweltbildung sowie Öffentlichkeitsarbeit und Kommunikation.

Das Biosphärengebiet auf der Schwäbischen Alb

Die reiche Ausstattung des Truppenübungsplatzes Münsingen an zum Teil großflächigen Natur- und Kulturbiotopen sowie an Tier- und Pflanzenarten erfüllt die im Naturschutzgesetz genannten Kriterien in hervorragender Weise. Erste Überlegungen zur Abgrenzung eines Biosphärengebietes waren deshalb im wesentlichen auf die Fläche des ca. 6700 Hektar großen Truppenübungsplatzes ausgerichtet.

Um das Gebiet entsprechend den Zielsetzungen für Biosphärengebiete auch touristisch zu entwickeln und dadurch auch positive soziale und ökonomische Effekte für die Raumschaft zu schaffen, sollte die landschaftliche Attraktivität überregional zum Ausdruck gebracht werden. Recht bald war deshalb klar, dass dafür das Prädikat einer international anerkannten Schutzgebietskategorie angestrebt werden sollte. Die weiteren Planungen wurden aus diesem Grunde an den internationalen Leitlinien für das Weltnetz der Biosphärenreservate der UNESCO und den daraus abgeleiteten nationalen MAB-Kriterien ausgerichtet.

Unter Federführung des Regierungspräsidiums Tübingen und unter Beteiligung der berührten Landkreise und Gemeinden wurde eine erste Gebietskulisse entwickelt, welche die Kriterien Repräsentativität, Flächengröße und Zonierung in ausreichendem Maße berücksichtigt. Das Gebiet umfasst im derzeitigen Planungsstand neben dem Gutbezirk Münsingen große Flächen im Kreis Reutlingen mit den Städten und Gemeinden Münsingen, Bad Urach, Römerstein, Grabenstetten, Hülben, Gomadingen, Mehrstetten, Hayingen, Zwiefalten und St. Johann. Im Kreis Esslingen ist der Albtrauf von Kohlberg im Westen über das Lenninger Tal bis Neidlingen im Osten in das Gebiet einbezogen. Randlich ist auch der Alb-Donau-Kreis beteiligt mit Flächen der Gemeinden und Städte Westerheim, Laichingen, Heroldstatt, Schelklingen, Ehingen-Erbstetten und Lauterach.

Die Gesamtgröße des derzeit geplanten Biosphärengebietes liegt bei über 50 000 Hektar. Darin sind rund 3,5 Prozent als Kernzone und knapp 30 Prozent als Pflegezone enthalten. Die MAB-Kriterien zur Flächengröße und zur Zonierung werden damit erfüllt.

Naturräumlich liegt der Schwerpunkt des Biosphärengebietes auf der Mittleren Kuppenalb. Nur der südliche Teil des Gebiets mit dem Großen Lautertal gehört zur Mittleren Flächenalb. Im Norden reicht das Biosphärengebiet randlich bis in das Mittlere Albvorland hinein.

Im Bereich der Kuppenalb muss zwischen dem Albtrauf und der Albhochfläche unterschieden werden. Der Albtrauf umfasst im Biosphärengebiet das Ermstal um Bad Urach mit seinen Seitentälern (Uracher Talspinne) und dem Seeburger Tal sowie den gesamten Trauf vom Jusi bis zum Albtrauf bei Neidlingen. Dazu gehören der Hohe Neuffen, das Lenninger Tal mit seinen Seitentäler, die Teck, das Randecker Maar und die Limburg auf einem der Alb vorgelagerten Vulkanberg.

Charakteristisch für den Albtrauf im Biosphärengebiet sind großflächig zusammenhängende Wälder, die vor allem aus sehr naturnahen Hang-Buchenwäldern gebildet werden. Besonders eindrucksvoll sind diese Wälder im Gebiet der Uracher Talspinne und dem Seeburger Tal sowie im oberen Lenninger Tal. Vor allem in den steileren Oberhängen sind diese Wälder schwer zugänglich und werden deshalb naturnah und nur extensiv genutzt. Die Hangwälder besitzen auf Grund ihrer Ausdehnung auch eine große Bedeutung für die Ausbreitung und Vernetzung von Tierarten, die auf Wald-Lebensräume angewiesen sind. Die Hang-Buchenwälder des Albtraufes gehören vegetationskundlich zu den Waldmeister-Buchenwäldern, die nach der europäischen

Blick vom Rutschenfelsen über die großflächigen Hangwälder der Uracher Talspinne. Dieser Biotoptyp wird einen Schwerpunkt bei der Ausweisung von Kernzonen bilden.
G. KÜNKELE

Fauna-Flora-Habitat-Richtlinie (FFH-Richtlinie) durch das europäische Schutzgebietsnetz Natura 2000 geschützt werden sollen.

In besonders steiler Hanglage tritt an die Stelle der Buchenwälder der Schlucht- oder Hangmischwald. Dieser ist in schattiger und luftfeuchter Lage durch die Dominanz von Ahorn, Esche und Berg-Ulme gekennzeichnet. Die Buche dagegen kommt nur noch spärlich vor. Diese Wälder zeichnen sich durch eine üppige Krautschicht mit vielen Frühjahrsblühern und einen besonderen Arten- und Strukturreichtum aus. Die Schluchtwälder wurden deshalb von der EU als ein nach der FFH-Richtlinie prioritär zu schützender Lebensraum benannt. Gut entwickelte Schluchtwälder finden sich im Bereich des NSG Rutschen bei Bad Urach und im Oberen Lenninger Tal mit dem Bannwald Donntal. An sonnigen Hängen kommt auf bewegtem Untergrund eine Wärme liebende Ausbildung der Schluchtwälder, der Ahorn-Lindenwald vor.

An südexponierten Hängen mit sehr flachgründigen Böden wächst der Orchideen-Buchenwald, ein sehr lichter Buchenwald, der sich durch das Vorkommen von Orchideen wie Rotem und Weißem Waldvögelein und von Wärme liebenden Gehölzen wie Mehlbeere, Elsbeere und Wolligem Schneeball auszeichnet. Die Krautschicht ist meist sehr artenreich und enthält viele Wärme liebende Arten. Im Bereich der Orchideen-Buchen-

wälder kommen auch einige ausgesprochene Raritäten aus der Tierwelt vor, so der seltene und besonders geschützte Alpenbock, eine Totholz-Käferart oder eine seltene Schmetterlingsart, das Bergkronwicken-Widderchen. Auch die Orchideen-Buchenwälder sind ein Lebensraum, der nach der FFH-Richtlinie zu schützen ist.

Da die genannten Wälder in Baden-Württemberg, insbesondere am Albtrauf in hervorragender Ausbildung vorkommen, trägt Baden-Württemberg für die Erhaltung dieser Wälder eine besondere Verantwortung. Aus diesem Grunde wurden große Teile des Albtraufes als Gebiete (FFH-Gebiete) für das Europäsche Schutzgebietsnetz Natura 2000 vorgeschlagen. Im geplanten Biosphärengebiet wurde der Albtrauf fast vollständig als FFH-Gebiet gemeldet.

Von besonderem landschaftlichem Reiz sind die zahlreichen Felsen, die vor allem im oberen Hangbereich die geschlossene Kronenschicht der Wälder durchbrechen. Diese Felspartien sind auf Grund ihrer extremen Standortbedingungen mit starken Temperaturschwankungen und fehlender oder nur sehr dünner Bodenauflage nahezu gehölzfrei und bieten einer speziellen, an diese Lebensbedingungen angepassten Flora Lebensraum. Darunter sind viele hochcharakteristische, aber sehr seltene Pflanzenarten. Einige seltene Vogelarten, wie der Wanderfalke, nutzen die Felsen als Brutplatz.

Durch die Erosion entstehen am Fuß der Felsen Kalkschutthalden – besonders gut entwickelt beispielsweise unterhalb des Nägelesfelsen bei Bad Urach. Die Kalkschutthalden befinden sich durch die Erosionsprozesse in ständiger Umformung. Wegen der sich kleinräumig ändernden ökologischen Bedingungen finden dort hochspezialisierte und gefährdete Arten ihren spezifischen Lebensraum.

Felsen und Kalkschutthalden sind ebenfalls Lebensräume, die nach der FFH-Richtlinie zu schützen sind.

Als weitere Besonderheit des Albtraufes sind die zahlreichen Quellen zu nennen, aus denen kalkhaltiges Wasser austritt. Bei sehr hohem Kalkgehalt kommt es zur Ausfällung von Kalksinter (Tuffbildung), die von speziellen Moosen noch gefördert wird. Dadurch können mächtige Sinterterrassen entstehen. Besonders eindrucksvoll sind der Uracher und der Gütersteiner Wasserfall im NSG Rutschen.

Die Waldmeister-Buchenwälder, Schlucht- und Hangmischwälder sowie die Orchideen-Buchenwälder innerhalb des Biosphärengebietes stellen zusammen mit den Fels- und Quellbereichen einen Ökosystemkomplex dar, der in dieser besonderen Ausprägung repräsentativ für Deutschland ist. Sie tragen deshalb wesentlich dazu bei, das Kriterium der Repräsentativität für das Biosphärengebiet zu erfüllen.

Der Gütersteiner Wasserfall ist einer der beeindruckendsten Tuffbildungen in Baden-Württemberg. G. KÜNKELE

Die Hänge des Albtraufes sollen überwiegend als Pflegezone ausgewiesen werden. Aber auch große Teile der Kernzone des Biosphärengebiets sind im Bereich des Albtraufes und der in die Alb einschneidenden Täler vorgesehen. Wegen der reichen Naturausstattung der Traufregion sind bereits eine Reihe von Naturschutzgebieten ausgewiesen. Dazu gehören im Landkreis Reutlingen das NSG Rutschen und das NSG Nägelesfelsen bei Bad Urach. Das letztere NSG ist zugleich Bannwald. Im Kreis Esslingen liegen innerhalb des künftigen Biosphärengebiets die Naturschutzgebiete Neuffener Hörnle-Jusenberg, Neuffener Heide, Oberes Lenninger Tal mit Seitentälern, Teck, Eichhalde, Limburg, Schopflocher Moor, Randecker Maar mit Zipfelbachschlucht und Unter dem Burz.

Auf der Hochfläche der Kuppenalb bildet der ehemalige Truppenübungsplatz den zweiten Schwerpunkt innerhalb des Biosphärengebietes. Fast der gesamte Platz soll als Pflegezone, kleinere Flächen sollen als Kernzone ausgewiesen werden. Die Besonderheit des Truppenübungsplatzes liegt in seiner Unzerschnittenheit, Großflächigkeit, Störungsarmut und Stille. Er ist einer der wenigen größeren Räume in Baden-Württemberg, der nicht von klassifizierten Straßen durchschnitten oder von Siedlungen unterbrochen wird. Bis auf geringe randliche Teilflächen wurde der gesamte ehemalige Truppenübungsplatz der EU als FFH-Gebiet gemeldet. Wegen seiner militärischen Nutzung fand bisher nur eine sehr extensive Nutzung des Offenlandes und des Waldes statt. So konnten hier auf großer Fläche Arten existieren, die in intensiver genutzten Landschaften längst ausgestorben sind. Beispiele dafür sind die in Baden-Württemberg vom Aussterben bedrohten bodenbrütenden Vogelarten Heidelerche und Steinschmätzer sowie der Gebirgsgrashüpfer unter den Insekten.

Die Landschaft des ehemaligen Truppenübungsplatzes ist vor allem durch großflächige Weiden und kleinere Wälder – vorzugsweise auf den Kuppen – geprägt. Auffallend ist das Fehlen der sonst allgegenwärtigen kleinräumigen Nut-

Der Steinschmätzer ist ein Charaktervogel des ehemaligen Truppenübungsplatzes. G. KÜNKELE

zungsgrenzen und Parzellierung der Landschaft. Die Grenzen zwischen Wald und Offenland sind meist fließend. Abgesehen davon, dass es vor der militärischen Nutzung sicher auch einige Äcker gab und zu militärischen Zwecken kleinere Gehölze gepflanzt wurden, hat sich im Bereich des ehemaligen Truppenübungsplatzes im großen und ganzen die historische Landschaft über mehr als hundert Jahre fast unverändert erhalten. Das Gebiet hat damit auch eine hohe kulturhistorische Bedeutung.

Die großflächigen Weideflächen sind nur zu einem kleineren Teil Magerrasen im eigentlichen Sinne oder Wacholderheiden. Diese beschränken sich auf steilere Hangfläche oder Kuppen, wo der Boden durch die Kraft der natürlichen Erosion – stellenweise verstärkt durch das Befahren mit Militärfahrzeugen – abgetragen wurde und flachgründiger ist. Die überwiegende Fläche des Offenlandes nehmen sogenannte Magerweiden ein. Diese Weideflächen beherbergen eine sehr arten- und individuenreiche Tierwelt. Insbesondere Insekten und Vögel finden hier günstige Lebensbedingungen.

Steinriegel, Dolinen, zahlreiche Hecken, Gebüsche und Einzelbäume sorgen für eine hohe Strukturvielfalt des Offenlandes. Auf flachgründigen Kuppen kommen kleinflächig echte Trockenrasen oder sogar Felsvegetation vor. Durch die militärische Nutzung, vor allem durch das Befahren mit schwerem Gerät, ist an manchen Stellen der Boden stark verdichtet, sodass das Regenwasser nicht versickern kann. Auf diese Weise sind

etliche Tümpel entstanden, die Lebensraum für Amphibien wie Kreuzkröten oder Laubfrösche bieten. Auch etliche Bombentrichter sind zumindest zeitweise mit Wasser gefüllt und von Amphibien angenommen.

Die Wälder des ehemaligen Truppenübungsplatzes nehmen etwas mehr als ein Drittel der Fläche ein. Sie gehören wie die Buchenwälder des Albtraufes zu den in der FFH-Richtlinie genannten Waldmeister-Buchenwäldern. Insbesondere auf den Kuppenstandorten mit ihrer geringen Bodenauflage sind die Wälder jedoch deutlich weniger wüchsig als am Albtrauf. Große Teile der Wälder im ehemaligen Truppenübungsplatz sind als sehr naturnah einzustufen. Dies folgt aus der sehr extensiven Nutzung der Wälder – insbesondere im Bereich der ehemaligen Schiessbahnen, wo eine Nutzung fast nicht möglich war. So genannte Hutewälder, die vor der militärischen Übernahme als Weidewald genutzt wurden, sind auch heute noch durch die vielen Stockausschläge, lückige Bestockung und das Vorkommen von stark beasteten alten Bäumen zu erkennen. Im Nordwesten und Westen reichen Ausläufer von Seitentälern des Seeburger Tales in den ehemaligen Truppenübungsplatz hinein. Dort kommen neben den Buchenwäldern auch die für den Albtrauf beschriebenen Schlucht- und Hangmischwälder vor.

Aufgrund seiner Strukturvielfalt und seiner Ungestörtheit ist das Gebiet des ehemaligen Truppenübungsplatzes ein idealer Lebensraum für Vögel. Von den 97 kartierten Vogelarten sind etwa die Hälfte in der Roten Liste der gefährdeten Arten Baden-Württembergs aufgeführt. Zehn Arten sind im Anhang I zur EU-Vogelschutzrichtlinie genannt, was die hohe Bedeutung des Gebietes auch unter dem Gesichtspunkt des Vogelschutzes für das europäische Netze Natura 2000 unterstreicht. Besonders große Bedeutung hat das Gebiet für bodenbrütende Vogelarten, wie Heidelerche, Steinschmätzer und Braunkehlchen, die alle größere offenen Flächen mit einzelnen Strukturelementen als Sing- und Beobachtungswarten benötigen und sehr empfindlich auf Störungen reagieren. Für die Heidelerche ist der ehemalige Truppenübungsplatz das zweitgrößte Siedlungs- und Rückzugsgebiet in Baden-Württemberg! Der Neuntöter, der im Gebiet mit weit über 100 Brutpaaren vorkommt, profitiert als Heckenbrüter ebenfalls von der Strukturvielfalt des Offenlandes. Schwarzspecht und Grauspecht dagegen sind Indikatoren für naturnahe zum Teil auch lichte Laubwälder und Laubmischwälder mit einem hohen Altholz- und Totholzanteil.

Als Folge der militärischen Nutzung des ehemaligen Truppenübungsplatzes ist das Gebiet hoch belastet mit noch explosionsfähigen Kampfmitteln. Das hat zur Folge, dass aus Sicherheitsgründen auch künftig auf großer Fläche ein freies Betreten des ehemaligen Truppenübungsplatzes nicht zugelassen werden kann. Die relative Ungestörtheit des Gebiets wird damit auch in Zukunft in weiten Teilen gewahrt werden.

Ein weiterer Naturschutz-Schwerpunkt des Biosphärengebietes liegt im Großen Lautertal und seinen benachbarten Gebieten. Typisch sind hier Wacholderheiden und beweidete Magerrasen ganz unterschiedlicher Ausdehnung, die sich wie an einer Perlenkette aufgereiht an den Talhängen der Großen Lauter und ihrer Seitentäler entlangziehen. Herausragend sind darunter die Buttenhausener Eichhalde und das Digelfeld bei Hayingen. Durch die räumliche Nähe und die Wanderschäferei besteht zwischen den Wacholderheiden und Magerrasen des Großen Lautertales ein reger Austausch an Pflanzensamen und Kleintieren. Eine enge Vernetzung mit den großen Weideflächen auf dem ehemaligen Truppenübungsplatz besteht durch mehrere Wacholderheiden in der Umgebung von Münsingen (Eckenlauh, Weißgerberberg, Schopflochberg, Galgenberg und Kälberberg). Die Flächen des Großen Lautertales mit der Verbindung zum Truppenübungsplatz sollen Bestandteil einer nur an wenigen Stellen unterbrochenen Pflegezone werden.

Wie am Albtrauf, so finden sich auch an den Hängen des Großen Lautertales und seiner Seitentäler vor allem nordexponierte naturnahe Wälder, die teilweise in die Pflegezone integriert werden sollen. Kleinere Waldflächen sind als

Schluchtwälder, wie hier im Glastal, zeichnen sich durch feucht-kühles Klima aus. G. KÜNKELE

Kernzone vorgesehen. Besonders arten- und strukturreich sind die Wälder im Glastal nördlich von Zwiefalten.

Die Wacholderheiden und Magerrasen sind wegen ihres Blütenreichtums wichtige Lebensräume für verschiedene Insektenarten, insbesondere für Schmetterlinge und Wildbienen. Das relativ großflächige Digelfeld besitzt zusätzlich Bedeutung für die Vogelwelt.

Die abwechslungsreiche Landschaft des Großen Lautertales mit dem kleinräumigen Wechsel zwischen Wald, lichten Gehölzen und Offenland bietet für viele Arten Lebensraum, die gerade auf diese Übergänge angewiesen sind. Ein Beispiel dafür ist der Berglaubsänger, eine in Baden-Württemberg stark gefährdete Vogelart, die auch im Anhang I zur europäischen Vogelschutzrichtlinie aufgeführt ist und im Großen Lautertal noch an mehreren Stellen brütet.

Das Große Lautertal und die einzelnen Vernetzungsgebiete zum ehemaligen Truppenübungsplatz sind wegen ihrer Bedeutung für die Lebensraumtypen Wacholderheide und Magerrasen als FFH-Gebiete Bestandteil des europäischen Netzes Natura 2000. Mehrere Naturschutzgebiete liegen in diesem Bereich: NSG Buttenhauser Eichhalde, NSG Digelfeld, NSG Eckenlauh-Weißgerberberg, NSG Seetalhalde-Galgenberg, NSG Kälberberg-Hochberg und NSG Höhnriß-Neuben.

Im Osten des Biosphärengebiets reicht südlich des ehemaligen Truppenübungsplatzes mit dem

Oberen Schmiechtal und den Seitentälern Schandental und Böttental ein weiteres Talsystem in das Gebiet hinein. Wie im Großen Lautertal sind auch hier Wacholderheiden, Magerrasen und Hangwälder die kennzeichnenden und für den Naturschutz wertgebenden Lebensräume. Auch diese Täler sind Bestandteil des Netzes Natura 2000 und zum Teil als Naturschutzgebiete geschützt: NSG Oberes Schmiechtal im Alb-Donau-Kreis, NSG Böttental und NSG Schandental im Landkreis Reutlingen.

Die Vielfalt der Lebensräume im Biosphärengebiet von schattigen und feuchten Wäldern bis zu extrem trockenen und lichten Felsbiotopen und Magerrasen zeigt exemplarisch die ganze Vielfalt und Vernetzung der Natur- und Kulturlandschaft auf der Schwäbischen Alb und trägt dazu bei, das wichtige Kriterium der Repräsentativität zu erfüllen. Die Kern- und Pflegezonen sind zudem gut geeignet, die in Biosphärenreservaten wichtige Schutzfunktion – Beitrag zur Erhaltung von Landschaften, Ökosystemen, Arten und genetischer Vielfalt – zu übernehmen. Insbesondere die Pflegezone des geplanten Biosphärengebietes wird schon jetzt überwiegend in einer Form genutzt wird, die dem Gedanken der Nachhaltigkeit verpflichtet ist. Im Rahmen der Förderprojekte »PLENUM« und »Region aktiv« wurden im Landkreis Reutlingen bereits zusätzliche Ansätze für eine nachhaltige Nutzung entwickelt. Das Biosphärengebiet ist deshalb auch gut geeignet, die von der UNESCO für Biosphärenreservate geforderte Entwicklungsfunktion – Förderung einer wirtschaftlichen und menschlichen Entwicklung, die soziokulturell und ökologisch nachhaltig ist – wahrzunehmen.

Die Betreuung und Verwaltung des Biosphärengebietes erfordert neben ausreichendem Personal auch Gebäude, die als erste Anlaufstelle für Besucher dienen sowie genügend Platz bieten für die Bereitstellung von Informationen zum Gebiet und für eine ausreichende Umweltbildung.

Für das Biosphärengebiet soll deshalb im Alten Lager bei Münsingen, einem einmaligen militär-historischen Kulturdenkmal ein Informationszentrum entstehen. Das Alte Lager wurde

Schafbeweidung – wie hier auf dem Truppenübungsplatz – ist eines der entscheidenden Bindeglieder für die charakteristische Kulturlandschaft im Gebiet und für deren Sicherung. G. KÜNKELE

1897 bald nach Begründung des Truppenübungslatzes als Barackenlager errichtet. Es stellt heute eine Gesamtanlage mit ca. 140 Gebäuden dar, viele davon zumindest von außen noch fast im Originalzustand. 122 Gebäude das Alten Lagers stehen unter Denkmalschutz und müssen erhalten werden. Da diese Gebäude eng mit der Geschichte des ehemaligen Truppenübungsplatzes verbunden sind und räumlich im Zentrum des Biosphärengebiets liegen, stellen sie die idealen Räumlichkeiten sowohl für eine Gebietsverwaltung als auch für Information, Öffentlichkeitsarbeit und Umweltbildung dar. Teile des alten Lagers könnten von Hochschulen und Fachhochschulen in Form von Außenstellen für naturkundliche Forschungs- und Lehreinrichtungen genutzt werden, was durch den »Campuscharakter« der Gesamtanlage unterstützt würde. Das Alte Lager wäre somit von den Räumlichkeiten her sehr gut geeignet, die Funktion der Umweltbildung und -ausbildung sowie von Forschung und Umweltbeobachtung zu gewährleisten.

Die Aufgaben der Gebietsverwaltung sind in erster Linie Umweltbildung und Öffentlichkeitsarbeit, wozu auch der Betrieb eines Informationszentrums gehört, sowie die Überwachung der Schutzbestimmungen durch sogenannte Ranger – hauptamtliche Naturschutzwarte, die durch Führungen, Besucheraufklärung und Präsenz in der Fläche Naturschutz- und Entwicklungsziele vermitteln. Weitere Aufgaben sind Durchführung und Koordinierung von Maßnahmen zur Landschaftspflege, ökologische Umweltbeobachtung (Monitoring), Forschungskoordinierung, Beratung der Landnutzer bei der Umsetzung einer nachhaltigen Landnutzung, Mitwirkung bei der Landschaftsplanung und nicht zuletzt die Herausgabe von Publikationen.

Eine der wichtigsten Aufgaben wird in den ersten Jahren die Erstellung eines Rahmenkonzeptes sein. Nach den MAB-Kriterien muss das Rahmenkonzept innerhalb der ersten drei Jahre nach der Anerkennung als Biosphärenreservat erstellt werden. Das Konzept legt für das ganze Biosphärengebiet ein Leitbild zu Schutz, Pflege und Entwicklung mit konkreten Zielen und Standards und damit auch die Zonierung fest. Die im Rahmenkonzept formulierten Ziele für das Biosphärengebiet müssen danach zum frühest möglichen Zeitpunkt bei der Fortschreibung der übergeordneten Planwerke – Landschaftsrahmenprogramm und Landesentwicklungsplan sowie Landschaftsrahmenplan und Regionalplan – in diese integriert werden und durch die Landschafts- und Bauleitplanung umgesetzt werden.

Eine Funktion des Rahmenkonzeptes ist auch, die Gebietsteile – vorrangig in der Pflegezone, bei Bedarf auch in der Entwicklungszone – zu identifizieren, für die detailliertere Pflege- und Entwicklungspläne erstellt werden sollen. Da in der Kernzone keine Nutzung mehr stattfinden darf und der menschliche Einfluss so gering wie möglich sein soll, sind dort keine Pflege- und Entwicklungspläne erforderlich. Die Pflege- und Entwicklungspläne sollen zwei Jahre nach Abschluss des Rahmenkonzeptes vorliegen.

Die Realisierung des Biosphärengebietes steht noch am Anfang. Erst wenn die Außengrenzen festgelegt, die Kernzonen rechtlich gesichert sind und eine Rechtsverordnung für das Biosphärengebiet (§ 28 des Naturschutzgesetzes Baden-Württembeg) erlassen worden ist, kann das Verfahren zur Anerkennung durch die UNESCO erfolgen. Danach müssen die geschilderten Planungsaufgaben – immer in Abstimmung mit den Bürgerinnen, Bürgern und Gemeinden – bewältigt werden und eine Verwaltung zur Gebietsbetreuung aufgebaut werden. In regelmäßigen Abständen – alle zehn Jahre – erfolgt anhand der vom MAB-Nationalkomitee festgelegten funktionalen Kriterien eine Überprüfung des Biosphärengebietes zur Erfüllung der von der UNESCO formulierten Aufgaben. Letztlich muss die Etablierung des Biosphärengebietes als ein fortdauernder Prozess verstanden werden, was auch in der Funktion einer soziokulturell und ökologisch nachhaltigen Entwicklung zum Ausdruck kommt.

Was bedeutet MAB?

Im Jahre 1968 veranstaltete die UNESCO in Paris eine Expertenkonferenz, bei der über die »Wissenschaftlichen Grundlagen für eine rationale Nutzung und Erhaltung des Potentials der Biosphäre« diskutiert wurde. Beteiligt waren an dieser Veranstaltung unter anderem die Weltnaturschutzunion IUCN, die Welternährungsorganisation FAO und die Weltgesundheitsorganisation WHO. Als ein Ergebnis der Konferenz wurde im Jahre 1970 das UNESCO-Programm »Der Mensch und die Biosphäre« von der 16. Generalkonferenz der UNESCO ins Leben gerufen. Die Abkürzung MAB leitet sich von der englischen Bezeichnung »Man and the Biosphere« ab. Eine wesentliche formale Voraussetzung zur Umsetzung des Programms sind nationale MAB-Komitees, die in den einzelnen UNESCO-Mitgliedstaaten eingerichtet wurden, in Deutschland 1972 (Westdeutschland) und 1974 (ehemalige DDR).

Das MAB-Programm ist ein zwischenstaatliches Umweltprogramm mit einem interdisziplinären Ansatz, das neben den umweltpolitischen und naturschutzfachlichen auch soziale, wirtschaftliche und kulturelle Aspekte berücksichtigen soll. Ursprünglich als Forschungsprogramm konzipiert sollte es die wissenschaftlichen Grundlagen schaffen, um die Natur und die natürlichen Ressourcen, insbesondere die genetischen Ressourcen, zu schützen und gleichzeitig deren ökologisch verträgliche Nutzung zu gewährleisten. Forschungsgegenstand war also die Beziehung zwischen dem Menschen und seiner Umwelt, der Biosphäre, die Partnerschaft des Menschen mit der Natur. Unter Beteiligung verschiedener Fachrichtungen wie Ökologie, Ökonomie aber auch Umweltmedizin und Psychologie sollten Handlungsvorschläge für eine neue Umweltpolitik entwickelt werden.

Sehr früh wurde erkannt, dass es zur Umsetzung der Forschungsergebnisse besonderer Schutzinstrumente bedarf. Nach dem 1974 entwickelten Konzept der Biosphärenreservate soll ein weltweites Netz von Gebieten entstehen, die dem Schutz der Ökosysteme und natürlichen Ressourcen dienen, wobei durch die Biosphärenreservate exemplarisch das ganze Spektrum der Ökosysteme der Welt mit Meeresküsten, Festland und Süßwasser berücksichtigt werden soll. Um die Effektivität der Gebiete zu steigern und die internationale Zusammenarbeit zu fördern wurde 1976 das Weltnetz der Biosphärenreservate gegründet.

In den achtziger Jahren des letzten Jahrhunderts wurden die mit dem MAB-Programm verfolgten Ziele mit den Schwerpunkten Schutz der Naturlandschaften und auf Naturschutz ausgerichteten Grundlagenforschung um Schutz, Pflege und nachhaltige Entwicklung der Kulturlandschaft erweitert. In den neunziger Jahren kamen als weitere wichtige Themen die Erhaltung der biologischen Vielfalt (Biodiversität), die Förderung der Umweltbildung sowie die globale Umweltbeobachtung dazu. Diese Ziele werden in den Biosphärengebieten konkretisiert und umgesetzt.

Nationale MAB-Kriterien

Ausschlusskriterien (A-Kriterien) für die Anerkennung eines Biosphärenreservates

Reräsentativität

Das Biosphärenreservat muss Ökosystemkomplexe aufweisen, die von den Biosphärenreservaten in Deutschland bisher nicht ausreichend repräsentiert werden.

Flächengröße

Das Biosphärenreservat soll in der Regel mindestens 30 000 Hektar umfassen und nicht größer als 150 000 Hektar sein. Länderübergreifende Biosphärenreservate dürfen die Gesamtfläche bei entsprechender Betreuung überschreiten.

Zonierung

Das Biosphärenreservat muss in Kern-, Pflege- und Entwicklungszone gegliedert sein.

Die Kernzone muss mindestens 3 % der Gesamtfläche einnehmen.

Die Pflegezone soll mindestens 10 % der Gesamtfläche einnehmen.

Kernzone und Pflegezone sollen zusammen mindestens 20 % der Gesamtfläche betragen. Die Kernzone soll von der Pflegezone umgeben sein.

Die Entwicklungszone soll mindestens 50 % der Gesamtfläche einnehmen; in marinen Gebieten gilt dies für die Landfläche.

Rechtliche Sicherung

Die Kernzone muss als Nationalpark oder Naturschutzgebiet rechtlich geschützt sein.

Verwaltung und Organisation

Eine leistungsfähige Verwaltung des Biosphärenreservates muss vorhanden sein bzw. innerhalb von drei Jahren aufgebaut werden. Sie muss mit Fach- und Verwaltungspersonal und Sachmitteln für die von ihr zu erfüllenden Aufgaben angemessen ausgestattet werden. Der Antrag muss eine Zusage zur Schaffung der haushaltsmäßigen Voraussetzungen enthalten.

Planung

Innerhalb von drei Jahren nach Anerkennung des Biosphärenreservates durch die UNESCO muss ein abgestimmtes Rahmenkonzept erstellt werden. Der Antrag muss eine Zusage zur Schaffung der haushaltsmäßigen Voraussetzungen enthalten.

Quelle:

Bundesamt für Naturschutz, Geschäftsstelle des Deutschen Nationalkomitee für das UNESCO-Programm »Der Mensch und die Biosphäre (MAB)«, 1996: Kriterien für Anerkennung und Überprüfung von Biosphärenreservaten der UNESCO in Deutschland, S. 7–10.

LITERATUR

Deutsches MAB-Nationalkomitee [Hrsg.] (2004): Voller Leben. UNESCO-Biosphärenreservate – Modellregionen für eine Nachhaltige Entwicklung. – 314 S.; Bonn, Springer-Verlag Berlin Heidelberg.

Deutsches Nationalkomitee für das UNESCO-Programm »Der Mensch und die Biosphäre« (MAB), Bundesamt für Naturschutz [Hrsg.] (1996): Kriterien für die Anerkennung und Überprüfung von Biosphärenreservaten der UNESCO in Deutschland. – 72 S.; Bonn.

UNESCO [Hrsg.] (1996): Biosphärenreservate. Die Sevilla-Strategie und die Internationalen Leitlinien für das Weltnetz; dt.-sprach. Ausg.: Bundesamt für Naturschutz. – 24 S.; Bonn.

Ammer, U. & U. Pröbstl (2004): Truppenübungsplatz Gutsbezirk Münsingen. Vorstudie zu einem naturschutzfachlichen Rahmenkonzept für die nachmilitärische Nutzung. – Regierungspräsidium Tübingen [Hrsg.]: 91 S., 12 Karten; Tübingen.

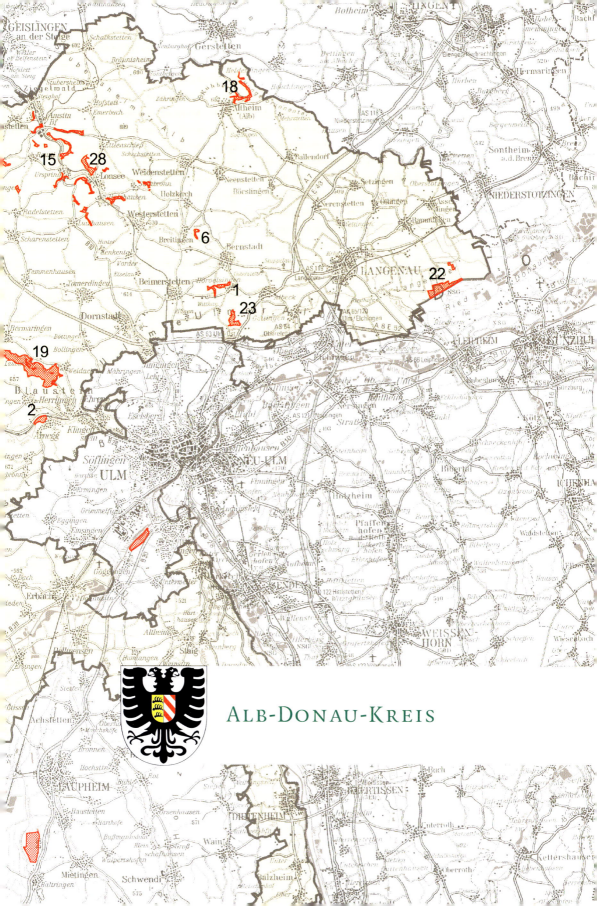

ALB-DONAU-KREIS

1 ÄGENBERG-OFENLOCH

Alb-Donau-Kreis: Stadt Langenau, Gemarkung
Hörvelsingen, Gemeinde und Gemarkung
Bernstadt

Naturraum: Lonetal-Flächenalb

Geschützt seit 2002

Fläche: ca. 21 Hektar

Top. Karte 7526

Etwa neun Kilometer nördlich von Ulm liegt
die Ortschaft Langenau-Hörvelsingen. Unmittelbar an den Ortsrand grenzt das Naturschutzgebiet »Ägenberg-Ofenloch«, das sich in einer Höhenlage von 525 m bis 570 m NN nach Norden
und Westen ausdehnt. Neben weiteren Gebieten
auf der Lonetal-Flächenalb gehört es zu den Restflächen der ehemals viel ausgedehnteren Schafweide.

Das Landschaftsbild wird geprägt von der weiten, nach Osten geöffneten Hörvelsinger Mulde
mit den umrahmenden markanten Steilhängen
von Ägenberg und Ofenloch im Westen und Norden, den sanft ansteigenden Kuppen im Süden
und den einmündenden Rinnen des »Hagener Tobel« und des Moritzer Tales mit der »Kornberg-
Rinne«. Der geologische Untergrund im Gebiet
besteht aus Kalkgestein des Weißjura (Massenkalk und Zementmergel).

Besonders eindrucksvoll ist der steile, mit Wacholderbüschen bestandene Ofenloch-Hang unmittelbar bei der Ortschaft Hörvelsingen. An deren Siedlungsrand grenzen Streuobstwiesen. An
der oberen Hangkante wächst im Westen Kiefernwald. Auf dem Ägenberg prägt Wacholder das
Landschaftsbild. Vergesellschaftet sind Laubholz-
Sukzession, Gebüsche, Feldgehölze, Kiefern-
Sukzessionswald, alte Obstbäume und gepflanzte
Fichtengruppen. Die umgebenden Flächen in der
Talmulde und auf den Hochflächen werden intensiv landwirtschaftlich genutzt.

Die typischen Wacholderheiden der Schwäbischen Alb auf kalkigem Untergrund beherbergen
artenreiche Pflanzengesellschaften. Der Flügel-
ginster ist ein Zeiger für oberflächliche Versauerung von Kalkböden. Kennzeichnende Vertreter
beweideter Kalkmagerrasen sind Silberdistel sowie die Wollköpfige und die Stengellose Kratzdistel. Daneben gesellen sich Licht und Wärme
liebende Arten wie Gewöhnliche Küchenschelle,
Frühlings-Enzian, Deutscher Enzian und Fransen-Enzian. Der Berg-Gamander bevorzugt
warme, lichte und flachgründige Stellen. Die gefährdete Bienen-Ragwurz kommt unter weiteren
Orchideenarten vor. Ein typischer Vertreter der
Magerasen ist der stark gefährdete Alpen-Pippau.
Im Spätsommer und Herbst blühen in den Saum-
bereichen Kalk-Aster, Ästige Graslilie, Bunte

Nach jahrzehntelanger
Weidepause wurde die
stark zugewachsene Wa-
cholderheide durch um-
fangreiche Erstpflege-
maßnahmen geöffnet
und danach wieder mit
Schafen beweidet. Seit
1992 befindet sich auch
eine Ziegenherde in mo-
biler Koppelhaltung im
NSG »Ägenberg-Ofen-
loch«. S. JESSBERGER

Kronwicke und Futter-Esparsette. Zu den seltenen Rosenexemplaren gehört die gefährdete Kleinblütige Rose.

Die offenen sonnenbeschienenen Hänge beheimaten Reptilien wie Eidechsen, Schlingnattern und Blindschleichen. Gehölzstrukturen und Offenland bieten Vögeln günstigen Lebensraum, von denen bislang 43 Arten beobachtet wurden. Zu den gefährdeten Brutvogelarten zählen Neuntöter, Fitis und Klappergrasmücke.

Das Schutzgebiet wird im Sommer in Hüteschafhaltung mit Schafen beweidet und steht im Weideverbund mit den benachbarten Heiden in der »Laushalde« und dem »Breitinger Schönrain«.

Schutzzweck ist die dauerhafte Sicherung der Heide als Weidefläche für Schafe in extensiver Hütehaltung, die Lebensraumsicherung der gefährdeten Flora und Fauna, besonders der Schmetterlinge und Wildbienen der trockenwarmen Heide, sowie der Hecken- und Gebüschbrüter und ihre Sicherung als integralen Bestandteil eines Weideverbundes (Biotopvernetzung) auf der Lonetal-Flächenalb.

Hinweise für Besucher: Durch und um die beiden Schutzgebietsteile verlaufen verschiedene Wege, die sich gut zu einer kleinen Rundwanderung kombinieren lassen. Als Ausgangspunkt bietet sich Hörvelsingen an.

Trotz der Trockenlegung des Blautals charakterisieren nach wie vor extreme Temperaturunterschiede – Hitze im Sommer, Kaltluftstau bei Inversionswetter – das moortypische Kleinklima im Arnegger Ried. Bei Hochwasser der Blau steht das Tal unter Wasser.
S. JESSBERGER

2 ARNEGGER RIED

Alb-Donau-Kreis: Gemeinde Blaustein,
Gemarkungen Arnegg und Wippingen
Naturraum: Mittlere Flächenalb
Fläche: 20,3 Hektar
Geschützt seit 1972
Top. Karte 7525

Westlich von Blaustein, auf halber Strecke zwischen Ulm und Blaubeuren, liegt das »Arnegger Ried« in dem etwa 500 m NN hoch gelegenen Tal der Blau. Nachdem die Ur-Donau während der Rißkaltzeit das Blautal verlassen hatte, kam es durch die Ablagerung von Schottern und Auelehm zu einer kontinuierlichen Anhebung des Talbodens. Daraus erklärt sich der heutige kastenförmige Talquerschnitt mit dem auffällig verebneten Talboden. Durch die Lage im tiefen Karst – Grundwasser stauende Mergel stehen erst im tiefen Untergrund an – ist die unterirdische Entwässerung auf das Niveau der Blau eingestellt. Quellen treten überwiegend am Talrand und in Beziehung zu Trockentälern auf. Diese hydrogeologische Situation bietet bei entsprechend starker Quelltätigkeit die Voraussetzung zur Moorentwicklung.

Im »Arnegger Ried« bauen Torfe und Mudden – mit einer stark wechselnden Beimengung von Kalktuff – den teilweise über sieben Meter mächtigen Moorkörper auf. Er ist bei der Verlandung eines Sees entstanden, der sich hier nach einer Verstopfung der ursprünglichen Blaumündung bei Ulm gebildet hatte.

Nachdem die Umgebung des »Arnegger Rieds« in jüngerer Zeit künstlich entwässert wurde, kam dort die Moorbildung zum Abschluss. Im flussnahen Bereich haben Hochwässer den Torf mit einer bis zu 30 Zentimeter dicken Schicht aus Auelehm überdeckt. Die Flächen des Naturschutzgebietes wurden früher als gedüngte Feuchtwiesen und Streuwiesen bewirtschaftet. Im letzten Jahrhundert begannen die Bauern zudem, den Torf in mühevoller Handarbeit als Brennstoff abzubauen. Um 1950 herum wurde diese Nutzung aufgegeben. Seither liegen die größten Teile des Gebietes brach.

Die interessanteste Vegetation trifft man im »Arnegger Ried« auf jenen Flächen an, auf denen früher Torf gestochen wurde. Hier breiten sich Braunmoos-Seggenriede, Großseggenriede und Röhrichte aus. Die an mittlere Nährstoffverhältnisse gewöhnten Braunmoos-Seggenriede enthalten als Bestandsbildner viele seltene und gefährdete Arten wie Draht-Segge, Faden-Segge, Sumpfblutauge oder Fieberklee, aber auch höherwüchsige Arten wie Steife Segge und Wundersegge. Kleinere Bestände mit Torfmoos-Seggenrieden weisen auf die einsetzende Versauerung der Böden hin. Die trockensten Abschnitte in diesem Vegetationsmosaik nehmen brachliegende Pfeifengraswiesen ein. An nährstoffreicheren Standorten wachsen moosärmere Großseggenriede mit Steif-, Wunder- oder Schlank-Segge sowie verschiedene Röhrichtgesellschaften mit Schilf, Wasserschwaden oder Schachtelhalm als Bestandsbildner.

Entsprechend der reich gegliederten Vegetation hat sich eine bemerkenswerte Tierwelt etabliert. Neben den Amphibien sind die Libellen an die verschiedenartigen Gewässerlebensräume gebunden. Erwähnenswert sind die Vorkommen der vom Aussterben bedrohten Gefleckten Heidelibelle und der stark gefährdeten Gemeinen Winterlibelle. Zu den Brutvögeln zählen Wasserralle, Baumpieper, Feldschwirl, Teichrohrsänger und Rohrammer.

Die Entwässerung des Blautals führte dazu, dass in manchen Bereichen des Schutzgebietes Moorbirken und Weiden aufkamen. Wie man bei der Auswertung von Luftbildern feststellte, nahm die Verbuschung insbesondere nach der Blau-Korrektur in den Jahren 1970/71 stark zu. Im Rahmen der Flurbereinigung sollte sogar das ganze Ried trockengelegt werden – das verhinderten allerdings die kräftig schüttenden Quellen am Talrand. Seit 1991 wird das »Arnegger Ried« intensiver gepflegt, um die Störungen nach und nach wieder zu korrigieren. Zuvor hatte man bereits Ende der 1970er-Jahre etliche kleine Grundwassertümpel für Amphibien ausgegraben.

Ziel der Pflegemaßnahmen ist es vor allem, den floristisch bedeutsamen Teil des Naturschutzgebietes langfristig zu bewahren. Mit der Entbuschung sollen außerdem die Lebensräume für gefährdete Vogelarten des Rieds wieder geöffnet werden. Aus den brachgefallenen Feuchtwiesen entstanden mittlerweile Hochstaudenfluren. Auf trockeneren Standorten breiteten sich dagegen monotone Rasenschmielenbestände aus. Auf kleineren, jährlich gemähten Flächen blieben magere Feuchtwiesen erhalten. Neben der Naturschutzverwaltung engagieren sich tatkräftige Mitglieder der NABU Ortsgruppe Ulm/Neu-Ulm bei der Pflege des Schutzgebietes.

Schutzzweck ist die Erhaltung der Braunmoos-Seggenriede, Großseggenriede, Pfeifengraswiesen und Röhrichte des ehemaligen Niedermoores mit ihren charakteristischen und seltenen Pflanzenarten (z. B. Drahtsegge, Wundersegge, Fieberklee). Das »Arnegger Ried« dient insbesondere Amphibien und seltenen Vogelarten als Lebensraum.

Hinweise für Besucher: Aufgrund fehlender Wege ist das Kerngebiet des »Arnegger Rieds« für Besucher nicht zugänglich. Entlang der Bahnlinie und der Blau grenzen jeweils Graswege an das Naturschutzgebiet. Die dichten Gehölzbestände bieten allerdings nur eingeschränkte Blicke in das Zentrum des Feuchtgebietes.

3 BLAUER STEINBRUCH

Alb-Donau-Kreis: Stadt und Gemarkung Ehingen
Naturraum: Mittlere Flächenalb
Geschützt seit 1980
Fläche: 5,2 Hektar
Top. Karte 7724

Am westlichen Stadtrand von Ehingen wurde 1980 das Naturschutzgebiet »Blauer Steinbruch« ausgewiesen. Geologisch gesehen gründet es auf Weißjura zeta, in dessen Schichtung unter den

In den 1940er-Jahren wurde der Blaue Steinbruch stillgelegt. Sein tiefster Bereich füllte sich daraufhin zehn Meter hoch mit Wasser, das seine auffallend blaue Farbe dem Mergel-Gesteinsuntergrund verdankt. M. GROHE

liegenden Bankkalken Zementmergel folgt. Diese Mergel, die sich aufgrund ihres hohen Kalkgehaltes gut für die Zementherstellung eignen, wurden lange Zeit abgebaut. Im nördlichen Bereich begrenzt die Oberkante der Felsfront das 530 bis 570 m NN hoch gelegene Schutzgebiet. Im Süden des gut fünf Hektar großen Schutzgebietes bildeten sich durch die kontinuierliche Schüttung einiger Quellen Kalktuff aus und einige kleinere, von Wasser durchflossene Tümpel.

Im Schutzgebiet wurden bislang über 260 höhere Pflanzenarten, darunter viele Arten der Roten Liste nachgewiesen. Von regionaler Bedeutung sind die Amphibienbestände, die ideale Bedingungen zum Laichen und Überwintern vorfinden.

Daneben macht hier die Vielfalt der unterschiedlichen Pflanzengesellschaften den besonderen Wert dieses kleinen Schutzgebiets aus. In den Halbtrockenrasen finden sich Frühlings-Enzian, Helm-Knabenkraut, Berg-Gamander und Fransen-Enzian. Im Kontrast hierzu steht der Kalkquellsumpf mit Arten wie Schmalblättriger Rohrkolben, Fieberklee und Breitblättriges Wollgras. An den steilen, immer wieder rutschenden und stark der Sonne ausgesetzten Wänden über dem See konnte sich bis heute keine geschlossene

Pflanzendecke bilden. Hier finden Insekten wie Wildbienen oder Heuschrecken, aber auch Reptilien wie Schlangen und Eidechsen Rückzugsräume.

Schutzzweck ist die Erhaltung des Lebensraumes zahlreicher geschützter Pflanzen- und Tierarten, vor allem von Amphibien und Reptilien sowie von Insekten.

Hinweise für Besucher: Am westlichen Stadtrand von Ehingen gelegen, ist der Blaue Steinbruch gut zu erreichen. Auf einem Rundweg können die Besucher die vielfältigen Lebensräume des Schutzgebietes erkunden. Bitte übersteigen Sie nicht den Zaun, der um den Kernbereich des Gebietes führt.

4 BLEICH

Alb-Donau-Kreis: Gemeinde Merklingen

Naturraum: Mittlere Kuppenalb

Geschützt seit 1992

Fläche: 9,8 Hektar

Top. Karte 7424

Unmittelbar an den südöstlichen Ortsrand der Gemeinde Merklingen grenzt das rund 680 m NN

Das Gelände im NSG »Bleich« wurde früher zum Bleichen – daher der Name – der neu gewobenen Leinwand genutzt. Davon zeugt noch immer das »Bleichhäusle«, ein Kulturdenkmal aus jener Zeit, das in der Landschaft ringsum einen auffälligen Akzent setzt.
S. JESSBERGER

hoch gelegene Schutzgebiet »Bleich«. Zusammen mit den benachbarten Naturschutzgebieten »Sandburr« und »Geißrucken« bildet es das Ende des Trockentals Ulmer Tal. Das Erscheinungsbild des knapp zehn Hektar großen Schutzgebiets wird vor allem von einer offenen Heidefläche geprägt. Im Schutzgebiet steht klüftiges Gestein an, auf dem sich nur flachgründige Böden mit magerer Vegetation entwickeln konnten. An einzelnen Stellen fehlt die Auflage ganz, sodass immer wieder offene Felsen und Schotterflächen zu Tage treten. Das Bleich-Gelände trägt die typische Flora der Kalkmagerrasen in der Ausprägung der Schafweiden-Pflanzengesellschaft. Insgesamt wurden in dem Schutzgebiet 154 höhere Pflanzenarten nachgewiesen, darunter 18 Arten der Roten Liste Baden-Württembergs. Auf den stark besonnten Felsstandorten im Süden sind das stark gefährdete Katzenpfötchen, der Berglauch und der Trauben-Gamander beheimatet. Die vielfältige Flora bildet wiederum eine günstige Lebensgrundlage für eine artenreiche Tierwelt. Unter den Schmetterlingen sind die Vorkommen des Schwarzfleckigen Ameisen-Bläulings, des Rotbraunen Wiesenvögelchens und des Ehrenpreis-Scheckenfalters erwähnenswert. Zu den Brutvögeln zählen beispielsweise das Rebhuhn und die Dorngrasmücke.

Das Naturschutzgebiet ist im regionalen Heideverbund der Laichinger Kuppenalb gelegen und wird in Hüteschafhaltung beweidet.

Schutzzweck ist die Erhaltung einer offenen, fast wacholderfreien Heidefläche mit ihren zahlreichen Pflanzengesellschaften – Halbtrockenrasen, Kalkmagerwiesen, Trockenrasen, Felsstandorte, Heckenzonen und Gebüschgruppen – die aus der für die Landschaftsteile charakteristischen extensiven Schafbeweidung hervorgegangen sind. Insbesondere dient das Gebiet als Lebensraum zahlreicher gefährdeter Insekten, darunter vieler Tagfalterarten und Widderchen, als Lebensraum einer großen Vielfalt an Vogelarten und als Bindeglied im Heideverbund Laichingen-Merklingen-Nellingen.

Hinweise für Besucher: Die historische Nutzung dieser kulturbetonten Landschaft als Bleichfläche und Schafweide verleihen dem Ulmer Tal noch immer einen besonderen Reiz. Ein markierter Wanderweg führt von Merklingen dem Trockental folgend durch den nordöstlichen Teil des Gebietes. Das »Bleichhäusle« ist im Südwesten des Naturschutzgebietes gelegen und fußläufig über einen Grasweg zu erreichen.

5 BRAUNSEL

Alb-Donau-Kreis: Gemeinde und Gemarkung
Emeringen, Gemeinde und Gemarkung
Rechtenstein

Naturraum: Mittlere Flächenalb

Geschützt seit 1991

Fläche: 40,1 Hektar

Top. Karte 7723

Das Schutzgebiet »Braunsel« umfasst die Talaue zwischen dem gleichnamigen Flüsschen
Braunsel und der Donau bei Rechtenstein. Außerdem gehören die nördlich ans Tal angrenzenden
Hang- und Felsenflächen, die von 510 auf
570 m NN ansteigen, zu dem rund 40 Hektar großen Areal. Der Untergrund besteht aus Ablagerungen der Nachkaltzeit und des Weißen Jura.
Die Talebene ist mit einer rund einen Meter
mächtigen Auelehmschicht überzogen, im Mündungsgebiet der Braunsel stößt man auf Niedermoortorf. Der Hangwald wächst auf Schichten
des Weißen Jura und auf Schottern der Rißkaltzeit.

Das Braunsel-Gebiet weist eine ungewöhnliche Vielfalt an unterschiedlichen Lebensräumen
auf: Stehende und fließende Gewässer, zahlreiche Quellaustritte, ständig durchnässte Böden

über Quellhorizonten, feuchte Waldpartien und
ausgesprochen trockene Felsenstandorte. Dieses
bunte Mosaik am Südrand der Schwäbischen Alb
wird entscheidend geprägt von dem etwa 200 Meter langen und stark gegliederten Hochwartfel-
sen, der für die Arten der Kelchsteinkraut-Mauerpfeffer-Gesellschaft, des Hirschwurzsaums und
verschiedener Magerrasen-Gesellschaften ein
wichtiges Refugium darstellt. Das gilt zum Teil
auch für die vom Wald umschlossenen, kleineren
Felsen in der Umgebung des Hochwart.

Die ausgedehnten Schilf- und Seggenbestände
im Quellgebiet der Braunsel sind als Brut-, Nah-
rungs- und Überwinterungsbiotope für Sumpf-
und Wasservögel von großer Bedeutung. Im
Frühjahr und beim herbstlichen Vogelzug rasten
in den Wiesen viele in Nordeuropa brütende
Entenarten. Die stark schüttenden Quellen der
Braunsel verhindern selbst in strengen Wintern,
dass die Wasserflächen zufrieren. Sie bieten dann
zahlreichen Vogelarten, die auf offenes Wasser
angewiesen sind, im weiten Umkreis die einzige
Möglichkeit, Nahrung zu finden. Vom wechselnden Wasserstand profitieren zudem viele gefährdete Amphibien.

Wenn die Donau Hochwasser führt, bietet sich
das Flüsschen Braunsel als Rückzugsgebiet für Arten an, die mit der starken Strömung nicht leben

Das Braunsel-Gebiet ist
von beeindruckender
landschaftlicher Schön-
heit und verbindet viele
sehr unterschiedliche Le-
bensräume: Auf dem Bild
die trockenen Standorte
am Braunselfels oberhalb
des Auewaldes am Was-
ser. S. JESSBERGER

können. Dies ist umso wichtiger, als inzwischen die meisten Altwässer der Begradigung der Donau zum Opfer gefallen sind. Die besonderen klimatischen Bedingungen an den nach Süden ausgerichteten Felsen und Waldflächen sorgen für einen einzigartigen Reichtum an Schmetterlingen. Daneben beherbergt das Naturschutzgebiet auch eine ungewöhnlich vielfältige Pflanzenwelt. Im schattigen Hangwald ist der ausgedehnte Bestand von Märzenbechern bemerkenswert.

Schutzzweck ist die langfristige Sicherung des Gebietes als Lebensraum für Brutvögel und durchziehende Vogelarten. Das Schutzgebiet dient zudem der Erhaltung der steilen Wald-, Heide- und Felspartien für die darauf angewiesenen Tier- und Pflanzenarten.

Hinweise für Besucher: Das Naturschutzgebiet ist durch einen beschilderten Wanderweg erschlossen, welcher von der Josefskapelle in Emeringen über die Braunsel nach Rechtenstein führt. Die Braunsel samt ihrer Quellbereiche ist sehr störungsempfindlich. Baden, Tauchen und Paddeln ist nicht gestattet. Zum Schutze der Felslebensräume ist das Klettern verboten.

In den naturnahen Gewässern und begleitenden Gehölzbeständen des NSG »Braunsel« hat sich der Biber wieder angesiedelt. S. JESSBERGER

6 BREITINGER SCHÖNRAIN

Alb-Donau-Kreis: Gemeinde und Gemarkung Breitingen

Naturraum: Lonetal-Flächenalb

Geschützt seit 2003

Fläche: ca. 7 Hektar

Top. Karte 7426

Das Naturschutzgebiet »Breitinger Schönrain« liegt auf der Schwäbischen Alb im mittleren Lonetal, ca. zwölf Kilometer nördlich von Ulm und östlich der Ortschaft Breitingen zwischen 522 bis 560 m NN. Das Lonetal beginnt bei Amstetten und weitet sich bei Breitingen schüsselförmig in den Zementmergeln des Weißen Juras aus. Die Lone entspringt im Urspringer Quelltopf und versickert hinter Breitingen in den Klüften des Massenkalks.

Als Rest der ehemals viel größeren Schafweideflächen im Lonetal gehört der Schönrain zu den kulturhistorischen Zeugnissen ehemaliger Wanderschäferei. Nur ein kleiner Bereich des Gebietes ist von Laubholz-Sukzessionswald geprägt. Der südliche Gebietsteil liegt vollständig am nach Südwesten ausgerichteten Lonetalhang im Weißjura-Hangschutt, aus dem nur wenige Felsblöcke herausragen. Die das Schutzgebiet umgebenden Flächen werden landwirtschaftlich genutzt, nach Nordwesten schließen Waldflächen an.

Das Gebiet ist mit einem reichen Vegetationsmosaik überzogen. Vorherrschend sind Pflanzengesellschaften der beweideten Kalkmagerrasen. Zu Weidezeigern wie Disteln gesellen sich die typischen Arten der Magerrasen wie Gewöhnliche Küchenschelle und Katzenpfötchen. Auf den trockenwarmen Säumen sind Kalk-Aster und Ästige Graslilie anzutreffen. Zu den Orchideenarten zählen Helm-Knabenkraut, Bienen-Ragwurz, Fliegen-Ragwurz und das Fleischfarbene Knabenkraut. Auf trockenen und eher lückigen Flächen wachsen Trockenheitszeiger wie der Berg-Gamander und die Echte Kugelblume.

Heute ist der Schönrain Teil eines Weideverbundes und durch die Schafherde mit den benachbarten Schutzgebieten »Ägenberg/Ofenloch«

Im NSG »Breitinger Schönrain« wachsen zwischen den heideprägenden Wacholderbüschen alte und besonders markante Hainbuchen und Eichen. Das Totholz darf hier stehen bleiben. P. BERNERT

7 EHINGER GALGENBERG

Alb-Donau-Kreis: Stadt und Gemarkung Ehingen a. d. Donau

Naturraum: Mittlere Flächenalb

Geschützt seit 1996

Fläche: ca. 19 Hektar

Top. Karte 7624 und 7724

Das Naturschutzgebiet »Ehinger Galgenberg« liegt etwa einen Kilometer nördlich von Ehingen an der Ostflanke des Schmiechtales. Das nach Südwesten ausgerichtete Gebiet erstreckt sich in einer Höhenlage zwischen 510 und 560 m NN parallel zur B 492. Jenseits der Bundesstraße fließt die Schmiech. Der Galgenberg bildet zusammen mit dem daneben liegenden Naturschutzgebiet »Hausener Berg/Büchelesberg« eine Hügelkette, die das untere Schmiechtal nach Osten hin begrenzt.

Der Untergrund des »Ehinger Galgenbergs« besteht zum einen aus den Schichten des Weißjura zeta (Bankkalke und Zementmergel), zum anderen aus der Unteren Süßwassermolasse des Tertiärs, die mit Lehm und Gehängeschutt überdeckt ist. Der karstige Untergrund im Gebiet lässt keine Oberflächengewässer zu.

Ein ackerbaulich genutztes Trockental trennt den »Ehinger Galgenberg« vom benachbarten Naturschutzgebiet »Hausener Berg/Büchelesberg«. Das Gebiet wird traditionell als Sommerschafweide genutzt und gehört zusammen mit dem »Hausener Berg« und dem »Büchelesberg« zu einem großräumigen Weideverbund. Der untere Bereich des Schutzgebietes wird als Schafweide genutzt, der obere Abschnitt der durch Stufenraine gegliederten Hangterrassen präsentiert

und »Laushalde« vernetzt. Die Gemeinde engagiert sich mit finanzieller Unterstützung der Naturschutzverwaltung in der maschinellen Gehölzpflege in der Wacholderheide.

Schutzzweck ist die Erhaltung einer Heidefläche von besonderer landschaftlicher Schönheit als Lebens- und Rückzugsraum für vom Aussterben bedrohte, gefährdete und geschützte Tier- und Pflanzenarten. Insbesondere dient das Gebiet der Erhaltung

– von Schmetterlingen der trockenwarmen Heide und Waldränder sowie von charakteristischen Vogelarten der Wacholderheiden und Laubwälder

– von artenreichen Magerrasen, Gebüschen, Weidbäumen und naturnahem Laubwald und

– als integraler Bestandteil eines Weideverbunds im Lonetal.

Im NSG »Ehinger Galgen-
berg« bilden malerische
Schafweiden und Hang-
bereiche mit Rainen und
Feldhecken einen lebhaf-
ten Kontrast zur großpar-
zellierten Nutzung auf der
angrenzenden Hochflä-
che. S. Jessberger

sich dem Betrachter im kleinräumigen Wechsel von Wiesen, Äckern und Feldhecken. Diese Terrassen wurden ursprünglich ackerbaulich genutzt, in Folge schlechter Erträge allerdings mehr und mehr zur Grünlandnutzung umgewandelt.

Das Naturschutzgebiet »Ehinger Galgenberg« ist durch die enge Verzahnung unterschiedlicher Biotope ein Refugium für seltene und gefährdete Tier- und Pflanzenarten. Im Gebiet wurden bisher über 200 Pflanzenarten nachgewiesen, von denen einige auf der Roten Liste Baden-Württembergs stehen. Sehr reizvoll sind die mit Enzian geschmückten Kalkmagerweiden und die trockenen, artenreichen Salbei-Glatthaferwiesen mit Bergklee. Hier kommt der gefährdete Kärntner Hahnenfuß vor, der in Baden-Württemberg nur auf der mittleren Schwäbischen Alb auftritt. Neben Weidezeigern wie Disteln, Arten der Magerrasen (Gewöhnliche Küchenschelle, Katzenpfötchen), Saumarten (Kalk-Aster, Ästige Graslilie) kommen an den Ackerrändern einige gefährdete Ackerwildkräuter wie das Sommer-Adonisröschen und der Blaue Gauchheil vor.

Die reich gegliederte Landschaft bietet auch Lebensraum für Vogelarten mit unterschiedlichsten Ansprüchen. Bisher wurden 54 Vogelarten nachgewiesen. Die enge Verzahnung von Grünland, Hecken und Gebüschen bietet Neuntöter und Dorngrasmücke Lebens- und Nahrungs-

raum. Für das stark gefährdete Rebhuhn sind die Säume als Brut- und Nahrungshabitat von Bedeutung.

Schutzzweck ist die Erhaltung, Förderung und Pflege einer Kalkmagerweide als Trittsteinbiotop im »Heideverbund Schmiechtal«, in der Funktion als Ausgleichsfläche in der umgebenden intensiv genutzten Umgebung, zum Schutz und zur Erhaltung der Flächen als Habitat und Rückzugsfläche der artenreichen und bedrohten Pflanzen- und Tiergemeinschaften sowie zur Erhaltung und Optimierung des strukturenreichen Biotopmosaiks.

8 FLUSSLANDSCHAFT DONAU-WIESEN ZWISCHEN ZWIEFALTEN-DORF UND MUNDERKINGEN

Alb-Donau-Kreis: Gemeinde Emeringen, Untermarchtal, Rechtenstein, Obermarchtal, Lauterach, Munderkingen
Landkreis Biberach: Stadt Riedlingen, Gemarkung Zwiefaltendorf
Naturraum: Mittlere Flächenalb und Flachland der unteren Riß
Geschützt seit 2006
Größe: 582 Hektar
Top. Karte 7723

Zwischen Zwiefaltendorf und Munderkingen steht ein besonders naturnaher und abwechslungsreicher Abschnitt der Donau unter Schutz. Die Donau fließt, von den risskaltzeitlichen Eismassen an den südlichen Rand der Schwäbischen Alb gedrängt, ein zweites Mal durch die Kalkfelsen des Oberen Jura. Wenn auch nicht mehr so spektakulär wie im Oberen Donautal zwischen Tuttlingen und Sigmaringen, zwängt sie sich dennoch durch steil aufsteigende Engpässe mit zahlreichen Felsen, Abbrüchen und Steilhängen. Naturräumlich berührt die Donau hier den Südrand der Mittleren Flächenalb, der geologisch ab Mittenhausen bis Untermarchtal von den liegenden Bankkalken des Oberen Jura geprägt ist. In diesem Abschnitt hat sich die Donau in den Oberen Jura, meist in den Massenkalk, tief eingeschnitten. Zurück blieben die harten und widerstandsfähigen Riffkalke an den Engstellen bei Rechtenstein und Untermarchtal.

Ab Obermarchtal treten neben den Massenkalken und der tertiären Unteren Süßwassermolasse mit ihren ebenfalls steilen Talhängen auch die lössüberdeckten risskaltzeitlichen Schotter mit flacheren Hängen zur Donauaue hin auf. Diese gehören dem Naturraum »Flachland der unteren Riss« an. Wo die Donau durch diese tertiären oder quartären Ablagerungen fließt, ist ihre Talaue recht breit, wie zum Beispiel bei Zwiefaltendorf, bei Neuburg oder im Algershofer Bogen.

Ein flussgeschichtlich bedeutsames Landschaftselement stellt das »Urdonautal« dar, das die Donau bis zur Mitte der Riss-Kaltzeit (vor ca. 180 000 Jahre) durchfloss. Der Talzug beginnt nördlich von Untermarchtal, führt über Mochental, Kirchen und Ehingen weiter in Richtung Blaubeuren und trifft in Ulm wieder auf den heutigen Donauverlauf. Im Bereich des Naturschutzgebietes ist der ehemalige Flusslauf als Trockental mit steilen Schluchten, Felsen und einem gewässerfreien Talgrund gut zu erkennen.

Im Schutzgebiet münden Ehebach, Braunsel, Große Lauter und Algershofer Bach in die Donau mit Gefälle von 15 Höhenmetern zwischen Zwiefaltendorf (517 m NN) und Munderkingen (502 m NN). In die Auen sind Altwässer einge-

streut, die den ehemaligen Lauf der Donau markieren. Ohne direkten Zufluss stehen sie nur bei periodisch auftretendem Hochwasser über Druckwasser mit der Donau in Verbindung. Die zumeist hohe Fließgeschwindigkeit der Donau nimmt lediglich in den Staubereichen vor den Wehren deutlich ab. Zahlreiche kleinere Uferabbrüche in den Pralluferbereichen zeugen von der Dynamik des Gewässers. An den Gleitufern erstrecken sich vor allem in Niedrigwasserzeiten ausgedehnte Kiesbänke.

Bis zur Jahrhundertwende um 1900 war Weidewirtschaft und insbesondere Pferdezucht in der Donauniederung eine der wichtigsten Einnahmequellen für die Bevölkerung. Mit der Aufstallung des Viehs kam es zum Rückgang der Weidewirtschaft und einer Ausdehnung der gemähten Wirtschaftswiesen. Bis heute haben sich diese Wiesenlandschaften ohne eine nennenswerte Zahl eingestreuter Äcker und Einfriedigungen, ohne stärkere Zersiedlung im Donautal erhalten. Dies kommt all jenen Tierarten zugute, die auf weiträumige und offene Landschaften angewiesen sind, wie zum Beispiel Weißstorch, Braunkehlchen, Feldlerche und Feldschwirl.

In der Aue überwiegen die Fuchsschwanz-Frischwiesen, die feuchtere Bedingungen und zeitweise auch Vernässungen durch regelmäßig auftretende Überschwemmungen ertragen. Neben dem Wiesenfuchsschwanz und dem Kriechenden Hahnenfuß treten Feuchtezeiger wie das Wiesenschaumkraut, die Wiesenplatterbse, die Kuckucks-Lichtnelke und der Rote Wiesenklee auf.

Kleine reliefbedingte Höhenunterschiede im Talgrund und die flach geneigten Hanglagen bewirken etwas trockenere Bodenverhältnisse, die dann von Glatthaferwiesen eingenommen werden. Bei intensiver vier- bis fünfmaliger Nutzung und regelmäßiger Düngung entstand artenarmes Grasland mit hohem Futterwert, im Frühjahr geprägt vom gelb blühenden Löwenzahn. Später im Jahr dominieren weiße Doldenblütler wie Wiesenbärenklau und Wiesenkerbel.

Niedrigere Schnitthäufigkeiten und geringerer Düngereinsatz erlauben artenreiche, blumen-

Die Dynamik des Lebens-
raums in der Donauaue
des NSG »Flusslandschaft
Donauwiesen zwischen
Zwiefaltendorf und Mun-
derkingen« ist entschei-
dend von den regelmäßi-
gen Überflutungen
geprägt. M. Grohe

bunte Glatthaferwiesen mit Wiesen-Labkraut,
Weicher Trespe, Wiesen-Schwingel, Wolliges Honiggras und Scharfem Hahnenfuß. Auf extensiv
bewirtschafteten Grundstücken fallen die bunten
Wiesen mit Wiesen-Witwenblume, Margerite,
Wiesen-Bocksbart, Wiesen-Flockenblume und
Wiesen-Storchschnabel auf. Auf mäßig frischen
bis mäßig trockenen Standorten sind die artenreichsten Grünlandtypen im Schutzgebiet zu finden. Dort haben sich noch, wenn auch kleinflä-

chig, typische Salbei-Glatthaferwiesen mit Wiesen-Salbei, Aufrechter Trespe, Gemeinem Horn-
klee, Knolligem Hahnenfuß und Skabiosen-
Flockenblume erhalten.

In feuchten und nassen Senken sowie an ver-
landeten Altarmen der Donau treten in Groß-
seggenriedern und Röhrichten Arten wie
Sumpf-Segge, Rohrglanzgras, Schilf, Wasser-
Schwertlilie, Ufer-Wolfstrapp, Gewöhnlicher
Gilbweiderich, Gewöhnlicher Blutweiderich und

Gewöhnlicher Froschlöffel auf. Stromtalpflanzen wie die Gelbe Wiesenraute und der Hohe Ampfer sind fast in jeder Feuchtbrache bzw. an den Ufern der Altwasser anzutreffen.

Die Donauufer werden auf weiten Strecken von einem schmalen Gehölzband von Baum- und Strauchweiden gesäumt. Der Biber ist seit wenigen Jahren hier wieder heimisch und nutzt die gewässernahen Gehölze auf vielfältige Weise. Hochstauden nehmen feuchte, nährstoffreiche Standorte ein, wie sie in natürlichen Auen durch Anschwemmung von humosem Boden, Nährsalzen, Pflanzen- und Tierresten zahlreich vorhanden sind.

Einen ganz anderen Lebensraum stellen die sehr trockenen und flachgründigen süd- bzw. südwestexponierten Felsköpfe und Steilhänge mit Steppenheidevegetation dar. Aufgrund der extremen Trockenheit erreicht der Wald hier seine Wachstumsgrenze. Den warmen lichten Sonderstandort prägen Pflanzen wie Gewöhnliche Küchenschelle, Berg-Lauch, Blaugras, Kugelblume, Felsenbirne, Ästige Graslilie, Berg-Gamander, Berg-Aster, Weiße Schwalbenwurz und Karthäuser-Nelke.

Im Urdonautal finden sich neben den Felsstandorten noch Wacholder- bzw. Kiefernheiden mit Silberdistel, Orchideen und Enzianen. Weite Bereiche sind aber mit fast undurchdringlichem Schlehen- und Ligustergebüsch überzogen, die dringend wieder entbuscht und regelmäßig beweidet werden sollten.

Wälder dominieren auf den steilen Talhängen, die Donauniederung ist bis auf wenige kleinere Auewälder waldfrei. In den Steillagen sind es meist mehrstufig aufgebaute Laubwaldgesellschaften aus Waldmeister-Buchenwald, Ahorn-Eschen-Schluchtwald und dem besonders artenreichen Seggen-Buchenwald mit den Orchideen Rotes und Weißes Waldvögelein.

Mit seinem naturnahen Gewässerverlauf, den großflächigen Mähwiesen, orchideenreichen Kalkmagerrasen, Kalkschutthalden, Höhlen, Kalkfelsen mit Felsspaltenvegetation, Buchenwäldern, Schlucht- und Hangmischwäldern sowie Auenwäldern ist dieser Donauabschnitt für mehrere Fledermausarten, Reptilien, Insekten und Fische von großer Bedeutung.

Insgesamt konnten bisher 124 Vogelarten festgestellt werden. Uhu und Wanderfalke brüten regelmäßig im Gebiet. Erfolgreiche Bruten des Weißstorches in Zwiefaltendorf und Munderkingen weisen auf den positiven Zusammenhang zwischen Bruterfolg und Nähe des Neststandortes zu periodisch überflutetem extensiv genutztem Dauergrünland hin. Eisvogel, Flussregenpfeifer und Flussuferläufer nutzen die Uferabbrüche, Kies- und Sandbänke sowie Schlickflächen als Brut- und Nahrungsflächen. Von überregionaler Bedeutung ist der Donauabschnitt für durchziehende und rastende Zugvögel.

Das Naturschutzgebiet »Flusslandschaft Donauwiesen zwischen Zwiefaltendorf und Munderkingen« schließt nahtlos an die Naturschutzgebiete »Flusslandschaft Donauwiesen« und »Braunsel« an. Hierdurch wird eine großräumige Biotopvernetzung mit einer außerordentlich hohen Artenvielfalt der Pflanzen- und Tierwelt mit landesweiter und europäischer Bedeutung sichergestellt.

Schutzzweck ist die Erhaltung und Förderung des weitgehend natürlichen oder naturnahen Flusslaufes der Donau mit den Uferbereichen, der Talaue, den Talhängen, dem Trockental des Ur-Donauverlaufs sowie die Erhaltung und Förderung des von der Donau geschaffenen und von ihr und ihren Hochwässern heute noch geprägten Talraumes. Der vom Menschen geprägten Kulturlandschaft mit der offenen und unverbauten Wiesenlandschaft, den Aue- und Hangwäldern kommt eine wichtige Funktion als Lebensraum seltener und gefährdeter Tier- und Pflanzengemeinschaften zu. Dabei gilt es, die regionale und überregionale Bedeutung als Brut- und Rastplatz für seltene und gefährdete Vogelarten zu bewahren und zu fördern.

Hinweise für Besucher: Im Gebiet verläuft der internationale Donauradwanderweg, entlang dessen Verlauf die Flusslandschaft im Tal und auf dem Höhenzug mit faszinierenden Ausblicken erlebt werden kann. Der Verlauf des Radweges ist sehr gut ausgeschildert. Auf dem Hauptwander-

weg Schwäbische Alb-Oberschwaben des Schwäbischen Albvereins können die Wälder, Wiesen,
Felsen und Gewässer mit ihrer Tier- und Pflanzenwelt besonders intensiv erlebt werden.

In den Ortschaften entlang des Wanderweges
bieten sich zahlreiche Gelegenheiten zur Ein-
kehr. Für den zunehmenden Bootsverkehr auf
der Donau werden zukünftig zur Schonung der
Tier- und Pflanzenwelt bestimmte Regelungen
einzuhalten sein. Informationen sind über die
Landkreise Alb-Donau und Biberach zu erhalten.
Grundsätzlich sollen Bootsfahrer ruhig und in
der Mitte des Flusses fahren, Altwasser dürfen
nicht befahren werden. Kiesbänke, Röhrichte
und Gehölze sind sensible Lebensräume von Vögeln und Fischen, auf die besondere Rücksicht
genommen werden muss und die nicht betreten
werden dürfen.

9 GALGENBERG

Alb-Donau-Kreis: Stadt Laichingen

Naturraum: Mittlere Kuppenalb

Geschützt seit 1993

Fläche: 8,5 Hektar

Top. Karte 7524 und 7523

Ein Kilometer westlich von Laichingen liegt
die markante, 770 m NN hohe Hügelkuppe »Galgenberg«, die 1993 auf einer Fläche von über acht
Hektar unter Schutz gestellt wurde. Das Klima in
diesem Gebiet gilt als kühl und niederschlags-
reich. Trotzdem konnte sich hier ein Halbtrockenrasen entwickeln, weil das Oberflächenwasser aufgrund der Verkarstung des
anstehenden Kalkgesteins sofort versickert.

Der Galgenberg wird von Heide- und Wiesenflächen geprägt, die nur von wenigen Gebüschgruppen und einigen felsigen Partien unterbrochen werden. Nach Westen fällt die Kuppe in
einer Steilstufe mit freiliegenden Felsköpfen ab.
Im nördlichen Teil des Galgenbergs befindet sich
eine rekultivierte Deponie. Die zweite Teilfläche
des Schutzgebietes ist ca. 100 Meter westlich auf
dem Gewann Vor Afra gelegen und von Magerrasengesellschaften und Gebüschen überzogen.
Heute wird der Galgenberg nur noch zum Teil als
Schafweide genutzt. Ungefähr die Hälfte der Fläche bewirtschaften die Landwirte als einschürige
Wiesen oder Ackerland. In der Umgebung wird
intensiv gewirtschaftet, weswegen dem kleinen
Schutzgebiet eine umso größere naturkundliche
Bedeutung zukommt.

Für Licht und Wärme liebende Pflanzen blieben auf dem Galgenberg sehr wertvolle Flächen

Die Karthäuser-Nelke
(*Dianthus carthusianorum*)
ist typisch für die trocke-
nen Standorte im NSG
»Galgenberg«. Hier lockt
sie einen Zitronenfalter
(*Gonepteryx rhamni*) an.
S. JESSBERGER

erhalten. Die Felsenstandorte bieten Lebensraum für seltene Arten, die nur unter extremen Bedingungen der Konkurrenz standhalten können. Typisch sind Berglauch, Weißer Mauerpfeffer, Kelch-Steinkraut oder Karthäuser-Nelke. Die flachgründigen Kalkmagerrasen sind der Enzian-Schillergrasgesellschaft zuzuordnen. Die Flächen der rekultivierten Deponie tragen nitrophile Ruderalvegetation. Der Teilbereich Vor Afra wird schon länger nicht mehr beweidet. Insgesamt gedeihen in dem Schutzgebiet mindestens 187 Pflanzenarten, 17 von ihnen stehen auf der Roten Liste. Außerdem wurden 14 Vogelarten registriert.

Der Galgenberg ist als Schafweide Teil der traditionellen Kulturlandschaft der Schwäbischen Alb. Er stellt zudem ein wichtiges Areal im »Heideverbund Laichinger Alb« dar.

Schutzzweck ist die Erhaltung einer ehemaligen Schafweide von landschaftsprägender Schönheit und Eigenart mit ihren extensiv genutzten Flächen als Rückzugsgebiet für zahlreiche Pflanzen- und Tierarten. Das Gebiet ist Teil des Heideverbunds Laichingen-Merklingen-Nellingen. Besonders schützenswert sind die Kalkmagerrasen und Felsstandorte. Die Gebüschgruppen dienen als Brut- und Nahrungsraum für zahlreiche Vogelarten. Das Vegetationsmosaik bedingt eine artenreiche Insektenfauna, darunter viele Schmetterlingsarten.

Im Rahmen der Flurneuordnung gelang es, Flächen im Gedüngten Ried in öffentliches Eigentum zu überführen. Außerdem wurden damals kleine Tümpel angelegt, um Lebensraum für Tier- und Pflanzenarten zu schaffen, die an solche Gewässer gebunden sind. S. JESSBERGER

10 GEDÜNGTES RIED

Alb-Donau-Kreis: Stadt Ehingen,
Gemarkung Volkersheim,
Landkreis Biberach: Gemeinde Schemmerhofen,
Gemarkung Ingerkingen
Naturraum: Hügelland der unteren Riß
Geschützt seit 1985
Fläche: 17,36 Hektar
Top. Karte 7724

Zwischen den Dörfern Volkersheim und Ingerkingen im Süden von Ehingen liegt das gut 17 Hektar große »Gedüngte Ried«, dessen süd-

licher Teil in den Biberacher Landkreis hineinreicht. Es handelt sich um ein Niedermoor, das im Norden, Westen und Südwesten von Wäldern umgeben ist. Hier haben schlickreiche Ablagerungen der rißkaltzeitlichen Grundmoräne und der flachen, jungen Talsysteme über der unteren Süßwassermolasse verhindert, dass sich das Gelände durch unterirdischen Abfluss entwässert. So konnte sich ein Niedermoor aus Seggen- und Braunmoostorfen bilden. Durch das etwa 520 m NN hoch gelegene Gebiet fließt der Rußgraben, der in den Rotbach, einem Zufluss der Riß, mündet.

Die Moorflächen wurden in der Vergangenheit größtenteils landwirtschaftlich genutzt, allerdings nur sehr extensiv als Streuwiesen. Es gab zwar gelegentlich Versuche, einzelne Teilbereiche durch die Verlegung der Wasserabzugsgräben für eine intensivere Bewirtschaftung zu gewinnen. Diese Bemühungen brachten den Bauern aber nur

Im NSG »Gedüngtes Ried« kann man der Großen Goldschrecke (*Chrysochraon dispar*) begegnen. S. JESSBERGER

als Rastplatz und Nahrungsgebiet für durchziehende Vogelarten.

11 GEISSRUCKEN

Alb-Donau-Kreis: Gemeinde Merklingen

Naturraum: Mittlere Kuppenalb

Geschützt seit 1992

Fläche: 10,12 Hektar

Top. Karte 7424

bescheidene Erfolge. In den 1960er-Jahren wurde
direkt im Feuchtgebiet eine kommunale Mülldeponie betrieben, was zu erheblichen Verlusten
der Niedermoorlebensräume führte.

Die heutige Vegetation des Niedermoor-Ge-
ländes besteht aus Brachestadien mehr oder weniger entwässerter Feucht-, Nass- und Streuwiesen, Feuchtgebüschen und Gehölzen. Seltene und
gefährdete Pflanzenarten wie Davalls Segge,
Breitblättriges Wollgras, Bach-Kratzdistel und
Breitblättriges Knabenkraut sind anzutreffen.
Bedeutsam ist das Naturschutzgebiet als Brutbiotop, Rastplatz und Winterquartier für die Vogelwelt. Hier konnten sich Feldschwirl, Baumpieper
und Dorngrasmücke behaupten. In den Tümpeln
und Gräben finden Amphibien wie Grasfrosch
und Erdkröte sowie besonders geschützte
Libellenarten ihren Lebensraum.

Um den ökologischen Wert des Gebietes zu
erhalten und zu optimieren, wurde ein Pflegeplan
erstellt. Die ehemaligen Streuwiesen werden nach
den Vorgaben der Naturschutzverwaltung regelmäßig von Landwirten gemäht. Darüber hinaus
pflegen engagierte ehrenamtliche Helfer kleinere
Bereiche in mühevoller Handarbeit.

Schutzzweck ist die Erhaltung des Niedermoores als Lebensraum für zahlreiche vom Aussterben bedrohte Tier- und Pflanzenarten einschließlich deren Lebensgemeinschaften sowie

Der etwa zehn Hektar große Geißrucken ist
zwischen 650 und 700 m NN hoch gelegen und
gehört zu den drei Naturschutzgebieten im trockenen Ulmer Tal im Osten von Merklingen und
stellt eine typische Wacholderheide dar. Als offene Fläche bildet der Geißrucken zusammen mit
den noch verbliebenen Talwiesen im Ulmer Tal
ein einzigartiges Ensemble. Das Schutzgebiet besteht aus zwei Hauptteilen, die durch einen
Schaftrieb miteinander verbunden sind. Der
Nordteil fällt von einer Kuppe nach zwei Seiten in
ein Trockentälchen ab, den Südteil bildet ein mäßig steiler, nach Süden ausgerichteter Hang zum
Ulmer Tal hin. Ein Trockental im Westen vernetzt
das Gelände mit dem Naturschutzgebiet »Sandburr«, nach Nordosten hin gibt es eine Verbindung zu den Wacholderheiden im Schutzgebiet
»Mönchsteig«.

Der Geißrucken wurde in der Vergangenheit
stets als Schafweide genutzt. Im Norden und Osten des Schutzgebiets liegt Wald, ansonsten wird
es von den Fettwiesen im Ulmer Tal eingerahmt.
Die typische Vegetation der Kalkmagerrasen
kennzeichnet diese Landschaft. Auf den flach-
gründigeren Schotterflächen im Südteil kommen
Trockenrasen hinzu. Pflanzensoziologisch handelt es sich hierbei um submediterrane Trespen-
Halbtrockenrasen der Enzian-Schillergras-Gesell-
schaft mit Übergängen. Darüber hinaus finden
sich Saumgesellschaften und Gebüschzonen im
Schutzgebiet.

Insgesamt bildet die Heide ein Vegetationsmosaik, das durch seine enge Vernetzung mit der
Umgebung zusätzlich aufgewertet wird. Bislang

hat man 186 Pflanzenarten, darunter 16 Arten der Roten Liste Baden-Württembergs entdeckt. Markante Vertreter sind der Frühlings-Enzian, die Gewöhnliche Küchenschelle oder der Berg-Gamander. Die Flora bietet aufgrund des Wechsels zwischen stark besonnten Heideflächen und Saumgesellschaften der Steppenheide auch zahlreichen Insekten nahezu ideale Lebensbedingungen. Hervorzuheben sind die Tagfalter, die am Geißrucken mit über 30 Arten wie Rotbraunem Wiesenvögelchen oder Östlichem Scheckenfalter vertreten sind. Bisher wurden 15 Vogelarten nachgewiesen. Neuntöter und Dorngrasmücke zählen zu den typischen Brutvogelarten des Schutzgebietes.

Schutzzweck ist die Erhaltung und Optimierung einer typischen Wacholderheide der Schwäbischen Alb mit ihren Pflanzengesellschaften (submediterrane Trespen-Halbtrockenrasen, thermophile Saumgesellschaften, Gebüschzonen und Einzelbäume) durch die extensive Schafbeweidung. Das Gebiet ist Bindeglied im Heideverbund Laichingen-Merklingen-Nellingen. Seine reich gegliederte Vegetation bietet zahlreichen gefährdeten Insekten, darunter vielen Tagfalterarten und Widderchen, Lebensraum. Die vielfältige Insektenfauna bedingt wiederum die große Anzahl hier lebender Vogelarten.

Hinweise für Besucher: Durch das Ulmer Tal führt ein markierter Wanderweg von Merklingen an den Naturschutzgebieten »Bleich«, »Sandburr« und »Geißrucken« vorbei Richtung Scharenstetten. Ein weiterer markierter Wanderweg am Hangfuß des nördlichen Schutzgebietsteils ermöglicht freien Einblick in die Wacholderheide. Die Heideflächen sind nicht durch Wege erschlossen und sollten zum Schutze der störungsempfindlichen Lebensgemeinschaften nicht betreten werden.

12 GUGGENBÜHL

Alb-Donau-Kreis: Gemeinde und Gemarkung Emeringen

Naturraum: Mittlere Flächenalb

Geschützt seit 1998

Fläche: ca. 10 Hektar

Top. Karte 7723

Das Naturschutzgebiet »Guggenbühl« liegt 1,5 Kilometer nördlich von Emeringen in einer Höhe zwischen 590 und 650 m NN. Der »Guggenbühl« bildet den Nordostausläufer der Kuppen von Emerberg und Alter Hau in der Oberen Süßwassermolasse. Südöstlich zur Donau hin

Die Flächen des Geißrucken werden regelmäßig durch den Hüteschäfer und seine Schafe besucht und repräsentieren – auch im Winter – das charakteristische Erscheinungsbild einer strukturreichen Wacholderheide.
S. JESSBERGER

Das NSG »Guggenbühl« ist ein Rest ehemals viel ausgedehnterer Weideflächen mit der typischen Flora und Fauna beweideter Magerrasen, die mit Gehölzen durchsetzt sind. Hier wächst auch der Gelbe Enzian (*Gentiana lutea*). S. JESSBERGER

wurde die Obere Süßwassermolasse hier bis auf die Jura-Formation abgetragen. In Richtung Oberwilzingen geht das Gebiet in eine Fläche mit anstehendem Weißjura zeta 2 (Zementmergel) über. Die kuppige Oberflächenform mit tiefen Fahrspuren deutet auf frühere Mergelentnahme hin. Am Steilhang treten Sickerquellen aus, an denen sich Kalktuff bildet.

Auf den trockenen Sonnenhängen der Flächenalb kommt natürlicherweise der Wärme liebende Kalkbuchenwald vor. Der Guggenbühl wurde bis in die 1950er-Jahre vollständig beweidet, danach im oberen Teil mit Waldkiefern, im Südwesten mit Fichten aufgeforstet und der Sukzession überlassen. Am Hangfuß entlang ziehen sich alte, mit Feldhecken bestandene Ackerterrassen.

Das Vegetationsmosaik der Wacholderheidenreste ist vielfältig. Es wurden bisher mehr als 230 Licht, Kalk und Säure liebende Pflanzenarten nachgewiesen. Katzenpfötchen, Alpen-Pippau, Labkraut-Wiesenraute und Wiesen-Leinblatt zählen zu den stark gefährdeten Arten der Roten Liste Baden-Württembergs. Eine recht häufige Charakterart der trockenwarmen Schafweide auf dem Guggenbühl ist die Kleinblütige Rose.

Zu den zahlreichen Brutvogelarten zählen typische Hecken- und Gebüschbrüter wie Neuntöter, Dorngrasmücke und Weidenmeise. Hervorzuheben ist das Vorkommen von mehr als 60 tagfliegenden Schmetterlingsarten. Beispielhafte Arten sind Blauschwarzer Eisvogel, Märzveilchen-Perlmutterfalter, Rotbraunes Wiesenvögelchen, Kommafalter und Östlicher Scheckenfalter. Besondere Beachtung verdient die kleine Teilfläche um den Steinbruch-Ost. Offene Halbtrocken- und Trockenrasenbereiche auf Kalk mit einem Feldgehölz in einer ansonsten ausgeräumten Feldflur bieten hier selbst dem stark gefährdeten Malven-Dickkopffalter einen Überlebensraum.

Schutzzweck ist die Erhaltung der Wacholderheide mit ihren wertvollen Magerrasen und Gehölzstrukturen zur Lebensraumsicherung der gefährdeten Flora und Fauna. Ziel ist aber auch der Schutz der landschaftsprägenden Eigenart der Wacholderheide zusammen mit den benachbarten Heckenterrassen, die als Zeugnis der früheren Beweidung von hohem landeskulturellem Wert sind.

Hinweise für Besucher: Von Zwiefalten kommend führt ein markierter Wanderweg auf einem Forstweg an der oberen Grenze des Schutzgebiets vorbei weiter in Richtung Großes Lautertal.

13 HAUSENER BERG/BÜCHELESBERG

Alb-Donau-Kreis: Gemeinde und Gemarkung Allmendingen, Stadt und Gemarkung Ehingen
Naturraum: Mittlere Flächenalb
Geschützt seit 1996
Fläche: 39,5 Hektar
Top. Karte 7624

Das Naturschutzgebiet liegt ca. drei Kilometer nördlich von Ehingen und erstreckt sich entlang der Bundesstraße 492 in einem Bogen nach Nordosten. Die Teilgebiete »Hausener Berg« und »Büchelesberg« werden durch die Gemeindeverbindungsstraße nach Hausen und ein landwirtschaftlich genutztes Trockental voneinander getrennt. Das Gebiet am südöstlichen Rand der Mittleren Flächenalb ist am Nordwesthang des Hochsträß in submontaner Lage in einer Höhe zwischen 515 und 580 m NN gelegen. Am Ostrand des Schmiechtales mit seinem breiten, von der Ur-Donau ausgeformten Talraum bilden der Hausener Berg und der Büchelesberg zusammen mit dem benachbarten Galgenberg eine Kette abgerundeter Hügel.

Würde der Mensch das Land nicht nutzen, wären die Gebiete mit Buchenwäldern bestanden. Die Hänge des Hausener Bergs und des Büchelesbergs sind jedoch überwiegend von Wacholderheiden geprägt, die von Hecken, Gebüschen, Streuobstwiesen, blütenreichen Mähwiesen, Ackerflächen und Kiefernaufforstungen unterbrochen sind. Dem Besucher wird ein vielfältiges und harmonisches Landschaftsbild vermittelt. Als typische Bestandteile der extensiv genutzten Kulturlandschaft der Schwäbischen Alb haben Schafweiden im Verbund mit Heckenlandschaften eine kulturhistorische Bedeutung. Nach jahrzehntelanger Weidepause wurden verbuschte Heideflächen wieder freigestellt, für den Schaftrieb durchgängig gemacht. Sie können heute wieder als Sommerschafweide genutzt werden. Innerhalb des Weideverbundes sind der Hausener Berg und der Büchelesberg wichtige Trittsteine zur Vernetzung von Weideflächen. Auch der benachbarte Galgenberg stellt dafür eine unverzichtbare Kernfläche dar.

Im Naturschutzgebiet wurden bisher mehr als 300 Pflanzenarten nachgewiesen, von denen zahlreiche nach der Roten Liste Baden-Württembergs als gefährdet und schonungsbedürftig gelten. Das Pflanzenartenspektrum entspricht dem benachbarten »Ehinger Galgenberg«. Dazu gehören mehrere Orchideenarten wie z. B. das Helm-Knabenkraut, die Bienen-Ragwurz, die Fliegen-Ragwurz und das Fleischfarbene Knabenkraut. An flachgründigen, kurzrasigen Stellen werden Licht liebende Kennarten der Magerrasen, wie die Gewöhnliche Küchenschelle und der Hügel-Meister begünstigt. Auf trockenen und eher lückigen Flächen wachsen Trockenheitszeiger wie Berg-

In den Heideflächen des NSG »Hausener Berg/Büchelesberg« findet man im Sommer die Fruchtstände der Gewöhnlichen Küchenschelle (*Pulsatilla vulgaris*). S. JESSBERGER

Gamander und Echte Kugelblume. Besonders hervorzuheben ist das Vorkommen der landesweit stark gefährdeten Arten Gelber Lein und Spatzenzunge, die im Alb-Donau-Kreis nur noch auf sehr wenigen Standorten zu finden sind.

Das strukturreiche Naturschutzgebiet bietet wichtige Lebensräume für zahlreiche seltene und gefährdete Tierarten. Bisher wurden 54 verschiedene Vogelarten nachgewiesen. Feldhecken und Gebüsche bieten Brutmöglichkeiten für Neuntöter und Dorngrasmücke. Für das bodenbrütende Rebhuhn sind Altgrasbestände wie Raine und Säume von Bedeutung. Unter bisher 27 beobachteten Tagfalter- und Widderchenarten sind gefährdete Arten wie das Esparsetten-Widderchen beheimatet.

Schutzzweck des Naturschutzgebietes ist die Erhaltung, Förderung und Pflege zweier Restflächen der einst auf der Schwäbischen Alb weit verbreiteten Kalkmagerweiden als Trittsteinbiotop im Heideverbund Schmiechtal und insbesondere die Erhaltung und Förderung eines überregional bedeutenden Vorkommens des Gelben Leins.

14 HEIDEN IM LANGEN TAL

Alb-Donau-Kreis: Stadt Laichingen,
Gemarkung Machtolsheim
Naturraum: Mittlere Kuppenalb
Geschützt seit 1994
Fläche: 30,8 Hektar
Top. Karte 7524

Knapp vier Kilometer südöstlich von Laichingen zieht sich das Lange Tal hin, dessen nach Südosten ausgerichteter Hang zusammen mit der angrenzenden Heckenlandschaft auf einer Fläche von etwa 31 Hektar unter Schutz steht. Die Flächen werden als Schafweiden genutzt. Oberhalb des Hanges wechseln sich auf flachem Gelände Heideflächen, Magerwiesen, Hecken und Feldgehölze kleinräumig ab, sodass sich hier ein reizvolles und reich gegliedertes Landschaftsbild mit entsprechend großer biologischer Vielfalt ergibt. Im äußersten Norden schließt sich ein artenreiches Heckengelände mit Heuwiesen an. Landschaftlich ist das beeindruckend karge Gelände von ganz besonderem Reiz.

Aus Naturschutzsicht ist vor allem der Bereich östlich der Straße von Machtolsheim nach Blaubeuren als hochwertig einzustufen. Die übrigen Flächen wurden in das Schutzareal miteinbezogen, weil die extensiv genutzten Schafweiden die floristische und faunistische Vielfalt des Gebietes bereichern. Solche Kalkmagerweiden stellen wichtige Refugien für Wärme und Licht liebende Pflanzen und an sie gebundene Tiere dar.

Pflanzensoziologisch betrachtet gehört das Kerngebiet zum Verband der Magerweiden und Magerwiesen, die sich hier aufgrund der unterschiedlich starken Beweidung recht vielfältig entwickelt haben. Insgesamt wurden im Schutzgebiet 243 höhere Pflanzenarten nachgewiesen, darunter zwölf Arten der Roten Liste Baden-Württembergs. Typische Vertreter der Kalkmagerweiden sind Frühlings-Enzian, Gewöhnliche Küchenschelle, Silberdistel, Gewöhnliches Katzenpfötchen, Karthäuser-Nelke und Trauben-Gamander. Von der floristischen Artenfülle profitiert wiederum ein bemerkenswert breites Spektrum an Schmetterlingen, das nach bisherigen Beobachtungen mindestens 44 Arten umfasst. Zu den zahlreichen gefährdeten Arten zählen der Schwarzfleckige Ameisen-Bläuling, der Wachtelweizen-Scheckenfalter oder der Warrens Würfel-Dickkopffalter. Geröllhalden, Felsköpfe und stark besonnte Magerweiden bilden den Lebensraum der gefährdeten und versteckt lebenden Schlingnatter. Das an Hecken reiche Gebiet beherbergt außerdem 56 Vogelarten.

Das NSG »Heiden im Langen Tal« ist landschaftlich überaus reizvoll und darum ein beliebtes Naherholungsgebiet. S. JESSBERGER

Schutzzweck ist die Erhaltung der Kalkmagerweiden mit den extensiv genutzten Wiesen als Lebensraum für Licht und Wärme liebende Pflanzen- und Tierarten.

Hinweise für Besucher: Die beste Möglichkeit, das Naturschutzgebiet zu erleben, bietet der markierte Wanderweg, der von Laichingen kommend durch das Lange Tal in Richtung Naturschutzgebiet »Kuhberg« führt.

15 HEIDEN IN LONSEE UND AMSTETTEN

Alb-Donau-Kreis: Gemeinde Amstetten und Gemarkungen Amstetten, Reutti, Gemeinde Lonsee und Gemarkungen Ettlenschieß, Halzhausen, Lonsee, Luizhausen, Radelstetten, Ursprung

Naturraum: Lonetal-Flächenalb und Albuch-Härtsfeld

Geschützt seit 1996

Fläche: ca. 123 Hektar

Top. Karte 7425

Das Naturschutzgebiet »Heiden in Lonsee und Amstetten«, das sich aus zwölf Teilgebieten zusammensetzt, liegt nördlich von Ulm in Höhen zwischen 550 und 690 m NN. Die einzelnen Gebiete liegen in engem Verbund westlich und östlich der Bahnlinie Stuttgart-Ulm und sind teilweise durch Schaftriebrouten miteinander vernetzt. Allesamt beinhalten sie charakteristische Wacholderheideflächen, die Zeugnis der ehemals weit verbreiteten Wanderschäferei sind.

Einige Gebiete liegen direkt im Lonetal mit der Ortschaft Lonsee als zentralem Ausgangspunkt. Das obere Lonetal beginnt in Amstetten-Bahnhof, wird im Bereich des Teilgebiets »Am Hörnle« von ehemaligen Prallhängen der Ur-Lone begrenzt und setzt sich in südöstlicher Richtung fort. Die Lone entspringt 4,5 Kilometer talabwärts in Ursprung am Lonetopf. Seit sie begradigt und ihre Sohle befestigt ist, führt sie ständig Wasser, während sie früher in den meisten Jahren bei Breitingen versickerte. In den Seitentälern des Lonetals liegen weitere Teilgebiete. Der südlich von Reutti liegende Achstetter Berg kippt leicht nach Südwesten ins obere Scheintal ab. Die Flächen des Sommerhalde-Hägelesberg bilden den unteren Hangteil des Scheintals. Der Hägelesberg bei Ursprung ist ein Umlaufberg der Ur-Lone. Das Ettlenschießer Tiefental, ebenfalls ein Trockental, liegt in einem weiteren Seitental östlich der Lone.

Die Biotopstruktur in den einzelnen Gebieten ist vielgestaltig: Felsköpfe und Felsbänder mit lü-

In den letzten Jahrzehnten nahmen auf der Schwäbischen Alb die Heideflächen stark ab. Insgesamt zwölf Heiden sind im NSG »Heiden in Lonsee und Amstetten« zusammengefasst. Ohne Schafbeweidung hätten sie keine Zukunft.
S. JESSBERGER

ckiger Magerrasen- und Felsvegetation, markante Einzelgehölze, Gehölzgruppen, Feldgehölze, Gebüsche, Feldhecken mitunter auf Lesesteinriegeln, Säume, Ruderalfluren und mehr oder weniger stark verbuschte Sukzessionsbereiche. Begleitet und umrahmt werden die Heideflächen von Wäldern und von magerem bis fettem Grünland samt intensiv bewirtschafteten Äckern und wenigen Streuobstwiesen. Buchenwälder dominieren gegenüber wenigen Kiefern- und Fichtenaufforstungen sowie ehemaligen Weidewäldern mit markanten alten Weidbuchen.

Kennzeichnend für das Vegetationsgefüge ist das reiche Vorkommen verschiedenster Pflanzenarten, von denen 60 Arten in der Roten Liste Baden-Württembergs geführt werden. Zu den typischen und besonders schützenswerten Arten gehören die stark gefährdete Spatzenzunge, das Katzenpfötchen, der Alpen-Pippau und die gefährdeten Arten Frühlings-Enzian, Gewöhnliche Küchenschelle und Schmalblättriger Lein. Der Berg-Gamander ist ein Zeiger für besonders trockene Stellen. Vereinzelt weisen Heidekraut und Blutwurz auf versäuerte Böden hin. Auch die Tierwelt gestaltet sich vielfältig. Unter den Tagfaltern, Heuschrecken und Vögeln gibt es gefährdete Arten wie z. B. den Schwarzfleckigen Ameisen-Bläuling, die Zweipunkt-Dornschrecke und die Dorngrasmücke.

Schutzzweck ist, die noch vorhandenen Heideflächen mit ihrer Kalkmagerrasenvegetation auf vorwiegend flachgründigen Böden durch angemessene Schafbeweidung zu pflegen und zu erhalten. Insbesondere dient der gesamte Biotopkomplex als Lebensraum für bedrohte Pflanzen- und Tierarten.

Dieser Landschaftsausschnitt hat durch seine Strukturenvielfalt hohen ästhetischen Wert und dient deshalb auch der Erholung. Die vielen alten Weidbuchen, auch alte Eichen und sonstige markante Einzelgehölze in ihrer besonderen Funktion als Struktur- und Raumbildner verstärken die landschaftsästhetische Bedeutung.

Hinweise für Besucher: Die Heiden um Lonsee und Amstetten sind durch markierte Rad- und Wanderwege im Lonetal und auf den Hoch-

flächen erschlossen. In wenigen Teilgebieten finden sich ausgewiesene Grillstellen und kleinere Schutzhütten. Ein besonderes Erlebnis ist die Fahrt mit der Museums-Schmalspurbahn von Amstetten nach Oppingen, die an den Gebieten »Am Hörnle« und »Hohe Egert« vorbeiführt. 100 Meter westlich des Lonetopfs in Urspring kann man die Haldensteinhöhle besichtigen; hier trat früher die Quelle der Lone aus.

16 HEUHOFER WEG

Alb-Donau-Kreis: Stadt Ehingen, Gemarkung Frankenhofen
Naturraum: Mittlere Flächenalb
Geschützt seit 1993
Fläche: 11,8 Hektar
Top. Karte 7623

Neben der Bundesstraße von Ehingen nach Münsingen liegt kurz vor der Grenze zum Reutlinger Landkreis das Schutzgebiet »Heuhofer Weg« bei Frankenhofen. Bei diesem knapp zwölf Hektar großen und etwa 750 m NN hoch gelegenen Areal handelt es sich um die letzten Reste großflächiger Schafweiden, die zeitweilig auch für den Ackerbau genutzt wurden. Diese Relikte hat man bereits 1938 unter Landschaftsschutz gestellt. Daher konnten sich am »Heuhofer Weg« bis heute einige Inseln von beweideten Kalkmagerrasen unterschiedlicher Ausprägung erhalten.

Das Gebiet zeigt exemplarisch auf, wie die unterschiedlichen Nutzungsformen der Landwirtschaft die Lebensbedingungen an einem Standort beeinflussen. Über Jahrhunderte waren die mageren Flächen für die Bauern nur als Schafweiden zu gebrauchen. Erst die Mechanisierung der Landwirtschaft machte es möglich, das Gelände am »Heuhofer Weg« in Ackerland umzubrechen. Das lohnte sich allerdings nicht lange. Als die Landwirte anderweitig mit weniger Aufwand ausreichende Erträge erzielen konnten, bewirtschafteten sie die flachgründigen Böden wieder als Grünland. Der zentrale Teil des Schutzgebiets wird heute als Mähder genutzt und ist bereits im Entwicklungsstadium der typischen Magerwiese.

In dem kleinen Schutzgebiet hat man bislang 171 Pflanzenarten nachgewiesen, von denen einige auf der Roten Liste Baden-Württembergs stehen – so beispielsweise Silberdistel, Berg-Gamander und einige Orchideenarten.

In den Hecken brüten gefährdete Arten wie Neuntöter und Dorngrasmücke. Insgesamt leben 30 Vogelarten in dem kleinen Schutzgebiet. Darüber hinaus konnten sich auch seltene Tagfalter- und Widderchenarten halten wie der Ehrenpreis-Scheckenfalter und das Thymian-Widderchen.

Standorte wie diesen findet man auf der Schwäbischen Alb inzwischen nur noch selten. Vor 100 Jahren nutzten die Bauern noch etwa zwei Drittel der gesamten Wiesenflächen auf der Schwäbischen Alb als Mäder, weil damals die Düngemittel noch knapp und teuer waren. Mittlerweile trifft man diese extensive Bewirtschaftungsform auf der Gemarkung Ehingen-Frankenhofen nur noch auf wenigen Hektar an. Weil sie für die Landwirtschaft kaum noch von Bedeutung sind, kümmert sich jetzt der Naturschutz um solche Flächen.

Schutzzweck ist die Erhaltung und Optimierung einer aufgrund wechselnder Nutzungen entstandenen artenreichen Vegetation. Sie wird von einem kleinräumigen Mosaik verschiedenster Pflanzengesellschaften geprägt. Das Gebiet

ist von landschaftsprägender Schönheit und Eigenart sowie kulturhistorisch bedeutsam, da sich an ihm die Nutzungsgeschichte der Region nachvollziehen lässt. Besonders hervorzuheben ist die artenreiche Insektenfauna des Gebietes, darunter die zahlreichen Tagfalterarten und Widderchen.

17 HUNGERBERG

Alb-Donau-Kreis: Stadt Ehingen, Gemarkung Frankenhofen
Naturraum: Mittlere Flächenalb
Geschützt seit 1993
Fläche: 12,5 Hektar
Top. Karte 7623

Nordöstlich von Frankenhofen, einem Teilort von Ehingen, liegt auf einer Höhe von 757 m NN das Naturschutzgebiet »Hungerberg« – ein lang gezogener flacher Hang, der sich nach Südosten neigt. Der Weißjura hat hier die Entstehung von Magerrasengesellschaften begünstigt. Eine Verwerfung des Lautergrabens bildete am Hungerberg eine markante Geländestufe aus, entlang der sich ein etwa 1000 Meter langer Heidestreifen mit Neigung nach Ost-Süd-Ost hinzieht. Darunter fällt ein steiler Hang zu fast ebenen Äckern und Wiesen ab. Hecken, Gebüsche und einige mäch-

Von besonderer Bedeutung für die Vogelwelt sind die für diese Landschaft und das NSG »Heuhofer Weg« typischen Hecken aus Schlehen und Weißdorn, in deren Nähe sich verschiedene Saumgesellschaften entwickelt haben.
M. HEIDEKER

Die Purpur-Fetthenne (*Sedum telephium*) gehört zu den auffälligen Erscheinungen in den Wiesen des NSG »Hungerberg«. M. HEIDEKER

tige Weidebuchen kennzeichnen das Gebiet als ehemalige Schafweide.

Zusammen mit einigen anderen Halbtrockenrasen-Relikten stellt das Schutzgebiet eine wichtige Ausgleichsfläche in der intensiv genutzten Feldflur der Gemarkung Frankenhofen dar. Dort wurden inzwischen so gut wie alle übrig gebliebenen naturnahen Lebensräume unter Schutz gestellt. Die ehemals beweideten Kalkmagerrasen beherbergen zusammen mit den verschiedenen Übergängen zu Magerwiesen, Halbtrockenrasen und Trockenrasen sowie den Hecken und Gebüschen zahlreiche Arten der Roten Liste.

Obwohl das Schutzgebiet »Hungerberg« nicht allzu groß ausgefallen ist, wurden dort bereits 174 höhere Pflanzenarten nachgewiesen. Darunter finden sich beispielsweise Fliegen- und Bienenragwurz, Gewöhnliche Küchenschelle und Berg-Gamander. Angesichts der kleinen Fläche ist auch der Artenreichtum der Tierwelt im Hun-

gerberg-Gelände höchst bemerkenswert. 67 Schmetterlings- und 31 Vogelarten konnten sich hier behaupten, von denen ebenfalls viele auf der Roten Liste stehen (z. B. die Schmetterlinge Östlicher Scheckenfalter, Zwergbläuling und die Vogelarten Neuntöter und Rebhuhn).

Die Sicherung der Landschaft am Hungerberg vor Nutzungsänderungen und drohender Verbuschung ist im Zusammenhang mit der Ausweisung einiger flächenhafter Naturdenkmale in seiner Umgebung und mit dem etwa einen Kilometer weiter westlich gelegenen Naturschutzgebiet »Heuhofer Weg« zu sehen. In diesem Biotop-Verbund sollen mit pflegerischen Eingriffen und besonderen Schutzvorkehrungen die Reste der Magerflora als Lebensgrundlage einer reichen Tierwelt erhalten werden.

Schutzzweck ist die Erhaltung und Optimierung einer ehemaligen Schafweide der Schwäbischen Alb. Das Gebiet ist von landschaftsprägender Schönheit und Eigenart. Es dient als Rückzugsgebiet für zahlreiche Pflanzen- und Tierarten. Besonders schützenswert sind die Kalkmagerrasen, die Magerwiesen mit ihren Orchideen- und Schmetterlingsblütlerbeständen, die Trockenrasen- und Halbtrockenrasenvegetation, die Hecken und Gebüsche mit den typischen Pflanzen der Saumgesellschaften sowie die Laubbaumbestände als Brut- und Nahrungsraum für zahlreiche Vogelarten.

18 HUNGERBRUNNENTAL

Alb-Donau-Kreis: Gemeinde und
Gemarkung Altheim/Alb
Naturraum: Lonetal-Kuppenalb
Geschützt seit 1995
Fläche: 28,13 Hektar
Top. Karte 7426

Bei dem Schutzgebiet »Hungerbrunnental« auf der Albhochfläche handelt es sich um die nördlichste Heide im Alb-Donau-Kreis. Sie zieht sich von Altheim Richtung Osten über die Landstraße 1165 hinweg und führt in einem großen

Bogen bis ins Hungerbrunnental. Das landschaftlich äußerst reizvolle Schutzgebiet ist 550 bis 620 m NN hoch gelegen und wird durch Wacholderheiden dominiert. Charakteristisch sind die durch regelmäßige Schafbeweidung kurz gehaltenen Kalkmagerrasen.

Das Naturschutzgebiet besteht aus drei Teilflächen. Nordöstlich von Altheim/Alb wird das Gebiet von südostexponierten, zum Teil felsigen Magerrasen, Wacholderheiden mit Einzelgehölzen, kleinern Gebüschgruppen und Streuobstwiesen geprägt. Das reiche Mosaik der Biotoptypen wird durch einen nicht mehr genutzten und eingezäunten Steinbruch ergänzt. Dessen Wände stellen einen geologisch interessanten Aufschluss der Klifflinie des Tertiärmeeres dar. Im Steinbruch führt die 1956 bei Sprengarbeiten entdeckte »Altheimer Klufthöhle« ca. 34 Meter in die Tiefe. Östlich der Verbindungsstraße Altheim-Gerstetten setzt sich die abwechslungsreiche Heide zum Teil mit sehr alten Baumbeständen bis ins Hungerbrunnental fort. Die nördlichste Teilfläche des Schutzgebietes ist auf der anderen Seite des Hungerbrunnentals gelegen. An dem sehr steilen nach Süden ausgerichteten Hang finden sich markante Felsköpfe, sehr lichte und artenreiche Magerrasenvegetation sowie Wärme liebende Traufbereiche des angrenzenden Buchenwaldes.

Die reich gegliederten Vegetationsbestände beheimaten zahlreiche Tier- und Pflanzenarten. Von insgesamt 335 gefundenen Pflanzenarten stehen 43 Arten auf der Roten-Liste Baden-Württembergs. Erwähnenswert sind die stark gefährdete Spatzenzunge und weitere Licht und Wärme liebende Arten wie Frühlings-Enzian, Alpen-Pippau, Fliegen-Ragwurz, Stattliches Knabenkraut, Flügel-Ginster oder Schmalblättriger Klappertopf. Vielfältig und schützenswert stellt sich die Tierwelt dar. Der steile nach Süden ausgerichtete Hang im Hungerbrunnental mit offenen und mergeligen Bereichen bietet einer relativ großen Population der gefährdeten Blauflügeligen Ödlandschrecke Lebensraum. Bemerkenswert ist das Vorkommen von 47 Schmetterlingsarten, darunter 16 gefährdeten Arten.

Das abgebildete Große Mausohr (*Myotis myotis*) und die Kleine Bartfledermaus gehören zu den Bewohnern der Altheimer Klufthöhle im NSG »Hungerbrunnental«.
I. BAUSENWEIN

Der überwiegende Teil des Schutzgebietes wird durch Schafbeweidung in Hütehaltung gepflegt. Seit einigen Jahren wird die Gehölzsukzession durch gezielte Entbuschungsmaßnahmen zurückgedrängt. Bewährt hat sich eine enge Zusammenarbeit zwischen Gemeinde, Naturschutz- und Forstverwaltung sowie die tatkräftige Unterstützung des privaten Naturschutzes.

Schutzzweck ist die Erhaltung der Kalkmager- bzw. Schafweiden (Wacholderheiden) im Verbund mit Wiesen, Streuobstwiesenresten, Feldrainen, Einzelbäumen und Hecken als Lebensraum für zahlreiche Licht und Wärme liebende Pflanzen- und Tierarten. Hier sind besonders die zahlreichen bedrohten und gefährdeten Insektenarten zu nennen. Ebenso wichtig sind Erhalt und Schutz der »Altheimer Klufthöhle« und damit die Bewahrung der dortigen Fledermausbestände.

Hinweise für Besucher: Außerhalb von Altheim bieten sich die zwei Parkplätze an der L 1165 für einen Besuch des Naturschutzgebietes an. Der markierte Radweg durch das Hungerbrunnental führt an der nördlichen Grenze vorbei. Die »Altheimer Klufthöhle« ist für Besucher nicht zugänglich, der Eingang ist durch ein Gitter versperrt.

19 KLEINES LAUTERTAL

Alb-Donau-Kreis: Gemeinde Blaustein,
Gemarkungen Bermaringen, Herrlingen und
Wippingen, Verwaltungsgemeinschaft
der Stadt Blaubeuren, Gemarkung Asch

Naturraum: Mittlere und Niedere Flächenalb

Geschützt seit 1995

Fläche: 280 Hektar

Top. Karte 7524 und 7525

Das Kleine Lautertal, ein bis zu 100 Meter tief eingeschnittenes Seitental der Blau, zieht sich in südöstlicher Richtung von Bermaringen nach Herrlingen hin. Im oberen Bereich handelt es sich um ein Trockental – erst im mittleren Bereich entspringt die Kleine Lauter aus einem Karstquelltopf. Von dort schlängelt sie sich durch Wiesen und Äcker und mündet schließlich nach sechs Kilometern außerhalb des Schutzgebietes in Herrlingen in die Blau. Die mit einer Neigung von fast

Die steilen Hänge im Kleinen Lautertal zeigen immer wieder beeindruckende Felsbilder, teilweise mit Höhlen.
BNL-ARCHIV

sechzig Prozent sehr steilen Hänge des engen Tals sind auf der Albhochfläche von intensiv genutzten Feldern oder jungen Waldflächen umgeben. Das unterirdische Einzugsgebiet der Lautertalquellen reicht in nordwestlicher Richtung bis an die Karstwasserscheide, wo es an das Einzugsgebiet des Blautopfs angrenzt.

Das Trockental besteht aus verkarstetem Muschelkalk und Malm. Am Hangfuß entlang der Talsohle wächst ein schluchtwaldartiger Ahorn-Eschen-Wald mit einer üppigen Krautschicht, der an den Nordost-Hängen in einen besonders reizvollen Schluchtwald – mit üppiger Märzenbecher-Blüte im Frühjahr – übergeht. Im Wasser führenden Verlauf des von 640 auf 510 m NN abfallenden Kleinen Lautertals sind Sande und Kiese des Quartärs aufgelagert. Über weite Strecken wird das Flüsschen von einer Hochstaudenflur gesäumt.

Aus den Hängen ragen viele offene Felsnasen heraus. Dort wechseln Trocken- und Halbtrockenrasen, Steinschuttfluren und teils als Schafweide genutzte hochwertige Wacholderheiden mit alten Weidbuchen ab mit nahezu natürlichen Waldgesellschaften.

Über 450 Pflanzenarten wurden bisher im Kleinen Lautertal nachgewiesen, 31 davon stehen auf der Roten Liste Baden-Württembergs. Bemerkenswert ist das Vorkommen des vom Aussterben bedrohten Stechenden Igelsamen. Als weitere gefährdete Arten sind Echte Mondraute, Berg-Lauch, Alpen-Pippau, Zwerg-Sonnenröschen, Gewöhnliche Kugelblume, Kamm-Wachtelweizen, Gelber Zahntrost oder Fliegen-Ragwurz zu nennen.

Die Fauna des »Kleinen Lautertals« ist überaus artenreich. Zahlreiche anspruchsvolle und gefährdete Tierarten, die teilweise durch internationale Abkommen geschützt sind, finden hier geeignete Lebensräume. Ursächlich für die besondere Qualität des »Kleinen Lautertals« ist seine Vielfalt an Biotopstrukturen, weitgehend ungestörten, naturnahen und natürlichen Standorten und Vorkommen seltener, hochgradig gefährdeter Lebensraumtypen. Insbesondere für Insekten finden sich attraktive Lebensräume. Tagfalter, Heuschrecken sowie Netz- und Hautflügler sind als meist Wärme liebende Arten auf klimatisch begünstigen Flächen anzutreffen. Unter den 23 Heuschreckenarten finden sich gefährdete Arten wie Buntbäuchiger Grashüpfer, Kleiner Heidegrashüpfer oder Rotflügelige Schnarrschrecke. Ebenfalls an die wärmegetönte Standorte sind die Vorkommen der streng geschützten Schlingnatter gebunden. Berglaubsänger, Braunkehlchen, Eisvogel, Mittelspecht, Uhu und Wanderfalke stehen stellvertretend für die äußerst artenreiche Vogelwelt. Auch die Kleine Lauter selbst weist mit Bachneunauge, Groppe, Saibling, Bachforelle und Edelkrebs anspruchsvolle und überwiegend gefährdete Arten auf.

Die Trocken- und Halbtrockenrasen, Felsnasen und Hangschuttfluren werden durch eine vom Wald ausgehende Sukzession eingeengt. Um die offenen Heiden und Felspartien zu erhalten, erstellt die Naturschutzverwaltung Pflege- und Entwicklungspläne. Große Teile der ehemals verbuschten Wacholderheiden wurden freigestellt und in eine Beweidung mit Schafen und Ziegen überführt. Im Jahr 2004 wurden nahezu alle Waldbereiche des Naturschutzgebietes als Schonwald ausgewiesen. Die Forstverwaltung verfolgt

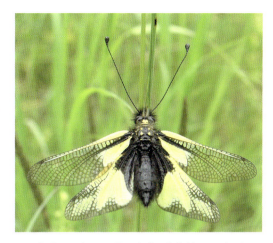

Der Libellen-Schmetterlingshaft (*Libelloides coccaius*) ist eine Charakterart der trocken-warmen und offenen Steilhänge im NSG »Kleines Lautertal«. S. JESSBERGER

dabei Erhalt, Weiterentwicklung und Wiederherstellung von standorttypischen Waldbeständen.

Schutzzweck ist die Erhaltung der hochwertigen Wacholderheiden mit Steppenheideelementen und der verschiedenen Sukzessionsstadien mit der äußerst vielfältigen und seltenen Flora und Fauna der Trocken- und Halbtrockenrasen. Hier sind insbesondere Schmetterlinge und Wildbienen, die bestimmte Raupenfutterpflanzen bzw. Eiablagemöglichkeiten und Nahrungspflanzen benötigen, und xerotherme Heuschrecken zu nennen. Das Gebiet dient außerdem der Erhaltung der Felsstandorte und rutschenden Trockenhänge, dem Erhalt und der Förderung naturnaher Waldgesellschaften im Trockental (Mittelwald- und Hutewaldreste) und der schattigen Talhänge (Schlucht-, Steinschutthaldenwälder und Buchenmischwälder) mit schutzwürdigen Tier- und Pflanzenvorkommen. Das offene Wiesental der mäandrierenden Kleinen Lauter mit Feuchtwiesen und Bach begleitender Hochstaudenflur dient rastenden Zugvögeln als Lebensraum.

Hinweise für Besucher: Das Kleine Lautertal ist ein beliebtes und gut erschlossenes Ausflugsziel. Mehrere Parkplätze mit Informationstafeln sind an der Straße nach Lautern und auf der Hochfläche bei Bermaringen und Weidach gelegen. Das idyllische Lautern ist durch eine Busverbindung an das Blautal angeschlossen. Im und um das Schutzgebiet verlaufen mehrere markierte Rundwanderungen sowie ein Rad- und ein Reitweg. Das Fahrradfahren auf unbefestigten Wegen ist nicht gestattet. Es darf auch nicht geklettert werden. Weitere Informationen können aus dem Faltblatt zum Schutzgebiet entnommen werden. Es liegt im Rathaus in Blaustein aus.

20 KUHBERG

Alb-Donau-Kreis: Stadt Laichingen,
Gemarkung Machtolsheim

Naturraum: Mittlere Kuppenalb

Geschützt seit 1994

Fläche: 9,06 Hektar

Top. Karte 7524

Das Schutzgebiet »Kuhberg«, eine offene und teilweise recht karge Schafweide, liegt etwa zwei Kilometer östlich von Machtolsheim. Der geologische Untergrund des flachen, nach Süden ausgerichteten Hanges weist von unten nach oben die typische Schichtung vom Schwarzen über den Braunen bis zum Weißen Jura auf. Weil die flachgründigen Böden auf dem verkarsteten Weißjurakalk nur sehr wenig Wasser und Nährstoffe speichern, konnten sich auf ihnen Trocken- und Magerrasen ausbreiten. Im Süden und Osten wird die etwa 680 m NN hoch gelegene Weide von

Wald umschlossen; im Norden und Westen wird sie von Feldern, Wiesen und der Anlage des Schützenvereins Machtolshcim begrenzt.

Die extrem kurzrasige Pflanzendecke im Schutzgebiet ist als Kalkmagerweide einzustufen, auf der viele Arten nur zwergwüchsig gedeihen. Aufgrund der intensiven Beweidung hat sich eine annähernd idealtypische Pflanzengesellschaft des Enzian-Schillergrasrasens herausgebildet. Kammgras, Schafschwingel und das Schillergras dominieren die Weide, an felsigen Stellen wächst auch der gefährdete Trauben-Gamander. Im Frühjahr überziehen Küchenschellen die Hügelkuppe. Auf tiefergründigen Bereichen können sich Frühlings-Enzian, Kärntner Hahnenfuß und Katzenpfötchen behaupten.

Einige prächtige Weidbuchen und Winterlinden reichern den landschaftlichen Reiz an, dagegen fällt hier der Wacholder als prägendes Element fast völlig aus. Beachtenswert ist der Neuntöter, der sich hier als Brutvogel angesiedelt hat. Hervorzuheben ist das breite Artenspektrum von Schmetterlingen, das sich im Schutzgebiet trotz der starken Beweidung erhalten hat.

Meist sind derartige Halbtrockenrasen vor allem von der Sukzession bedroht. Da der Kuhberg immer noch intensiv beweidet wird, steht dort eine Vergrasung und Verbuschung der Halbtrockenrasen nicht zu befürchten. Eine größere Gefährdung geht von dem Freizeitbetrieb rund

Felskopf mit Frühlings-Fingerkraut (*Potentilla neumanniana*) auf dem Kuhberg. Dort hat die Jahrhunderte lange Beweidung mit Schafen für jene Halbtrockenrasen-Vegetation gesorgt, die einst der Mittleren Kuppenalb ihr charakteristisches Erscheinungsbild verliehen hat.
BNL-ARCHIV

um das Schützenhaus am Rande des gut erschlossenen Gebiets aus. Mit der Schutzverordnung soll die Heidefläche in ihrem typischen Erscheinungsbild erhalten werden. Dazu bedarf es einer extensiven landwirtschaftlichen Nutzung mit Schafbeweidung. Diese scheint durch die Aufnahme des Kuhbergs in den Heideverbund Laichinger Alb langfristig gesichert.

Schutzzweck ist die Erhaltung und Pflege einer extensiv als Schafweide genutzten Heidefläche von landschaftsprägender Schönheit und Eigenart.

Hinweise für Besucher: Durch das kompakte Naturschutzgebiet führen keine Wege, allerdings wird der Kuhberg von Norden und Süden durch Wege begrenzt. Ein markierter Wanderweg folgt der Schutzgebietsgrenze im Südosten, entlang des Treffensbucher Tals. Von den Wegen am Rande des Schutzgebietes eröffnet sich sein besonderer landschaftlicher Reiz.

21 Laichinger Eichberg

Alb-Donau-Kreis: Stadt und Gemarkung Laichingen

Naturraum: Mittlere Kuppenalb

Geschützt seit 1996

Fläche: 22,1 Hektar

Top. Karte 7424 und 7524

Das Naturschutzgebiet »Laichinger Eichberg« liegt ca. zwei Kilometer nördlich der Stadt Laichingen in einer Höhe zwischen 720 und 750 m NN im Karstgebiet der Schwäbischen Alb. Das klüftige Gestein der Weißjurakalke bildet hier durchlässige Deckschichten, durch die das Niederschlagswasser in das unterirdische Karstsystem versickern kann. Aus diesem Grund führt das Trockentälchen beim Eichberger Rain wie der Großteil der Täler der Schwäbischen Alb kein Wasser.

Das offene, weite Naturschutzgebiet gliedert sich in vier Teilbereiche. Hauptsächlich sind es beweidete Heideflächen, dazwischen kleine Waldpartien und verschiedene Gehölzstrukturen. Lediglich am Hangfuß des Eichberger Rains und im Kappenwinkel findet man Ackerflächen und Mähwiesen. Besonders landschaftsprägend ist der gut einsehbare, kahle, nach Westen und Südwesten abfallende Hügel des Eichberger Rains, der in ein Trockentälchen übergeht. Dessen flachgründige und artenreiche Heidefläche ist weitgehend gehölzfrei. Neben markanten alten Weidbuchen und wenigen Gebüschgruppen gibt es nur wenige Wacholder.

Während die Weideflächen im Kappenwinkel und Bei der Lehmgrube ebenfalls weitgehend gehölzfrei sind, findet man in den Teilgebieten Vor Beerenhalde und vor allem im Hauffental mächtige alte Gehölzbestände, zwischen denen kleine

Durch Schafbeweidung entstanden und heute noch vom ortsansässigen Schäfer beweidet, ist das NSG »Laichinger Eichberg« ein Trittsteinbiotop im Heideverbund »Laichinger Kuppenalb«.
E. M. Gerhard

Grünlandbereiche liegen. Ca. 300 Meter nord-westlich des Eichberger Rains gruppieren sich Gehölze, ehemalige kleine Schürfgruben, ein kleines Buchenwäldchen und eine Doline. Am »Kappenwinkel« wachsen auf den offenen felsi-gen Bereichen Scharfer Mauerpfeffer und Früh-lings-Fingerkraut.

Das Naturschutzgebiet weist insgesamt eine enorme Arten- und Strukturvielfalt auf und bietet gefährdeten Pflanzen- und Tierarten einen Lebens-raum inmitten der intensiv genutzten Umgebung. Das Vegetationsmosaik wird aus beweideten Ma-gerrasen mit Feldgehölzen, Feldhecken und Gebü-schen auf Steinriegeln, Wald, Säumen, wenigen Wiesen und Ackerflächen gebildet. Unter nahezu 200 nachgewiesenen Pflanzenarten stehen mehrere auf der Roten Liste Baden-Württembergs. Im Früh-jahr blüht auf den Magerrasen der gefährdete Früh-lings-Enzian und die Gewöhnliche Küchenschelle kommt mit hoher Individuendichte vor. Vereinzelt anzutreffen sind das stark gefährdete Katzenpföt-chen und die Echte Mondraute. Im Herbst blühen Deutscher Enzian, Fransen-Enzian und Silberdis-tel. Auffallend häufig sind Säurezeiger wie Flügel-ginster, Kleines Habichtskraut und Heidekraut. Auch der Kärntner Berghahnenfuß, der in Baden-Württemberg selten ist und nur auf der mittleren Schwäbischen Alb auftritt, kommt vor.

Im Gebiet sind Rebhuhn, Dorngrasmücke und Neuntöter beheimatet. Zu den gefährdeten Schmetterlingen gehört das Sonnenröschen-Grünwidderchen. Bei den Heuschrecken sind die stark gefährdete Kurzflüglige Schwertschrecke und der gefährdete Verkannte Grashüpfer erwäh-nenswert.

Schutzzweck des Naturschutzgebietes ist die Erhaltung der Kalkmagerweiden samt den einge-streuten, extensiv genutzten Wiesen als Zu-fluchtsort für zahlreiche Licht und Wärme lie-bende Pflanzen- und Tierarten im Verbund mit anderen Weideflächen der Laichinger Kuppenalb in ihrer Funktion als Erholungsraum mit hohem Erlebniswert.

Hinweise für Besucher: Von Laichingen kommend führt ein markierter Rad- und Wander-weg entlang des Naturschutzgebiets weiter Rich-tung Wassertal. Darüber hinaus grenzen weitere Wege an das Schutzgebiet an. Von hier aus kann man die Naturschönheiten erleben, ohne die ge-schützten Flächen zu betreten.

22 LANGENAUER RIED

Alb-Donau-Kreis: Stadt und Gemarkung Lan-genau, Gemeinde und Gemarkung Rammingen, Gemeinde und Gemarkung Asselfingen
Naturraum: Donauried
Geschützt seit 1966, erweitert 1981
Fläche: 79,6 Hektar
Top. Karte 7527

Das Donauried bei Langenau bildet zusam-men mit dem Günzburger und Leipheimer Moos in Bayern den nördlichen Teil des großen Fluss-niederungsmoores Donaumoos, das sich von Oberelchingen bis Donauwörth und Ingolstadt erstreckt. Die UNESCO hat diese Moorlandschaft in Bayern und Baden-Württemberg in die sieb-zehn schutzwürdigsten Naturlandschaften Euro-pas eingereiht. Auf württembergischer Seite ge-hören – zwischen Elchingen und Langenau im Westen, der Straße von Günzburg nach Nieder-stotzingen im Osten, dem Landesgrenzgraben im Süden und dem Albaufstieg im Norden – etwa 25 Quadratkilometer zum Donauried. Insgesamt umfasst diese naturkundlich hochinteressante Fläche rund 85 Quadratkilometer.

Die Schotter des Donautals liegen im Langen-auer Ried teilweise direkt auf Weißem Jura. An anderer Stelle bilden aber auch Kalke der Unteren Süßwassermolasse den Untergrund. Entlang von Verwerfungen treten artesische Aufbrüche, das sind natürliche Brunnen, in denen das Grund-wasser bei Überdruck aufsteigt, und Karstquellen an die Oberfläche. Deren Karstwasser und der hohe Grundwasserrückstau der Donau haben auf dem undurchlässigen Auelehm ein ausgedehntes, bis fünf Meter mächtiges Niedermoor entstehen lassen.

Die ursprüngliche Moorlandschaft hat aber stark unter verschiedenen Eingriffen gelitten.

Das NSG »Langenauer Ried« mit seinen 80 Hektar großen Teilflächen liegt wie eine Insel in einer ausgedehnten Ackerlandschaft.
S. JESSBERGER

Schon Anfang des 19. Jahrhunderts begann man mit der Entwässerung des Gebiets. Das führte – in Verbindung mit der Donaubegradigung und der Trinkwasserentnahme aus dem Ried – nach und nach zur Trockenlegung immer größerer Moorbereiche. Ende der 1960er-Jahre wurden vom Wasser- und Bodenverband Donauried weitere Flächen dräniert, worauf der Grundwasserspiegel noch tiefer absank. Diese Eingriffe haben mit der Zeit die ökologischen und kleinklimatischen Bedingungen einschneidend verändert.

Das Naturschutzgebiet liegt am tiefsten Punkt der Gemarkung Langenau (450 m NN) auf ehemaligen Torfstichen. Aufgrund der Abtorfung und wegen der Kiesschichten steht das Grundwasser hier zum Teil so hoch, dass sich im südlichen Teil des Schutzgebietes noch einigermaßen intakte Großseggenbestände und Weidenbrüche halten konnten. Wegen der Entwässerung findet man allerdings auch hier nur noch in feuchten Sommern Wasser in den Schlenken und alten Zuggräben. Im Jahr 1981 gelang es, das Schutzgebiet um etliche wertvolle Moorrestflächen und um zwei Exklaven auf anstehendem Wiesenkalk zu erweitern und den Wasserhaushalt zu stabilisieren.

Je nach Bewirtschaftungsform, Bodentyp und Wasserverhältnissen variiert die Vegetation sehr stark. Neben intakten Riedbereichen mit bis zu einem Meter hohen Bulten der Rispensegge sind durch die Absenkung des Wasserstandes auf den gestörteren Riedflächen häufig feuchte bis wechselfeuchte Wiesenkomplexe mit Kohldistel, Hochstaudenfluren oder Feuchtgebüsche anzutreffen. Die ausgedehnten Pfeifengraswiesen sind über weite Strecken trocken ausgeprägt. Eng verzahnt und kleinflächig ausgebildet sind die Kleinseggenriede. Neben den hochgradig gefährdeten Arten wie Spatelblättriges Greiskraut, Lungen-Enzian, Sibirische Schwertlilie oder Mehlprimel ist das Knotige Mastkraut eine besondere Rarität. Die kleine und unscheinbare Pflanze ist vom Aussterben bedroht und hat im Langenauer Ried das einzig bekannte Vorkommen in Baden-Württemberg. Eine weitere Besonderheit stellen die artenreichen Magerrasen auf Wiesenkalk im nördlichen Teil des Schutzgebiets dar. Hier haben sich nach Kalk- und Torfabbau kleine Vernässungszonen gebildet. Die Kalktuffhügel heben sich deutlich von den umliegenden Moorflächen ab, die nach der Entwässerung zusammengeschrumpft und abgesackt sind. Insgesamt zählte man bisher 390 höhere Pflanzen im Naturschutzgebiet, darunter 35 Arten der Roten Liste von Baden-Württemberg.

Ganz besonders wichtig ist das Schutzgebiet für die Vogelwelt. Heute sind leider nur noch Restbestände der früheren Artenfülle anzutreffen, darunter freilich so hochgradig gefährdete Vögel wie Bekassine, Beutelmeise, Tüpfelsumpfhuhn, Wachtelkönig, Wasserralle, Braunkehlchen und der Große Brachvogel. Sie können sich auch in extensiver genutzten Bereichen des angrenzenden Vogelschutzgebiets behaupten. Ebenso sind auf das Langenauer Ried viele Durchzügler angewiesen.

Die kleinräumige Vielfalt bietet auch Amphibien, Reptilien, Libellen, Schmetterlingen, Heuschrecken und vielen anderen Tieren ein weitläufiges Refugium. Besonders wohl fühlt sich der Biber, der seit einiger Zeit ins Gebiet eingewandert ist und im Landesgrenzgraben und dem angrenzenden Bruchwald lebt.

Bemühungen der Naturschutzverwaltung, diese Landschaft zu erhalten, reichen schon viele Jahre zurück. Mit der Anhebung des Wassers im Landesgrenzgraben gelang es, einen minimalen Wasserstand im Naturschutzgebiet notdürftig zu sichern. Der westliche Bereich wird mit Wasser aus der Nau künstlich bewässert. Das Fremdwasser bringt zwar einen unerwünschten Stoffeintrag in das Schutzgebiet, verhindert aber die Austrocknung großer Teile der Pfeifengraswiesen. Seit langen Jahren engagiert sich die AG Donaumoos e.V. in Langenau mit großem Einsatz und unter finanzieller Unterstützung der Naturschutzverwaltung bei Feuchtwiesenmahd und Zurückdrängung der Gehölzsukzession.

Mit dem Naturschutz konkurrieren im Langenauer Ried starke ökonomische Interessen – die Landwirtschaft und vor allem die Trinkwasserversorgung. Der Zweckverband Landeswasserversorgung schöpft die großen Wasservorräte im Ried für eines der bedeutendsten Fernleitungssysteme von Baden-Württemberg ab. Aus zahlreichen rund zwölf Meter tiefen Brunnen werden jährlich Millionen Kubikmeter Grundwasser hoch gepumpt und von hier aus bis in den Stuttgarter Raum befördert. Dazu hat sich der Zweckver-

band, dem ein großer Teil des Naturschutzgebietes gehört, die Wasserrechte an der Donau über einen Staatsvertrag mit Bayern sichern lassen.

Schutzzweck des Naturschutzgebietes ist die Erhaltung des Restes einer Flachmoorformation unterschiedlichster hydrologischer Verhältnisse mit Quellkalkhügeln, Pfeifengraswiesen und Bult-Schlenken-Komplexen als Lebensraum der an Feuchtgebiete gebundenen Pflanzen- und Tierarten, besonders von Vögeln.

Hinweise für Besucher: Als Ausgangspunkte bieten sich die Parkplätze an der Jungviehweide (L 1232, Langenau-Riedheim) und beim Bahnübergang bei Rammingen an. Hier finden sich verschiedene Informationstafeln und ausgeschilderte Wege. Besonders außerhalb des Naturschutzgebietes bietet das gut ausgebaute und markierte Wegenetz ideale Möglichkeiten, um zu Fuß oder mit dem Fahrrad das beeindruckend weitläufige Donauried zu erkunden. Das eigentliche Naturschutzgebiet liegt über zwei Kilometer von den Parkplätzen entfernt und ist nur durch wenige Graswege erschlossen. Ein markierter Rundwanderweg führt durch die Naturschutzgebiete beider Bundesländer. Darüber hinaus durchquert ein markierter Wanderweg von Rammingen kommend die länderübergreifenden Naturschutzgebiete nach Riedheim.

23 LAUSHALDE

Alb-Donau-Kreis: Stadt Langenau, Gemarkungen Hörvelsingen und Albeck
Naturraum: Lonetal-Flächenalb
Geschützt seit 2002
Fläche: 28,2 Hektar
Top. Karte 7526

Etwa sieben Kilometer nördlich von Ulm liegt das Naturschutzgebiet »Laushalde« in einer Höhenlage zwischen 515 und 555 m NN. Das Gebiet stellt eine Restfläche der ehemals viel ausgedehnteren Heideflächen im Naturraum dar. Beweidet wird mit Schafen in traditioneller Hütehaltung. Die Flächen stehen im Weideverbund mit den Na-

Frühjahrsaspekt im NSG »Laushalde« mit reichem Mär-
zenbecherbestand (*Leukojum vernum*). S. Jessberger

turschutzgebieten »Ägenberg/Ofenloch« und
»Breitinger Schönrain«.

Die Felspartien in der Laushalde tragen verschiedene Pflanzengesellschaften: Dazu gehören
Mauerpfeffer-Flur, Blauschwingel-Felsband-
gesellschaft und Habichtskraut-Felsspalten-
Gesellschaft sowie Arten der Trockenrasen. In
schattigen Fugen siedelt die Streifenfarn-Mauer-
rauten-Gesellschaft. Am Steilhang des Trockentals, besonders augenfällig am Kornberg, erstrecken sich grob- bis feinstrukturierte Schutthalden
mit lückiger Magerrasen- und Felsvegetation
(Blaugras-Halde). Die umliegenden Kuppen erheben sich im Bereich der Laushalde bis 60 Meter
über die Talsohle. Teile von Kornberg und Laushalde sind von blumenbunten Heideflächen mit
zum Teil markanten Einzelbäumen und Gebüschen bedeckt. Wacholder prägt das Landschaftsbild nur auf kleiner Fläche.

Auf den nach Süden und Südwesten ausgerichteten Bereichen gründen Eichen-, Eichen-
Hainbuchen- und Buchenwälder trockenwarmer
Standorte. Im Westen schließen außerhalb des
Gebiets weitere Waldflächen an. Die Umgebung
des Naturschutzgebiets wird intensiv landwirtschaftlich genutzt.

Im wiederverfüllten Steinbruch im Süden der
Laushalde wachsen auf staunassem, verdichtetem
Untergrund Feuchtigkeit liebende Pflanzenarten.
Hier wurden vier angelegte Tümpel von Amphi-
bien wie der stark gefährdeten Gelbbauchunke

und diversen Libellen angenommen. Die vielfältigen Biotopstrukturen des Gebiets bieten Vögeln
ein günstiges Lebensraummosaik. Von 37 beobachteten Vogelarten brüten 22 im Gebiet. Der
Baumfalke, die Wachtel und das Rebhuhn zählen
zu den landesweit stark gefährdeten Arten. Die
abwechslungsreiche Offenland-Gebüsch-Struktur
ist Lebensraum für Reptilien wie Blindschleiche,
Zauneidechse und Waldeidechse. Nach bisherigen Beobachtungen gehören einige Schmetterlingsarten zu den landesweit gefährdeten Arten,
wie zum Beispiel der Magerrasen-Perlmutterfal-
ter, das Weißbindige Wiesenvögelchen, das Rost-
braune Wiesenvögelchen und der Kommafalter.

Schutzzweck ist die Sicherung, Erhaltung und
Optimierung des charakteristischen Landschafts-
ausschnitts der Flächenalb auch als Erholungsraum im Verdichtungsraum Ulm mit schützenswerter Flora und Fauna.

Hinweise für Besucher: Die Laushalde erfreut sich durch die Nähe zur Stadt Ulm und der
beeindruckend schönen Naturkulisse bei Erholungssuchenden großer Beliebtheit. Als Ausgangspunkt bietet sich der Parkplatz an der B 19
zwischen der A 8 und Albeck an.

24 MÖNCHSTEIG

Alb-Donau-Kreis: Gemeinde Nellingen,
Gemarkung Aichen
Naturraum: Mittlere Kuppenalb
Geschützt seit 1991
Fläche: 49,9 Hektar
Top. Karte 7424

Südlich von Nellingen breitet sich links und
rechts der Autobahn von Stuttgart nach Ulm das
knapp 50 Hektar große Schutzgebiet »Mönchsteig« in einer Höhe von 660 bis 690 m NN aus.
Der klüftige Untergrund und die äußerst geringe
Bodenmächtigkeit sorgten dafür, dass die Landwirte dieses Gelände in der Vergangenheit stets
nur als Schafweide nutzen konnten.

Gerade deshalb hat sich am Mönchsteig aber
auch eine ungewöhnlich vielfältige Tier- und

Pflanzenwelt entwickelt. Insgesamt wurden bereits über 200 Pflanzenarten auf der Heide nachgewiesen, die der Schäfer noch regelmäßig beweidet. Gewöhnliche Küchenschelle, Karthäuser-Nelke sowie verschiedene Enzian- und Orchideenarten bestimmen den Charakter der Wacholderheide. Die durch Gehölze gruppenartig gegliederten Flächen, aber auch die Waldränder dienen zahlreichen Vögeln als Brut- und Jagdrevier. Stellvertretend seien die Rote-Liste-Arten Neuntöter und Dorngrasmücke genannt. Besonders auffällig ist der Reichtum an Insekten. Bei den Schmetterlingen kommt neben anderen der Schwarzfleckige Ameisen-Bläuling und der Zwerg-Bläuling vor. Als charakteristische Heuschreckenarten sind der Warzenbeißer und der Kleine Heidegrashüpfer zu nennen. Darüber hinaus leben im Gebiet zahlreiche gefährdete Wildbienenarten. Und auch die sonnenbeschienenen Felsflächen, zwischen denen die Waldeidechse als kleinste heimische Eidechse ihren Lebensraum hat, bilden einen weiteren Baustein in diesem bunten Biotopmosaik.

Mit dem Schutzgebiet soll der letzte Rest einer ehemals weit ausgedehnten Heidelandschaft erhalten werden. Die landeseigenen Flächen werden von den örtlichen Schäfern und Landwirten nach den Vorstellungen der Naturschutzverwaltung genutzt. Darüber hinaus gilt für das Mönchsteig-Gebiet ein regionales Weidekonzept, in das auch die benachbarten Naturschutzgebiete auf der Laichinger Kuppenalb einbezogen sind.

Schutzzweck ist die Erhaltung und Pflege einer Heidelandschaft in ihrem typischen Erscheinungsbild mit der daran gebundenen extensiven Landwirtschaft als Schafweide. Von besonderem ökologischem Wert ist hierbei der Lebensraum der Magerwiesen mit ihren vielen geschützten Tier- und Pflanzenarten und der aufgelockerte, gegliederte Waldsaum mit den vielen, an diese Struktur angepassten Vogelarten.

Hinweise für Besucher: Das Schutzgebiet »Mönchsteig« ist aufgrund fehlender durchgängiger Wegeverbindung sowie der Durchschneidung und Lärmentwicklung der Autobahn A 8 für Erholungssuchende von untergeordneter Bedeutung. Von Aichen und dem Parkplatz an der L 1234 führen Stichwege in das Schutzgebiet, von denen aus die Wacholderheiden gut einzusehen sind.

25 OBERES SCHMIECHTAL

Alb-Donau-Kreis: Stadt Schelklingen, Gemarkungen Springen, Gundershofen, Hütten, Sondernach
Naturraum: Mittlere Kuppenalb und Mittlere Flächenalb
Geschützt seit 2002
Fläche: ca. 121 Hektar
Top. Karte 7623

Die überwiegend nach Süden ausgerichteten und sehr steilen Hänge mit Schutthalden und einzelnen anstehenden Felsbänken oder -köpfen zeigen Reste der ehemals zusammenhängenden ausgedehnten Schaftriebe entlang des Oberen Schmiechtals.
M. GROHE

Das 14 Kilometer lange »Obere Schmiechtal« ist tief in die nach Südosten einfallende Albtafel eingeschnitten. Das steilwandige Kerbtal mit seinen Nebentälern liegt im Bereich der Mittleren Kuppenalb und geht oberhalb Gundershofen-Springen in die Mittlere Flächenalb über. Die Meereshöhe beträgt zwischen 590 und 740 m NN.

Das Naturschutzgebiet gliedert sich in vier Teilgebiete. Zwei davon ziehen sich von Springen bis Hütten entlang der südexponierten Hang-lagen des Schmiechtals. Ein weiterer Teilbereich umfasst die Heideflächen oberhalb von Sonder-nach im Heutal, das hier in das Schmiechtal mündet. Einbezogen sind auch die Feuchtwiesen im Bereich des Pumpwerks beim Schwarzen Wei-her bei Gundershofen.

Von Nordwesten mündet bei Hütten das Bä-rental als Hängetal in das Schmiechtal ein, das auf der Hochfläche als weite Mulde beginnt, im unteren Teil in eine tief eingeschnittene, bewal-dete Schlucht übergeht und schließlich in einem Ahorn-Eschen-Schluchtwald mit Silberblatt-Be-ständen endet. Der Schlossberg liegt jenseits des Bärentals – gekrönt von den markanten »Schloss-felsen« und einer steilen Schutthalde. Ein sehr schöner geologischer Aufschluss besteht im alten und stillgelegten Steinbruch bei Springen. Mit vielen Spalten, Nischen und Bändern ist diese Felswand auch ökologisch hochwertig. An den Talhängen des Schmiechtals bilden die herausge-witterten Schwammstotzen des Massenkalks markante Felsenköpfe aus.

Das Naturschutzgebiet beherbergt ein reiches Biotopgefüge, was sich in der bemerkenswert ho-hen Anzahl der nachgewiesenen Tier- und Pflan-zenarten ausdrückt. Es haben sich verschiedene Buchenwaldtypen ausgebildet. Im Tobeltal und am Steinbruch bei Springen wurden bereichs-weise Fichten aufgeforstet.

Die Heidereste tragen Kalk-Magerrasen mit Wacholdern als Zeugen der früheren Hüteschaf-haltung. Zusammen mit den Buchenwaldhängen, den eingestreuten Weidbuchen und den markan-ten Felsen hat sich ein reizvolles Landschaftsbild entwickelt.

Das Wilde Silberblatt (*Lunaria rediviva*) kommt in den feuchten Buchenwäldern des NSG »Oberes Schmiech-tal« vor. S. JESSBERGER

In der mit Schwemmmaterial oder Kalktuff angefüllten Talaue, die von der mit Weidenge-büsch gesäumten Schmiech durchflossen wird, befindet sich beim Pumpwerk am Schwarzen Weiher ein kleines Feuchtgebiet, das die letzten Reste eines waldfreien Niedermoores beherbergt. Der Schwarze Weiher war einst eine Abbaugrube für Kalktuff. Auf dem verbliebenen Quellauf-bruch bildeten sich Röhricht- und Seggenried-bestände aus. Auch in den Talwiesen gibt es Quellaufbrüche.

Das Vegetationsmosaik bildet die Lebens-grundlage für eine vielfältige Tierwelt. Von 40 be-obachteten Vogelarten brüten 22 im Gebiet. Die Heiden des Oberen Schmiechtals sind bekannt für ihre Schmetterlingsfauna. Trotz des hohen Gehölzanteils ist die Artenzahl der Schmetter-linge überdurchschnittlich groß. Bisher wurden 80 tagfliegende Schmetterlingsarten kartiert. Erwähnenswert sind beispielhaft die Vorkommen von Zwerg-Bläuling, Storchschnabel-Bläuling, Wachtelweizen-Scheckenfalter, Sonnenröschen-Grünwidderchen oder Randring-Perlmutterfalter. Zu den im Gebiet lebenden Heuschreckenarten zählen der Warzenbeißer und die Rotflügelige Schnarrschrecke.

Nach etwa 30 Jahren Weidepause konnte im Jahr 1997 durch die Freistellung von Triebwegen die Schafbeweidung in traditioneller Hütehaltung wieder aufgenommen werden. Die Naturschutzverwaltung strebt eine weitere Öffnung von verbuschten Heidebereichen an.

Schutzzweck im oberen Schmiechtal ist die Erhaltung und Pflege von drei landschaftsprägenden Wacholderheiden mit faunistischer und floristischer Artenvielfalt.

Hinweise für Besucher: Das obere Schmiechtal ist für Besucher gut erschlossen. Ein ganz besonderes Erlebnis ist die Anreise mit dem Schienenbus »Ulmer Spatz«. Er verkehrt zwischen Mai und Oktober an Sonn- und Feiertagen von Ulm über das Obere Schmiechtal, über Münsingen nach Kleinengstingen und zurück.

Von Ingstetten kommend führt ein markierter Weg durch das Bärental nach Hütten hinab und geht dann entlang der ehemaligen Weidewälder, Felsköpfe und Wacholderheiden nach Gundershofen und weiter Richtung Springen zur Schmiechquelle.

26 PFAFFENWERT

Alb-Donau-Kreis: Stadt Ehingen,
Gemarkung Dettingen
Naturraum: Donau-Ablach-Platten
Geschützt seit 1982
Fläche: 10,1 Hektar
Top. Karte 7724

Im Süden der Großen Kreisstadt Ehingen grenzt das Schutzgebiet »Pfaffenwert« unmittelbar an das rechte Donauufer an. Dort blieb der Rest eines ehemaligen Seitenarms der inzwischen begradigten Donau erhalten. Das Altwasser ist flussabwärts über eine Dole mit der Donau verbunden. Bei Hochwasser ist der Altarm fast völlig überflutet, aber auch in längeren Trockenperioden bleiben kleinere offene Wasserflächen erhalten. Im Zuge der fortschreitenden Verlandung der Altwasserreste wurden vier Gumpen angelegt, die noch für einen längeren Zeitraum offene Wasserflächen gewährleisten sollen. Im nördlichen Teil des Naturschutzgebietes befindet sich ein ehemaliger Baggersee, der bei mittlerem Wasserstand ebenfalls Anschluss an die Donau hat. Die Umgebung wird intensiv durch Ackerbau genutzt.

Das Lebensraum-Spektrum des Altwassers im NSG »Pfaffenwert« reicht von offenen Wasserflächen mit breiten Verlandungszonen über geschlossene Schilfbestände und dichte Weidengebüsche bis hin zu aufgelichteten Pappelaufforstungen.
S. JESSBERGER

Aus Naturschutzsicht wertvoll ist das allmählich verlandende, von Gehölzen und Röhricht eingesäumte Altwasser insbesondere aufgrund seiner Lage in der weiträumigen Donauebene. Das Donautal stellt eine wichtige Leitlinie für durchziehende Vögel dar und bietet ihnen als Trittstein zwischen Neckartal und Bodenseeraum ideale Rast- und Futterplätze. Bei der Rekultivierung des Baggersees wurde bedacht, dass vor allem die Wasserflächen im Pfaffenwert für Zugvögel attraktiv sind. Deshalb ruht hier die Jagd auf Federwild.

Angesichts der intensiv bewirtschafteten Feldfluren ringsum bietet der Wechsel zwischen hohen Bäumen, Gebüschen und Röhrichten gute Nist- und Aufzuchtbedingungen für viele Brutvögel wie Pirol, Teichrohrsänger, Rohrammer und verschiedene Grasmücken. Nahrungsgäste im Gebiet sind beispielsweise die in Baden-Württemberg gefährdeten Arten Bekassine, Flussregenpfeifer und Knäkente.

Die kleinen Wasserflächen im Altwasser bieten zudem günstige Laichbedingungen wie Grasfrosch, Erdkröte, Teich- und Kammmolch.

Problematisch für die weitere Entwicklung des Naturschutzgebietes ist die intensive Nutzung der Umgebung durch Landwirtschaft und Freizeitbetrieb. Nährstoffeinträge aus den angrenzenden Feldern beschleunigen die Verlandung des Altarms.

Schutzzweck des Naturschutzgebietes ist die Erhaltung des Altwassers und des rekultivierten Baggersees als Feuchtgebiet zur Förderung der darauf angewiesenen seltenen Pflanzen und Tiere, insbesondere von durchziehenden Vögeln und von Amphibien.

Hinweise für Besucher: Der Donauradweg führt an der Ostseite des verlandenden Altarms vorbei. Von Ehingen Berg aus gelangt man auf einem Wanderweg über die »Höllwiesen« zum Naturschutzgebiet. Zwischen Altarm und Baggersee quert dieser Weg das Schutzgebiet und folgt dann der Südseite der Kiesgrube bis an die Donau. Tiefere Einblicke in das Naturschutzgebiet sind wegen der Gehölz- und Gebüschriegel zwischen Weg und Altwasser nicht möglich.

27 RABENSTEIG

Alb-Donau-Kreis: Stadt Blaubeuren, Gemarkung Seißen
Naturraum: Mittlere Flächenalb
Geschützt seit 1937, erweitert 1959
Fläche: 28 Hektar
Top. Karte 7524

Im Westen von Blaubeuren zieht sich eng eingekerbt das Tiefental in südwestlicher Richtung zum Achtal hin. An den steilen, von 550 auf 670 m NN aufsteigenden Nordhängen dieses Trockentals stehen Kalkschichten des Weißjura an. Auf der Hochfläche darüber liegen Bankkalke, teils als Schwammalgenmassenkalke ausgebildet, die felsig aus der Landschaft herausragen. Über weite Bereiche bedeckt Hangschutt das Gelände. Hier liegt das Naturschutzgebiet Rabensteig, dessen westlicher Teil mit etwa elf Hektar bereits 1937 ausgewiesen wurde. 1959 wurde das Gebiet auf 28 Hektar erweitert.

Das landschaftlich ausgesprochen reizvolle Tiefental weist eine ganze Reihe naturnaher Waldgesellschaften auf. An den felsigen und mit Kalkscherben übersäten Steilhängen des Rabensteigs nehmen Steppenheidewälder den größten Raum ein. Sie stehen hier relativ locker und sind mit breitkronigen Buchen und stattlichen Eichen durchsetzt. Dazwischen breiten sich in dem sonnigen Gelände verschiedene Sträucher aus, und der flachgründige Boden ist bedeckt mit Blaugrasrasen und Weißseggen.

Im Schutzgebiet finden sich auf engem Raum alle wesentlichen Pflanzengesellschaften der Schwäbischen Alb. Besonders artenreich sind die Blaugras-Buchenwald-Gesellschaften, in denen auch seltene, an trockene Standorte angepasste Pflanzen gedeihen. Zu nennen sind hier Schwalbenwurz, Salomonsiegel und Berg-Gamander. Dort, wo die Vegetation in trockenen Kalkbuchenwald übergeht, trifft man das Weiße Waldvögelein, das Nickende Perlgras oder den Verschiedenblättrigen Schwingel an. An feuchteren Unterhängen breiten sich Frühlings-Platterbsen-Buchenwälder oder Frische Kalkbuchenwälder

Die besondere Bedeutung des NSG »Rabensteig« liegt darin, dass es als Bannwald jahrzehntelang völlig unberührt blieb. Die Forstverwaltung hat den Bannwald inzwischen über das NSG hinaus auf 168 Hektar ausgedehnt.
S. JESSBERGER

aus. Auf den steinigen Schutthalden fehlt dagegen die Rotbuche weitgehend, dafür wachsen hier zahlreiche Edellaubbäume, vor allem Linden.

Unterbrochen werden die Wälder immer wieder von Felspartien. Auf dem imposantesten Massiv, dem »Sautorfelsen« knapp außerhalb des Schutzgebietes, brütet der Wanderfalke. In den unzugänglichen Felsspalten konnten sich unter anderem seltene präalpine Pflanzen wie Niedriges Habichtskraut, Mauerfelsenblümchen und Trauben-Steinbrech behaupten.

Schutzzweck des Naturschutzgebietes ist die Sicherung der natürlichen Entwicklung von Bergwald- und Buchenwaldgesellschaften im Hangbereich und auf der Weißjurahochfläche mit ihren typischen Tier- und Pflanzenarten. Darüber hinaus dient der Bannwald Rabensteig der Beobachtung unbeeinflusster Sukzessionsabläufe auf nicht naturnah bestockten Teilflächen.

Hinweise für Besucher: An der B 492, etwa 500 Meter hinter dem Ortsausgang von Blaubeuren Weiler liegt am Eingang des Tiefentals ein Parkplatz. Von dort aus führt ein kombinierter Rad- und Wanderweg in das landschaftlich reizvolle Tiefental hinein und am südlichen Rand des Naturschutzgebietes vorbei. Vom Weg aus bietet sich ein Blick auf die Felsen und den umgebenden Bannwald. Wanderer können das Naturschutzgebiet großräumig umrunden: Auf ausgeschilderten Wanderwege kommt man noch an zwei Naturdenkmalen vorbei, »Bettelbuche« und »Wachtfels«, und schließlich zurück zum Parkplatz.

28 SALENBERG

Alb-Donau-Kreis: Gemeinde und Gemarkung Lonsee
Naturraum: Albuch und Härtsfeld
Geschützt seit 1942
Fläche: 28,7 Hektar
Top. Karte 7425

Am nördlichen Ortsrand von Lonsee liegt – direkt oberhalb der Bahnlinie – der »Salenberg«, ein nach Südwesten ausgerichteter, von 560 auf 640 m NN ansteigender Hang des Oberen Lonetals. Das bereits 1942 ausgewiesene Naturschutzgebiet erkennt man schon von weitem an den zahlreichen Wacholdern und mächtigen Weidbuchen. An der östlichen Grenze reicht ein Sportplatz in das Schutzgebiet hinein, außerdem befinden sich dort Fernmeldeeinrichtungen der Post und ein ehemaliger Steinbruch.

Beim Salenberg handelt es sich um eine typische, artenreiche Albwacholderheide, deren landschaftliche Schönheit und Eigenart das Erscheinungsbild der Gemeinde Lonsee wesentlich mitprägt. Von der Bahnlinie Stuttgart-Ulm ist das Schutzgebiet, das sich in ein Seitental der Lone hineinzieht, gut zu sehen. Es ist an dieser Strecke das schönste Beispiel einer mit Bäumen und Wacholdern bestandenen Schafweide. In den nördlichen und südlichen Bereichen des Schutzgebiets verdichtet sich der Baumbestand, der nördlichste Zipfel wurde vor dem Zweiten Weltkrieg aufgeforstet.

An dem sonnigen Hang haben sich die typischen Lebensgemeinschaften der offenen Kalkmagerweiden entwickelt. Im Norden des Gebietes dominieren Waldlebensräume die sich aus Kiefern- und Fichtensukzession sowie Fichtenanpflanzungen zusammensetzen. Auf den Steillagen im Südosten hat sich ein Waldgersten-Buchenwald ausgebildet. Die Wacholderheide ist Lebensraum ausgesprochen seltener, an Licht und Wärme angepasster Tier- und Pflanzenarten. Zu den typischen Pflanzenarten zählen Gewöhnliche Küchenschelle, Silberdistel, Karthäuser-Nelke, Fransen-Enzian oder Berg-Gamander. Attraktiv sind der Blütenreichtum und die ausgeprägten Saumbereiche für Schmetterlinge.

Von besonderem Reiz sind die über die Weide verstreuten Wildsträucher und Wacholder. Um Charakter und Artenvielfalt des Schutzgebiets zu erhalten, ist die Weiterführung der gegenwärtigen Schafbeweidung notwendig. Unter Anleitung der Naturschutzverwaltung haben freiwillige Helfer aus der Umgebung von Lonsee bereits einiges getan, um die zunehmende Verbuschung zu stoppen. Darüber hinaus beauftragt der amtliche Naturschutz regelmäßig Landwirte, die sich im steilen Gelände bei Gehölzpflegemaßnahmen engagieren. Kommune, Forstamt und Naturschutzverwaltung arbeiten zusammen, um diese Heideflächen im Lonetal zu erhalten. Dazu wurde ein Triebwegeplan für die Schafbeweidung entworfen, in dem der Schutz der Wacholderheiden hohe Priorität genießt, sodass die charakteristischen Schafweiden mit ihrem reichen Inventar an seltenen Pflanzen und Tieren langfristig gesichert scheinen.

Schutzzweck ist der Erhalt einer landschaftlich reizvollen Albschafweide mit ihren typischen Pflanzen- und Tierarten sowie von in die Weide eingestreuten, einzeln und in Gruppen stehenden Wacholdern, Wildsträuchern und Laubbäumen.

Hinweise für Besucher: Vom Bahnhof in Lonsee kommend, verläuft am Fuße des Wacholderheidenhanges ein markierter Wanderweg, von dem aus die blütenbunte Heidevegetation aus der Nähe betrachtet werden kann.

29 SANDBURR

Alb-Donau-Kreis: Gemeinde Merklingen
Naturraum: Mittlere Kuppenalb
Geschützt seit 1992
Fläche: 9,8 Hektar
Top. Karte 7424

Einige hundert Meter östlich von Merklingen liegt das Naturschutzgebiet »Sandburr«, das mittlere der drei Schutzgebiete im Ulmer Tal. Dieses Trockental ist vor etwa zwei Millionen Jahren während des Pleistozäns entstanden. Wie viele vergleichbare Täler der Schwäbischen Alb fiel es trocken, als sich die Donau immer mehr eintiefte und der Grundwasserspiegel deswegen absank. Beim »Sandburr« handelt es sich um eine charakteristische Wacholderheide, deren geologischer Untergrund (Weißjura) das Entstehen von Halbtrockenrasen begünstigte. Das Schutzgebiet, das hier auf einer Länge von 1,2 Kilometer die nördliche Begrenzung des Ulmer Tals bildet, wird bis heute als Schafweide genutzt. Im Westen schließt sich ein großer Steinbruch an, im Norden zieht sich eine ausgedehnte Wochenendhaussiedlung hin, die das Erscheinungsbild des Schutzgebietes wesentlich mit prägt.

Das NSG »Sandburr« ist Teil des Heideverbundes »Laichinger Kuppenalb« und wird durch den Hüteschäfer beweidet. Trotzdem bedarf es von Zeit zu Zeit einer maschinellen Entfernung der aufkommenden Sträucher und Bäume. S. JESSBERGER

Auf den teilweise recht flachgründigen Böden (Rendzinen) entwickelte sich die Flora der Kalkmagerrasen in Form der typischen Pflanzengesellschaften der Schafweiden. Das interessante und abwechslungsreiche Vegetationsmuster der artenreichen Heide ist durchsetzt von felsigen Steilhängen, Schotterflächen, Trockenrasen und beweideten Halbtrockenrasen. Über 180 Pflanzenarten wurden im Schutzgebiet bereits gefunden, darunter 15 Arten der Roten Liste Baden-Württembergs. Hierzu zählen der Frühlings-Enzian, die Kleine Traubenhyazinthe oder das Wiesen-Leinblatt. Die Gewöhnliche Küchenschelle setzt oft schon im März durch ihre auffällige Blüte farbige Akzente. Vergleichsweise unscheinbar präsentiert sich der gefährdete Berg-Gamander. Dieser kleine Halbstrauch hat sich an trockenwarme und steinige Standorte angepasst. Er kann sehr tief in Gesteinsspalten wurzeln und schützt sich vor zu starker Verdunstung durch randliches Einrollen der Blätter. Die floristische Vielfalt bildet die Lebensgrundlage für eine ebenso reiche Tierwelt. Obwohl das Schutzareal nicht allzu groß ist, wurden bislang über 30 Schmetterlingsarten nachgewiesen. Erwähnenswert sind geschützte Arten wie Schwarzfleckiger Ameisen-Bläuling und Rotbraunes Wiesenvögel-

chen. Unter den 18 Brutvogelarten zählen der Neuntöter und die Dorngrasmücke zu den gefährdeten Vertretern.

Schutzzweck ist die Erhaltung einer typischen Wacholderheide der Schwäbischen Alb mit ihren zahlreichen Pflanzengesellschaften (Halbtrockenrasen, Kalkmagerwiesen mit eingesprengten bodensauren Kleinflächen, Saumgesellschaften, Trockenrasen und Felsstandorten) durch die für diese Landschaftsteile charakteristische extensive Schafbeweidung. Seine abwechslungsreiche Vegetation bietet insbesondere zahlreichen gefährdeten Insektenlebensraum, darunter vielen Tagfalterarten und Widderchen – einer am Tag fliegenden Nachtfalterart. Die vielfältige Insektenfauna bedingt wiederum die große Anzahl hier lebender Vogelarten.

Hinweise für Besucher: Vom markierten Wanderweg durch das Ulmer Tal kommend können Besucher neben den Schutzgebieten »Bleich« und »Geißrucken« einen Blick auf die schmale und lang gestreckte Wacholderheide »Sandburr« genießen.

30 SCHMIECHENER SEE

Alb-Donau-Kreis: Stadt Schelklingen,
Gemarkung Schmiechen
Gemeinde und Gemarkung Allmendingen
Naturraum: Mittlere Flächenalb
Geschützt seit 1973
Fläche: 50,63 Hektar
Top. Karte 7624

Das Naturschutzgebiet »Schmiechener See« liegt südlich von Schelklingen in einer großen Wanne, die vor rund 200 000 Jahren entstand, als die Ur-Donau noch über Schmiechen, Schelklin-

In der Regel fällt der Schmiechener See im Laufe des Sommers (das Luftbild ist vom Juli) bis auf wenige kleinere Restflächen vollständig trocken. Er wird maßgeblich durch den Siegentalgraben gespeist und hat keinen oberirdischen Abfluss. M. GROHE

gen und Blaubeuren nach Ulm floss. Der Talgrund war damals rund 30 Meter tiefer als heute. Dort schuf die Donau weite Mäander und Altwässer, ehe sie schließlich in der Rißkaltzeit den kurzen Weg nach Ulm fand. Dank einer dichten Lehmschicht im Untergrund hat sich der etwa 535 m NN hoch gelegene Schmiechener See bis heute erhalten. Bei ausreichenden Niederschlägen und besonders während der Schneeschmelze ist der See zeitweilig bis zu zwei Meter tief und ca. 50 Hektar groß. Durch die periodischen Überflutungen und die ehemals klein parzellierte Nutzung von Streuwiesen, Futterwiesen und Ackerflächen hat sich eine besonders bemerkenswerte Tier- und Pflanzenwelt ausgebildet. Die weit ausgedehnten Verlandungszonen bilden den Kernbereich des Schutzgebietes und sind für die Mittlere Flächenalb einmalig. Sie werden durch ein großflächiges Steifseggen-Ried dominiert, welches mit Schilf, Rohrglanzgras-, Süßschwaden-Röh-

Kleinflächig eingestreut finden sich in den Wiesen des NSG »Schiechener See« Kammseggen-Riede mit gefährdeten Pflanzenarten wie Lungen-Enzian, Natternzunge, Gelbe Wiesenraute oder dem abgebildeten, vom Aussterben bedrohten Knoblauch-Gamander (*Teucrium scordium*). S. JESSBERGER

richten und Feuchtgebüschen vergesellschaftet ist. Noch bis in die 1960er-Jahre hinein wurden Teile dieser Bestände in mühevoller Handarbeit als Streuwiesen genutzt.

Etwas höher gelegen oder durch Dämme geschützt und somit kurzzeitiger überschwemmt gliedern sich Sukzessionsstadien, Ackerbrachen und Futterwiesen an. Auf den periodisch überschwemmten und regelmäßig umgebrochenen Ackerbrachen bilden sich die unscheinbaren aber stark bedrohten Arten der Schlammkrautfluren aus.

Mit über 180 nachgewiesenen Vogelarten, wovon rund 45 als Brutvögel zählen, ist der Schmiechener See ein bedeutendes Vogelschutzgebiet. Er wird von vielen seltenen und gefährdeten Zugvogelarten auf ihrer langen Wanderung von den Nordmeeren bis nach Afrika und wieder zurück als Rastplatz aufgesucht. Das Schutzgebiet verbindet eine der wichtigsten Vogelzuglinien, die über den Öpfinger Stausee, das Riß- und Schussental zum Bodensee führt. Zu den Besuchern zählen Fischadler, Bekassine, Kiebitz, Gänsesäger und zahlreiche Entenarten.

Amphibien profitieren vom ständigen Auf und Ab des Wasserspiegels. Das Schutzgebiet gilt als eines der bedeutendsten Amphibienlaichgewässer im Alb-Donau-Kreis. Grasfrosch, Laubfrosch, Berg- und Teichmolch sowie eine große Population der Erdkröte leben hier.

Bemerkenswert ist auch die artenreiche Insektenwelt des Schmiechener Sees. Unter den rund 20 bodenständigen Libellenarten zählen die Gefleckte Heidelibelle und die Glänzende Binsenjungfer zu den Vertretern, die sich optimal auf periodische Überflutungen angepasst haben. Als charakteristische Heuschreckenart der feuchten Standorte ist die stark gefährdete Sumpfschrecke anzutreffen.

Jahrzehntelang wurden über den Siegentalgraben Abwässer in den See eingeleitet. Das führte dazu, dass sich auf reichliche Nährstoffe angewiesene Pflanzen immer stärker vermehrten. Durch den Ausbau der Kläranlage in Altheim wurde der Stoffeintrag mittlerweile reduziert. Das Land hat weitere Grundstücke außerhalb des Naturschutzgebietes erworben, um dort eine etwa 20 Hektar große Pufferzone einzurichten. Zwischen 1987 und 2001 wurde der Siegentalgraben naturnah umgestaltet und ein Gewässerrandstreifen angelegt. Durch den Bau von Amphibienleiteinrichtungen und -durchlässen entlang der umgebenden Bundes- und Landesstraßen konnten die Amphibienverluste auf den Wanderstrecken vermindert werden.

Um die Lebensgemeinschaften des Schmiechener Sees zu erhalten, werden umfangreiche Pflegemaßnahmen durchgeführt. Hierzu zählen das Zurückdrängen der Verbuschung, der Umbruch von Ackerbrachen zum Erhalt der Schlammkrautfluren, die zeitlich und räumlich gestaffelte Pflegemahd von Feuchtwiesen sowie eine extensive Nutzung der Mähwiesen.

Schutzzweck des Naturschutzgebietes ist die Erhaltung des fast verlandeten Sees mit Wasserflächen und vielfältigen Verlandungsgesellschaften als Lebensraum für eine dafür charakteristische und seltene Flora und Fauna sowie als Trittstein-Biotop für den Vogelzug.

Hinweise für Besucher: Der Schmiechener See erfreut sich bei Erholungssuchenden großer Beliebtheit. Ausgangspunkt für Wanderungen und Spaziergänge ist der Parkplatz am Fußball- und Tennisplatz in Schmiechen an der B 492. Von hier aus führt ein markierter und gut ausgebauter Rundwanderweg mit Aussichtspunkten und Informationstafeln um das Schutzgebiet.

31 SULZWIESEN-LÜSSENSCHÖPFLE

Alb-Donau-Kreis: Stadt Ehingen,
Gemarkung Rißtissen
Naturraum: Flachland der unteren Riß
Geschützt seit 8. April 1998
Fläche: ca. 20,5 Hektar
Top. Karte 7724

Das Naturschutzgebiet liegt ca. acht Kilometer südöstlich von Ehingen/Donau am westlichen Ortsrand von Ehingen-Rißtissen. Die »Sulzwiesen« sind Teil der im Pleistozän und Holozän aufgeschütteten Schwemmebene des von Donau und Riß geformten Erbacher Beckens. Sie bilden einen in Ost-West-Richtung verlaufenden Auestrei-

fen mit einer Ausdehnung von ca. einem Kilometer auf 200 Meter Länge. Dieser verbindet die Flussaue der Riß mit der weiten Donauaue im Erbacher Becken.

Die »Sulzwiesen« liegen auf knapp 490 m NN – eingebettet zwischen dem niedrigen Rücken des Galgenbergs im Norden (496 m NN) und der Erhebung des Lüssenschöpfle (493 m NN) im Süden. Im Osten fließt die Riß hinter dem Damm der Kreisstraße K 7362, im Westen öffnet sich die Weite des Erbacher Beckens.

In den bei Starkregen regelmäßig überfluteten anmoorigen Wiesen der Schwemmebene verlaufen Entwässerungsgräben fast ohne Gefälle zunächst nach West, dann nach Austritt aus dem Naturschutzgebiet nach Nordost zur Donau.

Entlang dieser Abzugsgräben konnte sich eine artenreiche Grabenflora mit Arten der Tauch- und Schwimmblattgesellschaften, mit Röhrichten, Hochstaudenfluren und etwas Uferweidengebüsch entwickeln. Diese Pflanzengesellschaften breiten sich von dort wieder in die Wiesen aus. Durch lang andauernde Entwässerung ist der Niedermoorboden im Ostteil des Gebietes allmählich abgesackt. Hier kam es zu einer Mineralisierung des Anmoores. In der Nähe des Haupt-

Die anmoorigen Flächen der Sulzwiesen liegen nur wenig über dem Grundwasserspiegel. Bei Starkregen werden sie überflutet. Von alters her war hier lediglich Wiesennutzung möglich. Die Entwässerung in den Wiesen erfolgt durch künstliche Gräben. S. JESSBERGER

grabens wurden Tümpel angelegt, die bei hohem Wasserstand an den Hauptgraben anschließen.

In längeren Trockenphasen dienen die Gräben als Rückzugsraum für Amphibien, vor allem für Wasserfrösche. Die arten- und zum Teil sehr individuenreiche Amphibien- und Libellenfauna der Grabensysteme ist gegenwärtig von lokaler bis regionaler Bedeutung für den Artenschutz. Die Vorkommen von Amphibien stehen in engem Austausch mit den Vorkommen am nahe gelegenen Eisweiher an der Riß. Langfristig wird aber gerade das Überleben des noch vereinzelt vorkommenden Laubfrosches nur gesichert werden können, wenn es gelingt, ein Netz von Trittsteinbiotopen mit geeigneten Lebensräumen zu schaffen und zu erhalten.

Die im Schutzgebiet lebende Feuerlibelle ist eine vornehmlich in Südeuropa verbreitete Art. Sie konnte vor zehn Jahren noch nicht im Donautal nachgewiesen werden. Die baden-württembergischen Vorkommen dieser Art sind daher von bundesweiter Bedeutung und wohl ein Hinweis auf die globale Erwärmung.

In den seggen- und binsenreichen Nasswiesen im Zentrum der Sulzwiesen finden sich Trollblume und Bachkratzdistel. Pfeifengrashorste zeugen von der früheren Nutzung als Streuwiese. Diese Bereiche werden jährlich im Spätsommer geschnitten und als Winterweide für Schafe genutzt. Die trockeneren Wiesen werden als mehrschürige Futterwiesen genutzt. Die Wiesenbereiche sind Lebensraum zahlreicher Insekten und Amphibien. Die Besiedlung des Gebietes mit Tagfaltern ist überdurchschnittlich. Die stellenweise reichen Mädesüß-Bestände sind Voraussetzung für den Erhalt des nur noch in wenigen Exemplaren nachgewiesenen Mädesüß-Perlmuttfalters. Im Donautal bei Ulm gibt es kaum noch Wiesen, die so reich an Heuschrecken sind wie die Sulzwiesen. Diese Insektengruppe bildet neben den Amphibien wiederum die Nahrungsgrundlage des Weißstorchs, der im benachbarten Griesingen erfolgreich brütet. Für einige durchziehende Vogelarten ist das Gebiet als Rastplatz wichtig. Andere Vogelarten nutzen das Gebiet hauptsächlich als Nahrungsbiotop oder als Brutraum. Die

meisten Brutvögel sind dabei Röhricht- oder Gebüschbrüter. Rohrammer und Feldschwirl sind häufige Vertreter. Einzig die Schafstelze gilt hier als echter Wiesen- und Ackerbrüter.

Beim Lüssenschöpfle handelt es sich dagegen um einen auwaldähnlichen, artenreichen Laubwald, der im sumpfig-anmoorigen Nordwestteil dem Traubenkirschen-Erlen-Eschen-Auwald und im höher gelegenen Ostteil dem Sternmieren-Stieleichen-Hainbuchenwald zuzuordnen ist. Die Umgebung ist von überwiegender Ackernutzung geprägt.

Schutzzweck des Naturschutzgebietes ist die Erhaltung der bis heute unverbauten Auelandschaft im ehemaligen Überschwemmungsbereich der Donau und Riß zur Lebensraumsicherung der gefährdeten Feucht- und Nasswiesenbiotope und der Amphibien, Schmetterlinge, Libellen, Vögel – insbesondere zur Sicherung der Nahrungsgründe ansässiger Storchenpaare im benachbarten Griesingen sowie eines überregional bedeutenden Rast- und Nahrungsraumes für Zugvögel.

32 UMENLAUH

Alb-Donau-Kreis: Stadt Ehingen,
Gemarkung Berkach
Gemeinde und Gemarkung Allmendingen
Naturraum: Mittlere Flächenalb
Geschützt seit 1992
Fläche: 35,8 Hektar
Top. Karte 7624

Zwischen Allmendingen und Ehingen weitet sich das Schmiechtal auf zum so genannten »Allmendinger Ried«. Seit dem Ende der Rißkaltzeit wird dieses breite, von der Ur-Donau ausgeräumte Tal von der Schmiech von Nord nach Süd durchflossen. Dabei bildete sich auf den ebenen Schwemmflächen ein ausgedehntes Niedermoor. Im Norden und Süden breiten sich ausgedehnte Feuchtwiesen aus, die von Wassergräben durchzogen sind und überwiegend intensiv genutzt werden. Die Schmiech grenzt das Gebiet nach

Das NSG »Umenlauh« im Allmendinger Ried stellt den Kern des auf wenige Reste degenerierten, einst ausgedehnten Niedermoores im Schmiechtal dar.
S. JESSBERGER

Osten hin ab. Ansonsten ist das Schutzgebiet in großen Teilen bewaldet. Im Norden dominieren Fichtenbestände, die auf teilentwässerten Nass- und Streuwiesen begründet wurden. Darüber hinaus wurden Mischbestände aus Fichte, Schwarz- und Grauerle sowie Linden angepflanzt. Die Schwarzerlenbestände und bruchwaldartige Bereiche mit Moorbirke können zwischenzeitlich als naturnah angesehen werden. Charakteristisch sind die Gräben, die das Schutzgebiet durchziehen und maßgeblich prägen.

Für die Pflanzen der Teich-, Übergangs- und Niedermoorvegetation sind die nassen Gräben und deren angrenzende Flächen von besonderer Bedeutung. Hier konnten sich hochgradig gefährdete Arten halten, die ehemals im Gebiet weiter verbreitet waren wie Kleiner Igelkolben, Echter Wasserschlauch, Fieberklee, Sumpf-Blutauge, Spatelblättriges Greiskraut oder Kriech-Weide. Insgesamt sind über 250 Gefäßpflanzenarten im Gebiet heimisch, darunter 20 Arten der Roten-Liste Baden-Württembergs. In den stehenden oder langsam fließenden Gewässern finden Amphibien geeignete Laichplätze. Darüber hinaus konnten zahlreiche Vogelarten nachgewiesen werden, unter ihnen gefährdete Arten wie Braunkehlchen und Dorngrasmücke.

Mit der Ausweisung des Schutzgebiets wurde ein zentraler Bereich der ehemals ausgedehnten Riedfläche gesichert. Das Land konnte durch den Erwerb der Waldbereiche ein ehemaliges Wildgehege auflösen und so den Vegetationsbeständen zu einer naturnahen Entwicklung verhelfen. Eine Pflegekonzeption der Naturschutzverwaltung zielt auf die Entwicklung von standortgerechten Laubwäldern und die Extensivierung des Feuchtgrünlandes ab.

Schutzzweck des Naturschutzgebietes stellt die Erhaltung der letzten intakten Reste des ehemals ausgedehnten Allmendinger Riedes als Lebensraum für zahlreiche seltene, gefährdete und geschützte Tiere und Pflanzen dar. Von besonderer Bedeutung sind dabei die im Schutzgebiet vorhandenen Schilfflächen, Erlenbrüche und nassen Gräben als Reservate für die Teich-, Übergangs- und Niedermoorgesellschaften.

Hinweise für Besucher: Die Blautal-Variante des Donauradwanderweges verläuft direkt am Schutzgebiet entlang. Von hier aus können sich Besucher einen guten Eindruck über das Feuchtgebiet verschaffen. Für Spaziergänge eignet sich das Naturschutzgebiet nicht, da es keine Rundwege gibt und die wenigen Stichwege nicht verlassen werden dürfen.

33 UNTERE HELLEBARTEN

Alb-Donau-Kreis: Stadt Blaubeuren,
Gemarkung Gerhausen
Naturraum: Mittlere Kuppenalb und
Mittlere Flächenalb
Geschützt Dezember 1996
Fläche: 29 Hektar
Top. Karte 7524

Das Naturschutzgebiet »Untere Hellebarten«
liegt nordöstlich von Gerhausen an einem südwestexponierten Hang an der nördlichen Talflanke des Blautals in einer Höhenlage zwischen
510 und 580 m NN. Der Hangfuß wird von der
B 28 begleitet. Das Blautal trennt die beiden
Naturräume Blaubeurer Alb und Hochsträß.
Der ganze Hang oberhalb der Straße ist mit
kleinen Felsen durchsetzt, im Osten schließen

Im NSG »Untere Hellebarten« wächst der landesweit
stark gefährdete Gelbe Lein (*Linum flavum*), der hier eines seiner größeren Vorkommen in Baden-Württemberg
aufweist. Im Alb-Donau-Kreis stößt die Art an die Westgrenze ihrer Verbreitung. S. JESSBERGER

sich einige größere Felsen an. Von Natur aus
würden hier Wärme liebende Buchenwälder
wachsen.

Die terrassierte Eichhalde im Westen des Gebiets wird großenteils als Grünland genutzt, das
durch Hecken bestandene und brachliegende
Böschungen untergliedert wird. Der nach Osten
anschließende, hauptsächlich mit Kiefern bestandene kleinere Waldteil ist mit fiederzwen-
kenreichen Halbtrockenrasen und kleinen Felsen
durchsetzt. In den flachgründigen Bereichen
wachsen Licht und Wärme liebende Arten der
Magerrasen. Den größeren bewaldeten und
forstlich genutzten Teil nimmt ein Buchenwald
mit Fichten ein. Der steile Hang im Osten oberhalb des Steinwerks ist offen und mit Felsen und
vegetationsarmen Schuttbereichen durchsetzt.
Hier wachsen ebenfalls Licht und Wärme liebende Pflanzenarten der Mager- und Trockenrasen wie der gefährdete Berg-Gamander und
Arten der trockenwarmen Säume wie der Blut-
Storchschnabel. Nahezu 400 verschiedene Pflanzenarten wurden bisher im Gebiet nachgewiesen, darunter viele gefährdete und
schonungsbedürftige Arten. Dazu gehören unter
anderen Frühlings-Enzian, Gewöhnliche Küchenschelle, Echte Kugelblume, Schmalblättriger
Lein und Trauben-Gamander.

Auch die Tagfalter sind aufgrund ihres
außerordentlichen Individuenreichtums erwähnenswert – zu ihnen gehört der gefährdete Östliche Scheckenfalter, der im Schutzgebiet einen
Lebensraum gefunden hat. Interessant sind Hecken und Gebüsche für den Neuntöter, der im
Gebiet erfolgreich brütet. Die sonnigen Hänge
bieten Wärme liebenden Reptilien wie Eidechsen, der gefährdeten Schlingnatter und der im
Rückgang begriffenen Blindschleiche Lebensraum.

Der charakteristische Landschaftsausschnitt
ehemaliger Schafweiden ist aufgrund seines
kleinteiligen Biotopmosaiks Überlebensraum für
seltene und gefährdete Pflanzen- und Tierarten.
Zusammen mit weiteren geeigneten Trittsteinbiotopen an den südlich exponierten Hängen
zwischen Gerhausen und Herrlingen und einigen

Etwa 15 m über dem Blautalgrund durchschneidet die einspurige Eisenbahnlinie Ulm–Donaueschingen–Freiburg das NSG »Untere Hellebarten«. S. JESSBERGER

felsigen, teils noch offenen Steppenheidewäldern in der unmittelbaren Umgebung ist ein Biotopverbund möglich, durch den eine Verbindung zu den Trockenbiotopen im Kleinen Lautertal gesichert werden kann. Die hochgradig gefährdeten Arten werden durch gezielte Maßnahmen gefördert. Hierbei wird die Naturschutzverwaltung durch die Forstverwaltung und den tatkräftigen Einsatz örtlicher Naturschützer erfolgreich unterstützt.

Schutzzweck ist die Erhaltung eines reich strukturierten Hanges, bestehend aus Kalkmager-rasen, Wiesen, Hecken, Brachen, Saumgesellschaften, Wald und Felsstandorten als Lebensraum für zahlreiche seltene Tier- und Pflanzenarten.

Hinweise für Besucher: Das schmale und lang gestreckte Naturschutzgebiet ist durch die stark befahrene B 492 und die querende Bahnstrecke für Besucher von untergeordneter Bedeutung. Ein markierter Wanderweg führt, meist durch Wald, von Gerhausen in östlicher Richtung, entlang der oberen Grenze des geschützten Steilhangs.

Beträchtliche Teile im Bereich des Eisenbahndamms sind flächendeckend mit der Weißen Fetthenne (Sedum album) besiedelt, die auch am Muckenfelsen wächst. S. KRACHT

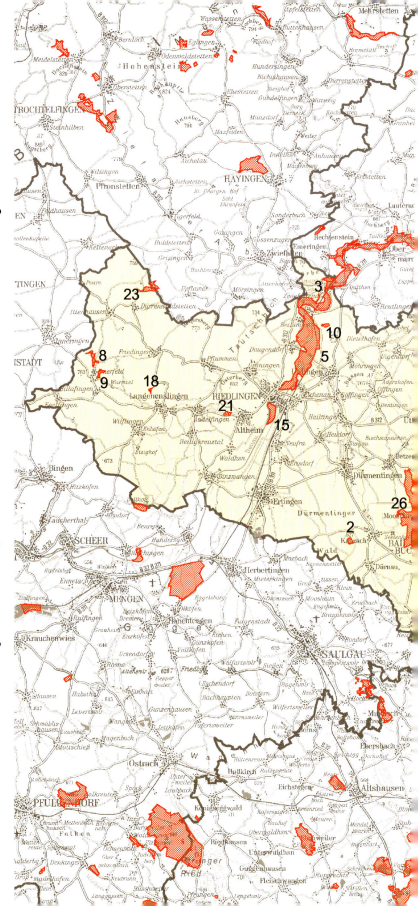

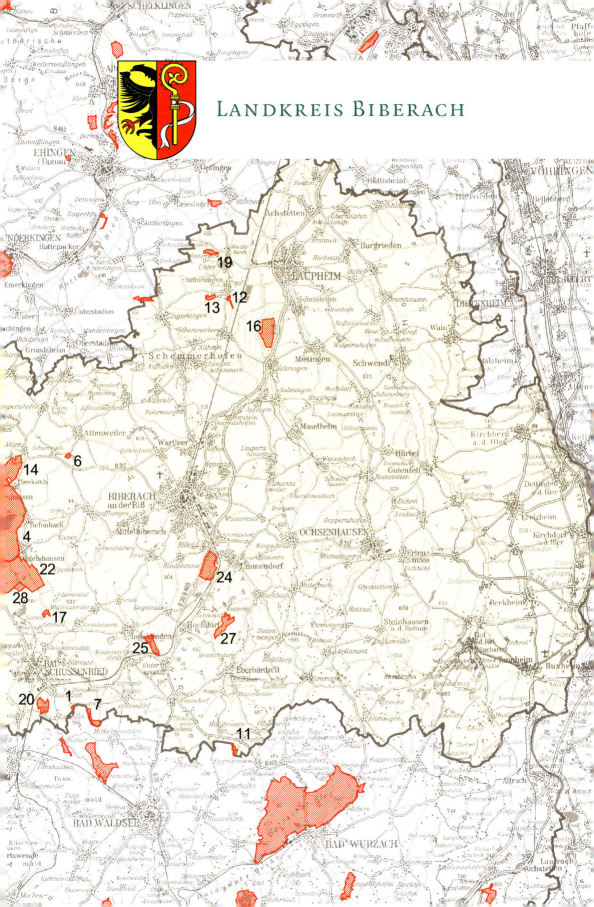

LANDKREIS BIBERACH

1 ALLGAIER RIEDLE

Landkreis Biberach: Stadt Bad Schussenried,
Gemarkung Kürnbach

Naturraum: Oberschwäbisches Hügelland

Geschützt seit 1938

Fläche: 3 Hektar

Top. Karte 8024

Das drei Hektar große Schutzgebiet »Allgaier Riedle« liegt südöstlich von Bad Schussenried zwischen der äußeren und inneren würmkaltzeitlichen Endmoräne auf einer Höhe von etwa 560 m NN. Wegen seines »eigenartigen Waldcharakters« wurde dieser auch als Bannwald ausgewiesene Moorkomplex bereits 1938 unter Naturschutz gestellt – als Ausgleich dafür, dass das benachbarte Enzisholzried dem Torfstich zum Opfer fiel. Der Bannwald wurde 2004 nach Norden erweitert und umfasst nun eine Fläche von ca. 50 Hektar. Neben weiteren unterschiedlich aus-

Im NSG »Allgaier Riedle« bilden die vom Wind umgedrückten und absterbenden Bäume einen idealen Nährboden für eine üppige Pilzflora. C. FREUND

geprägten Moorstandorten wurden auch Mineralstandorte einbezogen.

Der nun vergrößerte Bannwald erlaubt eine weitgehend ungestörte natürliche Entwicklung der regional typischen Moor- und Bruchwälder.

Die im Gebiet nördlich des Allgaierhofs vorhandenen Niedermoortorfe sind bis zu 320 Zentimeter mächtig. Im Bereich des Krebsgrabenbachs, der das Naturschutzgebiet im Norden begrenzt, fehlen die Muddeschichten. Deswegen darf man davon ausgehen, dass sich das Moor aus einer geländebedingten Talversumpfung heraus entwickelt hat. Innerhalb des Schutzgebietes gibt es allerdings auch einzelne Inseln mit Mineralboden.

Den Bannwald prägen Windwurfflächen, absterbende Schwarzerlen-Bestände mit deutlichen Stelzwurzeln – eine Folge der Torfsackung im Bereich des Bachlaufs –, kleine Inseln mit Rotbuche sowie Fichtenbestände mit interessanten Verjüngungsstadien und hohem Totholzanteil. Aufgrund von Entwässerungsmaßnahmen in der Talsenke des Krebsbachgrabens entwickeln sich die alten Erlenbrüche mehr und mehr zu Bach-Erlen-Eschen-Traubenkirschen-Wäldern, deren Strauch- und Krautschicht stellenweise üppig ausgebildet ist.

Mit zunehmender Entfernung vom Krebsgrabenbach nimmt der Anteil der Fichte am Aufbau der Baumschicht zu. Hier wachsen zum Teil Fichtenmoorwälder mit Seegras, die größten Flächen im Schutzgebiet nehmen aber Fichtenbestände ein, in deren Krautschicht Heidelbeere und Sprossender Bärlapp dominieren. Auf der höchsten Geländeerhebung siedelte sich ein kleiner Buchenwald auf Mineralboden an. Die Bodenflora in diesen Waldstücken weist an vielen Stellen darauf hin, dass den Pflanzen reichlich Stickstoff angeboten wird.

Im Südwesten des Banngebietes entstanden in jüngster Vergangenheit große Windwurf-Areale. Während Fichte und Kiefer dort nahezu flächendeckend geworfen wurden, konnte sich die Rotbuche zum größten Teil behaupten. Hier entwickelt sich nun allmählich eine Schlagvegetation. Als nutzungsfreier Bereich ist das Banngebiet vor allem für Waldvogel-Arten ein wertvoller Lebensraum.

Das teilweise abgetorfte Hochmoor »Blinder See Kanzach« wirkt geheimnisvoll und ist ringsum von Hochwald umgeben.
S. JESSBERGER

Schutzzweck ist die unbeeinflusste Entwicklung der vielfältigen Waldgesellschaften bestehend aus Fichten-Moorrandwald, Erlenbruchwald, Traubenkirschen-Erlen-Eschenwald und Waldmeister-Buchenwald sowie ihren Tier- und Pflanzenarten. Das Allgaier Riedle ist als kombiniertes Naturschutzgebiet und Bannwald ein Waldgebiet von hohem wissenschaftlichen Wert, in dem natürliche Entwicklungsabläufe in »Riedwäldern« auf Niedermoortorf langfristig und eingehend beobachtet werden können.

Hinweise für Besucher: Das Schutzgebiet liegt abseits des Fuß- und Radwanderweges von Bad Schussenried über Wattenweiler nach Hervetsweiler. Das Naturschutzgebiet selbst kann auf Wegen nicht erreicht werden.

2 BLINDER SEE KANZACH

Landkreis Biberach: Gemeinde und
Gemarkung Kanzach
Stadt Riedlingen, Gemarkung Neufra
Naturraum: Donau-Ablach-Platten
Geschützt seit 1989
Fläche: 10 Hektar
Top. Karte 7923

Beim 610 m NN hoch gelegenen »Blinden See Kanzach« handelt es sich um eines der nördlichsten Zwischenmoore Oberschwabens. Es liegt im Westen von Bad Buchau mitten im Dürmentinger Wald, dessen Höhenrücken das Federseebecken vom Donautal trennt. Das Wasser des ehemaligen Sees enthält kaum Nährstoffe, daher verlandete er nur sehr langsam. Aufgrund der Nährstoffarmut konnte sich im Laufe der Zeit das heutige Zwischenmoor mit Hochmoorcharakter entwickeln. Ein Teil des Moorkörpers wurde bis in die 1930er-Jahre abgetorft. Dabei entstand wieder ein kleiner See, der früher auch zum Baden genutzt wurde.

Besonders prachtvoll präsentiert sich dieses Gelände im Frühsommer, wenn die Fruchtstände des Scheidigen Wollgrases das Moor wie Watte überziehen. Dahinter breiten sich dann auch die Bestände der Gelben Teichrose auf dem Torfstichsee aus. Darüber hinaus beherbergt das Moor noch eine ganze Reihe anderer bedrohter Pflanzen, aber auch eine lange Liste seltener und gefährdeter Tierarten.

Allerdings hat der Blinde See noch immer unter Besuchern zu leiden, die oft bis ins Innere des Moores vordringen und dabei den empfindlichen Schwamm aus Bleichmoosen zusammendrücken und schädigen. Daneben zerstören solche Eindringlinge beispielsweise auch Eiablageplätze seltener Libellen- und Schmetterlingsarten. Mit Hilfe der Schutzverordnung und durch eine behutsame Pflege des Gebietes soll die hochwertige Flora und Fauna erhalten werden. Dazu müssen die Störungen des Gebiets längerfristig auf ein Mindestmaß beschränkt werden.

Schutzzweck ist die Erhaltung des in sich geschlossenen, teilabgetorften Zwischenmoores mit Torfstichsee, Schwingrasen, Schwimmblatt-Pflanzengesellschaft und Moorwald als Lebensraum für seltene Tier- und Pflanzenarten sowie zur wissenschaftlichen Erforschung.

Hinweise für Besucher: Eine Wanderung zu dem Naturschutzgebiet beginnt am Waldparkplatz an der Landstraße zwischen Kanzach und Marbach. Bei der Schutzhütte direkt am Blinden See erhält man eindrucksvolle Einblicke in die Verlandungstadien des Torfstichsees und deren aufwachsende Torfmoospolster. Von dort führt ein Waldpfad nach Süden wieder auf einen befestigten Waldweg. Ein Rundweg im Moor ist nicht vorhanden. Das Betreten der trittempfindlichen Moospolster ist nicht erlaubt.

3 EHEBACH

Landkreis Biberach: Stadt Riedlingen
Gemarkung Zwiefaltendorf
Naturraum: Donau-Ablach-Platten
Geschützt seit 1990
Fläche: 11,2 Hektar
Top. Karte 7723

Etwa zehn Kilometer nördlich von Riedlingen mündet bei Zwiefaltendorf das Flüsschen »Ehebach« in die Donau. Das nach ihm benannte, gut elf Hektar große Naturschutzgebiet umfasst die stark vernässte Umgebung des Baches und einen steil ansteigenden Hangwald im Gewann Ehehalde. Den geologischen Untergrund bilden mit Auelehm überlagerte Donauschotter. Im nordwestlichen Bereich stehen Quellkalk und feinkörniger Kalktuffsand an, der Wald wächst auf Weißjura-Hangschutt. Der noch ziemlich ur-

sprüngliche Bachlauf zieht sich durch Wiesen, die überwiegend im Überschwemmungsbereich der Donau liegen.

In dem noch sehr naturnahen Abschnitt der Donau zwischen den beiden Schutzgebieten »Flusslandschaft Donauwiesen« im Süden und »Braunsel« im Norden tritt der Fluss regelmäßig im Frühjahr und gelegentlich auch im Herbst und Winter über seine Ufer. Entsprechend extensiv bleibt hier die landwirtschaftliche Nutzung der Talaue. Der Wald wird ebenfalls nur am Rand bewirtschaftet, da in den steilen Hanglagen nicht mehr rentabel gearbeitet werden kann. Das Ehebach-Gebiet liegt auf einer Höhe von 510 bis 540 m NN und ist nahezu vollständig im Eigentum des Landes Baden-Württemberg.

Die periodisch überschwemmte Flussaue bietet vor allem im Zusammenhang mit den oben genannten Schutzgebieten einen idealen Regenerationsraum und ist Nahrungsbiotop für zahlreiche gefährdete und geschützte Tierarten. So für den Weißstorch, der in Zwiefaltendorf noch erfolgreich brütet. Während der Flurbereinigung hat man im Gebiet einige Tümpel angelegt, in denen sich mittlerweile Erdkröte, Grasfrosch, Bergmolch und Teichmolch angesiedelt haben. Außerdem wurden im NSG Ehebach vier besonders geschützte Libellenarten und fünf Schmetterlingsarten beschrieben.

Im Bach selbst findet man eine bemerkenswerte Vielfalt an Wasserinsekten wie Flohkrebse, Libellenlarven, Schnabelfliegen, Köcherfliegen und verschiedene Käferarten. Der angrenzende Wald bietet einer Fülle verschiedenster Schnecken günstige Lebensbedingungen. In den blumenbunten Wiesen gedeihen über 50 höhere Pflanzenarten, die Bach- und Ufervegetation umfasst etwa weitere 40 Arten. Insgesamt handelt es sich bei diesem Gebiet um eine wichtige Sicherungsfläche für den Naturschutz.

Bei der Flurneuordnung ließ sich das Land Baden-Württemberg die hochwertigsten Bereiche zuteilen. Allerdings kann der Lebensraum für die Offenland-Arten langfristig nur erhalten werden, wenn das Grünland weiterhin extensiv bewirtschaftet wird. Im Kernbereich des Schutzgebiets

Von besonderer Schönheit sind die Auwiesen im NSG »Ehebach« im Frühjahr zur Blütezeit der Sumpfdotterblume (*Caltha palustris*).
BNL-ARCHIV

bleiben jedes Jahr wechselnde Teilflächen der Hochstaudenfluren ungemäht, damit Kleintiere in ihnen geeignete Überwinterungsplätze finden.

Schutzzweck ist die Erhaltung des natürlichen Bachlaufs, der ihn umgebenden feuchten Wiesen und des Hangwaldes als Brut- und Nahrungsrevier für zahlreiche geschützte Vögel.

Hinweise für Besucher: Vom Ortsrand Zwiefaltendorf in Richtung Nordosten hat man einen guten Überblick über das Schutzgebiet Ehebach.

4 FEDERSEE

Landkreis Biberach: Stadt Bad Buchau, Gemeinden Oggelshausen, Tiefenbach, Seekirch, Alleshausen, Moosburg

Naturraum: Donau-Ablach-Platten

Geschützt seit 1939

Fläche: 1395 Hektar

Top. Karte 7823 und 7923

Zwischen Biberach, Riedlingen und Bad Schussenried liegt das Federseebecken mit dem Federsee, eines der bedeutendsten Moore, das Riß- und Würm-Kaltzeit im nördlichen Alpenvorland hinterlassen haben. Der ursprüngliche nachkaltzeitliche Eisrandstausee von über 3000 Hektar verlandete bis zum Mittelalter zu einem Moor,

in dem die offene Wasserfläche noch ca. 1000 Hektar betrug. In der Hoffnung auf landwirtschaftliche Nutzflächen wurde der Seespiegel um 1800 um etwa zwei Meter abgesenkt und der See auf seine heutige Fläche von etwa 140 Hektar verkleinert.

Der Federsee entwässert über den damals geschaffenen Kanal in die Kanzach, die bei Unlingen in die Donau mündet. Bis zur Seefällung hatten die Ortschaften Bad Buchau und Oggelshausen noch am Ufer des Federsees gelegen, der Verkehr war durch einen Fährbetrieb bewerkstelligt worden.

Das Federseeried liegt im Molassebecken, das im Tertiär durch die Alpenauffaltung entstanden ist, zwischen risskaltzeitlichen und würmkaltzeitlichen Endmoränen. In der Riß-Kaltzeit »hobelte« der Rheingletscher das Becken aus, das dann durch die folgende würmkaltzeitliche Endmoräne abgeriegelt wurde. Abfließende Schmelzwässer stauten sich daher vor 30 000 Jahren zum Ur-Federsee auf.

Der sich anschließende Verlandungsprozess schuf ausgedehnte kalkreiche Niedermoore, Übergangsmoore und Hochmoore. Das Federseemoor ist eines der nördlichsten Hoch- und Übergangsmoore des südwestdeutschen Voralpenraumes. Die Absenkung des Seespiegels hat die natürliche Verlandung in den vergangenen 200 Jahren rasant beschleunigt und dramatische

Der Federsee gehört zu den wichtigsten und schönsten Naturschutzgebieten im Regierungsbezirk Tübingen und in Baden-Württemberg. Als bedeutendes Vogelzuggebiet und Vogelparadies ist es national und international bekannt. Die Europäische Union nahm das Federseemoor in ihr internationales Schutzgebietsnetz Natura 2000 auf. J. EINSTEIN

Veränderungen der Pflanzen- und Tierwelt verursacht. Eine Wanderung von der im See angelegten Plattform über den Steg nach Bad Buchau zurück bietet einen eindrucksvollen Überblick, wie die Pflanzengesellschaften in der Reihenfolge der Verlandung einander ablösen.

An den Seerosengürtel des offenen Wassers schließen ausgedehnte Röhrichte an, die von meist bultigen Großseggengesellschaften abgelöst werden. Allmählich gehen diese in Kohldistel- und in Glatthaferwiesen über, die ihre Entstehung der starken Entwässerung, Düngung und regelmäßigen Mahd verdanken. In Bereichen, die nicht mehr gemäht werden, entwickelte sich aus dem Flachmoor eine Zwischenmoorgesellschaft mit einem Kiefer-Birkenmoorwald. Dieses Stadium ist entlang des Steges von Buchau nach Moosburg im Staudacher Wäldchen zu finden.

Die Vielfältigkeit des Federseerieds wird auch anhand der hohen Zahl seltener Tier- und Pflanzenarten deutlich. Es ließen sich im Federseeried bisher mehr als 700 höhere Pflanzenarten nachweisen, darunter zahlreiche Arten der Roten Liste wie Weiße Seerose, Glanzstendel, Kleiner Wasserschlauch, Zungen-Hahnenfuß, die größte Population der Pracht-Nelke in Baden-Württemberg und Kaltzeitrelikte wie Karlszepter, Rosmarinheide und Strauch-Birke.

265 Vogelarten werden im Federseegebiet regelmäßig beobachtet, für die Moor und See ein wichtiges Brut-, Nahrungs-, Rast- und Überwinterungsquartier darstellen. Eine ganz besondere Rolle spielt das Federsee-Becken für Offenland-Arten, für jene Tiere also, die wie Weißstorch, Großer Brachvogel, Bekassine, Braunkehlchen oder Wiesenpieper auf extensiv genutztes, feuchtes bis nasses Grünland angewiesen sind. Manche Tier- und Pflanzenarten haben im Federseegebiet ihre bedeutendsten Vorkommen innerhalb Baden-Württembergs. Im Federsee-Schilf brüten beispielsweise 18 der insgesamt 25 Rohrweihe-Brutpaaren im Land. Spezielle Artenschutz-

maßnahmen wurden für das landesweit stark gefährdete Braunkehlchen veranlasst. Eine streifenweise Mahd im mehrjährigen Rhythmus ließ den Bestand von 70 Brutpaaren auf über 200 ansteigen, das sind etwa 20% des gesamten württembergischen Bestandes. Für die Flussseeschwalbe wurden spezielle Brutflöße gebaut. Die Wasserralle hat am Federsee eines der größten Vorkommen, die Bartmeise ihr größtes Vorkommen in Baden-Württemberg. Bis 1935 brütete der in Baden-Württemberg als Brutvogel ausgestorbene Rotschenkel am Federsee, heute ist er noch regelmäßiger Gast auf dem Durchzug.

Im Federsee-Gebiet sind neben mehreren Fischarten wie dem Schlammpeitzger und der Elritze, einigen Amphibienarten, verschiedenen Reptilienarten allein fast 600 Insektenarten nachgewiesen, darunter 49 Tagfalterarten und 82 Spinnentiere. Die sehr seltene Schmale Windelschnecke kommt im Gebiet vor. Bei den Libellen sind die Kleine Binsenjungfer und das Große Granatauge erwähnenswert.

Neben seiner hohen Naturschutzbedeutung besitzt das Federseeried als archäologische Fundlandschaft europäischen Rang. Bis heute wurden in dem fundreichsten Moor Europas 18 Dorfanlagen, 180 Häuser, 40 Einbäume, sechs Wagenräder, Fischfangplätze und Bohlenwege aus der Jung- und Mittelsteinzeit sowie aus der Bronzezeit entdeckt. In den wassergesättigten Torfschichten haben sich unter Sauerstoffabschluss nicht nur Holzböden, und -wände, sondern auch Gegenstände aus organischem Material erhalten. Diese Funde machen das Moor zu einer einzigartigen Quelle für die moderne Archäologie.

Entwässerungen für Torfabbau und landwirtschaftliche Nutzung und anschließende Aufforstung haben an vielen Kulturdenkmälern inzwischen große Schäden angerichtet die nur durch gezielte Reservatsbildung und Vernässungsmaßnahmen aufzuhalten sind.

Das Schutzgebiet ist für die Wissenschaft seit langem ein Forschungsobjekt. Seit 1969 unterhält die Universität Tübingen in Bad Buchau eine biologische Forschungsstation.

Um die ökologische und kulturhistorische Bedeutung des ca. 3000 Hektar großen Federseerieds zu erhalten, wurden und werden die wichtigsten Moorflächen als Naturschutzgebiete ausgewiesen. Derzeit stehen neben dem NSG Federsee mit den NSG »Südliches Federseeried« »Westliches Federseeried-Seelenhofer Ried« und »Nördliches Federseeried« ca. 2320 Hektar unter Schutz. Die letzte Erweiterung um ca. 530 Hektar wird der Bereich »Steinhauser Ried« sein.

Um der Bedeutung des Gebietes gerecht zu werden, wurden von 1997 bis 2002 Schutzmaßnahmen zur Sicherung und Entwicklung der Natur in der Federseelandschaft im Rahmen eines von der Europäischen Union geförderten LIFE-Projektes durchgeführt. Ziel war es, die durch Entwässerung verursachte Austrocknung in bestimmten Vorrangbereichen wieder rückgängig zu machen. Alle wichtigen Vorrangbereiche

Das geschützte und sehr seltene Karlszepter (*Pedicularis sceptrum-carolinum*) wird im Regierungsbezirk nur noch im NSG »Federsee« gefunden. J. Einstein

wurden in öffentliches Eigentum überführt. Das Land Baden-Württemberg besitzt nun ca. 800 Hektar in den archäologischen und ökologisch wichtigsten Bereichen des Federseerieds. Der Naturschutzbund Deutschland (NABU) besitzt weitere 500 Hektar. Notwendig war auch der Neubau des Kanzachwehres, das für einen gleichmäßigen Wasserspiegel sorgt. Im Übrigen gehört die Anhebung des Moorwasserspiegels durch den Einbau von Wehren in die funktionslos gewordenen Gräben zu den weit reichendsten Schutzmaßnahmen der vergangenen Jahre.

Zu den wichtigen Pflegemaßnahmen nach dem Pflege- und Entwicklungsplan gehören u. a. eine naturschonende Grabenpflege, Maßnahmen zur Streuwiesenregeneration und Pflegemahd durch das Naturschutzzentrum sowie die Fortsetzung der Landschaftspflege im Vertragsnaturschutz mit Landwirten.

Diese Pflegearbeiten haben ebenso wie der Bau einer Abwasserringleitung und einer Kläranlage 1981 zu einer Stabilisierung des Gebiets beigetragen. Bis dahin drohte der See aufgrund der Nährstoffeinträge aus den umliegenden Siedlungen und aus der Landwirtschaft »umzukippen«. Noch bis heute – besonders in heißen und trockenen Sommermonaten – sind bedenkliche Algenblüten in dem extrem flachen Gewässer zu beobachten. Die in den letzten Jahren im Frühjahr wieder auftretenden Wasserpflanzenbestände wie z. B. das Krause Laichkraut deuten jedoch auf eine langsame Besserung der Situation hin.

Für das NSG Federsee hat der Landkreis Biberach eine Patenschaft übernommen. Das Land hat dem Naturschutzzentrum Federsee, das vom NABU mittlerweile in Bad Buchau aufgebaut wurde, die Betreuung des Gebietes übertragen. Es ist inzwischen zu einer über die Region hinaus bekannten und für die praktische Betreuung des Gebietes unverzichtbaren Institution geworden.

Schutzzweck ist die Erhaltung, Pflege, und Entwicklung eines faunistisch und floristisch reichhaltigem und landschaftsprägendem Niedermoores und des Federsees mit einer in

weiten Teilen natürlichen Entwicklung, einer angepassten extensiven Wiesennutzung und Pflege, als Kernbereich des Naturschutzgebietskomplexes Federseebecken. Dessen regionale, überregionale, und internationale Funktion als Brut-, Nahrungs-, Rast- und Überwinterungsgebiet für Vogelarten gilt es zu bewahren und zu entwickeln, die Regenerierung und Stabilisierung des Wasserhaushaltes fortzusetzen.

Hinweise für Besucher: Das Federsee-Becken hat sich in den vergangenen Jahren zu einem touristisch attraktiven Erholungsgebiet entwickelt. Wie groß das Interesse an dem außergewöhnlichen Naturreservat inzwischen ist, kann man tagtäglich auf dem durch meterhohes Schilf führenden Federsee-Steg in Bad Buchau, dem einzigen Zugang zu dem Gewässer, sehen: Jahr für Jahr wandern über 100 000 Menschen über diesen Steg in das Schutzgebiet. Vom Aussichtsturm am Federseesteg sieht man bei klarem Wetter die majestätische Bergkette der Alpen.

Radfahrer können den See auf dem Federseerundweg umrunden und sich an mehreren Stationen über das Ried informieren. Das Naturschutzzentrum bietet ein umfangreiches Informationsangebot. Informationen können auch im Internet unter www.naturschutz-am-Federsee.de eingeholt werden.

In unmittelbarer Nähe lohnt sich in Bad Buchau der Besuch des Federseemuseums mit einem Freigelände, in dem Pfahlbauten und Moorhäuser direkt erlebt werden können. Ein archäologischer Lehrpfad führt ins Ried zu konkreten Fundstellen. Der 9,5 km lange Lehrpfad wird an das europäische Wanderwegenetz angeschlossen und eignet sich für Radfahrer.

5 FLUSSLANDSCHAFT DONAU-WIESEN

Landkreis Biberach: Stadt Riedlingen

Gemarkungen Daugendorf, Bechingen, Zell und

Zwiefaltendorf

Gemeinde und Gemarkung Unlingen

Naturraum: Donau-Ablach-Platten

Geschützt seit 1991

Fläche: 603 Hektar

Top. Karte 7722 und 7922

In etlichen Ortschaften in unmittelbarer Nachbarschaft zum NSG »Flusslandschaft Donauwiesen« brütet erfolgreich der Weißstorch. Auf dem Bild das Nest in Riedlingen. S. KRACHT

Das NSG »Flusslandschaft Donauwiesen« umfasst den etwa zehn Kilometer langen und besonders naturnahen Abschnitt des Donautals von Riedlingen bis Zwiefaltendorf. Neben der durchweg rund 500 Meter breiten Überschwemmungszone des Flusses wurden auch die angrenzenden Talhänge in das Schutzgebiet einbezogen. In die Auen sind Altwässer eingestreut, die den ehemaligen Lauf der Donau markieren. Ohne direkten Zufluss stehen sie über das Grundwasser oder periodisch über Hochwasser mit der Donau in Verbindung. Innerhalb des Schutzgebiets münden der Zollhauser Bach, die Schwarzach und die Kanzach in die Donau.

Bereits im Mittelalter wurden die Auwälder entlang der Donau abgeholzt, um offenes Kulturland zu gewinnen. Bis zum Beginn der Flusskorrekturen und des Eisenbahnbaus im 19. Jahrhundert war die Aue von Verlagerungen des Flussbetts und Überschwemmungen geprägt. Sumpfige und sehr kiesige Bereiche verliehen dem Tal einen wilden und ursprünglichen Charakter. Mit der Bändigung des Flusses und der Intensivierung der Landwirtschaft verarmte die Landschaft immer mehr. Dank der weiterhin regelmäßigen Hochwässer und der Tendenz zur Auflandung aber blieben die Auen vor größerem Umbruch bewahrt. An den schwer zugänglichen Steilhängen wachsen noch heute strukturreiche Edellaubwälder, in denen sich seltene Tier- und Pflanzenarten halten konnten. Einer dieser Prallhänge, die Weinhalde, ist auch als Schonwald ausgewiesen.

Insgesamt bietet das Schutzgebiet einer Vielzahl von Tier- und Pflanzenarten Lebensraum.

Dazu gehören zahlreiche Brutvögel, Nahrungsgäste und Durchzügler. In der Donau gibt es 22 Fischarten, von denen neun als gefährdet oder stark gefährdet gelten. In den Altarmen des Schutzgebiets hat man sechs verschiedene Amphibienarten entdeckt. Ebenso bemerkenswert ist der Artenreichtum der Libellen.

Die herausragende Bedeutung der Auewiesenlandschaft liegt in ihrer Weite. Deren Erhaltung kommt allen Offenland-Arten zugute, die auf waldfreie Gebiete angewiesen sind.

Mit der Schutzverordnung wird die Sicherung und Regeneration ursprünglicher Aueelemente ermöglicht. Der rapide fortschreitende Wiesenumbruch im Donautal zwang die Naturschutzverwaltung, rasch zu handeln. Zur Wiederherstellung naturnaher Geländestrukturen am Fluss werden wasserbauliche Rückbaumaßnahmen betrieben. Wasserwirtschaft und Naturschutz haben gemeinsam vier Pilotprojekte entwickelt, mit denen Still-, Flach- und Wechselwasserzonen sowie biologisch vielfältige Uferbereiche geschaffen oder aufgewertet werden. Zu diesem Zweck hat das Land Baden-Württemberg mittlerweile über

Für den Fortbestand der Störche sind die Feucht-wiesen in der Donauaue unverzichtbar. Die feuch-testen Standorte werden von der Kuckucks-Lichtnelke (*Lychnis flos-cuculi*) angezeigt.
S. JESSBERGER

250 Hektar Land aus privater Hand aufgekauft, um es bei der anstehenden Flurneuordnung an die richtigen Stellen zu tauschen. Drei der vier Projekte konnten inzwischen verwirklicht werden. Biber und Flussregenpfeifer haben diese Gebiete sofort wiederbesiedelt. Das Projekt Egelsee scheitert bisher an der fehlenden Zustimmung der Stadt Riedlingen.

Mit dem Abschluss von Bewirtschaftungs-verträgen gelang es zudem, die traditionelle Bewirtschaftung des Grünlandes in der Donau-niederung auf rund 160 Hektar zu sichern. Allerdings leidet das geschützte Areal zunehmend darunter, dass es immer stärker von Erholungs-suchenden und Freizeitsportlern frequentiert wird. Paddeln auf der Donau musste bereits vor einiger Zeit beschränkt werden. Nun soll der internationale Donauradwanderweg aus der empfindlichen Talaue auf die Hangterrasse verlegt werden. Auch von hier aus kann der Besucher die Schönheit und Eigenart dieser Landschaft genießen.

Schutzzweck ist Erhaltung, Förderung und Entwicklung einer kulturell geprägten Auewiesenlandschaft mit den in ihrer Struktur weitgehend natürlichen Altarmen und Uferbereichen in ihrer regionalen und überregionalen Bedeutung als Brut- und Rastplatz sowie als Lebensraum für Brutvögel und Durchzügler.

Hinweise für Besucher: Das Naturschutz-gebiet wird auf seiner gesamten Länge vom internationalen Donauradwanderweg durchquert. Auf sehr gut ausgebauten landwirtschaftlichen Wegen kann die offene Wiesenaue auf dem Rad am besten erlebt werden. Das Befahren der Donau mit Booten ist zeitlich eingeschränkt. Zwischen Riedlingen und Zwiefaltendorf gilt ein Fahrverbot für Boote auf der Hauptgewässerstrecke der Donau an Samstagen und Sonntagen sowie an gesetzlichen Feiertagen vom 1. April bis zum 31. August, um brütende und rastende Vögel nicht dauernd zu stören. Im Schutzgebiet kann nirgends angelegt werden, zwischen Riedlingen und Zwiefaltendorf gibt es keine Anlegestelle. Bootsfahrer sollen ruhig und in der Mitte des Flusses fahren. Altwasser dürfen nicht befahren werden. Kiesbänke, Röhricht und Gehölze sind sensible Lebensräume von Vögeln und Fischen, auf die besondere Rücksicht genommen werden muss.

6 GUTERSHOFER WEIHER

Landkreis Biberach: Gemeinde und

Gemarkung Attenweiler

Naturraum: Riß-Aitrach-Platten

Geschützt seit 1989

Fläche: 8,1 Hektar

Top. Karte 7824

Zwischen dem Federsee und Biberach liegt der »Gutershofer Weiher« in einer 610 m NN hoch gelegenen Talsenke im Süden von Attenweiler. Er ist im Mittelalter von den Mönchen des Prämonstratenserklosters in Schussenried zur Fischzucht angelegt worden. Gespeist wird der Weiher durch mehrere Zuflüsse im Süden und Westen; ein Zufluss aus dem Osten ist verrohrt. Das überschüssige Wasser führt der Erlenbach zum Unteren Weiher ab, der weiter nördlich am Ortseingang von Attenweiler liegt.

Auf drei Seiten ist der reizvoll gelegene Weiher von einer reich gegliederten Verlandungszone umgeben, an die Feuchtwiesen angrenzen. Diese Wiesen werden zum Teil noch landwirtschaftlich genutzt. Nach Süden hin schirmt ein kleines Wäldchen das gut acht Hektar große Schutzgebiet ab. Unmittelbar am nördlichen Rand des Gewässers führt die frühere B 312 vorbei: Die inzwi-schen neutrassierte Bundesstraße verläuft heute weiter südlich.

Die Verlandungszone des Gutershofer Weihers bietet hervorragende Nistmöglichkeiten für viele Wasser- und Singvögel. Zur Zeit des Vogelzuges werden hier regelmäßig gefährdete oder gar vom Aussterben bedrohte Arten beobachtet. Das Gewässer ist Teillebensraum für mindestens fünf Fledermausarten.

Die Wasser- und Sumpfvögel haben im Sommer allerdings unter dem regen Badebetrieb zu leiden. Auch die Ufervegetation wird dadurch erheblich in Mitleidenschaft gezogen, und viele der in dieser Zeit auswandernden Jungamphibien werden zertreten. Deshalb muss weiter an Lösungen gearbeitet werden, den zunehmenden Freizeitbetrieb am See auf ein erträgliches Maß zu begrenzen.

Der Weiher ist seit 1993 im Eigentum des Landes Baden-Württemberg, sodass die fischereirechtliche Nutzung im Pachtvertrag geregelt werden konnte. Im Zuge der Verlegung der B 312 wurden zudem Amphibienleiteinrichtungen gebaut, die gefahrlos die Zu- und Rückwanderung in die angrenzenden Wälder ermöglichen. Es bleibt zu hoffen, dass die Leiteinrichtungen dauerhaft funktionsfähig bleiben und zur Stabilisie-

Der Gutershofer Weiher ist als Laichgewässer für Amphibien von großer Bedeutung. Im und am Wasser konnte man bislang acht verschiedene Lurche beobachten, die teils in hoher Individuendichte vorkommen.
S. JESSBERGER

rung der großen Erdkröten- und Grasfrosch-
bestände beitragen.

Schutzzweck ist die Erhaltung des Weihers
und seiner Verlandungszone als Laichgewässer
für Amphibien, sowie als Lebensraum für Libellen und die stark bedrohten Fledermäuse. Das
Gebiet dient ferner als Brutbiotop, Nahrungsraum und Rastplatz für seltene Vogelarten.

Hinweise für Besucher: Am Nordrand des
»Gutershofer Weihers« befindet sich ein Parkplatz
an der Straße zwischen Gutershofen und Scham-
mach. Von dort sind naturkundliche Beobachtungen am besten möglich. Das Baden im Weiher ist
möglich, sofern die dafür festgelegte Badezone
eingehalten wird. Der Zugang zum Weiher ist nur
vom nordwest- und nordostseitigen Ufer möglich. Die übrige Uferzone darf nicht betreten
werden.

7 Hagnaufurter Ried

Landkreis Biberach: Gemeinde Ingoldingen,
Gemarkung Winterstettendorf
Landkreis Ravensburg, Stadt Aulendorf,
Gemarkung Tannhausen
Naturraum: Oberschwäbisches Hügelland
Geschützt seit 1994
Fläche: 31,5 Hektar
Top. Karte 8024

Zwischen Bad Schussenried und Bald Waldsee
breitet sich nahe der Bahnlinie von Aulendorf
nach Biberach das knapp 32 Hektar große Naturschutzgebiet »Hagnaufurter Ried« aus. Durch das
Schutzgebiet verläuft die europäische Wasserscheide. Der nördliche Teil entwässert über den
Krebsbach in die Schussen (Rheineinzugsgebiet),
der südliche Teil in die Alte Riss (Donaueinzugs-
gebiet).

Das auf etwa 560 m NN gelegene Moorgebiet
umfasst ehemalige Torfstiche sowie nicht abgetorfte Flächen und Randzonen. In tiefen Torfstichen steht noch Wasser, die überwiegend älteren
Abbaustätten befinden sich in unterschiedlichen
Stadien der Sukzession. Auf engstem Raum

wechseln sich aufgeforstete Bereiche mit verbrachten Fettwiesen ab, auf denen sich unterschiedliche Seggengesellschaften ausgebreitet
haben. Der ungewöhnliche Reichtum an seltenen
Pflanzen- und Tierarten und seine Lage zwischen
Riedflächen des Schussentals im Westen und weiteren Mooren im Osten verleihen diesem Gebiet
eine regional bedeutsame Funktion als Trittstein-
biotop.

Bislang hat man im Schutzgebiet 245 Pflanzenarten entdeckt, darunter besonders geschützte
Arten wie Kammfarn, Fleischfarbenes Knabenkraut und Pracht-Nelke. Die abwechslungsreiche
Wasser-, Gebüsch- und Waldstruktur beherbergt
zahlreiche Vögel – besondere Bedeutung gewinnt
das Gebiet durch das Vorkommen der Wasserralle.

Dem Pflege- und Entwicklungsplan entsprechend wurden die noch wasserführenden Torfstiche wieder vom Gehölzaufwuchs befreit. Die
Pflege der Feucht- und Nasswiesen übernahmen
Landwirte im Rahmen des Vertragsnaturschutzes. Die Naturschutzverwaltung strebt eine gezielte Wiedervernässung des Torfstichgeländes
an. Diese kann dann erfolgen, wenn zusätzlich
einige wenige, derzeit noch private Grundstücke
ebenfalls vom Land Baden-Württemberg erworben sind.

Schutzzweck ist die Erhaltung, Pflege und
Förderung faunistisch reichhaltiger und landschaftsprägender Niedermoorflächen mit sich
naturnah regenerierenden Torfstichen. Die regionale und überregionale Funktion als Brut- und
Rastplatz für zahlreiche Vogelarten sowie als po-
tentieller Lebensraum für Wiesenbrüter im Verbund der oberschwäbischen Feuchtgebiete gilt es
zu sichern.

Hinweise für Besucher: Das Naturschutzgebiet liegt im Süden der Ortsverbindungsstraße
zwischen Hagnaufurt und Lippertsweiler. Von der
Anhöhe sind Einblicke in die vermoorte Talsenke
möglich.

8 HEUSTEIGE

Landkreis Biberach: Gemeinde Langenenslingen

Gemarkung Emerfeld

Naturraum: Mittlere Flächenalb

Geschützt seit 1998

Fläche: ca. 16 Hektar

Top. Karte 7821

Nördlich der Ortschaft Emerfeld liegt das Naturschutzgebiet »Heusteige« auf einer leicht geneigten wasserarmen Hochfläche der »Mittleren Alb« in einer Höhe zwischen 738 und 764 m NN. Größere und kleinere Trockentäler bestimmen das Erscheinungsbild. Auf den Hochflächen steht Platterbsen-Buchenwald.

Heute zeugen im Gebiet nur noch brachliegende, mit Wacholdern und Einzelgehölzen sowie Gebüsch und Feldgehölzen durchsetzte Heidereste von der bis 1984 betriebenen Schafbeweidung. Noch wachsen zwischen den Kalk liebenden Pflanzen der Magerrasen und vielen Saumarten einige wenige typische Weidezeiger wie Schillergras, Silberdistel oder Zypressenwolfsmilch. Auch Orchideen- und Enzianarten kommen vor. Wo der Boden besonders flachgründig, die Exposition des Standorts nach Süden und Südwesten ausgerichtet und die Pflanzendecke

lückig ist, siedeln Licht und Wärme liebende Pflanzenarten wie der Hügel-Meister, die Küchenschelle, Sonnenröschen, Steinquendel und der Berg-Gamander.

Zwischen diesen Restflächen liegen Mähwiesen (Mager- und Fettwiesen) und Ackerland. Der übrige Teil des Schutzgebiets besteht aus Feldhecken, Fichtenwald, einem ehemaligen Kalksteinbruch und Saumvegetation entlang von Feld- und Wegrainen. Mehrere Feldheckenriegel zwischen Terrassen weisen noch auf die altertümliche Gras-Feldwirtschaft hin, bei der die Grundstücke im Wechsel als Acker oder Wiese genutzt wurden.

Zahlreiche Lesesteinriegel weisen als nutzungshistorische Zeugnisse auf ehemaligen Ackerbau hin. Die Steine wurden von den Äckern abgelesen und auf die Grundstücksgrenzen geschichtet. Im Laufe der Zeit siedelten sich darauf Gehölze an. Die angrenzenden Magerwiesen sind flachgründig und ungedüngt. Die Restflächen der Kalkmagerrasen sind besonders schützenswerte Lebensräume nach der europäischen Fauna-Flora-Habitat-Richtlinie.

Für buschbrütende Vogelarten, Wald- und Waldrandbrüter sind geeignete Gehölzstrukturen im Gebiet vorhanden. Die Dorngrasmücke braucht ähnliche Voraussetzungen wie der Neuntöter, optimal sind trockene Gebüsche und

Im wiederverfüllten Kalksteinbruch im NSG »Heusteige« liegen am Rande noch felsige Bereiche frei. S. JESSBERGER

Hecken. Bodenbrüter haben es etwas schwerer. Brutversuche von Braunkehlchen und Steinschmätzer weisen darauf hin, dass die Biotopstruktur ihren Habitatansprüchen entspricht und dass sie früher hier wohl auch häufiger vorkamen.

Für Schmetterlinge bietet das Gebiet durchaus wertvolle Flächen. Magerrasen mit trockenwarmen Habitatbedingungen beherbergen meistens einen hohen Bestand an Tierarten. Im Gebiet kommen als Besonderheiten der Schlüsselblumen-Würfelfalter und der Ehrenpreis-Scheckenfalter vor.

Das Pflegekonzept sieht eine regelmäßige Schafbeweidung auf der Wacholderheide und jährliche Mahd der Magerwiesen vor. In Verbindung mit dem benachbarten Naturschutzgebiet »Kirchhalde« kann auf diese Weise ein größerflächiger Biotopverbund gewährleistet werden.

Schutzzweck ist die Sicherung, Erhaltung und Verbesserung des Biotopmosaiks aus Trocken- und Halbtrockenrasen, ehemaligen Wacholderheiden und noch genutzten Magerwiesen als Lebensraum artenreicher Pflanzen- und Tiergemeinschaften sowie als landschaftsprägender Ausschnitt der Alblandschaft.

9 KIRCHHALDE

Landkreis Biberach: Gemeinde Langenenslingen
Gemarkung Emerfeld
Naturraum: Mittlere Flächenalb
Geschützt seit 1998
Fläche: ca. 8 Hektar
Top. Karte: 7821

Das Naturschutzgebiet »Kirchhalde« befindet sich etwa 150 m östlich der Ortschaft Emerfeld auf der Schwäbischen Alb. Von der höchsten Verebnung des Schutzgebietes aus öffnet sich nach Osten ein schöner Blick ins Warmtal. Dies hat sich, als ein Seitental des Donautals, von Südosten her bis zu 140 m tief eingegraben. Das Talende bilden die trockenwarmen, südexponierten und bis zu 40° steilen Hänge der Kirchhalde. Sie

sind überwiegend mit Buchenwäldern (Seggen- und Platterbsen-Buchenwald) sowie Fichten- und Kiefernaufforstungen bestanden. Die waldfreien Teile der Kirchhalde werden noch regelmäßig mit Schafen beweidet.

In einer Höhe zwischen 670 und 750 m NN bilden die Schichten des Weißjura (Zementmergel) eine wasserstauende Schicht. Als Folge davon treten westlich des Schutzgebiets in der Ortslage Emerfeld mehrere Quellen auf. Das ins Warmtal abfließende Bächlein versickert wenige hundert Meter nach der Kirchhalde im Talgrund.

Der Steilhang mit Wacholderbüschen und typischer Kalkmagerrasenflora wird an der Hangoberkante von begrenzt und ist von markanten Einzelgehölzen, Gebüsch, Feldgehölz und Feldhecken durchsetzt. Am Hangfuß und im mittleren Teil befinden sich Glatthaferwiesen, die meist nachbeweidet werden. Ebenfalls im mittleren und nördlichen Teil haben einige alte Streuobstbäume als Zeugen früherer Nutzung überdauert. Es sind auch Terrassen aus einem ehemaligen Weinanbauversuch erkennbar. Ein kleiner Bereich ist mit Fichten aufgeforstet. Den östlichen Steilhang bildet ein mit Kiefern aufgeforsteter, lichter Steppenheidewald (Burghalde) mit einer ehemaligen Mergelgrube. Die Sohle der Burghalde ist mit Fichten und Berg-Ahorn aufgeforstet. Die gegenüberliegende Kuppe, eine ehemalige Wacholderheide, befindet sich bereits in fortgeschrittenem Sukzessionsstadium. Auf der Hochfläche grenzt ein kleiner brachliegender und besonders artenreicher Magerrasen an den Kiefernwald. Er beherbergt viele Kalk liebende Pflanzenarten der Roten Liste Baden-Württembergs, wie beispielsweise Orchideen, Enziane, Kugelblume, Küchenschelle, Berg-Gamander, Sommerwurz, Berg-Aster und weitere Arten.

Die abwechslungsreiche Gehölzstruktur schafft besonders für buschbrütende Vogelarten günstige Voraussetzungen. Hier brüten Neuntöter, Baumpieper und Dorngrasmücke.

Die Schmetterlingsfauna ist an besonnten Hängen wie der Kirchhalde sehr artenreich. Unter den vielen Arten findet man beispielsweise den

Rundaugen-Mohrenfalter, das Purpur-Widderchen und den Kleinen Würfel-Dickkopffalter.

Schutzzweck ist die Erhaltung des markanten, landschaftstypischen und kulturhistorisch bedeutsamen Wacholderheiden-Steilhangs als Habitat der besonderen Pflanzen- und Tiergemeinschaften und landschaftsprägende Besonderheit im Naturraum.

Hinweise für Besucher: Am schönsten ist die Kirchhalde, wenn man sich ihr von Osten durch das Warmtal nähert. Ein befestigter Weg führt von den Bauernhöfen im Warmtal hinauf nach Emerfeld. Vom Weg aus hat man einen guten Blick auf die beweideten steilen Magerrasen, im Schutzgebiet selbst gibt es keine Wege. Der steile Aufstieg wird oben in Emerfeld mit einem wunderschönen Blick ins Donautal – bei Föhn bis zu den Alpen – reichlich belohnt.

10 LANGE GRUBE

Landkreis Biberach: Gemeinde Unlingen

Naturraum: Donau-Ablach-Platten

Geschützt seit 1987

Fläche: 6,7 Hektar

Top. Karte 7823

Im Norden von Unlingen liegt zwischen dem NSG »Flußlandschaft Donauwiesen« und dem Bussen die »Lange Grube«». Es handelt sich um eine stillgelegte Kiesgrube, die auf etwa 545 m NN gelegen ist. Nach dem Kiesabbau, der bis knapp über den Grundwasserhorizont reichte, blieb die Grube zunächst sich selbst überlassen. Die Böschungen stürzten bis auf wenige Nagelfluhfelsen ein und werden nun langsam von einer Pioniervegetation überwachsen.

Nur an der langgezogenen Nordkante der von Osten nach Westen ausgerichteten Grube blieb fast durchgehend eine steile, südexponierte Wand erhalten. Ansonsten wechseln sich am Rand der Grube kleinere Abbrüche und unterschiedlich stark geneigte Böschungen ab. Die alte Grube ist für einige, teilweise vom Aussterben bedrohte Arten, die im oder am Wasser leben, von regionaler Bedeutung. Deshalb wurde sie 1980 unter Schutz gestellt. So konnten sich hier nahezu alle in Baden-Württemberg heimischen Amphibienarten ansiedeln. Außerdem hat hier – nahe der Donau – auch der Flußregenpfeifer ein Refugium gefunden. Er brütet mit mehreren Paaren auf vegetationsfreien Flächen. Nachdem Kiesinseln in größeren Flüssen als das natürliche Habitat dieser Vogelart fast durchweg der Begradigung, Ausräumung oder Freizeitnutzung zum Opfer gefallen

In den Jahren 1983/84 wurde der Grund der Kiesgrube »Lange Grube«, der damals an verschiedenen Stellen zeitweise unter Wasser stand, neu gestaltet und mit einigen Tümpeln angereichert.

S. JESSBERGER

sind, findet sie in solchen Sekundärbiotopen ein Refugium.

Die Pflanzenvorkommen in der Langen Grube sind weit weniger spektakulär als die Fauna. Trotzdem fällt der Reichtum an Blütenpflanzen auf, die an den Böschungen siedeln und vielen Insekten, vor allem Wildbienen und Schmetterlingen, Nahrungsgrundlage bieten.

Mit regelmäßiger Pflege halten örtliche Naturschützer die ebenen Kiesflächen von unerwünschtem Weidenbewuchs frei, um die Brutplätze des Flußregenpfeifers zu sichern. Allerdings ist trotz der Anstrengungen dieser ehrenamtlichen Helferinnen und Helfer der Tierartenbestand in der Langen Grube aufgrund einer allgemeinen Grundwasserabsenkung zurückgegangen. Anfangs brachte man die zunehmende Austrocknung mit dem Abbau in einer benachbarten Kiesgrube in Zusammenhang. Diese Vermutung bestätigte sich aber nicht. Es bleibt abzuwarten, ob ein Anschluss an das gesunkene Grundwasser wieder hergestellt werden muss. Der bemerkenswerte Artenreichtum – insbesondere an Amphibienarten – kann nur bei ausreichendem Wasserstand erhalten werden.

Sobald im nahe gelegenen Schutzgebiet »Flusslandschaft Donauwiesen« alle Renaturierungsmaßnahmen durchgeführt sind und greifen, könnte die Donau wohl wieder ihre ursprünglichen ökologischen Funktionen im betroffenen Raum übernehmen – als Primärbiotop. Trotzdem sollte dem Naturschutz und der Wissenschaft die »Lange Grube« auch für die Zukunft erhalten bleiben, um die Dynamik der Vegetationsentwicklung ungestört untersuchen zu können. Außerdem ist das Gebiet auch als Trockenbiotop von Bedeutung, in der sich im Laufe der Jahre eine vielfältige Insektenfauna entwickelt hat, die bisher jedoch noch nicht näher erforscht wurde.

Schutzzweck ist die Erhaltung der aufgelassenen Kiesgrube als Lebensraum für zahlreiche Tierarten und als Standort einer zumindest vorübergehenden Pionier- und Ruderalvegetation.

Hinweise für Besucher: Das Naturschutzgebiet »Lange Grube« liegt auf der rechten Seite des Donauradwanderweges auf dem Abschnitt zwischen Riedlingen und Zell. Ein unbefestigter landwirtschaftlicher Weg führt an die Hangkante der Kiesgrube. Steil abfallende Wände begrenzen die von Menschenhand geschaffene Grube, die selbst nicht betreten werden darf.

11 MAUCHENMÜHLE

Landkreise Biberach und Ravensburg:
Gemeinde Eberhardzell, Gemarkung Mühlhausen
Stadt Bad Wurzach, Gemarkung Unterschwarzach
Naturraum: Riß-Aitrach-Platten
Geschützt seit 1980
Fläche: 11,6 Hektar
Top. Karte 8024 und 8025

In den Gebieten unmittelbar vor der Endmoräne bildeten sich nach der letzten Kaltzeit auf Sanderflächen oft ausgedehnte Niedermoore. Das knapp zwölf Hektar große Schutzgebiet »Mauchenmühle« im Nordwesten von Bad Wurzach stellt den letzten Rest eines solchen Niedermoorkomplexes dar, des so genannten »Weiten Riedes« zwischen Osterhofen und Mühlhausen. Die westliche Grenze wird von dem Flüsschen Umlach markiert. Die Verbindungsstraße zwischen Ampfelbronn und der Mauchenmühle durchzieht den südlichen Abschnitt.

Der Biotopkomplex aus Feucht- und Nasswiesen, verschilften Niedermoor- und Streuwiesenfragmenten, eingestreuten Kalk-Quellsümpfen und mäßig bis stark gedüngten Fettwiesen wird im südöstlichen Bereich von einem Hang-Eschenwald mit Quellzonen und im nordöstlichen Abschnitt von Schwarzerlen-Eschen-Wäldern umrahmt. Bei der Flurneuordnung legte man – als Ausgleichsmaßnahme – in diesem Gelände eine Wasserfläche mit einer Insel sowie drei kleinere Tümpel an. Dadurch wurden die hydrologischen Verhältnisse in dem etwa 600 Meter hoch gelegenen Schutzgebiet nachhaltig verändert.

Mehr als 230 Gefäßpflanzen und Moose haben hier ihren Lebensraum. Aus floristischer Sicht sind die Kalk-Quellsümpfe besonders wertvoll. Vergleichbare Biotope findet man in Baden-Württemberg nur noch an wenigen anderen Orten im Alpenvorland. Mit rund 70 Arten hat sich auch die Schmetterlingsfauna im Schutzareal ungewöhnlich vielfältig entwickelt, außerdem konnten sich über 70 verschiedene Wanzen und 25 Marien- und Wasserkäferarten halten. An den Tümpeln leben sieben Libellenarten.

Die angrenzenden Flächen werden zumeist als Grünland intensiv genutzt und sind drainiert. Deshalb ist damit zu rechnen, dass aus dem Umland Nährstoffe in den geschützten Moorbereich eingetragen werden. Ungeachtet der Schutzverordnung hat man im südlichen Abschnitt des Naturschutzgebietes einige Entwässerungsgräben im Zuge von »Grabenpflege« bis in den mineralischen Bodenhorizont ausgehoben. Dieser Eingriff hat den Wasserhaushalt stark beeinträchtigt und Vegetation der Kalk-Quellsümpfe der Gräben geschädigt. In Umsetzung des Pflege- und Entwicklungsplanes sollen die in Mitleidenschaft gezogenen Bereiche wieder vernässt werden. Das Hangquellmoor wird von Landwirten und der Naturschutzverwaltung regelmäßig gemäht.

Schutzzweck ist die Erhaltung des naturhaften und landschaftlich reizvollen Quellhanges sowie

Ein landwirtschaftlicher Weg gliedert die verbliebene Moorfläche »Mauchenmühle« heute in zwei Teilbereiche. M. GROHE

der Riedlandschaft bei der Mauchenmühle mit den hier vorkommenden Tier- und Pflanzengesellschaften.

Hinweise für Besucher: Eine Umwanderung des Gebietes ist auf den vorhandenen landwirtschaftlichen Wegen möglich, an mehreren Stellen kann das geschützte Areal gut eingesehen werden.

12 MOHN'SCHER PARK

Landkreis Biberach: Stadt Laupheim,
Gemarkung Obersulmetingen
Naturraum: Hügelland der Unteren Riß
Geschützt seit 1994
Fläche: 7 Hektar
Top. Karte 7724

Bei Obersulmetingen, im Westen von Laupheim, liegt direkt an der Riß der »Mohn'sche Park« auf nachkaltzeitlichen Flussablagerungen. Dieser naturnahe Park, durch den sich die Schlinge eines Rißaltwassers zieht, wurde 1994 – gemeinsam mit dem Galeriewald der Riß – auf einer Fläche von sieben Hektar unter Naturschutz gestellt. Das für die Öffentlichkeit nicht zugängliche Parkgelände wird schon länger nicht mehr wirtschaftlich genutzt. Deshalb konnte sich hier eine naturkundlich interessante Flora entwickeln. Die Vegetation weist auf engem Raum ein ungewöhnlich breites und vielfältiges Artenspektrum auf. Insgesamt wurden in dem Schutzgebiet bislang 209 verschiedene Pflanzen bestimmt, darunter einige Seltenheiten und Besonderheiten. Obwohl einige der floristischen Raritäten sicherlich Gartenflüchtlinge sind, wurde der ehemalige Park als besonders schutzwürdig eingestuft.

Auch die Fauna im Mohn'schen Park hat eine naturkundliche Besonderheit zu bieten: Hier lebt eine Kolonie der stark gefährdeten Saatkrähe. In Baden-Württemberg brüten diese Vögel nur noch in wenigen Regionen, eine davon ist das Gebiet rund um die Stadt Laupheim. In dem geschützten Galeriewald der Riß bei Obersulmetingen wurden in den Jahren 1991/92 über 200 Saatkrähen-

Nester gezählt, etwa die Hälfte dieser Horste war damals besetzt. Ein Jahr später traf man dort aber nur noch 30 Brutpaare an. Deshalb ging es bei der Ausweisung des Schutzgebiets vor allem darum, den Saatkrähen, die im übrigen Laupheimer Verbreitungsgebiet verfolgt werden, einen sicheren Rückzugsraum zur Verfügung zu stellen.

Der Schutzverordnung ging im Jahr 1993 eine Ausnahmegenehmigung des Tübinger Regierungspräsidiums voraus, die es den Laupheimern gestattete, die Saatkrähen aus ihrem Stadtgebiet zu vertreiben. Die Vögel hatten sich scharenweise in den Parkanlagen niedergelassen – sehr zum Ärger vieler Anwohner, die sich durch die lärmenden Vögel belästigt fühlten. Deshalb ließ die Stadtverwaltung die Horste entfernen und schwarze Lappen in die Bäume hängen, um so eine Besetzung der Reviere vorzutäuschen. Im Zusammenhang mit dieser Aktion wurde es notwendig, den vertriebenen Tieren außerhalb der Siedlungsflächen geeignete Schutzzonen auszuweisen. Dazu dient nun der Mohn'sche Park – ebenso wie ein benachbartes geplantes Schonwaldgebiet bei Schemmerberg.

Weil die Saatkrähen auf Verfolgungen und Störungen sehr empfindlich reagieren, wurde im »Mohn'schen Park« die Jagd grundsätzlich verboten. Ein gewisses Problem für den Schutz dieser

Vögel stellt der Volksglaube dar, der den Krähenvögeln allgemein eine Beziehung zum Tod nachsagt (Totenvögel). Deshalb haben viele Menschen kein Verständnis dafür, dass man auf die stark gefährdeten Saatkrähen besondere Rücksicht nimmt. Zudem können Laien die Saatkrähen kaum von den häufigeren Rabenkrähen unterscheiden, sodass ihnen gar nicht bewusst wird, wie selten diese Art hierzulande geworden ist.

Schutzzweck ist die Erhaltung der letzten naturnahen Flächen in der weitgehend ausgeräumten Flusslandschaft des Rißtales. Der alte Park mit seiner Gehölzsammlung einheimischer und ausländischer Baum- und Straucharten gibt dem Gebiet eine kulturhistorische und wissenschaftliche Bedeutung. Insbesondere sollen die naturnahen und regelmäßig überschwemmten Galeriewälder an der Riß mit ihrer großen Vielfalt an Tier- und Pflanzenarten erhalten werden, auch als Lebensstätte der dort beheimateten Saatkrähenkolonie.

Hinweise für Besucher: Die Parkanlage liegt am Ortsrand von Obersulmentingen an der Kreisstraße nach Schemmerberg. Die Parkanlage kann nicht betreten werden. Die Beobachtung der Saatkrähen ist jedoch auch von der Kreisstraße aus möglich.

Der »Mohn'sche Park« wurde Anfang des 20. Jahrhunderts angelegt vom damaligen Betreiber der Mühle (zur lokalen Stromerzeugung) an der Riß. Er ist naturkundlich äußerst interessant. S. JESSBERGER

Verschilfte Pfeifengras-
wiesen-Brache mit Troll-
blumen (*Trollius
europaeus*) im NSG
»Müsse« im Hintergrund
Land-Schilfröhricht.
I. MÜLLER

13 MÜSSE

Landkreis Biberach: Stadt Laupheim,

Gemarkung Obersulmetingen

Naturraum: Hügelland der unteren Riß

Geschützt seit 1989

Fläche: 12,8 Hektar

Top. Karte 7724

Im Südwesten von Laupheim liegt auf
510 m NN Höhe das Schutzgebiet »Müsse«. Wie
bei den vergleichbaren Ingerkinger Moorrelikten
NSG »Schand« (Untersulmetingen), NSG »Gedüngtes Ried« (Ingerkingen) und »Bopfingwie-
sen« (Altheim) handelt es sich bei der »Müsse«
um ein Niedermoorrelikt mit verlandeten Torfstichen, verbrachten Streuwiesen und einzelnen
Gehölzgruppen. Mitten in dem Gebiet liegt
eine zwischenzeitlich rekultivierte ehemalige
Deponie.

Schlickreiche Ablagerungen der rißkaltzeitlichen Grundmoräne, die sich über der Unteren
Süßwassermolasse ansammelten, haben die Entwässerung des Gebietes verhindert. Die Sedimentation von Pflanzenresten und die allmähliche
Verlandung von Wasserflächen bildeten dann die
Grundlage für die nachfolgende Flachmoor-Ent-
wicklung. Heute trifft man in weiten Bereichen
der knapp 13 Hektar großen »Müsse« ein Niedermoor aus Seggen- und Braunmoostorfen an.

In der Vergangenheit wurden diese Flächen
überwiegend als Streuwiesen bewirtschaftet. Stellenweise wurde das Moor auch abgebaut, die
Torfstiche sind jedoch längst wieder verlandet.
Der Versuch, kleinere Parzellen für den Ackerbau
zu nutzen, schlug fehl und wurde deshalb bald
wieder aufgegeben. Dank der extensiven Streuwiesennutzung konnte sich auf dem Moorboden
eine artenreiche Flora entwickeln, die wiederum
Lebensraum für viele selten gewordene Tierarten
bildet. Im westlichen Teil des Schutzgebiets
wurde eine langgezogene Wasserfläche neu geschaffen, die – landschaftlich gut eingebunden –
die Biotopvielfalt bereichert.

Bei einer botanischen Bestandsaufnahme
wurden im Gebiet 121 Blütenpflanzen aufgelistet.
Bei intensiven Untersuchungen der Vogelwelt ließen sich in dem Schutzgebiet 20 verschiedene
Brutvögel, 25 Wintergäste und 63 Durchzügler
nachweisen. Insbesondere für die Durchzügler
und Wintergäste ist die »Müsse« als Stützpunkt in
einem Feuchtgebietsverbund entlang der Vogel-
zugstrecke vom Bodensee über das Rißtal von besonderer Bedeutung. Auch die Schmetterlingsfauna konnte sich hier bemerkenswert arten- und
individuenreich entfalten.

Gefährdet wird das Schutzgebiet vor allem
durch Ablagerungen und Auffüllungen im
Niedermoor – auch außerhalb der ehemaligen
Deponie, die von der Standortgemeinde seiner-

zeit nur höchst ungern aufgegeben wurde. Außerdem leidet die »Müsse« unter dem Nährstoffeintrag aus dem intensiv bewirtschafteten Umland. Und schließlich musste man bis vor wenigen Jahren um den Charakter des Niedermoores fürchten, weil die brachliegenden Streuwiesen immer dichter zuwuchsen.

Zumindest diese Gefahr wurde mit einem Pflege- und Entwicklungsplan gebannt. Nun wird jedes Jahr im Wechsel etwa die Hälfte des Schutzgebiets gemäht. Die übrigen Streuwiesenflächen bleiben als Nahrungsquelle und Überwinterungsstätte für eine Vielzahl von Kleinlebewesen unberührt.

Schutzzweck ist die Erhaltung und Beruhigung des Niedermoores als Lebensraum zahlreicher, teilweise vom Aussterben bedrohter Tier- und Pflanzenarten einschließlich deren Lebensgemeinschaften, sowie als Bestandteil eines Feuchtgebietsverbundes in der Vogelzugstraße zum Bodensee.

Hinweise für Besucher: Im Gebiet verläuft der Donau-Bodensee Radweg zwischen Obersulmentingen und Ingerkingen. Von dort aus ist ein guter Einblick in das Niedermoor möglich.

14 NÖRDLICHES FEDERSEERIED

Landkreis Biberach: Gemeinden und Gemarkungen Alleshausen und Seekirch
Gemeinde Uttenweiler, Gemarkung Ahlen
Naturraum: Donau-Ablach-Platten
Geschützt seit 2001
Fläche: ca. 170 Hektar
Top. Karte 7823

Das »Nördliche Federseeried« liegt in einer Höhenlage von etwa 580 m NN innerhalb der Grenze des nachkaltzeitlichen Federseebeckens. Es grenzt im Südwesten bei Alleshausen und im Südosten bei Seekirch an das bereits 1939 ausgewiesene Naturschutzgebiet »Federsee« an. Die nördliche Gebietsgrenze liegt auf der Höhe von Ahlen bzw. Ödenahlen. Die weiträumige, ebene Landschaft stellt ein prägendes Element in der

ansonsten eher welligen Altmoränenlandschaft Oberschwabens dar.

Das Nördliche Federseeried wuchs innerhalb des nachkaltzeitlichen Seebeckens auf typischen limnischen Ablagerungen (Tonmudde, Kalklebermudde, Lebermudde) als Verlandungsmoor heran. Über den Mudden wuchsen bis zu 2 m mächtige Schilfseggentorfe mit örtlich erheblichem Braunmoosanteil auf. An den Talflanken herrschen Erlenbruchtorfe vor.

Südlich des Kirchweges zwischen Alleshausen und Seekirch, wo die Böden erst vor ca. 200 Jahren durch die Seefällungen freigelegt wurden, hat sich über bis zu 4 m mächtigen Muddeschichten bis heute eine dünne Seggentorfschicht entwickelt.

Den wichtigsten Abfluss im »Nördlichen Federseeried« stellt die Seekircher Ach dar. Ein enges Netz von Gräben entwässert die Riedebene in Richtung Federsee.

Im Rahmen eines von der Europäischen Union geförderten LIFE-Projektes wurden von 1997 bis 2002 auch im nördlichen Federseebereich Flächen als Vorrangbereiche für den Naturschutz erworben. Mit Grabenverbauungen soll in diesem Bereich die Zersetzung der oft tiefreichend entwässerten Moorböden aufgehalten werden. Eine Anhebung des Moorwasserspiegels in dafür ausgewählten Bereichen ist beabsichtigt.

Einige Grünlandbereiche werden intensiv genutzt. Mit Rücksicht auf viele seltene und bedrohte Pflanzen- und Tierarten sind für die meisten Grundstücke Extensivierungs- und Pflegeverträge mit Landwirten abgeschlossen. Dazu gehören die moortypischen Feucht- und Nasswiesen mit Wald-Simsen, Seggen, Schlangen-Knöterich, Bach-Kratzdisteln, Trollblumen und Sumpf-Dotterblumen. Auf nassen, aber brachliegenden Flächen breiten sich vereinzelt Weidengebüsche aus. Insgesamt wirken sich die unterschiedlichen Bewirtschaftungsintensitäten positiv aus, indem sie Grundlage eines reich strukturierten Habitatmosaiks sind.

In direkter Nachbarschaft zum Kerngebiet »Federsee« stellt der nördliche Teil mit seinen Grünlandflächen einen wichtigen Teillebensraum für die Sumpf- und Wasservogelarten sowie Arten des Offenlandes dar.

Die offene Wiesenlandschaft mit eingestreuten Brachflächen ist Brutplatz für stark gefährdete Vogelarten wie Braunkehlchen, Wachtel, Schafstelze und den vom Aussterben bedrohten Wachtelkönig. Bemerkenswert ist die hohe Feldlerchendichte. In Alleshausen und Seekirch brütet der Weißstorch, der die Wiesen als Nahrungsgebiet aufsucht.

Beim Durchzug im Frühjahr rasten hier viele seltene Arten wie Schwarzstorch, Kornweihe, Rohrweihe, Großer Brachvogel und Sumpfohreule. Darüber hinaus hat das Naturschutzgebiet ein reiches Amphibienvorkommen, das vom hoch anstehenden Grundwasser und den strukturreichen Entwässerungsgräben profitiert.

Im nördlichen Federseeried wurden zahlreiche Siedlungen der Jungsteinzeit sowie vor- und frühchristliche Wegkonstruktionen entdeckt, die im internationalen Vergleich zum Teil erstrangige Kulturdenkmale darstellen. Sie sind durch ein Sinken des Wasserspiegels ebenfalls bedroht, weil die konservierten organischen Siedlungsreste bei Sauerstoffzutritt innerhalb kurzer Zeit zerfallen.

Schutzzweck ist die Erhaltung, Pflege und Förderung des landschaftsprägenden Niedermoores als Teil des Naturschutzgebietskomplexes Federseebecken. Dessen regionale, überregionale und internationale Funktion als Brut- und Rastplatz für Zugvogelarten sowie als Lebensraum für Wiesenbrüter gilt es zu bewahren.

Darüber hinaus gilt es, den zusammenhängenden Moorkörper des Federseebeckens als Erbe und Zeuge einer anderen erdgeschichtlichen Zeit vor weiterer Entwässerung und somit vor dem Zerfall zu bewahren. Dies ermöglicht auch die Konservierung der prähistorischen Reste.

Hinweise für Besucher: Informationen zum Naturschutz erhält man im NABU-Naturschutzzentrum Federsee in Bad Buchau, das im Auftrag des Regierungspräsidiums Tübingen das Federseemoor betreut und Anlaufstelle für Besucher ist. Im Internet sind auch erste Hinweise unter der Adresse www.naturschutz-am-Federsee.de erhältlich, Informationen zum Federseemuseum sind unter der Internet-Adresse www.archaeo-park-federsee.de zugänglich.

15 OFENWISCH

Landkreis Biberach: Stadt und Gemarkung Riedlingen
Naturraum: Donau-Ablach-Platten
Geschützt seit 1989
Fläche: 40,6 Hektar
Top. Karte 7822

Am südlichen Stadtrand von Riedlingen breitet sich zwischen der Donau und dem von ihr abgezweigten Hochwasserkanal das NSG »Ofenwisch« aus, das im Norden durch einen Damm gegen die Stadt abgegrenzt ist. Diese Flussniederung war schon immer starken Hochwässern ausgesetzt und ursprünglich von Auewald bedeckt. Heute findet man hier ein Biotopmosaik aus Altarmen, Wiesen und Auwaldresten. Der geologische Untergrund wurde durch rißkaltzeitliche Ablagerungen der Donau und der Schwarzach geformt.

Auf den Wiesen und im grundwassernahen Wald gedeiht eine Vielzahl sehr selten gewordener Pflanzenarten. Die besondere Bedeutung des fast 41 Hektar großen Areals liegt in seiner hervorragenden Eignung als Nahrungsbiotop für den Weißstorch, der in Riedlingen seit langem mit Erfolg brütet. Bei der Ausweisung des Schutzgebiets ging es deshalb vor allem darum, die extensive Wiesennutzung beizubehalten und überschwemmungsgefährdetes Ackerland wieder in Grünland umzuwandeln. Nutznießer sind das Riedlinger Storchenpaar, aber auch Wiesenbrüter wie Braunkehlchen, Schafstelze und Feldschwirl. Zahlreiche durchziehende Vogelarten wie Fischadler, Rohrdommel oder Nachtreiher sind auf die Donauniederung als Rast- und Nahrungsbiotop angewiesen. Der »Ofenwisch« ist gemeinsam mit dem Naturschutzgebiet »Flusslandschaft Donauwiesen« Teil des europäischen Schutzgebietsnetzes Natura 2000.

Auf den Wiesen und Feuchtgebieten, die im Frühling regelmäßig unter Wasser stehen, konnten sich zahlreiche Tiere und Pflanzen – vornehmlich Arten des Offenlandes behaupten. Die Gewannnamen »Öhmdwiesen« und »Ofenwisch« (abgeleitet von Rohrkolben = Ofenputzer) weisen darauf hin, dass diese Wiesen auch in der Vergangenheit als mindestens zweischnittiges Grünland bewirtschaftet wurden.

Altarme der Donau dienen Grasfrosch und Erdkröte als Laichgewässer. In den Auwaldresten wächst eine reiche Strauchschicht, in der Weiden, Eschen, Traubeneichen, Traubenkirschen und auch Hybridpappeln das Bild prägen. Mit der Ausweisung der Schutzgebiete »Ofenwisch« im Süden von Riedlingen und »Flusslandschaft Donauwiesen« im Norden der Stadt konnten wertvolle Bereiche der kulturgeprägten Donau-Auen gesichert werden.

Das Landschaftsbild im »Ofenwisch« wird vor allem durch zusammenhängende Sumpfdotterblumenwiesen geprägt, in die Hochstauden, Weidengebüsche, Pestwurzfluren und Rohrglanzgrasröhrichte eingestreut sind. S. JESSBERGER

Schutzzweck ist die Erhaltung und Förderung der Kulturlandschaft in der Riedlinger Donauaue mit ihren Altarmen und der Feuchtvegetation als Brut-, Nahrungs- und Rastbiotop für die auf diese Auelandschaft angewiesene Tierwelt, insbesondere als Lebensraum des Weißstorchs.

Hinweise für Besucher: Der Ofenwisch ist eine Halbinsel, umschlossen von der Donau und dem Hochwasserkanal. Es führt nur ein zentraler Weg ins Schutzgebiet, der am Parkplatz der Sportstätte »Donaustadion« beginnt. Nach ca. 1,5 km erreicht man die Inselspitze, die Donau und Hochwasserkanal teilt. Interessant ist die im Rahmen des Integrierten Donauprogrammes (IDP) neu erstellte raue Rampe, eine naturnahe Fischtreppe, im Hochwasserkanal. Diese hat das früher für Fische nicht durchgängige Wehr ersetzt.

Auf dem Rückweg hat man einen schönen Blick auf die Kulisse der Stadt Riedlingen. Der fließende Übergang von der Stadt zu den Gärten und Streuobstwiesen und danach zu den offenen Wiesen und Viehweiden ist nur noch selten zu finden. Der Betrachter kann hier noch erkennen, wie früher Ortschaft und genutzte Landschaft vielfältig und naturnah miteinander verzahnt waren.

Die lange Nutzungsge-
schichte des Osterrieds
kommt nicht zuletzt in
der oft streifenförmig
parzellierten Landschaft
zum Ausdruck.
S. JESSBERGER

16 OSTERRIED

Landkreis Biberach: Stadt Laupheim,
Gemeinde Mietingen

Gemarkung Baustetten/Baltringen

Naturraum: Flachland der unteren Riß

Geschützt seit 1996

Fläche: 115,3 Hektar

Top. Karte 7825

Südlich von Laupheim liegt das Naturschutzgebiet »Osterried« in einer Höhenlage zwischen
510 und 525 m NN. Es handelt sich um ein Versumpfungsmoor, das sich in der Nachkaltzeit im
Tal der Riß entwickelt hat. Die Westgrenze des
Naturschutzgebiets markiert die Dürnach, die
Ostgrenze die Hangoberkante der rißkaltzeitlichen Terrasse.

Kleinflächig wurde im bäuerlichen Hand-
betrieb einst Torf gestochen. Auf den meisten
Flächen aber wurde Streue gemäht. Infolge von
Entwässerungen nach 1950 wurden auch Aufforstungen möglich.

Die Schutzgebietsfläche besteht heute im
nördlichen Teil vorwiegend aus aufgeforsteten
Fichtenbeständen und wenig naturnahem Ried-
wald, unterbrochen durch mehrere Lichtungen.
Streifenweise wurde auch der südliche Teil mit

Fichten aufgeforstet. Hier gibt es aber auch noch
größere, zusammenhängende Streuwiesenbereiche. Zu unterscheiden sind Kohldistelwiesen,
Waldsimsenwiesen und sehr artenreiche Pfeifengraswiesen. In unmittelbarer Nähe zum Terras-
senhang liegt ein Quellmoor mit Davalls Seggen,
ein zweiter Quellaustritt befindet sich im Ried-
innern. Die naturnahen Riedwaldbestände sind
im Osterried von der Moor-Birke und von
Schwarz- und Grau-Erle geprägt.

Für Flora und Fauna ist das Schutzgebiet ein
bedeutendes Refugium. Es beherbergt mehr als
400 Pflanzenarten. Bemerkenswert ist das Drahtseggenried mit dem vom Aussterben bedrohten
Schlanken Wollgras. Daneben findet man beispielsweise den Schmalblättrigen Sonnentau,
Mehl-Primel, Lungen-Enzian, Preußisches Laserkraut, Spatelblättriges Greiskraut, Zwerg-Igelkolben und Sibirische Schwertlilie. Auch für die Tierwelt bietet das Gebiet bedeutende Rückzugs- und
Lebensräume. Die Raupen des Goldenen Sche-
ckenfalters ernähren sich vom Teufelsabbiss, das
Spatelblättrige Greiskraut scheint zu den bevorzugten Nahrungspflanzen des Falters zu gehören.

Die Zahl der beobachteten Vogelarten repräsentiert über 50 % der in Mitteleuropa überhaupt vorkommenden und durchziehenden Arten. Besonders für Watvögel auf dem Zug ist das Osterried

Das Spatelblättrige Greiskraut (*Senecio helenites*) kann man im NSG »Osterried« finden.
S. JESSBERGER

von besonderer Bedeutung. Das Gebiet ist Teil einer Kette von hochwertigen Feuchtgebieten als Trittsteine im Vogelzug. Die Kette beginnt am Neckarknie bei Plochingen mit den Wernauer Baggerseen, geht über Schopflocher Moor und Schmiechener See auf der Schwäbischen Alb und zuletzt über den Öpfinger Stausee im Mündungsgebiet von Riß, Westernach und Rot zur Donau und zum Osterried und setzt sich bis zum Bodensee fort.

Die Fichtenaufforstungen haben in den letzten Jahrzehnten den Lebensraum mancher bedrohten Art eingeschränkt. Dank der Quellaufbrüche im Kernbereich des Schutzgebietes hat sich aber der Wasserstand trotz der Entwässerung des Riß- und des Dürnachtals einigermaßen gehalten. In den vergangenen Jahren konnte einiges für den Erhalt des bemerkenswerten Schutzgebietes erreicht werden. Kleinseggenriede, Nass- und Streuwiesen werden durch den Einsatz örtlicher Naturfreunde und der Mähraupe der Natur-

schutzverwaltung fachgerecht gepflegt. Einige Fichtenriegel konnten in das Eigentum des Landes Baden-Württemberg überführt und entfernt werden. Zukünftig sollen weitere Riedflächen geöffnet werden. Darüber hinaus wird durch die Zurückdrängung von Gebüschen eine Erweiterung und Vernetzung der offenen Feuchtlebensräume angestrebt.

Schutzzweck ist die Sicherung, Pflege und Förderung einer außerordentlich vielfältigen Riedlandschaft mit Quellbereichen, Schilfgebieten und einem unmittelbar benachbarten Trockenhang als Lebensraum einer Vielzahl von Tier- und Pflanzenarten sowie als Trittstein in einer Vogelzugstraße.

Hinweise für Besucher: Das Osterried ist wegen der wenigen und nicht markierten Wege schwer zugänglich. Interessierte können das Osterried am besten von Baltringen kommend auf dem östlichen Weg entlang erkunden.

17 RIEDSCHACHEN

Landkreis Biberach: Gemeinde Bad Schussenried,
Gemarkung Kleinwinnaden

Naturraum: Donau-Ablach-Platten

Geschützt seit 1941

Fläche: 11,1 Hektar

Top. Karte 7923

Das rund drei Kilometer nordöstlich von Bad Schussenried liegende Gebiet »Riedschachen« – ein bewaldeter Moorkomplex, der 1941 unter Naturschutz gestellt wurde – gehört zum ehemaligen Verlandungsbereich des Federsees. Südlich des NSG erhebt sich die Endmoräne der Würm-Kaltzeit, aus der die Schussenquelle entspringt.

Das Kernstück des 584 m NN hoch gelegenen und auch als Bannwald ausgewiesenen Schutzgebietes bildet ein ursprünglicher Moorrandwald. Im westlichen Streifen des Riedschachen-Geländes steht der Wald auf ehemaligen Torfstichen, im östlichen Bereich auf einer nur oberflächlich abgebauten Torfunterlage. Im Nordosten führt der stark eingetiefte Federbach vorbei, in den das Sattenbeurener Schneckenpumpwerk das Wasser aus dem Steinhauser Ried pumpt. In dem Schutzgebiet, dessen Urzustand der Nutzung weitgehend zum Opfer fiel, kann man nun gut verfolgen, wie sich Flora und Fauna nach den gravierenden Eingriffen weiterentwickeln. Dies ist sowohl für die Wissenschaft wie für die forstliche Praxis von Bedeutung.

Mit seinem typischen Erscheinungsbild mutet der heutige Wald vor allem auch dem Laien sehr ursprünglich an. Es bleibt zu hoffen, dass im Rahmen der Ausweitung des Federseenaturschutzkomplexes nach Süden die künstliche Entwässerung durch das Pumpwerk in diesem Bereich aufgegeben wird. Dies dürfte sich auch positiv auf das NSG »Riedschachen« und sein Umfeld auswirken, das derzeit durch den rund drei Meter tiefen, kanalisierten Federbach nachhaltig beeinträchtigt wird. Falls die Korrektur des Wasserhaushaltes im Steinhauser Ried nicht gelingt, wird sich der ursprüngliche Fichtenmoorrandwald langfristig in eine Buchenwald-Gesellschaft umwandeln.

Schutzzweck ist die Erhaltung der unbeeinflussten natürlichen Entwicklung eines Moorwaldes nach Torfabbau als Lebensraum zahlreicher Tier- und Pflanzenarten.

Hinweise für Besucher: Mitten durch das Schutzgebiet führt ein Waldweg von Aichbühl kommend zum Schienenhof. Interessant ist das nur in einem Bannwald anzutreffende Waldbild

Mit verschiedenen Orchideen- und Farnarten hat das NSG »Riedschachen« einige beachtliche botanische Raritäten aufzuweisen. S. JESSBERGER

mit zahlreichen abgestorbenen großen Fichten und Kiefern, die im stufig aufgebauten Moorwald langsam und ungeordnet zerfallen.

18 SAULOCH

Landkreis Biberach: Gemeinde und Gemarkung Langenenslingen

Naturraum: Mittlere Flächenalb

Geschützt seit 1970

Fläche: 2,7 Hektar

Top. Karte 7822

Nordwestlich der Gemeinde Langenenslingen liegt unterhalb der Stubenhalde das NSG »Sauloch« in einer ausgesprochen reizvollen Umgebung. Im Gebiet trifft man auf typische Reste einer Wacholderheide mit entsprechender Vegetation. Den geologischen Untergrund bildet Weißjura zeta (Kalkmergel). Damit ist eine wesentliche Voraussetzung für die Entwicklung von Magerrasen mit ihrer reichen Fauna und der typischen Flora der Schwäbischen Alb gegeben. Berg-Gamander, Katzenpfötchen und Kugelblume gehören zu ihren bedeutendsten Vertretern. In dem knapp drei Hektar großen Schutzgebiet konnte sich aber auch eine Vielzahl seltener und geschützter Orchideenarten ansiedeln. Darüber hinaus finden sich hier Pflanzengesellschaften der ehemaligen Schafweide. Die ungewöhnliche Konzentration vieler seltener und geschützter Arten auf einer relativ kleinen Fläche ist nicht nur regional, sondern auch überregional von Bedeutung.

Schutzzweck ist die Erhaltung einer kulturhistorisch bedeutsamen Wacholderheide mit einer artenreichen Kalkmagerrasenflora als Habitat zahlreicher bedrohter Pflanzen- und Tiergemeinschaften und sowie als landschaftsprägende Besonderheit im Naturraum.

Hinweise für Besucher: Um die Bestände der seltenen Orchideenarten zu schützen, wurde um ihren Hauptstandort herum ein Zaun errichtet. Die Absperrung soll die empfindlichen Pflanzen vor Trittschäden und anderen groben Beeinträchtigungen schützen. Zudem versucht man mit gezielten landschaftspflegerischen Eingriffen die optimalen Standortvoraussetzungen für die ungewöhnlich reiche Flora im Sauloch zu erhalten. An besonders besucherstarken Tagen während der Orchideenblüte im späten Frühjahr übernehmen ehrenamtliche Naturschützer die Bewachung des Gebietes.

19 SCHAND

Landkreis Biberach: Stadt Laupheim, Gemarkung Untersulmetingen

Naturraum: Hügelland der unteren Riß

Geschützt seit 1981

Fläche: 16,4 Hektar

Top. Karte: 7724

Das über 16 Hektar große Schutzgebiet »Schand« liegt westlich von Laupheim im Bereich der Ingerkinger Moore. Dort hat sich in einer abflusslosen Senke auf rund 500 m NN ein Niedermoor aus Seggen- und Braunmoostorfen gebildet. Schlickreiche Ablagerungen über der Unteren Süßwassermolasse verhinderten eine Versickerung des Wassers im Untergrund.

Die Niedermoorflächen wurden in der Vergangenheit extensiv bewirtschaftet, das Interesse ließ aber in den 1980er-Jahren immer mehr nach. Deshalb konnte der Moorbereich im Flurneuordnungsverfahren Untersulmetingen gesichert und zum größten Teil in Landeseigentum überführt werden. Im Rahmen dieses Verfahrens legte man im Schand-Gebiet einen flachen See an. Beim Aufstau der Wasserfläche wurden verlandende Torfstiche und Gebüsche zum Teil wieder überflutet. In diesem Mosaik unterschiedlicher Biotope konnte sich eine ganze Reihe interessanter Tier- und Pflanzenarten ansiedeln. Regional bedeutsam ist das Schutzareal als Brutbiotop, Rastplatz und Winterquartier für die Vogelwelt. Neben 28 Brutvogelarten kann man 35 regelmäßig und 23 gelegentlich durchziehende Arten beobachten.

Um den Charakter des Streu- und Nasswiesengeländes zu erhalten, wird das Schutzgebiet jähr-

Das NSG »Schand« liegt inmitten von intensiv bewirt-
schafteten Flächen. Im randlichen Bereich werden die
Wiesen noch zur Streugewinnung genutzt, sodass der
Teufelsabbiss (*Succisa pratensis*) zur Blüte kommen kann.
S. JESSBERGER

20 SCHWAIGFURTER WEIHER

Landkreis Biberach: Stadt Bad Schussenried
Gemarkungen Kürnbach, Otterswang und
Schussenried
Naturraum: Donau-Ablach-Platten
Geschützt seit 1993
Fläche: 31 Hektar
Top. Karte 8023 und 8024

lich gepflegt. Diese Arbeiten übernehmen Landwirte und der Obst- und Gartenbauverein Untersulmetingen. Die im östlichen Teil des Schutzgebiets gelegene ehemalige Bauschutt-Deponie der
Stadt Laupheim wurde in den 1970er-Jahren rekultiviert.

Schutzzweck ist die Erhaltung des Feuchtgebietes mit ergänzendem trockenen Bereich in intensiv landwirtschaftlich genutzter Landschaft als
Lebensvoraussetzung für zahlreiche Pflanzen und
Tierarten einschließlich deren Lebensgemeinschaften.

Hinweise für Besucher: Das Naturschutzgebiet »Schand« ist umgeben von unbefestigten
landwirtschaftlichen Wegen, von denen aus das
Niedermoor und die Vogelwelt beobachtet werden können. Im Gebiet selbst verlaufen keine
Wege.

Südlich von Bad Schussenried liegt – umgeben
von Moränenhügeln – der »Schwaigfurter Weiher« auf etwa 550 m NN. Das 31 Hektar große
Naturschutzgebiet wurde 1993 mitsamt einem
84 Hektar großen dienenden Landschaftsschutzgebiet ausgewiesen. Vor 500 Jahren haben hier
die Mönche des Prämonstratenser-Klosters in
Schussenried die Schussen für die Fischzucht an-
gestaut. Noch zwei weitere Zuflüsse speisen den
Weiher, der Krebsbach und der Finsterbach.
Rings um den See zieht sich ein Bruchwald mit
Schilfröhricht. Im Süden wird das Gewässer
durch einen Damm begrenzt, auf dem die Straße
von Laimbach nach Otterswang führt. Hier liegt
die kleine Siedlung Schwaigfurt.

Der Schwaigfurter Weiher flacht nach Norden
und Osten ab und läuft in eine breite Schilfzone
aus, die an manchen Stellen von Bulten der Wunder-Segge und der Steifen Segge durchsetzt ist.
Im Osten der Schilfzone haben sich Grauweiden-
und Erlenbrüche entwickelt. Im Westen wächst
ein bemerkenswertes Mittelwaldrelikt, das auf
eine frühere Hutewaldnutzung verweist, mit
mächtigen, etwa 180 Jahre alten Stil-Eichen. Dieser Bereich ist als Schonwald ausgewiesen.

Das Weiher-Gebiet bietet Lebensraum für
zahlreiche Tiere. Dabei ist insbesondere das ungewöhnlich breite Artenspektrum bei den Vögeln
bemerkenswert. Im Schutzgebiet konnten 46
Brutvogelarten nachgewiesen werden, darunter
der unscheinbare, aber deutlich hörbare Zwergtaucher. Es finden sich eine Vielzahl weiterer
Tierarten wie z. B. Libellen, Lurche und Reptilien,
die im oder am Wasser leben.

Der größte Teil der Nasswiesen liegt schon
lange brach. Hier hat sich ein dichtes Schilfröh-

Am Schwaigfurter Weiher kann man beispielhaft die typischen Verlandungszonen eines Stillgewässers von der Seerosenzone über Röhrichtgesellschaften bis hin zum Flachmoor und zur Streuwiese beobachten.
L. ZIER

richt entwickelt. Insofern hat sich das dienende Landschaftsschutzgebiet hervorragend als Pufferzone bewährt. In ihm liegen – durch Gräben vom Kernbereich abgetrennt – feuchte Wiesen, die noch immer bewirtschaftet werden.

Bei der Ausweisung des Schutzgebiets ging es vor allem darum, die unterschiedlichen Nutzungsansprüche an das Weihergelände zu regulieren. Der Bootsverleih am See wurde eingeschränkt, um die ungestörte Vogelbrut am See zu sichern. Dennoch kommt es immer wieder zu Störungen durch uneinsichtige Bootsnutzer. Die extensive Fischzucht ist weiterhin gestattet und erwünscht. Nachdem nun im Landschaftsschutzgebiet, in dem keine Wiesen mehr umgebrochen werden dürfen, extensive Grünland-Bewirtschaftung vorherrscht, kann sich der Zustand des Weihers hinsichtlich der Wasserqualität zukünftig wieder verbessern.

Schutzzweck ist die Erhaltung des »Schwaigfurter Weihers« und seiner Verlandungssukzession als Lebensraum für zahlreiche wasserbezogene Tier- und Pflanzenarten und insbesondere als Brutgebiet für zum Teil seltene Wasser- und Sumpfvogelarten.

Hinweise für Besucher: Der »Schwaigfurter Weiher« ist ein beliebtes Ausflugsziel. Das Schutzgebiet ist auf ausgeschilderten Radwegen bequem von den Bahnhöfen Aulendorf und Bad Schussenried zu erreichen. Vom Weihergasthaus aus hat man einen schönen Blick auf den Weiher.

Fahrten mit dem Ruder- oder Tretboot müssen ruhig durchgeführt werden, insbesondere in den Bereichen hinter der Insel, die bevorzugte Brutreviere für Wasservögel darstellen. Das Umfahren der Insel sollte aus Rücksicht auf die Vogelwelt zwischen März und August vermieden werden. Vom Ufer sind mindestens 20 m Abstand einzuhalten, Anlanden ist nicht erlaubt.

21 STORCHENWIESEN

Landkreis Biberach: Gemeinde und Gemarkung Altheim
Naturraum: Donau-Ablach-Platten
Geschützt seit 1982
Fläche: 7,1 Hektar
Top. Karte 7822

Im Osten von Riedlingen liegt zwischen Andelfingen und Altheim das gut sieben Hektar große NSG»Storchenwiesen« in einer Talsenke des Biberbachs. Es ist ein nährstoffreiches Niedermoor beiderseits des Biberbachs, das auf Schottern der Risskaltzeit ruht.

In dem auf 540 m NN gelegenen Schutzgebiet trifft man auf einen Biotopkomplex aus zentral gelegenem Schilfröhricht, Großseggenried, Rohrglanzgras- und Rohrkolbenröhricht, Sumpf- seggen- Kohldistelwiesen und Mädesüß-Hoch- staudenfluren. Typische Feuchtgebietsvertreter wie Kuckucks-Lichtnelke-, Wiesen-Knöterich und Sumpf-Vergissmeinnicht bilden Farbtupfer in den Feuchtwiesen.

Obwohl das Schutzgebiet mit etwa 7 Hektar nicht sonderlich groß ist, lassen sich zahlreiche, auch seltene Vogelarten beobachten. Zu den Brut- vögeln gehört regelmäßig der Teichrohrsänger, die Rohrammer, der Sumpfrohrsänger und die Schafstelze. Von den vielen Nahrungsgästen soll hier vor allem der vom Aussterben bedrohte Wie- dehopf genannt werden. Auch der Weißstorch findet in der Umgebung des Gebiets auf den ex- tensiv bewirtschafteten Wiesen noch Nahrung. Darüber hinaus stellt das Flachmoor einen Rast- platz für Zugvögel, insbesondere Watvögel, dar, die für ihre Nahrungsaufnahme deckungsreiche Schlammflächen benötigen.

In den blütenreichen Hochstaudenfluren flie- gen zahlreiche Schmetterlingsarten. Als Amphi- bien-Lebensraum fällt der Biberbach aus, da er schnell und geradlinig durch das Gebiet fließt. In seinen Überschwemmungsbereichen sind jedoch Erdkröte und Grasfrosch heimisch. Alle im Ge-

biet nachgewiesenen Tierarten wurden durch die zunehmende Zerstörung feuchter und nasser Fortpflanzungs- und Nahrungsbiotope selten. Sie benötigen solche Refugien, soll ihr Bestand ge- wahrt werden.

Durch den gezielten Ankauf von Grundstü- cken konnte die Naturschutzverwaltung die Kern- bereiche des Flachmoores vor anderen Ansprü- chen schützen. Zudem gelang es mit Hilfe von Extensivierungsmaßnahmen, den Nährstoffein- trag aus den angrenzenden, intensiv landwirt- schaftlich genutzten Flächen zu verringern. Ein regeneriertes Altwasser dient zur Stabilisierung der Amphibienbestände und bietet auch anderen Feuchtgebiets-Tierarten größere Entwicklungs- möglichkeiten.

Schutzzweck ist die Erhaltung des Feuchtge- bietes am Biberbach mit seiner artenreichen Pflanzenwelt als Nahrungs- und Brutbiotop sel- tener Vogelarten, als Durchzugsgebiet von Wat- vögeln und als Amphibienlebensraum.

Hinweise für Besucher: Vom Parkplatz an der Landstraße L 277 zwischen Altheim und An- delfingen kann sehr gut in das Schutzgebiet ein- gesehen werden. Da das Gebiet nicht mit Wegen erschlossen ist, sind Vogelbeobachtungen am einfachsten vom Parkplatz aus möglich.

Durch den kleinräumigen Wechsel von Röhricht, Seggenwiesen und Hoch- staudenfluren stellt das Flachmoor »Storchenwie- sen« einen wichtigen Le- bensraum für viele Tiere dar, die auf solche Feuchtgebiete angewie- sen sind. S. JESSBERGER

22 SÜDLICHES FEDERSEERIED

Landkreis Biberach: Stadt Bad Buchau,

Gemeinden Oggelshausen

Gemarkungen Bad Buchau, Oggelshausen

Naturraum: Donau-Ablach-Platten

Geschützt seit 1994

Fläche: ca. 522 Hektar

Top. Karte 7923

Das Südliche Federseeried grenzt unmittelbar an das Naturschutzgebiet »Federsee« an. Die Landesstraße L 208 zwischen Bad Buchau und Oggelshausen bildet die Grenze der beiden Gebiete und schafft eine einschneidende landschaftliche Zäsur im Federseebecken.

Das Schutzgebiet setzt sich aus zwei unterschiedlichen Bereichen zusammen. Der nördliche Teil mit den Gewannen »Dullenried« und »Egelsee«, Teile des »Taubriedes« und »Allgemeinen Rieds« sind offene Niedermoorflächen, die schon vor den Seefällungen um 1800 verlandet waren und nach Torfabbau zur Futter- und Streugewinnung sowie als Viehweide genutzt worden waren. Er wurde weiterhin als Grünland genutzt.

Südlich davon herrschen Wälder vor, die sich entweder aus gezielten Aufforstungsmaßnahmen

in den 1960er-Jahren oder nach Torfabbau natürlich entwickelt haben. Dieser Teil gehörte bereits zu dem im Süden des Federseebeckens gelegenen ehemaligen Hochmoor. Die Abtorfung fand kleinflächig von Hand statt – zurück blieb ein kleinräumig gegliedertes Vegetationsmosaik. Im »Allgemeinen Ried« wurde noch bis Anfang 1960 nach dieser Methode Torf von Kleinbauern gewonnen. Die meisten »Buchauer« und »Oggelshausener« hatten einen Torfstich. Dem Brennstoffmangel während des Zweiten Weltkrieges ist es zuzuschreiben, dass wie in den meisten oberschwäbischen Mooren nur kleinste Reste der ursprünglich ausgedehnten Moorflächen übrig blieben.

Die naturnahen, sekundär entstandenen Moorbirken-Waldkiefern-Moorwälder zeichnen sich durch das Auftreten von Hochmoorarten aus. An lichten und nassen Stellen finden sich Torfmoose, das Scheidige Wollgras, die Moosbeere und das Steife Widertonmoos. Auf dem weitaus größeren Teil herrschen trockene Verhältnisse vor, dort dominiert die Moor-Birke mit Heidekraut, Rauschbeere oder flächig das Blaue Pfeifengras.

Die unbewaldeten ausgedehnten Niedermoorflächen besitzen große Bedeutung für zahlreiche seltene Sumpf- und Wasservogelarten. Lebens-

Hauptsächlich im NSG »Südliches Federseeried«, in dem flächig Torf abgebaut wurde, finden sich die umfangreichsten und wichtigsten Ausgrabungen prähistorischer Pfahlbausiedlungen in Europa. Erst in den letzten Jahren hat man wieder zahlreiche bedeutende Siedlungen entdeckt. Die wichtigsten Bodendenkmale werden in einem archäologischen Lehrpfad (im Bild die Station »Siedlung Forschner«) präsentiert.
S. JESSBERGER

raumstrukturen wie ein hoher, wechselnder Grundwasserstand mit temporären Überstauungen, Brachestadien und strukturreiche Grünlandtypen schaffen geeignete Lebensbedingungen für selten gewordene Wiesenbrüter. Für Vogelarten wie Großer Brachvogel, Braunkehlchen, Schafstelze, Wiesenpieper, Kiebitz und in guten Jahren auch Wachtelkönig sind die Moorwiesen als Bruthabitat von herausragender Bedeutung. Zur Vogelzugzeit im Frühjahr rasten auf den Wiesenflächen Kiebitz, Großer Brachvogel, Weißstorch, Kornweihe und Schwarzstorch.

Als Nahrungsreservoir dient die Riedlandschaft dem Weißstorch, dem Graureiher sowie Rotmilan und Schwarzmilan, die in der Umgebung brüten.

Im südlich gelegenen Wald mit seinen Brache- und Hochstauden- und Moorpflanzengesellschaften leben Pirol, Dorngrasmücke, Weidemeise und randlich der Neuntöter. Als Gäste nachgewiesen sind Schwarzspecht und Raubwürger. Gelbbauchunke, Erdkröte, Grasfrosch, Wasserfrosch, Bergmolch und Teichmolch haben reiche Vorkommen, auf sonnigen und trockenen Hochmoorheideflächen ist regelmäßig die Kreuzotter zu finden.

Der kulturellen prähistorischen Vergangenheit sind das Federsee-Museum in Bad Buchau und ein archäologischer Lehrpfad gewidmet. Im Freilichtbereich des Federseemuseums erhält man in den Rekonstruktionen der Pfahlbauten und Moorhäusern einen Eindruck, wie vorgeschichtliches Leben in den Siedlungen wohl ausgesehen haben könnte.

Um dieser Bedeutung nachzukommen, war das »Südliche Federseeried« ein Schwerpunkt des 1997 bis 2002 von der Europäischen Union geförderten LIFE-Projektes. Im Zentrum stand die Sanierung des Wasserhaushalts in von Austrocknung bedrohten Moorflächen, aber auch die Bewahrung der bedeutenden archäologischen Bodendenkmale aus der Stein- und Bronzezeit.

Auf der Datenbasis eines hydrologischen Gutachtens wurde ein Pflege- und Entwicklungsplan für das gesamte Federseeried erstellt, der auch die Erfordernisse der Landwirtschaft berücksichtigt. Heute werden die Wiesen aufgrund eines differenzierten extensiven und umweltschonenden Nutzungs- und Pflegekonzeptes in Zusammenarbeit mit Landwirten erhalten.

Im Naturschutzgebiet wurde durch den Verschluss von Gräben, Einbau von Wehren und Abdichtungen auf ca. 250 Hektar der Grundwasserspiegel wieder angehoben. Seitdem wird genau beobachtet, welche Entwicklung Tiere und Pflanzen auf den vernässten Wiesen nehmen.

Schutzzweck ist die Erhaltung, Pflege, und Entwicklung eines landschaftsprägenden sowie faunistisch und floristisch reichhaltigen Niedermoores sowie von Hochmoorreliktstandorten als Teil des Naturschutzgebietskomplexes Federseebecken. Die Regenerierung und Stabilisierung des Wasserhaushaltes ist dabei Voraussetzung für die Erhaltung der Moorböden und damit auch Voraussetzung für den Fortbestand der charakteristischen faunistischen und floristischen Lebensgemeinschaften, der Funktion des Gebietes als Brut- Nahrungs-, Rast- und Überwinterungsgebiet für Vögel sowie als Fundstätte prähistorischer Siedlungsreste aus Stein- und Bronzezeit.

Hinweise für Besucher: Seit 2004 gibt es eine neue Anlaufadresse für Archäologie-Interessierte: den neuen ArchäoPark Federsee! Unter dem Namen verbergen sich das renommierte Federseemuseum Bad Buchau und die frisch errichtete Bachritterburg Kanzach. Informationen zum Naturschutz erhält man im Naturschutzzentrum Federsee in Bad Buchau. Im Internet sind auch erste Hinweise unter der Adresse www.naturschutz-am-Federsee.de erhältlich, Informationen zur Archäologie sind unter der Internet-Adresse www.archaeopark-federsee.de zugänglich.

23 TANNENHALDE

Landkreis Biberach: Gemeinde Langenenslingen,
Gemarkung Dürrenwaldstetten
Landkreis Reutlingen: Gemeinde Zwiefalten,
Gemarkung Upflamör
Naturraum: Mittlere Flächenalb
Geschützt seit 1980
Größe: 33,2 Hektar
Top. Karte 7722

Das NSG »Tannenhalde« liegt etwa 1,5 Kilometer nordöstlich von Dürrenwaldstetten auf der Grenze der beiden Landkreise Reutlingen und Biberach. Es umfasst die Hänge beiderseits des Kohltals, eines Trockentals zur Zwiefalter Ach. Fast das gesamte Gebiet besteht aus baumartenreichen, naturnahen Waldgesellschaften, aus denen prächtige, alte Baumgestalten herausragen. Auf den steilen, mit Felspartien und Geröllhalden durchsetzten Flächen war nie eine intensive Forstwirtschaft möglich. Nach gelegentlicher Nutzung entwickelte sich dank der Naturverjüngung recht schnell wieder ein artenreicher Mischbestand.

Die unteren Hangpartien der Tannenhalde besiedeln ein Eschen-Ahorn-Schluchtwald. Hier sind die Böden sehr steinig bis blockreich, teilweise stößt man sogar auf regelrechte Blockhalden. S. JESSBERGER

Aufgrund unterschiedlicher Expositionen, stark wechselnder Verhältnisse im Kleinklima und verschiedenartiger Bodentypen konnte sich die Flora in der Tannenhalde vielfältig entwickeln.

In den oberen Hangbereichen dominiert Orchideen-Buchenwald mit Wärme liebenden Arten. Auf den felsigen Partien bleibt die Wuchskraft wegen der mangelnden Wasserversorgung so eingeschränkt, dass die Bäume nur gebüschartig wachsen. Solche offenen Stellen bieten Lebensraum für Florenelemente der Steppenheide-, Trocken- und Halbtrockenrasengesellschaften. Auf den mittleren Hanglagen breiten sich frische bis mäßig feuchte Buchenwaldgesellschaften wie Waldmeister-Buchenwald oder Waldgersten-Buchenwald aus. Weil die Bodenverhältnisse oft sehr kleinflächig wechseln, können sich die Gesellschaften mosaikartig durchdringen.

Die unteren Hangpartien des engen Tales mit ihrem kühlen und feuchten Kleinklima besiedelt ein Eschen-Ahorn-Schluchtwald. Dieses Waldstück kann als botanisch wertvollster Bestandteil des Schutzgebietes angesehen werden. Hier gedeihen beispielsweise die Hirschzunge und die Alpen-Heckenkirsche. Auch für die Wissenschaft ist das vielgestaltige, gut 33 Hektar große Tannenhalde-Areal mit seinem ungewöhnlichen Reichtum an Tier- und Pflanzenarten in ihren natürlichen Waldgesellschaften von großem Wert.

Schutzzweck ist die ungestörte Entwicklung des Waldgebietes. Die Tannenhalde ist auch als Bannwaldgebiet gesichert.

24 UMMENDORFER RIED

Landkreis Biberach: Stadt Biberach,
Gemeinden Ummendorf und Hochdorf
Gemarkungen Rißegg, Ummendorf und
Schweinhausen
Naturraum: Riß-Aitrach-Platten
Geschützt seit 1988
Fläche: 121,5 Hektar
Top. Karte 7924

Das »Ummendorfer Ried« liegt südlich von Biberach in der Talaue der Riß, die sich von Südosten nach Nordwesten durch das ausgedehnte Schutzgebiet zieht. Es handelt es sich um den Rest einer einst viel ausgedehnteren Rißmoorlandschaft. Sie entstand bei der raschen Verlandung des Flachsees, der sich nach der Ausräumung von Niederterrassenschottern durch die Ur-Riß gebildet hatte. Das geschützte Areal wird von markanten Grenzlinien eingefasst: Im Westen verläuft die B 30, im Osten die Bundesbahnlinie von Ulm nach Friedrichshafen und im Norden die Verbindungsstraße zwischen Rißegg/ Halde und Ummendorf. Im Osten grenzt an das »Ummendorfer Ried« ein langgestreckter Baggersee an, der vielen Erholungssuchenden aus der weiteren Umgebung als Badesee dient. Der südliche Teil des Baggersees wurde vom Landkreis Biberach erworben, naturnah umgestaltet und dient vollständig Naturschutzzwecken.

Bereits 1941 hat man hier etwa 23 Hektar, die landwirtschaftlich nicht mehr genutzt wurden, als Naturschutzgebiet ausgewiesen. In diesem Bereich wachsen heute vorwiegend Moorrandwälder mit hohem Fichtenanteil. Bei der Erweiterung im Jahr 1988 wurden Kiefern-Moorrandwälder, Aufforstungen, Bruchwälder, ausgedehnte Weidengebüsche, Sumpfwälder, verheidete Hochmoorreste, regenerierende Torfstiche, Streuwiesen, Nasswiesen, Verlandungsbereiche und intensiv bewirtschaftetes Grünland in das auf 540 m NN gelegene Schutzgebiet mit einbezogen.

Entsprechend vielfältig ist die Pflanzenwelt des Schutzgebiets, das neben vielen anderen immerhin fast 80 gefährdete oder schonungsbedürftige Arten beherbergt. Mit über 250 Arten verdient auch die Pilzflora besondere Beachtung. Hochwertig ist ebenfalls die Schmetterlingsfauna mit einer ganzen Reihe in Baden-Württemberg seltenen Arten. Daneben hat man bislang 84 Käferarten, 13 Libellen- und 49 Wanzenarten in dem geschützten Areal kartiert. Und schließlich bietet sich das Ried als Trittstein-Rastplatz für Vögel an, die in ihre Überwinterungsgebiete ziehen.

Durch eine Begradigung der Riß in den 1930er-Jahren, durch die Entwässerung angren-

Der in Ummendorf regelmäßig brütende Weißstorch nutzt die inzwischen extensivierten Wiesen im NSG »Ummendorfer Ried« als Nahrungsflächen. J. SENNER

zender Felder und insbesondere durch den seit den 1960er-Jahren praktizierten Nasskiesabbau wurde der Wasserhaushalt des Schutzgebietes stark und nachhaltig beeinträchtigt. Dazu haben auch verschiedene Aufforstungen mit nicht standortgemäßen Baumarten beigetragen.

Die Pflege der Streuwiesen, verschilften Seggenrieder und Hochstaudenfluren erfolgt nach einem Pflege- und Entwicklungsplan. Regelmäßig mähen Landwirte, aber auch die Forstverwaltung mit einer Spezialmähraupe, die das Mähgut zusätzlich aus dem Gebiet entnimmt.

Im Schutzgebiet erwirbt das Land Baden-Württemberg seit langen Jahren Grundstücke mit dem Ziel, in zusammenhängendem Grundbesitz die Entwässerungseinrichtungen zurückzubauen und das Moor wieder zu vernässen. Gelungen ist auch der Anschluss ehemaliger Rißaltarme an die begradigte Riß. Der Fluss kann so in Zukunft in seinen alten Schlingen das Gebiet durchfließen.

Schutzzweck ist die Erhaltung, Beruhigung, Pflege und Weiterentwicklung des Niedermoores mit kleinen Hochmoorresten, Wasserflächen und abgetorften Teilen in den unterschiedlichsten Entwicklungsstadien. Geschützt und beruhigt

In NSG »Lindenweiher«
findet man zahlreiche
Quelltöpfe, die vom
Grundwasserstrom des
Riedtals gespeist werden.
J. SENNER

werden sollen die durch Verzahnung unterschied-
licher Lebensbereiche vorhandenen Brut- und
Nahrungsbiotope einer Vielzahl von Tier- und
Pflanzenarten. Das »Ummendorfer Ried« soll in
seiner Bedeutung als wichtiger Ruhe-, Rast- und
Mauserplatz erhalten und verbessert werden.

Hinweise für Besucher: Eine Rundwanderung kann vom Freibad-Parkplatz auf einem
Forstweg begonnen werden, der durch den nördlichen Teil des Rieds führt. Ansonsten gibt es im
stark verwachsenen Ried keine begehbaren
Wege. Vom Rundweg aus gewinnt man jedoch einen sehr guten Einblick in die urwaldartigen zu-
sammenbrechenden Fichten- und Kiefernwälder,
die allmählich von Farnen, Moosen und Flechten
überwuchert werden. Vom abgesperrten Südufer
des Badesees aus darf nicht gebadet werden.

25 VOGELFREISTÄTTE
LINDENWEIHER

Landkreis Biberach: Gemeinde Hochdorf,
Gemarkung Unteressendorf
Naturraum: Riß-Aitrach-Platten
Geschützt seit 1939
Fläche: 47 Hektar
Top. Karte 7924

Das NSG »Lindenweiher« im Südwesten von
Hochdorf hat seinen Ursprung in einem ausgedehnten Niedermoor, das sich aus einem
Schmelzwasserstau im Bett der Ur-Riß entwickelte. Der Lindenweiher entstand im 12. Jahrhundert, als man beim Bau einer Burg am nördlichen Ufer des heutigen Sees einen Damm
aufschüttete. Umgeben wird das künstliche Gewässer von den verbliebenen Niedermoorflächen,
die bereits vor der Anlage des Weihers Sees exis-
tierten. Das Gebiet wurde bereits 1939 auf einer
Fläche von 47 Hektar unter Schutz gestellt.

Das auf 550 m NN gelegene Schutzgebiet wird
geprägt von einer typischen Verlandungsvegetation mit einem ausgedehnten Röhricht des
Schmalblättrigen Rohrkolbens, einem breiten
Schilfgürtel, eingestreutem Schneid-Ried, stark
verschilften Großseggenbeständen sowie gepflegten und artenreichen Streuwiesenflächen
mit Pfeifengras und Niedermoorarten. Im Süden
des Schutzgebietes sind Kopfbinsen-Quellmoore
ausgebildet. Bruchwaldartige Schwarzerlen-
Bestände, Zitterpappel-Wäldchen, Grauweidengebüsche sowie Kiefern- und Fichtenwälder auf
Niedermoortorf trennen die Verlandungszone
von den randlichen Nasswiesen und feuchten
Glatthafer-Wiesen.

Das NSG »Lindenweiher« bietet Lebensraum
für mindestens 262 Arten höherer Pflanzen und

67 Moosarten. 52 dieser Arten sind in der Roten Liste Baden-Württembergs als gefährdet oder schonungsbedürftig eingestuft. Mit 110 Arten konnte sich auch die Pilzflora in diesem Gebiet überaus vielfältig entwickeln, besonders stark sind dabei holzbesiedelnde Pilze vertreten. Darüber hinaus beherbergt der Lindenweiher eine bemerkenswerte Wasserkäferfauna mit 34 verschiedenen Arten. Von den 52 Wanzenarten, die man bislang im Schutzgebiet entdeckt hat, gelten drei in Baden-Württemberg als gefährdet. Überregional kommt dem Lindenweiher eine große Bedeutung als Rast- und Nahrungsplatz für Zugvögel zu.

Der Lindenweiher ist als Gewässer mit mittlerem Nährstoff-Gehalt einzustufen. Diese Einschätzung bestätigten Untersuchungen der tierischen und pflanzlichen Mikroorganismen im See. Ohne ausreichende Wasserzufuhr aus den Kalkquelltöpfen wäre der Lindenweiher längst verlandet. Aus naturschützerischer Sicht ist es deshalb höchst problematisch, dass der Zweckverband Wasserversorgung Schussen-Rotachtal-Gruppe im Bereich des Schutzgebietes auf Unteressendorfer Gemarkung Grundwasser entnimmt. Dies hatte bereits negative Auswirkungen auf die Schüttung der Kalkquellen und den Wasserhaushalt im Gebiet. Für den Fall, dass das Fördervolumen weiter gesteigert wird, sind wohl weitere Schäden für das Naturschutzgebiet zu erwarten. Die zunehmende Verschilfung und Verbuschung von Quellmoorbereichen erfordern bereits jetzt aufwendige landschaftspflegerische Eingriffe, die in regelmäßigen Abständen nach einem Pflegeplan der Naturschutzverwaltung vorgenommen werden.

Schutzzweck ist die Erhaltung des Niedermoores in einem Talstück des einstigen Rißlaufs mit Wasserflächen, Schilf-Röhrichten und Seggenriedern, Streuwiesen, Nasswiesen, Moor- und Bruchwäldern sowie offenen Quelltöpfen als Lebensraum zahlreicher Tier- und Pflanzenarten, insbesondere für seltene Vogelarten als Brut- Nahrungs-, Rast- und Überwinterungsgebiet.

Hinweise für Besucher: Das Schutzgebiet ist bequem mit dem Fahrrad auf gut ausgebauten Radwegen jeweils aus den Richtungen Ingoldingen, Biberach und Bad Schussenried zu erreichen. Im Nordteil des Schutzgebietes besteht ein vom Schutzgebiet abgetrennter Badebereich. Die Gastwirtschaft an der Lindenmühle lädt zu einer Rast ein.

26 WESTLICHES FEDERSEERIED/ SEELENHOFER RIED

Landkreis Biberach: Stadt Bad Buchau
Gemeinden Alleshausen, Betzenweiler, Kanzach, Moosburg
Gemarkungen Kappel/Alleshausen, Betzenweiler, Kanzach, Moosburg
Naturraum: Donau-Ablach-Platten
Geschützt seit 1999
Fläche: ca. 241 Hektar
Top. Karte 7823 und 7923

Das Naturschutzgebiet beginnt nördlich des Kanzachkanals und wird nur durch die Landstraße zwischen Bad Buchau und Moosburg vom angrenzenden NSG »Federsee« getrennt. Vom Kanzachkanal bis zur Ortschaft Moosburg trägt das Gebiet den Gewannnamen »Seelenhofer Ried«. Das Schutzgebiet umfasst den westlichen Teil des Federseeriedes. Diese Fläche war schon vor der Seefällung um 1800 verlandet. Lediglich die mit der Fällung verbundene Senkung des Grundwassers hat Einfluss auf das Gebiet genommen.

Das Gebiet selbst entwässert über die Kanzach nach Süden und die Miesach nach Norden. Die dazwischen liegende kleine Wasserscheide folgt in etwa dem Verlauf der Landesstraße L 270.

Meist von Wald begrenzt, dehnt sich das Gebiet auf etwa 5 km Länge und nie mehr als 500 m Breite nach Norden fast bis zur Kreisstraße Betzenweiler – Alleshausen aus und umfasst die nicht bewaldeten Riedflächen des »Seelenhofer Rieds«. In einer Höhenlage zwischen 570 und 585 m NN liegt es innerhalb der Grenze des nachkaltzeitlichen Federseebeckens.

Im Bereich des »Moosburger Wäldchens« zeigt die Vegetation auf einzelnen Flächen Übergangsmoorcharakter, die Niedermoortorfe sind bis zu 2 m mächtig. Das »Moosburger Wäldchen«, stellt mit seinen ehemaligen Torfstichen faunistisch und floristisch ein sehr hochwertiges Gebiet dar. Das kleinräumige Mosaik unterschiedlicher Pflanzengesellschaften zeichnet sich durch hohen Artenreichtum aus. Tümpel, Gräben und Gehölze strukturieren das Gebiet.

Die Mähwiesen sind als Kohldistel-Glatthaferwiesen mit ihrem typischen Arteninventar anzusprechen. Vereinzelt treten auch Kleinseggen-Kohldistelwiesen mit der Braun-Segge, der Hirsen-Segge und dem Kleinen Baldrian auf. Andere waldfreie Bestände sind von diversen Großseggen dominiert. Hochstaudenreiche, aus der Nutzung genommene Wiesen zeigen eine starke Verbuschungstendenz. Zu den seltenen Arten gehören: Kriech-Weide, Trollblume. Sumpf-Haarstrang, Wunder-Segge, Strauß-Gilbweiderich, Rauschbeere, Schmalblättriges Wollgras, Scheidiges Wollgras, Sumpf-Blutauge, Sumpf-Sternmiere und Nickender Zweizahn. Im Gebiet befinden sich aufgepflanzte standortfremde Fichten- und Lärchenbestände. Auf anderen Flächen findet man frühe Sukzessionsstadien des Fichten-Moorrandwaldes (Faulbaum-Weiden-Birkenbrüche),

die im Unterholz von verschiedenen krautigen Pflanzen dominiert werden.

Struktur- und Blütenreichtum lassen eine große Insektenvielfalt existieren, die für wiesenbrütende Vögel eine lebensnotwendige Nahrungsgrundlage darstellt. Bei den Schmetterlingsarten sind beispielsweise das Blauauge, das Wald-, das Rotbraune und das Große Wiesenvögelchen, der Baldrian-Scheckenfalter, der Lilagold-Feuerfalter und der Mädesüß-Perlmutterfalter darunter. Die Bekassine brütet unregelmäßig im Gebiet. An Reptilien sind die Kreuzotter und die Ringelnatter zu finden. Die in früheren Jahren angelegten Tümpel dienen als Lebensräume für Amphibien. Im Gebiet wird regelmäßig die Gelbbauchunke beobachtet.

Wirtschaftsgrünland wird etwa zu einem Drittel im Vertragsnaturschutz ein- bis zweischürig, darüber hinaus zwei- bis vielschürig genutzt. Nicht regelmäßig genutzte Wiesen und Grünlandbrachen werden im Rahmen von Landschaftspflege in längeren Zeitabständen gemäht, um eine ausreichende Struktur für Wiesenbrüter zu schaffen.

Unmittelbar am Übergang vom Federsee-Kerngebiet zur westlichen Erweiterungsfläche wurde im Rahmen des LIFE-Projekts an der Moosburger Straße das neue Wehr im Kanzach-

Auf landeseigenen Parzellen wurden im Seelenhofer Ried im Rahmen des LIFE-Projekts »Federsee« Scheidgräben vor ihrer Mündung in den Hauptgraben verschlossen. Diese Wiedervernässungsmaßnahmen zielen langfristig auf eine Revitalisierung des Moores hin. J. EINSTEIN

Ehemaliger Entwässerungskanal im NSG »Wettenberger Ried«. S. JESSBERGER

kanal gebaut, das für einen festgelegten Wasserstand im Federsee selbst sowie in großen Moorteilen sorgt.

Schutzzweck ist die Erhaltung, Pflege und Förderung eines landschaftsprägenden und faunistisch reichen Niedermoores als Lebensraum für Wiesenbrüter und für Amphibien, als Brut- und Rastplatz für Zugvogelarten sowie des kleinräumigen Mosaiks verschiedener Pflanzengesellschaften des Moosburger Wäldchens.

Hinweise für Besucher: Informationen zum Naturschutz erhält man im NABU-Naturschutzzentrum Federsee in Bad Buchau, das im Auftrag des Regierungspräsidiums Tübingen das Federseemoor betreut und Anlaufstelle für Besucher ist. Im Internet sind auch erste Hinweise unter der Adresse www.naturschutz-am-Federsee.de erhältlich, Informationen zur Archäologie sind unter der Internet-Adresse www.archaeopark-federsee.de zugänglich.

27 WETTENBERGER RIED

Landkreis Biberach: Gemeinde und Gemarkung Eberhardzell
Gemeinde Hochdorf, Gemarkung Schweinhausen
Naturraum: Riß-Aitrach-Platten
Geschützt seit 1982
Fläche: 66,6 Hektar
Top. Karte 7924

Knapp 20 Kilometer südlich von Biberach stößt man zwischen den Tälern der Riß und der Umlach auf zwei Hochmoorflächen, die als »Wettenberger Ried« bezeichnet werden. Die beiden Moore – das etwa 35 Hektar große Wasenmoos und der 24 Hektar große Wettensee – liegen im Bereich der Wasserscheide etwa 650 m NN hoch auf dem Hochgeländ, das im Wesentlichen durch rißkaltzeitliche Ablagerungen geprägt ist. Sie haben sich – durch anmoorige Übergangsbereiche voneinander getrennt – aus flachen, nährstoffarmen Seen am Rande der

Nach der Wiedervernäs-
sung des Wettenberger
Rieds hat sich wieder ein
moortypischer Wasser-
stand eingestellt, der zunächst zu einem Abster-
ben der nicht standort-
gemäßen Fichten und
Waldkiefern führte.
S. JESSBERGER

Vereisung bis zu den heutigen Hochmooren entwickelt. Dabei sind sie um etwa 2,3 Meter über
ihre Umgebung hinausgewachsen. An der tiefsten Stelle ist das Wettensee-Moor sogar 3,80 Meter mächtig.

Die Nutzung des Riedes begann mit Holznut-
zung zum Bau der Heinrichsburg durch Heinrich
von Waldburg im Jahr 1620. Ab 1820 wurde mit
der Torfgewinnung begonnen. In dieser Zeit
wurde kurzzeitig sogar Torfköhlerei betrieben.
Im Wasenmoos wurde um 1950 der letzte Torf gestochen. Während des Zweiten Weltkriegs wurden die Torflager in größerem Stil Teil ausgebeu-
tet. Davon zeugt noch heute die Steinrampe der
alten Feldbahn an der Ostgrenze des Schutzgebiets.

Im Gegensatz zum noch weitgehend natürlich erhaltenen Wettensee wurde das Wasenmoos
durch Absenkung des Grundwasserspiegels und
Abtorfung größtenteils trockengelegt und abgebaut. Die ehemaligen Torfstiche bilden heute
interessante Feuchtbiotope mit seltenen Pflanzenarten wie beispielsweise dem Rundblättrigen
Sonnentau. Solche typischen Hochmoorpflanzen
finden sich auch noch im Wettensee, wo im
wenig berührten südöstlichen Teil eindrucksvolle Bestände hochstämmiger Berg-Kiefern
wachsen.

Das Wasenmoos bietet einer ganzen Reihe
hochspezialisierter Tier- und Pflanzenarten Lebensraum. Daneben haben hier zahlreiche Vögel
sowie Reptilien und Amphibien ein Refugium gefunden. Ausgesprochen artenreich konnte sich
hier die Insektenfauna – mit einem breiten
Spektrum an Tagschmetterlingen – entwickeln.
Besonders erwähnenswert ist der vom Aussterben
bedrohte Hochmoorgelbling, der regelmäßig
auftritt.

Der größte Teil des Schutzgebietes ist im
Eigentum des Landes. In der jüngsten Vergangenheit wurden auf Grundlage eines von Naturschutz-
und Forstverwaltung gemeinsam erstellten Moor-
renaturierungskonzeptes zentrale Entwässerungsgräben mit aufwändigen Bauwerken verschlossen. Der Erfolg der Maßnahme ist
überzeugend. Heute wachsen wieder Torfmoose,
weite Teile des Wettenberger Riedes sind nicht
mehr begehbar.

Zwischen den beiden Hochmoorteilen ist
durch den Aufstau wieder ein nährstoffreiches
Stillgewässer entstanden – in den alten Flurkarten steht an dieser Stelle der Gewannname
»Wettensee«. Der Aufstau hat gleichzeitig Funktion eines großen Amphibienlaichgewässers, von
dem im Frühjahr ein weithin hörbares Frosch-
konzert zeugt.

Sofern weiterer Grunderwerb außerhalb des Naturschutzgebiets gelingt, sollen noch weitere Gräben verschlossen und die Renaturierung ausgedehnt werden.

Schutzzweck ist die Erhaltung und Beruhigung der beiden Hochmoore »Wettensee« und »Wasenmoos« mit ihrem typischen Pflanzen- und Tierbestand sowie ihren moorkundlichen und entwicklungsgeschichtlichen Besonderheiten. Das Wettenberger Ried ist gleichzeitig als Bann- und Schonwald ausgewiesen, in dem der unbeeinflussten und eigendynamische Entwicklung des ehemaligen Hochmoores mit seinen Waldlebensräumen Vorrang eingeräumt wird. Im Schonwaldteil sollen die offenen Hochmoorstandorte als Lebensräume zu Wiederbesiedlung seltener Schmetterlingsarten erhalten werden.

Hinweise für Besucher: Das Gebiet kann von Norden aus Wettenberg oder von Süden aus Busenberg angefahren werden, am Waldeingang befinden sich jeweils Wanderparkplätze. Ein 2,3 km langer Moorlehrpfad führt durch den Bannwald. Auf schwankendem Boden und über Bohlenpfade kann das Gebiet erkundet werden. Informationstafeln erläutern die verschiedenen Standorte. Die Wege und Pfade sollen nicht verlassen werden, da das nasse Moor extrem trittempfindlich ist.

28 WILDES RIED

Landkreis Biberach: Stadt Bad Schussenried,
Gemarkung Sattenbeuren
Naturraum: Donau-Ablach-Platten
Geschützt seit 1960
Fläche: 22,6 Hektar
Top. Karte 7923

Das Naturschutzgebiet »Wildes Ried« im Südosten von Bad Buchau grenzt an den ersten Erweiterungsbereich des Federsee-Schutzgebietes (»Südliches Federseeried«, geschützt seit 1994) unmittelbar an. Es gehört – wie im Beitrag über den Federsee näher ausgeführt – zu dem schon seit Jahrtausenden verlandeten Teil des großen nachkaltzeitlichen Federseebeckens. Seinen Namen verdankt dieses Gelände dem ersten Eindruck, den es einst auf die Bewohner der Umgebung machte, als das große Moor mit seinem dichten Bergkiefernbewuchs für die Menschen noch kaum zugänglich war.

Bis zur Mitte des 18. Jahrhunderts stellte das »Wilde Ried« eine fast unberührte Urlandschaft dar. Danach wurde es entwässert und in Kultur genommen. Die zweimalige Absenkung des Wasserspiegels im Federsee um 1800 hat den Charakter des Gebietes verändert und großflächige Torfstiche ermöglicht. Im 20. Jahrhundert wurde das

In den Torfstichen des NSG »Wildes Ried« existiert ein großer Bestand von Grasfröschen (*Rana temporaria*). V. KRACHT

Der vom Torfabbau verschonte Hochmoorrest im NSG
»Wildes Ried« ist infolge seiner Entwässerung verheidet
und von Pfeifengras besiedelt. S. JESSBERGER

gesamte Hochmoor im Wilden Ried bis auf einen
kleinen Restbestand des ursprünglichen Bergkie-
fernhochmoores durch die Staatliche Torfverwal-
tung abgebaut.

Nach dem Zweiten Weltkrieg gingen die abgetorften Flächen teilweise in Privateigentum
über. Heute findet man im Wilden Ried nur noch
einen kleinen Hochmoorrest mit einigermaßen
naturnahem Pflanzenbestand. Dieses etwa ein
Hektar große Areal bildet das Kernstück des
insgesamt knapp 23 Hektar großen Schutzgebietes, das in ein 40 Hektar großes Schonwald-
Gebiet integriert wurde. Ganz in der Nähe blieben weitere Reste des Hochmoores auf einer
Gesamtfläche von rund zwei Hektar erhalten,
die allerdings noch nicht unter Naturschutz
stehen.

Die Vegetation umfasst Bergkiefern-Hoch-
moorbereiche, Pfeifengraswiesen und verschiedene Stadien von Heidegesellschaften auf entwässerten Hochmoorflächen sowie verlandende
Torfstiche. Auf einem Großteil des Gebietes hat
sich inzwischen ein Moorbirkenwald angesiedelt.

Bei der Tierwelt sind besonders die artenreichen
Vorkommen von Schmetterlingen und Libellen
hervorzuheben. Auch Reptilien und hier vor allem
Schlangen, fühlen sich in dem nach wie vor ziemlich unzugänglichen Gelände wohl.

Seit das Wilde Ried im Jahr 1960 unter Schutz
gestellt wurde, hat sich dessen Flora und Fauna
fast ungestört entwickeln können. Sorgen macht
der Naturschutzverwaltung allerdings der überal-
terte Bergkiefernbestand. Das gleiche gilt für den
gestörten Wasserhaushalt des Schutzgebiets.
Zwar wurden im Umfeld während der vergangenen Jahre, wo immer möglich, Entwässerungseinrichtungen verschlossen um der Vegetation
innerhalb wie außerhalb des Schutzgebietes eine
naturnähere Entwicklung zu ermöglichen. Aber
es sind bei weitem noch nicht alle Entwässerungsgräben unwirksam gemacht.

Darum ist unter anderem geplant, das jetzige
Landschaftsschutzgebiet »Steinhauser Ried« mit
den darin liegenden NSG »Wildes Ried« und
»Riedschachen« als großes zusammenhängendes
Naturschutzgebiet auszuweisen. Auch die ehema-
ligen Torfstiche beim Torfwerk und bei den
Landsiedlungshöfen sind in die Planung einbezo-
gen. Dadurch soll und kann eine großflächige

Regeneration des Federseemoores erreicht werden. Problematisch ist bezüglich des Wasserhaushaltes im Gebiet in diesem Zusammenhang allerdings der benachbarte Kiesabbau.

Schutzzweck ist die Erhaltung und Sicherung der natürlichen Entwicklung eines Komplexes aus Moorbirkenwald, Fichtenmoorwald sowie Bergkiefernwald auf abgetrocknetem, entwässertem Hochmoor, Zwergstrauchgesellschaften und Pfeifengrasbeständen mit einer faunistisch und floristisch reichhaltigen Ausstattung. Erhalten werden soll die natürliche Entwicklung sowie die Erhaltung offener Lebensräume als Teil des Naturschutzgebietskomplexes für das gesamte Federseebecken.

Hinweise für Besucher: Einblicke in das Wilde Ried sind von einem im Osten des Gebietes verlaufenden Lehrpfad aus möglich, der am Segelfluggelände Bad Buchau beginnt. Im Spätsommer bestimmt das rosarot blühende Heidekraut die noch offenen Hochmoorflächen. Nur auf diesem Weg kann man das Gebiet erreichen, im Schutzgebiet selbst verlaufen keine Wege.

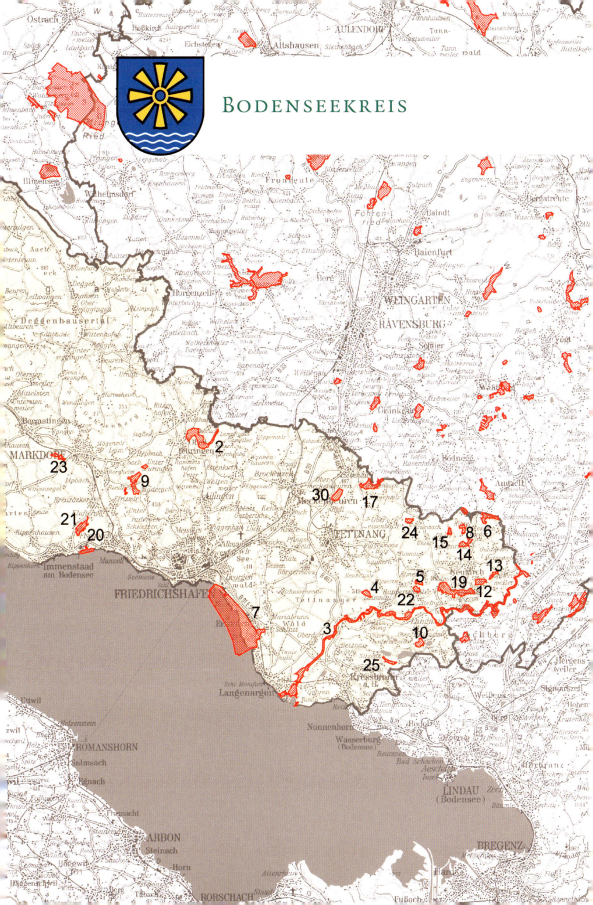

Bodenseekreis

1 AACHTOBEL

Bodenseekreis: Gemeinde Owingen, Gemarkung
Hohenbodman, Gemeinde und Gemarkung Frickin-
gen, Stadt und Gemarkung Überlingen
Naturraum: Oberschwäbisches Hügelland und
Bodenseebecken
Geschützt seit 1933
Fläche: 72 Hektar
Top. Karte 8121

Eine prägnante Geländestufe aus Molassegestein trennt den Naturraum des Oberschwäbischen Hügellandes vom Bodenseebecken. Die
Trennlinie zieht sich so markant durch die Landschaft, dass sie sich als natürliche Grenze zwischen den beiden historischen Verwaltungsein-
heiten des Oberen und des Unteren Linzgaus
anbot. Der Obere Linzgau wird nach Süden hin
von einem Flüsschen entwässert, das – wie so
viele andere in dieser Gegend – Aach genannt
wird. Diese Aach schlängelt sich an Großschö-
nach vorbei und überwindet im Nordwesten von
Frickingen die Molassestufe in den Unteren Linzgau, um bei Lippertsreute in das Salemer Becken
und somit in das Bodenseebecken einzutreten.
Dort vereinigt sie sich mit einigen anderen Flüssen namens Aach und mündet dann als Seefelder
Aach bei Unteruhldingen in den Bodensee.

Auch hier hat die Erosion – ähnlich wie im
Hödinger oder Spetzgarter Tobel – bei der Über-
windung der steilen Geländestufe eine 80 bis
120 Meter tief eingeschnittene Schlucht aus dem
weichen Molassegestein heraus gewaschen. Die
ökologische Bedeutung dieses Aachtobels wurde
früh erkannt: Schon 1933 hat man die Waldschlucht auf einer Fläche von 72 Hektar unter
Schutz gestellt. 1937 wurde ein umfangreiches
Gutachten über das »Aachtal im Gewann Dobel
auf Gemarkung Hohenbodman« – so der damalige Arbeitstitel für das Gebiet – angefertigt. Was
in diesem Werk festgehalten wurde, gilt größtenteils auch noch heute: »Das Aachtal ist zweifellos
rein landschaftlich die großartigste Tobelbildung
der Überlinger Molasse. Die tief eingeschnittene
Schlucht hat eine Länge von rund zwei Kilome-

tern und besitzt äußerst steil abfallende, zum
Teil felsige Talwände mit mehreren seitlichen
Quelltobeln. Das Innere des Tobels macht bei geringer menschlicher Beeinflussung und geringer
Erschlossenheit geradezu einen urtümlichen und
urwüchsigen Eindruck. Hochinteressant ist vor
allem die Existenz eines natürlichen Auenwaldes
auf der Talsohle, wie er heute bei der allgemeinen Überführung dieser Vegetationstypen in
Wiesen in den Tälern des Gebirges und Hügellandes kaum irgendwo mehr studiert werden
kann«.

Der Tobel ist dabei mit seinem feucht-kühlen
Lokalklima ein Reliktstandort nordisch-alpiner
Pflanzenformen. Ausgesprochenen Gebirgscha-
rakter tragen auch die Schluchtwälder der Hänge
mit ihren quellbegleitenden Eschenwäldern, den
Ahorn-Bergulmen-Eschenschluchtwäldern und
den Wimpernseggen-Waldmeister-Buchenwäl-
dern. »Leider macht sich in allen Waldtypen der
Schlucht die künstlich eingebrachte Fichte be-
merkbar. Im Interesse der Erhaltung des urwüchsigen Schlucht- und Auenwaldes muss verlangt
werden, dass hier keine weiteren Nadelhölzer
mehr eingebracht werden und die vorhandenen
im Laufe der Jahre entfernt werden«. Diese Forde-

Nährstoffeinträge aus der landwirtschaftlichen Bewirtschaftung lassen die Blumenpracht der einst so blumenbunten und vor allem an Märzenbecher (*Leucojum
vernum*) reichen Wiesen am Grunde des Tobels langsam
verschwinden. V. KRACHT

Der bis zu 120 m tiefe Aachtobel ist wohl der spektaku-lärste in dem Fächer von Tobeln, der das Bodensee-becken umgibt. M. GROHE

rung aus dem Jahr 1937 konnte allerdings nicht verhindern, dass die Fichte den natürlichen Auen-wald immer weiter aus der Talsohle verdrängte. An den Talhängen beginnen die Fichtenbestände aufgrund der ständigen Bodenrutschungen in-zwischen zusammenzubrechen. Die Rutschun-gen führen aber auch dazu, dass die dortigen Wanderwege teilweise unpassierbar werden und sich immer mehr zu Dauerbaustellen entwickeln. So findet man im Aachtobel heute den mächtigen Damm eines Regenrückhaltebeckens sowie die dazu erforderlichen technischen Einrichtungen, die gemeinhin nicht in einem Naturschutzgebiet errichtet werden sollten. Diese unbefriedigende Situation ist ein Lehrstück dafür, dass es nicht al-lein genügt, ein ökologisch wertvolles Areal mit einer Naturschutzverordnung zu belegen. Viel-mehr muss die Schutzverordnung auch an neu entstehende Beeinträchtigungen des Gebietes an-gepasst werden. Für den Aachtobel bedeutet dies konkret: Das Schutzgebiet muss neu gewürdigt, neu abgegrenzt und neu verordnet werden. Der Neuauflage der Naturschutzverordnung soll der

Erwerb der Privatgrundstücke durch das Land Baden-Württemberg vorausgehen.

Mit dieser wichtigen Maßnahme begann die Landesverwaltung im Jahr 2003. Die Wiesen im Talgrund stehen nun teilweise im Eigentum des Landes und werden ohne Düngung und Weide-gang unter ausschließlich naturschutzfachlichen Gesichtspunkten gepflegt. Die landeseigenen Waldflächen sollen sich ohne menschliches Zu-tun ungestört weiterentwickeln. Somit ist im Wald auch der Bau weiterer Wirtschaftswege ent-behrlich.

Der Aachtobel gehört inzwischen zum Flora-Fauna-Habitat-Gebiet »Bodenseehinterland bei Überlingen«. Allein schon die damit erfolgte Auf-nahme in das Natura 2000-Netzwerk der Europä-ischen Union verpflichtet zu einer intensiveren Betreuung, zum Kauf der Flächen und zur Aktua-lisierung der Verordnung.

Schutzzweck ist die Erhaltung und Verbesse-rung des Gebiets für folgende Lebensgemein-schaften und Arten: Quellbegleitende Eschenwäl-der, Ahorn-Bergulmen-Eschenschluchtwälder, Buchen-Mischwälder mit Wimper-Segge, Nass-wiesen im Talgrund, Märzenbecher-Bestände an feuchten Stellen in den Hangwäldern, Kolkrabe, Wasseramsel, Eisvogel und Hohltaube.

Hinweise für Besucher: Der Aachtobel ist als landschaftlicher Höhepunkt der Überlinger Molasse bei Spaziergängern und Wanderern sehr beliebt. Wanderrouten, die von touristischen Zentren wie Überlingen, Heiligenberg und Sipp-lingen ausgehen, führen daher durch den Aach-tobel. Wer nur den Aachtobel besichtigen will, kann bei den Wanderparkplätzen am Rande des Schutzgebiets bei den Steinhöfen oder bei den Gailhöfen einsetzen. Westlich der Steinhöfe, unterhalb des Steilhanges, steht die im Schutzge-biet gelegene, an eine Felswand angeschmiegte Wallfahrtskapelle »Maria im Stein«. An dem seit 1550 belegten Wallfahrtsort werden heute regel-mäßig Andachten und Messen gehalten. Der Dreifaltigkeitssonntag ist der Hauptwallfahrtstag mit Andacht und Festpredigt.

2 ALTWEIHERWIESE

Bodenseekreis: Gemeinde und Gemarkung
Oberteuringen

Naturraum: Bodenseebecken

Geschützt seit 1981

Fläche: 78,2 Hektar

Top. Karte 8222 und 8223

Östlich von Oberteuringen breitet sich das Schutzgebiet »Altweiherwiese« in einem großen, teilweise vermoorten Talzug aus, der sich von der Schussensenke im Osten nach Westen in das Salemer Becken und in Richtung Uhldingen erstreckt. Diese Rinne wurde am Ende der Würm-Kaltzeit als Überlauf eines Schmelzwassersees ausgebildet.

Vermutlich im späten Mittelalter wurde das Tal mit einem Damm – auf ihm verläuft heute die

Die Gehölzstreifen in der Altweiherwiese zeichnen das Netz von Bächen und Gräben nach. Dort, wo es die Bodenverhältnisse zulassen, mähen ortsansässige Landwirte die Flächen im Auftrag des Landes. Die trittempfindlichen, stark vernässten Streuwiesen aber, die früher in Handarbeit bewirtschaftet wurden, mäht heute die Mähraupe der Naturschutzverwaltung. M. GROHE

L 329 – nach Südwesten hin abgeriegelt. Dahinter staute sich ein größerer Fischweiher, der Anfang des 19. Jahrhunderts aufgelassen wurde und verlandete. Heute breiten sich in dem Gebiet Wiesen aus, die wegen der zahlreichen Quellaustritte an den Hängen und der vielen Bäche in der Senke sehr nass sind. Bis in die 1950er-Jahre des letzten Jahrhunderts nutzten die Bauern die kleinmaschig von Wassergräben durchzogenen Flächen als Streuwiesen. Heute ist der wirtschaftliche Nutzen einer Streuwiese nicht mehr gefragt und so sind viele der vegetationskundlich ausgesprochen wertvollen Streuwiesen inzwischen von einem dichten Schilfröhricht überwachsen.

Neben diesen Schilfröhrichten findet man in dem gut 78 Hektar großen Schutzgebiet aber auch ein abwechslungsreiches Biotopmosaik aus Streuwiesen, Groß- und Kleinseggenriedern, feuchten Waldrändern, Quelltöpfen, Wassergräben und Bachläufen. Entsprechend vielfältig ist das floristische Artenspektrum, das seinerseits einer Fülle verschiedener Tierarten günstige Lebensbedingungen bietet. Zahlreiche bedrohte Vögel, Libellen, Heuschrecken und Schmetterlinge haben in den Altweiherwiesen geeignete Lebensräume gefunden. Der besondere Wert des 1981

unter Schutz gestellten Gebietes liegt jedoch darin, dass große, zusammenhängende Flächen fast ungestört für die Natur erhalten blieben. Dieses Reservat hat allerdings auch seinen Preis: Alljährlich müssen ausgedehnte Streuwiesenflächen auf zum Teil schwierigem Untergrund gemäht werden.

Aber auch nicht heimische Pflanzenarten wie der Sachalin-Knöterich, die Goldrute oder das Indische Springkraut breiten sich inzwischen rasant im Schutzgebiet aus und verdrängen die schutzbedürftigen Arten der Streuwiesengesellschaft. Hier kann nur durch eine regelmäßige und frühe Mahd Abhilfe geschaffen werden.

Als Insel inmitten einer intensiv bewirtschafteten Landschaft wird die ökologische Qualität des Schutzgebietes durch den Nährstoffeintrag aus den umliegenden Feldern bedroht. So gerät gerade die auf magere Standorte angewiesene Vegetation immer mehr unter den Konkurrenzdruck Nährstoff liebender Arten. Mit Pflegeverträgen, die den Bauern den Verzicht auf Düngung entschädigen, und zusätzlich durch den Kauf von Pufferflächen, soll der Eutrophierung der Flächen begegnet werden.

Das Naturschutzgebiet »Altweiherwiese« und die östlich daran angrenzenden Flächen sind zentraler Bestandteil des Flora-Fauna-Habitatgebiets Rotachtal.

Schutzzweck ist die Erhaltung des großen zusammenhängenden Schilfbestandes mit den umgebenden Streuwiesen und den darin liegenden Erlensäumen und Weidengebüschen als Lebensraum einer reichhaltigen Tier- und Pflanzenwelt.

Hinweise für Besucher: Am Ortsrand von Oberteuringen liegt unterhalb des Damms der L 329 ein Wanderparkplatz. Die hier beginnende Wanderroute führt zunächst entlang des Talbachs durch das Schutzgebiet bis zur nächsten Weggabelung. Von hier aus geht es weiter in östlicher Richtung nach Wammeratswatt. Der Weg verläuft nun am Talhang entlang oberhalb des Schutzgebiets. Schön sieht man von hier aus die malerische Riedlandschaft im Talgrund. Wer nicht nur das Naturschutzgebiet besichtigen will, kann von

Wammeratswatt aus über Krähenberg und Blankenried seine Wanderung zurück nach Oberteuringen fortsetzen.

3 ARGEN

Bodenseekreis: Stadt Tettnang, Gemarkungen Tannau und Langnau, Gemeinde und Gemarkung Neukirch, Gemeinde und Gemarkung Kressbronn, Gemeinde und Gemarkung Langenargen, Landkreis Ravensburg: Gemeinde und Gemarkung Achberg Stadt Wangen, Gemarkung Neuravensburg Naturraum: Bodenseebecken und Westallgäuer Hügelland Geschützt seit 1997 Fläche: 296,3 Hektar Top. Karte 8323, 8324 und 8423

Das Naturschutzgebiet »Argen« umfasst den 23 Kilometer langen Flusslauf der Argen und die daran angrenzenden naturnahen Flächen zwischen dem Zusammenfluss von Oberer und Unterer Argen und der Mündung in den Bodensee. Die Argen ist mit einer mittleren Wasserführung von 19 Kubikmetern pro Sekunde nach dem Alpenrhein und der Bregenzer Aach der drittgrößte Bodenseezufluss.

Das Argental ist eines der so genannten Radialtäler, die während der letzten Kaltzeiten entstanden sind. Nördlich des Alpenrandes hat sich der Rheinvorlandgletscher fingerförmig aufgefächert und mit seinen Ästen unter anderem auch die heutigen Talräume der Argen bedeckt. Das bedeutet, dass nicht die kleinen Gewässer unserer Zeit, sondern die Eismassen der Gletscherfinger und anschließende Schmelzwässer die Täler schufen.

In ihrem Oberlauf nimmt die Argen zunächst ihren Weg durch die hügelige, von den Moränen der Kaltzeiten geprägte Landschaft. Im Unterlauf durchfließt der Fluss ein weites Delta, das er seit dem Ende der letzten Kaltzeit in den Bodensee schüttete.

Oberhalb der Gießenbrücke, westlich der Ortschaft Apflau, zeigt die Argen noch deutlich den Charakter eines Wildflusses. Dieses sehr naturnahe Erscheinungsbild ist bei Flüssen ähnlicher Größenordnung selten anzutreffen. Nur vereinzelt sind ältere Uferbefestigungen festzustellen. Unterhalb der Gießenbrücke säumen das stark begradigte und damit verkürzte Gewässer beiderseits breite Flutmulden, an die sich Hochwasserdämme anschließen. Die Begradigungen bewirken eine verstärkte Sohlerosion und Absenkung des Grundwasserspiegels. In der Folge wurden die Auwaldbestände trockener. Der Fluss tritt hier nur noch bei extremem Hochwasser über die Ufer. Der Eintiefung begegnete man zunächst mit dem Einbau von Wehren und Schwellen. Flussaufwärts wandernde Tierarten konnten diese Hindernisse allerdings nun nicht mehr überwinden. Darum wurden diese Barrieren inzwischen durch passierbare Blocksteinrampen ersetzt.

In der Argen gibt es große Vorkommen anspruchsvoller Fischarten, die naturnahe, strukturierte Fließgewässer mit sauberem Wasser benötigen. Besondere Raritäten sind dabei Strömer und Schneider, die in Baden-Württemberg zu den stark gefährdeten Arten zählen.

Am Ufer der Argen und im angrenzenden Grauerlenwald wachsen Alpen-Greiskraut, Eisenblättriger Hahnenfuß, Berg-Distel, Akeleiblättrige Wiesenraute und Blauer Eisenhut. Die Samen dieser für die Voralpen typischen Pflanzen werden mit dem Wasser verbreitet. Grüner Streifenfarn und Alpen-Maßliebchen besiedeln schattige Felsen und Steilhänge. Am Ufer entwickeln sich im Sommer üppige Hochstauden. Die Wasseramsel brütet ab März an felsigen Steilufern oder an Brücken. Weitere seltene Brutvögel sind Pirol, Eisvogel und Baumfalke. Der Gänsesäger kommt regelmäßig als Wintergast an die Argenmündung.

Die an die Hochwasserdämme angrenzenden Flächen werden häufig intensiv bewirtschaftet – als Obstanlagen, Erdbeerplantagen oder Hopfengärten. Dazwischen liegen jedoch auch kleinere Feuchtgebiete, in denen teilweise die artenreiche Streuwiesenvegetation des Bodenseebeckens mit Sibirischer Schwertlilie, Lungen-Enzian und Orchideen erhalten blieb.

Als eigenständiges Flora-Fauna-Habitat-Gebiet ist die Vereinigte Argen zusammen mit den angrenzenden Feuchtflächen ein wichtiger Bestandteil des Natura 2000-Netzwerks der Europäischen Union.

Schutzzweck ist die Erhaltung und Förderung des weitgehend natürlichen oder naturnahen Zustandes des Flusslaufes der Argen mit den Uferbereichen und Talhängen sowie den extensiven Nutzungsformen im Talgrund als Zeugnis von Erd- und Landschaftsgeschichte sowie als Lebensraum für seltene und gefährdete Tier- und Pflanzenarten.

Die Argen nach dem Zusammenfluss von Oberer und Unterer Argen bei Goppertsweiler. H. HEYD

Im Oberlauf der Argen sind in den Mäandern noch unverfälschte Gleit- und Prallhänge (wie hier bei Steinenbach) ausgeprägt. H. HEYD

Hinweise für Besucher: Die Betriebswege in der Flutmulde bilden attraktive Abschnitte der Wander- und Fahrradrouten zwischen Langenargen und Tettnang. Auch Jogger, Radsportler und

Spaziergänger nutzen die Betriebswege gerne. Verboten ist jedoch das Verlassen der Wege. Das Wegegebot untersagt auch weitergehende Nutzungen der Flächen, wie zum Beispiel zelten, lagern oder baden.

4 BIRKENWEIHER

Bodenseekreis: Stadt Tettnang, Gemarkung Tannau

Naturraum: Bodenseebecken

Geschützt seit 1992

Fläche: 12,9 Hektar

Top. Karte 8323

Südöstlich von Tettnang liegt verborgen in einer Senke inmitten bewaldeter Drumlins das Schutzgebiet »Birkenweiher«, ein teilweise als Streuwiese genutztes Kleinseggenried mit waldwiesenartigem Charakter. In seinem Untergrund lagert eine gut 80 Zentimeter mächtige Schicht aus Seggenschilftorfen.

Schutzwürdig sind in dem Gebiet insbesondere die Pflanzengesellschaften der Niedermoore und der Pfeifengras-Streuwiesen mit Schwalbenwurz-Enzian, Echter Sumpfwurz oder Alpen-Haarsimse. Gerade die Schwalbenwurzenzian-Pfeifengraswiese gehört zu den artenreichsten Grünlandgesellschaften Mitteleuropas. Auf ihr gedeihen die Nahrungspflanzen, die für viele der

Die Waldwiese Birkenweiher gehört zum FFH-Gebiet »Argen und Feuchtgebiete südlich Langnau«. Sie genießt dadurch den Schutz des Natura 2000-Netzwerks der Europäischen Union. M. GROHE

dort beheimateten Tagfalterarten und für Widderchen überlebenswichtig sind. Ihr Vorkommen hat
allerdings in den letzten 50 Jahren erschreckend
abgenommen. Heute trifft man sie nur noch auf
kleinen Flächen wie am Birkenweiher an. Mit gezielten pflegerischen Eingriffen und strengen
Schutzvorkehrungen, wie beispielsweise einem
Betretungs- und Entwässerungsverbot, soll der
Artenbestand in diesem Gebiet langfristig gesichert werden. Eine der wichtigsten Einzelmaß-
nahmen ist die im Jahr späte Mahd der Streuwiesen oder die gelegentliche Zurücknahme von
Gehölzen, die sich von den Waldrändern her ausbreiten. Dort, wo Neophyten wie Goldrute oder
Indisches Springkraut von außen in das Gebiet
eindringen, muss bereits früh im Jahr gemäht
werden, um ein Aussamen zu verhindern. Die
Forstverwaltung als Grundeigentümer kommt
dieser Aufgabe nach.

Schutzzweck ist die Erhaltung des Kleinseg-
genrieds und der Streuwiesen als Lebensraum
zahlreicher Tier- und Pflanzenarten. Die Waldwiese ist ein bedeutsames Habitat seltener
Schmetterlings- und Heuschreckenarten.

Hinweise für Besucher: Ein von Tettnang
nach Laimnau führender Wanderweg verläuft entlang des Schutzgebiets. Von den Wanderparkplätzen in Tettnang-Neuhäusle und Laimnau
aus beträgt die Entfernung zum Birkenweiher
ca. 1 km.

5 BUCHBACH

Bodenseekreis: Stadt Tettnang,
Gemarkung Tannau,
Gemeinde und Gemarkung Neukirch
Naturraum: Westallgäuer Hügelland
Geschützt seit 1993
Fläche: 7,1 Hektar
Top. Karte 8323

Das Schutzgebiet »Buchbach« liegt im Tal des
Kreuzweiherbachs, der von Wildpoltsweiler (bei
Neukirch) dem Bollenbach und der Argen zufließt. In diesem von Ost nach West verlaufenden
Talabschnitt schlängelt sich der Bach in natürlichen Mäandern dahin. Das reich strukturierte
Gelände präsentiert mit seinen vielgestaltigen
Uferzonen, mit Seggenriedern, Streu-, Feucht-
und Fettwiesen, mit Hangquellen und einem
nährstoffarmen Hangquellmoor, mit Tümpeln
und künstlichen Weihern und schließlich Nadel-
und Laubmischwald auf kleinstem Raum eine reiche Palette unterschiedlichster Lebensräume.
Entsprechend vielfältig zeigt sich auch die Tier-
und Pflanzenwelt.

Der geologische Untergrund besteht aus nachkaltzeitlich abgelagertem Lehm, der stellenweise
mit einer schwachen Humusauflage überdeckt
ist. Begrenzt wird das Buchbach-Gebiet im Nordwesten von einem Drumlin, im Nordosten von ei-

Die Naturschutzverwal-
tung veranlasst die regelmäßige Mahd der Streu-
wiesen und Seggenrieder
auf den nicht mehr land-
wirtschaftlich genutzten
Flächen im NSG »Buch-
bach«. In den weichen
Böden dieses Steilhangs
haben die Mähmaschinen
deutliche Spuren hinter-
lassen. B. SCHALL

ner wohl älteren Moränenbildung aus der Würm-Kaltzeit und schließlich im Süden von einer deutlich erkennbaren End- beziehungsweise Seitenmoräne.

Dank seiner natürlichen Vielfalt ist das sieben Hektar große Schutzgebiet ökologisch von hohem Wert. Entlang des Baches, der sich noch ursprünglich zwischen seinen Gleit- und Prallhängen dahinwindet, wechseln sich in rascher Folge schnell fließende Abschnitte mit ruhigen Wasserbereichen ab, was die Entwicklung einer reichen Flora und Fauna im und am Wasser begünstigt. Hinzu kommen Kalk-Kleinseggenrieder, als deren Vertreter man im Buchbach-Gebiet das Mehlprimel-Kopfbinsenmoor findet. Diese Rieder sind wichtige Refugien für zahlreiche Vögel und Insekten, insbesondere für viele gefährdete Tag- und Nachtfalterarten.

Die Pfeifengras-Streuwiesen auf den kalkreichen Moorböden im Tal des Kreuzweiherbachs gehören zu den artenreichsten Wiesenformen. Auch die umliegenden Feuchtwiesen stellen bei extensiver Bewirtschaftung für eine Vielzahl gefährdeter Vogelarten ein wertvolles Rückzugsgebiet dar. So sind Wiesenbrüter, wie beispielsweise der Wiesenpieper, auf solche Brut- und Aufzuchtreviere angewiesen.

Nicht minder schutzwürdig sind die Gewässerrandstreifen und andere Pufferflächen, die den eigentlichen Kernbereich des Buchbach-Geländes vor Einträgen aus den benachbarten Feldern schützen. Ansonsten würde die direkte Zufuhr von Stickstoff und Phosphor, ebenso wie der indirekte Nährstoff-Eintrag aus den angrenzenden Nutzflächen nicht nur die Wasserqualität des Baches beeinträchtigen, sondern auch die Zusammensetzung des vorhandenen Artenspektrums stark verändern. Ein großer Teil der seltenen Pflanzen- und Tierarten würde verschwinden. Zum Teil lassen sich solche Verluste bereits belegen: Bei einem Vergleich der Kartierungen von 1982 und von 1989 stößt man auf eine deutliche Abnahme der schutzbedürftigen Tier- und Pflanzenarten. Dieser Schwund ist wohl auch darauf zurückzuführen, dass man in früheren Jahren Teilbereiche des Tales mit einem Drainagesystem

entwässert hat. Damit wurden Arten, die nur an stark vernässten Standorten gedeihen, die Lebensgrundlagen entzogen. Es ist daher unerlässlich, den Wasserhaushalt im Schutzgebiet zu stabilisieren und die landwirtschaftliche Nutzung mit Hilfe von Extensivierungsverträgen verträglicher zu gestalten.

Schutzzweck ist die Erhaltung des reich strukturierten Ökosystems, bestehend aus einem naturnahen Fließgewässer mit seinen vielgestaltigen Uferzonen, einem nährstoffarmen Hangquellmoor, Pfeifengras-Streuwiesen, Feuchtwiesen, Tümpel, Wald- und Einzelbaumbeständen mit ihrer jeweils charakteristischen Flora und Fauna.

Hinweise für Besucher: Die Naturschutzverordnung gestattet das Betreten und das Befahren des nicht an Wege angeschlossenen Gebiets nur den zur Nutzung und Pflege Berechtigten. Besucher sollten daher die störungsempfindlichen Lebensräume von den daran vorbeiführenden Wegen aus betrachten. Einsehbar ist die Buchbachsenke teilweise auf der von Wilpoltsweiler zum Loderhof führenden Kreisstraße und auf der von Gebhardsweiler nach Dietmannsweiler führenden Ortsverbindungsstraße.

6 EBERSBERGER WEIHER

Bodenseekreis: Gemeinde und Gemarkung Neukirch, Landkreis Ravensburg: Gemeinde und Gemarkung Amtzell
Naturraum: Westallgäuer Hügelland
Geschützt seit 1995
Fläche: 29,8 Hektar
Top. Karte 8324

Das Schutzgebiet »Ebersberger Weiher« liegt zwischen Neukirch und Amtzell in einer weiten Senke, die im Osten über die Haslach in die Argen und nach Westen über die Schwarzach in die Schussen entwässert. Ein kompliziertes System von Gräben und kleinen künstlichen Seen zeugt heute noch davon, wie man hier bereits im Mittelalter die Wassernutzung höchst effektiv organi-

Der Ebersberger Mahlweiher liegt – überzogen von Schwimmblatt-Gesellschaften, gesäumt von einem Röhrichtgürtel – in einem kleinen von Osten nach Westen verlaufenden Tal. B. SCHALL

sierte. Heute weist nur noch einer der alten Weiher, der auf zwei Seiten durch Dämme aufgestaute Mahlweiher, eine offene Wasserfläche auf. Zwei andere alte Teiche im Schutzgebiet, der Burgweiher und der Siglisberger Weiher sind längst verlandet und mit Streu- und Feuchtwiesen, Röhricht, Gehölzen und Staudenfluren überdeckt. Der Burgweiher liegt in einer flachen Senke zwischen Hügeln im Westen, Süden und Osten und dem Damm des Mahlweihers im Norden. Den Siglisberger Weiher findet man in einem Tal östlich vom Mahlweiher. In der Mitte dieses Tales zieht sich ein Bach in Richtung Osten zur Haslach hin. Am nördlichen Rand des Gebietes verläuft ein Kanal in entgegengesetzter Richtung, der den Mahlweiher mit einem weiteren künstlichen Gewässer, dem Herzogenweiher (siehe Landkreis Ravensburg), verbindet. Die To-

pographie dieser Landschaft mit ihren vielen Grund-, End- und Seitenmoränen, die beim Abschmelzen der Gletscher zurückblieben, wurde im Wesentlichen während der Würm-Kaltzeit geprägt. Den Untergrund des Geländes bilden schlickreiche, über ein Meter mächtige Seggentorfe.

Wie eingangs erwähnt, ist der Wasserhaushalt im Schutzgebiet »Ebersberger Weiher« besonders interessant: Der Mahlweiher wurde auf dem höchsten Punkt – genau an der Wasserscheide – zwischen der Haslach und der Schwarzach angelegt. Mit Dämmen hat man früher versucht, das Einzugsgebiet der dort verlaufenden Bäche zu vergrößern und deren Wasser je nach Bedarf umzulenken.

Das Wasser des Siglisberger Weihers im Osten und des nördlich liegenden Herzogenweihers (Landkreis Ravensburg), die beide von Natur aus zur Haslach entwässern, wurde über einen Kanal dem Ebersberger Mahlweiher zugeführt. Dadurch konnte im Oberlauf der Schwarzach genügend Wasser gesammelt werden, um dort Mühlen anzutreiben und eventuell auch Holz oder andere Güter zu transportieren. Dem Mahlweiher kam dabei eine gewisse Verteilerfunktion zu. Mit einiger Sicherheit wurde der Herzogenweiher nur deshalb angelegt, um mit seinem Wasservorrat den Ebersberger Mühlweiher (Mahlweiher) zu speisen, dessen natürliches Einzugsgebiet allein für den Betrieb von Mühlen nicht ausgereicht hätte. Deshalb darf man davon ausgehen, dass beide Weiher in etwa zur selben Zeit aufgestaut wurden. Von der Existenz des Herzogenweihers kündet bereits eine Verkaufsurkunde aus dem Jahr 1396.

Anfang des 19. Jahrhunderts plante die württembergische Landesregierung, den Herzogenweiher trockenzulegen. Dies wäre aber nur dann möglich gewesen, wenn man dem Mahlweiher auf andere Weise genügend Wasser hätte zuführen können. Die Müller von Ebersberg sowie von der Au- und der Achmühle hatten nämlich ein Anrecht auf ausreichend Wasser. So blieben der Herzogenweiher und die Kanäle bestehen – und damit die Kuriosität, dass im Schutzgebiet Ebersberger Weiher in einem Tal zwei Fließgewässer mit entgegengesetzter Richtung strömen.

Heute ist das Schutzgebiet als Zeugnis althergebrachter Formen der Wasserwirtschaft von Bedeutung. Darüber hinaus ist es auch ökologisch von hohem Wert. Das Gelände rings um die Ebersberger Weiher weist inmitten einer landwirtschaftlich intensiv genutzten Umgebung eine ungewöhnliche Vielfalt von Lebensräumen auf.

Schutzzweck ist die Erhaltung eines reich strukturierten Ökosystems, bestehend aus einem Weiher, einem breiten Schilfröhrichtgürtel im Uferbereich des Weihers, zwei verlandeten Weihern, Pfeifengras-Streuwiesen und Feuchtwiesen als Lebensraum einer artenreichen und charakteristischen Tier- und Pflanzenwelt.

Hinweise für Besucher: Das Schutzgebiet liegt ca. 3 km nördlich von Neukirch. In die hier von Neukirch nach Bodnegg führende L 335 münden am Damm des Ebersberger Mahlweihers die K 7989 und 7700. Der Damm auf dem hier die Straße verläuft, bildet gleichzeitig die nordwestliche Schutzgebietsgrenze. Fußgänger können auf einem Weg den Weiher vom Nordufer aus erleben. Am Weiherdamm ist ein öffentlicher Badeplatz. Ansonsten ist das Betreten und das Befahren der Schutzgebietsflächen nicht erlaubt.

7 ERISKIRCHER RIED

Bodenseekreis: Stadt und Gemarkung Friedrichshafen, Gemeinde und Gemarkung Eriskirch

Naturraum: Bodenseebecken

Geschützt seit 1939, erweitert 1983

Fläche: 520 Hektar

Top. Karte 8322 und 8323

Zwischen Friedrichshafen und Langenargen, genauer zwischen den Mündungen der Rotach und der Schussen, zieht sich das »Eriskircher Ried« am Bodensee entlang. Die Natur- und Landschaftsgeschichte dieses seit 1939 geschützten Gebiets ist mit dem See genauso untrennbar verbunden wie dieser mit dem kaltzeitlichen Rheingletscher. Während der letzten, der Würm-

Die Charakterart des Eriskircher Rieds, die Sibirische Schwertlilie (Iris sibirica), ist ein typischer Kulturfolger. Ende Mai, Anfang Juni präsentieren sich die Schilfwiesen als blaues Blütenmeer. S. JESSBERGER

Kaltzeit schob sich durch das heutige Alpenrheintal ein gewaltiger Eisstrom aus den Bergen nach Norden. Vor den Alpen fächerte sich der Gletscher fingerförmig auf: Der Hauptstrom drückte in das spätere Bodenseebecken, ein zweiter mächtiger Ausläufer reichte nach Norden in das heutige Schussental und verschiedene weitere Ausläufer in Richtung Allgäu. Am Ende der Kaltzeit füllte sich mit dem Abschmelzen des Gletschers das Bodenseebecken mehr und mehr mit Schmelz- und Niederschlagswasser, wobei der Seespiegel im Ergebnis knapp fünf Meter höher als heute war. Zu dieser Zeit, da die Landschaft noch kaum mit Vegetation überdeckt war, brachten die aus dem Norden kommenden Flüsse enorme Mengen an Geschiebe in den See ein.

Gleichzeitig mit dem Geschiebeeintrag in den Bodensee hat sich der Zufluss von kaltzeitlichem Schmelzwasser verringert, sodass der Seespiegel langsam auf den heutigen mittleren Wasserstand von 395,50 m NN absank. Diese Entwicklung des Seespiegels lässt sich anhand fossiler Strandwälle im Eriskircher Ried belegen. Die dortige Delta-Schüttung kann man auch im See als besonders breit ausgebildete Flachwasserzone nach-vollziehen.

Weil der Wasserhaushalt des Bodensees die Tier- und Pflanzenwelt im Eriskircher Ried ganz wesentlich beeinflusst und im übrigen charak-teristisch ist für die meisten anderen Alpenrand-seen, sei hier kurz auf dieses Phänomen einge-gangen. Der wichtigste Wasserlieferant des Bodensees ist der Alpenrhein, mit großem Ab-stand folgt die Bregenzer Ach. Die übrigen Zu-flüsse sind dagegen nur von untergeordneter Be-deutung. Der Abfluss über den Seerhein bei Konstanz bleibt das ganze Jahr über ziemlich konstant. Wenn nun im Herbst der Frost in den Bergen einzieht, die Niederschläge somit als Eis und Schnee gebunden werden, nimmt die Was-serführung der Alpenflüsse deutlich ab. Der See-spiegel beginnt daher zu fallen und erreicht schließlich Ende Februar seinen tiefsten Stand. Mit Beginn der Schneeschmelze steigt er wieder an, bis er etwa Ende Juni, Anfang Juli an seinem Maximum anlangt. Von da an fällt der Wasser-stand wieder ab, zunächst langsam, bei einbre-chendem Frost in den Alpen aber immer schnel-ler. Diese jährlichen Schwankungen des Seespiegels betragen etwa einen Meter.

Zu Beginn der Vegetationsperiode im Frühjahr hebt sich also der Seespiegel. Dadurch werden auch die Zuflüsse des Bodensees zurück gestaut, und gleichzeitig steigt der Grundwasserspiegel an. Damit ist die Grundlage für die Feuchtvegeta-tion im Eriskircher Ried gegeben. Üblicherweise darf man in einem solchen Ried einen moorigen Boden erwarten, doch in der Uferlandschaft zwi-schen Friedrichshafen und Langenargen findet man nur ganz kleine Bereiche mit Niedermoor. Ansonsten trifft man fast überall auf sandige und kiesige Böden. Hier lebt die Feuchtigkeit liebende Riedflora vom hohen Grundwasserstand in der Vegetationsperiode.

Dass das Eriskircher Ried als Naturschutzge-biet ausgewiesen wurde, ist nicht zuletzt auf die Art und Weise zurückzuführen, wie hier über viele Jahrhunderte im Zusammenspiel mit den natür-lichen Gegebenheiten Landeskultur betrieben wurde. Dazu gehörte die Nutzung des Waldes, der unter anderem Bau- und Brennholz lieferte, die Bewirtschaftung der Futterwiesen für den Nahrungsbedarf des Viehs und der Streuwiesen zur Gewinnung von Einstreu für die Ställe. Auch mit den Schilfwiesen wussten die Bauern früher einiges anzufangen. Im Winter, wenn es in der Landwirtschaft wenig Arbeit gab, mähten sie das Schilf ab, um den Rohstoff anschließend zu Mat-ten, Pantoffeln und anderen Gegenständen des täglichen Gebrauchs zu verarbeiten.

Schon im Jahr 1939 wurde das Eriskircher Ried unter Naturschutz gestellt. Allerdings be-schränkte sich das anfangs 221 Hektar große Schutzgebiet auf die Flächen an Land. Doch auch nach dieser ersten Schutzverordnung blieb die Zeit im Bereich des Eriskircher Rieds nicht stehen. Vor allem die Landwirtschaft hat sich in den 1950er und 1960er-Jahren enorm verändert. Der Obstbau, dessen Hochstamm-Kulturen früher etwa Wiedehopf und Steinkauz Lebensraum boten und damit einen wichtigen Beitrag für den Natur-schutz leisteten, wurde so intensiviert, dass er der Artenvielfalt mittlerweile mehr schadet als nützt.

Auch der Erholungsdruck auf das Ried hat sehr stark zugenommen, vor allem in der Flach-wasserzone. In diesem Bereich laufen die wich-tigsten Prozesse zur Selbstreinigung des Sees ab, und hier haben auch die meisten Fischarten ihre Kinderstube. Außerdem ist die Flachwasserzone vor dem Eriskircher Ried für Wasservögel von allergrößter Bedeutung. Sie stellt nicht nur das wichtigste Überwinterungsquartier für die Sing-schwäne am Bodensee dar, sie ist zudem auch ein unverzichtbarer Rast- und Nahrungsplatz für sehr viele Zugvögel auf ihrem langen Weg nach Süden oder Norden. Im Sommer finden hier die Brut-vögel den geschützten Raum, den sie für die Auf-zucht ihrer Jungen und zum Mausern benötigen. In der Flachwasserzone des Eriskircher Rieds le-ben also das ganze Jahr über Vogelarten, die sehr störungsempfindlich und in hohem Grade schutzbedürftig sind.

Weil die alte Verordnung aus dem Jahr 1939 nicht mehr ausreichte, um das Eriskircher Ried

Beim Eriskircher Ried handelt es sich um ein Flussdelta, das von den Geschieben der Rotach und der Schussen gebildet wurde. Der Boden in diesem weitläufigen Uferbereich bestätigt dies, denn er enthält neben Sand und Kies vor allem auch Schneckengehäuse und Muschelschalen. M. GROHE

auf Dauer zu sichern, wurde im Jahr 1983 eine neue Schutzverordnung erlassen. Dabei fielen kleine, nicht mehr schutzwürdige Areale heraus, dafür nahm man umfangreiche neue Flächen – vor allem den wichtigsten Teil der Flachwasserzone – mit in das Schutzgebiet auf. Das heutige, insgesamt 520 Hektar große Naturschutzgebiet umfasst nun auch die Altwässer am östlichen Ufer der Schussen, sämtliche Schilf- und Streuwiesen, die schon bisher geschützt waren, sowie die Reste der auwaldartigen Gehölzbestände mit dem Altwasser der Rotach bis zur Rotachmündung in Friedrichshafen. Die Flachwasserzone vor diesem Landstreifen ist auf einer Fläche von 319 Hektar bis zu einer Tiefe von zweieinhalb Meter im See ebenfalls in das Schutzgebiet einbezogen. Diese Tiefenlinie verläuft etwa 800 Meter vor dem Ufer.

Die Naturschutzgebietsverordnung löst noch längst nicht alle Probleme. Obwohl die betroffenen Bauern im Allgemeinen durchaus Verständnis für den Naturschutz haben, ließ sich der Interessenkonflikt zwischen der intensiven (und

intensiv unter ökonomischem Druck stehenden) Landwirtschaft und der Bewahrung der traditionellen Kulturlandschaft im Eriskircher Ried bislang nicht ausräumen. Immerhin konnte der Landkreis in den vergangenen Jahren zwei Hopfengärten erwerben und zu artenreichen Nasswiesen entwickeln. Mit finanzieller Förderung des Landes Baden-Württemberg will der Bodenseekreis diese ökologischen Verbesserungen fortsetzen. Mittlerweile gelang auch die Beruhigung der Flachwasserzone. Jetzt ist es dringend geboten, die Besucherströme an Land in feste Bahnen zu lenken. Die Entfernung von Asphaltdecken, die Verbesserung eines am Rande des Gebiets vorhandenen Wegs und der Bau einer Radfahrerbrücke über die Schussen ermöglichen inzwischen eine Reduzierung des Freizeitverkehrs. Seit dem Jahr 2005 lenken neue Wegweiser die Radwanderer auf den bahnparallelen Weg außerhalb der Kernzone.

Auch vom See her wird das Schutzgebiet nach wie vor bedroht – in erster Linie durch die Ufererosion, die vom Wellenschlag, auch dem von Motorbooten, und von der Verbauung langer Uferstreifen verursacht wird. Er wird an den Mauern lediglich reflektiert, um dann mit akkumulierter Energie unverbaute Uferbereiche auszuwaschen. Dadurch gehen die traditionellen Strandflächen und Strandwälle mitsamt ihrer typischen Vegetation nach und nach verloren. Für ein weiteres Problem sorgen die Nährstoffe in den Zuflüssen, wobei in erster Linie das Phosphat zu nennen ist: Vor allem infolge der Düngewirkung des Schussen-Wassers wird sehr viel organisches Material angespült, das die Ufervegetation überdeckt und zugrunde gehen lässt.

So ist es zum Beispiel zu erklären, dass die absolut einzigartigen Bodensee-Strandrasengesellschaften heute auf Bruchteile ihrer ursprünglichen Verbreitung zurück geschmolzen sind. Aber auch weniger dramatische Veränderungen, etwa der langsame Schwund der Schilfgürtel, geben Anlass zur Sorge. Selbst hier im Naturschutzgebiet sind die ökologischen Faktoren jedoch so komplex, dass es noch umfangreicher Untersuchungen bedarf, ehe man an Sanierungspläne denken kann. Künstliche Eingriffe kommen nämlich nur dann in Betracht, wenn absolut sichergestellt ist, dass nicht andere Elemente dieses außerordentlich wertvollen und empfindlichen Lebensraumes geschädigt werden.

Das Eriskircher Ried ist die Kernzone des Flora-Fauna-Habitatgebiets »Bodenseeuferlandschaft östlich Friedrichshafen« und gleichzeitig eigenständiges Vogelschutzgebiet. Pflege- und Sanierungsmaßnahmen müssen daher stets in Einklang mit den Schutzzielen des Natura 2000-Netzwerks der Europäischen Union erfolgen.

Schutzzweck ist die Erhaltung des einzigartigen Naturraumes zwischen der Schussen- und Rotachmündung mit der ausgedehnten Flachwasserzone des Bodensees, den Schilfbereichen, den Riedflächen, den Altwässern und den von Kultur geprägten Landschaftselementen als besonders naturnaher Brut-, Rast- und Nahrungsraum für viele seltene, zum Teil vom Aussterben bedrohte Wasservögel, Insekten, Fische, Amphibien und Reptilien, insbesondere einer vielfältigen, besonders reichhaltigen typischen Flachmoorflora.

Hinweise für Besucher: Durch das Naturschutzgebiet führen der Heuberg-Allgäu-Wanderweg und der Bodensee-Radweg. Die Widmung räumlich getrennter Wege jeweils nur als Wander- oder Radstrecke vermeidet die gegenseitige Störung. Abseits der Wege ist das Betreten des Gebiets verboten. Eine vom Wanderweg aus zugängliche Beobachtungsplattform und der Grillplatz am Strandbad geben den Blick auf den See und die Welt der Wasservögel frei.

Das 1994 eröffnete Naturschutzzentrum Eriskirch ist der ideale Ausgangspunkt für Wanderungen im Ried. Eine ansprechend gestaltete Ausstellung gewährt faszinierende Einblicke in die Natur des Eriskircher Rieds und des Bodensees (Eintritt frei). Ganzjährig bietet das Zentrum vielfältige naturkundliche Veranstaltungen an, darunter regelmäßig Führungen im Eriskircher Ried. Im Naturschutzzentrum sind Informationsblätter über das Naturschutzgebiet erhältlich.

Das vom Land Baden-Württemberg, dem Bodenseekreis und der Gemeinde Eriskirch getragene Naturschutzzentrum ist von den Naturschutzbehörden mit der Betreuung des Eriskircher Rieds beauftragt. Dazu gehört auch die Koordination der Pflegearbeiten, die hier örtliche Landwirte und der Naturschutzbund Deutschland gemeinsam erledigen.

8 GEMSENWEIHER

Bodenseekreis: Gemeinde und Gemarkung Neukirch

Naturraum: Westallgäuer Hügelland

Geschützt seit 1992

Fläche: 11,6 Hektar

Top. Karte 8324

Beim Weiler Landolz im Norden von Neukirch wurde 1992 das Schutzgebiet »Gemsenweiher« ausgewiesen. Früher lag dort tatsächlich ein Weiher, der inzwischen aber verlandet ist. Heute überziehen Streu-, Schilf- und Futterwiesen das Gelände. Im Norden und Südwesten begrenzen die bewaldeten Drumlins Oberer und Unterer Langenberg das Schutzgebiet, im Nordwesten wird der Gemsenweiher durch einen Damm von dem tiefer liegenden Unteren Langenbergweiher abgetrennt, im Südosten erhebt sich ein Endmoränenwall. Der geologische Untergrund besteht aus Seggenschilftorf, der etwa einen Meter mächtig ist.

Das Gelände am Gemsenweiher und in seiner Umgebung weist eine große Vielfalt unterschiedlicher Lebensräume auf: Nährstoffarmes Niedermoor, Streu- und Feuchtwiesen, Schilfröhricht, Futterwiesen sowie Strauch- und Waldbereiche prägen sein Erscheinungsbild. Die Pflanzengesellschaften der nährstoffarmen Moore – hier das Davallseggen-Ried – gehören mittlerweile zu den am stärksten bedrohten Formationen. Das Davallseggen-Ried wächst an Stellen, an denen kalkhaltiges Grundwasser bzw. Hangdruckwasser austritt. Dementsprechend nimmt es oft nur wenige Quadratmeter ein. Als Niedermoor gehört es zu den torfbildenden Vegetationstypen. Kleinseggenriede stellen für die Vogelwelt einen der wich-

An den oberen Blättern und Blüten des Lungen- und des Schwalbenwurz-Enzians legt der Lungenenzian-Ameisen-Bläuling (*Maculinea alcon*) seine Eier ab. Dort entwickeln sich die Raupen, die dann von Ameisen in ihre Nester getragen und gefüttert werden bis die Falter schlüpfen. Der Falter saugt hier an der Sumpfkratzdistel (*Cirsium palustre*). U. BENSE

tigsten Biotoptypen Mitteleuropas dar, so zum Beispiel als Brut- und Aufzuchtgebiete der Wiesenbrüter Kiebitz, Wiesenpieper und Wiesenweihe.

Außerdem finden hier viele Schmetterlinge geeignete Lebensräume. So bildet die Vegetation der aufgelassenen Streuwiesen die Lebensgrundlage für den Lungenenzian-Ameisen-Bläuling und den Heilziest-Dickkopffalter. Die Raupen des Heilziest-Dickkopffalters ernähren sich von den Grundblattrosetten des Heilziests. Der Falter sucht seine Nahrung ebenfalls am Heilziest und an der Sumpf-Kratzdistel. Nur wenn die Wiesen spät im Jahr gemäht werden, können die Falter die Blüten dieser Pflanzen überhaupt antreffen. Deshalb plädierte man in der Vergangenheit vor allem für eine späte Mahd der Streuwiesen. Verkannt wurden aber die Probleme einer unerwünschten Vegetationsveränderung, die sich daraus ergaben. Denn eine dauernde späte Mahd im Jahr führt zur Verarmung der Arten. Vor allem übersah man dabei, dass die Bauern früher in Abhängigkeit von Streubedarf und Witterung die Flächen durchaus gelegentlich schon im Sommer

mähten. Ein optimales Pflegemanagement sieht deshalb vor, das Gebiet im Wechsel zu pflegen. Ein Teil der Flächen wird dabei früh im Jahr gemäht, um Nährstoffe zu entziehen, ein anderer Teil der Fläche dagegen erst im Herbst. Zusätzlich muss die Wirksamkeit dieser Pflegearbeiten durch jährliche Kontrollen der Schmetterlingsbestände überwacht werden.

Schutzzweck ist die Erhaltung des Niedermoores als Habitat schutzbedürftiger Tier- und Pflanzenarten durch gezielte Pflegemaßnahmen und die Abwendung von Eingriffen.

Hinweise für Besucher: Nördlich von Neukirch verbindet die K 7713 Oberrussenried und Hinteressach. Diese Kreisstraße quert ein vom Weiler Zannau in Richtung Süden führender Waldweg. Die Streuwiesen im Gewann Gemsenweiher liegen an diesem Waldweg ca. 200 m südlich der K 7713. Von dem Weg aus ist der nördliche, von Wald umgebene Teil des Schutzgebiets gut einsehbar. Abseits dieses Weges ist das Betreten des Schutzgebiets nicht erlaubt.

9 HEPBACHER-LEIMBACHER RIED

Bodenseekreis: Stadt Friedrichshafen,
Gemarkungen Friedrichshafen,
Kluftern, Raderach, Stadt Markdorf,
Gemarkung Riedheim,
Gemeinde und Gemarkung Oberteuringen
Naturraum: Bodenseebecken
Geschützt seit 1983
Fläche: 46,5 Hektar
Top. Karte 8222

In einer lang gestreckten, feuchten Talsenke, die sich von Oberteuringen im Osten bis zur Salemer Aach im Westen hinzieht, liegt das Naturschutzgebiet »Hepbacher-Leimbacher Ried«. Die halbmondförmige Senke entstand vor rund 15 000 Jahren als Umfließungsrinne des Würm-Gletschers, in der die von Osten einfließenden Wassermassen aus dem Argen- und Schussengebiet nach Westen abliefen. Dieses Eisrandtal wurde durch Schuttkegel in mehrere Abschnitte

Im intensiv genutzten Bodenseehinterland ist das Niedermoorgebiet des Hepbacher-Leimbacher Rieds eine Oase für seltene Tiere und Pflanzen.
M. GROHE

unterteilt, in denen es nach der Kaltzeit zur Vermoorung kam. Heute zählt das Hepbacher-Leimbacher Ried zu den letzten größeren Niedermooren des mittleren und westlichen Bodenseekreises.

Das über 46 Hektar große Schutzgebiet besteht im Wesentlichen aus drei Teilbereichen – den flachgründigen Leimbacher und Hepbacher Rieden im Norden, dem Unterried im Südwesten und dem Großen Ried im Südosten. Landwirtschaftliche Fluren – auf einer Fläche von insgesamt 67 Hektar als Landschaftsschutzgebiet ausgewiesen – umschließen die Rieder und trennen sie so auch voneinander ab. Großseggenbestände, feuchte Hochstaudenfluren und nasse Pfeifengraswiesen bestimmen den Charakter des Gebietes. Gerade den Hochstaudenfluren kommt dabei als verbindender Lebensraum eine besondere Bedeutung zu. Auf besonders nassen Flächen, auf denen in der Vergangenheit eine Streunutzung nicht möglich war, breiteten sich Sträucher und Bäume aus. Und so wachsen beispielsweise im Unterried, einem Verlandungsmoor mit einer Torfmächtigkeit von nahezu zehn Metern, nur noch im zentralen Bereich, in dem einst Torf gestochen wurde, die ursprünglichen Pflanzenbestände.

Das Große Ried wurde während des Zweiten Weltkrieges von der Rüstungsindustrie als Produktionsstandort für V2-Raketen in Beschlag ge-

nommen. Dabei wurde das Gelände an vielen Stellen durch Aufschüttungen denaturiert. In diesen Auffüllflächen gedeiht heute eine artenreiche Ruderalflora, in der viele verschiedene Reptilienarten, wie beispielsweise Bergeidechse, Kreuzotter, Ringelnatter oder Schlingnatter einen wertvollen Rückzugsraum finden. Im Norden des Großen Rieds wurden zwei Weiher aufgestaut, die heute in ausgedehnte Verlandungsbereiche mit Schilf- und Rohrkolbenbeständen übergehen. Die südlich angrenzende, ehemalige Streuwiese versumpfte und entwickelte sich nach und nach zu einem reinen Schilfbestand. Die alliierte Luftwaffe flog gegen Ende des Krieges zahlreiche Angriffe gegen die Rüstungsanlagen im Ried. Davon zeugen heute noch viele Bombenkrater, die sich inzwischen zu kleinen Feuchtgebieten entwickelt haben.

Von den ehemals ausgedehnten Streuwiesen blieben nur noch kleinere Flächen erhalten. Diese beherbergen eine große Fülle an Moosen und Blütenpflanzen. Im Mai und Juni verwandeln Orchideen das Leimbacher Ried in ein Blütenmeer. Besonders erwähnenswert ist auch der große Bestand der Strauchbirke, die als Relikt aus der letzten Kaltzeit hier ihren südlichsten Standort in Württemberg hat. Von herausragender Bedeutung sind die Niedermoorflächen wegen ihrer faunistischen Vielfalt. Schmetterlinge wie Blauäugiger Nachtportier oder Schmalflügelige Schilfeule,

Amphibien wie Laubfrosch oder Gelbbauchunke, Vögel wie Zwergdommel oder Drosselrohrsänger leben hier.

Die hohe Arten- und Individuenzahl bei den Reptilien und Amphibien resultiert im Wesentlichen aus der Strukturvielfalt des teils feuchten, teils trockenen Geländes. Davon profitiert auch die Vogelwelt. Bislang wurden im Schutzgebiet 71 verschiedene Brutvogelarten nachgewiesen.

Weiteren 58 Vogelarten dient das Ried als Nahrungs- und Rastquartier. Bei den Säugetieren fällt das reiche Vorkommen an Fledermäusen auf. Vor allem auf Abendsegler und Zwergfledermäuse trifft man im Gebiet. Daneben konnten sich im Schutzgebiet auch andere gefährdete Arten halten wie Siebenschläfer, Haselmaus, Wasserspitzmaus und Iltis.

In den ersten Jahren nach der Unterschutzstellung beschränkte sich die Pflege weitgehend auf das Nachahmen der früheren extensive Bewirtschaftungsweise mit später Mahd im Jahr und Rodung der starkwüchsigen Feuchtgehölze. Durch Grunderwerbsmaßnahmen gelangten in den letzten Jahren auch große, außerhalb des Naturschutzgebiets gelegene Flächen in das Eigentum des Landkreises. Auch für diese angrenzenden Flächen wurden Entwicklungskonzepte erarbeitet. Ein kostengünstiges Biotopmanagement, Besucherlenkung und spezielle Artenschutzmaßnahmen traten nun vor allem auf den angrenzenden Kreisflächen immer mehr in den Vordergrund. Die Naturschutzbehörde des Landratsamtes und private Naturschutzorganisationen zeigten hierbei auch den Mut, alternative Pflegemaßnahmen zu testen. So wurden auf den Flächen des Landkreises unter anderem Nisthilfen für Störche aufgestellt, auf Brachflächen die Offenhaltung durch Weidegänge mit Rindern angestrebt, Amphibienlaichtümpel angelegt und Gräben zu Stillgewässern entwickelt. Inzwischen brüten auch Störche im Gebiet. Als problematisch erwies sich jedoch die angrenzende Kreismülldeponie. Im Jahr 2005 fraßen dort Störche Kunststoffabfälle und starben daran. Ob die Beweidung mit Rindern sinnvoll ist, kann wohl erst nach längeren Beobachtungszeiträumen ent-

schieden werden. Die Aufnahme in Förderprogramme soll weitere Möglichkeiten zur Gebietsentwicklung eröffnen. Beantragt wurde ein Interreg IIIA-projekt »Feuchtgrünland und Storchenlebensräume durch die Alpenrhein-Bodensee-Anrainer (Deutschland, Schweiz und Vorarlberg).

Das Naturschutzgebiet, das dienende Landschaftsschutzgebiet und daran angrenzende Flächen sind inzwischen Bestandteil des Flora-Fauna-Habitatgebiets Bodenseehinterland zwischen Salem und Markdorf. Weitere Pflege- und Gestaltungsmaßnahmen müssen daher in Einklang mit den Schutz- und Erhaltungszielen stehen.

Schutzzweck ist die Erhaltung und Weiterentwicklung von Resten des ehemals großen Niedermoorkomplexes Hepbacher und Leimbacher Ried sowie Unterried und Großes Ried mit seinen Schilfbereichen, Streuwiesenresten und Hochstaudenrieden sowie verlandenden Weihern als naturnaher Brut-, Rast- und Nahrungsraum für viele seltene, zum Teil vom Aussterben bedrohte Tierarten und als Standort einer artenreichen, typischen Niedermoorflora.

Hinweise für Besucher: Die Kreisstraße K 7742 von Friedrichshafen-Manzell nach Markdorf führt durch das Hepbacher-Leimbacher Ried. Ein am Rande des Schutzgebiets gelegener Wanderparkplatz ist an die Kreisstraße angebunden. Der Parkplatz bildet einen günstigen Ausgangspunkt zur Besichtigung großer Teile des Schutzgebiets. An den Wegen angebrachte Schautafeln informieren ausführlich über Arten und Lebensräume. Die am nördlichen Rande des Gebiets im Gewann Hutwiesen gelegene Beobachtungs- und Informationshütte ist auch gut von der B 33 aus zu erreichen. Als Ausgangspunkt empfiehlt sich dabei die Ortschaft Markdorf-Hepbach. Man wandert von dort aus zunächst auf dem Wanderweg Richtung Unterteuringen. Nach ca. 1 km mündet in den Wanderweg ein nach Süden führender Feldweg, auf dem man zu einer Informationsstation gelangt. Die oberhalb des Schutzgebiets stehende Hütte ist ideal für Vogelbeobachtungen.

10 HIRRENSEE

Bodenseekreis: Stadt Tettnang,

Gemarkung Langnau

Naturraum: Bodenseebecken

Geschützt seit 1994

Fläche: 17,5 Hektar

Top. Karte 8323

Das Schutzgebiet »Hirrensee« liegt zwischen Tettnang und Kressbronn bei Götzenweiler auf Langnauer Gemarkung. Auf einer Fläche von rund 17 Hektar breitet sich das Hirrensee-Gebiet zwischen einer Grundmoräne im Nordwesten und älteren Moränenzügen im Süden aus. Aufgrund der hohen Niederschläge (1100 bis 1200 Millimeter pro Jahr) und des starken Einflusses von Grundwasser sind die feuchten Senken in dieser Gegend oft vermoort. Der Untergrund des Gebietes besteht aus Seggenschilftorf, der gut einen Meter mächtig über Leber-, Kalk- und Tonmudden liegt.

Das Gebiet lässt sich auf Dauer nur durch regelmäßige Biotoppflege und die Unterbindung

Für das Niedermoor und die Streuwiesen im NSG »Hirrensee« sind bedrohte Pflanzenarten wie Lungen-Enzian, Breitblättriges Wollgras, Fleischfarbenes Knabenkraut und die auffällige Mehlprimel (*Primula farinosa*) belegt. S. JESSBERGER

von Störungen in seinem Wert erhalten. Die von den angrenzenden Wirtschaftswiesen ausgehende Eutrophierung durch Nährstoffzufuhr muss durch ausreichende Pufferflächen reduziert werden. Die Entwässerung der Wirtschaftswiesen kann nur in einem für das Schutzgebiet verträglichen Umfang zugelassen werden. Jedoch auch zur Pflege der Niedermoore, Streuwiesen und Röhrichtbestände bedarf es der behutsamen Regulierung des Wasserstands. Die staunassen Pflegeflächen sind ohnedies nur noch mit den Mähraupen der Naturschutzverwaltung in eingeschränktem Umfang befahrbar. Es ist daher bei hohem Grundwasserstand gelegentlich die vorsichtige Unterhaltung des Grabensystems zur Wahrung naturschützerischer und landwirtschaftlicher Interessen notwendig.

Schutzzweck ist die Erhaltung und Verbesserung einer vielfältigen Lebensgemeinschaft, bestehend aus einem nährstoffarmen Niedermoor mit der besonders gefährdeten Flora, Pfeifengras-Streuwiesen sowie Feucht- und Nasswiesen als Lebensraum einer charakteristischen Tier- und Pflanzenwelt.

Hinweise für Besucher: Das nicht durch Wege erschlossene und daher auch nicht begehbare Gebiet liegt westlich der von Hiltensweiler in südlicher Richtung nach Wolfratz führenden L 331. Die Gebietsgrenze verläuft bei Götzenweiler entlang der Landesstraße, die hier gleichzeitig als Donau-Bodensee-Radweg ausgeschildert ist.

11 HÖDINGER TOBEL

Bodenseekreis: Stadt Überlingen,

Gemarkung Hödingen, Gemeinde und

Gemarkung Sipplingen

Naturraum: Bodenseebecken

Geschützt seit 1938

Fläche: 27,7 Hektar

Top. Karte 8228

Der »Hödinger Tobel« gehört zur Überlinger Steiluferlandschaft. Ziemlich genau zwischen Überlingen und Sipplingen ist in die steilen Fel-

Weil die steilen Lagen im bis zu 15 m tiefen Hödinger Tobel nur schwer zugänglich sind, blieb dieser in der intensiv genutzten Kulturlandschaft des Bodenseebeckens als weitgehend unberührte Oase mit sehr naturnahen Waldgesellschaften erhalten. M. GROHE

sen der Molasse die Schlucht des Hödinger Tobels bis zu 115 Meter tief eingeschnitten. Wie die gesamte Bodenseelandschaft stellt der Hödinger Tobel ein Erbe der Kaltzeiten dar – vor allem der Würm-Kaltzeit, die vor etwa 15 000 Jahren zu Ende ging. Als sich nach dem Abschmelzen des Gletschers der Schmelzwasserspiegel im Bodensee absenkte, fielen die dem See zuströmenden Bäche auf ihrem Weg zur Mündung immer steiler ab. Das führte in dem relativ weichen Molassegestein zu einer starken Erosion, bei der sich die charakteristischen Tobel im Überlinger Raum gebildet haben. Den Hödinger Tobel hat der Gießbach ausgeräumt, der sich im Westen von Hödingen zur Oberen Süßenmühle herunterzieht.

Landschaftlich erinnert das Gelände weniger an das milde, liebliche Bodenseegebiet, sondern eher an die Schluchten der Schwäbischen Alb. Dazu tragen die Kalkquellfluren und Arten wie Türkenbund und Silberblatt bei. Gerade das Silberblatt – eine besondere Zierde der Schluchtwälder der Schwäbischen Alb – setzt auch hier seine Akzente: Im Sommer fällt es auf wegen seiner großen, lila bis dunkelrot gefärbten Blüten, und im Winter bilden die silbrig-weißen Scheidewände der Früchte einen reizvollen Kontrast im dunklen Tobel.

Unten am Bach wächst – typisch für das feuchte Milieu – ein Ahorn-Eschenwald mit Farnen und Moosen im Unterwuchs. An den Flanken des Tobels, wo es nicht mehr ganz so dunkel, kühl und feucht ist, breiten sich Buchenbestände aus. Moose und Farne treten hier zurück und machen den verschiedensten Blütenpflanzen wie dem Buschwindröschen Platz. Ganz oben auf den Felsen rings um den Tobel, wo die Sonneneinstrahlung am stärksten ist, hat sich zusammen mit der Kiefer eine Trockenheit liebende Vegetation eingestellt. Geißklee, Blutstorchschnabel, Thymian und Blauschwingel sind typische Arten der Wärme liebenden Flora unter den Kiefern.

Die topographischen Besonderheiten des Hödinger Tobels und seine vielfältige Vegetation wurden früh als höchst schutzwürdig erkannt: Schon im Jahr 1938 erließ das badische Ministerium für Kultus und Unterricht die Naturschutzverordnung. Zur Erhaltung dieses einzigartigen Lebensraumes erlaubt die Verordnung nur die »landwirtschaftliche Nutzung der Wiesen unter Ausschluss der Kulturänderung« sowie die »forstwirtschaftliche Bewirtschaftung und Nutzung unter Wahrung des Charakters als Schutzgebiet«.

Bei der Ausweisung eines Schutzgebiets stellt sich immer wieder die Frage, ob man damit der

Natur wirklich dient. Schließlich hat ein solcher Lebensraum auch ohne einschränkende Vorschriften über Jahrhunderte hinweg seinen urwüchsigen Charakter behalten – in aller Regel deshalb, weil er sich nie für eine intensive Nutzung eignete. Erst die Schutzverordnung macht die Öffentlichkeit auf ein solches Kleinod aufmerksam, und der dann einsetzende Besucherstrom hat fast zwangsläufig gravierende Beeinträchtigungen zur Folge.

Das gilt auch für den Hödinger Tobel: So sehr man es begrüßen mag, dass der Verschönerungsverein Überlingen diese Schlucht mit dem Bau von Stegen für Besucher zugänglich gemacht hat, so bringt dieser Weg doch ständig neue Probleme mit sich. Bei Unwettern werden die Stege immer wieder von den Wassermassen des Bachs oder durch Hangrutschungen zerstört. Sodann wird das Schutzgebiet zur Baustelle, was man verständlicherweise gerade hier nicht gerne sieht. Andererseits will man aber doch einen Steg, um das Naturschutzgebiet auch künftig genießen zu können. Für dieses Dilemma gibt es keine Patentrezepte, bestenfalls Kompromisslösungen, die man stets aufs Neue suchen muss.

Der Hödinger Tobel gehört zum Flora-Fauna-Habitat-Gebiet »Überlinger See und Bodenseeuferlandschaft«. Er genießt dadurch den Schutz des Natura 2000-Netzwerks der Europäischen Union.

Schutzzweck ist die Erhaltung und Verbesserung des Tobels für die dort vorkommenden Lebensgemeinschaften dieser einzigartigen Naturlandschaft mit den dafür charakteristischen Arten der Tier- und Pflanzenwelt.

Hinweise für Besucher: Zwischen Überlingen und Sipplingen verlässt der Bodensee-Rundweg die Uferzone und führt die Wanderer über die unteren Hangzonen der Steiluferlandschaft. Bei der Süßenmühle erreicht die Wanderstrecke die talseitige Grenze des Naturschutzgebiets. Wer das Naturschutzgebiet besichtigen will, muss nun die Wanderroute verlassen und über Pfade und Stege die Schlucht emporsteigen.

12 HÜTTENSEE

Bodenseekreis: Gemeinde und Gemarkung Neukirch
Naturraum: Westallgäuer Hügelland
Geschützt seit 1994
Fläche: 17,4 Hektar
Top. Karte 8324

Südöstlich von Neukirch liegt der Hüttensee in einer sich nach Westen hinziehenden Senke, die im Norden, Osten und Süden von kleineren Hügeln eingerahmt wird. Dabei handelt es sich um etwa 15 000 Jahre alte Moränenbildungen aus der Würm-Kaltzeit, den so genannten Drumlins. Der See – eingebettet in einen breiten Verlandungsgürtel aus Moorflächen, Streu-, Futter- und Obstbaumwiesen – ist natürlich entstanden. Seinen Untergrund bilden Seggenschilftorfe, die zumeist über einen Meter mächtig sind. Gespeist wird der See von mehreren Quellaustritten vor allem im östlichen Hangbereich und einigen Wassergräben. Die Entwässerung erfolgt über den benachbarten Langensee, den Kreuzweiherbach, den Kreuzweiher und den Bollenbach in die Argen. In den 30er-Jahren wurde der Wasserspiegel des Hüttensees durch einen künstlichen Entwässerungsgraben um einen halben Meter gesenkt.

Der Uferrand des Hüttensees ist von einem Röhrichtstreifen eingefasst, der sich den folgenden Pflanzengesellschaften zuordnen lässt: Schilfröhricht, Rohrkolbenröhricht, Schneidbinsenried und Teichbinsenröhricht. Das Schneidbinsenried ist in Baden-Württemberg sehr selten geworden. Im Gebiet Hüttensee ist die Pflanzengesellschaft vor allem deshalb im Rückgang begriffen, weil der Seespiegel in den 1930er-Jahren abgesenkt wurde.

Neben den Röhrichten findet man im Uferbereich des Hüttensees auch Vertreter der Großseggenrieder, und zwar dort, wo das Grundwasser während der meisten Zeit nahe der Oberfläche steht, in Trockenzeiten aber auch weiter absinken kann. Die Pflanzengesellschaften der Moore gehören im Südwesten Deutschlands zu den am stärksten gefährdeten Formationen. Die Kalk-

Das NSG »Hüttensee«
gehört zum FFH-Gebiet
»Moore und Weiher um
Neukirch«. Es genießt
dadurch den Schutz des
Natura 2000-Netzwerks
der Europäischen Union.
M. Grohe

Kleinseggenrieder, als deren Vertreter man im Hüttensee-Gebiet das Mehlprimel-Kopfbinsenried in Form eines Nieder- und eines Hangquellmoores findet, bilden Refugien für viele seltene Sumpfpflanzen. Sie stellen einen der wichtigsten Biotoptypen Mitteleuropas dar, in dem zahlreiche Vogel- und Insektenarten einen geeigneten Lebensraum finden.

Die Pfeifengras-Streuwiesen auf den kalkreichen Moorböden rund um den Hüttensee gehören zu den artenreichsten Wiesenformen. Sie entstanden durch einschürige, spät im Jahr stattfindende Mahd und sind von hoher Bedeutung für den Artenschutz. Hier wachsen die Nahrungspflanzen, auf welche die dort vorkommenden Tagfalter und Widderchen angewiesen sind. Seit den 1950er-Jahren schrumpften diese Wiesenflächen am Hüttensee allerdings erschreckend schnell auf kleine Restflächen zusammen. Und nur mit Hilfe naturschutzfachlicher Pflegemaßnahmen können sie überhaupt noch erhalten werden. Dort, wo früher Handarbeit erforderlich war und der Einsatz von schweren Traktoren zu erheblichen Beeinträchtigungen führen würde,

mäht die eigens für solche Einsätze entwickelte Mähraupe der Naturschutzverwaltung.

Auch die im Gebiet gelegene Streuobstwiese beherbergt als reich strukturierter Lebensraum artenreiche Lebensgemeinschaften.

Schutzzweck ist die Erhaltung eines reich strukturierten Ökosystems aus einem natürlich entstandenen See und seinem breiten Verlandungsgürtel, nährstoffarmen Nieder- und Hangquellmoorbereichen mit Kleinseggenriedern und Pfeifengras-Streuwiesen, Wiesenflächen mit Quellbereichen und Wassergräben, Streuobstwiesen als Element der traditionellen Kulturlandschaft, Grünlandflächen als Pufferzonen sowie der darin lebenden besonders artenreichen und typischen Tier- und Pflanzenwelt.

Hinweise für Besucher: Den Hüttensee erreicht man auf der von Neukirch aus nach Südosten zur K 7778 führenden Hüttenseestraße. Die Ortsverbindungsstraße überquert im Anschluss an das Neukircher Sportgelände einen bewaldeten Höhenrücken, hinter dem sich der in einem waldfreien Talkessel gelegene Hüttensee zunächst verbirgt. Nach ca. 1 km erreicht die Straße den Waldrand und verläuft hier parallel zum Oberhang nach Osten. Schön anzusehen ist von hier aus der in die Senke eingebettete See mit seinen naturnahen Uferzonen. Nur an insgesamt drei Stellen unterbrechen Holzstege den Bewuchs am Ufer. Die beiden östlichen sich etwa gegenüberliegenden Stege dürfen nur von Anglern betreten werden. Der dritte Steg im Nordwesten ist ein Badesteg. Nur an dieser Stelle gestattet die Naturschutzverordnung jedermann den Zugang zum Seeufer über einen senkrecht hangabwärts führenden Pfad.

13 HÜTTENWIESEN

Bodenseekreis: Gemeinde und Gemarkung Neukirch
Naturraum: Westallgäuer Hügelland
Geschützt seit 1993
Fläche: 7,8 Hektar
Top. Karte 8324

In der Talsenke, die sich von Neukirch nach Osten zur Argen hinunterzieht, wurde 1993 bei Goppertsweiler das knapp acht Hektar große Gebiet der »Hüttenwiesen« unter Schutz gestellt. Dabei ging es vor allem um die Erhaltung von zwei Hangquellmooren, die von Streu- und Futterwiesen sowie Schilf- und Waldbeständen umgeben sind. Das eine Moor liegt in einer orchideenreichen Lichtung in einem ansonsten geschlossenen Wald namens Waldenried, das andere breitet sich an den mit Grünland überzogenen Hangflächen im Nordwesten dieses Waldgebiets aus. Die umgebende Landschaft wird wesentlich von den Austiefungen und Ablagerungen der verschiedenen Kaltzeiten geprägt. Speziell beim Waldenried-Hügel handelt es sich um eine ältere Moränenbildung aus der Würm-Kaltzeit.

In dem strukturreichen Gelände konnten sich wertvolle Pfeifengraswiesen und Niedermoore entwickeln. Die artenreichen Lebensgemeinschaften beherbergen gefährdete Schmetterlinge wie den Lungenenzian-Ameisen-Bläuling und seltene Pflanzen wie das Kleine Knabenkraut und das Gemeine Fettkraut.

Die Hüttenwiesen gehören zum Flora-Fauna-Habitatgebiet »Moore und Weiher um Neukirch«. Sie genießen dadurch den Schutz des Natura 2000-Netzwerks der Europäischen Union.

Schutzzweck ist die Erhaltung eines reich strukturierten Lebensraums aus zwei nährstoffarmen Hangquellmooren mit den besonders artenreichen Enzian-Pfeifengraswiesen und Vertretern der Davallseggenrieder, Feucht- und Nasswiesen, als Nahrungs- und Lebensraum für gefährdete Vogelarten, einer orchideenreichen Waldlichtung und quelligen und staunassen Waldflächen.

14 IGELSEE

Bodenseekreis: Gemeinde und Gemarkung Neukirch
Naturraum: Westallgäuer Hügelland
Geschützt seit 1992
Fläche: 16,9 Hektar
Top. Karte 8324

In einer flachen Senke nordwestlich von Neukirch eingebettet liegt das Schutzgebiet »Igelsee«. Im Untergrund des verlandeten Weihers lagern schlickreiche, fast einen Meter mächtige Seggentorfe. Streuwiesen, Futterwiesen, Hochstaudenfluren, ein kalkreiches Hangquellmoor und Wald prägen die unmittelbare Umgebung.

Das Mehlprimel-Kopfbinsenmoor ist als Refugium botanischer Relikte der Kaltzeit von hoher Bedeutung. Durch die Vielzahl an Biotopen aus Nieder- und Hangmoor sowie Gehölzbeständen, Pfeifengraswiesen, Feucht- und Mähwiesen ist das Naturschutzgebiet auch aus ornithologischer Sicht bedeutend. Das reichhaltige Nahrungsangebot und die störungsarmen Brutplätze ziehen regelmäßig Brutvögel wie Stockente, Teichrohrsänger, oder Teichhuhn an. Bedroht wird das breite floristische Artenspektrum in dem kleinen Naturschutzgebiet vor allem durch Entwässerungsmaßnahmen und den Eintrag von Nährstoffen aus den angrenzenden landwirtschaftlich genutzten Flächen. Zur Aufgabe der intensiven Nutzung

Das NSG »Igelsee« umfasst ein knapp 17 Hektar großes Areal rund um einen ehemaligen Weiher, der allerdings vollständig verlandet und teilweise von Schilf überwachsen ist. U. BENSE

finden sich die Landwirte jedoch allenfalls bei angemessener Entschädigung bereit. Die Naturschutzverwaltung muss sich somit hier fortwährend um den Abschluss von Extensivierungsverträgen bemühen. Bei der Pflege der Streuwiesen ist das gelungen. Diese werden bereits von Landwirten im Vertragsnaturschutz gepflegt. Dort, wo früher Handarbeit erforderlich war und der Einsatz von schweren Traktoren heute zu erheblichen Beeinträchtigen führen würde, mäht die eigens für solche Einsätze entwickelte Mähraupe der Naturschutzverwaltung.

Das Naturschutzgebiet Igelsee gehört zum Flora-Fauna-Habitatgebiet »Moore und Weiher um Neukirch«. Es genießt dadurch den Schutz des Natura 2000-Netzwerks der Europäischen Union.

Schutzzweck ist die Erhaltung des Flach- und des Hangmoores mit den daran angrenzenden Pfeifengras-Streuwiesen, Feuchtwiesen und Mähwiesen.

15 JÄGERWEIHER

Bodenseekreis: Gemeinde und Gemarkung Neukirch

Naturraum: Westallgäuer Hügelland

Geschützt seit 1984, erweitert 1990

Fläche: 6,2 Hektar

Top. Karte 8324

Der Jägerweiher liegt rund zwei Kilometer nordwestlich von Neukirch inmitten bewaldeter Drumlins. Der Weiher wurde einst über einem Hangquellmoor als Fischteich angelegt. Er ist mittlerweile stark verlandet. Mehrere Gräben, die ihr Wasser aus Quellaustritten und Grünland-Drainagen beziehen und am Südufer in den Weiher einspeisen, sorgen dafür, dass sich der Wasserspiegel des Weihers das ganze Jahr über etwa auf dem gleichen Niveau hält. Die südliche Hälfte wird im Sommer von einer dichten Schwimmblattvegetation aus Weißer Seerose und Wasserknöterich bedeckt. Im flachen Wasser vor der Verlandungszone wachsen Schwimmendes Laichkraut und Wasserschlauch. Vor dem Damm im Norden breiten sich dichte Unterwasserbestände des Quirligen Tausendblatts aus. Ansonsten findet man im nördlichen Teil keine Schwimmblatt- und Unterwasserpflanzen. Hier ist der Weiher so tief, dass kaum noch Licht bis zum Grund vordringt.

Der nicht überflutete Teil des Hangquellmoores wird von Entwässerungsgräben durchzogen. Flächenmäßig herrschen hier Pfeifengras-Streuwiesen und Mädesüß-Hochstaudenfluren vor, gefolgt von Groß- und Kleinseggenriedern. Die Ausprägung der Vegetation ist durch die Unterschiede bei der Bodenfeuchte, Nährstoffversorgung und Nutzung begründet. Im Südosten schließt sich ein Erlenbruchwald an das Röhricht an.

Im Westen und Osten rahmen den Jägerweiher forstwirtschaftlich genutzte Hangwälder ein, an deren Fuß sich streckenweise eine schmale, flache Uferzone aus Teichschachtelhalmröhricht oder Grauweidengebüsch ausgebildet hat. Am Osthang wächst ein Buchen-Fichten-Bestand mit vereinzelten Vogelkirschen, am gegenüberliegenden Westhang ein dichter Fichtenwald, dem nur wenige Rotbuchen beigemengt sind. Die Strauchschicht fehlt hier nahezu völlig, und auch die Krautschicht kann sich nur spärlich entwickeln. Der Jägerweiher – zum letzten Mal abgelassen im Jahr 2002/03 – wird noch immer befischt. In seiner unmittelbaren Umgebung mäht die Forstverwaltung die Streuwiesen zum Teil regelmäßig ab. Die Seggenriede und Schilfröhrichte, die schwarzerlenreichen Gehölzbestände in den Streuwiesen und der Bruchwald unterliegen dagegen keiner Bewirtschaftung.

Besonders zu erwähnen sind die breiten, floristisch interessanten Verlandungszonen, die vor allem am Südufer mit den Streuwiesen gut ausgeprägt sind. Zusammen mit dem umgebenden Waldsaum bietet diese Gesamtheit der Lebensräume einer Vielfalt von bedrohten Tier- und Pflanzenarten Rückzugsmöglichkeiten, in welchen sie überleben, sich ungestört vermehren und von denen aus sie neu zu schaffende Lebensräume wieder besiedeln können.

Der Jägerweiher gehört zum Flora-Fauna-Habitat-Gebiet »Moore und Weiher um Neukirch«. Es genießt dadurch den Schutz des Natura 2000-Netzwerks der Europäischen Union.

Schutzzweck ist die Erhaltung und Verbesserung des landschaftlich reizvoll gelegenen Weihers.

Hinweise für Besucher: Der Jägerweiher liegt ca. 1 km südlich der Ortschaft Tobel. Von Tobel aus führt ein Waldweg zum Jägerweiher. Das Schwimmen ist nur in einem begrenzten Bereich am nordöstlichen Ufer erlaubt.

16 KATHARINENFELSEN

Bodenseekreis: Stadt Überlingen,
Gemarkungen Überlingen und Hödingen
Naturraum: Bodenseebecken
Geschützt seit 1989
Fläche: 3,94 Hektar
Top. Karte 8120/8320

Innerhalb des Schutzgebiets »Katharinenfelsen« findet man eine bemerkenswerte Erosionserscheinung: Eine topfartige Auskolkung, die am Ende der Kaltzeit durch die kreisende Bewegung des abschmelzenden Gletscherwassers ausgespült worden sein soll. Diese zum Naturdenkmal erklärte »Gletschermühle« gilt als besondere Attraktion für Touristen, die in dem weichen Molassegestein des Felsens bereits deutliche Spuren hinterlassen haben.

Den größten Teil des Felsengeländes überzieht der Wärme liebende Geißklee-Föhrenwald, der auch die benachbarten Naturschutzgebiete »Sipp-

Im Süden des Jägerweihers bildet ein ausgedehnter Verlandungsbereich den Übergang zu den anschließenden Streuwiesen. Er besteht im Wesentlichen aus einem breiten Schilfröhricht, dem zur Wasserfläche hin Steifseggenbulte vorgelagert sind.
M. GROHE

Ein eindrucksvolles Element der Überlinger Steiluferlandschaft ist das 110 m hohe Massiv des Katharinenfelsens. Dort kommen Pfingst-Nelke (*Dianthus gratianopolitanus*), Strauchwicke (*Hippocrepis emerus*) und andere Wärme liebende Planzen- und Tierarten vor. (Das lila blühende Gebüsch im Felsen ist verwilderter Flieder.)
G. KERSTING

linger Dreieck« und »Köstenerberg« prägt. Stellenweise ist am Katharinenfelsen jedoch die Robinie eingewandert, die nun die typische Strauch- und Krautschicht dieser lichten Waldform verdrängt. Die schmalen Felsvorsprünge werden von Felsbandfluren besiedelt. Auf diesen Standorten herrschen für Pflanzen scheinbar äußerst widrige Verhältnisse. Denn zum einen sind die steilen Wände ungeschützt der Sonne ausgesetzt, und zum anderen kann sich an ihnen nur wenig Feinerde ansammeln. Dennoch gibt es eine Reihe von Pflanzenarten, die sich als regelrechte Überlebenskünstler hier behaupten. Zu ihnen gehört neben Weißem Mauerpfeffer und Steinkraut auch die Pfingstnelke – eine Charakterart, deren Bestand in Baden Württemberg mittlerweile gefährdet ist.

Am Rande des Schutzgebiets breiten sich Halbtrockenrasen aus, auf denen gelegentlich noch einzelne Streuobstbäume stehen. Seit diese trockenen Flächen nicht mehr als Heuwiesen bewirtschaftet werden, breiten sich hier Liguster- und Schlehengebüsch sowie Zitterpappeln aus. Dringen Gehölze von den Waldrändern in die Freiflächen ein, müssen die Halbtrockenrasen durch aufwändige Pflegemaßnahmen erhalten werden. Nur durch regelmäßige Mahd, Gehölzrodung und Abtransport des Schnittguts lässt sich hier der Schutzzweck auf Dauer aufrechterhalten. Die jährliche Vorbereitung und Durchführung der Biotoppflege leistet das Grünflächenamt

der Stadt Überlingen, das sich auch um die Arrondierung des Schutzgebiets durch den Erwerb angrenzender Streuobstwiesen bemüht.

Die Lebensräume in dem kleinen Naturschutzgebiet zählen unzweifelhaft zu den ökologisch wertvollsten Zonen des Flora-Fauna-Habitatgebiets »Überlinger See und Bodenseelandschaft«.

Schutzzweck ist die Erhaltung der für den Bereich des Bodenseebeckens einzigartigen Landschaftsstrukturen. Zusammen mit den vielfältigen Vegetationseinheiten und den besonderen klimatischen Verhältnissen ist hier ein seltener Lebensraum für zum Teil gefährdete Tier- und Pflanzenarten entstanden.

Geschützt und in ihrer ökologischen Funktion gefördert werden sollen insbesondere die Felsformationen mit der für die weitere Umgebung einzigartigen Gletschermühle, die naturnahe Vegetation mit den Geißklee-Föhrenwäldern, den Felsbandfluren, den Saumgesellschaften und den Halbtrockenrasen sowie die Streuobstbestände.

Hinweise für Besucher: Wer mit der Bahn oder im Auto am Nordufer des Überlinger Sees entlang fährt, dem fallen unmittelbar westlich von Überlingen die eindrucksvollen Felswände des Katharinenfelsens auf, die von der Straße aus bis zu 110 m hoch aufragen. Der von der Überlinger Altstadt aus in westlicher Richtung nach Sipplingen führende Wanderweg führt oberhalb des Katharinenfelsens entlang der Schutzgebietsgrenze. Die hier in den Heuberg-Allgäu-Weg und gleichzeitig in den Bodensee-Rundweg integrierte Strecke ist eine der schönsten Wanderrouten in Baden-Württemberg. Im westlichen Teil des Schutzgebiets öffnet sich den Wanderern eine herrliche Sicht auf den Überlinger See. Hier versprüht die Landschaft vor allem im Sommer eine geradezu mediterrane Stimmung. Traumhaft ist der Ausblick auf die Überlinger Altstadt und die Insel Mainau.

17 KNELLESBERGER MOOS

Bodenseekreis: Gemeinde und Gemarkung Meckenbeuren, Stadt Tettnang, Gemarkung Tannau

Landkreis Ravensburg: Stadt Ravensburg, Gemarkung Eschach

Naturraum: Westallgäuer Hügelland

Geschützt seit 1996

Fläche: 39 Hektar

Top. Karte 8223 und 8323

Das »Knellesberger Moos« liegt im Schwarzachtal nördlich von Tettnang. Es umfasst dort im Wesentlichen den östlich des Weilers Knellesberg sich öffnenden Talraum. Das Gebiet prägen die von Ufergehölzen gesäumten Mäander der Schwarzach, an die sich beiderseits weite Feuchtwiesen anschließen. Von den früher ausgedehnten Streuwiesen des Niedermoores blieb nur noch eine kleine Enzian-Pfeifengras-Streuwiese am Südufer

der Schwarzach erhalten. Den Talraum begrenzen die meist steil, gelegentlich auch sanft ansteigenden Moränenhänge. Auf den Steilhängen wächst meist Nadelwald. Die flacheren Hänge tragen ausgedehnte Mähwiesen und kleinere Obstanlagen.

In der Zeit von 1950 bis 1990 litt das ursprünglich vielfältige und artenreiche Gebiet unter der landwirtschaftlichen Intensivierung. Dadurch verschwanden Pflanzen wie die Mehlprimel und zahlreiche Orchideenarten vollständig. Das einst berühmte Massenvorkommen des Märzenbechers reduzierte sich auf kleine Restbestände. Das Braunkehlchen, das früher hier einen idealen Lebensraum besaß, blieb aus.

Zur Rettung des Lebensraumes mussten die Schäden sobald als möglich wieder behoben werden. Großflächiger Grunderwerb und die Ausweisung als Naturschutzgebiet schufen die Voraussetzung für weit reichende Extensivierungs- und Renaturierungsmaßnahmen. Die Pflege der Wassergräben erfolgt so, dass das Gebiet nicht zu sehr austrocknet und die Wiesen gleichzeitig noch für Mähmaschinen befahrbar bleiben.

Die vielfältigen Bemühungen bewirkten eine deutliche Verbesserung des Gebiets. So erfüllte das Knellesberger Moos inzwischen auch die Voraussetzungen zur Aufnahme in das Flora-Fauna-Habitatgebiet »Schussenbecken und Schmalegger Tobel«. Die Pflege- und Entwicklungsmaßnahmen müssen daher in Zukunft den darin festgelegten Schutzzielen Rechnung tragen.

Zum Erhalt alter, für den östlichen Bodenseekreis typischer Birnensorten wurde eine größere Fläche im NSG »Knellesberger Moos« mit hochstämmigen Bäumen bepflanzt. Die Streuwiesenpflege erfolgt mit nur einer Spätmahd. Für die zweischürigen Wiesen wird ein möglichst später Termin für die Erstmahd gewählt. B. SCHALL

Das NSG »Köstener Berg«
fällt steil zum Ufer des
Überlinger Sees ab.
BNL-Archiv

Schutzzweck ist die Erhaltung und Förderung des weiten Wiesentals mit dem durchgängig frei mäandrierenden Bachlauf der Schwarzach, die Erhaltung und Pflege der an die Schwarzach anschließenden Nass-, Feucht- und Streuwiesen mit ihren vielfältigen und artenreichen Pflanzen- und Tiergemeinschaften als Zeugnis der Naturgeschichte, Landeskunde und Landeskultur.

Hinweise für Besucher: Die am östlichen Rand des Schussentals von Ravensburg nach Tettnang führenden Rad- und Wanderwege vereinigen sich westlich des Weilers Knellesberg. Wer das Naturschutzgebiet sehen will, muss hier die Rad- und Wanderwege verlassen und die im Süden an den Weiler angrenzende Hangkante aufsuchen. Von dort lässt sich nahezu der gesamte Talraum betrachten. Die nur durch einen kurzen, steil abfallenden Stichweg erschlossenen Grundstücke im Schutzgebiet dürfen nicht betreten werden.

18 Köstenerberg

Bodenseekreis: Gemeinde und Gemarkung Sipplingen

Naturraum: Bodenseebecken

Geschützt seit 1989

Fläche: 16 Hektar

Top. Karte 8120 und 8320

Im Nordwesten von Sipplingen erhebt sich der Köstenerberg auf 615 m NN, um als Steilhang von der moräneüberdeckten Molassehöhe 210 Meter tief zum Nordostufer des Überlinger Sees abzufallen. Die dort anstehenden Molasseschichten sind die Abbauprodukte der sich im Tertiär auffaltenden Alpen. Flüsse brachten diesen Gesteinsschutt aus den Gebirgen ins Vorland, rundeten ihn dabei ab, zerrieben ihn oder schlämmten ihn auf zu Sand und Tonschlamm.

Das rund 16 Hektar große Schutzgebiet ist im Westen und Norden von Wald umgeben, im Osten schließen sich Streuobstwiesen an, im Süden begrenzt es der Bodensee-Radweg.

Auf den extrem steilen und flachgründigen Süd- und Südwesthängen wächst – charakteristisch für das westliche Bodenseegebiet – ein Geißklee-Föhrenwald mit einer Vielzahl an gefährdeten Pflanzenarten. Der lichte und lückige Charakter dieses Waldes lässt eine üppige Strauchschicht aus Liguster, Wolligem Schneeball und Heckenkirsche gedeihen. In der Krautschicht darunter wachsen Laubwald-Arten wie das Wald-Habichtskraut oder die Pfirsichblättrige Glockenblume sowie Arten der Halbtrockenrasen, darunter auch zahlreiche Orchideen.

Hangabwärts schließen sich Wiesen mit Gebüsch und Bäumen an. Das reizvolle Landschaftsbild ist das Ergebnis einer über Jahrhunderte wechselvollen Nutzungsgeschichte und moderner Biotoppflege der vergangenen Jahrzehnte. Zu

Beginn des 20. Jahrhunderts wurden dort klein-parzellierte Weinberge gerodet und anschließend als Streuobstwiesen bewirtschaftet. Die Nutzung der Obstbäume und des Grasaufwuchses erfolgte zunächst noch intensiv in mühevoller Handarbeit. Mit der Zeit wurde diese Wirtschaftsweise jedoch immer unrentabler, sodass die Flächen nach und nach brach fielen und darauf allmählich Gebüsch und Waldbäume aufwuchsen. Die frühere Nutzung und die anschließende Brache schufen auf den trockenen und steilen Hängen die Voraussetzungen für das malerische Landschaftsbild und eine äußerst vielfältige Tier- und Pflanzenwelt. Ohne jegliche Bewirtschaftung und Biotoppflege hätte der Wald die Flächen jedoch vollständig zurückerobert. Naturschutzverwaltung und Gemeinde begegnen dieser unerwünschten Entwicklung seit etwa 1980 mit einem Bündel von Maßnahmen. Besonders wertvolle Wiesen werden nun jährlich gemäht und das Mähgut anschließend beseitigt. Die übrigen Freiflächen werden von einer Schafherde gepflegt. Die regelmäßige Rodung von Gehölzen bewirkt gleichzeitig den Erhalt und die Erweiterung der artenreichen Wiesen und Weiden.

Durch die enge Verzahnung von Wald, Trockengebüsch, Magerrasen und Brache konnten sich ungewöhnlich vielfältige Lebensräume entwickeln. Mit ihrem Blütenreichtum stellen sie wertvolle Nahrungsbiotope für eine große Fülle von Insekten dar. Allein bei den Wildbienen wurden am Köstenerberg über 80 Arten nachgewiesen. Auch die Tagfalter und Heuschrecken sind mit einer Vielzahl von Arten vertreten.

In den unterschiedlich gut gepflegten Streuobstbeständen, in denen neben jüngeren auch sehr viele alte Bäume stehen, dominiert die Süßkirsche neben Walnuss und Zwetschge. Ein breites Sektrum von auf Streuobstbäume angewiesenen Vögeln, darunter Arten wie Neuntöter und Berglaubsänger, können sich hier halten. Daneben dient das Gelände am Köstenerberg auch vielen Kleinsäugern als Refugium, die typischerweise alte Streuobstbestände bewohnen, so etwa dem Siebenschläfer und der Haselmaus.

Einen reizvollen Kontrast zu den trockenwarmen Standorten bildet der Quellhang im mittleren Teil des Schutzgebietes. Hier verzahnen sich auf engem Raum Schilfzonen, Freiflächen mit Wasserdost, Ross-Minze und zahlreichen Saumarten und Gebüschgruppen. Aus forstwirtschaftlicher Sicht ist eine intensive Nutzung des Waldes auf den flachgründigen Steilhängen nicht sinnvoll. Daher blieb am Köstenerberg ein Großteil der natürlichen Vegetation erhalten.

Der Köstenerberg gehört zum Flora-Fauna-Habitatgebiet »Überlinger See und Bodenseelandschaft«. Er genießt dadurch den Schutz des Natura 2000-Netzwerks der Europäischen Union.

Schutzzweck ist die Erhaltung der äußerst vielfältigen und naturnahen Vegetation als seltener Lebensraum einer Vielzahl von gefährdeten und besonders geschützten Tier- und Pflanzenarten.

Hinweise für Besucher: Etwa auf halber Höhe durchquert der »Blütenweg«, ein von Sipplingen nach Ludwigshafen führender Fußweg, das Schutzgebiet. Dieser Abschnitt des Bodensee-Rundwegs erschließt dem Besucher eine sehenswerte Landschaft, deren Reiz aus dem Zusammenspiel geologischer Vorgänge und menschlichen Wirkens resultiert. Östlich des Naturschutzgebiets beginnt ein geologischer Lehrpfad, der vom Bodensee-Rundweg aus zum Haldenhof, dem Ausflugslokal auf dem Sipplinger Berg aufsteigt. Die Tafeln am Wegesrand erklären die Entstehung und die Beschaffenheit des Geländes.

19 KREUZWEIHER-LANGENSEE

Bodenseekreis: Gemeinde und Gemarkung Neukirch

Naturraum: Westallgäuer Hügelland

Geschützt seit 1973, erweitert 1994

Fläche: 74,8 Hektar

Top. Karte 8324

Südwestlich von Neukirch erstreckt sich in einer markanten, von Ost nach West ausgerichteten

Auf den nicht mehr landwirtschaftlich genutzten Flächen im NSG »Kreuzweiher-Langensee« wirken umfangreiche Pflegearbeiten auf den Erhalt und die erneute Steigerung der Artenvielfalt hin. Widderchen (*Zygaena filipendulae*) auf einer Teufelsabbiss-Blüte (*Succisa pratensis*). V. KRACHT

und von Waldhügeln umgebenen Talsenke das Naturschutzgebiet »Kreuzweiher-Langensee«. Das insgesamt fast 75 Hektar große Naturschutzgebiet umfasst den Kreuzweiher mit seinem Verlandungsgürtel, mit Moorflächen, Erlenbruchwald, Streu-, Feucht- und Futterwiesen sowie den Langensee, seine breite Verlandungszone, die anschließenden Zwischenmoorflächen sowie die Streu- und Mähwiesen in seiner Umgebung.

Das Schutzgebiet ist in eine reizvolle Landschaft eingebettet, die wesentlich durch die geomorphologischen Vorgänge während und nach der Würm-Kaltzeit geprägt wurde. Typisch für das Gelände sind die vielen Drumlins, das sind ovale, in Richtung der Gletscherbewegung verlaufende Hügel aus Grundmoränenmaterial. Sie wechseln

sich ab mit End- und Seitenmoränen aus stark kiesig-sandigem Material, die nach dem Abschmelzen des Gletschers zurückgeblieben sind. Aufgrund der hohen Niederschläge – 1100 bis 1200 Millimeter pro Jahr – und des einfließenden Grundwassers sind feuchte Senken und Hangflanken mit Quellaustritten zum Teil vermoort. Der Untergrund des Geländes an Kreuzweiher und Langensee besteht aus Seggenschilftorfen, die zumeist über einen Meter mächtig sind.

Die lang gestreckte Senke gehört über den Kreuzweiherbach zum Wassereinzugsbereich des Bollenbachs, der über die Argen zum Bodensee entwässert. Gespeist wird der Wasserhaushalt des Gebiets zum Teil durch den Zufluss vom nordöstlich gelegenen Hüttensee, zum Teil von den Hangquellen an den Flanken der umliegenden Hügel. In früherer Zeit standen wesentlich größere Bereiche des Tales unter Wasser: Bis vor wenigen hundert Jahren dehnte sich südlich des Gehöftes Unterlangensee noch ein offener See aus, der mit dem Langensee in Verbindung stand. Heute trifft man hier eine großflächige Moorbucht an – ausgefüllt mit einem zwischenmoorartigen Schlenken-Bultsystem, wie es im württembergischen Oberland in dieser Mannigfaltigkeit wohl kaum noch einmal vorkommt.

Die Pflanzen- und Tierwelt an diesen Seen ist mehreren Gefahren ausgesetzt, die vor allem von der Entwässerung und dem Nährstoffeintrag aus den angrenzenden landwirtschaftlich genutzten Flächen ausgehen. Dass derlei Eingriffe einen stetigen Schwund der Artenvielfalt zur Folge haben, lässt sich auch für dieses Gebiet belegen: 1982 wurden bei einer pflanzensoziologischen Kartierung wesentlich weniger seltene Pflanzenarten gefunden als bei ähnlichen Bestandsaufnahmen in den Jahren 1938 und 1968. Die Naturschutzbehörde veranlasst die regelmäßige Mahd der Streuwiesen und Seggenrieder. Im Sommer ist mehrfach die Bekämpfung nicht heimischer Pflanzenbestände notwendig. Die so genannten Neophyten wie Indisches Springkraut, Japanischer Knöterich und Kanadische Goldrute würden hier ohne menschliche Eingriffe die schutzbedürftige Pflanzenwelt vollständig verdrängen.

Seit dem Jahr 2001 wird der Fischbestand im landeseigenen Kreuzweiher als naturschützerische Pflegemaßnahme bewirtschaftet. Fischereiwirtschaftliche Nutzung konkurriert nun nicht mehr mit ökologischen Belangen. Es erfolgt nur noch die Entnahme des Fischbestandes beim herbstlichen Ablassen des Weihers in ca. zweijährigen Abständen. Dabei wird der gesamte Fisch- und Muschelbestand erfasst und dokumentiert. Der erneute Anstau des Weihers beginnt dann erst wieder im darauf folgenden Frühjahr. Die so genannte Winterung des Weihers verursacht eine gewisse Mineralisierung des Schlamms und verhindert so die schnelle Verlandung der Wasserfläche. Der Langensee dient den Anglern weiterhin als Fischwasser.

Die Schutzzone gehört zum Flora-Fauna-Habitatgebiet »Moore und Weiher um Neukirch«. Sie genießt dadurch den Schutz des Natura 2000-Netzwerks der Europäischen Union.

Schutzzweck ist die Erhaltung eines reich strukturierten Ökosystems aus zwei Seen, der Nahrungsgrundlage für zahlreiche Wirbellose, ihren Verlandungsgürteln, nährstoffarmen Nieder- und Hangquellmoorbereichen, Pfeifengras-Streuwiesen und Erlenbruchwald mit der darin lebenden artenreichen Pflanzen- und Tierwelt.

Hinweise für Besucher: Das Naturschutzgebiet »Kreuzweiher-Langensee« liegt ca. 1,5 km südlich von Neukirch an der K 7702. An der westlichen Schutzgebietsgrenze befindet sich eine öffentliche Badestelle mit Parkplatz, Sitzgelegenheiten, Liegewiese und Steg.

20 LIPBACHMÜNDUNG

Bodenseekreis: Gemeinde und Gemarkung Immenstaad, Stadt und Gemarkung Friedrichshafen
Naturraum: Bodenseebecken
Geschützt seit 1982
Fläche: 15,8 Hektar
Top. Karte 8322

Zwischen Friedrichshafen und Immenstaad zieht sich von Norden her eine Senke zum Bodensee-Ufer hin, die vom Lipbach durchflossen wird. Nach der letzten Kaltzeit, also vor etwa 10 000 Jahren, als im Bodensee das Wasser noch etwas höher stand als heute, wurden hier alluviale Sedimente in großen Mengen in den See gespült. Sie bilden jetzt den verebneten Uferbereich, vor dem sich eine umfangreiche Flachwasserzone ausbreitet. Das knapp 16 Hektar große Schutzgebiet »Lipbachmündung« umfasst den untersten

Zum NSG »Lipbachmündung« gehören auch die Uferzone des Bodensees mit dem Seehag, der davor liegende Röhrichtsaum und schließlich die rund 100 Meter breite Flachwasserzone.
S. BERGMANN

Abschnitt des Lipbachs mit seinem naturnahen, mäandrierenden Flusslauf und die Uferzone des Bodensees.

Das Gebiet ist geprägt vom Wasserhaushalt des Bodensees: Wenn der See zu Beginn der Vegetationsperiode zu steigen beginnt, stauen sich nicht nur seine Zuflüsse zurück, mit einigen Tagen Verzögerung hebt sich auch der Grundwasserspiegel an. Entsprechend feuchtigkeitsgeprägt ist die Vegetation in der Nähe des Sees und seiner Zuläufe.

Als Bindeglied zwischen Land und See hat der Schilfgürtel am Ufer eine kaum zu überschätzende Funktion als Element der Selbstreinigung, als Kinderstube für die Bodensee-Fische und für viele andere Tiere sowie als Lebensraum für eine Fülle schilfbrütender Vögel. Zudem finden zahlreiche Insektenarten in den hohlen Schilfhalmen geeignete Überwinterungsplätze. Auch die vorgelagerte Flachwasserzone stellt einen wichtigen Übergang vom See zum Land dar. Sie fällt im Winter trocken, dadurch können die hier abgelagerten organischen Rückstände an der Luft abgebaut werden.

Betrachtet man die Tierwelt im Schutzgebiet, so benötigen vor allem die Vögel ausreichenden Schutz. In den Gehölzen und Röhrichten finden zahlreiche Arten ihren Brutraum, in der vorgelagerten Flachwasserzone oft auch ihre Nahrungsplätze. Außerdem sind viele Durchzügler auf das Schutzgebiet angewiesen, das ihnen günstige Rastplätze und in milden Wintern auch geeignete Überwinterungsplätze bietet. Viele Wasservogelarten wechseln im Sommer zudem ihr Gefieder. Sie sind in dieser »Mauserzeit« flugunfähig und daher besonders schutzbedürftig. Sie benötigen dann geeignete Schutzzonen.

Auch das Gelände an der Lipbachmündung blieb nicht verschont von Schilfsterben und Ufererosion. Dadurch wurden die dort beheimateten Tiere und Pflanzen stark gefährdet. Aus diesem Grunde hat sich die Naturschutzverwaltung bemüht, den Freizeitbetrieb im Schutzgebiet zu unterbinden und die geschädigten Uferbereiche zu renaturieren. Trotz der relativ kurzen Zeitspanne, die seit den ersten Arbeiten zur Renatu-

rierung vergangen ist, lässt sich schon feststellen, dass die Lipbachmündung ein Beispiel für eine erfolgreiche Ufer- und Schilfsanierung ist.

Die Lipbachmündung gehört zum Flora-Fauna-Habitatgebiet »Bodenseeufer westlich Friedrichshafen«. Sie genießt dadurch den Schutz des Natura 2000-Netzwerks der Europäischen Union.

Schutzzweck ist die Erhaltung des untersten Abschnitts des Lipbachs mit seinem naturnahen Gehölzbestand sowie der unmittelbaren Uferzone des Bodensees mit ihrer naturnahen Vegetation als intakter Lebensraum zahlreicher seltener und zum Teil vom Aussterben bedrohter Tierarten, insbesondere als Rast-, Überwinterungs- und Brutgebiet bedrohter Vogelarten sowie die Erhaltung der vorgelagerten Flachwasserzone mit ihren Pflanzenbeständen als Lebensraum einer reichhaltigen Bodenfauna und als Laichgebiet vieler Fischarten.

Hinweise für Besucher: Der westliche Teil des Schutzgebiets grenzt landseits an das umzäunte Werksgelände der Firma Dornier. Hier verläuft der Bodensee-Rundweg entlang des Zaunes am Rande des Seehags nach Osten bis zum Lipbach. Kleinere Lücken in dem ansonsten dichten Baumbewuchs gestatten dem Fußgänger dort gelegentlich auch einen Blick auf den See. Nahe der Lipbachmündung ändert der Fußweg seine Richtung und folgt nun den Mäandern des Lipbachs nach Norden bis zur B 31. Der östliche Teil des Schutzgebiets ist für Besucher nicht zugänglich.

21 LIPBACHSENKE

Bodenseekreis: Stadt Friedrichshafen, Gemarkungen Friedrichshafen und Kluftern, Gemeinde und Gemarkung Immenstaad
Naturraum: Bodenseebecken
Geschützt seit 1993
Fläche: 29 Hektar
Top. Karte 8322

Das 29 Hektar große Schutzgebiet »Lipbachsenke« liegt in der Talaue des Lipbachs zwischen

Maßgeblich für die Naturschutz-Bedeutung des NSG »Lipbachsenke« ist die durchgängige Bachaue des Lipbachs, die als »Grünachse« den Bodensee und dessen Uferbereich (NSG »Lipbachmündung«) mit dem Hinterland verbindet. B. SCHALL

den Friedrichshafener Teilorten Fischbach im Osten und Kluftern im Norden sowie der Gemeinde Immenstaad im Westen. Es handelt sich um einen offenen Talzug der Raderacher Drumlin-Landschaft, der sich zum Bodensee hin weitet. Die während und nach der letzten Kaltzeit vor etwa 12 000 bis 10 000 Jahren entstandene Senke wird im Bereich des Schutzgebiets vom Lipbach in weitgehend natürlichen Mäandern durchflossen.

Der Bachlauf mit seinem naturnahen Uferwald und verschiedene Lehmgrubengewässer einer ehemaligen Ziegelei bilden das Zentrum des Schutzgebiets. Die künstlichen Teiche weisen meist geometrische Formen mit Steilufern auf und sind durch Dämme gegliedert, auf denen Gehölze und Röhricht wachsen. Südlich dieser »Heger-Weiher« schließt sich ein naturnaher Auen-

wald an. Das Naturschutzgebiet wurde mit einer 25 Hektar großen Pufferzone gesichert, die unter Landschaftsschutz steht. Innerhalb dieses Gebiets breiten sich weitere naturnahe, feuchtigkeitsgeprägte Waldbestände mit einer Wiese und einem Obstgarten aus, an die im Osten Feuchtwiesen angrenzen. Im Westen wurden auch landwirtschaftliche Nutzflächen, zum Teil mit Wiesen und Streuobstbeständen, in das Landschaftsschutzgebiet einbezogen.

Das Gebiet der Lipbachsenke gehört zur naturräumlichen Teileinheit der Fischbacher Senke, eines kleineren Urstromtals, in dem sich während der Kaltzeit beim Abschmelzen des Gletschers ein Stausee gebildet hat. Auf seinem Grund lagerte sich neben Schottern und Sanden auch feinkörniger Schluff ab. Auf diesen Sedimenten liegt eine Lehmdecke mit sandiger und gelegentlich humoser Auflage.

Die Lehmgrubengewässer erhalten ihr Wasser von zwei kleineren Bächen, die von Westen aus den Hagnauer Wiesen kommen.

Der Lipbach sorgt für eine Verknüpfung verschiedener wertvoller Biotope, wie sie im Bodenseegebiet nur noch selten anzutreffen ist: In der strukturreichen Talsenke wechseln sich Waldflächen, Röhrichtbestände, Weiher und Feuchtgebiete mit Grünland, Getreideäckern und Obstanlagen ab. Den Freiflächen inmitten der intensiv bewirtschafteten Umgebung kommt eine besondere Bedeutung zu. Sie schaffen eine Verbindung zwischen den einzelnen schutzwürdigen Landschaftselementen und bilden einen wichtigen Lebensraum für waldrandspezifische Tierarten. Darunter versteht man Arten, die sich im Wald einnisten, zum Nahrungserwerb jedoch auf offenes Land angewiesen sind.

Das Naturschutzgebiet gehört zum Flora-Fauna-Habitatgebiet »Bodenseehinterland« zwischen Salem und Markdorf. Es genießt dadurch den Schutz des Natura 2000-Netzwerks der Europäischen Union.

Schutzzweck des Naturschutzgebietes ist die Erhaltung der in ihrer Struktur noch weitgehend natürlichen Bachaue des Lipbachs, die den Uferbereich des Bodensees und das Naturschutzgebiet »Lipbachmündung« mit verschiedenen Biotopen im Auebereich sowie dem Bodenseehinterland verbindet, die Erhaltung und Verbesserung des noch weitgehend frei mäandrierenden Lipbachs mit seinem naturnahen und in Teilabschnitten unverbauten Bachbett, Ufer und Uferbewuchs sowie die Erhaltung und Förderung selten gewordener Lebensgemeinschaften und Lebensräume im Bereich der Lehmgrubengewässer und dem angrenzenden Auenwald als Lebensstätte und Rückzugsgebiet für eine Vielzahl seltener oder in ihrem Bestand gefährdeter Tier- und Pflanzenarten.

Hinweise für Besucher: Die Lipbachsenke hat keinen Anschluss an das Wanderwegenetz, sie kann jedoch von Fußgängern besichtigt werden. Allerdings dürfen die Besucher die Wege nicht verlassen. Hunde müssen an der Leine geführt werden. Für Radfahrer ist das Gebiet gesperrt.

22 LODERHOF-WEIHER

Bodenseekreis: Stadt Tettnang,
Gemarkungen Langnau und Tannau
Naturraum: Westallgäuer Hügelland
Geschützt seit 1993
Fläche: 9,7 Hektar
Top. Karte 8323

Gut fünf Kilometer östlich von Tettnang breitet sich in einer offenen, flachen Senke das knapp zehn Hektar große Schutzgebiet »Loderhof-Weiher« aus. In der Senke bildete sich ein Verlandungsniedermoor, an der Flanke des Hügels »Berg« ein Hangquellmoor, das von Wald umgeben ist. Die umliegende Landschaft mit ihren vielen Moränen wurde im Wesentlichen durch die geomorphologischen Vorgänge während und nach der Würm-Kaltzeit modelliert.

Aufgrund der hohen Niederschläge – 1100 bis 1200 Millimeter pro Jahr – und des Grundwassereinflusses sind feuchte Senken und quellige Hangflanken zum Teil vermoort.

Die Vielfalt an seltenen und zum Teil stark gefährdeten Pflanzen- und Tierarten im Schutzgebiet »Loderhof-Weiher« wird vor allem durch die intensive Landwirtschaft in der Umgebung bedroht. Bei in größeren Abständen durchgeführten Bestandsaufnahmen musste der Verlust einiger Pflanzenarten festgestellt werden. Dem Artenrückgang kann nur durch Reduzierung der Nährstoffzufuhr begegnet werden. Deshalb müssen rings um das Schutzgebiet Pufferzonen eingerichtet werden, die den ökologisch wertvollen Kernbereich gegen schädigende Einträge aus den umliegenden Feldern abschotten. Die Pfeifengras-Streuwiesen sollten einmal im Jahr gemäht werden. Zum Erhalt der typischen Vegetation bedarf es bei jedem Schnitt der vollständigen Beseitigung des Mähguts. In die Streu-

Neben den Wald- und Waldrandbereichen findet man im NSG »Loderhof-Weiher« Schilfröhricht sowie Streu-, Feucht- und Nasswiesen, die von einigen Wassergräben durchzogen sind.
B. SCHALL

wiesen und das Hangquellmoor vordringende Gehölzbestände müssen regelmäßig gerodet werden.

Der Loderhofweiher gehört zum Flora-Fauna-Habitatgebiet »Moore und Weiher um Neukirch«. Er genießt damit den Schutz des Natura 2000-Netzwerks der Europäischen Union.

Schutzzweck ist die Erhaltung und Verbesserung eines vielfältigen Lebensraumes aus einem nährstoffarmen Hangquellmoorbereich und einem oligotrophen Verlandungsflachmoor mit der besonders gefährdeten Flora aus Kalk-Kleinseggenriedern, Pfeifengras-Streuwiesen, einer feuchten Waldlichtung mit großem Orchideenreichtum sowie Grünlandflächen als Pufferzonen mit der darin lebenden vielfältigen und typischen Tier- und Pflanzenwelt.

Hinweise für Besucher: Der Loderhofweiher liegt an der K 7111 zwischen Wildpoltsweiler und Wiesertsweiler. Die Kreisstraße ist hier gleichzeitig Bestandteil der Radwegeverbindungen Tettnang-Neukirch-Kressbronn. Bei der Besichtigung des Schutzgebiets ist das Verlassen der Wege nicht erlaubt.

23 MARKDORFER EISWEIHER

Bodenseekreis: Stadt und Gemarkung Markdorf
Naturraum: Bodenseebecken
Geschützt seit 1992
Fläche: 12,3 Hektar
Top. Karte 8222

Im Südwesten der Stadt Markdorf liegt das Schutzgebiet »Markdorfer Eisweiher« in einer flachen Talsenke, die sich vor etwa 15 000 Jahren während der Würm-Kaltzeit bildete. Es handelt sich allerdings keineswegs um eine Wasserfläche, sondern um vermoorte Reste eines nachkaltzeitlichen Schmelzwassersees.

Zwei Wälle zeugen heute noch von der früheren Existenz des ehemaligen »Nesselwang-Weihers« und des »Vorderen Weihers«. Die beiden Gewässer sind aber längst verlandet, ihre Senken füllen höchstens 10 000 Jahre alte Ablagerungen

in Form von Anmoor. Die Reste dieses Niedermoorkomplexes stellen jedoch ein wichtiges Rückzugsgebiet für seltene und zum Teil vom Aussterben bedrohte Tier- und Pflanzenarten dar. Hier konnte sich eine charakteristische, artenreiche Streuwiesenflora halten. Der Bereich des Nesselwang-Weihers umfasst Streuwiesen, Schilfbestände, Gebüschgruppen, aber auch Ackerland innerhalb des Feuchtgebiets. Der Vordere Weiher ist im Wesentlichen durch Schilfbestände, Gebüschgruppen und (teilweise gedüngte) Streuwiesen geprägt.

Das Schutzgebiet beherbergt eine Vielzahl für Feuchtgebiete typischer Pflanzengesellschaften. Die artenreichen Streuwiesen sind eingebettet in einen vielfältig strukturierten Biotopkomplex, der sich aus Grauweidengebüsch, Faulbaumgebüsch und Hochstaudenfluren zusammensetzt. Entlang der kleinen Gräben ziehen sich Schilf- und sonstige Röhrichtbestände hin. Beim Eisweiher-Gelände handelt es sich jedoch nicht nur um ein wertvolles Feuchtgebiet, es hat auch noch weitere schützenswerte Funktionen – als naturnaher Raum inmitten landwirtschaftlich intensiv genutzter Flächen, als Element im Biotop-Verbundsystem und als belebender Bestandteil im Landschaftsbild.

Die frühere Entwässerung einzelner Flächen begünstigte leider die Ausbreitung der ursprünglich in Deutschland nicht beheimateten Kanadischen Goldrute. Diese eingewanderte Art vermehrte sich in den trocken gefallenen Schilfbeständen so stark, dass sie die Röhrichte zu überwuchern drohte. Zu ihrer Bekämpfung werden die Schilfareale jetzt wieder vernässt, und zudem wird die Goldrute unmittelbar vor ihrer Blüte gemäht.

Um das wertvolle Gebiet in seinen Funktionen zu erhalten, wurde es 1992 unter Schutz gestellt. Dabei wählte man für den rund zwölf Hektar großen Kernbereich, in dem – abgesehen von einer extensiven Streuwiesenmahd – keine landwirtschaftliche Nutzung mehr stattfindet, den Status eines Naturschutzgebietes. Die Randbereiche wurden auf einer Fläche von etwa 16 Hektar als dienendes Landschaftsschutzgebiet ausgewiesen.

Die Straße im Hintergrund verläuft auf dem Damm des Vorderen Weihers im NSG »Markdorfer Eisweiher«.
W. LÖDERBUSCH

Hier können die Bauern ihre Felder bislang noch intensiver bewirtschaften.

Schutzzweck des Naturschutzgebietes ist die Erhaltung und Entwicklung der Reste des Niedermoorkomplexes Markdorfer Weiher als Lebensraum seltener, zum Teil vom Aussterben bedrohter Tier- und Pflanzenarten sowie als Standort einer typischen, artenreichen Streuwiesenflora.

Hinweise für Besucher: An der von Markdorf nach Meersburg führenden B 33 fallen zwei außerhalb des Markdorfer Stadtgebiets gelegene Wohnstraßen auf. Zwischen den beiden Häuserzeilen, an der Oberen und der Unteren Gallusstraße liegt der östliche Teil des Schutzgebiets, der Vordere Weiher. Wer sich den westlichen, insgesamt interessanteren Teil des Schutzgebiets näher betrachten will, kann auf der Oberen Gallusstraße zum Nesselwanger Weiher gelangen. Am Ende der Wohnstraße gibt es in begrenztem Umfang Parkmöglichkeiten. Von dem hier weiter nach Westen führenden Feldweg aus ist die Kernzone des Gebiets gut einsehbar. Auf einem unweit des Weges künstlich erstellten Horst brütete in den vergangenen Jahren ein Weißstorchenpaar. Das Schutzgebiet selbst ist nicht durch Wege erschlossen und somit auch nicht begehbar. Die

Wanderstrecke Markdorf-Meersburg führt am Rande der Bundesstraße am Vorderen Weiher vorbei. Sie gehört hier zur Westroute des berühmten Jakobus-Pilgerwegs.

24 MATZENHAUSER MAHLWEIHER

Bodenseekreis: Stadt Tettnang, Gemarkung Tannau

Naturraum: Westallgäuer Hügelland

Geschützt seit 1993

Fläche: 9,2 Hektar

Top. Karte 8323

Etwa fünf Kilometer östlich von Tettnang, zwischen den Weilern Krumbach, Herishäusern und Matzenhaus, liegt das Naturschutzgebiet »Matzenhauser Mahlweiher« – ein Biotopmosaik bestehend aus Hangquellmooren, Streu- und Nasswiesen.

Wie der Name »Matzenhauser Mahlweiher« schon andeutet, handelt es sich um einen ehemaligen Weiher, dessen Wasser ursprünglich aufgestaut wurde, um damit in Trockenperioden die Triebwerke einiger Mühlen zu versorgen. Inzwischen ist dieses künstlich entstandene Gewässer aber längst verlandet und mit Feucht- und Streu-

Der sich nördlich an den ehemaligen Matzenhauser Mahlweiher anschließende Endmoränenwall ist ein Zeue der geomorphologischen Vorgänge während und unmittelbar nach der letzten Kaltzeit. B. SCHALL

wiesen überzogen. Nach Norden hin steigt das gut neun Hektar große Schutzgebiet auf die Flanke eines Endmoränenwalls aus der Würm-Kaltzeit an. Im Zentrum des Gebiets, am Fuß des Hügels, hat sich ein Hangquellmoor entwickelt, das in nördlicher Richtung in Wald übergeht. Im Bereich des früheren Weihers besteht der Unter-

Streuwiese im NSG »Matzenhauser Mahlweiher« im Frühling mit Kopfbinsenried im Hintergrund. CH. DECHERT

grund aus alten Torfschichten, im Hangbereich aus durchschlicktem Seggentorf, tonigem Grobsand und sandigem Kies. Überall dort, wo Hangwasser austritt, bildete sich Kalktuff.

Entwässerung und Nährstoffeintrag können die Vegetation im Schutzgebiet ebenso beeinträchtigen wie die Aufforstung größerer Flächen mit standortfremden Gehölzen. Mit einer Einschränkung der Nutzung und mit gezielten pflegerischen Eingriffen soll deshalb vor allem die typische Flora der nährstoffarmen Moore sowie der Nass- und Streuwiesen gefördert werden, damit auch die darauf angewiesenen Tierarten – stark gefährdete Vogelarten wie Braunkehlchen und Waldschnepfe oder gefährdete Schmetterlingsarten wie Steinklee-Widderchen, Violetter Silberfalter oder Großes Wiesenvögelchen – hier eine Zukunft haben.

Das Naturschutzgebiet gehört zum Flora-Fauna-Habitatgebiet »Moore und Weiher um Neukirch«. Ein zentrales Schutzziel ist darin der Erhalt und die Entwicklung von Streuwiesen.

Schutzzweck ist die Erhaltung und Verbesserung eines vielfältigen Lebensraumes aus einem nährstoffarmen Hangquellmoor mit seiner besonders gefährdeten Flora aus Kalk-Kleinseggenriedern, Pfeifengras-Streuwiesen, Feuchtwiesen sowie einer für diese Gegend typischen bewaldeten Endmoräne mit den darin lebenden vielfältigen Arten der Tier- und Pflanzenwelt.

Hinweise für Besucher: Der Streckenabschnitt Tettnang-Wangen des Hauptwanderwegs Nr. 9 Heuberg-Allgäu folgt ungefähr der nördlichen Schutzgebietsgrenze. Die in das Radwegenetz eingebundene Ortsverbindungsstraße Tannau-Krumbach begrenzt das Gebiet im Osten. Vom Wanderweg und vom Radweg aus ist das Gebiet einsehbar. Abseits der Wege ist das Betreten des Schutzgebiets nicht erlaubt.

25 SCHACHRIED

Bodenseekreis: Gemeinde Kressbronn am
Bodensee, Gemarkung Kressbronn,
Stadt Tettnang, Gemarkung Langnau
Naturraum: Westallgäuer Hügelland
Geschützt seit 2005
Fläche: 10,75 Hektar
Top. Karte 8323

Etwa drei Kilometer nordöstlich von Kressbronn bei Nitzenweiler, etwas versteckt in einer Talsenke und im Norden und Süden begrenzt von bewaldeten Drumlin-Hügeln, liegt das idyllische Naturschutzgebiet »Schachried«. Neben großflächigen Streuwiesen bestimmen Schilf- und Hochstaudenfluren das Bild. Entlang von Gräben ziehen sich Feucht liebende Baum- und Buschgruppen. Die Streuwiesen sind das besondere Merkmal des Naturschutzgebietes.

Dieser, vor 30 bis 50 Jahren in Oberschwaben noch weit verbreitete und artenreiche Wiesentyp ist in den letzten Jahrzehnten bis auf wenige Restflächen verschwunden.

Aufgrund der abgelegenen, geschützten Lage des Gebietes und durch rechtzeitige Vergabe von Pflegeverträgen im Rahmen der Landschaftspflegerichtlinie konnten allerdings im Naturschutzgebiet »Schachried« große Teile der hochwertigen Streuwiesenlandschaft als Lebensraum einer artenreichen, bedrohten Pflanzen- und Tierwelt bis heute erhalten bzw. zurück gewonnen werden.

Auf den Streuwiesen im Naturschutzgebiet finden sich noch solche selten gewordenen Pflanzengesellschaften wie die orchideenreiche Pfei-

In den Streuwiesen des NSG »Schachried« findet man noch Lungen-Enzian (*Gentiana pneumonanthe*) und Teufelsabbiss (*Succisa pratensis*). B. SCHALL

fengras-Streuwiese oder das besonders wertvolle, weil stark gefährdete Mehlprimel-Kopfbinsenmoor. Letzteres zeichnet sich durch einen hohen Anteil so genannter alpigener und nordisch-arktischer Arten aus. Die Mehlprimel, das Breitblättrige Wollgras oder der Schwalbenwurz-Enzian gehören zu diesen stark gefährdeten Arten.

Ähnliches gilt für die Tierwelt: Im Naturschutzgebiet »Schachried« wurden Arten mit ganz speziellen Lebensraumansprüchen nachgewiesen, die einen Beleg für die hohe naturschutzfachliche Wertigkeit des Gebiets darstellen. Bei den Schmetterlingsarten ist der Enzian-Ameisen-Bläuling bemerkenswert. Raupenfutterpflanze ist der hier vorkommende Schwalbenwurz-Enzian. Der ausgewachsene Falter ernährt sich dann an Blutweiderich oder an der Sumpfkratzdistel.

Die Fläche des Naturschutzgebietes »Schachried« ist überwiegend in Privatbesitz und wird von landwirtschaftlichen Betrieben in Vereinbarung mit der Naturschutzverwaltung gepflegt bzw. extensiv genutzt.

Schutzzweck des Naturschutzgebietes ist die Erhaltung und Aufwertung eines Niedermoorkomplexes in großflächiger, gut strukturierter Ausprägung mit einem Mosaik schutzwürdiger, seltener Biotoptypen, insbesondere der Streuwiesen, als Lebens- und Rückzugsraum einer artenreichen und gefährdeten Pflanzen- und Tierwelt, insbesondere der Glazialreliktarten, als wichtiger Bestandteil des Netzes Natura 2000, und als Landschaftsteil von besonderer landschaftlicher Schönheit.

Hinweise für Besucher: Für einen Besuch des Schutzgebiets empfiehlt sich Nitzenweiler südöstlich des Schleinsees als Ausgangpunkt. Auf dem Wanderweg nach Wettis gelang man auf den Drumlin-Hügel südlich des Schleinsees. Wo der Wanderweg den Waldrand erreicht, biegt ein unbefestigter Weg nach rechts ab, der nach kurzer Wegstrecke am Nordrand des Schutzgebiets entlang führt. Hat man das östliche Ende erreicht, kann man zunächst auf einem kleinen Sträßchen und danach auf dem ausgeschilderten Wanderweg auf der Nordseite des Drumlins wieder zurück nach Nitzenweiler gelangen.

Das Konzert der Laubfrösche (*Hyla arborea*) ist im NSG »Schwarzer Graben« jedes Jahr im Moor wieder zu hören. J. SENNER

26 SCHWARZER GRABEN

Bodenseekreis: Gemeinde Salem,
Gemarkung Weildorf

Naturraum: Bodenseebecken

Geschützt seit 1992

Fläche: 27,9 Hektar

Top. Karte 8221

Nördlich von Salem breitet sich das knapp 28 Hektar große Schutzgebiet »Schwarzer Graben« mit seinen ökologisch wertvollen Feuchtwiesen aus. Ursprünglich wurde der Schwarze Graben als Entlastungsrinne der Salemer Aach ausgehoben, die bis 1974 an der Talflanke des Salemer Beckens verlief. In Regenzeiten dienten und dienen noch heute die Flächen rings um den Schwarzen Graben als Überschwemmungsflächen. Gleichzeitig wurde der Hangenbach, der sich bei Weildorf ebenfalls in Hochlage an der Talflanke entlang zog, in den Talgrund verlegt. Dieser Bach mündet jetzt ungefähr in der Mitte des Schutzgebiets in den Schwarzen Graben.

Die Bäche, die aus den steilen Molassehängen ins Salemer Becken einfließen, führen sehr viel sandiges Geschiebe mit sich, das sich dann – bei deutlich geringerem Gefälle – im Tal ablagert. Diese Materialzufuhr sorgte gerade im Einmündungsbereich des Hangenbaches häufig für Ausuferungen, die man nur mit teuren flussbaulichen Maßnahmen hätte verhindern können. Deshalb und weil die Überschwemmungsflächen als ökologisch hochwertig erkannt wurden, haben die Gemeinde Salem und die betroffenen Ämter angeregt, dass das Land Baden-Württemberg das Areal mitsamt den umliegenden Pufferzonen für den Naturschutz aufkauft. Die meisten Eigentümer und Anlieger waren damit einverstanden, sodass das Gebiet Schwarzer Graben schließlich im Jahr 1992 unter Schutz gestellt werden konnte.

Den größten Teil des Schutzgebiets nehmen von Gräben durchzogene Feuchtwiesen ein, die nach stärkeren Regenfällen unter Wasser stehen.

Gelegentlich sind auch Röhrichte und Einzelgehölze eingestreut. Hier nisten zahlreiche wiesenbrütende Vogelarten. Für einige von ihnen, die in
ihrem Bestand gefährdet sind, stellt dieses Gelände weit und breit das letzte Refugium dar,
nachdem die großflächigen Moor- und Sumpfgebiete, in denen sie ursprünglich lebten, längst
entwässert oder kleinflächig zersplittert sind. Im
Übrigen sind auch Zugvögel wie Kornweihe und
Weißstorch auf die Rast- und Nahrungsplätze in
dem Schutzgebiet angewiesen, das nun auf Dauer
gesichert und weiterentwickelt werden soll.

Der Schwarze Graben ist inzwischen als Bestandteil des Flora-Fauna-Habitatgebiets »Bodenseehinterland bei Überlingen« in das Natura
2000-Netzwerk der Europäischen Union integriert. Die Entwicklung des Gebiets muss nun in
hohem Maße auch dem Erhalt und der Verbesserung magerer Flachland-Mähwiesen dienen.

Schutzzweck ist die Erhaltung und Beruhi-
gung von Feuchtwiesen als Brut-, Nahrungs- und
Rastplatz für wiesenbrütende und durchziehende
Vogelarten.

Hinweise für Besucher: Im Westen begrenzt das Gebiet ein entlang des Schwarzen Grabens verlaufender Feldweg. Die zwischen Salem
und Frickingen durchgehend asphaltierte Strecke
nutzen ganzjährig viele Spaziergänger und Radfahrer. Das Schutgebiet selbst ist nicht durch
Wege erschlossen und somit auch nicht
begehbar.

27 SEEFELDER AACHMÜNDUNG

Bodenseekreis: Gemeinde Uhldingen-Mühlhofen,
Gemarkungen Oberuhldingen und Unteruhldingen
Naturraum: Bodenseebecken
Geschützt seit 1929 bzw. 1940 erweitert 1987
Fläche: 54,7 Hektar
Top. Karte 8221

Zwischen Unteruhldingen und Seefelden
mündet die Seefelder Aach in den Überlinger See.
Dort hat das Flüsschen mit seinem Geschiebe ein
deutlich ausgeprägtes Delta in den See geschüt-
tet. Als der Wasserspiegel im Bodensee nach der
letzten Kaltzeit allmählich auf das heutige Niveau
absank, fiel der landseitige Teil des Aach-Deltas
trocken. Vor der jetzigen Uferlinie sorgten die
Aufschüttungen für eine ausgedehnte Flachwasserzone.

Schon im Dezember 1927 regte das Badische
Bezirksamt Überlingen bei der Landesnatur-
schutzstelle – Landessammlungen für Naturkunde – in Karlsruhe an, die Seefelder Aach-

Bei ihrem Eintritt in die
Flachwasserzone landet
die Seefelder Aach auch
heute noch in größerem
Umfang Schlammmassen
an, die nicht abgebaggert
werden und damit see-
wärts eine kleine Land-
zunge ausbilden. Die
Mündung der Seefelder
Aach ist damit das ein-
zige noch aktive Delta am
deutschen Bodenseeufer.
M. GROHE

Die Seefelder Aachmündung ist Bestandteil des Vogel-
schutz- und FFH-Gebiets »Überlinger See«. Hier lässt
sich die Tafelente (*Aythya ferina*) regelmäßig beobachten. L. ZIER

mündung unter Naturschutz zu stellen. Aufgrund
einer badischen Polizeiverordnung wurde mit
Wirkung vom 1. Januar 1929 das Mündungsgebiet
der Seefelder Aach bei Unteruhldingen unter
Schutz gestellt. Als dann 1935 das Reichsnaturschutzgesetz in Kraft trat, sah man sich veranlasst, die Verordnung zu aktualisieren. Dazu
wurde 1937 ein Gutachten angefertigt. Das Gutachten handelt die »Aufeinanderfolge natürlicher
Vegetationszonen im Bereich eines einströmen-
den Gewässers« ab und beschreibt dabei die dort
wachsenden Wasserpflanzen, das Schilfröhricht,
die Pfeifengraswiesen, die Wärme liebenden Trockenrasen und Hochstaudenrieder sowie die
Überreste einer Silberweidenaue. Auf der Grundlage dieser Untersuchung wurde die Seefelder
Aachmündung im Jahr 1940 nach dem damals
geltenden Reichsnaturschutzgesetz aufs Neue als
Schutzgebiet ausgewiesen. Doch auch diese Verordnung konnte nicht verhindern, dass vor allem
seit den 1950er-Jahren die Intensivierung der
Landwirtschaft und der zunehmende Freizeitbetrieb den ursprünglichen Charakter des Aach-
Deltas immer mehr beeinträchtigt haben.

Deshalb wurde es Mitte der 1980er-Jahre notwendig, alle naturnah erhaltenen Flächen an
Land und insbesondere auch die Flachwasserzone vor dem Ufer in ein neues, auf fast 55 Hektar vergrößertes Naturschutzgebiet einzubeziehen. Diese neue Abgrenzung hat sich bewährt,
auch wenn der Mündungsbereich immer noch als
Erholungsgebiet über Gebühr strapaziert wird.
Die vegetationskundlichen Besonderheiten konnten im Großen und Ganzen erhalten werden. Der
Schilfgürtel am Ufer und die davor liegende
Flachwasserzone sind für die Vogelwelt heute
wichtiger denn je. Hier findet selbst der Haubentaucher noch ein geeignetes und sicheres Brutgebiet. Neben den heimischen Brutvögeln sind
zahlreiche Durchzügler auf den günstigen Rastplatz angewiesen. Und nicht wenige Zugvögel –
insbesondere nordische Enten – nutzen die Aachmündung als Winterquartier.

Schutzzweck ist die Erhaltung des einzigartigen Mündungsbereiches der Seefelder Aach in
den Bodensee. Die ausgedehnte Flachwasserzone
des Bodensees, die Altwässer der Aach, die Riedflächen, die Reihen und Gruppen hoher Silber-
weiden und Pappeln und die Hochstaudenflur im
Uferbereich der Aach stellen mit ihrer artenreichen Vegetation einen besonders naturnahen
und wertvollen Lebensraum dar. Vor allem als
Brut-, Rast- und Nahrungsbiotop für viele seltene
und in ihrem Bestand bedrohte Wasservögel,
Reptilien, Amphibien, Fische und Insekten ist
das Gebiet von Bedeutung. Insbesondere soll die
Aufeinanderfolge der für diese Flussmündung
typischen Pflanzengesellschaften mit zum Teil
vom Aussterben bedrohten Pflanzenarten erhalten werden, weil diese Situation noch weitgehend mit der potentiellen natürlichen Vegetation
übereinstimmt.

Hinweise für Besucher: Die Uferzone zwischen Meersburg und Überlingen gehört zu den
bevorzugten Freizeit- und Naherholungsgebieten
am Bodensee. Am Rande des Naturschutzgebiets
liegt das Pfahlbaumuseum Unteruhldingen. Die
Eigenart und Schönheit des Gebiets offenbart
sich dem Museumsbesucher bereits bei einem
Blick nach Westen. Malerische Silberweidenbe-

stände, Röhricht und Streuwiesen bilden dort die landschaftliche Kulisse. landseits begrenzt das Naturschutzgebiet der Bodensee-Rundweg, eine bei Wanderern und Radfahrern überaus beliebte Route. Auf ihr gelangt man in westlicher Richtung zunächst über Seefelden zur Mauracher Bucht und weiter zur weltberühmten Wallfahrtskirche in Birnau. Zwischen Seefelden und der Mauracher Bucht zeigt das Seeufer auf einem kurzen Abschnitt noch sein ursprüngliches Erscheinungsbild. Auf dieser ebenfalls zum Schutzgebiet gehörenden Fläche steht noch der Seehag, das einst charakteristische Ufergehölz des Bodensees. Die Kernzone des Schutzgebietes ist für Besucher nicht zugänglich.

28 SIPPLINGER DREIECK

Bodenseekreis: Gemeinde und Gemarkung Sipplingen

Naturraum: Bodenseebecken

Geschützt seit 1989

Fläche: 15,01 Hektar

Top. Karte 8120 und 8320

Westlich von Überlingen steigen direkt am Ufer des Überlinger Sees über 100 Meter hohe Steilwände auf. Vom Sipplinger Ortsteil Süßenmühle ausgehend ziehen sie als bewaldete Steilhänge in nordwestlicher Richtung weg vom Ufer. Unterhalb des Ausflugslokals Haldenhof auf dem Sipplinger Berg laufen sie im spitzen Winkel wieder auf den See zu. Dieser einem Dreieck ähnlichen Landschaftsform verdankt das Naturschutzgebiet seinen Namen. Zwischen dem See und der steilen Hangkante verlaufen parallel zur Uferlinie mehrere abgerundete, bewaldete Kuppen. Die auffälligen Erhebungen gehen vermutlich auf Abrutschungen zurück, während die Steilwände tektonische Verwerfungslinien darstellen.

Das Naturschutzgebiet »Sipplinger Dreieck« besteht aus den vier Teilbereichen Burghalde, Geigenberg/Löchenberg, Rotweilerberg und Absberg.

Eine besondere Attraktion im Schutzgebiet bilden die Sieben Churfirsten auf dem Rotweilerberg. Auf den Gesimsen der stark besonnten, nach Süden bis Südwesten ausgerichteten Molassefelsen siedeln seltene Felsbandgesellschaften, im typischen Fall die Pfingstnelkenflur mit Pfingstnelke, Bleichem Schafschwingel und Frühem Thymian. Auf den Nordhängen und den frischeren Bereichen der Steilabfälle wächst ein Weißseggen-Buchenwald, in dem neben der Rotbuche auch Traubeneiche und Elsbeere vertreten sind. Heckenkirsche und Wolliger Schneeball sind kennzeichnend für die Strauchschicht. In der Krautschicht gibt es neben Weißer Segge Wärme liebende Arten wie Strauchwicke oder Pfirsichblättrige Glockenblume.

Die nährstoffarmen, trockenen Molassegebiete an den Süd- und Südwesthängen sind Extremstandorte, auf denen sich die Waldkiefer

Eine Attraktion des NSG »Sipplinger Dreieck« sind die hoch aufragenden Mollassefelsen, die Churfirsten genannt werden. BNL-ARCHIV

Die reizvolle, parkartige Landschaft im NSG »Sipplinger Dreieck« wird geprägt von einem Mosaik aus natürlichen Wald- und Saumgesellschaften, Halbtrockenrasen und extensiv bewirtschafteten Streuobstwiesen.
M. GROHE

(Föhre) ansiedeln kann. Hier breitet sich ein Geißklee-Föhrenwald aus, mithin eine charakteristische Pflanzengesellschaft des Bodenseegebiets. Auffallend in diesen Beständen ist der Reichtum an Sträuchern wie Liguster, Wolligem Schneeball oder Berberitze. Am Rotweilerberg und am Absberg wanderte allerdings die Robinie ein. Dadurch ist stellenweise der lichte Charakter des Waldes verschwunden, sodass typische Arten der Strauch- und Krautschicht verdrängt wurden. Leider wurden einzelne Parzellen mit Fichten und Kiefern aufgeforstet.

Über die nicht bewaldeten Süd- und Südwesthänge ziehen sich Halbtrockenrasen hin, die zum Teil stark verbuscht sind. Die blütenreichen Magerrasen bieten aber immer noch zahlreichen Wildbienenarten ausreichend Nahrung. Auch Schmetterlinge und andere Blütenbesucher profitieren von dem reichen Angebot, das durch die Flora der Waldsäume noch gesteigert wird. Die Saumvegetation enthält Arten wie Dost, Nickendes Leimkraut oder Ästige Graslilie. Früher nutz-

ten die Bauern den Halbtrockenrasen auf dem Absberg als Futterwiese. Als diese 1968 brach fiel, kam dichtes Gehölz auf, das im Winter 1989/90 im Rahmen von Erstpflegemaßnahmen gerodet wurde. Hier muss nun, wie auch an anderen Stellen, dem Nachtrieb der Gehölze durch jährliche Folgepflege begegnet werden.

Das Naturschutzgebiet und die es umgebenden Streuobstwiesen gehören zum Flora-Fauna-Habitatgebiet »Überlinger See und Bodenseeuferlandschaft«. Die Fläche ist damit in das Natura 2000-Netzwerk der Europäischen Union integriert.

Schutzzweck ist die Erhaltung der äußerst vielfältigen Vegetationseinheiten, die zusammen mit dem geologischen Untergrund und den besonderen klimatischen Verhältnissen Lebensräume für eine Vielzahl von gefährdeten und besonders geschützten Tier- und Pflanzenarten bilden.

Hinweise für Besucher: Die malerische Kulturlandschaft im Sipplinger Dreieck schätzen

Einheimische und Touristen sehr. Durch das Gebiet führen neben dem Jubiläumsweg und dem Bodensee-Rundweg weitere, für ausgedehnte Spaziergänge geeignete Wege. Es ist hier ein Zeichen der landschaftlichen Qualität, dass sich die Grenzen des Naturschutzgebiets im Gelände nur schwer feststellen lassen.

29 SPETZGARTER TOBEL

Bodenseekreis: Stadt Überlingen,
Gemarkungen Überlingen und Hödingen
Naturraum: Bodenseebecken
Geschützt seit 1938
Fläche: 12,4 Hektar
Top. Karte 8220

Wie der Hödinger Tobel entstand auch der Spetzgarter Tobel im Nordwesten von Überlingen nach der Würm-Kaltzeit, die vor etwa 15 000 Jahren ihren Abschluss fand. Nachdem die kaltzeitlichen Gletschermassen abgeschmolzen waren, sank der Wasserspiegel im Bodensee um mehrere Meter auf das heutige Niveau. Die Zuflüsse aus dem Hinterland fielen nun auf ihrem letzten Weg bis zur Mündung in den See steil ab. Das führte in dem relativ weichen Molasse-

Gestein zu einer starken Erosion, bei der sich die charakteristischen Tobel – steilwandige und schluchtartige Kerbtäler – im Überlinger Raum ausbildeten.

Der Spetzgarter Tobel wurde vom Killbach ausgeräumt, der von Brachenreute nach Süden führt und in Brünnensbach in den Bodensee mündet. Anders als der Hödinger Tobel wurde aber im Spetzgarter Tobel schon früh ein Weg angelegt. Der Grund: Noch bis in die Mitte des vorletzten Jahrhunderts reichte der See bis an den Fuß des Katharinen- und des Goldbachfelsens. Für die Hödinger, die ebenso wie die Überlinger nach Aufkirch zur Kirche gingen, gab es also keine direkte Verbindung entlang des Ufers. Um sich lange Umwege zu ersparen, führten sie ihren »Kirchweg« durch den Tobel bei Spetzgart. In jüngerer Zeit wurde noch ein zweiter Fußweg vom Schloss Spetzgart durch die Schlucht hinunter nach Brünnensbach angelegt.

Das landschaftliche Bild prägen Schluchtwaldtypen mit bemerkenswerten Farnen und dichten Eschen-, Bergahorn- und Bergulmenbeständen. Auf den trockeneren Standorten hangaufwärts, wo die Vegetation mehr Licht und Wärme erhält, wachsen Buchenmischwälder, die mit Arten wie Grünem Streifenfarn, Rupprechtsfarn oder Zerbrechlichem Blasenfarn stark an die

Mitten in der ausgeprägten Kulturlandschaft am Bodensee ist die bis zu 65 Meter tiefe Waldschlucht des Spetzgarter Tobels ein Stück ursprüngliche Natur.
J. SENNER

Hangwälder der Schwäbische Alb erinnern. Ebenso wie im benachbarten Hödinger Tobel trifft man im Spetzgarter Tobel Kalkquellfluren, die als besonders seltene und empfindliche Landschaftselemente höchsten Schutz verdienen.

Leider ist es auch hier so, dass von den vorhandenen Wegen erhebliche Störungen für die Tier- und Pflanzenwelt in der Waldschlucht ausgehen: Zum einen, weil auf ihnen immer mehr Besucher in das Schutzgebiet kommen und zum anderen, weil diese Wanderrouten im steilen und rutschigen Gelände ständig unterhalten und ausgebessert werden müssen.

Eine dauerhafte Schädigung erlitt der Spetzgarter Tobel auch um 1960 durch eine Straßenbaumaßnahme. Damals wurde bei der Umfahrung von Überlingen der südliche Grenzbereich überbaut und eine kleine Teilfläche vom Schutzgebiet abgetrennt. Mit Fragen, wie der Schaden auszugleichen oder wenigstens zu reduzieren wäre, befasste man sich in jener Zeit leider noch nicht.

Schutzzweck ist die Erhaltung des Tobels als Lebensraum für seltene nordisch-alpine Pflanzenarten und Vegetationsgesellschaften. Das hohe Schutzbedürfnis dokumentiert auch die Aufnahme der Schlucht in das Flora-Fauna-Habitatgebiet »Überlinger See und Bodenseeuferlandschaft.«

Hinweise für Besucher: In Goldbach zweigt eine Wanderroute des Jubiläumswegs vom Bodensee-Rundweg ab, die durch den Spetzgarter Tobel führt. In Hödingen hat der weiter in der Steiluferlandschaft verbleibende Weg wieder eine Anbindung an den Bodensee-Rundweg. Im Tobel ist das Verlassen der Wege nicht erlaubt.

30 WASENMOOS

Bodenseekreis: Stadt und Gemarkung Tettnang
Naturraum: Bodenseebecken
Geschützt seit 1939
Fläche: 26,7 Hektar
Top. Karte 8323

Nördlich von Tettnang liegt im Bereich einer würmkaltzeitlichen, also etwa 10 000 Jahre alten Talwasserscheide das knapp 27 Hektar große Schutzgebiet »Wasenmoos«. Im Wesentlichen handelt es sich dabei um ein Niedermoor, das im Norden eine Mächtigkeit von über zwei Metern erreicht. Im südlichen Teil wurde das Niedermoor nicht ganz so mächtig. Dort finden sich jedoch noch letzte Reste von Hochmoortorf, der in früheren Zeiten zum Heizen der Wohngebäude und Hopfendarren verwendet wurde. Lediglich die Gewannbezeichnung Moos deutet heute noch darauf hin, dass dieses Hochmoor sehr viel weiter ausgedehnt war.

Das bereits 1939 ausgewiesene Schutzgebiet umfasst nur den südlichen Teil des ursprünglichen Moores, das sich nach Norden etwa bis nach Liebenau erstreckt hat. Während der ganze nördliche Bereich des Moores der Entwässerung und der intensiven landwirtschaftlichen Nutzung zum Opfer gefallen ist, sollte der Südteil erhalten werden. Damals wurde festgelegt, dass der geschützte Teil des Wasenmooses, der durchgehend im Besitz des Landes ist, versuchsweise der ungestörten Sukzession überlassen werden sollte.

Mittlerweile ist auch der letzte Hochmoorrest verheidet und beginnt nun langsam zu verbuschen. Seitlich schieben sich Faulbäume und Birken, vereinzelt auch Kiefern, weiter auf die Freiflächen vor und überdecken die letzten Spuren des ehemals offenen Hochmoors. Neben Heidel-, Rausch- und Moosbeere wachsen dort Heidekraut und Pfeifengras, die von relativer Trockenheit zeugen. Nur im Zentrum des übrig gebliebenen Mooses, fernab von allen Entwässerungsgräben, findet man noch letzte Zeugen eines lebenden Hochmoores. Dort breiten sich in den feuchten Vertiefungen neben verschiedenen Torfmoos-

Von dem verheideten Wasenmoos ist nur noch eine kleine Restfläche übriggeblieben: Der südliche Teil ist im bäuerlichen Handtorfstich abgebaut worden. Im nördlichen Bereich haben sich die »zwerghaften Birken« zu einem stattlichen Birkenwald verdichtet.
B. Schall

Arten auch Vertreter der Hochmoor-Schlenkengesellschaften aus wie etwa die Weiße Schnabelbinse, das Scheidige Wollgras, der Rundblättrige Sonnentau und die Schnabelsegge.

Außerdem sind im Schutzgebiet noch größere Streuwiesenflächen vorhanden, in denen neben typischen Streuwiesen-Pflanzen wie Pfeifengras, Teufelsabbiss und Schwalbenwurz-Enzian auch zahlreiche Orchideenarten gedeihen. Im Birken-Moorwald trifft man an feuchteren Stellen auf Hochstaudenfluren, in denen sich ebenfalls einige Orchideenarten und der Schwalbenwurz-Enzian behaupten konnten. So finden sich trotz der beachtlichen Veränderungen, die das Schutzgebiet seit 1939 durch die Weiterentwicklung der Landeskultur erfahren hat, doch noch wertvolle Vegetationselemente. Und auch vom Erscheinungsbild her vermittelt das Wasenmoos dem Besucher immer noch den Eindruck einer naturnahen Oase inmitten einer intensiv genutzten Landschaft.

Allerdings ist diese Oase stark bedroht, und zwar in erster Linie durch die sehr tiefen Drainagen rings um das Schutzgebiet. Die übertieften Gräben lassen den Moorkörper des Wasenmooses regelrecht »ausbluten« – ein Schwund, der sich in der relativ warmen und niederschlagsarmen Periode zu Beginn der 1990er-Jahre drastisch verschärfte. Zudem rücken Intensivkulturen – vor allem Hopfengärten – dem Wasenmoos immer dichter auf den Leib. An manchen Stellen dringen die Verankerungen der Hopfenstangen bereits bis in das Naturschutzgebiet vor.

Schutzzweck ist die Erhaltung einer schönen Moorlandschaft mit lichten Birkenbeständen, der Hochmoor-Schlenkengesellschaften und der Pfeifengras-Streuwiesen.

Hinweise für Besucher: Das Wasenmoos liegt ca. 3 km nördlich von Tettnang. Es grenzt dort an den entlang der B 467 nach Liebenau führenden Radweg. Das Schutzgebiet ist nicht durch Wege erschlossen und daher auch nicht begehbar.

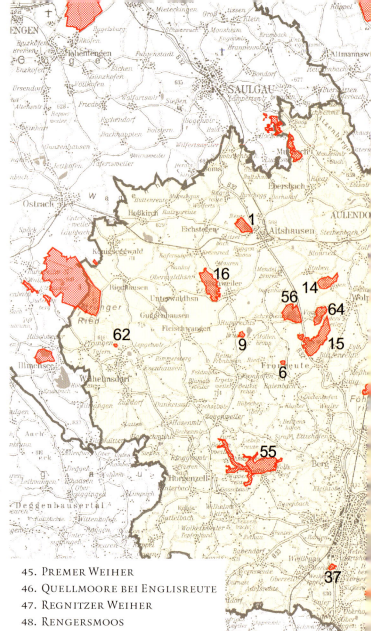

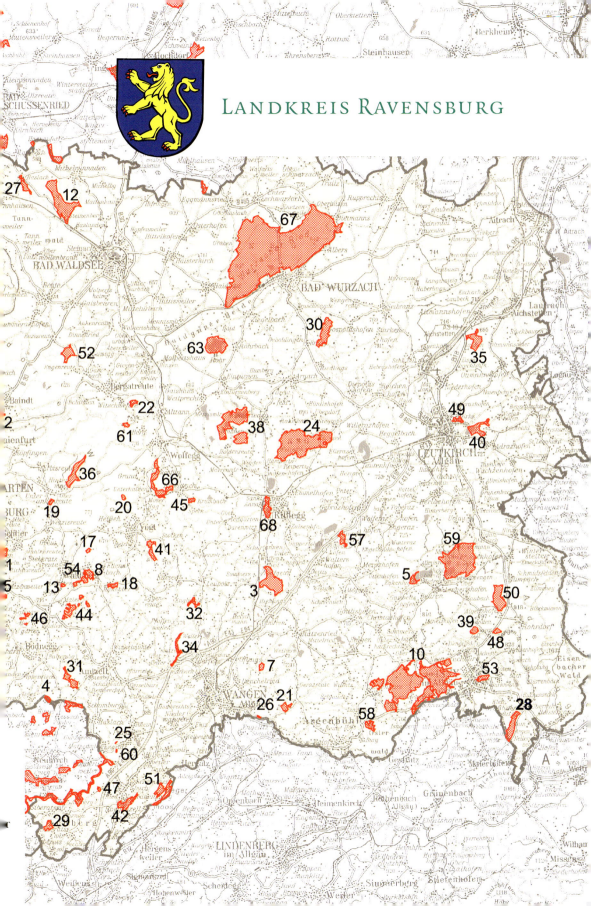

LANDKREIS RAVENSBURG

1 ALTSHAUSER WEIHER

Landkreis Ravensburg: Gemeinde und Gemarkung
Altshausen, Gemeinde und Gemarkung Eichstegen

Naturraum: Oberschwäbisches Hügelland

Geschützt seit 1974

Fläche: 50 Hektar

Top. Karte 8023

Das rund 50 Hektar große Schutzgebiet »Altshauser Weiher« grenzt unmittelbar an den östlichen Ortsrand der Gemeinde Altshausen zwischen Ravensburg und Saulgau an. Es umfasst
neben der offenen Wasserfläche des Weihers eine
Verlandungszone mit Schwimmblattvegetation
und einem ausgedehnten primären Schilf-, Rohr-
kolben- und Teichbinsenröhricht. Dem Röhrichtgürtel folgen Großseggenrieder mit Steifer Segge
und Wundersegge. Im nördlichen Teil des
Gewässers breiten sich »schwimmende Schilf-
inseln« aus. Zum Land hin schließen sich an den
Weiher Grauweiden- und Faulbaumgebüsche als
Pioniergesellschaften sowie Schwarzerlen-
Birkenwäldchen an. Sie grenzen gut erhaltene
Kalkniedermoorbereiche, Nasswiesen und Wirtschaftsgrünland von der eigentlichen Verlandungsvegetation ab.

Große Teile des Altshauser Weihers sind inzwischen verlandet. PROJEKTPHOTO SACH+SCHNELZER

In diesem Gebiet sind mehr als 300 verschiedene Arten von Gefäßpflanzen beheimatet, über
30 von ihnen stehen auf der Roten Liste Baden-
Württembergs. Die ungewöhnliche Artenfülle ergibt sich in erster Linie aus dem kleinräumigen
Nebeneinander verschiedenster Pflanzengesellschaften. Auch für die Vogelwelt stellt der Altshauser Weiher ein wichtiges Refugium dar. In
dem Schutzgebiet wurden bereits über 100 Arten
beobachtet, rund 60 Arten sind relativ regelmäßig beim Brutgeschäft anzutreffen, darunter
Rohrweihe, Zwergrohrdommel und Wasserralle.
Weitere 40 Arten finden hier während ihres
Durchzugs geeignete Rast- und Nahrungsbiotope. Besonders wichtig für viele dieser Vögel ist
der dichte Röhrichtgürtel rund um das Wasser.
Neben ausgesprochenen Schilfbrütern findet
man dort auch andere Arten, die während ihres
Zugs in großen Trupps auf Nahrungssuche gehen. Und nicht zuletzt sind – ebenso wie die reiche Libellen- und Amphibienfauna – auch die Fische des Altshauser Weihers (mit vier bedrohten
Arten) besonders schutzwürdig.

Die Kalkniedermoorbereiche wurden in den
letzten Jahren regelmäßig gemäht. Seit kurzem
werden auch Teile der Großseggenrieder gepflegt. Diese behutsamen Eingriffe zeigten rasch
positive Auswirkungen auf die Flora.

Gefährdet wird das Gebiet vor allem durch
Nährstoff-Eintrag aus den umliegenden Feldern.

Das Kies-Weidenröschen (*Epilobium fleischeri*) kommt in Baden-Württemberg nur an ganz wenigen Stellen vor. Von Natur aus besiedelt diese Art kiesige Flussauen in den Alpen. In der Kiesgrube auf dem Annaberg hat sie einen Ersatzlebensraum gefunden. W. HERTER

Der unerwünschte Dünger gelangt in erster Linie über den Ragenreuter Bach, den Hauptzufluss des Weihers, und über verschiedene Gräben in den See und seine Verlandungszone. Der Altshauser Weiher wurde deshalb in das »Aktionsprogramm zur Sanierung oberschwäbischer Seen« aufgenommen. Um die Nährstoffzufuhr zu verringern und damit den Verlandungsprozess zu verlangsamen, wurde im Ragenreuter Bach ein Sedimentationsbecken gebaut, in dem sich nährstoffreicher Schlamm absetzen kann. Außerdem wurde eine Pufferfläche geschaffen, in der nur noch extensiv gewirtschaftet wird.

Schutzzweck sind Schutz des Weihers und Erhaltung seiner natürlichen Verlandungsgesellschaften sowie der angrenzenden Niedermoorflächen als Lebensraum einer artenreichen Tier- und Pflanzenwelt, insbesondere als Brut- und Rastplatz einer Vielzahl gefährdeter Vogelarten.

Hinweise für Besucher: Am Ostrand des Schutzgebiets verläuft der Schwäbische-Alb-Oberschwaben-Hauptwanderweg des Schwäbischen Albvereins von Altshausen nach Bad Saulgau.

Am Südufer des Altshauser Weihers kann im Freibad der Gemeinde gebadet werden.

2 ANNABERG

Landkreis Ravensburg: Gemeinde und Gemarkung Baindt, Gemeinde und Gemarkung Baienfurt
Naturraum: Bodenseebecken
Geschützt seit 1992
Fläche: 14,4 Hektar
Top. Karte 8123

Das gut 14 Hektar große Schutzgebiet »Annaberg« besteht im Wesentlichen aus einer ehemalige Kiesgrube auf dem Annaberg am Ostrand des Schussenbeckens zwischen Baienfurt und Baindt. Im Schussenbecken bildete sich am Ende der letzten Kaltzeit beim Abschmelzen des Alpenrheingletschers der Baienfurter Stausee, dessen Spiegel deutlich fiel, als die Schmelzwässer durch die Urnauer Rinne nach Westen zum Hochrhein abfließen konnten. Es entstand der Schussen-Eisstausee. Dort, wo die Wolfeggcr Ach in diesen See mündete, wurde ein größeres Delta aufgeschüttet, der heutige Annaberg. Die Höhe des Annaberges zeigt somit den ehemaligen Wasserstand im Schussen-Eisstausee an.

Die Sedimente besitzen schluffige und tonige Sohlschichten sowie Übergussschichten aus Kies und Sand. Diese Ablagerungen waren es, die bereits in den 1920er-Jahren das Interesse von Abbaufirmen auf sich zogen. Da bis 1968 keine Genehmigung erforderlich war, fand der Abbau am

Annaberg ungeregelt und an verschiedenen Stellen gleichzeitig statt. Die in den 1970er-Jahren erteilten Genehmigungen sind mittlerweile alle abgelaufen, dennoch kam die Kiesgrube bis heute nicht ganz zur Ruhe. Die abgebauten Flächen blieben zumeist sich selbst überlassen, nur einzelne Bereiche werden ackerbaulich oder als Kleingärten genutzt.

Da die natürlichen Magerstandorte im mittleren Schussental in den letzten Jahrzehnten mehr und mehr durch den Nährstoffeintrag aus landwirtschaftlich genutzten Flächen gefährdet wurden, verblieben den darauf lebenden Pflanzen und Tieren, aber auch ganzen Lebensgemeinschaften nur Ersatzlebensräume. Der Annaberg stellt einen solchen Sekundärbiotop dar. Als Kiesgrube, bei der durch den Abbau der nährstoffreiche Oberboden abgetragen wurde, besitzt er besondere Bedeutung für Magerrasen und Trockenstandorte.

Insgesamt förderte die breite Palette der sekundären Kleinlebensräume, die sich in der ehemaligen Kiesgrube bilden konnten, die Entstehung und Entwicklung ganz unterschiedlicher Gemeinschaften. Hier findet man Steinkleefluren verschiedener Ausprägung, Saumgesellschaften

An vegetationsarmen, trockenen Böschungen lebt im NSG »Annaberg« die Blauflügelige Ödlandschrecke (*Oedipoda coerulescens*), die mit ihrer Umgebung zu verschmelzen scheint. Erst beim Auffliegen des Tieres werden die leuchtend hellblauen Hinterflügel sichtbar.
R. BANZHAF

mit Halbtrockenrasen-Elementen, Feuchtstandorte mit Kleingewässern, Röhrichtgesellschaften, Kalkniedermoor-Initialstadien, Gebüsche und Vorwaldgesellschaften. Von herausragender Bedeutung ist der Annaberg jedoch als Refugium für jene Arten, die ursprünglich kiesige, voralpine Flussauen besiedelten. Neben den Biotopen in den abgebauten Flächen unterstreichen auch die Äcker auf der Hochfläche des Annabergs die Schutzwürdigkeit des Gebietes. Dank der bisher extensiven Nutzung konnten sich hier etliche selten gewordene Ackerwildkräuter halten, so zum Beispiel ein üppiger Kornblumen-Bestand.

Wie verschiedene Einzelkartierungen sowie eine umfassende Untersuchung ergaben, kommt dem Annaberg-Gelände als Kiesgruben-Sekundärlebensraum eine ökologische Bedeutung zu, wie sie nach derzeitigem Kenntnisstand von keiner anderen Abbaustätte in Oberschwaben erreicht wird. Aufgrund der Größe des Gebietes wie auch der engen, mosaikartigen Verzahnung seiner unterschiedlichen Biotope konnte sich hier eine ungewöhnlich hohe Zahl von Tier- und Pflanzenarten ansiedeln: Schmetterlinge, Heuschrecken und Libellen, darunter einige gefährdete Arten wie der Südliche Blaupfeil oder die Blauflügelige Ödlandschrecke sowie Vogel- und Fledermausarten, denen der Insektenreichtum des Gebietes eine ausreichende Nahrungsgrundlage bietet.

Da das größtenteils ungenutzte Gebiet direkt neben der Bebauung von Baindt naturgemäß als Spielplatz und Freizeitgelände genutzt und übernutzt wurde, musste es im Westen gegen die angrenzende Bebauung durch einen Zaun abgeschirmt werden.

Schutzzweck ist die Erhaltung des Gebietes als ausgedehnter Sekundärbiotop mit großem Artenreichtum an Tieren und Pflanzen, als Teil eines regionalen Verbundes von Trockenlebensräumen und als Rückzugslebensraum von darauf angewiesenen Lebensgemeinschaften.

3 ARRISRIEDER MOOS

Landkreis Ravensburg: Gemeinde und
Gemarkung Kißlegg
Naturraum: Westallgäuer Hügelland
Geschützt seit 1989
Fläche: 110,8 Hektar
Top. Karte 8225

Einige Kilometer südlich von Kißlegg breitet sich ein großes Hochmoor aus, das trotz massiver Eingriffe durch den Menschen als bedeutsames Naturdenkmal anzusehen ist. Das »Arrisrieder Moos« entstand zwischen zwei Endmoränenwällen, die vom Karbachgletscher, einem Seitenarm des Rheingletschers, aufgeschoben wurden. Die hohen, zum Alpenrand hin ansteigenden Niederschlagsmengen begünstigten das Wachstum eines vom Grundwasser unabhängigen Hochmoores. Um den ursprünglich ausgedehnten Hochmoorkern zieht sich ein breiter Niedermoorgürtel, der sich im Norden bis zur Wolfegger Ach fortsetzt.

Am südlichen Rand des Hochmoores finden sich die von Moos überwucherten Überreste einer 1914 errichteten Torffabrik, wobei bereits seit dem 18. Jahrhundert im Arrisrieder Moos in größerem Umfang Torf gestochen worden war. 1960 wurde der Abbau eingestellt. 1984 erklärte die Forstverwaltung das Gebiet zum Schonwald, 1989 wurde es auf einer Fläche von fast 111 Hektar als NSG gesichert.

Der ausgedehnte Hochmoorschild im Zentrum des Gebietes blieb zwar von der Abtorfung verschont, das Wachstum der Hochmoorvegetation kam aufgrund der Entwässerung jedoch zum Erliegen. Im Jahr 1983 stoppte man die weitere Absenkung des mooreigenen Wasserspiegels, indem die tiefen Gräben wieder aufgestaut wurden. Auf den stärker ausgetrockneten Randbereichen des Schildes breiten sich Störzeiger wie Heidekraut und Pfeifengras aus. Westlich vom Kernbereich liegt ein weiterer kleiner, nicht abgetorfter Hochmoorschild, der ebenfalls über tiefe Gräben entwässert wurde. Dort breiteten sich Birke und Fichte aus.

Die Kreuzotter (*Vipera berus*) kommt in den entwässerten Bereichen des NSG »Arrisrieder Moos« sowohl in der normalen als auch in der schwarzen Farbvariante (als so genannte »Höllenotter«) vor. S. KRACHT

Der Großteil des Arrisrieder Moores fiel jedoch der Torfgewinnung zum Opfer. Je nach Alter der Abbaufläche ist die Gehölzsukzession unterschiedlich weit fortgeschritten. Auf den relativ jungen Abbauflächen entlang der Torfstichkante bildeten sich Lagg-ähnliche Sumpfstandorte mit offenen Wasserstellen. So entstand ein reich strukturiertes Gelände mit Übergangsmoorschlenken, kleinflächig regenerierendem Hochmoor, vegetationsarmen Torfflächen und abgetrockneten Torfriegeln. Im westlichen Bereich lässt sich auf dem entwässerten Hochmoor die Sukzession vom Heidekrautstadium über einen lichten Pionierwald bis zum geschlossenen Moorwald deutlich verfolgen. Den Pionierbaumarten Birke, Weide und Föhre mischt sich zunehmend die Fichte bei. Im Westen und kleinflächiger auch im Süden des Schutzgebietes wachsen große aufgeforstete Fichtenstangenwälder. Die älteren und trockeneren Heideflächen im Süden und Osten des Gebietes wurden früher teilweise zur Streugewinnung genutzt. Wo diese Bewirtschaftung aufgegeben wird, breiten sich rasch Faulbaum-, Fichten- und Birkenjungwuchs aus.

Von dem ehemals ausgedehnten Niedermoorgürtel sind nur noch Fragmente in Form gemähter Kalkniedermoore im Nordosten des Schutzgebietes übrig. Ein Großteil der ehemals extensiv genutzten Flächen wurde mittlerweile aufgelassen und fällt jetzt der Verschilfung, Verheidung und Verbuschung anheim.

Bedingt durch die Großflächigkeit und die Vielfältigkeit des Gebietes lebt im Arrisrieder Moos eine ungewöhnliche Fülle seltener und gefährdeter Tierarten. Vor allem bei Libellen fällt die hohe Anzahl spezialisierter Arten auf. Bei den Schmetterlingen findet man zahlreiche Hoch- und Niedermoorarten wie den seltenen Hochmoor-Gelbling. Die geschichtliche Entwicklung und die Vielfalt von Fauna und Flora des Moores wird dem interessierten Wanderer auf einem Lehrpfad erklärt, der quer durch das Schutzgebiet führt. Zusammen mit dem Bund für Naturschutz Oberschwaben hat die Tübinger Bezirksstelle für Naturschutz und Landschaftspflege, inzwischen Regierungspräsidium Tübingen, im Arrisrieder Moos bereits mehrfach Jugendlager organisiert. Bei diesen erfolgreichen Veranstaltungen ging es nicht nur darum, die Teilnehmer in die ökologischen Besonderheiten des Schutzgebietes einzuweisen, die Jugendlichen taten auch einiges für die Regeneration des Moores: Mit Holzverbauungen schlossen sie die alten Entwässerungsgräben, um die weitere Absenkung des Wasserstandes im Moor zu verhindern.

Ein Besuch des Arrisrieder Mooses lohnt sich nicht nur in der warmen Jahreszeit. Im Herbst und im Winter kann man die eigenartige Stimmung im Moor noch besser erleben, wenn im Nebel die weißen Stämmchen der Moorbirken neben den dunklen, gedrungenen Gestalten der Moorkiefern leuchten. Darunter breitet sich die unruhige, bultige Oberfläche mit den dunklen Horsten der Heidelbeere und mit gelblichen Grasbüscheln aus. Still und abgeschieden erscheint diese Landschaft dem Betrachter dann fast unwirklich – der Zauber eines Hochmoores.

Schutzzweck ist die Erhaltung, Förderung und weitere Verbesserung der ökologischen Wertigkeit eines Hochmoorrestes von beachtlicher Größe und der ihn umgebenden verschiedenen Moorbiotope als Lebensraum einer artenreichen, charakteristischen Pflanzen- und Tierwelt, als Archiv der natur- und landschaftsgeschichtlichen Entwicklung sowie für wissenschaftliche Zwecke.

Hinweise für Besucher: Das Arrisrieder Moos erreicht man besten von Hilpertshofen aus, einem kleinen Weiler südlich von Kißlegg fast direkt an der B 18 bzw. A 96. Von dem Sträßchen nach Arrisried zweigt nach wenigen hundert Metern hinter einem baumbestandenen Graben ein Weg nach rechts ab, der zum Schutzgebiet führt. Dort ist auch der Beginn des Lehrpfades, der auf das Hochmoor und auf einem nach links abzweigenden Stichweg an eine hohe Torfstichkante führt, an der die verschiedenen Torfschichten erläutert werden.

4 AUWEIHER

Landkreis Ravensburg: Gemeinde und Gemarkung Bodnegg
Bodenseekreis: Gemeinde und Gemarkung Neukirch
Naturraum: Westallgäuer Hügelland
Geschützt seit 1973
Fläche: 7,3 Hektar
Top. Karte 8324

Das Schutzgebiet »Auweiher« liegt inmitten einer intensiv bewirtschafteten Landschaft im Tal der Schwarzach zwischen Bodnegg und Neukirch. Auf dem vermoorten, ehemaligen Weihergrund breitet sich ein größerer Streuwiesenkomplex aus. Besonders hervorzuheben sind ein ausgedehntes Mehlprimel-Kopfbinsenried und artenreiche Pfeifengras-Streuwiesen, die Lebensraum mehrerer gefährdeter Schmetterlingsarten sind.

Durch die Anlage von Entwässerungsgräben und die Begradigung der Schwarzach wurde vor der Schutzgebietsausweisung versucht, die ursprünglich sehr nassen Flächen besser nutzbar zu machen. Auf zwei Grundstücken wurden die Streuwiesen gründlich entwässert und durch verstärkten Düngereinsatz in Wirtschaftsgrünland umgewandelt. Wo die Wiesen mittlerweile nicht

Mit gezielter Pflege wirkt
die Naturschutzverwal-
tung im Auweiher-Gebiet
darauf hin, die artenrei-
chen Streuwiesen zu er-
halten und vor einer wei-
teren Verschilfung zu be-
wahren. Durch den Ver-
zicht auf Grabenunterhal-
tung soll das Gebiet wie-
der stärker vernässt wer-
den. B. SCHALL

mehr landwirtschaftlich genutzt werden, breitet sich inzwischen ein dichtes Schilfröhricht aus.

Schutzzweck ist die Erhaltung der artenreichen Streuwiesen mit ihren floristischen Seltenheiten und des Auweihers als Rückzugsgebiet für Tier- und Pflanzenarten in einer intensiv genutzten Landschaft.

Hinweise für Besucher: Von Bodnegg-Mühlebachsau nach Neukirch-Zannau führt ein unbefestigter Weg über den ehemaligen Weiherdamm am Westrand des Schutzgebietes, von dem aus das Gebiet gut einsehbar ist. Abseits dieses Weges sollte das Gebiet nicht betreten werden.

5 BADSEE

Landkreis Ravensburg: Stadt Isny, Gemarkung Beuren, Gemeinde Argenbühl, Gemarkung Christazhofen

Naturraum: Westallgäuer Hügelland

Geschützt seit 1991

Fläche: 26,3 Hektar

Top. Karte 8225 und 8226

Mitten im Dreieck zwischen Kißlegg, Leutkirch und Isny liegt der Badsee in einem ehemaligen Zungenbecken des Argen-Gletscherarms zwischen Äußerer und Innerer Jungendmoräne. Nördlich des Sees breitet sich das großflächige,

abgetorfte Winnismoos aus. Im Nordosten grenzt hinter einem kleinen Moränenhügel der Moorkomplex Taufach-Fetzachmoos an. Der Badsee liegt auf der europäischen Hauptwasserscheide.

Naturschutzgebiet ist nur der südwestliche Seebereich, der neben Wasserfläche und Uferstreifen das angrenzende Verlandungsmoor und den Badseebach umfasst. Die gut erkennbare Verlandungssukzession bis hin zum Hochmoor ist von naturgeschichtlicher Bedeutung. Als nur extensiv genutzter Landschaftsteil stellt dieses Areal ein wichtiges Refugium für die charakteristischen Lebensgemeinschaften von Feuchtgebieten am ansonsten intensiv genutzten Badsee dar. Zudem bildet dieser See ein wichtiges Bindeglied im Verbund der oberschwäbischen Feuchtgebiete. Dabei spielen die Anbindung an die Untere Argen und die räumliche Nähe zum Schutzgebiet Taufach-Fetzachmoos eine besondere Rolle.

In der Schwimmblattzone bedecken vor allem Seerose und Teichrose die Wasserfläche. Rohrkolben und Schilf prägen die sich anschließende Verlandungszone. Der Uferbereich mit seiner bult- und schlenkenartigen Struktur ist der Rest eines Hochmoores. Dieses Gelände nördlich und südlich des Badseebaches bildet ein vielfältig strukturiertes Mosaik, in dem sich neben dem gestörten Hochmoorkern alte Torfstiche, Streuwiesen, Birkengebüsch und Wald finden. Hier trifft man nicht nur die typischen Vertreter der

Seerose (*Nymphaea alba*) mit Wasserfrosch (*Rana esculenta*) in der Schwimmblattzone des Badsees. V. KRACHT

Hochmoorvegetation, sondern auch seltene Pflanzen- und Tierarten der Streuwiesen. Im Norden des Baches breiten sich bis zum Hang-fuß Niedermoorbereiche mit streuwiesenartig bewirtschafteten Pfeifengraswiesen aus. Dabei handelt es sich um floristisch äußerst reizvolle Feuchtwiesen mit einer großen Anzahl geschütz-ter und seltener Pflanzenarten wie Trollblumen, Sumpf-Stendelwurz und Breitblättrigem Knaben-kraut.

Dank seiner floristischen Vielfalt bietet das Badsee-Schutzgebiet auch einer reichhaltigen Fauna Lebensraum. Die geschützte Verlandungs-zone stellt den einzigen Bereich am See dar, in dem Wasservögel relativ ungestört brüten kön-nen. Von besonderer Bedeutung für die Vogel-welt ist der See im Frühjahr und Herbst. Dann rasten hier während des Vogelzuges zahlreiche Arten in großen Individuenzahlen. Auch für Amphibien bieten See, Wald und angrenzende Feuchtwiesen günstige Sommer- und Winter-quartiere.

Noch heute ist das Naturschutzgebiet durch vielerlei Einflüsse gefährdet. Die Aufgabe der tra-ditionellen Nutzung der Streuwiesen lässt diese mehr und mehr verbuschen und die Wiesenbrü-ter, die auf offene Wiesenflächen angewiesen sind, verlieren einen wichtigen Brutraum. Aber

auch der Eintrag von Nährstoffen aus angrenzen-den Ackerflächen sorgte für eine schleichende Veränderung der Vegetation im Randbereich der Moorwiesen. Nicht zuletzt nimmt – neben der extensiven Fischerei – der Badebetrieb am See im-mer mehr zu. Fast das gesamte Nord- und Ost-ufer sowie Teile des Südufers sind davon betrof-fen. Der ganzjährig betriebene Campingplatz und eine Surfschule führen zu einer ständigen Beun-ruhigung des Sees und seiner Uferbereiche. Im Naturschutzgebiet sind deshalb das Baden und das Fahren mit Booten verboten.

Schutzzweck ist die Erhaltung des Badsees und des daran angrenzenden Verlandungsmoores mit seiner charakteristischen Zonierung von der Schwimmblattzone bis zum Hochmoor, als Rück-zugslebensraum einer wertvollen Tier- und Pflan-zenwelt am ansonsten intensiv genutzten Badsee und als wichtiges Bindeglied im Verbund der Feuchtgebiete im Naturraum.

Hinweise für Besucher: Der Schwarzwald-Schwäbische Alb-Allgäu-Weg (Hauptwander-weg 5) des Schwäbischen Alberverein führt am Ostufer des Badsees vorbei. Am Nordufer des Sees liegt außerhalb des Naturschutzgebietes ein großer Campingplatz mit Badeplatz. Das Natur-schutzgebiet selbst ist durch Wege nicht er-schlossen und sollte im Interesse der Natur weder vom Land aus noch vom See aus aufgesucht werden.

6 BIBERSEE

Landkreis Ravensburg: Gemeinde Fronreute, Gemarkung Blitzenreute
Naturraum: Oberschwäbisches Hügelland
Geschützt seit 1969
Fläche: 4,9 Hektar
Top. Karte 8123

Der Bibersee gehört zur Blitzenreuter Seen-platte zwischen Ravensburg und Altshausen und liegt etwas abseits von den anderen Seen in die-sem Gebiet im Westen der Bundesstraße zwi-schen Blitzenreute und Fronhofen. Nach dem endgültigen Rückzug des Würm-Gletschers blieben in Senken oft Eismassen zurück, die mit Moränenmaterial überdeckt wurden. In solchen isolierten Lagerstätten konnte sich das Eis oft noch sehr lange Zeit halten – bis es schließlich doch abschmolz und in der Landschaft die charakteristischen »Toteislöcher« hinterließ.

Der Bibersee wird seit dem Mittelalter zur Fischzucht genutzt. Die Pfeifengraswiesen und Kalkniedermoorbereiche in seiner Umgebung wurden zur Streugewinnung gemäht, und auch das Schilf wurde sporadisch entnommen. Die bizarren Formen der Birken am Westufer deuten darauf hin, dass an ihnen regelmäßig Besenreisig geschnitten wurde.

Die Verlandungszone des Bibersees ist relativ schmal. Dem Teich- und Seerosengürtel schließt sich ein Schneidried und Schilfröhricht an. Nur im Südwesten grenzt ein dichtes Grauweidengebüsch direkt an die Wasserfläche. Je nach Bewirtschaftungsweise und Wasserhaushalt wachsen im Anschluss an die Großseggenrieder laubholzreiche Mischwälder, Mädesüß-Fluren oder Reste eines ehemaligen Kopfbinsenriedes auf Niedermoor. Die aufgelassenen Streuwiesen sind mittlerweile verbuscht.

Von den ehemals ausgedehnten Feucht- und Streuwiesen um den Bibersee herum blieben nur noch am Ostufer kleine Flächen mit artenreicher Vegetation übrig. Ansonsten fiel ihre auf nährstoffarme Böden angewiesene Flora fast durchweg der Überdüngung zum Opfer, da es hier keine Pufferzone gibt. Auch der ursprünglich nährstoffarme See ist durch den Düngereintrag stark belastet. Das zeigt sich in einem beschleunigten Alterungsprozess des Gewässers mit spätsommerlichen Algenblüten und einer Massenentwicklung der Stickstoff liebenden Unterwasserflora. Zudem droht das starkwüchsige Schilf das seltene Schneidried, ein Relikt der nachkaltzeitlichen Wärmezeit, zu verdrängen. Entlastung für das Schutzgebiet soll ein Programm zur Extensivierung bringen: Auf den angrenzenden Flächen ist nur noch eine eingeschränkte Grünlandnutzung erlaubt. Außerdem wurde 1990 eine Ringleitung um den See in Be-

Beim Bibersee mit seiner fast kreisrunden Form und den steil abfallenden Ufern handelt es sich um ein klassisches Beispiel für einen Toteissee, der sich nach der letzten Kaltzeit gebildet hat. PROJEKTPHOTO SACH+SCHNELZER

trieb genommen, die das Dränwasser aus der Umgebung abfängt.

Schutzzweck ist die Erhaltung des Toteissees mit schmalen Gürteln aus Seerosenbestand und Verlandungsvegetation sowie des angrenzenden Uferbereiches mit Schneidried, Kalkniedermoor und Pfeifengraswiesen.

Hinweise für Besucher: Der Bibersee liegt westlich der Kreisstraße von Fronreute-Baienbach nach Fronreute-Schreckensee. Am Südufer existiert ein Badeplatz mit Badesteg und einer Liegewiese außerhalb des Schutzgebietes, an der Straße gibt es Parkmöglichkeiten. Außer von dieser Badestelle aus sollte das Gebiet nicht betreten werden.

7 BIMISDORFER MÖSLE

Landkreis Ravensburg: Stadt Wangen, Gemarkung Deuchelried
Naturraum: Westallgäuer Hügelland
Geschützt seit 1983
Fläche: 9,5 Hektar
Top. Karte 8225

Das gut neun Hektar große Schutzgebiet »Bimisdorfer Mösle«, etwa drei Kilometer nordöstlich von Wangen gelegen, umfasst ein ehemaliges, heute nahezu vollständig abgetorftes Bergkiefernhochmoor. Dessen Zentralbereich setzt sich hauptsächlich aus Moorrandwald, Nieder-

Im Westallgäuer Hügelland ist der Schornsteinfeger
(*Aphantopus hyperantus*) noch recht gut verbreitet, hier
auf der Wiesenflockenblume (*Centaurea jacea*).
V. Kracht

moorsukzessionsflächen und verlandenden Torfstichen zusammen. Den größten Teil des geschützten Areals nimmt ein Fichtenmoorwald –
mit Bärlapp in der Krautschicht – ein, der plenterartig bewirtschaftet wird. Im nördlichen Bereich
bestehen Aufforstungen mit Fichte und Eberesche, im Westen kleinere Kahlschlagsflächen.

Im nordwestlichen Teil des Gebietes trifft man
auf ein Torfseggenquellmoor, in dem neben der
Torfsegge Alpenwollgras, Mehlprimel und
Sumpf-Stendelwurz wachsen. Kleinflächig liegt
innerhalb dieses Zwischenmoores ein Übergangsmoor mit Torfmoosen, Heidekraut und
Sonnentau. Weitere Zwischenmoor-Gesellschaf-
ten stellen das Fadenseggenmoor und das
Drahtseggenried dar, die an mehreren Stellen vorkommen. Ehemalige Torfstiche, die im Sommer
trocken fallen, sind verschilft und zum Teil bereits verbuscht. In einer tiefer gelegenen Senke
siedelte sich ein Flutsüßgras-Bestand an. Diese
niederwüchsige Röhrichtgesellschaft bevorzugt
schattige Randbereiche von Waldtümpeln mit
stark wechselndem Wasserstand. Das bewaldete
Zentrum ist von einem Gürtel aus Niedermoorflächen und Streuwiesen umgeben. Die große Bedeutung dieses Schutzgebietes zeigt sich unter
anderem im Vorkommen von 222 verschiedenen

Gefäßpflanzenarten, mehreren gefährdeten Pilz-
arten sowie zahlreicher Vogel-, Amphibien- und
Schmetterlingsarten.

Zu den floristisch wertvollsten Gemeinschaften zählen die Pfeifengraswiesen, in denen zahlreiche gefährdete Pflanzenarten gedeihen. Sowohl auf den noch bewirtschafteten wie auf den
aufgelassenen Wiesen mehren sich die Anzeichen
für eine Überdüngung des Geländes, die vor allem vom umliegenden Grünland ausgeht.

Die wertvollen Feuchtgebietslebensräume im
»Bimisdorfer Mösle« sind in ihrem Fortbestand
außerordentlich bedroht. Durch die Absenkung
des Grundwasserspiegels mit Drainagen und Entwässerungsgräben im gesamten Schutzgebiet
und der damit verbundenen Nährstofffreisetzung
werden die konkurrenzschwachen Niedermoorarten mehr und mehr verdrängt. Auch die Aufgabe der traditionellen Nutzung der Streuwiesen
im Osten und Südosten des Gebietes führte zu einer sichtbaren Veränderung der Vegetation.

Schutzzweck ist die Erhaltung eines Gebietes,
das auf kleinstem Raum verschiedene Waldlebensräume sowie sich anschließende Streuwiesen und Niedermoorflächen mit ihren Pflanzen-
und Tierarten umfasst.

Hinweise für Besucher: Das »Bimisdorfer
Mösle« liegt direkt am Heuberg-Allgäu-Weg
(HW 9) des Schwäbischen Albvereins, der südlich
am Gebiet vorbei von Wangen nach Isny führt.
Auf der Nordseite des Gebiets verläuft der Rad-
weg von Wangen nach Ratzenried.

8 BLAUENSEE

Landkreis Ravensburg: Gemeinde und
Gemarkung Waldburg
Naturraum: Westallgäuer Hügelland
Geschützt seit 1970
Fläche: 29,7 Hektar
Top. Karte 8324

Im Tal des Holzmühlebachs bei Waldburg –
auf halber Strecke zwischen Ravensburg und
Wangen – liegen drei ehemalige Toteisseen. Einer

Im Rahmen des Arten-
schutzprogramms des
Landes werden im NSG
»Blauensee« verlandete
Torfstiche als Habitate
mit freien Wasserflächen
z. B. für Moosjungfern
(*Leucorrhinia pectoralis*)
wieder hergestellt.
B. Schall

dieser drei Seen in dem Moorkomplex südlich des Waldburger Höhenrückens ist der stark verlandete Blauensee, der über einen vermoorten Talabschnitt mit einem längst verlandeten Weiher und dem weiter westlich gelegenen Naturschutzgebiet »Scheibensee« verbunden ist.

Der südwestliche Bereich des knapp 30 Hektar großen Schutzgebiets »Blauensee« wird im Wesentlichen von einem Spirkenhochmoor mit Wald- und Bergkiefer, verschiedenen Arten der Heidekrautgewächse und Wollgras eingenommen. Umgeben ist dieses Moor von einem Moorrandwald, in dem Waldkiefer und Fichte in der Baumschicht und Faulbaum in der Strauchschicht dominieren. Im Süden und Osten wird das Spirkenhochmoor von einem nahezu baumfreien Übergangsmoor gesäumt, auf das zunächst ein Steifseggenried und dann artenreiche Feuchtwiesen folgen. Zum Rande des Schutzgebietes hin werden die Wiesen intensiver genutzt, ein deutlicher Artenschwund ist zu beobachten.

Im Norden schließt sich an das Hochmoor ein Korridor mit zum Teil verbuschten Pfeifengras- und Streuwiesen an, die allerdings wegen tiefer Entwässerungsgräben ziemlich ausgetrocknet sind. Vom eigentlichen Blauensee ist nur noch ein stark verfilztes Schilfröhricht übrig geblieben. Es wird umgeben von einem mit Schilf durchsetzten Großseggenried, das an seinen Rändern in ebenfalls verschilfte Streuwiesen übergeht. Südlich davon breiten sich große, intensiv genutzte Niedermoorflächen aus. Im Osten finden sich noch Reste eines schwach verbuschten Hochmoores, im Westen zieht sich ein Randstreifen mit Pfeifengraswiesen und Moorrandwald hin.

Früher mähten die Landwirte die Seggenrieder und Streuwiesen im »Blauensee« regelmäßig zur Streugewinnung. Heute werden diese Flächen in ein- bis zweijährigem Turnus mit der Mähraupe der Naturschutzverwaltung gepflegt. Im weiteren Umfeld des Schutzgebiets wird intensive Landwirtschaft betrieben. Daraus ergeben sich große Probleme für das eigentlich sehr nährstoffarme Gebiet: Düngemittel und auch Pestizide werden in das Schutzgebiet eingetragen. So können Nährstoff liebende Pflanzenarten einwandern und die ursprüngliche, an nährstoffarme Standorte angepasste Vegetation verdrängen.

Trotzdem ist das NSG Blauensee noch immer ein wichtiger Lebensraum für Tagfalter- und Libellenarten, die auf Hoch- und Zwischenmoore spezialisiert sind. Zudem ist es als Refugium für Amphibien von großer Bedeutung. Schutzwürdig ist das Gebiet aber vor allem aufgrund seines ausgeprägten Vegetationsmosaiks, das sich aus verschiedenen gefährdeten Pflanzengesellschaften, wie Mehlprimel-Kopfbinsenriedern, Wunderseggenriedern oder Fadenseggensümpfen zusammensetzt. Die Hochmoor-, Übergangsmoor-, Niedermoor- und Streuwiesenflächen, wie sie am Blauensee noch zu finden sind, zählen inzwischen zu den am stärksten gefährdeten Lebensräumen in Deutschland.

Schutzzweck ist die Erhaltung der artenreichen Vegetation des aus Nieder-, Zwischen- und Hochmoor bestehenden Moorkomplexes sowie dessen Fauna mit zahlreichen und seltenen Arten.

Hinweise für Besucher: Das Gebiet ist erreichbar über die Straße von Waldburg nach Hannober. Kurz nach Querung des Edensbaches biegt ein Feldweg nach Westen ab, der quer durch den Ostteil, den eigentlichen Blauensee, verläuft. Folgt man diesem Weg in den Wald und hält sich dann zuerst nach links und dann nach rechts, gelangt man an den Rand des westlichen Gebietsteiles, wo ein Weg am Waldrand entlang nach Süden führt. Nach etwa 200 m stößt man auf einen Wanderweg, der von Hannober kommend am südlichen Schutzgebietsrand nach Waldburg führt.

9 BLINDER SEE

Landkreis Ravensburg: Gemeinde Fronreute, Gemarkung Fronhofen
Naturraum: Oberschwäbisches Hügelland
Geschützt seit 1969
Fläche: 7,8 Hektar
Top. Karte 8123

Etwa sechs Kilometer südlich von Altshausen liegt in einer vermoorten Mulde bei Möllenbronn ein Stillgewässer, dessen Entwicklung beispielhaft für den langsamen Übergang von einem See zum Hochmoor ist. Dieser »Blinde See« gehört wie der Vorsee, Schreckensee, Buchsee, Häckler Weiher und Bibersee zur Blitzenreuter Seenplatte. Die Anhäufung so vieler Seen in einem relativ kleinen Gebiet ist kein Zufall, sie zeugt vielmehr von den landschaftsgestaltenden Kräften in den Kaltzeiten: Bei der ersten großen Schmelzphase des Würm-Gletschers wurden bei zahlreichen Stillständen Endmoränenwälle aufgehäuft. Zwischen diesen Wällen bildeten sich nach dem Zurückweichen des Eises abflusslose Becken, in denen sich Wasser sammelte. In diesen Becken liegen die heutigen Seen.

Der zum Großteil verlandete Restsee weist nur noch kleinere Wasserflächen auf, die von einem See- und Teichrosenteppich bedeckt sind. Landeinwärts schließen sich Verlandungsgesellschaf-

Auf teilweise entwässertem Torfboden im NSG »Blinder See« wächst ein Moorrandwald mit Kiefern, Schwarzerlen und Birken. B. SCHALL

ten in verschiedenen Sukzessionsstadien an. Schwimmende Torfmoosdecken (Schwingrasen) weisen auf den Übergangsmoorcharakter des Gewässers hin. Den Röhrichten und Großseggenbeständen folgt die Pioniergesellschaft des Grauweiden-Faulbaumgebüsches, die ihrerseits den Übergang zwischen baumfreier Vegetation und Wald bildet. Am Blinden See schließt sich ein Erlen-Kiefern-Bruchwald an. Im Norden des Schutzgebietes sind vereinzelt Hochmoorbulte mit mittlerem Torfmoos und Moosbeere zu beobachten.

Im Osten wächst auf teilweise entwässertem Torfboden ein Moorrandwald mit Kiefern, Schwarzerlen und Birken, der aber mittlerweile zum Teil in einen reinen Fichtenforst umgewandelt wurde. Tiefer gelegene und stark vernässte Bereiche sind von bruchwaldähnlichem Charakter. An einigen Stellen findet man dort typische Hoch- und Übergangsmoorzeiger wie Moosbeere oder Scheidiges Wollgras. In den höher gelegenen, trockeneren Bereichen wachsen Maiglöckchen und Heidelbeere.

Das Schutzgebiet liegt unmittelbar, nur durch ein Wäldchen getrennt neben einem größeren Baggersee. In den sich selbst überlassenen Bereichen der Kiesgrube, vor allem aber in den Feuchtgebieten, finden Tiere und Pflanzen wichtige Refugien in einer ansonsten eher feindlichen Umgebung. Die kurze Distanz zwischen dem Baggersee und dem Blinden See ermöglicht den notwendigen Austausch zwischen den Populationen und schwächt damit die Isolationseffekte für die Tier- und Pflanzenwelt in der überwiegend intensiv genutzten Landschaft ab.

Schutzzweck ist die Erhaltung des Restsees mit Schwingrasen und angrenzenden Zwischen- und Niedermoorbereichen sowie einer spezifischen Tier- und Pflanzenwelt.

10 BODENMÖSER

Landkreis Ravensburg: Stadt Isny, Gemarkungen Isny und Neutrauchburg, Gemeinde Argenbühl, Gemarkungen Christazhofen, Eisenharz und Eglofs
Naturraum: Westallgäuer Hügelland
Geschützt seit 1990
Fläche: 611,5 Hektar
Top. Karte 8324 und 8326

Direkt vor dem westlichen Stadtrand von Isny breiten sich die »Bodenmöser« aus. In diesem über 611 Hektar großen Naturschutzgebiet wurden 1990 insgesamt 31 Feuchtgebiete zusammengefasst. Die bedeutendsten darunter sind das Eisenhammermoos, das Harprechtser Moos, das Riedmüllermoos, das Rotmoos und das Hasenmoos. Die Bodenmöser umfassen Hoch- und Übergangsmoore, die – umgeben von ausgedehn-

Hochmoorheide im Harprechtser Moos (NSG »Bodenmöser«).
V. KRACHT

Im Hochsommer sind die Blütenstände des Weißen Germer (*Veratrum album*) in den Streuwiesen der Bodenmöser weit hin sichtbar. V. KRACHT

ten Niedermooren – teils nur noch in Resten, teils aber auch in ihrer ursprünglichen Form erhalten sind.

Um das aus mehreren Einzelflächen bestehende Naturschutzgebiet zieht sich ein breiter Gürtel landwirtschaftlich genutzten Grünlandes herum. Als dienendes Landschaftsschutzgebiet mit einer Gesamtfläche von 525 Hektar soll diese Pufferzone das Naturschutzgebiet gegen nachteilige Einflüsse aus der Umgebung abschotten. Der östliche Teil des Schutzgebietes wird wesentlich durch die große Niedermoorsenke des Isnyer Beckens mit einem Mosaik aus Streuwiesen, unterschiedlich intensiv genutztem Wirtschaftsgrünland, Bachläufen und randlichen Aufforstungen geprägt. Dagegen bestimmen im Westen des geschützten Areals bewaldete Hoch- und Übergangsmoore das Bild.

Diese Landschaft verdankt ihre heutige Form im Wesentlichen der Tätigkeit des Alpenrhein-

gletschers. Nachdem er sich zum Ende der letzten Kaltzeit zurückgezogen hatte, blieb das Isnyer Becken als ausgeschürfte Wanne zurück. Das abschmelzende Eis ließ im Becken einen Schmelzwassersee entstehen, der rasch verlandete und vermoorte. Die hohen Niederschlagsmengen im Alpenvorland förderten die Entstehung von Hochmooren. Die Entwicklung großflächiger Kalkniedermoore wurde durch artesisch gespanntes Grundwasser begünstigt, das an durchlässigen Stellen an die Oberfläche tritt.

Die Hochmoore wurden in der Vergangenheit vor allem zu kleinbäuerlichem Torfstich und Holzgewinnung genutzt. Im Niedermoor beschränkte sich die Nutzung auf extensive Streu- oder Wässerwiesenwirtschaft. Von diesen herkömmlichen Formen der Landeskultur ging keine Gefährdung aus, sie führten im Gegenteil eher zu einer Bereicherung der Lebensraumvielfalt. In den letzten Jahrzehnten wurde die Nutzung allerdings erheblich intensiviert. Im Bereich des Harprechtser Moores und des Hasenmooses begann man, Torf industriell abzubauen. Dies wurde jedoch Anfang der 1980er-Jahre aus Naturschutzgründen wieder eingestellt. Der für das Gebiet erstellte Pflegeplan hat unter anderem die Regeneration gestörter Hoch- und Übergangsmoore zum Ziel. Vor allem in den Randbereichen der Niedermoore und auf zum Teil abgetorften Flächen im Hochmoor wurden die artenreichen Streu- und Feuchtwiesen durch verstärkte Düngerzugabe und Entwässerung in intensiv bewirtschaftete Futterwiesen umgewandelt. Davon blieben glücklicherweise größere Areale verschont – zum Teil, weil sie rechtzeitig vom Land für den Naturschutz erworben wurden, zum Teil auch, weil sie wegen des fehlenden Abflusses nicht entwässert werden konnten. In diesen Bereichen zeigt sich heute ein vielfältiges Grünland-Mosaik, in dem mit der Nutzungsintensität auch das Artenspektrum der Vegetation oft sehr kleinräumig wechselt.

In den letzten Jahren spielten die ausgedehnten Bodenmöser vor den Toren von Isny für die Naherholung eine immer größere Rolle. Solange der Schutz des Gebietes gewährleistet ist, sollen die verschiedenen Freizeitaktivitäten auch weiterhin möglich sein. Um die damit verbundenen Konflikte zu mindern, wurden die Karten der Wanderwege mit der Naturschutzverwaltung abgestimmt und Lehrpfade eingerichtet.

Das eng verzahnte Nebeneinander von Hoch-, Übergangs- und Niedermooren, Hangquellmooren, Quellsümpfen, Wasserläufen und Tümpeln schafft in den Bodenmösern ein Mosaik unterschiedlicher Lebensräume von außerordentlich hohem ökologischem Potential. Die einzelnen Biotoptypen sind hier noch groß genug, um vielen charakteristischen Pflanzen- und Tiergemeinschaft das Überleben zu ermöglichen. Damit wurde das Schutzgebiet zu einem bedeutenden Refugium für eine ungewöhnliche Fülle seltener und gefährdeter Arten aus Fauna und Flora, die sich in kleineren Feuchtgebieten der Region nicht mehr halten können.

Schutzzweck ist die Erhaltung eines der größten und besonders repräsentativen Beispiele voralpiner Moorkomplexe mit großflächigen Hoch-, Zwischen- und Niedermooren und als Teil eines Verbundes mit den voralpinen Moorlandschaften. Insbesondere wird der Schutz von Hochmoorflächen sowie Streu-, Feucht- und Nasswiesen vor Nutzungsintensivierung, Entwässerung und Nährstoffeintrag aus den angrenzenden, landwirtschaftlich genutzten Flächen angestrebt.

Über die Erhaltung der in diesen Moorlebensräumen beheimateten Arten- und Lebensgemeinschaftsvielfalt hinaus umfasst der Schutzzweck die Absicht, durch geeignete Pflege- und Unterhaltungsmaßnahmen solche Lebensräume wiederherzustellen oder in ihrer ökologischen Wertigkeit zu verbessern, die durch menschliche Eingriffe oder Übernutzung in der Vergangenheit beeinträchtigt wurden.

Hinweise für Besucher: Der Donau-Bodensee-Radweg verläuft zwischen Isny und Egloffs nördlich an den »Bodenmösern« vorbei. Der Heuberg-Allgäu-Weg (Hauptwanderweg 9) führt von Isny aus durch das Schutzgebiet. Von Isny aus, beginnend an der Birkenallee, können auf einem

Naturlehrpfad die unterschiedlichen im Gebiet vorkommenden Wiesentypen und deren Bedeutung für den Naturschutz kennen gelernt werden. Ein zweiter Naturlehrpfad, der sich schwerpunktmäßig mit den Mooren befasst, wurde bei Argenbühl-Eisenharz angelegt. Erreicht wird dieser Pfad, wenn man von Eisenharz Richtung Unterried und Neutrauchburg nach Osten und dann beim Waldanfang nach rechts einen Weg bis zu einem Wanderparkplatz fährt. Von dort aus führt der Waldweg weiter bis zu einer Wegkreuzung am Waldrand, wo der Lehrpfad beginnt, dessen große Runde etwas über 3 km durch Harprechtser und Gründelsmoos sowie Gründels zurück an den Ausgangspunkt führt.

11 BOHLWEIHER

Landkreis Ravensburg: Gemeinde und Gemarkung Schlier
Naturraum: Westallgäuer Hügelland
Geschützt seit 1971
Fläche: 22,1 Hektar
Top. Karte 8223 und 8224

Wenige Kilometer östlich von Ravensburg liegt bei Schlier das NSG »Bohlweiher«, ein ehemaliger Weiher. In der umgebenden Würm-Grundmoränenlandschaft entstanden – teilweise durch die Verlandung kleiner Seen, teilweise durch Versumpfung – ausgedehnte Niedermoore mit bis zu 2,5 Meter mächtigen Torfschichten. Die Art des Torfes lässt jeweils Rückschlüsse auf seine Entstehung zu: Verlandungsprozesse sorgten für die Bildung von Torfmudde, Versumpfung führte zu stark durchschlickten Seggen-, Schilf- und Bruchtorfen.

Wie die meisten dieser Niedermoore wurde auch das Gebiet des Bohlweihers durch menschliche Eingriffe geprägt: Zwischen dem 15. und 18. Jahrhundert staute man den Weiher mit einem künstlichen Damm an seinem Südostrand für die Fischzucht auf. Später wurde das Wasser abgelassen, damit das Gelände zur Streugewinnung genutzt werden konnte. Auf kleineren Flächen

Heute werden nur noch Teile des Bohlweihers als Streuwiesen gepflegt.
B. SCHALL

wurde auch Torf gestochen. Einen großen Teil des Schutzgebietes nimmt ein Mehlprimel-Kopfbinsenried mit Bulten des Rostroten Kopfriets ein. Stellenweise kommen Torfmoose vor, die auf den Übergangsmoorcharakter der Fläche hindeuten. In den sich selbst überlassenen Moorbereichen wächst ein Moorwald mit Moorbirke, Espe, Faulbaum, Echtem Kreuzdorn und verschiedenen Weidenarten.

Die ringsum liegenden Streuwiesen, in der Regel Pfeifengraswiesen, sind zum Teil verschilft. Einige dieser von Natur aus artenreichen Wiesen wurden durch die intensive Bewirtschaftung bereits so gestört, dass Arten der nährstoffreichen Wiesen die ursprünglich hier vorkommende Flora mehr und mehr verdrängt haben. Durch eine extensive Bewirtschaftung ohne Düngung wird versucht, diesen Prozess wieder rückgängig zu machen. Im Randbereich des Schutzgebietes breiten sich Feuchtwiesen aus, die auf mineralischen Hügeln und anmoorigen Flächen in Fettwiesen übergehen.

Durch das Schutzgebiet ziehen sich mehrere Gräben, die das intensiv bewirtschaftete Umland entwässern. Diese Rinnen werden von Bach- und Stillwasserröhrichten gesäumt. Bislang wurden in dem Schutzgebiet 34 verschiedene Tagfalter nachgewiesen. Daneben finden auch zahlreiche andere Tierarten in dem vielfältigen und reich strukturierten Gelände geeignete Lebensräume.

Schutzzweck ist der Schutz und die Erhaltung der Niedermoore mit Kalkniedermoor, kleinflächigem Zwischenmoor und Pfeifengraswiesen sowie der artenreichen Flora und Fauna.

12 BRUNNENHOLZRIED

Landkreis Ravensburg: Stadt Bad Waldsee, Gemarkungen Michelwinnaden und Elchenreute
Naturraum: Oberschwäbisches Hügelland
Geschützt seit 1938, erweitert 2004
Fläche: 161,5 Hektar
Top. Karte 8024

Zwischen Aulendorf und Bald Waldsee, genau auf der Europäischen Wasserscheide zwischen Alter Riss und Schlupfenbach, wurde 1938 das »Brunnenholzried« auf einer Fläche von 75 Hektar unter Schutz gestellt. Der größte Teil davon war bereits einige Jahre zuvor zum Bannwald erklärt worden. 2004 wurden der Bannwald und das Naturschutzgebiet auf eine Fläche von nun 161,5 Hektar erweitert.

In diesem waldreichen Gebiet findet man sämtliche Übergangsstadien vom Niedermoor zum Übergangs- und Hochmoor. Das von einem Moränenrücken umgebene Torflager erreicht eine Mächtigkeit von 60 Zentimetern bis zu fünf Metern. Im Randbereich hat Torfabbau das Moor allerdings stark verändert.

Im »Brunnenholzried« bestimmen im Wesentlichen ein Bergkiefernhochmoor und ein Fichtenmoorrandwald auf ehemaligem Niedermoor das Landschaftsbild. Früher breiteten sich im Süden des Geländes große Wiesen aus. Diese aufgelassenen Flächen hat sich inzwischen aber längst ein erlenreicher Wald erobert. Auf den Moränenrücken steht im Südwesten ein buchenreiches Altholz, im östlichen Teil ein alter Fichtenbestand.

Das Moorkiefern- oder Spirkenhochmoor wird klar dominiert von der Spirke. Durch die lückige Kronendecke dringt sehr viel Sonnenlicht bis zur Moosschicht durch, was deren Wachstum stark begünstigt: Moosbulte und regelrechte Torfmoos-Manschetten um die Stammfüße der Bäume herum prägen das Bild dieses Bestandes. Die Fichte kann sich erst auf trockenerem Untergrund etablieren. So bildete sich vor dem Fichtenmoorrandwald eine Übergangszone aus, in der Bergkiefer und Fichte miteinander konkurrieren. Der Fichtenmoorrandwald, in dem auch einzelne Birken, Spirken und Wald-Kiefern anzutreffen sind, zeigt seine größte Ausdehnung im südöstlichen Teil des Moores.

Aus verschiedenen Untersuchungen geht hervor, dass sich die Fichte seit den 1920er-Jahren im Brunnenholzried immer stärker auf Kosten der Spirke breit machen konnte. Seither müssen also tiefgreifende Veränderungen eingetreten sein, die der Fichte das Vordringen in den Hochmoorbereich ermöglichten.

Das Schutzgebiet wurde in die nationale Vorschlagsliste für den Aufbau und den Schutz eines Europäischen ökologischen Netzes Natura 2000 mit aufgenommen.

Schutzzweck des Naturschutzgebiets und des Bannwaldes ist, die unbeeinflusste Entwicklung eines teilweise entwässerten Hochmoores und seiner Randzonen mit den typischen Tier- und Pflanzenarten zu sichern sowie die wissenschaftliche Beobachtung der Entwicklung zu gewährleisten.

Hinweise für Besucher: Das Schutzgebiet liegt an der Straße von Bad Schussenried nach Bad Waldsee. Südlich von Elchenreute zweigt ein Weg nach Osten ab, der das Schutzgebiet in seinem Nordteil quert und auch mit Fahrrädern befahren sowie beritten werden darf. Von Norden nach Süden kann das Schutzgebiet auf einem Wanderweg entlang der so genannten »Planie« durchwandert werden. Als Ausgangpunkt dazu empfiehlt sich der nördlich gelegene Parkplatz im Lippertsweiler Holz an der Straße von Haslach nach Michelwinnaden. Die Wege dürfen nicht verlassen werden und Hunde müssen angeleint bleiben.

Das Bannwaldgebiet im NSG »Brunnenholzried« wird kaum vom Menschen beeinflusst und eignet sich deshalb hervorragend für Studien über die natürliche Entwicklung von Wäldern. B. SCHALL

13 DIETENBERGER WEIHER

Landkreis Ravensburg: Gemeinde und
Gemarkung Waldburg
Naturraum: Westallgäuer Hügelland
Geschützt seit 1973
Fläche: ca. 3,3 Hektar
Top. Karte 8224

Südlich von Waldburg – auf halber Strecke zwischen Ravensburg und Wangen – liegt der Dietenberger Weiher im Bereich der äußeren Jungendmoräne. 1973 wurden die Reste des früheren Sees unter Naturschutz gestellt – nicht zuletzt deswegen, weil sich dort immerhin zehn Libellenarten halten konnten, darunter auch einige seltene Hochmoor- und Übergangsmoorspezialisten.

Die wenigen verbliebenen Wasserflächen bedecken Seerosen und Laichkräuter. Als Verlandungspioniere fanden sich Fieberklee und Sumpfblutauge ein. Auf ihrem waagerechten, luftgefüllten Wurzelgeflecht konnten sich landwärts Torfmoose ansiedeln. Der Großteil dieses teppichartigen Schwingrasens entwickelte sich zu einem Moorkomplex mit Bulten und Schlenken.

Daran schließen sich Übergangsmoorflächen mit Arten des Schnabelseggenriedes und des Fadenseggensumpfes an. An einigen Stellen, an denen früher Torf gestochen wurde, wachsen heute niedrigwüchsige Moorkiefern.

In den kleinen Tümpeln darf unter bestimmten Auflagen weiterhin gefischt werden. Die Riedflächen in ihrer Umgebung nutzen die Bauern immer noch extensiv zur Streugewinnung. Auch der zehn bis zwanzig Meter breite Schutzgürtel um das Ried herum wird bewirtschaftet. Insgesamt leidet das Moor unter einem starken Nährstoffeintrag aus intensiv bewirtschafteter Umgebung und Luft. Diese Nährstoffe reichern sich in der oberen Torfschicht an, verändern dort die hydrochemischen Standortverhältnisse und fördern damit die Ausbreitung von Pflanzenarten, die auf ein reichliches Nährstoff-Angebot eingestellt sind. Um die seltenen Moorgemeinschaften langfristig zu erhalten, müssen die Nährstoffeinträge reduziert werden.

Schutzzweck ist die Erhaltung der Moorgewässer mit Schwingrasenverlandung, Übergangsmoor und Hochmoor als Lebensraum einer artenreichen Tier- und Pflanzenwelt, insbesondere von seltenen und gefährdeten Libellenarten.

Der mittlerweile nahezu völlig verlandete Dietenberger Weiher entstand in einem ehemaligen Toteisloch, das im Mittelalter vermutlich überstaut wurde und als Fischgewässer diente.
PROJEKTPHOTO
SACH+SCHNELZER

14 DOLPENRIED

Landkreis Ravensburg: Gemeinde Altshausen,
Gemarkung Blönried, Gemeinde und
Gemarkung Wolpertswende
Naturraum: Oberschwäbisches Hügelland
Geschützt seit 1966
Fläche: 56,7 Hektar
Top. Karte 8023

Moosbeere (*Vaccinium oxycoccus*) im Dolpenried.
V. KRACHT

Zwischen den Weilern Stuben und Bruggen im Südosten von Altshausen liegt das Dolpenried, ein bewaldeter Moorkomplex. Das knapp 57 Hektar große Schutzareal umfasst entwässerte, abgetorfte und großteils aufgeforstete Hochmoorflächen sowie ein Niedermoor mit Fichtenaufforstungen, aufgelassenen Streuwiesen und Großseggenriedern. Hervorgegangen ist dieses Gebiet aus einem großen nährstoffreichen See.

Seit 1856 wurde der nördliche Bereich des Hochmoors für die Torfgewinnung entwässert. Trotzdem trifft man dort noch beachtliche Reste einer selten gewordenen Hoch- und Zwischenmoorflora an, so zum Beispiel die Gesellschaft der Bunten Torfmoosrasen mit niedrigen Zwergsträuchern. Vereinzelt entdeckt man auch Pflanzenarten wie Weißes Schnabelried und Schlamm-Segge, die typischerweise an Schlenken gedeihen. Des Weiteren finden sich im »Dolpenried« ein Torfmoos-Schlammseggenried, ein Fadenseggenmoor und ein mit Schilf durchsetztes Schnabelseggenried, das allerdings mehr und mehr von Grauweiden überwachsen wird.

Die Moorfläche wird von einem ausgedehnten Moorrandwald umgeben, dessen Boden Pfeifengras und Moosbeere überziehen. Im Osten des Schutzgebietes wurde dieser natürliche Bestand in einen Fichtenforst umgewandelt. Und auch im Süden gab es größere Aufforstungen mit Fichten. Sie grenzen direkt an ein Niedermoor, das sich einst bis weit über den Weiler Rothäusle fortsetzte. Neben einem Graben, der durch das Dolpenried führt, wurde vor einiger Zeit ein künstlicher Tümpel angelegt, der allerdings nur mäßig besonnt wird, weil er ringsum von Hochwald um-

geben ist. Ein kleiner Rohrkolbenbestand kündigt bereits die Verlandung dieses kleinen Gewässers an.

Die Besonderheit des »Dolpenrieds« liegt darin, dass auf kleiner Fläche die verschiedensten Moortypen vom Schwingrasen eines Blindsees über einige Übergangs-Birkenmoore bis hin zu Bergkiefern-Mooren zu sehen sind. Außerdem haben in dem Schutzgebiet etliche seltene Libellen-, Schmetterlings- und Pflanzenarten ein Refugium gefunden. Das Gelände wird noch heute forstlich genutzt, auch Jagd und Torfgewinnung von Hand sind weiterhin erlaubt. Das Naturschutzgebiet wird von Hochwald, Äckern und intensiv bewirtschafteten Wiesen umgeben.

Schutzzweck ist die Erhaltung des Moorkomplexes mit Spirkenhochmoor, Schwingrasen, Übergangsmoor auf den abgetorften Flächen, Moorrandwald und Streuwiesen im Niedermoorbereich sowie der jeweils typischen Tier- und Pflanzenwelt.

Hinweise für Besucher: Das »Dolpenried« erreicht man über den südöstlich von Altshausen gelegenen kleinen Weiler Stubben. Etwa 800 m nach Stubben zweigt von der Straße nach Wolpertswende ein Weg nach links in den Wald ab. Dieser Weg führt von Westen nach Osten durch Moosbeeren-Moorwald und an einem künstlichen Tümpel vorbei. Geht man diesen Weg nach Norden weiter, kommt man auf eine Straße, die nach Westen wieder nach Stubben führt. Etwas weiter südlich verläuft ein Wanderweg des Schwäbischen Albvereins durch einen Feuchtwald und entlang von Streuwiesen ebenfalls von Westen nach Osten durch das Gebiet.

15 Dornacher Ried mit Häcklerried, Häcklerweiher und Buchsee

Landkreis Ravensburg: Gemeinde Fronreute, Gemarkung Blitzenreute, Gemeinde und Gemarkung Wolpertswende

Naturraum: Oberschwäbisches Hügelland

Geschützt seit 1937

Fläche: 151,4 Hektar

Top. Karte 8123

Im »Dornacher Ried« liegt der einzige Hochmoorkolk, der in Oberschwaben erhalten blieb: der 13 Ar große Blindsee mit seiner typischen Schwingrasenverlandung. In Zentrum des NSG wächst ein noch nahezu unberührtes Moorkiefernhochmoor, bei dem allerdings die für ein Hochmoor typische uhrglasförmige Aufwölbung (und damit auch das Randgehänge) fehlt. Im nassesten Teil dieses Moores kann sich die Moorkiefer oder Spirke nur in einer Kümmerform (Kusselform) halten. Bereits 1924 wurde das Dornacher Ried zum Bannwald erklärt. So blieb es vor der drohenden Abtorfung bewahrt und fast ungestört als Hochmoor erhalten. Außerhalb des Schutzgebietes wurde das Moor durch Abtorfung vollständig zerstört. 2004 wurden der Bannwald erheblich vergrößert und die übrigen Flächen des Naturschutzgebiets als Schonwald ausgewiesen.

Das sich im Süden anschließende Häcklerried wurde seit dem Mittelalter zeitweilig überstaut. Als es dann in den Besitz der Forstverwaltung überging, ließ man das Wasser wieder ab. Auf den offenen Flächen konnte sich bis heute ein Wollgrashochmoor mit Moosbeere und Rosmarinheide behaupten. Zur Hälfte ist das Ried inzwischen aber von einem Moorwald aus Kiefer, Birke

und Faulbaum überzogen. Die ausgedehnten Nieder- und Übergangsmoorflächen dienten bis in die Mitte des 20. Jahrhunderts zur Streugewinnung. Seit jedoch die Bauern das Interesse an dieser Stalleinstreu weitgehend verloren haben, muss das Forstamt mit pflegerischen Eingriffen das Verbuschen der alten Streuwiesen verhindern. Am Hangfuß des Schönenbergs, einem bewaldeten Endmoränenwall am Nordrand des Häcklerweihers, treten kalkhaltige Quellen aus, die zur Ausbildung kleinflächiger Kalkniedermoore führten.

Der Häcklerweiher stellt den letzten Überrest der großen Wasserfläche dar, die früher das gesamte Ried bedeckt hat. Er wurde von den Mönchen des Klosters Weingarten, denen das Gebiet Ende des 13. Jahrhunderts zugesprochen worden war, zur Karpfenzucht aufgestaut. Außerdem diente dieses Gewässer zur Gewinnung medizinischer Blutegel, für deren Fang sogar Pacht erho-

Der stark gefährdete mittlere Sonnentau (*Drosera intermedia*) im Dornacher Ried. V. KRACHT

Blindsee mit Schwing-
rasen im Dornacher Ried.
S. Kracht

ben wurde. In seinem Uferbereich weist der Weiher ausgedehnte Flachwasserzonen auf, denen sich ein Steifseggenried anschließt. Die ehemals reiche und seltene Wasserflora ist stark zurückgegangen – vermutlich aufgrund der intensiven Fischzucht und jährlichem Ablassen. Darum darf künftig das Wasser nur noch alle zwei bis drei Jahre abgelassen werden und der Fischbesatz muss so gewählt werden, dass sich der Pflanzenbestand des Weihers regenerieren kann.

Mit dem Wasser aus dem Häcklerweiher wird der benachbarte Buchsee gespeist. Auch diesen kleineren See nutzte man bereits früh zur Fischzucht. Am Westrand säumt ein Niedermoorstreifen das Gewässer. An seinem Ostufer schiebt sich – verursacht durch Sedimenteinträge aus dem Häcklerweiher – ein Verlandungskegel mit Erlenbruchwald weit in den See hinein. Um die Verlandung und die Nährstoffeinträge zu vermindern, wurde zwischen Häcklerweiher und Buchsee ein Absetzbecken angelegt, aus dem die Sedimente regelmäßig entfernt werden.

Insgesamt bietet das reich strukturierte Gelände Lebensraum für eine Vielzahl von Schmetterlingen, Heuschrecken, Libellen und anderen, zum Teil hochspezialisierten Insekten sowie störungsempfindliche Vogelarten. Vor allem das

Häcklerried ist zudem wichtiges Rückzugsgebiet für Reptilien wie die Kreuzotter.

Schutzzweck des Naturschutzgebiets sind Schutz und Erhaltung von Lebensgemeinschaften und Lebensräumen seltener und gefährdeter Arten unterschiedlicher Standorte, insbesondere der Stillgewässer und der Moorstandorte, sowie auf großer Fläche die weitgehend unbeeinflusste Entwicklung der Moore.

Hinweise für Besucher: Die B 32 quert das Gebiet. Direkt am Häcklerweiher befindet sich ein großer Parkplatz, an dem Informationstafeln über das Gebiet und die dort durchgeführten Maßnahmen Auskunft geben. Vom Parkplatz aus führt ein befestigter Weg am Westrand des Naturschutzgebiets entlang. Nach etwa 900 m biegt ein unbefestigter Weg nach rechts ab auf einen mineralischen Rücken, der weit in das Moorgebiet hineinragt. Folgt man andererseits dem befestigten Weg am Westrand des Gebiets, so gelangt man nach etwa 1,5 km an das nördliche Ende des Naturschutzgebietes wo nach rechts der Wanderweg Vorsee-Wolpertswende durch einen an das Naturschutzgebiet anschließenden größeren Torfstich und danach über eine Moränerücken nach Wolpertswende führt. Da Moore sehr trittempfindlich sind und das Gebiet auch

sehr scheue Tierarten beherbergt, gilt ein Wegegebot. Zum Schutz der seltenen Fauna und Flora
ist es außerdem verboten, Tiere oder Pflanzen zu
entnehmen, zu beschädigen oder zu beunruhigen. Vom Parkplatz aus darf jedoch im Häcklerweiher gebadet und bis zu einer Bojenkette ge-
schwommen werden.

16 EBENWEILER SEE

Landkreis Ravensburg: Gemeinde und Gemarkung
Ebenweiler, Gemeinde und Gemarkung Guggen-
hausen

Naturraum: Oberschwäbisches Hügelland

Geschützt seit 1991

Fläche: 116 Hektar

Top. Karte 8022 und 8023

Südwestlich von Altshausen liegt in einem
während der Würm-Kaltzeit ausgeschürften Glet-
schertal das Schutzgebiet »Ebenweiler See«. Das
116 Hektar große Areal umfasst den See, die angrenzende Röhrichtzone, Bruchwälder, ehemalige Streuwiesen sowie den umgebenden Grünlandgürtel. Der eigentliche Ebenweiler See war
einst ein Schmelzwassersee, der bis auf eine
kleine Restfläche verlandete. Im Jahre 1485 ließ
ihn Marquart von Königsegg für den Betrieb einer
Mühle aufstauen. Das heutige Ebenweiler Ried,
auch Egger Ried genannt, ist ein Verlandungsniedermoor mit einer bis zu 12,5 Meter starken Torfschicht. So mächtig hat sich wohl kein anderes
Moor in Oberschwaben entwickelt. Einzelne Torfstiche zeugen von früherem bäuerlichem Torfabbau.

Am Ebenweiler See findet man die für nährstoffreiche Gewässer typische Verlandungszonierung mit einem Schwimmblattbereich aus großen Teichrosenfeldern und einzelnen Seerosen,
mit Schilfröhricht, Großseggenriedern, Hochstaudenfluren und Erlenbruchwald. Direkt am
Ufer zieht sich ein Schilfgürtel um den Weiher.
Eine Besonderheit ist das Vorkommen des seltenen Schneidröhrichts am Westufer. Es breitet sich
vorwiegend im Einflussbereich kalkhaltiger Zu-

flüsse aus und steht in Kontakt mit kleinen Kalkniedermooren. Eng mit den Röhrichten verzahnt
sind die Großseggenrieder, von denen vor allem
das Steifseggenried und das Wunderseggenried
große Flächen einnehmen. Seit die mehr oder
weniger regelmäßig Nutzung zur Streugewinnung der Röhrichte und Großseggenrieder auf-
gehört hat, werden diese mehr und mehr von
Gehölzen erobert.

Aus den Hängen dringt kalkhaltiges Wasser
ins Ried und fördert die Entwicklung von Kalkniedermooren. Vorwiegend am Ostufer sind
Kopfbinsenriede ausgebildet – eine seltene und
bedrohte Kalkniedermoor-Pflanzengesellschaft
mit Mehlprimel, Fettkraut und verschiedenen
Orchideenarten. Da auch diese Flächen seit län-
gerem nicht mehr genutzt werden, machen sich
auf ihnen Pfeifengras und zunehmend auch
Gebüsch breit und verdrängen die konkurrenz-
schwächeren Arten des Kopfbinsenriedes. Der

Pfaffenhütchen (*Euonymus europaeus*) am Waldrand im
NSG »Ebenweiler See«. V. KRACHT

Mit seinem kleinräumigen Mosaik verschiedenster Lebensräume, vor allem aber mit den ausgedehnten Schilfbereichen und den artenreichen Streuwiesen stellt das NSG »Ebenweiler See« für eine Reihe seltener und vom Aussterben bedrohter Vögel ein wichtiges Refugium dar. B. SCHALL

Erlenwald mit seiner charakteristischen Begleitflora zählt in unserer Kulturlandschaft mit zu den am stärksten gefährdeten Vegetationseinheiten. Am Ebenweiler See findet man noch größere solcher Bruchwaldbestände im östlichen Bereich der Verlandungszonen und am westlichen Ufer. Sowohl in der unmittelbaren Verlandungszone als auch am Rand von Niedermooren und aufgelassenen Streuwiesen wachsen Grauweidengebüsche. Einzelbäume und Gehölzgruppen unterschiedlicher Zusammensetzung und Größe verleihen dem Gebiet zusätzliche Strukturvielfalt.

Am Ebenweiler See lebt der größte Wasserrallen-Bestand Oberschwabens. Der Teichrohrsänger, der in mehrjährig ungemähten Schilfflächen ideale Brutreviere findet, ist ebenfalls auf Röhrichte, Rohrkolben und Verlandungsgesellschaften angewiesen. Wegen seiner Nähe zur Vogelzug-Strecke vom Bodensee zum Ostrachtal kommt dem Schutzgebiet auch als Rastplatz große Bedeutung zu. Darüber hinaus bieten See und Ried günstige Lebens- und Laichbedingungen für Amphibien wie Erdkröte, Berg- und Teichmolch sowie Grasfrosch. Zusätzlich weist auch eine ungewöhnlich artenreiche Insekten- und Spinnenfauna den Ebenweiler See als wertvollen Biotop aus.

Um diese Wertigkeit langfristig zu erhalten, werden von der Naturschutzverwaltung regelmäßige Pflegemaßnahmen veranlasst, welche die ehemaligen Streuwiesen-Nutzungen nachahmen und einer zu starken Verbuschung vorbeugen.

Schutzzweck ist die Erhaltung des Ebenweiler Sees, seiner charakteristischen Verlandungszonen sowie der sich daran anschließenden Ried- und Grünlandgebiete als Lebensraum einer besonders artenreichen Flora und Fauna. Weiterhin umfasst der Schutzzweck die Erhaltung und Wiederherstellung des Gebiets als typisches Element der oberschwäbischen Kulturlandschaft mit bewirtschaftetem Weiher und herkömmlich extensiv genutzten Streu- und Feuchtwiesen.

Hinweise für Besucher: Der Schwäbische Alb-Oberschwaben-Weg (Hauptwanderweg 7) führt zwischen Altshausen und Unterwaldhausen nördlich am Ebenweiler See vorbei. Der Donau-Bodensee-Radweg verläuft östlich vom Ebenweiler See durch Ebenweiler. Von dort aus ist der Badeplatz am Westrand der Ortschaft leicht erreichbar. Beim Baden ist darauf zu achten, dass nur im östlichen Teil des Sees das Baden erlaubt ist. Ein weiteres Eindringen in das Schutzgebiet sollte im Interesse der Natur, insbesondere der während der Brutzeit sehr empfindlichen Vogelarten, unterbleiben.

17 EDENSBACHER MÖSLE

Landkreis Ravensburg: Gemeinde und
Gemarkung Waldburg
Naturraum: Oberschwäbisches Hügelland
Geschützt seit 1937
Fläche: 4,5 Hektar
Top. Karte 8224

Die Entwässerungsgräben, die das gesamte NSG »Edensbacher Mösle« durchziehen, wurden vermutlich Anfang der 1940er-Jahre ausgehoben. Inzwischen sind sie zum größten Teil verlandet oder durch Dämme geschlossen. B. SCHALL

Das kleine Schutzgebiet »Edensbacher Mösle« nimmt im Nordosten von Waldburg eine Mulde im Moränenrücken der Waldburg-Höhe ein, in der sich Nieder- und Hochmoortorfe abgelagert haben. Das dortige Moorkiefern-Hochmoor wurde bereits 1937 unter Schutz gestellt, aber schon bald danach trocknete es aus, weil das Gelände drainiert wurde. Dies führte dazu, dass die stark wasserzehrende Fichte sich auf großer Fläche etablieren konnte und mittlerweile die Moorkiefer fast völlig verdrängt hat. Heute ist nur noch ein kleiner Bereich im Zentrum des Schutzgebiets als Moorkiefernhochmoor anzusprechen, doch auch hier wächst die Moorkiefer nur noch vereinzelt. In der Krautschicht gedeihen Heidelbeere, Breitblättriger Wurmfarn und verschiedene Torfmoose. Die wenigen echten Hochmoorpflanzen, die nur vom Regenwasser leben, besiedeln nur noch Extremstandorte.

Um diesen Kernbereich herum wächst ein dichter Fichtenmoorwald, wo man im spärlich ausgebildeten Unterwuchs den Sprossenden Bärlapp findet. Ein Teil des vom Moor abfließenden Wassers sammelt sich am Nordwestrand und mischt sich dort mit Mineralbodenwasser in einem Randsumpf (Lagg), der Niedermoorcharakter aufweist. Die hier stehenden Gehölze gehören dem Verband der Faulbaum-Ohrweiden-Gebüsche an. In dieser »Kampfzone« zwischen Sumpf und Wald – charakteristisch dafür sind die umgestürzten Fichten – können sich zahlreiche Feuchtgebietspflanzen behaupten, die in Baden-Württemberg selten geworden sind. An den Randsumpf schließt sich ein Wald auf Mineralboden an, in dessen Krautschicht Springkraut, Schattenblume und Sauerklee gedeihen.

Die Vegetation leidet in dem Gelände weiterhin unter einer schleichenden Entwässerung, die von Meliorationsmaßnahmen auf der im Westen angrenzenden Moorwiese ausgehen. Zudem werden immer wieder Abfälle, zum Teil landwirtschaftlicher Herkunft, widerrechtlich im Moor oder an dessen Rand abgelagert. Ansonsten blieb das Schutzgebiet mit seinem Status als Bannwald all die Jahre ziemlich ungestört, weswegen es sich bestens für botanische Untersuchungen eignet – vor allem im Bereich der Sukzessionsforschung.

Schutzzweck ist die Erhaltung und unbeeinflusste Entwicklung der typischen Moorwälder mit ihrer speziellen Fauna und Flora.

18 FELDER SEE

Landkreis Ravensburg: Gemeinde und
Gemarkung Waldburg
Naturraum: Westallgäuer Hügelland
Geschützt seit 1969
Fläche: 10,9 Hektar
Top. Karte 8224

Auf halber Strecke zwischen Ravensburg und Wangen liegt bei Hannober direkt hinter der Inneren Jungendmoräne ein Toteissee, der im Süden von einem steil ansteigenden Moränenzug begrenzt wird. Der ursprüngliche See, der weder einen Zu- noch einen Abfluss hatte, war längst verlandet, der statt dessen gewachsene Torf wurde bis zum Beginn des 20. Jahrhunderts abgebaut. Dadurch wurde nicht nur die Gestalt des heutigen Torfstichsees, sondern auch dessen Untergrund mit wenig zersetztem Torfschlamm ausgeformt. Im nördlichen Bereich ist das Gewässer nur etwa zwei Meter, im Süden dagegen bis zu acht Meter tief.

Der Felder See wurde 1969 als Naturschutzgebiet ausgewiesen, um ihn als Moorgewässer mit seiner charakteristischen Übergangsmoor-Verlandung vor negativen Einflüssen zu bewahren. Als nährstoffarmer Braunwassersee mit einem hohen Gehalt an gelösten Huminsäuren ist er eine Seltenheit in Oberschwaben. Auch das Vor-

kommen der Kleinen Teichrose – eines der bedeutendsten in Baden-Württemberg – war Anlass, diesen See unter Schutz zu stellen. Die Kleine Teichrose, die als Substrat Torfschlamm benötigt, ist auf solche nährstoffarme Stillgewässer angewiesen. Bei einem üppigeren Angebot an Nährstoffen wird die seltene Pflanze schnell verdrängt.

Der Prozess der Übergangsmoor-Verlandung im Felder See wird von Torfmoosen eingeleitet, die von Blütenpflanzen mit langen Wurzelgeflechten, beispielsweise dem Schmalblättrigen Wollgras oder der Wasserminze, durchwoben werden und dicht verfilzte, bis zu 80 Zentimeter dicke, aufschwimmende Schwingrasen bilden. Von ihnen lösten sich die frei treibenden »Schwimmenden Inseln«, auf denen sich – mit deutlich verminderter Vitalität – sogar Moorbirken und Fichten mannshoch ansiedeln konnten.

Ein Großseggenried mit der Steifsegge, die bevorzugt auf torfigem Untergrund wächst, dringt stellenweise ins Wasser vor und bildet dort mächtige Horste. Am Südufer des Sees sind stellenweise Ansätze zu einem Übergangsmoor erkennbar, am Nordufer schließt sich an ein kleines Schilfröhricht eine hochstaudenreiche Nasswiese an, die von einer Baumreihe aus Hybridpappeln begrenzt wird. Am Westufer wächst ein schmales Ufergehölz mit verschiedenen

Eine Besonderheit des Felder Sees ist die ausgeprägte Übergangsmoor-Verlandung als die charakteristische Verlandung von humusbraunen, stark sauren Moorgewässern.
PROJEKTPHOTO
SACH+SCHNELZER

Weiden, Stieleiche, Haselnuss und Holunder. Im Osten des Schutzgebiets breitet sich hinter einem Pufferstreifen intensiv genutztes Grünland aus.

In dem relativ kleinen Einzugsgebiet des Felder Sees, das durch eine stark befahrene Straße durchschnitten wird, liegen intensiv bewirtschaftete Fettwiesen. Von diesen Flächen ging eine erhebliche Nährstoff-Belastung für den See aus. Um den Eintrag von Düngemitteln zu vermindern, wurde 1990 die am Westufer gelegene Wirtschaftswiese aufgekauft. Sie wird von einem Pächter jetzt extensiv genutzt.

Schutzzweck ist die Erhaltung des nährstoffarmen Toteissees mit Schwingrasenverlandung als Wuchsort der seltenen kleinen Teichrose und als Lebensraum typischer Tier- und Pflanzenarten.

Hinweise für Besucher: Der Felder See liegt etwa 500 m östlich von Hannober direkt an der Straße nach Karsee, von der aus man das ganze Naturschutzgebiet überblicken kann. Das Baden im Felder See ist nicht erlaubt.

19 FOHRENWEIHER

Landkreis Ravensburg: Gemeinde Schlier, Gemarkung Ankenreute

Naturraum: Oberschwäbisches Hügelland/ Bodenseebecken

Geschützt seit 1983

Fläche: 5,6 Hektar

Top. Karte 8224

Unmittelbar hinter den Häusern des kleinen Weilers Fohren, östlich von Ravensburg, liegt am Westrand des Altdorfer Waldes der Fohrenweiher. Obwohl natürlichen Ursprungs, wurde das Gewässer in früheren Jahren durch Überstauung künstlich erweitert, damit es zur Fischzucht genutzt werden konnte.

Im Gegensatz zu den meisten anderen Weihern und Seen des Landkreises Ravensburg, an denen das Großseggenried nur als schmaler Gürtel zwischen dem Schilfröhricht und dem Klein-

seggenried ausgebildet ist, wird der Fohrenweiher auf seiner gesamten Fläche von den Bulten der Steifsegge bedeckt. Die mächtigen Horste, die ihre Entstehung – in einem Milieu mit mittlerem bis hohem Nährstoff-Gehalt – den starken Wasserschwankungen verdanken, ragen wie kleine Säulen aus dem Weiher. Sie sind noch zu wenig verfestigt, als dass man sie betreten könnte. Auch für den Bootsverkehr eignet sich der Weiher nicht, da zwischen den Bulten nur noch schmale Rinnen und kleine Tümpel frei bleiben. Auf der Restwasserfläche finden sich verstreut Teichbinsen und Arten der Tausendblatt-Seerosengesellschaft.

Zum Ufer hin werden die Bulte niedriger, stellenweise kommt dort dichtes Schilfröhricht auf. In diesem Bereich sind Pflegeeingriffe erforderlich, bei denen regelmäßig in den Herbst- und Wintermonaten gemäht wird. Im Südosten des Schutzgebietes ist eine größere Fläche trocken gefallen. Hier trifft man nur noch kleine Schlenken mit Wasserschlauch und Schnabelsegge zwischen den verfestigten Horsten an. Junge Weiden leiten bereits die Verbuschung ein, die über ein Grauweidengebüsch zu einem Erlenbruchwald führen wird. Rings um den Fohrenweiher wächst ein Baum- und Strauchgürtel aus Weiden, Erlen und Eschen. Zum Teil haben die Bäume bereits ein beachtliches Alter erreicht.

Die Verlandungsfläche des Weihers bildet einen wichtigen Lebensraum für seltene Pflanzengesellschaften und gefährdete Tierarten, die auf kleinräumige, flache Gewässer angewiesen sind. Darüber hinaus bietet das Steifseggenried für eine ganze Reihe selten gewordener Wasservogelarten geeignete Brutmöglichkeiten. In der Libellenfauna zeigte sich im Laufe der Jahre – entsprechend der zunehmenden Verlandung des Weihers – eine Veränderung im Artenspektrum: Waren früher etliche Arten großer Seen für dieses Schutzgebiet typisch, so sind es heute Libellen, die auf Niedermoore oder kleine Wasserflächen spezialisiert sind.

Schutzzweck ist die Erhaltung des auf seiner ganzen Fläche verlandenden Fohrenweihers. Die

Der Fohrenweiher verlandet mittlerweile auf ganzer Fläche. Er besitzt weder einen Zu- noch einen Abfluss. Sein Wasserstand hängt ausschließlich vom Grundwasserstand ab. Die größte Fläche nehmen die Bulte der Steifsegge (*Carex elata*) ein, auf der offenen Wasserfläche schwimmen die Blätter der Weißen Seerose (*Nymphaea alba*).
G. Dechert

Verlandungsfläche ist wichtiger Lebensraum seltener Pflanzengesellschaften sowie gefährdeter Tierarten, die auf flache Wasserflächen angewiesen sind.

20 FÜREMOOS

Landkreis Ravensburg: Gemeinde und
Gemarkung Vogt

Naturraum: Oberschwäbisches Hügelland

Geschützt seit 1937

Fläche: ca. 4,8 Hektar

Top. Karte 8224

Im Bereich der Inneren Jungendmoräne nördlich von Vogt liegt im Altdorfer Wald das Schutzgebiet »Füremoos«, eines der wenigen unberührten und daher noch ursprünglichen Hochmoore in Oberschwaben. Dort findet man noch die typische Hochmoor-Zonierung mit der gehölzarmen Moorweite, dem Randgehänge, dem Randsumpf (Lagg) und dem Moorrand. Auch deshalb ist das Gebiet von großer Bedeutung als Beispiel für die Landschafts- und Waldgeschichte des Oberlands. Schon 1924 wurde das Füremoos zum Bannwald erklärt, weswegen es sich bis heute ungestört entwickeln konnte.

Hier lagerten sich in einer kleinen Senke nach der Verlandung des darin befindlichen Sees Nie-

der- und Hochmoortorfe ab. Die wichtigste Pflanzengesellschaft im Zentrum des Gebietes ist die Bunte Torfmoosgesellschaft mit verschiedenen Torfmoosen als Torfbildnern. Bulte und Schlenken sind im Moor nicht gleichmäßig verteilt. Letztere sammeln sich vor allem im nördlichen Teil des Zentralbereichs. Hier befand sich wohl auch der Restsee, der bei der Ausweisung des Schutzgebiets im Jahr 1937 noch vorhanden war. Heute findet man davon nur noch letzte Überbleibsel – zwei als so genannte Kolke einzustufende offene Wasserflächen im Moor.

Den Kernbereich und den Rand der Moorweite überdecken Bestände der Moorkiefer oder Spirke. Im Randgehänge des Moors wird die Spirke massiv von der Fichte bedrängt. In dieser »Kampfzone zwischen Sumpf und Wald« prägen insbesondere die vielen absterbenden Kiefern das Gelände. Außerdem ist dort eine starke Naturverjüngung bei den Fichten zu beobachten. Im Unterwuchs treten die Hochmoortorfmoose zu Gunsten der sich ausbreitenden Heidelbeere zurück. Die Mischung aus abfließendem Moorwasser und basenreichem Sickerwasser des Mineralbodens verleiht dem Randsumpf einen ausgeprägten Niedermoorcharakter. In diesem Bereich wächst ein moosreicher Fichtenbruchwald mit mächtigen alten Fichten und einem hohen Totholzanteil. In seinem Unterwuchs dominieren Moose und Bärlappgewächse.

Dank seiner abgeschiedenen Lage mitten im Wald ist das knapp fünf Hektar große Füremoos-Areal recht gut vor schädigenden Nährstoffeinträgen geschützt. Auch die Entwässerungsversuche, mit denen man in den 1930er-Jahren das nasse Gelände trockenlegen wollte, zeigten keine allzu negativen Effekte auf das Moor. Somit dürfte das Füremoos zu den wenigen Naturschutzgebieten im Tübinger Regierungsbezirk gehören, dessen Bestand – bei nur geringem Pflegeaufwand – auf lange Sicht gesichert ist.

Schutzzweck ist die Erhaltung und unbeeinflusste Entwicklung eines ungestörten Hochmoores mit seiner typischen Vegetation und der speziellen Fauna und Flora.

Hinweise für Besucher: Das Naturschutzgebiet kann wegen der sehr hohen Trittempfindlichkeit nicht betreten werden und ist nicht durch Wege erschlossen. Vom südlich am Schutzgebiet vorbeiführenden Füremoosweg ist ein Blick in das Naturschutzgebiet hinein möglich, ebenso von einem Weg, der am Ostrand des Gebiets entlang nach Norden führt.

Solche blütenreichen Wiesen wie im Gießenmoos haben heute Seltenheitswert. Der Weiße Germer (*Veratrum album*) ist von Weitem erkennbar. V. KRACHT

21 GIESSENMOOS

Landkreis Ravensburg: Stadt Wangen, Gemarkung Deuchelried, Gemeinde Argenbühl, Gemarkung Eglofs
Naturraum: Westallgäuer Hügelland
Geschützt seit 1991
Fläche: 15 Hektar
Top. Karte 8325

In einer von der Argenzunge des Alpenrheingletschers ausgeschürften Mulde entstand im Osten von Wangen das Hangmoor des Gießenmooses. Solche Hangmoore werden einerseits durch ständig rieselndes Oberflächenwasser und andererseits durch seitlich einfließendes Hangzugswasser gespeist. Besonders nass sind die Flächen am Hangfuß, weil zumeist tonige Schichten an der Talsohle für einen Rückstau des Wassers sorgen. Von dort aus kann sich die Moorvegetation entgegen der Fließrichtung Hang aufwärts entwi-

ckeln. Bei kleinen Einzugsgebieten erschöpft sich das Wachstum recht bald, entsprechend dünn bleibt die Torfschicht. Im Hangmoor des Gießenmooses wurde der Torf maximal 70 Zentimeter mächtig.

Das Gießenmoos wurde und wird auch heute noch landwirtschaftlich genutzt – früher als Streuwiesen, auf denen sich artenreiche Niedermoor-Gesellschaften ansiedelten, heute überwiegend als intensiv bearbeitetes Grünland. Selbst auf den kleinen Restflächen, die den Landwirten nach wie vor zur Streugewinnung dienen, leidet die Artenvielfalt unter dem Düngereintrag aus der Umgebung. Nur im Bereich des so genannten Mühlekanals konnte sich die ursprüngliche Streuwiesen-Vegetation noch einigermaßen unbeschadet erhalten.

Bei den nur zweimal jährlich gemähten und gedüngten Feuchtwiesen handelt es sich um nährstoffreiche Kohldistel- und Trollblumen-Bachkratzdistelwiesen. Der auch als Rossheuwiese bezeichnete, früher weit verbreitete Grünlandtyp mit einer Vielzahl gefährdeter Pflanzenarten besitzt inzwischen Seltenheitswert. Ein Teil der noch als Streuwiesen genutzten Flächen ist als Enzian-Pfeifengraswiese ausgebildet. Diese leicht Nährstoff und Kalk liebende Variante der Pfeifengraswiese wird in ihrer Artenfülle und

Farbenpracht nur noch von den Kalk-Trocken-rasen übertroffen. Neben seltenen Seggen und Wollgräsern finden sich hier zahlreiche Orchideenarten.

Auch das Kalk-Kleinseggenried im Osten kann – ebenso wie das Kleinseggenried im Westen des Schutzgebietes – als sehr wertvoll eingestuft werden. Diese halbnatürliche Pflanzengesellschaft entstammt ursprünglich den Sumpfquellen der subalpinen Stufe. Eine floristische Rarität stellt das Drahtseggenried dar, das sich in den am meisten durchnässten Bereichen entlang des Mühlekanals ausbreitet: Es zählt zu den in Deutschland am stärksten bedrohten Pflanzengesellschaften.

Neben neun verschiedenen Heuschreckenarten leben im »Gießenmoos« zahlreiche Schmetterlings- und Libellenarten. Von herausragender Bedeutung ist das Gebiet jedoch als Refugium für die Vogelwelt. Hier finden Neuntöter und Wiesenpieper ideale Brutplätze. Seit 1990 sieht man aber keine Grauammern und Braunkehlchen – einst die Charaktervögel feuchter Wiesenlandschaften – mehr. Wahrscheinlich fehlen diesen Arten mittlerweile geeignete Ansitzwarten, und ganz gewiss hat auch die frühe Mahd zu ihrem Verschwinden beigetragen. Braunkehlchen brüten in der Regel bis in den Juni hinein. Werden die Wiesen bereits im Mai gemäht, fallen die Nester mitsamt Eiern und Jungvögeln dem Mähwerk zum Opfer.

Inmitten einer intensiv genutzten Landschaft ist das »Gießenmoos« aufs höchste bedroht. Die verbliebene Streuwiesen-Flora hat unter dem Dünger-Eintrag aus dem umliegenden Wirtschaftsgrünland zu leiden. Vor allem auf dem leicht abfallenden Gelände im Norden des Schutzgebietes wandeln sich die nährstoffarmen und artenreichen Pfeifengraswiesen zusehends in nährstoffreiche und artenarme Hochstaudenfluren um. Auch der Wasserhaushalt wurde in Mitleidenschaft gezogen: Gefasste Quellen und über einen Meter tiefe Gräben entziehen dem Feuchtgebiet das lebensnotwendige Wasser. Bei der Ausweisung des Schutzgebietes hat man die Grenzen so gewählt, dass vier Feuchtgebiete wieder miteinander vernetzt wurden. Zusätzlich wurden die mineralischen Flächen im abfallenden Norden als Pufferzone in das Schutzgebiet miteinbezogen.

Schutzzweck ist die Erhaltung und teilweise Wiederherstellung eines hochwertigen Feuchtgebietsmosaiks als Lebensraum und wichtiges Rückzugsgebiet einer artenreichen Pflanzen- und Tierwelt, als Moorkomplex mit wichtigen landschaftsökologischen Ausgleichsfunktionen wie Wasserrückhalt und -reinigung, sowie als wichtiger Bestandteil in dem Lebensraumverbund von Feuchtgebieten entlang der Oberen Argen sowie der gesamten Region.

Hinweise für Besucher: Das Gießenmoos liegt etwa 500 bis 800 m südwestlich von Gießen unmittelbar am Donau-Bodensee-Radweg zwischen Isny und Wangen.

22 GIRASMOOS

Landkreis Ravensburg: Gemeinde und Gemarkung Bergatreute
Naturraum: Oberschwäbisches Hügelland
Geschützt seit 1973
Fläche: 9,6 Hektar
Top. Karte 8124

Zwischen Wolfegg und Bergatreute im Osten des Altdorfer Waldes liegt in einer ehemaligen Talschlinge der Wolfegger Ach das durch Versumpfung und Hangvermoorung entstandene »Girasmoos«. Hier bildete sich über verfestigtem Kalktuff eine etwa 160 Zentimeter mächtige Niedermoortorfschicht, auf der sich durch kleinräumige Unterschiede in Bodenrelief, Wasserhaushalt, Nährstoffversorgung, Nutzung und Pflege ein vielfältiges Vegetationsmosaik entwickeln konnte. Ringsum ist das Moor von Wald und Gehölzstreifen umgeben, im Südwesten und Nordosten breiten sich Wirtschaftwiesen und Weiher aus. Eine Fischzuchtanlage im Nordosten des Geländes sorgt für eine starke Düngung des ansonsten nährstoffarmen Moores.

Das Kalkniedermoor wird von einem Mehlprimel-Kopfbinsenried und dem Davalls-Seggenried

Stellenweise dringen in die Streuwiesen des NSG »Giras-moos« auch Störzeiger wie Klettenlabkraut, Schilf oder Brennnessel ein. Aber auch sie haben ihre Funktion im Ökosystem – Brennnessel mit Raupe des Kleinen Fuchs (*Aglais urticae*). V. KRACHT

Heuschrecken und Libellen. Auch Wasservögeln bietet das geschützte Areal geeignete Nahrungs- und Brutreviere. Doch gerade sie haben unter den Störungen zu leiden, die hier insbesondere vom Bade- und Angelbetrieb ausgehen.

Schutzzweck ist die Erhaltung der Nieder-moore und des Weihers als Lebensraum einer artenreichen Tier- und Pflanzenwelt.

Hinweise für Besucher: Das »Girasmoos« erreicht man vom Tal der Wolfegger Ach, durch das der Donau-Bodensee-Radweg führt, über Tal, Talmühle und Giras Richtung Klösterle. Kurz nach Giras gelangt man über den Damm des Elfenwei-hers. 100 m danach zweigt ein Weg nach rechts ab, auf dem man die Niedermoore im Nordteil des Schutzgebiets durchqueren kann und dabei vom Weg aus einen guten Eindruck von diesen sehr empfindlichen Lebensräumen gewinnt.

bedeckt. Auf den nach Süden geneigten Hängen finden sich Quellaustritte mit Ausbildungen von Kalksinter (Kalktuff).

Kleinflächig zeigen sich auf den nach Süden geneigten Flächen Übergänge zu Halbtrocken-rasen mit verschiedenen Enzianarten oder Krie-chendem Hauhechel. In den nassen Senken wachsen Fieberklee-Bestände und Torfmoospols-ter. Dazwischen trifft man kleinflächige Faden-seggen-Schwingrasen als Übergangsmoorgesell-schaften an, in denen sich aber mehr und mehr Schilf breit macht. Auf kleineren, aufgelassenen Streuwiesenflächen wachsen Großseggenbe-stände mit Steifer Segge, Mädesüß oder Wald-Engelwurz.

Ehemalige Fischteiche weisen ausgedehnte Verlandungsbereiche mit Röhricht- und Groß-seggenriedern auf. Durch das Schutzgebiet zie-hen sich mehrere Gräben, deren begleitende Vegetation ebenfalls auf den Eintrag von Nähr-stoffen hindeutet.

Die Waldflächen werden im »Girasmoos« vor-wiegend von naturnahem Bruchwald gebildet.

Das vielfältige und reich strukturierte »Giras-moos« bietet Lebensraum und Rückzugsgebiet für eine Vielzahl von Tierarten wie beispielsweise

23 GORNHOFER EGELSEE

Landkreis Ravensburg: Stadt Ravensburg, Gemarkung Eschach

Naturraum: Westallgäuer Hügelland

Geschützt seit 1989

Fläche: 7,7 Hektar

Top. Karte 8223

Zwischen den Ortschaften Kemmerlang und Gornhofen, südlich von Ravensburg bedeckt der Egelsee den Grund einer von Norden nach Süden verlaufenden Talmulde. Die Hänge dieser Senke werden landwirtschaftlich genutzt, auf den im Westen und Nordosten angrenzenden Hügelkup-pen wächst Wald. Landschaftsbild und Unter-grund wurden im Wesentlichen von der Tätigkeit des Rheingletschers während der Würm-Kaltzeit geprägt. Zwischen den Moränenhügeln, die den heutigen Egelsee umschließen, schuf der Glet-scher einst eine Mulde, in der sich zum Ende der Kaltzeit die Schmelzwässer zu einem See stauten. Im Verlaufe seiner natürlichen Alterung verlan-dete dieser See.

Bereits im Mittelalter bedeckte anstelle der Wasserfläche ein Niedermoor den Talgrund. Bis zur Mitte des 20. Jahrhunderts war das Nieder-moor zu einem fünf bis sechs Meter mächtigen Torfkörper herangewachsen, der stellenweise Übergänge zum Hochmoor zeigte. Davon blieb allerdings nicht mehr viel übrig, als man das Moor nach dem Zweiten Weltkrieg weitgehend abtorfte und zu einem Fischweiher überstaute. Heute wird der Egelsee zur Karpfenaufzucht ge-nutzt. An den Verlandungsgürtel mit Schilf, Rohrkolbenröhricht, Steifseggenried und Hoch-stauden schließt sich ein außerordentlich arten-reicher Gehölzstreifen an.

Von herausragender Bedeutung ist das Schutz-gebiet vor allem als Brut- und Rastplatz für Vögel. Hier befindet sich auch eine der wenigen Lach-möwen-Brutkolonien Oberschwabens. Davon profitieren einige Vogelarten, die in der unmittel-baren Nachbarschaft der Möwen gut vor Feinden geschützt sind. Daneben nutzen auch Amphi-

bienarten den Egelsee als Lebensraum und Laich-gewässer.

Die angestrebte langfristige Sicherung und Förderung dieses wertvollen Vogel-Rastplatzes macht eine möglichst weitgehende Beruhigung des Gebietes notwendig. Karpfenzucht ist weiter-hin erlaubt, der Angelbetrieb wurde jedoch wegen der damit verbundenen Störungen unter-sagt. Die bisherige Bewirtschaftung des Grünlan-des rund um den See stellt bislang keine Gefähr-dung dar.

Schutzzweck ist die Erhaltung des Gewässers, seines charakteristischen Verlandungsgürtels, der angrenzenden Gehölze und der in das Gewässer entwässernden Wiesen mit der dafür typischen Flora und Fauna als Brut- und Rastgebiet gefähr-deter und zum Teil vom Aussterben bedrohter Vogelarten sowie als Laichgebiet für verschiedene Amphibienarten.

Hinweise für Besucher: Das NSG »Gornho-fer Egelsee« liegt direkt nördlich an der Straße von Kemmerlang nach Gornhofen. Vom Auslauf des Sees hat man einen guten Blick über das Gewässer.

Die Umgebung des NSG »Gornhofer Egelsee« wird in-tensiv landwirtschaftlich genutzt. Im Süden des Weihers liegt ein Hopfengarten (im Bild links). PROJEKTPHOTO SACH+SCHNELZER

24 GRÜNDLENRIED-RÖTSEEMOOS

Landkreis Ravensburg: Gemeinde Kißlegg,
Gemarkungen Immenried, Wiggenreute,
Emmelhofen und Kißlegg
Naturraum: Westallgäuer Hügelland
Geschützt seit 1983
Fläche: 384,6 Hektar
Top. Karte 8125

Das fast 385 Hektar große Schutzgebiet
»Gründlenried-Rötseemoos« liegt etwa drei Kilometer nördlich von Kißlegg als großer Moorkomplex zwischen der Äußeren und der Inneren
Jungendmoräne in einem ursprünglich abflusslosen Becken des Rheingletschers. Nachdem die
kaltzeitlichen Mulden durch Niedermoortorfe
aufgefüllt waren, konnten sich in der Mitte – für
das nährstoffreiche Wasser der Hänge unerreich-
bar – Hochmoorschilde aufbauen. Anfangs gab
es mindestens zwei Vermoorungszentren, die
durch einen mineralischen Rücken voneinander
getrennt waren. Mit der Zeit wurde jedoch auch
dieser vom Moor überwachsen. Heute ragen nur
noch seine höchsten Erhebungen, Gründlenholz,
Burgstall und Gerstenberg, als »Inseln« aus dem
Moor heraus. Das Rötseemoos entstand in der
Ausweitung einer würmkaltzeitlichen Schmelz-
wasserabflussrinne.

Nur noch kleine Restflächen des ehemals ausgedehnten Niedermoorgürtels werden heute von
den Pflanzengesellschaften des Kalkniedermoors
besiedelt. Im typischen Fall ist es als Mehlprimel-
Kopfbinsen-Ried ausgeprägt, stellenweise auch
als Davalls-Seggenried. Viele dieser Flächen werden allerdings durch die Einflüsse aus den angrenzenden, intensiver bewirtschafteten Feldern
so stark gestört, dass die typische Vegetation
kaum noch vorhanden ist. Ansonsten wurden die
ehemaligen Niedermoore durch Entwässerung
und Düngung größtenteils zu Intensivgrünland
umgewandelt. Im Randbereich des Schutzgebietes zeigen einige dieser ehemaligen Streuwiesen
den Charakter von Sumpfdotterblumen-Wiesen.

Weitgehend ungestört blieb dagegen ein großer Teil des Hochmoores. In seinem Kernbereich

sind noch ausgedehnte Freiflächen vorhanden,
auf denen verschiedene Torfmoose, Moosbeere
und Rosmarinheide vorherrschen. An weniger
feuchten Stellen breitet sich Heidekraut oder die
Moorkiefer aus. Besondere Beachtung verdient
auf der freien Hochmoorfläche des Gründlenrieds das »Schluckloch« – eine trichterförmige
Senke, in der sich das Oberflächenwasser sammelt und mit beträchtlichem Sog abfließt. Im östlichen Teil der Fläche findet man neben den Bult-
Schlenken-Komplexen mehrere kleine Moorseen
(Kolke).

Am Rand des Hochmoors und auf ehemaligen
Torfstichflächen, die sich allmählich regenerieren, liegen Übergangsmoore. In ihnen wachsen
sowohl hochmoorbildende Torfmoosarten und
andere typische Hochmoorarten als auch verschiedene Arten der Niedermoore wie Großseggen oder Fieberklee, die mehr auf mineralisches
Grundwasser angewiesen sind. Als charakteristi-

Hochmooraspekt mit Rundblättrigem Sonnentau
(*Drosera rotundifolia*). V. KRACHT

In dem Spirkenhochmoor des Gründlenrieds mischt sich zum Moorrand hin zunehmend die Fichte bei. V. KRACHT

sche Arten des Übergangsmoores sind hier auch Alpen-Wollgras oder Weiße Schnabelbinse zu finden.

In den randlichen Bereichen treten Weiden, Faulbaum, Schwarzerle und Moorbirke auf und leiten zu Bruch- und Moorwäldern über. Die äußere Verlandungszone des Rötseeweihers wird von einem Schilf-Rohrkolbenröhricht eingenommen.

So verschieden Hoch- und Niedermoor hinsichtlich ihrer Entstehungsgeschichte und ihrer Vegetation auch sein mögen, so wichtig sind beide zusammen für eine Reihe von Tierarten: So lebt etwa der Hochmoor-Gelbling, ein Kaltzeitrelikt unter den Schmetterlingen, als Raupe in Rauschbeerbeständen, als Falter ist er hingegen auf die Blüten der Streuwiesen angewiesen. Die Große Moosjungfer, eine sehr seltene Libellenart, deren Larven sich nur in nährstoffarmen Moorgewässern entwickeln können, kommt im Gebiet mit einer großen Population vor. Auch zahlreiche andere Arten konnten sich hier nur behaupten, weil sie in diesem Lebensraum Hoch- und Niedermoor dicht beieinander finden. Im Jahre 1978 wurde die Heuschreckenfauna im Gründlenried erhoben. Dabei ließ sich anhand der Arten- und Individuenzahlen nachweisen, dass diese Insekten Streuwiesen gegenüber intensiv genutzten Wiesen deutlich bevorzugen. Auch der überwie-

gende Teil der Schmetterlinge fliegt vorzugsweise in den Streuwiesen sowie im Gebüsch und Bruchwald.

Um das Hochmoor zu erhalten, bedarf es keiner aufwendigen Pflege. Größere Anstrengungen sind nötig, wenn man die Niedermoorflächen auf Dauer sichern will. Da sie durch extensive Nutzung entstanden sind, bedarf es pflegender Eingriffe, welche die Funktion der traditionellen Bewirtschaftung übernehmen. Jede Zufuhr von Düngemitteln führt in der Vegetation zu einer Veränderung des ursprünglichen Artenspektrums. Die blumenbunten, artenreichen Streuwiesen lassen sich nur erhalten, wenn sich auch Grundeigentümer und Landwirte an dieser Aufgabe beteiligen.

Schutzzweck ist die Erhaltung der ursprünglichen Moorlandschaft mit offenen und bewaldeten Hochmoorflächen sowie Zwischen- und Niedermoorbereichen mit ausgeprägter Zonierung.

Hinweise für Besucher: Ein geeigneter Zugang zum Schutzgebiet besteht von den nah beieinander liegenden Weilern Rötsee oder Neurötsee aus, zwischen denen der Rötsee liegt und die von Kißlegg aus über Emmelhofen, von Immenried über Rahmhaus oder von Diepoldshofen an der B 465 über Stegrot erreicht werden können. Bei Neurötsee führt ein ausgeschilderter Radweg zwischen Gründlenried und Rötseemoos durch einen Fichtenmoorrandwald und über mineralische Flächen mitten durch das Schutzgebiet. Wenn man sich südlich des NSG rechts hält, stößt man in Weitershofen auf das Sträßchen von Kißlegg nach Rötsee, auf dem man wieder an den Ausgangspunkt zurückgelangt. Bei Rötsee durchquert man dabei das Naturschutzgebiet zum zweiten Mal. Die gesamte Rundstrecke ist etwa fünf Kilometer lang. Die eigentlichen Hochmoorflächen können nicht betreten werden, da sie nicht zugänglich sind und sehr empfindliche Lebensräume darstellen. Einen beeindruckenden Blick über die Moore des Gebiets hat man jedoch einen Kilometer südlich von Immenried von der auf der Endmoräne verlaufenden Straße nach Kißlegg.

25 HANGQUELLMOOR BACHHOLZ

Landkreis Ravensburg: Stadt Wangen,
Gemarkung Schomburg
Naturraum: Westallgäuer Hügelland
Geschützt seit 1973
Fläche: ca. 0,3 Hektar
Top. Karte 8324

Im NSG »Hangquellmoor Bachholz« treten mehrere Quellen aus, die das Moor mit kalkhaltigem Wasser überrieseln und dabei für die Bildung von Kalktuff sorgen. B. SCHALL

Nördlich der Oberschwäbischen Barockstraße zwischen Wangen und Tettnang liegt bei Primisweiler auf einem leicht geneigten Hang über dem Tal der Unteren Argen das »Hangquellmoor Bachholz«. Hier lagern über der verwitterten Grundmoräne alluviale Ton- und Kiesschichten. Das nur 0,3 Hektar kleine Schutzgebiet wird von seltenen Kalkniedermoor-Gesellschaften besiedelt.

Nahezu das gesamte Hangquellmoor wird von der Gesellschaft des Mehlprimel-Kopfbinsen-Rieds eingenommen. Nach der Zusammensetzung der Pflanzenarten zeigt das nur etwa 510 Meter hoch gelegene Schutzgelände deutlich präalpinen Charakter. In einer solchen Höhenlage ist wohl weit und breit kein Standort mit einer ähnlichen Artenkombination zu finden. Kleinflächig ist auch die Torfseggenquellmoor-Gesellschaft

ausgebildet. Auf sehr nassen Standorten dominiert die Schnabelsegge, auf trockeneren Standorten hingegen treten Fiederzwenke, Zypressenwolfsmilch und Dreizahn in den Vordergrund.

Im Norden des Schutzgebiets zieht sich ein Graben hin, der von einem Gehölzstreifen gesäumt wird. Auf den beschatteten Flächen davor wachsen Pfeifengras-Reitgrasbestände, zu denen sich zahlreiche Gehölze und Waldpflanzen hinzugesellen. Um das Moor vor zunehmender Beschattung zu schützen, wurde in den Jahren 1989 und 1990 ein Teil dieses Gehölzstreifens ausgelichtet. Daraufhin siedelte sich hier eine Schlagflora an, in deren Krautschicht Landreitgras, Waldzwenke und Buschwindröschen dominieren.

Das empfindliche Moor kann aufgrund seiner geringen Größe nur schwer gegen schädigende Randeinflüsse abgesichert werden. Bis zum Jahr 1979 wurde das bereits 1973 unter Schutz gestellte Gelände am Hangquellmoor Bachholz regelmäßig zur Streugewinnung genutzt. Seither werden Pflegemaßnahmen durch einen Naturschutzverein und die Naturschutzverwaltung durchgeführt.

Schutzzweck ist die Erhaltung des Quellmoores und seiner für die Höhenlage sehr seltenen Vegetation mit Mehlprimel-Kopfbinsenried und einer artenreiche Tier- und Pflanzenwelt.

26 HANGQUELLMOOR EPPLINGS

Landkreis Ravensburg: Stadt Wangen,
Gemarkung Deuchelried
Naturraum: Westallgäuer Hügelland
Geschützt seit 1973
Fläche: ca. 1,4 Hektar
Top. Karte 8325

Etwa einen Kilometer westlich von Wangen im Tal der Oberen Argen liegt an einem Südwesthang das »Hangquellmoor Epplings«. Hier tritt das Niederschlagswasser, das aus dem Einzugsgebiet aufgestaut wird, über einer undurchlässigen Tonschicht aus. Wegen des hohen Kalkgehalts im Wasser kommt es an den Quellen zur Tuffbildung.

Den größten Anteil am Pflanzenbestand nimmt die Torfseggenquellmoorgesellschaft ein. Auf Flächen, die nicht mehr unmittelbar im Einflussbereich des austretenden Quellwassers liegen, findet man auch Arten der Halbtrockenrasen sowie der Pfeifengraswiesen – eine Folge der starken Sonneneinstrahlung an dem nach Südwesten ausgerichteten Hang. Ein im oberen, östlichen Hangbereich entspringender Bach überrieselt einen Teil des Geländes, sodass hier Sumpfschwertlilien und Großseggen gedeihen können. Zwischen ihnen und dem Kalkquellmoor steht ein größerer Gehölzbestand. Im Südosten des Schutzgebietes breitet sich eine intensiv genutzte, relativ artenarme Fettwiese aus.

Die frühere landwirtschaftliche Nutzung als Streuwiese wird heute durch Pflegemaßnahmen der Naturschutzverwaltung ersetzt. Auf einigen offenen Bodenstellen, wo die Pflanzendecke bei illegalen Motocross-Aktivitäten zerstört wurde, konnte in letzter Zeit die robuste Riesen-Goldrute einwandern. Um die überaus empfindliche und seltene Vegetation des Quellmoores nicht zu gefährden, wird die weitere Ausbreitung der Goldruten durch regelmäßige Mahd verhindert.

Schutzzweck ist die Erhaltung des Quellmoores mit seiner besonderen Vegetation und Kalksinterbildungen.

Hinweise für Besucher: Das Schutzgebiet ist nicht durch Wege erschlossen und kann deshalb nicht betreten werden. Der Donau-Bodensee-Radweg führt südlich des Schutzgebietes durch das Tal der Oberen Argen. Von der Straße aus hat man einen guten Blick auf das Schutzgebiet.

27 HASLACHER WEIHER

Landkreis Ravensburg: Stadt Aulendorf,
Gemarkung Tannhausen
Naturraum: Oberschwäbisches Hügelland
Geschützt seit 1992
Fläche: 22 Hektar
Top. Karte 8024

Das NSG »Haslacher Weiher« liegt nordöstlich von Aulendorf in einer kleinen Senke zwischen der Äußeren und Inneren Jungendmoräne des Alpenrheingletschers. Es umfasst den Haslacher Weiher mit dem zufließenden Schlupfenbach und eine ausgedehnte Verlandungszone an der Südseite. Der Schlupfenbach, der das NSG »Brunnenholzried« entwässert, wurde erst im späten Mittelalter zum heutigen Haslacher Weiher aufgestaut.

Wie viele andere Weiher in Oberschwaben diente der Haslacher Weiher (ehemals Unterer Weiher) im Mittelalter vor allem der Fischzucht. Das gleiche gilt für den im Südosten angrenzenden Oberen Weiher, der allerdings schon zu Beginn des 19. Jahrhunderts aufgelassen wurde und heute als Grünland bewirtschaftet wird. Der Haslacher Weiher wurde zudem als Energiespeicher

An dem nährstoffreichen Haslacher Weiher findet man die typischen Verlandungszonen mit Schwimmblatt-Gesellschaften, Schilfröhricht, Großseggenriedern und Schwarzerlen-Bruchwald. A. ULLMANN

eingesetzt: Bis 1916 trieb sein Wasser eine Sägerei an, bis 1969 eine Kornmühle und bis Mitte der 1980er-Jahre eine Turbine zur Stromgewinnung. Diese Nutzung führte in der Vergangenheit immer wieder zu Konflikten mit der Naturschutzzielsetzung. Heute ist das stark verlandende Gewässer nur noch von der Angelfischerei in Beschlag genommen.

Die Schwimmblattzone des Haslacher Weihers wird dominiert von der Gelben Teichrose, im angrenzenden Schilfröhricht finden sich einige floristische Besonderheiten. Die Erlenbruchwälder, die teilweise natürlich, teilweise durch Aufforstung entstanden, weisen eine reiche Krautschicht auf. Eine im Süden des Gebietes liegende Pfeifengraswiese ist durch die völlige Aufgabe der Bewirtschaftung mittlerweile an Arten verarmt.

Das Schutzgebiet beherbergt zudem eine artenreiche, für Feuchtgebiete charakteristische Tierwelt. Neben einer stabilen Population des Laubfrosches sind hier etwa die Gebänderte Prachtlibelle und die Kleine Königslibelle zu nennen. Durch das Verbot der Fischerei im Verlandungsbereich und die Aufgabe mehrerer Angelstege konnte durch Beruhigung eine Verbesserung der Lebensbedingungen für die Vögel erreicht werden. Mit dem benachbarten Brunnen-

holzried und dem nördlich gelegenen Schwaigfurter Weiher bildet der Haslacher Weiher einen wichtigen Trittstein im Verbund der oberschwäbischen Feuchtgebiete.

Die starke Verlandung stellt langfristig eine Gefahr für den Weiher dar. Verursacht wird sie zum einen durch die Aufgabe der herkömmlichen Bewirtschaftung des Gewässers und zum anderen durch den erhöhten Nährstoff- und Sedimenteintrag, der auf die Begradigung und auf den Ausbau des Schlupfenbachs zurückgeht. Durch gelegentliche Winterung des Weihers versucht man, die Verlandung zu verzögern.

Schutzzweck ist die Erhaltung, Förderung und in Teilen die Verbesserung der ökologischen Wertigkeit des Haslacher Weihers und seiner anschließenden Verlandungszone als Lebensraum und Rückzugsgebiet einer artenreichen und gefährdeten Tier- und Pflanzenwelt, als wichtiger Trittstein in dem Lebensraumverbund oberschwäbischer Feuchtgebiete sowie als historisches Zeugnis vielfältiger Weihernutzungsformen.

Hinweise für Besucher: Einen guten Blick auf das Naturschutzgebiet und den Weiher hat man vom Damm aus, über den die Straße von Haslach nach Aulendorf verläuft.

28 HENGELESWEIHER

Landkreis Ravensburg: Gemeinde Isny,
Gemarkung Großholzleute

Naturraum: Westallgäuer Hügelland

Geschützt seit 1990

Fläche: 54,7 Hektar

Top. Karte 8326

Das NSG »Hengelesweiher« liegt südöstlich von Isny in einem Tal, das sich am Fuße der Adelegg von Süden nach Norden erstreckt. Im Westen wird das Tal von der Äußeren Jungendmoräne begrenzt, die hier die maximale Ausdehnung der Vergletscherung während der letzten Kaltzeit anzeigt. Ostflanke und Talgrund werden von der Oberen Süßwassermolasse gebildet. Durch diese Senke zieht sich der Maierhöfer Bach, der im Schutzgebiet zu einem Weiher aufgestaut ist und bald darauf in die Untere Argen mündet.

Im Jahre 1551 taucht der Weiher erstmals in Urkunden auf. Damals noch Waldensbacher Weiher genannt, zählte er zu den Gütern der Herrschaft Trauchburg. Heute gehört der kleine See dem Fürstlichen Haus Waldburg-Zeil, das ihn an den Fischereiverein Isny verpachtet hat. Als Teil dieser Nutzung wird der Hengelesweiher alle paar Jahre abgelassen und gewintert.

Im südlichen Bereich findet man die für nährstoffreiche Gewässer typische Verlandungs-

zonierung mit Schwimmblatt-Gesellschaften, Teichbinsenröhricht, Schilfröhricht und Großseggenriedern. Eine Besonderheit stellen in der Verlandungszone die ausgedehnten Übergangsmoorbereiche dar.

Die Röhrichte des »Hengelesweiher« sind als Brutgebiet für Vogelarten wie Sumpfrohrsänger oder Rohrammer von großer Bedeutung. Wasservögel wie Zwergtaucher, Reiherente oder Teichhuhn finden ihre Brutplätze im Teichbinsenröhricht, das hauptsächlich am Westufer lückige bis geschlossene Bestände bildet. Das Ostufer wird von Schilfröhricht gesäumt. Auf weiten Flächen im Verlandungsbereich haben sich Großseggenrieder, zumeist Steifseggenrieder, angesiedelt, in denen sich unter anderem der Zungen-Hahnenfuß mit einem bemerkenswert umfangreichen Bestand behaupten konnte.

Am Ostrand des Tales rieselt kalkreiches Wasser aus den Stauhorizonten der Molasse. So konnte dort ein Kalkniedermoor entstehen, in dessen Bereich man stellenweise auch Übergänge zu Pflanzengesellschaften bodensaurer Moorstandorte antrifft. In dem Niedermoor, das zum Weiher hin mehr und mehr den Charakter eines Fadenseggen-Übergangsmoores annimmt, gedeihen zahlreiche Orchideenarten. Die ungewöhnlich artenreichen Pfeifengraswiesen des Gebietes werden überwiegend als Streuwiesen genutzt. In den Randbereichen des Naturschutzgebietes brei-

Mit seinen großen Niedermoorflächen, die teils durch Verlandung, teils durch Versumpfung entstanden sind, ist der Hengelesweiher ein Biotop von hohem ökologischen Wert. B. SCHALL

ten sich Sumpfdotterblumenwiesen aus. Überall dort, wo das Ried an intensiv bewirtschaftete und gedüngte Flächen grenzt, sind Hochstaudenfluren ausgebildet.

Von den 239 im Schutzgebiet nachgewiesenen Pflanzenarten sind 39 in der Roten Liste Baden-Württemberg verzeichnet. Der Weiher und seine Riedgebiete bieten zudem auch den Amphibien günstige Lebens- und Laichräume. Hier leben große Populationen von Erdkröte, Berg- und Teichmolch sowie Grasfrosch.

Zur Schutzwürdigkeit des Gebietes rings um den Hengelesweiher trägt auch seine Funktion im Verbund der oberschwäbischen Feuchtgebiete bei. Durch seine Lage in einem Seitental der Unteren Argen steht es in großräumigen Wechselbeziehungen zu bedeutenden Moor- und Gewässerlebensräumen wie den Bodenmösern, den Rimpacher Riedflächen, dem Taufach-Fetzachmoos und zahlreichen anderen Feuchtgebieten. Allerdings sind der Weiher und die angrenzenden Riedflächen erheblichen Belastungen ausgesetzt. Aufgrund des hohen Nährstoffeintrags durch den zufließenden Maierhöfer Bach und aus den umliegenden Feldern hat sich die Wasserqualität gravierend verschlechtert. Wertvolle Pflanzenbestände werden dadurch mehr und mehr von Hochstauden verdrängt. Deshalb soll jetzt die Düngerzufuhr in den Weiher und in das Verlandungsmoor drastisch verringert werden. Entsprechend der besonderen Bedeutung der Verlandungszone als Brutgebiet darf im südlichen Teil des Weihers nicht gebadet werden und die angelfischereiliche Nutzung ist dort erst in der zweiten Jahreshälfte erlaubt, wenn die Brutzeit der Wasservögel beendet ist.

Schutzzweck ist die Erhaltung des Hengelesweihers, seiner charakteristischen Verlandungszonen und der sich anschließenden Riedgebiete als prägende Elemente der Kulturlandschaft im Naturraum und als ökologisch hochwertiges Lebensraummosaik einer artenreichen Tier- und Pflanzenwelt im Verbund der oberschwäbischen Feuchtgebiete.

Hinweise für Besucher: Der Hengelesweiher ist am besten von Großholzleute aus erreich-

bar. Er liegt direkt an der Straße nach Maierhöfen. Am Nordende des Weihers besteht neben einem Parkplatz ein Badeplatz. Von dort aus führt ein Wanderweg über den Weiherdamm, danach am Westufer entlang und dann über Wolfbühl nach Isny. Im Interesse der Vogelwelt sollten im Naturschutzgebiet die Wege nicht verlassen werden und Hunde angeleint bleiben.

29 HERMANNSBERGER WEIHER

Landkreis Ravensburg: Gemeinde Achberg, Gemarkung Sieberatsweiler

Naturraum: Westallgäuer Hügelland

Geschützt seit 1973

Fläche: 17,3 Hektar

Top. Karte 8324

Ganz im Süden des Landes zwischen der Argen und der Grenze zu Bayern liegt östlich von Schleinsee, Degersee und Muttelsee der Hermannsberger Weiher. Er gehört zu den wenigen abgelassenen Weihern, die bis heute von Entwässerung, Düngung und intensiver Bewirtschaftung verschont blieben. So konnten sich hier auf relativ kleinem Raum eine außerordentlich vielfältige Vegetation und damit einhergehend auch eine reiche Tierwelt entwickeln. Die Niedermoor-, Übergangsmoor- und Streuwiesenbestände in diesem Gebiet sind besonders schutzwürdig.

Vom Mittelalter bis in die Mitte des 19. Jahrhunderts diente der Hermannsberger Weiher der Fischzucht und Bewässerung der umliegenden Wiesen. Danach versuchte man, das Gelände trockenzulegen, diese Bemühungen schlugen allerdings fehl. Selbst die traditionelle Streuwiesen-Nutzung musste zeitweise aufgegeben werden, da die Flächen zu nass waren. So wurden große Areale sich selbst überlassen und begannen langsam zu verschilfen oder zu verbuschen.

Die Torfschicht des Weihers, die über feinsandigem Kalk lagert, ist teilweise bis zu zehn Meter mächtig. Das im Westen liegende Kalkniedermoor wird von einem Mehlprimel-Kopfbinsen-

Im Frühsommer bestimmt das charakteristische Rot der Mehlprimel (*Primula farinosa*) die Wiesen um den Hermannsberger Weiher. S. JESSBERGER

ried besiedelt, das an seinem westlichen Rand in ein Großseggenried übergeht. Die großen Streuwiesenflächen im Osten des Naturschutzgebietes zeigen ein vielfältiges Mosaik aus Kopfbinsenried, Pfeifengraswiesen und Großseggenriedern. In den nassen Senken finden sich vielfältige Übergangsmoorstadien mit Fadenseggen-Schwingrasen, stellenweise kommen Torfmoose oder Sonnentau auf.

Die einstigen Entwässerungsgräben sind inzwischen überwiegend verlandet. An den wichtigsten dieser Gräben wurden vor einigen Jahren zwei Teiche ausgehoben. An ihren Ufern macht sich nun – ebenso wie entlang noch bestehender Gräben – dichtes Schilf-Röhricht breit. Die gehölzfreien und noch nicht verschilften Streuwiesenflächen sind Lebensraum typischer Feuchtgebiets-Heuschrecken. Unter den zahlreichen Libellen gibt es sowohl auf Moore wie auch auf Fließ- und Stillgewässer spezialisierte Arten. Das Gelände rund um den Hermannsberger Weiher ist zudem wichtiges Brut-, Rast- und Durchzugsgebiet für Vögel.

Die charakteristischen Arten der Streuwiesen und der an nährstoffarme Verhältnisse angepassten Pflanzengesellschaften sind langfristig durch die Gewässer begleitenden Schilfbestände und durch Stickstoff liebende Krautfluren gefährdet. Mit gezielten Pflegeeingriffen soll eine stärkere Verschilfung des Schutzgebietes verhindert und der kleinflächige Wechsel verschiedenartiger Strukturen erhalten werden.

Schutzzweck ist die Erhaltung des Niedermoorkomplexes mit seinen unterschiedlichen Vegetationseinheiten, insbesondere der Pfeifengras-Streuwiesen und Kopfbinsenriede sowie der sehr artenreichen Flora und Fauna.

Hinweise für Besucher: Der Hermannsberger Weiher liegt zwischen Sieberatsweiler und Gunderatsweiler. Von Sieberatsweiler führt das Verbindungssträßchen westlich am bewaldeten Hermannsberg vorbei. Wo die Straße vom Wald abbiegt, führt ein Weg am Waldrand weiter bis zum Damm des ehemaligen Weihers. Von dort übersieht man einen Großteil des Schutzgebiets. In das Gebiet selbst führen keine Wege, und wegen der sehr empfindlichen Niedermoorvegetation sollte das Gebiet auch nicht betreten werden.

30 HERRGOTTSRIED

Landkreis Ravensburg: Stadt Bad Wurzach, Gemarkung Gospoldshofen
Naturraum: Westallgäuer Hügelland
Geschützt seit 1992
Fläche: 72 Hektar, dienendes Landschaftsschutzgebiet: 88 Hektar
Top. Karte 8125

Zwischen Bad Wurzach und Leutkirch breitet sich bei Gospoldshofen das Herrgottsried als weites Niedermoor aus, das sich entlang des Vögelesgrabens bis zu dessen Einmündung in die Wurzacher Ach hinzieht. Die quellenreichen Hänge ringsum führen dem Talgrund ständig Wasser zu. So konnte sich dort ein Niedermoor bilden, dessen ursprüngliches Bild der Mensch

Mit ihren leuchtend
gelben Blüten sind die
Trollblumen (*Trollius
europaeus*) in den Wiesen
des Herrgottsrieds nicht
zu übersehen.
H. WEISSER

inzwischen allerdings stark verändert hat. Im
nördlichen Teil des Herrgottsriedes wurde bis
zum Zweiten Weltkrieg intensiv Torf gestochen.
Auf den verlandeten Torfstichen entwickelten
sich überwiegend Großseggenrieder. Im Süden
hingegen wurde nur kleinflächig Torf gewonnen.
Diese teilentwässerten Moorstandorte weisen
heute eine große Strukturvielfalt auf. Das Naturschutzgebiet ist von einem dienenden Landschaftsschutzgebiet umgeben.

Noch bis Ende der 1960er-Jahre präsentierte
sich das Herrgottsried als offene Wiesenlandschaft mit wenigen, inselartig eingebetteten Gehölzgruppen. Die damals noch vorhandenen
Streuwiesen wurde mittlerweile überwiegend in
intensiv genutztes Grünland überführt oder aufgelassen. Die Wiesen des Naturgebietes sind als
Pfeifengraswiesen, artenreiche Trollblumen-
Bachkratzdistelwiesen bis hin zu mehr oder weniger feuchten Fettwiesen auf Niedermoorgrund
ausgebildet. Diese Fettwiesen, die großflächig
auch im Landschaftsschutzgebiet vorkommen,
können sich bei einer Extensivierung der Bewirtschaftung wieder zu einem wichtigem Lebensraum für bodenbrütende Vogelarten entwickeln.

Vor allem im westlichen und nördlichen Bereich des Naturschutzgebietes stehen Wälder und
Gehölzbestände. Besonders schutzwürdig sind
die Moor- und Bruchwälder auf ehemaligen Torf-

stichen, die sich als Weiden-Birkenbruchwälder
oder als Birken-Erlenbruchwälder entwickelt haben. Auf nicht abgetorften Flächen finden sich
trockene Sukzessionswälder mit Wald-Kiefer,
Moor-Birke, Fichte und einem reichen Unterwuchs. Auf Mineralboden stehen alte Fichtenwälder mit einer Strauchschicht aus Eberesche,
Rotem Holunder und Brombeere. In ihrer Krautschicht gedeihen Sauerklee, Adlerfarn und Dornfarn. Fichtenaufforstungen bilden dagegen eine
dichte, schier undurchdringliche Baumschicht,
unter der sich kaum Sträucher und Kräuter ansiedeln können. Wegen ihrer zerschneidenden
Wirkung stellen diese Waldbestände im Herrgottsried einen Störfaktor dar.

Manche Torfstiche werden von einem Faden-
seggen-Schwingrasen bedeckt, der oft noch
weich und kaum trittsicher ist. Die Mehrzahl der
Torfstiche besiedeln Großseggenrieder, in denen
fast durchweg die Steifsegge vorherrscht. Je nach
Sukzessionsstadium, Nährstoff- und Wasserversorgung sind hochstaudenreiche oder vom
Teich-Schachtelhalm dominierte Pflanzengesellschaften ausgebildet.

Das Herrgottsried stellt einen wichtigen Trittstein für den Vogelzug dar. Neben durchziehenden Wiesenbrütern wie Großem Brachvogel, Bekassine und Kiebitz ist das Ried wegen seiner
geschützten Lage ein wichtiger Rastplatz für

Feldschwirl, Sumpf-, Teich- und Schilfrohrsänger sowie viele andere Arten. Angrenzende, überschaubare Wiesenflächen werden von streifenden Brachvogeltrupps zur Nahrungssuche genutzt.

Das Herrgottsried hat vor der Schutzgebietsausweisung innerhalb weniger Jahrzehnte dramatische Veränderungen in Vegetation, Struktur und Nutzungsform erfahren. Aus einem offenen, von Streuwiesen, Schilffluren und lockeren Gehölzgruppen beherrschten Talraum wurde ein in viele kleine Kammern gegliedertes Gebiet. Dabei verloren jene Vogelarten, die wie der Große Brachvogel auf weiträumige Landschaften angewiesen sind, ihre Lebensgrundlage. Auch zahlreiche seltene Pflanzen, die noch wenige Jahre zuvor im Herrgottsried beobachtet wurden, konnten bei neueren Untersuchungen nicht mehr nachgewiesen werden.

Mit einem umfangreichen und detaillierten Pflegeplan soll nun das Herrgottsried als Refugium für die darin lebenden Pflanzen und Tiere erhalten und aufgewertet werden. Dabei gilt es, die für das Alpenvorland charakteristische Kulturlandschaft mitsamt ihrer Struktur- und Nutzungsvielfalt als historisches Erbe auf Dauer zu sichern.

Schutzzweck des Naturschutzgebietes ist die Erhaltung und moorökologische Wiederaufwertung eines stark veränderten Niedermoorkomplexes als Landschaftsteil von landschaftlicher Schönheit, Lebensraum für eine artenreiche und gefährdete Tier- und Pflanzenwelt, bedeutender Rastplatz im Vogelzug und wichtiger Bestandteil in dem Lebensraumverbund von Feuchtgebieten entlang der Wurzacher Ach.

Hinweise für Besucher: Der Radweg von Bad Wurzach nach Diepoldshofen durchquert das Gebiet im südlichen Teil. Nördlich des Schutzgebiets verläuft der Donau-Bodensee-Radweg. Bei Unterschwanden bietet sich ein guter Blick nach Süden über das Schutzgebiet

31 HERZOGENWEIHER

Landkreis Ravensburg: Gemeinde und Gemarkung Amtzell, Gemeinde und Gemarkung Bodnegg
Naturraum: Westallgäuer Hügelland
Geschützt seit 1991
Fläche: 34 Hektar
Top. Karte 8324

Der Herzogenweiher liegt etwa acht Kilometer westlich von Wangen zwischen Amtzell und Neukirch in einem Becken, das seine Entstehung einer Eiszunge des würmkaltzeitlichen Rheingletschers verdankt. Die Hügelketten rings um diese Senke bestehen größtenteils aus Schmelzwasserschottern. Bedingt durch die hohen Niederschläge und die geologischen Verhältnisse steht das Grundwasser im gesamten Talbecken sehr hoch – eine ideale Voraussetzung für die Entwicklung der hier vorherrschenden Niedermoorböden. Auch zahlreiche Quellaustritte am Fuße der Hänge, typisch für den Rand des Amtzeller-Haslacher-Beckens, tragen zur Vernässung und zur Moorbildung bei.

Rings um den Herzogenweiher breitet sich ein Steifseggenried aus. Es ist eng mit einem Wunderseggenried verzahnt, dessen großflächiges Auftreten eine Besonderheit im Schutzgebiet darstellt. Daneben ist auch der außerordentlich reiche Teichrosenbestand des Weihers – wohl der größte in Oberschwaben – hervorzuheben. Im Norden und Süden des Gewässers schließt sich ein Erlenbruchwald mit artenreichem Unterwuchs an, im Bereich des Weiherdammes wächst ein Laubwald mit einer naturnahen Strauch- und Krautschicht. Ansonsten besteht der Wald aus Fichtenkulturen.

Nach Nordwesten hin erstrecken sich ausgedehnte Feuchtwiesen, in denen – je nach Intensität der Bewirtschaftung – verschiedene Pflanzengesellschaften anzutreffen sind; darunter auch ein seltenes Kopfbinsenmoor mit Augentrost und Mehlprimel. Die extensiv bewirtschafteten Streuwiesen sind als floristisch äußerst reizvolle Pfeifengraswiesen mit Schmalblättrigem Wollgras und Fieberklee sowie als Bach-Kratz-

Der Fieberklee (*Menyanthes trifoliata*) bildet große Bestände im NSG »Herzogenweiher« wie auch im NSG »Karbachmoos«. H.-P. DÖLER

distelwiesen ausgebildet. Im Frühjahr sorgt das Wiesenschaumkraut für eine zarte Fliederfarbe, im Frühsommer ergibt sich dann eine Zweifarbigkeit durch die rosafarbenen Blüten der Kuckuckslichtnelke und die gelben Blüten des Scharfen Hahnenfusses.

Die Umgebung des Herzogenweihers ist aufgrund des reichen Blütenangebots ein bedeutender Lebensraum für Schmetterlinge. Die Strukturvielfalt im Uferbereich des Weihers und des zufließenden Baltersberger Mühlbaches begünstigte zudem die Entwicklung einer ungewöhnlich artenreichen Libellenfauna, darunter das Große Granatauge, die Herbst-Mosaikjungfer und die Blutrote Heidelibelle. Auch für die Vogelwelt ist das Schutzgebiet als Nahrungs- und Ruheplatz für eine ganze Reihe seltener Arten von hohem Naturschutzwert. Hier wurden bereits 96 Vogelarten – darunter Braunkehlchen, Eisvogel, Baumfalke und Tafelente – nachgewiesen. Um die

Störung empfindlicher Vogelarten gering zu halten, ist die Angelfischerei nur noch an der Ostseite zwischen dem nördlichen und dem südlichen Weiherauslauf gestattet.

Die zunehmende Intensivierung der landwirtschaftlichen Nutzung führte in den letzten Jahrzehnten zu einem Schwund der Feuchtwiesen im Einzugsbereich des Weihers und zu einem verstärkten Nährstoffeintrag in das Wasser. Nach Aufgabe der traditionellen Bewirtschaftung wurden die Wunderseggen- und Steifseggenriede auf diesen Flächen immer mehr von Schilf- und Gehölzaufwuchs bedrängt. Durch pflegende Bewirtschaftung und gezielte Pflegemaßnahmen werden inzwischen die schädigenden Einflüsse auf das Schutzgebiet »Herzogenweiher« deutlich verringert.

Schutzzweck ist die Erhaltung des Gewässers und der sich anschließenden Riedgebiete und Feuchtwiesen als charakteristische Elemente der oberschwäbischen Kulturlandschaft, als Rückzugsgebiet für seltene Pflanzen- und Tierarten und insbesondere als Rast- und Ruheplatz im Vogelzug. Der Schutzzweck umfasst darüber hinaus das Ziel, Schädigungen und Eingriffe der Vergangenheit rückgängig zu machen.

32 KARBACHMOOS

Landkreis Ravensburg: Stadt Wangen, Gemarkungen Karsee und Leupolz
Naturraum: Westallgäuer Hügelland
Geschützt seit 1991
Fläche: ca. 9,6 Hektar
Top. Karte 8224

Das Tal des Karbachs zieht sich nordwestlich von Wangen von der Unteren Argen nach Norden. Bis zur Begradigung des Karbachs wurden die Wiesen in diesem ruhigen und reizvollen Tal ausschließlich als Streuwiesen bewirtschaftet – insgesamt über 2000 Hektar. Heute ist nur noch ein kleiner Rest der früheren Streuwiesen übrig, der größte Teil wurde in intensiv genutzte Wirtschaftswiesen umgewandelt.

Das knapp zehn Hektar große NSG »Karbachmoos« umfasst den unbegradigten Mittellauf des Karbaches zwischen Ruzenweiler und Leupolzmühle, die daran angrenzenden Niedermoorwiesen und ein Hangquellmoor. Dieses Areal gehört zu den Kernbereichen eines ausgedehnten Verbundsystems von Feuchtgebieten, die im Wesentlichen durch den Karbach und die Wolfegger Ach miteinander verknüpft sind. Es dient der Stabilisierung der im weiteren Umkreis vorhandenen Tier- und Pflanzenpopulationen und verhindert die Verinselung einzelner Lebensräume und ihrer Lebensgemeinschaften.

Im Bereich des Schutzgebiets hat sich das Karbachtal in den vergangenen Jahrzehnten kaum verändert. Hier blieb das kleinflächige Mosaik aus Streuwiesen, Röhrichten und Hochstaudenfluren weitgehend erhalten. Die Wiesen im Schutzgebiet werden auch heute noch (zum Teil wieder) als Streuwiesen von Landwirten im Vertragsverhältnis bewirtschaftet. Beeindruckend ist vor allem der im Jahreslauf wechselnde farbliche Aspekt der Niedermoorwiesen: Im Frühjahr prägen zunächst die blassrosa Blüten der Mehlprimel – später auch die des Fieberklees – das Bild. Am Waldrand zeigt sich der Weiße Germer. Im Sommer fallen die Hochstaudenfluren mit dem weißblühenden Mädesüß und den leuchtend roten Blüten des Blutweiderichs ins Auge. Kopfbinsenriede und Pfeifengraswiesen steigern zusätzlich den Reiz dieser Landschaft.

Die Vorkommen typischer Niedermoorpflanzen wie Sumpf-Stendelwurz oder verschiedener Knabenkräuter unterstreicht den Wert des »Karbachmooses« als Rückzugsraum für gefährdete Pflanzenarten. Das reich strukturierte Gelände bietet zudem auch einer vielfältigen Tierwelt günstige Lebensräume. In den Streuwiesen und Hochstaudenfluren leben zahlreiche charakteristische Insektenarten. Neben wahren Heerscharen von Bienen, Wespen und Käfern trifft man dort auch Libellen, Schmetterlinge und Heuschrecken in ungewöhnlich hoher Individuendichte an.

Schutzzweck ist die Erhaltung des »Karbachmooses« als typische bäuerlich genutzte Niedermoorlandschaft der Talaue mit hohem Biotop- und Artenschutzwert. Das »Karbachmoos« sichert als ein wesentlicher Trittstein den Feuchtgebietsverbund im Karbachtal.

33 KEMMERLANGER MOOS

Landkreis Ravensburg: Stadt Ravensburg, Gemarkung Eschach

Naturraum: Westallgäuer Hügelland

Geschützt seit 1987

Fläche: ca. 21,8 Hektar

Top. Karte 8223

Das NSG »Kemmerlanger Moos« liegt etwa vier Kilometer südwestlich von Ravensburg zwischen den Weilern Kemmerlang und Menisreute. Charakteristisch für die von Moränen und angeschwemmten kaltzeitlichen Schottern geprägte Landschaft sind die Kalkniedermoore, die im »Kemmerlanger Moos« in verschiedenen Ausbildungen vertreten sind. Eine Vielzahl kleiner Quellaustritte sorgt für eine intensive Kalkzufuhr, die sich als sandige oder grusartige Ablagerung mit dem humosen oder anmoorigen Oberboden durchmischt. Auf diesem unruhigen Untergrund etablierte sich ein artenreiches Mehlprimel-Kopfbinsenried mit seiner typischen Flora.

Standörtliche Besonderheiten, aber auch ein unterschiedlicher Nutzungsgrad führten im Schutzgebiet zu einem reich gegliederten Mosaik verschiedener Pflanzengesellschaften der Kalkniedermoore, des Grünlandes und der Wälder. Vom eigentlichen Kalkniedermoor sind nur noch kleine Reste übrig, größere Bereiche sind verbuscht. Um diese kleinen Bestände herum breiten sich extensiv genutzte Pfeifengraswiesen auf teilentwässerten Niedermoorbereichen oder erlenreiche Laubwälder aus.

Im Süden des Gebietes entspringt der Flappach, der beidseitig durch zahlreiche Wassergräben gespeist wird und bald in den Flappach-Weiher mündet. Das Bachbett wird von einer verschilften Hochstaudenflur und einzelnen Gehölzen begleitet. Am Weiher lässt sich die charakteristische Verlandungszonierung gut erkennen:

Auf der offenen Wasserfläche breitet sich eine Schwimmblatt-Gesellschaft mit der Gelben Teichrose aus. Ihr schließt sich zum Land hin ein Teichbinsenröhricht an, dem wiederum ein dichter Schilfgürtel folgt. Im Süden unterbricht den Schilfgürtel ein Steifseggenried, das hier in der für kalkhaltigen Untergrund typischen, nicht bultigen Form wächst. Zum Land hin leitet ein Gebüschmantel aus Faulbaum, Kreuzdorn und Weiden zum angrenzenden Ufergehölz über.

Die Tierwelt des »Kemmerlanger Mooses« wird im Wesentlichen von Gewässer, Niedermoor und Wald geprägt. Dabei wirkt sich deren enge Verzahnung sehr positiv für die Entwicklung eines breiten Artenspektrums aus. Bemerkenswert ist die ungewöhnliche Fülle an Libellenarten. Daneben konnte sich im Schutzgebiet auch die Schmetterlings-, Heuschrecken- und Amphibienfauna besonders artenreich entwickeln.

Um die Wasserkraft der Quellaustritte nutzbar zu machen, wird das Wasser in tiefen Gräben gesammelt und den Triebwerken weiter nördlich im Tal zugeführt. Auch das im Weiher gespeicherte Wasser zog man zur Energiegewinnung heran, was zu starken Schwankungen des Wasserspiegels führte. Zur Erhaltung der charakteristischen Flora und Fauna der ehemals als Streuwiesen genutzten Niedermoorbereiche wurde die extensive Bewirtschaftung wieder aufgenommen.

Schutzzweck ist die Erhaltung des natürlichen Feuchtgebietsmosaiks mit Verlandungszone des Flappachweihers, Quellmoor, Bachlauf, Streuwiesen und einer Mineralbodeninsel in enger Verzahnung als Lebensraum intakter Lebensgemeinschaften zum Teil sehr seltener Pflanzen und Tiere.

Hinweise für Besucher: Am Ostufer des nördlich angrenzenden nicht geschützten Teiles des Flappachweihers befindet sich eine Badeanstalt. Der Wanderweg von Ravensburg nach Bodnegg führt an der Badeanstalt und anschließend am östlichen, bewaldeten Teil des Schutzgebiets vorbei.

34 KROTTENTAL-KARBACH

Landkreis Ravensburg: Stadt Wangen, Gemarkung Leupolz, Gemeinde und Gemarkung Amtzell
Naturraum: Westallgäuer Hügelland
Geschützt seit 1991
Fläche: 16,3 Hektar
Top. Karte 8224

Im unteren Karbachtal nordwestlich von Wangen liegt das Schutzgebiet »Krottental-Karbach«. Das Karbachtal ist Teil einer alten Abflussrinne, die sich in der Warmzeit zwischen Riß- und Würmkaltzeit vom ehemaligen Wurzacher See bis

Blick von Strietach auf das NSG »Kemmerlanger Moos«. B. SCHALL

zur Unteren Argen hinzog. In dieser Rinne schob sich der Würm-Gletscher nach Norden. Die Rand- und Endmoränen dieser Zunge bilden die zahlreichen Hügel und Bergrücken rings um das Tal. Der westliche Rand der Eisrinne, die Jungendmoräne, die zwischen Rötenbach und Kißlegg aufgeschüttet wurde, ist in der Landschaft noch gut zu erkennen. Weiter im Süden löst sich diese dominante Struktur in einzelne Kuppen und Rücken auf.

Das NSG »Krottental-Karbach« mit dem teilweise unbegradigten und noch frei mäandrierenden Bachlauf, mit seinen Auwaldresten und Hochstaudenfluren, Streu- und Feuchtwiesen stellt eine reich strukturierte Kulturlandschaft mit unterschiedlichen Lebensräumen und einer Vielfalt charakteristischer Tier- und Pflanzenarten dar. Mit kleinen, Gras bewachsenen Ebenen, Hängen und Kuppen, Tobeln und Bächen bietet das Karbachtal fast überall noch das harmonische Bild, wie es für die Allgäuer Kulturlandschaft typisch ist.

Auf den extensiv bewirtschafteten Wiesen bei Schuppis und Krottental trifft man noch die typische Streuwiesenflora mit ihrem breiten Artenspektrum an. Die Pfeifengraswiesen mit ihrer reichen Niedermoorvegetation heben sich deutlich von den leicht gedüngten Bachkratzdistelwiesen ab. Mit Hilfe eines detaillierten Pflegeplanes, den die Tübinger Bezirksstelle für Naturschutz und Landschaftspflege, jetzt Regierungspräsidium Tübingen, ausgearbeitet hat, werden die Streuwiesen erhalten und gefördert. Außerdem will man auch bereits intensivierte Wiesen ökologisch wieder aufwerten.

Die Reste eines Weichholzauwaldes bei Untermatzen geben einen Eindruck von der ursprünglichen, vom Menschen nur wenig beeinflussten Vegetation. Unter der Baum- und Strauchschicht wächst dort eine üppige Krautschicht mit Einbeere, Zweiblatt und Eisenhut. Damit sich dieser Lebensraum langfristig halten und entwickeln kann, überlässt man die Ufergehölze und Auwaldreste ihrer eigenen Dynamik. Auch die angrenzenden Hochstaudenfluren dürfen der Sukzession anheim fallen. Davon verspricht sich die

Die Feuchtwiesen im NSG »Krottental-Karbach« präsentieren sich im zeitigen Frühjahr mit einem dichten Blütenteppich aus Märzenbecher (*Leucojum vernum*). R. BANZHAF

Naturschutzverwaltung auf längere Sicht eine natürliche Ausdehnung des wertvollen Auwaldes.

Schließlich stellt auch der Karbach selbst mit seiner Vielfalt belichteter und beschatteter, kolkartiger und schnell fließender Bereiche einen abwechslungsreichen Lebensraum für zahlreiche Tier- und Pflanzenarten dar. An seinem Ufer stehen Steifseggenriede und Rohrglanzgrasröhrichte, die eine zeitweilige Überschwemmung gut verkraften. Von diesem Mosaik unterschiedlicher und gut vernetzter Biotope profitieren vor allem die Amphibien, die neben ihren Laichgewässern auch geeignete Sommer- und Winterquartiere benötigen. Darüber hinaus haben Vögel, Insekten, Spinnen und andere Tiergruppen im Karbachtal ein wichtiges Rückzugsgebiet.

Schutzzweck ist die Erhaltung – und in Teilen die Wiederherstellung – einer naturnahen, von extensiver Wiesennutzung geprägten voralpinen Talaue, die Lebensraum einer artenreichen, charakteristischen Tier- und Pflanzenwelt ist. Ihr hoher ökologischer Wert liegt im Verbund unterschiedlicher Feuchtbiotope. Der Schutzzweck umfasst darüber hinaus beispielhaft den Schutz eines Gewässers in seiner Talaue, dessen Grenze vom eindeutigen Verlauf des Niedergestades (rezente Talaue) bestimmt wird.

Hinweise für Besucher: Das Schutzgebiet grenzt unmittelbar an die Ausfahrt Wangen West der A 96. Hinein gelangt man von Herfatz aus, wenn man dem Sträßchen nach Krottental folgt. Nach der Querung eines kleinen Waldes hat man einen ersten Blick in das Naturschutzgebiet. Danach verläuft der Weg am östlichen Schutzgebietsrand entlang, um schließlich das Gebiet zu queren und nach Krottental zu führen. Zur Schonung der Tier- und Pflanzenwelt ist das Betreten des Schutzgebiets abseits der Wege nicht erlaubt.

35 LAUBENER BRUNNEN

Landkreis Ravensburg: Stadt Leutkirch,
Gemarkung Wuchzenhofen, Gemeinde Aichstetten,
Gemarkung Altmannshofen
Naturraum: Riß-Aitrach-Platten
Geschützt seit 1995
Fläche: 50,1 Hektar
Top. Karte 8126

Das NSG »Laubener Brunnen« liegt etwa vier Kilometer nördlich von Leutkirch im Tal der Aitrach. Zu ihm gehören Altwasserschlingen der Ait-

Altwasser der Aitrach mit Wasserfeder (*Hottonia palustris*) im NSG »Laubener Brunnen«. V. KRACHT

rach, ein überwiegend aufgeforstetes Niedermoor, Auegrünland und die Quellaufbrüche der eigentlichen Laubener Brunnen. Ein dienendes Landschaftsschutzgebiet umfasst angrenzende Auewiesen sowie den Hauptkanal der Aitrach. Mit seiner vielfältigen Vernetzung von offenen Wasserflächen, schnell fließenden Quellbächen, Verlandungsbereichen, Versumpfungen, Streuwiesen und Moorwald stellt das Schutzgebiet ein weitläufiges Feuchtgebietsmosaik dar.

Die Schotterfelder im Norden von Leutkirch bergen eines der bedeutendsten Grundwasservorkommen Oberschwabens, das durch die reichlichen Niederschläge gespeist wird. Mit der Talaue verengt sich bei Altmannshofen, nördlich des Schutzgebietes, auch der Querschnitt des Grundwasserleiters. Darin liegt der Grund für die Quellaustritte der Laubener Brunnen mit ihrer außerordentlich starken Schüttung (mindestens 300 Liter pro Sekunde). Es handelt sich um nährstoffarme, kalkhaltige und dauerkalte Gewässer, die als Netz von Gießen, das sind zeitweise stark schüttende Grundwasseraustritte in Altarmen, die Aitrach-Aue in diesem Bereich untergliedern. Solche Quellaufbrüche gibt es auch in den Altwasserschlingen, die beim künstlichen Durchstich der Aitrach entstanden sind. Der ständige Nachschub aus den Quellen verleiht diesen Altwässern den Charakter von Fließgewässern.

Die nutzbaren Flächen im Naturschutzgebiet werden ausschließlich als Dauergrünland bewirtschaftet – überwiegend als Mähwiesen, innerhalb der Altwasserschlingen zeitweise auch als Jungviehweide. Auf den von Gießen umschlossenen »Inselflächen« hat man mit Verdolungen, Auffüllungen und Überfahrten die Nutzung erleichtert. Beim Laubener Brunnenmoor handelt es sich um ein Niedermoor mit beginnender Zwischenmoorbildung, das auf der Versumpfung des Tales (ausgelöst durch stark schüttende Quellen) und in mindestens zwei verlandeten Altwässern entstanden ist. Das Zentrum des Moores östlich der Laubener Brunnen wurde mit Fichte aufgeforstet. Nördlich und westlich davon sind jedoch drei extensiv genutzte Streuwiesen verblieben, die wegen ihres Reichtums an seltenen Pflanzenarten

Die Gießen der Laubener Brunnen (hier mit *Ranunculus fluitans*) vereinigen sich zu einem in nördliche Richtung abfließenden Bach, der – ebenso wie alle fließenden Altwässer – in die Aitrach mündet. V. KRACHT

Neben zum Teil massiven Auffüllungen im Bereich der Quelltöpfe und Altwässer stellt die fortschreitende Nährstoffanreicherung eine große Bedrohung für das Schutzgebiet dar. In den vergangenen Jahrzehnten wurde das Grünland im Umfeld der nährstoffarmen Quellaufbrüche immer intensiver bewirtschaftet. Der damit verbundene Eintrag von Düngemitteln – teils auf direktem Weg, teils über Drainagen oder auch bei Überflutungen – hat heute bereits gravierende Veränderungen bei Ufervegetation und Gewässergüte hervorgerufen. Einige Wasserflächen werden zudem als Viehtränke genutzt, was zu Überdüngung und Trittschäden führt. Durch Grunderwerb, Düngeverbot in empfindlichen Bereichen und Extensivierung im Vertragsnaturschutz wird versucht, die Entwicklung wieder umzukehren.

Schutzzweck für das Naturschutzgebiet »Laubener Brunnen« sind Schutz, Erhaltung und in Teilen Wiederherstellung eines Landschaftsteiles mit sehr seltenen hydrologischen Verhältnissen sowie des daraus resultierenden hochwertigen Feuchtgebietsmosaiks als Lebensraum einer außerordentlich artenreichen Flora und Fauna.

außerordentlich wertvoll sind. Die Erhaltung dieser Wiesen ist durch Pflegeverträge sichergestellt.

Die kleinräumige Kombination von Fließgewässern, Altwässern, Quellaufbrüchen, Streuwiesen, Moor, Wald und Grünland schafft eine Verzahnung unterschiedlicher Biotope, in denen eine Vielzahl verschiedener Lebensgemeinschaften existieren kann. Als besonders schutzwürdig ist die artenreiche Vegetation der Altwässer und Gießen hervorzuheben. Hier gedeiht unter anderem die überaus seltene Wasserfeder. Auch die Niedermoor- und Streuwiesenbereiche beherbergen ein breites Spektrum gefährdeter und geschützter Pflanzenarten wie den Lungen-Enzian. Die Gewässer sind Brut-, Nahrungs- und Laichraum für Wasservögel wie Wasseramsel, Eisvogel, Bekassine, oder Graureiher.

36 LOCHMOOS

Landkreis Ravensburg: Gemeinde und Gemarkung Schlier

Naturraum: Oberschwäbisches Hügelland

Geschützt seit 1993

Fläche: 55 Hektar

Top. Karte 8124

Östlich von Weingarten zieht sich am Rand des Altdorfer Waldes der lang gestreckte Niedermoorkomplex »Lochmoos« hin. Das Moor entwickelte sich in der Nachkaltzeit aus einer Reihe kleiner Eisstauseen und Versumpfungen. Bereits im frühen Mittelalter erkannten die Mönche des Klosters Weingarten den Nutzen, der sich aus dem hohen Wasserangebot ziehen ließ. Sie begründeten damals das noch heute bestehende künstliche Kanalsystem »Stiller Bach«, das einst

Charakteristisch für Niedermoore mit Streuwiesen- und extensiver Feuchtwiesennutzung ist die ungewöhnliche Fülle an Schmetterlingen: Bisher sind im Lochmoos 169 Arten nachgewiesen. Schwalbenschwanz (*Papilio machaon*) auf dem Spatelblättrigen Kreuzkraut (*Tephroseris helenitis*). W. LÖDERBUSCH

etliche klösterliche Mühlen und zwölf Weiher mit Wasser versorgte.

Den Oberlauf dieses bedeutsamen landeskulturellen Denkmales bildet der zentrale Wassergraben im Lochmoos. Dieser Bach wurde früher nicht nur als Mühlkanal, sondern auch als Zuchtgewässer für Forellen und Krebse genutzt. Der in das NSG einbezogene Bannbühlweiher dient noch immer der Fischzucht und wird in regelmäßigen Abständen abgelassen. Bis zu ein Meter hohe Torfstichwände im Bereich des Hintermooser Wasenmooses zeugen noch heute davon, dass die Bauern im Süden des Schutzgebietes über lange Zeit hinweg Torf gestochen haben. Erst in den 1950er-Jahren wurde der Abbau eingestellt.

Noch vor wenigen Jahrzehnten wurden nahezu die ganze Schutzgebietsfläche als Streuwiese oder als zweischürige Futterwiese genutzt. Inzwischen aber fielen große Flächen brach, andere wurden mit kräftiger Düngung in mehrschnittige Futterwiesen umgewandelt. Die früher typische Zweischnitt-Nutzung der Feuchtwiesen trifft man nur noch auf kleinen Restflächen an. Dieser auch als Rossheuwiese bezeichnete Grünlandtyp mit einer hohen Zahl besonderer Pflanzenarten besitzt heute Seltenheitswert. Bei den Streuwiesen des Gebietes handelt es sich vorwiegend um Enzian-Pfeifengraswiesen mit großer Artenvielfalt und Farbenpracht. Das Vorkommen von Moosbeere und Alpen-Wollgras weist in aufgelassenen Bereichen auf eine Entwicklung zum Übergangsmoor hin – oder auf Reste der weitgehend abgetorften Hochmooranteile. In den Erlenbruchwäldern des Schutzgebiets findet man im Unterwuchs ein breites Artenspektrum charakteristischer Pflanzen. Auch die zahlreichen Wassergräben und der ehemalige Fischteich sind als Lebensraum für eine Vielzahl verschiedener Arten von großer Bedeutung.

Heuschrecken, Wanzen und Libellen besiedeln das »Lochmoos« in großer Artenvielfalt. Die hier vorkommenden sieben Amphibienarten finden alle Habitatansprüche befriedigt, wobei insbesondere der Bannbühlweiher als Laichgewässer eine wichtige Rolle spielt. Unter den bedrohten Tierarten, die ans Wasser gebunden sind, sollen die Vorkommen von Steinkrebs und Ringelnatter exemplarisch genannt werden.

Das Land Baden-Württemberg hat mittlerweile große Teile des Schutzgebiets erworben, schon seit 1984 pflegt die Staatliche Forstverwaltung die ehemaligen Streuwiesen. Dadurch ließen sich negativen Folgen aus der Nutzungsaufgabe in Grenzen halten. Durch einen Pflege- und Entwicklungsplan werden nun die Pflegemaßnahmen auf die speziellen Ansprüche der im Gebiet lebenden Tier- und Pflanzenarten abgestimmt.

Schutzzweck ist die Erhaltung und Verbesserung der ökologischen Wertigkeit der Niedermoorlandschaft des »Lochmooses« als Element der herkömmlichen Kulturlandschaft, Lebensraum und Rückzugsgebiet für eine artenreiche Tier- und Pflanzenwelt, Quellgebiet und Wasserspeicher für das kulturhistorisch bedeutsame Gewässersystem des Stillen Baches.

Hinweise für Besucher: Das »Lochmoos« ist gut erreichbar vom Parkplatz an der Straße von Weingarten nach Wolfegg am Waldrand kurz hinter Unterankenreute. Dort beginnt ein Weg, der nach Norden am Ostrand des Naturschutzgebietes bis zum Bannbühlweiher führt. Folgt man dem Weg weiter, gelangt man an den Kählesbühlweiher. Von dort aus führt ein Wanderweg nach links zur Nordspitze des Naturschutzgebiets und weiter über den Truchsessenweiher zum Fuchsenloch.

---

37 MARIATALER WÄLDLE

Landkreis Ravensburg: Stadt Ravensburg, Gemarkung Eschach

Naturraum: Bodenseebecken

Geschützt seit 1966

Fläche: 10,8 Hektar

Top. Karte 8223

Beim NSG »Mariataler Wäldle«, einem beliebten Naherholungsgebiet am südlichen Rand von Ravensburg, handelt es sich um einen Laubmischwald, in dem neben einem Weiher auch Feuchtflächen, Röhrichte und Hochstaudenfluren zu finden sind. Der Wald weist eine artenreiche Baum- und Strauchschicht auf: Hier stehen mächtige Linden und alte Eichen, aber auch Kirschen, Feld- und Berg-Ahorne, Ulmen, Pappeln, Rosskastanien und Eschen. In der Strauchschicht dominieren Hainbuche, Hasel, Weißdorn und Holunder. Dieser strukturreiche Bestand bietet einer Vielzahl von Waldvögeln Nahrung und Brutquartier.

Zwei kleine Tümpel werden durch die umstehenden Bäume stark beschattet und sind im Herbst fast völlig mit Laub überdeckt. Auch der im Westen des »Mariataler Wäldles« liegende Weiher, an dessen Ufer Schilfröhricht wächst, ist von Bäumen umgeben. Das Gewässer dient der Fischzucht und wird in dreijährigem Turnus abgelassen. Zwischen Weiher und östlich angrenzenden landwirtschaftlichen Nutzflächen liegt noch eine Feuchtwiese.

Das »Mariataler Wäldle« ist durch eine direkt angrenzende Siedlung starkem Druck ausgesetzt.

Im Westen reicht die Bebauung bis an das kleine NSG heran, eine Pufferzone fehlt. Immer wieder müssen Fachleute herangezogen werden, um die Standsicherheit alter Bäume zu überprüfen, die an Weg- und Straßenrändern gefährlich werden könnten.

Schutzzweck ist die Erhaltung des naturnahen Laubmischwaldes und der Feuchtbiotope als Lebensraum einer artenreichen Tier- und Pflanzenwelt und als stadtnaher Erholungsraum.

Hinweise für Besucher: Das »Mariataler Wäldle« liegt südlich des ehemaligen Klosters Mariatal. Am Südende der Bebauung von Mariatal führt ein Weg links an einem Weiher vorbei in das Gebiet. Von ihm zweigen weitere Wege ab, auf denen der Wald erlebt werden kann. Dabei sollten Hunde an der Leine geführt werden.

Eiche, Esche und Hainbuche gehören zu den häufigen Baumarten im NSG »Mariataler Wäldle«. B. SCHALL

38 MOORE UND WEIHER UM BRUNNEN

Landkreis Ravensburg: Stadt Bad Wurzach,
Gemarkung Eintürnen, Gemeinde Kißlegg,
Gemarkungen Kißlegg und Immenried

Naturraum: Westallgäuer Hügelland

Geschützt seit 1996

Fläche: 195 Hektar

Top. Karte 8125

In einer Höhenlage um 700 m NN liegen beim Weiler Brunnen zwischen Wolfegg und Immenried im Bereich der äußeren Endmoräne mehrere Moore und Weiher, die als Naturschutzgebiet geschützt sind. Das Gebiet umfasst die Teilgebiete Holzmühleweiher, Brunner Weiher, Rotmoos, Bustenmoos und Oberreuter Moos. Beim Oberreuter Moos setzte die Moorbildung auf einem

Aktuell kann der stark gefährdete Hochmoor-Gelbling im Rotmoos bestätigt werden. Seine Raupe frisst an der Rauschbeere (*Vaccinium uliginosum*). V. KRACHT

verlandenden See ein, während beim Rotmoos und Bustenmoos fast von einem wurzelechten Hochmoor gesprochen werden kann, das nahezu unmittelbar auf abdichtenden Tonschichten der Grundmoräne aufwuchs. Rotmoos und Bustenmoos weisen eine vier bis fünf Meter mächtige Torfschicht auf, die des Oberreuter Mooses ist zwei bis drei Meter mächtig. Am Süd- und Westufer des Holzmühleweihers ist ein Versumpfungsmoor entstanden.

Trotz älterer Veränderungen und aktuellen Beeinträchtigungen beherbergt dieser großflächige Moor- und Feuchtgebietskomplex eine große Vielfalt an Standorten und Vegetationseinheiten. Unter den Libellen, Vögeln, Heuschrecken und Schmetterlingen sind einige Arten, die speziell auf Moore angewiesen sind.

Rotmoos und Oberreuter Moos wurden in der Vergangenheit entwässert, etwa ein Drittel der Rotmoosfläche abgetorft und mit Fichten aufgeforstet. Im südöstlichen Teil des Rotmooses aber stehen noch Moorkiefern auf Hochmoortorf. Die Waldnutzung erfolgt auf Moorboden plenterwaldartig, die sonstigen Wälder werden als Altersklassenwald genutzt. Reine Moorkiefern-Bestände, auch Spirkenfilz genannt, bleiben unberührt. In den Moortümpeln im abgetorften Bereich wächst der gefährdete Gemeine Wasserschlauch. Solche Stillgewässer sind insbesondere für Libellen wichtige Sekundärlebensräume. Bekannt ist ein Fundort der vom Aussterben bedrohten Hochmoor-Mosaikjungfer in einem Torfstich-Heide-Komplex im Rotmoos. Sie zählt im Landkreis Ravensburg sowie landesweit zu den seltensten Moorlibellen. Auch die stark gefährdete Arktische Smaragdlibelle kommt im Gebiet vor.

Das Oberreuter Moos wurde im zentralen und östlichen Teil abgetorft, wobei im zentralen Bereich eine von hohen Stichkanten umschlossene mit Scheidigem Wollgras und Schnabelbinse bewachsene Senke entstand, die durch einen Graben entwässert wird.

Das Kerngebiet des Bustenmooses wurde nie entwässert. Es trägt einen Moorkiefernwald mit Hochmoorarten wie Moosbeere, Rosmarinheide und Rundblättriger Sonnentau. Südlich des Bustenmooses gibt es in einem Erlenbruchwald ein bemerkenswertes Märzenbecher-Vorkommen. Am Brunner Weiher ist kleinflächig ein Davalls-Seggenried ausgebildet. In der Schwimmblatt-zone der Weiher bildet die Seerose große Be-stände. Ein Schilfröhrichtgürtel mit Großseggen geht nach außen teilweise in Zwischenmoorge-sellschaften über. Zwischenmoore beherbergen eine artenreiche Pflanzenwelt mit Schmalblättri-gem Wollgras, Alpen-Haarsimse, Strauß-Gilb-weiderich und Fieberklee. In den Streu- und Feuchtwiesen kommen Trollblume, Prachtnelke, Weißer Germer und verschiedene Orchideen vor. Insbesondere in den extensiv genutzten Grün-landbereichen um den Holzmühleweiher konzen-trieren sich einige Heuschreckenarten, darunter Sumpfschrecke und Warzenbeißer.

Holzmühleweiher und Brunner Weiher sind wie viele andere Weiher Oberschwabens Zeugen einer bis ins Mittelalter zurückreichenden Nut-zungsweise. Für die beiden befischten Weiher gibt es heute ein abgestimmtes Bewirtschaftungs-konzept mit regelmäßigem Ablassen, Wintern und teilweise Sömmern. Die Weiher sind Brut- und Nahrungshabitat mehrerer Entenarten wie Löffelente, Tafelente und Schnatterente, sowie vom Zwergtaucher. In beiden Weihern wird im Sommer gebadet.

Schutzzweck ist die Erhaltung, Förderung und Optimierung eines Moor- und Feuchtge-bietskomplexes als Lebensraum einer artenrei-chen Tier- und Pflanzenwelt und Rückzugsraum spezialisierter Arten, als Landschaftsteil von be-sonderer landschaftlicher Schönheit, als kultur-historisches Zeugnis jahrhundertealter Weiher-wirtschaft sowie als wichtigem Bestandteil im Verbund von Feuchtgebieten im Württembergi-schen Allgäu.

Hinweise für Besucher: Einen lohnenden Eindruck in die Moore und Weiher um Brunnen kann man sich mit einer Fahrrad- oder Wander-tour verschaffen. Bei entsprechender Wetterlage ist der Blick auf die Alpen freigegeben. Erreichbar ist das Gebiet über die Straße von Immenried nach Eintürnenberg. Diese Straße ist auch als Radweg ausgeschildert. Das Sträßchen von Ein-

türnenberg nach Brunnen, ebenfalls ein Radweg, führt mitten durch das Schutzgebiet. Am Brunner Weiher ist ein kleiner Parkplatz mit einer Bade-stelle an der angrenzenden Wiese. Das Baden ist auch im Holzmühleweiher vom Weiherdamm aus möglich. Ansonsten ist das Betreten des Schutz-gebiets nur auf den Wegen erlaubt.

39 MOOS IM ZELLERWALD

Landkreis Ravensburg: Stadt Isny,
Gemarkung Rohrdorf
Naturraum: Westallgäuer Hügelland
Geschützt seit 1991
Fläche: 15 Hektar
Top. Karte 8226

Rauschbeeren (im Vordergrund), Birken und Fichten dringen in die ehemaligen Streuwiesen des NSG »Moos im Zellerwald« ein und leiten somit die Wiederbewal-dung ein. V. KRACHT

Etwa drei Kilometer nördlich von Isny liegt der Zeller Wald unmittelbar westlich der äußeren Jungendmoräne, die den Maximalstand der Vergletscherung während der letzten Kaltzeit beschreibt. Im Bereich des NSG »Moos im Zellerwald« entwickelte sich auf dem undurchlässigen Boden einer Senke ein Moor mit bis zu 380 Zentimeter mächtigen Torfschichten. Dabei handelt es sich um ein Versumpfungshochmoor ohne Bruchwaldvorläufer, eine in der Region außerordentlich seltene Bildung. Für das starke Moorwachstum sorgten insbesondere die hohen Niederschläge (bis zu 1 600 Millimeter pro Jahr) im Stauraum der Adelegg.

Wie die meisten anderen Hochmoore des württembergischen Allgäus wurde auch das »Moos im Zellerwald« durch Eingriffe stark verändert. Zumindest seit dem 19. Jahrhundert bauten dort die bäuerlichen Eigentümer Torf als Brennstoff ab. Insgesamt fielen dem Handtorfstich, der erst Ende der 1960er-Jahre aufgegeben wurde, etwa zwei Fünftel des Hochmoorkörpers zum Opfer. Einen Großteil der abgetorften Flächen bewirtschafteten die Landwirte bis in die 1970er-Jahre hinein als Streuwiesen. Heute liegen sie weitgehend brach. Genutzt werden nur noch die randlichen Fichtenmoorwälder und teilweise auch die Spirkenbestände auf dem abgeschiedenen Hochmoor.

Der südliche Teil des Schutzgebietes blieb von der Abtorfung weitgehend verschont. Hier kommt die niederliegende Form der Moorkiefer (Kuschel) als Besonderheit des Gebietes vor. Von floristischem Interesse sind auch die Regenerationsflächen entlang der Abbaukante. Die Flora der ehemals extensiv bewirtschafteten Pfeifengraswiesen ist dagegen verarmt. Dennoch gedeihen hier immer noch 184 Arten höherer Pflanzen.

Daneben stellt das Schutzgebiet auch ein Refugium für eine ganze Reihe gefährdeter Tierarten dar. Hier konnte sich beispielsweise ein stabiler Bestand der Kreuzotter halten, dem das Moor seinen ursprünglichen Namen Kreuzottermoos verdankt. Mit seinen offenen Torfstichen und seiner blütenreichen Vegetation bietet das Gelände zudem günstige Lebensbedingungen für Libellen- und Schmetterlinge. Und nicht zuletzt zieht der Strukturreichtum des Gebietes viele Kleinvögel an, die in der recht einheitlichen, als Fichtenkultur genutzten Umgebung kaum noch geeignete Brut- und Nahrungsplätze finden.

Schutzzweck ist die Erhaltung, Förderung und Verbesserung der ökologischen Wertigkeit eines teilweise noch unberührten Hochmoorlebensraumes sowie seiner abgetorften Moorregenerationsflächen als Lebensraum und Rückzugsgebiet für eine artenreiche Tier- und Pflanzenwelt, als wichtigem Biotoptrittstein in dem Lebensraumver-

Von der einst so regen Betriebsamkeit zeugen im früher so genannten »Kreuzottermoos« nur noch die Überreste von Torfhütten und die alten Torfabfuhrwege.
V. KRACHT

bund von Feuchtgebieten des Westallgäuer Hügellandes und als Zeugnis für die über ein Jahrhundert betriebene kleinbäuerliche Torfnutzung.

Die Rohrammer (*Emberiza schoeniclus*) brütet im NSG »Moosmühle«. DANNENMAYER

40 MOOSMÜHLE

Landkreis Ravensburg: Stadt Leutkirch,

Gemarkungen Leutkirch und Wuchzenhofen

Naturraum: Westallgäuer Hügelland

Geschützt seit 1991

Fläche: 34 Hektar

Top. Karte 8126

Das Schutzgebiet »Moosmühle« schließt unmittelbar an den östlichen Stadtrand von Leutkirch an. Neben dem östlichen Teil des Stadtweihers mit den sich anschließenden Feuchtbiotopen und Waldflächen umfasst es auch den kleineren Vogelweiher mit mehreren Brutinseln und ausgedehntem Schilfröhricht. Außerdem wurden die dem Stadtweiher zufließenden Bäche und die daran angrenzenden Wiesen mit in das 34 Hektar große Schutzgebiet aufgenommen. Wie Reps- und Ochsenweiher zählte auch der bereits 1398 urkundlich erwähnte Stadtweiher im Mittelalter zum Leutkircher Schutzsystem gegen das Eschach-Hochwasser. Den Namen für das Naturschutzgebiet entnahm man der alten Mühlanlage im Zentrum des Areals, von der allerdings nur Reste erhalten sind. Der nordöstliche Teil des Schutzgebietes dient auch noch zur Hochwasserrückhaltung.

Im geschützten Bereich ist der Stadtweiher von einem Weiden- und Erlengürtel umgeben, dem stellenweise Schilfröhricht vorgelagert ist. Nach Süden hin schließen sich niederwüchsige Weidengebüsche an. Im Süden des Vogelweihers, den ein Damm vom Stadtweiher abtrennt, macht sich eine größere Schilffläche breit. Ansonsten säumen erlenreiche Wälder dieses Gewässer. Im Bereich des Baches Floschen wächst bei hoch anstehendem Grundwasser ein feuchter Bachauenwald mit Weiden, Schwarz- und Grauerlen. Solche Erlenbruch- und Bachauenwälder gehören in

Deutschland mittlerweile zu den sehr selten gewordenen Landschaftstypen. Auf einem Großteil der rund 14 Hektar großen Waldfläche stehen inzwischen aber ausgedehnte Laubwälder oder feuchtgründige Fichtenaufforstungen.

Von besonderem Wert sind drei voneinander isolierte Kalkniedermoore in Form von Davalls-Seggen-Quellmooren. Obwohl es sich dabei nur um Reste eines ehemals ausgedehnten Niedermoorgürtels handelt, beherbergen die Flächen auch heute noch floristische Raritäten wie Mehlprimel und verschiedene Orchideenarten. Einige Feuchtwiesen im Schutzgebiet werden noch immer als Streuwiesen bewirtschaftet. Dank dieser extensiven Nutzung blieben sie in ihrem ursprünglichen arten- und blütenreichen Zustand erhalten. Andere Bereiche wurden mittlerweile in Futterwiesen umgewandelt. Da man aber immer noch typische Streuwiesenpflanzen antrifft, darf man hoffen, dass sich dieses Grünland langfristig erfolgreich aushagern und in artenreiche Wiesen zurückführen lässt.

Auf dem Gelände der alten Moosmühle wächst eine vielfältige Ruderalflora, die zahlreiche Blütenbesucher wie Bienen, Schmetterlinge und Schwebfliegen anzieht. Die dortige Schuttfläche ist ein Standort Trockenheit liebender Pflanzen wie der Natternkopf.

Die beiden Weiher mit den angrenzenden Schilfröhrichtbeständen, Großseggenriedern und Hochstaudenfluren bieten einer Vielzahl

In den drei Mooren des NSG »Neuhauser Moos-Mollenweiher« sind nahezu alle charakteristischen Heuschreckenarten der Feuchtgebiete im Alpenvorland vertreten, auch die Sumpfschrecke (*Stethophyma grossum*). J. KIECHLE

seltener Vögel wie dem Eisvogel ideale Bedingungen als Rast- und Brutplatz. In den Schilfflächen und Niedermoorbiotopen brüten selten gewordene Arten wie Rohrammer, Teichrohrsänger und Weidenmeise. Wasservogelarten wie Kormoran, Gänsesäger und Rohrweihe suchen das Moosmühle-Gelände auf ihrem Zug als Rastplatz auf. Damit ist dieses Feuchtgebiet als Trittstein-Biotop des Vogelzugs Bestandteil eines überregionalen Lebensraumverbundes.

Schutzzweck ist die Erhaltung und Pflege des NSG »Moosmühle« als Stillgewässer mit angrenzendem Feuchtgebietsmosaik aus Verlandungszone, Kalkniedermoor, Bachläufen, Gräben, Feucht- und Streuwiesen sowie feuchtgründigen Waldbiotopen von teilweise hohem Natürlichkeitsgrad. Der Schutzzweck umfasst die Erhaltung des Naturschutzgebietes als Lebensraum amphibischer und terrestrischer Lebensgemeinschaften mit ihren charakteristischen Tier- und Pflanzenarten sowie als Rastbiotop im Vogelzug.

Hinweise für Besucher: Am Südufer des nicht geschützten westlichen Teils des Stadtweihers liegt an der Straße nach Adrazhofen das Freibad der Stadt Leutkirch. Das Schutzgebiet ist sehr gut über einen Naturlehrpfad zugänglich, der beim Freibad beginnt und um den Stadtweiher führt. Auf mehreren Tafeln wird ausführlich über die Geschichte des Stadtweihers, über die Tier- und Pflanzenwelt, die Nutzung und die Maßnahmen zur Sanierung des Weihers informiert.

41 NEUHAUSER MOOS-MOLLENWEIHER

Landkreis Ravensburg: Gemeinde und Gemarkung Vogt

Naturraum: Westallgäuer Hügelland

Geschützt seit 1989

Fläche: 26,5 Hektar

Top. Karte 8224

Das NSG »Neuhauser Moos-Mollenweiher« liegt zwischen Moränenwällen und Drumlins der Würm-Kaltzeit etwa zwölf Kilometer östlich von Ravensburg bei Vogt. In dem etwa 26 Hektar großen Schutzareal wurden drei benachbarte Moore zusammengefasst: das Neuhauser Moos, das Stocker Moos und der mittlerweile vollständig verlandete Mollenweiher.

Das Neuhauser Moos wird von einem Spirkenhochmoor gebildet. In seiner Umgebung wächst ein Moorwald mit Fichte und Moorbirke, im Süden reiner Nadelwald. Der Moorwald wird plenterartig bewirtschaftet, wobei die Moorkiefer gefördert werden soll. Die randlichen Nieder-

moorflächen wurden teilweise in Wirtschaftsgrünland überführt. Kleine Tümpel, Gräben,
Schienen und andere Anlagen weisen heute noch
darauf hin, dass man hier Torf abgebaut hat. Auf
lichten und relativ trockenen Bereichen breitet
sich die Heidelbeere aus, sonst herrschen hochmoorbildende Torfmoose und andere typische
Hochmoorpflanzen vor.

Auch das östlich vom Neuhauser Moos liegende Stocker Moos ist ein kleines Spirkenhochmoor, das von einem Fichtenwald umgeben wird.
Der Niedermoorbereich präsentiert sich als streuwiesenartig genutzte Pfeifengraswiese. Über einen Korridor aus Fett- und Feuchtwiesen schließt
sich der verlandete Mollenweiher an. Auf der
ehemaligen Weiherfläche breitet sich heute ein
Kalkniedermoor als Mehlprimel-Kopfbinsenried
aus. Hier und dort trifft man auch Übergangs-
moorarten an, die auf eine Regeneration zum
Hochmoor hindeuten. Zwischen diesem Bereich
und einem teilweise stark verbuschten Übergangsmoor im Norden liegen Gehölzstreifen und
Großseggenrieder. Die umliegenden Nieder-
moor-Flächen werden mehr oder weniger intensiv bewirtschaftet.

Die enge Verzahnung von Hochmoor, Übergangsmoor, Niedermoor, Torfstichen, Streuwiesen und feuchtem Grünland bietet einen reich
strukturierten Lebensraum, in dem sich die Tier-
und Pflanzenwelt entsprechend vielfältig entwickeln konnte. Besonders hervorzuheben sind die
Torfstiche im Schutzgebiet, in denen Amphibien
und etliche Libellenarten geeignete Refugien gefunden haben.

Die intensive Bewirtschaftung der Grünlandbereiche, Drainagen und die Aufgabe der traditionellen Streuwiesennutzung haben Teile des
Schutzgebietes bereits erheblich beeinträchtigt.
Nur mit behutsamer Pflege lässt sich die Gefahr
bannen, dass die ursprünglichen Lebensräume
und damit auch die darauf angewiesenen Arten
verdrängt werden. Diesem Ziel dient ein detaillierter Pflegeplan. Er beinhaltet unter anderem
die Regelung des Wasserhaushaltes, die Extensivierung der Bewirtschaftung und die eigentlichen
Pflegearbeiten.

Schutzzweck ist die Erhaltung und teilweise
Wiederherstellung des Gebietes als besonders
reich strukturiertem Komplex verschiedener
Feuchtgebiets- und Moortypen und damit als
Lebensraum der darauf angewiesenen Fauna und
Flora.

42 NEURAVENSBURGER WEIHER

Landkreis Ravensburg: Stadt Wangen,
Gemarkung Neuravensburg
Naturraum: Westallgäuer Hügelland
Geschützt seit 2000
Fläche: ca. 38,5 Hektar
Top. Karte 8324

Das Naturschutzgebiet grenzt südlich von
Neuravensburg unmittelbar an den Siedlungsrand und liegt in einer Höhe von etwa 250 m NN.
Den geologischen Untergrund bildet Moränen-
material aus der Würm-Kaltzeit. Das Gebiet umfasst den Neuravensburger Weiher mit einer ausgedehnten Verlandungszone aus Rohrkolben-
und Schilfröhricht sowie Großseggenried. Nasse
Staudenfluren, kleinere Feuchtgebüsche mit Weiden und Erlen, Feucht- und Nasswiesen schließen an. Sowohl im Norden als auch im Südosten
des Gebietes gibt es quellige Bereiche, die zum

Als Besonderheit im NSG »Neuravensburger Weiher«
gilt ein Quellmoor mit Davalls Segge und Schwalbenwurz-Enzian (*Gentiana asclepiadea*). W. LÖDERBUSCH

Für Vögel hat der Neuravensburger Weiher eine überragende und europäische Bedeutung als Brut- und Rastplatz seltener oder bedrohter Vogelarten. B. SCHALL

Teil vermoort sind. Neben mineralischen Böden gibt es deshalb auch Anmoor- und Niedermoorböden. Die Zuflüsse des Weihers sind der von Südwesten kommende Moosbach und der von Osten kommende Zipfelgraben. Der abfließende Bach mündet nach etwa einem Kilometer in die Obere Argen. Der Weiher wird heute als Angelgewässer genutzt.

Das artenreiche Vegetationsmosaik beherbergt auch einige landesweit gefährdete Pflanzenarten. Vor allem im südwestlichen Weiherbereich wachsen Reinbestände der Gelben Teichrose, vereinzelt auch die Weiße Seerose. Im landseitigen Bereich der Verlandungszone kommt die Wunder-Segge vor. Im Schilfröhricht findet man Sumpf-Haarstrang und in der südlichen Weiherbucht Schmalblättrigen Rohrkolben. Die einst als Streuwiesen genutzten Flächen sind mit Hochstauden durchsetzt. Im Übergangsbereich zu den Nasswiesen dominieren neben Hochstauden auch Sumpfdotterblume, Wiesen-Knöterich und Weißer Germer. In nassen, weniger hochwüchsi-

gen und zum Teil durchrieselten Bereichen treten Orchideen und Fieberklee auf.

Für Vögel ist das Schutzgebiet ein wichtiger Brut- und Rastplatz. Im Gebiet brüten Schwarzhalstaucher, Drosselrohrsänger und Zwergdommel. Die Zwergdommel gehört zu den Arten der Vogelschutzrichtlinie, für die besondere Maßnahmen zum Schutz der Lebensräume ergriffen werden müssen. Auch für Amphibien, Libellen und Schmetterlinge ist das Gebiet von Bedeutung.

Schutzzweck ist die Erhaltung und Optimierung des gesamten Gebietes als Lebensraum und Rückzugsgebiet einer artenreichen Tier- und Pflanzenwelt und als kulturhistorisches Zeugnis einer früheren Landnutzung.

Hinweise für Besucher: Am Nordufer des Weihers ist eine vom Wohngebiet aus zugängliche Liegewiese angelegt worden, von der aus gebadet werden kann. Dabei sollte der als Ruhezone ausgewiesene Ostteil des Weihers aus Gründen des Vogelschutzes gemieden werden.

43 OBERER UND UNTERER SCHENKENWALD

Landkreis Ravensburg: Gemeinde Fronreute,
Gemarkung Blitzenreute, Gemeinde und
Gemarkung Baindt

Naturraum: Bodenseebecken

Geschützt seit 1967

Fläche: 68 Hektar

Top. Karte 8123

Im weiten Tal der Schussen zwischen Weingarten und Mochenwangen liegen – direkt an der
Bahnlinie von Ulm nach Ravensburg – der Obere
und Untere Schenkenwald. Die beiden Teile des
Schutzgebietes sind seit dem Jahr 2002 durch
Sukzessions- und Laubwaldaufforstungsflächen
miteinander verbunden (Ersatzmaßnahme für
den Neubau der B 30). Sie bilden im Schussenbecken, das nahezu vollständig entwässert und in
Kulturland umgewandelt wurde, die einzigen

größeren Relikte eines Waldtyps, der einst das
ganze Schussenbecken bedeckte.

Der Untergrund dieser Waldbestände besteht
vorwiegend aus Sand und Kies mit eingelagerten
Mergelschichten. Aufgrund des in unterschiedlicher Höhe anstehenden Grundwassers bildeten
sich verschiedene Waldgesellschaften aus. Vor
der Schussen-Korrektur um 1850 handelte es sich
nach alten Beschreibungen um großflächige Auewälder. Im Mittelalter, als die Schenkenwälder
zum Kloster Weingarten gehörten, wurden sie intensiv als Mittel- und Niederwälder zur Brenn-
holz- und Gerbrindegewinnung bewirtschaftet.
Erst im 19. Jahrhundert wurden sie allmählich in
Hochwald überführt und die ältesten Eichen
stammen aus dieser Zeit. Heute baut sich die
Baumschicht vor allem aus Eschen und Schwarzerlen auf. Der Schenkenwald ist bekannt für
seine einmalig schönen, hochstämmigen
Schwarzerlen und hier steht auch die wohl mächtigste Erle Deutschlands. Auf das relativ hoch

Wie zwei Inseln liegen die Schenkenwälder in der intensiv genutzten, weiten Niederung der Schussen. Nur wenige hundert Meter trennen sie im Norden vom gro-ßen Band des Altdorfer Waldes. PROJEKTPHOTO SACH+SCHNELZER

anstehende Grundwasser deuten Echtes Mädesüß und Sumpfdotterblume in der Krautschicht hin. Der Weiße Germer wächst stellenweise in bis zu mannshohen Gruppen.

Auf nur wenige Zentimeter höher gelegenen und damit etwas trockeneren Standorten geht der Auenwald in einen Stieleichen-Hainbuchenwald über. Üppiger Efeu deutet auf den subatlantischen Charakter des Gebiets hin, der infolge des bis hierher reichenden Bodenseeklimas durch milde Winter gekennzeichnet ist. In den Beständen sind die meisten einheimischen Laubhölzer vertreten, so zum Beispiel Berg- und Spitz-Ahorn, Schwarzerle und Stiel-Eiche, Ulme und Linde. Auch in der Strauchschicht gedeihen ungewöhnlich viele verschiedene Arten, am häufigsten die Traubenkirsche.

Der Schenkenwald bietet ein besonders eindrucksvolles Beispiel eines alten, bis zu 40 Meter

Zu den schönsten einheimischen Nachtfaltern gehört das Kleine Nachtpfauenauge (*Eudia pavonia*), das auch im Pfaumoos vorkommt. V. KRACHT

hohen Stieleichen-Hainbuchen-Mischwaldes. Ähnlich schöne Beispiele für diese Waldgesellschaft finden sich heute nur noch an wenigen Stellen der Oberrheinebene. Für Württemberg aber, und ganz besonders für Oberschwaben, ist dieser Wald einmalig. In Fachkreisen ist der Schenkenwald auch als Versuchs- und Lehrrevier über die Grenzen Deutschlands hinaus berühmt. Hier werden zahlreiche Baumarten zur Gewinnung von Saatgut beerntet. Seit 1934 werden in einem Langzeitversuch Fledermäuse und Vögel angesiedelt, ursprünglich zur Bekämpfung des Eichenwicklers. Inzwischen hat sich eine große, stabile Population des Trauerschnäppers und der Hohltaube entwickelt. Auch der seltene Mittelspecht ist hier zuhause.

Schutzzweck ist die Erhaltung des naturnahen artenreichen Laubmischwaldes, insbesondere der eichen- und hainbuchenreichen Bestände und der Sumpfwälder mit Erlen und Eschen mit ihrer artenreichen Tier- und Pflanzenwelt.

Hinweise für Besucher: Das Naturschutzgebiet erreicht man auf einem Weg, der südlich von Mochenwangen bei Menzenhäusle von der L 284 nach Süden abbiegt, Nach etwa 400 m erreicht man den Oberen Schenkenwald. Hat man diesen durchquert, stößt man auf den Weg von der Domäne Riedsenn nach Staig, auf dem man nach Westen über die Bahnlinie gelangt. Nach der Brücke zweigt ein Weg in den Unteren Schenkenwald ab.

44 PFAUMOOS, NIGGELMOOS UND BEI DER SCHLEIFE

Landkreis Ravensburg: Gemeinde und Gemarkung Bodnegg, Gemeinde und Gemarkung Waldburg
Naturraum: Westallgäuer Hügelland
Geschützt seit 1984
Fläche: 36,6 Hektar
Top. Karte 8224

Etwa zehn Kilometer südöstlich von Ravensburg liegt nördlich der B 32 am Fuße des Lankrain, eines Höhenrückens der Inneren

Im NSG »Pfaumoos, Niggelmoos und bei der Schleife«. L. ZIER

Jungendmoräne, ein ausgedehnter Quell- und Niedermoorkomplex. Das NSG besteht aus fünf Teilgebieten. Das zwischen Maiertal und Pfaumoos liegende Pfaumoos umgreift mit vier fingerförmigen Ausbuchtungen nach Westen die in Kuppen aufgelöste Endmoräne. Zwei weitere Teilgebiete befinden sich in der Nähe des Gehöfts Schleife. Das Niggelmoos liegt in einer Geländesenke östlich davon. Der Moorkomplex verdankt seine Entstehung einem breiten Quellhorizont mit mehreren kalkhaltigen Hangquellen.

Besonders stark entwickelte sich das Quellmoor auf kiesiger Unterlage in dem auf das Maiertal hinweisenden Lappen des Pfaumooses. Hier, im südlichen Lappen sowie bei der Schleife sind Tuffvorkommen mit Kalksinterterrassen ausgebildet. Die Mächtigkeit der Torfschichten wechselt je nach Standort: Hangaufwärts lagern bis zu 150 Zentimeter mächtige Torfschichten, weiter unten stehen oft kaum 50 Zentimeter Torf an.

Der größte Teil der Hangquellmoore wird auch heute noch als Streuwiese bewirtschaftet. Nur im mittleren, fast ebenen Teil des Pfaumooses wurden größere Flächen in nasse Wirtschaftswiesen überführt. Der traditionellen Streuwiesennutzung ist das floristisch reiche Kopfbinsenried zu verdanken. Bei zunehmender Torfmächtigkeit und entsprechender Abnahme des Kalkgehaltes erhalten die Torfmoose hier bereits Lebensbedingungen, die es ihnen ermöglichen, kleinere Bulte

aufzubauen. An etwas trockeneren Stellen treten Heidekraut und Thymian hinzu. Auf den relativ trockenen Kuppen breiten sich Pfeifengraswiesen aus, in denen man zahlreiche Orchideen und andere selten gewordene Pflanzenarten findet.

Entlang der in die Hangquellmoore eingeschnittenen Quellbäche ziehen sich schmale Galeriewälder mit Schwarzerle, Stiel-Eiche, Fichte und Birke hin. In die Streuwiesen eingebettet liegen einige Quellaustritte mit kalkhaltigem Wasser, an denen sich gelegentlich Tuff bildet. Vor allem dort können sich sehr seltene und hoch spezialisierte Libellenarten halten. Ebenso wichtig ist das Naturschutzgebiet als Refugium für eine Vielzahl von Schmetterlingen.

Insgesamt stellt dieses geschützte Areal ein wertvolles Rückzugsgebiet für viele Lebensgemeinschaften dar, die eng an Hangquellmoore, Quellbäche und an Kalksinterquellen gebunden sind. Das Pfaumoos ist heute das größte Hangquellmoor, das im schwäbischen Oberland erhalten ist. Die meisten Quellmoore fielen einer intensiveren Landnutzung zum Opfer.

Schutzzweck ist die Erhaltung von noch nährstoffarmen Quellmooren mit ihren spezifischen Lebensräumen und ihrer artenreichen und stark bedrohten Tier- und Pflanzenwelt.

Hinweise für Besucher: Das Schutzgebiet liegt nördlich der kleinen Straße, auf der man von Hannober bei Waldburg über Hecker, Schleife,

Pfaumoos und Kammerhof zur B 32 gelangt. Hinter Pfaumoos biegt ein geschotterter Weg nach rechts ab, der am Westrand des Pfaumoos den Hang hinauf nach Maiertal und Schafmeier führt. Ein ausgeschilderter Wanderweg von Waldburg über den Lankrain nach Amtzell führt nordöstlich am Pfaumoos vorbei.

45 PREMER WEIHER

Landkreis Ravensburg: Gemeinde und
Gemarkung Wolfegg
Naturraum: Westallgäuer Hügelland
Geschützt seit 1990
Fläche: 7,24 Hektar
Top. Karte 8224

Am Dorfrand der Ortschaft Premen, in einem Seitental der Wolfegger Ach zwischen Kißlegg und Wolfegg, liegt das NSG »Premer Weiher«. Es umfasst den Weiher, seine Verlandungszone und die angrenzenden Feuchtwiesen. Die Entstehung des Premer Weihers ist eng mit den erdgeschichtlichen Vorgängen verknüpft, welche die Bildung und den Lauf der Wolfegger Ach bestimmten. Gegen Ende der Würm-Kaltzeit bahnten sich hier die Eismassen des Karbach-Gletschers ihre Schmelzwasserwege. Dabei entstand neben dem Tal der Wolfegger Ach auch das Tal der Premen.

Im 18. Jahrhundert gehörte der Premer Weiher zu den Besitztümern der Herrschaften Wolfegg und Waldburg, die ihn als Fischweiher bewirtschaften ließen. Heute wird das Gewässer als Angelgewässer genutzt.

An den Ufern des Weihers finden Amphibien wie Teichmolch, Gras- und Wasserfrosch geeignete Laichplätze. Der Verlandungsbereich mit seiner typischen Vegetationsfolge beschränkt sich im Wesentlichen auf das östliche Ufer. Hier brüten seltene und schützenswerte Wasservögel. Auch als Nahrungsbiotop und als Ruheplatz auf dem Vogelzug ist der Premer Weiher von Bedeutung. Schilfröhricht, Großseggenried und Hochstaudenfluren bieten im randlichen Niedermoor einer vielfältigen Flora und Fauna Lebensraum. Die angrenzenden Feuchtwiesen dienen als Pufferzone, die schädigende Einflüsse aus der intensiv bewirtschafteten Umgebung vom Schutzgebiet fernhalten soll.

Gefährdet werden die verschiedenen ökologischen Funktionen des Premer Weihers vor allem durch Beunruhigung. Deshalb wurde der Badebetrieb zum Schutze der sehr störungsempfindlichen Wasservögel auf den Dammbereich beschränkt. Auch die Fischer, die vom Damm und einigen Stegen aus weiterhin angeln dürfen, sollten die anderen Uferbereiche meiden. Dieser Kompromiss erlaubt einerseits die weitere Nutzung des Weihers und gewährleistet andererseits

(Rana temporaria) Grasfrosch-Männchen mit Schallblase und -Weibchen am Premer Weiher.
H.-P. DÖLER

den Schutz des empfindlichen Lebensraumes und seiner Bewohner.

Schutzzweck ist die Erhaltung des Premer Weihers und seines charakteristischen Verlandungsgürtels einschließlich seiner Pufferzone als typisches Landschaftselement in der Kulturlandschaft Oberschwabens und als wichtiger Nahrungsbiotop für Brut- und Rastvögel im Verbund der oberschwäbischen Gewässer und Feuchtgebiete.

Hinweise für Besucher: Der Donau-Bodensee-Radweg führt zwischen Wolfegg und Kißlegg unmittelbar am Premer Weiher vorbei.

Sommer-Schraubenstendel oder Sommer-Drehähre sind zwei deutsche Namen von *Spiranthes aestivalis*, die zu den Knabenkrautgewächsen gehört. W. Herter

46 Quellmoore bei Englisreute

Landkreis Ravensburg: Gemeinde und Gemarkung Bodnegg, Gemeinde und Gemarkung Grünkraut

Naturraum: Westallgäuer Hügelland

Geschützt seit 1981

Fläche: ca. 7 Hektar

Top. Karte 8224

Etwa sechs Kilometer südöstlich von Ravensburg liegt zwischen den Gemeinden Grünkraut und Bodnegg das NSG »Quellmoore bei Englisreute«.

Aufgrund kleinräumiger Standortunterschiede, einer unterschiedlich intensiven Bewirtschaftung und der fortschreitenden Sukzession ungenutzter Flächen konnte sich in dem Schutzgebiet ein enges Nebeneinander von Kalkniedermoor-, Grünland-, Hochstauden- und Waldgesellschaften entwickeln. Einen großen Teil der Moorflächen nimmt ein Mehlprimel-Kopfbinsenried mit präalpinen und alpinen Florenelementen ein. Die nassesten, mit kalkreichem Quellwasser überrieselten Bereiche werden von Kalktuff bildenden Moosen geprägt. Die weniger durchnässten Flächen des Riedes sind mit Streuwiesenarten durchsetzt, die im Sommer mit ihrem Blütenreichtum beeindrucken.

Auf den trockeneren Standorten breiten sich Enzian-Pfeifengraswiesen aus, vereinzelt finden sich auch ausgesprochene Trockenheits- und Magerkeitszeiger wie die Aufrechte oder die Zypressen-Wolfsmilch. Typisch für die Übergangs-Staudensäume ist die enge Verzahnung von Streuwiesenarten mit Stickstoff liebenden Hochstauden und Nasswiesenarten, die im Wesentlichen vom Nährstoffeintrag aus dem benachbarten Wirtschaftsgrünland leben. Kleinflächig trifft man im Schutzgebiet auch artenarmes Schilfröhricht an. Schon lange sind Teile der nördlichen Teilfläche entwässert und in gedüngte Zweischnitt-Wiesen umgewandelt. An das mittlere Teilgebiet grenzt im Norden Laubwald an. Zwischen ihm und dem Kalkquellmoor stehen nahezu reine Erlenbestände, die vermutlich aus Aufforstungsversuchen stammen.

In dem kleinräumigen Mosaik verschiedenster Lebensräume konnte sich auch die Tierwelt ungewöhnlich artenreich entfalten. So sind unter den

Quellmoor bei Eglisreute.
W. HERTER

Tagfaltern neben Kulturfolgern, Wanderfaltern (wie dem Distelfalter) und vielen unempfindlichen Arten mit einem breiten Habitatspektrum auch ausgesprochene Spezialisten anzutreffen. Auch in der Heuschrecken- und Libellenfauna sind Besonderheiten wie Wiesengrashüpfer und Kleiner Blaupfeil vorzufinden. Wie nahezu alle Moore in Deutschland werden allerdings auch die Quellmoore bei Englisreute durch den Nährstoffeintrag aus den umliegenden Feldern stark bedroht.

Schutzzweck ist die Erhaltung der floristisch und faunistisch wertvollen Quellgebiete und ihrer Lebensgemeinschaften.

Hinweise für Besucher: Der ausgeschilderte Radweg von Schlier nach Bodnegg verläuft kurz vor Englisreute am Südrand der nördlichen Teilflächen des Gebiets entlang.

47 REGNITZER WEIHER

Landkreis Ravensburg: Gemeinde und
Gemarkung Achberg
Naturraum: Westallgäuer Hügelland
Geschützt seit 1973
Fläche: 3,2 Hektar
Top. Karte 8324

Etwa zehn Kilometer südwestlich von Wangen liegt in einer Senke nördlich des Weilers Regnitz das NSG »Regnitzer Weiher«. Von diesem ehemaligen Weiher, dessen Boden von einem Kalk-Niedermoor bedeckt wird, ist nur noch ein kleiner Tümpel übrig geblieben. An das gut drei Hektar große Schutzareal grenzen Viehweiden, im Südosten ein Mischwald an. Von Nord nach Süd zieht sich ein Graben durch das Weiher-Gelände, der von dichtem Schilfröhricht gesäumt wird. Auch im Süden ist das Schutzgebiet bereits stark verschilft.

In früheren Zeiten wurde das Niedermoor als Nass- und Streuwiese genutzt. Dank dieser extensiven Bewirtschaftung konnte sich am Regnitzer Weiher eine Vielzahl besonderer Pflanzengesellschaften mit Orchideen, Mehlprimel und anderen seltenen Arten halten. Umgeben sind die Streuwiesen von Röhricht, einzelne Laub- und Nadelhölzer lockern das Bild auf.

Wegen seiner bescheidenen Größe ist das Schutzgebiet sehr stark negativen Einflüssen aus der Umgebung ausgesetzt, zumal es ohne Pufferzone in einer abgesenkten Mulde liegt. Die größte Bedrohung für die Vegetation am Regnitzer Weiher geht von der Nährstoffzufuhr aus dem umliegenden Intensivgrünland aus. Um dennoch die Artenvielfalt der Streuwiesen zu erhalten, werden die Schutzflächen von der Naturschutzverwaltung kontinuierlich gepflegt. Wegen der Bodennässe muss dabei eine Mähraupe eingesetzt werden.

Schutzzweck ist die Erhaltung der artenreichen Nass- und Streuwiesen auf dem ehemaligen Weiherboden mit floristischen Seltenheiten. Das Schutzgebiet hat eine besondere Bedeutung als Rückzugsgebiet für bedrohte Tier- und Pflanzenarten in einer intensiv genutzten Landschaft.

48 RENGERSMOOS

Landkreis Ravensburg: Stadt Isny,
Gemarkung Rohrdorf
Naturraum: Westallgäuer Hügelland
Geschützt seit 1991
Fläche: 9 Hektar
Top. Karte 8226

Das im Norden Isnys am Fuß des Rangenberges liegende NSG »Rengersmoos« wurde wie die meisten anderen Hochmoore des württembergischen Allgäus durch menschliche Eingriffe stark verändert. Bis Ende der 1950er-Jahre bauten hier Landwirte aus der Umgebung Torf als Brennstoff oder Einstreu ab. Dazu erwarben die Interessenten vom damaligen Eigentümer, der Fürstlich-Zeilschen Forstverwaltung, Stollen von 20 bis 25 Kubikmeter Größe, die sie dann in Selbstwerbung ausbeuteten.

Die abgetorften Flächen werden bis heute als Streuwiesen genutzt. Auf dem westlichen Randstreifen des neun Hektar großen Schutzgebiets wird intensive Grünlandwirtschaft betrieben, eine Großseggen-Streuwiese im Süden liegt seit 1983 brach. Die nicht abgetorften Hochmoorbereiche wurden und werden forstwirtschaftlich nur sehr extensiv genutzt. Obwohl das »Rengersmoos« stark unter der Abtorfung gelitten hat, stellt es mit seinen verlandenden Torfstichen, den Hochmoor-Regenerationsflächen und dem stark entwässerten Hochmoorkörper mit seinem Spirkenfilz immer noch einen wertvollen Biotop dar – eine kleine Naturoase inmitten einer intensiv bewirtschafteten Landschaft.

Auf den Streuwiesen im östlichen Teil des Schutzgebietes begünstigt der Wechsel von nährstoffarmem Moorwasser und kalkreichem Oberflächenwasser aus dem Rohrdorfer Bach ein floristisch reizvolles Vegetationsmosaik. Hier gedeihen auf engstem Raum nebeneinander die verschiedenen Pflanzen der Kalk-Kleinseggenriede, der bodensauren Kleinseggenriede und der bodensauren Pfeifengraswiesen. Entlang der Torfstichkante wachsen Arten der Übergangsmoore. Von der einstigen Nutzung des Moores zeugen heute noch mehrere offene Torfstichgewässer.

Der nicht abgetorfte Hochmoorbereich liegt im Zentrum des Schutzgebiets. Hier dringen in letzter Zeit mehr und mehr Fichten und Birken ein – eine Folge der Entwässerungsmaßnahmen und forstlicher Eingriffe. Heute bringt es die Moorkiefer in diesem Waldstück nur noch auf einen Anteil von etwa fünfzig Prozent. Im Osten

Ein fast verlandeter Torfstich im Rengersmoos.
V. KRACHT

des Schutzgebietes stehen die Reste eines Eschen-Grauerlenwaldes, in dem man eine ganze Reihe seltener und zum Teil geschützter Arten findet, die so üppig sonst nur noch in den Tobelwäldern der Adelegg oder im Argental anzutreffen sind.

Im strukturreichen Rengersmoos wurden bislang 223 höhere Pflanzenarten nachgewiesen. Dank dieser floristischen Vielfalt stellt das Areal auch einen bedeutenden Lebensraum für Tierarten dar. Hervorzuheben sind die Libellenvorkommen in den offenen Torfstichgewässern sowie die zahlreichen Tagfalterarten wie Kleiner Heufalter, Ochsenauge und Baldrian-Scheckenfalter. Als Besonderheit ist zudem eine große Population der Roten Waldameise in dem mit Spirken und Fichten bewachsenen Hochmoorkern anzusehen. Zusätzliche Bedeutung erhält das »Rengersmoos« durch seine Nähe zu den Naturschutzgebieten »Moos im Zellerwald« (Kreuzottermoos), »Bodenmöser« und »Rimpacher Moos«. Nur ein solches Verbundsystem ähnlicher Biotoptypen gewährleistet den Austausch genetischen Materials, der zur Erhaltung lebensfähiger Tier- und Pflanzenpopulationen notwendig ist.

Schutzzweck ist die Erhaltung, Förderung und Verbesserung der ökologischen Wertigkeit eines Hochmoorrestes sowie seiner abgetorften Regenerationsflächen als Lebensraum für eine artenreiche Tier- und Pflanzenwelt sowie als wichtigem Trittstein in dem Lebensraumverbund von Feuchtgebieten.

Hinweise für Besucher: Das NSG »Rengersmoos« liegt unmittelbar an der Straße von Isny nach Leutkirch hinter Rengers. Es ist von der Straße aus gut an dem für Pfeifengraswiesen und verheidete Moore typischen rötlich-bräunlichen Farbton zu erkennen.

49 REPS- UND OCHSENWEIHER

Landkreis Ravensburg: Stadt und Gemarkung Leutkirch

Naturraum: Riß-Aitrach-Platten

Geschützt seit 1991

Fläche: 7,2 Hektar

Top. Karte 8126

Eingekeilt zwischen Neubaugebieten am Ostrand von Leutkirch liegt das Schutzgebiet »Reps- und Ochsenweiher« inmitten der Altmoränenlandschaft zwischen der Äußeren Jungendmoräne und dem charakteristischen doppelten Endmoränenwall der Riß-Kaltzeit.

Die beiden Weiher im Zentrum des Schutzgebiets stellen die Reste eines im Mittelalter angelegten Systems zum Schutz vor Hochwasser dar. Im Osten von Leutkirch hat man die Bäche mit ihren großen Einzugsgebieten zu einer Reihe von

Obwohl mitten in Leutkirch gelegen, vermittelt das NSG »Reps- und Ochsenweiher« – hier der Repsweiher – den Eindruck großer Naturnähe. B. SCHALL

Weihern aufgestaut. Die Hochwässer der Eschach aus der Adelegg wurden mit Hilfe der Rauns, einem Kanal, westlich um die Stadt herumgeführt. Auf dem Wasser des höher gelegenen Ochsenweihers findet man kaum Vegetation. Dagegen ist der nährstoffreiche Repsweiher, der aus dem Ochsenweiher gespeist wird, mit Kanadischer Wasserpest und Grünalgen bewachsen, die vermutlich die früheren für den Naturschutz interessanten Seerosenbestände verdrängt haben. Die Verlandungszone beider Gewässer wird von einem Großseggenried geprägt, das landeinwärts aus einem nahezu geschlossenen Steifseggenried besteht. Östlich des Ochsenweihers schließen sich Wiesen an – mit der ganzen Abfolge von artenreichen Streuwiesen über ungedüngte Nasswiesen bis hin zu nährstoffreichen Fettwiesen.

Außerdem stocken im Schutzgebiet mehrere bruchwaldähnliche Gehölzbestände. Dabei kommt der östlich des Repsweihers an das Großseggenried angrenzende Schwarzerlenbestand einem echten Bruchwald am nächsten. In den übrigen Waldflächen am Südufer des Repsweihers findet man zahlreiche Auwaldarten wie Grauerle, Wechselblättriges Milzkraut oder Gelber Eisenhut.

Entsprechend seiner floristischen Vielfalt ist das Gebiet auch für die Tierwelt von großer Bedeutung. Der kleinräumig strukturierte Feuchtgebietskomplex bietet einer individuenreichen Amphibienfauna ideale Lebensbedingungen, wobei die Nasswaldbereiche als Sommerlebensraum für Erdkröte und Bergmolch dienen. Am Repsweiher siedeln u. a. Krickente, Tafelente, Haubentaucher und Zwergtaucher.

Schutzzweck ist die Erhaltung eines landschaftstypischen Biotopkomplexes aus Weihern mit Verlandungszonen, Großseggenried, Pfeifengraswiesen und Nasswaldbeständen, der einer vielfältigen Pflanzen- und Tierwelt mit zahlreichen gefährdeten Arten als Lebensraum bzw. Brutplatz dient.

Hinweise für Besucher: Wegen seiner Stadtnähe ist das Gebiet besonders empfindlich. Um seine Bedeutung, insbesondere als Rückzugsraum störungsempfindlicher Vogelarten, zu erhalten, sollten Wege nicht verlassen und Hunde immer an der Leine geführt werden. Im Repsweiher ist das Baden ab 1. Juli und nur vom sehr kleinen unbefestigten Badeplatz am Nordufer aus erlaubt. Wasserfahrzeuge sind nicht erlaubt. Für uneingeschränktes Badevergnügen empfiehlt sich die Badeanstalt am Leutkircher Stadtweiher.

50 RIMPACHER MOOS-WEITES RIED

Landkreis Ravensburg: Stadt Isny, Gemarkung Rohrdorf, Stadt Leutkirch, Gemarkung Friesenhofen

Naturraum: Westallgäuer Hügelland

Geschützt seit 1998

Fläche: 86,3 Hektar

Top. Karte 8226

Das Naturschutzgebiet liegt etwa fünf Kilometer nördlich von Isny am Fuße der Adelegg in etwa 700 m NN. Im Westen des NSG reicht die äußere Würm-Endmoräne heran. Östlich bzw. südlich davon (Aigeltshofer Berg) beginnt die Molasse des Adelegg-Berglandes. Rimpacher Moos und Weites Ried selber liegen in einer ausgedehnten, dem Wall der äußeren Endmoräne folgenden Schmelzwasserrinne. Diese Rinne wurde vom Schmelzwasser mit Kies und Beckentonen verfüllt. Zeitweilig befand sich hier ein Stausee, der durch den nördlich anschließenden Eschachschwemmkegel verursacht wurde. Auf diesen gering durchlässigen Ablagerungen, die noch durch Abschwemmungen des von der Adelegg kommenden Ur-Friesenbaches verstärkt wurden, bildete sich ein typisches Versumpfungsmoor. Die Torfmächtigkeit beträgt im Nordteil etwa drei Meter, im Südteil bis zu vier Meter.

Das Moorgebiet umfasst heute im Norden einen teilweise bis zu zwei Meter abgetorften, größtenteils bewaldeten Hochmoor-Stillstandskomplex und großflächige, landwirtschaftlich extensiv genutzte Niedermoorbereiche im Süden. Der nicht abgetorfte Hochmoorteil wird extensiv forstwirtschaftlich genutzt. Nach Entwässerungsmaßnahmen wurden um den bewaldeten Hoch-

Auf den nassen Moorwiesen im Rimpacher Moos wächst die Niedrige Schwarzwurzel (*Scorzonera humilis*). LFU-ARCHIV

moorbereich nach 1970 Fichten eingebracht. Die Übergangsmoorflächen und die Niedermoorflächen im Weiten Ried (Südbereich) wurden bis 1970 fast ausschließlich als einmähdige Streuwiesen genutzt. Der östliche Teil des Gebiets wurde bereits 1874 durch den Bau der Eisenbahnlinie Isny-Leutkirch von der Hauptfläche abgetrennt. Heute ist die Bahnlinie stillgelegt. Im Zuge dieser Maßnahme wurde der Friesenbach begradigt und vertieft. Vorher wurde der Südteil durch den Friesenbach regelmäßig überflutet. Weitere Entwässerungsgräben wurden gezogen und viele Flächen aufgefüllt. Aus Streuwiesen entstanden Mehrschnittwiesen. Zusätzlich begünstigt wurde die Intensivierung durch den noch immer absinkenden Grundwasserspiegel. Heute existieren dennoch vertraglich genutzte Streuwiesen. Die so genannten Rossheuwiesen werden erst Anfang August gemäht.

Der Biotopkomplex beherbergt immer noch großflächig vorkommende, mosaikartig strukturierte Feucht-, Nass- und Streuwiesen mit Trollblumen und Bachkratzdisteln. Punktuell lassen Kalk und Nässe liebende Pflanzen wie Fettkraut, Fieberklee, Niedrige Schwarzwurzel, Davalls- und Saum-Segge auf gelegentliches Austreten kalkhaltigen Grundwassers schließen. Im Nordwesten des Gebiets befindet sich ein Sumpf-Seggenried. Die regenerierenden Torfstiche sind Lebensraum für Sonnentau, Schlamm- und Faden-Segge, Moosbeere und Schmalblättriges Wollgras. Einen weiteren Sekundärlebensraum bildet der Bahndamm mit Arten der Magerrasen. Am Schutzgebietsrand des Rimpacher Mooses gibt es ein kleines Krokusvorkommen. Es ist neben dem Vorkommen im NSG »Bodenmöser« das einzige bekannte in Baden-Württemberg.

Das Weite Ried gehört zu den besten Brutplätzen der stark zurückgehenden Feldlerche im württembergischen Allgäu. Bis 1995 brütete die Bekassine regelmäßig im Gebiet. Weitere Vogelarten nutzen das Gebiet als Rastplatz. Außer für Vögel stellen die Streuwiesen und Hochmoorbereiche unersetzliche Lebensräume für zahlreiche weitere Tierarten dar. Bemerkenswert ist der Hochmoor-Bläuling mit individuenreicher Population im Weiten Ried, der zur Eiablage die Moorbeere aufsucht, der Hochmoor-Gelbling, der Randring-Perlmutterfalter, die Kreuzotter sowie die Sumpfschrecke.

Schutzzweck ist der Schutz, die Erhaltung und in Teilen die Wiederherstellung eines Feuchtgebietsmosaiks als Lebensraum und wichtigem Rückzugsgebiet einer artenreichen und gefährdeten Pflanzen- und Tierwelt, als Moor- und Feuchtwiesenkomplex mit wichtigen landschaftsökologischen Ausgleichsfunktionen wie Wasserspeicher und Versickerungsstelle für das Trinkwasserschutzgebiet Laubener Brunnen sowie als Teil in einem Verbund von Feuchtgebieten.

Hinweise für Besucher: Auf dem ehemaligen Bahndamm verläuft der Radweg von Leutkirch nach Isny. Von dort aus hat man einen sehr guten Überblick über das Gebiet. Um die bodenbrütenden Vogelarten nicht zu beunruhigen, sollten in das Gebiet, außer am ehemaligen Bahndamm entlang, keine Hunde geführt werden. Auch Reiter und Radfahrer sollten sich nur im Bereich des Bahndammes bewegen.

51 ROTASWEIHER-DEGERMOOS

Landkreis Ravensburg: Stadt Wangen, Gemarkung Neuravensburg

Naturraum: Westallgäuer Hügelland

Geschützt seit 1993

Fläche: 68 Hektar

Top. Karte 8324

Das NSG »Rotasweiher-Degermoos« liegt zwischen Wangen und Lindau an der Landesgrenze zu Bayern. Es gehört naturräumlich zum Westallgäuer Hügelland. Nach dem Abschmelzen hinterließen die Eismassen des Alpenrheingletschers ein belebtes Relief. Der durch mineralische Inseln (Drumlins) untergliederte Moorkomplex des Degermooses entstand bei der Verlandung mehrerer, zum Teil abflussloser Rinnen und Toteisseen.

Bereits im späten Mittelalter wurden die vermoorten Rinnen innerhalb des heutigen Schutzgebietes zur Anlage von Fischweihern genutzt. An geeigneten Stellen stauten die Mönche des Klosters Sankt Gallen mit Dämmen kleine Wasser-

läufe auf. Auf diese Weise entstanden Rotasweiher, Kohlbrunnen- und Riedweiher. Diese Weiher wurden im Zuge der Säkularisation wieder aufgelassen und später landwirtschaftlich genutzt. Einzelne Flächen bewirtschafteten die Bauern als Zweischnittwiesen, den Großteil aber als Streuwiesen. Im Jahre 1966 wurden die Streuwiesen des ehemaligen Riedweihers mit Fichten aufgeforstet. Von der früheren klösterlichen Fischereiwirtschaft zeugen heute nur noch die zum Teil mit alten Eichen und Eschen gesäumten Weiherdämme. Im Bereich des Kohlbrunnenweihers und im südlich davon gelegenen Gründlenmoos wurde bis zu Beginn der 1960er-Jahre Brenntorf im Handstich abgebaut.

Der Hochmoorkern des Degermooses wurde auf bayerischer Seite unter Schutz gestellt. Mit den 68 Hektar Land, die das Tübinger Regierungspräsidium 1993 auf württembergischer Seite als Naturschutzgebiet ausgewiesen hat, erreicht das gesamte Areal eine Größe von rund 140 Hektar. Diese Weiträumigkeit und die Verzahnung verschiedenster Nutzungsformen machen das Schutzgebiet »Rotasweiher-Degermoos« zu einem außerordentlich bedeutsamen Refugium für zahlreiche Tier- und Pflanzenarten, die in der intensiv bewirtschafteten Kulturlandschaft keinen Lebensraum mehr finden.

Abhängig von Boden und Nutzungsform wachsen im Schutzgebiet die verschiedensten

Die Seerose (*Nymphea alba*) bedeckt den Torfstich im NSG »Rotasweiher-Degermoos«.
V. KRACHT

Varianten der Pfeifengraswiesen. Auch die zweimähdig genutzten Feuchtwiesen mit ihrem charakteristischen Artenbestand zählen zu den schutzwürdigen Wiesentypen. Eine ausgesprochene Rarität für die gesamte Region stellen die Magerrasenflächen auf den mineralischen Inseln im Bereich des Rotasweihers dar. Sie sind umgeben von Pfeifengraswiesen, denen sich weiter nördlich Fettwiesen anschließen. Die Übergangsmoorflächen in den Gewannen Kohlbrunnenweiher und Gründlenmoos werden schon seit längerer Zeit nicht mehr genutzt. Sie beheimaten Schlenken- und Fadenseggenmoor-Gesellschaften sowie Übergangsmoore mit Hochmoorzeigern, und sind so Standort einer Vielzahl seltener Pflanzen. Mittlerweile machen sich auf den aufgelassenen Flächen immer mehr Gehölze breit. Einzelne, zum Teil verlandete Torfstichgewässer finden sich im Gewann Kohlbrunnenweiher. Kleinflächig konnte sich auch Birken-Fichten-Kiefernmoorwald halten.

Großflächigkeit und der strukturelle Reichtum in dem Nebeneinander verschiedener Nutzungsformen und Verbrachungsstadien bilden die Grundlage für die außerordentliche Vielfalt auch der Tierwelt. Neben verschiedenen Libellenarten trifft man seltene Schmetterlinge an, darunter das letzte Reliktvorkommen einer früher in den Kalkniedermooren des Alpenvorlandes verbreiteten Art. Darüber hinaus konnten sich in die

sem Gelände etliche bedrohte Vogelarten halten. Durch Maßnahmen wie Entbuschung brachliegender Flächen, Mahd der Streu- und Nasswiesen und Freistellen von Torfstichgewässern wird versucht, den außerordentlich hohen Biotopwert des Naturschutzgebietes »Rotasweiher-Degermoos« langfristig zu erhalten.

Schutzzweck ist die Erhaltung, Pflege und teilweise Wiederherstellung eines überaus reich strukturierten Moorkomplexes mit eingestreuten mineralischen Magerrasen als Lebensraum einer artenreichen und teilweise hochgradig gefährdeten Tier- und Pflanzenwelt, als wichtigem Bestandteil des Gesamtmoorkomplexes Degermoos, sowie als Teil eines Verbundes von Feuchtgebieten des württembergischen Allgäus.

52 SASSWEIHER

Landkreis Ravensburg: Stadt Bad Waldsee,
Gemarkung Gaisbeuren
Naturraum: Oberschwäbisches Hügelland
Geschützt seit 1988
Fläche: 38,1 Hektar
Top. Karte 8124

Im Zentrum des NSG Saßweiher breitet sich ein Spirkenhochmoor aus, dem schwachwüchsige Moorkiefern oder Spirken mit einem hohen

Der rundblättrige Sonnentau (*Drosera rotundifolia*) besitzt an den Blättern drüsige Tentakel, an denen Insekten kleben bleiben, die dann von der Pflanze verdaut werden können. Deshalb kann sie im nährstoffarmen Hochmoor überleben. V. KRACHT

Anteil absterbender oder toter Bäume sein charakteristisches Aussehen verleihen. Auf den Torfmoosbulten wachsen Moosbeere, Rauschbeere und Wollgräser. Das Heidekraut mit Sonnentau und Weißer Schnabelbinse beschränkt sich auf lichte und relativ trockene Standorte. Zum Rand des Hochmoorschildes hin mischen sich mehr und mehr Fichten unter die Spirken. Im Osten des Hochmoores liegt ein Randsumpf. In diesem Lagg, in dem sich das aus dem Hochmoor abfließende Wasser mit dem mineralisch angereicherten Wasser des Bodens durchmischt, dominieren Arten der Großseggenrieder. Um das Hochmoor herum wächst großflächig ein Moorrandwald, der vorwiegend von Fichten aufgebaut wird. Daneben finden sich auch Wald-Kiefer, Spirke, Moorbirke und andere Gehölze, die an das hoch anstehende Grundwasser angepasst sind.

Der Saßweiher diente früher der Fischzucht. Noch zu Beginn des 19. Jahrhunderts war der Weiher etwa so groß wie das heutige Naturschutzgebiet. Später ließ man das Wasser ab, damit die randlichen Nieder- und Übergangsmoorbereiche als Streuwiesen bewirtschaftet werden konnten. Heute werden nur noch wenige Wiesen auf diese traditionelle Weise bewirtschaftet. Die schwerer zugänglichen Flächen wurden in der Regel sich selbst überlassen, einige Wiesen in mehrschüriges Grünland umgewandelt. Trotzdem ist das Saßweiher-Gelände noch immer ein wichtiges Rückzugsgebiet für Pflanzen und Tiere. Neben den Lebensgemeinschaften des intakten Spirken-Hochmoores hat man insbesondere in den randlichen Übergangs- und Niedermoorbereichen ein breites Spektrum an Tier- und Pflanzenarten nachgewiesen.

Schutzzweck ist die Erhaltung eines Spirken-Hochmoores mit vollständiger Zonation und den umgebenden Niedermoorflächen einschließlich der dort lebenden Tier- und Pflanzenwelt.

Hinweise für Besucher: Das Schutzgebiet liegt südlich der Straße von Enzisreute an der B 30 nach Bergatreute. Kurz von dem Saßweiher biegt von dieser Straße der Wanderweg von Bad Waldsee durch den Altdorfer Wald nach Weingarten ab. Nach etwa 500 m ist von diesem Weg aus ein kurzer Blick auf Streuwiesen im Randbereich des Gebietes möglich. Ansonsten kann und darf das nicht durch Wege erschlossene Gebiet nicht betreten werden.

53 SCHÄCHELE

Landkreis Ravensburg: Stadt und Gemarkung Isny
Naturraum: Westallgäuer Hügelland
Geschützt seit 1981
Fläche: 15 Hektar
Top. Karte 8326

Direkt am östlichen Stadtrand von Isny liegt landschaftlich äußerst reizvoll das Naturschutzgebiet »Schächele«. Es umfasst das Quellgebiet der Isnyer Ach mit mehreren Quellseen inmitten

Das Pyrenäen-Löffelkraut (*Cochlearia pyrenaica*) gehört zu den großen Besonderheiten im NSG »Schächele«. BNL-ARCHIV

von Streuwiesen, Hochstaudenfluren, Pestwurz-
beständen, Schilfröhricht und Großseggenriedern. Das Wasser, das im Schächele zu Tage tritt,
stammt aus einem Grundwasserstrom, der durch
die Wengener Argen und die Untere Argen gespeist wird. Der Name des Gebietes stammt vom
Wort »Schachen«, das im schwäbischen Sprach-
raum ein kleines, idyllisches Waldgebiet bezeichnet.

Die großflächigen, bunten Streuwiesen im
»Schächele«, die man bis vor wenigen Jahren noch
regelmäßig gemäht hat, werden überwiegend von
Kalkniedermoor-Gesellschaften besiedelt. Stand-
ortbedingt findet man auch Übergänge zur Enzian-Pfeifengraswiese. Fällt auf solchen Flächen
die Mahd aus, stellen sich schnell üppige, aber
artenärmere Schilf- und Mädesüß-Bestände ein.

Bei Düngung gehen die Streuwiesen-Gesellschaften in verschiedene Ausbildungen der

Durch das NSG »Schächele« führt eine Birkenallee.
B. SCHALL

Sumpfdotterblumenwiesen über. Diese Entwicklung ist vor allem in den Randbereichen des
Schutzgebietes zu beobachten. Um die nährstoffarmen Niedermoorflächen mit ihrer Vegetation
zu erhalten, finden gezielte Pflegemaßnahmen
statt.

Eine große Besonderheit im »Schächele«
stellt die Gesellschaft des Pyrenäen-Löffelkrauts
dar. Dabei handelt es sich um eine seltene
subarktische Reliktgesellschaft, die man in Oberschwaben nur an wenigen Quellbächen antrifft.
Von diesen letzten Vorkommen ist der Bestand
im »Schächele« am besten ausgebildet. Hier
bietet der von kaltem, sehr kalkhaltigem und
sauerstoffreichem Quellwasser durchsickerte
Boden dem Pyrenäen-Löffelkraut optimale
Bedingungen. Die häufigen Niederschläge
begünstigen an manchen Stellen im Schutzgebiet
die Hochmoorbildung in Form eines Übergangsmoores.

Das knapp sechs Hektar große Landschaftsschutzgebiet »Rotenbacher Weg-Achufer« soll als
Pufferzone störende Einflüsse vom Naturschutzgebiet fernhalten.

Schutzzweck des NSG ist die Erhaltung des
naturhaften und landschaftlich reizvollen Quell-
gebietes der Isnyer Ach mit den dazugehörenden
Niedermooren als Lebensraum der hier vorkommenden seltenen Pflanzen- und Tierarten.

Hinweise für Besucher: Der Wanderweg
von Isny über Kleinhaslach zur Adelegg führt auf
einer Birkenallee mitten durch das Schutzgebiet.

54 SCHEIBENSEE

Landkreis Ravensburg: Gemeinde und
Gemarkung Waldburg
Naturraum: Westallgäuer Hügelland
Geschützt seit 1967
Fläche: 5,6 Hektar
Top. Karte 8224

Unmittelbar im Süden der Gemeinde Waldburg liegt das Naturschutzgebiet »Scheibensee«,
eingebettet in das Tal zwischen den würmkalt-

zeitlichen Jungendmoränen von Waldburg und des Lankrains. Im Scheibensee entspringt der Edensbach, der sich durch das benachbarte Schutzgebiet »Blauensee« zieht und durch den Holzmühleweiher bei Vogt letztlich der Argen zufließt.

Mit rund 30 Meter Durchmesser stellt die heute noch offene Wasserfläche des Scheibensees nur den kleinen Rest eines größeren Sees dar, dessen ehemalige Uferlinie in der Natur noch gut zu erkennen ist. Die Verlandung schreitet rasch voran, in einigen Jahrzehnten ist mit der völligen Erblindung des Sees zu rechnen. Als Schutzgebiet wurde 1967 der gesamte ehemalige See ausgewiesen, der mit seiner nahezu kreisrunden Form ein charakteristisches Beispiel für ein Toteisloch bietet.

Mit der zunehmenden Verlandung entwickelte sich auf der ehemaligen Seefläche ein ausgedehnter Schwingrasen mit Zwischenmoor- bis Hochmoorcharakter, der im Norden in ein Niedermoor übergeht. Da der Scheibensee keine oberirdischen Zuflüsse hat, sondern durch Grundwasser und Niederschläge gespeist wird, hält sich der Nährstoffeintrag aus den intensiv bewirtschafteten Feldern in der Umgebung in Grenzen. So findet sich im Wasser eine besonders artenreiche Algenflora.

Der Botaniker Karl Bertsch bezeichnete im Jahr 1915 den Scheibensee noch als das »botanisch reichste und interessanteste Gewässer des Deutschen Reiches«. Auch auf dem Schwingrasen hat sich eine für nährstoffarme Standorte typische Flora angesiedelt. Als Besonderheiten sind die von Bertsch im Jahr 1933 kartierten 158 Zieralgen-Arten, die Weichwurz und das Vorkommen aller drei Sonnentau-Arten sowie von 16 Libellenarten hervorzuheben.

Nachdem die Gemeinde Waldburg über Jahrzehnte hinweg nur unzureichend geklärte Abwässer in den nördlichen Niedermoorstreifen eingeleitet hat, konnte sich dort ein dichter und überdüngter Brennnessel-Hochstaudengürtel entwickeln. Mittlerweile hat sich die Situation durch den Bau einer Kläranlage im Jahr 1986 verbessert. Mit gezielten pflegenden Maßnahmen

Nasswiese am Scheibensee mit Kuckuckslichtnelke (*Lychnis flos-cuculi*). V. KRACHT

versucht die Naturschutzverwaltung, den geschädigten Niedermoorbereich zu regenerieren.

Schutzzweck ist die Erhaltung der Lebensräume von Niedermooren, Zwischenmooren und Hochmooren mit ihrer artenreichen Tier- und Pflanzenwelt.

Hinweise für Besucher: Das Naturschutzgebiet ist nicht durch Wege erschlossen und kann deshalb nicht betreten werden. Lediglich an seinem Ostrand führt die Straße zwischen Waldburg und Blauensee über den Edensbach vorbei. Vom höher liegenden südlichen Ortsrand von Waldburg hat man jedoch einen ungestörten Blick auf das Naturschutzgebiet und den Scheibensee.

55 SCHMALEGGER UND RINKENBURGER TOBEL

Landkreis Ravensburg: Stadt Ravensburg,
Gemarkung Schmalegg, Gemeinden Horgenzell
und Berg, Gemarkungen Zogenweiler und Berg
Naturraum: Oberschwäbisches Hügelland
Geschützt seit 1997
Fläche: 229 Hektar
Top. Karte 8123

Als nach Ende der letzten Kaltzeit der Rheinvorlandgletscher abgeschmolzen war, waren
seine Spuren in der Landschaft unübersehbar.
Er hatte das Schussenbecken bis auf 400 m NN
ausgeschürft. An den Beckenrändern hatte sich
Moränenschutt abgesetzt und auf wenigen Kilometern einen 150 Meter hohen Reliefunterschied
geschaffen. Durch diesen Wall schnitt sich das
Fließgewässernetz tief bis in die weichen Schichten der Oberen Süßwassermolasse ein und es entstanden enge Täler mit steilen Hängen, so genannte Tobel. Besonders eindrucksvoll ist das
Tobelsystem im Naturschutzgebiet »Schmalegger
und Rinkenburger Tobel« bei Schmalegg, am
Westrand des Schussenbeckens. Das NSG hat
eine Ausdehnung von 3,5 Quadratkilometer. Die
höchste Erhebung im Gebiet nimmt der Tanns-
berg im Süden mit 599 m NN ein, der tiefste
Punkt wird mit 488 m NN in der Talsohle beim
Schwarzen Steg erreicht. Ein Teil des Gebiets ist
Bannwald.

Das Tobelsystem im Naturschutzgebiet wurde
im Wesentlichen durch die Erosionskraft von zwei
Bächen geschaffen. Durch den Feuertobelbach
wurden der Rinkenburger Tobel und der nördlich
anschließende Glastobel eingetieft. Der Buttenmühlebach schließlich schnitt nicht nur den
Schmalegger Tobel und den nach Nordwesten anschließenden Gehrntobel in die Molasseschichten
ein – auch durch seine Seitenarme entstanden die
idyllischen Kerbtäler. Der Kübler Bach bildete den
Steigtobel und der Rötenbacher Tobel entstand
durch die Aktivitäten des Rötenbachs.

Zwischen dem Glastobel und dem Schmalegger Tobel liegt ein schmaler Bergrücken, auf dessen Höhe noch Reste der ehemaligen Rinkenburg
zu sehen sind. Etwa 500 Meter weiter südlich des
Wasserfalls mündet der Kübler Bach aus dem
Steigtobel in den Buttenmühlebach. Dort über-
spannt eine hohe Brücke den Bach, der dann
durch den Schmalegger Tobel weiterfließt. Am
östlichen Ende des Schutzgebietes vereinen sich
Feuertobelbach, Buttenmühlebach und Engele-
tobelbach zur Ettishofer Ach, die in die Schussen
mündet.

Kernstück des Schutzgebiets ist der rund
120 Hektar große Bannwald »Schmalegger Tobel«
mit einem Mosaik seltener Waldgesellschaften. Im
Bannwald unterbleibt jegliche Nutzung. Die Tobel-

Die Erosionskraft der
Bäche schafft immer wie-
der neue Uferabbrüche,
was auch die vor Jahr-
zehnten eingebauten
Verbauungen aus Holz
nicht verhindern können.
R. KOBERT

hänge sind weitgehend mit ursprünglichen Buchenwäldern und edellaubholzreichen Schlucht-
und Hangmischwäldern bewachsen, in denen neben Buche, Ahorn und Esche auch die Tanne vorkommt, da sich das Tobelgebiet innerhalb ihres
Verbreitungsareals befindet. Zusätzlich wurden im
Gebiet Fichten eingebracht. Quellige, wasserzü-
gige Standorte der Hänge sowie der Talsohlen sind
Wuchsorte der Bach-Erlen-Eschen-Wälder. In diesen Beständen kann es an kalkreichen Quellaustritten zu Kalktuffablagerungen kommen.

Neben dem Frauenschuh kommen Pflanzenarten wie Klebriger Salbei, Alpen-Heckenkirsche
und Breitblättriges Pfaffenhütchen vor, die ihre
Hauptverbreitung in den Alpen haben. An den
Sonnhängen wächst das gefährdete Purpur-Knabenkraut. Bemerkenswert bei den Vögeln sind die
Vorkommen von Höhlenbrütern, die Altholz besiedeln.

Die Quellaustritte an der Schichtgrenze zwischen würmkaltzeitlichen Schottern und Oberer
Süßwassermolasse sind Ursprung zahlreicher
Rinnsale und Seitenarme des Tobelsystems. Die
Tobelbäche sind zum größten Teil in einem naturbelassenen Zustand mit freien Fließstrecken, in
denen Groppe und Elritze zu Hause sind. Auch für
die Wasseramsel gibt es hier ideale Lebensraum.
Beste Voraussetzungen bestehen für Amphibien
wie Gelbbauchunke und Feuersalamander.

Besonders charakteristisch für das Gebiet sind
Steil- und Rutschhänge an den Tobelwänden, wo
immer wieder offene Stellen und Rohbodenflächen die natürliche Erosion sichtbar werden
lassen.

Schutzzweck ist die Erhaltung und weitere
naturnahe Entwicklung eines gut ausgebildeten
Tobelgebiets von europäischer Bedeutung mit
naturnahen Schlucht- und Hangmischwäldern
sowie Kalktuffquellen als Lebensraum einer artenreichen Tier- und Pflanzenwelt und als einzigartiges Beispiel einer geomorphologischen Erschei-
nungsform.

Hinweise für Besucher: Der Schmalegger
Tobel ist ein beliebtes Naherholungsgebiet für
den Raum Ravensburg-Weingarten. Hauptaus-
gangspunkte für Besucher sind die Adelmühle im

An den Quellaustritten kommt der Kalk liebende
Frauenschuh (*Cypripedium calceolus*) vor. R. KOBERT

Norden an der Straße von Berg nach Zogenweiler
und im Süden des Gebiets der Wanderparkplatz
am Jägerhaus in Schmalegg beim Sportplatz. Dort
informieren Eingangstafeln über die Bedeutung
des Gebiets und die bestehenden Rundwanderwege. Weitere Tafeln an den Wegen bieten Information zu den Themen Bannwald, Flora, Fauna
sowie Entstehung der Tobel.

56 SCHRECKENSEE

Landkreis Ravensburg: Gemeinde Fronreute,
Gemarkung Fronhofen, Gemeinde und
Gemarkung Wolpertswende
Naturraum: Oberschwäbisches Hügelland
Geschützt seit 1939
Fläche: 86,3 Hektar
Top. Karte 8123

Der schon 1939 unter Schutz gestellte »Schreckensee« gehört zur Blitzenreuter Seenplatte zwi-

Blick auf den Schreckensee mit dem Kleinen Schreckensee rechts. Auf der linken Seeseite ist das Kalkniedermoor als breiter bräunlicher Streifen erkennbar.
PROJEKTPHOTO SACH+SCHNELZER

schen Weingarten und Altshausen. Diese Seenplatte im oberschwäbischen Hügelland umfasste
ursprünglich rund 610 Hektar Wasserfläche,
heute sind davon noch etwa 84 Hektar offene
Wasserfläche geblieben: neben dem Schreckensee der Vorsee, der Bibersee, der Blinde See, der
Häcklerweiher und der Buchsee. Die Entwicklung des Schreckensees stellt ein typisches Beispiel für den Alterungsprozess eines nachkaltzeitlichen Gletschersees dar und ist insofern
auch ein bedeutsames glazialgeologisches
Zeugnis.

Der Schreckensee wird erstmals im Jahre
1090 in einer Schenkungsurkunde an das Kloster
Weingarten erwähnt. Menschliche Aktivitäten
lassen sich in diesem Gebiet aber auch schon in
früheren Zeiten nachweisen. Wie am benachbarten Vorsee wurden auch hier bei Grabungen in
den Jahren 1979 und 1983/84 Reste vorgeschichtlicher Moorsiedlungen gefunden.

Am Schreckensee findet sich eine vollständige und ungestörte Uferzonierung: Dem wegen

der steil abfallenden Uferkante nur schmal ausgebildeten Schwimmblattgürtel schließt sich in
der nördlichen Seehälfte eine Verlandungszone
aus Schilf- und Schneidriedröhricht an. Im Süden wächst ein teilweise mit Schilf durchsetztes
Großseggenried mit Steif- und Wunder-Segge.
Nahezu der gesamte See ist von einem Faul-
baum-Grauweidengebüsch oder einem Erlen-
Uferwald umgeben. Nur im Nordosten, wo ein
fast ungestörtes Kalkniedermoor mit Kopfbinsenried an den See anschließt, wurde der Gehölzstreifen durch Pflegemaßnahmen zurückgedrängt. Hier wurden im Uferbereich als
»Schneggelisande« beschriebene, verkalkte Blau-
algenlager gefunden, die sonst nur noch vom
Bodensee her bekannt sind.

Der Schreckensee ist Teil des Regionalen
Waldschutzgebiets »Blitzenreuter Seenplatte«.
Die an den See angrenzenden Waldflächen sind
Bannwald und die übrige Fläche des Natur-
schutzgebiets ist bis auf die dem See im Osten
vorgelagerten Wiesen Schonwald.

Der im Westen des Gebiets liegende Kleine
Schreckensee ist stark verlandet, Seerosen überziehen sein Wasser mit einer geschlossenen
Decke. Auf einem Großteil der Verlandungsfläche siedelt ein dichtes Schilfröhricht mit Steifer-

Seggen, Sumpf-Schachtelhalm und einzelnen Weidengebüschen. Von den ehemals ausgedehnten Feucht- und Streuwiesen in der Umgebung des Schreckensees ist nicht mehr viel übrig geblieben: Sie sind der landwirtschaftlichen Intensivierung zum Opfer gefallen oder aufgelassen worden.

In den letzten 80 Jahren ist der Schreckensee stark verlandet. Auf seinem Grund bildete sich eine dicke Faulschlammschicht, weil im Sommer in drei bis sechs Meter Tiefe das Wasser nicht mehr zirkuliert und folglich auch keinen Sauerstoff mehr bekommt. Daher hat auch die Fischfauna nur noch einen eingeschränkten Lebensraum. Zurückzuführen ist dies letztlich auf den hohen Nährstoffeintrag aus den intensiv bewirtschafteten Wiesen- und Ackerflächen, die im Einzugsgebiet des Sees liegen. Die wichtigsten Zuflussgräben, die vom Vorsee und vom Buchsee kommen, sind besonders stark belastet, weil sie als Vorfluter die Drainagewässer aus den umliegenden Feldern sammeln. Aus diesem Grund nahm das Regierungspräsidium Tübingen den Schreckensee – wie über 30 andere Stillgewässer – in sein Aktionsprogramm zur Sanierung der oberschwäbischen Seen und Weiher auf.

Schutzzweck ist die Erhaltung des Sees mit seiner beispielhaften natürlichen Verlandungszonierung und den angrenzenden Sumpf- und Niedermoorflächen als Lebensraum einer artenreichen und gefährdeten Tier- und Pflanzenwelt.

Hinweise für Besucher: Der Schreckensee liegt etwa fünf Kilometer südlich von Altshausen an der B 32. Von einem nördlich des Schutzgebiets direkt an der Bundesstraße liegenden Wäldchen führt ein Weg über den Abflussgraben des Sees. Danach biegt ein Weg nach Süden in das Gebiet hinein ab. Diesem Weg folgend gelangt man auf einen Pfad, der an der Westseite des Sees zur Südseite des Naturschutzgebiets führt und dort auf die Kreisstraße stößt, die den nahe gelegenen Weiler Schreckensee mit der B 32 verbindet. Abseits dieser Wege darf das Naturschutzgebiet nicht betreten werden.

57 SIGRAZHOFER RIED

Landkreis Ravensburg: Gemeinde Kißlegg, Gemarkung Waltershofen, Stadt Leutkirch, Gemarkung Gebrazhofen
Naturraum: Westallgäuer Hügelland
Geschützt seit 1985
Fläche: 20,3 Hektar
Top. Karte 8225

Nordöstlich von Waltershofen zwischen Leutkirch und Wangen liegt das »Sigrazhofer Ried«, ein Moor-Komplex mit zum Teil seltenen und aufs engste miteinander verzahnten unterschiedlichen Pflanzenbeständen. Das Niedermoor wurde in früheren Zeiten vorwiegend zur Streugewinnung genutzt. Im Norden des Schutzgebietes war einst ein Weiher aufgestaut.

Als Kalkniedermoor-Gesellschaft ist im »Sigrazhofer Ried« vor allem das Davalls-Seggenried vertreten, aber auch das Mehlprimel-Kopfbinsenried, das durch die beherrschenden Bulte des Rostroten Kopfriets geprägt wird. An mehreren Stellen ist die Entwicklung zum Übergangsmoor mit Ansätzen zur Hochmoor-Bildung zu beobachten. Außer den hochmoorbildenden Torfmoosen sind noch weitere typische Hochmoorarten zu finden. Die stark vernässten Moorbereiche im Zentrum des Gebietes werden vor allem von Großseggenried eingenommen. Vorwiegend im nährstoffreicheren Randbereich

Im Hoch- Übergangsmoor des NSG »Sigrazhofer Ried« findet man im Herbst dicht am Boden die Früchte der Moosbeere (*Vaccinium oxycoccus*). IBACH

stößt man auf Feuchtwiesen, die zum Teil brach liegen. Als Brachezeiger gedeihen hier Hochstauden wie Mädesüß und Wald-Engelwurz.

Das Naturschutzgebiet wird durch viele Einzelbäume, Gehölzgruppen und Gebüsche strukturiert. Im südöstlichen Zipfel des Moores wächst ein Moorwald, in dessen Baumschicht Fichte, Moorbirke und Schwarzerle dominieren. In anderen Bereichen wachsen reine Fichtenbestände unterschiedlichen Alters. Die vielfältigen Ausprägungen und Sukzessionsstadien der Feucht- und Streuwiesen sowie der Kalkniedermoor- und Übergangsmoorbereiche machen die Besonderheit des Gebietes aus und stellen wertvollen Lebensraum für die Tierwelt dar. Hervorzuheben sind hier Vertreter der Insekten wie Sumpfschrecke und Nördlicher Perlmutterfalter, dessen Larven die Moosbeere als Nahrungspflanze benötigen.

Nach Aufgabe der traditionellen Nutzungsformen werden heute nur noch Teile des ehemaligen Riedareals als Streuwiesen gepflegt. Große Flächen fielen brach und verbuschen zunehmend – einige Wiesen am Rande des Schutzgebiets wurden in mehrschürige Futterwiesen umgewandelt. Daneben wurde in früheren Jahren die Aufforstung der Streuwiesen versucht. Da die vielfältige Vegetation im »Sigrazhofer Ried« im Wesentlichen auf die extensive Bewirtschaftung zurückzuführen ist, lässt sie sich nur mit pflegenden Eingriffen auf Dauer sichern. So werden die Niedermoorflächen regelmäßig gemäht, um ein weiteres Verbuschen der Wiesen zu verhindern.

Schutzzweck ist die Erhaltung eines äußerst wertvollen Feuchtgebietes, das aus Nieder- und Zwischenmoorflächen mit Hochmoorbildungen besteht sowie der der an diese Lebensräume angepassten, vielfältigen Flora und Fauna.

Hinweise für Besucher: Der Wanderweg von Kißlegg nach Isny führt kurz nach Sigrazhofen direkt südlich am Sigrazhofer Ried vorbei. Das Schutzgebiet selbst ist nicht durch befestigte Wege erschlossen und sollte deshalb nicht betreten werden.

58 STAUDACHER WEIHER

Landkreis Ravensburg: Gemeinde Argenbühl, Gemarkung Egloffs
Naturraum: Westallgäuer Hügelland
Geschützt seit 1993
Fläche: 20 Hektar
Top. Karte 8325

Etwa sieben Kilometer westlich von Isny liegen am Nordrand des Osterwaldes die zwei »Staudacher Weiher«. In diesem Gebiet hinterließ einst der abschmelzende Gletscher der Würm-Kaltzeit eine lang gestreckte, ausgeschürfte Mulde mit Moränenschutt als Untergrund. Da eine abdichtende Tonschicht fehlte, konnte sich in der Senke ursprünglich kein Moor bilden. Erst im Spätmittelalter schuf der künstliche Aufstau mehrerer kleiner Zuflüsse aus dem Osterwald, die mit ihrem Sedimenteintrag zu einer Abdichtung der Mulde beitrugen, die Voraussetzung für ein Moorwachstum. Die heutigen Moormächtigkeiten entlang der Verlandungszone und einer angrenzenden Hangversumpfung beschränken sich daher auf 20 bis 50 Zentimeter.

Jahrzehntelang wurde im Sommer aus beiden Staudacher Weihern das Wasser abgelassen, damit man ihre Flächen als Streuwiesen nutzen konnte. War im Herbst die Streu gemäht, staute man die Weiher wieder auf, um im Winter für die benachbarten Brauereien Eis zu gewinnen. Erst seit 1959 dienen die Gewässer wie in früheren Jahrhunderten ausschließlich der Fischzucht, wobei auf die Fütterung der Fische und auf das Angeln verzichtet wird.

Vor allem der größere, der eigentliche Staudacher Weiher ist reich an Wasserpflanzen. Unter ihnen findet man auch seltene Arten wie Weiße Seerose oder Stumpfblättriges Laichkraut. Ähnlich bedeutend sind die Schwarzerlen-Bruchwälder am Süd- und Ostufer des Weihers. Sie beherbergen eine Vielzahl spezialisierter Pflanzenarten wie Wolfs-Eisenhut oder Märzenbecher. Besondere Beachtung verdienen die Kalk-Kleinseggenrieder am Staudacher Grundweiher, die einerseits vom Wasserspiegel des Weihers und andererseits

Beide Weiher (auf dem Bild ist der Obere Staudacher Weiher) weisen die charakteristische Verlandungszonierung nährstoffreicher Gewässer auf: Schwimmblattgesellschaften, Schilfröhricht, Großseggenrieder und Schwarzerlenbrüche.
B. SCHALL

vom austretenden Hangquellwasser beeinflusst werden. Bereiche mit schwächerem Kalkeinfluss zeigen einen sukzessiven Übergang zu Pflanzengemeinschaften bodensaurer Moorstandorte. Typische Vertreter in den Pfeifengraswiesen des Gebietes sind Sumpf-Stendelwurz, Teufelsabbiss, Schwalbenwurz-Enzian und Pfeifengras.

So vielfältig wie die Flora hat sich auch die Fauna entwickelt. Bislang wurden 46 Brutvogelarten registriert, darunter mit Drosselrohrsänger und Schwarzhalstaucher zwei vom Aussterben bedrohte Arten. Der an Schwimmblattpflanzen reiche Staudacher Weiher dient mindestens 18 Libellenarten als Jagd- und Vermehrungsgebiet. Auch der Laubfrosch konnte sich hier noch in einer überlebensfähigen Population halten. In den extensiv bewirtschafteten Streu- und Feuchtwiesen leben zahlreiche Heuschrecken- und Tagfalterarten.

Schutzzweck ist die Erhaltung, Förderung und nach Möglichkeit Verbesserung der ökologischen Wertigkeit der beiden Gewässer, ihrer charakteristischen Verlandungszonen und der sich anschließenden Feuchtwiesen als Lebensraum und Rückzugsgebiet für eine artenreiche und teilweise hochgradig gefährdete Tier- und Pflanzenwelt, als Trittstein im Verbund von Feuchtgebieten im württembergischen Allgäu sowie als Zeugnis einer jungen und immer noch stattfindenden Moorbildung.

Hinweise für Besucher: Das NSG liegt südlich von Eisenharz direkt an der B 12. Um Störungen der Vogelwelt zu vermeiden, wurde die früher ungeregelte Badenutzung verboten. 0,5 km westlich liegt jedoch nördlich der Bundesstraße ein kleiner Weiher mit einer Badeanstalt und Liegewiese.

59 TAUFACH- UND FETZACHMOOS MIT URSEEN

Landkreis Ravensburg: Stadt Isny, Gemarkung Beuren, Stadt Leutkirch, Gemarkungen Herlazhofen und Friesenhofen
Naturraum: Westallgäuer Hügelland
Geschützt seit 1982
Fläche: 315 Hektar
Top. Karte 8226

Zwischen Isny und Leutkirch wurde 1982 das NSG »Taufach- und Fetzachmoos mit Urseen« ausgewiesen. Hier war während der letzten Kaltzeit durch Schmelzwasser-Ablagerungen zwischen zwei Jungendmoränenzügen ein Schotterkörper mit reich strukturiertem Relief entstanden. Heute ragen nur noch dessen höchste Erhebungen als »mineralische Inseln« aus der ansonsten ziemlich eingeebneten Moorlandschaft heraus. Die Hohlformen waren Toteislöcher, in denen sich Schmelz- und Regenwasser sammelte. Die beiden größten dieser »Urseen« sind noch immer als offene Wasserflächen erhalten.

In der Nachkaltzeit wurde das Becken im Nordosten durch einen Schwemmkegel der Eschach abgedichtet. Daraufhin kam es zur Vermoorung der Toteislöcher, und schließlich bildete sich eine zentrale Hochmoorkappe. Die starken Geländeunterschiede wurden nach und nach durch den wachsenden Moorkörper nivelliert, aus dem sich nur noch an wenigen Stellen der mineralische Untergrund heraushebt. Im Randbereich wurde die Hochmoorbildung immer wieder durch den Zufluss kalk- und nährstoffreichen Wassers aus der nahen Endmoräne gestört, sodass sich im Osten, im Bereich des Ur-Fetzachbaches, nur Niedermoortorfe ablagern konnten.

Obwohl sich die beiden Urseen gleichermaßen aus Toteislöchern heraus entwickelt haben, unterscheiden sie sich deutlich in ihrem Nährstoffhaushalt: Beim großen Ursee handelt es sich aufgrund menschlicher Einflüsse um ein nährstoffreiches Gewässer, dessen steil abfallendes Ufer bislang aber eine Verlandung verhindert hat. Der kleine Ursee, in dem der Verlandungsprozess ebenfalls noch nicht eingesetzt hat, stellt als

nährstoffarmer Braunwassersee eine Seltenheit in Oberschwaben dar. In diesem Gewässer hat sich die seltene Reliktgesellschaft der Kleinen Teichrose gut an das nährstoffarme Milieu angepasst. Für die braune Farbe des Wassers sorgen Huminsäuren, die aus den benachbarten Hochmoorschilden eingeschwemmt werden. An das Nord- und Ostufer des kleinen Ursees schließen sich ausgedehnte und sehr trittempfindliche Übergangsmoorkomplexe an.

Die relativ unberührten Hochmoorbereiche sind als Spirkenmoore ausgeprägt, die nahezu völlig von der Spirke oder Moorkiefer bedeckt sind. Neben Zwergsträuchern und dem Sumpf-Wachtelweizen kommen in dieser artenarmen Gesellschaft keine weiteren Gefäßpflanzen vor.

Auf wenig entwässerten ehemaligen Torfstichen konnten sich ausgedehnte Übergangsmoorkomplexe entwickeln. Hoch-, Nieder und Zwischenmoor sind hier auf das Engste miteinander verzahnt und bieten zahlreichen seltenen Pflanzen wie Schlamm-Segge, Scheiden-Wollgras, Schmalblättrigem Wollgras und Rundblättrigem Sonnentau Lebensraum. In den jüngsten Torfstichen findet man noch kleine Gewässer mit mittlerem Nährstoff-Gehalt, die vom Zwerg-Igelkolben besiedelt werden. In der Regel hat bei ihnen jedoch schon ein Verlandungsprozess mit Torfmoosen eingesetzt, weshalb sich hier alle

Blick über die Urseen und das Taufach- und Fetzachmoos. PROJEKTPHOTO SACH+SCHNELZER

Übergangsstadien vom offenen Torfstich bis hin zum Torfmoosschwingrasen finden lassen.

Entlang des Fetzach-Grabens zieht sich ein Niedermoor hin, das durch einen Übergangs-moorgürtel vom zentralen Hochmoor abgetrennt wird. Östlich des Grabens breitet sich ein ausge-dehntes Steifseggenried aus, das größtenteils re-gelmäßig gemäht wird. Im Osten des Schutzge-bietes konnte sich unter dem mineralischen Einfluss der nahen Seitenmoräne ein rudimentä-res Kalkniedermoor ausbilden. Der nördliche Teil des Fetzach-Grabens und der Bereich des ehema-ligen Fetzach-Weihers werden stark von den Ein-leitungen der Eschach-Hochwässer geprägt.

Das gesamte Moor dient als Rückhaltebecken für Hochwasser der Eschach, das hier eingeleitet wird – mit entsprechenden Folgen für die Vegeta-tion: Die vom Hochwasser abgesetzten Schlamm-frachten führen zu einer starken Nährstoffanrei-cherung, wodurch die Ausbreitung von Schilf und der massive Aufwuchs von Gehölzen begünstigt wird. Verlieren die Spirkenflächen allerdings durch Entwässerung oder durch Zufuhr minerali-schen Wassers ihren Charakter als Hochmoor, so degradieren sie zu einem Moorwald, der durch das Auftreten weiterer Baumarten wie Fichte oder Moorbirke gekennzeichnet ist. Um die Anzahl der Überflutungen zu minimieren und die Folgen aus deren Nährstofffracht abzuschwächen, baute man zwischen der Eschach und dem Taufach-Fetzachmoos ein künstliches großes Rückhalte-becken.

Um das Moor zieht sich ein Grünland-Gürtel, der überall dort, wo er sich selbst überlassen bleibt, entweder verschilft oder verbuscht. Ge-pflegte Streuwiesen finden sich nur noch selten. Diese Restflächen weisen dann aber viele floristi-sche Raritäten wie Mehlprimel, Fettkraut und Davalls Segge auf. Zwischen dem intensiv bewirt-schafteten Grünland und den kaum mehr genutz-ten Großseggenriedern liegen Feuchtwiesen, die meist mit dem Intensiv-Grünland zusammen gemäht werden.

Bei einer älteren Bestandsaufnahme wurden 129 Vogelarten, 66 davon als Brutvögel, im Schutzgebiet registriert, darunter Arten wie

Der Hochmoor-Gelbling (*Colias palaeno*), hier im Bild auf einem Sumpfblutauge (*Potentilla palustris*) ist ein Schmetterling der Hochmoore Oberschwabens. Zur Nahrungsaufnahme sucht er benachbarte Niedermoor-wiesen auf. H. BELLMANN

Zwergtaucher, Krickente und Wasserralle. Bereits im Jahr 1987 zeigte sich aber schon ein Rückgang in den Artenzahlen, was sicher auch auf den Ver-lust streugenutzter Flächen zurückzuführen ist. Die Libellenfauna des »Taufach-Fetzach-Mooses« ist mit 37 Arten als außerordentlich reichhaltig anzusehen. Wichtige Vertreter sind Große und Kleine Moosjungfer, Arktische Smaragdlibelle, Torf-Mosaikjungfer und südlicher Blaupfeil. Die Schlenken, aber auch die vielen kleinen Tümpel werden von verschiedenen Molch- und Frosch-arten als Laichgewässer genutzt. Daneben haben in der Moorlandschaft auch Reptilien wie Kreuz-otter und Ringelnatter ihr Auskommen. In jüngs-ter Zeit haben sich in dem sehr wasserreichen Gebiet mehrere Biber angesiedelt, deren Damm-bauten zu stärkeren – aus Naturschutzsicht aller-dings durchaus erwünschten – Vernässungen geführt haben.

Schutzzweck ist die Erhaltung der von den Kaltzeiten geprägten, sehr urtümlichen Land-schaft mit den offenen Wasserflächen der beiden Urseen, den offenen und bewaldeten Hochmoor-flächen sowie den vielen verschiedenen Über-gangsstufen vom Niedermoor zum Hochmoor. Dieser weitgehend intakte Lebensraum ist von hoher Naturschutzbedeutung, da zahlreiche sel-tene Pflanzen- und Tierarten überleben konnten.

Hinweise für Besucher: Das Schutzgebiet ist von Beuren aus am besten zu erreichen. Kurz

hinter Beuren zweigt von der Straße nach Leut-
kirch-Friesenhofen ein kleines Sträßchen nach
rechts ab, das durch den kleine Weiler Michlebaindt bis in ein Wäldchen am Westrand des
Schutzgebiets führt. Von dort aus gelangt man
über einen Weg zwischen den beiden Urseen in
das Moorgebiet hinein. Folgt man diesem Weg
und zweigt nicht nach links ab, so kommt man
an den kleineren und größeren Torfstichen vorbei, in denen man verschiedene Stadien der
Moorregeneration sehen kann. Am Ende des langen geraden Weges biegt ein Weg nach rechts
ab, der über den Fetzachgraben und durch
Niedermoorflächen aus dem Gebiet hinaus
und danach am Waldrand entlang zu einem
größeren Weg führt. Biegt man hier hinter dem
Wald nach rechts ab, gelangt man nach 1,5 km
über Unterspießwengen wieder zurück nach
Michlebaindt.

60 TEUFELSSEE

Landkreis Ravensburg: Stadt Wangen,
Gemarkung Schomburg

Naturraum: Westallgäuer Hügelland

Geschützt seit 1973

Fläche: ca. 1 Hektar

Top. Karte 8324

Der »Teufelssee« liegt bei Primisweiler südlich der Oberschwäbischen Barockstraße zwischen Wangen und Tettnang im voralpinen
Hügelland. Diese Gegend wurde maßgeblich von
den geomorphologischen Vorgängen während
der letzten Kaltzeit, der Würm-Kaltzeit, gestaltet.
Im Falle des Teufelssees bildete sich damals
zwischen zwei Eisterrassen ein Eisstausee, der
später mit einem künstlich angelegten Damm
im Norden noch weiter aufgestaut wurde. Auf
einer Karte aus dem Jahr 1911 ist der Teufelssee
noch ohne jeglichen Schilfgürtel eingetragen,
aber bereits im Jahr 1940 war er vollständig
verlandet.

    Von der Kernzone bis in die Randbereiche prä-
sentiert das Schutzgebiet aufeinander folgend ty-

pische Pflanzengesellschaften von Standorten mit
geringem, mittlerem und üppigem Nährstoff-Angebot: So findet sich im Zentrum des Gebietes ein
Torfmoos-Schwingrasen mit Schnabelbinsen-
Schlenken-Gesellschaft. Dem Schwingrasen folgt
ein Fadenseggenried als Vertreter der Zwischenmoore mit mittlerem Nährstoff-Gehalt. Diesem
schließen sich Verlandungsgesellschaften nährstoffreicher Standorte an: Ein Braunseggensumpf
im Westen, ein bereits stark verschilftes Steifseggenried im Süden und Osten sowie eine Sumpf-
seggengesellschaft und ein Waldsimsenbestand
im Norden und Nordosten. Außerdem breiten
sich am Teufelssee nährstoffreiche Feucht- und
Fettwiesen aus.

    Aufgrund des Nährstoff-Eintrags geht von den
angrenzenden Futterwiesen und Weiden eine Bedrohung für die ökologisch sensiblen Moorflächen aus. Der hohe Nährstoffeintrag lässt sich
auch daran erkennen, dass sich das Schilf immer
weiter ausbreitet und die offenen Moorflächen
überwächst. Im Süden des Schutzgebietes sorgt
ein Entwässerungsgraben für die oberflächliche
Austrocknung und allmähliche Mineralisierung
des Torfkörpers. Daneben tragen auch aufgeforstete Fichtenbestände ganz erheblich zur Entwässerung des Moores bei.

    Obwohl das Schutzgebiet kaum einen Hektar
groß ist, beherbergt es eine Reihe sehr gefährdeter Tierarten. In den verschiedenen Pflanzengesellschaften am Teufelssee leben mehrere Heuschreckenarten, die Blütenpflanzen bieten
verschiedensten Tagfaltern Nahrung. Beim Teu-
felsseemoor handelt es sich noch um ein leben-
des, wachsendes Moor mit einer ursprünglichen,
natürlich entstandenen Vegetation, wie sie in
Deutschland nur noch selten zu finden ist.

    Schutzzweck ist die Erhaltung des Komplexes
aus Niedermoor und Zwischenmoor mit typischer
Vegetation und charakteristischen Tier- und
Pflanzenarten.

    Hinweise für Besucher: Man erreicht das
Gebiet, wenn man in Primisweiler der Straße
nach Neuravensburg folgt und am Ortsende gera-
deaus auf einem Feldweg weitergeht. Nach etwa
250 m hat man von einem Moränenrücken aus ei-

In den Kernbereich des Moores im NSG »Teufelssee« wurde nach der Verlandung des Sees nicht eingegriffen. Die nicht geschützten Randbereiche werden dagegen als Futterwiese und Weide genutzt. B. SCHALL

nen guten Blick auf den Teufelssee. Das Schutzgebiet selbst ist nicht erschlossen und kann wegen seiner sehr empfindlichen Vegetation auch nicht betreten werden.

61 TUFFSTEINBRUCH WEISSENBRONNEN

Landkreis Ravensburg: Gemeinde und Gemarkung Wolfegg

Naturraum: Oberschwäbisches Hügelland

Geschützt seit 1990

Fläche: 6,3 Hektar

Top. Karte 8124

Am Ostrand des Altdorfer Waldes liegt im Tal der Wolfegger Ach auf Kalktuff ein Hangquellmoor, an das sich ein ehemaliger Tuffsteinbruch anschließt. Dieses aus geologischer, hydrologischer und kulturgeschichtlicher Sicht hochinteressante NSG »Tuffsteinbruch Weißenbronnen« umfasst ein kleinräumiges Mosaik aus Pflanzen- und Tiergesellschaften der Quellmoore, Quellbäche und Abbauflächen. Charakteristisch für das Gebiet sind die bis zu 40 Meter mächtigen Kalktufflager.

Der »Tuffsteinbruch Weißenbronnen« bietet ein typisches Beispiel für ein Gelände, das sich

durch menschliche Nutzung zu einem bedeutsamen Lebensraum mit Primär- und Sekundärbiotopen entwickelte. Ein Großteil der mitunter ausgesprochen seltenen Pflanzen konnte sich hier erst ansiedeln, nachdem für sie mit dem Abbau von Tuffstein günstige Lebensbedingungen geschaffen waren. Die extensive Streuwiesenbewirtschaftung des Hangquellmoores begünstigte ebenfalls die Entwicklung artenreicher Pflanzengemeinschaften.

Der Abbruch von Kalktuff begann in diesem Gelände bereits im Mittelalter, ehe er schließlich 1956 ganz eingestellt wurde. Danach wurde fast die gesamte Abbaufläche aufgeforstet, ohne dass diese Bestände heute bewirtschaftet werden. Im Südosten finden sich die Überreste eines einst größeren Hangquellmoores, in dem ein Davalls-Seggenried wächst. Mehrere Quellbäche mit Ausfällungen von Kalksinter durchziehen das Moor wie auch die alten Abbauflächen.

Ein Teil dieser Fläche wurde vor einigen Jahren mit Erlen und Fichten aufgeforstet, die mit ihrem Laub und ihrer Beschattung die Licht liebende Moorvegetation gefährden.

An das Hangquellmoor schließt sich im Norden die einstige Abbaufläche an. Diese vom Menschen gestaltete Landschaft entwickelte sich wegen ihrer Nährstoffarmut zu einem Gebiet von außerordentlich hohem ökologischen Wert. Den

Quellbach mit Sinterterrassen im Bereich der ehemaligen Abbaufläche des Tuffsteinbruchs Weissenbronnen. A. BOCK

überwiegenden Teil der alten Abbauflächen bedeckt heute ein Nestwurz-Weißseggen-Buchen-Fichtenwald, dessen Strauchschicht nur schwach ausgebildet ist. Am Steilhang der alten Abraumhalde entstehen durch kleinere Erdrutsche gelegentlich neue felsige Pionierstandorte, während auf der Sohle die Bodenbildung bereits weit fortgeschritten ist.

Das jüngere Abbaugebiet bildet infolge der unruhigen Oberfläche und der teilweisen Durchdringung mit Wasserzügen ein kleinräumiges Mosaik kalkreicher, hydrologisch sehr unterschiedlicher Standorte. Auf fast ständig überrieselten Arealen kommen kleinflächige Gelbseggen-Simsenlilien-Bestände vor, an anderen Stellen wächst ein zum Teil recht schütterer Magerrasen – mit gleitenden Übergängen von nieder- und hochwüchsigen Rasen. Das kleinräumige Standortmosaik führte hier zu einer ungewöhnlichen Artenkombination von Pflanzen der

Kalkmagerrasen, der basenreichen Pfeifengraswiesen und der Kalkniedermoore.

Im Westen des Schutzgebietes liegt ein Steinbruch, in dem der Kalktuff nur teilweise ausgeräumt wurde. Hier siedelte sich ein überwiegend feuchtgründiger Hochmischwald mit Buche an, der nur extensiv forstlich genutzt wird. Der sporadische Abbau einzelner Steinblöcke führte in diesem Bereich zu Tuffoberflächen mit Pflanzengesellschaften unterschiedlichen Sukzessionsgrades. Um die Voraussetzungen für diese interessante floristische Vielfalt zu erhalten, darf der Eigentümer auch weiterhin einzelne Blöcke aus dem Steinbruch entnehmen.

Kurz bevor der reguläre Betrieb im Steinbruch beendet wurde, entdeckte man im Tuff eingebettete prähistorische Grabbeigaben. Die aus der Zeit um 600 v. Chr. stammenden Fundstücke verdeutlichen, wie lange sich der Mensch bereits im Gebiet der Wolfegger Ach aufhält. Entsprechend einem von der Naturschutzverwaltung erstellten Pflegeplan wurden die Rasenflächen wieder von den aufgekommenen Gehölzen befreit und die Kiefernaufforstungen stark zurückgedrängt. Die aufgeforsteten Fichtenbestände sollen langfristig in einen standortgerechten Laubwald umgewandelt werden. Gefährdet wird die Vegetation im Schutzgebiet aber auch durch Sammler, die sich widerrechtlich Pflanzenraritäten aneignen.

Schutzzweck ist neben der Erhaltung des Gebiets als geologisches, hydrogeologisches und kulturgeschichtliches auch der Schutz der außerordentlich wertvollen, mosaikartig ausgebildeten Lebensgemeinschaften von Pflanzen und Tieren in Quellmoor, Abbauflächen und Quellbächen.

Hinweise für Besucher: Am Südrand des Schutzgebietes verlaufen mehrere Wanderwege, die sich dort von Wolfegg und Alttann kommend nach Nordwesten, nach Westen und Süden verzweigen.

62 ÜBERWACHSENER SEE

Landkreis Ravensburg: Gemeinde Wilhelmsdorf,
Gemarkungen Wilhelmsdorf und Höhreute

Naturraum: Oberschwäbisches Hügelland

Geschützt seit 1973

Fläche: 2,5 Hektar

Top. Karte 8122

Knapp 20 Kilometer nordwestlich von Ravensburg liegt bei Wilhelmsdorf das kleine Naturschutzgebiet »Überwachsener See« im Einzugsbereich des ausgedehnten Pfrunger-Burgweiler Riedes. Hier lag einst ein von Hochmoor umgebener See. Zu Beginn des 20. Jahrhunderts war davon noch eine kleine Wasserfläche vorhanden, mittlerweile ist das ehemalige Gewässer aber vollständig von einem Schwingrasen mit sehr unterschiedlicher floristischer Zusammensetzung überwachsen.

Den größten Teil dieses Rasens nimmt ein Fadenseggen-Moor ein, in dem Moor-Birke und Wald-Kiefer anfliegen und ein lichtes Gebüsch bilden. Von besonderer Bedeutung sind die Vorkommen der Schlamm-Segge, der Draht-Segge und des Torfmooses Sphagnum obtusum, dessen Fundort hier der westlichste in Süddeutschland ist. Die Ausbreitung verschiedener Torfmoos-Arten deutet auf eine Entwicklung zum Hochmoor hin. In den Randzonen lagern Hochmoortorfe,

die früher vermutlich in kleinerem Umfang abgebaut wurden. Im Osten schließt sich an das Ried ein Mehlprimel-Kopfbinsen-Moor an.

Beim NSG »Überwachsener See« hat sich der Schwingrasen über die Verlandungsstadien des Röhrichts und der Großseggen-Rieder auf der offenen Wasserfläche eines Sees gebildet. Ein solcher See wird als erblindet bezeichnet. Im gesamten Pfrunger-Burgweiler Ried ist diese Art der Vegetationsentwicklung nur am »Überwachsenen See« anzutreffen. Als Teil des Pfrungener Riedes zwischen Wilhelmsdorf und Ostrach wurde der Überwachsene See 2002 in das Programm zur Errichtung und Sicherung schutzwürdiger Teile von Natur und Landschaft mit gesamtstaatlich repräsentativer Bedeutung aufgenommen. Im Rahmen dieses Naturschutzgroßprojektes sind auch für den Überwachsenen See Maßnahmen zur Erhaltung geplant.

Der Schutzzweck sind Schutz und Erhaltung des verlandeten Sees mit seiner aus der Verlandung hervorgegangenen Zwischenmoorvegetation und der sehr artenreichen und seltenen Tier- und Pflanzenwelt.

Hinweise für Besucher: Der Überwachsene See liegt ganz in der Nähe des vom Schwäbischen Heimatbund getragenen Naturschutzzentrums Pfrunger-Burgweiler Ried in Wilhelmsdorf und kann von dort über einen ausgeschilderten Pfad erreicht werden. Wegen der sehr empfindlichen

Im NSG »Überwachsener See« findet man zahlreiche floristisch besonders interessante Arten mit eher nordischer Verbreitung, so zum Beispiel das Schmalblättrige Wollgras (*Eriophorum angustifolium*) aber auch Scheidiges Wollgras und Draht-Segge. M. WITSCHEL

Vegetation sollte im Schutzgebiet der Bohlenpfad (mit Beobachtungsplattform) nicht verlassen werden.

63 VOGELFREISTÄTTE ROHRSEE

Landkreis Ravensburg: Stadt Bad Wurzach

Gemarkungen Eintürnen und Ziegelbach

Naturraum: Westallgäuer Hügelland

Geschützt seit 1938

Fläche: ca. 101Hektar

Top. Karte 8124 und 8125

Bei den Ortschaften Rohr und Rohrbach im Südwesten von Bad Wurzach liegt der reizvolle Rohrsee, dem als Brut- und Rastgebiet für viele und zum Teil seltene Vogelarten eine hohe Bedeutung zukommt, ein Toteissee zwischen der Äußeren und der Inneren Würm-Endmoräne. Der See wird ausschließlich vom kleinen Rohrbach und von den Niederschlägen gespeist, ein oberirdischer Abfluss fehlt. Die Entwässerung erfolgt in das Grundwasser, zu dem an mehreren Stellen Verbindung besteht. Der Wasserspiegel des Sees

Aus dem Rohrsee ragen mehrere kleine Inseln heraus, von denen manche in Trockenperioden zu Fuß erreichbar sind. PROJEKTPHOTO SACH+SCHNELZER

unterliegt deshalb erheblichen Schwankungen. Das kommt zahlreichen Vögeln zugute, die bei niedrigem Wasserstand auf den Schlammbänken und Kiesflächen am Ufer auf Nahrungssuche gehen. Trotz der geringen Wassertiefe von durchschnittlich nur eineinhalb Metern und des hohen Nährstoffgehaltes im Wasser weist der Rohrsee nur geringe Verlandungstendenzen auf.

Auf zwei größeren Inseln im Rohrsee wachsen Gehölze mit Esche, Stiel-Eiche, Fichte und Wald-Kiefer. Die Jagd auf Wasservögel ist nach der Verordnung zwar erlaubt, aber weil es immer wieder zu Konflikten mit dem Vogelschutz kam, wird sie freiwillig nicht mehr ausgeübt.

Die offene Wasserfläche wird überwiegend vom Gemeinen Hornblatt und Kanadischer Wasserpest besiedelt, auf kleinerer Fläche kommen Weiße Teichrose mit verschiedenen Laichkraut-Arten und Wasser-Knöterich vor. Nahezu der gesamte Seeboden wird von einem dichten Unterwasserrasen aus Stumpfem Laichkraut eingenommen. Das Seeufer und die Verlandungszonen der Inseln werden von einem mehr oder weniger ausgedehnten Schilfgürtel mit Gelber Schwertlilie und Breitblättrigem Rohrkolben gesäumt. Landeinwärts geht das Röhricht in ein Großseggenried über, das von der Steifen Segge, der Blasen-Segge und dem Sumpf-Labkraut dominiert wird.

An die Verlandungszonen schließen sich intensiv genutzte Fettwiesen an, die teilweise als Mähweiden bewirtschaftet werden. Zur Schilfrohr- und Streugewinnung wurden früher auch die Verlandungsflächen und die nassen Uferbereiche genutzt, und in den Gehölzen auf den Inseln und am Ufer wurde Brennholz geschlagen. Heute lohnen sich diese Arbeiten nicht mehr. Nur für einen Berufsfischer hat das Gewässer dank seines Fischreichtums noch eine gewisse wirtschaftliche Bedeutung.

Der Schutzzweck ist die Erhaltung des Sees und seiner Uferbereiche als Lebensraum einer artenreichen Tier- und Pflanzenwelt, insbesondere als Brut- und Rastgebiet von überregionaler Bedeutung für zahlreiche Vogelarten.

Hinweise für Besucher: Aufgrund seiner sehr artenreichen Vogelwelt eignet sich das Schutzgebiet besonders zur Vogelbeobachtung. Geeignete Stellen dazu sind die Wege am Rande des Schutzgebiets.

An den Rohrsee gelangt man entweder von Süden über die Ortschaft Rohr oder von Rohrbach aus. Die Südwest- und Westseite des Sees ist zunächst auf der Straße von Rohr nach Molpertshaus und dann auf einem nach Norden führenden Feldweg erreichbar. An die Nordostseite gelangt man von der Ortschaft Rohrbach aus, wenn man sich am nördlichen Ortsausgang links hält und dann nach etwa 500 Meter wieder nach links auf einen Feldweg abbiegt, der auf einem Moränenrücken am Schutzgebietsrand verläuft.

Es versteht sich von selbst, dass die Vogelwelt nicht durch Verlassen der Wege oder freilaufende Hunde gestört werden sollte.

64 VORSEE-WEGENRIED

Landkreis Ravensburg: Gemeinde und
Gemarkung Wolpertswende
Naturraum: Oberschwäbisches Hügelland
Geschützt seit 1971
Fläche: 46,4 Hektar
Top. Karte 8123

Der Vorsee mit dem Wegenried, ein verlandeter Endmoränenstausee, gehört zur Blitzenreuter Seenplatte zwischen Weingarten und Altshausen. Das über 46 Hektar große Schutzgebiet breitet sich östlich der Ortschaft Vorsee in unmittelbarer Nachbarschaft zum ebenfalls geschützten Dornacher Ried aus. Nur ein Moränenrücken trennt die beiden Feuchtgebiete. Auch das Schutzgebiet »Schreckensee« liegt in der Nähe, was im Hinblick auf die Vernetzung ähnlicher Biotop-Typen vor allem für die Tierwelt von großer Bedeutung ist. Im Vorsee-Wegenried-Gelände findet man die gesamte Verlandungsabfolge von Röhricht, Seggenmoor und Kalk liebendem Niedermoor über ein Übergangsmoor bis hin zum Hochmoor. Letzteres zeigt sich im Wegenried als Spirkenhochmoor mit Birkenunterwuchs.

Die Nutzungs- und Siedlungsgeschichte des Vorsee-Wegenrieds lässt sich bis in die Mittelsteinzeit (10 000 bis 2500 v. Chr.) zurückverfolgen. In den 1950er-Jahren fand man in diesem Gebiet Werkzeuge und Waffen aus behauenem Feuerstein. Auch in der Jungsteinzeit (2500 bis 1800 v. Chr.) lebten Menschen am Rand des Vorsees, wo ihnen das zur Tränke ziehende Wild zur leichten Beute wurde. Zusätzlich gingen die Jäger dem Fischfang nach. Die bis dahin größten Eingriffe in den Wasserhaushalt dieser Landschaft begannen im Jahr 1056, als die Welfen dem Benediktiner-Kloster Weingarten größere Gebiete Oberschwabens, darunter auch den Vorsee, überließen. Damals begannen die Mönche, denen Karpfen als Fastenspeise dienten, viele Weihergründe zu bewirtschaften.

Bis 1900 gab es neben dem heute noch bestehenden Vorsee einen Oberen Vorsee, der ebenfalls ein Relikt des ehemaligen großen Vorsees darstellte. Dieser kleinere Weiher lag mitten im Wegenried, das vom Vorsee durch den Kirchweg zwischen den Ortschaften Vorsee und Wolpertswende getrennt ist. Als man aber im Jahre 1892 damit begann, das Wegenried zu entwässern, trocknete der Obere Vorsee bald aus. Bis in die 1960er-Jahre mähten die Bauern noch große Teile des heutigen Verlandungsbereiches zur Streugewinnung. Nachdem jedoch die regelmäßige Mahd im Spätherbst ausblieb, machte sich recht schnell Schilf auf diesen Flächen breit.

Der Schutzzweck ist Schutz und Erhaltung von Lebensgemeinschaften und Lebensräumen seltener und gefährdeter Arten unterschiedlicher Standorte, insbesondere der Stillgewässer und der extensiv oder nicht genutzten Moorstandorte, sowie die weitgehend unbeeinflusste Entwicklung des Wegenriedes.

Hinweise für Besucher: Das Schutzgebiet grenzt direkt an die Bebauung der Ortschaft Vorsee. Über einen Steg, der zur Wasserentnahme durch die Feuerwehr genutzt wird, gelangt man bis an die offene Wasserfläche. Am nördlichen Ortsende biegt ein Wanderweg von der Hauptstraße ab, der in früheren Zeiten als Kirchweg die Ortschaft Vorsee mit Blitzenreute verband und das Schutzgebiet am südlichen Rande des Wegenriedes durchquert und danach weiter nördlich am Dornacher Ried vorbei nach Wolpertswende führt.

Der Vorsee und das Wegenried sind als Schon- und Bannwald Teil des regionalen Waldschutzgebiets »Blitzenreuter Seenplatte«. V. Kracht

65 Wasenmoos bei Grünkraut

Landkreis Ravensburg: Gemeinde und Gemarkung Grünkraut
Naturraum: Bodenseebecken
Geschützt seit 1973
Fläche: 25,6 Hektar
Top. Karte 8223 und 8224

In der von den vielen Drumlins der Würm-Grundmoräne geprägten Landschaft zwischen Ravensburg und Wangen liegt südlich der B 32 im Scherzachtal bei Grünkraut das »Wasenmoos, entstanden durch die Versumpfung des oberen Scherzachtals. Über schwer durchlässigem Ton bildete sich eine bis zu 4,5 Meter dicke Niedermoortorfschicht. In früheren Zeiten wurde das Moor – mit Ausnahme einiger schwer zugänglicher Bereiche – regelmäßig zur Streugewinnung gemäht. Auf kleineren Flächen gab es dort auch Torfstiche. Heute werden nur noch Teile des Wasenmooses gemäht, die Streuwiesen am Rand des Schutzgebietes sind in vielschürige Fettwiesen umgewandelt worden.

Dank der traditionellen Nutzungen konnten sich im Wasenmoos unterschiedlichste Vegetationseinheiten entwickeln. So gibt es beispielsweise ein Kalkniedermoor als Mehlprimel-Kopfbinsenried. Die Großseggenriede in den nassen Senken zeigen teilweise die Tendenz zur Verbuschung mit Faulbaum, Moorbirke und Fichte. Das Kalkniedermoor wird großflächig von einem Moorrandwald aus Kiefern, Birken und Fichten umgeben, der stellenweise mit Schilf durchsetzt ist.

Durch die fehlende Nutzung haben sich auf den Flächen vieler ehemaliger Streuwiesen im Norden des Gebietes feuchte Hochstaudenfluren und Schilfröhrichte etabliert, während sich auf den noch genutzten Wiesen im Nordosten eine artenreiche Flora mit Sumpfdotterblume, Kohldistel und Kuckucks-Lichtnelke behaupten konnte. Durch Pflegemaßnahmen wird versucht, die ehemaligen Streuwiesen wieder zu regenerieren. Zum Teil wurden die Streuwiesen in den 1950er-Jahren mit Schwarzerle aufgeforstet. Diese

Hinweise für Besucher: Das Wasenried liegt unmittelbar südöstlich von Grünkraut. Nördlich der Wohnsiedlung auf dem Ottersberg führt ein Weg zu einem Waldeck, an dem das Schutzgebiet beginnt. Kurz darauf gabelt sich der Weg. Folgt man dem linken Weg, gelangt man mitten in das Schutzgebiet. Rechts des Weges steht ein Erlenbruchwald und links des Weges liegen Streuwiesen. Nach etwa vierhundert Meter hat man den Ostrand des Schutzgebiets erreicht. Dort biegt der Weg nach rechts über eine Wiese ab und stößt auf einen Waldweg, der nach Süden führt. Von diesem aus zweigt ein Weg nach Westen wieder in das Gebiet ab. Hält man sich nach etwa zweihundert Metern wieder rechts, gelangt man an den Ausgangspunkt zurück.

Blütenreiche Wiese im NSG »Wasenmoos bei Grünkraut«. R. BANZHAF

Pflanzungen entwickelten sich vor allem in den feuchteren Bereichen zu bruchwaldähnlichen Beständen.

Die vielfältige und blütenreiche Vegetation bietet Lebensraum für eine besonders artenreiche Schmetterlingsfauna: Bisher hat man im Wasenmoos 178 verschiedene Tag- und Nachtfalter entdeckt, darunter auch mehrere gefährdete Arten, wie das Blaukernauge, den Baldrian-Scheckenfalter oder den Mädesüß-Perlmutterfalter. Außerdem brüten immerhin 28 Vogelarten im Naturschutzgebiet. Als charakteristische Feuchtgebietsarten sind Sumpf-Rohrsänger und Weidenmeise zu nennen. 31 weitere Vogelarten nutzen das Gebiet als Nahrungsgäste oder rasten dort auf dem Vogelzug.

Schutzzweck ist die Erhaltung des Niedermoorkomplexes mit kleinflächigen Zwischenmooren und Streuwiesen sowie Feucht- und Moorwäldern als Lebensraum einer artenreichen Tier- und Pflanzenwelt.

66 WOLFEGGER ACH

Landkreis Ravensburg: Gemeinde und Gemarkung Wolfegg, Gemeinde und Gemarkung Vogt
Naturraum: Westallgäuer Hügelland
Geschützt seit 1991
Fläche: 60 Hektar
Top. Karte 8124 und 8224

Die »Wolfegger Ach«, die sich von Kißlegg über Wolfegg und dann durch den Altshauser Wald zur Schussen windet, ist einer der wenigen Flüsse Oberschwabens, deren typische voralpine Niederung weitgehend erhalten blieb. Ein besonders eindrucksvoller Abschnitt dieses Tales im Süden von Wolfegg wurde 1991 auf einer Fläche von etwa 60 Hektar als Naturschutzgebiet ausgewiesen. Es umfasst ein Mosaik von Feuchtgebieten, die von Waldstücken, Einzelgehölzen und artenreichen Feuchtwiesen zu einem Gesamtlebensraum verbunden sind. In diesem Bereich verläuft die Ach noch in ihrem ursprünglichen, mäandrierenden Flussbett. Entwässerungsversuche blieben hier nur mäßig erfolgreich. Wegen der häufigen Hochwässer und des hohen Grundwasserstandes bestimmen immer noch das Wasserregime der Ach und der natürliche Was-

Die Pfeifengraswiesen des NSG »Wolfegger Ach« mit ihrer reichen Niedermoorvegetation sind Lebensraum einer besonders artenreichen Insektenfauna. V. KRACHT

serhaushalt in der Aue Art und Umfang der landwirtschaftlichen Nutzung.

Mit ihrer Vielfalt an belichteten, beschatteten, kolkartigen und schneller fließenden Bereichen bildet die Ach einen abwechslungsreichen Lebensraum. Allerdings ist die Fauna des Gewässers durch die Fischerei erheblich beeinträchtigt: So ist der früher berühmte Flusskrebsbestand eingesetzten Aalen zum Opfer gefallen. Aale fressen mit Vorliebe die während ihrer Häutung vollkommen wehrlosen Krebse.

Als Uferbewuchs ist an der Wolfegger Ach das Rohrglanzgrasröhricht weit verbreitet, das sich als schmales Band am Fluss entlang zieht. Nur dort, wo Gehölze das Licht nehmen, wächst das Röhricht spärlicher oder gar nicht mehr. Auf höher gelegenen, trockeneren Standorten schließen sich hochwüchsige Staudenfluren mit Mädesüß, Blutweiderich und Kohldistel an. Diese blütenreichen Bestände stellen ein wichtiges Nahrungsbiotop für die verschiedensten Insekten dar.

Bei Unterhalden und Neckenfurt trifft man Reste eines Erlen-Eschen-Auewaldes mit einer üppigen Krautschicht an. Ein solcher Auewald bedeckte ursprünglich nahezu die ganze Tal-

sohle, der größte Teil fiel aber längst der intensiven Grünlandwirtschaft oder der Aufforstung mit Fichten zum Opfer. Heute ist der letzte Auewaldstreifen entlang der Ach nur noch wenige Meter breit. Die Pflanzen dieses »Galeriewaldes« halten und befestigen mit ihren Wurzeln das Ufer und verhindern so größere Erosionsabbrüche. Zwischen Rötenbach und Unterhalden sind meist nur noch Einzelbäume oder kleine Baumgruppen erhalten. Hier prägen die bizarren Formen alter Bruchweiden und Erlen das Bild der Landschaft.

Bereits im Jahr 1937 wurde ein Hangquellmoor im Katzental als flächenhaftes Naturdenkmal ausgewiesen. Dieses Kalkquellmoor, in der Vergangenheit als Streuwiese genutzt, birgt eine außergewöhnliche Vielzahl seltener Pflanzenarten. Seit jedoch die Landwirtschaft an den Streuwiesen kaum noch Interesse hat, ist die Vegetation hier dringend auf eine behutsame Pflege angewiesen. Das gilt auch für jenen Teilbereich, der bereits aufgeforstet wurde. Im Norden und im Süden des Schutzgebietes blieben mehrere Streuwiesen erhalten, die immer noch extensiv bewirtschaftet werden. Die übrigen Wiesen im Naturschutzgebiet wurden herkömmlich mit Stallmist gedüngt und zweimal im Jahr gemäht. Dabei entwickelten sich – bei häufigen Überschwemmungen und hoch anstehendem Grundwasser – bunte Bachkratzdistelwiesen, die zu den blüten- und artenreichsten Wiesen überhaupt gehören. Sie sind im Schutzgebiet noch an vielen Stellen zu bewundern. Durch intensive Düngung und Mahd werden sie jedoch immer weiter zurückgedrängt. Um die Wertigkeit des Schutzgebietes zu bewahren, muss diese Entwicklung möglichst bald gestoppt werden.

Schutzzweck ist die Erhaltung – und in Teilen Wiederherstellung – des Wolfegger Ach-Tales als eines der wenigen, noch erhaltenen Beispiele einer von extensiver Wiesennutzung geprägten voralpinen Flussniederung, deren Bedeutung aus dem Verbund unterschiedlicher Feuchtbiotope resultiert und deren artenreiche Tier- und Pflanzenwelt vor allem durch den Wasserhaushalt und die herkömmliche Nutzungsweise bestimmt ist.

Hinweise für Besucher: Der Main-Donau-Bodensee-Weg (Hauptwanderweg 4) des Schwäbischen Albvereins quert südlich von Wolfegg bei Neckenfurt das Schutzgebiet.

67 WURZACHER RIED

Landkreis Ravensburg: Gemeinde Bad Wurzach, Gemarkungen Wurzach, Dietmanns, Gospoldshofen, Haidgau und Unterschwarzach

Naturraum: Riss-Aitrach-Platten

Geschützt seit 1996, (Teilflächen seit 1959 und 1981)

Fläche: 1812 Hektar

Top. Karte 8025 und 8125

Bei Bad Wurzach, nordöstlich von Ravensburg, breitet sich auf etwa 650 m NN das von Endmoränenwällen aus der Riss- und der Würm-

Das Wurzacher Ried von Süden gesehen. Hinter den streifenförmigen Torfstichen des Haidgauer Hochmoorschildes schließen ungestörte, offene Hochmoorbereiche an. Die Haidgauer und die Dietmannser Ach mit den begleitenden Niedermooren sind als scharf abgesetzte Bänder zu erkennen. PROJEKTPHOTO SACH+SCHNELZER

Kaltzeit umgebene Wurzacher Ried aus. Es handelt sich um eine ausgedehnte Moorlandschaft, die sich – auf einer Länge von acht Kilometern und bis zu 3,5 Kilometer breit von Südwesten nach Nordosten hinzieht. Das Wurzacher Becken wurde in der Riss-Kaltzeit vom Rheingletscher ausgeformt, während der letzten Kaltzeit, der Würm-Kaltzeit, dann nach Südwesten abgeriegelt und aufgeschottert. Es entstand ein flacher Schmelzwassersee, der verlandete, vermoorte und sich in der Nachwärmezeit auf großen Flächen zu einem Hochmoor weiterentwickelte. Die aufgelagerten Hochmoortorfe wurden bis zu fünfeinhalb Meter mächtig, sodass der Moorkörper in den zentralen Bereichen insgesamt eine Mächtigkeit von zwölf Metern erreicht.

Der rund 1 700 Hektar große Moorkomplex umfasst zwei bislang kaum beeinträchtigte Hochmoore: den Haidgauer Hochmoorschild, die größte zusammenhängende intakte Hochmoorfläche Mitteleuropas, und den Alberser Hochmoorschild im Nordwesten des Gebietes. Um diese beiden Hochmoore herum gruppieren sich Übergangsmoore und ausgedehnte Niedermoore verschiedener Ausprägungen sowie Torfstichgebiete, in denen kleine Wasserflächen, feuchte

Die aufgegebenen Torf-
stiche im Wurzacher Ried
zeigen verschiedene Suk-
zessionsstadien – von of-
fenen Wasserflächen über
zwischenmoorartige Ver-
landungsstadien bis hin
zu Weiden-Faulbaumge-
büschen und Birken-
Bruchwäldern.
BNL-ARCHIV

Torfstiche und eher trockene Bereiche ein buntes
Biotopmosaik bilden. Durch das Ried fließen
mehrere Bäche, die sich kurz vor Bad Wurzach
zur Wurzacher Ach vereinigen.

Das 1959 erstmals verordnete, 1981 sowie 1996
erweiterte Naturschutzgebiet beherbergt eine
außerordentlich artenreiche Flora und Fauna,
darunter etwa 150 bedrohte Pflanzenarten der Roten Liste Baden-Württemberg. Die mikroklimati-
schen Bedingungen des Hochmoores mit durchschnittlich 120 Frosttagen im Jahr machen das
Wurzacher Ried zu einem äußerst wichtigen Reliktstandort arktischer und nordischer Pflanzen-
und Tierarten. Von den 790 nachgewiesen Pflanzenarten gelten 230 als Relikte aus der letzten
Kaltzeit. Auch unter den Insekten finden sich
zahlreiche Glazialrelikte, wie die Schwarze Moor-
ameise oder der Hochmoor-Gelbling.

Die Nutzung des Moores lässt sich bis ins
17. Jahrhundert zurückverfolgen. Damals bewirtschafteten die Bauern die Randbereiche des
Riedes extensiv als Weiden und als Streuwiesen.
Torfabbau setzte nachweislich erst im frühen
19. Jahrhundert ein. Dafür und für die Streugewinnung auf größeren Riedflächen musste man
die Bäche eintiefen und zahlreiche Kanäle und
Stichgräben ausheben. Vor etwa 100 Jahren begann die großmaßstäbliche Entwässerung weiter
Moorgebiete für die Torfgewinnung, die auch den

südwestlichen Teil des Haidgauer Schildes mit
einbezog. Die Folge der zahlreichen Eingriffe:
Von den sieben Hochmoorschilden blieben nur
noch zwei unberührt in ihrer natürlich gewachsenen Form erhalten.

Drei ursprüngliche Vegetationskomplexe charakterisieren das Wurzacher Ried: Die Pflanzengesellschaften der Hochmoore, die Flora der
Zwischenmoore am Rand der Hochmoorschilde
und die Vegetation der Niedermoore und Quellseen. Das von einem Spirken-Moorwald bedeckte
Alberser Hochmoor im Westen des Schutzgebietes ist noch völlig intakt. Das gleiche gilt auch für
den großen Haidgauer Hochmoorschild mit seiner weitgehend gehölzfreien, durch Bulte, Schlenken und – als Besonderheit – durch seitliche Zug-
oder Scheerkräfte entstandene Rissschlenken charakterisierten Hochmoorweite. In den Randzonen
um diesen Kernbereich herum wächst ebenfalls
Spirken-Moorwald. Über weite Strecken schließen sich direkt an das Randgehänge der Hochmoore in schmalen Streifen Zwischenmoore an,
die zu den Bachläufen und zu den äußeren Bereichen des Riedes hin in Niedermoor übergehen.

Diese Niedermoore entlang der Bäche und am
Außenrand des Riedes nehmen zwar nur relativ
kleine Flächen ein – hinsichtlich ihres floristischen Reichtums sind sie jedoch von größter Bedeutung. Besondere Beachtung verdienen auch

die Haidgauer Quellseen im Südwesten des Gebietes, in denen das Grundwasser der Haidgauer Heide – eines würmkaltzeitlichen Schotterfeldes – zu Tage tritt. Das kleine Seegebiet mit mehreren runden Quelltöpfen von zehn bis 100 Meter Durchmesser ist landschaftlich ausgesprochen reizvoll. Es wird von Moorbirkenwald und Schilfbeständen gesäumt. Zwischen den Quelltöpfen erheben sich viele kleine Inseln mit Niedermoorvegetation.

Wo der Mensch mit Torfabbau und landwirtschaftlicher Nutzung eingegriffen hat, stellten sich auch bei der Vegetation gravierende Veränderungen ein. In entwässerten Hochmoorbereichen dominieren nicht mehr Spirke und Torfmoose, sondern Heidekraut, Pfeifengras, Birke oder Wald-Kiefer. In den bewirtschafteten Randbereichen der ehemaligen Torfstiche trifft man sowohl Streuwiesen (etwa Schwalbenwurzenzian-Pfeifengraswiesen) als auch Nasswiesen wie die Trollblumen-Bachkratzdistelwiesen an.

Wegen seiner herausragenden Bedeutung für den Naturschutz wurde das Wurzacher Ried 1987 in das Programm zur Errichtung und Sicherung schutzwürdiger Teile von Natur und Landschaft mit gesamtstaatlich repräsentativer Bedeutung aufgenommen und bis 1997 gefördert. Das vom Landkreis Ravensburg getragene Projekt zur langfristigen Sicherung und Optimierung des Wurzacher Rieds umfasste die gesamte Moorbodenfläche. Ein wesentlicher Schwerpunkt des Projektes lag im Grunderwerb: Seit 1987 kaufte der Landkreis Ravensburg über 600 Hektar im Wurzacher Ried auf. Zusammen mit dem Grundbesitz des Landes Baden-Württemberg (950 Hektar) und der Stadt Bad Wurzach (110 Hektar) befindet sich damit fast das gesamte Moor in öffentlicher Hand.

Aufgrund einer Entwicklungskonzeption der Universität München-Weihenstephan und einem darauf aufbauenden Pflegeplan der damaligen Tübinger Bezirksstelle für Naturschutz und Landschaftspflege (heute Regierungspräsidium) wurden Maßnahmen zur Sicherung und Optimierung des Naturhaushaltes im Wurzacher Ried durchgeführt. Dabei ging es vor allem darum,

die Torfstich-Gebiete in der Kernzone wieder zu vernässen, die geschädigten Moorbereiche zu renaturieren und dadurch den Wasserhaushalt der intakten Hochmoore zu stützen. Dazu wurden sämtliche Schlitzdrainagen und Entwässerungsgräben durch Dämme abgedichtet oder aufgestaut. Der künstliche Hauptvorfluter wurde vollständig beseitigt, sodass dieses Gelände – wie früher – nur noch von der Haidgauer Ach entwässert wird.

Nach Abschluss der Wiedervernässungsmaßnahmen wurde die Kernzone wieder der natürlichen Entwicklung überlassen. Um dieses Zentrum herum wurde eine rund 300 Hektar große Pflegezone eingerichtet, um die dort vorhandenen Feuchtwiesen auf Dauer zu sichern. Schließlich werden im gesamten Wassereinzugsgebiet extensive Nutzungsformen gefördert, um unerwünschte Nährstoff-Einträge zu vermindern. Alle Eingriffe zur Renaturierung und zum Schutz des Moores, insbesondere die in der Kernzone, wurden wissenschaftlich begleitet, ein Monitoringprogramm eingerichtet.

Für die Betreuung des Gebietes und die Koordination der verschiedenen Arbeiten wurde 1985 das Naturschutzzentrum Bad Wurzach eingerichtet, das vom Land Baden-Württemberg, vom Landkreis Ravensburg und von der Gemeinde Bad Wurzach getragen wird. Im Jahr 1989 zeichnete der Europarat das Wurzacher Ried mit dem Europadiplom (Kategorie A) aus. Darin drückt sich einerseits die überregionale Bedeutung des Gebietes aus und andererseits der Respekt für die Anstrengungen, die zu seiner Erhaltung unternommen wurden. Das Wurzacher Ried ist ein wesentlicher Bestandteil des europäischen Schutzgebietsnetzes Natura 2000.

Schutzzweck ist die Erhaltung und die Optimierung des Moorkomplexes Wurzacher Ried mit dem Ziel einer ungestörten selbstregulierten Weiterentwicklung im Sinne eines ganzheitlich orientierten Naturschutzes, als einem der bedeutendsten Moorkomplexe des mitteleuropäischen Raumes, als Lebensraum einer artenreichen, charakteristischen und in dieser Vielfalt sehr selten gewordenen Tier- und Pflanzenwelt, als Reliktstandort zahlreicher glazialreliktischer, arktischer, prä- und dealpiner Arten in Flora und Fauna, als wichtiges Glied im Verbund oberschwäbischer Feuchtgebiete, u. a. mit Trittsteinfunktion im Vogelzug und als landschaftsästhetisches Element von großer Bedeutung.

Hinweise für Besucher: Ausführliche Informationen über das Wurzacher Ried bietet das Naturschutzzentrum mitten in Bad Wurzach mit einer Dauerausstellung über Entstehung und Wesen von Mooren und des Wurzacher Rieds im Besonderen. Das umfangreiche Veranstaltungsprogramm des Naturschutzzentrums umfasst Vorträge zum Naturschutzgebiet und Führungen in das Naturschutzgebiet, zum Teil in Bereiche, die ohne Führung nicht zugänglich sind. Informationstafeln an Zugangswegen verdeutlichen den Wert des Gebiets und zeigen die Wege auf, die begangen werden dürfen. Mehrere Rundwanderwege und Radwege um das Gebiet und auf die umgebenden Höhen bieten Ausblicke auf die eindruckvolle Moorlandschaft. Zu diesem Wegenetz gehören auch der Donau-Bodensee-Radweg, der Main-Donau-Bodensee-Weg (Hauptwanderweg 4) und der Schwarzwald-Schwäbische Alb-Allgäu-Weg (Hauptwanderweg 5). Die beiden letztgenannten verlaufen über die Grabener Höhe auf

Sumpf-Läusekraut (*Pedicularis palustris*) im NSG »Zeller See«. R. BANZHAF

der risskaltzeitlichen Endmoräne im Westen des Gebietes, von wo aus der beste Blick über das naturnahe Hochmoor besteht.

Weitere Informationen zum Naturschutzzentrum und das Gebiete finden sich auf der Internetseite der staatlichen Naturschutzzentren, (www.naturschutzzentren-bw.de).

68 ZELLER SEE

Landkreis Ravensburg: Gemeinde und Gemarkung Kißlegg
Naturraum: Westallgäuer Hügelland
Geschützt seit 1994
Fläche: 26 Hektar
Top. Karte 8225

Das NSG »Zeller See« schließt unmittelbar westlich an den Ortskern von Kißlegg an und umfasst den Zellersee, seine Verlandungszonen und die im Norden vorgelagerte Niederung der Kißlegger Ach. Der Zeller See und der nördlich von Kißlegg liegende Obersee werden von der Kißlegger Ach durchflossen, die in den Mooren der Brunnenweihergruppe beziehungsweise des Gründlenriedes entspringt. Durch Verlandungsprozesse bildeten sich innerhalb des Schutzgebietes Niedermoortorfe mit einer Mächtigkeit von über 75 Zentimeter aus.

Der Zeller See ist eng mit der Ortsgeschichte von Kißlegg verbunden. Bereits im Jahr 824 wird eine am Ufer des damaligen Sees errichtete Mönchszelle (»Zelle am See«) urkundlich erwähnt. Daraus entwickelte sich – begünstigt durch den Fischreichtum des Gewässers – eine Siedlung, zunächst Radpodiszella und dann Kißleggzell hieß.

Für Angler ist der Zeller See noch heute ein begehrtes Revier. Die Verlandungsgebiete werden ebenso wie die Achniederung im Norden überwiegend als Streuwiesen bewirtschaftet, einige auch als Mehrschnitt-Futterwiesen.

Rings um das nährstoffreiche Gewässer kann man die typischen Verlandungszonen mit Schwimmblatt-Gesellschaften, Schilfröhricht,

Trotz seiner stadtnahen Lage ist das NSG »Zeller See«
ein Refugium für zahlreiche Tier- und Pflanzenarten.
R. Banzhaf

Großseggenriedern und Schwarzerlenbrüchen
ausmachen. Als Arten der Schwimmblatt-Gesellschaften sind die Gelbe Teichrose, überwiegend
aber die Weiße Seerose vertreten. Der Röhrichtsaum, der zum Teil mit Hochstauden durchsetzt
ist, wird vom Schilf und von der Steifen Segge do-

miniert. Als floristische Besonderheit finden sich
in der südlichen Verlandungszone des Sees Fragmente eines Schneidriedröhrichts. Unter den
verschiedenen Streuwiesen-Gesellschaften sind
insbesondere die Kopfbinsen- und Davalls-Seg-
genrieder im Nordteil des Schutzgebietes hervorzuheben. Auf diesen, durch Hangquellwasser
gespeisten Moorflächen am westlichen Rand der
Achaue gedeihen beispielsweise das Kleine Kna-

Wintervergnügen im NSG »Zeller See«. R. BANZHAF

benkraut, die Zweihäusige Segge sowie der
Sumpf-Dreizack.

Aber auch die kalk- und basenärmeren Streuwiesenflächen sind Standorte einer ganzen Reihe
botanischer Raritäten wie etwa des Sumpf-Läuse-
krautes, der Weißen Waldhyazinthe und des stark
gefährdeten Traunsteiner Knabenkrautes. Noch
stärker versauerte Flächen im Westen des Sees
weisen bereits Zwischenmoorcharakter auf. Hier
gedeihen zum Beispiel das Alpenwollgras und die
Weiße Schnabelbinse. Nährstoffreichere Flächen,
die regelmäßig von der Ach überflutet werden,
sind als Sumpfdotterblumenwiesen ausgebildet.
Dieser früher weit verbreitete, heute jedoch selten
gewordene Wiesentyp mit einer ersten Mahd
nicht vor Ende Juni beheimatet eine Vielzahl von
Pflanzen, die sich auf intensiv bewirtschaftetem
Grünland nicht behaupten können.

Das letzte Glied in der Verlandungszonierung,
der Schwarzerlen-Bruchwald, beschränkt sich
heute auf das südliche Ufer des Zeller Sees, wo er
allerdings auch nicht in reiner Form ausgebildet,
sondern stark mit anderen Laubholzarten durchsetzt ist. Hier und entlang der im Schutzgebiet
liegenden Altwässer gedeiht unter anderem der
gefährdete Straußfarn im Unterwuchs. Dank seiner floristischen Vielfalt bietet das Gelände am
Zeller See einen reich gegliederten Lebensraum
für zahlreiche geschützte und bedrohte Tierarten.
Viele Heuschrecken und Tagfalter haben in den
Streuwiesen ein wichtiges Rückzugsgebiet gefunden. Der Zeller See und seine Verlandungszonen
sind Teil des Gesamtlebensraumes von Grasfrosch, Wasserfrosch und Erdkröte, die hier Som-
merquartiere und Laichplätze haben. Der im
Nordteil meist eisfreie See hat sich ebenso wie der
kaum je zufrierende Abschnitt der Ach im Schutzgebiet zum Rast- und Nahrungsrevier zahlreicher
Vögel entwickelt, die zum Teil als hochgradig gefährdet gelten. Hier lassen sich zum Beispiel
Pfeifente, Krickente, Tafelente und Gänsesäger
beobachten. Zu den Brutvögeln des Gebietes zählen neben Arten der terrestrischen Verlandungs-

zone wie Teichrohrsänger, Rohrammer und Schwanzmeise auch Arten, die an die offene Wasserfläche gebunden sind, etwa Haubentaucher, Bläßhuhn und die extrem scheue, stark gefährdete Wasserralle. Diese störungsempfindlichen Tiere haben unter dem intensiven Angelbetrieb am Zeller See erheblich zu leiden. Um die Ursachen für die schlechte Wasserqualität des Sees zu klären und die notwendigen Grundlagen für ein Sanierungskonzept zu bekommen, hat das Tübinger Regierungspräsidium den Zeller See in das Aktionsprogramm zur Sanierung oberschwäbischer Seen und Weiher aufgenommen.

Schutzzweck ist Erhaltung, Förderung und langfristige Verbesserung der ökologischen Wertigkeit des natürlichen Stillgewässers Zeller See, seiner charakteristischen Verlandungszonen und der sich im Norden anschließenden Niederung der Kißlegger Ach mit ihren Streuwiesen als Lebensraum und Rückzugsgebiet einer artenreichen Tier- und Pflanzenwelt, wichtigem Trittstein in Verbund von Feuchtgebieten entlang der Kißlegger und Wolfegger Ach und siedlungsnaher, weitgehend intakter Naturlandschaftsteil von besonderer landschaftlicher Schönheit.

Hinweise für Besucher: Von der Kißlegger Dorfmitte aus bietet sich eine Wanderung um den Zeller See an. Von der Kirche aus geht man zunächst durch enge Gassen nach Norden und dann über die St. Anna-Straße Richtung Friedhof. Vor der St. Anna-Kapelle quert die Straße das Schutzgebiet und die Kißlegger Ach. Danach geht es über einen neu erbauten Weg am Westrand des Schutzgebiets entlang und danach über die Sebastian-Kneipp-Straße am Hotel Sonnenstrahl vorbei zum alten Schloss und weiter zum Ausgangpunkt. Während des etwa 2,5 km langen Rundweges hat man immer wieder reizvolle Blicke auf den See und die umgebenden Wiesen.

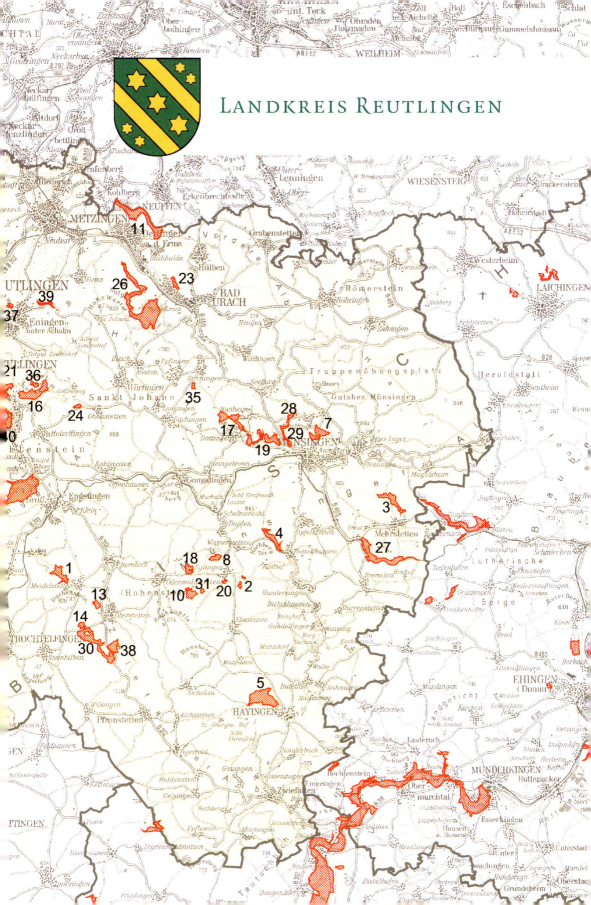

LANDKREIS REUTLINGEN

1 BAUENOFEN-HÄULESRAIN-TAL

Landkreis Reutlingen: Gemeinde Hohenstein,
Gemarkung Meidelstetten

Naturraum: Mittlere Kuppenalb

Geschützt seit 1995

Fläche: 40 Hektar

Top. Karte 7621

Das Schutzgebiet »Bauenofen-Häulesrain-Tal«
liegt nordwestlich der Hohensteiner Ortschaft
Meidelstetten in einer Höhe von 740–780 m NN.
Das unter Schutz stehende Trockental reicht fast
bis an die Ortschaft heran und verläuft von Südosten nach Nordwesten. Die Hangflächen sind
teilweise mit offenen Wacholderheiden bedeckt,
die von Buchenwäldern und Nadelforsten unterbrochen werden. Der Talgrund wird landwirtschaftlich intensiv genutzt, während die Wacholderheiden extensiv beweidet werden. Das
»Bauenofen-Häulesrain-Tal« hat über seine Grenzen hinaus, eine wichtige Funktion im Schutzge-
biets- und Biotopverbund mit den zehn anderen
Naturschutzgebieten der Gemeinde Hohenstein.

Die beweideten Wachholderheiden haben sich
im Lauf der Jahre unterschiedlich entwickelt. So
findet man neben reinen Wacholderheiden auch
solche mit hohem Buchen- oder auch Kiefernan-
teil. Alle weisen einen großen Artenreichtum auf
und gehören pflanzensoziologisch zu den Tres-

pen-Halbtrockenrasen. Dort wachsen und blühen
neben typischen Kalk liebenden Arten wie Kalk-
Aster, Gewöhnlichem Sonnenröschen und
Gefranstem Enzian auf dem stellenweise leicht
sauren Boden auch Arten, die dort bevorzugt vorkommen, zu denen Heide-Segge, die Echte
Mondraute, der Flügel-Ginster und das Herzblatt
gehören. An den Rändern ehemaliger Sandgruben steht oft das freie Gestein an und bietet einer
xerophilen Flora Standorte. Hier kann man Berg-
Gamander, Gewöhnliches Katzenpfötchen, Berg-
Steinkraut und Heideröschen finden.

Bei den naturnah bewirtschafteten Laub- und
Nadelwäldern im Naturschutzgebiet dominiert
flächenmäßig ein Waldgersten-Buchenwald, in
dem auch das Rote und Weiße Waldvögelein und
die Berg-Waldhyazinthe vorkommen.

Bisher konnten im Naturschutzgebiet 60 verschiedene Vogelarten nachgewiesen werden. Erwähnenswert ist das Brutvorkommen der in Baden-Württemberg stark gefährdeten Hohltaube
und des gefährdeten Kleinspechts. Der Schwarzspecht ist ein häufiger Nahrungsgast im Gebiet.
In den Hecken und Feldgehölzen brüten Neuntöter und Feldschwirl. Auf Solitärbäumen ist der
Baumpieper anzutreffen.

Für Tagfalter und Widderchen stellen die Wacholderheiden mit ihren arten- und blütenreichen
Halbtrockenrasen einen äußerst wertvollen Lebensraum dar, der meist in Süd- bis Südwestrich-

Im NSG »Bauenofen-
Häulesrain-Tal« sind auf
den strukturreichen
Wacholderheiden und in
den naturnahen Laub-
wald- und Mischwald-
bereichen mit den ab-
wechslungsreichen
Waldrändern viele seltene
und geschützte Vogel-
arten anzutreffen.
C. MAIER

tung an warmen, sonnigen Hängen liegt und reich strukturiert wird durch wenig oder nicht bewachsene Stellen im Bereich ehemaliger Sandlöcher und felsige Bereiche. Eine faunistische Besonderheit ist hier das Vorkommen der Gefleckten Keulenschrecke, von der auf der westlichen Schwäbischen Alb nur wenige Populationen bekannt sind.

Schutzzweck ist die Erhaltung eines für die mittlere Kuppenalb charakteristischen Trockentals einschließlich seiner Hangbereiche mit den Wacholderheiden, den Waldbereichen und Weidbuchen, den Feldgehölzen sowie den Acker- und Wiesenflächen. Die im Gebiet vorhandenen Sandgruben einschließlich der standorttypischen Vegetation sind kulturhistorisch bedeutsam.

Hinweise für Besucher: Der Naturerlebnispfad »Häulesrain«, ein 3 km langer Rundweg, führt über Wacholderheiden, Wiesen, Äcker und durch den Wald vorbei an den Erlebnisbereichen »Hören, Sehen, Fühlen und Riechen«, sowie an interessanten Stationen rund um die Natur (Blick in ein Bienenvolk, Holzartenquiz, Waldtelefon, Holzxylophon, Hutewald u. a.). Er verläuft teilweise im NSG »Bauenofen-Häulesrain-Tal«. Als Ausgangspunkt für den Rundweg ist der nordwestlich an Meidelstetten (in Richtung Haid) angrenzende Parkplatz zu empfehlen, bei dem sich eine Informationstafel befindet.

2 BLASENBERG-RINGELESBERG

Landkreis Reutlingen: Gemeinde Hohenstein, Gemarkung Eglingen

Naturraum: Mittlere Kuppenalb

Geschützt seit 1992

Fläche: 6,81 Hektar

Top. Karte 7622

Das Naturschutzgebiet »Blasenberg-Ringelesberg« auf der Münsinger Alb stellt mit seinen Wacholderheiden in einer ansonsten relativ intensiv bewirtschafteten, strukturarmen Landschaft einen wichtigen Rückzugsraum für viele Pflanzen- und Tierarten der trockenen und mageren Standorte dar. Da ganz in der Nähe die Heidefläche »Krähberg-Kapellenberg« mit ihrer hochwertigen Flora und Fauna ebenfalls unter Schutz gestellt wurde, kommt dem knapp sieben Hektar großen NSG-Areal im Biotopverbund solcher Wacholderheiden eine große Bedeutung zu. Das Schutzgebiet gliedert sich in zwei Teilbereiche: den Blasenberg und den Ringelesberg.

Der stark bewaldete Blasenberg liegt im Vordergrund, die Wacholderheide am Ringelesberg im Hintergrund.
M. GROHE

Der Blasenberg erhebt sich etwa einen Kilometer südöstlich von Eglingen. Vom Dorf aus hat man einen schönen Blick auf die landschaftlich reizvolle Wacholderheide am Westhang des Berges. Auf der Bergkuppe wächst inzwischen Kiefernwald. Das reich strukturierte Wachholderheidengelände bietet günstigen Lebensraum für zahlreiche, an sonnige und trockene Standorte angepasste Tier- und Pflanzenarten. Hier konnten sich auch mehrere seltene und in ihrem Bestand bedrohte Arten halten. Für die Botaniker sind dabei vor allem die Standorte verschiedener Orchideen-, Enzian- und Sommerwurzarten von Bedeutung.

Bei der Fauna des Gebiets fällt in erster Linie das breite Spektrum der Insektenarten auf. Neben einer Vielzahl von Käfern, Hautflüglern und Wanzen sind hier 37 verschiedene Tagfalterarten anzutreffen.

Der Ringelesberg liegt ungefähr 700 Meter nördlich vom Blasenberg. Über seinen Südhang zieht sich eine kleine Wacholderheide hin, die in den höheren Hangbereichen und auf der Kuppe bereits vom Kiefernwald erobert wurde. Flora und Fauna haben sich hier ähnlich entwickelt wie am Blasenberg. Zehn der am Ringelesberg kartierten Pflanzenarten werden in der Roten Liste aufgeführt.

Wie am Blasenberg hat sich auch am Ringelesberg die Insektenfauna ausgesprochen artenreich entfaltet. Die seltene und für das Gebiet charakteristische Blattwespe, deren Larve an der Heckenrose lebt, konnte sich in diesem Refugium ebenso behaupten wie einige Grabwespen-, Wildbienen-, Skorpionsfliegen- und Schwebfliegenarten.

Schutzzweck ist die Erhaltung der Wacholderheiden mit ihrer Pflanzen- und Tierwelt als ein charakteristisches, das Landschaftsbild belebendes Element und als Bestandteil eines Wacholderheidenverbundes im Raum Hohenstein.

Hinweise für Besucher: In der Nähe der Ortschaft Eglingen liegen Wanderparkplätze, von denen aus das Gebiet und anderen Naturschutzgebiete der Umgebung zu erreichen sind.

3 BÖTTENTAL

Landkreis Reutlingen: Gemeinde und Gemarkung Mehrstetten
Naturraum: Mittlere Flächenalb
Geschützt seit 1998
Fläche: 44,7 Hektar
Top. Karte 7623

Das Böttental liegt rund 500 Meter nördlich der Ortschaft Mehrstetten auf der Albhochfläche. Das Naturschutzgebiet umfasst den 1,5 Kilometer langen Wacholderheidenhang am Ende des Böttentals. Die Talsohle verläuft zwischen 695 und 720 m NN, die obere Hangkante erreicht bis zu 750 m NN. Wie alle Wacholderheiden der Alb ist der heute noch beweidete Hang durch die Hüteschäferei entstanden. An die Oberkante der Wacholderheide grenzen ehemalige »Hutewälder« mit beeindruckenden Weidbuchen. Das Tal durchziehen Wirtschaftswiesen, die zwei- bis dreimal jährlich gemäht, teils zusätzlich beweidet werden und von wenigen Äckern durchbrochen sind. Einige Nadelholzaufforstungen verändern den Landschaftscharakter nachteilig.

Als typisches Landschaftselement der Schwäbischen Alb hat das »Böttental« eine hohe floristische und faunistische Bedeutung, ist aber auch Teil eines großräumigen Biotopverbundes von Heideflächen im Übergangsbereich vom Münsinger Hardt (Truppenübungsplatz) zu den Trockenhängen des NSG »Oberes Schmiechtal«. Der gesamte Trockentalzug erstreckt sich von der Kuppenalblandschaft des Münsinger Truppenübungsplatzes bis ins Mühltal, an dessen Talende die Schmiech entspringt. Das ca. 3,5 Kilometer südlich gelegene NSG »Schandental« ist in diesem Zusammenhang ebenfalls ein wichtiger Trittstein, über den sich Pflanzen und Tiere wieder in entfernteren Gebieten ansiedeln können.

Im Böttental sind verschiedene Pflanzengesellschaften eng miteinander verzahnt. Von der extrem mageren und lückigen Vegetation der Felsköpfe, über die Magerrasen der Heideflächen bis zum Buchenwald sind fließende Übergänge und Sukzessionsstadien erkennbar. Insgesamt wurden bisher 260 verschiedene gefährdete oder sogar stark gefährdete Pflanzenarten erfasst. Küchenschelle, Frühlings-Enzian, Traubenhyazinthe, Berg-Gamander, Braunrote Stendelwurz und Fliegenragwurz gehören dazu. Im Frühherbst blühen u. a. Silberdisteln, Gefranster Enzian und Deutscher Enzian. Im Übergangsbereich zum Buchenwald gedeihen Seidelbast, Türkenbundlilie und Großblütiger Fingerhut.

Von den 73 beobachteten Vogelarten brüten 43 im Gebiet. Zwölf davon stehen in der Roten Liste Baden-Württembergs. Als Brutvögel sind Neuntöter, Wendehals, Dorngrasmücke, Sperber und Schwarzspecht besonders hervorzuheben. Sie finden hier gute Lebensbedingungen.

Die hohe Qualität der extensiv bewirtschafteten, blütenreichen Flächen als Lebensraum erkennt man auch daran, dass von den hier bisher 64 nachgewiesenen Schmetterlingsarten über die Hälfte auf der baden-württembergischen Roten Liste der Tagfalterarten zu finden sind. Darunter sind auch der Schwarzfleckige Ameisen-Bläuling und die eng an die Halbtrockenrasen gebundenen landesweit gefährdeten Arten Zwergbläuling und Sonnenröschen-Würfel-Dickkopffalter. Ganz besonders wichtig sind die warmen und trockenen Flächen für den selten beobachteten Kleinen Perlmuttfalter und den Malven-Dickkopffalter, der auf der Schwäbischen Alb vom Aussterben bedroht ist.

Neben dem »Schandental« ist auch das »Böttental« ein überregional bedeutsamer Lebensraum für Heuschrecken. An dieser Stelle kann auf die Beschreibung im NSG »Schandental« verwiesen werden. Die Hälfte der registrierten Heuschreckenarten hat bundesweit gesehen ihren Verbreitungsschwerpunkt in Baden-Württemberg.

Schutzzweck ist die Erhaltung, Pflege und Verbesserung eines für die Mittlere Flächenalb charakteristischen Trockentals mit seiner südexponierten Wacholderheide, den Wiesenflächen einschließlich der Hecken, Gebüsche, Einzelbäume, Baumgruppen und den direkt angrenzenden Waldflächen als Lebensraum für gefährdete und seltene Pflanzen- und Tierarten. Die Siche-

Die Kalk liebende Türkenbund-Lilie (*Lilium martagon*) wächst im NSG »Böttental« im Übergangsbereich von den Heideflächen zum Buchenwald. V. KRACHT

rung und Verbesserung eines großräumigen Biotopverbundes von Wacholderheiden um die Naturschutzgebiete »Böttental« und »Schandental« wird angestrebt, der den Genaustausch zwischen den Tier- und Pflanzenpopulationen sichern soll.

Hinweise für Besucher: Von der Bezirksstelle für Naturschutz und Landschaftspflege (heute Regierungspräsidium Tübingen) wurde im Jahr 2000 eine Erlebniswanderkarte »Rund um die Naturschutzgebiete in Mehrstetten« veröffentlicht. Es ist empfehlenswert, dem darauf verzeichneten Rundwanderweg, der auch durch das NSG »Böttental« führt, zu folgen. Der Wanderweg verläuft im Tal entlang und man kann von hier aus die Wacholderheidenhänge sehr gut einsehen.

4 BUTTENHAUSENER EICHHALDE

Landkreis Reutlingen: Stadt Münsingen,
Gemarkung Buttenhausen

Naturraum: Mittlere Kuppenalb

Geschützt seit 1994

Fläche: 35 Hektar

Top. Karte 7622

Das Schutzgebiet »Buttenhausener Eichhalde« liegt im Großen Lautertal unmittelbar nordwestlich von Buttenhausen. Zwischen dieser Ortschaft und dem benachbarten Wasserstetten zieht sich ein ausgedehnter Südhang hin, der von 630 m NN bis auf eine Höhe von 768 m NN ansteigt. Das 35 Hektar große Schutzareal umfasst im Wesentlichen diesen Steilhang, der eine Neigung von bis zu 55 Prozent erreicht. Im Sommer können an der sonnigen und warmen Eichhalde extrem hohe Bodentemperaturen auftreten und im Frühjahr verschwindet hier der Schnee wesentlich früher als an den kalten Nordhängen im Lautertal.

Bis 1971 wurde die Wacholderheide jahrhundertelang mit Schafen beweidet, was auf den offenen Flächen die Entwicklung einer Enzian-Zwenkenrasen-Gesellschaft mit den dort charakteristischen Pflanzenarten wie Stengellose Kratzdistel, Kreuz-Enzian und Fiederzwenke förderte. Nachdem die traditionelle Nutzung aufgegeben worden war, konnten sich auch Pflanzen entwi-

ckeln, die ansonsten den Schafen zum Opfer fallen, so zum Beispiel die Aufrechte Trespe oder auch einige Orchideen wie etwa die Bienenragwurz und die Mückenhändelwurz. Auf den freistehenden, vollbesonnten Felsköpfen siedelt die Kelchsteinkraut-Mauerpfeffer-Gesellschaft mit Weißem Mauerpfeffer, Scharfem Mauerpfeffer, Stengelumfassendem Hellerkraut und Steinquendel. Diese Gesellschaft wächst auch auf den Steinriegeln und im offenen Schutt.

Nachdem auf der »Buttenhausener Eichhalde« keine Schafe mehr weideten verbuschte der Wacholderheiden-Steilhang langsam aber stetig. Der Gehölzanteil betrug zum Teil über 70 Prozent der Fläche. Nach umfangreichen Pflegemaßnahmen haben die Licht und Wärme liebenden Tier- und Pflanzenarten der süd-west-exponierten Wacholderheide optimale Lebensbedingungen. Auch zieht eine Schafherde wieder regelmäßig durchs Gebiet. Das Laubgehölz hat jedoch die starke Tendenz, den Halbtrockenrasen-Steilhang wieder zu überwachsen. Da Schafe hauptsächlich Gras fressen und die Laubgehölze nicht ausreichend eindämmen können, wird ein Teilbereich der »Buttenhausener Eichhalde« seit 2004 auch mit Ziegen beweidet. Die Ziegen fressen neben Grasbewuchs auch bevorzugt die härteren Büsche und Sträucher.

Im Nordwesten und Nordosten der Eichhalde wachsen Wälder, im nord-westlichen Bereich vorwiegend Nadelholzbestände, im nord-östlichen

Von 1997–2002 wurden im NSG »Buttenhausener Eichhalde« vom Pflegetrupp der Bezirksstelle für Naturschutz und Landschaftspflege und vom Forstamt Münsingen Pflegemaßnahmen zur Auslichtung des Gehölzbestandes durchgeführt, zeitweilig unterstützt durch ein Jugendlager des Bundes Naturschutz Alb-Neckar. E.-M. GERHARD

Bemerkenswert ist das Katzenpfötchen (*Antennaria dioica*), das auf mageren, meist trockenen Standorten wächst. Die Art ist konkurrenzschwach und Licht liebend. E.-M. GERHARD

Teil dominiert ein Waldgersten-Buchenwald mit Rotbuche, Bergahorn und Esche und krautreichem Unterwuchs.

Bei einer floristischen Untersuchung im Jahre 2001 wurden auf der Eichhalde 209 Pflanzenarten nachgewiesen, von denen 30 in der Roten Liste Baden-Württembergs geführt werden.

Die Kartierung der Vögel, Tagfalter, Heuschrecken und Schnecken im Schutzgebiet belegte die herausragende Bedeutung der Eichhalde für die Tierwelt im Großen Lautertal. Im Erhebungszeitraum 2001 wurden insgesamt 41 Vogelarten beobachtet. Hiervon kommen 24 Arten als Brutvögel vor, darunter die gefährdeten Arten Dorngrasmücke, Baumpieper und Neuntöter. Von Mai bis September 2001 konnten insgesamt 61 Tagfalter- und neun Widderchen-Arten erhoben werden. Dies ist fast die Hälfte des in Baden-Württemberg vorkommenden Artbestandes. Bemerkenswerte Arten sind zum Beispiel der Braune Feuerfalter, der Schwalbenschwanz und der Schwarzfleckige Ameisen-Bläuling.

Schutzzweck ist die Erhaltung der für das Große Lautertal außerordentlich landschaftsprägenden, linksseitig der Lauter gelegenen Hangfläche mit Wacholderheiden unterschiedlicher Ausprägung, Halbtrockenrasen, Wiesen, Felsbil-

dungen, Steinriegeln, Hecken, Gebüschen und Wäldern sowie die Pflege und Verbesserung extensiv genutzter, artenreicher Halbtrockenrasen mit zahlreichen seltenen und zum Teil stark gefährdeten Pflanzen- und Tierarten. Weiterer Schutzzweck ist die Sicherung und Pflege des Lebensraums am offenen Steilhang sowie teilweise angrenzender Flächen als Bindeglied zum dortigen Waldrand.

Hinweise für Besucher: Fährt man entlang der Großen Lauter von Wasserstetten nach Buttenhausen, sieht man bereits aus der Ferne den imposanten Wacholderheiden-Steilhang des NSG »Buttenhausener Eichhalde« vor sich liegen. Im Sommerhalbjahr nimmt man weiße Punkte am Steilhang wahr. Nähert man sich, entpuppen sie sich als Ziegen, die dabei sind, den Gehölzbewuchs zu minimieren.

5 DIGELFELD

Landkreis Reutlingen: Stadt und Gemarkung Hayingen

Naturraum: Mittlere Kuppenalb

Geschützt seit 1991

Fläche: 121,4 Hektar

Top. Karte 7722

Im Südosten des Landkreises Reutlingen, etwa 1,5 Kilometer westlich von Hayingen, wurde 1991 das gut 121 Hektar große Schutzgebiet »Digelfeld« ausgewiesen. Dabei handelt es sich um großflächige Wacholderheiden, die teilweise zu Kiefernwäldern ausgewachsen sind. Im südwestlichen Bereich des Areals wächst ein älterer Fichtenforst. Die landschaftlich äußerst reizvollen Wacholderheiden im »Digelfeld« gehören mit ihren artenreichen Halbtrockenrasen-Gesellschaften zu den schönsten noch erhaltenen Heideflächen im Landkreis Reutlingen.

Teilbereiche der Wacholderheiden beherbergen eine ungewöhnliche Fülle von Enzian- und Orchideenarten. Zwischen den Wacholderheiden liegen vereinzelt Wiesenstreifen und Getreidefelder eingestreut, auf denen noch zahlreiche,

In den letzten Jahren wurde viel Arbeit investiert, um Gebüsche und Bäume auf bereits überwachsenen Wacholderheiden wieder zu entfernen. Hierdurch haben sich die offenen Heideflächen im NSG »Digelfeld« um einiges vergrößert.
E.-M. GERHARD

mittlerweile selten gewordene Wildkräuter gedeihen. Zum Artenreichtum des Gebietes tragen auch die Kiefernwald-Gesellschaften bei. Diese, von alten Wacholdern durchsetzten Wälder entstanden meistens aufgrund der natürlich fortschreitenden Sukzession durch Samenanflug. Auf den wiederbewaldeten Flächen findet man aber in der Krautschicht noch immer häufig Pflanzenarten, die ihren Verbreitungsschwerpunkt auf den Heidebereichen haben.

Bereits im Jahr 1955 wurden 40 Hektar im Digelfeld unter Landschaftsschutz gestellt. 1977 hat man das Gelände im Zuge der Erfassung biologisch-ökologisch wertvoller Flächen der Region als schützenswertes Biotop aufgenommen und die Forstdirektion Tübingen stufte das »Digelfeld« in einer Untersuchung über Wacholderheiden als »hochwertig« ein. Da diese Heideflächen sukzessive mehr und mehr zu verbuschen drohen, muss man sie mit regelmäßigen pflegerischen Eingriffen offen halten. Diese Arbeiten führen der Pflegetrupp der Bezirksstelle für Naturschutz und Landschaftspflege Tübingen (heute Regierungspräsidium) und die Forstverwaltung (Forstrevier Hayingen) seit Jahren durch. Südlich vom »Digelfeld«, im Bereich des Runden Burren und beim Schweiftal wurden offene Wacholderheiden hinzugewonnen und dadurch das Biotopverbundsystem zwischen »Digelfeld«, Rundem Burren und Schweiftal verbessert.

Bis 1980 weideten Schafe auf den Wacholderheiden des »Digelfeld«. An diese Tradition anknüpfend zieht seit 2002 wieder regelmäßig ein Schäfer mit seiner Schafherde über die Wacholderheiden. Das verhindert eine Verfilzung der Bodenvegetation und hilft gegen die schleichende Verbuschung. Auf dem neuen durchgängigen Triebwegenetz kann die Herde wieder problemlos über das »Digelfeld«, zum Runden Burren und zum Schweiftal ziehen.

Das breite Pflanzenspektrum bietet einer reichhaltigen Insektenfauna geeignete Habitate. Auf einem Feldweg, der mitten durch das Schutzgebiet führt, stößt man auf viele unbewachsene Bodenstellen, in denen Sandbienen ihre Erdnester anlegen können. Auf den angrenzenden Heiden finden diese Tiere ihre speziellen Nahrungspflanzen. Im Sommer kann man am Waldrand zahlreiche Waldgrillen beobachten, und wenn die gefährdete Rotflügelige Schnarrschrecke mit leuchtend roten Hinterflügeln auffliegt, ist ihr prägnantes Flug-Schnarren zu hören. Von den Tagfalterarten der Wacholderheiden ist z. B. der Silbergrüne Bläuling individuenreich zu beobachten. Er findet günstige Ausgangsbedingungen, da seine Raupen-Nahrungspflanze, der Hufeisenklee, auf dem »Digelfeld« weit verbreitet ist. Dem gefährdeten Neuntöter bieten die in das Naturschutzgebiet integrierten Hecken einen geeigneten Lebensraum.

Schutzzweck ist die Erhaltung einer vielgestaltigen, kleinstrukturierten Landschaft mit reizvollen Wacholderheiden, Waldrändern, Kiefernwäldchen, Heckengruppen, Wiesen und Feldern als Lebensraum zahlreicher, seltener Pflanzen- und Tierarten.

Hinweise für Besucher: Empfehlenswerter Ausgangspunkt zur Besichtigung des Naturschutzgebietes ist der »Digelfeldparkplatz«, der sich fast unmittelbar an der Kreisstraße befindet, die das Naturschutzgebiet südlich begrenzt. Blickt man von hier aus nach Norden, sieht man lang gezogene, großflächige Wacholderheidenkuppen zwischen Wiesen und Ackerflächen eingebettet und von Kiefernwäldern umgeben vor sich liegen. Im Süden erblickt man den malerischen Wacholderheiden-Hügel des Runden Burren.

6 ECHAZAUE

Landkreis Reutlingen: Stadt und
Gemarkung Pfullingen

Naturraum: Mittleres Albvorland

Geschützt seit 2005

Fläche: 50 Hektar

Top. Karte 7521

Das Naturschutzgebiet »Echazaue« liegt auf rund 466 m NN südöstlich von Pfullingen im Echaztal. Die namensgebende Echaz entspringt südlich von Lichtenstein-Honau in 577 m NN Höhe und mündet nach rund 23 Kilometer bei Kirchentellinsfurt (304 m NN) in den Neckar. Auf ihrem Weg zur Mündung fließt die Echaz meist entlang bebauter Bereiche, aber hier – vor den Toren Pfullingens – ist noch ein größerer Bachabschnitt unverbaut. Streuobstwiesen, Weiden, Fettwiesen, Feuchtbereiche, Schilfgebiete und der Ufergehölzsaum der Echaz prägen das Landschaftsbild. Die Besonderheit der Echazaue besteht vor allem in ihrer enormen Strukturvielfalt. Man findet unterschiedliche Vegetationstypen eng aneinandergrenzend und miteinander verzahnt. Je nach Standort und Nutzung sind die Wiesen trocken bis feucht. Gebüsche trockenwarmer Standorte mit Hartriegel, Pfaffenhütchen und Schlehe u. a. m. sind im gesamten Gebiet verteilt. Nasswiesen und Feuchtgebiete mit Vorkommen an Sumpfdotterblumen, Mädesüßbeständen und größeren Schilfgebieten bereichern das Gebiet. Hoch aufgewachsene Weiden überragen die uferbegleitenden Gebüsche. Im Hinblick auf die Naturschutzwertigkeit der Echazaue hat aufgrund der vielfältigen Lebensraumangebote die Tierwelt eine besonders große Bedeutung.

Umfangreiche Erkenntnisse gibt es über die Vogelwelt. Aber auch zu anderen Tiergruppen liegen zahlreiche Beobachtungen vor (Säugetiere, Amphibien, Reptilien, Fische, Libellen und

Auch in der heutigen Zeit hat das historische Kanalsystem der Echaz noch wichtige Funktionen: Die Hochwässer werden besser in die ausgedehnten Retentionsflächen der Echazaue verteilt. Das dient dem Hochwasserschutz und der Grundwasseranreicherung.
F. KORNDÖRFER

Schmetterlinge). Die Vögel nutzen die Echazaue als Brut-, Rast-, Überwinterungs- und Nahrungsbiotop. Für die Wasseramsel ist die Echazaue mit bis zu 10 Brutpaaren ein bedeutendes Gebiet in der Region. Sumpfrohrsänger, Gebirgsstelze, Gelbspötter und das landesweit in seinem Bestand gefährdete Teichhuhn brüten hier regelmäßig. Der Eisvogel sucht im Gebiet nach Nahrung und der vom Aussterben bedrohten Bekassine dient die Echazaue als Rast- und Durchzugsgebiet. In den Streuobstwiesen haben Halsbandschnäpper, Neuntöter und Gartenrotschwanz ihre Brutreviere.

Aber auch bei anderen im Naturschutzgebiet vorkommenden Tiergruppen gibt es hochgradig gefährdete Arten. An Fledermäusen konnten die Arten Bechstein-Fledermaus, Großer Abendsegler, Großes Mausohr und Zwergfledermaus beobachtet werden. Direkt in und am Wasser lebt die Wasserspitzmaus. Die gefährdeten Arten Haselmaus und Iltis sind Bewohner der Echazaue. In der feuchten Aue finden Amphibien und Reptilien ideale Lebensbedingungen. Mit Feuersalamander, Bergmolch, Teichmolch, Fadenmolch, Gelbbauch-Unke, Erdkröte, Grasfrosch, Kleinem Wasserfrosch und Teichfrosch kommen im Gebiet zahlreiche Amphibienarten vor. Die feuchteren Bereiche bieten der gefährdeten Ringelnatter, der Waldeidechse und der Blindschleiche ideale Lebensbedingungen. Trockenere Bereiche bewohnt die Zauneidechse. Die Echaz selbst ist Lebensraum der stark gefährdeten Bachforelle.

Eine Besonderheit im Schutzgebiet ist das vorhandene historische und unter Denkmalschutz stehende Kanalsystem zur Bewässerung der Wiesen. Noch bis in die Mitte des 20. Jahrhunderts erfolgte die Bewässerung der Echazwiesen zwischen Unterhausen und Pfullingen über ein ausgedehntes Kanalsystem. Eine solche künstliche Wiesenwässerung erfüllte verschiedene Funktionen. Im Frühjahr und Herbst gelangten die im Wasser gelösten Nährstoffe in den Boden und wurden dort verteilt. Insbesondere im Frühjahr kam als positiver Effekt hinzu, dass das Wasser den gefrorenen Boden schneller erwärmte. Das heute noch vorhandene Kanalsystem mit den angrenzenden Wiesen ist Zeugnis einer traditionellen Bewirtschaftungsweise der vorindustriellen Periode und damit auch landeskulturell von großer Bedeutung. Seit Jahren kümmern sich ehrenamtliche Naturschützer um den Erhalt dieses Kleinods.

In Kenntnis der besonderen landschaftlichen Situation haben die Verwaltung und der Gemeinderat der Stadt Pfullingen die Ausweisung des Naturschutzgebietes beim Regierungspräsidium Tübingen angeregt. Aufgrund der ortsnahen Lage bietet das Schutzgebiet auch Möglichkeiten zur naturkundlichen Wissensvermittlung. Dieser Aspekt ist in der Naturschutzgebietsverordnung ausdrücklich erwähnt.

Schutzzweck ist die Erhaltung, Sicherung und Verbesserung der in Stadtrandlage gelegenen, unverbauten Echazaue als Lebensraum artenreicher Pflanzen- und Tiergemeinschaften und ihre Sicherung als Ort für naturschutzausgerichtete Umweltbildung.

Hinweise für Besucher: Am besten lässt man sich die Kostbarkeiten des Naturschutzgebietes im Rahmen regelmäßig angebotener Führungen erklären. Besonders im Frühjahr lohnt sich eine Exkursion mit ehrenamtlichen Naturschützern (Naturschutzbund Deutschland – Ortsgruppe Pfullingen).

7 ECKENLAUH-WEISSGERBERBERG

Landkreis Reutlingen: Stadt und Gemarkung Münsingen, Gemarkung Trailfingen
Naturraum: Mittlere Kuppenalb
Geschützt seit 1994
Größe; 42,4 Hektar
Top. Karte 7522 und 7523

Das Schutzgebiet »Eckenlauh-Weißgerberberg« breitet sich am nordöstlichen Stadtrand von Münsingen aus. Hier ragen die 777 m NN hohe Eckenlauh-Kuppe und der etwas niedrigere Weißgerberberg landschaftsprägend aus dem weiten Münsinger Zementmergelbecken heraus. Die beiden markanten Erhebungen werden durch einen Trockentalzug voneinander getrennt, der den Trailfinger und Münsinger Beckenbereich verbindet. Die Vegetation in der Senke zwischen den Kuppen wird wesentlich durch die landwirtschaftliche Nutzung als Grünland und Weide geprägt. Die steilen Bergflanken tragen auf den sonnenexponierten Flächen einen artenreichen Halbtrockenrasen, an den nicht ganz so trockenen Nord- und Osthängen stehen alte Weidbuchenwälder, die in verbuschende Weidebereiche übergehen.

Auf der Eckenlauh-Kuppe ließen sich bislang 168 Pflanzenarten nachweisen, von denen acht als bedroht und fünf als geschützt oder selten eingestuft werden. Die Flora setzt sich hier im Wesentlichen aus dem Artenspektrum der Halbtrockenrasen zusammen und zeigt ganz charakteristische Anpassungen an die traditionelle Nutzung als Schafweide. In den stark beweideten Bereichen der Bergkuppe und der Hänge besteht die Vegetation vorwiegend aus »weidefesten« Arten. Die Silberdistel und die Stengellose Kratzdistel sind durch niedrigen Wuchs und ein Stachelkleid vor dem Verbiss durch die Schafe geschützt. Auch unbestachelte Arten wie das Katzenpfötchen breiten ihre Blätter dicht am Boden aus und entgehen so dem Verbiss. Auf offenen, besonders mageren Standorten gedeihen Orchideen wie die Honigorchis, die Fliegenragwurz und die Wohlriechende Händelwurz. Die Küchenschelle, der Frühlings-Enzian und das Frühlings-Fingerkraut blühen, sobald im Frühjahr der letzte Schnee geschmolzen ist. Im Spätherbst zeigen der Gefranste Enzian und der Deutsche Enzian ihre blauen Blüten.

Alle diese Arten haben sich in jahrtausendelanger Selektion an die trockenen und mageren Standorte angepasst. Auf den Brachäckern der Hochfläche wächst der Blasse Erdrauch, eine bedrohte Pflanze der hier angesiedelten Ackerwildkräuter-Gesellschaft. In den alten Buchenbeständen findet man die geschützte Türkenbundlilie und das Weiße Waldvögelein.

Auch der Vogelwelt bietet die Eckenlauh-Kuppe ein wertvolles Rückzugsgebiet. Bislang wurden in diesem Gelände 46 Vogelarten beo-

An heißen Tagen ist der Warzenbeißer (*Decticus verrucivorus*) im NSG »Eckenlauh-Weißgerberberg« zu hören. H.-P. DÖLER

bachtet. 37 dieser Arten brüten dort auch, darunter das Braunkehlchen, der Wiesenpieper und der Neuntöter. Ähnlich mannigfaltig ist auf den Heideflächen die Insektenfauna, insbesondere bei den Heuschrecken und den Schmetterlingen.

Der Weißgerberberg nimmt den westlichen Teil des gut 42 Hektar großen Schutzgebiets ein. Hier wurden bis jetzt 180 verschiedene Pflanzen gefunden, darunter 18 geschützte, bedrohte oder seltene Arten. Insgesamt ist die Flora am Weißgerberberg vergleichbar mit den Beständen am Eckenlauh. Die Weideflächen und Gehölze beherbergen 42 Vogelarten, von denen 33 Arten hier brüten, beispielsweise die Wachtel, die Feldlerche, das Braunkehlchen und der Wiesenpieper. Außerdem konnten am Weißgerberberg 14 verschiedene Heuschrecken nachgewiesen werden, darunter auch der Warzenbeißer, dessen Bestand als gefährdet gilt.

Schutzzweck ist die Erhaltung der beweideten Halbtrockenrasen mit ihrer nutzungsangepassten Flora und Fauna und der Verbund einzelner Wacholderheideflächen.

Hinweise für Besucher: An warmen Julitagen ist auf den kurzrasigen Heiden der Warzenbeißer zu hören. Der Name dieser seltenen Heuschreckenart leitet sich davon ab, dass sich in früheren Zeiten die Menschen ihre Warzen von der Heuschrecke haben aufbeißen lassen und mit deren Verdauungssaft verätzt haben in der Hoffnung, dass die Warzen dann verschwinden.

8 EICHHOLZ

Landkreis Reutlingen: Gemeinde Hohenstein,
Gemarkung Eglingen

Naturraum: Mittlere Kuppenalb

Geschützt seit 1985

Fläche: 17 Hektar

Top. Karte 7622

Das 17 Hektar große Naturschutzgebiet »Eichholz« breitet sich im Nordwesten der Ortschaft Eglingen auf der Münsinger Alb aus und ist eingebettet in das Landschaftsschutzgebiet »Großes Lautertal«, das noch immer sehr anschaulich einen Eindruck davon vermittelt, wie die Kulturlandschaft auf der Alb in früheren Zeiten großflächig ausgesehen hat. Hier wechseln sich Heideflächen, Wirtschaftsgrünland, Steinriegelhecken und Waldflächen auf engstem Raum miteinander ab. Das kleinräumige Mosaik blieb unter anderem deswegen bis in die heutige Zeit erhalten, weil das Eichholz-Gebiet bei der Flurbereinigung ausgespart wurde.

Die Heideflächen in dem 1985 unter Schutz gestellten Areal weisen eine charakteristische, Wärme liebende Flora auf. Unter den bisher 168 registrierten Pflanzenarten finden sich einige seltene Orchideen- und Enzianarten, auch die Kleine Traubenhyazinthe, die Küchenschelle und der Kellerhals gedeihen auf solchen Standorten. Die arten-

reichen Laubholz-Hecken, die auf den Steinriegeln wachsen, dienen zahlreichen Tieren als Unterschlupf. Besonders schutzwürdig ist zudem die reich entwickelte Insektenfauna auf den Heiden.

Da diese Flächen durch das starke Aufkommen von Schlehe, Kiefer und Fichte mehr und mehr zu verbuschen drohen, müssen sie mit regelmäßiger Pflege offen gehalten werden. Die landwirtschaftlich genutzten Grundstücke im Schutzgebiet stellen eine potenzielle Gefährdung der an nährstoffarme Böden angepassten Heideflora dar. Deshalb dürfen die Bauern ihre Grünland-Parzellen nur ohne Mineraldünger bewirtschaften, der Umbruch von Grünland in Ackerland ist verboten. Das NSG »Eichholz« liegt ganz in der Nähe der Schutzgebiete »Krähberg-Kapellenberg« und »Steinbuckel« und gehört damit zu dem Verbund geschützter Wacholderheiden der Gemeinde Hohenstein. Viele typische Arten unserer Kulturlandschaft lassen sich auf Dauer nur in einem solchen Biotopverbund vor dem Aussterben bewahren.

Schutzzweck ist die Erhaltung eines Mosaiks aus Hecken, Steinriegeln, Wiesen und Halbtrockenrasen mit seiner mannigfaltigen Pflanzen- und Tierwelt.

Hinweise für Besucher: In der Umgebung vom Naturschutzgebiet befinden sich mehrere Wanderparkplätze, von denen aus auch die Naturschutzgebiete »Blasenberg-Ringelesberg«,

Lange Hecken, Raine, Feldgehölze und Heideflächen, die sich zum Teil wiederbewalden, gliedern das NSG »Eichholz«.
M. GROHE

»Krähberg-Kapellenberg«, »Steinbuckel«, »Hüttenstuhlburren« und »Geißberg« gut erreichbar sind.

Die Einzelbäume verleihen den einmähdigen Wiesen im NSG »Einwinkel« einen parkartigen Charakter. M. GROHE

9 EINWINKEL

Landkreis Reutlingen: Stadt Reutlingen, Gemarkung Gönningen

Naturraum: Mittlere Kuppenalb

Geschützt seit 1990

Fläche: 8,6 Hektar

Top. Karte 7521

Das Schutzgebiet »Einwinkel« breitet sich etwa einen Kilometer südöstlich der Ortschaft Gönningen auf der Hochfläche des Buobberges aus, einem Vorsprung oder »Ausleger« des Albtraufs. Der Buobberg stellt gewissermaßen eine Halbinsel zwischen dem südlich gelegenen Ahornbachtal und dem östlich und nördlich gelegenen Wiesaztal dar. Die rund 740 m NN gelegene Hochfläche wird von einer Wiese eingenommen, die früher kaum gedüngt und wohl nur einmal im Jahr gemäht wurde. Aufgrund dieser extensiven Bewirtschaftung konnten sich hier artenreiche Kalkmagerrasen entwickeln. Das sind Pflanzengesellschaften, die für magere und kalkreiche Böden charakteristisch sind. Die Schutzwürdigkeit dieser Flächen, die heute extensiv mit Schafen beweidet werden, hat man schon frühzeitig erkannt.

Die umsäumenden Waldränder verlaufen unregelmäßig und gliedern die Wiese nischen- und buchtenreich. Eingestreute Baum- und Gebüschgruppen aus Mehlbeere, Hainbuche, Esche oder Feldahorn verleihen ihr einen landschaftlich besonders reizvollen, parkartigen Charakter. An den mageren Standort haben sich größtenteils seltene und gefährdete Pflanzenarten angepasst. So kommen hier beispielsweise sieben verschiedene Orchideenarten vor, daneben mehrere Enzianarten, die Traubenhyazinthe und die Silberdistel.

Solche »Einmäher« genannten Wiesen sind hochinteressant: aus kulturhistorischer Sicht zeugen sie von einer früher weit verbreiteten bäuerlichen Bewirtschaftungsform und aus naturhisto-rischer Sicht sind die Wärme liebenden Pflanzengesellschaften auf dem Buobberg Relikte wärmerer Klimaperioden der Nachkaltzeit. Mit der Schutzverordnung aus dem Jahr 1990 soll die extensiv genutzte Einwinkel-Hochwiese mit ihrer wertvollen Flora und der darauf spezialisierten Fauna auf Dauer erhalten werden. Das knapp neun Hektar große Areal auf dem Buobberg gehört im Landkreis Reutlingen zu einem Verbund ähnlich beschaffener Hochwiesen wie zum Beispiel im NSG »Hochwiesen-Pfullinger Berg« und im NSG »Ursulahochberg«. Nur ein solches Nebeneinander gleichartiger Flächen ermöglicht den darin beheimateten Pflanzen und Tieren den weiträumigen Austausch von Genen, der langfristig für das Überleben der einzelnen Populationen notwendig ist.

Schutzzeck ist die Erhaltung der extensiv genutzten Hochwiese mit einer Vielzahl seltener Wärme und Trockenheit liebender Pflanzenarten.

Hinweise für Besucher: Auf der Hochfläche beim Rossberg gibt es mehrere Wanderparkplätze. Besucher können leicht zur Sicherung der bunten Wiesen beitragen, indem sie ganz einfach auf den Wegen bleiben.

10 GEISSBERG

Landkreis Reutlingen: Gemeinde Hohenstein,
Gemarkung Eglingen

Naturraum: Mittlere Kuppenalb

Geschützt seit 1994

Fläche: 25 Hektar

Top. Karte 7622

Das Schutzgebiet »Geißberg« liegt zwischen den Hohensteiner Ortschaften Eglingen und Ödenwaldstetten. Über die relativ ebene, rund 800 m NN hohe Kuppe des Geißbergs zieht sich eine Wacholderheide hin, in der man neben relativ großflächigen, offenen Bereichen verschiedene Sukzessionsstadien bis hin zu waldähnlichen Beständen findet. Das 25 Hektar große Areal wird umgeben von großflächigen Acker- und Grünlandparzellen.

Eine Besonderheit stellen die 15 ehemaligen Sandgruben im Gelände dar. Hier wurde vor allem um die Wende zum 20. Jahrhundert viel Sand abgebaut, der als Stuben- oder Bausand Verwendung fand. In mehreren dieser künstlichen schüs-

Neben dem Deutschen Enzian (*Gentiana germanica*) verdienen im NSG »Geißberg« vier weitere Enzianarten besondere Beachtung: Gelber Enzian, Kreuz-Enzian, Frühlings-Enzian und Gefranster Enzian. C. MAIER

selartigen Vertiefungen, in denen sich Kaltluft sammelt und deshalb ein anderes Kleinklima herrscht als in der umgebenden Landschaft, stellte sich im Laufe der Zeit eine interessante Flora mit verschiedenen Orchideen- und Farnarten ein. Diese spezielle Pflanzengesellschaft konnte sich in dem Schutzgebiet nur ansiedeln, weil die Luftfeuchtigkeit in den kühlen Gruben besonders hoch ist.

Im nördlichen Bereich der Baumheide wachsen prächtige alte Weidbuchen, sonst vor allem »Weideunkräuter«, die sich mit Dornen, Stacheln oder Bitterstoffen gegen den Verbiss von Schafen schützen. Zu diesen Pflanzen zählen beispielsweise die Stengellose Kratzdistel, die Silberdistel und die Kammschmiele. Im Schutz der Gehölze konnte sich hier eine große Population der Breitblättrigen Stendelwurz ausbreiten. Unter den mächtigen Fichten wachsen ausgesprochene Moderorchideen wie etwa das Netzblatt. Daneben gedeihen am »Geißberg« auch noch andere Orchideen wie zum Beispiel Mücken-Handwurz, Fliegen-Ragwurz, Helm-Knabenkraut, Fuchs-Knabenkraut, Müllers Stendelwurz, Schmallippige Stendelwurz, Großes Zweiblatt, Weiße Waldhyazinthe und Berg-Waldhyazinthe. Bemerkenswert ist zudem das Vorkommen des Frauenschuhs, der sich hier im Schutz der Wacholder und Heckenkirsche behauptet.

Dank der vielfältigen Biotopstrukturen und des ungewöhnlich breiten Pflanzenspektrums konnte sich am Geißberg auch die Tierwelt artenreich entwickeln – vor allem auf den Heideflächen, wo viele Heuschrecken, Wanzen, Käfer, Bienen, Hummeln, Schwebfliegen und andere Kleintiere günstige Lebensbedingungen vorfinden. Genauso bemerkenswert ist das Brutvorkommen des Neuntöters. Sogar die in Baden-Württemberg vom Aussterben bedrohte Heidelerche wurde am Geißberg bereits mehrfach gesichtet.

Um dieses äußerst anspruchsvolle Gefüge aus schützenswerten Pflanzen- und Tierarten zu erhalten, führt der Pflegetrupp des Regierungspräsidiums Tübingen fortlaufend fachkundige Maßnahmen zur Offenhaltung der Wacholderheiden durch. Zum einen werden Gehölzbestandes ausgelichtet und zum anderen die Halbtrockenrasen in mehrjährigem Abstand so gemäht, dass hochsensible Arten nicht geschädigt werden.

Das Vegetationsmosaik am »Geißberg« ist ein kulturhistorisches Relikt der früher auf der Schwäbischen Alb weit verbreiteten Wanderschäferei und bietet inmitten einer intensiv bewirtschafteten Landschaft für eine Vielzahl bedrohter Pflanzen und Tiere wichtige Refugien. Zudem spielt diese weitläufige Heidefläche eine wichtige Rolle für den Verbund einer ganzen Reihe von kleineren Wacholderheiden in der näheren Umgebung in der Gemeinde Hohenstein, zu denen beispielsweise auch das östlich vom »Geißberg« gelegene NSG »Steinbuckel« gehört.

Schutzzweck ist die Erhaltung eines für die Mittlere Kuppenalb charakteristischen Biotopmosaiks aus Wacholderheide unterschiedlicher Ausprägung, Weidbuchen, Wiesen und Feldgehölzen sowie eines Trockentals als Zeugnis der Landschaftsentwicklung. Die vorhandenen Sandgruben einschließlich der standorttypischen Vegetation sind als kulturhistorisches Zeugnis von hoher Bedeutung.

Hinweise für Besucher: Rund um das Naturschutzgebiet »Geißberg« führen befestigte Wege, von denen man das Naturschutzgebiet gut eingehen kann. Westlich an das Naturschutzgebiet angrenzend befindet sich ein Rastplatz für

Wanderer mit Schutzhütte. Der Rastplatz liegt auf der Strecke des durch den Schwäbischen Albverein ausgezeichneten Wanderweges von Hayingen-Ehestetten nach Hohenstein.

11 GOLDLAND-KLAUSENBERG

Landkreis Reutlingen: Gemeinde und Gemarkung Dettingen

Naturraum: Mittlere Kuppenalb

Geschützt seit 1985

Fläche: 118,9 Hektar

Top. Karte 7422

Das fast 119 Hektar große Schutzgebiet »Goldland-Klausenberg«, das bei den Einheimischen auch als »Sommerberg« bekannt ist, liegt nordöstlich von Dettingen im Ermstal und wurde 1985 unter Schutz gestellt. Es besteht aus einem nach Süden bis Südwesten ausgerichteten Hang und zieht sich an einem schmalen Bergrücken hin, der sich vom Kienbein auf der Albhochfläche nach Westen bis zum Jusiberg erstreckt.

Im oberen Bereich wächst ein etwa 94 Hektar großer, alter Hangbuchenwald mit einem hohen Anteil an Eiche und Edellaubhölzern. In seiner Krautschicht gedeihen einige seltene und schützenswerte Pflanzenarten. Die zahlreich vorhandenen Altbuchen bieten hier mit ihren vielen Baum-

Auf einem Acker am Rande des NSG »Goldland-Klausenberg« findet man eine stattliche Zahl selten gewordener Ackerwildkräuter wie zum Beispiel den Blauen Gauchheil (*Anagallis foemina*).
S. POHL

höhlen einen günstigen Lebensraum für viele seltene Vogelarten. An mehreren Stellen ist im oberen Hangbereich ein Wärme liebender Steinsamen-Eichenwald mit Flaumeichen eingestreut, in dessen Krautschicht verschiedene Knabenkräuter und der Blaurote Steinsame vorkommen.

Unterhalb dieses Waldes schließt sich ein Allmende-Streifen an, auf der sich heute ein von zahlreichen Gebüschgruppen und Hecken durchsetzter Halbtrockenrasen ausbreitet. Neben einigen seltenen und geschützten Orchideenarten konnte sich hier eine Reihe weiterer typischer Pflanzenarten wie Spargelschote oder Rankenplatterbse halten.

Ein gut ausgebildeter Quellhorizont mit zum Teil als Tümpel gestalteten Quellbereichen und periodisch Wasser führenden Gräben beherbergt zahlreiche Amphibien, Reptilien und Libellen. Das dichte Beieinander von extrem trockenen Standorten, Quellhorizonten, Gebüsch- und Saumformationen, Waldbereichen und von Resten ehemaligen Kulturlandes sorgt im Gebiet »Goldland-Klausenberg« für ein außerordentlich breites Spektrum in Flora und Fauna.

Schutzzweck ist die Erhaltung der artenreichen mit Hecken durchsetzten Halbtrockenrasen mit Quellhorizonten und einem naturnahen Hangwald als Lebensraum vieler seltener, gefährdeter Pflanzen- und Tierarten.

Hinweise für Besucher: Landschaftlich besonders reizvoll sind die südexponierten, durch Gebüschgruppen und Heckenzeilen bereicherten Halbtrockenrasen in Hanglage.

12 GREUTHAU

Landkreis Reutlingen: Gemeinde Lichtenstein, Gemarkung Honau

Naturraum: Mittlere Kuppenalb

Geschützt seit 1938

Fläche: 192 Hektar

Top. Karte 7521 und 7621

Das Naturschutzgebiet »Greuthau« breitet sich südlich von Lichtenstein auf der Albhochflä-

che aus. Mit einer Fläche von 192 Hektar gehört es zu den größten Schutzarealen im Landkreis Reutlingen. Dabei handelt es sich um eine sehr alte, bis Mitte des 19. Jahrhunderts von allen Vieharten begangene Albwiese, die heute noch zum Teil als Schafweide genutzt wird. Der Name »Greuthau« setzt sich übrigens aus den alten Bezeichnungen »Gereuten« (Roden) und Hau (nicht gerodete Bereiche) zusammen und deutet damit auf eine enge Verzahnung von Wald- und Wiesenflächen hin.

An den steilen, nach Süden ausgerichteten Hängen wachsen reine Trockenrasengesellschaften. Hier konnte sich die Pflanzendecke aufgrund der geringen Mächtigkeit des Bodens und wegen des hohen Schuttanteils in der Humusdecke nur spärlich entwickeln. Als charakteristische Arten dieses Trockenrasens sind Berg-Gamander und Bergsteinkraut hervorzuheben. In günstigeren Lagen breiten sich Halbtrockenrasen aus, die je nach Nutzungsart den Charakter von einschürigen Magerwiesen mit dem typischen Wiesen-Salbei oder von Wacholderheiden mit Frühlings-Enzian aufweisen.

Ein Teil der Wiesen wird intensiv bewirtschaftet, sodass sich die bräunlichen, eher karg anmutenden Magerrasen kontrastreich von den fetten, sattgrünen Glatthaferwiesen abheben. In direkter Nachbarschaft zu diesen Grünflächen findet man verschiedene Waldgesellschaften. Auf dem Echaztobel wächst ein Schluchtwald mit zum Teil urwaldartigem Charakter. An eher trockenen, steilen Hängen findet man einen Steppenheidewald mit einer artenreichen Kraut- und Strauchschicht. Je nach Untergrund entwickelten sich verschiedene Buchenwaldtypen. Die Trockentäler, Wiesen und Wacholderheiden sind von Gebüschgruppen mit Schlehe, Weißdorn und Heckenrosen durchsetzt.

Heute wird nur noch ein Drittel des Schutzgebietes mit Schafen beweidet. Auf den anderen Flächen waren einschürige Magerwiesen entstanden, nachdem die Beweidung aufgegeben worden war. Aber auch sie wurden nicht mehr bewirtschaftet und sind inzwischen endgültig verschwunden. Das Naturschutzgebiet »Greuthau«

Winterstimmung im »Greuthau«. Inmitten der Wiesen blieben Weidbuchen im Einzelbestand oder in kleinen Gruppen und auch Weidfichten als Zeugen der traditionellen Beweidung erhalten.
S. KRACHT

liegt im Naherholungsbereich von Reutlingen und ist einem hohen Freizeitdruck ausgesetzt. Seit den 1960er-Jahren führt eine Landesstraße durch das Schutzgebiet. Außerdem wurden ein Skilift, mehrere Skiloipen, Feuerstellen und Wanderparkplätze angelegt. Die Trittbelastung und die Erosion durch den Skibetrieb schädigen die Pflanzendecke. Die vielen Menschen stören die Tiere. So kamen im »Greuthau« zum Beispiel mehreren Brutpaare von Heidelerchen bis Ende der 1960er-Jahre vor, danach nicht mehr.

Schutzzweck ist die Erhaltung und Förderung des Biotopmosaiks von Kalkmagerrasen, Wacholderheiden, Glatthaferwiesen, Waldgesellschaften, Gebüschgruppen und Baumbeständen mit Weidbuchen und Weidfichten als Lebensraum der artenreichen Pflanzen- und Tierwelt sowie des weiträumigen, außergewöhnlichen Landschaftsbildes mit seinen von Weidbuchen und Weidfichten geprägten Strukturen.

Hinweise für Besucher: Der besondere Reiz des NSG »Greuthau« liegt in seiner weiträumigen, parkartigen Landschaft, in die sich Waldinseln, Baumgruppen und Einzelbäume mit außerordentlich stattlichen, Landschaftsbild prägenden Exemplaren an Weidbuchen und Fichten eingliedern. Es gibt mehrere Wanderparkplätze.

13 GROSSER STÖCKBERG

Landkreis Reutlingen: Gemeinde Hohenstein, Gemarkung Oberstetten

Naturraum: Mittlere Kuppenalb

Geschützt seit 1994

Fläche: 13,2 Hektar

Top. Karte 7621

Das Naturschutzgebiet »Großer Stöckberg« liegt etwa 700 Meter nordwestlich der Hohensteiner Ortschaft Oberstetten, inmitten einer intensiv bewirtschafteten Landschaft. Der 770 m NN hohe Stöckberg ist eine typische Kuppe der Mittleren Kuppenalb, über den sich lang gestreckte Wiesen hin ziehen, die durch zahlreiche Hecken und Feldgehölze voneinander abgetrennt werden. Im Nordwesten des Gebiets macht sich neben einer Magerrasenfläche dichtes Gebüsch breit, in dessen Mitte bei der Flurbereinigung ein Tümpel angelegt wurde. Die Flächen zwischen den Gehölzzeilen werden als Mähwiesen oder als Schafweide genutzt. Auf den tiefergründigen Böden am westlichen Hangfuß wird Ackerbau betrieben, eine kleine Fläche im Nordwesten liegt brach.

Einen Großteil des Schutzareals bedecken fette Glatthafer-Mähwiesen. Die intensiv gedüngten Parzellen erkennt man im Sommer an den weißen

Das Kalk liebende Kuckucks-Knabenkraut (*Orchis mascula*) kommt auf den buschigen Wiesen und Hängen des NSG »Großer Stöckerberg« vor. M. KOLTZENBURG

hat man hier etwa 190 verschiedene Gefäßpflanzen entdeckt, darunter 19 Arten, die in der Roten Liste Baden-Württembergs vermerkt sind.

Faunistische Erhebungen zeigen, dass der »Große Stöckberg« besonders für 46 vorkommende Vogel- und 36 Tagfalterarten eine hohe Bedeutung besitzt. In einer ansonsten intensiv bewirtschafteten und eher monotonen Umgebung stellt die vielfältig strukturierte Kuppe ein wichtiges Refugium für zahlreiche Arten dar. Von diesem reich gegliederten Lebensraum aus können sich viele Tiere in die weitere Umgebung hinein ausbreiten. Und andererseits sind zahlreiche Vögel, die im Umland leben, darauf angewiesen, dass sie in dem Schutzgebiet günstige Nahrungsplätze finden.

Schutzzweck ist die Erhaltung einer durch Hecken und Feldgehölze strukturierten und landschaftstypischen Bergkuppe, die mit ihren Wiesen- und Ackerflächen, den dazwischen liegenden Halbtrockenrasen und einem angrenzenden Tümpel eine besonders reichhaltige naturhafte Ausstattung sowie ein reizvolles Landschaftsbild aufweist.

Hinweise für Besucher: Fährt man die B 312 von Bernloch nach Oberstetten, so erblickt man rechter Hand, kurz vor Oberstetten, die Kuppe des Stöckbergs.

Blütenständen der üppig wachsenden Schafgarbe oder am gelben Teppich des Löwenzahns. Je magerer die Flächen sind, desto blumenbunter präsentieren sie sich als Salbei-Glatthafer-Wiesen, in denen Wiesensalbei und Kleine Traubenhyazinthe dominieren. Am nährstoffärmsten und damit auch am artenreichsten sind die Flächen auf der Kuppe des Stöckbergs, die sich bräunlich von den sattgrünen Fettwiesen ringsum abheben.

Die einzelnen Parzellen des gut 13 Hektar großen und reich strukturierten Schutzgebiets werden durch kleine linienhafte Böschungen voneinander getrennt, auf denen die Landwirte früher die Lesesteine aus den Wiesen und Äckern abgelagert haben. Fast überall auf den Steinriegeln und Böschungen zieht sich inzwischen die für die landwirtschaftlichen Nutzflächen der Schwäbischen Alb typische Heckengesellschaft der Vogesenrose hin, die schon von weitem das Bild des kleinparzellierten Stöckbergs bestimmt. Bislang

14 HALMBERG

Landkreis Reutlingen: Gemeinde Hohenstein, Gemarkung Oberstetten

Naturraum: Mittlere Kuppenalb

Geschützt seit 1994

Fläche: 10 Hektar

Top. Karte 7621

Das Schutzgebiet »Halmberg« breitet sich etwa einen Kilometer westlich der Hohensteiner Ortschaft Oberstetten auf einer Höhe von 745 bis 764 m NN aus. Geologisch liegen die Gesteinsschichten im Weißen Jura. Der anstehende Dolomit verwittert schlecht, er zerfällt zu Sand und kennzeichnet trockene, flachgründige Standorte, die Gesteinsrohböden oder Syroseme genannt werden. Syroseme sind extrem wechseltrocken Böden, die nicht bewirtschaftet werden können und auch keinen Wald zu tragen vermögen. Mit den Wörtern »Halm« oder »Hälmle« wurden früher Getreideäcker bezeichnet. Der Flurname »Halmberg« deutet also darauf hin, dass hier ursprünglich Getreide angebaut wurde. Zeugen der Dolomit-Fazies im Gebiet sind Sandlöcher, deren Inhalt die Albbewohner bis in die 1950er-Jahre abgegraben und zum Hausbau verwendet haben. Um Oberstetten, Eglingen und Ehestetten wurde viel Sand zum Verkauf gegraben. Das Oberstetter Gebiet galt damals als Zentrum der Sandgewinnung auf der Alb.

Die historische Nutzung der Flächen ließ sich beim Studium alter Karten, mit Bodenuntersuchungen und anhand ehemaliger Ackerterrassen nachweisen. Inzwischen weiß man sicher, dass die Flächen am Halmberg noch bis Ende des 19. Jahrhunderts beackert wurden. Zu dieser Zeit hat man am Halmberg mit der Anlage von Sandgruben und Sandabbau begonnen. Spätestens dann sind die kaum rentablen Felder wahrscheinlich nach und nach aufgegeben worden und brach gefallen. Solche Öden wurden dann von der Gemeinde als Schafweide verpachtet und der Erlös auf die Besitzer umgelegt. Bis Ende der 1960er-Jahre wurde der Halmberg intensiv in Koppel-

schafhaltung beweidet. Danach aber verfilzte der Boden und die Vegetation verarmte. Im Jahre 2002 wurden wieder Schafe in die Heide geführt, für die die Beweidung jedoch schwierig war, weil sie von zahlreichen entwurzelten Kiefern und relativ dichtem Gehölz behindert wurden. Durch Pflegemaßnahmen der letzten Jahre wurde der Gehölzbestand ausgelichtet, ohne die Artenvielfalt zu reduzieren. Die Kombination von Schafbeweidung und Gehölzpflege macht es wieder möglich, dass die Sonne heute den Boden erreicht und die Arten- und Individuenvielfalt der für Halbtrockenrasen typischen Blütenpflanzen wieder stark zugenommen hat.

Im Schutzgebiet findet man ein breites Spektrum verschiedener Vegetationstypen. Neben den Halbtrockenrasen der Wacholderheiden nehmen Berg-Glatthafer-Wiesen als Wirtschaftswiesen und verschiedene Sukzessionsstadien einer Wacholder-Forchen-Heide Teilflächen des Naturschutzgebietes ein. Die unterschiedlich stark ausgeprägte Strauchschicht besteht meist aus der Roten Heckenkirsche und dem Roten Hartriegel. In den Waldstücken wachsen vorwiegend Kiefern und einzelne nachwachsende Fichten.

Eine ganz besondere Vegetation gedeiht in den ehemaligen Sandgrabelöchern. In ihnen wächst an den freigelegten, südexponierten Fel-

Die ehemaligen Sandgrabelöcher in der Wacholderheide im NSG »Halmberg« liegen vor allem im auf dem Bild linken Teil des Schutzgebiets.
TERRA BILDMESSFLUG

sen eine reich blühende Pioniergesellschaft mit dem Scharfen Mauerpfeffer, dem Frühlings-Hungerblümchen, dem Berg-Steinkraut und dem Berg-Gamander. Gelegentlich sieht man hier auch die Karthäuser Nelke. Die tieferen und schattigen Löcher mit höherer Luftfeuchtigkeit bilden ideale Standorte für Farne und Moose.

Auch in faunistischer Hinsicht ist das vielfältig strukturierte Schutzgelände am »Halmberg« hochinteressant. Besonders artenreich haben sich die auf Halbtrockenrasen spezialisierten Schmetterlinge, Heuschrecken, Bienen und Vögel ausgebreitet. Solitärbäume bieten einen optimalen Lebensraum für den Baumpieper. Die Dorngrasmücke lässt ihr Lied aus den Gebüschgruppen erklingen. Wachtel und Rebhuhn haben am Halmberg und in den umliegenden Fluren ein Refugium gefunden.

Das lediglich zehn Hektar große Schutzgebiet ist ein kleines Rückzugsgebiet für gefährdete und charakteristische Arten der ehemals großflächigen Schafweiden auf der Schwäbischen Alb. Die traditionelle Nutzung dieser Weiden schuf im Laufe der Zeit jene landschaftsprägende Vegetation, wie sie am »Halmberg« sehr reizvoll ausgebildet ist. Hier kann man das ökologische Wirkungsgefüge in extensiv genutzten Landschaften untersuchen, gefährdete Pflanzen und Tiere studieren und daraus konkrete Schutzmaßnahmen ableiten. Die Umgebung des »Halmbergs« wird intensiv bewirtschaftet, umso wichtiger ist das Schutzareal als Rückzugsgebiet für Arten, die sich im Umland nicht mehr halten können. Außerdem spielt der »Halmberg« mit dem benachbarten NSG »Steinberg-Dürrenfeld« eine wichtige Rolle für den Biotopverbund der elf Naturschutzgebiete in der Gemeinde Hohenstein.

Schutzzweck ist die Erhaltung einer für die Mittlere Kuppenalb typischen Bergkuppe mit ihrem Biotopmosaik aus Wacholder-Forchen-Heide unterschiedlicher Ausprägung, Wiesen, Ackerflächen und Feldgehölzen mit ihren zahlreichen, seltenen und zum Teil stark gefährdeten Pflanzen- und Tierarten. Außerdem ist die Erhaltung der vorhanden Sandgruben einschließlich der standorttypischen Vegetation als kulturhistorisches Zeugnis von hoher Bedeutung.

Hinweise für Besucher: Das Naturschutzgebiet, das auf kleinflächigem Raum den reizvollen Abwechslungsreichtum, die Schönheit und Vielgestaltigkeit einer Wacholderheide verkörpert, liegt an der Straße von Oberstetten nach Steinhilben.

15 HOCHWIESEN-PFULLINGER BERG

Landkreis Reutlingen: Stadt und Gemarkung Pfullingen

Naturraum: Mittlere Kuppenalb

Geschützt seit 1992

Fläche: 68,8 Hektar

Top. Karte 7521

Fünf Kilometer südwestlich von Pfullingen zieht sich das Schutzgebiet »Hochwiesen-Pfullinger Berg« über eine Hochebene der Schwäbischen Alb hin. Bei diesen Wiesen handelt es sich um wertvolle Überreste einer früher in dieser Gegend weit verbreiteten Nutzungsform. Bis zum Ende des 18. Jahrhunderts trieben die Bauern ihr Vieh in die Wälder. Diese lichteten sich zunehmend auf und wurden dann als »Hardt« bezeichnet. In Verbindung mit gelegentlichem Holzschlag entstanden die »Holzwiesen«, das sind von einzelnen Bäumen, Baum- oder Strauchgruppen durchsetzte Magerwiesen. Auf dem Pfullinger Berg ist der parkartige Charakter solcher Holzwiesen noch gut zu sehen. Ihren enormen Reichtum an

Die Küchenschelle (*Pulsatilla vulgaris*) gehört zu den Charakterarten vieler Halbtrockenrasen auf der Schwäbischen Alb. K. REIDL

Blick auf die 720 m NN hoch gelegenen Wiesen am Pfullinger Berg. Wald umrahmt die extensiv genutzten Mähwiesen.
M. GROHE

Pflanzenarten verdanken die Wiesen einer Bewirtschaftung ohne Düngung. Es war früher einfach zu mühsam, z. B. mit Ochsenkarren Dünger auf die Hochwiese zu fahren. Demzufolge wuchs das Gras nur sehr spärlich und es lohnte sich nur eine Mahd im Jahr. Kräuter und Blumen, die aber solche nährstoffarmen, mageren Standorte benötigen, entwickelten sich prächtig.

Die Vegetation des rund 720 m NN hoch gelegenen Schutzgebietes lässt sich in verschiedene pflanzensoziologische Verbände einordnen. Manche Wiesen am Pfullinger Berg werden auch heute noch bewirtschaftet, aber inzwischen erheblich mehr gedüngt, damit das Gras mehrmals im Jahr gemäht werden kann. Während in diesen Fettwiesen das Artenspektrum stark zusammengeschrumpft ist, findet man auf den mageren, ungedüngten Halbtrockenrasen noch immer eine ungewöhnliche Fülle von zum Teil selten gewordenen Pflanzen. Im Frühling wird das Bild der blühenden Hochwiesen wesentlich von Frühlings-Enzian und Küchenschelle bestimmt.

Zwischen Wald und Wiese wachsen blütenreiche Saumgesellschaften. Sie stellen vor allem im Spätsommer, wenn die Magerwiesen abgemäht sind, ein wichtiges Nahrungsreservoir für eine

Vielzahl von Insekten dar. Die Wälder rings um die offenen Grünflächen werden größtenteils von der Buche beherrscht. Ihre Strauchschicht ist nur schwach ausgeprägt, die Krautschicht dagegen üppiger. So gedeihen hier zum Beispiel die Arznei-Schüsselblume oder auch die Frühlings-Platterbse in ansehnlichen Beständen.

Die Gebüsch- und Baumgruppen, die der Wiesenlandschaft ihren parkartigen Charakter verleihen, werden von Kalk und Wärme liebenden Arten gebildet. In diesen Gebüschen wachsen auch noch der Holzapfel und die Kratzrose. Mit ihrem großen Blütenangebot locken sie die verschiedensten Insekten an. Daneben finden zahlreiche Vögel ideale Nistplätze, Nahrungsreviere und Ansitzwarten in der reich strukturierten Landschaft mit ihren eng verzahnten Waldsäumen, Hecken und Wiesen. Um diese Vielfalt auf Dauer zu erhalten, hat der Schwäbische Heimatbund besonders wertvolle Pflanzenstandorte in dem fast 69 Hektar großen Naturschutzgebiet aufgekauft.

Schutzzweck ist die Erhaltung und Pflege der blumenreichen Hochwiesen mit ihrer speziellen Flora und Fauna.

Hinweise für Besucher: Blütenreichtum und Stille locken viele Besucher in das oberhalb von Pfullingen gelegene Schutzgebiet. Genießen Sie bei einem Spaziergang die Ruhe und die bunten Farben der Hochwiesen und tragen Sie zum Erhalt der Schönheiten bei, indem sie auf den Wegen bleiben. An den Wegen finden Sie auch Informationstafeln, die die Besonderheiten des Gebietes erläutern.

16 HOHENÄCKER-IMENBERG

Landkreis Reutlingen: Gemeinde Lichtenstein, Gemarkung Unterhausen

Naturraum: Mittlere Kuppenalb

Geschützt seit 1993

Fläche: 75,7 Hektar

Top. Karte 7521

Das knapp einen Kilometer nordöstlich von Lichtenstein gelegene Schutzgebiet »Hohenäcker-Imenberg« umfasst im Wesentlichen die westlichen, südlichen und östlichen Hangflächen des 660 m NN hohen Imenbergs. Einige Grundstücke bewirtschaften die Bauern hier noch im-

mer als Mähwiesen, die übrigen offenen Bereiche werden mit Schafen und Ziegen beweidet. Bis in die Mitte der 1950er-Jahre wurde auf den unteren, ebeneren Flächen am Imenberg teilweise noch Ackerbau betrieben. Die Bürger von Lichtenstein konnten dort für ein Jahr lang »Hackteile« von der Gemeinde pachten und je nach Bedarf bewirtschaften. Davon zeugen noch heute die mit Hecken bewachsenen Lesesteinriegel und der Name »Hohenäcker«. Auf den steileren Hangflächen aber lohnte sich der Ackerbau nie, auch als Wiesen waren diese Lagen nicht zu gebrauchen. Deshalb wurden sie früher teilweise als Weidewald oder Schafweide genutzt.

Heute findet man am Imenberg die verschiedensten Pflanzengesellschaften in unterschiedlicher Ausprägung: Glatthafer-Wiesen, Kalk-Magerwiesen, Trespen-Halbtrockenrasen mit beginnender Verbuschung, Saumbereiche, Gebüsche und mehrere Waldgesellschaften (Waldgersten-Rotbuchenwald, Seggen-Buchenwald, Waldlabkraut-Traubeneichen-Hainbuchenwald). Herauszustellen sind dabei die großflächigen orchideen- und enzianreichen Halbtrockenrasen.

Die ebenen Flächen am Imenberghang wurden noch bis Mitte der 1950er-Jahre als Acker genutzt. Später wurden sie gemäht oder von Schafen beweidet, seit 2003 in einem Teilbereich auch von Ziegen. Diese fressen das, was die Schafe verschmähen. M. GROHE

Bislang ließen sich rund 260 verschiedene Pflanzen im Schutzgebiet nachweisen, darunter eine große Anzahl seltener, bedrohter und geschützter Arten. 23 der hier vorkommenden Pflanzenarten stehen auf der Roten Liste Baden-Württembergs, neun sind aufgrund der Bundesartenschutzverordnung besonders geschützt.

Wo die Flora so vielfältig gedeiht, findet man in aller Regel auch eine ausgesprochen artenreiche Fauna. Viele der im Schutzareal lebenden Tiere stehen auf der Roten Liste von Baden-Württemberg oder sind durch die Bundesartenschutzverordnung besonders geschützt. Auf den nach Süden und Südwesten ausgerichteten Hangflächen prägen wärmebedürftige und trockenheitsliebende Arten die hier besonders reich entwickelte Kleintierwelt. Genauer untersucht wurde bislang allerdings nur die Schmetterlings-, Heuschrecken- und Käferfauna. Dank seiner Strukturvielfalt bietet das Gelände mit offenen Flächen, Gebüschen und Hecken, Saum- und Waldbereichen auch für ein breites Artenspektrum bei den Vögeln ideale Bedingungen.

Die Nähe zum 118 Hektar großen Schutzgebiet »Wonhalde-Spielberg« mit ähnlichen Lebensräumen steigert insgesamt die ökologische Bedeutung des fast 76 Hektar großen Naturschutzgebietes »Hohenäcker-Imenberg«. Hier wie dort hat die Tübinger Bezirksstelle für Naturschutz und Landschaftspflege (heute Regierungspräsidium) mit einem Schäfer und mit der Gemeinde Lichtenstein ein Beweidungskonzept erstellt, mit dem die extensive Nutzung der wertvollen Magerwiesen längerfristig garantiert werden soll.

Schutzzweck ist die Erhaltung und Pflege dieser typischen, ausgeprägten, extensiv genutzten Hangbereiche im Echaztal mit ihren Biotopmosaiks auf großflächigen Halbtrockenrasen, Wiesen, Hecken, Gehölzen und Waldflächen als Lebensraum zahlreicher Pflanzen- und Tierarten.

Hinweise für Besucher: An der Hangoberkante des Naturschutzgebietes, verläuft am Waldsaum entlang ein ausgewiesener Weg des Schwäbischen Albvereins. Des Öfteren geben Lücken im Waldsaum den Blick auf die Halbtrockenrasen des Naturschutzgebietes frei. Mit etwas Glück kann man im Sommerhalbjahr beobachten, wie die Ziegen die Halbtrockenrasen am nordöstlichen Oberhang des Naturschutzgebietes beweiden und den dortigen Gehölzbewuchs reduzieren.

17 HÖHNRISS-NEUBEN

Landkreis Reutlingen: Stadt Münsingen, Gemarkungen Dottingen und Rietheim
Naturraum: Mittlere Kuppenalb
Geschützt seit 1995
Fläche: 50 Hektar
Top. Karte 7522

Das Schutzgebiet »Höhnriß-Neuben« breitet sich nordwestlich von Münsingen zwischen den Ortschaften Dottingen und Rietheim aus. Dort ist die Landschaft zwischen den Anhöhen der Buchhalde (866 m NN) und des Föhrenbergs (858 m NN) geprägt vom Übergang der weichen Geländeformen im Einzugsgebiet der Donau zu den steilen und schroffen Formen des Neckareinzugsgebiets. Im Gewann Höhnriß verläuft die Europäische Wasserscheide durch das 50 Hektar große Schutzareal. Der nördliche Teil entwässert zum Rhein, der südliche zur Donau hin. Als Besonderheit kommt hinzu, dass im Gewann Neuben und im benachbartem Gewann Eisenrüttel ein wasserundurchlässiges Urgestein ansteht, und zwar der Parabasalt des Uracher Vulkangebiets. Hier haben sich in ehemaligen Steinbrüchen Tümpel gebildet. Eine weitere Besonderheit stellen die zahlreichen Dolinen in dem angrenzenden Kalkgestein dar, das den geologischen Untergrund im Gewann Höhnriß bildet.

Die beiden geologischen Formationen mit ihren ganz unterschiedlichen Standortbedingungen – wasserundurchlässiger Parabasalt neben wasserdurchlässigem Kalkgestein – führten im Schutzgebiet zu enger Nachbarschaft von anmoorigen und trockenen Bereichen. Dieser besonderen Situation wurde auch die kleinparzellierte Landbewirtschaftung angepasst, woraus sich ein vielfältiges Mosaik von Wiesen, Weiden, Riedflächen, Dolinen, Heckenzeilen, Kiefernforsten und

Im Schutzgebietsteil Neuben liegt dieser wassergefüllte, ehemalige Basaltsteinbruch versteckt im Wald. BNL-ARCHIV

Hochwäldern ergab. Der ungewöhnliche Strukturreichtum des Geländes förderte ein außerordentlich breites floristisches und faunistisches Artenspektrum.

Aufgrund der besonderen geologischen Bedingungen ist in den Waldgebieten des Eisenrüttels der Besenginster anzutreffen. Er ist eine Rarität auf der Schwäbischen Alb, da er die für die Alb typischen Kalkböden meidet und saure Böden bevorzugt. Auffallend ist auch die Vielfalt an Farnen, Schachtelhalmen, Moosen und Großpilzen. An feuchten und nassen Plätzen trifft man zudem größere Bestände von Waldsimse und Flatterbinse an. In den Teichen am Eisenrüttel gedeihen das Breitblättrige und das Fädige Laichkraut, die Kleine Wasserlinse und der Sumpfschachtelhalm.

Auf den Halbtrockenrasen am Höhnriß hat man bislang gut 200 verschiedene Pflanzen gefunden, 21 dieser Arten werden als bedroht, geschützt oder selten eingestuft. Eine Kostbarkeit des Höhnriß bilden die reichhaltigen Orchideenbestände. Auch andere bedrohte Arten der Halbtrockenrasen wie das Katzenpfötchen, die Küchenschelle, der Frühlings-Enzian, der Deutsche Enzian und der Gefranste Enzian sowie die Silberdistel und die Golddistel wachsen hier in üppigen Beständen. Um die Pflege dieser hochwertigen Pflanzenstandorte hat sich die örtliche Gruppe des Schwäbischen Albvereins besonders verdient gemacht.

Für die Tierwelt stellt das Schutzareal ein wichtiges Refugium dar. So kann man hier zum Beispiel über 70 verschiedene Vögel beobachten. Im Gebiet brüten die bedrohten Arten Waldschnepfe, Wachtelkönig, Rebhuhn, Neuntöter, Raubwürger, Gartenrotschwanz, Dorngrasmücke, Wespenbussard und Schwarzspecht. In den Feuchtbiotopen, die ansonsten auf der Schwäbischen Alb sehr rar sind, finden Amphibien günstige Laichmöglichkeiten. Unter den Reptilien hat man bis heute die Blindschleiche, die Zauneidechse und die Bergeidechse entdeckt. Außerdem ist eine vielfältige Kleintierfauna (Tagfalter, Heuschrecken u. a.) im Gebiet anzutreffen.

Im Gewann Neuben fallen dem Betrachter mehrere trichterförmige Senken im Gelände auf. Dabei handelt es sich um Dolinen, die auch als »Erdfälle« bezeichnet werden. Sie gelten als typisches Kennzeichen für eine Karstlandschaft. Dolinen entstehen, wenn unterirdische Hohlräume einstürzen oder wenn in Geländemulden versickerndes Wasser den Kalk im Untergrund auflöst, was wiederum zu Senkungen führt. Solche »Erdfälle« verdeutlichen also weitgehend unabhängig von der jeweiligen Oberflächennutzung die Verkarstung im Untergrund und weisen damit auf die Genese der Landschaft hin.

Schutzzweck ist die Erhaltung des außergewöhnlich vielgestaltigen Biotopmosaiks aus

Feuchtbiotopen, Sukzessions-, Wald-, Wiesen- und Ackerflächen und der charakteristischen Heideflächen als Lebensraum artenreicher Pflanzen- und Tiergemeinschaften

Hinweise für Besucher: Die Europäische Wasserscheide ist ein Naturphänomen, das nicht unbedingt in der Landschaft sichtbar auffällt. Sie stellt die Grenzlinie der Wassereinzugsgebiete von Donau und Rhein dar und verläuft durch die Naturschutzgebiete im Münsinger Raum.

18 HÜTTENSTUHLBURREN

Landkreis Reutlingen: Gemeinde Hohenstein, Gemarkung Eglingen

Naturraum: Mittlere Kuppenalb

Geschützt seit 1994

Fläche: 19,3 Hektar

Top. Karte 7622

Das Schutzgebiet »Hüttenstuhlburren« breitet sich etwa 1,5 Kilometer westlich der Hohensteiner Ortschaft Eglingen auf einer flachen, 720 bis 780 m NN hohen Kuppe der mittleren Kuppenalb aus. Im Süden des Gebietes trifft man auf eine größere Doline, eine typische Karsterscheinung der Schwäbischen Alb. Solche »Erdfälle« entstehen, wenn sich Regenwasser in den Klüften und Spalten des Kalkgesteins sammelt. Nach und nach werden die Spalten durch mechanische und chemische Verwitterung in ein reich verzweigtes unterirdisches Höhlensystem mit eigenem Grundwasserspiegel verwandelt. Die ständige Erweiterung dieses Systems kann stellenweise zum Absacken oder gar zum Einsturz der Höhlendecken führen, was dann an der Oberfläche zu trichterförmigen Dolinen führt.

In den Jahren 2002 und 2003 wurden im Naturschutzgebiet »Hüttenstuhlburren« die verbuschten Wacholderheideflächen vom Pflegetrupp der Bezirksstelle für Naturschutz und Landschaftspflege (heute Regierungspräsidium) von Gebüsch befreit. Sie werden inzwischen wieder, an die historische Nutzung anknüpfend, in Hütehaltung von Schafen beweidet. Im nordöstlichen und westlichen Teil des Areals liegen magere Wirtschaftswiesen, die Unterhänge der Nord- und Westseite des »Hüttenstuhlburrens« werden forstwirtschaftlich genutzt. So beherbergt das Naturschutzgebiet ein mosaikartiges Nebeneinander von Halbtrockenrasen mit Licht liebenden Magerrasenarten, mageren Wirtschaftswiesen, Hecken- und Vorwaldgesellschaften, Waldrändern mit stellenweise ausgeprägter Saumflora und ausgedehnten Nadelwäldern mit Fichten und Kiefern.

Im NSG »Hüttenstuhlburren« ragen die hohen Samenstände des Gelben Enzian (*Gentiana lutea*) weit aus dem Schnee, der die Wacholderheide bedeckt. S. KRACHT

Bislang ließen sich in diesem Gelände 180 höhere Pflanzenarten nachweisen, von denen viele auf der Roten Liste stehen oder nach der Bundesartenschutzverordnung besonders geschützt sind. Die Halbtrockenrasen am »Hüttenstuhlburren« sind pflanzensoziologisch den Trespen-Halbtrockenrasen zuzuordnen. Stellenweise findet man sie noch in der Ausprägung eines typischen Enzian-Zwenkenrasens mit seinem charakteristischen Orchideen- und Enzianbestand.

Dank der artenreichen Flora bieten die Wacholderheiden auch der Tierwelt günstige Lebensbedingungen. Bei einer Bestandsaufnahme ausgewählter Tiergruppen wurden bislang 51 Vogelarten nachgewiesen. Besonders zu erwähnen sind der gefährdete Neuntöter, der v. a. in Schlehen- und Weißdornhecken brütet sowie der gefährdete Baumpieper. Er hat einen charakteristischen Singflug, bei dem er sich von Einzelbäumen aus in die Luft erhebt und dann mit ausgebreiteten Flügeln singend auf einen Baum zurück gleitet.

Obwohl das Schutzgebiet nicht sonderlich groß ist, konnte sich in seinem strukturreichen Vegetationsmosaik eine erstaunliche Fülle von seltenen Schmetterlingen behaupten, die fast durchweg aufgrund der Bundesartenschutzverordnung besonders geschützt sind. So ist z. B. der Schwarzfleckige Ameisen-Bläuling im Naturschutzgebiet zu beobachten. Er ist ein Spezialist, der sich als Jungraupe ausschließlich von Feld-Thymian oder Gewöhnlichen Dost ernährt und sich als ältere Raupe von der Säbeldornigen Knotenameise im Ameisennest versorgen lässt. Die Wärme liebende Waldart Blauschwarzer Eisvogel kommt ebenfalls vereinzelt vor. Dieser Tagfalter braucht zur Eiablage und als Raupennahrungspflanze die Rote Heckenkirsche.

Durch den Wechsel von Halbtrockenrasen mit eingestreuten, vereinzelten Wacholderbüschen, einzelstehenden Großbäumen und stark verbuschten Arealen bietet der »Hüttenstuhlburren« ein ausgesprochen abwechslungsreiches und für weite Bereiche der Kuppenalb typisches Landschaftsbild. Etwa einen Kilometer südlich breitet sich am ebenfalls geschützten »Geißberg« die nächstgelegene größere Wacholderheide mit

ähnlich wertvoller Flora und Fauna aus. Die langfristige Sicherung der Wacholderheiden-Biotopvernetzung in der Gemeinde Hohenstein gewährleistet den genetischen Austausch, den die Tierpopulationen in den isolierten Schutzgebieten benötigen.

Schutzzweck ist die Erhaltung einer für die Mittlere Kuppenalb typischen Bergkuppe mit ihrem Biotopmosaik aus Wacholderheiden, Gebüschgruppen, Waldflächen, Mähwiesen und Halbtrockenrasen, der dort vorkommenden, gefährdeten Tier- und Pflanzenarten sowie der Dolinen als geologisches Zeugnis.

Hinweise für Besucher: Zwischen Eglingen und Ödenwaldstetten befindet sich nur wenige Meter von der L 248 entfernt der Kinder-Erlebnisspielplatz Parkplatz »Hüttenstuhlburren«. Er grenzt südöstlich an das Naturschutzgebiet an. Dort werden die naturbelassenen Holz-Spielgeräte durch kindgerechte Schautafeln ergänzt, die ökologische Zusammenhänge erläutern. Das NSG »Hüttenstuhlburren« selbst kann nicht begangen werden. Lediglich an der Ostseite führt ein Wanderweg am Naturschutzgebiet vorbei.

19 KÄLBERBERG-HOCHBERG

Landkreis Reutlingen: Stadt und Gemarkung Münsingen, Gemarkung Dottingen, Gemarkung Rietheim
Naturraum: Mittlere Kuppenalb
Geschützt seit 1994
Fläche: 59,7 Hektar
Top. Karte 7522

Das aus drei Teilflächen bestehende Naturschutzgebiet »Kälberberg-Hochberg« liegt zwischen der Stadt Münsingen und der Ortschaft Dottingen an der Europäischen Wasserscheide. Hier steigt die Landschaft von der ackerbaulich intensiv genutzten Münsinger Ebene fast übergangslos zu den mageren Hängen des Schutzareals an. An dessen Westrand erhebt sich der 752 m NN hohe Kälberberg, an der östlichen Grenze der 756 m NN hohe Stürzel und zwischen beiden Kuppen steht zentral der 771 m NN hohe Hochberg. Der ausgedehnte Halbtrockenrasen-Verbund im Schutzgebiet wird unterbrochen durch das von Norden nach Süden verlaufende Höhntal mit seinen Äckern und durch eine Wochenendhaussiedlung im Gewann Hinterer Berg.

Die orchideen- und enzianreichen Halbtrockenrasen des Gebiets weisen eine Vielzahl von floristischen Besonderheiten auf. Hervorzuheben sind dabei so gefährdete oder schonungsbedürftige Arten wie der Frühlings-Enzian und der Deutsche Enzian, das Katzenpfötchen, die Küchenschelle, die für Wacholderheiden charakteristische Silberdistel, der Heide-Löwenzahn, der Kärntner-Hahnenfuß, das Fleischfarbene Knabenkraut, der Berg-Gamander, der Gewöhnliche Wermut und der Schweizer Löwenzahn, das auch in den Kiefernwäldchen anzutreffende Helmknabenkraut und die Mücken-Händelwurz.

Artenreiche und gut ausgebildete Hecken und Gebüschgruppen, in denen Wildapfel, Schlehe, Weißdorn, Mehlbeere, Schwarzer Holunder und Wildkirsche wachsen, tragen wesentlich zu der ungewöhnlichen Biotopvielfalt im Schutzgebiet bei, die einer reich entwickelten Fauna zugute kommt. Vor allem die Käfer, Schmetterlinge und Heuschrecken sind hier artenreich vertreten. Im Süden und im Norden wird das Schutzgebiet weiträumig von intensiv bewirtschafteten Senken umgeben, in denen sich nicht mehr viele Tierarten

Das Katzenpfötchen (*Antennaria dioica*) gehört zu den Besonderheiten der Halbtrockenrasen. V. KRACHT

halten können. Umso wichtiger sind die extensiv genutzten, teilweise brachliegenden Geländestreifen im Schutzgebiet, in dem zahlreiche Arten

Das aus mehreren Teilen bestehende NSG »Kälberberg-Hochberg« zieht sich von der Stadt Münsingen bis zur Ortschaft Dottingen. M. GROHE

nah gelegene und weitgehend ungestörte Rückzugsgebiete finden. Darüber hinaus prägt das reich strukturierte Gebiet mit seinen Schafweiden, Gehölzen, Feldrainen und Steinriegeln reizvoll das Landschaftsbild.

Schutzzweck ist die Sicherung der für die Mittlere Kuppenalb typischen Bergkuppen mit ihren Heideflächen, Feldgehölzen, Hecken und Steinriegeln als Lebensraum für eine artenreiche Pflanzen- und Tierwelt.

Hinweise für Besucher: Wie alle anderen Naturschutzgebiete im Raum Münsingen wird auch das NSG »Kälberberg-Hochberg« mit Schafen in Hütehaltung beweidet. Schafe transportieren auf ihrem Fell und zwischen ihren Klauen Samen und Früchte von Pflanzen und verbreiten sie so. Heuschrecken »reiten« sogar auf den Schafen und können so mühelos weiter entfernte Heiden erreichen.

Die Kuppe des Kapellenbergs mit seiner Wacholderheide. Unter den Baumwipfeln versteckt liegt eine kleine Kapelle. M. GROHE

20 KRÄHBERG-KAPELLENBERG

Landkreis Reutlingen: Gemeinde Hohenstein, Gemarkung Eglingen
Naturraum: Mittlere Kuppenalb
Geschützt seit 1985
Fläche: 4 Hektar
Top. Karte 7622

Auf der Münsinger Alb liegt das Naturschutzgebiet »Krähberg-Kapellenberg« in Gestalt einer großteils von Wacholderheiden geprägten Kuppe. Der kegelförmige Kapellenberg, auf dessen höchstem Punkt eine von Buchen umgebene Kapelle steht, grenzt direkt an den Südrand der Ortschaft Eglingen an. Innerhalb des Schutzgebietes ziehen sich – zwischen Wacholderheiden eingebettet – etliche streifenförmige Wiesen hin, die nur noch extensiv bewirtschaftet werden dürfen.

Die Flora am Kapellenberg weist eine Vielzahl seltener Arten auf, darunter verschiedene Orchideen, das Katzenpfötchen und die Kugelblume. Obwohl das geschützte Areal nur vier Hektar

groß ist, beherbergt es 25 Tagfalterarten, von denen einige auf der Roten Liste stehen.

Das 1985 ausgewiesene Schutzgebiet »Krähberg-Kapellenberg« ist im Zusammenhang mit weiteren, zum Teil kleinflächigen Heidelandschaften in der Umgebung zu sehen. Nur diese räumliche Nähe zu anderen gleichartigen Standorten in der Gemeinde Hohenstein ermöglicht den Austausch von Pflanzensamen und die notwendige Durchmischung der Tierpopulationen. Allein würde eine kleine isolierte Wacholderheide wie der Kapellenberg mit ihrer ungewöhnlichen Artenvielfalt auf Dauer nicht bestehen können.

Schutzzweck ist die Erhaltung und Verbesserung eines von Nutzflächen umgebenen, mit anderen Heidegebieten im Biotopverbund stehenden Lebensraumes als Rückzugsfläche für viele seltene und zum Teil vom Aussterben bedrohte Pflanzen und Tierarten.

Hinweise für Besucher: Südlich der Ortschaft Eglingen, verläuft ein Kreuzweg bis hinauf zur malerisch gelegenen Kapelle auf der Kuppe des NSG »Krähberg-Kapellenberg«. Die genaue Wegführung ist der 1999 von der Bezirksstelle für Naturschutz und Landschafspflege (heute Regierungspräsidium) herausgegebenen Erlebniswanderkarte »rund um die Naturschutzgebiete und die Ruine Hohenstein« zu entnehmen.

21 KUGELBERG

Landkreis Reutlingen: Stadt und Gemarkung Pfullingen
Naturraum: Mittlere Kuppenalb
Geschützt seit 1987
Fläche: 26,7 Hektar
Top. Karte 7521

Das Schutzgebiet »Kugelberg« wurde 1987 nördlich der B 312 zwischen Pfullingen und der Ortschaft Unterhausen ausgewiesen. Im Süden des lang gezogenen Areals erhebt sich der Kugelberg, einer der vielen Vulkanembryonen, dem das Gebiet seinen Namen verdankt. Über den Hang zieht sich ein Buchen-Steppenheide-Wald hin, in den gelegentlich Kalk-Geröllhalden eingestreut sind. Oberhalb wächst ein lichter Steppenheide-Wald, in dem zahlreiche Pflanzen des typischen Steppenheide-Waldes und der Steppenheide gedeihen. Hervorzuheben sind dabei insbesondere das Stattliche Knabenkraut, der Türkenbund und der Blaue Lattich. Unterhalb des Waldes schließt sich ein stark gegliederter Halbtrockenrasenhang an, der sogar Feuchtwiesen mit Hangwasseraustritten, einen kleinen Tümpel und zum Tal hin auch Mähwiesen aufweist.

Die reiche Flora des knapp 27 Hektar großen Schutzgebiets mit über 200 verschiedenen Pflanzenarten spiegelt das gegensätzliche Nebeneinan-

Der Kugelberg ist ein Vulkanembryo. Die Geländeform lässt sich besonders gut im Winter erkennen, wenn Bäume und Gebüsche keine Blätter tragen.
S. KRACHT

der von Trockenrasen, Feuchtwiesen und Wald wider.

Das gilt auch für die vielfältige Tierwelt am Kugelberg: So findet hier beispielsweise die Schlingnatter als Bewohnerin trockenwarmer Biotope genauso günstige Lebensräume wie die Ringelnatter, die im und am Wasser lebt. Ganz besonders interessante Arten sind in der Insektenwelt des Schutzareals zu beobachten, denn mit seinem Reichtum an verrottenden und morschen Stämmen bietet der Wald am Kugelberg wertvolle Brutplätze für holzbrütende Insekten, die sich in intensiv bewirtschafteten Wäldern kaum noch halten können.

Schutzzweck ist die Erhaltung eines reizvollen Südwesthanges mit Wiesen, Halbtrockenrasen, Gebüschgruppen, naturnahen Waldbereichen, Felsformationen und Geröllhalden als Lebensraum für gefährdete und geschützte Pflanzen und Tiere.

Hinweise für Besucher: Unterhalb des NSG »Kugelberg« liegt das ausgedehnte NSG »Echazaue«.

22 LISTHOF

Landkreis Reutlingen: Stadt Reutlingen, Gemarkungen Reutlingen, Betzingen und Ohmenhausen

Naturraum: Mittleres Albvorland

Geschützt seit 2000

Fläche: 123 Hektar

Top. Karte 7520 und 7521

Vor den Toren der Stadt Reutlingen an der Verbindungsstrasse Reutlingen-Gönningen liegt das ca. 123 Hektar große Naturschutzgebiet »Listhof«. Das ehemalige Panzergelände im Südwesten der Stadt wurde bis 1992 militärisch genutzt. Die hohe Bedeutung solcher militärisch genutzter Flächen für den Arten- und Biotopschutz beruht darauf, dass sie im Vergleich zur umgebenden zivilen Kulturlandschaft keinem landwirtschaftlichen Nutzungsdruck unterliegen. Hecken, Feldraine und Bäume mussten nicht weichen. Eine regelmäßige Bodenbearbeitung mit intensiver Düngung zur Er-

tragssteigerung war nicht erforderlich. Für zahlreiche frei lebende Pflanzen- und Tierarten entstand so ein regelrechtes Refugium.

Vom Umweltinformationszentrum Listhof (UIZ) im Breitenbachtal führt der Hauptweg durch das Gebiet leicht bergauf über den Rainwasen zur Hochfläche des Schwarzen Jura. Eine große Senke im Südwesten des Rainwasens bildet den Grund für nasse Bereiche mit Binsen, Hochstauden und Weidengebüsch. Hier ist auch das einzige Vorkommen des landesweit gefährdeten Fleischroten Knabenkrauts. Alle Tümpel im Gebiet eignen sich als Laich- und Fortpflanzungsgewässer für Amphibien und Libellen. Die Gelbbauchunke ist landesweit gefährdet und wird nach der Flora-Fauna-Habitat-Richtlinie der Europäischen Union als Tierart von europaweiter Bedeutung eingestuft. Der Bestand im Gebiet dürfte mit zu den größten im Vorland der Schwäbischen Alb zählen. Der landesweit stark gefährdete Laubfrosch kommt ebenfalls mit einer vitalen Population vor. Damit die Vorkommen langfristig bestehen können, werden unterstützende landschaftspflegerische Maßnahmen getätigt.

Auf der östlichen Wegseite fallen alte Streuobstwiesen ins Auge. Von der Hochfläche führt der Hauptweg ins Scheuerlesbachtal hinab, an dessen Nordhang Waldbestände mit Buchen, Eichen, Hainbuchen und Kiefern wachsen. In der Krautschicht gedeiht die Kalk liebende Türkenbundlilie. In diesem Hangwald befindet sich Basalttuff als Relikt eines Vulkans aus dem Tertiär. Der naturnahe Scheuerlesbach wird von einem Bachauenwald aus Erlen, Eschen und Traubenkirschen und ihn säumenden Hochstaudenfluren begleitet. Die angrenzenden Offenlandflächen werden großteils als Schafweide genutzt.

Dieser Reichtum an unterschiedlichen Vegetationsstrukturen bietet Lebensraum für zahlreiche seltene und gefährdete Tier- und Pflanzenarten. Insgesamt sind im Gebiet 36 Tagfalterarten bekannt, darunter sind zwölf Rote Liste-Arten. Zwei davon sind landesweit gefährdet: der Mädesüß-Perlmutterfalter und der Storchschnabel-Bläuling.

Für zahlreiche Vogelarten entwickelte sich das Gebiet zu einem Brutgebiet von überregionaler

Das NSG »Listhof« liegt vor den Toren von Reutlingen und bietet mit seinem Umwelt-Informations-Zentrum (UIZ) ein vielfältiges, naturkundliches Bildungsangebot. BNL-ARCHIV

Bedeutung. Von bisher 77 erfassten Arten stehen 36 auf der Roten Liste Baden-Württembergs. Der landesweit gefährdete Neuntöter hat auf dem Listhofgelände ein großes Brutvorkommen. In den Wäldern und Obstwiesen brüten alle sechs im Albvorland vorkommenden Spechtarten. 113 Wildbienenarten sind beheimatet. Knapp ein Drittel davon werden auf der Roten Liste Baden-Württembergs als gefährdet oder vom Aussterben bedroht geführt. Die Arten, die ihre Nester in selbst gegrabenen Erdlöchern bauen, bevorzugen dafür Rohbodenflächen und Abbruchkanten, wie sie im Gebiet durch Panzerspuren entstanden oder im stillgelegten Steinbruch anzutreffen sind. Wildbienen haben eine herausragende Bedeutung im Naturhaushalt, denn gerade sie sind es, die auch bei weniger günstigen Wetterlagen zahlreiche Wild- und Kulturpflanzen bestäuben. Seltene Arten finden sich auch unter den bisher 18 nachgewiesenen Heuschreckenarten. Ihr Zirpen ist an lauen Sommerabenden weithin zu hören.

Schutzzweck ist die Erhaltung dieses vielfältigen Biotopmosaiks mit seinen Pflanzen und Tieren in stadtnaher Lage.

Hinweise für Besucher: Der Startpunkt für einen Rundgang durch das Naturschutzgebiet sollte am Umweltinformationszentrum »Listhof« (UIZ) liegen. Hier erhält der Besucher Informationen zum Gebiet. Das Umweltinformationszentrum ist an der Verbindungstrasse Reutlingen-Gönningen ausgeschildert. Parkplätze sind dort vorhanden.

23 NÄGELESFELSEN

Landkreis Reutlingen: Stadt und Gemarkung Bad Urach
Naturraum: Mittlere Kuppenalb
Geschützt seit 1937
Fläche: 12,4 Hektar
Top. Karte 7422

Das Naturschutzgebiet »Nägelesfelsen« zieht sich am nördlichen Ortsrand von Bad Urach über dem Ermstal an einem Steilhang hin, der von 730 m NN auf eine Höhe von 620 m NN nach Westen abfällt. Das über zwölf Hektar große Areal besteht vor allem aus fast senkrechten Weißjura-Felswänden und Felstürmen sowie aus Schutthängen, die vom Geröllschutt dieser Felsen überdeckt sind. Vor vielen Jahrtausenden veränderte ein großflächiger Bergsturz das Gesicht des steil aufragenden Nägelesfelsen. Dabei rutschten gewaltige Weißjura-Massen auf dem darunter lagernden, schmierigen Braunen Jura ins Tal. Die abgeglittenen Gesteinsmassen liegen tief unten am Hang, zum Teil auch noch in den Wiesen über der Erms.

In der oberen Zone des Hanges wird die Vegetation von Steppenheide sowie Eichen- und

Buchentrockenwald gebildet, wobei die vom Bergsturz entblößten Felswände nahezu unbewachsen sind. An extremen Felsstandorten, an denen sich kaum Humus anreichern konnte, breitet sich stellenweise eine echte Steppenheide aus. Wo die Humusauflage dicker ist, gehen diese kleinräumigen Flächen in trockene Steppenheidewälder mit Flaumeiche über. Hier dominiert die Eiche neben zum Teil krüppelig gewachsener Mehlbeere, Weißdorn und Sal-Weide. Auf weniger steilen Bereichen wächst ein Buchen-Steppenheidewald.

Weiter unten schließt sich an die fast vegetationslosen Geröllhalden ein hochwüchsiger Laubwald auf lehmigem Hangschutt an. Hier wird die Baumregion von der Buche beherrscht, daneben finden sich aber auch Bergahorn und Esche. Wegen der dichten Baumkronen ist der Boden in diesem Bereich nur stellenweise bewachsen, weist aber trotzdem einige botanische Besonderheiten auf. Noch bevor das Gelände am Nägelesfelsen unter Naturschutz gestellt wurde, hat man es bereits im Jahr 1924 als Bannwald ausgewiesen. Folglich wird das Gebiet schon sehr lange nicht mehr forstlich bewirtschaftet und der Wald entwickelte sich standortgerecht ohne menschliches Einwirken.

Schutzzweck ist die Erhaltung der durch Bergsturz und Abgleiten entstandenen Felswände, Felsspalten und Geröllschutthalden mit artenreichem Trockenrasen und Eichentrockenwäldern mit Flaumeichen.

24 OHNASTETTER BÜHL

Landkreis Reutlingen: Gemeinde Sankt Johann, Gemarkung Ohnastetten
Naturraum: Mittlere Kuppenalb
Geschützt seit 1973
Fläche: 6,3 Hektar
Top. Karte 7521

Südöstlich von Reutlingen liegt nahe bei Ohnastetten das Naturschutzgebiet »Ohnastetter Bühl«, bei dem es sich um eine Heidefläche an einem flachen Südhang handelt, die von Laubwald umgeben ist. Den Übergang zwischen Halbtrockenrasen und Wald bildet ein gut ausgeprägter Waldsaum. Das rund sechs Hektar große Areal ist schon seit langer Zeit als besonders reichhaltiger Orchideenstandort bekannt. Deshalb hat man bereits im Jahr 1961 einen Teil der Fläche als Naturdenkmal ausgewiesen. Aufgrund seiner Größe wie auch seiner floristischen Bedeutung (mit rund 20 Orchideenarten, verschiedenen Enzianen und anderen geschützten Pflanzen) wurde die Heide 1973 zum Naturschutzgebiet erklärt.

Die umgangssprachlich als »Nägele« bezeichnete Pfingstnelke (*Dianthus gratianopolitanus*) die hier auf den Felsen wächst, gab dem NSG seinen Namen. Es liegt eingebettet zwischen den Wanderwegen der Kurstadt Bad Urach. S. JESSBERGER

Den Ohnastetter Bühl durchzieht ein breiter Waldsaum, der den Übergang von den orchideenreichen Halbtrockenrasen zum geschlossenen Wald bildet. M. GROHE

Auch für die Tierwelt, insbesondere für Insekten, stellt der »Ohnastetter Bühl« ein wichtiges Refugium dar. So ließen sich bei einer Bestandsaufnahme der Heuschreckenfauna immerhin 14 verschiedene, zum Teil für trockenwarme Gebiete charakteristische Arten nachweisen. Anhand des breiten Artenspektrums bei dieser Tiergruppe kann man den allmählichen Wandel in der Vegetation von einer extensiven Schafweide hin zu einer einschürigen Magerwiese aufzeigen: Im Schutzgebiet wird die Fauna der Schafweide mehr und mehr von den Arten der Magerwiese verdrängt.

Hier tritt ein Problem zutage, mit dem der Naturschutz recht häufig bei der Offenhaltung schützenswerter Flächen konfrontiert wird: Soll man solche Flächen nur einmal im Jahr spät mähen, um den Orchideen genügend Zeit zur Blüte und optimalen Ausreifung zu lassen oder soll man die traditionelle Nutzung, in diesem Fall wäre es die Schafbeweidung, wieder einführen? Eine Schafbeweidung kann im Vergleich zur Mahd abwechslungsreichere Vegetationsstrukturen schaffen und damit die Heuschreckenfauna begünstigen. Das birgt aber andererseits das Risiko, dass der Orchideenbestand durch Verbiss und Tritt abnimmt. Aufgrund der Artenfülle an Orchideen im »Ohnastetter Bühl« und aufgrund seiner geringen Größe hat sich die Naturschutzverwaltung hier entschlossen, dieses Gebiet mit einer Mahd pro Jahr offen zuhalten.

Schutzzweck ist die Erhaltung der Halbtrockenrasen mit ihren artenreichen Pflanzengesellschaften.

25 RUCHBERG

Landkreis Reutlingen: Gemeinde Sonnenbühl, Gemarkung Willmandingen
Naturraum: Mittlere Kuppenalb
Geschützt seit 1992
Fläche: 26 Hektar
Top. Karte 7620

Der auf einer Fläche von 26 Hektar geschützte Ruchberg erhebt sich am westlichen Ortsrand von Willmandingen und prägt dort entscheidend die landschaftliche Umgebung der Ortschaft. Mit den benachbarten Anhöhen Riedernberg, Pfaffenberg und Himmelberg bildet er den Kuppenalbtrauf. Noch im 19.Jahrhundert war der gesamte Ruchberg als Schafweide völlig waldfrei. Von dieser ehemaligen Nutzungsform zeugt heute nur noch die brachliegende Wacholderheide am Westhang. Daneben findet man in dem schmalen Wiesengürtel unterhalb des Waldes auf kleinstem Raum verschiedene Pflanzengesellschaften: Trespen-Halbtrockenrasen und montane Glatthaferwiesen gehen ineinander über und sind von Saumgesellschaften, Hecken und Gebüschen durchsetzt.

Die Wacholderheide im NSG »Ruchberg« zeugt von der traditionellen Nutzungsform als Schafweide. C. MAIER

Es ist problematisch, dass die Verbuschung hier zunimmt und sich insbesondere Eschen und Schlehen rasch ausbreiten. Daher sind im Gebiet in starkem Maße Pflegemaßnahmen nötig, um diesen Gehölzaufwuchs zurückzudrängen. Zudem liegen die Halbtrockenrasen der Wacholderheiden seit Jahren brach. Dies beeinträchtigt wärme- und lichtbedürftige Tier- und Pflanzenarten. Daher wird angestrebt, die Wacholderheiden wieder einer Beweidung zuzuführen.

Im Vordergrund die bewaldete Kuppe des Ruchberg. Noch im 19. Jahrhundert war die gesamte Bergkuppe waldfrei. Später wurde sie der forstlichen Mode entsprechend mit Fichten aufgeforstet. M. GROHE

Im Gebiet kommen mehrere Orchideenarten vor wie z. B. die Wohlriechende Händelwurz und andere geschützte Pflanzenarten, so z. B. der Alpen-Pippau. Auf der Kuppe des Ruchbergs wächst heute ein Nadel-Laub-Mischwald mit einem Buchen-Anteil von etwa 40 Prozent. In den Randbereichen dieses Waldes stößt man ebenfalls auf zahlreiche bedeutsame Pflanzenstandorte.

Dank des kleinräumigen Wechsels in der Vegetation konnte sich auch die Fauna im reich strukturierten Ruchberg-Gelände vielfältig ausbilden. Der Großteil der Insektenarten ist speziell auf ein solches Mosaik aus verschiedenen Trockenheit liebenden Pflanzengesellschaften ange-

wiesen. Daneben birgt die halboffene, extensiv bewirtschaftete Landschaft für eine Vielzahl von Vogelarten wichtige Lebensräume. Die Hecken und Gebüsche bieten zahlreichen Heckenbrütern Deckung, Nistplätze, Singwarten und Nahrung. Die am Südwest-Hang gelegene Streuobstwiese mit alten, hochstämmigen Bäumen ist ebenfalls ein bedeutsames Biotop für Vögel und Insekten. Sie ergänzt den Randbereich des Schutzgebietes in idealer Weise, da sie die strukturarme Hoch-ebene in der Umgebung des Ruchberges ökolo-gisch stark bereichert.

Schutzzweck ist die Erhaltung, Pflege und Weiterentwicklung einer für die Landschaft der Schwäbischen Alb typischen Bergkuppe. Insbe-sondere geschützt werden sollen die hinsichtlich Pflanzen- und Tierwelt hochwertige, das Land-schaftsbild prägende Wacholderheide sowie die umgebenden Wiesenflächen als ökologischer Ausgleichsraum inmitten der Feldflur.

Hinweise für Besucher: Innerhalb des Na-turschutzgebietes führt ein für Besucher gut be-gehbarer Weg um den Ruchberg, von dem aus man nahezu alle Biotoptypen gut einsehen kann.

Der seltene Biotoptyp Blockschutthalde ist im Rutschen-gebiet großflächig vertreten. C. Koss

26 Rutschen

Landkreis Reutlingen: Gemeinde und Gemarkung Dettingen, Stadt und Gemarkung Bad Urach, Gemeinde St. Johann, Gemarkung Bleichstetten
Naturraum: Mittlere Kuppenalb
Geschützt seit 1983
Fläche: 231,6 Hektar
Top. Karte 7522

Das Schutzgebiet »Rutschen« breitet sich im Ermstal zwischen Bad Urach und Dettingen aus und erstreckt sich dort vom Runden Berg bei Urach bis zum Sonnenfelsen oberhalb von Det-tingen. Das weitläufige Areal umfasst so verschie-dene Landschaftsteile wie den weithin bekannten Uracher Wasserfall, die Rutschenfelsen, den Run-den Berg, die Höllenlöcher, den Sonnenfels und den Gelben Fels. Aufgrund der unterschiedlichen Exposition dieser Felsen und Schutthalden findet

man hier ganz verschiedenartige Biotoptypen, die einer reichhaltigen Flora und Fauna Lebensraum bieten.

Bei näheren Untersuchungen dieses Gebiets wurden 15 verschiedene naturnahe Pflanzenge-sellschaften wie etwa der hirschzungenreiche Ahornwald, die Eisenhut-Waldstorchschnabel-Gesellschaft als Relikt subalpiner Hochstauden-fluren sowie die Pfingstnelken-Blauschwingel-Felsflur beschrieben. In den feucht-schattigen Bereichen hat man eine für die Schwäbische Alb einzigartige Fülle an Moos- und Flechten-Gesell-schaften nachgewiesen. Aber auch die steil abfal-lenden Felswände sind, wie Kartierungen aus jüngster Zeit ergeben haben, als besonders hoch-wertige Pflanzenstandorte einzustufen.

In der Tierwelt des knapp 232 Hektar großen Schutzgebiets verdienen vor allem die Vögel be-sondere Beachtung, die hier mit zahlreichen gefährdeten Arten vertreten sind. An den Rut-schen-Felsen hatte sich um 1960 die größte Dohlen-Brutkolonie in ganz Baden-Württemberg

Der Gelbe Eisenhut (*Aconitum vulparia*) blüht im Schlucht-wald beim Uracher Wasserfall. V. KRACHT

eingenistet. Man kann Wander- und Turmfalken beobachten und die Wasseramsel jagt in den Bächen nach Wasserinsekten und Kleintieren. Unter den Spechtarten, die das große Waldgebiet besiedeln, ist der Schwarzspecht der größte und auffälligste.

Daneben kann man hier auch manche seltene Insektenart wie den Alpenbock oder den Hirschkäfer entdecken. In den Höhlen und Felsspalten, insbesondere im Bereich der Höllenlöcher, finden verschiedene Fledermausarten geeignete Wochenstuben und Winterquartiere.

Auch aus geologischer Sicht kommt dem Rutschen-Gebiet eine große Bedeutung zu. Der im Zentrum des Schutzareals gelegene Uracher Wasserfall stürzt von einer hohen Wand ab, die sich aus Tuffstein gebildet hat. Dabei wird ständig schwer löslicher, bodensaurer Kalk abgeschieden und Schicht für Schicht abgelagert. Selbst die im unmittelbaren Bereich des Wasserfalles wachsenden Pflanzen werden von einer Kalkschicht um-

hüllt. So entstand im Laufe der Jahrhunderte durch die gewaltige Menge der Ablagerungen eine riesige Kalktuff-Terrasse, die so genannte Hochwiese.

Aufgrund der Vielgestaltigkeit der Landschaft mit Felsen, Geröllhalden, Kalktuff-Terrassen und Talauen sowie wegen der reichen Bestände an geschützten Tier- und Pflanzenarten wurde das Rutschen-Gebiet im Jahr 1983 – damals als 100. Naturschutzgebiet im Regierungsbezirk Tübingen – großflächig unter Schutz gestellt. Der erste Vorschlag dazu kam bereits im Jahr 1975 vom Bund Naturschutz Alb-Neckar. Die Nähe zur Kurstadt Bad Urach führt allerdings dazu, dass das größte Naturschutzgebiet im Landkreis Reutlingen besonders an den Wochenenden von vielen Besuchern aufgesucht wird. Die Naturschönheiten ziehen Spaziergänger und Wanderer an und für Kletterer stellt der Rutschenfels ein begehrtes, traditionelles Kletterareal dar. Deshalb hat man in der Schutzverordnung einige Regelungen zur Ordnung des Freizeitbetriebs verankert.

Schutzzweck ist die Erhaltung der landschaftsprägenden geologischen Bildungen wie Felspartien, Blockschutthalden, Kalktuffen, der Laubwaldgesellschaften und der auf den Lebensraum Fels spezialisierten Pflanzen- und Tierwelt.

Hinweise für Besucher: Startpunkt für eine Wanderung durch das Rutschengebiet kann die Kurstadt Bad Urach sein. Von hier aus führen gekennzeichnete Wege in das Gebiet, das vor allem an den Wochenenden Besucher anlockt.

27 SCHANDENTAL

Landkreis Reutlingen: Gemeinde und Gemarkung Mehrstetten

Naturraum: Mittlere Flächenalb

Geschützt seit 1998

Fläche: 98 Hektar

Top. Karte 7623

Das Naturschutzgebiet »Schandental« liegt am Eingang des Schandentals in einer Höhenlage von etwa 694 m NN. Es beginnt südöstlich vom Bahnhof Mehrstetten und endet nach ca. 4 Kilometern an der Einmündung zum Banntal auf 647 m NN. Es nimmt den unteren Teil eines großen Trockentalzuges ein, der von der Stadt Münsingen bis zum Schmiechtal verläuft. Die heutige markante Grenze zwischen der Flächen- und der Kuppenalb geht im Bereich des Weilers Oberheutal durch das Heutal. Diese Klifflinie war während der Zeit der oberen Meeresmolasse eine Brandungsküste. Südlich davon erstreckt sich um Mehrstetten und Bremelau eine ebene Tafellandschaft. Während der Kaltzeiten im Pleistozän konnte die Entwässerung der Niederschläge nur oberflächlich erfolgen, da der Boden vereist war. Dies führte zur Ausräumung und zur Entstehung der heute trockenen Talzüge.

Die Wacholderheiden im Schandental belegen die historische Nutzung nährstoffarmer und flachgründiger Böden auf der Schwäbischen Alb. Das Naturschutzgebiet umfasst zwei- bis dreischürige Wiesen und Ackerflächen der Talsohle sowie ein nahezu durchgehendes Band offener Wacholderheideflächen mit Magerrasenvegetation. Einzelgehölze und kleinere und größeren Gehölzgruppen prägen das Landschaftsbild als Struktur- und Raumbildner. Hinzu kommen Sukzessionsbereiche mit Laub- und Nadelhölzern sowie Waldbereiche am südexponierten Talhang. Manche Wiesen und obere Hangbereiche wurden mit Nadelhölzern aufgeforstet. Durch Schafbeweidung und mechanische Pflege hat sich am Südhang eine sehr vielfältige Vegetationsstruktur

herausgebildet, die eine große Zahl an Pflanzen- und Tierarten beherbergt. Bisher wurden 273 verschiedene Pflanzenarten kartiert.

Die bedeutsamsten Florenelemente sind die Magerrasenflächen mit den typischen Enzian-Schillergrasrasen, auf denen im Frühjahr die landesweit gefährdeten Arten Küchenschelle, Frühlings-Enzian und Kärntner Hahnenfuß blühen. Im Frühsommer folgen die Orchideen zum Teil in stattlicher Zahl, die auch an den Waldrändern ihren Platz haben. Die Sommerflora ist äußerst blütenreich. Den Herbstaspekt bilden Silberdistel, Franzen-Enzian, Deutscher Enzian und Berg-Aster. Charakteristische Pflanzenarten des Waldbodens im Schwäbischen Jurakalk sind der Seidelbast und die Türkenbundlilie. Erwähnenswert sind neben der Magerrasenflora die Felsvegetation, die Saumgesellschaften, Schlehen-Weißdorn-Liguster-Gebüsche mit reichen Berberitzenvorkommen und lichte Buchenwälder.

Das reich strukturierte, relativ extensiv genutzte Schandental bietet für die Vogelwelt einen optimalen Lebensraum. Von den 77 erfassten Vogelarten brüten 56 im Naturschutzgebiet und 16 davon stehen auf der Roten Liste Baden-Württembergs, darunter der vom Aussterben bedrohte Steinschmätzer und das stark gefährdete Braunkehlchen. Nachdem geschätzt wird, dass rund 112 Brutvogelarten auf der Münsinger Alb vorkommen, bedeutet es, dass man die Hälfte davon auch im Gebiet finden kann.

Schafherde im NSG »Schandental« bei Fernsehdreharbeiten über die Wacholderheiden der Schwäbischen Alb.
BNL-Archiv

Ein großer Teil der 68 registrierten Schmetterlingsarten steht auf der Roten Liste Baden-Württembergs. Beachtenswert ist das Vorkommen der auf der Schwäbischen Alb stark gefährdeten Arten Schwarzfleckiger Ameisen-Bläuling und Malven-Dickkopffalter, der sonnige Böschungen und lichte Ruderalstellen bewohnt. Das »Schandental« ist überregional bedeutsam als Lebensraum für Heuschrecken. Hier wurden 17 Arten gefunden, das bedeutet, dass die Hälfte aller auf der westlichen Schwäbischen Alb vorkommenden Arten hier vertreten sind. Drei besonders Wärme liebenden Heuschreckenarten werden auf der Roten Liste Baden-Württembergs als gefährdet geführt: die Westliche Beißschrecke, die Zweipunkt-Dornschrecke und die Rotflügelige Schnarrschrecke.

Schutzzweck dieses für die Mittlere Flächenalb charakteristischen Trockentals ist die Erhaltung und Optimierung des reich strukturierten Biotopmosaiks in seiner landschaftsprägenden Schönheit und Eigenart und insbesondere als Lebensraum für gefährdete und seltene Pflanzen- und Tierarten.

Hinweise für Besucher: Durch das Tal führt ein Schotterweg, von dem aus den zahlreichen Spaziergängern und Wanderern der Blick in einen abwechslungsreichen und reizvollen Landschaftsausschnitt geboten wird. An sonnigen Tagen kann man vom Weg aus gut das Zirpen der Heuschrecken auf der Heidefläche hören. Eine eingleisige Eisenbahnstrecke, auf der die Schwäbische Albbahn von Münsingen über Schelklingen im Schmiechtal bis nach Ulm fährt, begleitet diesen Weg. Das Mehrstetter Heimatmuseum mit einer Schmetterlingssammlung über einen Zeitraum von mehr als 30 Jahren, einer mineralogischen Sammlung und Wissenswertem über das Leben der Älbler ist allemal einen Besuch wert.

28 SCHOPFLOCHBERG

Landkreis Reutlingen: Stadt Münsingen, Gemarkung Trailfingen

Naturraum: Mittlere Kuppenalb

Geschützt seit 1993

Fläche: 6 Hektar

Top. Karte 7522

Beim »Schopflochberg« im Westen von Trailfingen handelt es sich um die nördlichste Erhebung des Münsinger Zementmergelbeckens. Über die halbkugelige Kuppe breitet sich ein beweideter Halbtrockenrasen aus. Am Südhang findet man einen trockenen, am Nordhang eher feucht ausgeprägten Enzian-Zwenkenrasen. Im südöstlichen Bereich des sechs Hektar großen Schutzgebiets liegt die ehemalige Erddeponie von Trailfingen. Auf ihren mageren Böden hat sich in-

Die kleine Kuppe des Schopflochbergs ist ein Refugium für viele Enzianarten. M. GROHE

zwischen eine artenreiche, Trockenheit liebende Ruderalpflanzengesellschaft angesiedelt. Hochstämmige Obstbäume umrahmen den südwestlichen Teil der Kuppe und tragen mit verstreuten Feldgehölzen zum Strukturreichtum und landschaftlichen Reiz des Geländes bei.

Auf kleinem Raum bietet das Naturschutzgebiet einer breiten Palette von Halbtrockenrasenpflanzen – darunter viele kostbaren Raritäten – günstige Lebensbedingungen. Im Frühjahr fallen die großen Bestände der Küchenschelle und des Frühlings-Enzians gemischt mit den gelben Blüten des Frühlingsfingerkrauts ins Auge. Seitlich der Bergkuppe liegt eine aufgegebene Erddeponie. Ihr Areal ist vor allem aus ornithologischer Sicht interessant; denn hier finden stark gefährdete Vogelarten ein geeignetes Rückzugsgebiet und sogar das Braunkelchen wurde hier beobachtet. Ganz in der Nähe des Schutzgebiets liegen zahlreiche weitere Halbtrockenrasen, sodass dem »Schopflochberg« im Biotopverbund solcher Flächen eine wichtige Funktion zukommt.

Schutzzweck ist die Erhaltung einer albtypischen Bergkuppe als Teil eines Biotopverbundes von Heideflächen im Raum Münsingen. Hier wurden bisher fünf Naturschutzgebiete ausgewiesen.

Hinweise für Besucher: Vom Parkplatz am Freibad der Stadt Münsingen führt ein Weg Richtung Trailfinger Schlucht. Am Weg liegen die Naturschutzgebiete »Seetalhalde-Galgenberg« und »Schopflochberg«

29 SEETALHALDE-GALGENBERG

Landkreis Reutlingen: Stadt und Gemarkung Münsingen, Gemarkung Trailfingen

Naturraum: Mittlere Kuppenalb

Geschützt seit 1993

Fläche: 19,7 Hektar

Top. Karte 7522

Das knapp 20 Hektar große Naturschutzgebiet »Seetalhalde-Galgenberg« liegt etwa 500 Meter nordwestlich von Münsingen. Es umfasst die noch als Schafweide genutzten, zum Teil aber stark verbuschten oder mit Kiefern aufgeforsteten Flächen an der östlichen Seetalhalde und die östlich angrenzenden, bis zum NSG »Schopflochberg« reichenden Schafweiden. Innerhalb des Schutzareals erhebt sich auch der 771 m NN hohe Galgenberg, der mit seiner beweideten Kuppe markant aus dem nördlichen Münsinger Becken herausragt.

Vor allem die Halbtrockenrasen der Seetalhalde und die Weideflächen mit ähnlicher Vegetation, aber auch die Gebüschsäume und Wälder beherbergen ein breites Spektrum an Orchideen. In den alten Heckenzeilen findet man eine bemer-

Das langgestreckte NSG »Seetalhalde-Galgenberg« spielt eine wichtige Rolle bei der Heideflächen-Biotopvernetzung im Nordraum von Münsingen. M. GROHE

Den Schwalbenschwanz (*Papilio machaon*) kann man an sonnigen Tagen am Galgenberg beobachten. BNL-ARCHIV

kenswerte Vielfalt an Gehölzen. Fast alle Arten von Bäumen und Sträuchern, die in den Feldgehölzen der Mittleren Alb vorkommen, sind hier in den Heckenstreifen anzutreffen. Darunter auch die Berberitze, die ansonsten an vielen Stellen als Zwischenwirt des Getreiderostpilzes über lange Jahre hinweg aus den Feldgehölzen gerodet wurde.

Das üppige Angebot an Futterpflanzen und die besonderen klimatischen Bedingungen der südexponierten Hänge, die in der Landschaft Wärmeinseln bilden, begünstigten die Entfaltung einer artenreichen Insektenwelt. Zahlreiche Wildbienenarten, ein bemerkenswerter Reichtum an 17 verschiedenen Heuschrecken- und vielen Schmetterlingsarten haben in dem Gebiet ein Refugium gefunden.

Aufgrund des kleinräumigen Wechsels von Hecken, Steinriegeln, Kiefernbeständen, Wacholderstandorten und offenen Halbtrockenrasen ist die Seetalhalde zudem ein hervorragendes Brut- und Nahrungsrevier für die Vogelarten halboffener Landschaften. Der Neuntöter, die Dorngrasmücke, das Braunkelchen und die Grauammer schätzen diese abwechslungsreiche halboffene Landschaft und sind nicht selten hier zu beobachten.

Am landschaftsprägenden Galgenberg setzt sich die Tierwelt – neben den zahlreichen Nahrungsgästen aus den umgebenden Fluren – vor allem aus den für Magerrasen typischen Schmetter-

lings-, Heuschrecken- und Wildbienenarten zusammen. Sogar der Heufalter und der Schwalbenschwanz fliegen hier in den Sommermonaten über der Heide. Insgesamt ist das Arteninventar am Galgenberg vergleichbar mit dem in der Seetalhalde.

Galgenberg und Seetalhalde bilden zusammen eine landschaftliche Einheit, die mit ihren beweideten Halbtrockenrasen und mit ihrer Strukturvielfalt einen wertvollen Lebensraum darstellt. Über eine Schafweide und mehrere kleine Streifen von beweideten Halbtrockenrasen ist ein Biotopverbund zum benachbarten NSG »Schopflochberg« und zu weiteren Heideflächen in der Münsinger Gegend gewährleistet.

Schutzzweck ist die Erhaltung der reizvollen, strukturreichen Landschaft mit ihrer charakteristischen Pflanzen- und Tierwelt. Das Areal stellt auch ein Refugium für Pflanzen- und Tierarten aus der umgebenden Agrarlandschaft dar.

Hinweise für Besucher: Das Gebiet liegt nordwestlich am Stadtrand von Münsingen und ist von hier aus gut erreichbar. Siehe auch die Beschreibungen der Naturschutzgebiete »Schopflochberg«, »Höhnriß-Neuben«, »Kälberberg-Hochberg« und »Eckenlauh-Weißgerberberg«.

30 STEINBERG-DÜRRENFELD

Landkreis Reutlingen: Gemeinde Hohenstein,
Gemarkung Oberstetten

Naturraum: Mittlere Kuppenalb

Geschützt seit 1996

Fläche: 92,2 Hektar

Top. Karte 7621 und 7622

Das Naturschutzgebiet »Steinberg-Dürrenfeld« liegt etwa 2,5 Kilometer südwestlich von Oberstetten und ist Bestandteil eines großräumigen Schutzgebietsverbundes in der Gemeinde Hohenstein. Der Biotopverbund mit dem nördlich anschließenden NSG »Halmberg« und dem südöstlich gelegenen NSG »Warmberg« ermöglicht einen Genaustausch zwischen den einzelnen Pflanzen- und Tierpopulationen. Der höchste Punkt des Naturschutzgebietes liegt auf dem 780 m NN hohen Steinberg. Die Trockentäler liegen auf einem Niveau von 740 m NN.

Die Kuppenalb als ein Teil der Südwestdeutschen Schichtstufenlandschaft ist morphologisch durch einen vielgestaltigen bewegten Wechsel von meist bewaldeten Kuppen aus Massenkalken des Weißjura epsilon und flachen Trockentälern mit tonreichen Verwitterungsdecken geprägt. Diese geologische Begebenheit ist auf die Kaltzeit zurückzuführen, als die Schmelzwasser oberflächlich abfließen mussten, weil der Untergrund

vereist war. Im Gebiet werden drei verschiedene Fazies des Weißjuragesteins unterschieden: die Schwammkalkfazies, grobkristalliner Kalk und Dolomit. Der Dolomit zerfällt zu Sand und kennzeichnet trockene, flachgründige Standorte.

Das Naturschutzgebiet repräsentiert einen typischen Ausschnitt unserer Kulturlandschaft auf der Schwäbischen Alb. Früher war das großflächige Gebiet eine zusammenhängende beweidete Wacholderheide, heute hat sich der Charakter in vielen Bereichen zugunsten von Wald vor allem mit Waldkiefern aber auch Laubmischwald-Gesellschaften verändert. Insgesamt überzieht das Gebiet ein Netz aus Wacholderheiden mit verbuschten, bewaldeten und felsigen Bereichen sowie landwirtschaftlich genutzten Wiesen und Äckern. Dazwischen wachsen strauchreiche Hecken auf Lesesteinriegeln, deren Kalksteine die Bauern früherer Zeiten aus den Feldern klaubten und an die Ränder warfen. Die meisten Hecken auf der Alb sind gemäß § 24a des Landesnaturschutzgesetzes geschützt. Sie bestehen aus einer Gesellschaft von Schlehe, Hagebutte, Holunder, Weißdorn und Haselnuss. Ihre wohlschmeckenden Früchte kann man als Marmelade, Sirup oder Saft genießen und auch zu medizinischen Zwecken verwenden.

In der Wacholderheiden- und Biotopkartierung wurde der Steinberg als herausragend eingestuft. Auf den dolomitischen Wacholderheiden

Am Hinteren Steinberg ist noch eine ehemalige Dolomit-Grube erkennbar. A. SCHÜLE

gibt es eine besondere Flora. Von ca. 460 bisher belegten Pflanzenarten sind 30 landesweit gefährdet, 56 schonungsbedürftig. Eine charakteristische Pflanze ist das Himmelfahrtsblümchen, das früher weit verbreitet war, aber heute landesweit stark gefährdet ist. Ältere Bäuerinnen wissen noch: »Gewöhnlich wurde sie gepflückt und zu einem kleinen Kränzchen gebunden, das in der Stube aufgehängt, vor Blitzschlag schützen sollte.«

Neben zahlreichen schützenswerten Pflanzenarten der Magerrasen finden sich bisher 21 Orchideen- und fünf Enzianarten. Eine weitere Besonderheit bildet der natürliche Standort von Schneeglöckchen und Märzenbecher. Der Blutrote Storchschnabel und der Hirschhaarstrang schmücken die besonders warmen Bereiche wie den Steinbruch Ohrenhalde am westlichen Abhang des Steinbergs.

Etwa ein Drittel der 61 beobachteten Vogelarten sind nach der Roten Liste Baden-Württembergs gefährdet. Mit 14 Brutpaaren ist der Neuntöter im Gebiet sehr gut vertreten. Von 70 erfassten Schmetterlingsarten stehen die meisten auf der Roten Liste Baden-Württembergs, bemerkenswert sind der Braune Feuerfalter und der Schwarzfleckige Ameisen-Bläuling. Eher in Waldnähe halten sich der Wärme liebende Blauschwarze Eisvogel und der Kleine Eisvogel auf.

Schutzzweck ist die Erhaltung, Pflege und Verbesserung eines für die Mittlere Kuppenalb charakteristischen Biotopmosaiks aus Wacholderheiden unterschiedlicher Ausprägung sowie Halbtrockenrasen, Wäldern, Wiesen, Ackerflächen, Hecken und Feldgehölzen als Lebensraum zahlreicher Tier- und Pflanzenarten. Die Sandgruben einschließlich der standorttypischen Vegetation werden als kulturhistorisches Zeugnis erhalten.

Hinweise für Besucher: Dem Wanderer und Erholungsuchenden vermittelt dieser Albausschnitt ein abwechslungsreiches und reizvolles Landschaftsbild. Spazierwege führen in erreichbarer Nähe vom Schutzgebiet an der Burgruine Hohenstein und an weiteren Burgresten vorbei. Eine gute Aussicht hat man vom 780 m NN hoch liegenden Steinberg, bei guten Wetterbedingungen sogar bis zu den Alpen. Die empfohlenen Wanderwege kann man der 1999 von der Bezirkstelle für Naturschutz und Landschaftspflege (heute Regierungspräsidium Tübingen) herausgegebenen Erlebniswanderkarte »Rund um die Naturschutzgebiete und die Ruine Hohenstein« entnehmen.

31 STEINBUCKEL

Landkreis Reutlingen: Gemeinde Hohenstein, Gemarkung Eglingen
Naturraum: Mittlere Kuppenalb
Geschützt seit 1985
Fläche: 4 Hektar
Top. Karte 7622

Die vier Hektar große Heide am »Steinbuckel« liegt – im Verbund mit den Schutzgebieten »Eichholz« und »Krähberg-Kapellenberg« – auf der Münsinger Alb knapp zwei Kilometer südwestlich der Ortschaft Eglingen auf einer Höhe von etwa 800 m NN. Bis zum Zweiten Weltkrieg wurde das Gelände, das mittlerweile der Schwäbische Albverein aufgekauft hat, fast durchweg als Sommerschafweide genutzt. Die daraus entstandene typische Wuchsform der Wacholderheide prägt das landschaftlich reizvolle Bild der Schwäbischen Alb wesentlich mit. Seit die Heide brachliegt, hat sich die ursprünglich artenarme, an die intensive Beweidung angepasste Flora mit weiteren Wärme liebenden Pflanzen angereichert, unter anderem auch mit verschiedenen Orchideen. Die natürlich ablaufende Sukzession von der Weide zum Wald führte stellenweise bereits zu einer starken Verbuschung mit Kiefern und Laubgehölzen.

Einige landwirtschaftlich genutzte Wiesen im Steinbuckel-Gebiet dürfen nicht mehr gedüngt werden und sollen in blumenreiche, einmähdige Magerwiesen überführt werden. Das ist allerdings ein langwieriger Prozess, der mehrere Jahre beansprucht. Auf den Heideflächen konnte sich eine artenreiche Schmetterlingsfauna entwickeln. In dem kleinen Schutzareal wurden immerhin schon

In dem relativ kleinen NSG »Steinbuckel« wächst der Gelbe Enzian (*Gentiana lutea*). W. VENTH

27 verschiedene Tagfalter beobachtet, von denen einige gefährdet sind. 21 dieser Tagfalterarten werden durch die Bundesartenschutzverordnung geschützt. Um die weitere Verbuschung der nicht mehr beweideten Flächen zu verhindern, wird die Heide im Abstand von drei bis fünf Jahren gemäht.

Schutzzweck ist die Erhaltung der Wacholderheide als Lebensraum für eine artenreiche Flora und Fauna.

Hinweise für Besucher: In der Umgebung des Naturschutzgebiets befinden sich mehrere Wanderparkplätze, von denen aus auch die Naturschutzgebiete »Blasenberg-Ringelesberg«, »Eichholz«, »Krähberg-Kapellenberg«, »Hüttenstuhlburren« und »Geißberg« gut erreichbar sind.

32 SULZEICHE

Landkreis Reutlingen: Gemeinde Walddorfhäslach, Gemarkung Häslach

Naturraum: Schönbuch und Glemswald

Geschützt seit 1981

Fläche: 1,80 Hektar

Top. Karte 7321 und 7421

Das Schutzgebiet »Sulzeiche« – mit einer Länge von etwa 250 Metern und einer Breite von 70 Metern das kleinste im Reutlinger Landkreis – liegt nördlich der B 27 zwischen Walddorf und Häslach am Schönbuch-Ostrand. Es umfasst im Wesentlichen einen artenreichen Waldsaumbereich mit trockenheitsliebender Vegetation. Seinen Namen verdankt das Gebiet übrigens einer rund 400 Jahre alten Eiche im Osten des Schutzareals, die 1979 als Naturdenkmal ausgewiesen wurde. Ein Teil des Geländes wird als Obstbaumwiese genutzt, die ein- bis zweimal jährlich gemäht wird. Die restliche Fläche nimmt ein lichter Mischwald ein, in dessen Randbezirken kleinflächige Trockenrasen eingestreut sind.

Aufgrund seiner Ausrichtung nach Süden, vor allem aber aufgrund seiner offenen Bodenflächen nimmt dieses noch weitgehend ungestörte Biotop eine einmalige Sonderstellung unter den Schutzgebieten in der Region ein. Vegetationslose Lößlehm-Bereiche bilden einen idealen Lebensraum für eine im weiten Umkreis einzigartige Insektenfauna. Allein die Bienen und Wespen sind hier mit 126 Arten vertreten. 63 dieser Arten, die allesamt ihre Nester im Boden anlegen, sind auf die unbewachsenen Lößlehm-Plätze angewiesen.

Auch die Brombeerhecke am nördlichen Rand der Wiese dient einigen Bienenarten als Niststätte. Andere wiederum bauen ihre Nester in morschen Baumstrünken, in Insektenfraßgängen, in abgestorbenen Ästen oder unter der abstehenden Rinde an Kiefernstämmen. Aus dieser Insektengruppe wurden im Sulzeiche-Gebiet 30 seltene bis gefährdete Arten nachgewiesen. 14 von ihnen konnten sich im Raum Tübingen/Reutlingen nur an diesem einzigen Standort behaupten. Außerdem lebt hier eine Grabwespenart, von der man in ganz Baden-Württemberg nur noch einen weiteren Standort neben dem Sulzeiche-Areal kennt.

Schutzzweck ist die Erhaltung eines typischen, im weiten Umkreis einzigartigen Waldsaumbiotops mit seinen offenen Bodenflächen, Magerrasen und einer angepassten einzigartigen Insektenfauna.

Hinweise für Besucher: Das kleinflächige Naturschutzgebiet mit seiner Streuobstwiese und dem angrenzenden Waldrandbereich kann von einem Radwanderweg, der das Gebiet südlich begrenzt, sehr gut eingesehen werden. Landschaftsbildprägend ist die als Naturdenkmal ausgewiesene, überaus mächtige, ca. 400 Jahre alte Eiche.

33 TAUBENÄCKER

Landkreis Reutlingen: Stadt Reutlingen,
Gemarkung Gönningen
Naturraum: Mittlere Kuppenalb
Geschützt seit 1987
Fläche: 10 Hektar
Top. Karte 7520 und 7521

Das neun Hektar große Schutzgebiet »Taubenäcker« liegt unmittelbar östlich von Gönningen im Tal der Wiesaz unterhalb des Albtraufs.

An diesem naturnahen bis natürlichen Fließgewässer zieht sich ein ökologisch hochwertiger Auewald hin, der sich aus Weiden (Silber-, Sal- und Korbweiden), Erlen und Eschen zusammensetzt. Die zum Teil steilen Ufer werden gesäumt von einer Feuchtigkeit und Nässe liebenden Flora. Im Bereich der Taubenäcker wurde früher Tuffstein abgebaut. In den ehemaligen Schlammabsatzbecken des ausgedienten Steinbruchs ist dank der natürlichen Wiederbewaldung mittlerweile ein dichter und floristisch wie ornithologisch hochwertiger Weidenauewald entstanden.

Nach Nordosten hin schließt sich eine artenreiche Ruderalfläche an, in der zahlreiche selten gewordene Pflanzenarten wie etwa der Kleinblütige Hohlzahn oder der Bunte Hohlzahn ein Refugium gefunden haben. Dieser Bereich geht über in einen Quelltopf, der aufgrund seines sauberen Wassers und seiner ungestörten Lage regelmäßig von Graureihern und Eisvögeln aufgesucht wird.

Im Westen und zum Waldrand hin breiten sich am Hang alte Streuobstwiesen aus, die vereinzelt mit Quellhorizonten durchsetzt sind, auf denen einige Schachtelhalm-Arten in seltener Vergesellschaftung vorkommen. Aufgrund des dichten Beieinanders verschiedener Lebensräume weist das relativ kleine Schutzgebiet eine unge-

Naturnah fließt die Wiesaz durch das NSG »Taubenäcker«.
BNL-ARCHIV

Am Albtrauf bei Gönningen liegen die von Wald umfas-
sten Wiesen des NSG »Unter Lauhern« und die angrenzenden unter Landschaftsschutz stehenden Streuobstbestände. M. GROHE

wöhnlich große Artenvielfalt auf: Hier gedeihen
immerhin 161 Pflanzenarten, darunter acht Orchideen. Auch in der Vogelwelt der Taubenäcker
kann man einige Raritäten entdecken.

Schutzzweck ist die Erhaltung einer zwar
kleinflächigen, aber artenreichen Auenlandschaft
mit Quelltopf, Feuchtbiotopen, Nasswiesen und
Streuobstwiesen.

Hinweise für Besucher: Am südlichen
Ortsrand von Gönningen liegt ein Wanderparkplatz am Albtrauf. Von hier aus sind die Naturschutzgebiete »Taubenäcker« und »Unter Lauhern« erreichbar.

34 UNTER LAUHERN

Landkreis Reutlingen: Stadt Reutlingen,
Gemarkung Gönningen
Naturraum: Mittlere Kuppenalb
Geschützt seit 1992
Fläche: 6 Hektar, dienendes Landschaftsschutz-
gebiet: 41 Hektar
Top. Karte 7520

Südwestlich von Gönningen wurde 1992 unterhalb des Albtraufs – am Fuße von Roßberg und
Schönberg – das Naturschutzgebiet »Unter Lauhern« ausgewiesen. Dabei handelt es sich um eine
etwa sechs Hektar große Wiesenfläche, die im Süden und Westen auf einer Höhe von 625 m NN
von ausgedehnten Hangwäldern begrenzt wird, in
denen vorwiegend Kiefern und Lärchen wachsen.
Da das eigentliche Naturschutzareal recht klein
ist, hat man es mit einem 41 Hektar großen Landschaftsschutzgebiet umgeben. Diese Pufferzone
setzt sich im Wesentlichen aus Streuobstwiesen
zusammen, die für den Erhalt des Artenreichtums
im Naturschutzgebiet unerlässlich sind.

Aufgrund der topographischen Verhältnisse konnte sich die Pflanzenwelt hier sehr vielgestaltig entwickeln. An trockenen Hängen findet man Magerrasen mit verschiedenen Enzianarten, Silberdisteln und zahlreichen Orchideen. Eingestreut liegen feuchtere Bereiche, die von so genannten Wechselfeuchtezeigern bewachsen werden. Zum Waldrand hin wachsen artenreiche Saumgesellschaften. Im Zentrum des Gebietes stößt man auf einen Tümpel, der von Quellhorizonten weiter oben am Hang gespeist wird. Hangaufwärts und im Feuchtgebiet innerhalb des Waldes breitet sich eine Mädesüßgesellschaft mit Mädesüß, Blutweiderich und Sumpfdotterblume aus. Am Waldrand und auch auf den Wiesen wachsen zahlreiche Gebüsche mit Berberitze, Wolligem Schneeball oder Hundsrose. Insgesamt hat man auf dieser kleinen Fläche bereits 262 Pflanzenarten nachgewiesen, darunter elf verschiedene Orchideenarten.

Dank der reichen Flora konnte sich in dem Schutzareal auch eine ungewöhnliche Fülle von Tierarten halten. Bislang hat man hier immerhin 66 Vogelarten (Brutvögel, Durchzügler und Nahrungsgäste) entdeckt, darunter so stark gefährdete Arten wie Neuntöter, Braunkehlchen und Hohltaube. Ähnlich vielseitig hat sich auch die Schmetterlingsfauna entwickelt. 15 der insgesamt 54 Tagfalterarten, die in diesem Gelände leben, stehen auf der Roten Liste der in Deutschland bedrohten Tierarten. Im Bereich des Tümpels sind Fadenmolch, Wasserfrosch, Teichfrosch, Feuersalamander und Gelbbauchunke anzutreffen. Auch unter den Reptilien findet man mit der Blindschleiche und der Ringelnatter Arten der Roten Liste. Daneben tragen 58 verschiedene Laufkäferarten und sieben verschiedene Libellenarten zum außergewöhnlichen Artenreichtum des Gebietes bei.

Schutzzweck des Naturschutzgebietes mit seinem umgebenden Landschaftsschutzgebiet ist die Erhaltung des reizvollen Mosaiks aus Halbtrockenrasen, Obstbaumwiesen, Hecken, Waldrand, Nasswiesen und Tümpel.

Hinweise für Besucher: Am südlichen Ortsrand von Gönningen liegt ein Wanderparkplatz am Albtrauf. Hier kann eine Wanderung auf gekennzeichneten Wegen durch das Gebiet beginnen. Nicht weit entfernt, allerdings auf der Albhochfläche, liegt das Naturschutzgebiet »Einwinkel«.

35 UPFINGER RIED

Landkreis Reutlingen: Gemeinde St. Johann, Gemarkung Upfingen

Naturraum: Mittlere Kuppenalb

Geschützt seit 1995

Fläche: 5,8 Hektar

Top. Karte 7522

Etwa 1 km südöstlich der Ortschaft Upfingen liegt das ca. 5,8 Hektar große Naturschutzgebiet »Upfinger Ried« etwa 700 m NN hoch in einer weiten lehmerfüllten Senke, umgeben von landwirtschaftlich genutzten Wiesen und Äckern. Die geschützte Fläche unterscheidet sich durch die erheblichen Wasservorkommen von seiner wasserarmen, verkarsteten Umgebung. Ganz entgegen der wasserdurchlässigen Karstlandschaft der Schwäbischen Alb basiert das Upfinger Ried auf einer wasserstauenden Schicht eines Vulkanschlotes (Basalttuff) aus dem Uracher-Kirchheimer Vulkangebiet. Man bezeichnet den Basalttuff auch als Wasserstein und die darauf entstandenen Böden als Wasserböden. Da es sich bei den einzelnen Schloten nicht um selbstständige Vulkane, sondern um einen vielfach verzweigten Vulkan handelt, wurde der Ausdruck »Schwäbischer Vulkan« eingeführt. Dieser hat einen Durchmesser von ca. 40 km und sein Zentrum befindet sich in der Nähe von Bad Urach. Die wasserstauende Wirkung der Schlotfüllungen führte dazu, dass Menschen dort bevorzugten siedelten, weil man das Wasser sammeln konnte. In der Münsinger Umgebung sind zahlreiche Dörfer auf Vulkanschloten angesiedelt, dazu gehört auch Upfingen. Angesammeltes Wasser, das den Schlotbereich verlässt, versickert schon nach wenigen Metern im verkarsteten Untergrund des Weißen Jura. Feuchtgebiete wie das Upfinger Ried sind auf der

Im NSG »Upfinger Ried«
ist das Seggenried eng
verzahnt mit den Kohl-
distelwiesen.
E.-M. GERHARD

weitgehend verkarsteten Schwäbischen Alb eine
Seltenheit. Diese Riedfläche ist eine der wenigen,
die von Meliorationsmaßnahmen zur Nutzbarmachung verschont blieben und sich auch dadurch deutlich von seiner Umgebung abhebt.

Der Großteil der Flächen im Naturschutzgebiet liegt seit langer Zeit brach, die Randbereiche
werden seit 1995 sporadisch gemäht. Im äußeren
Randbereich werden Grünlandflächen relativ extensiv genutzt. Sie stellen eine wichtige Pufferzone dar. Es handelt sich um Glatthafer- bis
Nasswiesen, darunter Kohldistelwiesen mit Wiesen-Knöterich, Bachkratzdistel und Seggen, die
deutlich auf ihre Zugehörigkeit zur eigentlichen
Riedfläche hinweisen. Selbst die feuchtesten Bereiche des Rieds wurden angeblich bis nach dem
Zweiten Weltkrieg landwirtschaftlich genutzt.
Danach richtete sich die Bewirtschaftung nach
dem Wetter und die Flächen wurden nur noch in
trockenen Sommern gemäht. Um die Flächen
trocken legen und besser nutzen zu können,
wurden Entwässerungsgräben angelegt, die sich
schwerpunktmäßig im südlichen Bereich des
Gebietes befinden, aber heute weitgehend verlandet sind. Ein Acker tangiert den westlichen
Randbereich. Die Brachflächen sind gekennzeichnet durch Mädesüß-Hochstaudenfluren,
Braunseggensumpf und Rispenseggenried. Die
Rispenseggenbulte sind beim Riedbrunnen
besonders ausgeprägt.

Nach bisherigen Untersuchungen wurden
30 verschiedene Vogelarten erfasst. Davon stehen
14 Arten in der Roten Liste Baden-Württembergs,
darunter drei Brutvogelarten. Die landesweit
stark gefährdete Wachtel findet trotz des rauen
Albklimas hier offensichtlich gute Lebensbedingungen vor. Das stark gefährdete Braunkelchen
konnte ebenfalls nachgewiesen werden. Es hat
eine Vorliebe für offenes, extensiv bewirtschaftetes Wiesengelände, wobei feuchte Standorte bevorzugt werden. Zahlreiche Feldlerchenpaare
brüten im Ried. Im Frühjahr kommt dem Gebiet
eine herausgehobene Bedeutung als Rast- und
Nahrungsbiotop für Durchzügler zu, z.B. für die
vom Aussterben bedrohten Arten Bekassine und
Steinschmätzer.

Über 20 verschiedene Tagfalterarten kann
man an sonnigen Tagen über dem Ried beobachten. Darunter ist auch der stark gefährdete Randring-Perlmutterfalter. Seine Raupe ist auf den
Wiesenknöterich spezialisiert – die einzige Nahrungspflanze, die sie in ihrer Entwicklung zum
Schmetterling frisst. Diese Futterpflanze wächst
im »Upfinger Ried« reichlich und so ist es nicht
verwunderlich, dass der Randring-Perlmuttger-
falter hier im Sommer in hoher Zahl fliegt.

Schutzzweck des auf der Schwäbischen Alb
seltenen Riedwiesenkomplexes ist die Erhaltung
dieses Lebensraums für eine artenreiche, spezialisierte Tier- und Pflanzenwelt insbesondere als

Brut-, Nahrungs- und Rastbiotop sowie der als Grünland genutzten Randflächen als Pufferzone.

Hinweise für Besucher: Fährt man auf der Verbindungsstrasse von Gächingen nach Sirchingen, sieht man das »Upfinger Ried« keine 200 m östlich der Straße liegen. Südlich des Naturschutzgebietes liegt nicht weit entfernt der Skilift »Beiwald« mit seinem Parkplatz.

36 URSULAHOCHBERG

Landkreis Reutlingen: Stadt und Gemarkung Pfullingen

Naturraum: Mittlere Kuppenalb

Geschützt seit 1941

Fläche: 9 Hektar

Karte 7521

Das Schutzgebiet »Ursulahochberg« liegt südöstlich von Pfullingen auf der Hochfläche der Schwäbischen Alb. Dabei handelt es sich um eine knapp neun Hektar große Magerwiese, die rundum von Nadelwäldern umgeben ist. Sie gehört zu jenen früher weit verbreiteten Wiesen auf der Alb, die praktisch nie gedüngt wurden – vor allem deswegen, weil für die Bauern der Transport von Stallmist oder Jauche zu den abgelegenen Grundstücken zu aufwändig war. Also wurde die Wiese in der Vergangenheit überwiegend ohne Düngung nur einmal im Jahr gemäht. Heute findet man nur noch wenige Standorte auf der Schwäbischen Alb, an denen eine solche extensive Nutzung betrieben wird.

Die Bedeutung der bis zu 788 m NN hoch gelegenen Magerwiese am Ursulahochberg als Lebensraum zahlreicher, zum Teil gefährdeter Pflanzenarten, die an solche nährstoffarmen Verhältnisse angepasst sind, wurde sehr frühzeitig erkannt. Bereits im Jahr 1933 hat man das Gelände mit einem Vertrag zwischen dem Landesdenkmalamt und dem Bund für Vogelschutz zu einem Pflanzenschutzgebiet erklärt. So ist es gelungen, diese blumenreiche Magerwiese, auf der Frühlings-Enzian, Karthäuser-Nelke, Kleine Traubenhyazinthe und Orchideen wie das Brandoder das kleine Knabenkraut blühen, bis heute zu erhalten. Aber nicht nur für die Pflanzen ist die magere Hochwiese ein kleines Refugium. Viele Schmetterlingsarten, darunter mehrere besondere Bläulings-Arten schätzen den Blütenreichtum. Das laute Zirpen der Heuschrecken im Sommer verrät, dass auch seltene Heuschrecken wie der Warzenbeißer mit der extensiven Bewirtschaftung gut zurecht kommen.

Schutzzweck ist die Erhaltung der früher auf der Schwäbischen Alb weit verbreiteten Magerwiese als Lebensraum für eine artenreiche Pflanzen- und Tierwelt, die auf solche extensive Nutzungen angewiesen ist.

Vollkommen von Wald umgeben sind die Wiesen am Ursulahochberg. Die so genannten Einmähder werden nur einmal im Jahr gemäht.
M. GROHE

In den Wiesen des NSG »Ursulahochberg« leuchten die Blüten der Karthäuser-Nelke (*Dianthus carthusianorum*). BNL-ARCHIV

Hinweise für Besucher: Vor allem im Frühsommer und Sommer kann der Wanderer hier gut sehen, wie blumenreich früher die meisten Wiesen auf der Schwäbischen Alb waren. Rund um den »Ursulahochberg« gibt es gekennzeichnete Wanderwege.

37 WAGENHALS

Landkreis Reutlingen: Stadt und Gemarkung Eningen unter Achalm

Naturraum: Mittlere Kuppenalb

Geschützt seit 1991

Fläche: 6 Hektar

Top. Karte 7521

Das Schutzgebiet »Wagenhals« zieht sich am westlichen Stadtrand von Eningen am Hang der Achalm hin. Bei dieser kegelförmigen, bis auf 707 m NN ansteigenden Erhebung handelt es sich um einen Zeugenberg, der bei der rückschreitenden Erosion des Albtraufs erhalten blieb. Die Bergkuppe besteht aus Weißjura alpha und beta, die Hänge werden von oberen Braun-

jura-Gesteinsschichten gebildet und sind von entsprechenden Verwitterungstonen und Weißjura-Schottern überlagert.

Am 17. Juni 1965 ereignete sich an der Ostseite der Achalm ein gewaltiger Bergrutsch. Er wurde vermutlich durch heftige Regenfälle ausgelöst, die zu einer starken Quellung der obersten Braunjuraschicht führten. Das statische Gleichgewicht der aufliegenden Erd- und Schuttmassen wurde dadurch empfindlich gestört, sodass sich auf einer Fläche von 700 Metern Länge und 350 Metern Breite rund 1,3 Millionen Kubikmeter Erde lösten und bis 30 Meter talabwärts glitten. So entstand eine über sieben Hektar große Rutschfläche, die ursprünglich überwiegend als Streuobstwiese genutzt worden war.

Die Kernzone dieses Rutschbereichs wurde 1991 unter Schutz gestellt. Das heutige Naturschutzgebiet ist nach wie vor von starken Bodenverwerfungen geprägt. Für die Ausweisung waren nicht nur Aspekte der Botanik und Zoologie, sondern auch geologische und geomorphologische Gesichtspunkte entscheidend. Die Besonderheit des Gebietes liegt in der engmaschigen Verzahnung unterschiedlicher Biotoptypen. Gerade dieses naturnahe, vielfältige Biotopmosaik bedingt den außerordentlichen Wert des Naturschutzgebietes. Das Mosaik setzt sich zusammen aus bewirtschafteten und aufgelassenen Streuobstwiesen, Glatthaferwiesen, Halbtrockenrasen, Rohbodengesellschaften, Staudenfluren, Quellen, Tümpeln sowie aus Gehölzbeständen in mannigfaltiger Ausprägung wie Mischwälder, Feldhecken und Weidengesellschaften. Landschaftsbildprägend innerhalb der Halbtrockenrasen und Glatthaferwiesen sind außerdem Altholzbestände, Einzelbäume und Einzelsträucher von besonderer Schönheit.

Bisher wurden über 130 verschiedene Pflanzenarten, darunter auch einige geschützte, im Wagenhals-Gebiet gezählt. Der Halbtrockenrasen an dem sonnigen Hang bietet Wärme liebenden Insekten und Reptilien besonders günstigen Lebensraum.

Im mittleren Bereich der Rutschung und am Hangfuß stößt man auf zahlreiche Schuttquellen, in deren Umgebung sich Feuchtgebiete entwi-

ckeln konnten. Dort entstanden kleinere Wasserflächen mit Weidenbruch- und Verlandungsgesellschaften sowie kleine Quellmoore. In diesen
Feuchtbiotopen haben viele Insekten, Vögel und
Amphibien geeignete Refugien gefunden. Umgeben wird das Schutzareal von Streuobstwiesen,
die aufgrund ihrer Bedeutung für Flora und Fauna
eine ideale Ergänzung und Pufferzone für den
zentralen Bereich des »Wagenhals« darstellen.
Eine weitere Bereicherung erfährt das Naturschutzgebiet durch die Biotopvernetzung mit
dem direkt angrenzenden, 66 Hektar großen
Landschaftsschutzgebiet »Achalm«.

Starke Rutschungen veränderten am 17.6.1965 die ge-
ordnete Streuobstwiesenlandschaft an der Achalm.
Das Foto wurde ca. 30 Jahre später aufgenommen.
M. GROHE

Schutzzweck ist die Erhaltung und ungestörte
Weiterentwicklung eines durch einen Erdrutsch
entstandenen, vielgestaltigen Biotopmosaiks,
bestehend aus Berg-, und Halbtrockenrasen, Sukzessionsflächen, Feuchtgebieten sowie ehemaligen Streuobstwiesen als Lebensraum zahlreicher
vom Aussterben bedrohter Tier- und Pflanzenarten.

Hinweise für Besucher: Das NSG »Wagenhals« ist aufgrund seiner starken Bodenverwerfungen und seiner dichten Gebüschgruppen für
Besucher nahezu unzugänglich. Es führt kein offi-
zieller Weg durch das Gebiet, zumal stärkerer Besucherverkehr eine empfindliche Störung innerhalb dieses Gefüges unterschiedlicher,
schützenswerter Lebensräume verursachen
würde.

Der Warmberg ist eine markante Bergkuppe. Bis in die
1950er-Jahre wurde im Gebiet Dolomit-Sand abgegraben. M. GROHE

38 WARMBERG

Landkreis Reutlingen: Gemeinde Hohenstein,
Gemarkung Oberstetten

Naturraum: Mittlere Kuppenalb

Geschützt seit 1994

Fläche: 28,7 Hektar

Top. Karte 7621

Das Schutzgebiet »Warmberg« zieht sich
knapp zwei Kilometer südlich der Hohensteiner
Ortschaft Oberstetten über eine 790 m NN hohe
Kuppe hin, die sich unmittelbar östlich der B 312
von Riedlingen nach Reutlingen erhebt. Inmitten
von intensiv bewirtschafteten Feldern und großen
Wäldern findet man hier eine für die Kuppenalb
typische Wacholderheide, in der die natürliche
Sukzession noch nicht weit fortgeschritten ist.

Diese bis heute mit Schafen beweideten Heideflächen befinden sich vor allem an den westlichen und südlichen Abhängen des Warmbergs.
Im östlichen Bereich breitet sich eine abwechslungsreiche Hecken- und Wiesenlandschaft aus.
Ein Gutteil des knapp 29 Hektar großen Gebiets
wird noch immer als Grünland, einige wenige
Parzellen als Ackerland genutzt. Außerdem findet
man auch kleinere Waldstücke am Warmberg.
Ein Enzian-Zwenkenrasen nimmt die größten
Flächen der an Arten und Kleinstrukturen reichen, flachgründigen Heide ein. Der charakteristische Wacholder wächst in unterschiedlich dichten Beständen. Vor allem auf der Kuppe kommen
viele junge Kiefern- und Fichtenpflänzchen auf.
Das für offene Standorte typische Artenspektrum
mit der Gewöhnlichen Küchenschelle, dem Gewöhnlichen Katzenpfötchen, der Aufrechten
Trespe und der Silber-Distel sorgt hier für einen
blumenbunten Aspekt. In den Hecken und Gebüschen konnten sich die gefährdeten Arten Kleinblütige Rose und Leder-Rose behaupten. Außerdem wächst hier vereinzelt auch noch die
Berberitze, die in der Vergangenheit fast überall
ausgerottet wurde.

An manchen Stellen steht am Warmberg Dolomit an, der in eine graue, sandige Masse zerfällt.
Er wurde bis in die 1950er-Jahre abgegraben und
als Bausand verwendet, weil dafür in der näheren

Umgebung kein Quarzsand zur Verfügung stand.
Auf diesen flachgründigen Dolomit-Standorten
haben sich Trockenheit liebende Pflanzengesellschaften ausgebildet. In einigen der bis zu zwei
Meter tiefen und schattigen Sandlöcher stößt man
auch auf Fragmente schwach feuchtigkeitsliebender Felsgesellschaften mit der Mauerraute, dem
Grünen Streifenfarn und dem Lanzen-Schildfarn.
Daneben breiten sich am Warmberg auch früh-
lingsenzianreiche Halbtrockenwiesen aus. Insgesamt findet sich im NSG »Warmberg« also ein
vielfältiges Biotopmosaik, das vorwiegend durch
extensive Nutzungsformen geprägt wird.

Alles in allem ließen sich in dem Schutzgebiet
bislang etwa 300 Pflanzenarten nachweisen,
darunter 41 Arten der Roten Liste Baden-Württembergs und 19 Arten, die nach der Bundesartenschutzverordnung geschützt sind. Auch die
Tierwelt hat sich am Warmberg, der einen wichtigen Beitrag zu einem Verbund ähnlicher Biotope
auf dem Gebiet der Gemeinde Hohenstein leistet,
artenreich entwickelt. Bei einer Bestandsaufnahme im Jahr 1993 hat man 46 verschiedene Vögel registriert, von denen 28 Arten hier brüten.
Von denen wiederum sind immerhin sieben auf
der Roten Liste von Baden-Württemberg vermerkt: Baumpieper, Neuntöter, Dorngrasmücke,
Klappergrasmücke, Fitis, Grauschnäpper und
Hänfling. 18 Arten tauchen als Nahrungsgäste
oder als Durchzügler regelmäßig im Schutzgebiet
auf. Außerdem stieß man bei der Untersuchung
auf 59 gefährdete und geschützte Tagfalterarten.

Schutzzweck ist die Erhaltung eines für die
Mittlere Kuppenalb charakteristischen, reich
strukturierten Landschaftsteils aus Wacholderheide, Acker- und Wiesenflächen, Hecken, Feldgehölzen und Waldanteilen als Lebensraum einer
charakteristischen Pflanzen- und Tierwelt. Die
Erhaltung der im Gebiet vorhandenen Sandgruben als kulturhistorisches Zeugnis gehört ebenfalls dazu.

Hinweise für Besucher: Fährt man auf der
B 312 von Oberstetten nach Pfronstetten, so sieht
man linker Hand die Wacholderheiden-Kuppe
des NSG »Warmberg« vor sich liegen. In der unmittelbaren Nachbarschaft liegt das NSG »Stein-

berg-Dürrenfeld«. Wanderwege führen zum Burgruine Hohenstein und an weiteren Burgresten
vorbei. Die empfohlenen Routen kann man der
1999 von der Bezirksstelle für Naturschutz und
Landschaftspflege (heute Regierungspräsidium
Tübingen) herausgegebenen Erlebniswanderkarte »Rund um die Naturschutzgebiete und die
Ruine Hohenstein« entnehmen.

39 WENDELSTEIN

Landkreis Reutlingen: Stadt und Gemarkung
Eningen
Naturraum: Mittlere Kuppenalb
Geschützt seit 1983
Fläche: 9,7 Hektar
Top. Karte 7521

Unmittelbar im Nordosten von Eningen wurde
1983 auf durchweg städtischem Gelände das
Naturschutzgebiet »Wendelstein« ausgewiesen.
Die schmale Wiesen- und Gebüschfläche ist
größtenteils nach Süden ausgerichtet und zieht
sich am südlichen Hangfuß des 702 m NN hohen
Gutenbergs hin – einem Ausläufer der Schwäbischen Alb. Der alte Eninger Albaufstieg, die »Alte
Steige«, durchschneidet das Gebiet von Osten
nach Westen. Ein großer Teil dieses Areals wird
nicht mehr bewirtschaftet und ist von einer Halbtrockenrasenflora besiedelt, die von Gehölzgruppen und Steppenheidegebüschen aufgelockert
wird.

Die Flächen südlich der Alten Steige wurden
bis 1993 als Rinderweide genutzt. Vor allem im
unteren Bereich dieser Weide sorgte die intensive
Düngung durch die Rinder dafür, dass die ursprüngliche Halbtrockenrasenflora einer Nährstoff liebenden Vegetation mit Brennnessel und
anderen Stickstoffzeigern weichen musste. Nachdem die Viehweide im Winter 1993/94 aufgegeben wurde, hat der Pflegetrupp der Naturschutzverwaltung das Gebiet entbuscht und gemäht.
Solche pflegerischen Eingriffe werden regelmäßig wiederholt, um hier langfristig die ursprüngliche Vegetation wiederherzustellen.

Der Wendehals (*Jynx torquilla*) brütet in Nisthöhlen alter Bäume der Streuobstwiesen im NSG »Wendelstein«. Sein Ruf ist im Frühling weithin hörbar. D. Nill/ Linnea Images

Insgesamt wurden im Wendelstein-Gebiet bisher 184 verschiedene Pflanzenarten registriert. Darunter sind mehrere Orchideenarten wie z. B. das Helm-Knabenkraut, das Stattliche Knabenkraut, vier verschiedene Ragwurzarten und mehrere Enzianarten wie Frühlings-Enzian, Gefranster Enzian und Deutscher Enzian. Bemerkenswert ist auch ein ungewöhnlich großer Bestand an Küchenschellen, der im Frühjahr große Teile des Gebietes blau färbt. Am südwestlichen Rand des Schutzareals wird ein kleiner Bereich als Obstbaumwiese genutzt und regelmäßig gemäht.

In der Tierwelt des Gebietes verdienen vor allem einige gefährdete, für Hecken- und Streuobstgebiete charakteristische Vogelarten wie Neuntöter und Wendehals besondere Beachtung. Im Sommer flattern zahlreiche Schmetterlingsarten über die Halbtrockenrasenflächen und das

Zirpen von zehn verschiedenen Heuschreckenarten zeigt an, dass diese Tiergruppe sonnenexponierte Hangflächen als Lebensraum bevorzugt.

Schutzzweck ist die Erhaltung wertvoller Halbtrockenrasen mit einer hohen Artenvielfalt an Orchideen und Enzianarten.

Hinweise für Besucher: Der Weg unterhalb des Naturschutzgebietes – gleichzeitig Zufahrt zum östlich vom Schutzgebiet gelegenen Schützenhaus – ermöglicht beste Einblicke in das geschützte Areal.

40 WONHALDE-SPIELBERG

Landkreis Reutlingen: Gemeinde Lichtenstein, Gemarkung Unterhausen

Naturraum: Mittlere Kuppenalb

Geschützt seit 1993

Fläche: 118,1 Hektar

Top. Karte 7521

Das rund 118 Hektar große Schutzgebiet »Wonhalde Spielberg« am westlichen Ortsrand von Unterhausen besteht aus drei Teilflächen: dem Won, einer wellig-kuppigen Hochebene zwischen 770 und 820 m NN, und den beiden nach Süden ausgerichteten Hängen der Wonhalde und des Spielberges. Beide Hänge sind mit einer Neigung von über 40 Prozent sehr steil, nur in den oberen östlichen Bereichen der Wonhalde und des Spielberges ist das Gelände sanfter geneigt. Die Freiflächen im Schutzgebiet wurden schon in der Vergangenheit beweidet. Um diese traditionelle Nutzung fortzuführen, hat die Naturschutzverwaltung mit einem Schäfer und der Gemeinde Lichtenstein einen Beweidungsplan aufgestellt. Zusätzlich weiden auf relativ verbuschten Wacholderheiden Ziegen, da sie auch verholzte Pflanzbestandteile fressen, die die Schafe verschmähen.

Auf der Hochfläche des Won breitet sich eine weitläufige Berg-Goldhaferwiese aus, die ebenso wie die Steilhänge beweidet wird. Die Vegetation dieser Steilhänge gehört zu den Trespen-Halbtrockenrasen, in dem so charakteristische Arten wie

Der Spielberg reicht bis an den Ortsrand von Lichtenstein-Unterhausen. Im Hintergrund liegt die Hochfläche des Won.
M. GROHE

Silberdistel, Stengellose Kratzdistel, Küchenschelle, Deutscher Enzian, Gefranster Enzian und Kreuz-Enzian gedeihen. Im Schutz von Sträuchern behaupten sich viele für solche Standorte typische Orchideenarten, Ragwurze und Knabenkräuter. Zum Teil wachsen auf den Hangflächen auch Wälder, in denen durchweg die Buche dominiert.

Neben den floristischen Besonderheiten trifft man in dem Schutzgebiet auch eine ungewöhnlich artenreiche Tierwelt an. Hier brüten zum Beispiel 46 verschiedene Vögel, darunter auch so seltene wie der Neuntöter.

Noch bemerkenswerter sind die Insekten-Raritäten. An den offenen, und sonnenexponierten Steilhängen können sich viele Arten halten, die ihren Verbreitungsschwerpunkt im pontisch-mediterranen Bereich haben. So findet man hier beispielsweise die Wärme liebende Bergzikade, den Schmetterlingshaft oder auch die Rote Mordwanze, die eigentlich allesamt am Mittelmeer zuhause sind. Von den 24 verschiedenen Heuschrecken, die in dem Schutzareal entdeckt wurden, gelten mindestens 16 Arten als Bewohner ausgesprochen warmer Habitate.

An der Wonhalde findet der Kreuzenzian-Ameisen-Bläuling (*Maculinea rebeli*) das für ihn geeignete Habitat. Er ist auf den Kreuz-Enzian (*Gentiana cruciata*) spezialisiert. U. BENSE

Schutzzweck ist die Erhaltung, Pflege und Verbesserung eines Biotopmosaiks aus Wacholderheide, Halbtrockenrasen, Wiesen, Saumgesellschaften, Hecken und Waldpartien als Lebensraum zahlreicher seltener und gefährdeter Pflanzen- und Tierarten.

Hinweise für Besucher: Am besten erschließt sich einem das Naturschutzgebiet, indem man dem im Südwesten von Unterhausen gelegenen Reißenbach folgt und von dort aus über Albvereins- und andere befestigte Wege das Naturschutzgebiet erkundet.

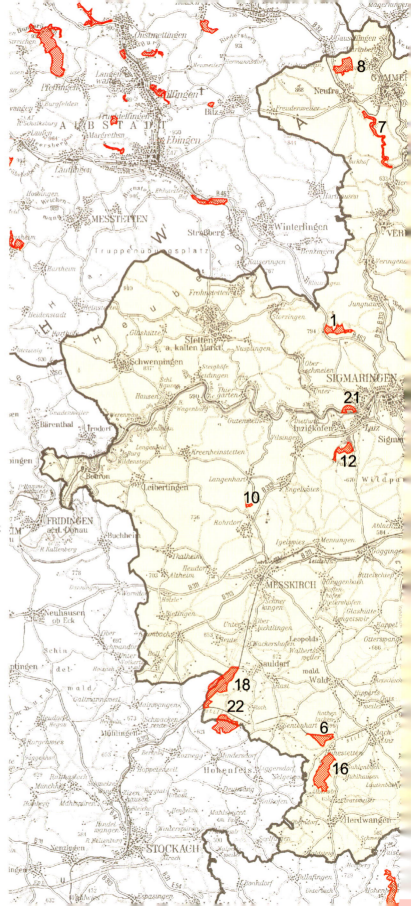

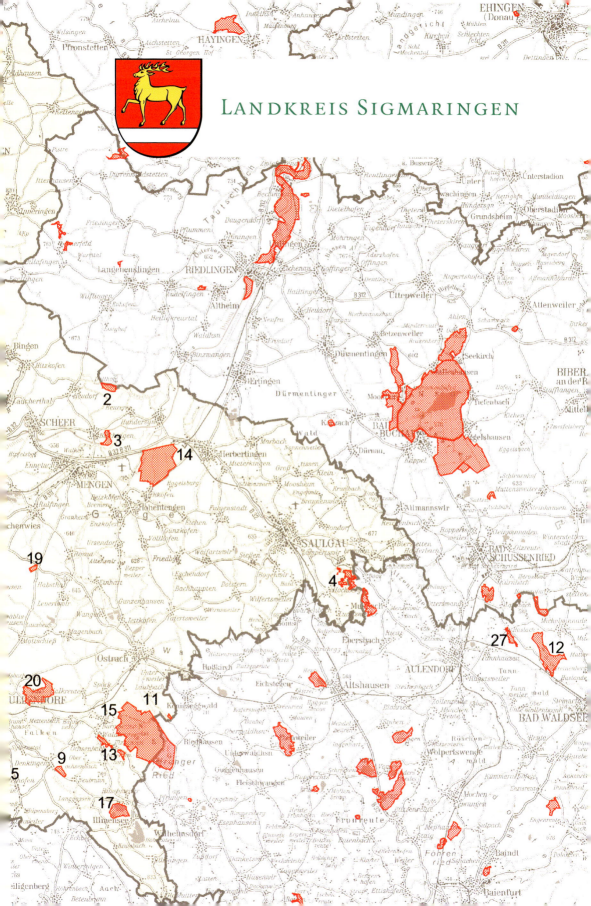

LANDKREIS SIGMARINGEN

1 BLAUEN

Landkreis Sigmaringen: Stadt Sigmaringen

Naturraum: Mittlere Flächenalb

Geschützt seit 1970

Fläche: 46,8 Hektar

Top. Karte 7820 und 7821

Fünf Kilometer im Nordwesten von Sigmaringen wurde 1970 an der südlichen Abdachung der Schwäbischen Alb das Schutzgebiet »Blauen« ausgewiesen. Das Gebiet liegt zwischen 640 und 790 m NN hoch an der nach Süden ausgerichteten Flanke eines Trockentals, das sich von der Fürstenhöhe nach Osten zum Laucherttal hinzieht. Im Westen wird es von der B 463 begrenzt.

In dem reich strukturierten Gelände des NSG »Blauen« mit seinen Kuppen, Mulden und Steilhängen wächst heute ein kontinental-montaner Buchenwald. Je nach Bodenart und Kleinklima gliedert er sich in verschiedene Standortgesellschaften. P. BERNERT

Das 1984 auf fast 47 Hektar erweiterte Schutzareal diente früher als Schafweide und wies den Charakter einer Wacholderheide auf. Nach Aufgabe der Wanderschäferei entwickelte sich auf dem Gelände jedoch ein von Wacholdern durchsetzter Wald. Diese natürliche Sukzession fand vor allem im westlichen Bereich des Schutzgebietes statt, während im Osten die ehemaligen Weideflächen teilweise aufgeforstet wurden. Dort stehen heute noch häufig gleichförmige Fichten- und Kiefernwälder. Trotzdem blieb das Blauen-Gebiet mit seinem Wechsel von trockenen und staunassen Rohböden ein wichtiger Lebensraum für zum Teil hochspezialisierte Pflanzenarten, beispielsweise für eine Vielzahl von Orchideen.

Ansonsten wächst hier Buchenwald mit verschiedenen Standortgesellschaften. Auf den Mergelhängen werden die Bäume der Buchen-Eichenwälder kaum höher als Sträucher. Dort konnte sich eine reiche Bodenvegetation mit vielen geschützten Wald-Orchideen entfalten. An Steil- und Flachhängen breiten sich Weißjura-Hangbuchen-Wälder aus. Auf trockenen Standorten nehmen Traubeneiche, Sommerlinde oder Spitzahorn ihren Platz ein. In diesen Wäldern behauptet sich eine artenreiche Krautschicht mit Waldmeister, Waldveilchen und Sauerklee.

Außerdem trifft man im Schutzgebiet Bergwälder an, deren Charakter von Eichen, Ebereschen, Schwarzdornen oder Elsbeeren geprägt wird. In einzelnen Bereichen mit Steppenheidewäldern finden sich meist lichtere Baumformen von Traubeneichen, Forchen, Wacholdern oder Mehlbeeren. Auf Kalkmergel-Verwitterungsböden wachsen Buchen-Eichenwälder mit Walderdbeere, Wald-Habichtskraut und Korallenwurz in der Krautschicht. Auf Kalkverwitterungslehmen treten Haargersten-Buchenwälder auf, in denen zwischen den Buchen auch Eschen und Vogelkirschen wachsen und Heckenrosen, Mehl- und Vogelbeeren die Strauchschicht bilden. Am Boden gedeihen neben der charakteristischen Haargerste unter anderem auch Frühlings-Platterbse und Wald-Bingelkraut.

Die versumpfte Mulde des NSG »Blochinger Ried« besteht aus einem Vegetationsmosaik aus Nass- und Streuwiesen, Seggenriedern, verlandenden Torfstichen sowie Grauweidengebüschen.
P. BERNERT

Schutzzweck ist die Erhaltung der vielfältigen Lebensräume auf Zementmergeln, deren Spektrum von Rohbodenbereichen über ehemalige Schafweiden bis hin zum Wirtschaftswald reicht. Besonders schutzwürdig ist die Orchideenflora des Gebietes.

Hinweise für Besucher: Zwischen Sigmaringen und Winterlingen bestehen entlang der B 463 durchgängige Rad- und Wanderwege, die zum Naturschutzgebiet »Blauen« führen. In Sigmaringen sind der Wanderparkplatz am Ortsausgang westlich der B 32 und der öffentliche Parkplatz beim Nollhof günstig gelegene Ausgangspunkte für Wanderer und Radfahrer. Von dort kommt man zunächst durch den Sigmaringer Wald in Richtung Nordwesten, überquert die von der B 463 nach Laiz abgehende Straße und folgt der B 463 weiter nach Norden bis zum Wanderparkplatz Fürstenhöhe. Von dort aus gelangt man durch eine ca. 400 Meter weiter nördlich gelegene Unterführung auf die gegenüberliegende Straßenseite und in den daran angrenzenden Orchideenwald. Auch von Jungnau und Oberschmeien aus führen Wanderwege zum NSG »Blauen«. Besonders sehenswert ist das Gebiet während der Orchideenblüte im Mai und Juni, wobei aber das Verlassen der Wege verboten ist ebenso wie das Pflücken von Pflanzen. Hunde müssen zum Schutz des Wildes angeleint werden.

2 BLOCHINGER RIED

Landkreis Sigmaringen: Stadt Mengen, Gemarkung Blochingen
Naturraum: Donau-Ablach-Platten
Geschützt seit 1983
Fläche: 27,8 Hektar
Top. Karte 7922

Rund fünf Kilometer nördlich von Mengen breitet sich am südlichen Fuß der Schwäbischen Alb das Blochinger Ried aus. Dabei handelt es sich um eine weite Mulde, die auf großen Flächen versumpft ist. Im Kernbereich dieses Tals wurden 1983 etwa 28 Hektar Fläche unter Schutz gestellt, die nicht mehr wirtschaftlich genutzt werden. Eingerahmt wird das Schutzgebiet von Wald am Südrand und ansonsten von mehr oder weniger intensiv bewirtschafteten Äckern und Wiesen. Die Mulde entstand vermutlich vor knapp 200 000 Jahren während der Risskaltzeit, als sich hier vor einer Zunge des Rheinvorlandgletschers eine Umlaufrinne bildete. Nach dem Abschmelzen des Gletschers blieb in dem nur schlecht entwässerten Gebiet eine Feuchtfläche übrig, die nach und nach verlandete.

Heute verläuft im Blochinger Ried die vermoorte Wasserscheide zwischen dem Soppenbach, der das Gebiet nach Osten entwässert und dem nach Westen abfließenden Kalten Brunnen.

Im Süden tritt aus einem Molasse-Rücken reichlich Hangwasser aus, das – zusammen mit hohen Niederschlägen und Sickerwasser aus den landwirtschaftlichen Nutzflächen in der Umgebung – im Schutzgebiet immer noch für eine starke Durchnässung sorgt. Wie in den meisten anderen Mooren versuchten auch hier die Bewohner, dem Gelände durch Torfstechen oder Trockenlegung einen Nutzen abzugewinnen. Diese erfolglosen Bemühungen wurden zwar längst wieder aufgegeben, die ursprüngliche Pflanzendecke fiel ihnen aber weitgehend zum Opfer. Die entstandene sekundäre Vegetation ist von den menschlichen Eingriffen stark beeinflusst. Im Bereich der ehemaligen Torfstiche, der Bäche und der Entwässerungsgräben findet man eine vielfältige Feuchtgebiets-Flora, ansonsten handelt es sich im Wesentlichen um ein relativ artenarmes Kleinseggen-Ried.

Inmitten einer intensiv genutzten Kulturlandschaft ist das »Blochinger Ried« ein wichtiges Rückzugsgebiet für zahlreiche Tier- und Pflanzenarten, die im weiten Umfeld ansonsten keinen Lebensraum mehr finden. Außerdem dient dieses Refugium vielen Zugvögeln auf ihrem langen Weg zu den Winter- und Sommerquartieren als Rastplatz.

Botanisch besonders wertvoll sind die sich regenerierenden Torfstiche mit ihren Zwischenmoorschwingrasen. Gegenwärtig reicht jedoch der Wasserstand allein für eine ungestörte Entwicklung der Flächen hin zu einem waldfreien Hochmoor nicht aus, sodass in dem Zwischenmoor dichte Gehölzbestände aufkommen und ihm noch mehr Wasser entziehen. Daher müssen alle paar Jahre die Büsche und Bäume beseitigt werden. Die Anhebung des Grundwassers durch Verschluss der Entwässerungsgräben würde das Absterben der Gehölze bewirken und wäre eigentlich die effektivere Pflegemaßnahme. Dieses Vorhaben scheiterte jedoch seither am Widerstand einzelner Eigentümer, die auch einen Verkauf ihrer Grundstücke ablehnten.

Das »Blochinger Ried« gehört zum Flora-Fauna-Habitatgebiet »Donau zwischen Riedlingen und Sigmaringen«. Damit genießt es den Schutz des Natura 2000-Netzwerks der Europäischen Union.

Schutzzweck ist die Erhaltung des vielfältigen Feuchtbiotops in seiner Eigenschaft als wichtiges Element des Biotop-Verbundsystems.

Hinweise für Besucher: In der dortigen Raumschaft sind alle Dörfer und Städte durch ein lückenloses Radwegenetz miteinander verbunden. Einer dieser Radwege führt auf dem Dollhofer Weg am Naturschutzgebiet vorbei. Von diesem Weg aus ist das in der Mulde gelegene, malerisch anmutende Ried gut sichtbar. Die Schutzverordnung erlaubt das Betreten der unwegsamen Flächen nicht.

3 BLOCHINGER SANDWINKEL

Landkreis Sigmaringen: Gemeinde Mengen, Gemarkung Blochingen

Naturraum: Donau-Ablach-Platten

Geschützt seit 7. Oktober 1996

Fläche: ca. 22 Hektar

Top. Karte 7922

Das Naturschutzgebiet »Blochinger Sandwinkel«, ein Stück dynamische Flusslandschaft von großer Naturnähe, liegt südlich von Blochingen an der Donau in einer Höhe von 560 m NN. Hier hatte der Rheingletscher während der Risskaltzeit das ursprüngliche Donautal zu einem See aufgestaut. Nach Abschmelzen des Gletschers war das alte Bett der Donau mit Schottern und Moränenmaterial verfüllt, sodass der Fluss sich einen neuen Weg durch den Weißjura der Schwäbischen Alb suchen musste und das heutige Donautal bildete. Mit dem Abklingen der vorerst letzten, der Würm-Kaltzeit schließlich transportierte die Donau aus ihrem Einzugsbereich Gerölle in großem Umfang heran, mäandrierte in breiteren Talbereichen und lagerte dabei Sedimente ab. Mit Beginn des Ackerbaus wurde feineres Material vermehrt als Auelehm auf weitläufig überschwemmten Talauen abgelagert.

Das ehemalige Auengebiet, das 1820 noch von weiten Mäandern mit zahlreichen Altarmen ge-

Weidenaue an der Donau
mit Kiesbank im NSG
»Blochinger Sandwinkel«.
Wie lange diese Kies-
flächen Bestand haben
werden, hängt vom
Sukzessionsverlauf ab.
P. Bernert

kennzeichnet war und regelmäßig von Hochwässern überflutet wurde, verlor bis Mitte des
20. Jahrhunderts durch Flusskorrekturen sowie
Entwässerungs- und Ufersicherungsmaßnahmen
immer mehr den Charakter einer vom Wasser geprägten Landschaft. Heute ist die Hartholzaue
vollständig verschwunden, an ihre Stelle ist
Ackerland getreten. Die Weichholzaue ist nur
noch relikthaft im unmittelbaren Flussbereich
und an Altarmen ausgeprägt. Die periodisch

überflutete Weichholzaue wird vom Silberweiden-
Auwald und flächenhaften Röhrichtbeständen
gebildet.

Im Rahmen des Integrierten Donaupro-
gramms (IDP) wurden im Naturschutzgebiet
Anfang der 1990er-Jahre Umgestaltungen vorgenommen. Die Donau erhielt in Form einer
S-Kurve ein altes Bett wieder, das sie vor den Begradigungen gehabt hatte. Es hat nun eher den
Charakter eines Stillgewässers, wirkt aber bei

Hochwasser wie eine Flutmulde. Der seitherige, begradigte Donauverlauf ist beidseitig von Gehölzen gesäumt, während die früheren Wiesen und Äcker zwischen der neuen Donauschleife und dem ehemaligen Prallhang mit Weiden verbuschen. Die ganze renaturierte Auenlandschaft wird von Äckern und Grünland umschlossen.

Ziel der Renaturierungsmaßnahmen ist es, in diesem Flussabschnitt eine anthropogen weit gehend unbeeinflusste Aue entstehen zu lassen, wie sie im Donautal kaum noch vorhanden ist. Der neu geschaffene Abschnitt der Donau wurde ganz den gestaltenden Kräften des Wassers und der Pflanzenwelt überlassen und man hat auf technische Ufersicherungen verzichtet. Die von alter und neuer Donau eingeschlossenen Flächen haben Inselcharakter und dürfen nicht mehr betreten werden, um eine ungestörte Entwicklung von Flora und Fauna zu gewährleisten. Das Gebiet ist der natürlichen Sukzession überlassen. Die Zukunft wird zeigen, ob sich, durch häufige Überflutungen begünstigt, eine natürliche Flusslandschaft mit typischem Weichholz-Weiden-Auewald einstellen wird, und ob eine Regeneration der verloren gegangenen Auwaldgesellschaft in unserer heutigen Kulturlandschaft überhaupt möglich ist.

Auf den neugeschaffenen Flächen entstanden inzwischen neben den bisher vorhandenen Biotopen wie Pestwurzflur und Schilfbrachen, Feuchtwiesen mit dem gefährdeten Sumpf-Dreizack und verschiedene Sukzessionsstadien von Ackerbrachen mit Arten wie z. B. der gefährdeten Motten-Königskerze.

Schon in den 1990er-Jahren wurde das Gebiet von vielen Vogelarten als Brut-, Rast- und Nahrungsbiotop angenommen. Als regelmäßiger Gast hat sich mit dem Flussuferläufer sogar eine Art eingefunden, die nach der Roten Liste als vom Aussterben bedroht eingestuft ist. Weitere gefährdete Arten wie Eisvogel, Schafstelze, Rohrweihe, Gänsesäger und Kornweihe suchen das Gebiet regelmäßig auf. Die im »Blochinger Sandwinkel« angetroffenen Vogelarten gehören zu den Arten, die gegenüber störenden Einflüssen am empfindlichsten reagieren. Typisch für

offene, vegetationslose Kies-, Sand-, Schlickflächen und Uferabbrüche ist der gefährdete Flussregenpfeifer. Nach 1990 brütete er auf den damals neu geschaffenen, offenen Kiesflächen. Der natürliche Gewässerlauf und die angebundenen Altwasserarme bieten Fischen vielgestaltige Kleinlebensräume als Stand-, Zuflucht-, Laich- und Fressplätze. Auch der Biber hat sich im Gebiet angesiedelt.

Schutzzweck ist die Sicherung von Kiesrohboden- und Schotterflächen, Fließgewässerstrecken, Mulden mit Stillgewässern und linsenartigen Aufkiesungen, altem Donaubett mit Gehölzsaum und Hochstaudenfluren sowie ehemaligen Prallhang mit Auwaldrelikt als Rückzugsgebiete und Regenerationszellen für eine Vielzahl von Tier- und Pflanzenarten.

Hinweise für Besucher: Dieser Donauabschnitt ist bei Freizeitkanuten sehr beliebt. Im Schutzgebiet darf mit Ausnahme der Umsetzstelle an der oberen Sohlrampe nicht angelegt werden. Der südliche Donauarm darf nicht befahren werden. Kanuten sollten die Flussstrecke zügig durchfahren, um Störungen zu vermeiden.

4 BOOSER-MUSBACHER RIED

Landkreis Sigmaringen: Stadt Saulgau, Gemarkungen Hochberg und Lampertsweiler
Landkreis Ravensburg: Gemeinde Ebersbach-Musbach, Gemarkung Musbach
Naturraum: Oberschwäbisches Hügelland
Geschützt seit 1991
Fläche: 96,4 Hektar
Top. Karte 8023

Das »Booser-Musbacher Ried« zieht sich südöstlich von Saulgau an der Grenze zwischen den beiden Landkreisen Sigmaringen und Ravensburg hin und liegt in einer Höhe von rund 595 m NN. Hier wurde bereits 1940 eine Fläche von 343 Hektar als Landschaftsschutzgebiet ausgewiesen und innerhalb diesen weitläufigen Areals wurden 1991 sechs zum Teil kleinere Bereiche mit insgesamt rund 96 Hektar zum Naturschutz-

Das Toteisloch entstand, als der Gletscher der Würm-Kaltzeit abschmolz und ein von mitgeführtem Schottermaterial überdeckter Eisbrocken zurück blieb. Dieses Kaltzeitrelikt überdauerte viele Jahrhunderte im Boden, ehe es sich schließlich in Wasser auflöste und dabei eine tiefe Mulde zurückließ.
P. DECHERT

gebiet erklärt. Diesem Ried sind die Spuren des Rheinvorlandgletschers aus der Würm-Kaltzeit (vor 70 000 bis 115 000 Jahren) deutlich anzusehen: Vor dem Innenrand der äußeren Jung-Endmoräne liegt in einem ausgedehnten Zungenbecken des Gletschers ein Versumpfungsmoor. Es entstand aus mehreren abflusslosen Senken, die mit Seen gefüllt waren, nach und nach versumpften und zu einem größeren Moorgebiet zusammenwuchsen. Von einem dieser einstmals großen Seen ist noch ein kleiner Überrest vorhanden: der Musbacher See, der von den Einheimischen das »Booser Seele« genannt wird. Im Norden erhebt sich das »Härtle« aus dem Ried – ein Moränenwall, der heute als bewaldeter Hügel die Landschaft strukturiert.

Früher wurde in dem Gebiet Torf gestochen, den man nach dem Bau der Südbahn im Jahr 1857 vor allem als Brennstoff für die Dampflokomotiven einsetzte. Heute wird das um zwei künstliche Fischteiche angereicherte Riedgelände vorwiegend land- und forstwirtschaftlich genutzt. Aufgrund der unterschiedlichen Bewirtschaftung entwickelten sich verschiedene, oft miteinander verflochtene Vegetationseinheiten. Auf den abgetorften Flächen wachsen mittlerweile stufig aufgebaute Sukzessionswälder und Feuchtgebüsche mit Weiden, Erlen und Birken. Die ehemaligen Streuwiesen sind weitgehend verbuscht oder zu

Hochstaudenfluren herangewachsen. Röhrichte und Uferhochstaudengesellschaften säumen die freien Wasserflächen.

Aus Sicht des Naturschutzes sind die noch offenen Torfstiche und ihre Verlandungsbereiche als besonders wertvoll einzustufen, da gerade hier viele gefährdete Pflanzenarten ein Refugium gefunden haben. Aber auch auf den anderen Riedflächen konnte sich eine ungewöhnliche Fülle von Tier- und Pflanzenarten behaupten. Bislang wurden über 300 Arten von Gefäßpflanzen, 78 Vogelarten, 42 Tagfalter- und sechs Amphibienarten nachgewiesen.

Zudem handelt es sich bei dem Schutzgebiet um ein bedeutsames erdgeschichtliches Dokument: Mit der Analyse der im Moor konservierten Pollenkörner lässt sich die Vegetationsgeschichte dieser Gegend zumindest teilweise rekonstruieren. An mehreren Stellen im Ried hat man außerdem vorgeschichtliche Siedlungsspuren entdeckt.

Ungefähr 600 Meter westlich von Boos finden sich in den Wiesen elliptisch gestreckte Hügel – die so genannten »Kiesdrumlins«. Dabei handelt es sich um Kieslager, deren eigentliche Entstehungsursache noch umstritten ist. Einige Autoren halten sie für Aufschüttungs-, andere für Erosionsformen durch das bewegte Eis bzw. die Schmelzwässer. Direkt neben solchen »Kiesdrumlins« reicht das Moor oft bis zu acht Meter

Der Dunkle Wiesenkopf-Ameisen-Bläuling (*Maculinea nausithous*) ist beim Blütenbesuch, bei der Balz und Eiablage auf den Großen Wiesenknopf (*Sanguisorba officinalis*) fixiert. Die Jungraupen tragen die Farbe der Blüten, die erwachsenen leben in Ameisennestern, wo sie sich auch verpuppen. P. DECHERT

5 EGELSEE-RIED

Landkreis Sigmaringen: Stadt Pfullendorf, Gemarkung Großstadelhofen
Naturraum: Oberschwäbisches Hügelland
Geschützt seit 1983
Fläche: 5,3 Hektar
Top. Karte 8121

Im oberschwäbischen Hügelland liegt vier Kilometer südöstlich von Pfullendorf das Schutzgebiet »Egelsee-Ried«. Es besteht im Wesentlichen aus einer kleinen, mittlerweile stillgelegten Kiesgrube, an die sich eine knapp zwei Hektar große Riedfläche anschließt. Mit ihren steilen Wänden bricht die Grube fast wie ein Krater in die ansonsten sanft hügelige, etwa 660 m NN hoch gelegene Landschaft ein. Nachdem dort der Oberboden zur Kiesgewinnung abgeschoben wurde, blieben zunächst nahezu vegetationslose Flächen zurück. Auf den Steilhängen und Abraumhalden entwickelten sich mittlerweile Magerrasen, Gehölze und Staudenfluren trockener Standorte. Am Grund der Kiesgrube bildeten sich etliche Tümpel, die eine artenreiche Flora und Fauna beherbergten. Inzwischen sind diese Kleingewässer jedoch ausgetrocknet – vermutlich weil im Lauf der Zeit der Grundwasserspiegel weiter absank. Ursprünglich sollte die Grubensohle nach dem Ende des Kiesabbaus für den Ackerbau eingeebnet werden. Glücklicherweise konnte diese Form der Rekultivierung verhindert werden.

Direkt neben der Kiesgrube liegt ein Niedermoor, das sich in einer abflusslosen Senke entwickelt hat. Hier bestimmen horstbildende Großseggen das Bild, dazwischen findet man auch offene Wasserstellen. In den Verlandungsgesellschaften wachsen zahlreiche, zum Teil vom Aussterben bedrohte Seggen-Arten. Eingesäumt wird diese wertvolle Moorfläche von mehr oder weniger dichten Gebüschgruppen. Obwohl das Ried für den Menschen unbegehbar ist, leidet es immer wieder unter illegalen Eingriffen. Vor allem in den Randbereichen werden immer wieder landwirtschaftliche Abfälle, Müll und Bauschutt abgelagert.

tief in den Untergrund. Auch Toteislöcher kann man im Ried entdecken.

Obwohl große Teile des Rieds schon sehr früh unter Landschaftsschutz standen, konnte das nicht verhindern, dass einige Flächen entwässert und andere aufgeforstet wurden. Erst mit der Ausweisung der wichtigsten Bereiche als Naturschutzgebiet kann das »Booser-Musbacher Ried« nun vor weiteren negativen Einflüssen bewahrt werden.

Schutzzweck ist die Erhaltung des Booser Sees sowie der ehemaligen Lehmgrube Rieden als Lebensraum und Rückzugsgebiet für zahlreiche charakteristische Tier- und Pflanzenarten sowie der Toteisrinne und des Toteisloches als erdgeschichtliche Dokumente.

Hinweise für Besucher: Von Boos aus kann man die nördlichen Teilgebiete des Naturschutzgebiets über Hochberg, südlich an Lampertsweiler vorbei und über Rieden zurück nach Boos mit dem Fahrrad auf ausgeschilderten Radwegen bequem umrunden. Die gesamte Wegstrecke beträgt knapp 7 km.

Die Kombination von Ried und Kiesgrube bietet ein bedeutendes Refugium für viele Tierarten, die auf Rohböden angewiesen sind. Daneben stellt das 1983 ausgewiesene Schutzgebiet einen wichtigen Lebensraum für zahlreiche Pflanzen der Ruderal- und Pioniergesellschaften dar.

Ohne regelmäßige Pflege würden sowohl die trockenen als auch die feuchten Standorte schon in naher Zukunft verbuschen und mit eher artenarmen Gehölzen vollständig zuwachsen. Daher müssen regelmäßig Bäume und Büsche zum Erhalt der Freiflächen herausgenommen werden. Nur jährliche Mahd mit gleichzeitiger Beseitigung des Mähguts sichern die Qualität und den Umfang der Magerrasen und der Staudenfluren. Diese aufwändigen Arbeiten erledigt der Bund für Umwelt und Naturschutz Deutschland e.V. mit finanzieller Unterstützung der Naturschutzbehörden.

Wegen der hohen Qualität seiner Riedfläche genießt das Naturschutzgebiet den besonderen Schutz der Flora-Fauna-Habitat-Richtlinie im Natura 2000-Netzwerk der Europäischen Union.

Die Sumpf-Steudelwurz (*Epipactis palustris*) ist eine typische Moorwiesenpflanze. RIEXINGER

Schutzzweck ist die Erhaltung des Niedermoores mit angrenzender stillgelegter Kiesgrube als Lebensraum einer arten- und individuenreichen Feuchtbiotopflora und -fauna.

Hinweise für Besucher: Das NSG »Egelsee-Ried« grenzt an die Radwegverbindung Pfullendorf-Frickingen. Das Gebiet selbst ist nicht durch Wege erschlossen und kann nicht betreten oder befahren werden. Aber Lücken im dichten Weidensaum entlang der Straße geben den Blick auf die Riedfläche frei.

Das NSG »Egelsee-Ried« mit der aufgelassenen Kiesgrube in der Bildmitte und dem von einem Weidengürtel umgebenen Steifseggenried im Bildhintergrund. M. GROHE

6 EGELSEEWIESEN

Landkreis Sigmaringen: Gemeinde Wald,
Gemarkung Ruhestetten und Rothenlachen
Naturraum: Oberschwäbisches Hügelland
Geschützt seit 1992
Fläche: 48 Hektar
Top. Karte 8020 und 8021

Im Quellgebiet der Ablach breitet sich 2,5 Kilometer südlich der Gemeinde Wald das Egelseemoor aus. Im Bereich eines Niedermoortorfes aus dem Holozän liegt es in einer flachen Mulde, die von einem wallförmigen Rücken (äußere Endmoräne) eingerahmt wird. Das vorwiegend aus Schilf- und Schilfseggentorfen bestehende Moor bildete sich, als das Gelände mehr und mehr versumpfte. Nur die tiefsten Stellen der Mulde waren früher von einem Vorsee angefüllt. Auf dem Moorkörper wächst heute ein Mischwald, der von Mähwiesen und einem kleinen Großseggenried eingesäumt wird. Im Norden durchzieht ein Bahndamm das Schutzgebiet.

Der Wald, ein vielfältig gestufter Fichten-Kiefern-Birken-Wald, den die Forstdirektion Tübingen als Schonwald ausgewiesen hat, wird seit Jahrzehnten nicht mehr bewirtschaftet. Mit seinem Strukturreichtum bildet er einen vorzüglichen Lebensraum für eine ungewöhnliche Vielzahl von Vogelarten. Besonders Höhlenbrüter wie Schwarz- und Buntspecht werden durch den hohen Anteil morscher und toter Bäume begünstigt. Die Wiesen in der Umgebung wurden von den Bauern früher als Streu- und Nasswiesen genutzt. Dort konnten sich lange Zeit große Bestände an Trollblumen und Mehlprimeln behaupten. Sie verschwanden allerdings, als man ihre Standorte entwässerte und als mehrschürige Wiesen bewirtschaftete.

1971 wurde der Zugverkehr auf der Bahnstrecke von Pfullendorf nach Schwackenreute eingestellt. Seither blieb der Bahndamm von Herbiziden verschont, mit denen zuvor der Pflanzenbewuchs auf dem Gleiskörper kurz gehalten wurde. Mittlerweile hat sich der künstliche Damm im Schutzgebiet zu einem botanisch recht wertvollen Standort entwickelt. Auf den Gleisschottern gedeihen jetzt Pflanzen der Ruderal- und Pioniergesellschaften, die ihrerseits eine Fülle blütenbesuchender Insekten anziehen. An den Böschungen wachsen verschiedene Arten der Glatthaferwiesen.

In den parallel zum Damm verlaufenden Gräben haben sich – je nach Lage – ganz unterschiedliche Pflanzengesellschaften eingerichtet: An ihrer Nordseite findet man eine typische Verlandungsvegetation, an der Südseite Salweidengebüsch und Seggenbestände. In den Gräben tummeln sich zahlreiche geschützte Amphibien, so z. B. Erd- und Kreuzkröte, und einige Libellen-

Der Moorrandwald der Egelseewiesen wird schon seit Jahrzehnten als Schonwald bewirtschaftet. P. DECHERT

arten. Im Jahr 1893 entdeckte man in den Egelseewiesen beim Torfstechen eine »Feuchtbodensiedlung« aus der Jungsteinzeit. Bei gezielten Grabungen im Jahr 1936 gelang es, insgesamt sechs Häuser mit gut erhaltenen Fußböden dieser so genannten Pfyn-Altheimer-Kultur zu sichern. Dank dieser Funde ist das Schutzgebiet nicht nur ökologisch, sondern auch kulturhistorisch von großer Bedeutung.

Schutzzweck ist die Erhaltung und Förderung des Gebietes mit seinen vielfältigen Lebensräumen bestehend aus Moorwald, feuchtem Grünlandgürtel, Bahndamm, Obstbäumen und landwirtschaftlich nicht genutzten Bereichen als Lebensraum für zahlreiche gefährdete Tier- und Pflanzenarten. Außerdem hat das Gebiet kulturhistorische und archäologische Bedeutung.

7 FEHLATAL

Landkreis Sigmaringen: Gemeinden Hettingen und Neufra, Stadt Gammertingen

Naturraum: Mittlere Flächenalb

Geschützt seit 1984

Fläche: 55,2 Hektar

Top. Karte 7721

Auf einer Fläche von über 55 Hektar wurde 1984 das untere »Fehlatal« zwischen Neufra und Hettingen als Naturschutzgebiet ausgewiesen. Dabei handelt es sich um ein stilles Wiesental der mittleren Flächenalb mit bewaldeten Hängen, das sich bei Neufra von etwa 200 Meter Breite auf stellenweise nur noch 30 Meter verengt. Innerhalb des 640 bis 670 m NN hoch gelegenen Schutzgebiets schlängelt sich die Fehla auf einer Strecke von acht Kilometern noch völlig unbegradigt in zahlreichen Mäandern dahin.

Auf den humosen und kalkreichen Aueböden in der Talsohle breiten sich Auewiesen aus. In der typischen Abfolge vom Fluss zu den Talhängen hin finden sich nacheinander: Flutrasen, Nasswiesen, Frischwiesen, Halbtrockenrasen und am Hangfuß schließlich die Waldsäume. Nur bei genauem Hinsehen kann man noch die alten Grabensysteme aus dem 19. Jahrhundert erkennen. Mit Hilfe dieser Gräben und kleiner Schleusen (»Wasserfallen«) wurden früher – wie in den meisten Albtälern – die Wiesen bewässert. Damit sorgten die Bauern dafür, dass ihre Futterwiesen auch in Trockenzeiten saftig blieben. Gleichzeitig wurde das Gras mit den Nährstoffen gedüngt, die das Wasser mit sich führte.

Das einfache Bewässerungssystem war allerdings auch mit einigem Aufwand verbunden; denn die Gräben mussten mit eigens dafür entwickelten Geräten regelmäßig gesäubert werden. Mitte der 1960er-Jahre gaben die letzten Bauern diese Arbeit im Fehlatal auf. Seither fielen einige

Im Sommer säumen Hochstaudenfluren die Fehla, die sich wie ein blaues Band mit unzähligen Schlingen durch das fast ausschließlich von Grünland geprägte Tal windet. P. BERNERT

Flächen brach, jedoch der größere Teil der Wiesen wird gegenwärtig intensiv als Grünland bewirtschaftet. Das Besondere an diesem Tal mit seiner artenreichen Flora resultiert aus dem glücklichen Umstand, dass es bis heute auf einer recht großen Fläche ziemlich unberührt blieb: Kein Haus und keine Straße auf einer Strecke von immerhin sieben Kilometern – eine Seltenheit in unserer zersiedelten Landschaft!

Schutzzweck ist die Erhaltung des landschaftlich reizvollen Wiesentales. Es stellt, zwischen bewaldeten Talhängen liegend, einen ungestörten Lebensraum dar, der in seiner Gesamtheit intakt bleiben muss. Außerdem sind Erhaltung und Wiederherstellung der historischen Wässerwiesenwirtschaft von landeskultureller Bedeutung.

Hinweise für Besucher: In Gammertingen-Egertsbühl, an der Bahnlinie Gammertingen-Neufra befindet sich ein Wanderparkplatz. Dort beginnt ein Weg, der am Flüsschen Fehla entlang durch den Großteil des NSG führt. Von diesem Weg aus lassen sich weitere Wege um Hettingen herum zu einem attraktiven Rundwanderweg verbinden. Wer das Naturschutzgebiet komplett durchwandern möchte, kann südöstlich von Neufra an der B 32 auf einem Wanderparkplatz beginnen. Von hier führt ein Weg hinunter zum Friedhof in Neufra, dann an der Kläranlage vorbei und immer an der Fehla entlang in das NSG hinein.

Der Wollige Schneeball (*Viburnum lantana*) ist Kalk liebend und typisch für Steppenheiden der Schwäbischen Alb, wie hier im NSG »Herdle«. M. Heideker

8 HERDLE

Landkreis Sigmaringen: Gemeinde Neufra

Naturraum: Mittlere Kuppenalb

Geschützt seit 1990

Fläche: 87,5 Hektar

Top. Karte 7721

Auf der Albhochebene zwischen dem Fehlatal und dem Laucherttal dehnt sich nördlich von Neufra eine strukturreiche Hecken- und Gebüschlandschaft aus, die von intensiv bewirtschafteten Feldern und Forstflächen umgeben

wird. Zwischen den vielen Hecken, die als Nieder- und auch als Hochhecken ausgebildet sind, findet man Halbtrockenrasen und Saumgesellschaften. Einzelne Bereiche nutzen die Bauern noch als Mähwiesen. Der größte Teil des über 87 Hektar großen Schutzgebiets auf einer Höhe von 700 bis 760 m NN gehört dem Land Baden-Württemberg und wird von Landwirten aus der Umgebung nach Absprache mit der Naturschutzverwaltung bearbeitet und gepflegt.

Die Hecken, die auf freier Flur über lange Zeiträume entstanden sind, erfüllen ganz unterschiedliche Funktionen. Den Bauern dienen sie zur Markierung von Feldgrenzen und als natürliche Weidezäune. Gleichzeitig schützen sie die Felder vor Wind und Erosion. Dass sie daneben auch hochwertige Biotope darstellen, belegen einige Untersuchungen an Feldhecken in Süddeutschland: Bis zu 900 verschiedene Tierarten (ein Großteil davon Insekten) wurden in solchen

Hecken gefunden. Sie eignen sich auch als An-
sitz- und Singwarten für Goldammern, Neuntöter
und andere Vogelarten, sie bieten Deckung und
Schutz und sind Nahrungs-, Überwinterungs-,
Rast- oder Brutquartier. Insgesamt wird durch
Hecken die Strukturvielfalt der Landschaft enorm
erhöht. Zudem sind sie ein wichtiges Element
der Biotopvernetzung, da sich viele Tierarten
(z. B. das Rebhuhn) bevorzugt entlang dieser
Strukturen fortbewegen

Die Steinriegel-Hecken auf flachgründigen
Äckern prägten früher das Bild der Weißjura-
Landschaften auf der Schwäbischen Alb ganz
entscheidend mit. Generationen von Bauern
klaubten in mühseliger Arbeit die vielen Steine
von ihren Äckern und schichteten sie an der
Feldgrenze zu Riegeln auf. Alsbald entwickelte
sich dann auf diesen kalkreichen Standorten eine
üppige Strauchflora. So wachsen in den Hecken
im »Herdle«-Gebiet beispielsweise auch zahlreiche verschiedene Wildrosen. In den Wiesen dazwischen wurden 14 Heuschreckenarten entdeckt. Vier dieser Arten sind gefährdet wie z. B.
der Heidegrashüpfer, eine Art – der Feldgrashüpfer – ist vom Aussterben bedroht. Auch Tagfalter und Widderchen sind im Schutzgebiet mit
insgesamt 57 Arten ungewöhnlich reich vertreten, darunter befinden sich seltene Perlmutter-
falter- und Scheckenfalterarten sowie gefährdete
Bläulinge.

Schutzzweck ist die Erhaltung und Förderung
der durch Niederhecken, Hochhecken und
Baumhecken geprägten, für die Schwäbische Alb
typischen Kulturlandschaft als Lebensraum charakteristischer Pflanzenarten sowie als Brut-,
Nahrungs- und Rastbiotop für an solche Heckenlandschaften gebundene Tierarten.

9 KREUZÄCKER

Landkreis Sigmaringen: Gemeinde Pfullendorf,
Gemarkung Denkingen
Naturraum: Oberschwäbisches Hügelland
Geschützt seit 1994
Fläche: 19,1 Hektar
Top. Karte 8121

Ebenso wie beim »Egelsee-Ried« handelt es
sich beim Schutzgebiet »Kreuzäcker« um eine
ehemalige Kiesgrube südöstlich von Pfullendorf.
Sie liegt an der Straße von Denkingen nach Neu-
bronn. In dieser Grube wurden bis 1985 im Tro-
ckenabbau quartäre, also bis zu zwei Millionen
Jahre alte Niederterrassenschotter ausgebaggert.
Heute findet man in dem 19 Hektar großen
Schutzgebiet ein strukturreiches Mosaik verschie-
dener Biotoptypen. Trocken- und Feuchtbiotope,
Ruderalfluren, offene kiesige Bereiche und dichte
Gebüsche bestimmen die Landschaft. Hier konn-

Die trockenen, offenen
Sandfluren im NSG
»Kreuzäcker« sind über-
zogen von Polstern des
kalkmeidenden Sand-
Thymian (*Thymus serpyl-
lum*). W. LÖDERBUSCH

ten sich zahlreiche Tier- und Pflanzenarten halten, die in ihrem Bestand gefährdet oder gar stark gefährdet sind. Hervorzuheben sind dabei vor allem die artenreiche Schmetterlingsfauna sowie das Vorkommen seltener Laufkäfer- und Heuschreckenarten.

Durch die Unterschutzstellung des Grubenareals konnte zum Glück die Zerstörung der vorhandenen Lebensräume verhindert werden. Sie waren durch eine Reihe von Nutzungsmöglichkeiten gefährdet wie z. B. als Erddeponie, durch Aufforstung oder Rekultivierung für landwirtschaftliche Zwecke.

Die Artenvielfalt der kleinflächigen Lebensräume lässt sich auf Dauer nur mit hohem Pflegeaufwand bewahren. Nur regelmäßige Mahd und die anschließende Beseitigung des Mähguts sichern den Erhalt der Magerrasen und Staudenfluren. An trockenen und feuchten Standorten begegnet man der Beschattung durch regelmäßige Gehölzrodungen. Bei den Pflegemaßnahmen muss die Bekämpfung der Stauden-Lupine im Vordergrund stehen. Die aus dem pazifischen Nordamerika stammende Pflanze würde in den Kreuzäckern ohne menschliche Eingriffe die schutzbedürftigen Magerrasen und Staudenfluren vollständig verdrängen. Auf den mit Gebüschen dicht bestandenen Flächen konnte sich die Stauden-Lupine seither noch nicht durchsetzen. In diesen Bereichen soll die Natur auch die Möglichkeit zur ungestörten Weiterentwicklung ohne menschliches Zutun haben.

Schutzzweck ist die Erhaltung und Sicherung der Kiesgrube sowie der temporären Gewässer als ökologische Vorrangflächen für Tier- und Pflanzenarten, die in der landwirtschaftlich intensiv genutzten Kulturlandschaft der Umgebung keine Lebensmöglichkeiten mehr finden. Das vorhandene Mosaik verschiedenster Biotoptypen, insbesondere von Trockenbiotopen, soll vor anthropogenen Nutzungen gesichert und der Natur die Möglichkeit zur freien Entwicklung gegeben werden.

Hinweise für Besucher: Die Radwanderrouten Pfullendorf-Illmensee und Pfullendorf-Heiligenberg führen über einen entlang der Schutzgebietsgrenze verlaufenden Radweg. Von dem Radweg aus kann man die vielgestaltige Grube gut betrachten. Das Innere des Gebiets ist nicht durch Wege erschlossen und somit auch nicht betretbar.

10 KREUZBÜHL

Landkreis Sigmaringen: Stadt Meßkirch
Naturraum: Mittlere Flächenalb
Geschützt seit 1983
Fläche: 4,3 Hektar
Top. Karte 7920

Vier Kilometer nördlich von Meßkirch, am Südrand der Schwäbischen Alb, findet man auf der Gemarkung Rohrdorf eine kleine, strukturreiche Wieseninsel inmitten einer ausgeräumten Ackerlandschaft. Sie liegt 680 m NN hoch auf einem Rücken der obersten Weißjura-Schicht (Weißjura zeta) und wird von vielen Gebüschen und einzelstehenden, alten, knorrigen Bäumen durchsetzt. Dieses Kreuzbühl-Gelände, dessen gesamte Vegetation von Trockenheit geprägt ist, wurde 1983 auf einer Fläche von gut vier Hektar unter Schutz gestellt.

Die im Lauf der Jahre entstandene Vielfalt an Vegetationsstrukturen bietet zahlreichen Pflanzen- und Tierarten Lebensraum, die auf trockene Standorte angewiesen sind. Bislang wurden in dem kleinen Schutzgebiet bereits 190 Pflanzenarten nachgewiesen, darunter 29 verschiedene Gehölze. Die zweischürigen Wiesen sind als blumenbunte Salbei-Glatthaferwiesen einzustufen, daneben gibt es Magerrasen und trockene Staudenfluren.

Das Gebiet war früher in kleine Parzellen aufgeteilt, die als ein- oder zweischürige Wiesen bewirtschaftet wurden. Dazwischen lagen kleine, in Handarbeit betriebene Steinbrüche. Nachdem einzelne, meist steinige und hängige Flächen nicht mehr genutzt wurden, fielen sie brach und tragen nun wie auch die längst aufgelassenen Schürgruben ältere Gehölzbestände. Auf den jüngeren Brachflächen, deren Bewirtschaftung

Die abwechslungsreiche Landschaft aus mageren Wiesen, Einzelbäumen und Gebüschen des NSG »Kreuzbühl« liegt wie eine Insel in der landwirtschaftlich intensiv genutzten Umgebung. P. BERNERT

später aufgegeben wurde und die sich oft an die Gehölzbestände anschließen, entwickelten sich Staudenfluren, in denen nun allmählich ebenfalls kleine Bäume und Sträucher aufwachsen. Diese unerwünschte Verbuschung der Mähwiesen und Magerrasen, und der damit einhergehende Verlust der charakteristischen Biotoptypen, lässt sich nur mit regelmäßiger Landschaftspflege durch Zurücknahme der Gehölze eindämmen. Die erforderlichen Pflegearbeiten erledigen jährlich forstwirtschaftliche Unternehmen und örtliche Landwirte unter Anleitung des Forstamtes. Die Kosten trägt die Landesnaturschutzverwaltung.

Schutzzweck ist die Erhaltung eines naturnahen, artenreichen Biotops inmitten intensiv genutzter Agrarlandschaft.

Hinweise für Besucher: Das NSG »Kreuzbühl« liegt an der Radwanderroute Meßkirch-Rohrdorf-Langenhart-Gutenstein. Am Rande des Schutzgebiets steht eine für jedermann zugängliche Sitzgruppe. Neben diesem Rastplatz führt ein Stichweg in das Gebiet, der auf einer Wiese endet. Abseits dieses Weges darf der geschützte »Kreuzbühl« nicht begangen werden.

11 LAUBBACHMÜHLE

Landkreis Sigmaringen Gemeinde Ostrach, Gemarkung Laubbach
Naturraum: Oberschwäbisches Hügelland
Geschützt seit 1981
Fläche: 3,2 Hektar
Top. Karte 8022

Rund vier Kilometer südöstlich von Ostrach, direkt an der Grenze zum Landkreis Ravensburg, wurde an einem quelligen Unterhang das Schutzgebiet »Laubbachmühle« ausgewiesen. Das 620 m NN hoch gelegene Gelände gehört zum Ostracher Gletscherzungenbecken, an dessen Flanken zahlreiche Quellhorizonte zur Bildung von Hangquellmooren führten. Diese Quellbänder entstanden dadurch, dass die Niederschläge auf den Randhöhen leicht durch die relativ poröse kaltzeitliche Nagelfluhdecke sickerten und dann auf meist stark verlehmte, tertiäre Sande (Molasse) trafen. Das mit Kalk angereicherte Wasser staute sich am Hangfuß und trat in Quellen aus, an denen sich Kalktuffe bildeten.

Das kleine Schutzgebiet zwischen Ostrach und Burgweiler, das im Süden vom Laubbacher Mühlbach begrenzt wird, umfasst die letzten Überreste eines solchen Hangquellmoors mit einer Vielzahl sehr seltener Pflanzenarten. Es ist

Das NSG »Laubbachmühle« in der Mitte des Bildes umfasst das baumfreie Hangquellmoor, das durch kalkhaltige Quellen gespeist wird. Baumgruppen und Fischteiche liegen außerhalb der geschützten Fläche.
M. GROHE

durch eine Zone intensiv genutzten Grünlandes und durch einen schmalen Waldgürtel vom Naturschutzgebiet »Pfrunger Ried« getrennt. Bis in die 1960er-Jahre nutzten die Landwirte das Quellmoor extensiv für die Gewinnung von Streu. Danach fiel es brach und viele für Streuwiesen typische Arten verschwanden. Zwischen 1960 und 1970 wurde ein Großteil des Moores durch die Anlage von Fischteichen zerstört. Dabei ging beispielsweise auch der letzte Bestand der Sommer-Drehwurz zugrunde. Die Zerstörung des letzten Quellmoorrestes konnte 1981 durch die Ausweisung als Schutzgebiet und den Erwerb der Flächen durch das Land verhindert werden.

Heute findet man dort ein Mehlprimel-Kopfbinsenried, das in der Regel unter dem Einfluss extensiver Bewirtschaftung entsteht. Der Boden ist meist von extrem nassen Kalkschlamm-Schlenken durchsetzt. Auf mildem, gut zersetztem Niedermoortorf wächst die Gesellschaft der Duftlauch-Pfeifengraswiesen, auf basenreichen Niedermoorböden breiten sich reine Pfeifengraswicscn aus. Außerdem findet man im Schutzge-

biet Nasswiesen, Großseggen-Bestände und Stickstoff liebende Hochstaudengesellschaften. Die Kalk-Kleinseggenrieder werden geprägt von niedrigen Seggen, Binsen, Simsen und Wollgräsern. Der Mangel an raschwüchsigen Konkurrenten macht sie zu Refugien seltener Sumpfpflanzen (Helophyten) der europäischen Flora. Für die zum Erhalt der Vegetation erforderliche Pflege des Schutzgebiets sorgt der Pflegetrupp des Regierungspräsidiums Tübingen, wobei wegen der hohen Empfindlichkeit des Gebietes ganz spezielle Geräte zum Einsatz kommen.

Weil aber bei der Schutzgebietsausweisung nur der engere Quellmoorbereich ohne umgebende Pufferflächen gesichert werden konnte, besteht eine fortdauernde Gefährdung durch Nährstoffeintrag aus dem Wassereinzugsgebiet. Als Teil des gesamten Pfrunger Ried Komplexes zwischen Wilhelmsdorf und Ostrach wurde das NSG »Laubbachmühle« 2002 in das Programm zur Errichtung und Sicherung schutzwürdiger Teile von Natur und Landschaft mit gesamtstaatlich repräsentativer Bedeutung aufgenommen. Im Rahmen dieses Naturschutzgroßprojektes sind auch für den »Überwachsenen See« Maßnahmen zur Erhaltung geplant, unter anderem die Einrichtung einer großen Pufferfläche und eine bessere Vernetzung zu den übrigen Moorflächen des NSG »Pfrunger-Burgweiler Ried«.

Schutzzweck ist die Erhaltung des Kalkquellmoor-Biotops mit seiner artenreichen, besonderen Flora und Fauna.

Hinweise für Besucher: Das Schutzgebiet ist nicht durch Wege erschlossen und sollte wegen seiner hohen Empfindlichkeit nicht betreten werden. Oberhalb des Schutzgebiets verläuft am Waldrand ein Weg, der von Laubbach nach Riedhausen führt. Von diesem Weg aus hat man eine guten Blick auf das kleine NSG »Laubbachmühle« und weiter über die Ostrach auf das größere NSG »Pfrunger-Burgweiler Ried«.

12 MORGENWEIDE

Landkreis Sigmaringen: Gemeinde und
Gemarkung Inzigkofen
Naturraum: Donau-Ablach-Platten
Geschützt seit 21. Januar 1999
Fläche: ca. 38,5 Hektar
Top. Karte 7921

Das Schutzgebiet »Morgenweide« liegt südöstlich von Sigmaringen-Inzigkofen in einer Höhenlage von 600 m NN auf dem Gebiet einer ehemaligen Kiesgrube. Es umfasst neben offenen
Wasserflächen eine Vielzahl anderer Biotoptypen
in unterschiedlichen Sukzessionsstadien sowie
einige landwirtschaftlich genutzte Flächen, Fließgewässer und Fischteiche und soll im Rahmen
eines Entwicklungskonzeptes zu Naturschutzzwecken neu gestaltet werden. Die nordwestliche
Abgrenzung bildet der Stelzenbach. Im Süden
grenzt der Golfplatz Inzigkofen unmittelbar an
das Schutzgebiet.

Die ehemalige Kiesgrube, wurde bisher nur
im westlichen, kleineren Teil vor ca. 30 Jahren
rekultiviert. Vor dem Abbau bestand der geologische Untergrund aus risskaltzeitlichen Schottern sowie sandig bis tonigem Grundmoränenmaterial, dem »Geschiebelehm«. Durch den
Kiesabbau entstanden im östlichen Bereich
mehrere, verschieden große Wasserflächen und
zwei größere, nordexponierte, feuchte bis nasse,
sandige bzw. tonige Rutschhänge. Im Zuge der
Rekultivierung ist eine Teilauffüllung vorgesehen. Die geplante Neugestaltung soll einen zusammenhängenden Biotopverbund von diesen
Baggerseen, über die wertvollen Lebensräume
des Stelzenbachtals und seiner Hangbereiche
bis hin zum Paulter Tal gewährleisten, das
durch eine markante Geländenase am Eingang
auffällt.

Das Kiesgrubenareal sowie das angrenzende
Stelzenbachtal haben sich im Laufe der Zeit zu
einem schützenswerten Gebiet entwickelt. Es ist
Lebensraum für bedrohte Tier- und Pflanzenar-
ten geworden. Ehemalige Kiesgruben wie die
Morgenweide sind Sekundärbiotope, die ver-

schiedene Extrem- und Sonderstandorten für
spezialisierte Tier- und Pflanzenarten bieten.
Diese Biotoptypen findet man in dieser Dichte
nur in natürlichen Flussauen und die sind in
Deutschland inzwischen fast restlos verschwunden. Die im NSG »Morgenweide« vorhandenen
trockenen und wechselfeuchten Rohbodenstand-
orte entsprechen den Sand- und Kiesbänken der
Wildflusslandschaft. Vertikale Erdaufschlüsse
entsprechen Uferabbrüchen. Weidengebüsche erinnern an die Weichholzauen. Größere und kleinere Gewässer können Altwässer und Auetümpel
ersetzen. Absetzbecken von Kieswaschanlagen
entsprechen natürlichen Schlickbänken in den
Gleithängen von Wildflüssen. Aber auch Elemente der traditionellen Kulturlandschaft wie
z. B. Hecken und Kleingehölze, Halbtrockenrasen, Brachflächen sowie die Wildkrautflora
extensiv genutzter Äcker findet man im Lebensraum Kiesgrube wieder.

Die Kiesgrube Morgenweide beherbergt derzeit ein Mosaik verschiedenartiger Biotoptypen
und Standorte, die für eine Kiesgrube in einem
noch relativ frühen Sukzessionsstadium charakteristisch sind. Im bereits rekultivierten Bereich

Das Netz der Wespen- oder Zebraspinne (*Argiope bruen-
nichi*) befindet sich meist dicht über dem Boden von
Wiesen oder Ruderalstellen. Das Weibchen ist mit
15–20 mm deutlich größer als das Männchen (5 mm).
V. KRACHT

dominieren Wirtschaftsgrünland, feuchte Brachflächen mit Hochstauden, Hecken- und Feuchtgebüsche und Seggenrieder. Die abwechslungsreichen Strukturen und Biotope ermöglichen
eine vielfältige und äußerst wertvolle Pflanzen-
und Tierwelt. Unter der hohen Zahl von Pflanzenarten finden sich zahlreiche geschützte und
gefährdete Arten (Rote Liste Arten) wie Echtes
Tausendgüldenkraut, Karthäuser-Nelke und
zahlreiche Orchideenarten. Zu den 18 vorkommenden Weidenarten gehören die stark gefährdete Reif-Weide sowie die gefährdete Lorbeer-
Weide.

Mehr als 100 Vogelarten haben die neu entstandene Struktur- und Biotopvielfalt als Lebensraum angenommen. Viele der Vogelarten sind in
der Roten Liste der gefährdeten Tierarten als
stark gefährdet oder gefährdet aufgeführt. Gezählt wurden über 50 Arten, die im Gebiet brüten
u. a. Baumfalke, Wachtel, Rebhuhn, Flussregenpfeifer, Zwergtaucher und Weidenmeise. Annähernd genauso viele Arten sind durchziehende
Zugvögel, die das Gebiet als Rastplatz oder Nah-
rungsstätte regelmäßig nutzen. Dazu gehören
vor allem stark gefährdete Entenarten (u. a.
Schnatterente, Krickente, Knäkente, Löffelente)
und Watvögel wie z. B. Großer Brachvogel,
Kampfläufer, Zwergschnepfe und Bekassine.
Auch für Amphibien (z. B. Laubfrosch, Kreuzkröte und Gelbbauchunke) und Wasserinsekten
ist das Gebiet von Bedeutung. Kiesgruben gehören heute zu den wertvollsten Libellenbiotopen.
Landesweit gefährdet ist die hier vorkommende
Schwarze Heidelibelle.

Schutzzweck ist die Sicherung der Kiesgrube
Morgenweide, der offenen Wasserflächen, Ufer
und Verlandungszonen, der angrenzenden
Hänge sowie der landwirtschaftlich genutzten
Bereiche als ökologische Vorrangfläche für eine
Vielzahl von Tier- und Pflanzenarten.

Die Aufgabe der extensiven Streuwiesen-Nutzung hin
zur Intensivierung der Landwirtschaft haben dazu geführt, dass Feuchtgebietsbiotope wie im NSG »Mühlebach« mehr und mehr aus dem Landschaftsbild verschwinden und heute nur noch durch gezielte Nutzung
und Pflege erhalten bleiben. P. DECHERT

Landkreis Sigmaringen: Gemeinde Ostrach,
Gemarkung Burgweiler
Naturraum: Oberschwäbisches Hügelland
Geschützt seit 1995
Fläche: 30 Hektar
Top. Karte 8022 und 8122

In der Nähe des NSG »Pfrunger-Burgweiler
Ried« etwa sechs Kilometer südlich von Ostrach
zwischen Waldbeuren und Egelreute liegt das
Naturschutzgebiet »Mühlebach«. Dabei handelt
es sich im Wesentlichen um einen vermoorten
Quellhang an einer nach Nordosten ausgerichteten Flanke der äußeren Jungendmoräne. Die
Quellen treten über undurchlässigen Molasseschichten zutage und führen besonders im Nordwestteil des geschützten Areals recht kalkreiches
Wasser. Das Schutzgebiet liegt zwischen 620 und

640 m NN. Seinen Namen hat das Schutzgebiet übrigens von dem parallel zum Hang verlaufenden Mühlebach, einem künstlichen Gewässer, das für den Antrieb einer Mühle in Waldbeuren angelegt wurde. Gespeist wird der Bach durch die Umleitung einer Quelle bei Ulzhausen und durch weitere Hangquellen in seinem Einzugsbereich.

Die überall in den Quellhang eingestreuten naturnahen Weichholzbestände mit Grau- und Schwarzerlen, Eschen, Pappeln, Birken und Weidengebüschen bilden einen idealen Lebensraum für höhlenbrütende Vögel. Fast der gesamte übrige, durchweg brachliegende Hang ist von mehr oder weniger dichtem Schilfrohr bestanden, das nach der Aufgabe der landwirtschaftlichen Streunutzung über Großseggenried und Kalkflachmoor sukzessive aufgewachsen ist. In das Schutzgebiet wurde auch ein Tertiäraufschluss mit kreuzgeschichteten Pfohsanden und eine kleine, erhaltungswürdige Kiesgrube miteinbezogen. Zu den Kostbarkeiten zählt ein noch relativ wenig verschilftes Kopfbinsenried, bei dem es sich um den Rest eines ehemals weit ausgedehnten Kalkflachmoors im Nordwestteil des Gebietes handelt.

Bislang ließen sich im NSG »Mühlebach« 204 Pflanzenarten nachweisen, von denen einige in Baden-Württemberg vom Aussterben bedroht und gesetzlich geschützt sind. Zu den floristischen Raritäten gehören etliche Orchideenarten, der Rundblättrige Sonnentau, der Fieberklee, die Knotenbinse und verschiedene Sauergräser.

Schutzzweck ist die Erhaltung und Optimierung des hochwertigen Feuchtgebietes mit seinen Kopfbinsen- und Seggenriedern, Schilf- und Hochstaudenbeständen, Feuchtwiesen und naturnahen Weichholzbeständen als Lebensraum für eine stark bedrohte Tier- und Pflanzenwelt. Außerdem soll der Tertiäraufschluss als geologisches und der Mühlebach als kulturhistorisches Denkmal sichergestellt werden.

Der Weißstorch, der in der näheren Umgebung des NSG »Ölkofer Ried« in mehreren Ortschaften brütet, findet in den moorigen Wiesen genügend Futter, um seine Jungen großziehen zu können. DANNENMAYER

14 ÖLKOFER RIED

Landkreis Sigmaringen: Gemeinde Hohentengen, Gemarkungen Hohentengen und Ölkofen, sowie Gemeinde Herbertingen, Gemarkung Herbertingen
Naturraum: Donau-Ablach-Platten
Geschützt seit 1993
Fläche: 382,6 Hektar, dienendes Landschaftsschutzgebiet 148,4 Hektar
Top. Karte 7922

Das »Ölkofer Ried« (Natur- und Landschaftsschutzgebiet) liegt auf halber Strecke zwischen Herbertingen und Hohentengen nördlich der L 279. Dabei handelt es sich um ein typisches Überschwemmungs- und Versumpfungsmoor, das sich an der Randsenke eines Prallufers der Ur-Donau bildete. Heute wird das 550 m NN hoch gelegene Ried-Gelände vor allem durch die landwirtschaftliche Nutzung als Acker- und Grünland geprägt. Inmitten der intensiv bewirtschafteten Felder findet man jedoch auch noch kleinere Bereiche mit zahlreichen verschiedenartigen Feucht- und Nasswiesen. Entlang von Bächen und Gräben wachsen zum Teil noch Uferhochstauden- und Röhricht-Gesellschaften.

Die botanisch interessantesten Bereiche liegen in den landwirtschaftlich nicht genutzten Flächen im Gewann Röthenbach. Dabei handelt

es sich um Reste von Streuwiesen, Pfeifengraswiesen, Schilf- und Hochstaudenbeständen, in
denen sich verschiedene gefährdete Feuchtgebietspflanzen halten konnten. Früher nutzten die
Bauern dieses Gebiet größtenteils als Herbst-
standweiden, rund zehn Hektar davon auch als
Streuwiesen. Nur einzelne Parzellen wurden
zeitweise beackert. Diese extensiv bewirtschafteten Wiesenflächen sind mittlerweile aber stark
zusammengeschrumpft. Teils wurden sie zu
Ackerland umgebrochen, teils aufgeforstet –
vor allem mit den stark Wasser ziehenden Fichten. Manche Wiesen fielen auch ganz aus der
Nutzung heraus und drohen deshalb immer
mehr zu verbuschen.

Aus naturschützerischer Sicht ist das »Ölkofer
Ried« vor allem als Reservat seltener und vom
Aussterben bedrohter Vogelarten von Bedeutung.
Hier finden beispielsweise Braunkehlchen, Schafstelze und Weißstorch noch einigermaßen intakte Brut- und Nahrungsreviere. Daneben konnten sich in dem Ried auch eine ganze Reihe von
Wiesenbrütern halten, die offenes, gut über-
schaubares Gelände mit einem Grünlandanteil
vom mindestens 70 bis 80 Prozent benötigen.
Ideal sind für diese Vögel spät gemähte Feuchtwiesen, die weder durch Gebüsche noch durch
Wald durchschnitten werden. Das Land Baden-
Württemberg hat im Schutzgebiet große Flächen
erworben. Durch geeignete Bewirtschaftung und
die Durchführung von Pflegemaßnahmen sollen
die günstigen Bedingungen für Wiesenvögel aufrechterhalten werden.

Schutzzweck ist die Erhaltung und Förderung
der durch Grünland, Gewässer und Feuchtbiotope geprägten gehölzfreien Kulturlandschaft als
Brut-, Nahrungs- und Rastbiotop für die an solche Landschaften gebundene Vogelwelt.

15 PFRUNGER-BURGWEILER RIED

Landkreis Sigmaringen: Gemeinde Ostrach
Landkreis Ravensburg, Gemeinden Königseggwald,
Riedhausen, Wilhelmsdorf
Naturraum: Oberschwäbisches Hügelland
Geschützt seit 1980
Fläche: 779,34 Hektar
Top. Karte 8022 und 8122

Das »Pfrunger-Burgweiler Ried«, nach dem
Federsee-Ried das zweitgrößte Moor im Südwesten Deutschlands, liegt etwa zehn Kilometer
östlich von Pfullendorf in einer Talaue zwischen
Ostrach und Wilhelmsdorf. Diese gut 600 m NN
hoch gelegene etwa 25 Quadratkilometer große
Riedlandschaft, in deren südöstlichem Bereich
die europäische Wasserscheide zwischen Rhein
und Donau verläuft, entstand durch das Zu-
sammenwachsen verschiedener Moore, die je
nach ihrer Entstehung unterschieden werden
können. Im Beckenzentrum wuchsen durch Verlandung eines großen, flachen Eissees mächtige
Niedermoortorfe als Verlandungsmoore aus dem
Wasser heraus, über denen sich im zentralen Teil
eine flache Hochmoor- oder Regenmoordecke
bildete. An den Unterhängen der umgebenden
Randhöhen entstanden mehrere Quellmoore und
zwischen den Quellmooren und dem Beckenzentrum bildeten sich große Durchströmungsmoore.
Entlang der Ostrach haben sich Überflutungs-
moore entwickelt. Um den Kern des ausgedehnten Rieds auf Dauer zu sichern, wurden dort 1980
fast 780 Hektar unter Naturschutz gestellt,
618 Hektar im Landkreis Sigmaringen, über
161 Hektar im Landkreis Ravensburg.

Auf ehemals württembergischer Seite wurde
die Hochmoordecke im Kleinen Trauben abgegraben. Dieser kleinbäuerliche Torfabbau und
die dazugehörige Entwässerung waren jedoch
ohne größere Schäden für das Ried. Dies änderte
sich erst, als die Ostracher Torfwerke das Hochmoor von 1917 bis 1938 an maschinell abbauten.
Nach 1938 konnte sich der Kleine Trauben mit
seinen Torfstichseen weitgehend ungestört entwickeln.

Durch industrielle Torfernte entstandene Torfstichseen beherrschen das Landschaftsbild des »Kleinen Trauben«. In der Bildmitte ist das Bergkiefernhochmoor des »Großen Trauben« erkennbar, darüber – nördlich – der urwaldartige Moorwald im »Tisch« im NSG »Pfrunger-Burgweiler Ried«. PROJEKTPHOTO SACH+SCHNELZER

Im ehemals badischen Teil blieb das Hochmoor Großer Trauben als Jagdrevier in Privatbesitz ziemlich ungestört als wachsendes Hochmoor erhalten. Unter den derzeitigen Klimaverhältnissen ist das nur möglich, weil sich im Bereich der Hochmoorauflage ein eigenes Mikroklima herausgebildet hat, das dem Wachstum der Torfmoose zuträglich ist. Beim Großen Trauben handelt es sich um ein schwach aufgewölbtes Bergkiefernmoor mit einer Hochmoortorfschicht von nur geringer Mächtigkeit. In seinem Zentrum wächst ein aufgelockerter Spirkenwald (Spirke: baumförmige Bergkiefer), der mit Schlenken und Torfbulten durchzogen ist. Charakteristische Bewohner der Schlenken sind zum Beispiel die Blumenbinse, die Schlammsegge oder verschiedene, zum Teil seltene Torfmoose. Im Spirkenwald des Großen Trauben finden sich an bestimmten Stellen so genannte »Niedermoorfenster«: Pflanzenarten, die den Einfluss von Mineralbodenwasser anzeigen. Die Staatsforstverwaltung hat den Großen Tauben erworben und zum Bannwald erklärt, in dem jegliche Nutzung unterbleibt.

Im Kleinen Trauben, in dem die natürliche Hochmoorvegetation beim Torfabbau zerstört wurde, breiten sich rings um die Torfstichseen großflächige Moorbirkenwälder aus. In den Seen selbst wachsen – abhängig von der Wassertiefe – Laichkraut- oder Seerosengesellschaften. Die

Während des ganzen Sommers ist die Pechlibelle (*Ischnura elegans*) auch weitab der Brutgewässer im Gebiet präsent. V. KRACHT

Bruchwälder haben sich je nach Nährstoff-Angebot ganz unterschiedlich ausgeprägt: Auf nährstoffreichen Niedermoortorfen trifft man Weiden-Birkenbruch an, auf nährstoffarmen Zwischenmoortorfen und entwässerten Hochmoortorfen wächst ein Birken-Kiefern-Bruch. In Randbereichen ist auch Fichte beigemischt. Das Kopfbinsenried konnte sich in diesem Gebiet nur noch an wenigen quelligen Bereichen oder in der Nähe kleiner Bäche halten.

Nördlich des Großen Trauben, von diesem durch Wiesen und den Tiefenbach getrennt, liegt ein größerer Moorwald, der früher intensiver forstlich genutzt worden war, heute jedoch nach ersten Vernässungsmaßnahmen sich selbst überlassen wird. Dieser zum Teil fast undurchdringliche Teil des Schutzgebiets weist einen urwaldartigen Charakter auf.

Umgeben sind die zentralen Moorbereiche von großflächigen Wiesen, die früher zu einem großen Teil als Pfeifengras-Streuwiesen genutzt wurden, heute jedoch überwiegend Mehrschnittwiesen und Weiden sind oder brach liegen. Zusammen mit den sumpfigen Bereichen bieten sie vielen Vogelarten vorzügliche Nahrungs- und Brutreviere. Auch für Wintergäste und Durchzügler ist das »Pfrunger-Burgweiler Ried« von höchster Bedeutung. Während der Flurbereinigung kaufte das Land Baden-Württemberg große Flächen auf, die jetzt über Nutzungsverträge oder Pflegeverträge mit Landwirten aus der Umgebung einer extensiven Nutzung unterliegen.

Das Pfrunger Ried mit dem Naturschutzgebiet »Pfrunger-Burgweiler Ried und umgebenden Flächen wurde 2002 in das Programm zur Errichtung und Sicherung schutzwürdiger Teile von Natur und Landschaft mit gesamtstaatlich repräsentativer Bedeutung aufgenommen. Im Rahmen dieses Naturschutzgroßprojektes sind vor allem Maßnahmen zur Wiedervernässung der Moore geplant.

Schutzzweck ist die Erhaltung des einzigartigen ausgedehnten Moorkomplexes aus Hoch-, Zwischen- und Niedermooren als Lebensraum einer artenreichen Pflanzen- und Tierwelt.

Hinweise für Besucher: In Wilhelmsdorf, am Südende des gesamten Rieds, liegt in der Nähe des NSG »Überwachsener See« das vom Schwäbischen Heimatbund getragene Naturschutzzentrum Pfrunger-Burgweiler Ried. Eine ständige Ausstellung spannt den Bogen von der Entwicklung über die Kulturgeschichte bis zur Naturkunde des Moorkomplexes. Mehrere Riedlehrpfade im Umkreis informieren über Moor-Lebensräume. Das Naturschutzzentrum bietet Führungen durch die Lehrpfade aber auch zu speziellen Themen im weiteren Bereich des Pfrunger-Burgweiler Rieds an. In Ostrach-Burgweiler beginnt an der ehemaligen Burg östlich der Ortschaft Burgweiler ein Lehrpfad, der im Rahmen der Flurbereinigung angelegt wurde und neben verschiedenen Moor-Lebensräumen auch den Weißstorch zum Thema hat. Die großen zentralen Moorbereiche des Gebiets wie der Große Trauben sind durch Wege nicht erschlossen und in dem unwegsamen Gelände kann man sich leicht verirren, weshalb man diese Bereiche auch im eigenen Interesse meiden sollte.

16 RUHESTETTER RIED

Landkreis Sigmaringen: Gemeinde Herdwangen-
Schönach, Gemarkungen Ruhestetten und
Herdwangen
LSG: Stadt Pfullendorf und Gemarkungen Ruhe-
stetten und Aach-Linz
Naturraum: Donau-Ablach-Platten an der Grenze
zum Oberschwäbischen Hügelland
Geschützt seit 1996
Fläche: 131 Hektar, dienendes Landschafts-
schutzgebiet ca. 69 Hektar
Top. Karte 8021, 8120 und 8121

Der als Natur- und Landschaftsschutzgebiet
ausgewiesene Moorkomplex »Ruhestetter Ried«
befindet sich in einer Höhe zwischen 635–
650 m NN westlich der Stadt Pfullendorf und
südlich der Ortschaft Ruhestetten. In räumlicher
Nähe liegt das NSG »Egelseewiesen«.

Die Landschaft der Voralpenregion ist geprägt
von der Tätigkeit des Rheinvorlandgletschers
während der letzten Kaltzeit, der Würm-Kaltzeit.
Das »Ruhestetter Ried« liegt im Bereich des
Außenrandes der äußeren Jungmoräne in einem
flachen Talabschnitt der Salemer Aach, die das
Gebiet nach Nordosten entwässert. Es wird im
Nordwesten bzw. Süden von Moränenrücken be-
grenzt. Nach dem Ende der Kaltzeit hatte das
Moorwachstum in der nassen Senke begonnen.

Die Entwicklungsgeschichte des Rieds wird
durch die Schichtenfolge belegt, nach der vor
allem Seggen-Schilftorfe, Seggentorfe und Seg-
gen-Bruchtorfe anstehen. Die Kalkführung der
Quellen am steileren Nordrand nahm durch zunehmende Auswaschungs- und Verwitterungs-
vorgänge ab, sodass keine eigentlichen Hangquellmoore mehr existieren. Noch heute sind
jedoch diese differenzierten Standortbedingungen an der Vegetation ablesbar. Talabwärts gehen die Böden in Anmoor über. Die größte Torfmächtigkeit wurde im »Gemeinderied« im
südwestlichen Gebietsteil mit über fünf Metern
ermittelt.

Das Ried ist im Kernbereich ein durch bäuerliche Torf- und Moornutzung geprägter Niedermoorkomplex. In zwei kleinen Hand-Torfstichen
können sich Besucher heute noch vorführen lassen, wie einst Torfsoden gestochen wurden.

Das gesamte Gebiet wird von Entwässerungsgräben durchzogen. Im südlichen Teil des
Naturschutzgebietes dominieren ausgedehnte
Moorwälder, die Randzone wird von Wirtschaftswiesen eingenommen. Streuwiesen in Form von
Nasswiesen und Pfeifengraswiesen wurden in
den letzten Jahrzehnten vielfach aufgeforstet
oder sind verbracht und in Sukzession gegangen.
Einige wenige Streuwiesenflächen aber sind
heute noch geblieben. Hier ist der Lebensraum
einer sehr artenreichen Pflanzen- und Tierwelt,

Der bis in die 1990er-
Jahre extensiv betriebene
Torfstich im Ruhestätter
Ried führte zur Entste-
hung von Sekundär-
lebensräumen mit günsti-
gen Bedingungen für
oligotrophe Pflanzen-
und Tierarten der Klein-
gewässer und offenen
Torfflächen. R. TREIBER

Feuchtbrachen sind die Habitate für viele bedrohte Schmetterlingsarten. R. TREIBER

darunter auch Glazialreliktarten. Einige der bedrohten Pflanzen sind in den letzten 20 Jahren verschwunden. Damals war die Torfstichfläche im zentralen Teil des Moors noch offen und ein in Fragmenten existierendes Mehlprimel-Kopfbinsen-Ried vorhanden. Sukzession verdrängte charakteristische Arten wie den Rundblättrigen Sonnentau und auch die Mehlprimel. Die Standorte sind aber noch vorhanden und könnten zum Teil revitalisiert werden. Mehlprimel und Rundblättriger Sonnentau bilden Diasporen aus, die im Boden über viele Jahre keimfähig leiben.

Trotz des Verlustes dieser und anderer charakteristischer Pflanzenarten ist das Gebiet mit seinen besonders schützenswerten Lebensräumen, die im Anhang der europäischen Fauna-Flora-Habitat-Richtlinie (FFH) genannt werden, floristisch sehr bedeutend. Zu den mehr als 300 nachgewiesenen Pflanzenarten zählen neben gefährdeten Orchideen und Seggen z. B. die Pracht-Nelke und die Kümmel-Silge. Landesweit bedeutend ist das Vorkommen der stark gefährdeten Strauch-Birke, einem nur noch an wenigen Fundorten in Baden-Württemberg existierenden Glazialrelikt. Doch ist ihr Bestand im Gebiet in den letzten Jahrzehnten stark geschrumpft. Die Trollblume, die einst ebenfalls massenhaft in den Feuchtwiesen blühte, ist heute nur noch in Einzelpflanzen übrig. Durch das Vorkommen vieler seltener Arten ist das »Ru-

hestetter Ried« von überregionaler Bedeutung. Der Helle Wiesenknopf-Ameisen-Bläuling gehört zu den europaweit geschützten Schmetterlingsarten nach FFH-Richtline.

Eine Besonderheit unter den Vogelarten ist die im Ried brütende Waldschnepfe. Der stark gefährdete Warzenbeißer ist, wenn auch nur in kleiner Population, die bemerkenswerteste Heuschreckenart im Ried. Er kommt zusammen mit dem Bunten Grashüpfer vor. Libellen und Amphibien sind nicht häufig, weil viele Torfstiche und Kleingewässer inzwischen verbuscht sind. Für die Zweigestreifte Quelljungfer aber scheint die vielerorts kiesige Sohle der meist geräumten Gräben ein günstiges Habitat zu sein. Eine Besonderheit der Hand-Torfstiche ist die Gefleckte Smaragdlibelle. Für die stark gefährdete Sand-Hummel sind blütenreiche Wiesen und Grabenränder mit Bach-Nelkenwurz und Kohldistel als Nahrungshabitat von großer Bedeutung. Zu weiteren im Gebiet vorkommenden FFH-Arten gehört die an offene Feuchtgebiete gebundene, gefährdete Schmale Windelschnecke.

Schutzzweck des Naturschutzgebietes ist die Erhaltung und Aufwertung eines Niedermoorkomplexes als Lebens- und Rückzugsraum einer artenreichen Pflanzen- und Tierwelt, insbesondere der Glazialreliktarten und als wichtiger Bestandteil im Feuchtgebietsverbund im Talzug der Salemer Aach.

17 RUSCHWEILER UND VOLZER SEE

Landkreis Sigmaringen: Gemeinde Illmensee
Naturraum: Oberschwäbisches Hügelland
Geschützt seit 1989
Fläche: 70,6 Hektar
Top. Karte 8122

Im Norden der Gemeinde Illmensee wurde 1989 das südlichste Naturschutzgebiet im Landkreis Sigmaringen ausgewiesen. Diese Gegend gehört zum Oberschwäbischen Hügelland, eine aus der Würm-Kaltzeit stammende Jungmoränenlandschaft, die vom Rheinvorlandgletscher vor 70 000 bis 115 000 Jahren geformt wurde. Zwischen der äußeren und der inneren Jungendmoräne der Würm-Kaltzeit zieht sich ein Niedermoorgürtel mit vielen Seen und Moorsenken hin. In diesem Gürtel liegen westlich von Wilhelmsdorf auf einer Höhe von etwa 690 m NN der 23 Hektar große und 17 Meter tiefe Ruschweiler See (der tiefste See Oberschwabens) sowie der

stark verlandete, nur etwa zwei Meter tiefe Volzer See.

Die beiden Seen und die dazugehörigen Moore nehmen die breite Sohle des Andelbachtales ein, das sich im Nordwesten abrupt verengt. Ursprünglich waren die Wasserflächen in diesem Tal sehr viel größer. Ebenso wie bei dem weiter südlich gelegenen Illmensee verkleinerte die zunehmende Verlandung nach und nach auch der Ruschweiler See. Dabei wurde der kleine Volzer See von ihm abgetrennt.

Im Ufergebiet beider Seen, vor allem aber am Nordrand des Ruschweiler Sees, wachsen in den Verlandungsgesellschaften zahlreiche geschützte und bedrohte Pflanzenarten. Sie gehören zur typischen Vegetation der Moore, Moorwälder und Gewässer, die hierzulande mit am stärksten gefährdet ist. Ähnliches gilt für die Tierwelt, die auf solche Biotope angewiesen ist. Das Moorgebiet rings um die beiden Seen ist von großer Bedeutung als Brut-, Durchzugs- und Rastgebiet für viele Vogelarten. Daneben haben in dem Schutz-

Das im Westen der Oberschwäbischen Moorzone gelegene NSG »Ruschweiler und Volzer See« besteht aus zwei benachbarten Seen und einem ausgedehnten Niedermoorgürtel. Der Volzer See im Vordergrund ist ein ausgesprochener Flachsee mit breit ausgebildeter Schwimmblattzone (Gelbe Teichrose *Nuphar lutea*) sowie anschließendem Schilfröhricht. M. GROHE

gebiet auch zahlreiche Amphibien und Wasser-insekten ein Refugium gefunden.

Am Nordufer des Ruschweiler Sees befindet sich eine Feriensiedlung. Der See dient den Ur-laubern zum Baden und Angeln. Die Riedflächen in der Umgebung der Seen nutzen die Bauern als Grünland, im südlichen Bereich wurden große Flächen mit Fichte aufgeforstet. Die Wasserfläche des schwer zugänglichen Volzer Sees ist ringsum von einem Teppich aus Teich- und Seerosen be-deckt.

Schutzzweck ist die Erhaltung, Förderung und weitere Verbesserung der ökologischen Wertig-keit eines Hochmoorrestes und der ihn umgeben-den verschiedenen Moorbiotope als Lebensraum einer artenreichen, charakteristischen Pflanzen- und Tierwelt.

Hinweise für Besucher: Von Ruschweiler aus ist das NSG gut erreichbar. Zum Schutz der Natur, besonders der Vögel dürfen die Wasser-flächen nur noch von wenigen Fischerbooten mit Genehmigung und abseits der Schilfgürtel be-fahren werden. Auch das Baden ist nur noch von einem Uferabschnitt aus gestattet.

18 SAULDORFER BAGGERSEEN

Landkreis Sigmaringen: Gemeinde und Gemarkung Sauldorf
Landkreis Konstanz, Gemeinde Mühlingen, Gemarkung Mainwangen
Naturraum: Donau-Ablach-Platten
Geschützt seit 1993
Fläche: 144 Hektar
Top. Karte 8020

Im Grenzbereich der beiden Regierungsbe-zirke Tübingen und Freiburg im Süden von Meß-kirch liegt bei Sauldorf das 144 Hektar große Naturschutzgebiet »Sauldorfer Baggerseen«. Es umfasst fünf größere Kiesweiher und deren Um-feld in der Talaue der Ablach, die für Zugvögel überregionale Bedeutung haben. Der Kiesabbau wurde 1989 eingestellt. Der größte Teil des seit 1993 geschützten Areals gehört zur Gemarkung

Die Kolbenente (*Netta rufina*) hat ihren Verbreitungs-schwerpunkt zwar im Bodenseeraum, brütet aber auch im NSG »Sauldorfer Baggerseen«. L. ZIER

Sauldorf im Landkreis Sigmaringen. Ein kleinerer Bereich reicht auf der Gemarkung Mainwangen in den Kreis Konstanz hinein (vgl. hierzu auch die Beschreibungen in: Die Naturschutzgebiete im Regierungsbezirk Freiburg, Thorbecke, 2004.)

In relativ kurzer Zeit entstand aufgrund der natürlichen Sukzession an den Seen ein Sekun-därbiotop, das einer Vielzahl von Tieren und Pflanzen als Ersatzlebensraum dient. Im Verbund mit dem Grünland der umgebenden Talaue haben die Seen mit unterschiedlicher Wassertiefe, Kies-inseln und ihren Uferbereichen vor allem für die Vogelwelt eine zentrale Bedeutung gewonnen. Von den zahlreichen Brutvögeln des Gebietes stehen viele Arten auf der Roten Liste wie z. B. Braunkehlchen und Neuntöter, denen die Wiesen und Säume als Lebensraum dienen. Schwarzhals-taucher, Zwergtaucher, Flussregenpfeifer und Kolbenente sind Brutvögel des Gewässers und seiner Uferzonen. Viele gefährdete Zugvögel nut-zen als Durchzügler oder Wintergäste das Ge-lände an den Baggerseen zur Rast und als Nah-rungsbiotop. Hier sei beispielsweise die Gruppe der Limikolen genannt. Auch die seltenen Arten Fischadler, Schwarzstorch und Raubwürger kön-nen hier beobachtet werden.

Schutzzweck ist die Erhaltung und Optimie-rung der Sauldorfer Baggerseen sowie der angrenzenden, ökologisch mit den Seen vernetzten Talauenbereiche als Brut-, Rast- und Nahrungsbiotop für zahlreiche Tierarten, insbesondere für gefährdete Vogelarten, aber auch für Amphibien, Wasserinsekten und Kleinfischarten.

Hinweise für Besucher: Die Landschaft ist ideal für Radler. Der überregionale Radfernweg, der Schwäbische-Alb-Weg (SA), von Stockach nach Messkirch führt am Naturschutzgebiet entlang und im nördlichen Abschnitt sogar zwischen zwei Baggerseen hindurch. Da weite Uferbereiche immer noch offen sind, ergeben sich schöne Blicke auf die Wasserflächen mit dort rastenden Wasservögeln. Die Badesachen müssen aber zu Hause bleiben, da das Gebiet gerade in den Uferbereichen der Seen ungestört bleiben soll.

Die artenreichen Saum- und Wiesengesellschaften des NSG »Schwarzes Moos« bieten ideale Bedingungen für viele Schmetterlingsarten wie das Tagpfauenauge (*Inachis io*). H.-P. DÖLER

19 SCHWARZES MOOS

Landkreis Sigmaringen: Gemeinde Ostrach, Gemarkung Habsthal

Naturraum: Donau-Ablach-Platten

Geschützt seit 2005

Fläche: ca. 11 Hektar

Top. Karte 8021

Das Naturschutzgebiet »Schwarzes Moos« liegt an der Kreuzung der Landstraßen L 286 und L 268 etwa zwei Kilometer nordwestlich von Habsthal. Diese Wiesenlichtung inmitten des dichten Waldgebiets Weithart erstreckt sich auf einer Höhe von etwa 640 m NN von Südwest nach Nordost.

Das Gebiet liegt auf den Altmoränen der Risskaltzeit. Im Verlauf der seit rund 20 000 Jahren andauernden Bodenentwicklung haben sich hier die feinen, tonigen Bodenbestandteile vielfach abgesenkt und bilden nach unten abdichtende, wasserstauende Schichten, was zu vernässenden, lehmigen Böden führt. Das streng rechtwinklige »Schwarze Moos« ist in 53 weitgehend gleichgroße Grünland-Parzellen gegliedert. Ein Netz von Entwässerungsgräben unterteilt die Grundstücke. Im südwestlichen Teil der Waldwiese dominieren Nasswiesen im Wechsel mit kleinflächi

gen sumpfigen Brachen. Im nordöstlichen Teil, der zur L 268 und L 286 leicht ansteigt, haben sich Fettwiesen ausgebildet. Am Waldrand treten vereinzelt Feuchtgebüsche auf.

Die besondere Nutzungsgeschichte des Weithart hat das Waldwiesengebiet Schwarzes Moos hervorgebracht. Seit dem Mittelalter bis etwa in das Jahr 1740 nutzten es die umliegenden Städten und Gemeinden gemeinsam intensiv für die Brenn- und Bauholzernte, als Waldweide, zur Streu-, Gras- und Moosnutzung, Harz- und Rindengewinnung sowie für die Köhlerei. Dann wurde das Waldgebiet zwischen zehn Anliegergemeinden nach der Zahl der Haushaltungen aufgeteilt. Davon ausgenommen blieben damals die so genannten »Öden Plätze« oder auch »Kompromissplätze«. Sie dienten allen Gemeinden zur gemeinsamen Beweidung. Es handelte sich dabei um nasse, sumpfige, für eine Aufforstung ungeeignete Lagen. Das Schwarze Moos war damals mit seiner Größe von etwa 10 Hektar der größte dieser Kompromissplätze; heute ist es der einzig verbliebene Wiesenkomplex des Waldgebiets Weithart, der als extensive Mähwiese bewirtschaftet wird. Auf den erhöhten Parzellen im Nordosten erfolgt eine Zwei- bis Dreischnittnutzung, die tiefer gelegenen Flächen werden

nur einmal gemäht. Die Bewirtschaftung der einschürigen Wiesen regelt der Vertragsnaturschutz.

Begünstigt durch die Jahrhunderte lange extensive Bewirtschaftung haben sich auf den Flächen artenreiche Saum- und Wiesengesellschaften ausgebildet. Von diesen profitieren neben
zahlreichen konkurrenzschwachen Pflanzenarten
auch seltene Vertreter der Wirbellosenfauna. Im
Gebiet wurden fast 200 Pflanzenarten registriert,
einige davon sind landesweit gefährdet, wie das
hier noch recht häufige Sumpf-Blutauge. Schild-
Ehrenpreis und Sumpfquendel wachsen vor allem an den Gräben.

Eine reiche Insektenfauna mit vielen an
feuchte Lebensräume gebundenen und gefährdeten Arten belebt das Schwarze Moos. So kommt
hier der Braune Feuerfalter, der Sumpfgrashüpfer
und die Sumpfschrecke vor. An Libellen sind die
Frühe Adonislibelle, die Hufeisen-Azurjungfer
und die Herbst-Mosaikjungfer zu nennen. Je
nach Niederschlagsmenge variiert die Lebensraumqualität für Amphibien in den Wasser führenden Gräben von Jahr zu Jahr. Trotzdem sind
gute Bestände verschiedener Froscharten sowie
Berg- und Teichmolch im Gebiet vertreten.

Die Wiesennutzung im Gebiet wird derzeit
aus naturschutzfachlicher Sicht optimiert. Dabei
sollen die nordöstlichen Flächen weiter ausgehagert werden. Bei den Nasswiesen wird auf die
alljährliche Mahd geachtet, um deren Verbra-
chung zu verhindern. Eine alte Christbaumkultur
wurde bereits entfernt, sodass das Gebiet jetzt
wieder sein ursprüngliches offenes Erscheinungsbild hat. Die Waldränder sollen einen
naturnahen, stufigen Aufbau erhalten, ohne dass
vorgelagerte Gebüsche auf die Wiesenflächen
vordringen.

Schutzzweck ist die Erhaltung, Pflege und
Weiterentwicklung der landschaftstypischen und
kulturhistorisch bedeutenden Wiesenbiotope,
die als Lebens- und Rückzugsraum einer artenreichen Pflanzen- und Tierwelt dienen.

20 TAUBENRIED

Landkreis Sigmaringen: Gemeinde Ostrach,
Gemarkung Burgweiler
Naturraum: Donau-Ablach-Platten
Geschützt seit 1939, erweitert 1998
Fläche: 126,3 Hektar
Top. Karte 8021

Zwischen den Hochmoorgebieten des
Schwarzwaldes und der oberschwäbisch-ober-
bayerischen Hochebene zieht sich im Bodenseegebiet ein Streifen von Flach- und Zwischenmooren mit hochnordischen Lebensgemeinschaften
hin. Dazu gehört auch das nordwestlich von Pfullendorf liegende »Taubenried«, das Teile des
Harbachtales und des Andelbachtales umfasst.
Wegen seines ursprünglichen, floristischen
Reichtums und seiner Nähe zum Pfrunger Ried
mit dessen typischen Hochmoorgesellschaften ist
es von besonderem pflanzengeographischen und
historischen Interesse. Darum wurden bereits im
Jahr 1939 gut 47 Hektar im 635 m NN hoch gelegenen Taubenried als Naturschutzgebiet ausgewiesen. 1998 konnte diese Fläche auf 126,3 Hektar vergrößert werden und umfasst nun alle
wertvollen Lebensräume des Gebiets.

Bei dem Moor handelt es sich um ein typisches Versumpfungsmoor. Kaltzeitliches Bodenfließen verursachte hier große Rutschungen, die
mit ihren Erdmassen den Andelsbach zu einem
See aufstauten. Nach dem Abschmelzen der Gletscher lief dieser See zwar wieder aus, aber nun
speisten Quellen das Gelände mit soviel Wasser,
dass es nach und nach versumpfte. Aufgrund
massiver menschlicher Eingriffe durch Entwässerung und Intensivbewirtschaftung ist heute nur
noch an wenigen Stellen die natürliche und weitgehend ursprüngliche Vegetationsgliederung erkennbar. Als Beispiel sei die Braunseggengesell-
schaft genannt, ein Flachmoorverband, der hier
im Wesentlichen durch die den Zwischenmooren
nahe stehende nordische Gesellschaft der Faden-
segge vertreten ist.

In den vergangenen Jahrzehnten wurde das
Gebiet stark geschädigt. Weite Teile des Moors

Winterstimmung im NSG »Taubenried«. Grauweiden-
Faulbaum-Sukzessionsgebüsch und Schilf findet man
hauptsächlich auf ungenutztem Niedermoor oder
brachgefallenen Wiesen. J. REHBORN

wurden aufgeforstet oder im Zuge natürlicher
Sukzession mit Büschen und Bäumen besiedelt.
Durch die intensive landwirtschaftliche Bewirtschaftung der Riedwiesen sind wichtige Standorte seltener Pflanzen und Pflanzengesellschaften
verschwunden. So sind zum Beispiel auch die
ehemals üppigen Bestände der Strauch-Birke,
eines ausgesprochenen Kaltzeitrelikts, auf
wenige, kümmerliche Vorkommen zusammengeschrumpft. Zahlreiche Entwässerungsgräben und
flächenhaftes Abtorfen rund um das Kerngebiet
tragen dazu bei, dass die Flora trockener Standorte die ursprüngliche Moorvegetation verdrängt.

Trotz der menschlichen Eingriffe konnte sich
aber im Taubenried manche botanische Rarität
halten, und auch die Tierwelt weist hier noch immer ein breites Spektrum von Arten auf: 47 verschiedene Vögel, darunter so gefährdete Arten
wie der Neuntöter, rund 40 Tagfalterarten,
16 Heuschrecken- und sechs Libellenarten wur-

den bislang in diesen wertvollen Lebensräumen
nachgewiesen.

Nur intensive Landschaftspflege kann den
Verlust vieler Arten verhindern. Vor allem die
durch historische Formen der Landnutzung entstandenen Lebensräume müssen erhalten oder
sogar wieder hergestellt werden. Die Beseitigung
der Gehölze und die regelmäßige Mahd der Flächen führten auch im »Taubenried« zum Erfolg.
Mit dieser Strategie konnten wertvolle Pfeifengras-Streuwiesen und Hochstaudenfluren erhalten und regeneriert werden. Der Dornahof Altshausen und der BUND Pfullendorf bewährten
sich bei der Durchführung der Arbeiten als überaus engagierte Auftragnehmer der Naturschutzverwaltung. Mit diesen Partnern wird daher die
Gebietspflege weiterhin in noch stärkerem Maße
fortgeführt.

Das »Taubenried« genießt den besonderen
Schutz der Flora-Fauna-Habitat-Richtlinie im Natura 2000-Netzwerk der Europäischen Union.

Schutzzweck ist die Erhaltung und Optimierung des Rieds als Lebens- und Rückzugsraum
für zahlreiche Tier- und Pflanzenarten sowie der

Der Altwasserarm der Donau im NSG »Untere Au« ist von Uferweiden gesäumt. P. BERNERT

Erhalt und die Entwicklung von Pfeifengras-Streuwiesen und feuchten Hochstaudenfluren.

Hinweise für Besucher: An der Andelbachbrücke bei der Spitalmühle gibt es einen kleinen Parkplatz, von dem aus das Ried auf einem 4 km langen Rundweg begangen werden kann. Das Verlassen der Wege schadet den trittempfindlichen Moorflächen. Zum Schutz der in den Wiesen brütenden Vögel müssen Hunde an der Leine geführt werden.

21 UNTERE AU

Landkreis Sigmaringen: Stadt Sigmaringen, Gemarkung Laiz

Naturraum: Baaralb und Unteres Donautal

Geschützt seit 1992

Fläche: 20 Hektar

Top. Karte 7921

Von Fridingen bis Sigmaringen windet sich die Donau in vielen Schleifen durch ein enges Tal von beeindruckender landschaftlicher Schönheit. Dieser Abschnitt wird als die eigentliche Durchbruchstelle der Donau durch die Alb angesehen und als Oberes Donautal bezeichnet. An den Prallhängen bilden hier die harten Quaderkalke und Massenkalke des Weißen Jura hohe senk-

rechte Felswände. Aus den Wäldern an den Hängen schauen immer wieder mächtige Felsbänder und bizarre Einzelfelsen heraus. Aufgrund seiner Schönheit wurde das 570 m NN hoch gelegene Tal zum Naturpark »Obere Donau« sowie zum Landschaftsschutzgebiet »Donau- und Schmeiental« erklärt. Drei Kilometer westlich von Sigmaringen wurde um 1870 beim Bau der Bahnstrecke von Sigmaringen nach Balingen ein Altwasserarm von der Donau abgetrennt. Mit einer Länge von 1500 Metern ist er der größte Altarm am Oberlauf der Donau bis Ulm und wurde 1992 als Naturschutzgebiet »Untere Au« ausgewiesen. Nach seiner künstlichen Abtrennung blieb das Altwasser sich selbst überlassen, weswegen es in Teilbereichen zunehmend verlandete. Da aber das Gebiet auch heute noch zum Überschwemmungsbereich der Donau gehört, das bei Hochwasser durch einen Graben mit der Donau verbunden ist und über einige Quellen aus dem Prallhang gespeist wird, sind die offenen Wasserflächen nie ganz verschwunden.

Im Sommer bedeckt ein dichter Teichrosenteppich das Wasser. Daneben finden sich Bestände der Kleinen Wasserlinse und des Sternlebermooses. Am inneren, gleithangseitigen Ufer hat sich ein Weidengürtel entwickelt, der stellenweise von Schilf unterbrochen wird. Die alten, überhängenden Weiden bieten hervorragende An-

sitzwarten für Eisvögel, im Schilf brüten Teichrohrsänger, Sumpfrohrsänger und Rohrammer.
Am gegenüberliegenden Prallhang konnte sich
keine ausgesprochene Ufervegetation ausbreiten.
Dort steigt die Böschung steil an und geht direkt
in einen Laubmischwald über. Der von Nord nach
Süd verlaufende Abschnitt des Altarms wurde in
den 1970er-Jahren von der Stadt Sigmaringen frei
gebaggert. Dabei entstand im nördlichen Bereich
eine kleine Insel. Für viele Tierarten ist die enge
räumliche Nähe des Gewässers zu den Wärme
und Trockenheit liebenden Formationen des nach
Süden ausgerichteten Prallhangs interessant,
über den sich ein lichter Hangwald mit Fels- und
Steppenheidegesellschaften hinzieht. Diese Nähe
von besonnten Uferabschnitten zum Waldrand
begünstigt das Vorkommen der Gemeinen Winterlibelle, einer stark gefährdeten Libellenart.
Auch die Ringelnatter profitiert von dieser Le-
bensraumanordnung. Sie ist eine an Gewässer
gebundene Schlange, die sich auch in benachbarten Feuchtwiesen und lichten Wäldern aufhält.

Schutzzweck ist die Erhaltung und die Optimierung des naturnahen Stillgewässers mit seinen angrenzenden unterschiedlich strukturierten
Uferzonen sowie dem prallhangseitigen Gehölzbestand als Lebensraum für zahlreiche gefährdete
Tier- und Pflanzenarten.

Hinweise für Besucher: Am Ortsausgang
von Laitz, direkt am Schutzgebiet gelegen, gibt es
einen Parkplatz mit einer Hinweistafel, auf der
verschiedene Rundwanderungen vorgeschlagen
werden. Hier beginnt ein Weg, der oberhalb des
ca. 1,5 km langen Altarms an Waldrand und
Felsen entlang führt. Von dort aus ergeben sich
an einigen Stellen schöne Ausblicke auf das
Gewässer.

22 WALTERE MOOR

Landkreis Sigmaringen: Gemeinde und
Gemarkung Sauldorf
Landkreis Konstanz, Gemeinde Hohenfels,
Gemarkung Mindersdorf
Naturraum: Donau-Ablach-Platten
Geschützt seit 1986
Fläche: 97 Hektar
Top. Karte 8020

An der Grenze zum Oberschwäbischen Hügelland, zwischen Meßkirch und Stockach, liegt das
westlichste der oberschwäbischen Übergangsmoore. Es füllte eine flache, sich von Nordwest
nach Südost erstreckende Geländemulde auf.
Hier wurde 1986 auf einer Fläche von 97 Hektar
das »Waltere Moor« als Naturschutzgebiet ausgewiesen, durch das die ehemalige Grenze zwischen Baden und Preußen verläuft, die heute hier
die Grenze zwischen den beiden Regierungsbe-

In den dichten Moorwald
des NSG »Waltere Moor«
ragen von außen Sumpf-
wiesen. P. BERNERT

zirken Tübingen und Freiburg darstellt. Nur etwa ein viertel der geschützten Fläche befinden sich im Landkreis Sigmaringen. Das etwa 630 m NN hoch gelegene Moor bildete sich vor etwa 195 000 Jahren in der Grundmoränenlandschaft der Risskaltzeit durch Versumpfung. (Vgl. hierzu auch die Beschreibung in: Die Naturschutzgebiete im Regierungsbezirk Freiburg, Thorbecke, 2004.).

Von 1812 bis 1925 wurde in dieser ausgedehnten Moorlandschaft Torf abgebaut, was heute noch an den zahlreichen Torfabstichkanten und verlandeten Torfstichen erkennbar ist. Die ehemals bis zu 7,5 Meter mächtige Torfschicht ist deswegen heute maximal noch vier Meter dick. Bis in die Mitte der 1950er-Jahre nutzten die Bauern das Moor als Streuwiesen. Seit diese extensive Bewirtschaftung aufgegeben wurde, nahm die Bewaldung auf dem Brachland sukzessive um 20 Prozent zu, wobei sich der Moorwald, der auf den oberflächlich stark zersetzten Torfen wächst, stellenweise wieder in Richtung zum Hochmoor regeneriert. Diese Entwicklung ist erkennbar am Vorkommen verschiedener Bleichmoos-Arten, der Moorbeere und verschiedener Torfmoos-Arten.

Das Gelände ist unübersichtlich und schwer zugänglich. Auf rund 85 Prozent des geschützten Areals wachsen strukturreiche Moorwälder mit Fichte, Birke, Wald-Kiefer und Rauschbeere. Daneben trifft man Bruchwaldgebüsche mit Strauch-Birke (einem Relikt aus der Kaltzeit), Faulbaum und Erle an. Von den Rändern her wird das Moor strahlenförmig durch Sumpfwiesen sowie magere Schaf- und Rotschwingelwiesen gegliedert. In den ehemaligen Entwässerungsgräben breiten sich Bachröhrichte aus und auf den bodensauren Flachmooren wachsen die Pflanzengesellschaften des Braunseggensumpfes. Insgesamt hat man bereits 190 verschiedene Blütenpflanzen und 21 verschiedene Sporenpflanzen (Farne und Moose) in dem Schutzgebiet entdeckt. Ranken-Segge, Rundblättriger Sonnentau, Sumpf-Haarstrang, Herzblatt und Pracht-Nelke findet man vor allem in den Braunseggensümpfen und Pfeifengraswiesen der Randlagen des

Gebiets. Ihr Vorkommen in den blütenreichen Halbtrockenrasen ist durch die zunehmende Verbuschung dieser Bereiche gefährdet. Mit den Futterpflanzen Thymian, Vogel-Wicke, Sumpfhornklee oder Acker-Minze sind auch die hier lebenden unzähligen Schmetterlingsarten bedroht, wie beispielsweise Rotbraunes Wiesenvögelchen, Schwarzgefleckter Bläuling und der Blauäugige Waldportier.

Die Vogelwelt im Waltere Moor ist relativ artenarm, da ein hoher Flächenanteil des Gebiets aus Moorwald besteht, sodass Sumpf- und Watvögel nur spärlich vertreten sind. Trotzdem kann man etwa 40 Vogelarten beobachten, von denen 27 Arten im Gebiet brüten. Dazu gehören Greifvögel wie z. B. Sperber, Turmfalke und Mäusebussard, aber auch seltene Arten wie z. B. Rohrammer und Weidenmeise.

Die Pflege im Schutzgebiet beschränkt sich im Wesentlichen darauf, mit gezielten Eingriffen die noch offen gebliebenen Standorte, insbesondere die seltenen Braunseggensümpfe, vor der Bewaldung zu bewahren. Anders als die Niedermoore bedürfen die Hochmoore kaum einer Pflege. Aber für die Erhaltung des von vielen Entwässerungsgräben durchzogenen Moores ist es wichtig, seiner Austrocknung entgegenzuwirken, da nur noch wenige wachsende Hochmoorkomplexe vorhanden sind. Aus diesem Grund wurde in den letzten Jahren bereits mit Wiedervernässung durch Aufstau der Gräben begonnen. Es ist für den Naturschutz von großem Interesse, die Entwicklung im »Waltere Moor« zu beobachten; denn dieser Moor-Lebensraum ist wegen der hier vorkommenden, hochgradig gefährdeten Tier- und Pflanzenarten wie Schwarzstorch und Strauchbirke von Landesweiter Bedeutung.

Schutzzweck ist die Erhaltung des »Waltere Moor« als Moorlandschaft an der klimatisch bedingten nordwestlichen Grenze Oberschwäbischer Hochmoorvorkommen aufgrund der großen Biotopvielfalt und des Vorkommens zahlreicher seltener und zum Teil vom Aussterben bedrohter Tier- und Pflanzenarten.

23 WASENRIED

Landkreis Sigmaringen: Stadt Sigmaringen und
Gemeinde Bingen
Naturraum: Mittlere Flächenalb
Geschützt seit 1984
Fläche: 11 Hektar
Top. Karte 7821

Das NSG »Wasenried« bedarf intensiver Pflegearbeiten, um der drohenden Verbuschung des einst offenen Flachmoors entgegenzuwirken. P. BERNERT

Am nordöstlichen Stadtrand von Sigmaringen breitet sich in einer südlichen Ausbuchtung des Lauerttales das »Wasenried« aus, ein Flachmoor, das nach Nordosten hin von einem felsigen Höhenrücken, dem Hörnlesbühl, begrenzt wird. Diese Talaue, die in der Risskaltzeit (vor 195 000 Jahren) von den Eismassen des Rheinvorlandgletschers überdeckt war, gilt in ganz Südwestdeutschland aus verschiedenen Gründen als einmalig. Mit einer Torfmächtigkeit von elf bis zwölf Metern ist es eines der tiefsten Moore im weiten Umkreis. Es bietet somit beste Voraussetzungen für pollenanalytische Untersuchungen, die Aufschluss über die Vegetationsgeschichte geben können. Außerdem handelt es sich beim »Wasenried«, das 1984 unter Schutz gestellt wurde, wohl um das größte und am besten erhaltene Moor der Schwäbischen Alb im Regierungsbezirk Tübingen. Es liegt 610 m NN hoch.

Der östliche Teil des Flachmoores wurde lange Zeit landwirtschaftlich genutzt. Um das Jahr 1950 handelte es sich dort noch um mehrschürige Wirtschaftswiesen, die jedoch allmählich aufgegeben wurden und brach fielen. So konnten sich zunächst für Pfeifengraswiesen und Großseggenriede typische Pflanzenbestände ausbilden, die ohne Pflege rasch von geschlossenen Gehölzbestände ablösen würden. Dieser unerwünschten Entwicklung wird inzwischen durch regelmäßige Mahd begegnet. Der östliche Bereich des Moores ist bereits mit Sträuchern dicht überzogen, sodass man Großseggenriede und Pfeifengraswiesen nur noch auf kleinen, von Weidengebüsch umschlossenen Inseln findet. Zum Erhalt der Freiflächen und ihrer Pflanzenwelt ist hier nicht nur die Mahd sondern gleichzeitig auch die regelmäßige Zurücknahme der

Gehölze erforderlich. Auch in den ehemaligen Torfstichen entwickelte sich an manchen Stellen Gebüsch und Bruchwald, andere liefen mit Wasser voll. Diese Moorgewässer bieten einen günstigen Lebensraum für eine spezifische, heute teilweise bedrohte Libellenfauna. Besonders wertvoll sind dabei gut besonnte, am Ufer nicht durch Gehölze beschattete Tümpel. Daher werden häufig auch die Ränder der Moorgewässer von Büschen befreit. Die Gehölzpflege und die Mäharbeiten erledigen Landwirte im Auftrag der Naturschutzverwaltung.

Auf dem felsigen Hörnlesbühl, einem Weißjura-Rücken, der von ungeschichteten Schwamm-Algen-Kalksteinen – den so genannten Massenkalken der obersten Weißjura-Schicht – gebildet wird, wächst ein Laubmischwald, der forstwirtschaftlich genutzt wird. Im Südosten herrscht dort die Rotbuche vor, deren dichtes Laubdach so wenig Licht durchlässt, dass sich die Bodenvegetation nur spärlich entwickeln kann. Im Nordwesten dagegen wächst ein Wald aus verschiedenen Baum- und Straucharten mit einer teilweise üppigen Krautschicht.

Der Höhenrücken bildet eine landschaftliche Einheit mit dem Moor. Der reizvolle Wechsel von trockenen Standorten auf dem Hörnlesbühl und feuchten des Moores erhöht die Vielfalt der Lebensbedingungen in diesem Gebiet und damit auch die Zahl der hier lebenden, zum Teil seltenen Tier- und Pflanzenarten. Das ganze Laucherttal ist von beeindruckender landschaftlicher Schönheit. So zeigt es sich etwa im Bereich des »Weitenrieds« offen, beim »Bittelsschießer Täle« dagegen verengt es sich zu einer Felsschlucht. Außerdem ist das Tal zumindest auf einigen Abschnitten nicht für den Autoverkehr erschlossen, sodass der Wanderer hier von Lärm und Abgasen verschont bleibt. Eine Gefahr für das »Wasenried« könnte freilich auch die Schutzverordnung nicht bannen: Von einer ehemaligen Mülldeponie der Stadt Sigmaringen und deren Sickerwässern geht eine latente Bedrohung für das Moor aus.

Schutzzweck ist die Erhaltung eines Flachmoores mit einem in die Moorvegetation hineinragenden felsigen Waldrücken. Aus der Vielfalt der im Gebiet vorhandenen Lebensräume – der Höhenrücken mit seinen trockenen Standorten kontrastiert zum Moor mit seinen Feuchtlebensräumen – ergibt sich ein großer Artenreichtum.

Hinweise für Besucher: Die Naturschutzverordnung gestattet das Betreten und das Befahren des nicht durch Wege erschlossenen Gebiets nur denen, die zur Nutzung und Pflege berechtigt sind. Besucher sollten daher die störungsempfindlichen Lebensräume nur von den Wegen aus betrachten, die am Ried entlang führen. Beide Grenzwege beginnen am Bahnübergang bei der östlich des Haltepunkts Hanfertal gelegenen Verladerampe.

24 ZIELFINGER VOGELSEE

Landkreis Sigmaringen: Stadt Mengen, Gemarkung Rulfingen
Gemeinde und Gemarkung Sigmaringendorf
Naturraum: Donau-Ablach-Platten
Geschützt seit 1992
Fläche: 49,5 Hektar
Top. Karte 7921

Die Ablach, die bei Mengen in die Donau mündet, folgt mit ihrem heutigen Flussbett einer Schmelzwasserrinne aus der späteren Würm-Kaltzeit. Der geologische Untergrund besteht aus spät- und nachkaltzeitlichen Flussschottern, die im 570 m NN hoch gelegenen Talbereich nordöstlich von Krauchenwies bis 1973 in beträchtlichem Umfang abgebaut wurden. Dabei entstanden mehrere große Baggerseen, die durch Dämme voneinander getrennt sind. Diese Wasserflächen entwickelten sich bald zu einem bedeutsamen Nahrungs- und Rastbiotop für viele, zum Teil vom Aussterben bedrohte Vogelarten. Nach dem Ende des Kiesabbaus wurde der mittlere der drei größten Seen, die dicht nebeneinander liegen, zum Naturschutzgebiet erklärt, um den Tieren Rückzugsmöglichkeiten vor den vielen Erholungssuchenden zu bieten.

Dieser so genannte »Zielfinger Vogelsee« hat eine Wasserfläche von rund 33 Hektar. Das Schutzgebiet umfasst auch die Uferzonen und kommt damit auf eine Fläche von etwa 50 Hektar. Das flache Nordufer des Sees wurde abschnittsweise mit Gehölzen bepflanzt, am südlichen Ufer wachsen vorwiegend Weiden. Auf den offenen Wasserflächen tummeln sich verschiedene Taucher- und Entenarten, die in den Verlandungszonen mit Röhrichtbeständen sowohl Brutstätten als auch Nahrungsreviere finden. Auf den vegetationslosen Schlick- und Kiesbänken sucht eine Vielzahl anderer Wasservögel nach Futter. Ein künstlich angelegtes Steilufer wurde vom Eisvogel zur Anlage seiner Niströhre ebenso akzeptiert wie ein Nistfloß von den Flussseeschwalben. Neben den Vögeln trifft man auch Amphibien, Libellen und viele Wasser-

Entstanden durch Kiesabbau im Abblachtal hat sich der Zielfinger Vogelsee sehr schnell zu einem bedeutenden Rast- und Brutplatz für Wasservögel entwickelt. Das NSG kann auf einem Wanderweg, der als Lehrpfad gestaltet ist, umrundet werden. Es gibt dort einiges zu erfahren über die Besonderheiten des Gebietes, vor allem über die Vogelwelt. P. BERNERT

insekten in diesem von Menschenhand geschaffenen Lebensraum an.

Schutzzweck ist die Erhaltung des Baggersees als Brut-, Nahrungs- und Rastbiotop für zahlreiche Tierarten sowie als Lebensraum für viele Pflanzenarten.

Hinweise für Besucher: Am südlichen Ortsausgang von Zielfingen befinden sich in Höhe der Straßenabzweigung in Richtung Mengen Parkmöglichkeiten entlang der Güterbahnstrecke. Nach Überquerung von Straße und Bahngleisen in Richtung Strandcafé erreicht man einen befestigten Weg, der entlang dem Zielfinger »Surfsee« nach Westen zum NSG führt und in einen unbefestigten Weg mündet. Störungen führen bei Wasservögeln zu Stress, der eine Verringerung der Nahrungsaufnahme oder die Aufgabe der Brut zur Folge haben kann. Deshalb soll das Schutzgebiet absolute Ruhe genießen. Aktivitäten wie Angeln, Schwimmen, Surfen oder Grillfeste sind ganzjährig verboten, die zwei großen Nachbarseen stehen den Erholungssuchenden voll zur Verfügung.

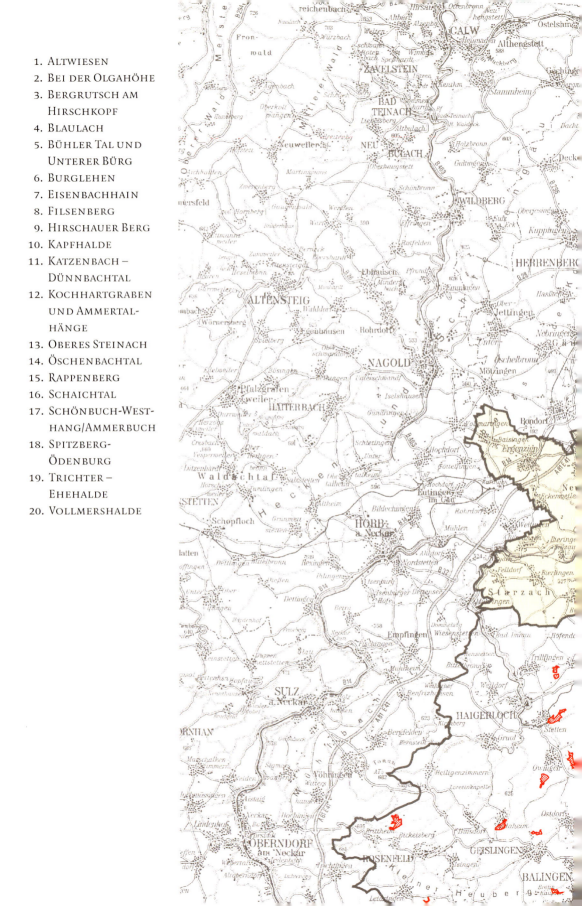

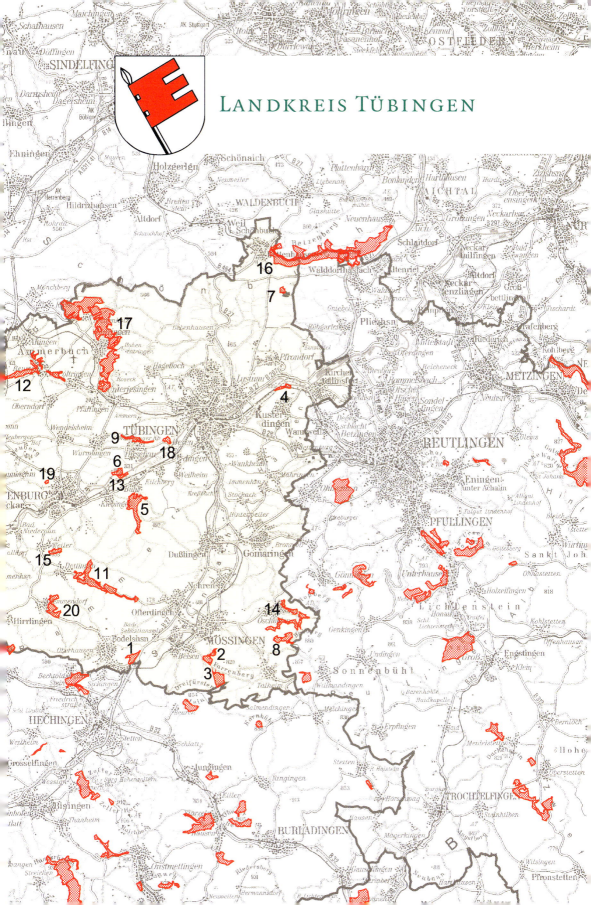

LANDKREIS TÜBINGEN

1 ALTWIESEN

Landkreis Tübingen: Gemeinde und Gemarkung
Bodelshausen
Naturraum: Südwestliches Albvorland
Geschützt seit 1997
Fläche: ca. 23 Hektar
Top. Karte 7619 und 7620

Das ebene bis flach geneigte Naturschutzgebiet »Altwiesen« liegt östlich von Bodelshausen
auf einer Meereshöhe von 500 m NN und grenzt
an die B 27. Der geologische Untergrund besteht
aus den unteren Schichten des wasserzügigen
Opalinustons im Braunen Jura.

Den Kernbereich bilden frische bis feuchte extensiv genutzte Wiesen, die von zwei Gräben mit
schmalen Hochstaudensäumen durchzogen werden. Gräben und Bäche waren im 19. Jahrhundert
typisch für ein Quellgebiet auf der Wasserscheide.
Zwischen diesen beiden Gräben und bis in die
feuchten Bachkratzdistel-Wiesen wachsen ausgedehnte Trollblumenbestände. Die Trollblume gehört landesweit zu den gefährdeten Pflanzenarten
auf der Roten Liste Baden-Württembergs. Im
Zentrum der Wiesen liegt eine 3000 Quadratmeter große, unbewirtschaftete Senke mit Hochstauden, Seggen und Waldsimsen. Sie ist als
Rückzugsfläche für die auf Hochstauden angewiesenen Heuschreckenarten wie das Große

Heupferd und die Große Goldschrecke sehr bedeutsam. Im Westteil sind einige Parzellen mit
Fichten und Pappeln aufgeforstet. Nahe dem
Quellbereich des Wiesentalbaches im Westen
wurde in den 1970er-Jahren ein Tümpel angelegt,
der Lebensraum für viele Amphibienarten bietet.
Besonders bemerkenswert ist hier das Vorkommen des stark gefährdeten Laubfroschs.

Bei stichprobenartigen faunistischen Untersuchungen wurde ein beachtlicher Reichtum an
verschiedenen Tagfalter-, Heuschrecken-, Libel-
len- und Wanzenarten beobachtet. Darunter sind
einige Arten, die auf der Roten Liste Baden-Württembergs stehen. Allein 27 verschiedene Wanzenarten wurden gefunden. Von 10 Libellenarten,
die hauptsächlich am angelegten Tümpel vorkommen, ist die landesweit stark gefährdete
Glänzende Binsenjungfer eine Besonderheit. Bei
den Tagfaltern ist der für Feuchtwiesen charakteristische Kleine Feuerfalter erwähnenswert. Der
gefährdete Wiesengrashüpfer, der vorzugsweise
auf mäßig feuchten Wiesen lebt, zählt zu den
neun Heuschreckenarten, die das Gebiet bereichern.

Schutzzweck ist die Erhaltung und Pflege der
Frisch-, Feucht- und Nasswiesengesellschaften
mit ihren reichen Trollblumenvorkommen als
Lebensraum für viele seltene Pflanzen- und Tier-
arten, die in dieser Ausprägung und Größe im
Landkreis Tübingen eher selten sind.

Hochstaudenfluren be-
gleiten die Gräben in
den extensiv genutzten
Feuchtwiesen im
NSG »Altwiesen«.
E. STEINBRUNN

Auf dem Farrenberg ist ein Stück Albhochfläche als Tafel erhalten geblieben. Am Fuß des Berges liegen die geschützten Streuobstwiesen des NSG »Bei der Olgahöhe«.
PROJEKTFOTO SACH

Hinweise für Besucher: Das Naturschutzgebiet ist nur über landwirtschaftliche Wege erreichbar und erschlossen. Diese können von Spaziergängern benutzt werden. Die Flächen selbst aber dürfen zum Schutz der schonungsbedürftigen Pflanzen- und Tierwelt nicht betreten oder befahren werden.

2 BEI DER OLGAHÖHE

Landkreis Tübingen: Stadt und Gemarkung Mössingen

Naturraum: Mittleres Albvorland

Geschützt seit 1999

Fläche: ca. 25 Hektar

Top. Karte 7620

Der Rand der Albtafel bei Mössingen wird von vielen kurzen, steilen und schluchtartigen Quelltälern der Steinlach zerschnitten und aufgelöst, zwischen denen Sporne und Tafeln als Zeugenberge stehen blieben. Nur schmale Hälse verbinden die Sporne mit dem Albkörper, sodass diese Zeugenberge isoliert vor der Schichtstufe stehen.

Der Farrenberg ist ein solcher Zeugenberg, auf dem sich ein Stück der Albhochfläche in Form einer Tafel unverändert erhalten hat. Das ca. 26 Hektar große Naturschutzgebiet »Bei der Olgahöhe« liegt knapp 1 Kilometer südöstlich von Mössingen und erstreckt sich in einer Höhenlage zwischen 515–600 m NN über die unteren Hänge des Farrenbergs. Die untere Braunjuraschicht besteht hier aus sandigen Tonen und Mergeln und schließt oben mit einer Kalksandsteinbank (Blaukalk) ab. Der widerstandsfähige Blaukalk markiert im Bereich der Olgahöhe eine markante Schichtstufe, auf die dunkelgraue Tonsteine und eisenoolithische Kalkmergel folgen. Der Abbau von Blaukalk in den 1930er-Jahren ist heute noch an manchen Stellen im Gebiet sichtbar.

Das Naturschutzgebiet ist Teil eines ausgedehnten Streuobstgürtels der weniger steilen Hangbereiche am Albtrauf zwischen Belsen und Öschingen. Für den Naturraum »Mittleres Albvorland« stellen die Streuobstwiesen einen wesentlichen und schützenswerten Biotoptyp dar. In den steileren Hangbereichen gehen die mageren Streuobstwiesen in Magerrasen über, bevor diese zu den anschließenden Hangwäldern überleiten.

Die besonders wertvolle Kernzone besteht aus zwei größeren voneinander getrennten Magerrasenflächen mit Obstbäumen am steilen Südwesthang der Olgahöhe sowie einer schmalen straußgrasreichen Fiederzwenkenweide im Nordosten des Gebiets. Sie beherbergt landesweit gefährdete Pflanzenarten wie z. B. den Frühlings-Enzian, den Blassgelben Klee, die Weiße Braunelle, die Bienen-Ragwurz, die Kugelige Teufelskralle, das Bleiche Knabenkraut, die Grünliche Waldhyazinthe und das stark gefährdete Kleine Knabenkraut.

Zwischen diesen beiden Bereichen liegen magere Obstbaumwiesen mit einer Vielzahl an Obstsorten mit unterschiedlicher Altersstruktur und in unterschiedlichem Pflegezustand. Hecken, Baumgruppen, Sträucher, auch kleinflächige nasse und quellige Bereiche durchsetzen die Streuobstflächen. Als bereichernde Strukturelemente und besonders schützenswert durchziehen mehrere naturnahe Bachläufe mit begleitenden Erlen-Eschenwäldern und darin integrierten kleinflächig auftretenden Riesenschachtelhalm-Bereichen die Gebietsflächen auf einer aufgeschwemmten Talsohle. Zwei ständig wasserführende Bachläufe mit klingenartigem Charakter und durchgehendem Galeriewald durchfließen das Gebiet im Süden und Norden. Im Norden befindet sich zusätzlich ein nur temporär wasserführender Bach, an dessen Ufer nasse Staudenfluren in reizvollem Wechsel mit bachbegleitenden Gehölzen stehen.

Aus ornithologischer Sicht haben die Streuobstwiesen mit einem Baumbestand von unterschiedlicher Altersstruktur und ausreichendem Bruthöhlenangebot eine hohe Bedeutung. Dies gilt besonders für die beiden landesweit stark gefährdeten Arten Halsbandschnäpper und Wendehals. Dieser hat seinen Verbreitungsschwerpunkt im Landkreis Tübingen. Zudem finden die gefährdeten Arten Gartenrotschwanz und Neuntöter im Gebiet gute Brutbedingungen. Eine beachtliche Vielfalt weisen die Tagfalter auf. In den Magerrasen des Nordteils kommt das landesweit gefährdete Rotbraune Wiesenvögelchen vor. An schattigen Waldrändern und entlang der Erlen-

Eschenwälder fliegt der landesweit stark gefährdete Blauschwarze Eisvogel. Die wärmeexponierten Magerrasen beherbergen eine Vielfalt an Heuschrecken und Reptilien.

Der überwiegende Grünland-Anteil des Gebiets wird extensiv genutzt. Häufig kommen Mischnutzungen aus Mahd und nur sporadischer Schafbeweidung vor. Vergleichsweise wenige Parzellen werden ausschließlich gemäht wie z. B. die zum Teil artenreichen und blumenbunten, ertragreichen Wiesen im Süden. Besonders schwer zugängliche Flächen liegen brach.

Schutzzweck ist die langfristige Erhaltung der Kulturlandschaft mit ihrer vielfältigen Fauna und Flora. Insbesondere schützenswert sind die Streuobstbestände, die Magerrasen, die Erlen-Eschenwälder an Fließgewässern, die Quellsümpfe und nassen Staudenfluren.

Hinweise für Besucher: Durch das Gebiet führt ein gut zu begehender Schotterweg, von dem aus man nicht nur einen Eindruck vom Naturschutzgebiet bekommt, sondern auch einen schönen Blick ins Steinlachtal, über den Rammert und den Schönbuch bis an den Gäurand, bei guter Fernsicht sogar bis in den Schwarzwald hat. Das Steinlachtal wird von dem Flüsschen Steinlach durchzogen, das dem Tal bis nach Tübingen hinab seinen Namen gibt. Besonders reizvoll ist ein Spaziergang durch die Streuobstwiesen im Frühjahr zur Zeit der Obstbaumblüte.

3 BERGRUTSCH AM HIRSCHKOPF

Landkreis Tübingen: Stadt Mössingen, Gemarkung Talheim

Naturraum: Mittlere Kuppenalb

Geschützt seit 1988

Schonwald seit 1987

Fläche: 39,4 Hektar

Top. Karte 7620

Das Naturschutzgebiet »Bergrutsch am Hirschkopf« ist ein ausgedehntes Bergrutsch-Gelände südlich von Mössingen und liegt an einem nach Norden ausgerichteten Hang des Albtraufs.

Stufenbildner sind im oberen, steilen Hangbereich die Kalkschichten des Weißen Jura. Die flacheren, unteren und mittleren Hangbereiche werden von den morphologisch weicheren Gesteinen des Braunen Jura aufgebaut.

Der spektakuläre Bergrutsch ereignete sich am 12. April 1983, nachdem es zuvor tagelang heftig geregnet hatte. Dabei saugten sich die Tonschichten des Braunen Jura mit Wasser voll, bis sie schließlich eine schmierige Gleitschicht für die aufliegenden Kalkbänke des Weißen Jura

bildeten. Vier Millionen Kubikmeter Gesteinsmasse rutschten damals in einer Breite von 500 Metern und auf einer Fläche von knapp 71 Hektar zu Tal und drängten den am Hangfuß entlang fließenden Buchbach nach Norden ab. Der größte Teil der Rutschfläche war Laubmischwald.

In seiner Ausdehnung stellt dieser Bergrutsch ein einmaliges Naturereignis dar, das für Geologen ein hervorragendes Lehrbeispiel für die rückschreitende Erosion des Albtraufs liefert und auch für botanische und zoologische Untersuchungen ist das Rutschgebiet von unschätzbarem Wert.

Das fast 40 Hektar große Naturschutzgebiet besteht aus vier sehr unterschiedlichen Lebensräumen: oben ein verlagerter Rücken aus Bergkies, auf dem der ursprüngliche Mischwald erhal-

Am 12.4.1983 wurden am Albtrauf bei Mössingen durch die massive Kraft der rutschenden Gesteinsmassen ca. 70 Hektar Wald geknickt oder versetzt. Das Luftbild vom NSG »Bergrutsch am Hirschkopf« wurde 1992 fast 10 Jahre später aufgenommen. M. GROHE

ten blieb, darunter die steilen Kanten und tiefen Gräben des Abrisses, dann eine zunächst vegetationslose Kieswüste und schließlich das Gelände mit zusammengeschobenen Erdmassen und umgefallenen Bäumen.

Die Kieswüste aus Tonen und Weißjura-Schottern bildete anfangs eine »biologische Nullfläche«, da sie weder eine Humusdecke besaß noch von Pflanzen oder Tieren besiedelt war. Das Gelände ist somit ein Modellbeispiel für die fortschreitende Entwicklung der Pflanzenwelt von der ersten Pionierbesiedlung bis zum Wald. Nur selten kann man eine solche natürliche Sukzession auf einem derart großen Gebiet beobachten, weshalb hier jeder Eingriff – selbst zur Pflege – dem Schutzzweck widerspricht. Die Sukzession der Vegetation ist inzwischen bereits weit fortgeschritten und wird von der Universität Tübingen mit vielen wissenschaftlichen Arbeiten genau verfolgt.

Die ersten Pflanzen, die sich wieder ansiedeln konnten, waren Huflattich, Großblütige Königskerze, Wasserdost, Wald-Weidenröschen und Jakobs-Greiskraut. Jedoch von Anfang an keimten auch Waldbäume wie Fichten, Eschen, Schwarz-Erlen und Stiel-Eichen. Die Geröllhalde mit der sich langsam einstellenden Vegetation bildet einen ganz besonderen Lebensraum für Tierarten, die an offene, ungestörte Flächen angepasst sind. Schon im ersten Jahr nach dem Rutsch wanderten zahlreiche Arten aus den Gruppen der Springschwänze, Schnecken, Spinnen, Tausendfüßler, Wanzen, Käfer und Amphibien ein. Bei den Käfern wurden bereits nach wenigen Jahren immerhin sieben Arten der Roten Liste nachgewiesen. Die zwölf kleinen Tümpel, die bei dem Erdrutsch entstanden sind, beheimaten inzwischen eine Vielzahl gefährdeter Amphibien, so zum Beispiel Erdkröten, Gelbbauchunken, Wasserfrösche, Grasfrösche, Bergmolche und Feuersalamander.

Schutzzweck ist die Erhaltung des ausgedehnten Bergrutschhangs mit Felspartien, Geröllhalden und Schotterflächen für eine ungestörte, natürliche Wiederbesiedlung mit seltenen Pflanzen und Tieren.

Hinweise für Besucher: Da man dem Gebiet eine ungestörte Neuentwicklung ermöglichen will, dürfen sich Besucher nur auf den befestigten Wegen bewegen. Aus der Ferne kann man sich aber vom Farrenberg aus einen guten Überblick über den Rutschhang verschaffen.

4 BLAULACH

Landkreis Tübingen: Gemeinde Kusterdingen
Universitätsstadt Tübingen, Gemarkung Lustnau
Naturraum: Schönbuch und Glemswald
Geschützt seit 1990
Fläche: 12 Hektar
Top. Karte 7420

Der letzte bedeutende Altarm des Neckars im Kreis Tübingen, die Blaulach, liegt am südlichen Gleithang des Neckarbeckens zwischen Tübingen und Kirchentellinsfurt. Zerschnitten durch die Bahnlinie von Stuttgart nach Tübingen war das Gebiet für die Landwirtschaft nur schwer zugänglich und so gut wie wertlos.

Das alte Flussbecken wird bei Überschwemmungen vom Neckar und sonst von dem Blaulach-Bach mit Wasser versorgt. Im nordwestlichen Teil des Altarms versickert es dann wieder in Richtung Neckar. Bei wechselnder Breite und abgestuften Fließgeschwindigkeiten (bis hin zum stehenden Wasser) bietet die Blaulach in ihrem jetzigen naturnahen Zustand viele unterschiedliche Kleinlebensräume, in denen sich eine beeindruckende Artenfülle entwickeln konnte. Deren Erhaltung ist aber nur möglich, wenn keine Eingriffe in das Gewässer (Entschlammung, Vertiefung oder Aufstauung), seine Ufergestalt und den Gehölzbewuchs (übermäßiges Auslichten) erfolgen.

Die Blaulach ist eingesäumt von Schilfröhricht, Steif- und Wunderseggenried sowie einem schmalen Gürtel von Weichholzauenwald. Sie wurde vor allem wegen ihres ungewöhnlich artenreichen und unbedingt erhaltenswürdigen Fischbestandes unter Schutz gestellt. Viele vergleichbare Gewässer beheimaten heute meistens

Das NSG »Blaulauch« im Neckartal erscheint undurchdringlich, fast wie ein Urwald. Der Wasserstand schwankt beachtlich im Lauf des Jahres. C. Koss

nur noch wenige Kleinfischarten. Neben den Fischen tummeln sich auch zahlreiche Amphibien (unter anderem Feuersalamander), Reptilien, Vögel, Fledermäuse, Schmetterlinge und Schnecken in dem Schutzgebiet. Auf ihre Lebensbedingungen wirkt sich der im Süden angrenzende Hangwald besonders günstig aus.

Schutzzweck ist im Wesentlichen die Erhaltung und Verbesserung eines Neckaraltarmes mit seiner naturnahen Wasser-, Sumpf- und Ufervegetation sowie seiner Fauna.

Hinweise für Besucher: Der langgezogene Altarm liegt am Radweg von Tübingen nach Kirchentellinsfurt auf der rechten Seite kurz vor Kirchentellinsfurt. Das Schutzareal ist störungsempfindlich und deshalb nicht zugänglich. Alte, vielfach verzweigte Weidenbäume kennzeichnen aber seinen Verlauf. Wenn im Frühjahr die Bepflanzung auf den Wiesen und Äckern noch niedrig ist, kann man bei einer Wanderung oder Radtour durchs Neckartal im Gelände noch besonders gut Mulden und Vertiefungen erkennen. Diese Geländeformen zeigen, wie sich früher der Neckar durchs Tal schlängelte.

5 BÜHLER TAL UND UNTERER BÜRG

Landkreis Tübingen: Stadt Rottenburg,
Gemarkungen Kiebingen und Rottenburg
Stadt Tübingen, Gemarkung Bühl
Naturraum: Schönbuch und Glemswald
Geschützt seit 1993
Fläche: 78,5 Hektar
Top. Karte 7519 und 7520

Das Bühler Tal liegt südwestlich von Tübingen, im Übergang zwischen dem großen Waldgebiet des Rammert und der offenen Kulturlandschaft des Neckartals. Das Naturschutzgebiet umfasst die tief in die Keuperschichten des Rammert eingeschnittene Aue des Bühlertal-Baches bis zu seinem Austritt in die Neckarebene. Dort verbreitert sich die Schutzzone zunehmend und greift auf die seitlichen Hänge über. Der größte Teil der Aue und der unteren Hangbereiche liegt auf einer Höhe von etwa 350 bis 400 m NN in den mächtigen Gipskeuper-Schichten, die im Tal jedoch von Auelehmen überlagert werden. Kleinräumig kommen auch Schilfsandstein und Bunte Mergel vor.

Der naturbelassene, klare und saubere Niederungsbach mäandriert in weiten Schleifen durch

Die abwechslungsreiche Struktur des Bühlertalbachs mit wechselnden Sedimenten und unterschiedlicher Strömung ist Voraussetzung seiner reichen Fauna.
S. Kracht

das Bühler Tal und bietet einen Lebensraum, wie er andernorts nach der allgemeinen Verbauung und Regulierung von Flüssen nur noch selten zu finden ist. Die Larven von Köcherfliegen, Eintagsfliegen und Bachflohkrebsen mit zum Teil ganz verschiedenen ökologischen Ansprüchen bilden die Nahrungsgrundlage für Bachforelle, Groppe und das sehr selten gewordene Bachneunauge. Sie alle benötigen nahezu unbelastetes Wasser.

Etwa ein Viertel des gesamten Schutzgebiets wird von Nasswiesen mit Trollblumen, Teufelsabbiss, Sumpfdotterblume und Blut-Weiderich und artenreichem Galerie-Wald oder gar Auwaldresten eingenommen. Diese Bereiche zählen allesamt zu den gefährdeten Feuchtgebietsbiotopen, die besonders wegen ihrer engen Vernetzung für die Pflanzen- und Tierwelt von hoher Bedeutung sind und für stark bedrohte Amphibien und Reptilien (so etwa Gelbbauchunke und Ringelnatter) attraktiv sind.

Im nördlichen Teil des Gebietes wird das ökologische Angebot durch trockenere Habitate bereichert. Streuobstwiesen bestimmen hier das

Landschaftsbild zwischen dem Dorfrand des Tübinger Teilorts Bühl und den bewaldeten Hängen des Rammert und bieten Lebensraum für die auf alte Bäume angewiesenen Vogelarten wie z. B. Wendehals und verschiedene Spechtarten. Diese Salbei-Glatthaferwiesen und die bis zu den Waldmänteln reichenden Wiesenbrachen tragen wesentlich zum besonderen Reichtum der Insektenfauna in diesem Schutzgebiet bei. Biologen haben bei ihren Bestandsaufnahmen im Bühler Tal insgesamt 771 Insektenarten aus zehn verschiedenen Ordnungen erfasst – darunter 200 Schmetterlingsarten, von denen 39 landesweit als gefährdet gelten.

Mit behutsamer Pflege müssen alle Wiesenbereiche durch Entbuschung, Mahd und Beweidung offen gehalten werden, wobei das Mähgut aus dem Schutzgebiet entfernt werden soll. Außerdem will man alle Nadelhölzer langfristig durch standortgerechte heimische Laubhölzer ersetzen.

Schutzzweck ist die Erhaltung der überkommenen, offenen Kulturlandschaft mit gemähten, ungedüngten, nassen bis trockenen Wiesen, Streuobstbeständen mit alten Hochstämmen, dem frei mäandrierenden Bach mit seinem natürlichem Galeriewald und mit Laubmischwald, der dank seiner Vielgestaltigkeit und Größe ein bedeutendes Refugium für seltene Pflanzen und Tiere darstellt.

Hinweise für Besucher: Die alten Streuobstwiesen mit ihren hochstämmigen Obstbaumsorten sind sowohl kulturelles Erbe als auch ökologisch hochwertiger Lebensraum. Ein besonderer landschaftlicher Reiz geht von ihnen im Frühjahr zur Zeit der Obstbaumblüte aus.

Es führt ein Spazier- und Radweg vom Sportplatz Bühl aus durch das Tal.

6 Burglehen

Landkreis Tübingen: Stadt Rottenburg
Gemarkung Rottenburg und Kiebingen
Naturraum: Schönbuch und Glemswald
Geschützt seit 1989
Fläche: 16,3 Hektar
Top. Karte 7519

Wie das Schutzgebiet »Oberes Steinach« liegt auch diese Kiesgrube mit ihren dazugehörigen Schlammabsetzbecken im weiten Neckartal zwischen Rottenburg und Tübingen, allerdings nicht südlich sondern direkt gegenüber, nördlich vom Neckar im Rottenburger Gewann Burglehen.

Bis ins 18. Jahrhundert mäandrierte der Neckar frei und in weiten Schleifen durch diesen Talabschnitt, der deshalb von zahlreichen Schlingen und Altwasserarmen, von Uferabrissen und Aufschüttungen geprägt war. Zudem wurden im Frühjahr weite Bereiche des Tales regelmäßig überschwemmt. An diesem nahrungsreichen Flusslauf rasteten seit prähistorischen Zeiten die Zugvögel auf ihrem Weg in die Brutgebiete des Nordens und zu den Winterrastplätzen im Süden. Von 1779 bis 1966 führten allerdings die Begradigung des Neckarbetts sowie der Bau von Stauwehren und Kraftwerken zum Verlust dieses na-

türlichen Flusssystems. Erst mit der Anlage von Baggerseen weiteten sich die Wasserflächen im Tal wieder aus und damit nahm auch dessen Bedeutung für die Vogelwelt wieder zu.

Außer der freien Wasserfläche bietet der Baggersee »Burglehen« Kies- und Schlickflächen, zum Teil steile Lehm-, Sand- und Schotterufer, Inseln, Ruderalfluren und Schilfbestände. Damit ist dieses Gebiet für Brutvögel im Sommer sowie für Durchzügler im Herbst und im Frühjahr ein idealer Nahrungsbiotop. Hier konnte sich beispielsweise eine Kolonie Uferschwalben in den Steilufern einnisten, die 1983 mit 125 Paaren ihren Höchststand erreichte. Seit 1914 hatte man in der Umgebung Tübingens keine brütenden Uferschwalben mehr beobachten können.

Zahlreiche wissenschaftliche Arbeiten belegen die internationale Bedeutung der beiden Baggerseen »Burglehen« und »Oberes Steinach« – hauptsächlich für die 60 Vogelarten, die dort brüten, und für weitere 60 Arten, die das Gebiet als Rastplatz benötigen. Diese Biotope aus zweiter Hand sind aber auch Lebensraum für gefährdete Amphibien, Reptilien und zahlreiche Insekten. Bedroht wird der Artenreichtum vor allem im Sommer durch Freizeitnutzer, die zum Beispiel die Vogelbrut in Schilf und Gebüsch stören oder hier illegal baden.

Als Lebensraum für Fische, Vögel und zahlreiche Insekten genießt der Baggersee Burglehen im Neckartal bei Rottenburg umfassenden Schutz. Im Hintergrund der Wurmlinger Berg mit seiner berühmten Kapelle.
S. Kracht

Schutzzweck ist die Erhaltung eines im Zusammenhang mit dem Naturschutzgebiet »Oberes Steinach« stehenden überregional bedeutsamen Brut-, Ruhe- und Rastplatzes für die Vogelwelt.

Hinweise für Besucher: Das Naturschutzgebiet liegt im Betriebsgelände des Kieswerkes und ist nicht zugänglich. Es gibt aber einen Wanderweg zwischen NSG und Neckar. Der Rekultivierungsplan sieht vor, dass nach Beendigung des Kiesabbaues am Rand des Baggersees für Besucher Aussichtsmöglichkeiten geschaffen werden, die dann eine störungsfreie Beobachtung der Vogelwelt erlauben.

7 EISENBACHHAIN

Landkreis Tübingen: Gemeinde Dettenhausen

Naturraum: Schönbuch und Glemswald

Geschützt seit 1937

Bannwald seit 1937

Fläche: 8,3 Hektar

Top. Karte 7420

Hervorgegangen aus einem ehemaligen »Hutewald«, in dem die Bauern ihre Schweine und Rinder auf Futtersuche schickten, ist der 8,3 Hektar große, seit 1937 geschützte »Eisenbachhain« bei Dettenhausen das älteste Naturschutzgebiet im 120 Quadratkilometer großen Schönbuch. Über 300jährige Eichen, rund 200jährige Weidbuchen sowie zahlreiche alte Hängebirken und einzelne Hainbuchen zeigen dort noch heute, wie früher alte Waldbestände ausgesehen haben mögen, die beweidet wurden. An einigen Stellen signalisiert der starke Bodenbewuchs mit Reitgras, Rasen-Schmiele und Seegras, dass diese Art der Bewirtschaftung schon lange aufgegeben wurde.

Junge Bäume kamen anfangs in dem Gebiet kaum auf, weil der dichte Wurzelfilz der Bodendecker den Keimlingen von Eichen und Buchen keine Chancen ließ. Dies hat sich allerdings zwischenzeitlich geändert. An manchen Stellen sind einzelne Baumgreise der Eichen und Buchen zusammengebrochen und haben den aufgerissenen, gut belichteten Boden freigegeben. Dort konnten vor allem Buchenkeimlinge aufwachsen, sodass heute häufig dicht stehende, schlank aufgewachsene Rotbuchen den Unterwuchs für die noch vorhandenen alten Baumriesen bilden. Die alten, mächtigen Buchen und Eichen bieten gute Nistmöglichkeiten für Habicht, Sperber, Hohltaube, Grauspecht, Schwarzspecht, Buntspecht, Mittelspecht, Kleinspecht, um nur die wichtigsten Vogelarten im »Eisenbachhain« zu nennen.

Das Naturschutzgebiet wurde gleichzeitig als Bannwald ausgewiesen und so wird auf die forst-

Umgeben von Nadelwald sticht das kleine NSG »Eisenbachhain« als Laubwaldinsel hervor. Es ist ein Zeugnis für die frühere Weidewaldnutzung im Schönbuch.
M. GROHE

liche Nutzung in diesem Areal verzichtet. Die Jäger dürfen freilich auch hier ihrem Weidwerk nachgehen; eine intensive Jagd auf Reh- und Rotwild ist im Sinne des Naturschutzes, da eine niedrige Wilddichte in dem kleinen Areal das natürliche Aufwachsen der Bäume erleichtert. Diese Naturverjüngung trägt zur hohen ökologischen Wertigkeit des Waldstückes bei.

Schutzzweck ist die ungestörte natürliche Entwicklung des Waldgebietes mit seinen Pflanzen- und Tierarten.

Hinweise für Besucher: Hier darf die Natur noch Natur sein. Markierte Wanderwege des Naturparks »Schönbuch« führen direkt um das Schutzareal und erlauben interessante Blicke auf die mächtigen Baumriesen. Sie helfen mit, die ungestörte natürliche Entwicklung zu gewährleisten, wenn sie auf den Wegen bleiben und so auch Rücksicht auf die scheuen Höhlenbrüter nehmen.

Das Brand-Knabenkraut (*Orchis ustulata*) ist eine Besonderheit der trockenen Wiesen am Filsenberg.
S. HACKER

8 FILSENBERG

Landkreis Tübingen: Stadt Mössingen,
Gemarkung Öschingen
Naturraum: Mittlere Kuppenalb
Geschützt seit 1983
Fläche: 35,8 Hektar
Top. Karte 7520 und 7620

Als »Auslieger des Albtraufs« gehört der Filsenberg bei Mössingen zur Mittleren Kuppenalb. Seine unbewaldete Hochfläche liegt auf einer Höhe von 771 bis 805 m NN. Magerrasen wie Frühlingsenzian- und Trespenrasen, Borstgrasrasen und Wärme liebende Saumgesellschaften bestimmen das Bild der ausgedehnten Wiesenlandschaft.

In den Grundbuch-Eintragungen von 1868 ist zu lesen, dass zu jener Zeit einige Flurstücke der Hochfläche als Äcker, andere wiederum als Weide genutzt wurden. Eintragungen von 1900 dagegen beschreiben den größten Teil als »Grasland«, zeigen aber auch, dass man inzwischen etliche Weidestücke aufgeforstet hatte. Die Bauern betrieben

vermutlich seit der Mitte des 19. Jahrhunderts eine extensive Graswirtschaft mit minimaler Düngung; der Mist musste aus dem Tal aus Öschingen heraufgekarrt werden. Aus dieser landwirtschaftlichen Nutzung konnte sich bis heute eine Wiesenlandschaft entwickeln, die in ihrer Ausdehnung und Wertigkeit von äußerst hohem Rang ist.

Ohne diese Bewirtschaftung mit regelmäßiger Mahd aber bleibt ein Bestand mit so empfindlichen Arten wie Pyramiden-Spitzorchis, Katzenpfötchen, Frühlings-Enzian, Kleine Traubenhyazinthe und Fliegen-Ragwurz nicht erhalten. Wie aber können sie bewahrt werden im Zeitalter moderner Landwirtschaft? Ein längerer Düngeversuch der Staatlichen Lehr- und Versuchsanstalt Aulendorf belegte in den 1980er-Jahren, dass eine geringe und speziell dosierte Mineraldüngung nur zu leichten Artenverschiebungen in der Vege-

Der Tafelberg Filsenberg mit seiner Kuppe – dem Meisenbühl – beheimatet ausgedehnte Wiesen, die mit Extensivierungsverträgen landwirtschaftlich genutzt werden.
M. GROHE

tation geführt hatte. Diese Veränderungen im Interesse der Bauern können nach bisherigen Erkenntnissen aus naturschutzfachlicher Sicht geduldet werden. Die Schutzverordnung legt entsprechend niedrige Konzentrationen von Stickstoff, Phosphor und Kali parzellengenau fest.

Exakte Beobachtungen seit den 1950er-Jahren lassen jedoch darauf schließen, dass die besonders seltenen Arten doch zurückgehen. Einen Ausweg aus dieser schleichenden Verarmung kann der Vertrag zur Extensivierung der Nutzung mit dem dort wirtschaftenden Bauern bieten. Gegen eine entsprechende Entschädigung sieht die Vereinbarung den Düngeverzicht auf der gesamten Hochfläche vor. Für die Zukunft bleibt zu hoffen, dass so die ehemalige Bewirtschaftung der Bergwiesen und ihre charakteristische und exklusive Artenstruktur gesichert bleibt.

Schutzzweck ist die Erhaltung der nicht oder nur wenig gedüngten blumenreichen Hochwiese mit ihrem vielfältigen Pflanzenbestand und ihrer spezialisierten Tierwelt.

Hinweise für Besucher: An den Hauptzugangswegen zum Schutzareal findet der Besucher Hinweistafeln, die über die Wegeführung und die »Spielregeln« im Naturschutzgebiet informieren.

9 HIRSCHAUER BERG

Landkreis Tübingen: Universitätsstadt Tübingen, Gemarkung Hirschau
Naturraum: Schönbuch und Glemswald
Geschützt seit 1980
Fläche: 22,2 Hektar
Top. Karte 7419 und 7420

Am Spitzberg, dem »Hausberg« der Universitätsstadt Tübingen, wurde – mitten in einem ausgedehnten Landschaftsschutzgebiet – 1980 das Naturschutzgebiet »Hirschauer Berg« ausgewiesen. Der bis zu 475 m NN hohe Spitzberg liegt als freistehender Bergrücken zwischen Neckar

und Ammer, die diesen langgestreckten Keuper-
hügel aus den bewaldeten Höhenzügen Schönbuch und Rammert herausgelöst haben. Er wird
in dieser »Tübinger Stufenrandbucht« von den
fruchtbaren Löß- und Aueböden des Naturraumes »Obere Gäue« umgeben.

Die breite Ausräumung der Stufenrandbucht
ist mit kaltzeitlicher Erosion der »weichen« Keu-
perhänge zu erklären. An ihrer Nordseite sorgten
wechselnde Temperaturen um den Gefrierpunkt
häufig für Bodenrutschungen, die durch die
schweren und fest verbackenen Anschüttungen
aus Fließerden, Löß und Lehm einen breiten
Hangfuß ausbildeten und den Flusslauf immer
weiter zu den Süd- und Westhängen schoben.
Diese waren einer stärkeren Sonneneinstrahlung
und damit auch einer stärkeren Verwitterung ausgesetzt. Das dort abbröckelnde lockere Material
wurde vom Wasser fortgespült.

Vom Tal bis in die obersten Steillagen der Hänge reichen die vor langer Zeit angelegten und heute vielfach
nicht mehr genutzten Weinbergterrassen am Hirschauer
Berg. Mit ihren scheinbar zahllosen noch erhaltenen
oder halb verfallenen Trockenmauern prägen sie das
Landschaftsbild. W. HERTER

Schon im Mittelalter rodeten die Bauern den
Wald an den steilen und klimatisch begünstigten
Hängen des Spitzberges, um dort Weinberge anzulegen. In mühevoller Handarbeit wurden dabei
mit aufwändigen Sandsteinmauern und Staffeln
am gesamten Südhang von Wurmlingen bis
Tübingen Terrassen gebaut. Das Werk vieler Generationen lohnte sich: Vom 13. bis zum 16. Jahrhundert war die Gegend als bedeutende Weinbau-
region bekannt. Wie vielerorts ging allerdings
auch hier der Rebanbau nach dem Dreißigjährigen Krieg stark zurück. Die dadurch brachgefallenen Flächen wurden nur in geringem Umfang
später wieder als Weinberge genutzt, auf dem
größeren Teil wurden im ausgehenden 19. Jahrhundert zuerst Hackfrüchte angebaut und später
Obstgärten angelegt. Die steilsten Lagen blieben
sich selbst überlassen, sodass sie nach und nach
vom Wald zurückerobert wurden.

Seit etwa 400 Jahren – schon der berühmte
Botaniker Leonhard Fuchs (1501 bis 1566) war
dort zugange – hat die Tübinger Universität diesem auffallenden und ökologisch vielschichtigen
Keuperzug ihr wissenschaftliches Interesse zuge-
wandt. In den 20er-Jahren des letzten Jahrhunderts wurden erste Forderungen zur Unterschutz-

Der Schmetterlingshaft ist eine Charakterart der trocken-warmen und offenen Steilhänge, wie sie am Hirschauer Berg, einem ehemaligen Weinberghang des Spitzbergs bei Tübingen, verbreitet sind. P. WESTRICH

stellung laut. Der Botaniker Albrecht Faber hat bereits im Jahr 1939 ein Gutachten mit »entsprechende Schutzbestimmungen« für die »ungestörte Erhaltung« erstellt. Von den reichen Forschungsarbeiten der Universität Tübingen an ihrem Hausberg zeugt die 1966 erschienene und über 1100 Seiten starke Monographie »Der Spitzberg bei Tübingen«, die von der Landesstelle für Naturschutz und Landschaftspflege Baden-Württemberg herausgegeben wurde.

Durch die historische Nutzung der steilen Südhänge am Hirschauer Berg entstand auf den künstlichen und waldfreien Terrassen dieser Kulturlandschaft ein bemerkenswertes Vegetationsmosaik mit Halbtrockenrasen verschiedener Ausprägungen, Saumgesellschaften, kleineren Streuobstbeständen, Gebüschen und unterschiedlichsten Waldgesellschaften.

Besonders berühmt ist der Berg wegen seiner Florenelemente aus dem pontisch-mediterranen Raum. Die Ungarische Platterbse und die Behaarte Fahnenwicke sind in der kaltzeitlichen Zwischenwärmezeit aus dem Süden eingewandert und konnten die nachfolgende Bewaldung Mitteleuropas an diesem exponierten, wohl immer der Sonneneinstrahlung ausgesetzten Berghang überleben. So gibt der Spitzberg und insbesondere sein unter Schutz stehender Teil »Hirschauer Berg« bis heute einen Eindruck von Flora und Landschaftsbild in historischer und prähistorischer Zeit.

Die Ungarische Platterbse wird im Rahmen des Artenschutzprogramms des Landes betreut. Sie blüht ab Ende April und fruchtet von Mitte Mai bis Anfang Juli und gilt als Charakterart des Blutstorchschnabel-Hirschwurz-Saums. Sie kommt im NSG in den saumartenreichen Magerrasen mit Blut-Storchschnabel vor. Ihre Standorte müssen nach der Samenreife gemäht werden.

Ein detaillierter Pflegeplan aus dem Jahr 2004 dokumentiert die heute vorkommenden Vegetationseinheiten und legt die für deren Erhaltung erforderlichen Maßnahmen fest. Große zusammenhängende Flächen sind inzwischen in staatlichem Eigentum. Seit Jahren engagiert sich der Schwäbische Heimatbund mit Unterstützung des Landes beim Grunderwerb und bei der Pflege. Alle Pflegearbeiten werden von der Naturschutzverwaltung detailliert festgelegt und speziell auf die Bedürfnisse der schützenswerten Pflanzen- und Tierarten abgestimmt. So werden z. B. Bereiche von der Mahd ausgenommen, die als »Rendezvous-Plätze« für Schmetterlinge dienen können. Die Arbeiten werden durch Fachfirmen mit speziell ausgebildetem Personal durchgeführt. In den vergangenen Jahren konnten Teilnehmer eines internationalen Freiwilligeneinsatzes bei der aufwändigen, nur in Handarbeit zu leistenden Pflege mithelfen.

Eine weitere Besonderheit sind die unzähligen Trockenmauern, die von der generationenlangen Arbeit früherer Weingärtner zeugen und andernorts oft verfallen. Im NSG »Hirschauer Berg« werden sie seit einigen Jahren teilweise wieder aufgerichtet. Diese Erhaltung eines einst prägenden Kulturlandschaftselements erhält gleichzeitig einen speziellen Lebensraum für Wärme liebende Tiere wie Eidechsen, Wildbienen und Hummeln.

Schutzzweck ist die Erhaltung der vielfältigen Flora wie Halbtrockenrasen, Schlehengebüsche und im oberen Hangbereich steppenheideähnlicher, lichter Kiefernwald sowie die mit den Pflanzengesellschaften eng verbundene äußerst artenreiche Fauna.

Hinweise für Besucher: Der Hirschauer Berg liegt in unmittelbarer Nachbarschaft zum markanten, schon aus großer Entfernung erkenn-

baren Wurmlinger Berg mit der berühmten Kapelle, die als Blickfang und Orientierungspunkt
dient. An vielen Stellen, sei es an den Hängen des
Hirschauer Berges selbst oder im Neckartal bieten sich herausragende Einblicke in eine alte
Kulturlandschaft, die jedem Besucher die lange
kulturgeschichtliche Tradition sowie ihre Ver-
gänglichkeit deutlich vor Augen führt und die
viele als schön und besonders erhaltenswert
empfinden. Ein markierter Wanderweg führt von
Hirschau über den Burgstall, einer ehemaligen
Burg zwischen Spitzberg und Kapellenberg, zur
Wurmlinger Kapelle. Von dort hat man einen wei-
ten Rundblick ins Neckartal mit den Kiesgruben
NSG »Burglehen« und NSG »Oberes Steinach«.
Wendet man sich kurz unterhalb des Sattels nach
rechts, kann man auf dem aussichtsreichen
»Panoramaweg« mit Blick bis zur Alb das gesamte
Naturschutzgebiet »erwandern« und zahlreiche
floristische Besonderheiten wie z.B. die Zottige

Die Kapfhalde ist ein Muschelkalksteilhang der Starzel
mit Trockenrasen auf den Felsköpfen und einem bedeutenden Trockenhangwald in südlicher Exposition.
J. SCHEDLER

Fahnenwicke bewundern, ohne die Flächen betreten zu müssen, was zum Schutz der schonungsbedürftigen Pflanzen- und Tierwelt auch verboten
ist. Sportlichere Wanderer erreichen Tübingen
über den Spitzbergkamm und den Schlossberg
auf einem markierten Wanderweg.

10 KAPFHALDE

Landkreis Tübingen: Stadt Rottenburg,
Gemarkung Frommenhausen,
Gemeinde Hirrlingen
Landkreis Zollernalb: Gemeinde Rangendingen,
Gemarkung Bietenhausen
Naturraum: Obere Gäue
Geschützt seit 1983
Fläche: 11,8 Hektar
Top. Karte 7519

Dieses Schutzgebiet umfasst einen ökologisch
sehr wertvollen Bereich des bis zu 90 Meter steil
ansteigenden Muschelkalkhangs rechts der
Starzel bei Hirrlingen. Das dichte Beieinander
sowohl extrem trockener und voll besonnter als

auch nasser, schattiger und dunkler Standorte ist verantwortlich für den großen Artenreichtum, der dort registriert wurde. An dem Steilhang wechseln sich Partien mit Felsen, Trockenrasen und Halbtrockenrasen, Gebüschgruppen und Trockenhangwald ab. Mindestens 14 verschiedene Pflanzengesellschaften, die insgesamt etwa 350 Pflanzenarten beheimaten, konnten sich hier entwickeln.

Die Kapfhalde beherbergt auch eine artenreiche Vogelwelt. Die dichte Vernetzung der verschiedenen Biotop-Typen bietet Brutvögeln und rastenden Durchzüglern hinreichend Nahrung und Schutz. Mäusebussard, Dohle, Turmfalke, Sing- und Misteldrossel, Ringel- und Hohltaube finden hier zum Teil noch ideale Nistmöglichkeiten. Kein Wunder also, dass in der Kapfhalde bereits 68 Brutvogelarten und 44 Durchzügler gesehen wurden.

Die Wälder, die einen Großteil des Gebietes ausmachen, brauchen keine Pflege. Nur die Freiflächen werden durch eine Spätsommermahd offengehalten.

Schutzzweck ist die Erhaltung des naturhaften und landschaftlich reizvollen rechten Prallhanges der Starzel mit seiner begleitenden Vegetation und entsprechender Fauna.

Hinweise für Besucher: Im Talgrund verläuft ein markierter Wanderweg, von dem aus man einen guten Eindruck vom tief eingeschnittenen Starzeltal und den Steilhängen des Naturschutzgebietes bekommt.

11 KATZENBACH – DÜNNBACHTAL

Landkreis Tübingen: Stadt Rottenburg,
Gemarkungen Dettingen und Rottenburg,
Gemeinde Ofterdingen
Naturraum: Schönbuch-Glemswald und Obere Gäue
Geschützt seit 1996
Fläche: 121,3 Hektar
Top. Karte 7519 und 7520

Das Katzenbachtal durchschneidet den Rammert, das große Waldgebiet zwischen Neckar- und Steinlachtal in Ostwestrichtung. Zusammen mit dem Bühlertal bei Bühl und dem Schellentäle zwischen Bodelshausen und Hemmendorf stellt das Katzenbachtal eines der wenigen offenen Wiesentälchen im geschlossenen Rammertwald dar. Der Rammert nimmt innerhalb des Süddeutschen Schichtstufenlandes die größte Fläche ein. Rechts und links des Neckars erhebt sich ein ungefähr 100 Meter hoher Stufenrand aus Gipskeuper. Darüber schließt eine ca. 40 Meter mächtige Schicht aus Stubensandstein an. Der Stubensandstein ist durch seine Widerstandsfähigkeit gegenüber Erosion für die Verteilung der Hänge verantwortlich. Wo er nicht aufliegt, konnten die darunter liegenden weichen Mergelschichten leicht abgetragen werden. So sind durch Erosion die steilen, zum Teil schluchtartigen Seitentäler des Katzenbachtals entstanden. Im Westen öffnet sich das Tal. Das Gelände steigt von 420 m im Westen auf 530 m NN im Waldhang an.

Das Naturschutzgebiet umfasst die strukturenreiche Talaue des Katzenbachs sowie das von Norden einmündende Dünnbachtal. Der von Hochstauden gesäumte, bis zu 2 Meter tiefe Katzenbach mäandriert nahezu ungestört zwischen dem bachbegleitenden, schmalen Galeriewald aus Schwarz- und Grau-Erlen mit wenig Gefälle von Ofterdingen auf Dettingen zu. Die Talaue ist geprägt von überwiegend extensiv bewirtschafteten, artenreichen Frisch-, Feucht- und Nasswiesen, in denen inselartig einige stark vernässte Brachflächen liegen.

Feucht- und Nasswiesen gehören bundesweit zu den gefährdetsten Pflanzenformationen. Der Wiesenknöterich in den Kohldistel-Glatthaferwiesen, der bemerkenswerte Knöllchensteinbrech, die Knollige Spierstaude und ausgedehnte Trollblumenvorkommen bereichern diese Wiesen. Verteilt findet man nasse, erstaunlich blütenreiche Hochstaudenfluren, die für die Insektenfauna als Nahrungsbiotop wichtig sind. Sumpfseggenriede und Schilfröhricht kennzeichnen stark vernässte und vom Grundwasser beeinflusste Brachflächen. Die Altarme des Katzenbaches weisen zusätzlich Auwaldrelikte auf.

Das Tal war zu allen Zeiten eine wichtige Verkehrsverbindung durch den Rammert. Sicherlich

Streckenweise im Wald und dann wieder begleitet von artenreichen Feuchtwiesen mäandriert der Katzenbach durch das NSG »Katzenbach-Dünnbachtal«.
S. Kracht

ist die Aue ebenso wie die seitlichen Hangwälder eine lange Zeit als Viehtrieb genutzt und von Rindern, Schafen, Ziegen und Schweinen beweidet worden. Noch heute zeugen davon die Reste der Eichen-Mittelwälder. Für den Wald der Stadt Rottenburg entlang des Dünnbachs wurde die vom Forsteinrichtungswerk 1841 empfohlene Umwandlung in einen Nadelholz-Hochwald glücklicherweise erst nach 1905 und nur zögerlich umgesetzt; so konnte der überwiegend alte Eichen-Hainbuchenwald mit Linde und Esche und an sonnenexponierten Stellen zusätzlich mit Elsbeere die Intensivierungszeit bis heute überdauern. Er ist auch im Rammert eine Seltenheit und wurde deshalb im Oktober 2000 von der Forstverwaltung als Schonwald ausgewiesen. Die Eichen hier sind größtenteils 160–170 Jahre alt und haben in ihrer Jugend wohl eine Beweidung noch mit erlebt.

Das vielfältige Mosaik aus gemähten Wiesen, nassen Staudenfluren, Bachauewald, Schilfröhricht, Waldrand und Wald bietet Lebensraum für viele gefährdete Tierarten. Im Waldgebiet sind alte Baumstämme mit Spechthöhlen für Buntspecht, Mittelspecht und Schwarzspecht keine Seltenheit. Pirolbrutpaare finden sich hier regelmäßig ein. Am unverbauten Bachufer brütet der landesweit gefährdete Eisvogel. Auch Wendehals, Halsbandschnäpper und Braunkehlchen – alles-

amt stark gefährdete Arten – kommen vor. Der Katzenbach wird als Forellengewässer eingestuft mit guter Wasserqualität, sodass u. a. sogar Bachneunauge, Steinschmerle, Dreistacheliger Stichling und Steinkrebs hier leben. Für Libellen und Amphibien ist das Gebiet nicht unbedeutend. Die inzwischen im Umkreis sehr selten gewordenen Feucht- und Nasswiesen beherbergen eine ganz besondere Schmetterlingsfauna. Es wurden 11 landesweit stark gefährdete und gefährdete Tagfalterarten erfasst, wovon die meisten an nasse Standorte gebunden sind. Als Beispiel sei der Storchschnabel-Bläuling genannt, dessen Raupen überwiegend am Sumpf-Storchschnabel oder Wald-Storchschnabel leben und der Randring-Perlmutterfalter, dessen Raupen auf Wiesen-Knöterich spezialisiert sind. Ganz besonders bemerkenswert ist das Vorkommen des Dunklen Wiesenknopf-Ameisen-Bläulings, dessen Raupen ausschließlich am Großen Wiesenknopf leben und zusätzlich auf Symbiose mit Ameisen angewiesen sind.

Schutzzweck ist die Erhaltung der kulturhistorisch geprägten vielgestaltigen Tallandschaft mit ihren naturnahen Feuchtflächen, Gehölzen und dem naturnah bewirtschafteten Wald als Lebensräume seltener Pflanzen- und Tierarten.

Schutzzweck des Schonwaldes ist die Erhaltung, Pflege und Entwicklung eines eichenreichen Mischwaldes mit Elsbeere, hervorgegangen aus ehemaliger Mittelwaldbewirtschaftung.

Hinweise für Besucher: Einen guten Einblick in das Gebiet erhält man, wenn man mit dem Rad von Dettingen nach Ofterdingen fährt.

12 KOCHHARTGRABEN UND AMMERTALHÄNGE

Landkreis Tübingen: Stadt Rottenburg, Gemarkung Hailfingen

Gemeinde Ammerbuch, Gemarkungen Reusten, Altingen und Poltringen

Naturraum: Obere Gäue (Untereinheiten Korngäu und Reustener Sattel)

Geschützt seit 1995

Fläche: ca. 107 Hektar

Top. Karte 7419

Das ca. 107 Hektar große Naturschutzgebiet »Kochhartgraben und Ammertalhänge« im Westen des Landkreises Tübingen gilt als charakteristischer Ausschnitt der Muschelkalklandschaften im Naturraum Obere Gäue. Die engen Durchbruchstäler von Ammer und dem darin einmündenden Kochhartbach (etwa 370 m NN) werden von frischen Wiesen gesäumt, die in süd- und südwestexponierter Lage in teilweise sehr steile, trockene Muschelkalk-Hänge übergehen und auf der gegenüberliegenden Hangseite größtenteils mit Streuobstwiesen bestanden sind. Im Zentrum dieser beiden Täler liegt die Ortschaft Reusten.

Das Naturschutzgebiet besteht aus acht Teilgebieten, wobei der Kochhartgraben westlich von Reusten die größte Ausdehnung aufweist. Während dieser weitgehend den Charakter eines Trockentals hat, sind die oft sehr steilen Süd- und Südwesthänge des Ammertals teilweise sogar bebaut. An den Hängen beider Bachtäler sind die Trockenmauern und Terrassen früheren Weinbaus noch gut erkennbar. Heute weiden dort Schafe oder sie werden als »Gütle« genutzt. Mehrere aufgelassene Steinbrüche mit Grundwasserseen zeugen vom Muschelkalkabbau bis in die 1960er Jahre. Das abgebaute Gestein diente

hauptsächlich der Schottergewinnung. Den unteren Teil der Steinbruch-Steilwände bilden die blaugrauen Nodosuskalke, die aus wohlgebankten, plattigen Kalksteinen bestehen und zum Brechen von Bausteinen verwendet wurden. Im Talgrund liegen ein- bis mehrschürige Wiesen, hangaufwärts mit Obstbäumen bestanden und von Feldrainen durchzogen. In dieser abwechslungsreichen Kulturlandschaft haben sich zahlreiche Biotope mit deutlich ausgebildeter Zonierung entwickelt, in der sich Nutzung und Standortverhältnisse widerspiegeln.

Der Kochhartbach fließt heute als relativ naturnaher Bach mit seinen Ufergehölzen und Hochstaudenfluren, in denen Brennnessel und Pestwurz dominieren, durch Wiesen und Weiden. Ursprünglich wurde er nur von mehreren Sickerquellen im Lettenkeuper gespeist und es floss kein Wasser oberirdisch in die Ammer. Heute sorgt vor allem die Kläranlage bei Hailfingen für einen kontinuierlichen Wasserzufluss. Nach starken Niederschlägen werden dem Bach kurzfristig auch von der Autobahn große Wassermengen zugeführt, sodass es im Unterlauf des Baches zu Überschwemmungen kommen kann.

Die Streuobstwiesen mit hochstämmigen, zum Teil sehr alten Obstbäumen am leicht geneigten nordexponierten Hang der Kochhartaue prägen die Landschaft in diesem Teilbereich des Naturschutzgebiets besonders. Alte Streuobstbestände haben mit ihrem großzügigen Höhlenangebot für viele Vögel eine hohe Bedeutung. Dies gilt besonders für den landesweit stark gefährdeten Wendehals. Auch brüten hier außergewöhnlich viele Vogelarten. 1991 konnten allein im westlichen Teil des Gebiets 50 verschiedene Brutvogelarten mit über 550 Brutpaaren festgestellt werden. Oberhalb des Steinbruchs im Märgental zieht der vom Aussterben bedrohte Raubwürger seit mehreren Jahren ins Winterquartier ein.

Die von Schlehengebüsch und einzelnen Felsen mit Felsvegetation durchsetzten Magerrasen an den steilen Südhängen über Ammer und Kochhart und dem Kirchberg mit seinen Dolomitfelsen sind floristisch von besonderer Bedeutung. Hier wachsen typischeLlicht, Wärme und Trockenheit

Zu den Besonderheiten des NSG »Kochhart-graben und Ammertal-hänge« gehört der größte Steinbruch im Märgental an der Straße zwischen Reusten und Poltringen mit seinem Grundwasser-see und den bis zu 25 m senkrecht in die Tiefe ab-fallenden Felswänden.
M. HEIDEKER

liebende Arten der Felsgrus- und Felsband-gesellschaften. Von insgesamt 370 erfassten Pflanzenarten stehen 41 Arten auf der Roten Liste Baden-Württembergs. Hier blühen Enziane, Berg-Aster und die Ästige Graslilie. Typische, jedoch eher selten vorkommende Felsenpflanzen wie die Sprossende Felsennelke, das Kelch-Steinkraut, das Blaugrüne Labkraut, der Gelbe Zahntrost und der Zwerg-Schneckenklee finden ihr Auskom-men. An den Muschelkalkhängen sind das Bart-gras, die Küchenschelle, der Schmalblättrige Lein und die Gold-Aster anzutreffen. Die Art ist gegen zu häufige Mahd und intensive Beweidung emp-findlich und kommt in Baden-Württemberg nur selten vor; sie ist konkurrenzschwach und wenig ausbreitungstüchtig. Eine Besonderheit ist der Blaustern. Er kommt zusammen mit dem Lerchensporn in lichten Laubwaldbereichen vor. Auch die Frühe Segge, die nur an wenigen Stand-orten in Baden-Württemberg vorkommt, ist im Gebiet anzutreffen.

An den steilen, sonnigen, trockenwarmen und flachgründigen Muschelkalk-Südhängen finden auch viele spezialisierte Tierarten ihren Lebens-raum, z. B. die Schlingnatter. Die sonnigen und lichten Bergkuppen (Südhänge der Ammer, Kirchberg, Wolfsberg) bieten ungestörte Balz-plätze für die als Besonderheit geltende Gemeine Sichelschrecke und die Blauflügelige Ödland-schrecke. Bemerkenswert sind zahlreiche xero-thermophile Laufkäferarten, die in Baden-Würt-

temberg durchweg sehr selten sind. Die Trocken-hänge und die trockenen Salbei-Glatthaferwiesen im Kochhartgraben sind Lebensraum für den Zwergbläuling, dessen Raupe auf den Wundklee als Nahrungspflanze angewiesen ist.

Schutzzweck ist die Erhaltung der vielgestalti-gen Kulturlandschaft des Kochhartgrabens und der Ammertalhänge in ihrer besonderen Eigenart und Schönheit mit Trockenrasen und Halb-trockenrasen, Schafweiden, Heckenstrukturen, Streuobstwiesen, aufgelassenen Steinbrüchen, Bachaue und Brachestadien als Lebensgrundlage einer artenreichen Pflanzen- und Tierwelt.

Hinweise für Besucher: Als Ausgangspunkt zu einem Spaziergang bietet sich der Parkplatz auf dem Kirchberg an. Von hier läuft ein Fußpfad den Hang hinab ins Kochharttal, am Bach ent-lang und im Bachbett bis zu einer befestigten Furt. Von hier führt ein Feldweg wieder zum Park-platz zurück. Der Kirchberg ist bei Besuchern als Erholungsgebiet sehr beliebt. Hier kann man in direkter Nachbarschaft zum NSG das bekannte Reustener Bergcafe besuchen. Vom Kirchbergpla-teau hat man einen weiten Blick ins Kochharttal hinein; Sitzbänke laden zum Verweilen ein. Ein Blick in den größten Steinbruch im Märgental an der Straße zwischen Reusten und Poltringen mit seinem Grundwassersee und den bis zu 25 Meter senkrecht in die Tiefe abfallenden Felswänden vermittelt einen besonders malerischen Eindruck.

13 OBERES STEINACH

Landkreis Tübingen: Stadt Rottenburg,
Gemarkung Kiebingen
Universitätsstadt Tübingen, Gemarkung Bühl
Naturraum: Schönbuch und Glemswald
Geschützt seit 1982
Fläche: 7,5 Hektar
Top. Karte 7519

Das Naturschutzgebiet »Oberes Steinach«
liegt in der weiten, etwa 330 m NN hoch gelegenen Talebene des Neckars zwischen Rottenburg
und Tübingen, der so genannten Tübinger Stufenrandbucht. In den weichen Ton- und Mergelschichten konnte der Neckar in erdgeschichtlichen Zeiten das Tal zwischen Spitzberg und

Die größere Kiesgrube Oberes Steinach südlich des Neckars (im Bild links) und das Burglehen auf der anderen
Seite bilden eine Baggerseelandschaft, die besonders
als Rastplatz für Zugvögel bekannt ist. Aber auch Brutvögel wie die Uferseeschwalbe und der Drosselrohrsänger leben in diesen Schutzgebieten. M. GROHE

Rammert leicht ausräumen, um es in den nachfolgenden Kaltzeiten wieder mit Schotter aufzu-
füllen. Dieser Kies wird dort seit 1937 in größerem Umfang abgebaut. Die dabei entstehenden
Wasserflächen entwickelten sich wie im benachbarten Naturschutzgebiet »Burglehen«, ebenfalls
eine Kiesgrube, zu einem wahren Eldorado für
die Vogelwelt. Je größer der Baggersee wurde,
desto bedeutender wurde er als Brutgebiet für
zahlreiche Vogelarten und als Rastplatz für
Durchzügler. Schon 1969 zählte man hier übers
Jahr 181 verschiedene Vogelarten. Nicht nur die
offenen Wasserflächen, sondern auch die Schlickflächen, Schilfröhrichte, Steilufer und der Wei-
den-Auewald wurden von der Vogelwelt als Lebensraum gut angenommen.

Gleichzeitig wuchs aber das Problem, dass
immer mehr Leute den Baggersee als Badesee
nutzen wollten. Als der intensive Freizeitbetrieb
eine seit 1973 heimische Brutkolonie der Uferschwalbe bedrohte, wurde im Jahr 1979 die Ausweisung des Oberen Steinach als Schutzgebiet
eingeleitet. Das Verfahren mündete 1982 in eine

Verordnung, die ein Reihe von Verboten enthält. So ist es in dem Schutzgebiet beispielsweise untersagt, zu baden, zu zelten, zu lagern, Wohnwagen und andere Fahrzeuge oder Verkaufsstände aufzustellen, mit Booten auf den See zu fahren, Feuer zu machen und Düngemittel im Gebiet einzubringen. Auch die Jagd auf das »Federwild« (ausgenommen Stockente, Fasan und Rebhuhn) ist nicht mehr zulässig. Das Fischen wurde räumlich und zeitlich eingeschränkt. So ist zu hoffen, dass der See für die Zukunft als international bedeutender Rastplatz für Kormoran, Gänsesäger, Rohrweihe, Flussuferläufer und als Brutbiotop für Nachtigall, Teichrohrsänger, Zwergtaucher, Drosselrohrsänger, Uferschwalbe und zahlreiche weitere Arten erhalten bleibt.

Schutzzweck ist die Sicherung des Baggersees mit Auegehölzen, Röhrichtbeständen, Steilufern und Flachwasserzonen als Brut-, Rast- und Nahrungsplatz zahlreicher gefährdeter Vogelarten.

Hinweise für Besucher: Der Baggersee ist ein Betriebsgelände und nicht zugänglich. Der Sekundärbiotop »Baggersee« wird von vielen seltenen Vogelarten gerne als Lebensraum angenommen. Früher konnte der Neckar im Tal mit zahlreichen Schlingen und Altarmen frei fließen. Wasserflächen und Feuchtwiesen waren reichlich vorhanden. Durch die Flusskorrekturen und den Bau von Wasserkraftwerken verringerte sich das Angebot an solchen wassergeprägten Biotopen.

14 ÖSCHENBACHTAL

Landkreis Tübingen: Stadt Mössingen, Gemarkung Öschingen
Naturraum: Mittleres Albvorland
Geschützt seit 1997
Fläche: ca. 59 Hektar, dienendes Landschaftsschutzgebiet weitere 47 Hektar
Top. Karte 7520

Das ca. 59 Hektar große Gebiet liegt im Südosten des Landkreises Tübingen und erstreckt sich auf ca. 600 m NN vom Nordosten in den

Der Seidenblattkäfer (*Eumolpus asclepiadeus*) hat sich auf die Blätter des ca. 1 m hohen, Kalk liebenden Schwalbenwurz (*Cynanchum* aus der Familie *Asclepiadaceae*) spezialisiert. U. BENSE

Südosten der Ortschaft Öschingen in vier Teilen südlich und nördlich des Öschenbachs unterhalb der bewaldeten Steilanstiege zu den Hochflächen von Schönberg, Rossberg und Filsenberg. Diese umgebenden Albberge sind ein Teil des südwestdeutschen Schichtstufenlandes und allesamt Zeugenberge über 800 m NN.

Bei Öschingen hat der Braunjura eine Mächtigkeit von 320 Metern und ist fast vollständig von Weißjura-Hangschutt überdeckt. Nach starken Niederschlägen hat diese Schicht eine außerordentliche Neigung zu Rutschungen und Bergstürzen, wobei das Wasser zunächst im Hangschutt nach unten sickert und erst später austritt. Die oberen Hangbereiche im Öschenbachtal liegen bereits im Weißjura alpha. Der Kalkhangschutt des Weißen Jura bildet relativ flachgründige Böden. Bei regelmäßiger Überflutung des Bodens durch kalkhaltiges Quellwasser entsteht Gleyboden mit hochanstehendem Grundwasser.

Die aus diesen hydrogeologischen Gegebenheiten entstandenen wechselfeuchten Stellen im NSG »Öschenbachtal« bieten Lebensraum für standorttypische, nach der Roten Liste Baden-Württemberg gefährdete Pflanzenarten wie Spargelschote und Knollige Kratzdistel. Die vorhandenen Hangquellsümpfe sind äußerst schützenswert und schonungsbedürftig wegen des Davallseggenrieds mit der landesweit gefährdeten

Davalls Segge und den beiden gefährdeten Arten Fleischfarbenes Knabenkraut und Breitblättriges Wollgras.

Den Kern des Naturschutzgebiets bilden artenreiche bunte, magere Glatthaferwiesen mit ebenfalls landesweit stark gefährdeten und gefährdeten Pflanzenarten wie Frühlings-Enzian, Kleines Knabenkraut und Kugelige Teufelskralle. Teilweise sind die Wiesen mit Obstbäumen bepflanzt. Diese Streuobstwiesen werden in der Regel spät gemäht und nicht gedüngt, sodass sie im Frühjahr und Sommer wunderschön blühen. Im zeitigen Frühjahr leuchten die Teppiche der Kleinen Traubenhyazinthe und vor der Heuernte prägen Wiesen-Salbei, Klappertopf und Esparsette den Farbenreichtum. Ergänzend und am artenreichsten präsentieren sich kleinflächige Halbtrockenrasen mit zahlreichen Orchideen, Enzianen und anderen landesweit gefährdeten Arten. Die Bewirtschaftung des Grünlands erfolgt als Dauer- oder Mähweide überwiegend mit Rindern, in geringem Umfang auch mit Pferden. Die restlichen Wiesen werden ein- bis mehrmals im Jahr gemäht. Fast alle großen, einschürigen Wiesenflächen werden im Spätsommer mit Rindern nachbeweidet. Alte Waldbereiche unterliegen einer forstlichen Nutzung. Aufgelassene Bereiche bleiben der Sukzession überlassen.

Die recht großräumige, wenig gestörte Landschaft ermöglicht eine Vielfalt von Kleinlebensräumen, die das Zusammenleben vieler gefährdeter Tierarten begünstigt. Innerhalb der in sehr hoher Artenzahl anzutreffenden Gruppe der Heuschrecken sind landesweit gefährdete Arten wie die Wanstschrecke, die Krausche Plumpschrecke und der Warzenbeißer anzutreffen. Bemerkenswert ist eine kleine Population des Buntbäuchigen Grashüpfers. Für die Tagfalter hat der Steinbruch besondere Bedeutung. Gefährdete und beachtenswerte Arten findet man auch bei den Käfern, wie z. B. den landesweit stark gefährdeten Brach-Laubkäfer in den mageren Wiesen. Aus ornithologischer Sicht ist das Gebiet als hochwertig einzuschätzen. Im Streuobstbereich brütet u. a. der landesweit stark gefährdete Wendehals.

Schutzzweck ist die Erhaltung und Extensivierung der recht mageren Wiesen und Weiden in ihrer trockenen und ihrer nassen Ausprägung, insbesondere der Halbtrockenrasen und Hangquellsümpfe und die Extensivierung der intensiv bewirtschafteten Wiesen- und Weidenbereiche zum Schutz der noch vorkommenden Pflanzen- und Tierarten.

Hinweise für Besucher: Allein schon die Kulisse der Hangwälder am Albtrauf und besonders deren herbstliche Färbung ist einen Besuch wert. Für eine Wanderung auf und über die das Gebiet umgebenden Albberge ist das »Öschenbachtal« ein idealer Ausgangspunkt. Vom Friedhof in Öschingen erreicht man auf dem Hauptweg durch das Naturschutzgebiet das Filsenbergplateau mit dem NSG »Filsenberg«. Vom Freibad in Öschingen empfiehlt sich ein Aufstieg zum Schönbergplateau und zum Rossberg (Turm des Schwäbischen Albvereins mit Gaststätte). Am südexponierten steilen Hangwaldbereich des Schönbergs fällt der Blick auf einen alten Steinbruch aus den 1960er-Jahren. Bei guter Fernsicht bietet sich ein Ausblick ins nahe liegende Steinlachtal über den Rammert und Schönbuch bis zum Schwarzwald im Westen.

15 RAPPENBERG

Landkreis Tübingen: Stadt Rottenburg
Gemarkungen Dettingen und Weiler
Naturraum: Schönbuch und Glemswald
Geschützt seit 1995
Fläche: 40,12 Hektar
Top. Karte 7519

Wie die »Vollmershalde« liegt das gut 40 Hektar große Schutzgebiet »Rappenberg« am südwestlichen Rand des Rammert, dort wo der Keuperhöhenzug in die Ebene der Oberen Gäue übergeht. Und auch hier lassen die kleinparzellierten Strukturen die frühere intensive Acker- und Weinbaunutzung erkennen. Vor ca. 150 Jahren wurden die Flächen im oberen Hangbereich größtenteils zu Wiesen umgewandelt. Unterhalb

Der Rappenberg bei Dettingen liegt, wie auch die Vollmershalde bei Hemmendorf, am Südwestrand des Rammert. Wertvolle Halbtrockenrasen und Streuobstwiesen prägen das Landschaftsbild.
S. HACKER

pflanzte man zusätzlich noch bis zum Ortsrand Streuobstbäume, unter denen sich Halbtrockenrasen mit großem Orchideenreichtum entwickelten. Nach dem Zweiten Weltkrieg ließ jedoch auch das Interesse an dieser Nutzungsform nach und die Rappenberghalde verbuschte von der Oberkante her zunehmend. Die hier etablierte Pferdebeweidung kann diese Entwicklung nur zum Teil aufhalten. Weil das sich ausbreitende Schlehengebüsch die Salbei-Glatthaferwiesen mit ihrer ungewöhnlichen Orchideenvielfalt beschattet und verdrängt, wurde parallel zur Naturschutzgebietsausweisung eine Pflegekonzeption für das Gebiet erarbeitet. Diese enthält insbesondere Maßnahmen zur Offenhaltung: so ist das Beseitigen des Gehölzaufwuchses in den oberen Hangbereichen vorgesehen, um beispielsweise den wertvollen Hirschwurz-Saum zu erhalten.

Im unteren Hangbereich wächst ein ökologisch hochwertiger Streuobstbestand auf Glatthaferwiesen, der nicht nur während der Obstblüte, sondern auch in der nachfolgenden Blütezeit der Wiesenblumen farbenprächtig das Landschaftsbild prägt. In diesen Baumwiesen finden zahlreiche Höhlenbrüter wie Spechte, Meisen, Kleiber, und Fledermäuse idealen Lebensraum. Die Tagfalterfauna weist ebenfalls einige erwähnenswerte Arten auf: das Weißbindige Wiesenvögelein, der Himmelblaue Bläuling und der

Ehrenpreis-Scheckenfalter. Insgesamt wurden 18 gefährdete Tagfalterarten nachgewiesen. Die noch vor 20 Jahren als Rarität erwähnte Bocksriemenzunge hat sich im Naturschutzgebiet, aber auch auf den außerhalb gelegenen Flächen erfreulicherweise ausgebreitet. Insgesamt scheint die Art »auf dem Vormarsch« zu sein, was mit der allgemeinen Klimaerwärmung erklärt wird.

Die Kulturlandschaft am Rappenberg ist auf eine regelmäßige und nachhaltige Pflege angewiesen. Deswegen wurde die extensive Bewirtschaftung und Pflege des Schutzgebiets in der Naturschutzgebietsverordnung ausdrücklich erwähnt. So wird heute versucht, in Kooperation zwischen den noch vorhandenen Nutzern und dem Naturschutz eine extensive Nutzung zu erhalten und durch ergänzende Pflegemaßnahmen des Naturschutzes zu unterstützen.

Schutzzweck ist im gesamten Natur- und Landschaftsschutzgebiet der Erhalt und die Pflege eines durch extensive Nutzungen entstandenen reich strukturierten Mosaiks von Pflanzengesellschaften der Halbtrockenrasen, der Saumgesellschaften und der Waldränder, die Lebensraum für zahlreiche seltene und bedrohte Pflanzen- und Tierarten bieten.

Hinweise für Besucher: Von Dettingen führt der markierte Baden-Württemberg-Wanderweg durch den Ostteil des Naturschutzgebiets

(Richtung Weilerburg und Rottenburg). Von hier aus kommen die Unterhänge des Rammert besonders zur Blütezeit der Streuobstbäume schön zur Geltung. Man kann auch gut erkennen, wie sich Gebüsch und Wald die oberen Hangbereiche zurückerobern, sofern nicht gezielte Pflegemaßnahmen im Naturschutzgebiet dies zum Schutz Licht liebender Pflanzen und Tiere verhindern. Lohnend ist ein Abstecher zur Ruine der Weilerburg (Turm des Schwäbischen Albvereins mit Rastplatz). Beim Sportplatz oder im Ortskern von Weiler sind Wanderparkplätze ausgewiesen.

16 SCHAICHTAL

Landkreise Tübingen, Reutlingen, Eßlingen und Böblingen:

Gemeinden und Gemarkungen Walddorf, Häslach, Dettenhausen, Aich, Grötzingen, Neuenhaus, Altenried, Schlaitdorf, Waldenbuch

Naturraum: Schönbuch und Glemswald

Geschützt seit 1995

Fläche: 484 Hektar

Top. Karte 7320 und 7420

In dem rund 15500 Hektar großen Naturpark »Schönbuch« im Norden Tübingens wurde das etwa neun Kilometer lange Tal der Schaich zwischen Dettenhausen und Aichtal-Neuenhaus als Naturschutzgebiet »Schaichtal« ausgewiesen. Umgeben von Wald mäandriert der tief in die Keuperschichten des Schönbuchs eingegrabene Bach frei in einer schmalen Wiesenaue, die von Straßen bisher verschont geblieben ist. Gespeist wird die Schaich von zahlreichen kleinen Quellbächen, die das Wasser an den seitlichen, nach Süden und Norden geneigten Waldhängen sammeln. Bei Neuenhaus verlässt die Schaich das größte geschlossene Waldgebiet im Herzen Württembergs und fließt dann – vereint mit der Aich – zum Neckar.

Wegen seiner schlechten Böden war der Schönbuch nie für den Ackerbau geeignet, auch verhinderte ein großer herrschaftlicher Waldbesitz die vollständige Rodung der Keuperplatten.

Trotzdem sorgte die Verteilung von Nutzungsrechten an die »Schönbuch-Genossen« und »Schönbuch-Berechtigten« der umliegenden Gemeinden in der holzarmen Zeit (bis 1850) für einen starken Raubbau im Wald und in die kommunalen Waldbezirke wurden Rinder und Schweine eingetrieben, die dort im Laufe der Zeit erhebliche Verwüstungen anrichteten. Die intensive Nutzung des Laubs als Einstreu für die Viehställe hatte zudem eine nachhaltige Aushagerung der Böden zur Folge. Bis in die Mitte des vergangenen Jahrhunderts dominierten deshalb lückige, beweidete Waldflächen das Landschaftsbild, die durchsetzt waren mit »Ödland« und Weichholzbeständen.

Danach hat man die übernutzten Flächen mit Nadelbäumen, vor allem mit Fichten und Kiefern, aufgeforstet, die bis heute zu etwa 150jährigen Beständen herangewachsen sind. Dies ist der Grund für den hohen Nadelholzanteil und die geringere Naturnähe des Waldes entlang der

Eindrucksvoll sind die Uferabbrüche und Unterspülungen der frei mäandrierenden Schaich. A. BOCK

Schaich. Heimische, ökologisch wertvolle Laubmischwälder können sich im Schönbuch erst wieder durch einem langfristigen, schonenden Umbau dieser Nadelforste entwickeln, wie er im naturnahen Waldbau betrieben wird. Die tief eingeschnittenen Klingen mit ihren Quellbächen und ihrem teilweise hohen Laubholzanteil am Ufer sind aber schon heute für den Lebensraum Schaichbach von großer Bedeutung.

Die zuverlässig kalten, quellnahen und fischfreien Quellbäche bilden ideale Biotope für die Larven des Feuersalamanders wie für die sehr langsam heranwachsenden Libellen-Larven der Gestreiften Quelljungfer. Die Schaich selber, ihre offenen Wiesenauen und die darin angelegten Weiher bieten darüber hinaus günstige Lebensräume für Ringelnatter, Bergmolch, Teichmolch, Fadenmolch, Gelbbauchunke und andere Amphibien. Unter den vielen Libellenarten fallen insbesondere die Blauflügel-Prachtlibelle und die Gebänderte Prachtlibelle ins Auge. Ein breites Artenspektrum förderten auch Untersuchungen über Schnecken, Heuschrecken, Laufkäfer und Fledermäuse (Großer Abendsegler, Wasserfledermaus, Zwergfledermaus) zutage. Die Bestände von Bachforelle, Stichling, Rotfeder, Moderlieschen, Bachneunauge und Flusskrebs belegen die hohe Wasserqualität der Schaich.

Gefährdet sind im Talraum vor allem die Wiesen, und zwar durch starke Düngung mit Schwemmmist und durch zu häufige Mahd zur Silagegewinnung. Auf Dauer wird die intensive Bewirtschaftung die bunten Wiesen (Kohldistel- und Pfeifengraswiesen, Halbtrockenrasen und Salbei-Glatthafer-Wiesen) unweigerlich zu eintönigen, artenarmen Grasflächen degradieren. Außerdem beeinträchtigt die Düngung auch über kurz oder lang die Wasserqualität der Schaich. Deshalb bietet die Naturschutzverwaltung den Bauern Extensivierungsverträge an, mit denen sie die Talwiesen ohne finanziellen Verlust extensiv bewirtschaften können.

Schutzzweck ist die Erhaltung des landschaftlich reizvollen Bachtals mit seiner abwechslungsreich strukturierten Aue und den umgebenden Waldhängen.

Die Larven des Feuersalamanders (*Salamandra salamandra*) gedeihen in den klaren, kalten Quellbächen im Schaichtal. Die erwachsenen Amphibien leben dort im Wald. V. KRACHT

Hinweise für Besucher: Als »grüne Oase« zwischen den Siedlungszentren des Neckartales im Süden und Osten sowie dem Stuttgarter Ballungsraum im Norden wird der Schönbuch touristisch stark beansprucht. Das gilt auch für das Schaichtal, durch das ausgewiesene Wanderwege führen. Besonders an den Wochenenden kann der Besucherandrang sehr groß sein. Ob sich auch künftige Generationen an der Pflanzen- und Tierwelt im Schaichtal erfreuen können, hängt ganz wesentlich von Verständnis und vom Verhalten der heutigen Besucher ab. Rücksichtnahme auf die Natur und die Beachtung der Hinweistafeln sollten deshalb selbstverständlich sein.

17 SCHÖNBUCH-WESTHANG/AMMERBUCH

Landkreis Tübingen: Gemeinde Ammerbuch
Gemarkungen Altingen, Breitenholz, Entringen und Pfäffingen
Naturraum: Schönbuch und Glemswald
Geschützt seit 2000
Fläche: ca. 459 Hektar
Top. Karte 7419

Eingebettet zwischen Schönbuch und Ammertal erstreckt sich in einer Höhenlage zwischen 430–530 m NN ein fast ununterbrochener Streuobstwiesengürtel entlang des südwestlichen

Schönbuchrandes zwischen Breitenholz und Unterjesingen. Wo früher – schon seit Römertagen – Wein angebaut wurde, stehen heute Tausende von Streuobstbäumen. Zurückgeblieben sind die vielen Trockenmauern und die Hangterrassen.

Seit über 100 Jahren prägen extensiv genutzte Streuobstwiesen die Schönbuchhänge und die Tübinger Stufenrandbucht. Im Nordosten leitet das Gebiet mit einem steilen Anstieg in die bewaldete Stubensandsteinhochfläche über, die die großen Waldgebiete Schönbuch und Rammert bedeckt. Im Westen und Süden wird das Gebiet von den dichter besiedelten tieferen Lagen des Ammer- und des Käsbachtals begrenzt. Für das markante Profil dieses Landschaftsteils hat die kaltzeitliche Ammer gesorgt, die sich durch den harten Stubensandstein fraß. Die weicheren Bunten Mergel und der Gipskeuper, die unter dieser Deckschicht liegen, hatten der Erosion weniger entgegenzusetzen. Im Laufe der Zeit gruben Wasser, Wind und Wetter das Ammertal über hundert Meter tief ein.

Die eher kleinstrukturierte Landschaft mit Terrassen, Treppen, Gräben, Feldrainen, Hecken

Zwischen den Waldflächen des Schönbuch und dem landwirtschaftlich intensiv bewirtschafteten Ammertal erstreckt sich der ausgedehnte Streuobstwiesengürtel. PROJEKTFOTO SACH

und Wölbäckern mit ihrer ungewöhnlich artenreichen Flora und Fauna hat einen besonderen Reiz. Aus der kleinbäuerlichen Bewirtschaftung entstand ein feinstrukturiertes Mosaik aus Salbei-Glatthaferwiesen, Fettwiesen, Weinbergen, Brachen mit Schlehen-Liguster-Gebüschen, Wärme liebenden Säumen, Halbtrockenrasen und Wacholderheide-Resten. Viele dieser Biotope sind nach dem Biotopschutzgesetz besonders geschützt und beherbergen landesweit stark gefährdete, gefährdete und seltene Pflanzenarten. Zu den floristischen Besonderheiten gehört zum Beispiel die Bocksriemenzunge. Hohlwege als Zeugnisse früherer Viehtriebe, wenige Äcker als Reste alter Baumäcker und Trockenmauern als Charakteristikum früherer Weinberge kennzeichnen das Gebiet. Alte Trockenmauern der sonnigheißen Weinbaulagen sind ein Eldorado für Wildbienen, Eidechsen und Spinnen. Ferner weisen aufgelassene Gips- und Sandsteinbrüche mit felsigen Wänden und nassen Mulden auf früheren Abbau hin.

An den Schönbuchhängen zwischen Tübingen und Herrenberg brüten über 50 Vogelarten. Heraus ragen die individuenstarken Vorkommen von Mittelspecht, Wendehals, Gartenrotschwanz, Halsbandschnäpper und Baumpieper, die dem Gebiet eine überregionale bis landesweite avifaunistische Bedeutung zuweisen. Sehr viele der über

Zur Baumblüte sind die Streuobstwiesen am Schönbuch-Westhang besonders reizvoll. BNL-Archiv

hundert Bienenarten, 20 Heuschreckenarten und der gut 50 Tagfalterarten stehen auf der Roten Liste Baden-Württembergs. Zu den bemerkenswerten Tagfalterarten gehört der europaweit bedrohte Dunkle Wiesenknopf-Ameisenbläuling, eine nach der Flora-Fauna-Habitat-Richtlinie geschützte Art.

Schutzzweck ist die Erhaltung eines alten, reich strukturierten Kultur- und Lebensraums mit dem fast ununterbrochenen Streuobstwiesengürtel um den Schönbuch mit Hochstammbäumen und Totholz samt den Salbei-Glatthafer-Wiesen, Weinbergbrachen mit Trockenmauern als Terrassenstützen, Hohlwegen, Hecken, den natürlichen Waldrändern aus Wärme liebendem Saum und Gebüsch, mit häufig anschließendem, natürlich aufgewachsenem Eichen-Elsbeeren-Wald oder naturnahem Wald von hohem Alter.

Hinweise für Besucher: Von den Kanzeln des Schlosses Hohenentringen hat man einen herrlichen Rundblick über das Gäu bis hin zu den Höhenzügen des Schwarzwaldes. Möchte man auf den Wegen der Kelten, Römer oder Alamannen am Schönbuch-Westhang wandeln, so ist das auf Schusters Rappen ein besonderes Erlebnis. Über die wichtigsten, z.T. auch markierten Fuß- und Radwanderwege informiert z.B. die Topographische Karte Rottenburg L 7518 (1 : 50 000). Das NSG gehört teilweise zum Naturpark Schönbuch, der durch ein ausgedehntes Rad- und Wanderwegenetz erschlossen ist und zahlreiche Einrichtungen für Besucher bereithält. Günstige Ausgangspunkte für Wanderungen sind Unterjesingen und Entringen, die mit der Ammertalbahn hervorragend zu erreichen sind.

18 SPITZBERG-ÖDENBURG

Landkreis Tübingen: Universitätsstadt Tübingen
Gemarkung Tübingen und Hirschau
Naturraum: Schönbuch und Glemswald
Geschützt seit 1990
Fläche: 9,9 Hektar
Top. Karte 7420

Wie das Naturschutzgebiet »Hirschauer Berg« liegt auch das kleinere Schutzgebiet »Spitzberg-Ödenburg« am Südhang des im Westen von Tübingen zwischen Neckar- und Ammertal aufragenden Spitzbergs, der seinen Namen einer nach Süden vorspringenden, bis zu 407 m NN hohen Nase verdankt. Der von Stubensandstein bedeckte Keuperrücken in der Tübinger Stufenrandbucht wurde wegen seiner erhabenen Lage schon im hohen Mittelalter unter anderem mit der Burg Tübingen und – auf dem Südsporn – mit einer Vorburg namens »Ödenburg« (verlassene Burg) bebaut.

Die steilen und klimabegünstigten Hänge dieses Tübinger Hausbergs waren jedoch nicht nur

Die seit langem unbewirtschafteten, ehemaligen Rebterrassen des Spitzbergs werden durch Landschaftspflege offen gehalten. Im Winter sind die unzähligen Trockenmauern von Weitem sichtbar. S. KRACHT

wehrtechnisch von Bedeutung. Vom Mittelalter bis zum Dreißigjährigen Krieg genoss der Spitzberg auch als bedeutender Weinberg weithin einen guten Ruf. Und schon im 16. Jahrhundert interessierte sich die Wissenschaft für die reiche Flora auf dem sonnigen Keuperrücken. In dieser Zeit verfasste der berühmte Tübinger Botanik-Professor Leonhard Fuchs (1501 bis 1566) mehrere Abhandlungen über das Gebiet, dem er eine herausragende Bedeutung zuschrieb.

Seit dem Ende des Weinbaues nach dem Dreißigjährigen Krieg hat sich auch hier – wie am »Hirschauer Berg« – ein Kulturlandschafts-Mosaik eingestellt mit Trockenrasen, Halbtrockenrasen, Wärme liebenden Saumgesellschaften (das sind die ersten Pflanzengesellschaften nach dem Ausbleiben des regelmäßigen Mähens) und verschiedenen Verbuschungsstadien in Verzahnung mit Wald. Hier konnten etliche Pflanzenarten, die in wärmeren Perioden zwischen den einzelnen Schüben der letzten Kaltzeit aus dem Süden eingewandert waren, die folgende Waldzeit überdauern.

Zu nennen sind dabei insbesondere das Siebenbürgische Perlgras, die Gold-Aster und der Blaue Lattich. Ihr Vorkommen weist darauf hin, dass am Spitzberg gehölzfreie und sonnenexponierte Standorte vorhanden gewesen sein müssen, ehe sie von Menschen kultiviert wurden. Diese Reliktvorkommen sind von großem geobotanischen Interesse, weil das Spitzberg-Gebiet für manche subkontinentale Pflanzen- und Tierart zur westlichen Verbreitungsgrenze gehört. Dank der Nähe der Universität ist »Der Spitzberg bei Tübingen« für Generationen von Wissenschaftlern und Studenten der Geologie, Zoologie und Botanik ein beliebtes Studienobjekt und Titel einer umfassenden Monographie.

Die Flora im Naturschutzgebiet »Spitzberg-Ödenburg« ist bis heute mit über 330 Arten (darunter fünf verschiedene Orchideenarten) überaus vielfältig. Die diversen Entwicklungsstadien der Vegetation bieten auch zahlreichen Tieren die notwendigen Lebensgrundlagen, so zum Beispiel seltenen Insekten (Käfern, Schmetterlingen, Wildbienen, Wanzen, Zikaden) und Vögeln.

Nachdem das Gebiet 1991 unter Schutz gestellt wurde, war zunächst eine umfangreiche Erstpflege notwendig. Diesen Einsatz besorgte der Pflegetrupp der Bezirksstelle für Naturschutz und Landschaftspflege Tübingen (heute Regierungspräsidium) zusammen mit den Teilnehmern eines internationalen Jugendlagers. Dieser kleinräumige »Kahlschlag« war notwendig, weil man von anderen Gebieten weiß, dass die Flächen, wenn man sie sich selbst überlässt, zuerst

»versaumen«, dann »verbuschen« und schließlich zu Wald werden und dadurch die Artenfülle rapide dahinschrumpft. Ziel der Landschaftspflege ist es, die »Gesamtbedingungen für die Lebensgemeinschaften« auf dem Höhenzug zu bewahren, wie es der Tübinger Botaniker Albrecht Faber schon 1939 für dieses Gebiet gefordert hat. Weil die traditionelle Bewirtschaftung heute keine Bedeutung mehr hat, ist es nun Aufgabe des Naturschutzes, die Flächen offen zu halten und damit dieses landschaftlich und ökologisch wertvolle Kleinod zu erhalten. So werden die Flächen im Juli gemäht und das Mähgut von den Flächen abgeräumt. Außerdem werden über das Gebiet verteilt Brache- und Saumstreifen von der Mahd ausgenommen, damit Saumarten sowie die darin überwinternden Tiere Rückzugsmöglichkeiten behalten. Aufgrund der Steilheit des Geländes und der vielen Trockenmauern ist nur ein Einsatz mit Handgeräten – Balkenmäher und Motorsense – möglich. Das Mähgut muss aufwändig von Hand abgeräumt werden. Was heute Aufgabe des Naturschutzes ist, leisteten vergangene Generationen über Jahre und Jahrzehnte hinweg – allerdings sicher nicht zum Vergnügen, sondern aus der Notwendigkeit, auch solche Flächen zur landwirtschaftlichen Produktion nutzen zu müssen.

Schutzzweck ist die Erhaltung eines südexponierten, kulturhistorisch bedeutsamen, wissenschaftlich interessanten Steilhangs mit Brachen, Halbtrockenrasen, Gebüschformationen, alten Weinbergmauern und -terrassen und Waldrändern, sowie die Erhaltung der extensiv betriebenen Streuobstnutzung als Lebensräume für zahlreiche seltene und vom Aussterben bedrohte, insbesondere Wärme und Trockenheit liebende Pflanzen und Tierarten.

Hinweise für Besucher: Das Naturschutzgebiet, wie auch der ganze Spitzberg-Südhang ist gut vom Neckartal bei Hirschau aus zu sehen. Am Unterhang führt der Radweg Tübingen-Hirschau entlang. Als Zeugen vergangener Nutzungen kann man am ganzen Spitzberghang gelegentlich noch »Gartenflüchtlinge« wie Osterglocken oder Pfingstrosen, selbst Weinreben in ansonsten brachgefallenen Flächen finden.

19 TRICHTER EHEHALDE

Landkreis Tübingen: Stadt Rottenburg
Naturraum: Obere Gäue
Geschützt seit 1938
Fläche: 2,7 Hektar
Top. Karte 7519

Unmittelbar westlich von Rottenburg bricht das Neckartal durch die enge Schwäbische Pforte (Porta Suebica) aus dem Muschelkalk in die weit erodierten Keuperschichten, die Gäulandschaft zwischen Schwarzwald und Schönbuch. Hier im Weggental hat ein ehemals kräftiger Bach, der heute wegen Verkarstung kaum noch Wasser führt, kurz vor seiner Mündung in den Neckar eine tiefe S-förmige Schleife mit steilen Prallhängen eingegraben. Besonders beeindruckend ist im Trichter der Schleife ein nach Westen ausgerichteter Steilhang im Gewann Ehehalde.

Im Süden begrenzt ein 420 Meter hoher Muschelkalksporn das Gebiet. Oben auf den Hängen lagern über dem harten Muschelkalk zusätzlich mehrere Meter starke, verbackene Schotter, die der kaltzeitliche Neckar aus dem Schwarzwald herangeschafft hatte. Diese Deckschicht und den darunter liegenden Muschelkalk durchbrach der Neckar erst, als er nicht mehr mit den Schottern aus dem Schwarzwald befrachtet war.

Seit der Trichter im Jahr 1938 unter Schutz gestellt wurde, hat sich der Westhang über der

Die Heide-Nelke (*Dianthus deltoides*) gedeiht in den sonnigen und niedrigwüchsigen Halbtrockenrasen am Oberhang im NSG »Trichter-Ehehalde«. S. HACKER

S-Schleife in mancher Hinsicht verändert. Das alte Weinbaugebiet verbuschte zunehmend, nachdem die Flächen nicht mehr bewirtschaftet wurden. Dies führte ebenso wie die intensive »Gütlesnutzung« dazu, dass die Artenvielfalt nach und nach schrumpfte. Das konnte nicht zuletzt deshalb geschehen, weil die Schutzverordnung aus den 1930er-Jahren kaum detaillierte Vorgaben machte und noch nicht einmal einen Schutzzweck formulierte. Auch wurde das Gebiet bis in die 1970er-Jahre praktisch nicht kontrolliert. Am NSG »Trichter Ehehalde« lässt sich gut zeigen, wie sich die Aufgaben des Naturschutzes im letzten halben Jahrhundert gewandelt haben.

So ist es heute mehr und mehr notwendig, die traditionelle Nutzung festzuschreiben. Dort, wo Privatpersonen dies nicht mehr leisten können, muss dann in staatlicher Regie pflegend eingegriffen werden. Die Erstpflege jahrzehntelang nicht mehr bewirtschafteter, »verwilderter« Gebiete, bei der die Büsche gerodet werden, sieht oft wie ein »Kahlschlag« aus. Das ist aber nicht zu vermeiden, wenn man verhindern möchte, dass ein Gebiet zu Wald wird. Danach können die Flächen nur durch ständige Pflege offen gehalten werden, wie durch Mähen der Wiesen oder gelegentliches Entbuschen. Dann aber haben Pflanzenarten wie Bienen-Ragwurz, Heide-Nelke und Gold-Aster eine Überlebenschance. Die Tagfalterfauna ist arten- und individuenreich, erwähnenswert ist das Vorkommen der Gemeinen Sichelschrecke.

Heute ist die regelmäßige Pflege und Betreuung des Naturschutzgebietes gesichert: die Stadt Rottenburg übernimmt diese Aufgaben in Zusammenarbeit mit örtlichen Vereinen und mit Unterstützung und Förderung aus Naturschutzmitteln.

Zum Schutzzweck macht die Verordnung von 1938 keine Angabe.

Hinweise für Besucher: Das reizvolle Weggental mit der gleichnamigen Kapelle lohnt einen Besuch zu jeder Jahreszeit. Ein Wanderparkplatz ist ausgeschildert. Im Talgrund verläuft ein markierter Rad- und Wanderweg, oberhalb des Talhanges befindet sich ein weiterer Radweg. Die Flächen des sehr kleinen Naturschutzgebietes selbst dürfen zum Schutz der schonungsbedürftigen Pflanzen- und Tierwelt allerdings nicht betreten oder befahren werden.

20 VOLLMERSHALDE

Landkreis Tübingen: Stadt Rottenburg,
Gemarkung Hemmendorf
Naturraum: Schönbuch und Glemswald
Geschützt seit 1993
Fläche: 52 Hektar
Top. Karte 7519

Die »Vollmershalde« liegt zwischen den beiden Rottenburger Ortsteilen Dettingen und Hemmen-

Am s-förmigen Prallhang des ehemals kräftigen Weggentalbachs wird durch gezielte Landschaftspflege der zunehmenden Verbuschung des früheren Weinbergs entgegengewirkt. (Im Bild die Hänge des Trichters vom Weggental aus)
M. GROHE

dorf am südwestlichen Rand des Rammert, wo
dieser Keuperhöhenzug in die fruchtbaren Ebenen
der Oberen Gäue ausläuft. Die flachgründigen
und schweren Böden an dem von 450 auf
520 m NN ansteigenden Hang wurden früher als
Weinberge genutzt. Davon zeugen noch heute
Treppen und Mäuerchen, alte Rebstöcke und typische Weinberg-Begleiter wie Knoblauch, Stachel-
beere, Wildtulpe und Deutsche Iris. Mittlerweile
breiten sich hier verschiedene magere Wiesen aus,
die durchsetzt sind mit größeren und kleineren
Gebüschgruppen und kleineren Aufforstungen.

   In dem Schutzgebiet findet man an den steileren Oberhängen Halbtrockenrasen mit seltenen
und gefährdeten Pflanzenarten ebenso wie ihre
Saumgesellschaften (im Bereich zwischen Halbtrockenrasen und Wald) mit Hirsch-Haarstrang
und Blut-Storchschnabel, mit Geißklee und Trau-
biger Graslilie. Oben an der Hangkante geht die
Vegetation über Wärme liebende Waldrand-Ge-
sellschaften in einen Eichen-Buchenwald über.
Am Hangfuß dehnen sich alte Streuobstbestände
mit Salbei-Glatthaferwiesen aus, die im Juni herr-
lich bunt blühen. Margerite, Wiesen-Salbei, Wiesen-Glockenblume, Pippau und Zittergras prägen
hier vor der Heuernte ein buntes Wiesenbild, wie
es im Tübinger Landkreis fast nur noch an den
Stufenrändern der Keuperhöhen zu sehen ist. Im
Laufe seiner Entwicklung wurde das Gebiet zu einem wichtigen Ersatzbiotop für zahlreiche Tier-
und Pflanzenarten und angesichts der allgemein
üblichen Intensivierung der Landnutzung kommt
solchen historischen Kulturlandschaftsausschnitten eine hohe ökologische Bedeutung zu.

   In den hochstämmigen Obstbäumen finden
viele Höhlenbrüter Unterschlupf. Wendehals,
Gartenrotschwanz, Grünspecht und verschiedene
Meisenarten sind typische Charaktervogelarten
der Streuobstwiesen. Voraussetzung für die hohe
Arten- und Individuendichte an Höhlenbrütern
sind alte Baumbestände mit Totholz, in denen die
Spechte die Nistmöglichkeiten durch emsigen
»Höhlenbau« erst schaffen, so zum Beispiel für
den Wendehals. Diese Art hat in Baden-Württemberg ihre größten Siedlungsdichten in extensiv
genutzten Streuobstbeständen. Der Wendehals

Die buntblühenden Salbei-Glatthaferwiesen unter den
Streuobstbäumen des NSG »Vollmershalde« wachsen
auf Flächen, die noch bis 1850 als Äcker bewirtschaftet
wurden. S. HACKER

baut selbst keine Höhlen. Als Zugvogel kommt er
erst im April in unsere Gegend und es ist wichtig,
dass er dann noch unbewohnte Nisthöhlen findet.

   Seit das Gebiet unter Schutz gestellt wurde,
versucht man mit behutsamen Entbuschungsmaßnahmen und Landschaftspflegeverträgen für
interessierte Landwirte, die eine schonende, na-
turschutzkonforme Beweidung zulassen, die Wertigkeit des Gebietes zu erhalten und zu steigern.

   Schutzzweck ist die Erhaltung der historischen
Kulturlandschaft mit ihren verschiedenen Lebens-
räumen für zahlreiche vom Aussterben bedrohte
Pflanzen- und Tierarten.

   Hinweise für Besucher: Der Besucher kann
ein Stück »Toscana-Landschaft« im schwäbischen
Keuperland erleben. Das Naturschutzgebiet ist
vor allem über landwirtschaftliche Wege erreichbar und erschlossen. Diese können von Spaziergängern benutzt werden. Lohnend ist ein Besuch
zur Blütezeit der Obstbäume. Dann kann man vielleicht auch den ausgeprägten, weithin hörbaren
Ruf vom Wendehals hören. Er brütet oft in Sied-
lungsnähe und lässt sich von Spaziergängern
kaum stören.

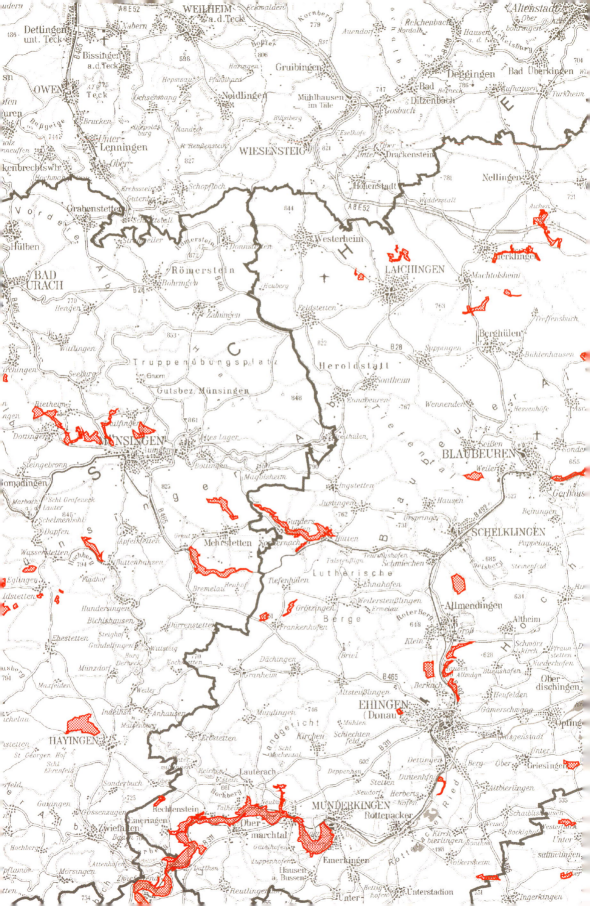

Stadt Ulm

STADTKREIS ULM

ulm

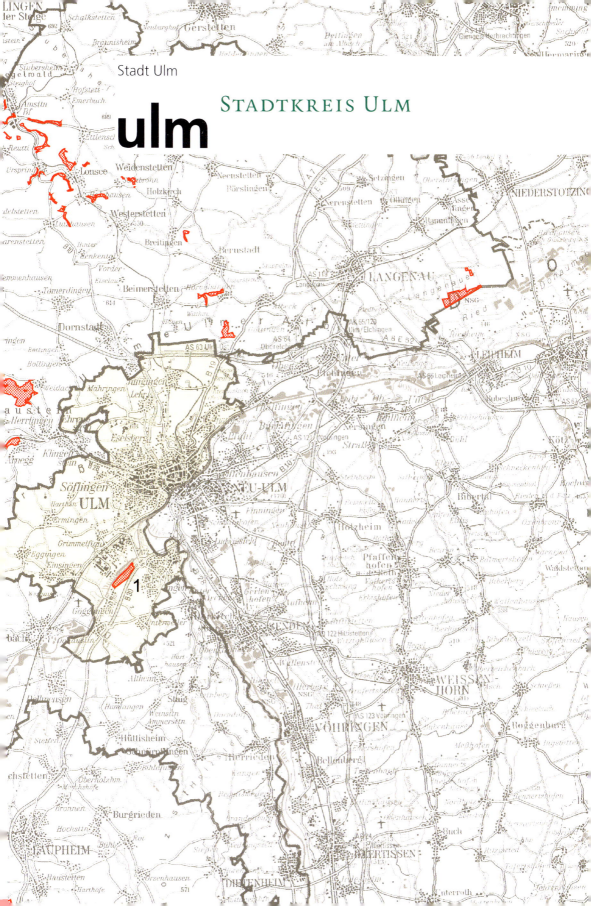

GRONNE

Stadtkreis Ulm: Stadt Ulm

Gemarkungen Ulm, Gögglingen und Wiblingen

Naturraum: Hügelland der unteren Riß

Geschützt seit 1972

Fläche: 39,4 Hektar

Top. Karte 7625

Im Süden von Ulm wurde 1972 direkt am östlichen Ufer der Donau das Schutzgebiet »Gronne« ausgewiesen. Auf der gegenüberliegenden Seite des Flusses schließt sich der Lichternsee an, der im Westen von dem weitläufigen Industriegebiet »Donautal« begrenzt wird. Im Osten des Gronne-Gebiets durchschneidet die vierspurig ausgebaute B 30 die Tallandschaft, im Süden schließt sich der Ulmer Stadtteil Gögglingen an. Noch etwas weiter donauaufwärts liegt das Landschaftsschutzgebiet »Taubes Ried«, ein ehemaliges Flachmoor mit einem ausgebaggerten Altarm, das räumlich im Zusammenhang mit dem Gronne-Gebiet zu sehen ist. In diesem Abschnitt der Donau-Aue lagern bis zu zehn Meter mächtige Sande und Kiese, die vielfach von Torf und auch von Auelehm bedeckt sind und bereits wenige Zentimeter unter der Oberfläche ergiebige Grundwasservorkommen aufweisen.

Bei der Gronne handelt es sich um einen Altwasserarm der Donau, der bei der Eindämmung des Flusses zu Beginn dieses Jahrhunderts übrig geblieben ist. Sie stellt also ein Relikt der früheren Donaulandschaft dar und bildete ursprünglich eine Übergangsform vom Fließgewässer zum Stillgewässer. Ende der 1930er-Jahre wurde das Altwasser als Ausgleichsbecken für das etwa einen Kilometer donauabwärts liegende Kraftwerk Wiblingen ausgebaggert. Der verstärkte Kiesabbau nach dem Zweiten Weltkrieg erweiterte das Becken nochmals. Seit 1962 sind die Baggerarbeiten eingestellt. Um die rasante Verlandung zu verlangsamen, wurde die Gronne im Jahr 1988 durch eine Kombination aus Damm und Spundwand von der Donau abgetrennt. Das zwölf Hektar große Gewässer nun ist als Flachsee mit einer mittleren Tiefe von 2,30 Meter einzustufen.

Die Pflanzenwelt der Gronne zeigt eine große Vielfalt. Bestände der Gelben Teichrose nehmen weite Bereiche der offenen Wasserfläche ein. Kleinflächig sind diese mit Teichbinsenröhrichten, Beständen des gefährdeten Tannenwedels und des stark gefährdeten Echten Wasserschlauches vergesellschaftet. Um die Wasserflächen zieht sich ein Schilfgürtel, der besonders im Süden, aber auch in der Seemitte eine beträchtliche Ausdehnung aufweist. Östlich grenzt ein kurzer Steilhang (Donauleite) die Donauaue von der Hochterrasse ab. Hier sind Waldgesellschaften aus Eschen-Ahorn-Wald, Laubholz-Mischbeständen und Fichtenbeständen ausgebildet. Die Laubwaldbereiche sind im Frühjahr mit einer blütenbunten Krautschicht aus Busch-Windröschen, Wald-Gelbstern, Leberblümchen und der Zweiblättrigen Sternhyazinthe überzogen. Südlich der Wasserflächen vermitteln Röhrichtgesellschaften (Schilf, Rohrglanzgras und Wasserschwaden), Feuchtgebüsche und brach gefallene Feuchtwiesen zu den weitläufigen Grünlandbereichen. Hier dominieren typische Glatthaferwiesen und Grünlandeinsaaten auf ehemaligen Ackerflächen. An der nassen Randsenke können sich wiederum Schilfröhrichtbestände, Seggenrieder und Kohldistelwiesen behaupten.

Aus Naturschutz-Sicht ist die Gronne insbesondere als Vogelreservat wichtig, das regelmäßig auch von zahlreichen Zugvögeln angesteuert wird. Darüber hinaus bildet die geschützte Landschaft eine wichtige Lebensgrundlage für Kleintiere, die im und am Wasser leben. Von besonderer Bedeutung sind dabei die Amphibien und Reptilien, die ihre Reviere in der Ufer- und Schwimmblattvegetation haben. Mit der Ausweisung des Schutzgebiets, das 1982 um einige Bereiche erweitert wurde, verfolgte man das Ziel, diese Reste einer ehemals sehr vielfältigen Naturlandschaft im Zusammenhang mit anderen naturnahen Bereichen als Rückzugsflächen im stark beanspruchten Umfeld einer Industrielandschaft zu sichern.

Mit der Schutzgebietsverordnung wurden die verschiedenen Nutzungsansprüche an das Gronne-Gebiet entflochten. Die Erholungs-

Winterstimmung im Naturschutzgebiet »Gronne«, das inmitten großstädtischer Umgebung liegt. Hier finden Tierarten Lebensraum, die auf Feuchtgebiete angewiesen sind. S. JESSBERGER

suchenden konnten weitgehend an den Lichternsee am gegenüberliegenden Ufer der Donau gelenkt werden. Für die Sportfischer blieb der östliche Bereich des Schutzgebiets geöffnet. Auf der schmalen Halbinsel zwischen Donau und Gronne im westlichen Bereich des Reservats wurden Ruhezonen als Laichschutz- und Vogelschutzflächen ausgewiesen, die für den Besucherverkehr nicht zugänglich sind. Darüber hinaus wurde auf der Gronne eine Schwimmplattform installiert, die als Brutplatz der Flussseeschwalbe angenommen wird.

In den vergangen Jahren gelang es zudem, die Ackerflächen in Grünland umzuwandeln und nunmehr extensiv zu bewirtschaften. Die angrenzenden Nasswiesen, Seggenrieder und Röhricht-

bestände werden nach den Vorstellungen der Naturschutzverwaltung gepflegt.

Schutzzweck ist die Erhaltung und Beruhigung eines gefährdeten Feuchtgebietes im stadtnahen Bereich, dem mit seinen Wasser-, Verlandungs- und Landflächen vorwiegend als Lebensraum der Vogelwelt große Bedeutung zukommt. Dazu gehört auch die Sicherung als Bestandteil des Lebensraumverbundes mit dem Donauried und den Donaustauseen in der Region.

Hinweise für Besucher: Unmittelbar am Rand des Ballungszentrums Ulm/Neu-Ulm stellt die Gronne zusammen mit dem benachbarten Lichternsee einen wichtigen Naherholungsbereich dar. Der Donauradwanderweg führt an der nördlichen Grenze des Schutzgebietes vorbei und überquert auf einer Brücke die Donau. Zum Schutze der störungsempfindlichen Vogelwelt ist das Schwimmen und Baden nicht gestattet.

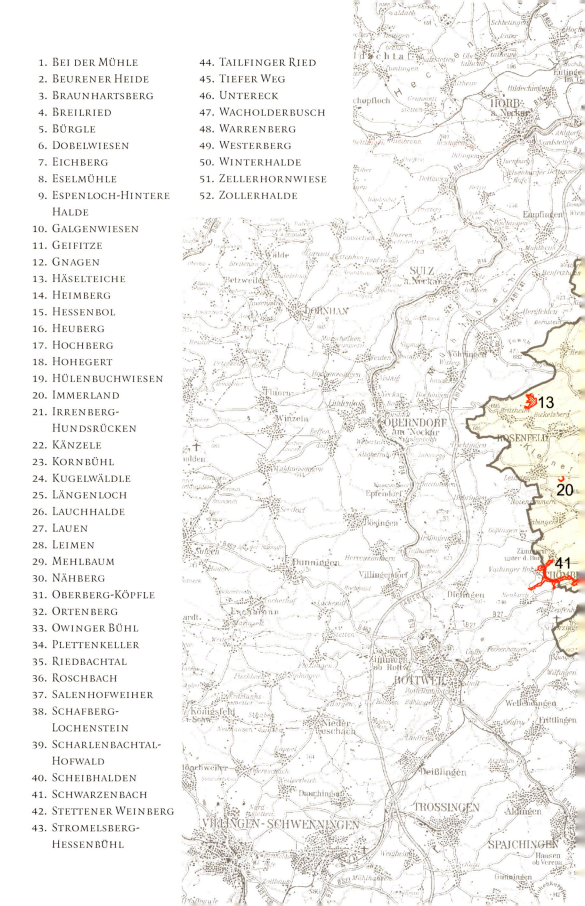

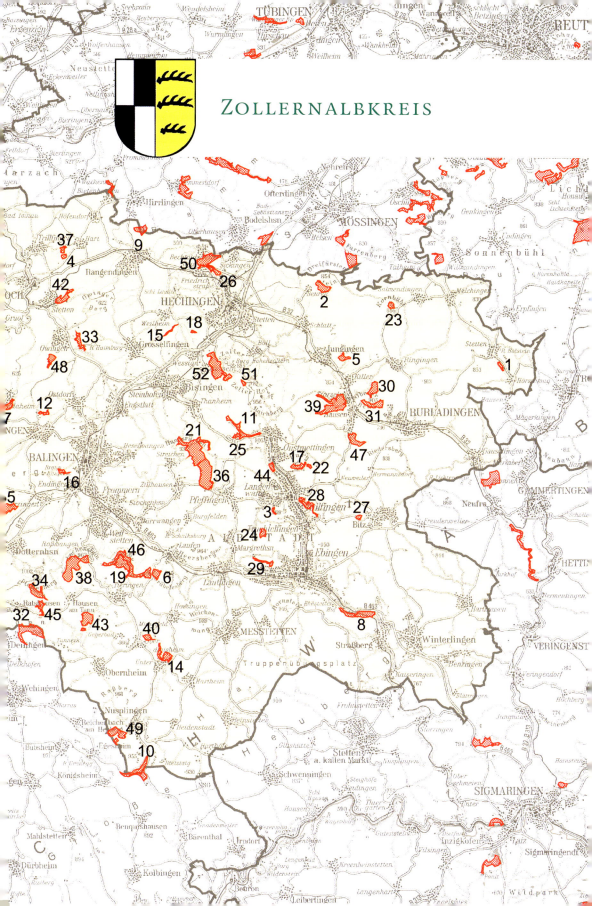

ZOLLERNALBKREIS

1 BEI DER MÜHLE

Zollernalbkreis: Stadt Burladingen,
Gemarkung Stetten u. H. und Hörschwag
Naturraum: Mittlere Kuppenalb
Geschützt seit 1981
Fläche: 7 Hektar
Top. Karte 7621

Zu den charakteristischen Pflanzen der Nasswiesen im NSG »Bei der Mühle« gehören Bach-Kratzdistel, Wiesen-Knöterich und Trollblume (*Trollius europaeus*).
A. LÄMMERT

Bei der Fahrt durch das Laucherttal von Stetten nach Hörschwag fällt im Talgrund nördlich der Hörschwager Sägmühle eine brachgefallene Fläche ins Auge, die sich deutlich von den umliegenden Wirtschaftswiesen abhebt. Dabei handelt es sich um das sieben Hektar große Schutzgebiet »Bei der Mühle«, das eines der wenigen Feuchtgebiete auf der wasserarmen Schwäbischen Alb darstellt. Seine Entstehung verdankt es einem tektonisch bedingten Karstwasseraufbruch im oberen Laucherttal: Eine Spalte im Weißjurakalk unter der kiesig-moorigen Talfüllung ermöglicht den Austritt des Karstwassers, das größtenteils für die Wasserversorgung von Stetten und Erpfingen genutzt wird.

Seit Mitte der 1960er-Jahre werden diese Feuchtflächen von den Bauern nicht mehr bewirtschaftet. Heute breiten sich dort Pflanzenbestände der Großseggenriede, der nährstoffreichen Nasswiesen, der nassen Staudenfluren und Bachröhrichte aus. Sie sind eng miteinander verzahnt und beherbergen ein breites Spektrum von Pflanzen- und Tierarten. Neben vielerlei Seggen bilden Hochstauden wie Mädesüß, Waldengelwurz und Sumpf-Storchschnabel in diesem Schutzgebiet reiche Bestände. Das Vorkommen der sehr seltenen Rasensegge deutet darauf hin, dass dieser Standort aufgrund seiner Bodenfeuchte von Natur aus immer waldfrei geblieben ist.

Demnach dürfte das jetzige Erscheinungsbild trotz der zwischenzeitlichen Bewirtschaftung dem natürlichen Zustand eines solchen Feuchtgebietes weitgehend entsprechen. Selbst den Erlen, die hier gepflanzt wurden, ist der Standort zu nass. Sie wuchsen nur kümmerlich und sterben jetzt nach und nach ab. Für die nächsten 20 bis 30 Jahre benötigt das Schutzgebiet keinerlei Pflege. Deshalb ist es hervorragend geeignet für das Studium der natürlichen Sukzession. Die Flächen befinden sich nahezu vollständig im Besitz des Landes, sodass keine Störungen mehr zu befürchten sind.

Schutzzweck ist die Erhaltung dieses Feuchtgebietes mit seinen Quellaustritten und den Pflanzen- und Tiervorkommen, die eine Besonderheit für diesen Teil der Schwäbischen Alb darstellen.

Hinweise für Besucher: Der zwischen Stetten und Hörschwag auf der rechten Talseite verlaufende Rad- und Fußweg ermöglicht einen Eindruck vom NSG »Bei der Mühle«. Hinweistafeln erläutern Wissenswertes zum Naturschutzgebiet und zur umgebenden Landschaft.

2 BEURENER HEIDE

Zollernalbkreis: Stadt Hechingen,
Gemarkung Beuren
Naturraum: Südwestliches Albvorland
Geschützt seit 1990
Fläche: 31,6 Hektar
Top. Karte 7620

Wegen ihres besonderen landschaftlichen Reizes und ihres außergewöhnlichen Artbestandes stellt die »Beurener Heide« unter den Naturschutzgebieten im Zollernalbkreis ein besonderes Juwel dar.

Das Schutzgebiet liegt ca. fünf Kilometer östlich von Hechingen unterhalb der Traufkante der Schwäbischen Alb in 620–700 m NN am Fuße des Dreifürstensteins auf dem Niveau des oberen Braunen Jura mit Schuttmassen aus Weißjurakalken bedeckt. Im Ornatenton, der obersten Schicht des Braunen Jura, treten zahlreiche kleine Hangquellen aus, die im aufgelagerten wasserdurchlässigen Kalkhangschutt versickern und hangabwärts erneut erscheinen. Die wellige Bodenoberfläche verrät eine starke Neigung zu Rutschungen und Hangfließen.

Die Beurener Heide besitzt ein besonders warmes Kleinklima, weil sie in Süd- bis Südwestrichtung liegt und die kalten winterlichen Nordostwinde von den Steilhängen des Dreifürstensteins

abgeschirmt werden. Gleichzeitig bringen die Steigungsregen am Albtrauf reichlich Niederschläge (850–900 mm).

Schon Anfang des 18. Jahrhunderts wurde die Heide als Allmende zum Anbau von Hackfrüchten und Getreide genutzt. Der heutige Charakter einer Wacholderheide, die das Kernstück des Naturschutzgebietes darstellt, ist auf die Schafbeweidung zurückzuführen, die seit dem 19. Jahrhundert nach und nach die Allmendwirtschaft ablöste. Zwischen 1950 und 1960 wurden schließlich die letzten Allmendlose aufgegeben. Die Beurener Heide zeichnet sich durch eine enge Vernetzung von Pflanzengesellschaften aus, die sich aufgrund kleinräumiger Standortunterschiede entwickeln konnten. Das Vorkommen von über 340 Pflanzenarten, darunter 65 gefährdete und geschützte Arten, verdeutlicht die Vielfalt und Besonderheit des Gebietes. Dem Betrachter fällt zunächst die das Landschaftsbild prägende Wacholderheide mit ihren enzianreichen Kalkmagerrasen ins Auge, die einen ganz außerordentlichen Orchideenreichtum aufweisen; erwähnt seien u. a. allein vier Ragwurzarten, Brand- und Purpur-Knabenkraut, sowie die äußerst seltene Honigorchis.

Besonders schutzwürdig ist das im Gebiet vorkommende Davallseggenquellmoor, das zu den Kalkflachmooren zählt. Solche natürlichen, vom Menschen nahezu unbeeinflussten Pflanzen-

Aufgrund von Quellaustritten stößt man mitten in der Beurener Heide immer wieder auf Quellmoore, Großseggengesellschaften oder feuchte Staudenfluren. Diese Rispenseggen-Bulte liegen frei, nachdem die umgebenden Gehölze entfernt wurden. M. HEIDEKER

gesellschaften sind in Mitteleuropa selten geworden. Zu den Pflanzenarten des Davallseggenquellmoores zählen u. a. Breitblättriges Wollgras, Fleischfarbenes und Breitblättriges Knabenkraut sowie Sumpf-Stendelwurz.

Die einschürigen Glatthaferwiesen sind sehr artenreich und bezaubern durch ihre bunte Blütenpracht. In der Umgebung von Quellmooren gehen sie in feuchte Kohldistel-Glatthaferwiesen über.

Die enge Verzahnung von Kalkmagerrasen mit Saum- und Gebüschgesellschaften sowie Feuchtflächen bedingt eine außergewöhnlich artenreiche Tierwelt. Hervorzuheben ist insbesondere die vielfältige Tagfalterfauna der Magerrasen und Wiesen. Die wechselfeuchten Standorte bieten Amphibien und Reptilien, wie z. B. Ringelnatter, Kreuzotter, Gelbbauchunke, Grasfrosch und Feuersalamander idealen Lebensraum. Weiterhin wurden 38 Vogelarten beobachtet, darunter Dorngrasmücke, Neuntöter, Grauammer und Heidelerche.

Zur langfristigen Erhaltung eines floristisch und faunistisch derart bemerkenswerten Gebietes bedarf es einer sorgfältigen Pflege. Dies wird durch den regelmäßigen Einsatz eines Landschaftspflegetrupps der Naturschutzverwaltung seit 1979 gewährleistet. So ist die Beurener Heide im Laufe der Jahre zu einem Musterbeispiel einer ausschließlich mechanisch gepflegten Heide geworden: Das Gebiet wird abschnittsweise in zweijährigem Turnus spät im Jahr gemäht. Außerdem müssen regelmäßig Gehölze entfernt werden, damit die Heide offen bleibt.

Schutzzweck ist die Erhaltung und Pflege der landschaftsprägenden Wacholderheide und der einmähdigen Wiesen mit Quellaustritten.

Hinweise für Besucher: Das NSG »Beurener Heide« liegt in einem viel besuchten Gebiet in einer reizvollen Landschaft. Im Frühsommer und Sommer locken die Wacholderheide mit ihren Orchideen und die blumenreichen Wiesen die Besucher an. An markanten Punkten informieren Übersichtstafeln über die Naturschönheiten und die Wege.

3 BRAUNHARTSBERG

Zollernalbkreis: Stadt Albstadt, Gemarkung Tailfingen
Naturraum: Hohe Schwabenalb
Geschützt seit 1985
Fläche: 3,2 Hektar
Top. Karte 7720

Über die westliche Seite des Braunhartsbergs bei Albstadt-Tailfingen zieht sich eine Wacholderheide hin, die heute hangaufwärts von Wald, hangabwärts von Wiesen und Äckern begrenzt wird. Im Norden reicht ein dicht bebautes Wohngebiet nahezu an die Grenzen des Schutzgebiets »Braunhartsberg« heran. Die hier erhaltene Wacholderheide zeugt von der früher weit verbreiteten Bewirtschaftung solcher Albhänge.

Die offenen Schaftriften, die noch bis zur Mitte des 20. Jahrhunderts das Landschaftsbild der Schwäbischen Alb prägten, sind in vielen Gegenden fast vollständig Nutzungsänderungen oder der Verbuschung zum Opfer gefallen. Eine Wacholderheiden-Kartierung im Auftrag der Tübinger Forstdirektion macht deren Zerstückelung deutlich. Auf winzige Restflächen zusammengeschrumpft und oft bereits stark vergrast oder verbuscht, sind diese Kleinode jedoch immer noch schützenswert. Hier konnten sehr seltene Tiere und Pflanzen, darunter Orchideen- und Enzianarten, überleben, die man heute kaum noch außerhalb von Schutzgebieten findet.

Schutz bedeutet hier, dass die Wacholderheiden entweder als einmähdige Wiesen oder als extensive Schafweiden genutzt werden. Wer am Braunhartsberg Naherholung sucht, und das sind viele Ausflügler aus dem Industriezentrum Albstadt, muss sich darauf beschränken, das Schutzgebiet auf den angelegten Wegen zu durchwandern. Grillstellen, Lagerflächen oder auch jagdliche Einrichtungen sind in dem kleinen Schutzgebiet nicht mehr zu verantworten. Nachdem die ursprüngliche Nutzung als Schafweide in Hütehaltung heute aufgrund der isolierten Lage nicht mehr möglich ist, übernimmt die Stadt Albstadt in Zusammenarbeit mit

Die Heideflächen am Braunhartsberg werden regelmäßig gemäht. Gelegentlich müssen am Oberhang aufkommende Gehölze zurückgeschnitten oder entfernt werden.
W. FRITZ

der Forst- und der Naturschutzverwaltung die heutige Pflege.

Schutzzweck ist die Erhaltung der bislang extensiv genutzten Wiesen und Wacholderheidenflächen mit ihren geschützten Orchideen und ihrer reichen Flora.

Hinweise für Besucher: Von Norden, vom Ortsteil Langenwand herkommend, kann man auf einem markierten Wanderweg am Waldrand oberhalb des Naturschutzgebietes weiter auf die Bergkuppe des Braunhartsberges gelangen oder in Richtung Truchtelfingen gehen. Dieser Weg erlaubt dem Spaziergänger einen guten Überblick auf das Naturschutzgebiet, das zur Hauptblütezeit im Juni besonders attraktiv ist.

4 BREILRIED

Zollernalbkreis: Stadt Haigerloch,
Gemarkung Trillfingen und Haigerloch
Naturraum: Obere Gäue
Geschützt seit 1981
Fläche: 5,8 Hektar
Top. Karte 7618

Inmitten des intensiv genutzten Ackerlands der Muschelkalk-Lettenkeuperplatte zwischen Eyach und Starzel lassen sich schützenswerte Biotope kaum vermuten. Umso erstaunlicher ist das Vorhandensein eines ca. ein Hektar großen, floristisch und vegetationsgeschichtlich hochinteressanten Moores nördlich der Straße von Haigerloch nach Hardt. Das Salenhofmoor, heute Breilried genannt, stellt eine ca. drei Meter tiefe verlandete Gipskeuperdoline dar. Sie ist mit Torf und Torfschlamm aufgefüllt, sodass keine freie Wasserfläche mehr vorhanden ist. Das Naturschutzgebiet »Breilried« bildet zusammen mit dem nahe gelegenen NSG »Salenhofweiher« und einigen kleineren Feuchtgebieten ein kleines Netz wertvoller Biotope.

In der verlandeten Doline ist von außen nach innen folgende Zonierung der Vegetation erkennbar: Innerhalb eines Ringes von Fichtenaufforstungen ist an manchen Stellen eine noch auf Mineralboden wachsende kleinseggen- und binsenreiche Flur vorhanden, für die das häufige Vorkommen der Kümmel-Silge bezeichnend ist. Nach innen folgt ein schmaler Gürtel mit Blasen-Segge als vorherrschender Art. Die große Fläche des Moores selbst wird von einer fadenseggenreichen Zwischenmoorgesellschaft bestimmt, die im Neckarland und Albvorland nur noch ganz wenige Standorte hat. Weitere häufige Seggen sind die Schnabel-Segge und die Steif-Segge. In den Schlenken im Zentrum gedeiht der Südliche Wasserschlauch neben einer sehr artenreichen Algenvegetation. Torfmoose bilden einige höhere Bulte.

Nur die Randpartien im NSG »Breilried« werden aus dem Gipskeuper mit mineralstoffreichem Wasser versorgt. In der Mitte herrschen nährstoffarme Verhältnisse vor, deshalb können dort Torfmoose gut gedeihen. BNL-ARCHIV

Von den umliegenden, gedüngten, leicht zum Breilried hin abfallenden Ackerflächen droht eine zunehmende Eutrophierung der Randbereiche des Rieds. Dem soll eine Erlenpflanzung am Westrand entgegen wirken, die dem Boden Nährstoffe entzieht. Ferner bemüht sich die Stadt Haigerloch darum, durch den Erwerb von Grundstücken die intensive Nutzung abzustellen. Die Fichtenaufforstungen erfüllen im Moment eine abschirmende Funktion gegenüber den landwirtschaftlichen Flächen. Langfristig aber sollen sie in standortsgerechte Laubmischwälder überführt werden. Der beste Schutz für das eigentliche Moor besteht darin, es von menschlichen Einflüssen völlig unberührt sich selbst zu überlassen.

Schutzzweck ist die Erhaltung der in einer Gipskeuperdoline entstandenen Riedfläche mit seiner an Feuchtigkeit angepassten Pflanzen- und Tierwelt.

Hinweise für Besucher: Pollenanalysen der Torfschichten zeigen, dass die flache Doline im zweiten Jahrtausend v. Chr. versumpfte.

5 BÜRGLE

Zollernalbkreis: Gemeinde und Gemarkung Jungingen

Naturraum: Südwestliches Albvorland

Geschützt seit 1987

Fläche: ca. 14,2 Hektar

Top. Karte 7620

Das Naturschutzgebiet »Bürgle« an den nach Süden und Südwesten ausgerichteten Hängen des Killertals, wie das obere Starzeltal auch genannt wird, ist klimatologisch der wärmste Platz im weiteren Umkreis von Jungingen. Im Schatten des Seeheimer Berges, dem dortigen Hochplateau der Schwäbischen Alb, ist das Gelände auch im Winter vor den Nord- und Ostwinden gut geschützt. Hohe Niederschläge und milde Temperaturen sorgen hier – in unmittelbarer Nachbarschaft zum eher kontinental geprägten Klima der Albhochfläche – für ein auffallend atlantisch getöntes Klima.

Braunjura (Ornatenton), Weißjura alpha (Impressamergel) und darüber Weißjura beta (Hangschutt) bilden quellige und rutschige Böden, die in exponierter Lage schnell austrocknen. Wie andernorts wurde auch im »Bürgle« der Hangfuß der Schwäbischen Alb seit jeher als Hüteschafweide genutzt. Obwohl auf diesen Flächen nicht allzu viel Grünfutter wächst, wurden

Die Flächen im NSG »Bürgle« werden von Schafen beweidet. Auch auf weiteren Flächen im Killertal erfolgt die Schafbeweidung wieder als traditionelle Hütehaltung. Das wird von der Naturschutzverwaltung unterstützt und gefördert.
C. FREUND

hier neben den Schafen auch immer wieder Kühe auf die Weide getrieben. Von Zeit zu Zeit haben die Bauern Wacholder und Gebüsche entfernt, um die Weideflächen so groß wie möglich zu halten.

Nach dem zweiten Weltkrieg wurde die Beweidung immer rarer, zeitweise kam sie sogar ganz zum Erliegen. Die Hänge verbuschten zunehmend und teilweise machten sich größere Gehölze breit. Um die weitere Entwicklung zum Wald auf der aus Naturschutzsicht wichtigsten Fläche des Killertales zu stoppen, griff in den 1970er-Jahren der Pflegetrupp der Naturschutzverwaltung ein. Damals wurde das »Bürgle« gründlich entbuscht, später übernahmen Studenten der Rottenburger Hochschule für Forstwirtschaft diese Arbeit. Seither wird das Schutzgebiet in regelmäßigen Abständen ausgelichtet. Mittlerweile trägt die extensiv genutzte Wacholderheide im Schutzgebiet, die hangaufwärts von den angrenzenden Albtrauf-Wäldern und zum Tal hin von Wiesen eingerahmt wird, wieder wesentlich zum charakteristischen kulturhistorischen Landschaftsbild des Albrandes bei.

Für den Artenschutz ist das Gebiet von hoher Bedeutung. An den trockenen und sonnigen Standorten kommen Halbtrockenrasen mit Katzenpfötchen, Ragwurzarten und Knabenkräutern, Kugelblume und Küchenschelle vor. An den Quellhorizonten entwickelten sich Kalk-Quell-

moore mit so bemerkenswerten Arten wie Davalls Segge und Breitblättrigem Wollgras.

Hinweise für Besucher: Der Besuch des NSG »Bürgle« ist schon wegen der Aussicht auf das Killertal lohnend. Ein markierter Wanderweg führt von Jungingen hinauf und Ruhebänke laden zum Verweilen ein. Es ist wichtig, auf den markierten Pfaden zu bleiben, da besonders in unmittelbarer Umgebung der Wege gerade auf den vegetationsarmen Standorten wichtige Raupenfutterpflanzen auskeimen und seltene Schmetterlingsarten vorkommen.

6 DOBELWIESEN

Zollernalbkreis: Stadt Albstadt, Gemarkung Laufen
Naturraum: Hohe Schwabenalb
Geschützt seit 1980
Fläche: 18,6 Hektar
Top. Karte 7719

Das Schutzgebiet »Dobelwiesen« liegt ca. 1,5 Kilometer südlich der Ortschaft Laufen unter dem Albtrauf am Osthang des Steinbachtals, einem Seitental des Eyachtales. Das Kalkflachmoor liegt in einer Höhe von 700–760 m NN.

Die bewegte Geländeoberfläche in Kombination mit der Hangneigung gibt Hinweise auf den Untergrund: Hier stehen die leicht zu Rutschun-

Nach Aufgabe der land-
wirtschaftlichen Nutzung
wurden große Teile des
Hangs der Dobelwiesen
mit Fichten aufgeforstet,
die aufgrund der Boden-
nässe zunehmend wieder
absterben. W. FRITZ

gen neigenden Ornatentone des Braunen Jura an.
Auf diesen stark tonigen Untergrund ist auch zurückzuführen, dass es häufig zu Quellaustritten
an der Schichtgrenze zum darüber anstehenden
Weißen Jura sowie zu Vernässungen kommt. In
den Dobelwiesen tritt stark kalkhaltiges Quellwasser mit geringer Schüttung flächig aus, sodass sich hier ein von Kalksintergrus durchsetztes Kalkflachmoor entwickeln konnte.

Nach Aufgabe der landwirtschaftlichen
Nutzung kann sich das Kalkflachmoor, bei dem
es sich um die Pflanzengesellschaft des sehr
selten gewordenen Davallseggenquellmoores
handelt, allmählich regenerieren. Neben der
namensgebenden Davalls Segge wachsen hier
zahlreiche seltene Arten, wie z. B. Sumpf-Stendelwurz, Fleischfarbenes Knabenkraut, zwei
Wollgrasarten, Kelchsimsenlilie, Sumpf-Herz-
blatt und eine Vielzahl von Seggen. Ein kleiner
im Sumpfgebiet gelegener Teich bietet zahlreichen Amphibien einen Lebensraum. Im Osten
mäandriert der Steinbach weitgehend natürlich
am Ried vorbei.

Seit 1974 werden die offenen Flächen in
unregelmäßigen Abständen gemäht, damit die
schutzwürdige Vegetation des Davallseggenquellmoores nicht verbuscht.

Schutzzweck ist die Erhaltung des in Mitteleuropa äußerst selten gewordenen Kalkflach-
moores, das hier noch in Resten vorhanden ist.

7 EICHBERG

Zollernalbkreis: Stadt Geislingen,
Gemarkung Erlaheim
Naturraum: Südwestliches Albvorland
Geschützt seit 1995
Fläche: 17,9 Hektar
Top. Karte 7618

Der markante, landschaftsprägende Eichberg
erhebt sich rund fünf Kilometer nordwestlich von
Balingen am Rande des Dorfes Erlaheim. Mit
einer Höhe von 622 m NN überragt die Kuppe
eindrucksvoll die im Süden und Westen angrenzenden, etwa 30 Meter tiefer gelegenen, großräumigen Verebnungen des Schwarzen Jura alpha.
Am Eichberg selbst stehen bereits die darauf folgenden Schichten, der Schwarze Jura beta und
der Schwarze Jura gamma (im Südwesten des Gebiets) an. Die schiefrigen, von mergeligen Kalkbänken durchzogenen Schichten entwickelten
sich zu eher flachgründigen Tonböden, die am
Hangfuß häufig zu Staunässe neigen.

Das knapp 18 Hektar große Schutzgebiet verdankt seinen ökologischen Wert und sein reizvolles Erscheinungsbild den kleinflächigen und
überwiegend extensiven Nutzungen. Der klein-
parzellierte westliche Südhang trug in früheren
Zeiten Rebstöcke, die später durch Obstbäume ersetzt wurden. Zum Teil werden die Obstwiesen

zwar heute noch intensiv bewirtschaftet, dazwischen finden sich aber auch bereits Brachestadien mit Altgrasfluren und Heckenbeständen.

Der westliche Teil auf dem Höhenrücken spielt für die Land- oder Forstwirtschaft kaum noch eine Rolle. Mit Kapelle, Marienschrein und Kriegerehrenmal erfüllt dieser Bereich vorwiegend kirchliche und kulturelle Funktionen. Das kommt auch in der gärtnerischen Gestaltung zum Ausdruck. Rosskastanien, Linden, Eichen, Silber-Pappeln und Fichten rahmen die im Jahr 1911 erbaute Josefskapelle ein und säumen den Weg, der von Westen her auf die Kapelle zuführt. Daneben kamen ohne menschliches Zutun Gehölze hoch, die das Landschaftsensemble keineswegs beeinträchtigen, sondern dessen Ästhetik zusätzlich bereichern.

Den östlichen Teil des Höhenrückens und den östlichen Südhang bedecken blumenbunte Magerwiesen und Halbtrockenrasen. Diese Flächen werden zumeist nicht mehr bewirtschaftet, weswegen jetzt mit pflegerischen Eingriffen die traditionelle extensive Nutzung nachgeahmt werden muss. Bei den Nordhängen und den Nordwesthängen handelt es sich um klassische Streuobstwiesen, auf denen die Bauern einerseits Grünfutter und andererseits Tafel- und Mostobst gewinnen. Das am südwestlichen Rand des

Schutzgebietes gelegene Kiefernwäldchen wurde vor etwa 70 Jahren auf früheren Mähwiesen aufgeforstet.

Bislang hat man am Eichberg bereits 279 Pflanzen- und 106 Tierarten registriert. Diese ungewöhnliche Vielfalt weist das relativ störungsfreie Gelände als wertvollen Lebensraum mit herausragender Bedeutung für den Artenschutz aus. Zahlreiche Orchideenarten wie Großes Zweiblatt, Waldhyazinthe, Bienen-Ragwurz und Mücken-Händelwurz wachsen auf den trockenen Magerrasen. Wiesenstorchschnabel, Trollblume und Büschel-Glockenblume bereichern die blumenreichen Magerrasen. Bis zu 33 verschiedene Tagfalterarten fliegen im Sommer über die Wiesen und in den Obstbäumen brütet der gefährdete Wendehals. Daneben stellt der Eichberg auch in landschaftsästhetischer und kulturhistorischer Hinsicht ein schutzwürdiges Kleinod dar.

Schutzzweck ist die Erhaltung eines fein strukturierten Landschaftsteiles mit verschiedenen Wiesentypen, Streuobstbeständen und Hecken.

Hinweise für Besucher: Am Südrand der Ortschaft Erlaheim führt ein Wanderweg in das NSG »Eichberg«. Er ist auch Teil eines Streuobstlehrpfades.

Noch vor einigen Jahren machten Extensivwiesen und Streuobstbestände in dieser Gegend einen erheblichen Anteil der landwirtschaftlichen Nutzflächen aus. Die im NSG »Eichberg« heute noch vorhandenen Reste sind für den Arten- und Biotopschutz sehr wichtig.
S. HACKER

8 ESELMÜHLE

Zollernalbkreis: Stadt Albstadt, Gemarkung Ebingen,
Gemeinde und Gemarkung Straßberg

Naturraum: Hohe Schwabenalb

Geschützt seit 2002

Fläche: ca. 50 Hektar

Top. Karte 7820

In den Teichen und Tümpeln des NSG »Eselmühle«
kommt die Gelbbauchunke (*Bombina variegata*) vor.
W. LÖDERBUSCH

Das Naturschutzgebiet »Eselmühle« liegt nordwestlich von Straßberg im Schmeietal (Schmiechatal) auf einer Meereshöhe von 680–690 m NN. Es steigt von Westen nach Osten nur unmerklich an. Die nördliche Grenze bilden die B 463 und der parallel verlaufende Feldweg. Im Süden begrenzen Wald und streckenweise die Schmeie das Schutzgebiet. Die bis 350 Meter breite Talsohle besteht aus alluvialen Ablagerungen. Ein großflächiger zusammenhängender Bereich von extensiv genutzten Nass- und Feuchtwiesen, Seggenriedern, Hochstaudenfluren, Tümpeln und Fließgewässern durchzieht die Talaue. Die Wiesen werden teilweise durch Gräben entwässert. An einigen Stellen gibt es Freizeitgrundstücke und Fischteiche.

Durch das Tal fließen von Nordwesten nach Südosten die Schmeie bzw. Schmiecha und mehrere kleinere Bachläufe und Gräben. Bis zur Gemarkungsgrenze Ebingen wird der Bachlauf Schmiecha genannt, von dort bis zur Mündung in die Donau wird er als Schmeie bezeichnet. Der Verlauf der Schmeie ist begradigt und mit Steinschüttungen befestigt.

Charakteristisch für die feuchten Wiesen ist die Kohldistel, für die Nasswiesen die Bach-Kratzdistel. Eine Besonderheit ist das Vorkommen von Spatelblättrigem Greiskraut sowie von Trollblume und Blauer Himmelsleiter. Ebenfalls bedeutend und noch weitgehend intakt sind die Seggenrieder (Steifseggenried und Sumpfseggenried).

An der Schmeie leben Eisvogel und Wasseramsel. Als Nahrungs- und Durchzugsgäste wurden in den Wiesen Bekassine und Weißstorch, Braunkehlchen, Waldschnepfe und Kiebitz beobachtet. Unter den Schmetterlingsarten finden sich einige landesweit gefährdete Arten, die auf Feuchtbiotope angewiesen sind wie z. B. Mädesüß-Perlmutterfalter, Baldrian-Scheckenfalter und Lilagold-Feuerfalter. Bemerkenswert ist das massenhafte Vorkommen des Randring-Perlmutterfalters im Steifseggenried. Bei den Libellen ist die Gebänderte Prachtlibelle hervorzuheben. Sie gilt als Indikator für sauberes Wasser. In den Teichen und Tümpel kommt die Gelbbauchunke vor.

Schutzzweck ist die Erhaltung der verschiedenen Feuchtbiotope wie Feuchtwiesen, Staudenfluren, Seggenrieder und Bachläufe als Lebensraum für zahlreiche Pflanzen- und Tierarten.

9 ESPENLOCH-HINTERE HALDE

Zollernalbkreis: Gemeinde und
Gemarkung Rangendingen

Landkreis Tübingen: Gemeinde Hirrlingen

Naturraum: Schönbuch und Glemswald

Geschützt seit 1988

Fläche: ca. 22,4 Hektar

Top. Karte 7619

Zwischen Rottenburg und Rangendingen erhebt sich aus der hier etwa 460 m NN hoch gelegenen Lettenkohleschicht der Gäulandschaft der Südwestrand des Rauhen Rammert bis auf eine Höhe von 510 m NN. Vom Mittleren Keuper über

Gipskeuper und Bunte Mergel bis zur oberen Decke aus Stubensandstein zeigt dieser Hang eine
klassische Abfolge für die Keuperschichtstufe mit
Blick zur flachen Oberen Gäulandschaft.

Wie am gesamten Keuperstufenrand wurde
auch an diesen Rammert-Hängen vom Mittelalter
bis ins 17. Jahrhundert Wein angebaut, wo immer
die Lage es zuließ. Diese Nutzung brach im
30-jährigen Krieg zusammen, weil damals der
Bedarf an Wein rapide zurückging – die Bevölkerungszahl nahm ab und der Handel kam zum Erliegen. Später legten die Bauern in den aufgelassenen Weinbergen Mähwiesen an. Die höchsten

Magerrasen mit Helmknabenkraut (*Orchis militaris*) und
Wundklee (*Anthyllis vulneraria*) im NSG »Espenloch-
Hintere Halde«. S. HACKER

Der Grünspecht (*Picus viridis*) baut seine Nisthöhlen in
alte Obstbäume. V. KRACHT

und steilsten Lagen unter der Hangkante eroberte
sich der Wald nach und nach zurück.

Bis heute dominiert diese Kulturlandschaft
den Charakter des südwestlichen Rammert-Ran-
des. Sie besteht aus ortsfernen, steilen und daher
ungedüngten Mähwiesen, auf denen im Herbst
zum Teil Schafe weideten, und Obstbaumwiesen,
die meist im 19. Jahrhundert angelegt wurden.
Die über lange Zeit gleichmäßige extensive
Bewirtschaftung der kleinparzellierten Wiesenlandschaft führte zu den hier typischen Pflanzengesellschaften: Salbei-Glatthaferwiesen, Halbtrockenrasen, Wärme liebende Saum- und
Waldmantelgesellschaften und Streuobstwiesen,
die allesamt verzahnt sind in einem kleinräumigem Muster mit gelegentlich brachgefallenen
Parzellen oder kleinen Hackfrucht-Äckern.

Brand-Knabenkraut, Kleines Knabenkraut,
Helm-Knabenkraut, Kugel-Glockenblume und
Fransen-Enzian zeigen die Hochwertigkeit der
Magerrasen im Schutzgebiet an. Lebensraum bie-
tet dieser Südhang aber auch für die typischen
Vogelarten der Streuobstwiese wie Wendehals,

Grünspecht und Buntspecht, für Heckenbrüter wie Neuntöter und für Bodenbrüter wie Baumpieper und Feldschwirl.

Um diese Biotop-Vielfalt zu bewahren, muss die bisherige bäuerliche Bewirtschaftungsweise mit behutsamer Mahd, pfleglicher Entbuschung und Erhaltung der alten Streuobstbestände weitergeführt und ggf. nachgeahmt werden. Wo dies von den Privatnutzern nicht mehr geleistet werden kann, werden die Flächen im Auftrag des Naturschutzes oder durch den Pflegetrupp des Regierungspräsidiums gepflegt.

Schutzzweck ist die Erhaltung, Pflege und Verbesserung der Halbtrockenrasen, Streuobstbestände und Feuchtgebiete als Lebensraum von zahlreichen, zum Teil seltenen und vom Aussterben bedrohten Tier- und Pflanzenarten.

Hinweise für Besucher: Das NSG »Espenloch-Hintere Halde« ist nur über landwirtschaftliche Wege erreichbar und erschlossen, die von Spaziergängern benutzt werden können. Die Flächen im Naturschutzgebiet selbst sollen zum Schutz der schonungsbedürftigen Pflanzen- und Tierwelt allerdings nicht betreten oder befahren werden.

10 GALGENWIESEN

Zollernalbkreis: Gemeinden und Gemarkungen Nusplingen
Landkreis Tuttlingen: Gemeinden und Gemarkungen Bärenthal und Egesheim
Naturraum: Hohe Schwabenalb
Geschützt seit 1999
Fläche: ca. 47,8 Hektar, davon ca. 20,5 Hektar im Regierungsbezirk Freiburg
Top. Karte 7819

Das Naturschutzgebiet »Galgenwiesen« liegt im Bäratal, dem längsten zur Donau führenden Seitental der Südwestalb. Das nördlich von Nusplingen beginnende Tal bildet zunächst eine flache und weiträumige Mulde, die sich in ein enges, tief in die Albtafel eingeschnittenes Tal verwandelt. Etwa drei Kilometer südlich von

Nusplingen liegt das Naturschutzgebiet in einer Aufweitung des Tals, in der sich die Obere und die Untere Bära vereinen. Das Naturschutzgebiet erstreckt sich in den dreiarmigen Talraum und über die angrenzenden Hangflächen des Kohlwalds auf einer Höhe von 690 bis 700 m NN. Die Talsohle ist mit Kiesen und Lehmen bedeckt, aus denen sich steinige oder tonige, vor allem kalkhaltige Lehmböden entwickelt haben. Diese grundwassernahen Böden sind ganzjährig feucht bis nass, was eine Niedermoorbildung begünstigt. Die Sedimente überdecken die darunter anstehenden bis zu 90 Meter mächtigen Schichten des Weißjura alpha fast vollständig. An den unteren Talhangbereichen im Gebiet tritt Weißjura alpha, überlagert von Weißjura beta und epsilon zutage.

Die Obere Bära entspringt ca. acht Kilometer nördlich von Nusplingen, während die Untere Bära ihren Ursprung ca. neun Kilometer westnordwestlich von Nusplingen hat. Ihr Bachbett ist über weite Strecken begradigt, eingetieft und teilweise mit Flussbausteinen befestigt. Lediglich innerhalb des Naturschutzgebiets besitzen die Fließgewässer noch ein naturnahes Erscheinungsbild mit engen Mäandern. Während der Schneeschmelze und bei starken, lang anhaltenden Niederschlägen können im Zentrum des Schutzgebiets großflächige Überschwemmungen auftreten, bei deren Abfluss sich in den Altarmschlingen und Geländemulden über längere Zeit kleine Stillgewässer halten.

Nach Aufgabe der landwirtschaftlichen Nutzung haben feuchte und nasse Brachflächen in den letzten 20 bis 30 Jahren zugenommen, aus denen sukzessive Seggenrieder, Hochstaudenfluren, Röhrichte und zuletzt Weidengebüsche werden. Zur Erhaltung der Artenvielfalt werden die Flächen höchstens zweimal im Jahr gemäht. Sporadisch und nur bei relativ trockenen Verhältnissen dienen die Wiesen als Herbst- und Winterweide für Schafe. Forstliche Nutzung ist auf die Hanglagen beschränkt.

Die naturnahen Talräume mit Fließgewässern, ausgedehnten Feuchtgebieten, den sich anschließenden Hangzonen mit ihren Quellbereichen so-

Der Talraum der Oberen Schmiecha im NSG »Geifitze« mit Wiesen und Weidengebüschen ist Brut-, Nahrungs- und Durchzugsgebiet vieler Vogelarten. W. Fritz

wie durch Trockenheit geprägten Flächen beherbergen eine Vielfalt kleinflächig verzahnter Biotopstrukturen, die sich durch eine hohe Artenvielfalt auszeichnen. Altwässer und überwiegend temporäre Tümpel beleben das Gebiet. Die Pflanzen- und Tierwelt lässt auf eine zufrieden stellende Wasserqualität schließen.

Zu den vorkommenden Pflanzenarten zählen Blaue Himmelsleiter, Küchenschelle, Trollblume und – eine große Rarität – das Pyrenäen-Löffelkraut, das erst vor wenigen Jahren im Bereich einer Kalktuffquelle entdeckt wurde.

In den Fließgewässern leben Groppe und Elritze. Erwähnenswerte Brutvögel sind Braunkehlchen und Feldschwirl. Der Feingestreifte Laufkäfer, der im Silberweiden-Auwald vorkommt, ist eine charakteristische Art der Flußauen und Auwälder.

Schutzzweck ist die Erhaltung, Pflege und Verbesserung der naturnahen Fließgewässer mit ihrer natürlichen Gewässerdynamik samt Gräben, Altarmen, temporären Tümpeln und der Talaue mit trockenen und feuchten Mähwiesen, Nasswiesen, Riedflächen, Auen- und Uferweidengebüschen, Feldhecken und markanten Einzelbäumen sowie der darin lebende Pflanzen- und Tierwelt.

Hinweise für Besucher: Ein Blick vom Parkplatz der angrenzenden L 433 verschafft dem Betrachter eine eindrucksvolle Übersicht über das Gebiet. Durch das Naturschutzgebiet führt ein gekennzeichneter Wanderweg.

11 Geifitze

Zollernalbkreis: Stadt Albstadt, Gemarkung Onstmettingen

Naturraum: Hohe Schwabenalb

Geschützt seit 1989

Fläche: 33 Hektar

Top. Karte 7719

Wassermangel und Trockenheit kennzeichnen von Natur aus die Schwäbische Alb. Wenige großflächigere Feuchtgebiete konnten sich lediglich in den Hochtälern auf Quellhorizonten und entlang von Flussläufen entwickeln. Diese feuchten Standorte waren von jeher bei den Bauern sehr beliebt. Die Wiesen und Weiden sind dort ertragreicher. Auch eignen sich die anmoorigen Böden nach Entwässerung zum Hanf-, Flachs- und Kartoffelanbau. Für Krautländer halten die Bäche und Flüsschen das erforderliche Gießwasser bereit. Der Wasserstand lässt sich gegebenenfalls durch Be- und Entwässerungsgräben regulieren. Diese Nutzungen beeinträchtigten und zerstörten die meisten Ried- und Moorflächen in den Hochtälern der Alb, ehe sich der Naturschutzgedanke überhaupt entwickeln konnte. Ein großer Teil dieser Ried- und Moorflächen fiel zusätzlich noch Siedlungsflächen zum Opfer, die vorzugsweise entlang der Gewässer gebaut wurden und sich dort rasch ausdehnten. All diese Zerstörungen

und Schädigungen erlitten auch die einst ausgedehnten Moor- und Riedflächen der Schmiecha
und ihrer Seitenarme, die zwischen 805 und
850 m NN auf den Schichten des Weißen Jura
alpha entstanden sind.

Die Naturschutzverwaltung wandte sich
schon 1921 und somit während ihrer Geburts-
stunde den noch verbliebenen Moorflächen im
Gewann Geifitze auf Gemarkung Onstmettingen
zu. Die damals beginnende Auseinandersetzung
zwischen dem möglichst weitgehenden Biotopschutz auf der einen und den landwirtschaftlichen und baulichen Nutzungsansprüchen auf
der anderen Seite dauert bis zum heutigen Tage
an. Erst mit der Naturschutzverordnung von
1989 konnte die Naturschutzverwaltung einen
ersten Teilerfolg erzielen. Es wurde für die
Feuchtflächen entlang der West-Schmiecha zwischen Ursprung und Ortsrand eine Verände-
rungssperre ausgesprochen. Allerdings musste
die bestehende landwirtschaftliche Nutzung weiter zugelassen werden. Dies bedeutete konkret,
dass der Viehweide im Bereich der Ursprungs-
quelle der Schmiecha und die Düngung der Mähwiesen weiterhin erlaubt waren. Die landes- und
gemeindeeigenen Wiesen wurden dagegen in
extensive Nutzung mit zweimaligem Schnitt
ohne Düngung überführt.

Inzwischen konnten auch für zahlreiche Pri-
vatflächen Pflegeverträge vereinbart werden, in
denen vorgegeben wird, dass die Wiesen nicht gedüngt und nur einmal im Jahr gemäht werden,
einzelne Großseggenriede und Hochstaudenfluren sogar nur alle paar Jahre mit einer Spezialmähraupe. So wird die sukzessive Verbuschung in
diesen Bereichen verhindert.

Im Naturschutzgebiet »Geifitze« konnten bislang 164 Pflanzen- und 149 Tierarten nachgewiesen werden. Der Name »Geifitze« leitet sich
übrigens von »Kiebitz« ab, ein Hinweis auf die
(damals) dort vorkommende Vogelart.

Schutzzweck ist die Erhaltung, Pflege und Verbesserung eines für die Schwäbische Alb seltenen, vielfältig strukturierten Feuchtgebietskom-
plexes als Lebensraum zahlreicher gefährdeter
Tier- und Pflanzenarten.

Hinweise für Besucher: Das landwirt-
schaftliche Wegenetz im NSG »Geifitze« ist für
Wanderungen und Spaziergänge gut geeignet.
Vorbei an der nicht direkt zugänglichen
Schmiechaquelle hat man Anschluss an den
Nordrandweg des Schwäbischen Albvereins mit
Aussichtspunkten ins Albvorland hinaus. Nicht
weit ist es zum benachbarten Naturschutzgebiet
»Längenloch«, zu dem sich eine schöne Rund-
wanderung anbietet (Parkplatz am Stichwirts-
haus).

12 GNAGEN

Zollernalbkreis: Stadt und Gemarkung Geislingen
Naturraum: Südwestliches Albvorland
Geschützt seit 1985
Fläche: 8,8 Hektar
Top. Karte 7718

Das Naturschutzgebiet »Gnagen« liegt nordwestlich von Balingen. Die zahlreichen kleinen
Nebenflüsse von Eyach und Stunzach haben in
dieser Gegend ein unübersichtliches, hügeliges
Bergland mit Tälern und Spornen geschaffen.
Auch das Schutzgebiet wird von drei kleinen
Quellbächen von West nach Ost durchflossen –
teils mit großem Gefälle und hoher Fließgeschwindigkeit, teils ruhig in flachen Niederungen
mit kleinem Schwemmkegel. Diese Bäche und
der Boden aus verschiedenen Schichten des Lias
(darunter Mergel, Schiefer und Tonschichten)
prägen die Vegetation im Gnagen.

Hier bestimmen Wiesen und Wiesenbrachen –
vom Großseggenried über Nasswiesen bis hin zu
entwässerten und gedüngten Fettwiesen – die
Landschaft, in der sich Trollblume, Sumpf-Dot-
terblume und Wiesen-Knöterich gut halten konnten. Die Wiesen werden vielfach von Weißdorn-
und Schlehenhecken gesäumt. Entlang der Bäche
ziehen sich Ufergebüsche mit Mandel-Weide,
Lorbeer-Weide, Grau-Weide und Öhrchen-Weide
hin. Dieses Mosaik von Biotoptypen war noch vor
sechzig Jahren im südwestlichen Albvorland weit
verbreitet, ist aber mittlerweile größtenteils der

Der Neuntöter ist bei uns ein Sommervogel. Er kommt im Frühjahr aus Südafrika und zieht im Herbst wieder zurück. Im NSG »Gnagen« findet er Nistmöglichkeiten, Warten und geeignete Jagdflächen. Als Nestunterlage bevorzugt er stachel- und dornenbewehrte Sträucher wie Schlehe und Heckenrose. Gefangene Insekten spießt er dort auf. D. NILL/LINNEA IMAGES

landwirtschaftlichen Intensivierung zum Opfer gefallen.

Im Gnagen finden aber noch immer viele Vogelarten die überlebensnotwendigen Strukturen für Brut, Balz und Nahrungssuche. Hier trifft man Neuntöter, Gartenrotschwanz, Ringeltaube und Wendehals ebenso an wie die Wiesenbrüter Wachtel, Rebhuhn und Braunkehlchen. Dank der großen Zahl an Kleintieren sind auch deren Jäger häufig im Schutzgebiet zu sehen: Habicht, Schwarzer Milan, Rotmilan, Wespenbussard und sogar Baumfalke.

Diese Artenvielfalt kann sich nur bei einer räumlich wechselnden, extensiven Nutzung der Wiesenflächen mit geringer Düngung und nicht allzu häufiger Mahd behaupten. Aus naturschutzfachlicher Sicht gilt es, das Vegetationsmosaik von Riedern, Nasswiesen, Staudenfluren, Wiesenflächen, Strauchgruppen, dornigen Hecken und Altgrasrainen landschaftspflegerisch zu erhalten. Darüber hinaus wird im Schutzgebiet angestrebt, den Wasserspiegel der künstlich ausgebaggerten Bäche wieder anzuheben und be-

sonnte Bereiche mit Röhricht und Hochstaudenfluren aufwachsen zu lassen. Das recht kleine Wiesenareal ist umgeben von Ackerland und deshalb eine regelrechte Biotopinsel in der Landschaft.

Schutzzweck ist die Erhaltung eines Feuchtgebietes mit kleinräumigen Mosaikstrukturen trockener bis nasser Ausprägung als Brutplatz für besondere Vogelarten.

Hinweise für Besucher: Das Braunkehlchen brütet hier im Sommer. Ende August zieht der knapp 13 Zentimeter große und nur 20 Gramm schwere Vogel Richtung Westafrika und erreicht dort im Laufe des Novembers seine Überwinterungsquartiere. Im Frühjahr kehrt er dann in seine Brutgebiete zurück.

13 HÄSELTEICHE

Zollernalbkreis: Stadt Rosenfeld, Gemarkung Bikelsberg

Naturraum: Südwestliches Albvorland

Geschützt seit 1982

Fläche: ca. 29 Hektar

Top. Karte 7618 und 7718

Beim Schutzgebiet »Häselteiche« im Albvorland nördlich von Rosenfeld handelt es sich um einen flach gewellten und nach Norden geneigten Knollenmergelhang der Liasplatte. Dieses größtenteils landwirtschaftlich genutzte Gelände in etwa 600 m NN gehört zum Einzugsbereich des Hausterbaches, der seinerseits in die Stunzach und über diese in die Eyach fließt.

Mit Streuobstbäumen und Gebüschen überzogen, weisen die Wiesen und Weiden ein breites Spektrum unterschiedlicher Pflanzengesellschaften auf. Hier findet man fette und hochwüchsige, aber auch wechselfeuchte, montane Glatthaferwiesen ebenso wie kleinflächige Nasswiesen mit Niedermoorarten wie z. B. der Floh-Segge. Im Grenzbereich zum Stubensandstein ziehen sich aufgelassene Halbtrockenrasen hin, daneben breiten sich wechseltrockene Salbei-Glatthaferwiesen aus, die zum Teil als blumenbunte Wiesen

Die Streuobstwiesen der Häselteiche bieten ein breites Spektrum unterschiedlicher Pflanzengesellschaften.
BILDFLUG NEUMAYER

mit viel Knabenkraut ein prächtiges Bild abgeben. Der überwiegende Teil dieser Wiesen gehört zum geschützten Flora-Fauna-Habitat-Lebensraumtyp

Extensive Landnutzung und sachgerechte Biotoppflege im NSG »Häselteiche« sichern die Wuchsorte der sehr seltenen Busch-Nelke (*Dianthus sylvaticus*) erhalten.
C. FREUND

der Flachland-Mähwiesen. Stellvertretend für die wertvolle Flora im Schutzgebiet seien Wiesen-Leinblatt, Busch-Nelke, Mücken-Händelwurz und Trollblume genannt.

Dank der botanischen Vielfalt finden hier auch zahlreiche seltene Tierarten einen Lebensraum. Neben Spinnen, Käfern und Zweiflüglern spielen hier vor allem Schmetterlinge eine wichtige Rolle, darunter Kaisermantel, Scheckenfalter-Arten und Großer Schillerfalter. Die Liste der im Schutzgebiet brütenden Vogelarten enthält so bemerkenswerte Arten wie den Wendehals, einen Charaktervogel der ungestörten Streuobstbestände, der in Höhlen brütet, sowie Neuntöter und Raubwürger, die typische Heckenbrüter sind. In den Altgrasbeständen findet man neben anderen Bodenbrütern auch das Braunkehlchen.

Mit der Unterschutzstellung des NSG »Häselteiche« wurde gleichzeitig ein Pflegeplan erarbeitet, der zu intensive Beweidung der Hangbereiche verhindert und Empfehlungen für notwendige Pflegemaßnahmen auflistet. Vorgesehen sind die Extensivierung des Wirtschaftsgrünlands, abschnittsweise Mahd der Halbtrockenrasen, gelegentliche Entbuschungen in den Nass- und Streuwiesen und Zurückdrängen der Schlehen in den Halbtrockenrasen. Heute bewirtschaften Landwirte große Teile des Gebietes im Rahmen des Vertragsnaturschutzes nach Vorgaben der Naturschutzbehörden.

Schutzzweck ist die Erhaltung des naturnahen Zustandes des landschaftlich schönen Grünlands mit seinen Flachmoorwiesen, Nasswiesen, Halbtrockenrasen, Laubgehölzen und mäßig intensiv genutzten Glatthaferwiesen, in denen unter anderem vier Orchideenarten zu finden sind.

Hinweise für Besucher: Das NSG »Häselteiche« liegt nördlich von Bikelsberg und ist von dort über Landwirtschaftswege erschlossen. Vorbei an den Häselhöfen kommt man zu einem Wanderparkplatz.

Wacholderheiden befinden sich vor allem an den Hängen des Heimbergs. Darunter liegen die flacher geneigten Magerrasen und Wiesen. Durch die Vielfältigkeit unterschiedlicher Lebensräume hat sich eine besonders artenreiche Pflanzen- und Tierwelt eingestellt. BNL-ARCHIV

14 HEIMBERG

Zollernalbkreis: Stadt Meßstetten,
Gemarkungen Oberdigisheim und Unterdigisheim
Naturraum: Hohe Schwabenalb
Geschützt seit 1987
Fläche: 35,9 Hektar
Top. Karte 7819

Das Naturschutzgebiet »Heimberg« zwischen den beiden Meßstettener Ortsteilen Ober- und Unterdigisheim zieht sich vom etwa 760 m NN gelegenen Quellbereich des nach Südwesten entwässernden Burtelbachs bis zur Kuppe des 857 m NN hohen Heimbergs hinauf. Hier bilden unterschiedlich stark verbuschte Wacholderheiden, Bergwiesen, Glatthaferwiesen, Röhrichte und ein Laub-Nadel-Mischwald ein breites Spektrum von Vegetationstypen. Diese Vielfalt auf engem Raum charakterisiert gleichzeitig aber auch das Schicksal der ehedem großflächig ausgedehnten Wacholderheiden auf der Schwäbischen Alb.

Mit häufigem Mähen und reichlicher Düngung schafften es die Bauern, aus ehemaligen Halbtrockenrasen ertragbringendes Grünland zu gewinnen. Wo sich dies wegen der Steilheit und der geringen Bodenauflage nicht lohnte, setzte oft die Sukzession ein und überschattete innerhalb weniger Jahrzehnte die licht- und wärmebedürftige Vegetation die ehemaligen Schafweiden. Aufforstungen kamen hinzu. Diese Veränderung der Pflanzengesellschaften ist keineswegs im Sinne des Naturschutzes, der die charakteristische Alblandschaft erhalten will.

Langfristig sollen deshalb die landwirtschaftlich genutzten Wiesen wieder ausgehagert und die zuwachsenden Flächen entbuscht und gemäht werden. Inzwischen werden Teile des Gebietes wieder beweidet, allerdings nicht mehr in der traditionellen Form der Hütehaltung, sondern in einer mobilen Koppelhaltung. Wanderschäfer sind selten geworden und eine mit dem Naturschutz abgestimmte Koppelhaltung kommt der traditionellen Weideform am nächsten.

In den dichten Hecken und Gebüschen finden zahlreiche Vogelarten ungestörte Nistplätze und dank der reichen Insektenfauna genügend Nahrung. Zu Raubwürger und Neuntöter gesellen sich mindestens 33 weitere Vogelarten im Naturschutzgebiet »Heimberg«. Diese Arten sind in unserer veränderten Kulturlandschaft stark bedroht.

Schutzzweck ist die Erhaltung und Weiterentwicklung der Wacholderheiden, Magerwiesen, Feuchtgebiete und Sukzessionsflächen als Lebensraum zahlreicher Tier- und Pflanzenarten.

Hinweise für Besucher: Das NSG gehört zum Naturpark »Obere Donau«, in dem zahlreiche Einrichtungen für Besucher, so auch ein attraktives Wander- und Radwegenetz existieren. Informationen hierzu liefern die entsprechenden Topografischen Karten (z.B. die Freizeitkarte »Naturpark Obere Donau«). Darin sind Wanderparkplätze und die entsprechenden Rad- und Wanderwege aufgeführt. Das NSG selbst ist durch landwirtschaftliche Wege erschlossen, die von Spaziergängern benutzt werden können.

15 HESSENBOL

Zollernalbkreis: Stadt Hechingen,
Gemarkung Weilheim
Naturraum: Südwestliches Albvorland
Geschützt seit 1986
Fläche: 5,1 Hektar

Der schmale, nach Südwesten ausgerichtete Trockenhang des Naturschutzgebiets »Hessenbol« liegt im Albvorland bei Hechingen im Schwarzen Jura auf einer Höhe von etwa 510 m NN. Seit alters her war das sonnige und trockene Gelände nur als Sommerweide für Schafe zu gebrauchen. Dank dieser extensiven Nutzung konnte sich am Hessenbol eine Vielzahl seltener Pflanzen behaupten, die aus botanischer Sicht die Schutzwürdigkeit des Gebiets begrün-

Dichte Hecken säumen den Weg zum Trockenhang des NSG »Hessenbol«. S. KRACHT

den. So gedeihen hier beispielsweise einige Rag-
wurz- und Enzianarten, aber auch die Kleinblütige Rose und die Trockenrasenart Gewöhnliche
Kugelblume.

In den Hecken und Wiesen finden zudem so
bedrohte Vogelarten wie Braunkehlchen, Raubwürger und Neuntöter vorzügliche Brutplätze.
Am besten lassen sich diese wertvollen Lebensräume offen halten, wenn man den Hang erst im
Herbst mit Schafen beweidet, in regelmäßigen
Abständen behutsam entbuscht und dort, wo es
notwendig ist, einmal im Jahr mäht.

Die Unterschutzstellung des kleinen, aber
ökologisch wertvollen Hessenbol-Areals geht im
Wesentlichen auf eine Initiative des Bund Naturschutz Alb-Neckar e.V. zurück, der schon 1974
ausführliche Artenlisten aus dem Gebiet vorlegte.
Eine über lange Jahre geplante Mülldeponie, die
das NSG »Hessenbol« teilweise umschließen
sollte, wurde nie realisiert.

Schutzzweck ist die Erhaltung eines Halbtrockenrasens mit seinen umgebenden artenreichen
Hecken.

Hinweise für Besucher: Von Hechingen
führt ein gekennzeichneter Wanderweg nach
Grosselfingen. Auf halber Wegstrecke trifft man
auf das kleine Schutzareal.

Die beiden wassergefüllten Gruben auf dem Balinger
Heuberg sind ein kulturgeschichtliches Denkmal. Sie
zeugen vom Ölschieferabbau im zweiten Weltkrieg.
BILDFLUG NEUMAYER

16 HEUBERG

Zollernalbkreis: Stadt Balingen,
Gemarkung Endingen
Naturraum: Südwestliches Albvorland
Geschützt 1998
Fläche: ca. 7,5 Hektar
Top. Karte 7718 und 7719

Das Naturschutzgebiet »Heuberg« liegt ca.
zwei Kilometer südwestlich von Balingen im
Bereich des Kleinen Heubergs auf 600 bis
615 m NN. Den Kleinen Heuberg begrenzt zwischen Balingen und Endingen die nordwestlich
von einem Hochplateau zum Steinlach- und
Eyachtal abfallende Hangfläche. Die Hangzone
und die sich darüber anschließende Hochfläche,

in deren Übergangsbereich sich das Naturschutzgebiet befindet, sind für die Balinger Bevölkerung
der Inbegriff des Kleinen Heubergs. Von Natur
aus gibt es in dieser Region keine größeren Stillgewässer. Zwei dort liegende Seen bzw. Weiher
resultieren aus dem Abbau von Ölschiefer. Sie
nehmen eine besondere Stellung ein, da die meisten anderen Entnahmestellen in der Region wieder verfüllt sind. Ein Damm mit verschließbarem
Durchlass trennt die Weiher, die von mehreren
Quellen gespeist werden. Es sind relativ flache
Karpfengewässer mit randlichem Schilfgürtel
und Auenwald. In vierjährigem Turnus werden sie
im Wechsel abgelassen und abgefischt.

An die Wasserflächen grenzen mit Hochstaudenfluren und Feldgehölzen durchsetzte Wiesenbrachen, am westlichen See auch extensiv bewirtschaftete Mähwiesen an. Die Waldflächen im
Süden bilden den Übergang zum Engelestal, ein
in den langgezogenen Abhang des Kleinen Heubergs eingeschnittenes Tal mit einem Wiesen-

bach. Im Osten zieht sich ein alter Streuobstgürtel den Hang entlang, von dem Teilflächen innerhalb des Schutzgebiets liegen.

Das Schutzgebiet bietet Lebensraum für Tier- und Pflanzenarten, die an Stillgewässer, extensiv genutztes Offenland, Brachestadien und naturnahe Waldbestände gebunden sind. Hier findet man Natternzunge und Färberscharte.

Im und an den beiden Seen sind Kammmolch und Gelbbauchunke anzutreffen. Für die Zugvögel Rohrweihe, Wiesenweihe und Baumfalke ist das Gebiet beim Durchzug als Rastplatz wichtig. Die stark gefährdete Wasserralle brütet im Schutzgebiet. Unter den Libellen ist die Glänzende Binsenjungfer bemerkenswert. Als Lebensraum braucht sie stehende Gewässer mit dichter Verlandungsvegetation und wechselndem Wasserstand.

Schutzzweck ist die Erhaltung, Verbesserung und Pflege der beiden Weiher mit ihren umgebenden Flächen als Lebensraum für Pflanzen- und Tierarten, die im und am Wasser leben.

Hinweise für Besucher: Sollten Sie eine Rohrweihe im Umfeld der beiden Seen beobachten, dann ist sie sicherlich auf Nahrungssuche. Mäuse, Amphibien, Reptilien und Insekten gehören zu den bevorzugten Beutetieren.

17 HOCHBERG

Zollernalbkreis: Stadt Albstadt,
Gemarkung Tailfingen
Naturraum: Hohe Schwabenalb
Geschützt seit 1980
Fläche: 7 Hektar
Top. Karte 7720

Das Naturschutzgebiet »Hochberg« liegt am südexponierten Hang des Buchtales, einem Seitental des Schmiechatales nur 100 Meter neben den letzten Häusern von Albstadt-Tailfingen. Es erstreckt sich dort auf Flächen, die zwischen 830 und 910 m NN im unteren Teil der Hangzone auf der Schichtstufe des Weißen Jura gamma liegen.

Vor ca. 60 Jahren wurde das Gebiet teilweise noch intensiv landwirtschaftlich genutzt. Die Lage der früheren Äcker ist noch an den schwach ausgeprägten ehemaligen Ackerterrassen zu erkennen. Entlang der früheren Feldgrenzen finden sich quer zum Hang verlaufende, meist niedrige Böschungen und kleinere Steinriegel. Inzwischen ist die Mehrzahl der Grundstücke bewaldet. Es handelt sich dabei vor allem um Kiefern- und Fichtenbestände. Die waldfreien Flächen wurden nach Aufgabe des Ackerbaus lange Zeit noch als Mähwiesen genutzt, inzwischen aber, von wenigen Ausnahmen abgesehen, aufgegeben. Die ertragsschwachen, schlecht zugänglichen, oft im Schatten liegenden Flurstücke bewirtschaften heutzutage nur noch Hobbylandwirte. Auch die Schafbeweidung in Hütehaltung, die vor ca. 20 Jahren noch gelegentlich stattfand, ist bei den gegenwärtigen Herdengrößen nicht mehr wirt-

Nur selten findet man so stattliche Exemplare des Deutschen Enzians (*Gentianella germanica*) wie auf diesem Bild aus dem NSG »Hochberg«. BNL-ARCHIV

Die Freiflächen des NSG »Hochberg« werden heute überwiegend im Vertragsnaturschutz gepflegt. Prächtige Solitärbäume und Wacholder weisen auf frühere Nutzungen als Schafweide hin. W. FRITZ

schaftlich und schadet der dortigen Tier- und Pflanzenwelt eher.

Von besonderer ökologischer Bedeutung sind heute die Magerrasen, Feuchtflächen, Einzelbäume, Baumgruppen und Hecken, Nadelwälder mit der daran gebundenen Bodenvegetation und der naturnahe Buchenwald. Aufgrund dieser außergewöhnlich großen Vielfalt an verzahnten und miteinander vernetzten Biotopstrukturen stellt das Gebiet in seiner Gesamtheit einen bedeutenden Lebensraum für Kleintiere und Pflanzen dar. Es weist insbesondere seltene Schmetterlings-, Käfer-, Spinnen- und Orchideenarten auf.

Die mit Wacholder, Solitärbäumen und Hecken durchsetzten Freiflächen sind überwiegend im Besitz des Bund Naturschutz Alb-Neckar e.V., der die Initiative zur Pflege der Flächen übernommen hatte. Heute werden die brachgefallenen Wiesen und Schafweiden überwiegend im Vertragsnaturschutz durch örtliche Landwirte im Herbst gemäht und das Mähgut von der Fläche entfernt. Auch auf den Waldflächen werden Pflegemaßnahmen durchgeführt, die sich an den Bedürfnissen schutzbedürftiger Pflanzenarten orientieren. Besonders zu erwähnen ist dabei das Kriechstendel, eine auf Moderhumus und Beschattung angewiesene Orchideenart, für deren Erhalt die Lichtverhältnisse im Wald gelegentlich reguliert werden müssen.

Schutzzweck ist die Erhaltung, Pflege und Verbesserung eines vielfältig strukturierten Landschaftsteils mit der daran gebundenen extensiven Nutzung als Lebensraum für gefährdete und geschützte Pflanzen- und Tierarten sowie als kulturhistorisches Relikt.

Hinweise für Besucher: Das NSG »Hochberg« ist vom Teilort Tailfingen auf markiertem Wanderweg gut erreichbar. Eine Wanderung auf dem bezeichneten Wanderweg ermöglicht einen Besuch des Gebietes, ohne die schutzwürdigen Flächen zu betreten. Den Aufstieg auf die Anhöhe der »Burg« belohnt ein Ausblick ins Schmiechatal.

18 HOHEGERT

Zollernalbkreis: Gemeinde Bisingen, Gemarkung Wessingen

Naturraum: Südwestliches Albvorland

Geschützt seit 1979

Fläche: 2,3 Hektar

Top. Karte 7619

Das ca. 2,5 Kilometer südwestlich von Hechingen gelegene Schutzgebiet »Hohegert« liegt im Bereich des Schwarzen Jura mit mittel- bis tiefgründigen, relativ kalkreichen Verwitterungs-

Das NSG »Hohegert« gliedert sich in zwei Teile: Den größten Teil nehmen südexponierte Hänge mit Halbtrockenrasen ein, darunter erstreckt sich eine kleine Streuwiesenfläche. S. METZ

lehmböden, die z.T. einen sehr hohen Tongehalt aufweisen.

Als Bestandteil der bäuerlichen Kulturlandschaft hat das Gebiet im Laufe der Zeit viele Stadien der land- und forstwirtschaftlichen Nutzung erfahren: Aus ehemaligen Äckern wurden einmähdige magere Wiesen, die als Allmende genutzt wurden. In den 1960er-Jahren wurde dann nach Aufgabe der Wiesennutzung mit Kiefern aufgeforstet, die 1971 nachdem das Land die Flächen zu Naturschutzzwecken gekauft hatte, wieder entfernt wurden. Das und die darauf folgende Mahd hatten zum Ziel, die früheren Trespen-Halbtrockenrasen zu erhalten. Diese Pflege verhindert die Sukzession zum Endstadium Wald. Einige Leitpflanzen der artenreichen Halbtrockenrasen des oberen Hangbereichs sind Stengellose Kratzdistel, Skabiosen-Flockenblume, Zypressen-Wolfsmilch, Gefranster Enzian und Orchideen wie Mücken-Händelwurz und Bienen-Ragwurz. Der untere Hangbereich ist nährstoffreicher und daher stark mit ruderalen Arten wie Bitterkraut und Disteln durchsetzt. Die regelmäßige Mahd erfolgt heute im Rahmen eines Landschaftspflegevertrages durch einen örtlichen Landwirt.

Schutzzweck ist die Erhaltung des naturnahen Halbtrockenrasens sowie der am Hangfuß liegenden Streuwiese mit den dort in reichem Maße vorhandenen seltenen Tier- und Pflanzenbeständen.

Hinweise für Besucher: Die Lage des Schutzgebietes abseits von landwirtschaftlichen Wegen oder von Wanderwegen erschwert den Zugang für interessierte Besucher. Vergleichbare Lebensräume in der Nähe können im leichter zugänglichen NSG »Hessenbol« besichtigt werden.

19 HÜLENBUCHWIESEN

Zollernalbkreis: Stadt Meßstetten, Gemarkung Tieringen

Naturraum: Hohe Schwabenalb

Geschützt seit 1984

Fläche: 42 Hektar

Top. Karte 7719

Das Schutzgebiet »Hülenbuchwiesen« liegt etwa zwei Kilometer nördlich von Tieringen auf der Hochfläche des Lochenhörnle, das wie ein Sporn in das Eyachtal vorspringt (950 m NN). An Nord-, Ost- und Westgrenze des Naturschutzgebietes fällt der Albtrauf steil ab, während im Süden intensiv genutzte Wiesen und Weiden anschließen.

Geologisch gesehen besteht das Lochengebiet aus einem Schwammriff, das sich zur Zeit des Jurameeres vor 170 Mio. Jahren gebildet hat und vom Weißjura gamma bis in Weißjura alpha-Schichten hinabreicht. Die verschwammten, harten Kalke hielten der Erosion stand, während tonige Partien abgetragen wurden. So entstand das heutige, hügelige Erscheinungsbild der Hochfläche.

Die artenreichen einmähdigen Hülenbuchwiesen sind als Relikt einer historischen Nutzungsform besonders schützens- und erhaltenswert. Sie wurden traditionell als Holzwiesen genutzt: Auf besonders flachgründigen Stellen ließ man aufkommenden Gehölzbewuchs stehen und nutzte ihn als Bau- oder Brennholz. Die bis heute erhaltenen Busch- und Farngruppen verleihen dem Gebiet einen besonders reizvollen, parkartigen Landschaftscharakter. Die extensive Wiesennutzung ohne Düngung mit nur einer Mahd pro Jahr wurde bis in die 1970er-Jahre hinein fortgeführt. Danach wurden Teilflächen in gedüngte Öhmdwiesen oder Viehweiden umgewandelt, was zu einem beachtlichen Artenrückgang führte. Die

Unterschutzstellung des Gebietes war dringend. Bereits vollzogene Nutzungsänderungen konnten aber nicht mehr vollständig rückgängig gemacht werden.

Die noch vorhandenen einmähdigen Kalkmagerwiesen des Gebietes besitzen eine äußerst artenreiche und hochwertige Flora. Die jährlich wiederkehrende Mahd übt entscheidenden Einfluss auf die Zusammensetzung der Pflanzengemeinschaften und damit auch auf die Tierwelt aus. Nicht nur, dass die Flächen weitgehend gehölzfrei bleiben und nachwachsende Pflanzen stets genügend Licht haben; Mahd und Nährstoffarmut begünstigen auch Magerkeitszeiger, die auf gedüngten Böden von wüchsigeren Pflanzen verdrängt werden. Nicht umsonst zählen einmähdige Wiesen zu den artenreichsten Lebensräumen überhaupt. Hier finden viele Pflanzen- und Tierspezialisten ihre ganz besonderen Lebensraumnischen. Beachtenswert ist, dass die sonst für den submontanen Bereich typischen Kalkmagerwiesen hier relativ hoch auf 950 m NN vorkommen und daher mit montanen Arten wie z. B. Berg-Flockenblume durchsetzt sind.

Auf den Hühlenbuchwiesen geben die Baum- und Buschgruppen der Landschaft einen parkartigen Charakter. Das Felsmassiv des Albtraufs (NSG »Untereck«) verleiht dem Panorama ein alpines Erscheinungsbild. Projektphoto Sach+Schnelzer

Schutzzweck ist die Erhaltung der artenreichen einmähdigen Hochwiesen mit ihrer charakteristischen Flora und Fauna.

Hinweise für Besucher: Mit ihrem malerischen Charakter sind die Hülenbuchwiesen besonders an den Wochenenden im Sommer ein beliebtes Ausflugsziel für Erholungssuchende. Ausgewiesene Wanderwege ermöglichen es, die Blütenpracht der Wiesen und das parkartige Landschaftsbild zu genießen.

20 IMMERLAND

Zollernalbkreis: Stadt Rosenfeld,
Gemarkung Leidringen
Naturraum: Südwestliches Albvorland
Geschützt seit 1982
Fläche: 1,9 Hektar
Top. Karte 7718

Das Naturschutzgebiet »Immerland« bei Leidringen besteht aus einem Halbtrockenrasenhang auf Knollenmergel, der nach Südosten zum Erlenbach hin abfällt.

Zur Zeit der Unterschutzstellung war der Hang schon seit längerer Zeit brachgefallen: Es handelte sich um ein Brachestadium des Trespen-Halbtrockenrasens mit Übergängen zu Saumgesellschaften und mit ruderalen Einflüssen. Bemerkenswert ist das Vorkommen der seltenen Kahlen Katzenminze mit Hunderten von Exemplaren. An der Hangoberkante wachsen niedrige Hecken und Gebüsche, vornehmlich aus Schlehe, die einer Vielzahl von Insekten als Nahrungspflanze dienen und zahlreichen Vogelarten, u. a. dem Neuntöter, Nistmöglichkeiten bietet.

Ohne Pflegemaßnahmen würde dieser Hang vollständig verbuschen. Die Flächen werden deswegen im Rahmen des Vertragsnaturschutzes durch eine Mahd ab Juli gepflegt.

Schutzzweck ist die Erhaltung des Halbtrockenrasens, auf dem sich aufgrund der besonderen Wuchsbedingungen seltene und vom Aussterben bedrohte Pflanzen eingestellt haben.

21 IRRENBERG-HUNDSRÜCKEN

Zollernalbkreis: Stadt Albstadt, Gemarkung
Pfeffingen, Stadt Balingen, Gemarkungen Streichen
und Zillhausen, Gemeinde Bisingen,
Gemarkungen Bisingen und Thanheim
Naturraum: Südwestliches Albvorland und
Hohe Schwabenalb
Geschützt seit 2002
Fläche: ca. 127,3 Hektar
Top. Karte 7719

Das Naturschutzgebiet »Irrenberg-Hundsrücken« liegt etwa sechs Kilometer östlich von Balingen und ist mit über 127 Hektar das größte Naturschutzgebiet im Landkreis. Es umfasst Teile der Albhochfläche, das kesselartig eingekerbte Roschbachtal und die oberen Hangzonen des Albtraufs. Die höchste Erhebung liegt mit 931 m NN im Bereich des Hundsrücken, der niedrigste Punkt mit 720 m NN findet sich im

Hangmischwald am Hundsrücken. S. KRACHT

Die steilste und größte
Holzwiese der Südwest-
alb liegt am Irrenberg.
V. KRACHT

Roschbachtal. In das 2002 neu verordnete NSG
»Irrenberg-Hunsrücken« wurden die bestehenden
NSG »Irrenbergwiese« (von 1943) und »Hunds-
rücken« (von 1939) einbezogen.

Geologisch ist das Gebiet und die unmittelbare Umgebung von den für die Westalb typischen Schichtfolgen vom Mittleren Braunen Jura
delta bis hinauf zu den wohlgeschichteten Kalken
des Weißen Jura gekennzeichnet. An dessen
Schichtgrenzen treten häufig Quellen aus und
speisen Tümpel und Sümpfe in den durch Rutschung entstandenen Hangterrassen. Innerhalb
des Schutzgebiets liegen mehrere ganzjährig
schüttende Quellen. Die nördlichste liegt im
Zentrum des Talkessels und heißt Talbrunnen.
Hier entspringt der Roschbach in einem Seggenried. Er fließt in Windungen durch den schmalen
Talgrund und mündet außerhalb des Schutzgebietes in die Eyach. Bachbegleitend schließen
sich kleine waldfreie Feuchtgebietskomplexe
(Hochstaudenflur, Röhricht, Groß- und Kleinseggenried) an.

Die herausragende Besonderheit im NSG ist
eine ausgedehnte Holzwiese. Sie bedeckt den
nordöstlichen Steilhang des Talkessels und reicht
stellenweise bis an die Albhochfläche heran.
Durch Rodung entstanden offene Flächen, eine
intensive Waldweide schuf lichte Waldbestände.

Auch die Freiflächen wurden sicherlich beweidet.
Mit Einführung der Stallhaltung entstand Heu-
bedarf, man ging zur Mahd über. Der Aufwuchs
war jedoch gering und es wurde nur einmal sehr
spät im Jahr gemäht und nicht gedüngt. Der Weg
vom Hof war zu weit und den Wirtschaftsdünger
konnte man im Tal besser gebrauchen. So entstanden die mageren, artenreichen Wiesen, die
immer wieder durch Gehölze untergliedert sind –
die Holzwiesen.

Heutzutage werden die Wiesen von engagierten Naturschützern gemäht und entbuscht, damit
seltene Pflanzenarten wie Arnika, Frauenschuh,
Gewöhnliche Simsenlilie, Purpur-Klee und Berghähnlein auch in Zukunft hier existieren können.

Ein weiteres prägendes Element im Schutzgebiet sind die naturnahen Schlucht- und Hangmischwälder mit Bergahorn und Esche an den
steilen Abhängen des Albtraufs.

Die Vielfalt der verschiedenen Biotoptypen
schafft die Lebensgrundlage für eine artenreiche
Tierwelt. In allen Tiergruppen findet man faunistische Besonderheiten. Mit 51 Tagfalterarten fliegen knapp die Hälfte aller für die Schwäbische
Alb belegten Arten im NSG. Die blumenreichen
Wiesen liefern auch Nektar für über 50 verschiedene Wildbienenarten, darunter eine Kegelbie-
nenart, die vom Aussterben bedroht ist. Nahezu

50 verschiedene Vogelarten brüten im Gebiet. Der Rotmilan zieht hier seine Kreise und der Baumpieper nutzt den Übergang vom Wald zur Wiese für seinen Singflug. Von den Hecken aus startet der Neuntöter zur Jagd auf Insekten und aus den Wäldern ist das Klopfen des Schwarzspechtes zu hören.

Schutzzweck ist die Erhaltung, Pflege und Weiterentwicklung eines vielfältig strukturierten Biotopmosaiks als Lebensraum für zahlreiche, zum Teil sehr seltene Tier- und Pflanzenarten sowie als kulturhistorisch und ästhetisch herausragender Landschaftsteil.

Hinweise für Besucher: Irrenberg und Hundsrücken zählen sicherlich zu den landschaftlichen Glanzpunkten der Region Albstadt-Balingen. In der Nähe des Naturschutzgebiets liegen mehrere Wanderparkplätze. Von Streichen her kommend bietet sich dem Wanderer ein an ein Amphitheater erinnernder Talkessel. Besonders reizvoll ist eine Wanderung im Frühjahr oder zur Zeit der Herbstlaubfärbung.

Die Echte Kugelblume (*Globularia punctata*) wächst auf den Kalkmagerrasen im NSG »Känzele«. M. HEIDEKER

22 KÄNZELE

Zollernalbkreis: Stadt Albstadt, Gemarkung Tailfingen

Naturraum: Hohe Schwabenalb

Geschützt seit 1980

Fläche: 3,6 Hektar

Top. Karte 7720

Das landschaftlich reizvolle Schutzgebiet »Känzele« umfasst Wacholderheidenflächen sowie Kiefern- und Fichtenaufforstungen. Es liegt am Rande der Westalbhochfläche zwischen Tailfingen und Hausen im Killertal am Hang eines nach Südwesten gerichteten Vorsprungs – dem 910 m NN hoch gelegenen Känzele, der dem Naturschutzgebiet den Namen gab. Der Abhang zum Buchtal hin ist in drei terrassenförmige Abschnitte gegliedert und hat eine Höhendifferenz von ca. 100 Metern.

Den geologischen Untergrund bildet der Weißjura gamma mit Übergang zum darüber liegenden Weißjura delta, der hier deutlich abgesetzt ist und als Schwammfels das eigentliche Känzele darstellt. An der Vegetation ist der Wechsel des geologischen Untergrunds deutlich abzulesen: Auf Weißjura delta treten Blaugras-Magerrasen mit besonders Wärme und Trockenheit liebenden Pflanzen wie der Echten Kugelblume auf.

Nachdem der früher intensiv betriebene Ackerbau aufgegeben worden war, weideten Schafe und es entstanden Wacholderheiden. Diese wiederum wurden vor 30–40 Jahren hauptsächlich mit Kiefern und wenigen Fichten aufgeforstet. Eine Teilfläche blieb als Wacholderheide erhalten, deren regelmäßige Beweidung aber heute aufgrund der isolierten Lage für Wanderschäfer unattraktiv ist und deshalb nicht mehr stattfindet.

Auf dem Kalkmagerrasen der Wacholderheide kommen allein neun Orchideenarten vor, daneben u. a. Frühlings-Enzian und Gelber Enzian. Im lichtdurchlässigen Kiefernwald gedeihen noch einige Relikte der ehemaligen Wacholderheide. Hervorzuheben sind hier eine Reihe von Orchideen, darunter die Rotbraune Stendelwurz. Im Fichtenwald wachsen an einigen Stellen seltene Moderhumuspflanzen wie Netzblatt und Einblütiges Wintergrün.

Die Kleinflächigkeit des Gebietes und seine isolierte Lage erschweren eine Einbeziehung der Fläche in ein Beweidungskonzept, was aus fachlicher Sicht anzustreben wäre. So müssen Naturschutz-Pflegemaßnahmen die frühere Nutzung ersetzen. Die Flächen werden im Spätsommer/ Herbst abschnittsweise gemäht und Gehölze gelegentlich beseitigt, um die fortschreitende Sukzession aufzuhalten. Auflichtungen der Fichten- und Kiefernaufforstungen sind aus fachlicher Sicht wünschenswert, können aufgrund der Eigentumsverhältnisse jedoch nur langfristig erfolgen.

Schutzzweck ist die Erhaltung einer Wacholderheide und des Vegetationsmusters zwischen lichtem und dichtem Waldbestand mit einem sehr großen Vorkommen von Orchideen und anderen seltenen Pflanzen.

23 KORNBÜHL

Zollernalbkreis: Stadt Burladingen,
Gemarkung Salmendingen
Naturraum: Mittlere Kuppenalb
Geschützt seit 1983
Fläche: 11,6 Hektar
Top. Karte 7620

Auf der Hochebene des so genannten Salmendinger Heufelds steht der Kornbühl als markanter, fast kreisrunder Bergkegel (887 m NN). Seit alters her ist er mit seiner St. Anna-Kapelle beliebtes Ziel von Pilgern und Wanderern. Der Kornbühl erhebt sich um 80 Meter über die Schichtfläche der Oxfordkalke (Weißjura beta) und war während der Jurazeit ein Schwammriff. Er ist hauptsächlich aus Tonmergeln des Weißjura gamma aufgebaut, die durch eine Kuppe aus widerstandsfähigen Felsenkalken des Weißjura delta vor der Erosion geschützt wurden.

Da am Kornbühl, bedingt durch die Kegelform des Berges, Flächen mit Expositionen in verschiedene Himmelsrichtungen vorkommen, finden sich in der Nähe der Kuppe gegensätzliche mikroklimatische Bereiche. Diese spiegeln sich markant in der Verbreitung bestimmter Pflanzengesellschaften und Tierarten wieder. So kann man am Kornbühl die Beziehungen zwischen

Über Jahrhunderte wurde der Kornbühl landwirtschaftlich genutzt: Die Hänge als Schafweide, der Hangfuß als Einmähder. Nachdem im Laufe der letzten Jahrzehnte die Beweidung aufgegeben wurde, verbuschte die Wacholderheide zunehmend, Eschen, Kiefern und Fichten eroberten weite Teile der Fläche.
W. FRITZ

Kleinklima und Kleinlebewelt hervorragend studieren.

Neben Halbtrockenrasen verschiedener Ausprägung wie Enzian-Schillergrasrasen und Blaugras-Magerrasen gedeihen auf südexponierten flachgründigen Standorten echte Trockenrasen mit Hirschwurzsäumen als Mantelgesellschaft. Artenreiche Gebüschgesellschaften bilden am Hangfuß einen Ring um den Berg.

Detaillierte botanische Untersuchungen ergaben, dass der Kornbühl inmitten einer landwirtschaftlich intensiv genutzten Umgebung ein besonders artenschutzwirksames Kleinod darstellt. Die artenreiche Flora mit ca. 200 Pflanzenarten weist neben den so genannten Charakterarten der beweideten Wacholderheide wie Silberdistel, verschiedenen Enzianarten und Küchenschelle auch acht Orchideenarten auf. Entsprechend reichhaltig ist auch die Insektenwelt; als Beispiel seien 29 beobachtete Tagfalter- und 15 Heuschreckenarten erwähnt.

Aufgrund der natürlichen Sukzession in Richtung Wald sind steuernde, landschaftspflegerische Eingriffe notwendig, um die herausragende ökologische Vielfalt zu erhalten. Das Ziel von Pflegemaßnahmen ist die Offenhaltung des südexponierten Trockenhangs und der Wacholderheide. Vor allem die Ortsgruppe Salmendingen des Schwäbischen Albvereins engagiert sich hier in Zusammenarbeit mit dem staatlichen Landschaftspflegetrupp.

Schutzzweck ist die Erhaltung des landschaftlich exponierten Bergkegels mit seinen Wacholderheiden und mageren Wiesen und seiner reichhaltigen Flora und Fauna.

Hinweise für Besucher: Das Bild des Kornbühls hat sich im Laufe der Zeit immer wieder gewandelt. Früher war er kahl und baumfrei. Heutzutage bemüht sich der Naturschutz seine Wiederbewaldung zu verhindern. Auf dem Bergkegel thront seit Jahrhunderten die St. Anna-Kapelle.

24 KUGELWÄLDLE

Zollernalbkreis: Stadt Albstadt,
Gemarkung Truchtelfingen und Margrethausen
Naturraum: Hohe Schwabenalb
Geschützt seit 1980
Fläche: 12,9 Hektar
Top. Karte 7719

Das Schutzgebiet »Kugelwäldle« umfasst einen markanten bewaldeten Bergriegel, der sich zwischen Margrethausen und Truchtelfingen über die Hochfläche der Westalb erhebt. Der höchste Punkt liegt bei 930 m NN. Über diesen Zeugenberg der Weißjura delta-Stufe, einem

Das gesamte NSG »Kugelwäldle« wird, mit Ausnahme der kleinen Wacholderheide, forstwirtschaftlich genutzt. Deren Freifläche sollte erhalten oder besser noch vergrößert werden. W. FRITZ

Schwammriff, verläuft die europäische Wasserscheide. Die umgebende Hochfläche fällt im Osten zum Schmiechatal und im Westen zum Eyachtal hin ab.

Die Kiefern- und Fichtenaufforstungen an
den Abhängen wachsen auf ehemaliger Wacholderheide, von der nur noch ein kleiner Rest übrig
geblieben ist. Auf der Bergkuppe gedeiht ein naturnaher Platterbsen-Buchenwald. In der jungen
Kiefernaufforstung im Nordteil weisen viele
Pflanzen auf die ehemalige Weidenutzung hin.
Geschützte Orchideen wie die weiße Zweiblätt-
rige Waldhyazinthe, das Rote Waldvögelein oder
das Gefleckte Knabenkraut können sich im
Waldschatten des lichten Kiefernwaldes noch
ausbreiten.

Die Schutzwürdigkeit der Kiefern- und Fich-
tenaufforstung mag auf den ersten Blick fragwür-
dig erscheinen. Es kommen jedoch gerade in den
älteren Nadelholzbeständen äußerst seltene und
vom Aussterben bedrohte Orchideenarten vor.
Man möchte daher diesen Wald in seinem derzeitigen, lichten Zustand erhalten, sodass die daran
gebundenen Orchideenarten weiterhin die erforderlichen Standortbedingungen vorfinden.

Schutzzeck ist die Erhaltung des markanten
Bergkegels mit seiner vielfältigen Pflanzenwelt.

Hinweise für Besucher: Ein ausgewiesener
Wanderweg führt von Albstadt-Ebingen durch das
Schutzareal zur Ortschaft Pfeffingen.

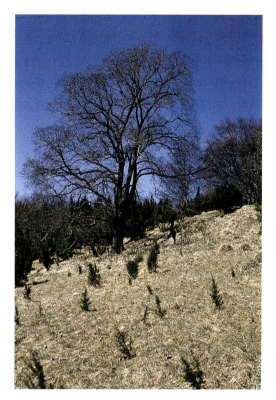

Die weit ausladenden und knorrigen Weidbuchen verleihen dem NSG »Längenloch« einen malerischen Reiz.
W. FRITZ

25 LÄNGENLOCH

Zollernalbkreis: Stadt Albstadt,
Gemarkung Onstmettingen
Naturraum: Hohe Schwabenalb
Geschützt seit 1980
Fläche: 5,5 Hektar
Top. Karte 7719

Die Schafweide »Längenloch« erstreckt sich
über einen flachen, nach Südosten geneigten
Hang zwischen Onstmettingen und Thanheim
auf einer Höhe von 830–880 m NN. Er gehört zu
einem Auslieger auf der Albhochfläche und ist

vollständig von dieser abgeschnitten. Geologischer Untergrund ist der Weißjura alpha. Die
Mergel-Tonböden bilden einen schwachen Quellhorizont. Die Nutzung als Schafweide geht nachweislich bis auf das Jahr 1914 zurück. Die zahlreichen, weit ausladenden und knorrigen
Weidbuchen, die dem Gebiet einen malerischen
Charakter verleihen, deuten jedoch auf eine noch
längere Weidenutzung hin. In den letzten Jahrzehnten wurde die Beweidung wegen der isolierten Lage des Gebietes nur noch sehr extensiv betrieben.

Die hochwertige und vielfältige Flora, darunter Fliegen-Ragwurz, Bienen-Ragwurz und Helm-
Knabenkraut lässt eine ebenso reiche Fauna
vermuten. Die Vegetation besteht aus Kalkmagerrasen verschiedener Ausprägung. Das häufige
Vorkommen der Spargelschote ist charakteristisch für die plastischen Böden mit hohem Ton-
anteil zwischen Oberem Braunjura und Unterem

Die Fliegen-Ragwurz (*Ophrys insectifera*) gehört zu den Schönheiten des NSG »Längenloch«. S. JESSBERGER

Weißjura. Das verstreute Auftreten des Katzenpfötchens deutet auf oberflächliche Entkalkung hin. Arten wie die Knollige Kratzdistel zeigen wechselfrische Standorte an.

In dem Gebiet wird deutlich, dass durch die früher übliche extensive Beweidung, die vor allem Orchideen begünstigt, heute verstärkt Sträucher und Stockausschläge aufkommen. Lichtliebende Orchideen vertragen die Beschattung nicht und gehen zurück. Die weitere Entwicklung ginge zur Vorwaldgesellschaft, die zum natürlichen Buchenwald führt. Der Naturschutz bemüht sich nun durch eine maßvolle Beweidung, ergänzt durch gelegentliche Entbuschungsmaßnahmen, die niedrigwüchsigen Kalkmagerrasen zu erhalten.

Schutzzweck ist die Erhaltung des reizvoll mit großen Buchen und Wacholdern besetzten Südhangs mit seinen zahlreichen seltenen Pflanzen, insbesondere stark gefährdeter Orchideen.

Hinweise für Besucher: Ein bequem zu begehender Schotterweg, beginnend beim Stichwirtshaus (Wanderparkplatz) verläuft in leicht ansteigenden Serpentinen durch das Gebiet. Beeindruckend sind die alten Weidbuchen. Der Verbiss durch die Weidetiere hat zu dem mehr-

stämmigem Wuchs der Buchen geführt. Einen Besuch des NSG »Längenloch« kann man gut mit einer Rundwanderung rund um das NSG »Geifitze« kombinieren.

26 LAUCHHALDE

Zollernalbkreis: Stadt Hechingen, Gemarkung Hechingen und Stein

Naturraum: Südwestliches Albvorland

Geschützt seit 1991

Fläche: ca. 18,3 Hektar

Top. Karte 7619

Im südwestlichen Albvorland dominierte noch vor ca. 50 Jahren meist die kleinbäuerliche Landnutzung vorindustrieller Epochen. Infolge der Realteilung entstanden oft kleine Grundstücke, die in Anpassung an Bodenverhältnisse, Topografie und Klima den unterschiedlichsten Nutzungen unterlagen. Wiesen, Äcker und Streuobsthänge prägten im Wesentlichen das Bild der die Haufendörfer umgebenden Feldfluren. Die Landschaft war von malerischer Schönheit und hielt für eine reichhaltige Tier- und Pflanzenwelt die erforderlichen Lebensräume bereit. Diese aus naturschutzfachlicher Sicht geradezu idealen Verhältnisse fielen jedoch in den vergangenen Jahrzehnten bereits weitgehend den sozioökonomischen Entwicklungen der Nachkriegszeit zum Opfer. Im Umfeld des Naturschutzgebietes entstand eine industriell geprägte Region mit ausgedehnten Siedlungsflächen, Gewerbegebieten und dichtem Straßennetz. Dennoch weisen die noch erhaltenen »Restflächen« ein reichhaltiges Arteninventar auf, das es wegen der benachbarten Nutzungen und Beeinträchtigungen zu schützen gilt.

Das Naturschutzgebiet »Lauchhalde« ist ein Beispiel einer derartigen Restfläche. Es beschränkt sich auf die zwischen Hechingen und dessen Ortsteil Stein verbliebene ca. 100–250 Meter breite Zone am Südwesthang des Starzeltales. An nahezu allen Seiten grenzen Bauflächen und asphaltierte Straßen an. Mehrere Hochspan-

nungsleitungen überqueren das Naturschutzgebiet. Die L 410 teilt das Schutzgebiet schließlich
in zwei Hälften und bildet für zahlreiche Tierarten eine nahezu unüberwindbare Barriere.

Die noch erhaltene schutzwürdige Fläche hat
ihre Existenz nicht zuletzt den geologischen Gegebenheiten zu verdanken. Es handelt sich dabei
um extrem zu Rutschungen neigende Knollen-
mergelschichten, die den Übergang zwischen der
ca. 520 m NN gelegenen Schwarzjuraplatte und
der ca. 455 m NN anstehenden Flussschotter-
terrasse des Starzeltales bilden. Knollenmergelhänge dieser Mächtigkeit lassen eine bauliche
Nutzung nur unter größtem technischem Aufwand zu. Dies zeigte sich auch bereits bei der
durch den Hang führenden Landesstraße. Die
Knollenmergelhänge und so auch die Lauchhalde verfügen daher meist nur über eine sehr
eingeschränkte Erschließung. Bewirtschaftung
war somit überwiegend nur in Handarbeit möglich. Für die moderne Landwirtschaft kommen
diese Flächen deshalb nur noch als extensive
Weideflächen in Betracht. Das meist aus den
darüber liegenden, stark Wasser führenden
Schwarzjuraschichten eindringende Wasser
führt zu Quellaustritten mit Feuchtgebieten im
ansonsten zu Austrocknung neigenden Knollen-
mergelboden.

Exposition, Hangneigung, Klima, Wasserhaushalt, Bodenverhältnisse und nicht zuletzt die

extensive Beweidung führten in der Lauchhalde
zu einem äußerst vielfältigen Lebensraum, der
sich aus Feuchtgebieten, Halbtrockenrasen, Gebüschgruppen und Einzelbäumen mosaikartig
zusammenfügt.

Zahlreiche gefährdete Tier- und Pflanzenarten
wurden auf den mit Schafen extensiv beweideten
Flächen nachgewiesen. Fleischfarbenes Knabenkraut, Silberdistel und Karthäuser-Nelke seien
dabei stellvertretend für die bemerkenswerten
Pflanzenarten erwähnt. Einige der vorkommenden Tagfalterarten, wie Storchschnabel-Bläuling,
Mädesüß-Perlmutterfalter oder Weißbindiges
Wiesenvögelchen brauchen als Raupenfutterpflanze ungemähte Saumstreifen oder
Böschungen.

Schutzzweck ist die Erhaltung eines vielfältig
strukturierten Landschaftsteiles des unteren
Starzeltales mit der daran gebundenen extensiven
Weidenutzung als Lebensraum für gefährdete
und geschützte Tier- und Pflanzenarten.

Hinweise für Besucher: Die nördliche Teilfläche der Lauchhalde grenzt direkt an das NSG
»Winterhalde«. Einen guten Eindruck von beiden
Gebieten bekommt man vom Radweg am Sickin-
ger Steig aus, der entlang der Gebietsgrenze
zwischen den beiden Schutzgebieten verläuft.

Kalk-Magerrasen mit
Fieder-Zwenke im NSG
»Lauchhalde«. Entlang
von Feldwegen entwi-
ckeln sich oftmals arten-
reiche Saumgesellschaf-
ten, die insbesondere für
viele Schmetterlingsarten
ein reiches Nahrungsan-
gebot bieten. A. BOCK

27 LAUEN

Zollernalbkreis: Stadt Albstadt, Gemarkung Truchtelfingen

Naturraum: Hohe Schwabenalb

Geschützt seit 1980

Fläche: 6 Hektar

Top. Karte 7720

Das Schutzgebiet »Lauen« stellt eine der markanten Kuppen dar, die sich über die Hochfläche der Westalb zwischen Truchtelfingen und Bitz erheben. Der höchste Punkt liegt bei 915 m NN. Die Charakteristika dieser Landschaft sind die breiten abflusslosen Wannen und isolierten Kuppen aus verschwammtem Weißjura delta, die von der Erosion herauspräpariert wurden. Die Bodenbedeckung dieser Kuppen ist nur wenige Zentimeter stark, sodass überall der gerundete Fels ansteht. In den Wannen liegt eine bis zu zwei Meter mächtige, entkalkte Lehmschicht.

Die vorhandene Wacholderheide mit zahlreichen, Beweidung ertragenden Pflanzenarten wie Silberdistel und Deutscher Enzian, deutet auf eine sehr lange Nutzung als Schafweide hin. Alte Weidbuchen, große solitäre Fichten und Kiefern sowie Mehlbeeren bereichern das Landschaftsbild. Die freien Kalkmagerweiden werden vegetationskundlich als Enzian-Schillergras-Weiden bezeichnet, die mit dem Vorkommen von Flügelginster und Blutwurz eine oberflächliche Bodenversauerung anzeigen. Hierbei handelt es sich um eine natürliche Entkalkung der Böden aufgrund von Niederschlägen.

Das Vorkommen zahlreicher geschützter Pflanzenarten unterstreicht die Schutzwürdigkeit der Vegetation. Besonderer Schutz muss der Grünen Hohlzunge gelten – sie kommt typischerweise an oberflächlich entkalkten Standorten vor.

Unter den Heuschrecken ist die große Population des Warzenbeißers bemerkenswert. Dieser hat seinen Namen von der früher geübten Praxis, die Tiere an Warzen anzusetzen und sie anbeißen zu lassen, damit sie später abheilen.

Nach der Unterschutzstellung führte das Forstamt Albstadt zusammen mit dem Verschönerungsverein Truchtelfingen eine umfangreiche Erstpflege der verbuschten Heide durch und reduzierte die Gehölzbestände stark. Trotz folgender Pflegeaktionen konnte die Sukzession kaum aufgehalten werden. Deshalb wird in jüngster Zeit versucht, die frühere Beweidung zumindest in Teilbereichen wieder einzuführen.

Schutzzweck ist die Erhaltung einer Wacholderheide und deren Übergang zum Wald mit solitären Nadelhölzern und dem größten Vorkom-

Besonders bemerkenswert ist im NSG »Lauen« das massenhafte Auftreten des Gelben Enzians (*Gentiana lutea*) mit ca. 500 Exemplaren, dem größten Vorkommen im Zollernalbkreis. Diese Fülle ist dem Schwäbischen Heimatbund zu »verdanken«, der im Jahre 1930 hier Samen ausstreute. V. KRACHT

Sich paarende Wachtelweizen-Scheckenfalter (*Mellicta athalia*) im NSG »Lauen«. S. HACKER

men des Gelben Enzians im Zollernalbkreis sowie zahlreichen anderen seltenen Pflanzen und Tieren.

Hinweise für Besucher: Das NSG »Lauen« liegt direkt an der Straße Truchelfingen-Bitz. In der Nähe befinden sich ausgewiesene Wanderparkplätze, sodass ein Besuch – auf landwirtschaftlichen Wegen – von dort aus möglich ist. Reizvoll ist die Blüte des Gelben Enzians im Juli/August.

28 LEIMEN

Zollernalbkreis: Stadt Albstadt, Gemarkung Truchtelfingen und Tailfingen

Naturraum: Hohe Schwabenalb

Geschützt seit 1980

Fläche: ca. 25,3 Hektar

Top. Karte 7720

Das Naturschutzgebiet »Leimen« liegt am Osthang des Schmiechatals in ca. 150–450 Meter Entfernung vom Stadtrand in Albstadt-Tailfingen und erstreckt sich dort auf zwischen 860 und 930 m NN gelegene Flächen im Bereich der Schichtstufen des Weißen Jura alpha, beta und gamma.

Das Obere Schmiechatal, der so genannte Talgang, ist äußerst dicht besiedelt. Im Talgrund und an den daran angrenzenden unteren Hangzonen entstand bereits ein nahezu vollständig geschlossenes Siedlungsband. Hangaufwärts anschließend erkennt man dagegen noch häufig die ursprünglichen Zonen althergebrachter Landnutzungen der Hochalbtäler. Auf meist kleinere Ackerflächen und ausgedehnte Mähwiesen folgt an den Hängen ein unterschiedlich breiter Weidebereich, an den sich der Hangwald anschließt. Die häufig mit Wacholder, Solitärbäumen und Hecken durchsetzten Schafweiden und der darauf folgende, meist noch naturnahe Buchenwald verfügen über eine reichhaltige Tier- und Pflanzenwelt. Das Naturschutzgebiet »Leimen« stellt einen besonders wertvollen Ausschnitt dieser Hangzonen dar.

Von herausragender Bedeutung ist die Pflanzenvielfalt. So sind bei bisherigen Bestandsaufnahmen 18 Orchideenarten im Schutzgebiet gefunden worden. Die Heideflächen werden mit Schafen in Hütehaltung beweidet. Dort fallen neben der auffallenden Futter-Esparsette im Herbst besonders die Silberdistel und Enzianarten (Fransen-Enzian und Deutscher Enzian) auf. Besonders erwähnenswert sind individuenreiche Vorkommen der Echten Kugelblume und das erstmals im Gebiet nachgewiesene Katzenpfötchen. Bei den verschiedenartigen Hangbuchenwäldern handelt es sich um orchideenreiche, nach der Flora-Fauna-Habitat-Richtlinie geschützte Waldhabitate.

Bemerkenswerte Lebensräume bieten der Schlossfels und der Leimenfels: an deren Wänden findet man beispielsweise die Mauerrautenflur. Der Hasenohr-Laserkraut-Saum beherbergt eine bunte Blumenpracht mit Purpur-Klee und Bibernell-Rose. Im Übergangsbereich zu den Gebü-

Die Pflanzen der Felsen vom Schlossfels und Leimenfels weisen eine außerordentliche Vielfalt auf. U. REIN-HARD

schen blühen Blutroter Storchschnabel, Schwalbenwurz und Laserkraut.

Die außerordentliche Vielfalt an Lebensräumen ist die Grundlage einer artenreichen Tierwelt. Die Vogelfauna, besonders aber die Tagfaltervorkommen führen zu der Einschätzung als »Gebiet von landesweiter Bedeutung«. Der Schwarzfleck-Ameisen-Bläuling beispielsweise ist im Juli der häufigste Tagfalter im Naturschutzgebiet. Er kommt in warmen und trockenen, offenen oder buschreichen Hängen, wie Wacholderheiden und Magerrasen vor. In diesen Bioptypen treten der Feld-Thymian und der Gewöhnlichen Dost auf, welche beide für die Entwicklung des Falters eine große Rolle spielen.

In Abstimmung mit der Naturschutzverwaltung besteht die heutige Bewirtschaftung und Pflege des NSG in der traditionellen Schafbeweidung mit gelegentlichen Entbuschungsmaßnahmen im Rahmen von »Naturschutztagen« der Stadt unter Beteiligung der Vereine. Zusätzlich entfernt das Forstamt Albstadt Gehölze und befreit die Felsen von zuviel Vegetation.

Schutzzweck ist die Erhaltung des Felsbiotops von zwei Bergkuppen mit verschwammtem Kalkgestein sowie eines außerordentlich langen Wacholderheidegürtels. Im Norden und Süden be-

finden sich Quellhorizonte mit interessanter Vegetation.

Hinweise für Besucher: Der Schlossfelsen, der das Gebiet überragt und eine prächtige Aussicht auf Tailfingen und Truchtelfingen bietet, lässt sich über einen markierten Wanderweg von Tailfingen her erreichen. Die trittempfindliche Vegetation an den Felsen braucht Schonung und sollte nicht betreten werden. Durch ruhiges Verweilen auf den Ruhebänken sind Naturgenuss und Naturschutz leicht vereinbar.

29 MEHLBAUM

Zollernalbkreis: Stadt Albstadt, Gemarkung Ebingen und Margrethausen
Naturraum: Hohe Schwabenalb
Geschützt seit 1986
Fläche: 12,4 Hektar
Top. Karte 7719 und 7720

Der nach Süden geneigte Hang an der Eyach zwischen Lautlingen und Ebingen weist in seinem obersten Bereich nahe des Waldtraufes in Höhe von etwa 840 m NN eine floristisch hochwertige Wacholderheide auf. Dieses Mehlbaum-Gebiet war vor dem Erlass der Schutzverordnung schon seit längerer Zeit nicht mehr genutzt worden. Deshalb drohten aufwachsende Sträucher und Nadelhölzer, die hier noch vorkommenden, sehr seltenen Pflanzenarten (darunter Orchideen, Enziane, Katzenpfötchen, Sumpfherzblatt und Gelbe Spargelerbse) zu verdrängen.

Nach der Ausweisung als Schutzgebiet begann die Pflege der Wacholderheide. Dabei wurden Fichten und Kiefern herausgesägt und Weidebuchen freigestellt. Auch den Waldsaum hat man behutsam ausgelichtet. Damit wurde die Wiederbewaldung in den empfindlichsten Bereichen der Halbtrockenrasen und Trockenrasen gestoppt.

Die Auslichtung gefiel indes nicht nur den Licht und Wärme liebenden Pflanzen- und Tierarten, sondern auch etlichen Wanderschäfern, die andernorts mit der Stadt Albstadt unter Vertrag standen. Solange die Wacholderheide mit Altgras und Gebüschen zugewachsen war, hatten sie sich für das Mehlbaum-Gebiet nicht interessiert. Jetzt aber zogen sie viel zu oft mit ihren Herden an den ausgeräumten Hang. Die Schutzverordnung erwies sich nun in zweifacher Hinsicht als dienlich: Einerseits konnte mit ihr die Auslichtung angeregt und auch finanziert werden, andererseits war es möglich, landwirtschaftliche Übernutzung durch die moderne Wanderschäferei auf eine am Schutzzweck orientierte Intensität zurückzuführen.

Schutzzweck ist die Erhaltung der Wacholderheide mit ihrer charakteristischen Flora und Fauna.

30 NÄHBERG

Zollernalbkreis: Stadt Burladingen,
Gemarkung Starzeln
Naturraum: Mittlere Kuppenalb
Geschützt seit 1989
Größe 28,9 Hektar
Top. Karte 7620

Die Mittlere Kuppenalb wird durch die sich über die eigentliche Hochfläche erhebenden malerischen Kuppen geprägt. Die berühmteste Kuppe dürfte wohl der auf zahlreichen Fotografien abgebildete Kornbühl bei Salmendingen sein, der in einer weiträumigen, ebenen Umgebung besonders markant in Erscheinung tritt. Diese landschaftliche Dominanz besitzt der durch einen Sattel in eine Doppelkuppe gegliederte Nähberg nicht, da er direkt am Rande der Albhochfläche liegt und in westlicher Richtung eine optische Einheit mit den Talhängen des reizvollen Oberen Starzeltales bildet. Damit stellt er jedoch durchaus eine geologische und naturräumliche Besonderheit dar. An der höchsten Stelle erreicht der Nähberg 876 m NN. Die ca. 1,5 Kilometer weiter westlich gelegenen Ortschaften Killer und Starzeln befinden sich bereits im Talgrund des Oberen Starzeltales und somit schon im benachbarten Naturraum Südwestliches Albvorland.

Das Ausgangsgestein der flachgründigen und steinigen Böden im NSG »Nähberg« bildet im unteren Teil der Weiße Jura gamma, auf den etwa in 850–860 m NN der Weiße Jura delta folgt. Diese Schichtgrenze verfügt gelegentlich über kleinere Quellaustritte. Eine solche Quelle speist den am Westhang im Bereich des Waldrandes gelegenen Nähbrunnen, der in der Regel auch während sommerlicher Trockenperioden Wasser führt.

Die Doppelkuppe wurde wohl bis Ende der 1930er-Jahre nahezu vollständig mit Schafen intensiv als Sommerschafweiden von Ende April/Anfang Mai bis Ende August beweidet. Es handelte sich insgesamt um artenärmere Enzian-Schillergrasrasen, auf denen nur vereinzelt Gehölze standen. Nach dem zweiten Weltkrieg

Floristisch hochwertige Wacholderheide im NSG »Mehlbaum«. W. Fritz

Wacholderheide im Winter. Extensiv beweidete Schafweiden – wie im NSG »Nähberg« – sind auch Ersatzbiotope für die durch Aufforstung, landwirtschaftliche Intensivierung und Bebauung verschwundenen einschürigen Wiesen. S. KRACHT

verlor die Wanderschäferei zunehmend an Intensität und Umfang. Die Enzian-Schillergrasrasen entwickelten sich dadurch zu artenreicheren Trespenrasen ähnlich den einschürigen, ungedüngten Mähwiesen.

Dieser Zustand soll weiterhin durch extensive Beweidung, ersatzweise Mahd und gelegentliche Reduzierung der sich ausbreitenden Gehölze aufrechterhalten werden. Die dauerhafte Gewähr für die Einhaltung der Nutzungsbeschränkungen und der Pflegemaßnahmen bildet die Naturschutzverordnung. Sie erlaubt die Beweidung der Heide mit Schafen in Hütehaltung erst nach dem 15. August. Gleichzeitig wird damit die forstwirtschaftliche Nutzung auf die bisherige extensive Form und die gegenwärtig bewaldete Fläche beschränkt. Die Reduzierung der Gehölze auf den Heideflächen übernehmen das Staatliche Forstamt und der Schwäbische Albverein.

Am Nähberg traten in den vergangenen Jahrzehnten häufig durch Freizeitaktivitäten verursachte Störungen auf. Am Waldrand im Bereich

des Nähbrunnens wurde gezeltet. Dort und an weiteren Punkten entstanden wilde Feuerstellen und Abfallablagerungen. Moto-Cross-Fahrer befuhren die Heideflächen und zerstörten die empfindliche Grasnarbe. Diese Beeinträchtigungen konnten mit Hilfe der Unterschutzstellung und gleichzeitigen Kontrollen des Forstamtes und der Naturschutzverbände inzwischen auf ein Minimum reduziert werden.

Das Naturschutzgebiet besitzt aufgrund der bislang erhobenen 187 Pflanzen- und 87 Tierarten eine beachtliche Artenvielfalt. Von Naturliebhabern besonders geschätzte, auffällige Blütenpflanzen wie Orchideen- und Enzianarten oder seltene Vogelarten wie der Neuntöter kommen hier vor.

Schutzzweck ist die Erhaltung und Pflege der für die Landschaft der Schwäbischen Alb typischen Bergkuppe als Lebensraum einer artenreichen Pflanzen- und Tiergemeinschaft.

Hinweise für Besucher: Der Radweg von Burladingen nach Ringingen verläuft nahe dem Schutzareal. Auf halber Wegstrecke hat man einen guten Blick auf den westlich gelegenen Nähberg.

31 OBERBERG-KÖPFLE

Zollernalbkreis: Stadt Burladingen,
Gemarkung Hausen i.K.
Naturraum: Mittlere Kuppenalb
Geschützt seit 1991
Fläche: 33,8 Hektar
Top. Karte 7620

Im Unterschied zu vielen Landschaften Deutschlands hat die Mittlere Kuppenalb bis heute noch vieles von ihrer Eigenart bewahrt. Dieses Glück verdankt die karge Hochalb ihrer Innenlage zwischen dem fruchtbaren Neckarland im Norden und Westen, wo sich heute konzentriert die Industrie angesiedelt hat und der landwirtschaftlich reicheren oberschwäbischen Donau- und Bodenseelandschaft im Süden. Auf den markant über der Hochfläche herausragenden Kuppen dominieren bis heute auf relativ flachgründigem Boden die ehemals großflächig zusammenhängenden Sommerschafweiden bzw. Wacholderheiden. Weiden, Magerwiesen, Hutewälder und Holzwiesen sind noch bis vor rund 200 Jahren nahtlos ineinander übergegangen. Dass sie bis heute in ihrer Ausdehnung stark geschrumpft und in ihrer Ausbreitung verinselt über die Hochfläche der Alb zerstreut liegen, resultiert daraus, dass die Nutzung der Wiesen intensiviert und so genannte »Grenzertragsböden« aufgeforstet wurden. So sind heute auch der Obere Berg und der Nähberg, zwei Weißjura delta-Kuppen von etwa 860 m NN mit Ausnahme ihrer Südhänge von Wald bedeckt.

Da die Wanderschäferei an Intensität und Umfang stark nachgelassen hat, wurden die ehemals sehr kurzrasigen Wacholderheiden zunehmend von Gehölzen eingenommen und haben sich in

ihrer Krautschicht stark verändert. Die Entwicklung vom Enzian-Schillergrasrasen zum Trespenrasen und die heute recht dicht stehenden Wacholderbüsche dokumentieren dies.

Die Unterschutzstellung dieser nur noch wenig mit Schafen »befahrenen« Wacholderheide zusammen mit dem angrenzenden Kiefern- und Buchenwald soll hier die Möglichkeit eröffnen, über Pflegeeinsätze, d. h. Entbuschungsaktionen mit anschließendem schonendem Mähen bzw. Beweiden, die noch recht artenreich erhaltene Fauna und Flora in ihrem traditionellen Lebensraum zu erhalten.

Orchideen, Enzianarten, aber auch die Kleine Traubenhyazinthe oder beispielsweise die Erd-Segge sind Arten, die auf eine künstliche Nachahmung der historischen Landnutzung angewiesen sind. Weder das Sich-selbst-überlassen und somit die Weiterentwicklung zum Laubwald noch eine landwirtschaftlich Nutzung im großen Maßstab könnten den Lebensraum für die hier vorkommenden Arten erhalten.

Oberberg und Köpfle, eine Doppelkuppe westlich von Burladingen, ist heute fast geschlossen bewaldet. Auf den südlichen Unterhängen sind noch Wacholderheiden verblieben. M. GROHE

Die heutigen, relativ kleinen Wacholderheiden liegen oft durch Straßen, Acker- und Wiesenflächen voneinander isoliert in der Landschaft. Die im Prinzip gern gesehenen Nutznießer der Wacholderheiden, die Schäfer mit ihren Schafherden, neigen aber aufgrund der schwierigen Rahmenbedingungen dazu, die Wacholderheiden zu übernutzen. Größere Herden, längere Aufenthaltszeiten, Pferchen auf der Heide (was früher auf dem Acker geschah) sind häufigere Erscheinungen, die dem Schutzzweck solcher recht kleinen Flächen zuwiderlaufen. Allerdings werden bei einer extensiveren Nutzung regelmäßig zusätzliche Entbuschungsaktionen auf den Heideflächen notwendig, deren finanzieller Aufwand zu tragen ist. Wacholderheiden gehören aber zu den essentiellen Bestandteilen der Kulturlandschaft der Schwäbischen Alb und müssen wie andere Kulturgüter auch entsprechend gepflegt werden.

Schutzzweck ist die Erhaltung eines für die Schwäbische Alb typischen Berghanges mit seiner landschaftlich prägenden Wacholderheide.

Hinweise für Besucher: Das NSG »Oberberg-Köpfle« ist wie das in der Nähe liegenden NSG »Nähberg« vom Radweg Burladingen-Ringingen aus auf halber Wegstrecke gut erreichbar.

32 ORTENBERG

Zollernalbkreis: Gemeinde und Gemarkung Ratshausen,
Landkreis Tuttlingen: Gemeinde und Gemarkung Deilingen, Stadt Rottweil, Gemarkungen Neukirch und Zepfenhan
Naturraum: Hohe Schwabenalb
Geschützt seit 2001
Fläche: ca. 6,1 Hektar im Regierungsbezirk Tübingen, ca. 68,4 Hektar im Regierungsbezirk Freiburg
Top. Karte 7818

Das Naturschutzgebiet »Ortenberg« liegt nordöstlich von Deilingen und südlich von Ratshausen in einer Höhenlage zwischen 790–980 m NN. Es gehört zur Schichtstufenland-

schaft im Bereich der höchsten Lagen der Südwestalb.

Naturschutzgebiet und Schonwald umfassen ein zusammenhängendes Waldgebiet mit drei aufgelassenen Steinbrüchen. Die bewaldete Steilstufe gehört zum Weißjura beta. Die hellgrauen Mergel des sich darunter anschließenden Weißjura alpha sind oft von Schutt des Weißjura beta überlagert. Weißjura-Schutt bedeckt auch die in den tiefsten Lagen anstehenden oberen Braunjura-Schichten, die zu Rutschungen neigen. Die junge rhenanische Erosion hat am Ortenberg zu sehr steilen Hängen geführt, an denen immer wieder größere Bergstürze und Bergrutsche vorkommen. Der letzte große Rutsch ereignete sich 1787 und ist unschwer im Gelände zu erkennen.

Insgesamt beherbergt das Naturschutzgebiet ein abwechslungsreiches Mosaik der für die Landschaft am Albtrauf typischen Waldstandorte, die mit natürlich waldfreien Offenlandstandorten verzahnt sind. Am Südhang wachsen großflächig Steppenheide-Buchenwälder mit zahlreichen seltenen, Wärme liebenden Arten in der Krautschicht. Etwa die Hälfte der Waldbestände gehört zu den Buchen-Tannen-Wäldern. Kleinflächig stehen auf verschiedenen Standorten natürliche Fichtenwälder, Schlucht- und Blockwälder und anthropogen entstandene Reliktföhrenwälder. Die Bestände am Ortenberg sind aufgrund ihres hohen Alters mit vielen alten und knorrigen Bäumen sowie mit viel Totholz durchmischt.

Natürliche waldfreie Grasfluren beherbergen zahlreiche seltene Pflanzenarten. Am steilen, südwestexponierten Hang der Sommerhalde wächst eine artenreiche Blaugras-Halde. Einzelne Weidbäume zeugen von der ehemaligen Waldweide. Im Kernbereich der offenen Feinschutthänge ist die Entwicklung zu einem Kalkmagerrasen durch Bewegungen des Schutts immer wieder unterbrochen. Am Unterhang des östlichen Steinbruchs wächst auf Grobschutt eine Ruprechtsfarn-Flur. An west- bis nordexponierten, frischen, steilen Mergelrutschhängen besiedelt Buntes Reitgras die Hänge. Im Osten kommt in Nordexposition auf extrem steilem Mergelhang die Eibe vor. Sie hat hier auf der Südwestalb den Schwerpunkt ihres Vorkommens. In Höhenlagen über 800 m NN bildet die Grau-Erle eine eigene Auenwaldgesellschaft, den Winkelseggen-Grauerlenwald. Der Bestand am Ortenberg, der auch gepflanzte Grau-Erlen enthält, liegt unterhalb des westlichen Steinbruchs in einem abgerutschten Hangbereich. Oberhalb des westlichen und unterhalb des östlichen Steinbruchs wächst der lichte Bergwald mit schwachwüchsigen Kiefern, im Unterwuchs finden sich Sträucher warmtrockener Standorte, thermophile Saumpflanzen und Buntes Reitgras (Reliktföhrenwälder). Viele dealpine Arten können hier leben.

Das Vorkommen seltener Pflanzenarten ist beachtlich. Darunter befinden sich der Berg-Blasenfarn, der auf der Südwestalb ein isoliertes Vorkommen besitzt, und die Eibe, welche in ganz Baden-Württemberg an natürlichen Eibenstandorten nur noch etwa 2000 Individuen zählt. Vor allem sind es aber Arten der Offenstandorte, Magerrasen und Quellmoore sowie lichter Kiefernwälder. Auffallend ist der Reichtum an alpinen Pflanzenarten wie dem Alpenmaßliebchen.

Die Gestreifte Quelljungfer, die meist nur in sehr geringen Populationsgrößen vorkommt, lebt an den Quellaustritten mit Kalktuffablagerungen und überrieselten Moospolstern. Der Kolkrabe hält sich bevorzugt im Bereich der Steinbrüche auf. Nachdem er seit Anfang des 20. Jahrhunderts ausgerottet war, hat er sein ehemaliges Verbreitungsgebiet erst in den letzten Jahrzehnten langsam wiederbesiedelt.

Schutzzweck des Naturschutzgebietes, das zugleich auch Schonwald ist, ist die Erhaltung und Entwicklung eines für das Traufgebiet der Hohen Schwabenalb repräsentativen Hangabschnitts mit Mergelrutschhalden, Felsbildungen, reliktischen Pflanzengesellschaften und wertvollen Waldgesellschaften.

Hinweise für Besucher: Südlich des Ortenberges findet man einen Wanderparkplatz. Von hier aus führt ein gekennzeichneter Weg am 995 m NN hohen Ortenberg vorbei zu einem Aussichtspunkt.

Die Silberdistel (*Carlina acaulis*) ist eine Charakterart der Wacholderheiden. Vom Schafmaul gemieden, braucht sie sonnige und offene Flächen. S. JESSBERGER

33 OWINGER BÜHL

Zollernalbkreis: Stadt Haigerloch,
Gemarkung Owingen
Naturraum: Südwestliches Albvorland und
Obere Gäue
Geschützt seit 1985
Fläche: 23,7 Hektar
Top. Karte 7619

Das nach Westen und Süden blickende NSG »Owinger Bühl«, ein ehemaliger Prallhang der Eyach, stellt eine Wacholderheide mit Kiefern und Kirschbäumen dar. Als eine der letzten größeren zusammenhängenden Schafweiden im Eyachtal (Kleiner Heuberg) spielt dieses Gelände bei der Bewahrung des typischen Landschaftsbilds des Südwestlichen Albvorlandes eine bedeutende Rolle.

Halbtrockenrasen als Enzian-Schillergrasweiden, mitunter dicht überzogen mit Kiefern, Stiel-Eichen, Weidfichten, Kirschbäumen, Wacholder und Schlehengebüsch, charakterisieren die Vege-

tation an diesem Hang. Die Beibehaltung der Beweidung ist die wichtigste Voraussetzung, das Gebiet als Kirschen-Wacholderheide zu erhalten.
Dies sichert das Überleben der für Weideflächen
typischen Pflanzenarten wie Deutscher Enzian,
Fransen-Enzian und Silberdistel. Die verschiedenen Orchideenarten brauchen ebenfalls sonnige
und kurzrasige Standorte. Die Vogelwelt ist im
»Owinger Bühl« noch mit vielen seltenen Arten
wie Wendehals, Neuntöter und Weidenmeise vertreten. Sie brauchen allesamt alte Höhlenbäume
oder dichtes Dorngestrüpp in der unmittelbaren
Nachbarschaft von blumen- und damit insekten-
reichen Wiesen, Weiden und Altgrasbeständen.

Der Biotoptyp Wacholderheide hat eine völlig
andere Vegetation als eine Wiese. Der karge
Untergrund hemmt das Pflanzenwachstum und
lässt keine geschlossene Pflanzendecke mit hoch-
wachsenden Pflanzen entstehen. Spezialisten haben sich mit verschiedenen Überlebensstrategien
an diese Bedingungen angepasst: Die Heiden sind
trocken und warm, also müssen die Pflanzen ihr
Wasser in den Sommermonaten von weit unten
mit ihrem Wurzelsystem holen können oder Wasser speichernde Blätter besitzen und dadurch mit
wenig Niederschlag auskommen. Eine weitere
Strategie ist es, in eine Trockenstarre zu verfallen
und erst im Herbst wieder auszutreiben, also kein
bzw. kaum Wasser über die trockene Zeit zu benötigen. Daneben findet eine Anpassung an die Beweidung mit Schafen statt. Dabei sind Schutzmaßnahmen gegen den Verbiss und den Tritt der
Tiere notwendig. Die Möglichkeiten reichen von
der Bewehrung mit Stacheln, über Bitterstoffe, die
die Pflanzen ungenießbar machen, bis zu einer
Ausbildung von Rosetten, die dicht am Boden sitzen und so Schutz vor dem Schafmaul finden.

Parallel zur Planung des Naturschutzgebietes
projektierte die Wasserwirtschaft in diesem Abschnitt des Eyachtales ein Rückhaltebecken. Das
aufgestaute Wasser sollte in Trockenperioden
dem Neckar zugeführt werden. Der Konflikt
wurde erst durch ein Gerichtsurteil gelöst: dieses
sah die Einschränkung in der Schutzverordnung
zugunsten anderer Nutzungsinteressen für ge-
rechtfertigt an.

Wie fast überall in den heute noch vorhandenen Wacholderheiden lässt sich auch hier die historische Kulturlandschaft am besten mit einer
schonenden, aber regelmäßigen Beweidung mit
Schafherden erhalten. Mit pflegerischen Eingriffen müssen zudem die Gebüsche und Nadel-
bäume gelegentlich zurückgedrängt werden. Die
Flächen werden mit anderen Weideflächen der
Stadt Haigerloch durch einen ortsansässigen
Schäfer auf der Grundlage eines Beweidungskon-
zeptes bewirtschaftet.

Schutzzweck ist die Erhaltung und Verbesserung einer Kirschbaum-Wacholderheide als
Halbtrockenrasengesellschaft mit zahlreichen geschützten und vom Aussterben bedrohten Tier-
und Pflanzenarten.

Hinweise für Besucher: Besonders malerisch präsentiert sich der Owinger Bühl, den unten im Eyachtal ein altes Kirchlein aus der roma-
nischen Zeit zusätzlich ziert, während der
Kirschblüte. Von der Kirche führt ein markierter
Rad- und Wanderweg durch den Südteil des
Schutzgebietes.

34 PLETTENKELLER

Zollernalbkreis: Gemeinde und Gemarkung
Dotternhausen, Gemeinde und Gemarkung Rats-
hausen, Stadt und Gemarkung Schömberg
Naturraum: Hohe Schwabenalb
Geschützt seit 1984
Fläche: 37,5 Hektar
Top. Karte 7718

Als Zeugenberg ist der Plettenberg bei Ratshausen – abgetrennt durch das Schlichemtal und
verbunden durch einen schmalen Sattel vor dem
Schafberg – dem zusammenhängenden Albkörper im Westen vorgelagert. Seine Hochfläche
krönten ursprünglich drei Kuppen, das Ratshau-
ser, das Dotternhauser und das Roßwanger
Hörnle. Die mächtigste dieser Kuppen, das Dotternhauser Hörnle, reichte bis auf eine Höhe von
1005 m NN, ist mittlerweile aber ebenso wie der
größte Teil der Hochfläche und der östlichen

Als Zeugenberg ist der Plettenberg dem Albkörper vorgelagert. Das NSG »Plettenkeller« beschränkt sich auf die obere Steilhangzone und den schmalen Streifen der daran anschließenden Hochfläche. S. METZ

Bergflanke dem Kalksteinabbau zum Opfer gefallen. Lediglich der Rand des Abbaus ist wie um einen hohlen Zahn stehen geblieben.

Dass die Erosion am Stufenrand der Alb noch immer sichtbar fortschreitet, belegte im Jahr 1851 der »Bergschlipf von Ratshausen« am Plettenberg. Damals war der ständig rutschgefährdete braune Jura nach großen Niederschlägen so stark aufgequollen, dass die darüber liegenden Schichten des Weißjura alpha genau bis zur Schichtgrenze zum Weißjura beta abschmierten. Dabei kamen die oberen Schichten des Weißjura alpha unten am Berg zu liegen. Seine unteren Schichten wurden zu einem Wall nach außen gedrückt, der wiederum die leicht rutschenden Massen des Braunjura vor sich her schob. Die Bewegung der riesigen Erdmassen kam erst nach 14 Tagen zum Stillstand. Die Vertiefung, die sich zwischen Wall und Bergwand gebildet hatte, ist inzwischen wieder mit Geröllschutt aus dem Bereich des Weißjura beta verfüllt. Heute zeugt nur noch die Verebnung, die den Südbereich des Plettenbergs auf etwa 900 m NN Höhe umläuft, von dem vorgeschobenen Wall (vgl. dazu auch den Bergrutsch am Hirschkopf im Kreis Tübingen).

Aufgrund der starken Sonneneinstrahlung kommt es am Südhang des Plettenbergs, dem Plettenkeller, in Bodennähe oft zu relativ hohen

Die im unteren Bereich krummschäftigen Bäume, so genannte Säbelwüchse, weisen darauf hin, dass der Hang auch nach dem Bergsturz von 1851 nicht zur Ruhe kommt. B. SCHALL

Lufttemperaturen. Andererseits werden dort auch häufig Nachtfröste registriert. Diese besonderen Klimafaktoren prägen die Tier- und Pflanzenwelt in dem Schutzgebiet ebenso wie die flachgründigen, zum Rutschen neigenden Böden. Direkt unterhalb der Steilfelsen breiten sich Blaugras-Halden und Bergkronwicken-Laserkraut-Gesellschaften aus, und die hängigen Schuttbereiche darunter besiedelt ein Ulmen-Ahorn-Eschen-Schuttwald. Auf den konsolidierten, ebenen Blockhalden etablierte sich ein Blockfichtenwald. Obwohl die Gesteinsblöcke hier kleiner sind als in ähnlichen Halden des Schwarzwaldes, nehmen Rohhumus und Moderböden einen großen Teil der Fläche ein, sodass es sich hier wohl um eine natürliche Fichtenwaldgesellschaft der Schwäbischen Alb handelt. Auch Blaugras-Buchenwald mit Eiben und Gesellschaften der Steppenheide mit vielen Relikten der Kaltzeit sind im Plettenkeller gut ausgeprägt vertreten. Außer dem Steilhang umfasst das geschützte Areal einen kleinen Teil der Hochfläche nahe der Traufkante, auf der sich eine stark entkalkte Schafweide mit Heidekraut und Wacholder hinzieht.

Gemessen an dem hohen landschaftsprägenden Wert des Zeugenberges und an seinem ökologischen Reichtum mag die Ausdehnung des Naturschutzgebietes zu gering erscheinen. Angesichts der weit reichenden Zielvorstellungen der Gesteinsabbauwirtschaft und ihrer Widerstände gegen die Ausweisung des Schutzgebietes muss jeder Liebhaber und Kenner der Albtrauflandschaft jedoch froh sein, wenigstens den südlichsten Teil des »Hohlen Zahnes« als Naturreservat gesichert zu wissen.

Schutzzweck ist die Erhaltung des südlichen Plettenbergs mit seiner natürlichen Vegetation am Steilhang, dem naturnahen Wald im Plettenkeller und der Heide auf der Hochfläche.

Hinweise für Besucher: Ein ausgewiesener Wanderweg verläuft auf der Hochfläche des Plettenbergs oberhalb vom Naturschutzgebiet. Besonders eindrucksvoll aber ist der Blick aus der Ferne auf das NSG »Plettenkeller«.

35 RIEDBACHTAL

Zollernalbkreis: Gemeinde und Gemarkung Dormettingen
Naturraum: Südwestliches Albvorland
Geschützt seit 1986
Fläche: 38,6 Hektar

Westlich von Balingen ist das flachwellige Vorland der Südwestalb am breitesten. Schwarzer Jura, Brauner Jura und nach deren Abtragung die Keuperschichten formen hier den Kleinen Heuberg. Auch im NSG »Riedbachtal« bei Dormettingen bilden tonige und mergelige Schichten von

Der gelb blühende Wiesen-Bocksbart (*Tragopogon pratensis*) dominiert im Frühsommer das Bild der Wiesen im Riedbachtal. S. HACKER

dunkler Farbe und schiefriger Beschaffenheit einen schweren, kaltgründigen Boden. Talwärts schließen sich lehmige Aufschüttungen an. In den Grenzbereichen des Lias gamma zum Lias delta treten Hangquellen mit entsprechenden Rutschungen auf.

Hohe Niederschläge (850 Millimeter pro Jahr), extreme kleinklimatische Unterschiede zwischen Nord- und Südhängen sowie nasse und rutschige Böden machten das Gebiet – verglichen mit den angrenzenden Hochebenen des fruchtbaren Schwarzjura – für die Bauern wirtschaftlich uninteressant. Sie konnten es seit alters her im Wesentlichen nur als Dauerweide und für einen bescheidenen Obstanbau gebrauchen. Mittlerweile liegen viele dieser ehemaligen Schafweiden brach. Inzwischen beeinträchtigen andere Nutzungsformen in der Umgebung das historische Landschaftsbild: eine Erddeponie, ein Sportplatz und ein Freizeitgelände mit Hütten, Zäunen, Bänken, nicht standortgemäßen Gehölzen und einem künstlichen Ententümpel.

Das Naturschutzgebiet besticht vor allem durch seinen Strukturreichtum mit ausgedehnten Magerwiesen, Streuobstbeständen, mehreren Quellbereichen und naturnahen Bachläufen mit Auenwaldstreifen. In den Hecken brütet der Neuntöter, zahlreiche Schmetterlinge flattern im Sommer über die Wiesen, wo an sonnigen Tagen auch das laute Zirpen vieler Heuschreckenarten deutlich zu hören ist. Nachts jagt die Zwergfledermaus über den Wiesen nach Insekten. Von den zahlreichen Brutvögeln und anderen Tieren leben wiederum Jäger wie Wanderfalke, Habicht, Sperber, Wespenbussard, Rotmilan und Schwarzmilan. Zusammen mit den regelmäßig hier auftauchenden Durchzüglern sind insgesamt 110 verschiedene Vogelarten im Riedbachtal festgestellt worden.

Die Umnutzung bzw. Intensivierung der bestehenden Nutzung, das allmähliche Verschwinden der ältesten Obstbäume und die Beeinträchtigung durch gedankenlose Erholungsuchende verschlechtern die Qualität dieses Lebensraumes. Um dem entgegenzusteuern, wurde das Riedbachtal 1986 auf einer Fläche von 38,6 Hektar als

In den Höhlen alter und kaum noch gepflegter Obstbäume brüten Wendehals, Gartenrotschwanz, Grünspecht, Kleinspecht, Buntspecht und Kleiber.
S. KRACHT

Naturschutzgebiet ausgewiesen, obwohl die Besonderheiten dieser Landschaft für einen Laien auf den ersten Blick nicht erkennbar sind.

Anfangs wehrten sich Bürger aus Dormettingen heftig gegen die Schutzverordnung. Sie fürchteten, dass damit die Entwicklungsfähigkeit ihrer Gemeinde und die Zukunft des einzigen Haupterwerbslandwirtes aufs Spiel gesetzt würden. Diese Bedenken ließen sich jedoch ausräumen – nicht zuletzt mit dem Zugeständnis, dass eines der größten Grundstücke im Riedbachtal mit Rindern beweidet werden darf. Schließlich fand man einvernehmliche Lösungen für die Pflege des gesamten Schutzgebiets und die ehemalige Allmendfläche wird wieder von einem Schäfer und seiner Herde durchzogen. Außerdem pflanzten viele Grundstücksbesitzer nach und nach mit Zuschüssen aus Landesnaturschutzmitteln wieder Obstbäum an.

Wie bei allen Naturschutzgebieten in der offenen Kulturlandschaft bringt allerdings auch die ungestörte Erhaltung des Riedbachtals einen erheblichen Betreuungssaufwand mit sich. Es gilt, auf die Einhaltung der Beweidungsvorschriften (Hütehaltung ohne Weidezäune) zu achten, die Wiesengräben vorsichtig und ohne unnötige Zerstörung der Ufervegetation instand zu halten, Pflegeverträge für brachgefallene Wiesenflächen sowie Extensivierungsverträge für seitherige Ackerflächen zu organisieren und Freizeitnutzungen zu steuern.

Schutzzweck ist die Erhaltung einer abwechslungsreich strukturierten Streuobst- und Heckenlandschaft mit ihrer besonderen Pflanzen- und Tierwelt.

Hinweise für Besucher: Das Gebiet liegt am nordwestlichen Ortsrand von Dormettingen und kann von hier aus auf dem vorhandenen Wegenetz zu Fuß erreicht werden.

36 ROSCHBACH

Zollernalbkreis: Stadt Balingen, Gemarkung Zillhausen, Stadt Albstadt, Gemarkung Pfeffingen

Naturraum: Südwestliches Albvorland

Geschützt seit 1985

Fläche: 109 Hektar

Top. Karte 7719

Die Korallenwurz (*Corallorrhiza trifida*) ist eine typische Waldorchidee. Sie findet im NSG »Roschbach« günstige Bedingungen. A. SCHÜLE

Dieses Naturschutzgebiet im Osten Balingens nimmt den Albtraufhang vom etwa 900 m NN hohen Wünschberg zwischen Pfeffingen und Streichen bis hin zum entwässernden Roschbach ein. Die Hochfläche der Alb überragt hier ihr Vorland um 400 Meter. Unter den Bankkalken, die von der Abbruchkante herunterrutschen, steht der Braune Jura an. Deshalb sind Hänge hier instabil und rutschen vielfach noch. Zahlreiche Quellaustritte und Feuchtstellen weisen auf die oft unter den Schuttmassen liegenden Quellhorizonte hin.

Eine Schonwaldverordnung aus dem Jahr 1982 regelt in diesem Gebiet die Nutzung der natürlichen und naturnahen Altholzbestände. Am Albtrauf-Steilhang handelt es sich dabei um Buchenhangwälder, auf dem Unterhang um tannenreiche Mischwälder. Die auf der so genannten Mittelleiste gelegenen früheren Allmendflächen sind zu einem großen Teil noch heute in Form von Wacholderheiden erhalten. Großflächige Fichtenaufforstungen haben aber das charakteristische offene Landschaftsbild bereits stark eingeengt.

Die Wacholderbereiche mit ihren alten Obstbäumen werden nach wie vor mit Schafen beweidet. Zugunsten dieser traditionellen Bewirtschaftung wurden die jüngsten Fichtenschonungen bereits etwas zurückgedrängt. In Zukunft will man die ehemaligen Allmend-Weiden noch weiter öffnen. Dagegen können ältere Fichtenforste und der hangabwärts bereits etablierte Buchen-Tannen-Wald erhalten bleiben – einerseits, weil hier der Aufwand für pflegerische Eingriffe zu hoch ist, und andererseits, weil in diesen Beständen »Moderorchideen« zu schützen sind. Es hat sich gezeigt, dass auf den mageren Böden des

Albtraufs, auf denen auch die Fichte schlecht gedeiht, lichte Nadelwälder entstehen, die diesen Orchideenarten ideale Bedingungen bieten, weil dort die modrige Rohhumusschicht biologisch nur sehr langsam abgebaut wird.

Die überall am Albtrauf immer rarer werdenden offenen Landschaftsbereiche sind allerdings mindestens ebenso schutzwürdig wie solche Orchideen-Standorte. Im NSG »Roschbach« haben Trockenrasen mit gelber Spargelerbse, Wohlriechender Händelwurz und Ragwurzarten, aber auch staunasse Feuchtstellen mit Fleischrotem Knabenkraut und Breitblättrigem Wollgras einiges an botanischen Raritäten zu bieten. Die beiden Roschbach-Quellbäche werden begleitet von Sumpf-Pippau, Sumpf-Kratzdistel, Arzneibaldrian und Beinwell. Feuersalamander, Gelbbauchunke und Kreuzotter sind auf diese saubereren Gewässer angewiesen.

Insgesamt dokumentiert das über 100 Hektar große Schutzgebiet »Roschbach« einerseits den Reichtum der Kulturlandschaft am Albtrauf, andererseits aber auch deren Gefährdungen infolge einer geänderten Landnutzung und intensiver Freizeitnutzung. Nur mit gezielter Pflege und Steuerung der landwirtschaftlichen Restnutzung lässt sich das einst selbstverständliche, über Jahrhunderte gewachsene Mosaik erhalten. Das »Roschbachtal« ist dafür geradezu ein Lehrbuchbeispiel.

Schutzzweck ist die Erhaltung des vielgestaltigen Biotopmosaiks aus Halbtrockenrasen, Quellaustritten, Feuchtstellen und Laubmischwäldern mit seiner charakteristischen Pflanzen- und Tierwelt.

Hinweise für Besucher: Startpunkt für eine Wanderung im Bereich Roschbach kann einer der zwischen den Ortschaften Pfeffingen und Zillhausen gelegenen Wanderparkplätze sein.

37 SALENHOFWEIHER

Zollernalbkreis: Stadt Haigerloch,
Gemarkung Trillfingen
Naturraum: Obere Gäue
Geschützt seit 1981
Fläche: 8 Hektar

Der kleine See beim Salenhof liegt nördlich von Haigerloch im Lößgebiet der Oberen Gäue. Alten Urkunden aus dem Fürstlich Hohenzollerischen Archiv in Sigmaringen zufolge ist er natürlichen Ursprungs. Erst in jüngerer Zeit wurde der im Besitz der Hohenzollerischen Hofkammer Sigmaringen befindliche Weiher weiter ausgebaggert und mit einem Damm und zwei Überlaufschächten versehen. Seine besondere ökologische Bedeutung erhält das NSG als Insel in der weiten, ausgeräumten und landwirtschaftlich intensiv genutzten Löß-

Dar Salenhofweiher ist eine Oase für Amphibien und Wasservögel. BNL-ARCHIV

landschaft der Oberen Gäue durch den unmittelbar ans Wasser angrenzenden artenreichen Bruchwald und die umliegenden Streuwiesen.

In dem acht Hektar großen Schutzgebiet »Salenhofweiher« wurden bereits 53 verschiedene Brutvogelarten registriert, darunter Zwergtaucher, Teichrohrsänger, Braunkehlchen und Grauammer. Auf Nahrungssuche tauchen hier auch Wanderfalke, Kornweihe und Schleiereule regelmäßig auf. Die Liste der Durchzügler, die auf diesen Weiher und die angrenzenden Feuchtwiesen angewiesen sind, ist noch weitaus länger. Erwähnt werden sollen hier nur Fischadler, Schwarzstorch, Goldregenpfeifer, Großer Brachvogel, Große Rohrdommel und Bekassine. Von überregionaler Bedeutung ist der Salenhofweiher zudem dank seiner Laubfrösche und der erstaunlichen Artendichte der Libellen. In dem Schutzgebiet wurden bisher 22 verschiedene Libellen nachgewiesen – mehr als ein Viertel aller in Deutschland heimischen Arten.

Schutzzweck ist die Erhaltung des naturnahen Weihers mit seinem Röhrichtbestand und den angrenzenden Feuchtwiesen.

Hinweise für Besucher: Der Weiher stellt mit seiner offenen Wasserfläche eine regelrechte Biotopinsel in der wasserarmen Landschaft dar. Daher ist es nicht verwunderlich, dass er im Jahresverlauf von zahlreichen Vogelarten aufgesucht wird, für die Wasser lebensnotwendig ist.

38 SCHAFBERG-LOCHENSTEIN

Zollernalbkreis: Gemeinde und Gemarkung
Hausen am Tann,
Stadt Balingen, Gemarkung Weilstetten
Naturraum: Hohe Schwabenalb
Geschützt seit 1978
Fläche: 102 Hektar
Top. Karte 7719

Von Ost nach West gruppieren sich bei Balingen der Gräbelesberg, das Hörnle, der Lochenstein mit dem Schafberg und der Plettenberg zu dem weithin sichtbaren, für den Albtrauf typischen weißen Kranz aus geschichtetem Weißjura beta und dem markanten, die vorspringende Nase bildenden Schwammkalk. Diese Felsbereiche sind im Regierungsbezirk Tübingen die höchsten Erhebungen des Albtraufs, der hier zum Naturraum Hohe Schwabenalb gehört.

Sehr früh schon interessierte sich der Mensch für die erhabenen Plätze. Er siedelte hier wohl, weil ihn die sonnigen Höhen, der weite Blick und die lichten Wälder (trotz der Kälte und des dort herrschenden Wassermangels) mehr anzogen, als die häufig sumpfigen und unwegsamen Urwälder in niedrigeren Lagen. Bereits im letzten vorchristlichen Jahrtausend wurden palisadenartige Randbefestigungen an diesem Abschnitt des Albtraufs errichtet. Römer und Alamannen nutzten die Hö-

Fichten-Blockwald am Nordhang des NSG »Schafberg-Lochenstein«. C. FREUND

Blick von Westen auf die aus Schwammkalken aufgebaute Wand des Lochenstein. C. FREUND

henlagen für die Weidewirtschaft. Wie historische Quellen belegen, wurde im Mittelalter am
Schafberg ein Herrenhof gegründet, der anfangs
zum Kloster Beuron und in späterer Zeit zum
Haus Württemberg gehörte.

Auf flachgründigem und sonnigem Fels trifft
man hier noch eine ursprüngliche Steppen-
heideflora in schönster Vielfalt und mit zahlreichen Relikten aus der Kaltzeit an. Mit etwas
Phantasie kann sich der Betrachter an einem der
Aussichtspunkte durchaus vor Augen führen, wie
es hier zur Kaltzeit aussah: Auf dem Südrand der
Alb lag dickes Gletschereis, das Albvorland im
Norden war, ebenso wie die dazwischen liegende
Alb, unbewaldet und nur spärlich bewachsen –
mit einer Vegetation, wie man sie heute etwa in
Lappland und in den Alpen über der Baumgrenze
antrifft.

Nach heutigen Erkenntnissen müssten schon
damals Pflanzenarten wie das Immergrüne Felsenblümchen, Augenwurz, Niedriges Habichtskraut und Heideröschen an diesem stets unbewal-

deten Standort gewachsen sein. Erst ein Vergleich
der historischen und prähistorischen Funde mit
den heute noch in diesem Gebiet lebenden Arten
ermöglicht eine Einschätzung dieser Felsen- und
Hochwiesenflora.

Fichtenblockwald, Schluchtwald und Buchenhangwälder am nordöstlichen Abhang sowie
unterschiedlich stark verbuschte Wacholderheiden säumen am Südhang die Hochflächen Hinterer Schafberg, Vorderer Schafberg und Lochenstein. Mit gezielten Einsätzen werden diese
Kulturflächen gepflegt, um das historisch geprägte Landschaftsbild der offenen Albhochfläche erhalten zu können.

Schutzzweck ist die Erhaltung des Lochen-
steins, des Schafsberges und des Wendelsteines
in ihrem naturnahen Zustand als Lebensraum
zahlreicher Pflanzen- und Tierarten.

Hinweise für Besucher: An den Wochenenden ist das Schutzareal stark von Besuchern
frequentiert. In der Nähe liegt die Jugendher-
berge Lochen-Balingen.

39 SCHARLENBACHTAL-HOFWALD

Zollernalbkreis: Stadt Burladingen,
Gemarkung Starzeln
Naturraum: Südwestliches Albvorland und
Hohe Schwabenalb
Geschützt seit 2002
Fläche: ca. 99,2 Hektar
Top. Karte 7620 und 7720

Das Naturschutzgebiet »Scharlenbachtal-Hof-
wach« umfasst die Talhänge an Himberg und
Schneitberg östlich der Ortschaft Starzeln in einer Höhenlage zwischen 655 und 855 m NN. Aufgrund seiner großen Fläche und reichen Biotop-
und Artenausstattung ist es von zentraler Bedeutung für den Biotopverbund im Killertal.

Braunjura- und Weißjuraschichten bilden den
geologischen Untergrund. Der Hangfuß besteht
aus mächtigen wasserundurchlässigen Tonschichten des Braunjura, der weitgehend von
Weißjura-Hangschutt überdeckt wird. Das Gebiet
ist insgesamt reich an naturnahen Sickerquellen,
aus denen zahlreiche kleinflächige Quellsümpfe
mit Hochstauden, Waldsimsen, Seggen und Binsen entstanden sind. Sie weiteten sich in Verbindung mit anschließenden staunassen Flächen
örtlich zu großflächigen Quellsümpfen aus.
Diese mitunter eng benachbarten, sehr kleinräumig verzahnten Vorkommen unterschiedlich

feuchter Flächen sind ein besonderes Merkmal
des Gebietes.

Die Hangbereiche am Trauf der Schwäbischen
Alb werden überwiegend aus Weißjura beta-
Gestein gebildet. Wohlgebankte Kalke treten am
Steilabfall des Hofwaldes als Felsbänder zutage
und sind weithin sichtbar. Am Fuß des Steilab-
falls haben sich mit Gebüsch und Wald bestandene Kalk-Schutthalden gebildet. Bereits 1926
war diese Teilfläche Schutzgebiet, die Bewirtschaftung wurde entsprechend geregelt. Die
lichten Seggen-Buchenwälder des Hofwaldes
weisen eine spezifische Fauna und Flora auf. Der
Scharlenbach wird durch den Zusammenfluss
mehrerer Spaltquellen gebildet, die westlich des
Naturschutzgebietes in den Steilwänden des Zoll-
ergrabens entspringen. Bis zur Ortschaft Starzeln
weitet sich das Tal zu einem Trichter mit großflächigen, freien, beweideten Hängen und ausgedehnten Bergglatthaferwiesen und Salbei-Glatthaferwiesen. Im hinteren Talbereich liegen
unterschiedlich feuchte Weiden. Im mittleren Talraum bestimmen größere Streuobstbestände das
Bild. Eine gebüsch- und baumbestandene Schafweide prägt die nördlichen Oberhänge. Am Ost-
abfall des Himberges und am Nordosthang des
Schneitberges dominieren magere artenreiche
Glatthaferwiesen. Sie werden durch einzelne Rinnen und Tälchen mit Feuchtwiesen, Feuchtgebüschen und Brachen gegliedert. Die gehölzfreien

Der obere Abschnitt des
Scharlenbachtals ist
schmal und teilweise
schluchtartig eingetieft.
Der Scharlenbach fließt
mit seinem gewässerbe-
gleitenden Auenwald
durch das sich im unte-
ren Abschnitt weitende
Tal, bis er in Starzeln in
die Starzel mündet.
BILDFLUG NEUMAYER

südlichen Talhänge werden von Schafen beweidet und zusätzlich gemäht. Im Talgrund dominiert der naturnah mäandrierende Scharlenbach mit seinem mehrstufigen Galeriewald.

Von den mehr als 400 nachgewiesenen Pflanzenarten im Naturschutzgebiet ist das Vorkommen von Knolligen Kratzdistel, Gelber Spargelerbse, Kugel-Teufelskralle und Kleiner Traubenhyazinthe in jeweils großen Beständen bemerkenswert. Die naturschutzfachliche Bedeutung der Kalk-Quellsümpfe des Gebietes wird durch die Vorkommen gefährdeter Pflanzenarten wie Davallsegge, Breitblättrigem Wollgras und zahlreichen Orchideenarten begründet.

Von den 77 im Gebiet beobachteten Vogelarten brüten 57 auch dort. Die Streuobstwiesen und die gehölzreichen Magerweiden werden von einer Vielzahl spezialisierter Vogelarten wie z. B. dem Wendehals bewohnt. Eine Charakterart lichter, sonniger Traufwälder der Schwäbischen Alb ist der Berglaubsänger. Die mit Grauweidengebüsch oder Schilfröhricht bestandenen Quellsümpfe bieten Lebensraum für den Feldschwirl und den Sumpfrohrsänger. Im Auenwaldstreifen am Scharlenbach sowie in den größeren Feldgehölzen haben Weidenmeise, Fitis und Grauschnäpper ihren Verbreitungsschwerpunkt im Gebiet. Am Unterlauf des Scharlenbachs kommen Wasseramsel und Bergstelze hinzu.

Das Naturschutzgebiet »Scharlenbachtal-Hofwald« zählt auch zu den regional bedeutsamen Lebensräumen für Amphibien, Reptilien, Gehäuseschnecken, Libellen und Heuschrecken. Der Feuersalamander ist im Scharlenbachtal weit verbreitet. Von besonderer Bedeutung sind die Vorkommen von Sumpf-Windelschnecke, Gestreifter Windelschnecke und Dunklem Kegelchen, drei bisher nur selten nachgewiesenen Gehäuseschnecken-Arten. Bemerkenswert sind weiterhin die Funde der Gestreiften Quelljungfer, einer für Quellbäche und Quellsümpfe typischen Libellenart.

In der Roten Liste der Heuschrecken Baden-Württembergs werden insgesamt 12 von 26 der im Gebiet vertretenen Heuschreckenarten aufgelistet: Insbesondere sind die Vorkommen des

Im NSG »Scharlenbachtal-Hofwald« lebt eine große Population der Wanstschrecke (*Polysarcus denticauda*). BNL-ARCHIV

Warzenbeißers sowie die große Population der Wanstschrecke hervorzuheben. Von 71 Schmetterlingsarten sind 47 Tagfalter und neun Widderchen in den Roten Listen vertreten, darunter der Schwarzfleckige Ameisen-Bläuling.

Schutzzweck ist die Erhaltung des abwechslungsreich strukturierten Talraumes mit Bachläufen, Galeriewäldern, Quellsümpfen, großflächigen Wiesen und Weiden einschließlich der dort vorhandenen Obstbäume und der angrenzenden Albtraufzone mit naturnahen Waldgesellschaften.

Hinweise für Besucher: Das ansprechende Landschaftsbild und die ruhige Lage laden besonders im Frühsommer und Herbst zu einer Wanderung ein. Ein Wanderweg des Schwäbischen Albvereins führt von der Ortschaft Starzeln bis zum Schwäbischen Alb-Nordrandweg.

40 SCHEIBHALDEN

Zollernalbkreis: Stadt Meßstetten, Gemarkung Oberdigisheim

Naturraum: Hohe Schwabenalb

Geschützt seit 1985

Fläche: 11,9 Hektar

Top. Karte 7819

Ähnlich wie beim NSG »Heimberg« handelt es sich beim Schutzgebiet »Scheibhalden« um eine

Früher wurde das Scheibhalden-Gebiet von den Bauern als Weidewald (»Hardt«) genutzt. S. METZ

heide wieder beweidet, einzelne Bereiche auch gelegentlich gemäht. Dennoch werden auch in Zukunft ab und zu Entbuschungsmaßnahmen nötig werden.

Schutzzweck ist die Erhaltung der reichen Flora mit ihren geschützten Orchideen und ihrer artenreichen Pilzflora, ferner die Erhaltung des Landschaftsbildes, welches hier durch den relativ reichen Baumbestand der Wacholder-Forchenheide und der Laubholz-Wacholderheide mit den typischen Weidebäumen bestimmt ist.

Hinweise für Besucher: Das NSG gehört zum Naturpark Obere Donau, in dem zahlreiche Einrichtungen für Besucher, so auch ein attraktives Wander- und Radwegenetz existieren. Informationen hierzu liefern die entsprechenden Topografischen Karten (z.B. die Freizeitkarte Naturpark Obere Donau). Darin sind Wanderparkplätze und entsprechende Rad- und Wanderwege aufgeführt.

Wacholderheide. Sie liegt oberhalb des Dorfes Oberdigisheim, einem Teilort von Meßstetten, an einem Südwesthang, an dessen Fuß das von Tieringen kommende Albflüsschen Obere Bära vorbeizieht. Und ebenso wie im benachbarten NSG »Heimberg« sind auch hier die aufgegebenen, sonnigen Schafweiden einer zunehmenden Verbuschung und Bewaldung ausgesetzt, die den seltenen und charakteristischen Pflanzen- und Tierarten der Wacholderheide ihren immer enger werdenden Lebensraum zu nehmen drohten.

Der noch verbliebene kleine Rest dieser Wacholderheide wurde als Naturschutzgebiet ausgewiesen. So beherbergt das Gebiet heute gefährdete Pflanzenarten, die früher eine weite Verbreitung hatten: so beispielsweise Enzianarten wie Frühlings-Enzian, Fransen-Enzian oder Deutscher Enzian.

In den vergangenen Jahren wurden umfangreiche Auslichtungs- und Entbuschungsmaßnahmen durchgeführt. Heute wird die Wacholder-

41 SCHWARZENBACH

Zollernalbkreis: Gemeinde und Gemarkung Zimmern unter der Burg,
Landkreis Rottweil: Stadt Rottweil,
Gemarkungen Neukirch und Zepfenhan
Naturraum: Südwestliches Albvorland
Geschützt seit 1996
Fläche: ca. 38 Hektar im Regierungsbezirk Tübingen, ca. 44 Hektar im Regierungsbezirk Freiburg
Top. Karte 7718

Das Naturschutzgebiet »Schwarzenbach« liegt circa 12,5 Kilometer südwestlich von Balingen und etwa 7,5 Kilometer nordöstlich von Rottweil zwischen 600 und 685 m NN. Die B 27 trennt im Osten eine 7,5 Hektar große Fläche ab.

Die Schutzgebietsfläche umfasst den naturnah erhaltenen Schwarzenbach zwischen Schömberg und Zimmern unter der Burg sowie seine angrenzenden Flächen.

Der Bach, der südwestlich von Schömberg in einer Sickerquelle entspringt, wird im Oberlauf als Schmellbach und anschließend als Zimmerner

Talbach bezeichnet. Den Namen Schwarzenbach führt das Gewässer erst im letzten Abschnitt des Schutzgebietes. Nördlich der B 27 durchzieht das Bachbett zunächst die oberen Schichten des Schwarzen Juras alpha und schneidet dann die Sandstein-Schichten des Oberen Keupers an. Im darauf folgenden Bachabschnitt markiert der Obere Keuper die linear verlaufende Oberkante eines V-förmigen Kerbtales, während das Bachbett bereits in den weichen Knollenmergel-Schichten des Mittleren Keupers liegt. Der Bach schneidet hier tief in die Schicht ein, wodurch großflächige und zu Rutschungen neigende Hänge entstehen.

Die Tierwelt des Gebietes lässt auf eine gute Wasserqualität schließen. In den Bächen befinden sich Kleine Flussmuschel, Groppe, Bachforelle und Elritze. Am Bach brüten Eisvogel und Wasseramsel. Die Weidenmeise als seltenste Meisenart Baden-Württembergs brütet im Gebüsch. Auch der Feuersalamander ist anzutreffen.

Der Schmellbach fließt im oberen Bachabschnitt gegen die natürliche Schichtneigung, eine gute Voraussetzung für großflächige Vernässungen und Flachmoorbildungen. In einigen Altarmschlingen bleiben nach Hochwassern Tümpel zurück. An das von Ufergehölzen gesäumte, leicht mäandrierende Bachbett schließen bewirtschaftete Nasswiesen und mit Hochstauden, Seggen, Röhricht und mit Gehölzen bestandene Brachflächen an. Einzelne Parzellen sind mit Fichten auf-

geforstet. Entlang der Hangkanten wachsen Feldhecken. Etwa in der Mitte der Ost-West-Ausdehnung erreicht der Bach ein geschlossenes Waldgebiet von hohem landschaftsästhetischem Wert. Hier brütet der Schwarzmilan.

Zunächst von einer leicht gewellten bis hügeligen Wiesen- und Ackerlandschaft umgeben, hat sich der Bach immer tiefer eingegraben. Das Gefälle nimmt zu, die Hangkanten sind hart und die Talaue schmal. Die offenen Talräume sind landschaftlich besonders reizvoll. Neben den beschriebenen Waldbächen sind mehrere Biotoptypen von besonderer Bedeutung, darunter: verschiedene Laubmischwälder, Wiesenbäche mit ihrer Begleitflora, unterschiedliche Gehölze, extensiv beweidete Nass- und Glatthaferwiesen sowie Streuobstbestände.

Unter den hier vorhandenen Pflanzenarten findet man Trollblume, Knollige Kratzdistel, Schwarze Johannisbeere, Wasser-Ampfer, Schwarz-Pappel und Kümmel-Silge.

Schutzzweck ist die Erhaltung, Pflege und Verbesserung eines vielfältig strukturierten Landschaftsteiles mit der daran gebundenen extensiven land- und forstwirtschaftlichen Nutzung als Lebensraum für vom Aussterben bedrohte und gefährdete Tier- und Pflanzenarten.

Hinweise für Besucher: Der Radweg von Schömberg nach Zimmern unter der Burg führt nahe am Gebiet vorbei.

Blick ins NSG »Schwarzenbach« auf den von Weidegebüsch gesäumten Bach. W. FRITZ

42 STETTENER WEINBERG

Zollernalbkreis: Stadt Haigerloch,
Gemarkungen Stetten und Owingen
Naturraum: Südwestliches Albvorland
und Obere Gäue
Geschützt seit 1990
Fläche: 27,8 Hektar
Top. Karte 7618 und 7619

Aus dem Jura kommend durchfließt die Eyach nördlich von Balingen die Keuperschichten des Schichtstufenlandes im Albvorland und tritt dann zwischen Stetten und Haigerloch in die darunter liegenden Muschelkalkschichten ein. In dem hier recht schmal ausgebildeten Keuperabschnitt wird das Flüsschen an seinen nach Süden und Südwesten geneigten Talhängen von Landschaftsbildern historischer Prägung begleitet. Der Owinger Bühl, das Warrenbergle und der Weinberg bei Stetten seien hier genannt.

Für den letzteren ist belegt, dass er vom Beginn des 15. Jahrhunderts bis zum 30-jährigen Krieg zum Weinanbau diente. Danach legten die Bauern hier Äcker und Weiden, Obstgärten und Wald an. So ist es zu erklären, dass auf der heute noch vorhandenen und genutzten Wacholderheide alte Obstbäume stehen und der als Acker-

Magere Wiese mit Futter-Esparsette (*Onobrychis viciifolia*) im NSG »Stettener Weinberg«. S. HACKER

oder Krautland verpachtete Hangfuß noch bis Ende der 1960er-Jahre eine in kleine Flächen aufgeteilte Allmende war. Heute prägt der zwischen Wiesen, Weiden, Ackerland und Wald gelegene Stettener Weinberg mit seinem abwechslungsreichen Vegetationsmosaik aus Halbtrockenrasen, Waldsaum, Hecken und Einzelbäumen reizvoll das Landschaftsbild und bietet Pflanzen und Tieren vielfältige Lebensmöglichkeiten.

Die traditionelle Schafbeweidung wird am Stettener Weinberg auch nach der Ausweisung als Schutzgebiet mit weit ausgesteckter Umzäunung weiterbetrieben. Diese Bewirtschaftungsform steht nicht im Widerspruch zum Schutzzweck, sie stellt im Gegenteil eine der wichtigen Pflegemaßnahmen dar. Die im Gebiet vorkommenden Rebhühner und Feldhasen, sowie die Schwarzkehlchen-Brutplätze werden von durchziehenden Schafherden nicht gestört. Eine Gefahr für diese empfindlichen Bewohner geht eher von erholungssuchenden Ausflüglern und ihren Hunden aus. Deshalb konnte man in der Schutzverordnung nicht auf ein Betretungsverbot außerhalb der vorhandenen Wege verzichten. Einem Spaziergänger mag es nicht einsichtig erscheinen, dass er im Herbst nicht über die Schafweiden wandern darf, trotzdem ist diese Vorschrift notwendig. Seinem Beispiel könnten weitere Besucher wie Reiter, Mountainbiker, Drachenflieger, Modellflieger u. a. folgen und Flora und Fauna wären im höchsten Maß gefährdet.

Botanisch umfasst das Schutzgebiet mehr oder weniger stark bewaldete Enzian-Schillergrasweiden mit Silberdistel, Fransen-Enzian, Deutschem Enzian, Wacholder, Aufrechter Trespe und stellenweise auch mit Futter-Esparsette. Ein kleineres Areal mit einem Kleinseggensumpf ergänzt das Mosaik. In den zurückliegenden Jahren wurden jeweils im Herbst die dicht stehenden Wacholdergebüsche aufgelichtet und der Kiefernjungwuchs in die steileren Hangbereichen zurückgedrängt, damit in der Grasschicht wachsende Pflanzen wie die Enzianarten genügend Licht erhalten. Solche Auflichtungsarbeiten werden selbstverständlich so durchgeführt, dass den in Gebüschen und Hecken brütenden Vögeln

Das NSG »Stromelsberg-Hessenbühl« wirkt mit seinen locker verteilt stehenden Buschgruppen und Bäumen wie eine Parklandschaft. Solche Landschaftsbilder sind das Ergebnis jahrzehntelanger extensiver Nutzung der von den Gemeinden weit entfernt gelegenen, kargen Böden. W. FRITZ

nicht geschadet wird. Diese staatlich geförderten Pflegeeinsätze werden im NSG »Stettener Weinberg« von unterschiedlichen Gruppierungen (Landwirte, Naturschutzverbände, Schulklassen, Forstverwaltung) gemeinsam getragen.

Schutzzweck ist die Erhaltung des vielfältig strukturierten Landschaftsteiles mit seiner extensiven landwirtschaftlichen Nutzung und seiner daran angepassten Pflanzen- und Tierwelt

Hinweise für Besucher: Die im Schutzareal wachsende Futter-Esparsette ist eine vielseitige Pflanze. Sie ist ca. 30–60 cm hoch und blüht mit ihren bis zu 50 rosa- bis purpurfarbenen Schmetterlingsblüten von Mai-Juni. Die Futter-Esparsette ist sehr eiweißreich und wird deshalb gerne in südlichen Ländern an das Vieh verfüttert. Für zahlreiche Schmetterlinge und Wildbienen ist sie eine begehrte Nektarpflanze.

43 STROMELSBERG-HESSENBÜHL

Zollernalbkreis: Gemeinde Obernheim,
Gemarkung Obernheim, Stadt Meßstetten,
Gemarkung Tieringen
Naturraum: Hohe Schwabenalb
Geschützt seit 1988
Fläche: 43,6 Hektar
Top. Karte 7819

Südlich von Tieringen erstreckt sich eine ausgedehnte Hochfläche, die im Westen durch die zum Schlichemtal hin abfallenden Steilhänge des Albtraufes begrenzt wird. Im Norden und Osten endet die Hochfläche an den Hangkanten des Oberen Bäratales, einem Hochtal, das durch den Albkörper nach Süden zur Donau hin verläuft. Das Kohlstattbrunnenbachtal, ein Seitental des Bäratales, bildet die Begrenzung der Hochfläche in südlicher Richtung. Durch das NSG »Stromelsberg-Hessenbühl« verläuft die europäische Wasserscheide. Das hier niederkommende Regenwasser wird dabei sowohl der Schlichem als auch der Bära zugeführt. Die Schlichem mündet in den Neckar und dieser wiederum in den Rhein, während die Bära dagegen direkt in die Donau mündet.

Das Naturschutzgebiet liegt ca. 2,5 Kilometer nord-nordwestlich von Obernheim in 910 bis 956 m NN. Es umfasst sowohl die als Hessenbühl, Stromelsberg und Hühnerbühl bezeichneten Kuppen sowie die dazwischen sich erstreckenden Mulden. Den geologischen Untergrund der Kuppen bilden die Felsenkalke des Weißen Jura delta, während in den Senken bereits die Mergelschichten des darunter folgenden Weißen Jura gamma anstehen.

In der Hauptsache wurden die Flächen als nicht oder kaum gedüngte Wiese genutzt. Da steile Raine und Stellen, an denen der Fels zutage

tritt, ungemäht blieben, konnten sich dort unge-
hindert Büsche und Bäume entwickeln. Diese
Raine stellen zusammen mit den artenreichen
Magerrasen einen idealen Lebensraum für eine
Vielzahl von Tier- und Pflanzenarten dar. So
konnten dort bereits vor der Unterschutzstellung
176 Pflanzen- und 51 Tierarten nachgewiesen
werden. Knabenkräuter, Enzianarten, Trollblume, Silberdistel und Traubenhyazinthe seien
hierbei als die bekannteren unter den gefährdeten
Pflanzenarten genannt.

Die Einzelbäume, Feldgehölze und Steinriegel
bieten seltenen Vogelarten, wie Neuntöter und
Steinschmätzer ideale Lebensbedingungen. Auf
den Magerrasen kann man äußerst seltene
Schmetterlinge und Heuschrecken antreffen. Sowohl eine intensivere Nutzung als auch die völlige
Aufgabe der Bewirtschaftung würden für die im
Gebiet vorkommenden Pflanzen- und Tierarten
die Zerstörung ihrer Lebensgrundlagen bedeuten.
Es soll daher die seither schon extensiv betriebene Wiesennutzung aufrechterhalten bleiben.

Viele Kleinparzellen konnten vom Land Baden-Württemberg erworben werden. Die Landesverwaltung und die meisten Privateigentümer
überlassen nun die Grundstücke Nebenerwerbs-
landwirten, die dort Heu machen und verkaufen.
Die Flächen werden dabei kaum gedüngt. Zusätzlich befinden sich auch bereits an das Naturschutzgebiet angrenzenden Grundstücke im
Eigentum des Landes und werden in der oben
beschriebenen, dem Artenschutz zuträglichen
Weise bewirtschaftet.

Schutzzweck ist die Erhaltung einer reich
strukturierten Heckenlandschaft mit Magerrasen,
Steinriegeln und Einzelbäumen als Lebensraum
einer vielfältigen Fora und Fauna.

Hinweise für Besucher: Das NSG »Stromelsberg-Hessenbühl« gehört zum Naturpark
Obere Donau, in dem zahlreiche Einrichtungen
für Besucher, so auch ein attraktives Wander- und
Radwegenetz existieren. Zugänge zu den Hochflächen rund um das Naturschutzgebiet gibt es
von Obernheim, Tieringen und Hausen am Tann.
Von hier aus sind Wanderparkplätze und die entsprechenden Rad- und Wanderwege beschildert.

Ein Besuch zur Blütezeit der Wiesen Mitte/Ende
Juni ist besonders lohnenswert.

44 TAILFINGER RIED

Zollernalbkreis: Stadt Albstadt,
Gemarkung Onstmettingen und Tailfingen
Naturraum: Hohe Schwabenalb
Geschützt seit 1991
Fläche: 9,6 Hektar
Top. Karte 7719 und 7720

Das im Grund des Schmiechatals ca. 780 bis
790 m NN gelegene Naturschutzgebiet »Tailfinger Ried« grenzt im Norden unmittelbar an das
Gewerbegebiet von Albstadt-Onstmettingen und
im Süden an die Parkplätze des Tailfinger Frei-
bads an. Es stellt ein Relikt ehemals ausgedehnter, durch Bebauung inzwischen stark verkleiner-
ter Moorflächen dar.

Das Flachmoor- und Nasswiesengebiet verdankt seine Entstehung den wasserundurchlässigen Mergel- und Kalkmergelschichten des unteren Weißen Juras. Auf ihnen staut sich das von
Quellen austretende und durch Bäche zufließende Wasser. Bei starker Wasserführung und
geringem Gefälle kommt es zu umfangreichen
Ablagerungen der mitgeführten Gesteins- und
Bodenbestandteile. Diese Ablagerungen wirken
bei plötzlich abnehmender Wassermenge gelegentlich als Damm und stauen die Fließgewässer
dann auf. Die dadurch entstandenen, meist flachen Stillgewässer werden von Wasserpflanzen
besiedelt, aus deren absterbender Biomasse sich
Moor bildet. Dieser Prozess führte wohl auch zur
Bildung der Flachmoore am Oberlauf der Schmiecha.

Bereits vor der Überbauung wesentlicher Teile
des Moores erfolgten zu Beginn des 20. Jahrhunderts schwerwiegende Eingriffe. Die Schmiecha
wurde damals vollständig begradigt und die
Flachmoore durch Gräben entwässert, um landwirtschaftliche Nutzflächen zu gewinnen. Die so
geschaffenen Acker- und Fettwiesenflächen können jedoch nur durch eine regelmäßige Erneue-

Trotz vieler Eingriffe fließt die Schmiecha im NSG »Tailfinger Ried« noch weitgehend naturnah.
A. Bock

rung der Eingriffe erhalten werden, was im Tailfinger Ried aufgrund mangelnder Rentabilität unterblieb, sodass sich die Moorflächen erneut zu einem artenreichen Lebensraum entwickeln konnten. Ausgedehnte Seggenriede – vorherrschend ist das Steifseggenried – vermitteln auf kleinem Raum, wie der ganze Talraum einmal ausgesehen haben mag. Am Rande des Gebietes befinden sich kleinere Wiesenflächen, die noch ein- oder zweischürig genutzt werden. Hierbei handelt es sich um Glatthaferwiesen, kleinflächig auch um die feuchteren Bachdistelwiesen mit Kleinseggen.

Im Tailfinger Ried wurde mit 168 Pflanzen- und 108 Tierarten eine beachtliche Artenvielfalt nachgewiesen. Gleichzeitig stellt das Naturschutzgebiet auch eine wichtige städtebauliche Grünzäsur innerhalb des dicht besiedelten Talzugs dar.

Schutzzweck ist die Erhaltung, Pflege und Verbesserung eines für die Schwäbische Alb seltenen Feuchtgebietkomplexes als Lebensraum zahlreicher gefährdeter und geschützter Tier- und Pflanzenarten, sowie als gliederndes Landschaftselement in einer dicht besiedelten Stadtlandschaft.

Hinweise für Besucher: Das NSG »Tailfinger Ried« liegt direkt an der Straße Onstmettingen-Tailfingen. Empfehlenswert ist ein Besuch vom Parkplatz am Freibad aus. Landwirtschaftliche Wege erschließen die Gegend, das Naturschutzgebiet selbst kann allerdings – es ist weglos – nicht betreten werden.

45 TIEFER WEG

Zollernalbkreis: Gemeinde und Gemarkung Ratshausen
Naturraum: Hohe Schwabenalb
Geschützt seit 1990
Fläche: 12 Hektar
Top. Karte 7718 und 7818

Das Naturschutzgebiet »Tiefer Weg« liegt am Südhang des Plettenbergs bei Ratshausen auf einer Höhe von 700 bis 800 m NN am Albtrauf. Der rutschgefährdete Braunjura, stellenweise durch Weißjura-Hangschutt vollständig überdeckt, zeichnet sich durch eine bucklige Oberfläche und zahlreiche Quellaustritte aus, zwischen denen sich recht trockene Kuppen erheben.

Über Jahrhunderte hinweg nutzten die Bauern den Plettenberg-Südfuß zwischen Ratshausen und Hausen am Tann weitgehend als Acker- und Wiesenland. Die Flächen mit mageren Halbtrockenrasen beweideten sie mit Schafen. Bei der allgemeinen Intensivierung der Landwirtschaft nach 1945 fielen die steilen, rutschgefährdeten und wechselfeuchten Hänge größtenteils brach. Zu der natürlichen Verbuschung und Bewaldung

Die weithin einsehbare, offene Landschaft im NSG »Tiefer Weg« unterhalb des Plettenbergs ist heute von dichten Aufforstungen umgeben.
A. BOCK

kamen Aufforstungen hinzu, die heute das Naturschutzgebiet fast »einrahmen«. Damit droht ein Lebensraumgefüge zu verschwinden, das über Jahrhunderte entstanden ist und neben den Felsbändern an der Hangoberkante des Albtraufs mit zur Berühmtheit dieser Landschaft beigetragen hat. Mit der Unterschutzstellung ist nun ein noch naturnah verbliebener Ausschnitt dieser traditionellen Kulturlandschaft vor weiterer Bewaldung und Veränderung geschützt. So kann der Lebensraum für Traubenhyazinthe, Enzian- und Orchideenarten erhalten werden.

Inzwischen werden die Halbtrockenrasen und Wiesen wieder mit Schafen beweidet. Die Ufer- und Nasswiesenvegetation in den Quellgebieten und an den kleinen Tümpeln ist von der Beweidung ausgenommen. In diesen Quellbereichen sind sporadische Entbuschungen nötig, sodass Sumpfseggenriede, Riesenschachtelhalmsümpfe und Rossminzenfluren erhalten bleiben.

Schutzzweck ist die Erhaltung, Pflege und Verbesserung eines vielfältig strukturierten Landschaftsteiles am Unterhang des Plettenberges als Lebensraum für gefährdete und geschützte Pflanzen- und Tierarten sowie als kulturhistorisches Relikt. Besonders schützenswert sind dabei die Halbtrockenrasen, Feuchtwiesen, Gebüschfluren und Einzelbäume, Wälder und Kleingewässer.

Hinweise für Besucher: Von Ratshausen aus gelangt man auf dem markierten Schwäbische Alb-Nordrandweg in das Naturschutzgebiet. Alternativ ist eine Zufahrt auf den ausgewiesenen Wanderparkplatz möglich. Attraktiv ist eine Wanderung auf dem Nordrandweg zum Plettenberg, durch das NSG »Plettenkeller«. Diese Wanderung belohnt den Besucher mit herrlichen Ausblicken ins Schlichemtal und mit Schwindel erregenden Pfaden entlang der Hangkante.

46 UNTERECK

Zollernalbkreis: Stadt Albstadt und Gemarkung Laufen, Stadt Balingen und Gemarkungen Frommern und Weilstetten, Stadt Meßstetten und Gemarkung Tieringen
Naturraum: Hohe Schwabenalb
Geschützt seit 1995
Fläche: 32,5 Hektar, Erweiterung um ca. 80 Hektar
Top. Karte 7719

Das Naturschutzgebiet »Untereck« liegt südlich von Balingen in einer Höhenlage zwischen 800 und nahezu 1000 m NN und überragt damit das Albvorland um gut 400 Meter. Das vier Kilometer lange, meist lediglich 150–200 Meter breite Waldreservat erstreckt sich über die obere extrem steile und felsige Hangzone direkt an der Traufkante der Albhochfläche, die das Gebiet im Süden begrenzt. Im Norden und Osten markieren Waldwege die Schutzgebietsgrenze. Im Westen schießt es an einen aufgelassenen Schrobbenbruch.

Charakteristische Merkmale dieses Stück Albtraufs beim Untereck sind die glatten, steilen Böschungen des geschichteten Weißjura bei der Häfner Halde mit Schuttbahnen und Riegelwäldern sowie die harten, dichten Massen der Schwammstotzen (Grat) als weißes Band über dem Waldgürtel. Den unteren Hangteil bedecken Buchen-Tannenwälder verschiedenster Ausprägung und Schluchtwälder mit Berg-Ahorn, Berg-Ulme, Esche, Silberblatt und Hirschzunge. Hervorzuheben sind die reichen Eibenvorkommen. Darüber breiten sich Bergreitgras-Halden, Blaugras-Halden und Felsbandgesellschaften mit ihren zahlreichen Relikten der letzten Kaltzeit und früheren Wärmeperioden aus.

In ihren Untersuchungen kommen der Förster Heinrich Koch und die Biologin Elisabeth von Gaisberg 1937 zu dem Schluss: »Wenn auch seit dem Beginn des 19. Jahrhunderts der Axt ein beträchtlicher Teil des Waldes zum Opfer fiel, und der Forstmann mit Saat und Pflanzung bei der Wiederbestockung der Natur zu Hilfe kam, so haben wir doch gerade in dem großen Altholz am Wasserloch, das sicher ganz aus Naturverjüngung hervorging, und in den unzugänglichen Felswaldpartien sehr ursprüngliche Bestände, ja in den letzteren wohl sogar echten Urwald vor uns.« Bereits 1924 wies die württembergische Staatsforstverwaltung ein drei Hektar großes Kerngebiet innerhalb der heutigen Schutzgebietsfläche als Bannwald aus. Heute wird das großflächige, in Baden-Württemberg nahezu einmalige Waldgebiet insgesamt auf rund 231 Hektar als Bann- und Schonwald geschützt. In weiten Teilen sind die Hangwälder unzugänglich und ursprünglich. Leider verhindern Gemsen und Mufflons nahezu vollständig die Naturverjüngung im Gebiet. Mufflons verursachen extreme Verbissschäden, bringen durch Rindenschälen sogar ältere Bäume zum Absterben und tragen vor allem in den Geröllhalden zu starken Erosionsschäden bei. Da es aber ohne die Naturverjüngung aller heimischen und

standortgemäßen Baumarten keinen intakten Urwald gibt, ist diese Bedrohung für das Gebiet existenziell.

Hier werden in herausragender Art die Zusammenhänge zwischen geologischem Untergrund, geomorphologischen Vorgängen, Klima, Bodenbildung, Vegetation, Landeskultur und Landschaftsbild deutlich. Die extremen Relief-, Klima- und Bodenbedingungen führen zu einer äußerst feingliedrigen Struktur von Lebensräumen für zahlreiche gefährdete, geschützte und seltene Tier- und Pflanzenarten. Beobachtungen belegen das Vorkommen des Haselhuhns und des Feuersalamanders.

Schutzzweck ist die Erhaltung und ökologische Verbesserung der Hangwälder, Geröllhalden und Felsbildungen in der oberen Stufe des Albtraufes zwischen Tobeltalstraße und Lochenpass

Der Albtrauf im NSG »Untereck« unterhalb des NSG »Hülenbuchwiesen« zeugt von der fortschreitenden Erosion auf der Nordseite der Schwäbischen Alb. W. FRITZ

und die Bewahrung des reizvollen Landschaftsbildes.

Hinweise für Besucher: Ausgangspunkt für
eine Wanderung kann der südlich von Laufen gelegene Wanderparkplatz sein. Folgt man dem mit
einem Baumsymbol gekennzeichneten Weg in
südlicher Richtung auf den Albtrauf zu, erblickt
man nach kurzer Zeit den eindrucksvollen Fels-
kranz des »Unterecks«. Bereits nach 20 Minuten
erreicht man die untere Grenze des Naturschutzgebiets am Beginn des Steilhangs, von dem aus
ein steiler Pfad durch das Gebiet auf die Hochfläche führt. Von hier aus bietet sich ein sehr schöner Blick auf das Albvorland.

47 WACHOLDERBUSCH

Zollernalbkreis: Stadt Burladingen.

Gemarkung Hausen

Naturraum: Hohe Schwabenalb

Geschützt seit 1994

Fläche: 33 Hektar

Top. Karte 7720

Das 33 Hektar große Schutzgebiet »Wacholderbusch« liegt etwa 1,5 Kilometer südlich der
Burladinger Ortschaft Hausen im oberen Killertal. Es beschränkt sich auf die unteren, nach
Westen und Süden ausgerichteten Hangpartien

des Heirichs, einer traufnahen Bergkuppe, die
sich hier über die Albhochfläche erhebt. Die bewaldete, vom Talgrund steil aufsteigende Hang-
stufe wird im unteren Teil vom Weißen Jura alpha
und im Anschluss daran vom Weißen Jura beta
gebildet. Die dann folgenden Wiesen und Wacholderheiden liegen bereits auf den flacher ver-
witternden Schichten des Weißen Jura gamma
und weisen daher eine erheblich geringere Hangneigung auf. Als Verwitterungsprodukt des Aus-
gangsgesteins findet man im Gebiet eher flachgründige und trockene Böden.

Auf diesen weniger steilen Hangbereichen
lohnte sich eine landwirtschaftliche Nutzung am
ehesten. Dieser kleinparzellierte, auch heute
noch gehölzfreie Teil des Schutzgebiets wurde
wohl schon in früher Zeit gerodet und über Jahrhunderte hinweg vor allem als Einmähder, gelegentlich aber auch ackerbaulich bewirtschaftet.
Bei den Naturschutzgebieten, die überwiegend
alte Kulturlandschaften darstellen, kam der
Wechsel in der Nutzungsform, wie hier beschrieben, durchaus immer wieder vor. Die vom Ort
weit entfernte, nur über steile Zufahrten erreichbare Lage erlaubte allerdings lediglich eine extensive Bewirtschaftung mit geringem Düngereinsatz.

Heute weist der überwiegende Teil des Grünlandes wertvolle Pflanzengesellschaften auf, wie
die nach der Flora-Fauna-Habitat-Richtlinie ge-

Der östliche Teil des NSG
»Wacholderbusch« wird
traditionell als Sommer-
schafweide von Wander-
schäfern genutzt.
C. FREUND

schützten Flachland-Mähwiesengesellschaften. Die Wacholderheide wird auch heute noch beweidet, zurückgehende Beweidungsintensität führt inzwischen allerdings zu Verfilzung und Verbuschung der naturschutzfachlich wertvollen Licht liebenden Vegetation. Der dadurch aufkommende Gehölzbewuchs muss deshalb durch gezielte Landschaftspflegemaßnahmen zumindest gelegentlich zurückgedrängt werden, wenn Orchideen und andere konkurrenzschwache Arten auch in Zukunft zur Blüte kommen sollen.

Die Wälder im Schutzgebiet dürften traditionell als Mittelwald zur Waldweide genutzt worden sein. Davon zeugen noch immer die mittelgroßen, mehrstämmigen, aus Stockausschlägen hervor gewachsenen Buchen. Bei den Randbereichen des heutigen Waldes handelt es sich um ehemalige Schafweiden. Darauf weisen noch einzelne Weidbuchen mit großen Kronen hin. Die verschiedenen Buchenwälder werden aufgrund der extremen Hangneigung und der geringen Wüchsigkeit heute überwiegend nicht mehr forstlich bewirtschaftet.

Bislang ließen sich im Naturschutzgebiet »Wacholderbusch« 315 Pflanzen-, 27 Vogel-, 44 Tagfalter- und 15 Heuschreckenarten nachweisen. Damit verfügt das relativ kleine Schutzgebiet über eine herausragende Artenvielfalt. Besonders hervorzuheben ist hierbei das Vorkommen des Gemeinen Katzenpfötchens und der Honigor-

chis, deren Fortbestand in Baden-Württemberg stark gefährdet ist.

Aufgrund der außergewöhnlich großen Vielfalt an verzahnten und miteinander vernetzten Biotopstrukturen stellt das Gebiet in seiner Gesamtheit einen bedeutenden Lebensraum für Insekten dar. Es weist insbesondere eine hohe Artenzahl an Tag- und Nachtfaltern sowie Heuschrecken auf. Für viele gefährdete Vogelarten, darunter der Neuntöter, ist das Gebiet Nahrungs- und Bruthabitat.

Schutzzweck ist die Erhaltung eines für die Landschaft der Schwäbischen Alb typischen Berghanges mit Wacholderheiden und naturnahem Buchenwald.

48 WARRENBERG

Zollernalbkreis: Stadt Haigerloch,
Gemarkung Owingen
Naturraum: Südwestliches Albvorland
Geschützt seit 1989
Fläche: ca. 18,3 Hektar
Top. Karte 7618

Die weit abgelegene und von Wald umgebene Hochwiese auf Schwarzjura (Angulatensandstein) nutzten die Owinger Bauern in früheren Zeiten als Allmendwiese für Fohlen und Kälber. Im sub-

Im Frühling blühen auf den Obstbaumwiesen im NSG »Warrenberg« Arznei-Schlüsselblumen (Primula veris). Abgestorbene Bäume bleiben als Totholz stehen.
C. FREUND

Der Lungenenzian-Amei-
sen-Bläuling (*Maculinea
alcon*) – hier ein Weib-
chen bei der Eiablage –
ist eng an Ameisen der
Gattung Myrmica gebun-
den, ohne deren Fürsorge
sich die Schmetterlings-
raupe nicht zum Falter
entwickeln kann.
W. LÖDERBUSCH

montanen Höhenbereich zwischen 580 und
605 m NN liegt das Naturschutzgebiet »Warrenberg« auf einer plateauartigen Fläche, die nach
Südosten und Nordwesten leicht einfällt. Quellaustritte sind hier, wenn man die Keuperschicht-
folge von oben nach unten betrachtet, erst oberhalb des Knollenmergels zu beobachten.

Mit der Ausweisung als Naturschutzgebiet soll
ein vielfältiges Mosaik der verschiedenen Wiesengesellschaften erhalten werden. Überwiegend
handelt es sich hier um standortabhängige Ausprägungen von Glatthaferwiesen. Diese Strukturen haben sich erst nach der Aufgabe der Allmend-Weiden entwickelt, als die Hochfläche am
Warrenberg in Pachtlose aufgeteilt und die einzelnen Parzellen ganz unterschiedlich (zum Teil
auch als Obstgärten) bewirtschaftet wurden.
Heute zeugen Arznei-Schlüsselblume, Wiesen-
Salbei, Frühlings-Fingerkraut, Kleines Knabenkraut und Magerkeitszeiger wie Zittergras und
Thymian neben Wiesen-Glockenblume und Wiesen-Pippau von der beachtlichen Artenvielfalt der
Wiesen, die nach der FFH-Richtlinie als so genannte Flachland-Mähwiesen geschützt sind.

Im östlichen Teil des Schutzgebietes liegt ein
floristisch und faunistisch bemerkenswerter

Komplex von Trocken- und Feuchtbiotopen. In
den kleinflächigen Niedermooren kommen Teufelsabbiss, Breitblättriges Knabenkraut und
Sumpf-Stendel vor.

Dank dieses vielfältigen Nahrungsangebots ist
auch die Insektenfauna ungewöhnlich reichhaltig. Schwalbenschwanz, Großer Heufalter und
Lungenenzian-Ameisen-Bläuling seien stellvertretend genannt. Der genannte Bläuling stellt für
das Albvorland eine ganz besondere Rarität dar,
da er in Baden-Württemberg sonst nur noch in
Oberschwaben und im Westallgäuer Hügelland
vorkommt. Früher kam diese Schmetterlingsart
auch in der Oberrheinebene und im nördlichen
Oberschwaben vor, dort ist sie mittlerweile jedoch ausgestorben.

Der Warrenberg ist ein Beispiel dafür, dass
Naturschutz heute auf sehr beengtem Raum all
das leisten soll, was die normale Kulturlandschaft
in der Hand der Bauern früher großflächig und
ohne besonderes Reglement sozusagen als
Nebenprodukt geleistet hat.

Schutzzweck ist die Erhaltung eines vielfältig
strukturierten Landschaftsteiles im Vorland der
Südwestalb als Lebensraum für gefährdete und
geschützte Tier- und Pflanzenarten sowie als kul-

turhistorisches Relikt. Von Bedeutung sind hierbei die ungedüngten Magerwiesen, Streuobstbestände, Waldsäume, Feldgehölze und Einzelbäume.

Hinweise für Besucher: Von Owingen aus führt ein markierter Rad- und Wanderweg auf den Warrenberg. Besonders reizvoll ist das Gebiet zur Zeit der Obstblüte und der Wiesenblüte. Die landwirtschaftlichen Wege können von Spaziergängern benutzt werden, die Flächen im Naturschutzgebiet selbst dürfen zum Schutz der schonungsbedürftigen Pflanzen- und Tierwelt allerdings nicht betreten oder befahren werden.

Der Westerberg ist mit seiner durch Hecken und Steinriegel geprägten Landschaft Zeuge einer früher für die Schwäbische Alb typischen Wirtschaftsform. Die Flächen wurden in der Vergangenheit zeitweise ackerbaulich genutzt. Beim Pflügen der flachgründigen Böden kamen jährlich größere Steinmengen an die Oberfläche, die dann abgelesen und entlang der Grundstücksgrenzen aufgeschüttet wurden. Auf diesen Steinriegeln konnten sich im Laufe von Jahrzehnten artenreiche Feldhecken entwickeln. Bei ackerbaulicher Nutzung gingen die Erträge auf den kargen Böden oft nach wenigen Jahren soweit zurück, dass sich der Ackerbau nicht mehr lohnte. Eine Düngung war aufwändig und unrentabel. Es stand ohnehin nur betriebseigener Mist zur Ver-

49 WESTERBERG

Zollernalbkreis: Gemeinde und
Gemarkung Nusplingen
Naturraum: Hohe Schwabenalb
Geschützt seit 1987
Fläche: 42,8 Hektar
Top. Karte 7819

Zur Gemarkung Nusplingen gehören neben dem engen, waldfreien Talgrund des Bäratales, die bewaldeten Talhänge und die sich darüber anschließenden waldfreien Hochplateaus. Auf der ca. ein Kilometer südwestlich der Ortslage gelegenen Hochfläche liegt das Naturschutzgebiet »Westerberg« in 890–930 m NN.

Den geologischen Untergrund der flachgründigen und steinigen Lehmböden bilden die ungegliederten Massenkalke und die liegenden Plattenkalke des Oberen Weißen Jura. Die Nusplinger Plattenkalke genießen wegen ihrer als Versteinerungen vorzüglich erhaltenen Landpflanzen und Meerestiere Weltruf und sind mit den Funden von Solnhofen vergleichbar. Das Naturschutzgebiet und dessen Umgebung wurden daher im Jahr 1983 zum Grabungsschutzgebiet erklärt. Durch diese Denkmalschutzverordnung soll die Zerstörung und Bergung der ca. 145 Mio. Jahre alten Versteinerungen des Weißen Jura durch private Sammler verhindert werden.

Als Relikt früherer Ackernutzung lebt im NSG »Westerberg« der Feldgrashüpfer (*Corthippus apricarius*). Er ist in Baden-Württemberg vom Aussterben bedroht. Einige Ackerflächen in der näheren Umgebung werden im Rahmen des Landes-Artenschutzprogramms »feldgrashüpferfreundlich« bewirtschaftet. R. TREIBER

fügung, den man auf ortsnäheren, ertragreiche-
ren Flächen benötigte. Die Äcker wurden daher
wieder in Grünland umgewandelt und meist als
einschürige Bergwiesen genutzt. Die auf die frühere ackerbauliche Nutzung hinweisenden Hecken und Steinriegel blieben erhalten.

Die mageren und teilweise sehr blütenreichen
Wiesen sind als schutzwürdige FFH-Lebens-
räume ausgewiesen. Besonders geschützt ist die
Kleine Traubenhyazinthe, ein typischer und
auffälliger Vertreter der montanen Wiesenpflan-
zen in nicht zu flachgründigen und mageren bis
mäßig fetten Goldhafer-Wiesen (Träubles-
wiesen).

Vom Reichtum an Hecken profitieren typische
Heckenbrüter als Teil der 82 Vogelarten, die auf
dem Westerberg brüten bzw. Nahrung suchen
oder hier einen geeigneten Rastplatz auf dem Zug
oder sogar ihr Winterquartier finden.

In den vergangenen Jahren wurden große
Bereiche des Naturschutzgebietes vom Land erworben und unter Auflagen an örtliche Landwirte
verpachtet bzw. durch diese im Rahmen von Pflegeverträgen bewirtschaftet. Als Richtschnur dient
die herkömmliche, traditionelle Bewirtschaftung:
Die Flächen werden nicht oder nur wenig gedüngt und erst Anfang Juli gemäht. Die Heckenzeilen werden gelegentlich auf den Stock gesetzt.
Durch diesen Verjüngungsschnitt werden sie wieder ein interessanter Brutplatz z. B. für den Neuntöter. Die Naturschutzpflege ersetzt so die früher
praktizierte Brennholzgewinnung.

Schutzzweck ist die Erhaltung einer reich
strukturierten Heckenlandschaft der Albhochfläche als Lebensraum für gefährdete und geschützte Tier- und Pflanzenarten mit Heckenzeilen und Steinriegeln.

Hinweise für Besucher: Das NSG »Westerberg« stellt ein landschaftsästhetisches Kleinod
dar. An fast keiner anderen Stelle kann der Besucher die herbe Schönheit des Großen Heubergs
in seiner ursprünglichen Abgeschiedenheit eindrucksvoller erleben. Von Nusplingen aus ist die
Zufahrt zum Wanderparkplatz Laisen/Geologi-
scher Steinbruch ausgewiesen. Von dort aus bietet sich eine Wanderung auf dem beschildertem

Geologisch-Naturkundlichen Lehrpfad an, der
zahlreiche Informationen zur Geologie, zur Landschaft und zum Naturschutz bietet. Nähere Informationen hierzu sind bei der Gemeinde Nusplingen erhältlich. Eine erste Schautafel des
Lahrpfades befindet sich beim Nusplinger
Rathaus.

50 WINTERHALDE

Zollernalbkreis: Stadt Hechingen, Gemar-
kungen Bechtoldsweiler und Stein
Gemeinde und Gemarkung Bodelshausen
Naturraum: Südwestliches Albvorland
und Mittleres Albvorland
Geschützt seit 1999
Fläche: ca. 54 Hektar
Top Karte 7619

Westlich der Stadt Hechingen liegt das Naturschutzgebiet »Winterhalde« in einer Höhenlage
von 460–535 m NN. Es repräsentiert einen
typischen Ausschnitt der bäuerlichen Kulturlandschaft im Albvorland mit Streuobstwiesen
und Grünland. Die Winterhalde umfasst ein kleines Seitental des Starzeltales mit seinen Talhängen. Der südliche Bereich wird von ausgedehnten Streuobstwiesen eingenommen, während
den nördlichen Talhang im unteren und mittleren Teil ein von artenreichen Feldgehölzen
untergliedertes, extensiv genutztes Grünland
bedeckt. Mitunter befinden sich hier bereits ausgedehnte Brachflächen. Am Oberhang dominieren stärker verbuschte und artenreiche gehölz-
bestandene Flächen. Nur durch eine Straße
getrennt, schließt das Gebiet in nordwestlicher
Richtung biotopvernetzend an das NSG »Lauchhalde« an.

Die Bodenverhältnisse und die unterschiedliche Nutzung ergeben eine Verzahnung magerer
und nährstoffreicher, trockener und feuchter
Bereiche sowie offener und Gehölz bestandener
Flächen. Das Spektrum reicht von trockenen,
blütenreichen Salbei-Glatthaferwiesen mit artenreicher Insektenfauna bis hin zu wechselfeuch-

Streuobstwiese im
NSG »Winterhalde«.
A. KRISMANN

ten Glatthaferwiesen mit Trollblumen im Talgrund. Halbtrockenrasen und Feuchtbereiche
mit Hochstauden, Seggen und Binsen an eher
staunassen Stellen kommen kleinflächig vor.

Unter den 300 nachgewiesenen Pflanzenarten
findet man Erdbeer-Klee, Fleischrotes Knabenkraut, Kleines Knabenkraut, Einspelzige Sumpf-
binse, Knollige Spierstaude, Kleine Traubenhyazinthe, Trollblume und Filz-Segge.

Die »Winterhalde« ist aus faunistischer Sicht
in Teilbereichen ein überregional bedeutsames
Gebiet für Vögel und Tagfalter. Neben dem Wendehals kommt der Neuntöter im Gebiet vor.
Kleinflächige trockene und kurzrasige Bereiche
wechseln mit feuchten, hochrasigen Brachestadien ab: optimale Voraussetzungen für Heuschrecken. Sie sind mit 20 Arten gut vertreten.
Interessant ist der Fund der Langflügeligen
Schwertschrecke. Sie ist in Baden-Württemberg
ansonsten fast ausschließlich auf Rheingraben,
Kraichgau, Bodensee und Oberschwaben beschränkt. Mit über 30 Arten wurde eine für ein
vielgestaltiges Grünlandgebiet typische Tagfalter-
Artenzahl festgestellt. Bemerkenswert sind vor
allem die Funde von Wachtelweizen-Scheckenfalter, Kleinem Eisvogel, Großem Sonnen-
röschen-Bläuling und dem für die Schwäbische
Alb typischen Wegerich-Scheckenfalter. Typisch
für den FFH-Lebensraumtyp Feuchte-Hochstau-

denfluren ist das Vorkommen des Mädesüß-
Perlmutterfalters. Die Blauflügel-Prachtlibelle bevorzugt kleine Bäche mit hoher Fließgeschwindigkeit, die neben sonnigen auch schattige
Uferpartien aufweisen.

Schutzzweck ist die Erhaltung eines vielfältig
strukturierten Talraumes mit seinem Mosaik
schutzwürdiger, landschaftstypischer und kulturhistorisch bedeutsamer Biotope.

Hinweise für Besucher: In der Nähe liegt
das Römische Freilichtmuseum Hechingen-
Stein. Hier kann eine Wanderung auf öffentlichen Wegen durch das Naturschutzgebiet beginnen.

51 ZELLERHORNWIESE

Zollernalbkreis: Stadt Albstadt,
Gemarkung Onstmettingen
Naturraum: Hohe Schwabenalb
Geschützt seit 1950
Fläche: 4,4 Hektar
Top. Karte 7619

Das Schutzgebiet »Zellerhornwiese« liegt ca.
einen Kilometer südöstlich der Burg Hohenzollern, direkt unterhalb des Zellerhorns, einem
Ausläufer der Albhochfläche auf 840–900 m NN

Vom Zellerhorn reicht der Blick über Holzwiesen zur Burg Hohenzollern.
E. STEINBRUNN

und wird vollständig von den Wäldern des Albtraufs umschlossen.

Es handelt sich um eine aus traditioneller Nutzung hervorgegangene Magerwiese mit einer äußerst artenreichen Flora. Als besondere Kostbarkeiten seien das Berghähnlein, das Vielblättrige Läusekraut und die Wohlriechende Händelwurz erwähnt. Je nach Exposition, die von Nordwest bis Südwest reicht, sind die Standorte wechselfeucht bis wechseltrocken. Auf den ebeneren Flächen wachsen heute überwiegend Bergmähwiesen in Form montaner Goldhaferwiesen, die nur in Höhenlagen ab 800 m NN vorkommen. Am Steilhang zum Zellerhorn treten kleinflächig Blaugras-Kalkmagerrasen in unterschiedlicher Ausprägung auf.

Anlass für die frühe Unterschutzstellung (1950) waren konkrete Gefährdungen der seltenen Flora durch zu intensive Nutzung beispielsweise als Schafweide oder von Pflanzensammlern. Auch später blieb das Naturschutzgebiet ständig neuen Gefährdungen ausgesetzt, die jedoch verhindert werden konnten. Heute stellt der Besucherdruck die Hauptgefährdung dar. Wenn Besucher von den bezeichneten Wanderwegen abweichen, entstehen zusätzliche Pfade auf seither ungestörten Vegetationsflächen. Außerdem lockt die reizvolle Landschaft des Albtraufs nicht nur Wanderer und Spaziergänger. Trekking- und

Mountainbike-Veranstalter meldeten in der Vergangenheit Wünsche an. Das kleine Schutzgebiet verträgt allenfalls einen sanften Tourismus, wenn die zahlreichen Kostbarkeiten der Pflanzen- und Tierwelt auch künftigen Generationen erhalten bleiben sollen.

Schon 1975 haben der Pflegetrupp der Bezirksstelle für Naturschutz und Landschaftspflege (heute Regierungspräsidium) und die Stadt Albstadt begonnen, die Bergmähwiesen entsprechend der alten bäuerlichen Nutzung durch eine Mahd ab Mitte Juli zu pflegen. Inzwischen werden die Wiesenflächen durch einen örtlichen Landwirt im Rahmen eines Landschaftspflegevertrags bewirtschaftet. Ergänzend werden gelegentlich durch gezieltes Freimähen am Steilhang unterhalb des Zellerhorns gefährdeter Pflanzenstandorte von Büschen befreit.

Hinweise für Besucher: Der Albtrauf am Zellerhorn bietet eine fantastische Aussicht auf die Hohenzollernburg und das Albvorland. Zur Zeit der Herbstfärbung der Hangwälder ist der Besuch ein unvergessliches Erlebnis. Empfehlenswert ist der Zugang vom Raichberg mit dem Nägelehaus, von dem aus man über einen markierten Wanderweg über das Zellerhorn weiter zum Hohenzollern wandern kann.

52 ZOLLERHALDE

Zollernalbkreis: Gemeinde Bisingen,
Gemarkungen Zimmern und Wessingen

Naturraum: Südwestliches Albvorland

Geschützt seit 1990

Fläche: 92,3 Hektar

Top. Karte 7619

An dem steil über Hechingen aufragenden Zollerberg, dem Wahrzeichen des berühmten Adelsgeschlechts der Hohenzollern und des Zollernalbkreises, wurde 1990 der südwestliche Hangfuß, die über 90 Hektar große »Zollerhalde« unter Naturschutz gestellt. Hier sorgen die mergeligen, Wasser stauenden Böden des Braunjura – teilweise durch Weißjura-Hangschutt überdeckt – immer wieder für Rutschungen, viele Quellaustritte sowie zahlreiche kleine Wasserläufe und

Im NSG »Zellerhornwiese« findet man eine Reihe besonderer Arten, wie beispielsweise das Vielblättrige Läusekraut (*Pedicularis foliosa*). W. HERTER

Tümpel. Dadurch kam es zu dem für die historische Kulturlandschaft des Albvorlandes typischen Nebeneinander von trockenen und feuchten Lebensbereichen zwischen Spornen, Höhenrücken und flachen Senken. Solche Flächen waren für die Bauern stets nur als Weiden zu gebrauchen. Auf den ehemals zahlreichen und meist hangparallelen Wegen haben sich mittlerweile ausgedehnte Heckengürtel entwickelt. Daneben prägen extensive Magerweiden – Halbtrockenrasen an steilen Südhängen – und Streuobstwiesen mit artenreichen Pflanzengesellschaften sowie Flachmoorinseln die Zollerhalde.

Das Schutzgebiet beheimatet auf engem Raum unzählige Pflanzen- und Tierarten, die auf diese Geländestruktur und eine extensive Nutzung durch Beweidung oder Mahd angewiesen sind. Stellvertretend für die ganze Artenfülle seien hier nur Knabenkräuter, Enziane (darunter der stattliche Gelbe Enzian) und Trollblumen genannt. Im Frühling werden die Schafweiden von einem weiten Meer von Schlüsselblumen überzogen. Im Sommer findet man – neben zahlreichen anderen Blütenpflanzen – zehn verschiedene Distelarten, die mit ihrem dornigen Gewand als Weideunkräuter in dieser Nische prächtig gedeihen.

Zahlreiche Insektenarten haben in der Zollerhalde ein Refugium gefunden. Schmetterlinge, Wildbienen, Libellen, Zikaden und Spinnen sind bereits eingehend untersucht worden. Von diesem reichen Nahrungsangebot leben Vögel wie Wendehals, Neuntöter, Schafstelze, Weidenmeise und Dorngrasmücke. Auf diese Beutetiere sind wiederum etliche Raubvogelarten wie Sperber, Schwarz- und Rotmilan sowie Wespenbussard angewiesen, die zudem von dem vielschichtigen Brutangebot in Obstbäumen, Höhlenbäumen, Hecken und Gebüschen profitieren.

Erhalten werden kann diese Kulturlandschaft der Allmende nur dann, wenn sie weiterhin als Schafweide für die Hüteschäferei genutzt wird. In feste Koppeln gesperrt, würden die Schafe die wertvolle Flora zu intensiv abgrasen und stellenweise auch zertreten. Genauso problematisch wäre die Beweidung mit Rindern. Mit seiner Vorliebe für ein kühlendes Bad würde das Großvieh

Das Vegetationsmosaik der Zollerhalde mit Schafweiden, Heckenbeständen und Streuobstwiesen steht weithin sichtbar im krassen Gegensatz zu den ansonsten vollständig aufgeforsteten Hängen am Zollerberg, dessen Spitze die Burg Hohenzollern krönt. BILDFLUG NEUMAYER

insbesondere die Feuchtgebiete beeinträchtigen. Die Trittschäden bekämen der Vegetation in der Allmend-Weide ebenso wenig wie die zusätzliche Belastung durch den Kot der Tiere.

Darüber hinaus gilt es, eine Vielzahl anderer Umgestaltungswünsche abzuwehren: die Verdolung und Begradigung der Quellbäche, die Rodung bachbegleitender Gehölze, die Aufforstung einzelner Parzellen, das Anlegen von Fischteichen in Feuchtgebieten oder auch die Einzäunung von Wochenendgrundstücken und den Bau von Gartenhäusern. Die Artenvielfalt der Zollerhalde wird zudem bedroht durch den Eintrag von Dünger und Pestiziden, durch Glattrasuren mit dem Rasenmäher oder auch durch die Pflanzung schwachwüchsiger Obstsorten, wie sie immer mehr in Mode kommen.

Um den Charakter der halboffenen Landschaft bewahren bzw. wiederherstellen zu können, ist eine maßvolle Pflege der Hecken notwendig. Die blumenbunten Salbei-Glatthaferwiesen sollen weiterhin als Heuwiesen bewirtschaftet werden. Der Streuobstbestand muss nach Absterben der alten Bäume mit neuen hochstämmigen Jungpflanzen angereichert werden. Dank ihrer Vielfalt an Lebensräumen und ihrer kulturhistorischen Nutzung ist der landschaftsästhetische Wert der Zollerhalde von großer Bedeutung für das Vorland der Schwäbischen Alb.

Schutzzweck ist die Erhaltung der vielfältig strukturierten Landschaft am Hangfuß des Zollerberges in seiner landschaftsprägenden Schönheit und als Lebensraum für zahlreiche gefährdete Pflanzen- und Tierarten.

Hinweise für Besucher: Nahe der Burg Hohenzollern gibt es mehrere Wanderparkplätze. Von hier aus oder von der unterhalb der Burg liegenden Ortschaft Zimmern führen Wege durch das Schutzareal.

DANK

von VOLKER KRACHT

Die erste Auflage dieses Buches von 1995 hat ein erfreuliches Interesse gefunden und war rasch vergriffen.

Eine wiederum großzügige Förderung durch die Stiftung Naturschutzfonds hat es ermöglicht, die Arbeiten an einer zweiten, überarbeiteten und wesentlich erweiterten Auflage aufzunehmen, deren Ergebnisse nun vorliegen. Für diese Förderung sei herzlich gedankt. Sie verhilft dem Buch zu seinem attraktiven Preis und erleichtert es auf diese Weise allen Interessierten, die besondere Schönheit und biologische Vielfalt des Regierungsbezirkes kennen zu lernen.

Für das stete Interesse am Erscheinen des Buches und allzeit freundliche Unterstützung gilt mein Dank dem Jan Thorbecke Verlag in der Person seines Verlagsleiters Dr. Jörn Laakmann.

Die zweite Auflage der »Naturschutzgebiete im Regierungsbezirk Tübingen« konnte nur entstehen, weil eine Vielzahl engagierter Autoren, Bildautoren, redaktioneller Mitarbeiterinnen und Mitarbeiter, technischer Helfer und fachkundiger Berater zusammengearbeitet haben. Sie hier einzeln zu nennen, würde den Rahmen sprengen und bürge doch die Gefahr in sich, jemanden zu vergessen.

So danke ich in toto den Autoren – den Kolleginnen und Kollegen in der Naturschutzverwaltung, aber insbesondere auch den Fachwissenschaftlern weit darüber hinaus, die ihr Wissen und ihre speziellen Kenntnisse den interessierten Lesern zur Verfügung stellen. In gleicher Weise danke ich den Bildautoren, vorneweg denen, die uns ihre Bilder unentgeltlich überlassen, sehr. Sie tragen erheblich dazu bei, mit diesem Buch Akzeptanz für die Anliegen des Naturschutzes zu gewinnen.

Stellvertretend für die zahlreichen engagierten Mitarbeiterinnen und Mitarbeiter am Buch danke ich Frau Silvia Langer und Frau Dr. Sabine Kracht für deren inhaltliche und redaktionelle Arbeit. Ohne ihren immensen Einsatz gerade unter dem hohem Zeitdruck der Endredaktion wäre das Buch nicht möglich gewesen.

Glossar

Allmend: Gemeinsamer Land- oder Waldbesitz einer Dorfgemeinschaft, vor allem in landwirtschaftlich ungünstigen Lagen; heute noch vorhanden auf den Heiden der Schwäbischen Alb und den Almen der Alpen, siehe auch Hardtwald

Alluvium: Veraltete Bezeichnung für den jüngsten Abschnitt des Quartärs, Nacheiszeit; Beginn vor 10000 Jahren, umfasst auch die Jetztzeit. Aktuelle Bezeichnung ist Holozän

Alluviale Sedimente: Ablagerungen der Nacheiszeit

Anmoor: Nassboden mit einem Humusgehalt zwischen 15 und 30 Prozent, Übergang zu Moorboden

Auskolkung: Lokale Vertiefung der Flusssohle, besonders bei Wasserfällen oder starker Wasserströmung in Engstrecken

Bannwald: Waldschutzgebiet, ein sich selbst überlassenes Totalreservat nach dem Landeswaldgesetz Baden-Württemberg

Blockhalde: Ansammlung von Gesteinstrümmern unterhalb von Felswänden, an der Verwitterung und Abtragung ständig weiterarbeiten

Blockschuttwald: Wald, der auf einer Blockhalde wächst; Verletzungen und Bruchstellen an den Bäumen und freiliegende Wurzeln zeigen die »Aktivität« von Gesteinsverwitterung und Erosion an

Braunmoortorfe: Unzersetzte Pflanzenreste von der Pflanzengesellschaft der Braunseggensümpfe

Bulten: Durch pflanzliches Wachstum entstandene Erhebungen auf der Oberfläche von Mooren, umgebende Vertiefungen sind Schlenken

Dolinen: auch Einsturztrichter, Erdfälle. Durch Verkarstung entstandene, trichterförmige Hohlformen in der Landschaft

Dreifelderwirtschaft: Die seit dem Mittelalter übliche Fruchtfolge in der Landwirtschaft, bei der auf je einem Drittel der Fläche Sommergetreideanbau, Wintergetreideanbau und Brache stattfand. Dadurch wurde die Auslaugung des Bodens vermieden und eine Ertragssteigerung erzielt.

Drumlin: Ovale, in Richtung der Gletscherbewegung verlaufende Hügel aus Grundmoränenmaterial, treten oft gehäuft in sog. Scharen auf

Endmoräne: Schuttwall am Ende eines Gletschers

Erdfälle: siehe Dolinen

Erosion: Abtragung der Erdoberfläche, vor allem durch die einschneidende aus ausräumende Tätigkeit des fließenden Wassers

Extensive Landwirtschaft: Zumeist traditionelle Bewirtschaftungsformen mit geringem Einsatz von Maschinen und chemischen Hilfsmitteln, zum Beispiel Wiesenwirtschaft mit ein- bis zweimaliger Mahd ohne Düngung, Beweidung mit leichten Rinderrassen, Wanderschäferei, Brennholzgewinnung im Wald

Extensivierung: Verzicht auf eine intensive Landnutzung

Feld-Graswirtschaft: Der Wechsel von Getreideanbau und Brache im Rahmen einer Zweifelderwirtschaft war bis zur Einführung der Dreifelderwirtschaft üblich.

Gebankte Kalke: auch Bankkalke. Durch Sedimentation entstandenes Kalkgestein. Infolge klimatischer Schwankungen erfolgte die Ablagerung der Kalkteilchen – zumeist Schalen- und Skelettteilchen von Meeresorganismen – in unterschiedlicher Intensität, so dass im Gestein eine markante Abfolge von Bänken erkennbar ist. Im Gegensatz dazu Massenkalke, die von festsitzenden Organismen als Riff aufgebaut worden sind

Gießen: Zeitweise stark schüttende Grundwasseraustritte in oft sehr tiefen, glasklaren Quelltöpfen

Glazialrelikte: auch Eiszeitrelikte. V. a. Pflanzenarten, die sich während der Kaltzeit hierzulande ausbreiteten, nach der Erwärmung des Klimas aber auf wenige Extremstandorte zurückgedrängt wurden; ihr Hauptverbreitungsgebiet liegt heute in den Alpen oder in der Arktis

Grundmoräne: An der Basis von Gletschern abgelagerter Gesteinsschutt

Habitat: Standort der einzelnen Tier- und Pflanzenarten

Hardtwald: Süddeutscher Begriff für den gemeinsamen Waldbesitz einer Dorfgemeinschaft, siehe auch Allmend

Holozän: Jüngere Abteilung des Quartärs, Nacheiszeit; Beginn 10000 Jahre vor heute, umfasst auch die Jetztzeit

Hülen, Hülben: Wassergefüllte Hohlformen auf der Schwäbischen Alb, v. a. Dolinen und ehemalige Vulkanschlote (Maare), Untergrund auf natürliche Weise oder von Menschenhand abgedichtet

Initialstadien: Rohböden bei der beginnenden Bodenbildung

Inversion: Wörtlich: Umkehr. Meist gebraucht für Temperaturumkehr zwischen Höhen- und Tieflagen, leichtere Warmluft schiebt sich über schwere Kaltluft und blockiert damit den Luftaustausch vorwiegend in der kalten Jahreszeit

Jura: Mittlere Abteilung des Erdmittelalters, 195 bis 145 Millionen Jahre vor heute

Kalkquellfluren: Flächen, die von kalkhaltigem Quellwasser überrieselt werden sowie die dort vorhandene Pflanzengesellschaft

Kalkrendzinen: siehe Rendzinen

Kalksinter, Kalktuff, Süßwasserkalk: Kalkkrusten infolge Ausfällung aus kalkhaltigem Süßwasser; infolge von Verunreinigungen und Überkrustung von Pflanzenresten von lockerer, poröser Struktur, je nach Mineralgehalt des Wassers unterschiedliche Farben

Kalktuff: siehe Kalksinter

Keuper: Jüngste Abteilung der Trias im Erdmittelalter, 210 bis 195 Millionen Jahre vor heute

Kolk: Kleine Hohlform, entweder kleine, offene Wasserstellen in Hochmooren (Blindseen) oder tiefe, kesselförmige Aushöhlungen im Gestein einer Flusssohle, entstanden durch die strudelnde Bewegung des Wassers, das Sand und Geröll mit sich führt (auch Strudelloch, Strudeltopf)

Lagg: ringförmige Randsenke um ein Hochmoor herum

Limnologie: Wissenschaft von den Binnengewässern

Maar: Sprengtrichter nach vulkanischen Gas- und Wasserdampferuptionen

Mähder: Einmal im Jahr gemähte, ungedüngte Halbtrockenrasen (auch Einmähder)

Malm: Weißer Jura, 157 bis 145 Millionen Jahre vor heute abgelagert

Melioration: Maßnahmen zur Bodenverbesserung in der Landwirtschaft durch Ent- oder Bewässerung, Grünlandumbruch, Umgraben

Molasse: Aus dem Alpengebiet herausgespülte, im nördlichen Alpenvorland 30 bis 2 Millionen Jahre vor heute abgelagerte Schuttmassen

Moräne: Von den Gletschern mitgeführte und meist in Form von Wällen abgelagerte Schuttmassen, als Grund-, End- oder Seitenmoränen

Mudde: Mehr oder weniger zersetzter, dunkel-graubraun gefärbter Humus

Naturdenkmal: Schutzstatus für schützenswerte kleinflächige Gebiete (bis fünf Hektar) oder Einzelbildungen der Natur (zum Beispiel alte Bäume)

PAÖ: Projekt angewandte Ökologie; ehemaliges Förderinstrument für angewandte Umweltforschung

Pfeifengras: Häufige Grasart auf durchfeuchteten Böden, namensgebend für viele extensive Streuwiesen-Gesellschaften auf Moorböden

Plenterwald: Wald, aus dem nur vereinzelt alte Stämme herausgeschlagen werden; stufig aufgebaute Bestände, in der Regel mit sehr schattenresistenten Baumarten

Prallhang: Steiles, an der Außenseite einer Flusskrümmung liegendes Ufer, das durch die abtragende Tätigkeit des Wassers steil gehalten wird

Quartär: Jüngste Formation der Erdneuzeit, beginnt 2 Millionen Jahre vor heute, umfasst auch die Jetztzeit

Quellhorizont: Undurchlässige Schichten im Untergrund, die versickerndes Niederschlagswasser wieder an die Erdoberfläche leiten

Regenerationsflächen: Flächen, auf denen der Naturzustand oder auch eine historische Nutzungsform wiederhergestellt werden soll

Rendzinen: Flachgründige, humusreiche Böden meist als Kalk oder Dolomit

Rote Liste: Auflistung der in einem bestimmten Gebiet (Deutschland, Baden-Württemberg) bedrohten Tier- und Pflanzenarten und ihres Gefährdungsgrades, wichtiges Instrument des Naturschutzes

Ruderalflora, Ruderalvegetation: Pflanzengesellschaften auf Rohböden, häufig die Vorreiter eines dauerhaften Bewuchses (von lat. rudus: Schutt, Ruinen)

Saumgesellschaft: Zumeist an Waldrändern, aber auch auf anderen nicht bewirtschafteten Flächen vorkommender artenreicher Pflanzenbestand

Schaftrift: siehe Triftweide

Schichtwald: mehrschichtiger, stufig aufgebauter Waldbestand, zusammengesetzt aus mehreren Kraut-, Strauch- und Baumschichten

Schlagflora: Nach Kahlschlägen im Wald auftretende Pflanzengesellschaft

Schlenken: Unregelmäßige Vertiefungen auf der Oberfläche von Mooren, in denen sich Wasser sammelt, siehe auch Bulten

Schluff: Feines, sedimentäres Lockergestein, feiner als Sand, gröber als Ton

Schonwald: Waldschutzgebiet, das der Erhaltung bestimmter Pflanzen- und Tiergesellschaften oder historischer Nutzungsformen dient

Schwingrasen: Pflanzendecke auf der Oberfläche verlandender Gewässer, im Wesentlichen von Binsen, Seggen oder Torfmoosen gebildet

Seggenried: Vegetation aus verschiedenen Seggenarten an See- und Flussufern

Seggentorf: Unvollständig zersetzte Reste (Torf) von Seggen

Seitenmoräne: An den Flanken eines Gletschers abgelagerte Schuttmassen

Sukzession: Fortschreitende Abfolge verschiedener Pflanzengesellschaften an einem Wuchsort

Tertiär: Älteste Formation der Erdneuzeit, 65 bis 2 Millionen Jahre vor heute

Tobel: Steilwandiges, schluchtartiges Kerbtal

Torf: Pflanzenreste, die bei ständiger Wasserüberdeckung und Sauerstoffmangel nur unvollständig zersetzt werden

Triebwegeplan: Konzept zur Vernetzung mehrerer Schafweiden mit entsprechenden Wanderwegen für die Schafherden

Triftweide: Extensive Weideform; das Vieh – meist Schafe – wird in geringer Stückzahl wiederholt über eine ausgedehnte Fläche getrieben

Tuff: Poröses Gestein, entweder vulkanbürtig oder durch CO_2-Abscheidung im Gewässer als Kalktuff

Überhälter: Aus der Mittelwaldwirtschaft stammender Begriff für Bäume, die auf einer geernteten Waldfläche stehen bleiben und im neuen Bestand die vorige Baumgeneration repräsentieren.

Verkarstung: Auflösungserscheinungen von wasserlöslichem Gestein

Verlandung: Übergang eines Gewässers in Festland, v. a. durch Überwachsen von den Ufern her (siehe auch Schwingrasen), auch durch Ablagerung von organischem Material und Bodenteilchen in einem Gewässer

Vulkanembryonen: Ältere Bezeichnung für Vulkanschlote, bei denen es nicht zur Förderung von Magma gekommen ist

Wallmoräne: Wallförmige Moräne im Gegensatz zur Grundmoräne, siehe auch Moräne

Zeigerarten: Tier- und Pflanzenarten, die als Indikatoren für bestimmte Merkmale dienen, zum Beispiel für den Kalkgehalt oder die Feuchtigkeit des Bodens

Zeugenberg: Isoliert vor dem Rand einer Schichtstufe stehender Berg, der erdgeschichtlich dem Stufenbildner zugehört; zeugt vom früheren Verlauf der Schichtstufe

Autoren

Bernert, Petra
Döler, Hans-Peter
Fritz, Werner
Haag, Cornelie
Heideker, Margret
Heyd, Horst
Jeßberger, Sven
Kilchling, Karin
Kracht, Sabine Dr.
Kracht, Volker Dr.
Morrissey, Christoph Dr.
Obergföll, Franz-Josef Dr.
Pauritsch-Jacobi, Gerhart Dr.
Reidl, Konrad Prof. Dr.
Riedinger, Renate
Schall, Burkhard Dr.
Schillig, Dietmar Prof. Dr.
Stiller, Hansjürgen
Thilo, Klaus
Venth, Wiltrud †
Wälder, Hellmut
Zimmerer, Jürgen

REGISTER DER NATURSCHUTZGEBIETE